谨以此书献给

为海南高速公路发展事业作出贡献的决策者、建设者、管理者

"十三五"国家重点图书出版规划项目

中国高速公路建设实录

Record of Expressway Construction in
Hainan

海 南
高速公路
建设实录

海南省交通运输厅

人民交通出版社股份有限公司
China Communications Press Co.,Ltd.

内 容 提 要

本书是《中国高速公路建设实录》系列丛书之海南卷,全书分为八章,内容包括高速公路建设与经济社会发展、高速公路规划建设成果、高速公路建设项目、高速公路建设与养护管理、海南高速公路科技运用和成果转化、高速公路建设者之歌、高速公路建设进行时、高速公路文化建设以及海南高速公路建设大事记、海南高速公路相关数据和图表、海南高速公路发展规划图、海南高速公路建设企业风采以及后记。

本书全面、系统地记述了海南高速公路规划、建设、运营、养护等方面的历史沿革和发展历程,辩证总结了海南高速公路建设的经验与体会,具有很高的史料价值。本书可供交通运输建设行业相关人员阅读、学习与查询参考。

图书在版编目(CIP)数据

海南高速公路建设实录 / 海南省交通运输厅组织编写. — 北京:人民交通出版社股份有限公司,2019.4
ISBN 978-7-114-15003-6

Ⅰ. ①海… Ⅱ. ①海… Ⅲ. ①高速公路—道路建设—海南 Ⅳ. ①U412.36

中国版本图书馆 CIP 数据核字(2018)第 208867 号

"十三五"国家重点图书出版规划项目
中国高速公路建设实录

书 名:	海南高速公路建设实录
著 作 者:	海南省交通运输厅
责任编辑:	刘永超　周　宇　丁　遥
责任校对:	赵媛媛
责任印制:	张　凯
出版发行:	人民交通出版社股份有限公司
地　　址:	(100011)北京市朝阳区安定门外外馆斜街3号
网　　址:	http://www.ccpress.com.cn
销售电话:	(010)59757973
总 经 销:	人民交通出版社股份有限公司发行部
经　　销:	各地新华书店
印　　刷:	北京雅昌艺术印刷有限公司
开　　本:	787×1092　1/16
印　　张:	47.5
字　　数:	953 千
版　　次:	2019 年 4 月　第 1 版
印　　次:	2019 年 4 月　第 1 次印刷
书　　号:	ISBN 978-7-114-15003-6
定　　价:	320.00 元

(有印刷、装订质量问题的图书,由本公司负责调换)

《海南高速公路建设实录》
编辑委员会

主　　　任：董宪曾（省交通运输厅厅长、党组书记）

编　　　委：周文雄（省交通运输厅副厅长、党组成员）

　　　　　　刘保锋（省交通运输厅副厅长、党组成员）

　　　　　　姚建勇（省交通运输厅副厅长、党组成员）

　　　　　　张姝为（省交通运输厅副厅长、党组成员）

　　　　　　刘　闯（省交通运输厅总工程师、党组成员）

总　编　辑：姚建勇（兼）

副总编辑：许教春　吕晓宇

主　　　编：陈　涛

编辑部主任：陈　涛（兼）

常务副主任：吴衍国（负责日常编务工作）

副　主　任：陈爱华

编辑部人员：罗晓宁　吴衍国　黎宇翔

文字统筹：罗晓宁

图片统筹：张　杰　杨　林

撰稿人员：（按姓氏拼音排序）

白　衡	包双雁	陈爱华	陈长吉	陈长征
陈川卫	陈　亮	陈求熙	陈　涛	陈　武
陈　雄	陈言锦	陈宇哲	陈允寿	成家胜
崔静波	杜　莉	符策源	符　伟	符　雄
高芳植	郭　蕾	郭延斌	韩静波	侯德生
黄　澎	黄智勇	江明厚	姜守东	焦　旨
李　斌	李　丽	李　利	李孟伦	李荣南
李晓婵	李玉才	李执勇	廖朝阳	廖七生
林　春	林道忠	林　健	刘保锋	刘　袭
吕晓宇	罗利明	罗晓宁	麦世晓	莫光财
穆　威	彭　翀	邱垂策	石奇能	苏　举
陶　畅	陶德华	王江雷	王瑞杰	王桐辉
王　雄	王亚昌	王　勇	王泽云	吴海民
吴开心	吴清优	吴衍国	冼云海	香　丹
谢有坚	邢福金	杨体文	杨智生	姚建勇
岳　嵬	曾晓南	曾燕柳	张翠玲	张飞进
张福强	张海舰	张　慧	张杰文	张　涛
张　瑜	郑大传			

主编单位： 海南省交通运输厅编辑委员会

编审单位： 海南省交通运输厅

参编单位： 海南省交通文化研究会

海南省交通运输协会

支持单位： 海南省交通工程建设局

海南省公路管理局高速公路养护管理中心

海南省路桥投资建设有限公司

海南省交通投资控股有限公司

中国公路工程咨询集团有限公司

中铁第四勘察设计集团有限公司

海南阳光聚合文化传播有限公司

环岛高速　天涯坦途

纵横交错高速路,天涯处处皆坦途。

"要想富,先修路;要快富,建高速"成为各地推动经济社会发展最重要的举措之一。在全国改革开放40周年,海南建省办经济特区30周年之际,《海南高速公路建设实录》顺利出版,全面展示30年来海南高速公路建设辉煌历程和发展成就,真实而生动地再现了一代又一代海南交通人敢为人先、百折不挠、锐意拼搏的奋进历程,为未来海南交通事业发展提供重要的参考和借鉴,可喜可贺。

海南岛重要的地理位置,决定了海南在推进经济社会发展、加强国防建设、维护国家安全、经略南海等方面的特殊地位。海南公路建设始于国防公路,兴于建省办经济特区。1988年海南建省办经济特区后,历届海南省委省政府,特别是近几年来,海南省委省政府高度重视高速公路在内的"五网"基础设施建设,抢抓机遇,开拓创新,先后投入3000多亿元,累计建设高速公路795.32km,东线高速公路、西线高速公路、海文高速公路、海口绕城高速公路、三亚绕城高速公路、海口至屯昌高速公路、屯昌至琼中高速公路已建成通车,文琼高速公路、琼乐高速公路、万洋高速公路正在建设当中,2017年内五指山、保亭、白沙等高速公路连接线全部开工,以期实现"县县通高速"目标。高速公路与环岛高速铁路、港口共同形成进出岛及岛内便捷高效的综合交通运输体系,成为海南国际旅游岛建设的强大引擎。在高速公路融资建设模式上,海南首创将公路养路费、公路运输管理费、过路费、过桥费"四费合一",统一征收机动车燃油附加费,取消了所有公路收费站,体现了"多用油多负担"的原则,实现了"一脚油门踩到底",成为全国唯一没有公路收费站卡的省份。现代化交通体系的形成,大大节省了运输时间,缩短了运输距离,降低了运输成本,加快了人流物流的有序运行,为海南冬季瓜菜果蔬产业壮大、美丽乡村百千工程建设、乡村旅游的发展等,提供了重要的基础设施支撑。

2013年4月,习近平总书记视察海南时明确指出,海南后发优势多,发展潜力大,要以国际旅游岛建设为总抓手,闯出一条跨越式发展路子来,争创中国特色社会主义实践范例,谱写美丽中国海南篇章。海南省七次党代会强调,要不断完善基础设施"五网"体系,促进陆海空"路网"一体化发展,实现"县县通高速",并与机场、环岛高速铁路、环岛滨海旅游公路、国道省道和农村公路互联互通。

"路漫漫其修远兮",今天的海南,已经站在了一个新的历史起点上,我们要按照中央对国际旅游岛建设的战略定位,抓住机遇,乘势而为,弘扬交通人敢于担当、无私奉献的优秀品质和开拓进取、砥砺前行的奋斗精神,全面落实创新、协调、绿色、开放、共享"五大"发展理念,以"多规合一"为引领,以发展理念人本化、项目管理专业化、工程施工标准化、管理手段信息化、日常管理精细化"五化"公路建设为抓手,切实下好全省交通建设这盘棋,确保"十三五"期末实现"县县通高速"的目标,为海南国际旅游岛和全域旅游建设筑实发展根基,为建设美好新海南、实现全省人民富裕安康而努力奋斗。

风正帆悬今又是,勇立潮头唱大风。

是为序。

中共海南省委常委、常务副省长

2017年9月30日

高速公路与经济发展

青山绕玉带,绿水飞蛟龙。在山水间铺展通途,书写万丈豪情。

随着海南高速公路建设里程的日益增加,海南发生了翻天覆地的变化。从建省初期到建设海南国际旅游岛,再到发展全域旅游,再到"多规合一",乃至建设美好新海南的新目标,可以说,都离不开交通运输建设,确切地说,高速公路建设有着重要的先天决定因素。

高速公路的发展程度,不仅是交通运输现代化的重要标志,也是一个国家经济社会发展的重要表征。

自1988年海南建省以来,便开始兴建高速公路,截至目前,新改建高速公路将近1100km、国省道1000km。全省公路通车总里程26840km,较"十一五"末增加5604km;公路路网密度由以前的62.6km/100km^{2}提高至现在的79km/100km^2;二级及以上公路里程由2320km提高至2868km。这是海南省交通建设史上的重大突破。

海南省列入国家高速公路网的"田字形"高速公路项目,已全部开工建设,环岛高速公路全线贯通,"田字形"高速公路主骨架全面加速推进。三亚绕城高速公路、中线高速公路海口至屯昌段、屯昌至琼中段建成通车,琼中至乐东段及横线万宁至洋浦、文昌至琼海高速公路开工建设。这些主骨架、主通道项目的建设,有效改善岛内通行环境,加速构建"2小时交通圈",支撑区域经济发展格局,这些项目对海南省经济社会的先导和带动作用更加凸显。

高速公路的建设与发展,从根本上改善了海南省公路网技术等级结构,改变了海南省公路交通事业的落后面貌,有效拉动了内需,刺激了高速公路沿线市县、地区的经济社会和谐发展与繁荣。同时,高速公路的建设,对促进海南省社会经济的发展、自然资源的开发、生产要素的合理布局、相邻区域间的合作、投资环境的改善、交通出行的便捷、生活水平的提升等,起到了积极的推动促进作用。

交通条件是地区经济发展的基础性条件,高速公路能够缩短人流、物流、信息流的周转周期,是改善一个地区经济发展条件的重要标志。"要想富,先修路;富得快,高速带",这句话形象地说明了现代交通,特别是高速公路对加快经济发展的巨大带动作用。其意义在于以下四点。

第一,完善交通运输网络,提升交通运输承载力。

海南高速公路建设,由于起步晚、投资大、征地拆迁成本高等原因,总里程仍然相对较短,密度不大、等级不高。近年来,海南省加大投资力度,引入大公司实施大标段建设,逐步提高高速公路建设等级,确保将每一条高速公路建设成让百姓满意,行车舒适、安全的放心路。

高速公路的建成,缩短了市县之间的时空距离,密切了沿线各市县之间的联系,成为各具特点、优势互补的有机整体。从根本上改变了投资环境,实现了高速公路与地方等级公路的组网运行、协调发展,形成高速公路、等级公路一张网,全力带动沿线市县、乡镇的经济发展,打破了交通制约经济、社会发展的瓶颈。

此外,高速公路与环岛高速铁路实现有效衔接,综合枢纽建设、多式联运、甩挂运输稳步推进,争当国家"一带一路"倡议的南海"桥头堡"。

第二,推动旅游产业快速发展,提升全域旅游意义非凡。

海南是旅游大省,拥有得天独厚的旅游资源,既有秀丽的自然风光,又有丰富的人文景观,还有宏伟的现代建筑工程,这些都是海南岛的旅游特色。三亚南山佛教文化苑、呀诺达热带雨林、天涯海角等旅游胜地,吸引着越来越多的中外游客。

高速公路的贯通,让海南岛"同城化"时代到来。海口到三亚不到 3 小时,海口到乐东 3 小时,高速公路将海南各个旅游景点像珍珠一样串联起来,提高了海南旅游的便捷性和整合能力,成为海南旅游的吸睛亮点。

"天涯不再遥远"。海南高速公路建设,有力促进了海南省的旅游发展。

第三,有利于拉动宏观经济投资,提升综合经济竞争力。

近年来,海南省高速公路建设对宏观经济的拉动作用主要体现在:一是拉动投资,建设过程中诸如征地补偿、拆迁重建、大量施工队伍入驻等,对投资的拉动都会产生积极影响;二是拉动投融资,对解决资金紧缺、增加有效信贷等也有极大促进作用;三是拉动"三产",庞大的建设用工直接刺激第三产业快速增长,建成后的货物运输、人员往来等也会给"三产"旅游等带来更多的商机。

第四，合理聚集生产要素，推动沿路产业带形成。

高速公路已经深刻影响着人们的日常生活和国民经济的发展，对区域经济发展起着极大推动作用：一是有效降低沿线地区企业物流成本，提高经济运行效率；二是推动工业经济发展；三是推动农业发展，高速公路缩短了农产品的运输时间，保证了农用物资的及时调运，加快了农产品产销信息的交流互通，有力地推动了农产品的商品化和农业现代化；四是推动商业繁荣，高速公路可以为促进商品流通提供一个快捷的路径，缩短产地和销地距离，减少运输费用和时间，畅通人流、技术流，拓展从业人员视野，成为高速公路沿线农民朋友的重要经济来源之一。

高速公路的发展历史已经清楚地告诉我们，一条高速公路建成通车后，必将形成一条隆起的经济带。海南高速公路的崛起，将对发展区域经济起到桥梁和纽带作用，为沿线县市区经济发展增添几大优势：一是交通便利优势。硬件环境的改善，使沿线县市区全方位、多层次开放与开发机遇增多。二是经济聚合优势。与经济、金融、文化中心的两地联系密切，人缘、地缘关系大大增强。三是经济载体优势。为沿线地区提供了新的经济增长点，"经济走廊"迅速形成。

正值"十三五"期向纵深推进之际，海南将逐步建成"田字形"高速公路网主骨架，基本实现"县县通高速"，总里程将达 1429km。

经济腾飞，交通先行；社会发展，交通领军。

2017 年 6 月 30 日

目录 Contents

第一章 高速公路建设与经济社会发展 ……………………………… 1
- 第一节 综述 ……………………………………………………… 1
- 第二节 高速公路建设与经济社会发展 …………………………… 5
- 第三节 海南高速公路发展格局与综合运输发展 ………………… 57
- 第四节 以"田字形"高速公路主骨架为重点构建陆海空综合运输体系 … 83
- 第五节 高速公路建设与发展的阶段性探讨 ……………………… 94

第二章 高速公路规划建设成果 ……………………………………… 109
- 第一节 综述 ……………………………………………………… 109
- 第二节 海南高速公路建设发展历程 ……………………………… 110
- 第三节 "田字形"高速路网主骨架规划 …………………………… 116
- 第四节 交通主骨架助力海南发展梦 ……………………………… 131
- 第五节 环岛高速公路代建制理念：新政策、新举措、新思路 …… 137
- 第六节 海南环岛高速公路："绿色通道"的美称 ………………… 146
- 第七节 海南高速公路设计 ………………………………………… 151
- 第八节 揭秘海南首条高速公路建设历程 ………………………… 168
- 第九节 海南高速公路建设投资改革和融资新创举 ……………… 178
- 第十节 海南高速公路施工标准 …………………………………… 189
- 第十一节 创新：代建制和标准化施工
  ——海南环岛高速公路（西段）九所至八所段改建工程 ……… 194
- 第十二节 海南高速公路建设十大成果 …………………………… 202

第三章 高速公路建设项目 …………………………………………… 204
- 第一节 综述 ……………………………………………………… 204
- 第二节 G98海南环岛高速公路（东段）右幅工程 ………………… 206
- 第三节 G98海南环岛高速公路（东段）左幅扩建工程 …………… 211
- 第四节 G98海南环岛高速公路（西段）海口至洋浦段工程 ……… 215

第五节	G98 海南环岛高速公路(西段)九所至三亚段工程	218
第六节	G98 海南环岛高速公路(西段)洋浦至九所段工程	220
第七节	G98 海口绕城高速公路工程	223
第八节	G98 三亚绕城高速公路工程	226
第九节	海口至洋浦1小时交通圈工程	229
第十节	G9811 海口至屯昌高速公路工程	231
第十一节	G9811 屯昌至琼中高速公路工程	235
第十二节	G9811 琼中至乐东高速公路工程	236
第十三节	G9812 海口至文昌高速公路工程	239
第十四节	G9812 文昌至琼海高速公路工程	243
第十五节	G9813 万宁至洋浦高速公路工程	246
第十六节	五指山至保亭至海棠湾高速公路工程	249
第十七节	白沙快速出口路工程	250
第十八节	附录	251

第四章 高速公路建设与养护管理 … 253

第一节	综述	253
第二节	海南高速公路建设质量监督监管	254
第三节	海南高速公路养护与管理沿革	262
第四节	海南高速公路养护体制改革	264
第五节	海南首条高速公路的养护与管理	268
第六节	海南高速公路养护管理体制改革尝试	281
第七节	海南高速公路建设管理制度选编	286
第八节	海南高速公路管理养护制度选编	322
第九节	海南高速公路服务区建设和运营新模式	359
第十节	转型发展中的海南高速公路服务区	365
第十一节	海南高速公路交通整治新闻报道选录	369

第五章 海南高速公路科技运用和成果转化 … 376

第一节	综述	376
第二节	海南高速公路建设科技创新特色和成效	378
第三节	海南高速公路科技成果应用	381
第四节	运用科技手段加强生态保护	407
第五节	海南高速公路养护实现国家级科研成果零突破	411
第六节	引进国外先进设备	419

| 第七节 | 智能交通使海南不再"孤悬海外" | 421 |

第六章　高速公路建设者之歌 … 426
第一节	综述	426
第二节	讴歌海南首条高速公路(环岛高速东段)建设者们	427
第三节	特色:中国第一条滨海旅游生态景观高速公路	434
第四节	飞跃:我国唯一环岛高速公路给海南带来的巨变	437
第五节	海南高速公路建设群英谱	440
第六节	赞歌为建设者而唱	480

第七章　高速公路建设进行时 … 502
第一节	综述:意在重现历史	502
第二节	G98:环岛高速公路建设忆当年	503
第三节	G9811:穿行黎苗山寨雨林中	527
第四节	G9812:打造东部侨乡大动脉	547
第五节	G9813:横贯宝岛东西战犹酣	554
第六节	"田字形"互联宝岛东西南北中	559

第八章　高速公路文化建设 … 585
第一节	综述	585
第二节	海南高速公路与行业文化建设	586
第三节	国内外名人谈海南高速公路	604
第四节	海南高速公路建设之最	605
第五节	海南高速公路诗词歌赋集锦	615
第六节	琼崖古驿道、古代官道的交通记忆	640

附录一	海南高速公路建设大事记	647
附录二	海南高速公路相关数据和图表	667
附录三	海南省高速公路发展规划图	728
附录四	海南省高速公路建设企业风采	730
后记		739

第一章
高速公路建设与经济社会发展

第一节　综　述

妙笔纵横高速路，天涯处处皆坦途。

早在18世纪，英国著名学者经济学鼻祖亚当·斯密在其著名的《国富论》中就深刻指出："在一切改良中，以交通运输改良最为有效。"我国改革开放40年的实践证明，交通运输始终是国民经济和社会发展的重要基础性、服务性、先导性产业，是联系社会生产、消费等各个环节的桥梁和纽带，是经济社会发展的推动力量。

海南省，简称琼，别称琼州，位于中国南端。海南省是中国国土面积（陆地面积加海洋面积）第一大省，海南经济特区是中国最大和唯一的省级经济特区，海南岛是仅次于台湾岛的中国第二大岛。海南省北以琼州海峡与广东省划界，西临北部湾与广西壮族自治区和越南相对，东濒南海与台湾地区对望，东南和南边在南海中与菲律宾、文莱和马来西亚为邻。1988年4月，海南建省、成立海南经济特区。海南地处热带北缘，属热带季风气候。截至目前，全省有4个地级市，5个县级市，4个县，6个民族自治县，1个经济开发区；基层设置183个镇，21个乡，18个街道办事处。

海南岛是地处祖国最南端的省份，孤悬海外，交通一直是制约海南经济发展的瓶颈。新中国成立后，党和国家领导人及地方政府，极其重视交通基础设施建设，随着海南第一条等级公路——海榆中线的开通，海南交通运输建设事业迈开了具有划时代意义的第一步，开始本质上的嬗变。

1987年海南建省前，全岛公路运输主要仰赖海榆东、中、西干线，即G223、G224、G225三条老国道实现。由于大部分道路使用年限长、等级低、混合交通严重，通行能力严重不足，远远不能满足社会经济发展的需求。建设新的符合时代发展要求的高等级公路呼之欲出。

建省伊始，海南就开始了环岛东线高速公路项目的运筹谋划。鉴于当时人们对建设高速公路认识意见不统一，经过半年多的争议，出行需求的理性终归战胜急功近利的谬论，在海南岛上建设一条由南而北的高等级公路的呼声一浪高于一浪。1988年，国家计委正式批准海南东线高速公路立项兴建，掀开了海南环岛高速公路建设的序幕。海南建省办经济特区后的1992年底,海南岛上第一条高速公路——环岛高速公路(东段)府城至黄竹段约62km建成通车。虽然是半幅高速公路,建设里程不长,标准不高,但它实现了海南高速公路建设零的突破,标志着琼州大地正式跨入有高速公路的新时代。

1995年12月,全长250km的环岛高速公路(东段)全线竣工通车,沿海岸线穿越海南岛东部沿海市县,开辟了一条从省会海口开始,途经琼海、万宁、陵水直到三亚的经济大动脉和旅游黄金通道,为海南东南沿海市县旅游产业发展奠定了重要基础。

1995年11月,环岛高速公路(西段)海口至洋浦段开工建设。1999年9月,全长324km的环岛西段高速公路竣工通车,环岛高速公路东、西段顺利实现对接;2002年9月,全长51.7km的海文线高速公路也全线通车;2006年3月31日,海南省首个公路代建项目——环岛高速公路(东线)大茂至孟果坡段(右幅)改造工程完工恢复通车。这个项目提前改造完工,标志着公路代建制模式在海南省实施成功,也标志着海南省交通运输行政职能部门职责有了新的转变,开启了"只当裁判员、不当运动员"、建管分离、杜绝工程建设领域滋生腐败的新征程;2005年,全长34.4km、海南第一条真正意义上的高速公路代建制试点项目——海口绕城高速公路开工建设。作为项目业主,海口市政府不断加大人财物的投入力度,极力打造一条绿色生态的高速公路,2008年,项目竣工通车。2008年5月,三亚绕城高速公路开工建设,2012年1月竣工通车。这些成果的取得,不仅完善海南环岛高速公路主骨架,也标志着国家"五纵七横"高速公路网在海南岛上画了一个圆满句号。值此,海南交通运输开始迈向互联互通、无缝衔接时代。

大地上的丰碑

2012年,海南省政府批复的《海南省公路交通"十二五"发展规划》中提出,全面开工建设"田字形"高速公路主骨架项目,以实现东部与西部、中部与南部的便捷连通。2010年8月,等待达17年之久的中线高速公路海口至屯昌段动工建设,2012年底竣工通车;

2012年5月,屯昌至琼中段动工建设,2015年5月竣工通车。同时,琼中至乐东段开工建设,2018年建成通车;2016年11月,文昌至琼海高速公路开工建设,横线高速公路万宁至洋浦段正在建设之中。至此,海南所有高速公路项目均列入国家高速公路网规划并全部开工建设,标志着海南高速公路建设进入"黄金期"。

　　坚持人民至上,科学发展,绿色崛起,是海南省委、省政府一以贯之的执政思维,是一种情结、一种理念、一种对历史和人民高度负责的发展观和政绩观。近30年来,海南历届省委、省政府抢抓机遇、开拓创新,特别是利用高速公路建设的好时机,克服种种困难,挑战了诸多不可能,共投入720多亿元(根据统计,其中高速公路方面的投资共357亿元),使包括海南高速公路等基础设施建设实现了新的历史性跨越,一批具有现代化标志的重大交通基础设施陆续建成,为海南经济社会发展插上腾飞的翅膀。其中,"田字形"高速公路网中的"十"字主骨架工程、全球首条环岛高速铁路工程、海口美兰机场、三亚凤凰机场、琼海博鳌机场、三亚凤凰岛邮轮母港等重大交通基础设施相继建成投入使用。截至2016年底,海南全省公路通车总里程达28216km,比1988年的12816km增长120%。其中,高速公路795.32km,一级公路371.3km,二级公路1738.9km,三级公路1584.7km,滨海旅游公路800km,农村公路1.86万km,全面改造了一批国省干线。同时,建成了海口、三亚等道路客运主枢纽,基本形成"2小时公路交通圈"和"3小时高铁圈"交通理念。值得一提的是,"十二五"期间,海南投资288多亿元,改建项目104个共计985km,打响了县道沙土路歼灭战,全部建成水泥路和沥青路,全省380多万人民群众直接受益。这是海南公路建设史上浓重的一笔。

　　30年的建设,以构建"田字形"高速公路网主骨架为标志的海南交通基础设施建设发生了历史性变化,取得了巨大成就,实现了新的历史性跨越。无论是服务海南国际旅游岛建设、促进经济社会发展,还是改善民生、解决老百姓的出行难问题,海南交通基础设施建设功不可没。"公路四通八达、飞机纵横翱翔、高铁环岛运行、火车跨越海峡、邮轮畅游世界"立体交通运输格局基本形成,海南岛已越变越"小"。在"2小时公路交通圈"和"3小时高铁圈"的承载下,"交通+旅游"实现深度融合,海南环岛高速公路成为名副其实的生态景观公路、移动的风景线。

　　30年的建设,海南环岛高速公路对区域经济发展的带动力不可估量,对相关产业的拉动作用也十分明显。沿线崛起了一大批产业带,环岛高速公路变成了"经济主动脉"和"黄金大通道",一条条以高速公路为轴线的各具特色的工业园区、旅游房地产、旅游景点、高效热带农业和花卉基地等产业带沿路迅速崛起,在给生活生产带来快节奏和高效率的同时,极大节省了运输时间、缩短了运输距离、降低了运输成本,加快了人流物流的有序运行,使得海南的社会经济发展驰入快车道。从这个意义上讲,海南环岛高速公路就是一条汇聚区域经济布局的产业链,一张连接东西南北经济的互联网,一幅展示椰风海韵黎苗风情的画卷,一道风貌艳丽生态自然的热作长廊,一首奔向小康社会脱贫致富的赞歌。它犹如一条彩色的丝带,把那"藏在深闺无人知",散落于海南岛四面八方的美丽风景像珍珠般地串联起来,闪闪发光。

今天,海南交通运输建设事业蓬勃发展,"田字形"高速公路已经取得了今非昔比的长足进步,交通运输业已成为海南经济特区改革开放的"排头兵""生命线"和"先行官"。

党的十八大以来,以习近平同志为核心的党中央提出了治国理政新理念、新思想、新战略,确立了稳中求进工作总基调,形成了以新发展理念为指导、以供给侧结构性改革为主线的政策体系,为我们提供了行动指南;国家实施"一带一路"倡议和海洋强国战略,为进一步扩大对外开放和加快发展海洋经济带来宝贵机遇;全球服务贸易快速发展和国内服务消费需求剧增,这些对于海南交通运输发展既是机遇也是挑战。2013年4月,习近平总书记视察海南时,再提"全国最大经济特区",指出,海南后发优势多,发展潜力大,要以海南国际旅游岛建设为总抓手,闯出一条跨越式发展路子来,争创中国特色社会主义实践范例,谱写美丽中国海南篇章。这为新形势下海南发展指明了方向。

中共海南省七次党代会报告明确提出,今后五年,是海南全面建成小康社会、加快建设国际旅游岛的关键时期。要充分发挥海南"三大优势",全面提升基础设施现代化水平,加快建设经济繁荣、社会文明、生态宜居、人民幸福的美好新海南。

今天的海南已经站在了一个新的历史起点上,进入了更有条件、更加自觉地实现科学发展的新阶段:我们手中的财富足以保障生存和温饱,现在更有条件调整经济结构、转变发展方式,更有条件保护生态、普惠民生,更有条件深化开放改革、加强社会管理;我们要准确把握世情、国情、省情发展变化的态势,按照中央对国际旅游岛建设的战略定位,抓住机遇,乘势而为,以强烈的紧迫感、责任感、使命感,持之以恒、一以贯之地走以人为本、环境友好、集约高效、开放包容、协调可持续发展的绿色崛起之路。我们要认真贯彻落实省七次党代会精神,以对党的绝对忠诚和过硬的作风践行"加快建设美好新海南"的承诺,一抓到底、抓出成效,推动海南发展一年比一年好,海南百姓一年比一年幸福。

完善的基础设施是建设国际旅游岛、实现绿色崛起的重要支撑,是现代化、国际化的重要标志。以"多规合一"为引领,按照统筹布局、互联互通、环境友好、适度超前的原则,科学构筑交通、水、电、气和信息五大网络,加快推进"田字形"高速公路建设,早日完成三亚海棠湾—保亭—五指山和白沙高速公路的建设,确保"十三五"期末实现县县通高速公路的目标;扩建美兰、凤凰机场,增辟中外航线,发展通用航空,形成贯通全岛、连接岛内外的立体交通网,完善覆盖全岛、有线和无线相结合的高速宽带基础网络,实现"三网"融合,加快物联网、云计算和旅游、民生、电子商务等信息化应用,打造数字海南、数字城市,建设信息智能岛。我们坚信,基础设施完善之日,将是海南经济的腾飞之时。

第二节　高速公路建设与经济社会发展

一、海南综合交通日益完善

海南自新中国成立特别是建省、建经济特区以来,交通运输事业经过30年发展,发生翻天覆地巨变,打通区域经济发展脉络。交通,已成为统筹海南城乡发展,加快城市化进程的"助力器"。一条条交通大道,成为海南人民致富奔小康的幸福之路。海南交通基础设施建设快马加鞭,实现历史性跨越,一个便捷、高效的综合交通运输体系正加快构建,立体交通已成为海南国际旅游岛建设的强大引擎。

(一)构筑"田字形"高速公路主骨架

"区区万里天涯路,野草荒烟正断魂。"因为海峡阻隔,海南自古被视为贬谪逐臣、流放罪犯的"蛮荒之地"。

建省前,海南岛内交通道路等级低、路况差,通行能力严重不足。从南到北从东到西,班车通常要跑一整天;到乡镇至少需要两天行程。"晴天一身土,雨天一身泥。"许多居民终生没有去过县城,如有幸去趟海口,会引来全村人无比羡慕的目光。出岛旅行更是大多数岛民的奢望。

如今的海南,"飞机纵横翱翔,公路四通八达,火车跨海通行,邮轮畅游世界"。每年上千万中外游客夜宿海南,每月上百万岛上人员往来于各市县,每天数十万惬意客商驰骋在岛内高等级道路上。

交通网密集,出行更便捷。30年发展,海南交通从落后到相对超前,已构筑安全、快速、便捷的现代立体综合交通网络。海南着眼长远发展,大手笔布局,编织陆海空立体交通网,彻底改变了原有交通格局。

海南交通基础设施建设快马加鞭,实现历史性跨越,一个便捷、高效的综合交通运输体系正加快构建,立体交通将成为海南国际旅游岛建设的强大"引擎"。

1. 环岛高速公路圆梦"环岛游"

建省之初,海南没有一条高速公路,公路运输主要靠3条老国道,通车里程1.28万km。然而,这些路90%以上的路面用砂土铺设,坑洼不平,易发交通事故,有的路段被称为"死亡之路"。行路难成为当时人们反映最多的社会问题。

建设岛内畅通无阻的交通大动脉迫在眉睫。海南岛四季常绿,风景如画。环岛周边海岸线虽都有阳光沙滩蓝天白云,却又百里不同俗、景色不重样,各自成趣。过去由于交通不便,很少有人能在一天之内顺顺利利地实现环岛游览海南风光。

1987年6月,全长250km的海南环岛东线海口至三亚高速公路(右幅)开工建设,1995年12月竣工通车。此后该路进行拓宽,与1999年9月通车的全长342km的环岛西线高速公路实现对接,形成海南环岛高速公路,岛内公路架构渐成网络。

1988年,国家计委批准G98海南环岛高速公路东段立项兴建,掀开了海南高速公路建设序幕。

2002年9月,海口至文昌高速公路建成通车。

2008年8月,海口绕城高速公路建成通车,撑起了海口南部交通新骨架,成为海口一条交通主枢纽。

2010年8月,海南高速公路统一命名为"G98海南环岛高速公路"。

2012年1月18日,三亚绕城高速公路建成通车,东线、西线高速公路完全合龙,形成一个环形闭合圈,成为真正意义上的环岛高速公路,总里程612.8km,成为海南省最重要的交通大动脉。

如今的海南公路交通四通八达

2."田字形"高速公路轮廓显现

中部地区是海南省绿色生态特色农业和旅游业极具发展潜力的区域。然而中部地区发展远远落后于全省平均发展水平,交通不畅是中部地区发展的"瓶颈"。中部地区人民热切期盼方便、快捷的高速公路早日向中部延伸。

1994年,海南开始酝酿建设中线高速公路。1995年,海口至永发段高速公路开工。2009年8月17日,中线高速公路海口到屯昌路段举行开工仪式。2012年5月31日,屯昌至琼中高速公路开工建设。2012年12月29日,海南省中部地区第一条高速公路——海口至屯昌高速公路正式建成通车。

2011年开始,海南按照"东西互动、南北并进"思路,全面启动"田字形"高速公路建设,努力实现交通基础设施建设大跨越。

2015年5月30日,历经3年建设,全长46km中线高速公路屯昌至琼中段顺利建成通车;全长约128.8km的琼中至五指山至乐东段隆重开建。

2016年11月18日,文昌至博鳌、横线万宁至洋浦高速公路项目正式开工。3条在建高速公路总里程达357km,加上环岛高速公路和海屯高速,海南"田字形"高速公路网络轮廓开始显现。

可以预见,穿越海南省中部的中线、横线高速公路建成后,将与现有的环岛高速公路构筑起"田字形"高速公路网,海南将构筑纵横交错发达高速公路网,打造"2小时交通圈",为实现海南跨越式发展提供坚强有力的交通运输保障。

3. "县县通高速"成现实

翻开最新版海南地图可看到,海南省各市县除三沙外,只剩保亭境内还未有高速公路经过,在建中的琼乐高速公路和万洋高速公路也只是分别擦过五指山和白沙一角。五指山至保亭至海棠湾高速公路、白沙快速出口路两个项目前期工作都在加快推进,确保在2017年内动工。

海南省委、省政府表示,力争在"十三五"期间,实现"县县通高速"的目标。

平坦、舒适的屯琼高速公路穿行于中部地区青山绿水间,公路两旁景色美不胜收,花红树绿,山清水秀,一条绿色之路、生态之路正在脚下延伸。

海南在高速公路项目前期工作中,本着"安全、环保、舒适、和谐"的设计理念,建设与保护并重,最大限度保护生态,使公路与中部山川、沟谷、河流等自然景观相融合,着力打造绿色高速公路。设计之初便将生态选线、地质选线作为主要技术控制指标,充分考虑生态保护,尽可能避免穿过生态敏感区。

为保护中部生态,公路设计顺应原有地势地貌,做到宜桥则桥,宜隧则隧,跨越生态敏感区时适当增加桥隧比,尽量减少对原地形地貌的破坏,保护生态。未来中线、横线高速公路,将打造成与山川、沟谷、河流等自然景观相融合的绿色之路,为海南国际旅游岛添光彩。

海南黎苗族风情独特,民间故事浩如烟海,异彩纷呈,所谓"方言土语生珠玉"。"田字形"高速公路建成后,不仅是一条连接岛内东西南北运输的大通道,同时是一条展示黎苗风情的文化长廊,一条穿越五指山生态核心区的绿色画廊,进一步丰富旅游资源和旅游文化内涵。

4. 旅游公路:把散落珍珠串起来

未来的"一纵一横"两条高速公路犹如两条珠链,将沿线散落的自然和人文景点串联起来,成为展示海南中部及中南部自然风光、民俗文化的通道。

2010年7月,《海南国际旅游岛建设发展纲要》提出:"延伸沿海公路主干线,分期、分段建设沿海观光公路,打通主干道通往旅游景区的连接通道以及景区和景区之间的通道,提高景区的可进入性。"8月,海南与交通运输部签署《加快推进海南国际旅游岛交通运输发展会谈纪要》,进一步明确省部共建一批设施齐全、功能完善、符合国际服务标准的旅游公路,建成特色突出的环岛滨海景观公路。

海南国际旅游岛建设呼唤旅游公路。建设旅游公路,开创了交通与旅游深度融合的新模式。2012年12月20日,万宁石梅湾至大花角旅游公路开工建设,海南旅游公路建设全面启动。

《海南省旅游公路发展规划》提出了"打造一个体系、提升三类水平、突出五大特色、基本建成环岛滨海旅游公路"发展目标。"十三五"期间,海南拟投资180亿元,建设设施齐全、功能完善、符合国际标准的旅游公路1100km,解决旅游公路总体规模不足、技术等级偏低、特色公路缺乏、配套设施不足等现状问题,更好地服务海南国际旅游岛建设。同时,将依托全省现有及规划的公路网,打造国内第一个省级旅游公路体系,使全省17大旅游景区和22个特色旅游小镇通达性达100%,提升公路旅游设施服务、公路景观环保和公路旅游信息化水平,突出视觉、自然、历史、娱乐和文化等五大特色,到2020年最终建成以环岛滨海观光为主的1000km旅游公路。

为提升海南国际旅游岛公路交通旅游服务品质,海南确定4条旅游公路作为示范项目,由海南省和交通运输部共建,包括文昌东郊至龙楼、陵水水口庙至南湾猴岛、琼海港下至谭门、万宁石梅湾至大花角旅游公路。

环岛滨海旅游公路是海南旅游公路首推第一品牌。环岛滨海旅游公路如同一条链子,把散落在沿线如珍珠般的景区景点等旅游要素串联起来,让旅游者在行车过程中充分体验和感受到海南的独特魅力。

文昌东郊至龙楼旅游公路是海南第一条通车的旅游公路,它充分展示了历史文化、地域文化和椰风海韵。

5."三纵四横"国省干道改造:铺设交通捷径

构建设施完善、服务高效的综合交通运输体系,是建设国际旅游岛、实现绿色崛起的基本支撑,是海南长远发展的"助推器"。海南在推进"田字形"高速公路建设的同时,加快改造低等级公路。

"十二五"以来,海南累计投入330亿元用于公路建设,将干线公路改造升级和提高农村公路的通达深度作为重点,分步实施,有序推进。"改造"的重点工程是"三纵四横"公路。"三纵"即海榆东线、中线、西线三条老国道;"四横"即黄竹—屯城—大拉、万城—营根—乌石—那大、陵城—大本—什运—牙叉—邦溪、天涯—抱由—新宁坡。

截至2016年底,海南全省公路通车总里程达28216km,比1988年的12816km增长120%,比"十一五"末的21236km增加6980km,路网密度由"十一五"末的62.64km/100km² 增加到83.2km/100km²,2016年底的路网密度比全国平均水平48.92km/100km² 高出近2倍;高速公路通车里程达795.32km,占全省公路通车总里程的2.8%;国省干线共计3558km,占12.6%。海南已基本实现以"一环三纵四横"国省干线为主骨架,以环岛高速公路和中线高速公路为主动脉,岛内贯通东西南北的路网格局。

海南岛内各市县之间的路程越来越短,交通更加便捷,车流、物流、人流更加顺畅。如今,从省会海口市出发到任何市县,基本实现3小时到达。道路的畅通,让海南岛越变越"小"。交通已成为海南统筹城乡发展,加快城乡一体化进程的"助推器",纵横交错的交通大动脉,完善的立体交通网络,为经济社会发展"舒筋活络"。

路能提升人气,路能聚集财气。交通,成为支撑海南特区经济迅速崛起的脊梁。

6. 农村公路:镌刻惠民丰碑

"足下征程远,车前富路多。"建设新农村,农村公路作用不可小觑。

2006年3月,海南省政府印发《海南省农村公路建设养护与管理体制改革实施意见》;11月出台《关于加快公路建设的决定》,确立了公路建设"以省为主、受益市县分担"的投入机制和分级负责的管理机制,改变海南省多年来公路建设由省政府"统贷、统建、统管、统还"的体制。

机制转变后,海南省政府根据各市县财力,确定了农村公路通畅工程不同的补助标准,水泥路最高补助33万元/km,不足部分由市县配套资金解决。此举旨在建立可持续发展的新机制,让市县政府从幕后走到前台,充分调动全社会加快公路建设的积极性,加快农村公路建设步伐,更好地服务"三农"。

农村公路建设项目下放后,最大的变化是实现了省政府有关部门职能的转变。省里将精力转向建设国道、省道、高速公路及县际之间的主干线,对工程资金、质量和进度实施有效监督。农村公路建设项目下放市县实施,激活了公路建设的活力,市县的积极性真正调动起来了。一条条穿越崇山峻岭的农村公路,其实就是造福百姓的民心工程。

一条条穿越崇山峻岭的农村公路成为百姓的"致富"路

海南农村公路通畅工程大部分项目按四级路标准设计,在交通量较大的路段相应地加深厚度和加长宽度。

截至2016年底,海南全省累计完成通畅工程里程18766.86km,占全省通畅工程建设任务的99.9%;累计完成投资近百亿元,占总计划投资的102.9%;全省204个乡镇全部建设了农村公路,畅通率达100%。其中,农村公路通畅工程解决3322个连队(村),中央预算内投资项目解决178个连队(村),在"十二五"末成功"消灭"了县道砂土路。至"十二五"末,海南累计开通农村客运班线255条,全省乡镇通班车率达100%,建制村通班车率达80%。

7. 打通服务联系群众"最后1公里"

遍布海南全省的一条条县道和乡村路犹如一条条毛细血管,与一条条交通主动脉贯通,构成了发达的公路网。

一条条便民路、富民路在脚下延伸,百姓收获的是幸福和喜悦。

农村公路,凿开的不仅是崇山峻岭,更牵引着数百万农民群众的幸福和感动。正是由一条条如毛细血管的乡间道路,延伸到大山深处的黎村苗寨,连通干线公路大动脉,有效地改善了海南省农村、垦区和林区的交通状况、投资环境和居住环境,促进了农村和垦区资源的开发利用,成为百万农民的致富大道。农村公路真正成为海南老百姓生产、生活和出行的"惠民大道"。

海南省委、省政府着眼惠民利民,全力实施县道砂土路改建工程和农村公路连通工程,目的是打通服务联系群众"最后1公里"。通畅工程实施后,受益群众出行已经畅通无阻,高兴地赞誉"交通大解放"。

随着农村公路通畅工程的全面实施,海南全省各市县已开通了农村公交,加快城乡交通一体化建设。目前,广大农民兄弟"出家门、上车门、进城门"已不再是一种奢求。如定安县2012年开通首条农村公交车线路"定城至巡崖",途经4个村委会6个自然村,受益人口8500余人,群众十分满意。

通畅工程建设后,农产品运输更加便捷,运输成本普遍降低。海南的鲜活农产品源源不断地运往内陆地区。

2016年,海南全省鲜活农产品出岛运输量达800多万吨,农民增收达百亿元。

水泥路修到哪,瓜果菜就种到哪。穷乡僻壤也开始得到了外地投资者的关注和投资,群众种植经济作物的热情倍增,就业和收入也稳步增加。

农村公路也有力地促进文明生态村建设,大大改善乡村人居环境。许多老家在农村的城市居民,开始在村里建房买屋,便于返乡探亲度假或退休居住。农村公路畅通还带动了汽车销售市场、乡村生态旅游和休闲观光农业的发展。不仅购买汽车出行或运营的农民越来越多,就是城里的工薪阶层,周末和节假日也常常携家带口自驾到农家小院。

8. 齐心打造富民路

一条蜿蜒绵长的水泥路穿村过乡,公路两旁绿树成荫,一幢幢小洋楼悄然崛起,一派富庶景象。这,得益于琼海市嘉积镇市委宿舍至龙池村委会通畅工程的实施。该路建成几年来,使沿线两个村委会8000多村民踏上了舒心路、富裕路。

唐宁是琼海市嘉积镇不偏村村民,近几年靠养鹅和种植致富,年出栏温泉鹅5000~6000只,收入颇丰。2014年,唐宁盖起了三层小洋楼。"'路通财通',这话不假。自从村里通了水泥路,海南人的农产品销路顺畅了,这可是一条致富路。"唐宁脸上溢满笑容。

走进琼海各个风情小镇,只见一条条农村公路镶嵌在片片绿色田园中,如网络般连接着风情小镇各具特色的乡村客栈、采摘篱园、生态渔村、家庭农庄,呈现出一幅幅"城在园中,村在景中,人在画中"的美景。农村公路正逐渐改变着琼海人的生活,为他们打通了一条条幸福之路。

连接屯昌羊角岭和琼中阳江农场的羊榕线是海南省县道砂土路改建工程之一,该项目于2013年底完工。该路连接多个村庄和农场连队,沿线多为橡胶、水果基地,这条路对沿线百姓来说至关重要。"过去这条路是泥巴路,雨天根本走不了,进村运送农产品的车经常陷车,现在改造后,我们终于告别了坑洼不平的土路,村民的农产品销路更加顺畅了,带动了村里的种植业。"琼中黎母山镇永木村村民李茂福对此感慨颇深。

阳光穿透公路林的浓密绿叶,映照着澄迈县福山镇墩茶村村民符亚楷的笑脸:"太好了,福山至桥头公路修通了,带动了海南农村荔枝、咖啡、福橙等产业的发展,现在来收购农产品的客商更多了,价钱也上去了。政府为海南农民办了件大好事啊!"

全长11.02km的福山至桥头公路是连接桥头和福山的主要交通要道,但因年久失修,加上大批重型车碾压,路面已坑坑洼洼,泥泞不堪。为此,当地投入3000多万元对该路进行改造。项目惠及了沿线18个村庄,2万多人。

民生工程惠及百姓。一条条舒心路、富民路正向广大乡村延伸,百姓喜上眉梢。村民骑行于平坦的村道上,备感舒心安心。

徜徉在乡间道路上,领略着田园风光,人们更加感受到海南镌刻在农村公路上的惠民"丰碑",感慨海南交通运输30年沧桑巨变。

今天的海南交通,是一个开启全新时代的崭新起点。在海南省委、省政府的领导下,海南交通人正踩在新的地平线上,同心同德,实干奋战,共同去实现海南立体综合交通更加宏伟的蓝图,开创全面小康幸福生活。

(二)铁路:历经沧桑梦成圆

交通不便,对于天堑阻隔、孤悬海外的海南而言,自古就是发展的最大障碍;铁路建设,作为现代工业文明的典型代表,海南的追溯历史已逾百年。

爬梳历史可以发现，环岛铁路，正是从一代代仁人先贤的惊人谋划中走来。

1. 粤海铁路——天堑变通途

早在清末，名臣张之洞就提出修建海南铁路。

将计划落地更推一步的是在1915年，琼崖当局计划向美国借款修建海口至乐会铁路，但因路权争议未果。

1936年，国民政府中央经济委常委宋子文与广东军政要员余汉谋、陈策考察海南交通建设，计划3年内投资1000万元修筑东线361km和西线67km铁路，统称环岛铁路。然而测量工程只进行一半，就因日军全面侵华戛然而止。

海南岛上第一条铁路由日本侵略者修建。1939年日军占领海南后为掠夺号称"亚洲第一富铁矿"的石碌铁矿资源，陆续在海南西线修建240km铁路，开始对海南日夜疯狂掠夺，成为一道民族耻辱的疤痕。

1949年以后，人民政府着手恢复被战争破坏的基础设施。1958年，开始按1.435m的标准轨距改造海南岛本线，1960年修复安游经黄流至岭头126.73km线路，同时建成黄流至莺歌海盐场5.8km专用线。1985年，三亚至八所全线开通，正式改称海南西环线。

海南建省办特区以来，随着经济建设进入快车道，海南对低成本、高速度、大运能铁路运输需求日益迫切。1998年8月30日，总投资45亿元的粤海铁路通道建设工程正式启动。

2003年1月7日，粤海铁路轮渡开通；2004年12月5日，中国铁路史上首对跨海旅客列车（海口至广州）K408/407次正式开行。从此，南宋名臣李光"愿予一咄嗟，跨空结飞梁"的千年期盼，变成了眼前的"天堑变通途"。

粤海铁路通道正式贯通，海南人民百年跨海铁路梦想终于成真

2005年10月,海口至三亚铁路改造动工,总投资23亿元。2007年西环铁路改造全线通车运营,并与粤海铁路轮渡相连,与全国铁路网连成一体,可直达全国主要城市铁路。

2. 东西环高速铁路——全球唯一环岛高速铁路

令人魂牵梦萦、历尽劫波的环岛铁路,也在新时代里全力推进。2005年,海南东环高速铁路项目列入《全国中长期铁路网点建设规划》。2007年9月29日,海南东环高速铁路正式开工,项目总投资约192.2亿元。这是继建成西环铁路、粤海铁路之后,海南省第三条铁路大动脉,也是以旅游观光为主的城际快速客运铁路,全长308km,贯穿海南东海岸。

西环高速铁路也同时起步谋划。2013年4月,习近平总书记在出席博鳌亚洲论坛年会期间,视察海南曾乘坐东环高速铁路。当时任省委书记罗保铭和中国铁路总公司总经理盛光祖通报海南高速铁路发展情况时,习近平总书记作出西环高速铁路"要科学规划、着眼长远、精心施工,不断为国际旅游岛建设创造更有利条件"的重要指示。

从此,总投资271亿元、总里程345km的西环高速铁路项目,进入了全速推进时期。2013年9月29日全线开工,2015年12月30日完全建成通车,西环高速铁路与东环高速铁路一道构成了全球唯一的环岛高速铁路,创造了一个新奇迹。

如果从1915年海南修筑铁路开始落地化操作算起,迄今已有100余年。回顾这波澜壮阔、悲喜交加的百年历史,可以更加清晰地看到,环岛高速铁路凝聚着一代又一代人在峥嵘岁月中,始终咬定青山、矢志不渝地奋斗着。故而"百年始成一梦,将一梦开启百年"!

3. 铁路串起海南发展"金腰带"

海南铁路建设成功实现了新跨越,西环高速铁路与东环高速铁路一起构成了全球唯一环岛高速铁路,打造了"3小时经济圈",拉近了城市点与点之间的距离,海南发展走向"一城化",带动沿线产业发展,串起了海南发展"金腰带",成为加快西部开发、打造新经济增长极的"助推器",成为海南加快发展的强大"引擎"。

投入运营的海南环岛高速铁路串联起沿海12个市县,极大改善岛内交通运输格局,旅客乘动车环游海南岛成为现实。

在多数省份高速铁路主骨架尚未形成的形势下,海南高速铁路主骨架已经率先成形,一跃成为高速铁路强省。在大多数省份高速铁路还只满足于快捷交通的时候,海南环岛高速铁路已经实行全程景观设计,快捷、安全、低碳的高速铁路技术与海南青山绿水、碧海蓝天融为一体、浑然天成。海南高速铁路覆盖12个市县,约占全省市县总数的2/3,覆盖781万人口,占全省总人口的87%,这不但成为加快西部开发、打造新经济增长极"助推器",也将加快全岛范围内人流、物流、资金流、信息流等要素流动和汇聚,同时对全省加快国际旅游岛建设、推进全域旅游,实现全省均衡发展一盘棋意义十分重大。

(三)港航:呼之欲出成国际旅游岛物流支柱

海南是岛屿省份,特殊地理条件决定了海运成为海南对外经济联系主要运输方式。海南充分发挥地处南海连接太平洋与印度洋主航道中心线优势,抓住中国与东盟建立自由贸易区带来的良好商贸机遇,加快发展港航运输业。目前,港航业已成为海南经济擎天柱,作为东南亚重要区域性物流中心的轮廓越来越清晰。

1.构建"四方五港"格局

港口作为海南水陆交通运输主枢纽和对外贸易的门户,承担着进出岛90%的货运量和60%以上的客运量,是海南人流、物流的主要通道。

1988年,海南主要港口只有30个泊位,其中万吨级泊位3个,全省主要港口货物吞吐量仅693万吨,装卸能力和通过能力难于满足海南经济发展的需求。经过30年的努力,海南港口建设已形成北有海口港、西有洋浦港和八所港、南有三亚港、东有清澜港的"四方五港"分布格局。北部海口港实行"三港合一",是国家级枢纽港和集装箱干线港。马村港区是未来海口港中心港区,可建设50个左右深水泊位,年吞吐能力达亿吨,将发展成以能源、集装箱、散杂货及危险品运输为主,设施先进、功能完善、文明环保的现代化综合性港区。目前,马村中心港一、二期工程已建设完工。2015年12月25日,海口港新海港区汽车客货滚装码头一期正式开港运营。新海港一期工程总投资13.5亿元,2012年3月开工,现已建成10个1万吨级客货滚装泊位,年设计通过能力为170万辆次和1200万人次。

海南"海马"汽车从港口"出发"

经济要发展,港口要先行。海南水路建设好戏连台。洋浦港油品码头及配套储运设施、海口港新海港区汽车客货滚装码头二期、海口港马村港区三期、三亚凤凰岛国际邮轮港二期等工程相继建成或加紧建设。"四方五港"格局逐步完善,港口在综合运输体系中发挥的作用日益凸显。

截至 2016 年底,海南省投入运营的港口泊位总数 147 个,泊位总长 2.56 万 m,其中生产性泊位 140 个,泊位总长 2.49 万 m;非生产性泊位 7 个,泊位总长 669m;万吨级及以上深水泊位 65 个。2016 年全省港口货物吞吐量 1.64 亿 t,比 1988 年增长 24 倍;靠泊 30 万吨超大型船舶 100 多艘次,码头靠泊能力位居国内前列。港口吞吐量迅速增长,带来了源源不断的人流、物流,有效推动促进了第二、三产业快速发展。

2. 资源整合:优势互补提高效益

海南正在整合港口资源,加快推进海口港、三亚港、清澜港、八所港和洋浦港的"四方五港"建设和功能转型。2016 年 12 月 16 日,筹建了四年之久的小铲滩集装箱码头举行开港仪式,国际港务洋浦港区正式进入投产运营阶段。

海南港口资源整合发展关键在于将现有资产和能力进行整合,实现水水中转,提高效益的同时稳步推进海南港行产业发展。

经过探索与发展,海南港口整合顺利推进,实现了港行物流产业统筹谋划、分步实施、政府主导、企业联盟的良好开端;下一步,海南将集装箱、散杂货、港口物流等五大板块有效整合在一起,按照海南省政府要求,统筹发展,在提高港行产业效率同时,将海南水运业务推上新台阶。

此外,在琼州海峡航运上,海南着力打造粤琼两省港航一体化,2017 年底竣工的海口港新海港区将与湛江港徐闻港区南山港形成新海峡航运对发航线,旅客车辆过海时间降至 1 小时,形成琼州海峡两岸"1 小时经济圈"。

此外,海南海洋运输服务体系更加完善高效,能迅速应对海上突发事件,即时发布信息,并提供各项有效服务。

1)海洋运输担纲 90% 货运任务

建省前,海南水运业十分落后,当时船舶数量有 400 多艘,绝大多数是几吨、十几吨木帆船和机帆船,铁壳船最大的只有 1000 载重吨,总货运能力不足 4 万载重吨。海南水路运输主要靠外省航运企业。

港口能力扩大和功能配备的完善,为海南海洋运输奠定了坚实基础。海南港航控股等一批水运骨干企业茁壮成长。现在,海南注册航运企业有 150 多家,总运力 180 多万吨,比建省初期增长 30 多倍。截至 2016 年底,海南航运船队国内航线可到达沿海、珠江三角洲及长江中下游各港口,还开通了海南至广州、香港、湛江、北海、营口、厦门集装箱航线,国际航线到达港澳台、远东、东南亚、非洲和欧洲国家和地区,与世界 24 个国家和地区保持航运业务往来,其中与俄罗斯、日本、韩国、东南亚各国往来密切。

2)港航业支撑海南经济长远发展

港航业既是承载海南岛内外往来物流、人流的主力,又是实施"大企业进入、大项目带动"战略的前提,还是城市经济发展的基础。"城以港兴,港为城用"已成共识。

如今,海南全省港口附近城市已发展成为区域性经济、旅游中心。澄迈县老城开发区依托马村港地理优势,发展成为全省占地面积最大经济开发区,东方市依托八所港正在建设全国最大的天然气化工城。洋浦港的崛起,使洋浦经济开发区成为我国南方重要的石油加工与石油化工、林浆纸一体化基地和全省集装箱专用码头。随着重要港口、码头周边的路网交通设施不断完善,港航枢纽中心和物流服务业发展的效应将更加彰显,港口城市的经济发展后劲将更加充足。

为适应建设国际旅游岛和自由贸易区的需要,海南正统筹规划,充分挖掘和利用不可多得的深水良港资源,向东南亚重要的区域性物流中心的目标迈进;充分利用岸线和港区土地资源,探索"港区联动"机制,融航运、仓储、加工为一体,形成运输与生产联动的产业群。

随着中国与东盟自由贸易区、泛北部湾经济区和泛珠江三角洲经济区等区域性合作的推进,海南港航业发展的机遇更多、优越更明显。海南正突出加快运力增长与运力结构调整,加快港口基础公共设施建设和重点项目建设,打造新经济增长点,为经济长远发展提供有力支撑。

凭借港航业的优势,海南正构建国家能源海运服务保障通道,促成国家石油战略储备基地、商业石油储备项目落户。同时加快打造南海油气资源勘探开发综合服务基地,力争在南海开发与保护中发挥更大作用。

(四)航空:空中支架通达世界

20世纪七八十年代,海南只有一个位于海口市中心的军民两用机场,仅开辟一条海口至广州航线,每周只有两三趟进出航班,民航旅客年吞吐量约5万人次。"一票难求",人们必须调动各种社会关系才能乘坐飞机。

1987年6月14日,海南开通了首条国际航线——海口至曼谷;同年10月7日,海南开通了第一条国内远程航线——海口至北京。

海南航空运输业发展的真正标志是,海南航空公司创立和发展、三亚凤凰机场的修建和海口机场迁建美兰。1987年,国务院批准修建三亚凤凰机场。1990年5月,凤凰机场开工建设,1994年7月1日建成开航。1999年,海口美兰国际机场建成使用。机场航站楼总规模9.9万m^2,站坪总面积达38.4万m^2,站坪机位33个。

海南建设国际旅游岛上升为国家战略后,海南民用航空运输业迅猛发展。2010年,海口美兰国际机场旅客年吞吐量达到千万人次,实现历史性跨越。目前,美兰机场共开通航线111条,其中国内航线97条、地区航线5条、国际航线9条,与63个城市通航。2012年,三亚凤凰国际机场提前14天完成旅客年吞吐量千万人次,位居全国地级市首位。

随着国际旅游岛建设的发展,海南民航事业迎来前所未有快速发展期:构建分工合理、功能互补、干支协调的"南北东西,两干两支"的机场格局。海口美兰国际机场二期和三亚凤凰国际机场三期扩建工作正式启动。海口美兰国际机场新航站楼建筑面积达30万m^2,将打造成中南机场群区域枢纽、国内重要的干线机场和面向东南亚的区域性航空枢纽。三亚凤凰国际机场将成为我国旅游航空港、我国南部机场群中重要大型机场。同时航权、航班、时刻等资源配置上,海南将得到更多倾斜。借助海南国际旅游岛建设的东风,海南空中通道建设实现了跨越式发展。海南一南一北两大国际机场国内、国际航线四通八达,旅客吞吐量已突破1600万人次大关。2015年3月19日,总投资19.1亿元的博鳌机场开工建设,不到10个月便建成通航,创造了海南速度,并于2016年5月开通飞往国内其他城市航线。

此外,海南南北两大机场也在扩容。2015年11月18日,总投资144.6亿元海口美兰国际机场二期扩建工程开始,计划新建一条长3600m的跑道、两条平行滑行道及联络道系统;新建29.6万m^2的T2航站楼、59个机位的各类站坪,项目建设目标为2025年满足年旅客吞吐量3500万人次,年货邮吞吐量40万t。三亚凤凰机场定位为面向海上丝绸之路的门户机场,目前,作为打造"一带一路"门户机场新举措的三亚凤凰机场三期改扩建工程正快速推进,候机楼面积将达到10万m^2,停机位增至70个。

海南民航大省目标指日可待。

二、海南高速公路规划历程

习近平总书记2013年在海南考察时强调,海南作为全国最大经济特区,后发优势多,发展潜力大,要以海南国际旅游岛建设为总抓手,闯出一条跨越式发展路子来,争创中国特色社会主义实践范例,谱写美丽中国海南篇章。

完善的基础设施,是全面建成小康社会、建设国际旅游岛、创建全域旅游示范省、实现绿色崛起的有力支撑,是现代化、国际化的重要标志,是建设经济繁荣、社会文明、生态宜居、人民幸福的美好新海南的有力保障。

为提升和完善海南国际旅游岛现代化水平,打造海南现代化综合交通运输体系,在党中央、国务院殷切关怀下,海南省委、省政府谋划了"田字形"高速公路网并持续推动项目建设。1988年建省以来,海南省高速公路从无到有、从断头路到环岛高速公路全线贯通,再到2020年"田字形"高速公路全面建成,30年来,一代又一代的海南交通人全力以赴,为提升海南基础设施水平、拉动投资增长、形成"南北并进、东西互动"良好局面,带动全省经济社会和城乡一体化发展提供了良好的交通支撑。

(一)海南省高速公路纳入国家规划

海南高速公路规划建设,是国家高速公路发展的重要组成部分。1988年,交通部就我国水路、公路建设长远规划提出了基本设想：即从"八五"开始，用几个五年计划的时间，在发展以综合运输体系为主轴的交通业总方针指导下，统筹规划，条块结合，分层负责，建设公路主骨架、水运主通道、港站主枢纽，以适应国民经济和社会发展的需要。

根据这一总方针，勾画出长远规划的具体设想。其中公路主骨架：重点建设"五纵七横"12 条共 10 万～10.5 万 km 国道主干线，将全国重要城市、工业中心、交通枢纽、对外口岸连接起来，逐步形成一个与国民经济发展格局相适应，与其他运输方式相协调，由高速公路和一、二级汽车专用公路组成的快速、安全的国道主干线系统。

海南省海口绕城、东线高速和三亚绕城为"五纵"中 G010 同三线（哈尔滨同江至海南三亚）的组成部分。2004 年，国家发展和改革委员会印发了《国家高速公路网规划》，明确国家高速公路网由 7 条首都放射线、9 条北南纵向线和 18 条东西横向线组成，简称为"7918 网"，总规模约 8.5 万 km，其中主线 6.8 万 km，地区环线、联络线等其他路线约 1.7 万 km。

海南环线是五条地区性环线之一。环岛高速公路联络线不纳入国家高速公路网，按省级高速公路命名编号。2013 年，国家发改委印发了《国家公路网规划（2013 年—2030 年）》，补充完善了部分并行线、联络线和地区环线，总里程 11.8 万 km，另规划远期展望线约 1.8 万 km。海南省"田字形"高速公路全部纳入国家高速公路。

（二）海南省高速公路规划历程

1988 年海南省建省办特区，"三纵四横"的公路网络才初步形成，基础设施建设起点低、底子薄，面临"电灯不明、电话不通、道路不畅"等落后局面。为了迅速改变这些状况，海南省委、省政府制定了"用政策,打基础,抓落实,求效益"的方针,加大了交通建设规划力度,保证了交通建设健康快速发展。1988 年上半年开始，抓了一个五年交通邮电发展的大交通规划，就是从 1988 年到 1992 年的五年规划。概括说来是"一条铁路、二个机场、三纵四横、四方七港、五年赶超"；其中，"一条铁路"指西环铁路，"二个机场"指海口和三亚机场，"三纵四横"是指公路，"四方七港"是指海南的东南西北要建七个港口，"五年赶超"是争取电讯服务三年内超过全国平均水平，五年赶上国际水平。

1993 年 8 月，在海南省委、省政府和交通部的支持下，海南省交通厅制定了今后 15 年海南公路建设总目标：建设与环岛沿海产业人口密集地区经济发展相适应的环岛高速公路，沟通各市县与主骨架相连接的干线公路、县乡公路，打通断头路，大力发展疏港公路、机场公路，以逐步形成一个"田字形"为主骨架的全方位、大立交、大循环、高速、安全、舒适、便利，具有海南岛旅游风光的四通八达的公路交通运输网络。

1996 年 12 月，交通部印发的《全国公路网规划图集》（1991—2020 年），将海南省"田字形"公路主骨架纳入国家规划,当时"田字形"指的是海口至三亚东、中、西三条高速公路及海南岛中部沟通东部与西部万宁经琼中至儋州的一级汽车专用路。2006年,《海南省公路水路交通"十一五"发展规划纲要》将万宁至儋州至白马井公路建设标准调整为高速公路。

高速铁路、高速公路、普通公路纵横交错,形成交通路网

2009年,国务院颁布《关于推进海南国际旅游岛建设发展的若干意见》(国发〔2009〕44号),要求加快建设海口至五指山至三亚地方高速公路和万宁至儋州至洋浦地方高速公路。2012年9月,综合考虑优化路网结构布局、保护生态环境、降低投资规模、带动地方经济发展等因素,海南省发展改革委、海南省交通运输厅《关于恳请调整海南中线海口至三亚高速公路线位的请示》(琼发改〔2012〕1838号)向国家申请,将原规划的海口—屯昌—琼中—五指山—保亭—三亚调整为海口—屯昌—琼中—五指山—乐东—三亚。

(三)海南省高速公路发展历程

1.海南环岛高速公路(东段)

海南环岛高速公路(东段)里程约249.3km,工程筹划于1985年。经交通部公路规划设计院进行可行性研究,提出该项目按"一级公路选线,二级施工"。1986年5月,国家计委《关于海南环岛公路(东线)设计任务书的批复》(计交(贷)〔1986〕715号)批复公路线形、桥涵荷载按一级公路标准设计和预留建设用地,路基、路面和桥涵宽度按二级公路标准进行设计和建设。1987年12月,为适应海南发展的需要,将已开建的二级公路改为二级汽车专用道路(全封闭),工程标准又提高一级。

1988年上半年,为适应海南建省办特区的新形势,又将二级专用路改为全封闭半幅高速公路并向国家计委申报。1989年10月,国家计委《关于海南省环岛公路(东线)可行性研究报告的批复》(计工一〔1989〕1360号)同意海南环岛公路(东线)近期按高速公路半幅进行修建。1995年底,东线高速公路(右幅)全线竣工通车。右幅通行后,大大缩短了东部市县间的通行时间,但因其单幅双向通行,交通事故频发,一度被戏称为"死亡之路"。

1994年7月11日,时任国务院副总理邹家华对海南省半幅高速公路运行作了批示:上下行共用一条超车道,十分危险,河北省类似情况,发生了不少正面撞车事故。请一定要采取必要的安全措施,最好是二上二下,各走各路,请考虑。海南省领导指示:按照家华同志批示,加强交通安全管理,加快另半幅建设。

1995年,交通部把扩建左幅工程列入预备项目。1996年9月国家计委以计交能〔1996〕1756号文批准扩建海口至琼海段87km;1998年2月国家计委以计交能〔1998〕202号文批准扩建琼海至三亚段162km。1998年3月26日,左幅扩建一期工程海口至琼海段建成通车。2001年1月25日,左幅扩建二期工程琼海至陵水段建成通车,2001年9月28日,左幅扩建工程陵水至三亚段如期竣工通车。

2. 海南环岛高速公路(西段)

海南环岛高速公路(西段)里程约342.4km,是海南省委、省政府为加快以洋浦经济开发区为龙头的西部工业走廊建设,促进海南省西部经济、热带高效农业及海南旅游业的发展而规划建设的一条高速公路,得到国家有关部门的大力支持。

该项目分海口至洋浦段、洋浦至八所段、八所至尖峰段、尖峰至九所段、九所至羊栏段5段,由海南省内开展前期工作批复,海南省计划厅批复项目建议书和工可报告,海南省交通厅批复项目初步设计。该公路建设由海南省交通厅主管,设西线高速公路工程建设指挥部管理,分段建设施工。项目于1995年11月开工建设,于1999年9月全线贯通通车。

3. 海口至文昌高速公路

海口至文昌高速公路里程约51.7km,其中一期工程三江至文城段35.9km,二期工程桂林洋至三江段15.8km。1993年9月海南省交通厅批准海南泛华公司为项目业主,1994年1月海南省计划厅批复项目建议书,1994年7月海南省计划厅以琼计工交〔1994〕500号文批准工可报告,1995年海南省交通厅以琼交运函〔1995〕406号文批准初步设计。

经海南省政府批准,海南省交通厅于1995年7月18日与泛华公司签订《海口至文昌高速公路投资与综合补偿合同》,由泛华公司投资建设海文高速公路,政府给予综合补偿。项目于1997年1月正式开工。因项目建设资金严重不足及工程进展缓慢等原因,该工程于1998年初停建。1999年6月海南省政府决定依法收回原批复给泛华公司的海文高速公路建设权,改由海南省交通厅担任业主续建。1999年10月26日,海南省交通厅成立海文高速公路工程建设指挥部,全面负责项目的组织实施。2000年3月28日项目复工,2002年9月28日海文高速公路全线建成通车。

4. 文昌至琼海高速公路

文昌至琼海高速公路里程65.8km。2015年12月，国家发改委《关于海南省文昌至琼海公路可行性研究报告的批复》（发改基础〔2015〕2890号）批复项目工可。2016年4月，交通运输部《关于海南省文昌至琼海公路初步设计的批复》（交公路函〔2016〕214号）批复项目初步设计。2016年11月，文昌至琼海高速公路正式开工建设。预计2019年11月，项目建成通车。

5. 海口绕城高速公路

海口绕城高速公路里程46.6km，其中起点至美兰机场段约33.7km，美兰机场至终点段约12.9km。2003年5月，交通部《关于同三国道主干线海口绕城公路可行性研究报告的批复》（交规划发〔2003〕199号）批复项目工可。2004年9月，交通部《关于同三国道主干线海口绕城公路初步设计的批复》（交公路发〔2004〕541号）批复项目初步设计。为加快该项目建设速度，降低成本，改变以往海南省公路建设"投、建、监、管"四位一身的管理模式，根据海南省政府指示精神，2006年2月，海南省交通厅与海口市人民政府签订海口绕城公路（一期）工程委托建设协议书。

一期工程全长约40.4km，其中，白莲立交至美兰机场段全长34.4km，路基宽35m，按六车道高速公路标准规划，近期按四车道高速公路标准建设；南海大道至石山立交段（连接线）6.0km，路基宽12m，按二级公路标准建设。海口市政府决定由海口市投资项目管理中心负责项目管理。2008年8月，海口绕城公路（一期）工程建成通车。

根据区域经济发展情况和交通量增长需求，美兰机场至演丰段约15km建设标准，已调整为双向六车道高速公路，正在抓紧推进项目前期工作。

6. 三亚绕城高速公路

三亚绕城高速公路里程约30.46km。2005年11月，交通部《关于同三国道主干线三亚绕城公路可行性研究报告的批复》（交规划发〔2005〕529号）批复项目工可，2006年6月，交通部《关于三亚绕城公路初步设计的批复》（交公路发〔2006〕257号）批复项目初步设计。经海南省政府同意，海南省交通厅于2007年5月将三亚绕城公路主干线工程的建设任务，委托三亚市政府负责组织实施。三亚市政府于2008年1月成立了三亚绕城高速公路主线工程建设指挥部，负责项目管理。2012年1月，三亚绕城公路建成通车，标志着环岛高速公路全线贯通。

7. 中线高速公路

中线高速公路里程约242km。1994年，按照海口至通什（现五指山市）段和通什（五指山）至三亚段两段开展前期工作。海南省计划厅以琼计投资〔1994〕70号文批复中线高速公路工程立项，1994年完成了两段公路的工可报告编制工作。

海南环岛高速公路 G98 海口绕城段

一是海口至通什(五指山)段公路。

1994年,经海南省政府批准,海南凯立中部开发建设股份有限公司(以下简称凯立公司)作为海南中线高等级公路建设项目业主,自筹资金,包干建设,全权负责组织该项目的勘察设计、施工、监理和管理等工作。海南省政府根据投资与补偿合同予以补偿。

1995年9月5日,经海南省政府批准,海南省交通厅与凯立公司签订了《海南中线高等级公路海口至通什段建设项目投资与综合补偿合同》。1996年7月,海南省政府根据实际情况,调整中线高等级公路建设安排,决定先实施海口至永发段28.258km。1997年2月18日,中线高等级公路海口至永发段项目开工建设。由于凯立公司筹措资金不足、项目管理不善等原因,1998年底工程停工。鉴于凯立公司的筹资状况和工程建设的实际,1997年5月海南省交通厅下达《关于海南中线高等级公路永发至通什段工程暂缓建设的函》(琼交运函〔1997〕110号),停止凯立公司在该项目的工作。

为加快海口至屯昌高速公路建设项目工程尽快开工建设,2008年2月1日,海南省交通厅在《海南日报》刊登了与凯立公司解除合同的通知,正式解除合同。

二是通什(五指山)至三亚段公路。

1993年3月,海南省交通厅与五指山市政府签订协议,由海口市政府承担三亚至通什公路的投资建设。五指山市政府选定三亚置业发展股份有限公司为项目业主。1995年10月,五指山市政府收回由三亚置业发展股份有限公司的工程项目业主权。

1996年4月,五指山市政府批准五指山市扶贫经济贸易开发总公司、海南利波(集团)公司、三亚市中国旅行社3家企业联合成立海南通亚高速公路有限公司。1996年6月,项目业主变更为海南通亚高速公路有限公司。1998年因投资困难,该公司停止该工程项目运作。

2006年,中线高速公路的前期工作重新启动。

1) 海口至屯昌高速公路

海口至屯昌高速公路里程约 66.604km（其中丘海立交及连接线约 5.4km 交由海口市实施）。2007 年 9 月，交通部《关于海口至屯昌公路可行性研究报告的批复》（交规划发〔2007〕541 号）批复项目工可，2009 年 7 月，交通运输部《关于海口至屯昌公路初步设计的批复》（交公路发〔2009〕329 号）批复项目初步设计。2010 年 8 月，海口至屯昌高速公路正式开工建设。2012 年 12 月底，项目建成通车。

2) 屯昌至琼中高速公路

屯昌至琼中高速公路里程约 46km。2011 年 9 月，海南省发改委《关于批复海南省中线高速公路屯昌至琼中段工程可行性研究报告的函》（琼发改审批函〔2011〕1948 号）批复项目工可。2011 年 12 月，海南省发改委《关于海南中线高速屯昌至琼中段工程初步设计和概算的批复》（琼发改审批〔2011〕2437 号）批复项目初步设计。2012 年 5 月，屯昌至琼中高速公路正式开工建设。2015 年 5 月，项目建成通车。

3) 琼中至五指山至乐东高速公路

琼中至五指山至乐东高速公路里程约 128.93km。2015 年 5 月，国家发改委《关于海南省琼中至乐东公路可行性研究报告的批复》（发改基础〔2015〕950 号）批复项目工可。2015 年 6 月，交通运输部《关于海南省琼中至乐东公路初步设计的批复》（交公路函〔2015〕463 号）批复项目初步设计。2016 年 3 月，琼中至五指山至乐东高速公路正式开工建设。2018 年 9 月，项目建成通车。

8. 横线万宁至洋浦高速公路

横线万宁至洋浦高速公路里程约 163.036km。2015 年 11 月，国家发改委《关于海南省万宁至洋浦公路可行性研究报告的批复》（发改基础〔2015〕2711 号）批复项目工可。2016 年 6 月，交通运输部《关于海南省万宁至洋浦公路初步设计的批复》（交公路函〔2016〕358 号）批复项目初步设计。之后，横线万宁至洋浦高速公路正式开工建设。预计至 2020 年 3 月，项目建成通车。

9. G15/G75 高速公路海口段

G15/G75 高速公路海口段里程约 13.7km。由海口市作为项目业主，按照 PPP 模式（由社会资本方、中国政企合作基金和海口市政府出资代表方三方组建项目公司筹资建设）开展前期工作并组织实施。

"十三五"期，根据社会经济发展情况，海南省还谋划了五指山至保亭至海棠湾和白沙快速出口路两条高等级公路，将适时开展项目前期论证工作并开始建设。这两个项目建成后，海南省将实现县县通高速公路的目标。

高速公路网主骨架的全面建成，将为海南省充分发挥生态环境、建设全国最大经济特区、建设国际旅游岛,全面建成小康社会,实现全省人民的幸福家园、中华民族的四季花园、中外游客的度假天堂三大愿景,建设美好新海南,提供坚实的交通运输保障。

三、海南高速公路建设的重要作用

海南省开工建设的"田字形"高速公路网主骨架中所有路段,其中包括琼中至五指山至乐东、万宁至儋州至洋浦、文昌至琼海3条高速公路,总里程达358.3km,估算总投资达300多亿元。

(1)"田字形"高速公路网有利于助推东部旅游和房地产业。

著名的博鳌亚洲论坛位于海南东部的琼海市,"田字形"高速公路主骨架的形成,为每年一次的博鳌亚洲论坛年会召开,起到了不可估量的贡献。博鳌水城与东线高速公路的三个出口相连接,分别为:环海出口至太阳城;中原出口至东屿岛;龙滚出口至玉带滩。东线高速公路贯穿博鳌地区,从海口出发乘车南行,约1h便可到达博鳌,而从南面三亚出发,则需要约2h车程。博鳌镇属琼海市辖区,市内各色各样的酒店宾馆、餐厅及购物设施,一应俱全。海南目前旅游房地产发展的总体空间特征可以概括为"东闹、西静、中隐"。

琼海嘉积万泉河立交桥处高楼林立

东线除了靠近三亚的珍珠海岸陵水外,其余三个市县文昌、琼海、万宁也是各具特色,以东线高速公路为串联,借助政府规划,优越条件,将自然资源转化为地产资源,将以单纯欣赏海景、商务会议的客源转化为房地产客源,东部市县一直是海南省房地产业的主力军。万宁市位于海口和三亚的中部,其房地产发展以"一带两区"为主要结构,以石梅湾、神州半岛为代表的旅游度假区项目带动滨海一带发展,并成为高端的旅游度假房地产项目。万宁市按照"一带两区两片"总体结构进行战略布局:"一带"即东部沿海从北至南109km的海岸带;"两区"即大兴隆旅游区、大万城旅游区;"两片"即东山岭旅游区、龙滚—六连岭旅游片区。

(2)"田字形"高速公路网有利于展示中部黎苗风情文化和生态风貌。

公路是经济发展的先行官。要致富先修路。经济的飞速发展,对道路的功能和路网布局的合理性提出了更高的要求,带动了路网改造建设。"田字形"高速路网的建成,势必会带动海南经济旅游等各方面的发展。云雾环绕的连绵山脉,望不尽的绿色植物,独特的黎苗文化……

沿着海南的中线,琼中、五指山、保亭等地,能让人感受到海南天然氧吧的清新,体验到别样的少数民族风情和文化。"田字形"高速公路网,是海南抓住新常态下消费新动态的成果。新常态下虽有房地产持续调整的挑战,但也有民众进入中等收入阶段,追求高质量生态环境的新机遇。中部地区利用生态优势,发展乡村休闲,开始迎头赶上。

琼中是五指山的所在地和万泉河、昌化江、南渡江的三江发源地,有着丰富多样的生态资源。到百花岭观海南落差最大的瀑布、到黎母山登山探险,欣赏茫茫林海、攀上地处五指山北麓的上安仕阶,领略脚踏五指山,遥望万泉河的无限风光,登上鹦哥岭最高峰——鹦咀峰,体验一览众山小的豪迈。

五指山是海南山地旅游资源最丰富的地方,也是海南热带山地生态风光旅游的中心城市。这里有 6.8km 的五指山登山栈道,沿栈道而上,景观俊美多姿,栈道嵌壁,绿色长廊,移步换景,奇石叠垒,碧潭盈底,溪流淙淙,原生植被丰富,种类繁多,既可以洗肺健身,又可以登顶观景,是房车露营客、背包客、山地素拓客和雨林吸氧健身客的不二选择。

早在海南建设国际旅游岛之前,保亭就把准了自己的旅游定位:"蓝色旅游到三亚,绿色旅游看保亭",积极融入"三亚旅游圈"。之后更加细化定位,要做三亚的"后花园"。

(3)"田字形"高速公路网有利于带动西部工农业和物流业。

"田字形"高速公路网的建成,使东部快马加鞭、中西部望尘莫及的历史开始改变。东部地区在经济增速放缓时,克服新常态下的难题,发展新业态,换挡前进;中部地区抓住了消费新动态,充分挖掘生态优势,培育经济增长点;以工业为支柱的西部地区,在逆水行舟中发力,拉动全省经济增长,并开拓高新技术产业。这意味着,海南省区域发展协调性增加,海南经济发展的"短板"现象正在破解。

"田字形"高速公路网,是海南抓住"海上丝绸之路"建设机遇的成果。海南地处建设海上丝绸之路的桥头堡、中国—东盟自贸区最前沿,打造油品及石化产品进出口基地、探索建设面向东南亚航运枢纽和物流中心,将为西部地区发展注入新动力。"田字形"高速公路网,是海南持续实施区域经济带动战略的成果。海口、三亚是海南省经济发展的两只"领头羊","省会经济圈"和"南部大三亚旅游圈"的推进,带动了中部、西部市县发展。整个海南西部沿线,是海南省农作物和工业基地,在经济日益发展的今天,随着高速公路网越来越完善,西部正迅速崛起。

澄迈县是海南省的农业大县、工业强县、休闲旅游县。近年来,澄迈县依托中心城市,大力实施生态现代化建设县、新型工业县、休闲低碳旅游县和热带高效农业示范基地的"三县一地"经济社会发展战略,抓项目建设,坚持产业兴县、产业强县,用产业支撑海南国际旅游岛建设,全县经济社会发展取得历史性突破,开创了澄迈发展的新局面。

临高县具有发展农业的优越地理气候条件,土地肥沃,水利灌溉条件好,一年四季温暖如春,是适宜种植各种作物的天然温室,素有"鱼米之乡"美称。

中国芒果之乡——昌江黎族自治县位于海南的西北部,依山面海。县政府驻石碌镇,距省会海口市196km,距洋浦开发区100km,距三亚220km,距八所港50km。县内公路四通八达,海榆西线公路、环岛高速公路、粤海铁路贯穿全境,水利、电力、通信等基础设施完善。高速公路是扩大内需、拉动经济的必要方式,其具有行车速度快、运输能力强、周转灵活、安全系数高的特点。它有效地降低了沿线地区的企业物流成本,提高了经济运营的效率。

随着高速公路网越来越完善,海南西部正迅速崛起

众所周知,物流行业的发展已成为现代经济发展的一个关键因素,如果成本过高,必将成为经济发展的瓶颈,高速公路的建设,显著降低了当地企业的物流成本。高速公路的建设,也缩短了农产品和海鲜产品的运输时间并节省了运输费用,加快了农业生产结构的调整和优化,有力地推动了农产品和鲜活产品的商品化和现代化经营。同时高速公路的建设,对旅游业也起到了不可低估的作用,沿线旅游景点得到了进一步的开发,从而带动了旅游人数和收入的增加。

高速公路建设作为新兴的基础性、服务性、公益性、先导性的基础设施,具有较强的辐射带动效应,对就业、招商引资、产业结构优化、改善人们的生活和出行等方面,有着重大的影响。在适应经济发展的前提下,高速公路作为基础设施中的重中之重,建好高速公路将能够对海南的经济社会快速发展产生极大的推动作用,为海南的经济发展提供很好的契机。在高速公路"引擎"的带动下,海南省经济发展已经踏上了"高速车道"。

四、创新交通规费征收体制,全国保障高速公路建设

海南省交通体制改革,首先从公路规费征管体制破冰。自1994年改革公路规费征收方法,开征燃油附加费到2009年改征通行附加费(以下统称附加费)以来,到2016年已历经22个年头。两次重大改革,海南紧抓机遇,与时俱进,不断开拓创新,实现了从交通规费多家征管到一家征管,从多卡收费到"四费合一"的统一征收。在全国率先实现"一脚油门踩到底",已成为海南建省改革中的闪亮点,成为国家燃油税费改革的排头兵。

22年来,海南省交通体制改革始终立足于高起点、高质量、高标准,共完成交通规费征收累计达200多亿元,用于交通基础设施建设以及争取国家投资和银行贷款担保资本金。截至2016年底,全省公路通车总里程为28216km,比1993年的12937km增加15279km,增长118%,基本形成以高速公路为主动脉,"三纵四横"国省干线为主骨架,县乡村道支干相连,贯通东西南北,辐射全岛的公路网格局。就此彻底改变了海南省公路建设滞后的状况,为海南经济社会长远发展提供了坚实基础,海南省的社会、经济、民生的发展就此进入快车道。

22年中,海南省委、省政府领导,交通部门凭着强烈的事业心和使命感,充分利用海南特区的特别立法权、积极争取政策,把海南具体实际与国际通行做法相结合,从顶层设计,探索出一条"以立法推进改革,以改革促进发展"的创新之路,走出"一脚油门踩到底"的独特之路。

直到今天,在全国"费改税"改革潮起涌动中,海南附加费改革没有被取代或是弱化,甚至仍在全国一枝独秀。让人震撼之余,深感该项改革具有强大的生命力和前瞻性,附加费改革以它独特的序曲,奏响新时期全面深化改革发展的新韵,诠释海南改革能量,彰显特区创新精神。

回望海南改革发展之路,无不贯穿着国家改革大势与海南经济特区先行先试、创新发展的历史脉络。

(一)凝聚共识,开启改革谋求发展

1993年初,时任海南省委书记兼省长阮崇武首先提出在海南开征燃油附加费的课题。在当年5月24日召开的海南省政府常务会议上,阮崇武专题研究海南省交通厅汇报的《海南省公路养路费、征收管理实施细则》(第三修改稿)、《关于调整公路规费征收标准和设卡征收地方交通费方案》《关于海南"八五"公路建设规划》。预计公路投资56亿元,按现在(1993年)收费2.2亿元算,还缺口48亿元。

阮崇武说:"你们这个报告弄了半天,每年才征收2个多亿,要在汽油上做点文章,你

看能收多少。欧洲就是在汽油上收费的。其他任何费用都没有,只有把汽油使用好了,使用'活'了,费就好收了。这个办法最合理,还可以省多少人来收费,在海南实行最好,又合理,又合算,又省事,我认为控制油比控制几万辆车要容易得多,实行这个办法,汽油要统一加价,不要专门再搞什么收费站,机场那一块由民航售票时一次过就行了。"

时任副省长汪啸风说:"在汽油上做文章,很合理,海南可先行,做个试验。确定一个汽油的提价幅度问题,加油站进场严格管理要特批。我们只管销售环节。"时任省纪委书记刘学斌说:"实行大改是可以的,油的加价加多少,要考虑社会承受力。另一方面,改革后可以制止不正之风,我同意这个办法搞。"其他与会省领导及列席会议的海南省交通厅、计划厅、财税厅、建设厅、体改办、物价局、法制局都充分发表意见,支持燃油附加费的改革。

会议决定由海南省政府一位副秘书长牵头,组织海南省交通厅、财税厅、商贸厅、计划厅、工业厅、体改办、法制局、物价局等部门制订改革实施方案,并提出几个原则:①汽(柴)油价外加价标准,以现有的交通规费水平加上本次会议拟增加的规费和建设资金进行测算和确定,加价幅度以百分比形式与油价挂钩,油价和价外附加费公开处理,但要一次收取。②运输用油必须实行统一管理,油价附加费控制在零售环节上。③建立规范化的油料销售网络,设立专业批发、零售等网点。全省油料的进岛、批发、零售等要制定严格管理规定并进行监督。④新方案实施后,公路上除了按规定设置的路政管理机构外,其他收费机构、站卡一律撤除。这次会议拉开了海南燃油附加费改革的序幕。

1993年5月25日,时任海南省交通厅厅长陈求熙到交通部汇报,得到交通部的支持。时任交通部部长黄镇东对海南省委、省政府决心在海南首先搞起公路规费征收办法的改革,表示钦佩和支持。黄部长说:"这是一个大的举措,将会对全国产生辐射效应。这个问题课题部里已作专题研究了两三年了,但一直未敢下决心。海南四面环海,率先搞起来很有条件。我派部公路经济研究所两名专家帮助你们,她们对这课题在国内外做了大量考察研究工作。"海南省交通厅随即成立改革方案起草小组。在交通部两位专家的帮助下,起草拟订了《海南省经济特区机动车辆燃油附加费征收管理办法》(以下简称《管理办法》)。

1993年12月10日,海南省政府召开常务会议,审议、修改《管理办法》草案条款,并原则通过。请海南省交通厅、海南省法制局对《管理方法》加以修改,要体现"多用路、多付费"原则,做到统筹兼顾,科学合理,立足长远。确定规费征收标准既不能给燃油使用者增加过重负担,又要使公路建设投资者有利可图;要认真做好《管理办法》实施前的各项准备工作,不失时机地开展工作,确保改革顺利实施。

1993年12月19日,时任省长阮崇武签署了经过多次修改的《管理办法》(海南省人民政府第39号令),将养路费、过路费、过桥费、运输管理费"四费合一"征收燃油附加费。12月20日,成立海南省交通规费征稽局,负责开征机动车辆燃油附加费工作。1994年1月1日起实施。

从此,海南交通规费的改革正式步入实践之中,并凭着"摸着石头过河"一路探索走了过来,最后顺利落地,实施后的效果让人满意。

(二)同轨变道,承载改革谱写新章

2008年,国家动议已久的燃油税费改革浮出水面。从1997年全国人大通过《公路法》首次提出"燃油附加费"代替养路费,到1998年10月,国务院提请全国人大审议公路法修正草案,将"燃油附加费"改为"燃油税"。2000年燃油税改革方案基本形成。2004年已进入大审批程序,但由于这项改革牵涉面大,涉及面广,再加上国际油价的影响,迟迟未能出台。2008年11月20日,国家发改委、财政部、交通运输部联合召开座谈会,征求各省市发改委、财政、交通部门对国家完善成品油价格形成机制实施燃油税方案的意见,计划2009年1月1日开征燃油税。国家实行燃油税改革,其目的是通过燃油消费税代替公路养路费、航道养护费、公路运输管理费、公路客货运输附加费、水路运输管理费、水运客货运输附加费六项收费,体现多用油多负担的原则,起到公平税费,公平负担;通过完善成品油价格形成机制,利用价格杠杆原理促进节能减排、环境保护和优化经济结构,促使支持科技进步。逐步有序取消已审批的政府还贷二级公路,既不增加社会负担,又能依法筹集交通基础设施养护建设资金,同时保留高等级公路征收车辆通行费。

显然,国家燃油税改革与海南早在15年前实行附加费改革目的和愿景是一致的,并具有鲜明的契合点和区别点。

开征后,海南省燃油附加费收费项目中仅保留车辆通行费的征收。作为经济特区的海南,面临"两难"选择:要么废止15年来的燃油附加费改革,恢复与内陆省份一样设站卡收取车辆通行费,要么与国家税费改革同步不设站卡征收车辆通行附加费。在国家税费改革之际,必须做出两种模式选择。

如何伴着费改税的主旋律跳舞,并且舞出一片崭新天地,一直撩拨着人们的神经。特别是经历了15年改革的海南,人们早已享受着改革带来的便利和生活方式,对改革充满热切期盼。

面对突如其来的变革和难得的历史机遇,海南省委、省政府领导非常慎重,不是等改革,而是奋发进取,以积极有为的姿态迎接费改税的严峻考验。在认真研究实施国家推行燃油税费改革的同时,分别部署省发改委、财政、交通、法制部门研究海南省具体应对措施和方案。探求在转轨过程中转出新观念,寻求新举措,谋求新发展,以便主动与国家燃油税改革方案相衔接。

"四费合一"使车辆行驶畅通无阻

一是设卡收取车辆通行费。经测算,全省设卡收取车辆通行费,仅收费站建设需投入资金3.7亿元,至少增加征收人员1900人。每年需要增加人员经费7300多万元。另外,容易引发公路"乱设卡、乱收费、乱罚款"三乱现象,滋生腐败行为。再者,关卡过多,道路不畅,效果必然受到影响,达不到改革预期的初衷和目的。

二是改征车辆通行附加费。在邀请省内部分专家学者、企业代表、车主代表建言献策座谈会上,海南大学中国现代经济理论研究所所长王毅武博士说,海南燃油附加费改革是全国首创,为全国树立了样板,代表了改革方向,是特区改革精神的体现,"一脚油门踩到底"不应夭折。车主代表呼吁,假如改革后,海南又像1994年前那样在公路上设卡收费,岂不是走回头路,那就没意义了。企业代表认为,海南是全国唯一没站卡收费的省份,受到岛内外游客的赞赏,一定要巩固海南改革成果,适应建设国际旅游岛的需要。

经多方调研,权衡利弊,凝聚共识。海南省委、省政府作出决策:一方面积极向国务院和有关各部委办反映海南的特殊情况,提出继续保留海南特区"一脚油门踩到底"的改革成果,维持现有征收模式不变,改征收车辆通行附加费的建议。另一方面由海南省人大作出关于车辆通行附加费征收依据问题的解释,在国家出台燃油税费改革时,海南省政府应抓紧提出修改《海南经济特区机动车辆燃油附加费征收管理条例》的议案,在该条例修改或废止之前,海南省政府可先行出台规章,征收通行附加费作为过渡措施,以保证国家燃油税改革方案的顺利实施。在实施国家燃油税中找出契合点,同轨变道开征车辆通行附加费回收贷款公路建设资金。

11月25日,时任省长罗保铭召开专题会议,认真研究国家税费改革对海南省产生的影响和应对措施。服从大局,抓住机遇,千方百计向国务院领导、国家各部委说明海南的特殊情况,提出海南省对国家实施税费改革方案意见,恳请国家根据海南现实情况,同意海南省另行开征车辆通行附加费。会后,时任省委书记卫留成和省长罗保铭,代表海南省委、省政府向时任国务院副总理李克强致信反映海南的特殊情况。

12月1日,国务院召开成品油价联动税费改革座谈会,时任海南省政府方晓宇常务副省长在座谈会上介绍了海南实施燃油附加费改革的有关情况,并建议国务院从海南实际出发,支持海南与国家成品油价税费联动改革同步,在燃油销售环节开征车辆通行附加费。

12月15日和17日,方晓宇副省长主持召开由海南省物价局、法制局、财政厅、交通厅、发改委参加的专题工作会议,认真研究省征稽局起草的《海南省机动车辆通行附加费征收管理暂行规定》,报送海南省政府法制办、海南省人大法工委审改。

12月18日,海南省政府召开第五届省政府常务会议审议,通过《海南省机动车辆通行附加费征收管理暂行规定》(省政府第219号令),定于2008年12月20日施行。

12月22日,财政部、发改委、交通运输部、监察部、审议署等五部门联合下发通知,自2009年1月1日起,在全国范围内统一取消公路养路费、航道养护费、公路运输管理费、公路客运附加费、水路运输管理费、水运客货运附加费。海南省征收的燃油附加费改为高等级公路通行附加费,具体征收办法由海南省制定。

仅历时一个月的时间,海南省车辆通行附加费从模式选择到方案酝酿,从争取国务院领导的关怀、国家有关部委的大力支持到管理办法制定实施,国务院领导及各部委对海南燃油附加费改革的充分肯定和特殊支持,为海南省改革提供了弯道超车的历史机遇,海南省委、省政府领导和交通部门切实担负起了海南人民赋予变革的使命。承载改革同轨变道又一创新之举,更走在了"费改税"的前头,"一脚油门踩到底"得以延续,顺利实现了与国家燃油税改革的无缝衔接。

(三)边实践边探索,不断完善立法

海南《燃油附加费管理办法》和《通行附加费暂行规定》在保证顺利开征,确保两个费种衔接上发挥了应有的作用,并取得显著成效,但在实施过程中许多条款难以把握,存在不少弊端。一是受到立法权限的设置,不能设置行政许可,无法设置"没收违法物品"处罚种类,在罚款制度上也有上限的限制,对打击违法行为、震慑不法分子的力度不够;二是条款过于简单,内容不具体,个别条款难以适用;三是《暂行规定》中关于外省车辆的管理模式在实际工作中无法操作,一定程度上造成监管的漏洞;四是有些条文与《中华人民共和国行政强制法》相抵触。

1994年1月1日,开始实施燃油附加费过程中,柴油附加费实施四个月便出现非机动车辆用柴油和车辆用油甄别难问题,如工业、农业、渔政业及旅游业,服务行业的生产性用油意见大、管理操作难、核定补贴退费难等,需要进一步修改补充完善。1994年4月29

日以政府令第46号形式发布《海南经济特区机动车辆燃油附加费征收管理补充规定》。改变对柴油附加费征收方式,即柴油车辆按装载重量(吨、座)定额计征燃油附加费,并在法规实践中,对出现的问题和缺陷,及时发布有关细则、通告给予规范,细化管理。此外,边实践边探索,将海南省政府颁布的行政规章上升为地方性法规尤其显得十分必要。

1996年上半年,海南省交通厅对在实施《燃油附加费管理办法》过程中出现的问题和需修改补充完善的条款,及时向海南省政府报告并提出具体措施,并与海南省政府法制办着手《海南经济特区机动车辆燃油附加费征收管理条例》(以下简称《管理条例》)的起草立法工作。于1996年4月24日将《管理条例》(草案稿)提交海南省二届人大常委会第二十二次会议审议修改,于1996年8月23日由省一届人大常委会第二十四次会议批准通过,将燃油附加费征收的有关规定由地方政府规章上升为法律效力更高的地方性法规。

2009年中期,海南省法制办、海南省征稽局在《通行附加费暂行规定》基础上着手《海南经济特区机动车辆通行附加费征收管理条例》(以下简称《条例》)的起草立法工作,于2010年6月13日向海南省政府报送《条例》送审稿,经省政府常务会议讨论、修改通过、报送省人大。9月20日,经海南省第四届人大常委会第十七次会议审议通过,2011年1月1日颁布实施。

两部新出台的条例在强化征收手段,堵塞漏洞,加大执法、监督力度等方面更加完善,是一部可操作性强、具有海南特色、富有创新性、符合国际旅游岛建设的全国仅有的地方性法规,从根本上保障了海南交通改革的发展。

(四)附加费征管实践,建立适应汽油经营企业的征管制度

《条例》以地方性法规形式,明确了对油品经营进行监管的有关制度,主要包括实行汽油经营许可、运输准运制度,燃油批发企业进油申报制度、出库签证制度、零售企业购油申报制度。从制度上明确汽油经营企业必具备从业条件,严格按法定要求经营。监管和处罚措施层层相接,互相制约,保障了依法经营、违法必罚的油品经营市场有效开展征收及执法工作。

1. 运用科技手段,提升征管水平

建立IC卡油库加油综合信息管理系统,实现了IC卡联动加油,油库进销存系统与征费系统联网,IC卡油库付油子系统的对接,实现了各加油站在规费系统缴纳汽油附加费,油库进销存系统监督与核准油库付油申请,并指令IC卡油库付油子系统定量付油,实现对各油库包括油料入库、库存盘查、付油核减等进销存的管理及通过回收各加油站付油凭证实现油库付油核销。在监管的同时保证油库企业实现24小时自主发油。对加油站的监管主要靠进油口安装流量表、加油机累计表和人工计量油罐库存的模式管理。下一步将通过高科技手段安装油罐液位仪,通过技术手段提升监督管理。

2. 建立公共资源共享，技术兼容协管模式

利用行政公共资源——公安交警车辆监控和记录系统，全天抓拍，网点多分布广，覆盖面大，能够实时反映车辆型号、车牌号、行驶地段等特点，突破监控时间节点和管理盲点；通过移动通信设备、电话、手机微信告知车主缴费义务，催缴追缴；实现港口企业过海收费打票系统与征稽电脑联网办公。

"先缴费、后上船"，这种方法有效地破解了长期困扰机动车辆报停偷驶、码头征管等难题。与广东、广西相关港口实现车辆过海记录信息，绿色通道运输产品车辆统计信息建立共享，以弥补自动识别系统的缺漏，达到有效征管，流动联合稽查。把原来车辆的管理，稽查方式从路上稽查扩展到应用电子稽查，建设和谐交通环境。

3. 科学评估，择机调整征费标准

海南省交通规费征收标准主要依据当时省内公路建设情况，参照邻近省份规费的征收标准、国际国内油价、物价指数进行测算确定。鉴于征收标准出台总是基于现实，往往出现交通规费收入自然增长率严重滞后于公路建设投资资金增长率，通车里程的增长与缴纳附加费的增长不成正比的现状。

为了适应海南省公路建设发展现状和经济发展水平，保障公路建养护发展活力，根据《管理条例》的规定，开展科学评估，报经海南省政府同意，适时择机调整征收标准。从1995年汽油按1500元/吨（1.1元/L）征收汽油附加费，柴油车按核定装载质量300元/吨月标准征收，到2006年3月1日适当上调汽油1.42元/L，柴油车390元/吨月。从2008年费税改革后，通行附加费汽油按0.9元/L，柴油车按装载质量210元/吨月标准征收。到2013年3月27日调价标准汽油1.05元/L，柴油220元/吨月。22年间，先后对附加费征收标准调整3次。不断体现科学征缴机制，形成修路—通车—收费—修路良性循环和公平合理机制。

4. 柴油机动车附加费的征管

一是建立柴油机动车辆通行附加费管理档案，并实现全省联网缴费，查询车辆缴费欠费相关信息，实现电子稽查。二是建立起了RFID车辆管理系统，对柴油车安装和发放电子标签，采用射频识别、IC卡、车牌识别等技术来管理在省内行驶的柴油车辆通行附加费征收工作，实现柴油机动车辆一车一卡，凭卡缴费并自动办理有关业务。三是港口安装视频抓拍系统，实时监控进出岛柴油车辆缴费和停启征情况、工作人员征管情况，有机地将管车管人联动，提升监管力度、服务质量，科技防控防腐平台。转变由过去粗放型管理为集约型管理模式，实现由人工开票收费到应用IC卡缴费计算机联网打票的现代管理的转变。

5. 改革成效巨大,机制优势突出

作为交通规费改革的先行者,"一脚油门踩到底"的海南改革一经上路,就显出显著的经济效益和社会效益。交通规费征收年年快速增长。

改革前,1993全省交通规费收入2.21亿元,改革后的第一年即1994年征收4.2亿元,增长幅度达89%;2014年通行附加费征收18.2亿,增长近8倍;2015年征收突破了20亿,年均递增10%多,显示逐年快速增长势头。

改革不仅体现在不遗余力筹集大量交通建设资金,实现海南交通事业自身的发展上,更体现在海南经济社会、机制的效益上。

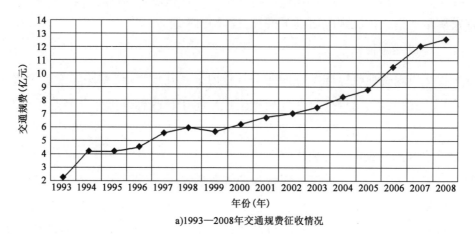

a)1993—2008年交通规费征收情况

b)2009—2014年交通规费征收情况

海南省1993—2014年交通规费征收情况

22年来,海南省相继建成了东西线环岛高速公路、实现环岛高速通车闭合。海口至文昌、屯昌至琼中高速公路先后建成通车,高速公路通车里程从270km发展到803km,并先后建成琼州大桥、金江大桥、清澜大桥、洋浦白马井大桥等。投资环境明显优化,为海南经济建设起到了巨大的推动作用。

改革开创了中国最具现实意义的出行交通。实施当日,海南所有公路交通无收费站卡,高速公路成为名副其实的高速路。人员货物实现了在公路上自由流动,一脚油门踩到底,海南印象映全国。2001年海南被评为全国第一批公路无"三乱"省份。在海南建省10周年和20周年之际被评为"最满意的政府十件事"和"十大新闻事件"。

改革体现了"用路者付费,多用路多付费"的公平原则。改革不仅革除过去按车辆吨(座)位定额定期缴规费,平均摊派,不论车辆行驶里程多少都交同样费的弊端,也解决了一些政府机关和职能部门车辆长期不缴规费的问题,减少了寻租规避逃费的现象。

改革引发了科技创新。改革客观上促使车辆拥有者选择低油耗高效率的车,也促进汽车生产企业研发低油耗、多燃料混合动力的车型,促进科学技术进步,有利于节能减排,构建环保型、节约型的经济运行体系。表面上看是交通规费的改革,实质上引发了科技创新。

"四费合一"不仅简化缴费手续,降低征收成本,而且打破原有多部门条条管理体制和市县块块管理体制,是一场具有深刻革命性的改革。

海南改革之所以卓有成效,归根结底就在于努力构建经济特区市场经济体制机制,激发市场主体的内生动力,让政策制度"经络血脉"更具生机活力。引领一个改革创新时代的砥砺前行。其主要经验和亮点如下:

1) 根本在领导

海南燃油、通行附加费的改革发展,完全得益于历任海南省委、省政府主要领导的锐意进取;立足本省基本情况,借鉴现代管理理念,找准定位走"交通先行"之路;更得益于领导的亲力亲为,参与法规制定,从技术手段、操作方式等方面都做了周密设计,跟踪实施调研、边破边立。充分考虑到社会各阶层、各经济实体、个体对改革最敏感的利益关系问题。该破除的破除、该完善的完善,该保护的保护、该免的免、该补偿的补偿。在各方利益上做到了尽量平衡,调动各方的积极性。确保改革不改向,变革不变色,为改革提供坚定组织保障、执法基础。

2) 出路在改革

改革动力就在于海南省公路通行现状和发展目标。1988年建省后,海南省经济发展较快,机动车的保有量以每年约20%的速度增长,使海南省原本就拥挤的公路不堪重负。截至1992年底,全省公路总里程12937km,而公路等级低,路况差,混合交通严重。交通基础设施建设的滞后已成为制约海南省经济发展的"瓶颈"。为了适应经济建设的需要,海南省委、省政府确定了交通发展目标:一是建成以高速公路为主动脉,高等级公路贯通市县,辐射开发区和旅游区,形成乡乡通油路、村村通公路的岛内路网;二是对现行公路规费征收方法进行改革,开拓一条适应海南省基础建设融资渠道,保障公路建设的稳定资金来源。

改革缘由就在于我国原有的公路养路费征收办法,体制弊端。"按车辆装载重量定期定额征收、平均摊派、无上路也缴费"的规定,无法体现"用路者付费,多用路多交费"的公平原则,同时收费单位、名目繁多,公路上"三乱"现象较为突出,影响海南省投资环境,改革势在必行。

独特的环境为改革提供了条件。海南省是一个岛屿省份,四面环海,可采取封闭式管理,有利于从源头上监管,减少征收管理难度。因此,实施燃油附加费"四费合一"的模式是可行的。

3)关键在立法

海南是全国唯一实行交通规费改革省份,在没有现成经验可供借鉴,没有现成模式可搬、可套的前提下,改革推进力之大,触及利益之深,影响范围之广,是前所未有的。改革首先把立法推到前沿,即先规章后实施,做到"令出法随",边实践边探索、摸着石头过河,在实践中鉴别可行、实效,在成效、问题并存中总结经验摸索改进,在出现问题时及时发布有关补充规定和通告细则,给予规范细化,保障改革有序进行。

同时,做好立法的方方面面评估。为法规实施提供保障,为法理体现公平、合理原则。从车辆燃油、通行附加费的征收标准、模式、减免范围到非机动车辆汽油的补偿等都做了精心计算。在技术上保证从征收燃油附加费到征收通行附加费的平稳过渡。在费率上充分考虑到方方面面的利益,以人为本,公平合理,合省情合民意。在实施上确保法规的可操作性、有效性。

此外,在立法和收费模式上既要充分结合海南经济社会发展实际,又要结合国家改革发展战略,落实扶贫惠民、节能减排的政策。重点扶持涉及交通行业的公益事业及农业、渔业、旅游业等,并对非车用汽油做出较为具体的补贴规定;将不行驶或少行驶高等级公路的不能载客载货的专用车辆,城市公交、乡村客运班车以及环卫、医疗救护、救灾、军队等车辆纳入免征范围,更好保障消费者的利益,体现服务社会的合理性。

经保守测算,通过减免和补贴各种费用,每年至少减轻社会负担6000万元,绿色通道减免征收通行附加费1亿多元;在结合生态省建设、绿色发展目标上,对凡是以燃气为动力的车辆暂免征燃气通行附加费。使立法惠及民众、惠及社会经济协调和谐发展,促进科学技术进步。使立法贴近群众、贴近社会实际,保障法规的实施到位。

改革过程也是立法的过程,海南改革以来通过的多部法规事关交通发展和百姓切身利益,贯穿于"以立法推进改革、以改革促进发展",在法治轨道上驾驭改革的理念为立法工作的全过程。

4)发展在科技

科技是改革发展的重要支撑,而发展的根本要素在科技进步。海南附加费改革从始至终都立足于科技管理,向管理要效益。早在1993年委托交通部设计院开发加油机流量计量表,统一安装,改革实施当日启用,实时对加油销售进行监管;1996年交通规费管理控制系统建成,实现了全省车辆数据集中管理,联网收费,结束手工开票征收历史;2008年全省 IC 卡加油综合管理信息系统投入使用,实现对油库进销存从源头管理;2010年交通稽查信息实时查询系统投入使用,实现了征稽信息移动查询,办公自动化;"十二五"期间累计科技投入约4000万元,先后建成 GPS 和 RFID 车辆管理系统,视频抓拍系统,不断升级改造车牌自动识别系统,建立新征管系统。实现由粗放型管理向集约型管理模式,推进交通"三基三化"建设。

经过22年的探索和实践,事实证明海南实行燃油(通行)附加费改革是成功的,改革的方向是对的,在全国是创新之举,曾在国内引起强烈反响,得到社会各界普遍认同,并对国家燃油税的改革不无启发。作为燃油税改革课题,国家发改委、财政部、交通部先后多次派专家到海南专门考察,对海南改革情况进行调研。海南经验为改革提供了有益的尝试和借鉴。

尽管附加费在征收渠道上与全国不尽相同,柴油车通行附加费征收方式仍达不到改革预期初衷,但也不失为我国实行高等级公路车辆通行费不停车收费的先进模式,与试行电子不停车收费 ETC 系统的模式属不同的改革探讨。实现改革目标不可能一蹴而就,不断摸索思考很必要,其中解决方案仍是创新,创新会引领海南开创新局面。

站在新的历史起点,海南交通体制改革不仅适应了今天海南建设国际旅游岛的国家战略目标,也适应国家全面深化改革新态势。一脉相承,历久弥新;更显出海南人民结合海南实际,大胆移植,大胆采用一切有利于海南经济发展,一切有利于树立海南改革开放形象的选择,特区创新精神必将继续激励着海南人民抓住机遇迎接挑战,克服困难迎接发展,续写改革新篇章。

五、海南环岛绿色高速公路助推美丽经济崛起强大

春天,行驶在海南高速公路沿线,感受的是向阳而生的美丽。微风轻抚,花枝摇曳,高速公路两旁椰林婆娑,两旁的美景让人心旷神怡。

海南,位于中国版图的最南端,是中国唯一的热带岛屿省份,也是全国第一个高速公路环岛的省份。从一张路网交通地图上看,"田字形"高速公路网主骨架,将海南岛装扮成一颗璀璨的海上明珠,高速公路+旅游,正成为海南国际旅游岛发展步伐中的独特标识。

(一)海南环岛高速公路绿色发展贯穿始终

海南环岛高速公路,是我国第一条热带滨海旅游公路,总投资达150亿元,海南的这条热带滨海旅游公路,也成为国内第一条总里程最长的高速公路。一条名副其实的绿色大通道,奠定了海南高速公路绿色发展基础。

"畅安舒美",已成为海南公路的"名片"

为服务全域旅游建设,海南提出注重交通沿线的景观建设,使人走在路上能获得赏心悦目的身心体验。交通部门积极践行这一理念,依托国省干线公路沿线旅游资源、人文景观和自然环境,利用分布在干线公路上的370多个道班,积极打造公路服务设施和骑行驿站。随着海南对国省干道进行"驿站化"改造,生态公路已成为游客眼中一道靓丽的风景线。目前,海南在高速公路和国省干线公路上已经建设了超过500多个公路景观、景点驿站台,辞赋文化五指山毛阳道班、果园式琼海大路道班、景观式东方八所道班、滨海风光式三亚亚龙湾道班等,不是景区胜似景区,游人不绝。

在"全省交通一盘棋"理念下,海南交通基础设施也不断在完善,国省干线通行能力在不断地提高。2016年以来,海南积极开展创建"五化"示范路,共建成"畅安舒美"的"五化"公路1800多公里,打造了一批特色服务区。

(二)"田字形"高速路网主骨架加快建设步伐

进入"十三五"以来,海南省交通运输厅认真践行"多规合一"和"全省交通一盘棋"的理念。目前,万宁至洋浦、文昌至琼海、琼中至乐东高速公路建设正在紧张而有序地加速推进中。为助推海南国际旅游岛建设,助力全域旅游,海南省交通运输厅加快"田字形"高速公路主骨架的建设步伐,"十三五"期间以上高速公路将开通。

随着2016年我国唯一的热带滨海航天发射场——文昌航天发射场的启用,海南又多了一个向世人展示的窗口,已列入国家高速公路网的文昌至博鳌高速公路,历时3年,将航天城与博鳌小镇连接起来,为两地经济发展和文化交流注入新内涵。

作为海南省公路骨架网中唯一一条横贯全岛的高速公路,海南万宁至洋浦高速公路于2015年开工。这条高速公路是海南省"田字形"高速公路网主骨架的一个重要组成部分,也是联系海南东西海岸的快速通道。这条干道成为联系海南东西海岸的重要交通要道,原来连接东西海南岛4个多小时的车程,将缩短至1.5小时左右。

"田字形"高速路网建成后,将贯通海南东西南北中,打通全省交通主动脉,形成贯穿全岛、连接岛内外的立体交通网,市县之间车程时间将控制在2小时内,实现"2小时交通经济圈",铺就服务全域旅游的大通道。

"在一切改良中,以交通运输改良最为有效。"伴随着18世纪亚当·斯密在其著作《国富论》中的深刻认识,海南岛正在成为一个交通优势凸显的绿色岛屿。

(三)环岛旅游公路蓄势待发

一条路,不仅串起片片美景,更能展示人文历史,这就是海南的旅游高速公路。

文昌东郊至龙楼旅游公路开通之后,每年都吸引大批游客慕名而来。2016年建成通车的另一条旅游公路——万宁石梅湾至大花角滨海旅游公路,被称为"会讲故事的旅游公路"。从高空俯瞰,美景尽收眼底,35.24km的路上行程,串起多个美丽海湾,在这里,仿佛有一种"车在路上行,人在画中游"的感觉。

2016年12月7日,国务院印发《"十三五"旅游业发展规划的通知》,提出要重点建设海南环岛风景道等25条国家旅游风景道,实施国家旅游风景道示范工程,形成品牌化旅游廊道。2017年海南省政府工作报告中也提出,将开工建设环岛旅游公路项目。

海南环岛旅游公路于2017年开工建设,计划投资135亿元,穿越沿海12个市县,"像珍珠项链一样,把海南最美丽的景点连接起来"。

伴随着经济特区和国际旅游岛国家战略的发展,海南正以迅猛之势开启发展新征程,脚下一条条纵横的美丽公路不断延伸、抵达远方,迸发出新常态下蓬勃的生命力。

六、琼乐高速公路开工　黎苗同胞笑开颜

琼中至乐东高速公路位于海南省西南部地区,是海南省"田字形"主骨架高速公路网中线高速公路的重要组成部分,建成后将与已建成的中线海口至琼中高速公路形成一条纵贯中部、连通南北的快速交通大通道,极大提高海南中南部地区的路网水平,改善中南部地区交通条件,对带动海南中部,尤其是琼中和乐东黎族苗族地区的经济社会发展,促进沿线市县旅游资源深度开发和利用,进一步推动海南国际旅游岛建设都具有重要意义。

琼乐高速公路全长128.8km,总投资116.3亿元,是迄今为止海南单条投资规模最大、建设里程最长、施工难度最大、建设模式最新的高速公路,于2018年9月建成通车。该项目主线起点顺接中线高速公路屯昌至琼中段,经毛阳、万冲、抱由、千家,终点在乐东利国镇以东,与环岛西线高速公路相接,全线采用双向四车道高速公路标准建设。

(一)完善交通路网体系建设

2015年5月30日,自屯昌至琼中高速公路开通以来,有效缩短了琼中黎族苗族自治县与省会城市海口的时空距离、密切了地域联系。

屯琼高速公路中段开工仪式

2016年以来,琼中至乐东、万宁至洋浦等"田字形"主骨架网高速公路建设如火如荼,海南省中西部黎苗地区交通基础设施建设快马加鞭,实现历史性跨越,一个便捷、高效的综合交通运输体系正加快构建。

"十三五"期间,穿越海南省中部的中、横线高速公路建成后,将真正与现有的环岛高速公路构筑起"田字形"高速公路网,海南省高速公路主骨架的版图将重新改写,将形成"2小时交通圈",通行效率将大大提高,为海南省中西部黎苗地区跨越式发展提供强有力交通运输保障。

(二)加快现代物流产业布局

屯琼高速公路开通后,加快了人流、物流、资金流向琼中黎族苗族自治县汇聚,全省农副产品物流园区已落户,未来将成为农副产品的集散地,带动了琼中绿橙经济的迅速发展,为琼中黎苗地区经济发展注入新活力。

"十三五"期间,进一步推进中西部黎苗地区重点物流通道基础设施和主要货运枢纽(物流园区)、多式联运体系规划建设,完善全省物流通道网络和节点,促进城乡物流一体化发展。

(三)推动旅游产业蓬勃发展

屯琼高速公路开通后,琼中黎族苗族自治县纳入省会海口"1小时经济圈",带动了琼中乡村游、自驾游,境内各大生态旅游景区、农家乐异常火爆。未来中线高速公路全线贯通,琼中将依托高速公路,做强生态旅游业,重点是加快"奔格内"乡村生态游,加快产业优化升级。"十三五"期间,将继续促进中西部黎苗地区融入海南省全域旅游体系,重点推进高速公路、环岛旅游公路和农村公路的互联互通,进一步扩大交通运输有效供给,优化旅游业发展的基础条件。通过整合全线旅游资源,将实现产业和旅游经营无缝对接,实现旅游开发"由点到线"的转变、旅游产业"由线到面"的拓展,带动黎苗地区经济社会发展。

(四)推进交通精准扶贫脱贫

海南省东方市江边乡白查村发展遭遇了窘境,尽管拥有丰富的黎族文化资源,但2015年人均年收入仅1652元,全村746人中贫困人口达529人。2016年,海南省交通运输厅成立扶贫工作领导小组,做好精准扶贫工作,对江边乡白查村实地调研,因"户"制订精准扶贫方案,改善当地生产生活条件。将利用该村便利的交通条件、生态自然资源和传统古村落、"船形屋"等黎族传统文化资源,启动乡村旅游发展规划。

根据规划,海南省交通运输厅帮助白查村完善酒店客栈、农家乐和旅游专线车辆等设施,到2019年逐步健全旅游设施。同时,将积极开展招商引资,引导贫困农户参与乡村游,发展特色美食,本地织黎锦、精美竹制品等手工艺制品,打响白查村的旅游品牌,为村民持续增收提供支撑。

同时,根据《海南省交通基础设施扶贫攻坚战农村公路建设工程实施方案》的要求,海南省将沿用"省政府主推,市县政府主导建设,海南省交通运输厅行业监督"的建设管理模式,利用3年左右时间,实施自然村通硬化路工程、窄路面拓宽工程、县道升级改造工程、生命安全防护工程、农村公路桥梁建设及危桥改造工程和旅游资源路工程六大交通扶贫工程,建设总里程1.6万km,总投资约127.6亿元,由省级和市县共担。到2018年,实现100%具备条件的自然村通硬化路,100%实现建制村具备通班车条件,全面消灭农村公路现有危桥,100%解决农村公路安全防护问题。

值得一提的是,海南省交通运输厅2016年初申请完成300个自然村通硬化路任务,纳入全省当年"为民办实事"十大事项之一,目前已顺利兑现承诺,共实施了196个项目327.093km的农村公路建设,完成投资2.03亿元,惠及人口12万人,充分发挥了交通建设保障民生的积极作用。未来,琼乐高速公路的建设完成,将不断完善黎苗地区的基础设施"路网",加快构建黎苗地区安全、方便、快捷、绿色的现代立体交通体系,逐步实现黎苗地区客运、货运的无缝衔接。

匠心独运,品味交通,海南中线高速公路将继续服务于黎苗地区民族特色生态旅游产业、热带特色现代农业、现代物流产业的建设,为促进沿线民族地区经济社会发展、增进民族团结做出贡献。

七、国际旅游岛新时尚——独具特色环岛高速公路自驾游

海南岛位于我国南端,气候条件得天独厚,环境秀丽,丰富的旅游资源和便利的交通条件以及与众不同的海洋资源优势,吸引着国际国内的旅游爱好者。2010年1月,国务院发布《关于推进海南国际旅游岛建设发展的若干意见》,标志着海南国际旅游岛建设提升为国家战略。2010年6月,《海南国际旅游岛建设发展规划纲要》得到国家发改委的正式批准,标志着推进海南国际旅游岛建设局面已经全面展开。

进入21世纪,我国经济水平高速发展,人们生活水平不断提高,个人汽车拥有者数量迅猛增长。加上海南"一脚油门踩到底"的政策优势,以及海南岛日益完善的道路交通设施,人们已经不再满足于传统的出游形式——跟团旅游,自驾游作为一种新型、时尚的旅游方式应运而生,并以灵活自由的方式受到大众热捧。海南岛属热带季风气候和热带海洋气候,遍地皆绿,空气清新,夏无酷暑,冬暖如春,年平均气温22℃~25℃,是全国难得的全年、全天候的海岛度假旅游胜地,非常适合自驾游。

生态环境是海南建设国际旅游岛最大的优势,也是参与21世纪海上丝绸之路建设的首要优势。海南全年空气优良天数达99%,本岛四周海域海水一二类水质占95%,森林覆盖率达到61.5%。空气好、水质好、阳光好,这是人们向往海南的最重要的因素。海南作为国际旅游岛,旅游业是支柱产业,而良好的生态环境是发展旅游业的基础。为守住绿水青山蓝天碧海,海南严格限制工业发展,始终坚持生态保护优先。人们驱车疾驰于风光秀美的高速公路,能感受到海南独特的椰风海韵,尽享惬意旅途。截至2016年6月底,全国机动车保有量已达2.85亿辆,其中汽车1.84亿辆;机动车驾驶人达3.42亿人,其中汽车驾驶人2.96亿人。随着群众机动出行需求不断提高,汽车市场潜力持续释放,我国汽车保有量保持快速增长趋势。上半年汽车保有量净增1135万辆,新注册登记汽车达1328万辆,比去年同期增加199万辆,同比增长17.62%。从统计情况看,近5年以来,汽车新注册量呈高速增长趋势,汽车占机动车比率不断提高,已从43.88%提高到64.39%。庞大的汽车市场的保有量也让老百姓的出行方式发生了巨大的改变,中短途的出行中汽车成为主要方式之一。加上当前生活水平的不断提高,老百姓休闲放松方式中节假日的中短途自驾游、农家乐度假等休闲方式成为一种时尚。

目前影响自驾游最主要的因素就是道路条件,由于受汽车档次、性能和驾驶技术的影响,公路状况是自驾车旅游者必须面对的重要问题,自驾车旅游者在旅游线路与目的地的选择上,不得不将公路状况作为重要因素加以考虑。例如欧洲的公路系统较为发达和完善,要想在欧洲有一趟深入之旅,自驾游就是很好的选择。2016年春节小长假期间,海口的各大港口的车辆吞吐量10.49万辆,其中进港6.12万辆,出港4.37万辆,这些车辆中80%以上是到海南自驾游。因此,大力发展高速公路建设,是打造海南国际旅游岛的重中

之重,加快高速公路建设,构建设施完善、服务高效的综合交通运输体系,是推进海南国际旅游岛建设的"助推器",是海南省委、省政府从国际旅游岛建设的长远发展和绿色崛起的迫切需要出发,做出的主要战略决策。海南目前有五条高速公路,由东向西看:南北走向的三条(海文高速公路、东线高速公路、西线高速公路),东西走向的一条(海口绕城高速公路),以及中线高速公路(从海口绕城高速公路连接屯昌、琼中、五指山、三亚的高速公路)。在这五条高速公路中,比较成熟、繁忙的是海南东线高速公路。起点在海口的府城琼州大道的南段尾部,连接三亚。全长约240km,途经定安、琼海、万宁、陵水。

每年有数千万自驾游车辆行驶在海南的公路上

(一)旅游黄金通道交通大动脉——海南环岛高速公路(东段)

海南的东部是海南旅游发展最为成熟的地方,这主要是托福于海南东线的建成。如果自驾往返海口和三亚,一般会选择走东线,这条东线是目前最为快捷的高速公路。海南的旅游项目最为成熟的是东线,东线也可以称为海南东线旅游大动脉。在海南东线有人人皆知的三亚,有举世闻名的博鳌,有拍摄《非诚勿扰Ⅱ》的万宁美丽的"石梅湾",有满山是猴子的陵水猴岛……海南的很多旅游项目紧挨着东线,基本上可以实现一路走一路游。椰风海韵、人文古迹、华侨风情……从海口出发,一路沿着东海岸驾车向前,途经定安、琼海、万宁、陵水、三亚等地,在海南东线可以寻到"最海南"的元素。

位于海口市西南石山镇的火山口国家地质公园,是海南独特的火山奇观,也是世界上保存最完整的火山口之一。万年前的火山,千年火山文化和热带生态景观相融合,构成了以热带城市火山生态与文化为内涵的地质公园。骑楼老街是海口不可错过之地。在海口得胜沙路、中山路、博爱路、新华路等历史文化街区,这里中西合璧的骑楼建筑有着数不尽的故事——多少南国近代名流富商曾经出入这些骑楼,创造着商业传奇。在这里,人们除了可以一览骑楼的风情外,还可以在老街的店铺里寻得各自喜爱的店家。定安静美如诗,

58.2%的森林覆盖率、亚洲唯一的热带冷泉、南丽湖国家湿地公园、文笔峰中国南宗道教第一山、百里百村田野牧歌,构成了一幅山水如诗的画卷。全县百岁老人比率远远超过全国平均水平,被国内外环保专家、学者誉为"长寿之家"。相继被评为中国热带冷泉之乡、中国绿色农业示范县、中国民间文化艺术之乡。

在琼海,博鳌和潭门是最不可缺少的目的地。博鳌亚洲论坛已经被众人所熟知,而博鳌的美丽乡村如一股"小清新"让人耳目一新。在这些乡村,可以欣赏到最具特色的风土人情和乡村美景,同时让舌尖来一趟最地道的"博鳌味道"之旅。与博鳌毗邻的潭门,近几年亦是名气大增。到了潭门,在渔港看渔船是一个必不可少的节目。而潭门镇主干道上那两排热闹的海洋工艺品门店,也是游客们必去之地。在万宁,可以在日月湾找到追浪的激情,也能在植物园感受到赤道的热情。而兴隆则是感受华侨文化最好的一个去处。

陵水拥有得天独厚的自然资源,香水湾、陵水湾、清水湾和土福湾四个海湾,分界洲岛和南湾半岛两个美丽岛屿,以及中国唯一的中华猕猴自然保护区便坐落其中。三亚市位于海南岛最南端,是中国唯一的热带滨海旅游城市,是中国热带滨海旅游资源最丰富、最集中的地区,是中国空气质量最好的城市之一、全国最长寿地区(平均寿命 80 岁)。位居中国四大一线旅游城市"三威杭厦"之首,拥有全岛最美丽的海滨风光。三亚有亚龙湾、大东海、三亚湾、海棠湾四大海湾,有西岛、蜈支洲岛两大岛屿;有天涯海角风景区、南山文化旅游区、大小洞天旅游区、鹿回头山顶公园等一批国家级优秀旅游景点。三亚拥有被无数城市"嫉妒"的清新空气、柔和海滩。在沙滩悠闲散步、沐浴傍晚温和阳光,在海边玩耍,在雨林里面呼吸新鲜空气,欣赏自然奇观,一切都是那么令人享受。

(二)神秘之旅精彩纷呈——海南环岛高速公路(西段)

西线高速公路是海南西部的大动脉,也是海南最长的高速公路,全长 430km,大部分地区限速 120km/h,但是受到路况和地形地貌的影响,有部分却低于 100km/h,甚至一小段是 80km/h。如果自驾全程跑下来,会发现这一路上的风光绝对另有一番精彩。

西线北部入口是澄迈的"老城镇",这个镇被誉为海口的后花园,海南省委、省政府对此发展很是看重,并在此设立了海南最大的软件园。继续沿路西行,可以路过非常有特色的澄迈福山咖啡基地,这里有用于休闲度假的福山咖啡风情街和侯臣咖啡文化村,游客不仅可以在此品尝咖啡,还可以吃到很不错的茶点,游玩的项目也不少。

再往西去就到了临高,这里有海南最独具特色的早餐(早上能吃到烤乳猪),游客可以到县城看一看文庙,也可以到临高县看看热血丰碑,还有新盈镇上的渔船,听听地道的哩哩美渔歌。

从临高县再往西南走,就是儋州,这里的蓝田温泉和千年古盐田、东坡书院等,都独具地方文化特色。紧挨着儋州市的就是洋浦。洋浦是一座新兴的工业城市,天然深水良港,船舶停靠补给,这里成了海南一个重要的对外贸易窗口。

再接着南下就到了昌江。这里有神秘的霸王岭、棋子湾,还有亚洲第一铁矿遗址,让人流连忘返。

接着就到了东方市。东方市是一座新兴的工业城市。海南几家重要的企业,均坐落于此。东方市混居着汉、黎、苗族人民,他们热情好客。到了东方市,说不上能碰到神秘的大田坡鹿。以花梨为主的东方感恩文化,文明岛内外。

再接着就到了乐东县。这里是全国最大的香蕉生产基地,游客可以吃到最好吃的香蕉。神秘热带景观的代表尖峰岭,美到让人绝对停住脚步。这里有莺歌海盐场,现代化的食盐和古代的食盐,到底区别在哪里?食盐又是怎么晒出来的?游客在这里,可以遍览食盐文化。

最后一站的精彩,就是三亚市。天涯海角、南山佛教文化苑、三亚湾、海边冲浪,游客携手沙滩漫步,停下匆忙的脚步,跟随心灵的脚步,慢慢享受热带风光。

(三)侨乡之旅——海文高速公路

中国的椰子在海南,海南的椰子在文昌。文昌是海南一个重要的地方,这里不仅有中国最美丽的椰林,而且我国唯一的一个低纬度卫星发射基地就在文昌市龙楼镇。这里自古就是海南最有盛誉的文化之乡、华侨之乡、排球之乡……(所以重要到为此专门修建一条海口到文昌的高速公路,这条路全长50多公里,于2014年完成一次整修,属于质量较好的一条高速公路。

海文高速公路入口位于琼州大桥东端,延白驹大道向东南方向7km处。沿途经过桂林洋、演丰镇、三江镇、大致坡、潭牛镇等地。作为海南著名的华侨之乡,文昌市内散落着很多旧时华侨归乡所建造的大宅。这些曾经辉煌一时的大宅子经过时间的洗练后,虽然很多已经呈破败之势,但人们依旧可以感受到当时它们所承载过的那些传奇。

目前在海南较流行乡村游,海口当地人民在节假日时,经常会携家带口自驾游到郊区的农家乐休闲放松、钓鱼、采摘有机蔬菜、吃农家鸡……而海文高速公路周边就是有很多这样的农家乐。所以,在海南自驾游中,海文高速公路边上的农家乐是一个不错选择。当然,也可以直接自驾车开到文昌,在文昌可以喝最正宗甘甜的椰子,看海南海水最蓝、浪花最大的月亮湾,爬爬满是巨石的石头公园,游览宋庆龄故居,爬巍峨的铜鼓岭等。

(四)通往大山的致富路——海南中线高速公路

中线神秘感远高于西线,因为这里是海南腹地,海南最高海拔在这里,除了广为人知的五指山外,还有琼中的百花岭、黎母山、吊罗山,以及神秘的苗族文化,但是由于常年交通不便,这里也是海南最贫穷的地方。原来中线高速公路没有修通之前,从海口到琼中需要4个小时的车程,现在走高速公路只要1.5个小时。对于喜欢原始、天然的探险旅游中,中线的自驾游是最好的选择。

美丽的海南中线高速公路

目前,海南高速公路已经形成了以"三纵四横"的国省干线主骨架,县乡村道支干相连,贯通东西南北,辐射全岛的"一环三纵四横"公路网格局。近年来,海南省委、省政府加快推进"田字形"主骨架高速公路、国省道和农村公路建设,构筑设施齐全、安全便捷的综合交通运输体系。海南是自驾旅游的理想场所,陆路交通发达,公路密度较高,最主要的是没有收费站,一路畅通,驾车漫游全岛,路途长短适中,能让人感受到驾驶漫游的乐趣,却又不会有疲惫的感觉。

八、高速公路建设拉动社会经济发展

在古代,由于海南岛孤悬海外,雄关漫道,交通闭塞,是历代封建王朝贬谪逐臣、流放逆臣的"鬼门关"。宋相胡铨当年被贬海南时,曾发出无尽感慨:"区区万里天涯路,野草荒烟正断魂。"可见,当时的海南是何等荒凉和落寞。

(一)120亿元构建路网主骨架

据史料记载,新中国成立初期,海南干线公路只有879km,20世纪60年代中期达到7821km,建省前夕为1.24万km。如今,海南已坦途通达,天涯咫尺。翻开海南的公路交通现状图,人们会惊喜地发现,海南的断头路少了,路网密了,公路主骨架已连在一起。从"八五"期开始,海南就把环岛高速公路和"三纵四横"等路网主骨架的建设,列为海南省公路建设第一步战略目标加以实施。"九五"以来,海南公路建设迅猛发展,技术等级和服务水平明显提高。据统计,截至2004年底,海南完成公路投资120亿元,通车里程从建省初期的1.28万km增加到2.08万km,绝大多数市县城、主要旅游景点(区)、开发区、主要港口和海口美兰、三亚凤凰两大国际机场已通二级或三级以上公路,公路建设实现了跨越式发展,建设质量跃上了一个新台阶。随着"三纵四横"等干线公路进一步改造升级,岛内公路交通一体化的进程明显加快。

(二)镌刻没有高度的丰碑

岛屿型经济特征决定了海南必须建设安全便捷和发达的公路网,即岛内运输主通道。1993年以前,行路难的问题十分突出。面对严峻的交通现状,1987年,海南开始描绘建设岛内公路网主骨架的宏伟蓝图。1989年底,全长252km的海南环岛东线高速公路(右幅)开工建设,1995年12月底建成通车。1997年初起,东线左幅分段进行扩建。1999年9月,全长324.4km的环岛西线高速公路与东线高速公路实现对接,总里程为576.4km(不含连接线)。2000年底,东线左幅扩建工程全部竣工通车。参加环岛高速公路项目验收的我国著名专家夏传荪评价,该路的建设体现了四大特点:一是我国第一条规模最大、环岛半径最大、通车里程最长的高速公路;二是景观优美、线形顺畅、安全畅通,是名副其实的绿色大通道;三是标准高、造价低、质量好,安全、高速、舒适、美观,具有独特海南风光的天然景观路;四是出口路综合功能设置齐全。环岛高速公路的建设,时间跨度达14年,共完成投资90亿元。这是海南交通人用自己的聪明和才智,在琼州大地上镌刻的一座没有高度的丰碑,也是海南交通人用辛勤的汗水凝聚在海角天涯的真诚和豪迈。至此,海南成为我国第一个高速公路环岛的省份。2003年5月,全长52km的海口至文昌高速公路建成通车,成为琼东北地区的交通大动脉,海南高速公路通车总里程达626km。全省路网主骨架更加合理和完善。

(三)"3小时交通圈"解读

20世纪五六十年代,从海口到三亚需要三天三夜的时间;而到中部地区市县,则需要一周左右的时间。行路难到何种程度可想而知。建省前,从海口驱车到三亚仍需要七八个小时。现在,环岛东线高速公路修通了,258km路程只需3小时,缩短了一半时间。从乐东县城抱由镇到省会海口市是目前海南省所有市县中距离最远的,行车约4个小时。

2003年初,海榆中线营根至五指山段竣工通车,从县城经毛抱线进入海榆中线到海口,仅用3小时的时间。夏季月乐九线改造通车后,经乐九线走西线高速公路也不会超过3小时。而此前去白沙县还是走不尽的山路,拐不完的弯弯,即使是走西线高速公路经邦溪进县城牙叉镇,也需要4个小时。2003年上半年,牙南公路改造通车后,从海口到牙叉只需2个多小时。从海口到琼中营根或五指山市,现在最多也就3小时;"从五指山到海口,早上去下午可以赶回去",五指山市公路局潘先生高兴地说。1994年初,海南在全国率先实行了燃油附加费征收体制改革,撤销了所有的收费站(卡)。不少驾驶员反映:海南公路路况好,一脚油门踩到底,公路上不设卡,也没有"三乱"现象,真的很方便,3小时到海口或其他市县都没什么问题。

(四)"绊脚石"被搬掉了

建省办经济特区后,随着海南社会经济的进一步发展和改革开放力度的逐年加大,海榆东、中、西线公路在海南经济发展中的"瓶颈"矛盾日益凸现。作为岛内运输的主要方式,公路交通建设严重滞后,已经成为阻碍海南社会经济发展的"绊脚石"。因此,构建完善的岛内干线公路网迫在眉睫。1994年7月,海南省委、省政府在白沙县召开全省公路建设工作会议。会议提出对海南省"四横"公路进行改造。海南省大规模实施公路改造的战役正式打响。这些路段全长300km,按山区二级公路进行改造,总投资4亿多元,1995年8月陆续投入使用。1998年12月,海南省委、省政府实施了以公路交通等为重点的中部开发战略。之后6年来,海南省交通部门投资8亿多元,改造了"三纵四横"公路的重点路段。2004年底,全长287km的海榆中线公路全线通车。当前,"三纵四横"公路、海榆东、中、西线公路和环岛高速公路构成了岛内"一环三纵四横"的"田字形"路网格局,这是海南省公路网的主骨架和岛内道路运输的重要通道,也是激活海南省各市县发展区域经济的主要脉络。

环岛高速公路沿线市县出口路是海南路网主骨架的重要组成部分。1987年,海南对东线高速公路进行规划设计时,就综合考虑了公路的线形走向对东南部地区市县的产业布局、资源优势、经济版图及发展前景的影响,并进行了充分论证。因此,东、南部地区6市县均成为东线高速公路通车后最大的受益者。1999年9月,环岛高速公路全线贯通后,海南省委、省政府把高速公路沿线市县及开发区出口路的建设列入了议事日程。在这之后的几年中,省交通厅千方百计筹措资金近3亿元,相继建设和改造了三亚、海口、洋浦、白沙、昌江、东方、九所、儋州、澄迈等市县出口路或出口连接线。这些公路的建设,使岛内公路网日臻完善,为构建快捷、安全、畅通的公路网创造条件。

(五)大路网将覆盖城乡

2002年,海南顺利实现了公路建设第一步战略目标,建成了全省公路网主骨架。根据海南省委、省政府及交通部的部署和要求,从2003年开始,海南省交通厅开始实施公路建设第二步战略目标,即把重点放在干线公路的改造、升级和提高农村公路的通达深度上,实施县际及农村公路通达工程。截至2016年底,全省公路通车里程28217km,其中,国道2159km,省道1399km,县道2858km,乡道6319km,路网密度为83.24km/100km^2,乡镇通畅率100%,行政村通畅率99.97%。

2005年,海南省将投入30亿元资金,建设、改造农村公路3000km。基本完成"四横公路"改造,"三纵"国道改造进一步加快,连接所有市县的出口路全部达到二级以上标准,各市县城至每个乡镇政府所在地至少通一条柏油路(或水泥路),全省路网技术等级明显提高,路网结构更加完善,行政村公路的通达程度将达98%,自然村公路通达深度达到96.7%。基本消除国、省道危桥,公路生态水平不断提高。到2007年,全省公路通车里程达到17789km,公路路网密度达到52.48km/100km²,路网的服务水平和技术等级将迈上一个新台阶。

全长60km、计划投资15亿元的海口绕城高速公路于2005年11月开工建设,将海文、环岛东、西线高速公路和国道海榆东、中、西线连通,2008年海南的高速公路总里程达680km,连接全省城市和农村的大路网格局形成。

九、环岛高速公路链成产业带

建设一条公路,激活一方经济。实践证明,公路建设有力地拉动了海南经济的迅猛发展。完善的路网,为海南全省各市县谋划自己的经济版图创造了必要的基础条件。

(一)沿线产业带正在崛起

常言道:"不谋全局难以谋一域。"而要谋全局,必须先谋一域,即在岛内实现公路交通基础设施的共享。只有岛内公路交通一体化,才能带动各市县区域经济的整体繁荣。目前,海南省各市县在自己的经济版图上已重新洗牌,产业结构和布局也进行了相应调整。多年以前,海南省交通厅主要领导就断言:环岛高速公路通车后,沿线将迅速崛起一条产业带。这句话一言中的——不少市县已经尝到了公路建设所带来的甜头。环岛东线高速公路被誉为海南省东部地区的"黄金通道"。

通车后,东线高速公路成了定安县人民群众的致富之路、小康之路;而海口至文昌高速公路的通车,使长期以来困扰侨乡经济的交通瓶颈已被打破,给文昌的发展带来了新的机遇。正在上马建设的文昌维嘉国际大酒店等19个项目,合同投资额达12.3亿元;琼海也"借路腾飞",东线高速公路、博鳌出口南路和嘉博公路已构成了"大琼海交通圈",使嘉积、中原、博鳌三大镇形成了"万泉河三角洲"新的经济开发区域。

东线高速公路横穿万宁市,境内国道达160km。依托便利的交通条件,该市农业、海洋渔业、资源加工业和旅游业四大产业迅猛发展。按照"策划理念、做好规划、整治环境、推进项目、托出品牌、拉动消费"的旅游发展思路,着力抓好"一区四湾一中心",构建岛东部独具特色的旅游黄金海岸带。目前,正在投资兴建或拟建的旅游项目20多个;距东线高速公路不足半小时车程的陵水猴子岛,已成为海南的一大旅游品牌。

文昌旅游公路卫星航天城段美景

几年前海南省委、省政府提出：要依托环岛西线高速公路,建设海南"西部工业走廊",这个目标正在实现。海南省实施的"一省两地"的战略目标和"优势产业战略、城市化战略、科教兴琼战略、可持续发展战略和人才强省战略"已初见成效。海南工业短腿正在拉长。2000年9月,时任省委副书记、省长汪啸风在洋浦出口路通车典礼上表示:洋浦出口路是洋浦通往北京、走向世界的金光大道。令人欣慰的是,沉默近十年的洋浦开发区,今天终于动起来了。洋浦开发区管理局一位主要官员说:中海油炼油厂和金海纸浆厂两大项目投产后,洋浦开发区年产值将走在全省前列。有关数据显示,2003年洋浦国内生产总值达7亿多元,税收总额逾4亿元,新增固定资产投资32亿元,港口吞吐量105万t(2016年末4058.472万t),海南省政府为此还专门发了贺电。这表明:洋浦正在扬帆启航;使儋州被称为岛西部的一颗明珠。可以说:西线高速公路及儋州出口路的建设,使儋州市83万人民受益匪浅。儋州市以公路沿线为依托,调整了产业结构,实施"两翼推进"战略,促进区域经济全面发展。

（二）公路承载着致富梦

五指山、吊罗山、尖峰岭等国家级森林公园也不例外,其神秘的面纱随着中西部地区公路的大规模建设而逐一被揭开,经济也迅速升温。2001年国庆节,时任琼中县县委书记朱清敏在带领琼中县党政领导慰问海榆中线改造工程指挥部和施工单位时说:改造海榆中线,不仅打破了制约琼中经济发展的"瓶颈",改变琼中落后的交通面貌,而且打开了琼中经济发展的大门,更重要的是转变了黎、苗民族同胞脱贫致富奔小康的观念,扩大琼中对外的沟通和交往,必将给琼中及中部地区带来新一轮的开发建设热潮。

保亭县境内的七仙岭温泉旅游区已成为海南省的品牌景区。2002年8月,该县县委书记李永喜在一次座谈会上动情地说:中部地区的出路在于路,希望在于路,特色也在于路。海南省交通厅2000年底至2003年,三年修通了三条路。三年来,保亭县发生了很大变化。如果说保亭有一点名气,保亭人民能够看到致富奔小康的希望,保亭经济能够有这样的发展、旅游业这样红火,应该感谢这三条路。当地的老百姓说:从来没有见过这么好的公路。看到这三条路,就看到了富裕,就看到了社会主义制度的优越性。这是致富之路、小康之路,是保亭人民与地球同在的路。保亭464个村,村村都通了公路,老百姓想富、奔富、致富的愿望更加强烈了,要求也更高了。正是这些路,承载着保亭十多万少数民族同胞去实现伟大的梦想!李永喜书记的这番话,真诚而朴实,道出了中部地区少数民族同胞的共同心声,也折射出公路建设对拉动中部地区经济发展、转变思想观念乃至文明建设的重要影响。

五十多年前,为了修通海榆中线公路,221名解放军官兵把自己宝贵的生命献给了公路建设事业。五十年后的今天,海南交通人再次挺进中部时,不仅要继承他们辉煌的伟业,还要铭记他们不朽的英名!正是站在这些烈士的肩膀上,沿着他们的血迹前行,海南交通人才顺利地改造了海榆中线。为了感谢琼中营根至五指山段的筑路大军,在改造工程贯通之日,五指山市锣鼓喧天,市委、市政府代表全市10多万黎、苗族同胞,带着丰富的慰问品,慰问了公路建设者。海榆中线改造工程全线贯通,圆了中部地区黎、苗族同胞的梦!对统筹中部经济发展、保护海南生态环境以及加快五指山市的城市化进程,都起到积极的促进作用。从这个意义上讲,要感谢海南省交通运输厅,感谢这支筑路大军。

党的十六届三中全会提出:要统筹城乡发展、统筹区域发展、统筹经济社会发展、统筹人与自然和谐发展、统筹国内发展和对外开放。记得新华社一名记者采访海南公路和生态建设时说了一句耐人寻味的话:对海南来说,公路经济魅力四射。环岛高速公路已成为一道有热带特色的风景线,公路生态建设正在催生旅游经济。海南省交通运输厅有关领导表示:只要大胆解放思想,不断创新思路,走可持续发展道路,打造出海南的体制和环境特色,安全、高效、便捷的"3小时交通圈",将使海南释放出最大的能量,使交通发展与经济社会发展、城乡发展以及人与自然和谐相适应。把全岛演绎为实实在在"环岛生活圈"或"环岛旅游圈",成为名副其实的中华民族的四季花园和全国人民的度假村,成为饮誉世界的生态省、健康岛。

(三)县域经济内涵丰富

发达的公路网,是各市县谋划区域经济发展布局、调整产业结构和激活全省经济的重要前提。2003年初时任海南省委副书记、省长卫留成在临高、澄迈县调研时指出,经过建省15年来的努力,海南发展思路清晰,基础设施日趋完善,全省上下发展的要求十分强烈。目前,全省经济已进入加速增长阶段。他要求,各地在制定县域经济的发展规划时,一定要实事求是,因地制宜,突出特色。要充分利用资源优势,发展各自的优势产业,实实在在地发展特色县域经济,让老百姓得到更多的实惠。

近年来,海南省各级交通部门大力加强县乡公路建设,改善了当地的投资环境,带动了市县区域经济发展。省会海口市发挥中心城市和交通主枢纽优势,大力建设、美化五大交通出口,城市和经济建设开始向生态型、提升城市质量及品位的方向发展;博鳌亚洲论坛以便捷的交通条件和良好生态环境为品牌优势,已饮誉世界,琼海正在借助这个舞台,上演区域经济发展的大戏。万泉河滨河景观大道和龙博滨海景观大道的建设,促使琼海"海岸经济带"和"万泉河经济带"形成,会展经济也成为琼海经济的新亮点。

1998年,海南省委、省政府实施中部开发战略,中、西部地区八市县都在谋划产业布局和调整产业结构,重点发展特色农业、森林探险及民族风情旅游业;西部沿海市县以港口为依托,以西线高速公路为纽带,重点发展石油化工、造纸和热带高效农业等。东方是海南省西部地区新兴的工业城市,也是海南省名副其实的"石化之都"。一座全国乃至世界最大的石化城正在崛起,西部工业走廊初具规模。三年来,中海油公司投入100亿元建设东方石化城。公路是社会经济发展的助推器。西线高速公路有力地拉动了东方市经济发展。一批热带高效农业基地和产业带正在西线高速公路沿线形成。据了解,依托便捷的公路交通,海南省计划再建立海水养殖、热带高效农业等10个农业标准化示范区。其中,岛西南部的乐东县,依托西线高速公路,在沿线种植香蕉面积已达5333公顷(8万亩),是海南省最大的标准化香蕉种植基地,每年为乐东增加财政收入1000多万元。

同时,公路建设有力地促进了道路运输业的迅猛发展。岛内道路班线车辆和旅游客运车正在向规模化、高档化、舒适化方向发展,初步形成以主骨架公路和干线公路构成的快速通道和以公路主枢纽为龙头的客货运输站场服务系统,为实现公路基础设施网络化、道路客运便捷化与货运物流化、运营与管理智能化、安全与品质最优化创造条件。

十、海南:岛屿经济加速融入珠三角

海南是一个岛屿省,岛屿经济的特征十分明显。由于区位优势比较独特,经济总量又小,加之琼州海峡这道天然屏障的阻隔,海南经济相对封闭和独立。经济界人士认为:从区域经济或地缘经济学的角度讲,海南的岛屿经济缺乏形成独立经济板块的条件,要实现经济的勃兴,必须融入泛珠三角经济圈。

(一)泛珠经济磁场强劲

改革开放二十多年来,我国东部沿海地区正在形成珠江三角洲经济圈、长江三角洲经济圈和环渤海经济圈。中国社科院研究区域经济的专家、博士生导师魏后凯认为:所谓经济圈,就是一个区域内的经济一体化达到相当高的程度,资源实现市场配置,人流、物流、资金流、信息流畅通无阻。由于CEPA和东盟贸易区的签订,广东省提出大力建设连接西

南、中南和东南十省市(区)的主通道,构建"泛珠三角经济圈"的设想。这股热力正跨越琼州海峡,成为海南省经济界人士的热门话题。

虽与广东一水之隔,但对海南来说,这是一次最大的发展机遇,海南应该主动接受"泛珠三角经济圈"的强力辐射,与九省(区)一起搭乘中国—东盟自由贸易区的"头班车"。否则,海南经济将更加"内向",并面临被"边缘化"的危险。因此,海南要突破行政区限制,市县之间要合理分工,尽快形成完整、有竞争力的产业和公共设施体系。专家认为:交通基础设施是区域经济一体化的基本条件。因为只有缩短时间距离,才能拉近有效的空间距离,扩大经济互动。绿色通道是海南经济新的增长点,也是海南借助良好的公路交通与内地经济对接和互动的重要方式。1996年,在国家有关部委的支持下,海南到北京、上海的绿色通道开通,平均每年把海南数百万吨的反季节瓜果菜运送到全国各地,整体效益数百亿元,预计今后每年将出岛500万t以上。海南已成为全国人民的"菜篮子",绿色通道也充实了海南人民的"钱袋子"。

"绿色通道"使海南瓜果快速发往内地

据统计,泛珠三角经济圈公路通车总里程达70万km,占全国总里程的40%以上,其中高速公路8000km,占全国的二分之一,公路密度达34.11km/100km^2,是全国平均数的两倍,这使该区域的交通流量相当巨大。专家认为:泛珠三角经济圈的形成,交通便捷的需求将促进各省(区)携手打造一体化的交通体系。2003年11月底,代表海南省交通厅参加"泛珠江三角经济圈"交通发展研讨会助理巡视员的李年佑,分别与广东省交通厅等十省、区签订了《省际公路规划建设备忘录》,这是海南连接岛外陆路通道、迈入珠三角的一大举措。广东省提出,2005年,广东可实现通往周边陆路省区均有一条以上高速公路通道以及多条二级以上标准的国、省道。正在建设、贯穿我国南北的"同三线"是海南经济向北拓展的重要通道,也是向外连接海南省岛内公路交通网的大动脉。公路交通已成为海南综合交通运输体系中最主要的运输方式。从做大做强海南经济的角度讲,必须树立科学的交通发展观,不能把即将形成的"3小时交通圈"停留在纯粹的交通概念上。要在"泛珠三角经济圈"的辐射下,把便捷的交通优势转化为经济优势,这是海南统筹发展区域经济的必然选择。

对海南来说,纳入这一经济圈并早日成为"圈内人"非常重要。交通部规划院相关人士认为,在交通一体化上,各省区应建立完善、统一和有序的运输市场,同时要实施以信息化、智能化为主导的科技发展战略,建立客户信息服务系统、联网售票系统、公路网统一联网收费和智能交通系统等。近几年来,粤港澳和内地自驾车畅游海南已成为一大热点。

2004年春节,海南的租赁车被北京、上海、江苏、湖南等外地游客租用一空。广东、广西不少游客凭借便利的交通条件,自驶畅游海南,这种势头正呈上升之势。川、滇、黔、湘、鄂、闽等地的车辆也加入这一阵容,使得春节期间进入海南的自驾车达到5000多辆,这与海南便捷的交通条件和公路作为海南经济发展的强力支撑密不可分。但要真正让全国的产业、客流、物流和资金流都"鱼贯而入",必须进一步加强与泛珠三角经济、文化方面多层次、多形式的合作,要在发展岛屿经济的棋盘上巧妙地走好每一步,海南已投入120亿元巨资鼎力构建的"3小时交通圈"才有积极的社会、经济乃至深远的政治意义。

(二)马力十足的"火车头"

21世纪是全球经济一体化的世纪。泛珠三角经济圈地域辽阔,十省(区)区域面积199.45万 km^2,人口4.5亿人,占全国面积的21%,年生产总值约占全国的三成,是我国经济发展最有潜力的区域之一。如果再加上港澳1万多亿元的生产总值,"泛珠三角"将形成一个"超级经济圈"。但是,随着经济全球化进程的加快,泛珠三角正面临着进一步加强经济合作的范围和层次,加快区域经济一体化的问题。而实现经济一体化的首要任务在于完善和优化区域交通网络,整合交通资源,实现交通一体化。

道路运输业是经济社会发展的产业基础。泛珠三角11个省(区)相互间在道路运输领域有着十分密切的联系,区域间产业互补性强,相互间产生了大量的客流和物流。因此,按照优势互补、互惠互利、共同发展、多方共赢的原则,突破行政区域限制,以市场为导向,加大结构调整力度,强化道路运输网络功能,形成一体化的交通运输网络,建立区域一体化大市场,具有十分重要的意义。2003年11月29日,海南等10省(区)暨重庆市交通部门签订了《泛珠三角经济圈九省区暨重庆市道路运输一体化合作发展2003年协定书》。目标是逐步建立起统一、开放、竞争、有序的道路运输一体化市场体系,形成统一的客货运输、维修救援、信息服务三大网络,实现道路运输和运输管理信息系统的对接以及信息资源的共享。先期实现省际客运班线数据库的互换,推动区域内货运信息交易平台的互联互通等。同时,粤海铁路通道的开通,火车驶进了海南岛,使海南铁路实现了陆岛连通的梦想,也标志着海南岛屿经济以道路、铁路运输为突破口和衔接点,向"泛珠三角经济圈"迈出了可喜的一步;另据报道:定安县主动承接珠三角的产业转型,率先融入泛珠三角经济圈。2002年外贸出口创汇1237万元,几乎是海南建省十多年来定安外贸出口的总和,创造了外贸出口奇迹。

2004年6月1日,"9+2"区域合作正式启动——首届"泛珠三角区域合作与发展论坛"在香港召开。6月3日,《泛珠三角区域合作框架协议》正式签署。根据协议内容,该区域内将形成区域交通运输快速网等九大协作网络。时任海南省省长卫留成在接受记者采访时表示,海南省政府正在筹划对接"9+2"区域合作平台,区域旅游合作、农业合作将给海南带来重大发展机遇。

(三)港口:经济发展的点睛之笔

港口是泛珠三角经济圈的点睛之笔,对四面环海的海南来说更是如此。交通部规划研究院副总工程师方然认为:湘、赣、滇、黔等省希望加入"泛珠三角经济圈",他们最看中的其实不是广东发达的经济,也不是广东巨大的就业市场,而是广东的港口。有交通网络才有"泛珠三角经济圈"。同济大学教授陈小鸿认为,建立网络化的交通非常迫切。在这个网络中,畅通的省际通道是大动脉,各省区连接省际通道的公路是毛细血管,而港口则是"龙头",港口活则路网活。

大改革、大开放、大发展使海南在经济发展方面有"大进大出"的需求。但岛内路网的完善并非海南发展岛屿经济的"良药",岛屿经济发展的"内循环"必须靠"外循环"来带动。海南是海洋大省,拥有200km²的海域面积,富饶的海洋资源亟待开发和利用。全省海岸线长1716km,港口资源十分丰富,有68个自然港湾。海南主要港口有海口港、八所港、洋浦港和三亚港。据统计,截至2016年底,全省生产性泊位140个,其中万吨级及以上泊位65个。泊位设计年通过能力散装、件杂货物12792万t,集装箱166万TEU,旅客1666万人次,滚装汽车367万标辆。

自"九五"以来,海南全省只增加洋浦二期工程3个3.5万吨级深水泊位。港口对内连接着公路网和西环铁路,对外联系着国内沿海水系和国际远洋运输体系,是海南省对外交往和货物运输的主要门户,是海南综合运输的核心环节和枢纽,也是对外开放的重要依托,对海南省国民经济和社会发展发挥着非常重要的基础支撑作用。全省新建的港口项目有4个:三亚白排国际客运泊位、新海油气码头工程、海口港邮轮专用泊位和海口新港国际客运中心。截至2003年底,在海南省注册的航运公司有43家,其中经营客船、客滚船的公司4家。共拥有船舶502艘,总净载50.2万t,载客量1.2万人,总集装箱位1707 TEU。2003年全省港口货物吞吐量完成2651万t,同比增长18.8%;水运货物运输量达到1951万t,水运货物周转量203万亿吨公里,分别同比增长6%和5%。

但是,2003年岛内主要港口海口港、洋浦港和八所港都有不俗的业绩。海口港货物吞吐量再次打破历史最高纪录。累计完成1329.1万t,同比增长23.9%;国际标准集装箱吞吐量完成16.2万TEU,增长30.9%,其中:进口集装箱完成8.1万TEU,同比多完成1.9万TEU,增长30.6%;出口集装箱完成8.2万TEU,同比多完成2万TEU,增长32.3%。国际航线完成5.5万TEU,同比多完成1.9万TEU,增长52.8%。洋浦港吞吐量首次突破百万吨大关。八所港完成货物吞吐量425万t,同比增长24.1%,也打破了13年来港口吞吐量在350万t上下徘徊的低迷局面;杂货生产量达到16.7万t,创造了开港以来的最高纪录。三亚港2003年完成吞吐量106万t,产值2500万元,连续三年保持盈利。2004年1月,该港成功开通了香港至三亚的集装箱航线,三亚出口集装箱不日开航。

(四)岛屿经济离不开港航业

港口是国民经济和社会发展的基础设施,港口吞吐量是经济发展的晴雨表,港口的新发展必须坚持对外开放。分管交通工作的海南省副省长刘琦认为:海南港口的发展应做到"四个相适应",即与海南经济发展的总目标相适应、与经济结构特别是产业结构调整的需要相适应、与区域经济发展的趋势相适应和与生态省建设的需求相适应。他指出:海南要有更加广阔的视野,积极参与区域经济合作和产业整合分工,发挥好港口作为交通枢纽的作用,为海南在区域经济合作与竞争中争取更大的优势,拓展更广的空间。

繁忙的洋浦港

海南的港口建设与发展要着眼于与珠江三角洲、长江三角洲、台湾地区之间的经济交往与合作,特别是要利用海南位于南海国际海运要冲、东南亚华侨众多的优势,重视海南与东盟国家海上大通道的建设,在中国与东盟"10+1"自由贸易区、与珠江三角洲经济合作等方面发挥积极的作用。

时任交通部部长张春贤提出,到2010年,沿海港口吞吐能力要达到30亿t,集装箱码头总吞吐能力达1亿TEU,基本形成干线港、支线港、喂给港,层次分明、布局合理的港口集装箱运输体系。交通部有关专家还认为,随着世界航运业的进一步发展,港口的发展将呈以下趋势:一是港口建设深水化;二是港口投资多元化;三是港口运输物流化;四是港口生产信息化;五是港口经营规模化;六是码头作业专业化。针对目前海南省港航业缺乏统一有效的行业管理和规划、港口管理体制尚未理顺、港口总体水平低、设施陈旧、生产能力不足、港口发展不平衡、码头结构不合理及航运企业发展后劲不足等问题,作为海南全省港口的行业主管部门,海南省交通运输厅决定从全面建设小康社会的目标出发,坚持"建设、改造挖潜、调整结构、可持续发展"相统一,坚持"服务、管理、效益、质量"相统一,走重组整合发展的道路,实行资本多元化。到2010年,初步构建结构合理、层次分明、功能完善、信息畅通、优质安全、便捷高效、文明环保的现代化港航体系。

2004年1月1日《中华人民共和国港口法》实施后,海南省交通厅为进一步完善海南省港航业的相关法规和政策,组织力量对全省港口岸线规划、海口港、洋浦港和八所港的总体规划进行修编,并于4月报省政府审批;完成全省港口总体布局规划、新海港区汽车轮渡码头工程可行性研究、东水港区总体规划及其起步工程预可行性研究;争取开工建设海口港二期工程和马村港3.5万吨级散杂泊位配套工程;抓紧完成洋浦港二期工程,使其设计能力达到450万t/年;加快推进西沙永兴岛交通码头的前期工作,对八所港进行技术改造,并加快其二期工程的前期论证工作。2003年8月,应邀参加海南省港航业与经济发展专家研讨会的国家发改委宏观经济研究院副院长王一鸣指出,岛屿经济离不开港航业。海南经济要发展,必须把港口做大做好。因此,在岛屿经济特征无法改变的条件下,海南必须塑造自身的中介地位,要充分利用岛外的需求来带动岛内经济的发展。

海南省委、省政府当年提出,要进一步扩大开放,要主动贴近珠三角经济区,加强区域经济合作。随着海南省交通基础设施建设的日臻完善以及一系列方针政策的贯彻落实,不断创新思路,努力打造海南的体制特色,不久的将来海南岛屿经济将迎来跨越式发展的春天。

第三节　海南高速公路发展格局与综合运输发展

一、海南综合运输与物流产业发展

高速公路的建设,为海南现代物流业发展奠定了重要基础。环岛高速公路、海口至琼中高速公路、海文高速公路以及海口、三亚绕城高速公路的建成,形成了以高速公路网为主体的岛内物流大通道,并建立和完善了以省会海口市为核心,以国道、省道连接市县,辐射乡镇的城乡物流配送末端的二、三级物流通道,基本建立了比较完善的全省三级公路通道设施体系,为构建全省三级物流通道体系奠定了基础。

高速公路的建设,同时为海南物流服务设施建设创造了条件。由于高速公路网络的完善,全省依托高速公路网布局规划海口、洋浦、三亚、八所和湾岭物流集聚区,并布局海口美安、金马、美兰临空物流园区,洋浦石化物流园区,三亚凤凰临空物流园区、南山物流园区、八所物流园区、湾岭物流园区,并依托高速公路规划布局全省综合物流中心、专业物流中心、城乡物流配送中心二级物流设施网络,为完善全省物流服务设施网络奠定了基础。高速公路的建设,促进了海南国际旅游岛的建设速度。

(一)为全省社会经济发展奠定基础

高速公路建设,为海南全省社会经济的发展,创造了便利的条件,促进了全省产业的发展。2014年,海南全省生产总值达到3500.72亿元,比建省初期1988年增长了35.45倍,平均每年增长11.2%。其中第一产业809.52亿元,平均每年增长8.1%;第二产业875.97亿元,平均每年增长14.0%;第三产业1815.23亿元,平均每年增长13.1%。全省社会经济的快速发展,为现代物流发展产生大规模的物流需求。

(二)推动现代物流业发展

由于经济发展,创造了强大的物流需求,推进了物流产业规模快速增大。2014年,海南全省社会物流总额4196.7亿元,比2009年增长1倍多;全省社会物流需求系数为1.2,即每1个单位的生产总值需要1.2个系数的物流量来支撑。物流业增加值401亿元,比2009年增长58.8%,占全省生产总值的11.45%,占服务业增加值的22.1%。社会物流总费用633.94亿元,比2009年增长1倍多;社会物流总费用与生产总值的比率为18.9%,比全国高2.3个百分点。全省物流行业从业人数19.4万人,占从业人数的3.1%。

2014年,海南全省公路货物运输量11015万t,货物周转量815033万吨公里。

(三)推动旅游商贸物流发展

海南"田字形"高速公路网络的初步形成,带动了东部地区旅游商贸经济带的快速发展,形成了以海口和三亚南北两个核心旅游区、博鳌亚洲论坛品牌旅游区、兴隆名胜旅游区、万宁奥特莱斯折扣店、海棠湾免税中心等构成的旅游商贸经济带,推动了海南商贸物流的发展。全省依托高速公路网络,逐步建立城乡物流配送体系,基本适应了商贸物流的发展需求。2014年,全省实现社会消费品零售总额1224.50亿元,比2010年增长84.53%;批发零售业商品销售4354.55亿元,比2010年增长1.76倍;住宿餐饮业营业额360亿元,比2010年增长1.23倍。

(四)推动工业物流发展

海南"田字形"高速公路网络的初步形成,促进了以洋浦经济开发区为龙头的西部地区工业走廊的快速发展,创造了工业物流需求。特别是洋浦高速公路的通车,构建洋浦1小时交通圈,有效提高物流服务效率,促进了洋浦工业的发展。2014年海南全省完成工业总产值2122.21亿元,比2011年增长23.09%;完成工业增加值514.40亿元,比2011年增长8.2%。其中,石油加工业产值551.1亿元,占25%;化学原料及化学制品制造业产值298.0亿元,占13.62%。

(五)推动热带农业发展

全省高速公路网的形成,为海南热带农产品物流的发展提供了便利。依托高速公路构成了海口至北京、海口至上海、海口至哈尔滨三条海南鲜活农产品干线绿色通道,大大提高了鲜活农产品的物流运输效率。2014年通过公路运输出岛的鲜活农产品达到960万t。2014年农业增加值达到832.64亿元,比2010年增长了54.32%。

海南运往北京的农产品

二、高速公路催生海南道路客运新品牌

海南高速公路,不仅改变了人们的生活节奏,同时也改变了人们的时空观念,更蕴含了新的商机……世纪之交,随着海南高速公路网的逐步建成,海南道路客运市场不断发生变化,海南的道路运营商各显神通。

在新的机遇和挑战面前,作为海南道路运输龙头老大的海南海汽运输集团股份有限公司适应新形势,不断推陈出新,推出了"海汽快车""海汽VIP快车""海汽快递"等道路客运新服务、新品牌,人们欣喜地称之为"海汽现象"。海汽集团积极参与"全域旅游"客运市场和快递物流市场,独树一帜抢占市场份额,收到了很好的经济效益和社会效益。海汽文化效益凸显,成为海南高速公路上一道道美丽的风景线。

这家老牌国企的努力让人们看到,高速公路建设对海南经济与社会发展产生的广泛而深远的影响。

(一)借助高速公路开通,海南道路客运无序竞争就此结束

1988年建省初期,海南客运市场全面开放,实行"谁投资、谁受益"的原则,鼓励和提倡社会各行各业的资金向道路运输市场投入,凡符合市场准合条件的客车,都允许进入客运市场。一时间,海南掀起一股"全民搞交通"的热潮。

在利益的驱动下,大富豪、银亚、玉峰、金鹿等公司和大量的民间资本也纷纷投入客运市场。据统计资料显示,建省初期,海南营运客车2000多台,1990年增至5578台,1997年已达9247台。

由于营运客车数量无序增长,运力严重过剩,造成了"拉客""抢客""甩客""杀价"等恶性竞争,海南客运市场一度乱象丛生。新华社、《海南日报》《中国交通报》等媒体,把当时海南交通乱象归纳为"三大怪":第一怪,发车点星罗棋布。当时海口有5个正规的汽车客运站,却另有20多个类似的发车点,还有沿街停靠揽客车辆不计其数。除海口外,海南其他市县的客运市场均处于无序竞争状态。第二怪,"长途"客票当"公交"买。据调查,1996—1997年,海南客运市场上演价格大战,海口至三亚的运输距离280多公里,空调大客车票价七八十元,但各客运公司均降价揽客,票价降至三四十元;屯昌至海口的运输距离97km,票价应为15元,而最低已下跌至3元,相当于公交车票价。第三怪,妻儿"分离"行李"散"。1997年春节期间,武警某部少校陈某带着妻儿到三亚游玩,在准备返回海口时,一家三口被"拉客仔"拆散,"请"上了两辆不同的客车。陈警官所乘坐的客车一路揽客,折腾了六七个小时才到海口,而他的妻儿乘坐的客车,本来只相差十几分钟,然而陈警官到海口后几个小时,仍不见妻儿踪影。无奈之下陈警官求助海南武警总队战友,帮助寻找妻儿,直至子夜时分才找到了妻儿。原来,陈警官妻儿乘坐的客车到了万宁兴隆被"卖猪仔",又磨磨蹭蹭、走走停停,一路折腾了八九个小时才到达海口,而行李也在换车时给丢失了。

这些只是当时海南客运市场乱象的一个缩影。无序的恶性竞争,使得作为海南道路运输骨干国企的海汽集团,生产经营严重滑坡,企业出现严重亏损。乘客对当时海南交通乱象怨声载道,叫苦连天。虽然政府三令五申,加大力度整治交通乱象,但收效不大。

1997年,随着海南东西环高速公路相继开通,为规范客运市场创造了条件。在海南省委、省政府和海南省交通主管部门的主导下,1999年8月1日,海口至三亚线的所有营

运客车全部进入海口汽车东站和三亚汽车站,实行"滚动发班"。在随后的几年间,海口至定安、屯昌、儋州、昌江、东方等客运班线都先后实行了"滚动发班"。

从客观意义上说,"滚动发班"促使了"车进站、人归点",减少了"抢客""甩客""杀价"等恶性竞争,对规范海南客运市场秩序起到了积极的作用。

1997年7月1日,海汽集团"海汽快车"问世,开启了海南道路客运的品牌时代。

(二)借助环岛高速公路,开启海南道路客运品牌时代

路通财通,海南东环高速公路海口至三亚线和西环高速公路海口至洋浦线相继建成通车后,旅客对出行的舒适便捷和乘车服务方式有了新的需求,高速公路客运市场蕴含新商机。

1997年3月,西环高速公路海口至洋浦段建成通车。借助高速公路便捷快速的优势,海汽集团投资2000多万元购置10台大宇牌豪华客车和7台"大富豪"豪华大客车,冠名"省汽快车"投入西环高速公路海口至儋州市那大线和海口至东方市八所线试运营。1997年7月1日,海汽集团正式开通了海口至那大和海口至八所两条"省汽快车"直达专线,海口至那大线每天返往30个班次,海口至八所每天往返10个班次。

"省汽快车"品牌的问世,结束了海汽无品牌产品的历史,开创了海南道路客运的品牌时代。

新亮相的"省汽快车",不仅外形美观大方、车厢豪华宽敞,还配置了航空座椅、空调、彩电、音像、洗手间等设施,而且免费发放饮料,堪称车族中的"宠儿"。为了提高服务质量,打造道路客运新品牌,海汽集团在"省汽快车"上配备一批品技兼优的驾驶员,同时向社会招聘了120多名具有高中、中专、大专以上学历的女青年当"巴姐",经过严格的培训和考核合格后,方能上岗服务。海汽集团倡导无缝隙情感式服务,要求"巴姐"把服务从车厢内微笑、解说、送水、沿途风光景点介绍,延伸到服务全过程。这也是与传统道路客运企业完全不同的理念,是品牌形象提升的有力举措。

海汽集团推出的"省汽快车",以品位高档、服务一流、快捷迅达、安全舒适为卖点,很快得到市场的青睐,在社会上产生轰动效应,提高了经济效益。据相关统计显示,海口至那大线和海口至八所线"省汽快车"开通一年,平均实载率达70%~75%,比一般空调客车增加30个百分点,西线刮起了一股"快车"旋风,"坐车要坐'省汽快车'"成为当时广大旅客的一种时尚。

"省汽快车"品牌的成功推出,使海汽人倍受鼓舞。1997年8月,海汽集团在东环高速公路海口至三亚线,投放7台进口"沃尔沃"豪华大客车。"省汽快车"与海南"大富豪"公司的12台"沃尔沃"大客车统一排班,每30分钟发一趟车。在"省汽快车"西环线开通1年后,海汽集团又相续开通了三亚至八所、海口至乐东县黄流(东环高速公路)、海口至

陵水、海口至琼海线"省汽快车"。1998年4月1日,"省汽快车"实现环岛贯通。

1998年7月1日,海汽集团开通了海口至白沙"省汽快车"班线,"省汽快车"首次开进山区。1999年9月3日,海汽集团与广州长途汽运公司和湛江汽运公司进行"强强合作",联营成立海南琼粤直通快车运输有限公司,并开通了琼粤、琼桂"省汽快车"省际班线,每天开往广州9个班次、南宁6个班次、柳州4个班次,同时把"省汽快车"开进了香港,以扩大省际市场占有份额。

"海汽快车"成为海南高速公路上"行走的风景"

1999年春运期间,海汽集团又投资1000多万元购置了18台"奔驰"客车投放海口至澄迈、乐东县黄流、乐东县利国等客运班线运营;还购置20多台新客车投放定安县区间班线运营,扩展了短途运输。短短几年间,"省汽快车"从西线延伸到东线,从海口、儋州、东方、三亚、万宁、琼海延伸到琼中、五指山、白沙等市县。至1998年4月,"省汽快车"实现环岛贯通,形成环岛直快客运新网络。2000年7月1日,"省汽快车"正式更名为"海汽快车"。同年12月25日,"海汽"司徽和"海汽快车"标徽通过国家商标局注册,"海汽""海汽快车"多次获评海南省著名商标。

粉红色的"海汽快车",笑容可掬的"巴姐",追求"用标准、用心、用情"的服务,构成了"海汽快车"品牌的核心竞争力,也成为海南高速公路上一道靓丽风景线。

为进一步提升"海汽快车"的品牌竞争力,满足高层次旅客的出行需求,2005年海汽推出"海汽VIP快车",为旅客提供个性化的超值客运服务。

"海汽VIP快车"车厢宽敞、豪华,木纹地板,"2+1"座椅,免费WiFi、手机充电宝、毛毯等,还配有最"高端"的快车乘务班。女VIP乘务员一律身高1.63m以上,男VIP乘务员身高1.75m以上,全是大学毕业生。女乘务员一律咖啡色连衣裙,淡妆、束发,配五色暖色调丝巾、黑丝袜和黑色高跟鞋。男乘务员则一律咖啡色长裤、白衬衣、黑袜、配金色领带。VIP乘务员青春靓丽,富有朝气,传递"品质·尊享"的品牌定位。海口、临高、儋州那大、昌江、东方八所、屯昌、琼中、琼海、保亭及五指山等分公司先后开通"海汽 VIP 快车"客运班线,上座率较高。

为提升市场竞争力,2002 年海汽集团率先在行业内实施 ISO9001:2000 质量管理体系,并提出了"抓质量、树形象、创名牌"的经营思路,不断完善质量管理体系建设。2004 年海汽集团通过了 ISO9001:2000 质量管理体系认证。2010 年 12 月,海汽集团通过考核评估,成为全国唯一一家国家级的交通运输服务标准化试点单位。

多年来,海汽集团推行"让世界更亲近"的经营理念,致力于品牌建设,"海汽快车""海汽 VIP 快车""海汽快递""海汽旅游"等成为海南知名品牌。至 2015 年底,海汽集团拥有汽车客运站 27 个(其中国家一级客运站 5 个),道路客运班线 500 多条,客运网络覆盖全省 18 个市县及国内 15 个省份,是全国仅有的一家独家运营省内二级以上的全部客运站的汽车运输公司,客运场站占据了海南省道路客运旅客发送量 95% 以上的市场份额,成为全国道路客运 50 强、中国交通百强、海南省道路运输龙头骨干企业。

海汽集团旗下的品牌车辆连续 12 年为博鳌亚洲论坛年会和金砖国家领导人会议提供运输保障服务,多次荣获"博鳌亚洲论坛年会和金砖国家领导人会议运输服务保障工作重要贡献奖"。海汽集团车辆多次为世界小姐总决赛等国际、国内重要会议和赛事活动提供接待用车服务,并以高度的社会责任感完成抢险救灾、应急处置等政府指令性任务,积极参与社会公益活动,屡获各界好评。

(三)借助高速公路,拓展"全域旅游"客运商机

世纪之交,随着环岛高速公路、海文高速公路、海南中线高速公路的竣工通车,以及洋浦至儋州至万宁东西横线高速公路主干线的开工建设,海南"田字形"高速公路主骨架形成,为海南的"全域旅游"创造了条件。

为主动对接海南"全域旅游"发展战略,2015 年 12 月 28 日,海汽集团携手保亭黎族自治县政府,在槟榔谷黎苗风情文化旅游区举行"海汽自助游"电商平台上线启动仪式,开启"互联网 + 客运 + 旅游"的"运游结合"新模式。游客可通过该平台,自由选择"自助游海南"优惠的旅游套餐产品"阳光消费",让无车族免除团队游的诸多不便,让有车族告别开车出行的疲劳,轻松旅行。

随着海南高速公路和旅游景观公路建设的加快,在交通主管部门的支持下,海汽集团陆续开通车站到主要景区的客运班线,把海汽快车延伸到景区,陆续开通了海口至博鳌、琼海至潭门、海口至文笔峰、南丽湖、母瑞山,三亚至槟榔谷,海口至霸王岭、营根至什寒、黎母山,文昌文城至航天城等多条跨市县和区域内旅游线路,主动与海南"百镇千村"(100 个特色产业小镇、1000 个美丽乡村)连接,打造"满天星"全域旅游。海汽集团还计划在全省 27 个汽车客运站增设旅游咨询中心或旅游集散中心,发挥海汽"自助游"电商

平台和点多、线长、面广的优势,开展"坐海汽快车去看木棉花"和"海南全域游,海汽陪你玩"等组客活动,组织更多的"候鸟"、散客群体进行"乡村游""特色游",补齐海南省区域旅游短板,使全域旅游遍地开花,以实现"日月同辉满天星"的愿景。

海南岛高速公路西线段路旁怒放的木棉花

(四)借助高速公路网,拓展物流快递新市场

截至2016年,海汽集团拥有27个汽车客运站,道路客运班线500多条,客运网络覆盖全省18个市县及国内15个省份,客运班线及日发班次占有率超过70%,营运车辆占有率超过40%,客运场站旅客发送量占比超过95%。完善的站场资源和直达的客运班形成"安全、快捷、方便"的运输网络,为发展物流快递业务提供了有利条件。

从2000年8月开始,海汽集团就重新组建货运公司,进军快递市场。该物流公司充分发挥海汽场站资源、网络资源、品牌信誉资源优势,利用海汽快车、海汽VIP快车和直达班线车现有的线路开展快递业务,同时还购置30多台小型货车在海口地区开展"门到门"的配送业务。

为做大物流快递板块,构建"干线(海汽)+配送(邮政,快递及落地配公司)"的网络体系,2015年9月9日,海汽集团与海南邮政签订战略合作协议。双方在干线运输、汽车服务、便民综合服务、金融业务等方面展开合作,实现海汽"大动脉"和海南邮政"毛细血管"的有机结合,共同推动全省城乡共同配送一体化,完善末端配送体系,打通农村邮政服务"最后1公里"。

2016年8月2日,海汽物流公司正式开通首条海口至三亚干线运输物流班车。该物流班车将采取定点、定线、定班、定时、定价的"五定模式",借助"田字形"高速公路网,依托海汽遍布全省的运营网络和客运站点,逐步开通西线、中线的物流班车,实现海汽物流班车和营业网点遍布全省,构建全省城乡一体化的物流网,降低运输成本、实现资源共享。

"十三五"期间,海汽集团将谋划建设海汽公路港、屯昌小件快递分拨转运中心、三亚物流快递分拣中心等一批物流项目,在综合物流园区、城乡一体化共同配送和物流信息平台等方面推动海汽现代物流业的发展。借助海南高速公路发展壮大,改制上市焕发新的活力。2016年7月12日,海南海汽集团股份有限公司在上交所挂牌上市,正式登陆A股市场。海汽集团股票一路飘红,连续16次涨停,市值已经达到了72.7亿元,在道路客运企业中,已超过了江西长运、龙洲股份、富临运业、宜昌交运、宁波公运等多家上市企业,海汽集团成为当时上交所市值最大的道路客运上市企业。

公路定有尽头,服务未有穷期。注重企业文化建设的海汽,经济效益、社会效益并重凸显。海汽人坚信,海汽的未来会更美好。

三、海南高速公路与海洋运输经济发展

公路尤其是高速公路的发展,给港口运输带来了机遇,高速公路建设,对增加港口集疏能力、促进海上运力发展有着积极的促进作用。港口与城市道路、机场、高速公路的无缝对接,大大降低了港口运输物流成本,顺畅货物运输往来,提升"三位一体"港航物流服务体系建设的核心。

(一)修建高速公路促航运事业发展

港口是海南对外贸易的窗口,是人流和物流的集散地,是水、陆运输的枢纽。通过港口可以把海运、陆运联系成为一个庞大的运输网络。公路运输在海南省运输网络中客货运量所占比重较大,各等级公路遍布城乡各地,纵横交叉,路路相通。公路运输可从港口延伸到城乡各地,可以把乘客和货物直接送到家门口,从某种意义上讲,公路运输是实行"门到门"运输最直接的一种方式,也是实现运输方式转换的重要纽带。

货源是港口创设的源泉,对港口的生产和发展至关重要。随着市场经济的迅猛发展,乡镇企业,个体经济如雨后春笋蓬勃兴起。公路的建设对海南省经济发展起着重要帮促作用,直接带动沿线各市县的生产经营、市场各类物资交流、外贸事业的发展。公路建设与港口的生产和发展是紧密相连的,建设港口的先决条件是"三通",而路通则是第一要素。建港需要路,港口的生产更需要路,港口的货物运输需要四通八达、畅通无阻的公路,公路建设的等级越高、网络越长越密,对港口的生产就越有利。快捷、便利的高速公路,对港口货物的集散效率,意义十分重大。

(二)高速公路和海洋运输相得益彰

"十二五"时期,海南交通运输行业紧紧围绕保增长、保民生、保稳定的总体要求,以服务"海南国际旅游岛建设"国家战略为中心,以改革创新为动力,积极推进公路水路协

调发展,加快综合运输枢纽和集疏运体系建设,大力提升运输服务水平,全面增强行业可持续发展能力,交通运输事业发展取得了显著成效。

1. 路网规模显著增加

截至2015年底,海南全省公路总里程达到26860km,比"十一五"末增加26.5%;高速公路803km,较"十一五"末增长143km,增幅达到21.7%;普通国省干线公路2873km,较"十一五"末增长139km,增幅达到5%;农村公路达到23329km,比"十一五"末增加5410km,增幅达到30.2%。各层次路网规模较"十一五"期均有明显增长。

"十二五末",路网结构进一步优化。公路网总里程中,二级及以上公路占比为10.7%,普通国省干线公路中,二级及以上公路占比为59.3%,高等级公路规模和占比较"十一五"有一定增长。

路网布局更加完善。形成了以高速公路为骨架、普通国省道为干线、县乡村道支干相连、贯通东西南北、辐射全岛的公路网格局。高速公路对海南全省市县的连通覆盖范围不断扩大,路网骨架作用进一步增强;普通国省干线打通了一批主要瓶颈路段,通行条件和服务水平得到显著提高;重要园区、港口、城市及景区的公路出入口条件得到较大改善;农村公路在"十一五"全省乡镇和建制村100%通沥青(水泥)路基础上,进一步推进自然村连通工程,网络化程度明显提高。

2. 水路建设亮点纷呈

水运交通综合能力显著提高。"十二五"期末与"十一五"期末相比,海南全省沿海港口新增万吨级以上生产性泊位16个,新增沿海港口散杂货通过能力4865万t,新增沿海港口货物吞吐量5695万t,新增沿海港口旅客吞吐量179万人次,全省水运基础设施进一步完善。

大型化、专业化、现代化水平进一步提升。"十二五"共开工建设水运基础设施项目25个,继续推进了集装箱、原油储备、石油化工、国际邮轮等大型专业化码头和深水航道建设,其中,洋浦港小铲滩起步工程、海南液化天然气(LNG)站线项目港口工程、洋浦莲花山临港石化物流园码头工程、海南炼化码头改扩建工程、国投孚宝洋浦30万吨级原油码头及配套储运设施工程、中油深南液化天然气储备库及配套码头工程、中海油南海西部油田码头项目、洋浦港洋浦港区5万吨级深水航道工程相继建成投产,三亚凤凰岛国际邮轮港二期工程、洋浦成品油保税库项目码头工程等项目正在抓紧推进,专业化码头和航道条件适应了当今航运船舶大型化发展要求,设施的大型化、专业化、现代化水平达到国内先进水平。

航运发展水平进一步提高。截至2015年底,海南全省海上货运航线可直通全国各沿海港口(包括香港、澳门)及新加坡等地,客运航线可通至海安、北海等地。海口港集装箱内贸航线已覆盖沿海及长江水系主要港口,集装箱外贸航线开通了海口至越南胡志明、印尼巨港以及香港的航线;洋浦港现已开通13条内外贸航线,至天津、越南胡志明、岘港等地的航线也将陆续开通;三亚凤凰岛国际邮轮码头定位为邮轮母港,先后进出多艘大型邮轮,凤凰岛二期工程第一个15万t邮轮码头建成后,成功完成"一天两轮"同靠。全省正在逐步建立起以国内沿海和琼州海峡运输为主、近洋运输为辅的发展格局,开辟了澳洲线、美西—远东—中东外贸航线、洋浦—胡志明—曼谷等多条定期外贸班轮航线,开通了15条国际邮轮航线,"水上海南"建设取得实质性成效。

国际豪华邮轮停靠三亚凤凰国际客运港

3. 客货运输服务水平明显提升

客货运输量持续增长。2015年,海南全省完成公路运输客运量、旅客周转量、货运量、货物周转量分别为10363万人、79.2937亿人公里、1.1279亿t、78.6586亿吨公里;水路运输客运量、旅客周转量、货运量、货物周转量分别为1714万人、3.455亿人公里、1.0229亿t、1090.9313亿吨公里。公路水路客运总量占全社会客运总量的74.2%,公路水路货运总量占全社会货运总量的96.3%,公路水路运输在海南省发挥了基础作用和主体地位。

1) 旅客运输

"十三五"时期,公路在客运中的主导地位不会发生根本性变化,但随着海南西环高速铁路通车、美兰凤凰机场扩建、主要港口扩建等因素,本着集约化、经济规模化、旅游高端化等发展原则和目标,公路运输总量增长较其他方式有所放缓。预计至2020年,海南全省公路、水路旅客运输量将达到13803万人、2200万人次,年增长率分别为5.9%与5.1%;全省公路、水路旅客周转量将达到99.3亿人公里、水运4.5亿人公里,年增长率分别为4.6%与5.3%。

2) 货物运输

"十三五"时期,产业结构转型升级步伐加快,货运需求稳步增长。同时,国家和海南省加快水运发展政策全面实施,水运在大宗物资运输中继续发挥重要作用;公路尤其是高速公路,将更多承担"价高量轻"货物的运输。预计至2020年,海南全省公路、水路货物运输量将达到15381万t、18000万t,年增长率分别为6.4%与12.0%;全省公路、水路旅客周转量将达到106.3亿吨公里、1910亿吨公里,年增长率分别为6.2%与11.9%。

3）发展目标

到2020年,海南省将基本形成安全、便捷、高效、绿色的综合交通运输体系——基础设施网络基本形成,运输组织不断优化,运输结构更加合理,运输效率与服务水平显著提升;公共服务水平进一步提高;法治交通、安全发展和绿色发展深度融合于全过程各领域,行业保障能力不断增强;改革与创新驱动交通事业持续发展,交通运输总体适应海南经济社会发展要求。

(1)布局结构更合理。"田字形"高速公路全面建成,基本实现县县通高速公路;普通国省干线公路二级以上公路比例大幅提升;环岛旅游公路初步建成,服务功能全面提升;农村公路通行条件显著改善;干线公路与城市路网有机衔接,城市过境交通效率显著提高。港口布局和分工更趋合理,港口资源整合工作全面推进,现代化水平进一步提高,整体竞争力大幅提升。客货运枢纽布局合理、功能完善,实现不同交通方式的有机衔接。

(2)客运服务更优质。交通运输基本公共服务水平显著提高,客运服务一体化水平大幅提升,各种运输方式间基本实现"无缝"衔接。城区常住人口100万人以上城市建成区公共交通站点500m覆盖率达到100%,海澄文一体化经济圈实现1小时通勤,大三亚旅游经济圈实现旅游交通服务一体化。具备条件的建制村100%通农村客运。

(3)货物运输更高效。形成包括重点物流园区、市县物流中心、乡镇货运站的全省三级物流设施体系,多式联运、共同配送等现代物流运作方式快速发展,物流聚集发展效应明显,服务效率显著提高,物流成本逐步下降。县、乡、村三级农村物流配送网络更加完善,具备条件的乡镇快递服务网点覆盖率达到100%,具备条件的建制村通快递比例达到100%。基本建成基础设施和服务设施完善、效率高、成本低的现代物流服务体系,努力打造成为面向东南亚、连接南北经济区域的航运枢纽和物流中心。

(4)信息应用更广泛。现代信息技术在交通运输以及高速公路等道路领域全过程深度融合,基本建成开放、兼容的现代交通运输信息网络。构建公众出行服务信息智能系统,实现联网售票,为岛内外出行提供一条龙服务;推进货运与物流信息化管理,完善各种运输方式的信息采集方案,加强铁水联运、水陆联运等多式联运的信息整合。

(5)行业发展更绿色。绿色循环低碳的价值取向贯穿交通运输发展的全过程和各领域。到2020年,海南全省营运车辆、船舶单位运输周转量能耗,港口单位吞吐量综合能耗,城市客运单位人次能耗在2015年基础上分别下降4%、5%、2%和6%,道路运输清洁燃料车辆保有量增长率比2015年增长50%。

四、海南高速公路建设升级催生全域旅游

海南岛是我国第二大岛屿。自古以来,18海里的琼州海峡阻断了宝岛与祖国大陆的天然联系。特殊的地理环境,决定了海南必须大力发展交通运输,提高交通运输能力,特别是推进高速公路的建设和升级,这是加快海南发展的基础条件。

经过"十五"以来的建设,截至2016年底,海南全省高速公路通车总里程达到778.753km,海南已构筑起以环岛高速公路为主动脉,"三纵四横"国道和省干线为骨架的"田字形"公路网。

众所周知,建省前,海南公路运输主要靠3条老国道。从海口到三亚通常要跑近一天时间。20年来,全省投入公路及场站建设资金达180亿元,建成了环岛574km的东、西线两条高速公路,海文高速公路,屯琼高速公路和贯穿中部沟通南北的两条高等级公路。海南环岛高速公路被誉为一条"生态走廊",是一道具有热带特色的"绿色风景线"。实践证明,海南省高速公路建设升级,对推动旅游业发展起到了积极的促进作用。

经济发展具有比经济增长广泛得多的内涵。一般意义上,世人首先关注经济增长,经济发展是长期目标,而经济发展是短期可实现的目标。拉动经济增长有三驾马车:投资、出口、消费。从海南省经济发展的实际情况,仍然需要投资拉动经济增长,进而促进经济发展。高速公路作为一项长期投资的基础设施建设项目,其产生的影响往往是长期的、潜在的,最直观的影响是它对扩大内需、拉动旅游产业等经济发展的促进作用。

旅游经济的发展,与基础交通建设特别是高速公路建设的发展有紧密的关联性。可以说,高速公路行业与旅游产业的相互促进,打造了经济发展的新动脉。为此,旅游产业为高速公路建设提供了需求。旅游经济就是注意力经济。旅游产业,无论是自然风景、人文古迹、特色资源、会展活动等类型,都需要有效地吸引公众的注意力,扩大在公众中的影响力。便捷的交通环境,是旅游产业发展的先决条件之一。建立覆盖全岛重要中心镇、旅游景点、重要功能开发区的高速公路网络,实现长途直达客运,吸引自驾游客源,才能有效地降低旅游成本,成功开发旅游产品,实现区域旅游产业升级发展。

高速公路之所以能带动旅游产业经济发展,主要是高速公路的建成通车,不仅方便公众出行,更重要的是将带动周边产业发展,形成公路经济带。随着高速公路的拓展,经济带也将逐步扩大,形成良性循环。尤其对旅游产业,高速公路的发展,可带动旅游地周边宾馆酒店、配套商业街、沿线休闲驿站、主题文化公园等一系列集休闲度假、商贸于一体的经济中间体发展。高速公路与旅游产业联合,共同打造旅游精品线路,共建旅游产业带,可形成互为市场、互送客源、互利共赢的发展局面。

海南高速公路建设升级助推海南旅游经济的效应正日益显现。完善的高速公路网络能提升旅游资源区位优势,旅游产业的经济发展又促进了交通基础设施的完善与伸延。高速公路行业与旅游产业的良好的互动,将在经济利益和发展机遇上实现共赢。

海南省是我国最大的经济特区,我国唯一的热带岛屿省份。海南省旅游产业在国际上的知名度越来越高,海南省的度假旅游,受到越来越多国内外游客的欢迎。已经规划和正在建设一批大型旅游项目,如三亚海棠湾、陵水清水湾和香水湾、万宁神州半岛和石梅湾、文昌航天主题公园、铜鼓岭、海口的美丽沙和新埠岛,澄迈的盈滨半岛等。

日趋完善的高速公路通行网络,凸显了海南旅游产业的多项优势:第一,优越的地理区位。海南省位于东南亚地理中心,背靠巨大的中国内陆市场,近邻港澳,与东南亚各国隔海相望,便于融入东南亚旅游圈。第二,一流的生态环境。作为中国第一个生态省,海南森林覆盖率超过57%,大气环境质量指数常年保持一级标准;世界环保组织公布的全球空气质量十佳城市中,三亚市排第二、海口市排第五。各类水体总体上达到或优于国家一、二类标准。海南被人们冠以"天然大氧吧""生态大花园""健康岛""长寿岛"等美称。齐全的度假旅游资源,良好的热带海岛气候条件,优质的滨海旅游资源,多种地热温泉,丰富的热带雨林、独特的海岛文化,各类优质的旅游资源为打造丰富多彩的旅游产品提供了很好的基础。第三,丰富的特色旅游产品。海南旅游产业已经突破单一的观光产品结构,开始向度假休闲与各种专项旅游产品方面拓展,尤其是独具特色的热带海岛度假休闲旅游已初具规模,在中国独树一帜。已建成了亚龙湾国家度假旅游区、南山文化旅游区、天涯海角旅游区、大小洞天旅游区、博鳌旅游区、七仙岭温泉度假休闲区、呀诺达雨林等一批特色鲜明、内涵丰富、档次较高的精品旅游景区和度假区。度假旅游、生态旅游、高尔夫旅游、会展旅游等特色旅游产品丰富,突出的有以热带海滨度假为主要内容的"蓝色浪漫之旅",以生态旅游、热带雨林探奇和河湖旅游为主要内容的"绿色神奇之旅",有以各类温泉为内容的"风情温泉之旅",有突出高尔夫休闲的"潇洒高尔夫之旅",有各类康体保健之旅,还有体现黎、苗风情的"民族文化之旅"等。此外,自驾游、探奇旅游、婚庆旅游等旅游新业态发展迅速。

海南岛是一个面积约3.4万 km^2 的热带岛屿,人口800多万人,海南省是中国唯一的热带省份,椰风海韵,四季如春,风光旖旎,是国内外朋友向往的旅游胜地,如今海南正在为建设国际旅游岛努力着。要建设旅游岛,少不了基础设施的建设,基础设施内容很多,如建筑、通信、交通等。俗话说,"路通财通""要想富先修路",可以说,交通是经济发展的基础和大动脉,在推进现代化建设中具有基础性、全局性、战略性的地位和作用。高速公路是经济发展的必然产物,即使不建设旅游岛,从长远来看,海南经济要长足发展,也必须大力加强交通线的建设,这样可以方便人们出行与交流,努力建设一个交通便利、信息通达、经济发展的国际旅游岛。

建成一条高速公路,就会在路的两旁形成产业带,并促进和带动其他产业发展。海南省位于中国最南端,背靠中国大陆,面向东南亚诸国,地处南海国际海运要道,处于泛珠三角"9+2"与东盟自由贸易区"10+1"的结合部。

环岛东线高速公路、海文高速公路、屯琼高速公路建成后,极大地促进了海南旅游业的发展。将海南国际旅游岛建设提升为国家战略后,从2011年起,海南国际旅游市场和国内旅游市场齐步快速增长,规模不断扩大。环岛高速公路、海文高速公路和屯琼高速公路建成通车并升级后,高速公路沿线新增了规模接待宾馆酒店146家,地方特色农家乐山庄221家,休闲驿站33处,周边景点新增211处,大规模开发建设26个天然海湾,新辟旅游线路29条。如海南文昌作为我国航天发射基地,同时依托海文高速公路这一便捷的交通平台和丰富的滨海旅游资源,即将建成一条旅游公路。该公路建成后,文昌市内滨海旅游资源将会被盘活,航天主题公园、宋氏祖居等都将成为海南发展滨海旅游的特色项目。

据不完全统计,2011年以来,海南全省年均接待入境过夜游客161.26万人次,同比增长28.26%;国际旅游收入实现109.57亿元,同比增长15.22%。国内过夜游客6913.55万人次,同比增长17.2%;实现国内旅游收入799.47亿元,增长39.1%。从区域分布看,全省各地旅游市场均呈快速发展势头。东部地区全年接待游客量6543.16万人次,占全省接待总量86.4%,同比增长16.2%;中部和西部分别接待游客459.37万人次和566.8万人次,分别占全省总量的5.1%和8.5%,同比分别增长14.3%和15.5%。2016年接待游客人数、实现旅游收入分别比建省之初的1987年增长约104倍和481倍。

近年来,海南高速公路沿线和周边地区旅游业发展快速,每年的游客量以20%~30%的速度增长。无疑,高速公路沿线和周边地区旅游业已成为海南的"生命产业"。高速公路让定安、澄迈、屯昌成为省会城市海口的"后花园"。琼中地处海南省偏僻的中部山区,长期以来,交通制约了这个县旅游的发展。然而,天赐良机,正在建设中的琼乐高速公路穿过琼中境内,为琼中的生态旅游开通了"生命线"。

据了解,琼乐高速公路全线贯通后,届时从海口途经中线高速公路到达乐东、三亚仅需2个小时,中部地区丰富的旅游资源,将得到大规模开发建设,屯昌、琼中、白沙、保亭、乐东等中部山区市县,将成为人们休闲假日游的最佳去处。琼乐高速公路途经的中部山区市县,为了抓住这个千载难逢的好机会,全力对接琼乐高速公路。一方面迅速启动高速公路连接线工程,另一方面狠抓旅游基础设施建设,完善旅游服务功能。

中部山区市县计划在琼乐高速公路建成通车前,形成良好的旅游路网,并围绕路网建设打造相应的旅游景区,如加乐潭、木色湖、红岭水库等生态休闲旅游区。依托高速公路分区定位发展的新旅游格局,将给"后花园"增添新的魅力,也给旅游者更多的选择。

五指山市属于国定贫困县(市),又地处海南中部山区,受地理环境和交通等因素的影响,尤其是缺少一条高速、便利的交通路线,长期来严重制约了五指山市旅游业的发展和社会经济的发展,影响了山区人民群众生活水平的提高。

高速公路的建设促进了五指山地区经济快速发展

　　五指山市至三亚市高速公路的建设,将有效缩小地区差距,增进民族团结,从根本上增强全省的经济实力,达到共同发展的目标。五指山市是海南省生态核心区域、森林生物多样性保护的重点地区和重要水源涵养区。全市森林面积9.2万公顷(137.9万亩),森林覆盖率达81%,位居全省首位。长期以来,担负着维护全省生态安全的重任,在海南生态省建设中居于极端重要的地位。大力发展五指山森林生态旅游、吸引投资,将会极大地拉动五指山市旅游产业及经济的发展,从而辐射带动保亭、琼中、白沙等周边县经济的发展。

　　可以预见,随着海南高速公路里程的不断增加,原有路网的不断完善和升级,依托高速公路,海南旅游业将大有作为,必将造福地方和人民。

五、海南高速公路建设助推城乡交通一体化

　　历经20余年的发展与建设,海南公路四通八达的路网格局已经初步形成。尤其是高速公路发展十分迅猛,辐射全岛的高速公路网,使得全省交通一体化、同城化。

　　农村公路作为高速公路的辅助和延伸,路网的完善,农村公交发展迅速,极大地缩小了城乡差距。海南越变越"小",两城之间越来越快,就此催生了一波波"学车潮""购车潮""自驾游潮"。公路事业,助力海南国际旅游岛民生、经济、社会大跨越大发展。海南高速公路建设呈现以下几个特点。

　　(一)显著作用就是助推城乡客运一体化

　　20世纪90年代初,海南高速公路建成之前,从海口到三亚的客运班车,要从早上六点出发,赶到晚六点才能抵达目的地。途中用餐,要过渡口摆渡,早出晚到路上两头黑;城乡客运,只有部分热点乡镇有客运班车通达,从省城到大多数市县乡镇,普遍需要在县城过夜转车,城乡客运花费很多时间,客运交通很不方便。

高速公路建成之后,海南汽车运输公司第一时间打出"海汽快车"品牌,其他客运企业响应效仿,全省城乡客运发生翻天覆地变化。首先从省城海口市到各市县政府所在地,客运车辆最多需要2.5小时左右即可到达,形成全岛2.5小时客运交通圈,海口与各市县和各市县之间客运班线车滚动发班昼夜不断;全省有近半数乡镇客运班线车直达海口;市县之间、乡镇之间的客运班线运输迅速增长,从"十一五"时期客运班车向行政村延伸;从省城海口到达全省东西南北任何乡镇甚至行政村自然村,大多也只需半天时间。至"十二五"期末,全省乡镇100%通达客运班车,80%行政村通达客车。

1990年前后,道路运输市场放开,各类营运户车辆大增,全省营运性客车班线不到200条,客运车辆5578台,86584个座位。2015年全省仅省际营运线路就有166条,客运车辆230台,座位9890位;省内跨市县际班车线路333条,客运车辆1515台,座位57570位;市县范围内农村客运班线280条,客运车辆1983台,座位44368位。这几类客运班线车营运线路共779条,营运车辆3728台,座位111828位。

据不完全统计,海南全省现有班线车、公交车等涉及经营性客运车辆,仅计算较大型的柴油机车辆,含新能源公交车辆(不计算出租车、租赁车等小型客运汽油车辆)共18776台,经营性客运车辆与全省常住人口比例为每万人口拥有经营性车辆20.8台以上,处于较高水平。

高速公路建设不仅助推城乡客运快速发展,城乡公共交通也获得快速发展,公共交通成为城乡群众短途出行的重要选择。高速公路建设初期,海南全省只有海口市和三亚市城区运行公交车。"十二五"期末,除三沙市外,全省16个市县和洋浦开发区城区全部都有公交车在运行,其中海口、三亚市城区万人公交车拥有量分别为11.6标台、12.1标台,文昌、东方公交车拥有量近百台,儋州和琼海在运营公交车达到150台以上。

海南很多市县积极发展城郊公交,使邻近乡镇通达公交车,部分市县将原短途客运班线车改制成公交车线路,通达公交车乡镇及行政村比率在不断提高。儋州市在海头和那大两个乡镇试点"农村公交",以乡镇政府所在地为中心,向管辖的行政村和自然村开通公交车,使行政村通公交车率达到100%,自然村通公交车率达90%以上,公交车入村到户,基本满足群众出行需求。

海南旅游资源得天独厚,海南国际旅游岛建设及海南省旅游业的发展,使旅游客运在海南城乡客运中占据重要位置。高速公路是海南旅游客运的重要载体,"人在路上走,车在景中游"是海南旅游客运的鲜明特色,也促使旅游客运应运而生和长久不衰。

海南全省旅游客运服务中心统一管理调度的11家客运经营企业,营运车辆2268台,旅游客运座位66180个,年收入最高时达到6亿元以上。在高速公路的助推下,海南旅游向深度和广度发展,旅游形式多样,催生风情小镇旅游、乡村旅游、度假旅游、避寒候鸟式长期居住。服务旅客需要,专线旅游公交、景区公交、旅游房地产业专线公交方兴未艾,助推"自驾车""汽车租赁"业务不断发展。

(二)助推城乡交通产业链条式快速发展,促进全省公路建设

1990年海南全省公路总里程12892km。截至2016年底,全省公路总里程26860km。高速公路建成前后的20多年间,全省公路总里程翻了一倍多。高速公路建设,显著改善全省公路网结构,促进县乡公路建设。目前包括全省乡镇和行政村公路全部实现了硬化,自然村公路硬化和农村公路生命安全防护工程正在实施中。可以预见,"十三五"期间全省城乡公路建设将在数量和质量上达到全新水平,满足城乡社会经济发展基本需要。

公路建设和路网结构完善,促进车辆社会保有量快速增长。1990年海南全省机动车辆保有量为70647台,其中民用汽车32121辆,拖拉机13422台,摩托车等机动车辆24708台,挂车396辆。2010年海南全省机动车辆保有量达到1699269辆,增长了24倍。1990年前后,道路运输市场放开,各类营运车辆大增,营业性货车11309辆,44277吨位,年道路货运量4115万t。2015年海南全省货运车辆,仅柴油机车辆就有81734台,223303吨位,年道路运输货运量达1.1亿t,比1990年大幅增长。1990年海南全省民用汽车32121辆,2010年达406215辆,增长12.65倍。改革开放前,私人汽车相当罕见,到2010年海南个人机动车达1500576辆,占全省机动车保有量的88.3%。近年公车改革后,个人机动车辆发展更快。

近年来,个人机动车辆显著增加形成的"购车潮",一直保持增长势头。2016年海南小型客车保有量为452084辆,比2012年410497辆增加了41587辆,增长10.13%;其中个人小汽车保有量为367230辆,比2012年增加37719辆,增长11.45%。

"购车潮"兴起预示着"学车潮"的到来。多年来,汽车驾驶员培训业(简称驾培业)一直保持良好的发展势头。建省初,海南省内驾培业零乱、分散、多门管理,有不规范培训班110个。通过交通部门多年不断地整顿,到2010年有正规驾培业户49户,全年完成驾驶学员培训127652人,其中经过道路运输行业从业资格培训的19467人。2013年全省机动车驾驶人员数量1679562人,比2012年增加44280人,增长2.7%。随着公车改革,近几年来"学车潮"更加高涨,机动车辆驾驶人员快速增加。

社会机动车车辆的快速增长,给机动车维修检测业带来良好的发展机会。1990年海南机动车检测及维修业有635家,其中有大修能力的59家;2010年全省机动车维修检测业4630家,从业人员达21836人,全年完成车辆维修3381512辆次。1990年全省没有正规合格的检测企业,2010年全省有汽车综合检测站25家,从业人员256人,全年完成检测量239717辆次。海南车辆销售业、驾培业、机动车维修和检测业的发展为道路运输的优

质安全快捷服务提供了有力支持。

(三)助推城乡道路运输企业改革及经营管理方式融合发展

海南汽车运输公司在高速公路建成初期,第一时间打出"海汽快车"品牌,赢得高速公路客运经营先机。此后海汽公司不断扩展业务,省际客运、市县际客运、城乡客运、旅游客运、货物运输、物流快递、汽车维修等齐头并进,公司快速发展壮大。今天的海汽现有职员4980多人,经营2700多车辆,年营业收入12亿元以上,海汽坚持综合经营海南省城乡道路运输产业,锻造出海南省最大道路运输企业——海汽运输集团股份有限公司。2016年7月12日,海汽集团在股票市场挂牌上市。

走专业化、规模化、集约化、精品化经营道路,海南旅游客运获得蓬勃发展生机。高速公路建成与海南旅游客运有着明显的因果关系,但不是兴旺发展的决定因素。高速公路建成初期,旅游客运逐渐兴起,起初十年时间,"零付团费"折磨旅游客运多家营运公司,每天旅游客运车辆出团不少,但收入不多,企业经营举步维艰。

海南旅游客运业做出大胆举动,向全国公开招标旅游客运企业,成立海南旅游客运服务中心,统一调度管理海南旅游客运业务。在经营中紧密结合海南旅游客运特点,对全省旅游客运业务实行"自由选车、统一调派、统一结算、统一受理服务质量投诉"管理,对具体旅游客运平台实行"全时、全域、全用户、全互通"和"一键租车、一键支付、一站式管理",推动海南旅游客运健康发展。海南旅游客运服务中心被交通部评为全国交通运输行业"文明示范窗口",国务院联合调研组调研认为,海南旅游客运经营管理体制机制模式值得全国推广。专业化、规模化、集约化、精品化管理使海南旅游客运走上可持续发展道路,形成海南交通亮丽风景线和海南旅游特色品牌。

主动运用供给侧改革思维,转变经营观念,以满足顾客多样化需求为服务宗旨,扩大服务范围,增加服务形式,海南城乡交通出现丰富多彩局面。

目前,客运车辆经营形式多样化,出现了省际、市县际客运班线车,农村短途客运班线车的多样化经营形式。客车、出租车、租赁车、网约车、电招车应有尽有;在城乡公交车方面,除了常规城市公交外,还有城乡公交、农村公交、直达公交、微型公交、专线公交、旅游景点专线等,服务形式多样。

近几年来,许多市县在调整和增加公交运营路线,使用大中小公交车组合,使公交车能够进入老城区,串街过巷;积极开发处于城区边缘的房地产项目,构建全城区10~15分钟公交圈。不少市县政府借助公交力量,尽力解决学校学生周五返乡周日返校交通问题,满足社会生活和经济发展多方面需要。

儋州市进行"农村公交"试点的两个乡镇,在推出农村公交营运的同时,明确经营公司负责该乡村公路的养护,并利用农村公交车线多面广、客座率低等特点,兼营发展农村物流和乡村车辆维修等交通运输业务,集镇村客运、物流、养护、维修、监管"五位一体",使乡镇交通资源共享,交通业务综合经营,走出高效、环保、安全和可持续发展乡镇交通运输产业新路子。

(四)海南省委、省政府决策推动城乡交通一体化深刻变化向纵深发展

高速公路建设使城乡交通一体化具备基础条件,海南省委、省政府高瞻远瞩的决策,促使城乡交通一体化发生深刻变化。

1994年1月1日,海南省实行公路规费征收模式的改革。海南高速公路刚建成不久,海南省委、省政府高瞻远瞩、果断决策,改革国内省市高速公路普遍设站收费的做法,率先实施燃油附加费改革,养路费、过路费、过桥费和公路运输管理费"四费合一",统一收取为燃油附加费,并从燃油销售环节征收。这项改革撤销了海南全省高速公路所有收费站,使在海南高速公路上行驶的车辆,可以"一脚油门踩到底",直通到达目的地。这项改革,使高速公路对社会开放,全民用路,将社会效益和经济效益有效放大。高速公路收费改革,成为海南经济特区与内地省市的特别之处。

高速公路建成促进了城乡交通发展,使城镇乡村真正串联起来

海南旅游客运的蓬勃发展,凝聚着海南省委、省政府的决策智慧。正当旅游客运企业经营举步维艰的时刻,海南省委、省政府决策,海南省交通运输部门和旅游委牵头,向全国公开招标旅游客运企业,使北京、上海、深圳等地实力强、管理好、信誉佳的著名企业,如"首汽""春秋""新国线"等落户海南旅游客运,统一组建全省旅游客运服务中心,海南旅游客运从此走上专业化、规模化、集约化、精品化经营之路,成为全国旅游客运鲜明特色。这项举措对今天的海南国际旅游岛建设发挥了重大作用。

海南省委、省政府为了加快农村交通运输业发展,促进城乡交通一体化进程,推出许多扶持政策。如2010年海南省委、省政府做出决策,在国家燃油补贴基础上对城市公交

车和农村客运班线车免征车辆通行附加费。该政策从2011年1月1日起实施至2015年,全省免征农村客运班线车辆通行附加费共10214台次,免征通行附加费近1亿元,平均每车年均免征近万元。

政策实施第一年(2011年),农村客运新增营运车辆就达670多台,占当年营运车辆34%。减免通行附加费,减轻了企业运营成本,激发企业经营热情,也惠及百姓,农村客运票价多年来持续保持在合理区间,如昌江县城石碌至昌化镇近60km路程,客运票价"十二五"期间一直保持10元不涨。减免政策惠及民生,促进城乡经济社会发展。近20年来,海南省政府一直安排专项资金对乡村公路养护给予补贴;十多年来,投入巨资建设农村"通达工程""通畅工程";2012年以来,海南省政府拨出专款,每年补贴市县建设100个农村客运候车亭。海南省委、省政府对农村交通基础建设的重视和资金投入,推动城乡交通一体化发生深刻变化。

2016年初,海南省政府安排年度工作,要求海南省交通运输部门牵头有关部门,对城乡公交发展进行专题调研,提出发展建议。海南省交通运输部门经过认真深入调研论证后提出建议,按海南省委、省政府"多规合一"精神,将全省作为一个大城市整体规划和发展公共交通,建设层次分明的城乡公共交通圈:海口和三亚等中心城市公交、市县政府所在地的城区公交、由市县政府所在地通达所辖乡镇政府所在地的城镇公交和以乡镇政府所在地为中心通达所辖行政村自然村的农村公交,使公共交通普及全省城市、市县城区及全部乡镇和村落,全省城乡居民共同享受公共交通带来的便捷、环保、高效和安全。

海南全省城乡构建四个层次公交圈,缩短城乡距离,加快人员流动,使人员出行、上班、办事、购物、上学、看病更加便捷,交通环境改善,缩小城乡差别,转变人们城乡观念,使海南更像一个整体大城市。海口三亚为中心城市,市县所在地为城区,乡镇村落更接近城镇化,全省区域变"小"。

岛内出行方便扩展了深度旅游,促进了风情小镇建设和乡村旅游发展

海南全省城乡通达公交车,将有利于深化海南国际旅游岛建设,形成全省客运出行新趋势:飞机、铁路、轮船、高速铁路、高速公路主要解决离岛和市县之间出行需要,市县内出行全部可乘坐公交车到达所有乡镇村落,海南国际旅游岛交通出行无所不在无所不到。全省交通出行方便,将减少游客自驾车辆,减轻道路堵塞和环境污染。岛内出行方便将扩展游客深度旅游,促进风情小镇建设和乡村旅游发展,方便游客到海南度假旅游和长期居住需要等。

在完善的公路网承载之下,海南将发展得更加宜居,更加美好。

六、海南高速公路助力道路运输行业蓬勃发展

众所周知,在建省之初,海南全省没有一条高速公路,国省道干线公路、县乡道支线公路和农村公路的路况普遍较差,群众"出行难""行路难""乘车难""运货难"等问题非常突出。随着海南环岛高速公路(东段)、海南环岛高速公路(西段)、海文高速公路、海口绕城高速公路、三亚绕城高速公路、海屯高速公路和屯琼高速公路等一条条高速公路建成通车,极大改善了道路交通条件,缩短了时空距离,解放了运输生产力,提高了道路运输保障能力和服务水平,助力海南省道路运输业蓬勃发展,为广大群众提供安全、便捷、舒适的交通运输服务,拉近了群众与党和政府之间的距离,让全省人民更有获得感、幸福感,不断印证着"高速公路连民心、和谐运输惠民生"的行业宗旨。

截至2016年底,海南省共有道路旅客运输企业227家(其中班线客运企业81家、旅游客运企业19家、包车客运企业10家、公交车企业53家、出租车企业64家);共有营运客车16277辆(其中班线车3494辆、旅游车2370辆、客运包车371辆、公交车3370辆、出租车6672辆)。全省共有道路货运企业2165家(其中危货运输企业36家,普货运输企业2129家);共有营运货车59640辆(其中普通货车58690辆、危险品运输车942辆)。全省共有驾校103所,共有各类教练车6670台,教练员6610名。全省共有机动车维修经营业户2978家(其中汽车维修业户1747家、摩托车维修业户1231家),营运车辆综合性能检测站33家,机动车维修检测从业人员约20773人。

(一)道路运输安全形势稳定向好

建立健全安全生产监督管理制度,切实加强安全生产宣传教育培训,深入开展安全隐患排查治理,积极推进运输企业安全生产标准化建设和达标考评,不断夯实道路运输安全生产基础。

"十二五"期间,海南省道路运输局制定了《海南省道路运输安全生产监督管理规定》《安全检查工作规范》《道路客运车辆安全例检制度》《安全隐患排查治理规程》等一系列安全制度。

举办了30多次以安全生产为主题的宣贯会或培训班,累计参训人员超过3000人次。密集开展"安全生产月""道路客运安全年""平安车站""八打八治"等专项活动,突出抓好安全生产源头监管和隐患排查治理,促进全省道路运输安全形势稳步好转。2013年抽查326辆申请开业的营运车辆,其中发现7辆燃料消耗不达标的客车,对其不予核发营运证。对存在较大安全隐患的儋州双龙爆竹厂,要求其主动终止危货运输业务,已于2013年5月退出危货运输市场。

积极开展道路运输企业安全生产标准化建设和达标考核。截至2015年12月,共受理申报达标考评的企业226家(含单家企业多种业务类型),已通过考评211家,通过率为93%;未通过3家,后续新增8家由于申报程序等原因延期考评。

扎实做好运输组织,圆满完成历年春运、"国庆黄金周"等重点时段运输保障和博鳌亚洲论坛、深圳大运会等重大会议活动期间运输安保任务。

(二)道路运输市场秩序明显好转

加强道路运输市场监管巡查,严厉查处违法违规行为,及时纠正行业不正之风,切实做好运输企业质量信誉考核,努力构建公平有序诚信的市场环境。

"十二五"期间,海南省道路运输局认真指导督促市县运管机构加强市场巡查管控,积极协调市县运管机构,以及旅游、公安等部门开展联合执法,并组织本局稽查队伍有针对性地开展"打非治违"和打击"黑车"专项行动,重点打击未经许可、超越许可等违法违规行为并从严从重处罚,起到了十分明显的震慑作用。

2011年1月至2015年12月,该局依法查处各类非法违规经营车辆1366辆次(其中未经许可擅自从事运输经营活动的"黑车"534辆次,其他违规车832辆次)。海口市运管处和交通港航综合执法支队联合公安部门,重点整治了客运站和港口客运环境,依法处理了一批非法营运团伙骨干分子,成功端掉了长期盘踞秀英港、新港的两个"黑票点",有效遏制了客运站周边私家车非法营运和港口"拉客仔"猖獗问题;三亚运管处不断加大客运市场"打黑"工作力度,专门成立了"打黑"专项稽查队伍,有效维护了辖区客运市场秩序。加强8家中标旅游客运企业的履约核查,已对其中4家未完全履行承诺的企业予以处罚并督促落实整改。加强客运企业公司化经营状况专项核查,发现经营管理不规范、财务收支不统一、驾驶员社保未缴纳等问题的,立即责令整改并暂停运力许可。

加强驾培、维修市场监管,坚决打击未经许可的"黑培训点""黑教练员""黑教练车""黑维修点",及时查处驾培市场虚假培训、擅自涨价、加收费用、教练员"吃拿卡要"以及机动车维修市场"小病大修"、虚报工时、高价配件或以次充好等违规行为,及时刹住了行业不正之风蔓延态势。

(三)道路运输基础工作日渐规范

加强道路运输管理规章制度建设,统一道路运输管理行政文书格式和档案式样,建立健全了行政审批、从业人员和车辆技术的档案。

加强交通运输行政执法形象和"三基三化"建设,基本实现道路运政执法证件、执法标志、执法场所、执法服装、执法车辆的"五统一"。加强运管队伍法制教育和轮训考试,强化从业人员培训考试和继续教育,稳步提升了队伍素质和综合能力。制定出台了道路客运、危险货运、驾培管理、从业资格及维修检测管理的一系列规章制度,进一步规范了各类业务流程。

制定印发《海南省道路运输局工作规则》《海南省道路运输局行政事项审批权限及运转规则》及海南省道路运输局财务管理、合同签约、举办会议、公物维修等审批制度,切实加强了内部管理与监督约束。

推广应用"IC卡+指纹"计时培训系统和从业资格证无纸化考试系统,提升了驾培管理的技术含量。每年度定期开展道路客(货)运、驾培机构、汽车维修企业质量信誉考核和营运驾驶员诚信考核,并将考核结果作为行政许可和运力审批的重要依据,逐步形成了奖优罚劣、争先创优的良好氛围。

(四)道路运输运力结构得到优化

海南省道路运输局认真做好道路运输市场调查研究,准确把握市场环境变化和发展趋势,切实加强运力宏观调控和车型结构调整,引导道路运输相关产业和企业转型升级。

"十二五"期间,海南省道路运输局配合研究并印发了《关于转变道路客运发展方式适应东环高速铁路开通运营的指导意见》,引导运输企业进行"七个调整",有效减缓了高速铁路客运对道路客运的冲击。配合制订了《海南省"十二五"出租汽车运力调控计划》,有效遏制了市县政府盲目审批新增出租车运力的行为,促进出租汽车行业回归健康理性的发展轨道。制定出台了《关于市县际班车客运运力投放的意见》,确定了班线客运运力投放与重新许可的工作原则,既公平合理地压缩了运力,又积极稳妥地提高了效益,有效维护了班线客运市场和从业人员队伍的稳定。针对个体挂靠经营导致车辆权属不清、管理松散、安全监管失控等问题,海南省道路运输局通过举行客运经营权招投标、监督企业履行投标承诺、签订经营权协议、缴纳公车公营或公司化经营保证金、要求企业与驾驶员统签劳动合同、统发工资、统缴社保等方式,切断了企业挂靠经营、转包经营的"老路子",实行公司化经营、员工化管理的"新路子",夯实了企业经营管理和安全生产基础,有效遏制企业转让、变卖经营权的违规行为,促进运输市场经营主体和经营行为日益规范。

截至2016年底,海南全省2091辆市县际旅游车已100%实现公车公营,市县际班线车已基本实现公司化经营,农村客运班线已基本消除个体经营户。尤其是市县际旅游车,以车辆好、驾驶员好、服务好的"三好"标准,成为全省旅游市场乃至全国旅游客运行业的服务标杆,赢得了社会各界的广泛赞誉。

(五)道路运输服务水平大大提升

建立完善运输服务标准规范,大力推广道路客运服务标准化流程,拓宽运输服务覆盖范围和通达深度,让广大群众享受到更加方便快捷、经济实惠的道路运输服务。

"十二五"期间,海南省道路运输局制定了《海南省旅游客运服务标准》等省内标准,积极推广海汽运输集团公司开展全国交通运输服务标准化试点取得成果的经验,不断巩固提升班线客运、汽车客运站服务水平,大力支持培育"海汽快车""海汽商务车""海汽快递""海南旅游车"等运输服务品牌。

通过报请海南省人大修订《海南经济特区机动车辆通行附加费征收管理条例》,对城市公交和农村客运班车实施免征通行附加费等优惠政策,大力发展城乡公交和农村客运。据统计,2011年以来海南全省新增城乡公交线路50多条,新增农村客运班线近80条,不仅把城乡公交"开进"了乡镇农场,还把农村班车"开进"了黎村苗寨,使广大人民群众享受到了更加方便实惠的运输服务。截至目前,海南全省乡镇通班车率达100%,行政村通班车率83.1%。此外,通过引导海汽运输集团公司进行电子客票系统改造,已成功开发应用网站、电话、微信、手机客户端和自助售票机等多渠道售票方式,极大地方便了旅客购票乘车。通过组建海南省旅游客运服务中心并建立完善市县际旅游车统一调度结算平台,让广大旅行社和导游足不出户就可以轻松租车。

(六)道路运输行业环境稳定有序

坚持依法行政、按章办事、清费减负、文明服务的原则,切实规范道路运输行业管理的各项政策举措。畅通道路运输行业信访投诉渠道,积极响应群众呼声和诉求,认真处理服务投诉与举报,及时调处化解行业矛盾和纠纷,依法处置道路运输行业应急突发事件,确保行业形势总体稳定。

"十二五"期间,海南省道路运输局及时做好规范性文件的废改立等工作,清理修改20多个规范性文件,并严格遵守制定修改规范性文件备案审查制度,增强了行政决策的科学性和办事服务的规范性。认真落实中央和本省相关税费改革的决策部署,积极配合发展改革、财政、物价等部门清理规范各种行政事业性收费或涉企涉民收费,及时取消了营运车辆年审服务费、驾培管理费、维修管理费和《道路运输经营许可证》《道路运输证》《从业资格证》、客运线路标志牌等的工本费,减轻了运输企业和从业人员的负担。

2011年以来,海南省道路运输局领导干部深入基层协调处理班线客运矛盾20多次,累计接待来访群众105批次,累计召开协调矛盾纠纷或解决遗留问题的专题会议近30次,处理并反馈群众投诉、举报事项180多件。支持帮助海口、三亚、儋州、东方等市县平稳处置部分班线车、公交车、出租车的停运上访事件,成功将市县际旅游车个体挂靠车主、三亚"一日游车"经营者酝酿上访闹事的不稳定因素,成功化解在萌芽状态,有力地维护了道路运输行业整体稳定。

(七)道路运输行业改革成效显著

坚持以改革为突破口,以创新为驱动力,着力解决制约道路运输行业发展的突出问题,构建公平有序、良性竞争的市场环境,促进道路运输事业健康向前发展。

"十二五"期间,海南省道路运输局积极配合海南省交通运输厅实施"一年百个"候车亭计划,累计投入2000多万元建成389个村客运候车亭。积极支持旅游产业发展,先后开通了三亚至槟榔谷、呀诺达、南湾猴岛、分界洲、水满乡等5条跨市县旅游客运专线。巩固深化旅游客运经营管理体制改革成果,圆满完成了海南省旅游客运管理服务有限公司改制工作,"海南省旅游客运服务中心"自2014年8月1日起正式挂牌运行,实现了旅游客运经营管理由"政府主管"向"行业自律"的平稳过渡,保持了旅游车统一调度结算机制和网上租车交易平台稳定运行。

严把危货运输市场准入关,以新增企业和运力更新为契机,积极推进危货运输企业公司化经营。指导澄迈、东方等县市运管机构举行危货运输安全演练,增强了安全防范意识和应急处置能力。督促市县运管机构和危货运输企业,对在用液体危险货物罐车于2015年1月1日前完成了加装紧急切断装置的工作。

认真宣贯落实《机动车驾驶员培训机构资格条件》和《机动车驾驶员培训教练场技术要求》两项驾培新国标,指导督促全省驾培机构进行技术改造并完成了达标查验。制定了《海南省驾校和教练员质量信誉考核实施细则》,逐步建立了驾校和教练员诚信档案。制定印发了从业资格管理、驾驶员继续教育、教练员考试、出租汽车驾驶员从业资格考试等工作规则,进一步完善了从业人员资格管理制度。

分批组织专家,开展机动车维修企业质量信誉考核和营运车辆综合性能检测机构综检能力核查认定工作,提升维修检测机构综合实力。

加强道路运输信息化建设,完成了包车客运管理系统、货运车辆监管公共平台建设和重点营运车辆联网联控监管平台、从业人员信息系统改造升级,落实了重点营运车辆省级平台与规费征稽局码头进出岛系统联网,实现外省籍车辆进出岛数据共享,有利于共同打击外省籍车辆入岛驻地违规经营,并为调查取证工作提供了技术支持。

截至2015年12月31日,海南省接入全国重点营运车辆联网联控系统的监控平台11家(经营性监控平台10家,非经营性企业监控平台1家)、运输企业124家(其中客运企业

88家、危货运输企业36家);有车辆基础数据的"两客一危"车辆5050辆(其中客运车辆4321辆,危货运输车辆729辆),入网率达100%。接入全国道路货运车辆公共监管与服务平台的重型载货汽车和半挂牵引车3822辆,提供车辆定位服务的运营商8家。

纵观海南省交通运输事业的发展历程,道路运输行业发展与高速公路建设密切相关,相得益彰。正所谓"高速公路连民心,和谐运输惠民生",高速公路每建成通车一条路,都会带动道路客货运输、驾驶培训、维修检测等相关产业向前发展一大步。道路运输业的发展进步,也为公路建设设备和物资运输提供了有力、高效的运输保障,促进公路建设能力和效率不断提升。

未来,海南省道路运输局将在海南省交通运输厅坚强有力领导下,不断加强道路运输市场、行业的指导与管理,规范企业营运行为,为广大群众提供更加安全、便捷、舒适的交通运输服务,通过实际行动,不断印证"高速公路连民心、和谐运输惠民生"的行业宗旨。同时为建设美好新海南、海南建设自贸区和自贸港,做出新的贡献。

第四节 以"田字形"高速公路主骨架为重点构建陆海空综合运输体系

2009年9月17日,在新中国成立60周年到来之际,交通运输部政府网站在线访谈栏目推出"辉煌60年交通巡礼"系列访谈,根据安排,海南省交通运输厅厅长董宪曾接受了专访。他全面、系统、客观地介绍了新中国成立以来特别是改革开放30年和建省办经济特区20年来海南交通运输事业改革发展的历史进程、成功经验,科学总结和评价了海南交通运输改革发展所发生的巨大变化及取得的辉煌成就,描绘了未来一个时期海南交通发展的宏伟蓝图,特别是对加快建设以"田字形"高速公路主骨架为重点、构建陆海空综合运输体系建设充满了信心。

主持人: 新中国成立,特别是1950年海南岛解放后,海南交通建设拉开了快速发展的序幕。客观而言,海南交通是在一穷二白、经济落后、基础薄弱的条件下发展起来的,经过60年的大规模建设,如今的海南已是"天涯不再遥远,天堑变为通途"。从发展脉络上讲,海南交通发展经历了哪几个关键性阶段?

董宪曾: 古代的海南岛,由于孤悬海外,天堑阻隔,海峡横亘,几千年来,因其交通闭塞处于与世隔绝的状态,宋相胡铨被贬海南时曾发出无尽感慨:"区区万里天涯路,野草荒烟正断魂。"可见当时海南是何等荒凉与落后。1950年5月1日,海南全岛解放后,公路得到了前所未有的发展。六七十年代,作为我国的前沿阵地和南海前哨,国家在加强国防建设的同时,也注重海南公路的建设、养护与管理。如今,汉代时岛上第一条便道已毫无踪迹,取而代之的是四通八达的现代交通网络,为海南经济社会发展奠定了坚实的物质基础。

总体而言,新中国成立后,特别是改革开放30年和建省办经济特区20年以来,海南交通实现了新的跨越式发展。大致可分为四个发展阶段:一是新中国成立后到改革开放前,这是自我摸索、自我发展阶段;二是"八五"中期尤其是建省后至"九五"初期,这是夯实基础、稳步建设阶段;三是"九五"中期和"十五"中期,这是快速发展、提升质量阶段;四是"十五"后期及"十一五"期,这是统筹规划、科学发展阶段。

主持人:在海南交通发展60年的时间段里,您认为哪些改革思路或体制创新成为海南交通跨越式发展的推手?

董宪曾:总体而言,改革开放之后,海南交通才开始有所发展。尤其是建省办经济特区之后,交通基础设施建设更是一日千里,实现了新的跨越式发展。

60年来,海南交通人创新争先的意识很强,在全国首开了许许多多改革的先河。如1988年建省前就实行大交通管理体制,成立了海南省交通厅。在体制改革方面,1993年以来,海南在港口、港监、公路、交通规费、运输市场、基础设施股份制试点等方面进行全方位的改革,最值得浓墨重彩的是交通建设投融资方面的改革。如1992年8月,创办了国内第一家规范化的股份制航空运输企业;1993年初,海南省政府出台了《海南经济特区基础设施投资综合补偿条例》,通过立法,对交通建设投资实行政策倾斜;1993年8月,在全国率先实行交通基础设施股份制试点改革,仅3个月时间,就筹措了16.65亿元投入环岛东线高速公路的建设;1993年12月,海南省政府发布了《海南经济特区机动车辆燃油附加费征收管理办法》,1994年1月1起实施,这项改革把公路养路费、过桥费、过路费和公路运输管理费"四费合一"为机动车辆燃油附加费,在全国率先征收燃油附加费,撤销了全省公路上的所有收费卡站,一脚油门踩到底,取得了明显的社会效益和经济效益;1997年7月,率先向省农业银行贷款9亿元建设环岛西线高速公路;1993年,海南深化港口管理体制改革,把海口港、三亚港交由所在城市管理,实行"一城一港"的管理体制。2005年1月,海南大规模整合琼北地区的港航资源,成立海南港航控股公司,实行"三港合一",即把海口港、海口新港和马村港合为一体。

近几年来,在筹措交通建设资金、加快公路建设方面,海南省交通运输主管部门更是新招百出,亮点纷呈。2006年11月,海南省政府常务会议审议并原则通过了《海南省人民政府关于加快公路建设的决定》,明确了市县作为农村公路建设的责任主体,建立了"以省为主,受益市县分担"的投入机制和分级负责的管理机制,打破了长期以来海南公路建设由省政府"一统天下"的体制;2008年12月,为了与国家成品油和税费改革有效衔接,在国务院和有关部委的大力支持下,海南省停征了燃油附加费,开征了车辆通行附加费,巩固海南"一脚油门踩到底"的改革成果,社会各界反响良好;2009年以来,为了加快海口至屯昌高速公路建设,海南省积极探索了新的公路代建制模式等。这一系列卓有成效的改革,有力地促进了海南交通建设的健康发展。

主持人:海南头号重点工程——琼州海峡跨海工程一直以来为社会各界所关注。目前,这项工程的进展情况如何?

董宪曾:琼州海峡跨海工程通道研究从1994年开始启动,由琼粤两省交通部门联合开展琼州海峡跨海公路通道工程前期研究工作,并委托广东虎门技术咨询公司开展前期工作。2005年初,时任海南省省长卫留成同志等省领导到交通部拜访,提出加快推进琼州海峡跨海通道工程前期工作,交通部领导予以高度重视。2005年5月,交通部正式提出开展琼州海峡跨海公路通道工程规划研究。2008年3月,在国家发改委的指导和支持下,交通部、铁道部、广东省、海南省联合成立了高规格的领导机构,共召开了4次领导小组会议,研究部署各阶段的工作,前期研究得到快速推进,先后完成了规划研究和预可行性研究工作,并于4月份向国家发改委报送了项目建议书。

琼州海峡跨海公路示意图

琼州海峡跨海通道作为东部沿海南北向运输主通道的重要组成部分,承载着海南未来社会经济快速发展的重任和希望。通道建成后将成为国家、区域铁路和公路的重要运输通道,国家能源交通服务保障通道,泛珠江地区及中国—东盟经济贸易区的经济干线通道,旅游经济和绿色经济运输通道,国家安全保证通道,对加快海南及粤西地区经济社会发展,促进对外开放,巩固我国南部海域国防具有重要意义,是实施可持续发展战略的重要举措。

目前,工程建设的必要性已达成广泛共识。技术专家顾问组对研究报告进行评审时一致认为,在我国多年深水大跨度桥梁、跨江(海)长大隧道技术创新和工程实践基础上,通过组织科技攻关,建设琼州海峡跨海通道工程是可以实现的。根据专家咨询意见,下阶段主要对西线公铁合建桥梁方案、中线公铁合建桥梁方案、中线铁路隧道与西线公路桥梁组合方案等三种方案进行同深度研究。工程可行性研究工作也已启动,并争取在2010年内完成。

主持人：据了解,截至1987年底,海南全省公路通车里程仅1.28万km,且通行能力差,服务水平低,技术等级不高,这成为制约海南经济社会快速发展的瓶颈。海南交通部门在这方面有哪些主要思路和做法?

董宪曾：前面谈过,建省后至"九五"时期,这是海南交通夯实基础、稳步建设的时期。这一时期,海南水陆并重,开始大规模投资建设岛内公路和水上运输通道。海南是岛屿省,岛内交通以公路为主。1988年刚建省时,海南公路通车总里程12816km,而且大部分为等外公路。这种状况远远满足不了经济发展需要,成为制约经济社会快速发展的主要瓶颈。

由于受到公路建设资金严重紧缺的制约,这一时期,海南发展的主要特点是,规划与建设并举,改革与发展同步。为了顺应改革开放的潮流,为海南经济社会发展创造良好的交通条件,1993年,在海南省委、省政府和交通部领导的支持下,依据《海南省国民经济和社会发展"九五"计划和2010年远景目标》,海南省交通厅提出了新的公路建设计划目标:以高速公路为主动脉,以"三纵四横"为主骨架的公路网;高等级公路沟通市县,辐射开发区、港口、机场和旅游区,乡乡通油路,村村通公路的岛内公路网;以逐步形成一个"田字形"为主骨架的安全高效、舒适便捷,具有海南热带特色、四通八达的公路网。"八五""九五"计划,掀起海南公路建设历史上的新高潮,"九五""十五"期间,海南公路建设进入迅猛的发展阶段,建设的规模、速度和质量均达到历史最好水平。

在水运方面,为了发展岛屿经济,"四方五港"的布局规划正式提上议程。岛内路网初步建成,出岛运输快速发展,琼州海峡千帆竞发,出现了公路、水路发展并驾齐驱的良好局面。

主持人：早在2004年,海南交通部门就提出了"3+1小时交通圈"的问题,这个说法很有海南特色,具体内容是什么?

董宪曾：海南是岛屿省,岛内交通以公路为主。新中国成立以来,尤其是建省之后,海南投入200多亿元,交通基础设施实现了新的跨越式发展,高速公路从无到有,已建成高速公路660km。1999年9月,环岛东、西线高速公路基本贯通,"一环三纵四横"的路网主骨架已基本形成。这为"3+1小时交通圈"概念的提出奠定了基础。

其实,早在2003年海南就提出了"3小时交通圈"。主要内容就是通过改造和完善岛内路网主骨架,提升服务通行能力,使岛内从任何一个市县政府所在地到达省会城市海口,以及市县之间交通时间缩短为3小时左右。2004年,结合县际及农村公路建设,又提出"3+1小时交通圈",这里增加"1"的含义就是每个市县政府到各个乡镇所在地的时间为1小时左右。目前,海南全省18个市县都建成了二级以上公路的出口路,乡镇通达率100%,行政村基本通达,公路等级和路网服务能力明显提高,"3+1小时交通圈"的目标基本实现。

主持人：很多年以前，海南就实施了公路生态建设战略。那么，在公路生态建设方面，海南都取得了哪些成就？

董宪曾：新中国成立以来，海南省交通部门逐年加大投入力度，全力建设多层次的热带生态长廊，已建设生态公路2250km，已建成省级文明样板路达600km以上，国、省、县道绿化里程达5400多公里，绿化率95%以上。在环岛高速公路及国省道等干线公路建设公路生态景点500多个，公路变成风景，"人在画中游，车在绿中行"已成为海南公路的代名词。

环岛东线高速公路是海南东部沿海的一条"经济走廊"，也是我国第一条颇具热带特色的生态景观长廊。2002年4月，出席博鳌亚洲论坛的韩国总理李汉东途经该路时，欣然提笔写下"良好高速公路，美丽农村风景"12个汉字。不少出席博鳌亚洲论坛年会的政要称：环岛东线高速公路是"通向世界的生态景观之路"；2007年11月10日，国际自行车联盟副主席豪里捷克先生说："我去过很多国家，就海南提供的比赛路况最棒！无可挑剔！"

结合国际旅游岛建设的要求，海南正在实施高速公路生态战略，对环岛东线、西线和海文线三条高速公路进行规划，实行一路一景，把它们作为生态景观长廊建设和传播公路文化的主要载体，并结合沿途人文景观、风土人情、自然风貌、历史故事、神话传说等元素，凸显沿线景物的层次感，使山景活起来，海景露出来，风貌亮出来，气势造出来，文化显出来，形成有地域标志的特色公路。

此外，"美丽经济"沿路崛起。近年来，岛内外花商依托全省发达的公路网发展热带花卉业，把富有生命力的"美丽经济"演绎得色彩斑斓、多姿多彩，"美丽经济"在高速公路及不少国省道沿线迅速崛起。

主持人：到过或没有到过海南的朋友都知道，海南公路上没有收费站，"一脚油门踩到底"是海南饮誉全国的一张"交通名片"。目前，这项改革的成效如何？

董宪曾：1993年6月，海南参照国际通行的做法，决定将公路养路费、过桥费、过路费和公路运输管理费"四费合一"为机动车辆燃油附加费，在全国率先征收燃油附加费。1993年12月，海南省政府以第39号令发布了《海南经济特区机动车辆燃油附加费征收管理办法》，以立法的形式决定，自1994年1月1日起，实行"四费合一"，征收燃油附加费，撤掉全省公路上所有收费站和路卡，实行"一脚油门踩到底"，此举充分体现了"用路者付费、多用路者多付费"的合理、公平原则，并大大提高了公路通行效率。"一脚油门踩到底"已成为海南饮誉全国的一张"交通名片"。

截至2008年，海南全省燃油附加费累计征收100多亿元，以燃油附加费征收权作为质押，向银行贷款用于海南省公路建设的资金超过100亿元，为海南省经济社会发展提供了重要的交通保障。同时，海南撤销了所有公路沿线收费站卡，从源头上根治公路乱设卡、乱收费、乱罚款"三乱"现象,海南成为全国唯一没有公路收费站卡的省份。车辆畅通无阻,大大缩短了通行时间,提高了通行效率,实现了"一脚油门踩到底",深得人民群众的拥护和岛外游客的赞誉,在全国产生了深远的影响,取得了显著的社会效益。1998年海南建省十周年之际,燃油附加费改革被企业评为"最满意的政府十件事之一"。2008年4月,又被评为建省二十周年十大新闻事件。

2008年12月,为了与国家实施的成品油与税费改革有效衔接,经国务院及其有关部门批准,停征燃油附加费,改征车辆通行附加费,保留了省交通规费征稽局,"一脚油门踩到底"的改革成果得以巩固。

主持人:道路客运是岛内主要的运输方式,在道路运输改革与发展方面,海南都取得了哪些成就?

董宪曾:新中国成立以来,尤其是建省后,统一开放、竞争有序的运输市场基本建立,规模化经营大幅提高,海南省道路运输行业迈上了新的征程。

一是道路客运运力大幅度增长。新中国成立以来,海南道路客运运力从无到有,从少到多,得到了大幅度增长,实现了跨越式发展。尤其是建省二十年间,全省客运车辆已发展到2.91万辆,货运车辆5.3万辆;2008年,全省累计完成客运量3.66亿人次、旅客周转量120.9亿人公里。

二是统一开放、竞争有序的客运市场健康发展。新中国成立后尤其是建省后,海南道路运输行业不断发展壮大。1999年8月,海南省在全国率先实施客运班车滚动发班管理模式,大大提高了客运班车实载率,客运市场秩序明显改观。2007年6月,滚动发班模式被交通部确定为全国交通行业首批节能示范项目,并在全国推广。目前,全省已有30多条客运线路1027辆班车实行滚动发班。到2008年底,全省机动车发展到82185辆,其中载客汽车11156辆,载货汽车26526辆,全省民用汽车达到27万多辆,是建省前的6倍多。

为适应经济社会的飞速增长,海南加快了道路运输业改革发展的步伐,运输结构优化调整,基本建立起一个符合社会主义市场经济体制要求的统一、开放、竞争、有序的道路运输市场体系。

三是以科学发展观为统领,交通应急保障能力明显提升。针对2008年罕见的大面积雨雪冰冻灾害,海南省交通运输厅有效地整合全省运力资源,集中力量优先保证电煤和成品油运输,同时储备50辆大、中客车,随时支援灾区;"5·12"汶川地震发生后,海南省交通运输系统以科学发展观为统领,以最快的速度落实中央和海南省委、省政府的决策部署,第一时间向灾区捐款捐物,并调剂运力,确保救灾物资第一时间运往灾区。此外,2008年5月4日,根据交通部的部署和安排,海南省交通厅第一时间选派专业对口的优秀干部到映秀帮助开展路桥重建工作;2008年奥运火炬在海南传递期间,海南省交通运输厅全面加强对车站、码头等人员流动频繁场所的安检和隐患整治,层层组织开展了港口设施保安演习和船闸、车站反恐演练,受到了交通运输部和省有关部门的表彰。

主持人:海南出岛运输方式主要靠海运,那么,在拓展出岛通道方面取得了哪些突出成效?

董宪曾:海南经济是典型的岛屿经济,进出岛交通是全省经济社会发展的命脉,特殊的地理条件决定了海运是海南对外经济联系的主要运输方式,共进出岛90%的货运量和60%以上的客运量是通过港口来完成的。

新中国成立乃至建省之前,海南水运业十分落后,自有运输船舶241艘,其中钢质船45艘,大部分为木质船,有192600吨位、3186客位,1000t左右的船舶仅5艘,其余多为百吨级小船,总货运能力不足4万载重吨。1987年底统计数据表明,全省仅有港口泊位48个,其中万吨级泊位才3个,全年港口吞吐量770万t,港口装卸和通过能力难以满足经济社会发展要求。

1988年7月,刚组建不久的海南省交通厅坚持全方位开放水运市场、坚持超前发展运力,探索发展大特区水运业的新路子。经过几十年的努力,现在海南注册的航运企业有130多家,总运力140多万吨,比建省初期增长30多倍。全省已开发港口24个,形成北有海口港、西有洋浦港和八所港、南有三亚港、东有清澜港的"四方五港"分布格局。

目前,全省拥有港口泊位135个,其中万吨级以上的深水码头31个,包括1个30万t原油码头,年货运吞吐量7000万t以上。截至2008年底,海南已建立起一支多种类、多层次、多功能,沿海、近洋、远洋运输相结合的初具规模的船队,航运船队国内航线可到达沿海、珠江三角洲及长江中下游各港口,还开通了海南至广州、香港、湛江、北海集装箱航线,国际航线到达远东、东南亚、非洲和欧洲国家和地区,和世界24个国家和地区经常有航运业务往来,与俄罗斯、日本、韩国、东南亚各国往来密切。

海南是我国最早接待国际邮轮停靠的省份之一。许多世界大型豪华邮轮停靠过马村港等港口。与马村港遥相呼应的三亚凤凰岛国际邮轮码头,是我国第一个4万总吨级的邮轮码头。2006年11月,该码头投入使用,结束了海南不能停靠国际邮轮的历史。三亚建成了我国首座最大的国际邮轮母港,其凤凰岛国际邮轮码头成为世界级高端豪华邮轮定期停靠的码头。

洋浦港是海南西北部工业走廊出海通道的重要出海口,是自然条件最好的深水港区,也是区域性重要港口,国家一类对外开放口岸。2007年9月24日,国务院正式批准在洋浦设立我国第四个保税港区,一度沉寂的洋浦开发区如今再次成为世界瞩目的"亮点",洋浦成为环北部湾经济圈和我国南方形成的一个新的对外开放平台及新的发展制高点,是连接我国和东南亚、中东的枢纽。

主持人:近年来,海南在转变政府职能方面都开展了哪些工作?成效如何?

董宪曾:海南在转变政府职能方面主要做了四项工作:

国际豪华邮轮驶入三亚凤凰岛国际邮轮码头

一是进一步理顺公路建设管理体制。2005年6月,海南省交通厅作出了将农村公路"通达工程"和"通畅工程"交由各市县政府组织实施的决定。2006年3月,海南省政府办公厅印发了《海南省农村公路建设养护与管理体制改革实施意见》,明确农村公路建养以市县政府为主;2006年12月,海南省政府《关于加快公路建设的决定》正式颁布,进一步确立了海南公路建设"以省为主、受益市县分担"的投入机制和分级负责的管理体制,进一步改变了海南省多年来公路建设由省政府"统贷、统建、统管、统还"的体制,明确了市县政府作为农村公路建设的主体责任,充分调动了全社会加快公路建设的积极性。

二是公路建设推行代建制,规范市场管理。2005年以来,海南省交通厅积极转换职能,提出"只当裁判员,不当教练员"的理念,积极推行公路建设项目代建制,公路建设按市场化模式运作,先后将海口绕城高速公路、东线高速公路陵水至万宁路面改造工程和三亚绕城高速公路等项目实行代建制,逐步建立公路建设从业单位信誉动态考核体系,进一步规范了建设市场。

三是构建"一厅四局"交通行政管理新格局。从2006年起,海南省交通厅逐步改革现有的行政管理机构职能。2006年7月13日,恢复了海南省公路管理局,把公路养护职能从厅机关划出去;2008年8月1日,成立了海南省道路运输局,具体负责全省道路运输管理工作;2008年1月,经海南省编办批准,原海南省航道管理局更名为海南省港航管理局,承担海南省级港口、水路运输、航道管理等职能。2008年8月6日,海南省港航局正式挂牌成立,这标志着海南省在推进港口建设、加强航运管理、完善港航管理体制、促进水运事业发展等方面进入了一个新阶段。2008年12月,经国家有关部委同意,海南停征燃油附加费,开征了车辆通行附加费,保留了海南省交通规费征稽局。2009年5月,海南省政府新一轮机构改革拉开了帷幕。经批准,海南省交通厅更名为海南省交通运输厅。

四是切实转变职能,下放11项交通行政审批事项。2008年8月1日,在对45项交通行政审批事项实行集中办理之后,根据海南省政府的统一部署,从9月初起,海南省交通厅开展相应的培训,以确保下放的交通行政审批项目放得了、管得住、不缺位。从10月1日起,海南又把涉及农村公路建设、运输、驾驶员培训等内容的11项交通行政审批事项下放给全省各市县审批。

主持人:为什么说海南是全国人民的"菜篮子""水果店"?

董宪曾:这是针对海南是全国最大的反季节瓜果菜基地和鲜活农产品绿色通道运输来说的。1996年5月,海南开通了第一条绿色通道海口至北京,目前,已相继开通到上海、西藏等数十条绿色通道,总里程达1.3万km,鲜活农产品源源不断运往内地,鲜活农产品出岛运输量从当年的75万t增加到2008年的540多万吨。14年来,共运输3000多万吨,既满足了国内各大中城市对海南农产品的需求,也给海南农民带来了近600亿元的整体经济效益。绿色通道已成为全国开展的"三绿工程"之一,全国各大中城市的市民都能吃上海南的无公害瓜果菜,海南也因之而被誉为全国人民的"菜篮子""水果店"。

1998年,绿色通道被评为"建省十周年企业最满意的政府十件事之一。"2002年至2003年,海南省交通厅绿色通道办公室连续两年被评为全国先进单位。

主持人:董厅长,在刚刚在广西南宁结束的第五届珠洽会上,您代表海南省做了主旨演讲,会上各方还签署了《"9+2"交通合作框架协议》。您能不能把有关的背景、意义、合作内容以及如何加快完善综合交通运输体系,促进区域交通一体化等问题给大家做简要介绍?

董宪曾:这次会议是在全国上下积极应对金融危机、扩大内需、保增长、加快基础设施建设的大背景下召开的。6月11日,在交通合作磋商会上,泛珠区域各省(区)开展了泛珠三角区域铁路、公路、水路和航空等交通合作,构筑优势互补、资源共享、高效安全、畅通便捷的交通运输服务体系,对保持和加快泛珠三角地区经济社会进一步发展,带动和提升周边地区及中西部地区经济发展水平,具有重要战略意义和现实意义。

会上,"9+2"各方签署了《"9+2"交通合作框架协议》,希望通过区域交通资源的整合和有效配置,加强区域内铁路、公路、水路和航空网络建设,加快完善综合交通运输体系,促进区域交通一体化,为泛珠三角区域合作提供高效安全、畅通便捷的交通运输保障。

合作将在国家有关部门的支持和指导下,从加强交通基础设施建设、加强交通运输合作、加强信息平台建设三个方面展开。

一是加强交通基础设施建设合作。在国家和区域交通发展总体规划的框架内,在国务院支持北部湾经济区、海峡西岸经济区建设等文件精神的指导下,加强省际交通建设的协调与衔接,加快省区间铁路、公路、水路通道建设,形成同步规划、同步建设、同步投入使用、同步发挥效益的发展格局。体现在公路方面,就是加快跨省、跨境和出海高速公路通道建设,重点打通省际断头路和瓶颈路,构筑和完善区域公路交通运输网络。铁路方面就是进一步完善区域内铁路发展规划,共同推进跨省区铁路建设,构建区域铁路运输快达网络。水运方面,加快省区间内河航道建设,协调港口码头发展,推进跨省区断航河流复航建设研究工作。加强沿海港口建设合作,制定相关政策鼓励有实力的企业到沿海合作投资港口建设。航空方面,各省区航空公司、机场管理部门之间进一步加强合作,各省区政府在航空公司基地建设、生产生活用地等方面给予优惠,并在机场运营资源使用等方面提供支持和方便。

构建"海、陆"运输网络,海南交通运输增长势头强劲

二是加强交通运输合作。消除市场壁垒、打破地区封锁,明确市场准入条件、服务标准和工作规范,促进高效运输服务体系的形成。在道路运输方面,我们完善区域间道路运输发展规划的衔接,加强省区间道路客货运输合作,拓展省区间主要城市客运班线,发展快速客运。积极为企业牵线搭桥,促进运输企业间的交流与合作。在铁路运输方面,深化铁路运输合作,促进区域内客货运输畅通高效。在水路运输方面,加强区域航运发展规划衔接,促进区域内河航运、海运事业发展。推动航运公司间的合作。在航空运输方面,加强和鼓励各地航空公司间、机场间的合作。创造条件加大运力投入,不断完善泛珠区域"9+2"各方机场间的航线网络建设,加大航班密度,积极开拓对接东盟和日韩的国际航线,各省区政府予以大力支持。机场进一步提高安全生产和地面服务保障能力,为航空公司提供更优质的服务。

三是加强信息平台建设合作。整合区域内交通信息网络资源,探索建立统一的交通信息平台,实现交通基础设施规划、建设、运营、安全监管、突发事件、运输等信息的共享。加强对重大交通安全事故处置的合作。建立统一联动汽车维修救援服务网络,为区域内交通车辆提供专业、快捷、规范的维修救援服务。为了全面推进交通合作,我们还提出了四点建议:一是在交通运输部和铁道部的主持和指导下,组织编制泛珠区域交通运输规划,整合交通资源,构建完善的综合交通运输体系,实现泛珠三角区域交通无缝连接;二是加强交通运输合作,研究制定有利于运输企业发展的优惠政策,促进合作各方协调发展;三是建立完善的沟通协调机制,加大双边和多边高层联系和协调力度,加快瓶颈路段建设,共同推动关联性项目进展;四是加强交通科技合作,加快智能交通网络建设,实现交通信息共享,为泛珠区域的发展提供高效、安全、畅通的运输保障。

主持人:一直以来,海南交通建设坚持把服务民生、造福百姓的问题摆在突出的位显,到"十一五"末,海南交通建设将实现哪些目标?

董宪曾:"十一五"期间,是海南全面落实科学发展观,建设小康社会的关键时期。这一时期,全省经济建设将进入持续快速发展阶段,经济规模不断扩大,市场更加活跃,物流人流加快,交通运输将保持增长势头。在海南省委、省政府的正确领导和交通运输部的大力支持下,海南省交通运输厅将紧紧围绕"三个服务""四个创新"的发展理念和服务全省社会经济发展大局,实践科学发展、推进交通先行,努力构筑由公路、水路、铁路、航空等多种运输方式组成的立体化交通运输体系,为海南经济社会又好又快发展提供交通保障。

一是继续加大资金筹措力度,确保交通建设适度超前。"十一五"期间,交通发展必须创新发展理念,要坚持以"服务发展、生态优先、可持续经营"为方针,尽力而为,量力而行,合理投入,适度超前发展。按照"十一五"交通发展的总体目标,将投资170亿元建设公路和港口等基础设施,其中,公路投资110亿元,是"十五"期间的1.8倍。重点要加快主干线公路建设及路网等级升级以及建设好开发区及项目基地与公路主干线的连接路,为大项目落户创造良好条件。

目前,海南交通发展面临着千载难逢的好机会。2009年,至少投入60亿元建设一批公路、港口大项目,重点包括三亚绕城高速公路、海口至屯昌高速公路、海口至洋浦1小时交通圈项目、海榆西线改造、文昌卫星发射中心道路配套工程等和港口建设项目等。此外,要积极配合做好博鳌机场立项开工和三亚凤凰机场扩建等工作。

二是以完善路网主骨架为重点,公路建设再迈上新台阶。"十一五"期间,是海南公路交通快速发展的关键时期,要建成高速公路约184km,完成投资约58.8亿元。一是重点抓好海口绕城高速公路、三亚绕城高速公路、海口至屯昌中线高速公路、海口至洋浦1小时交通圈项目和现有高速公路大、中修及配套设施建设;二是继续完善以"田字形"高速公路为骨架,国省道和出口路为主干的公路网建设,为地方经济发展服务;三是加快以县道为主的公路次干线和枢纽建设,与主干线公路一起构成各市县区域内的1小时公路交通圈。

"十一五"期间,海南将新增二级以上公路里程1380km,比"十五"期末增加63%。到2010年,公路通车里程将达到21565km,公路密度达63.58km/100km^2;高速公路总里程达到810km,二级以上公路总里程达3510km。届时,公路网络将更加完善、路网等级将明显提高,基本实现岛内"3+1小时公路交通圈"。

三是扎实推进农村公路和客运场站建设。"十一五"期间,要以服务"三农"为突破口和立足点,按照"村村互通、乡镇联网、城乡互动"的目标,建设农村公路通畅1.5万km,到2010年底,全省90%以上的行政村通沥青(水泥)路。同时,抓紧一批中心城镇的客运场站建设,积极推进城乡公交一体化,使通公路的乡镇、行政村通班车率分别达到100%和90%以上。

四是统筹港航发展规划,加强航运物流中心建设。为适应海洋经济发展和建设国际旅游岛需要,海南省将统筹规划港航、岸线和内河航道资源,加快港口基础设施和航运物流中心建设。通过引进大项目、开辟新航线,充分发挥港口优势和区位优势,以洋浦保税港区为重点,融航运、仓储、加工、物流为一体,形成港区联动发展的产业群,力争把海南建成东南亚重要的区域性物流中心,打造面向东南亚的航运枢纽、物流中心和出口加工中心。

按照"十一五"交通发展的总体目标,港口建设计划投资60亿元,完成投资同比将增加4.8倍,新增港口吞吐能力1500万t,总吞吐能力近1亿t,港口码头结构基本合理,初步形成"四方五港"的布局。

主持人:感谢董厅长今天做客访谈,就海南在新中国成立60年来交通运输事业的发展情况与广大网友进行交流。

董宪曾:谢谢大家对海南交通运输业的关注和支持!

第五节　高速公路建设与发展的阶段性探讨

一、环岛高速公路在沿线经济发展中的地位和作用

高速公路是专供汽车高速行驶的公路。高速公路由于采取了限制出入、分隔行驶、汽车专用、全部立交等措施及采用较高的标准和完善的交通设施,从而为汽车的高速、大量、安全、舒适、连续运行创造了条件,在现代运输中有着极其重要的地位和作用。

1988年,国家计委批准海南东线高速公路立项兴建,掀开了海南高速公路建设的序幕。经过九年的努力,海南高速公路建设取得了非凡的成绩:全长268.25km的环岛高速公路(东段右幅)于1995年12月全线竣工通车;环岛高速公路(西段)海口至洋浦段(103.95km)于1997年3月竣工通车;环岛高速公路(东段左幅)扩建工程海口至琼海段(80km)、环岛高速公路(西段)九所至三亚段(52.769km)和洋浦至八所段(98km)、中线高速公路海口至永发段(28.258km)、海文线高速公路(51.678km)陆续建成通车,环岛高速公路于2012年1月全线建成通车。1992年12月环岛东线高速公路海口至黄竹段通车

至今,经过多年的运行实践,高速公路充分发挥其独有的优势,缓解了海南省交通紧张的状况,促进了公路沿线市县全方位的开发建设,对全省经济的发展和对外开放发挥了巨大的推动作用。

探讨高速公路建设对海南交通运输业的发展和经济腾飞的作用及影响,可以加深人们对建设高速公路的必要性及其促进海南社会、经济发展巨大作用的认识,对于加快海南省高速公路建设、发挥公路交通在海南开发建设中的"先行官"作用,具有重要的现实意义。

(一)环岛高速公路促进了沿线公路运输业发展,增强了海南综合运输体系能力

海南是岛屿省份,岛内交通主要靠公路、港口,航空港也要靠公路衔接,才能发挥其作用。公路在海南交通运输体系中起着非常重要的作用。新中国成立后,海南公路建设有了长足的发展,基本形成了以"三纵四横"为主骨架的公路网,其中三条纵向国道承担着岛内运输的主要任务。但这三条国道由于技术标准低、路况差、混合交通、穿越城镇多、公路街道化等原因,不可避免地造成车速过慢、通过能力差、交通事故多等问题,无法适应海南建省后大交通量和大吨位车辆行驶的要求。海南环岛东线和环岛西线海口至洋浦段高速公路建成后,以其不可比拟的优势,成为海南的公路交通的主通道,促进沿线公路运输产业的快速发展和运输结构的调整,并对全岛综合运输体系产生深远的影响。

1. 加快沿线地区公路运输行业发展

海南环岛高速公路(东段)建成后,沿线琼山、定安、琼海、万宁、陵水、三亚6市县公路客货运输量大幅度增长。全省公路客运量1996年比1994年增长5.5%,公路货运量增长26.4%,而沿线6市县的公路客货运量分别增长6.3%和47.9%。比全省平均水平分别高出0.8和21.5个百分点。1996年,6市县公路客、货运量在全省的比重分别为40.2%和43.7%,比1997年提高了6.3和0.3个百分点。

高速公路在促进公路运输生产快速发展的同时,还带来了运量的增长、运输结构的调整和新的运输领域的开拓。1996年,海南全省民用汽车拥有量为98712辆,比1994年增长14.3%,而1996年沿线6市县民用汽车拥有量为24327辆,比1994年增长29.9%,增长率高出全省15.6个百分点。货运车辆朝大型、重型方向发展,大吨位货车不断增加,冷藏保鲜货物运输等新的运输形式开始形成,专用、特种运输车辆逐渐增多。高速公路快捷、舒适、安全的运输环境,也有助于长途豪华客车的发展,海南省汽车运输总公司等一批专业客运公司利用进口豪华大巴,在东线和海口至洋浦高速公路上开行快速直达客运班线,海南省的快速客运系统不断得到发展。

同时,由于高速公路所具有的现代化公路运输技术特性,使公路运输效率大幅度提高,运输成本下降,为在高速公路上营运的企业、车主带来可观的经济效益。

2. 完善和加强了海南综合运输体系

海南建省以来,交通运输业迅猛发展,已初步形成了公路、水路、航空、铁路和管道五种运输方式协调发展的综合运输网络,海运和空运承担着岛外运输的主要任务。过去,由于公路等级低,造成港口集疏能力不足,航空覆盖面狭小,岛外运输运力一直很紧张。海南环岛高速公路以其长距离、远辐射、"门到门"的运输优势,在发挥着运输主通道作用的同时,以更高的水平衔接沿海各港口和南北两个机场,并通过支线公路和全省各地区连接在一起,强化港口的集疏能力并扩大航空港覆盖面,共同形成更为强劲的岛内外立体运输体系。

高速公路通车促进了海南民用汽车的增长

作为现代化的交通基础设施,高速公路有效地缓解公路运输紧张状况。原海榆西线海口至洋浦路段,1995年日均车流量达3600辆,超过三级公路的适应交通量。海口至洋浦高速公路通车后,日均车流量已达6000辆,东线高速公路日均车流量也在万辆左右,如把车流量按客货运运输对半分,按客车11人/辆,货车4t/辆计,则两条高速公路年客货运量合计为3212万人次和1168万t,占全省公路客货运输量的17.1%和12.8%,高速度的运输有效地缓解了岛内公路交通对海南省经济的"瓶颈"制约,促进了海南经济的发展。

(二)环岛高速公路促进了沿线产业群体的蓬勃发展

高速公路产业带,是指以高速公路为基本走向并向高速公路两侧扩延,产业群体相对集中,经济发展高于周边地区和当地平均水平的带状区域。产业带的形成,便捷的交通运输量是必不可少的条件。由于高速公路所具有的高速度、大负荷、远辐射、低损耗、高效益等优势,所以东线和海口至洋浦高速公路一开通,就有大批企业在沿线两侧进行开发建设,高速公路两侧产业带,特别是对交通基础条件依赖性较强的工业、农业、旅游业等产业带迅速形成。

1. 沿线工业迅速崛起

工业是海南的先导产业。由于海南陆地狭小、资源相对不足、人口不多、市场容量有限、发展工业所需的原材料和燃料需从外地调进,大部分工业品依靠外销。因此,本岛工业对交通运输依赖程度很大。依托海口、八所、洋浦等大型港口,从澄迈到临高、儋州、昌江、东方,规划为海南省的西部工业走廊。由于一批大型发电厂、港口以及环岛西线高速公路海口至洋浦段的建设,海南西部已具备大工业的投资条件,投资156亿元的海南海洋天然气化肥基地、投资133亿元的和邦炼油厂、投资10.5亿元的浮法玻璃厂等一批投资数十亿、上百亿元的特大型公寓项目先后立项、开工兴建和竣工。不久的将来,这里将承建化肥厂、钢铁厂、水泥厂、浮法玻璃厂、炼油厂等大型工业企业,进入21世纪,以洋浦开发区为龙头的海南西部工业走廊将在这里崛起。海南西线高速公路贯穿整个西部工业走廊,大大增强了沿线港口的集疏能力和沿线的综合交通能力,加强各工业区之间的联系,使西部的投资环境更加完善,对加快西部工业走廊的建设,带动西部经济及促进全省经济的均衡发展,发挥非常重要的作用。

2. 沿线热带高效农业大规模开发

农业是海南的基础产业。海南地处热带,光线充足,是我国的"天然大温室",优越的气候条件,使海南成为我国最大的热带水果、反季节瓜菜生产基地,每年都有上百万吨反季节瓜菜运往国内大中城市和港澳地区,其中公路运输占海南反季节瓜菜运输量的78%以上。海南环岛高速公路穿越琼海、万宁、陵水、三亚、乐东、东方、儋州、临高等海南省主要反季节瓜菜种植地区,缩短了瓜菜的储运时间,加速反季节瓜菜等农产品的流通和农业信息的交流,提高农产品的商品化率,进一步推动农业的规模经营和集约化生产,吸引大批外商投资海南热带农业。海南环岛高速公路(东段)通车后,已有大批台商在海南琼海、三亚等地投下巨资大规模开发热带农业,并获得较高的回报。全省已建成的一批大规模万亩水果蔬菜基地,大多分布在环岛高速公路沿线。海南环岛高速公路(东段)两侧农业产业带正在形成和发展,并带动全省农业的发展,1998年全省蔬菜总产量比1994年增长41.3%,而东线高速公路沿线6市县则增长47.1%,高于全省5.8个百分点,如果把即将通车的沿线市县乐东、东方、儋州等主要产地计算在内,则增长率更高。海南环岛高速公路成为全省几百万农民的"致富之路"。

3. 旅游业的蓬勃发展

旅游业是海南的支柱产业,按国际标准努力把海南建设成为国内外都具有很大影响和吸引力的热带海岛度假休闲旅游胜地,是海南旅游业的发展目标。环岛东线高速公路经过的定安、琼海、万宁、陵水、三亚等市县,是海南风光最秀丽,旅游资源最丰富的地带。以往从海口乘车需7~8小时,游客沿途颠簸,一路尘土,疲惫不堪,旅游变成苦游。东线高速公路成倍提高了车速,提高了旅游的安全性、舒适性,促进了沿线旅游业从通过型向滞留型转变,推动了旅游业的高速发展。它一修通,沿线各市县就纷纷加快旅游业的开发,已建立的较有影响的旅游区有:南丽湖旅游区、万泉河旅游区、兴隆温泉旅游区、石梅湾旅游区、南湾猴岛旅游区等,三亚作为海南省旅游业的龙头,其旅游资源的开发建设规模更大。同时,旅游服务业蓬勃发展,1996年全省旅游宾馆客房数为20117间,比1994年增长55.2%。而东线高速公路沿线6个市县旅游宾馆客房数达9154间,比1994年增长84.8%,高出全省29.6个百分点。1996年,全省接待旅游人数485.8万人次,比1994年增长67.8%,其中6市县接待125.6人次,比1994年增长80.8%,高出全省13个百分点。海南环岛高速公路(东段)已成为海南旅游业的生命线。

海南菊花生产基地

(三)环岛高速公路推动沿线地区国民经济全面发展

由于高速公路具有推动社会经济全面发展的巨大作用,海南环岛高速公路(东段)和海南环岛高速公路(西段)海口至洋浦高速公路开通后,沿线各市县都研究高速公路开通后对本地经济的影响问题,临高县重兴临高角、双龙、金牌开发区,定安、琼海搬迁新县(市)委、县(市)政府办公大楼,沿路扩建新城区。海南环岛高速公路(东段)19个出口和西线的老城、金盘等开发区,集中财力物力在沿线强化基础设施建设、推动资源优势迅速转化为经济优势。东段高速公路两侧地区产业带的形成。促进当地经济的全面发展。1996年,全省生产总值比1994年增长17.7%,而东段高速公路沿线6个市县增长32.7%,高出全省15个百分点。高速公路的开通,改善了沿线的投资环境,吸引大批外资投向沿线。1996年,全省外资企业个数比1994年减少7.5%,投资额下降34.8%,而同期东段高速公路沿线6市县外资企业增长4.4%,高于全省水平,投资额下降21.3%,下降幅度比全省低。目前,海南省的农业投资基本集中在东段高速公路沿线市县,而大型工业投资基本投向西段高速公路沿线市县,房地产投资也是基本集中在海口及环岛高速公路沿线市县。即将开通的几段高速公路沿线,也成为新的投资热点。西段的儋州、白沙、昌江、东方、乐东等市县正在规划一批农业综合开发区和旅游区,一些旅游资源也得以开发。高速公路沿线基本形成"东线联动,南北响应,沿线开发,整体推进"的格局。

海南环岛高速公路不仅推动沿线的经济发展,还通过与其相连的东西走向的横向公路,扩大辐射区域,从而带动海南经济的全面发展。海南中线高速公路建成后,将带动海南中部贫困山区经济的腾飞,环岛高速公路和中线高速公路将构成海南省公路网的主骨架,通过横向公路相连接,其辐射面将覆盖全岛,成为带动海南经济发展的大动脉。

此外,环岛高速公路促进了人们开拓意识和大市场、大流通观念的形成,增强了人们的竞争意识和效率观念,促进了沿线地区人口、劳动力和产业结构向积极方面变化,在国防交通上也具有非常重要的作用。

(四)关于进一步发展海南省高速公路的设想

高速公路的出现和蓬勃发展是现代经济和社会发展的必然产物,与其他交通运输方式相比具有更大的全局性、先导性作用,能极大地促进沿线产业群体的崛起、产业结构的优化和区域经济的发展,这一点已为国内外高速公路运行实践所证明。海南环岛高速公路运行时间虽然不长,但所产生的巨大经济效益和社会效益充分证明了这一点。为了加快海南省的高速公路运行建设,以适应海南新一代开发建设的需求,特提出以下建议:

(1)多渠道筹措资金,加快海南高速公路建设步伐,并妥善解决好还贷问题。按规则,海南省在2000年前将建设成环岛高速公路,海文高速公路,中线高速公路海口至永发、三亚至通什段,任务相当繁重。一方面,采取包括融资贷款在内的多种方式筹措资金,加快高速公路建设步伐;另一方面,还贷问题也非常紧迫。为了妥善解决好还贷问题,要从以下方面着手:加强交通规费征稽工作,确保应征不漏;按"一路一公司"原则组建规范化股份公司,以路产权入股,进行综合开发;争取柜外无息或低息贷款,或直接到国际金融市场融资;设立公路建设基金或发行高速公路建设债券;适当提高交通规费费率;划一段高速公路作为经营性公路将其拍卖;利用BOT方式修建高速公路;鼓励外商直接投资高速公路建设,并在土地征用和土地开发、税收、多种经营等方面给予优惠。从根本上解决资金筹措和还贷问题。

(2)完善高速公路两侧路网及全省主要公路干线的建设。没有一个良好的辅助公路网条件,高速公路对沿线产业带乃至全岛经济的促进作用便难以充分发挥。首先应加快高速公路两侧路网特别是入口处、市县出口路和快速干道的建设,解决高速公路的通达性。同时加快对海南省四条东西走向横线公路的改造,将其改造为二级汽车专用公路,通过高等级公路连接经济开发区、旅游区、交通枢纽和全省各乡镇,使高速公路辐射面覆盖全省,充分发挥高速公路的潜在效益。

(3)加强对已通车的高速公路的管理。高速公路高速、安全、畅达功能的发挥,需要科学、完善的管理体制予以保障。海南省高速公路管理上尚有漏洞,车辆违章行驶、行人上路等现象时有发生,既影响了高速公路的畅通,又严重威胁到乘客的人身安全。对此我们必须进一步规范高速公路管理体制。1997年,海口至洋浦高速公路通车后,海南省在全省率先采取属地管理的办法,取得较好的效果。今后,海南省还将按照"一路一公司"的原则,改变单一的投资体制,使高速公路管理由事业型管理向公司型管理过渡。同时,完善高速公路上的安全设施和服务设施建设,确保高速公路的安全畅通。

(4)探索高速公路公司和沿线产业带联合开发的新模式。把高速公路建设与沿线土地开发捆在一起共同投资,实行效益共享、风险共担,可以把交通和沿线经济开发协调起来,沿线产业带效益的一部分可回归到高速公路建设部门,形成高速公路和沿线经济之间的协调发展。1994年4月,海南人大通过《海南经济特区基础设施投资综合补偿条例》,规定可以把高速公路两侧土地交由投资者开发,进行综合补偿,这一条对促进高速公路建设和高速公路两侧的开发起到很大作用。由于海南省高速公路投资主体不一,在公司投资的高速公路两侧的开发如何和全省经济规划、产业政策和当地资源优势相协调,如何加快开发步伐,在政府投资的高速公路沿线的产业开发如何规划等方面,还有待进一步探讨。

二、高速公路与海南西部经济

在漫长的历史发展进程中,人们形成了深刻的共识:经济的兴衰是同交通的发达程度紧紧地联系在一起的。海南环岛高速公路的建设,洗刷了琼州大地昔日的陈迹,过去曾被称为"蛮荒之地"的海南岛西部,从无路到有路、从沙土路到沥青路,从等级公路到汽车专用路,历史发生着一次又一次变革,经济实现了一次又一次飞跃。现在建设中的由西向南延伸的海南环岛西线高速公路正以浓墨谱写着西部经济明日的辉煌。

(一)西部工业走廊应运而生

工业走廊的形成和发展,除了有利于经济发展的政策环境、自然资源等条件外,还必须具备便捷的交通运输条件。高速公路的建设,不仅提高了综合运输能力,而且沟通了沿线与城市交通枢纽、工业中心的联系,促进西部地区的全方位改革开放,进而推动经济的迅速崛起。环岛西线高速公路穿越的澄迈、临高、儋州、昌江、东方等工业比较集中的市县,已规划为海南省西部工业走廊。

海南环岛高速公路(西段)像一条"金项链",把一批特大型工业项目像一颗颗珍珠穿起来,使工业走廊充满生机。在澄迈老城工业开发区,先后投资15亿元,使海口火电公司已形成40万kW的装机容量。在洋浦开发区,投资16亿元建设的洋浦电厂,已形成31亿万kW的装机容量。在东方市,投资21亿建成大广坝水利水电枢纽工程,形成24万kW的装机容量。国务院还批准兴建东方八所电厂,总投资48亿元,装机容量120万kW,首台机组2001年发电。贯穿整个西部的22万V高压输变电网已建成,为西部工业走廊提供强大的电力资源。西部的对外通道进一步拓展,投资3亿元在澄迈马村建成3.5万吨级煤码头。八所港扩建,新增2个万吨级光板码头。投资1.8亿元建成杨浦一期工程2个万吨级码头后,国家开发投资公司又注入3.3亿元资金兴建3个2万吨级泊位。

海南现代化的大工业也正在随着西线高速公路的延伸,在西部起步发展。油气化工是西部走廊的重头戏,总投资25亿元,每年产30万t尿素的海南天然气化肥厂一期工程已在东方八所工业区建成投产。总投资28亿元,年生产合成氨45万t和尿素80万t的海天化二期工程,1998年开工建设,2000年建成投产。中国海南海洋石油总公司投资156亿元的海南海洋天然气化肥基地项目,于1998年开工建设。投资133亿元、年加工原油600万t的和邦炼油厂融资取得进展,加快建设进程。西部工业走廊是海南省的建材、冶金基地。投资10亿元建设的年产水泥82万t的昌江水泥厂1997年点火投产。总投资10.5亿元兴建的年产玻璃265万标准箱的浮法玻璃厂,2000年建成投产。投资6亿元、年产冷轧薄板60万t海南钢铁厂,正加紧落实项目建设资金。

洋浦跨海大桥

洋浦开发区是西部工业走廊的重要组成部分。海口至洋浦高速公路建成通车后,进一步加快了洋浦开发区的建设步伐。总投资106亿元的海南金海浆纸厂、总投资156亿元的海南海洋天然气化肥基地等特大型项目将落户洋浦。不久的将来,这里将成为海南省油气化工、浆纸、食品厂、化纤原料等工业生产基地。

(二)构筑沿线新经济带

经过公路建设者的艰苦努力,海南环岛高速公路(西段)海口至洋浦高速公路已于

1997年3月建成通车。九所至三亚段1998年3月通车。洋浦至九所段1997年10月开始动工建设,工程进展很快,1999年9月底建成通车。海南环岛高速公路东西两段的对接不仅促进了西部工业走廊的形成和发展,而且带动了西部地区全方位、多层次的开发。

  海南环岛高速公路(西段)经过的澄迈、临高、儋州、白沙、昌江、东方等7个市县,按照全省的总体规划和"一省两地"的发展目标,认真研究高速公路开通后对本地经济发展可能带来的作用,调整经济结构,选准主导产业。洋浦开发区将形成以技术先进工业为主导,第三产业相对发展的外向型工业区。儋州是西北部地区的经济中心和交通枢纽,受洋浦开发区经济辐射等影响儋州市发展成为轻型加工业和建材工业为主的工贸城市、区际旅游服务中心和洋浦开发区生活服务基地。此外,沿线的农业重点市县,因地制宜,发挥资源优势,积极开发科技含量高、效益好、市场潜力大的水产、畜禽、热带水果、花卉、冬季瓜菜等农业项目。目前,已有一些效益好、有发展前途或当地有资源优势的项目,按同等优先的原则,在沿线安排上马。

  西部高速公路的建设,对沿线乃至全省产业结构的调整,无疑是一次难得的机遇。

(三)推动运输结构调整

  海南环岛高速公路(西段)海口至洋浦高速公路显著的经济效益和社会效益,直接推动了海南运输结构的调整。高速公路改善了道路运输条件,减少运输成本,运输距离缩短,车辆运行时间节省,交通事故率降低,运输货损减少,乘客舒适快捷,经济效益和社会效益都大大提高。现代交通的功利之一,在于改变了人们的时空观念和生活方式,推进人类文明和运输工具进步。海口至洋浦高速公路开通以来,平均日车流量6000辆次,人流、物流、信息流以空前的立体方式,将人们的时空观念、生活方式带入了一个崭新的境地。

  海口至洋浦高速公路以无可比拟的运输条件,推动了运输结构的调整,特别是促使汽车客车向舒适、豪华型的方向发展。海南省汽车运输总公司引进了一批韩国大宇集团豪华型大客车,利用地理优势和便捷快速的高速公路交通条件,开通了"省汽快车"。高速、高效和优质的服务树立了现代公司运输的形象。海口至洋浦段长130km,过去乘汽车走海榆西线要花约4小时,现在行驶高速公路只用1.5小时即可到达,充分体现了高速、高效的优势。随着高速公路上"省汽快车"的出现,客运服务也上了一个档次。长途客车上不但有舒适的座椅、空调、卫生间、彩电、录像设施,而且有食品、饮料供应,有"巴姐"为乘客排忧解难,服务态度热情、周到,可与民航的航空服务媲美。高速公路高速、高效的优势,加上优质的服务,彻底改变了客运的形象。"省汽快车"是面对激烈的市场竞争,借助高速公路优势打出的新品牌,优越的交通条件使旅客选择了先进的运输工具,加上一流的服务和一流的站点设施,使旅客开始倾心于现代化的公路客运。海南省汽运总投入15辆大宇在西线营运,而且在东线也投了7辆"沃尔沃"豪华大巴营运,取得了良好的社会效益和经济效益。

可以预见,海南环岛高速公路客运市场的竞争,将使参加营运的企业走向大型化、集约化和规模化。有经济实力和良好服务的大型运输企业最终将赢得运输市场的主导权,沿线的客货运输服务设施也将出现更加令人满意的变化。海南环岛高速公路(西段)所产生的辐射作用和"联动"效应,为海南西部必须加快高速公路建设作出了正确的结论。海南省环岛高速公路全线贯通后,必将以更大的"联动"效应,推动海南西部经济的大发展。

三、环岛高速公路产业带发展初探

与铁路、航空、水运、管道等其他现代交通运输方式相比,高速公路是最年轻、成长最快的交通基础设施。到1999年10月31日,全国高速公路通车里程突破10000km。海南高速公路起步较晚,但发展迅速,至1999年9月,环岛高速公路全线贯通,通车里程达600km,成为全国第一个高速公路环绕的省份。环岛高速公路通车后,作为现代化的经济载体,对沿线的资源开发和配置优化,促进沿线产业群体和区域化经济的蓬勃发展等都产生了极大的影响。本节就利益驱动原则下环岛高速公路沿线已形成的经济引力、区位优势、21世纪交通发展目标以及如何促使高速公路产业带发展等方面进行探讨。

高速公路产业带,又称"高速公路经济带""高速公路通道经济带"或"高速公路经济走廊",是指以高速公路为运输载体,直接受益的产业群所形成的轴线地带或带状区域,它以高速公路为基本走向并向其两侧延伸,产业群体相对集中。其主要特征:一是形成狭长的空间地带;二是这一地带分布着多种产业,企业相对密集,经济发展水平或速度高于周边地区和当地平均水平;三是这种有利于产业发展的区域经济是依托或借助高速公路创造出来的,在空间上表现为高速公路若干点位的优先聚集增长,在生产力上表现为产业群体分布于高速公路两侧,产业带沿高速公路展开。

那么,环岛高速公路的贯通,沿线已形成了哪些重要的产业带?环岛高速公路全线贯通后,东西形成一个循环系统,多种生产要素以高速公路为主轴线实现最优配置。总体上看,已初步形成了热带高效农业、旅游、工业、运输、生态等产业带,城乡经济一体化进程不断加快。

(一)热带高效农业带显山露水,优势凸现

环岛高速公路穿越沿线市县的主要反季节瓜菜基地。独特的区位优势和优越的气候条件,使热带高效农业出尽风头,成为海南经济的最大亮点。海南省反季节瓜果菜出岛量年均170万t以上,其中公路运输占总运输量的78%以上。环岛高速公路的贯通,缩短了瓜果菜的储运时间，加快了农产品流通和农业信息的交流，提高了农产品的商品化率，进一步推动了农业的规模经营和集约化生产，农业生产结构得以不断调整和优化。乐东、东方、昌江、儋州和澄迈的瓜果菜均打出了自己的品牌，"订单农业""网上农业"和"绿色农业"逐步发展壮大。去年以来，乐东以高速公路为依托，大力发展热带高效农业，从九所出口路至尖峰岭出口共30km长的公路两侧，该县已建成一条"绿色经济走廊"，面积达8000公顷（12万亩）；东方市在沿线种植香蕉4000公顷（6万亩）；儋州市6667公顷（10万亩）反季节瓜果菜和昌江县6667公顷（10万亩）芒果基地都已建成；临高县充分发挥高速公路沿线的区位优势，提出了"三地一市"的经济发展战略，已初步形成了水产养殖、畜牧等经济带；文昌、定安已成为台商发展品质较高的瓜果基地。琼海、陵水的农业经济结构进一步优化，生产经营方式继续向区域化、商品化、基地化、规模化、产业化方向发展，农业基础地位继续得到加强。环岛高速公路运输的快速、方便，促使沿线农产品特别是鲜、活产品外运量增加，提高了农产品商品化程度。同时，农业生产需要的机具和化肥、农药等及时运入，加速了农业生产的现代化。过去，传统农业在很大程度上处于区域性的自给状态，环岛高速公路使自然经济迅速解体，参加到社会化大生产行列，有力推动了沿线市县农业现代化进程。

（二）旅游产业链开始形成，特色经济初具规模

旅游业是海南省的支柱产业。环岛高速公路的通车，既提高了旅游的安全性、舒适性，又促进了沿线旅游业从通过型向滞留型转变，最终促进了旅游业的高速发展。沿线各市县正发挥高速公路中轴线的辐射作用，加快旅游业的发展和旅游产品的开发，较有影响的旅游点（区）沿线而建，包括南丽湖、万泉河、兴隆温泉、石梅湾、香水湾、日月湾、牛岭、南湾猴岛等旅游点（区）。东线高速公路已成为海南东部市县的旅游生命线，是促使东部地区旅游产业带形成的重要载体。三亚作为海南旅游业的龙头，其各有特色、巧夺天工的景点和国家级旅游度假区亚龙湾、大东海、鹿回头、天涯海角、南山寺、小洞天等，使三亚成为名副其实的国际滨海旅游城市；西线的毛公山、尖峰岭国家森林公园和国家级热带农业植物园、昌江棋子湾旅游区、鹅王岭森林公园、儋州的东坡书院古迹、临高的渡海解放纪念碑、澄迈的济公山等，也初步形成一条旅游产业链。环岛高速公路正如一条红绸线将散布在其轴线辐射区内如珍珠般耀眼的旅游景点连接起来，尤其"周末旅游""假日旅游"的勃兴，使旅游业的发展逐步规模化、产业化，环岛游的内涵因此更为丰富多彩。

（三）运输产业崭露头角，新运输领域逐步拓宽

公路基础设施的现代化程度已经成为衡量一个地区交通发展水平的重要标志。环岛高速公路以不可比拟的优势，成为海南公路交通的主要通道，促进了沿线公路运输产业的

快速发展和运输结构的调整。其长距离、远辐射、门到门、通达程度高的运输优势,在发挥着运输主渠道作用的同时,衔接着海南的"四方七港"和南北两个机场,并通过支线公路把全省各市县连为一体,有效地缓解岛内公路交通对海南经济的"瓶颈"制约,促进了经济的发展。此外,还带来了运力的增长、运输结构的调整和新的运输领域的开拓。目前,大型、重型货车不断增加,冷藏保鲜货物等新的运输方式开始形成,尤其是一批依托高速公路的长途客车运输产业正蓬勃发展。

昌江棋子湾旅游区高速公路出口处

(四)资源优势迅速转化为经济优势,工业产业带曙光初现

工业在海南省产业结构中是一条短腿,加快海南省工业发展,拉长工业经济这条短腿势在必行。西部地区的油气和矿产等工业资源丰富,省委省政府决定将其规划为海南西部工业走廊。现在,西部地区已具备发展大工业的投资条件,燃气化肥基地、钢铁、炼油厂等一批大型工业项目将陆续上马。不久的将来,以洋浦开发区为龙头的西部工业走廊将在环岛西线高速公路沿线两侧崛起。1998年3月,总投资5亿元的海南农垦西部工业城4万t膏化浓缩乳胶厂在儋州动工。西线高速公路开通后,昌江的水泥等建材产品以较低的运输成本拓展西部市场。随着海南开放程度的进一步提高,环岛高速公路沿线市县将逐步形成"东西联动、南北呼应、沿线开发、整体推进"的经济格局。

(五)生态产业带成为经济发展环境重要载体

环岛高速公路是海南重要的生态产业带形成的载体。海南省实施"一省两地"战略,"营造千里椰树长廊工程",大力种树、植草、栽花,美化绿化宝岛,这符合建设生态省的要求,也是发展生态经济的重大举措。在环岛高速公路建设过程中,海南始终把保护生态环境贯穿在高速公路建设的各个阶段。在生态景观和绿化方面,通过选线、主体线形的几何设计和人工造型及绿化等手段,把高速公路与当地环境协调起来,如洋浦立交、八所立交和美兰机场出口路,海南把绿化与美化结合起来。发展海南高速公路产业经济的对策,探讨要使环岛高速公路更好地为海南经济发展服务,刺激产业群特别是高新技术产业群体沿高速公路迅速崛起,为国民经济和沿线市县区域经济的持续发展构筑一系列新的经济增长点,在高速公路产业化发展进程中,我们必须把高速公路建设和投资经营体制摆上重要的位置加以考虑。

(六)沿线土地增值,城乡经济一体化过程不断加快

土地作为生产资料的重要组成部分,稀缺性大,也易产生价格波动。通车后,沿线立交、出入口乃至市县出口路附近的土地迅速增值,出现了一批新的城镇群体和企业群体。如乐东县已在九所出口路旁规划了规模 $6km^2$ 的城镇新区,这一新区将逐渐发展成为乐东新的经济中心。1999年起,海南要实施"百镇建设计划",把这批集镇建设成为联系城市和农村、生产和流通的纽带,高速公路无疑提供了战略性的选择。

可以看到,环岛高速公路建设对沿线市县和地区各种资源的开发、产业布局和集聚,最终形成沿高速公路两侧呈带状分布的经济走廊具有重要作用,对海南省经济具有全方位的综合性影响,主要表现为沿线市县社会经济环境的变化和人民思想意识的提高,经济活动和社会生产的总量增长等。由此可见,环岛高速公路建设的效益远远超出交通运输这一简单内涵,具有广泛的社会经济意义,并突出表现为产业带的形成和发展。同时,使沿线市县发挥各自的经济优势,获得比较均等的相对利益,确保区域内主导产业带能带动和影响区域相关产业的增长,形成各具特色的产业群体。

"十五"期间,海南省经济、产业与产品结构优化升级、关联程度高、科技含量大、经济效益好的产业以及热带高效农业、旅游业、高新技术产业得到较快发展,这就必然要求交通运输提供更安全、快捷、舒适、高效的优质服务。

"十五"期间,海南省交通运输发展的基本方针是:以提高运输经济效益为中心,以促进经济发展为目的,以提高质量为重点,继续深化改革,调整与优化运输结构,认真贯彻可持续发展战略,努力实施交通运输两个根本性转变。发展目标是:综合运输能力继续增强,运输质量大幅度提高,运输结构进一步合理,初步形成以港口为龙头,以铁路、公路干线为骨架,以机场为门户,以管道运输为配合的省内外综合运输网络。

诚然,作为一种公共利益产品,要使环岛高速公路更好地为海南省经济发展服务,刺激产业群特别是高新技术产业群体沿高速公路迅速崛起,为国民经济和沿线市县区域经济的持续发展构筑一系列新的经济增长点。在高速公路产业化发展进程中,必须把高速公路建设和投资经营体制摆上重要的位置加以考虑。目前,要注意加强以下几方面的政

策研究。

(1)逐步建立和完善"高速公路产业经济"理论体系,形成产业经营一体化

在社会主义市场经济条件下,必须把高速公路作为一个基础性先导产业进行经营,为此,要从传统的运输经济分析和简单的直接成本效益分析的束缚中摆脱出来,在统一的思维框架内考虑高速公路建设所产生的综合经济效益,特别是产业带动经济效益,并在实践中不断探索产业带效益分析的理论和方法。逐渐形成比较完整的"高速公路产业经济"理论体系。这样才能有助于建立高速公路与沿线产业带一体化协同发展的区域经济发展新模式,为多渠道筹措资金,解决高速公路发展后劲不足等问题提供新的途径。

(2)制定高速公路收益回报政策

海南省的财力有限,市场容量小,目前,产业形成必须要有与之配套的资本形成。高速公路建设资本的形成,既要拓宽商业化筹资渠道,更要政府的政策支持和法律、法规的有力保障。土地开发和地产增值是高速公路产业带实现开发效益的主要形式,也是高速公路带动沿线经济发展最直接的作用。

根据高速公路沿线地产增值原理,今后一段时期内,有必要征收受益单位特殊土地交易费和资源开发费,作为高速公路建设资金的重要来源之一。海南省前几年制定的《海南经济特区基础设施投资综合补偿条例》(以下简称《条例》)在高速公路发展中起了一定的促进作用,但实践证明,随着多元化投资体制的形成,《条例》的局限性更为明显,因此,要重新考虑补偿的方式和途径,否则,政府背负的包袱将越来越重。

(3)实施多元开发、综合经营的发展战略

多种经营、综合开发是高速公路迈向产业化的重要一步,要形成产业化,必须有规模效益。因此,高速公路要实行省级集中统一管理经营。环岛西线高速公路已通车,按照"一路一公司"原则,可采取股份制形式,成立省级专门化管理机构,也可通过转让其经营权,盘活存量,解决省政府和交通部门负债沉重的问题。可依靠政府行为,在环岛高速公路两侧规划一定宽度的"高速公路产业发展带",由高速公路管理部门经营,以补充高速公路建设和养护所需的必要资金。

(4)制定相关倾斜政策,扶持和保护高速公路产业发展

在高速公路产业形成初期,需要省政府给予扶持和保护。如在资本、资源等产业要素的供给方面给予较宽松的环境;制定必要的支持和鼓励政策;寻找政府目标和企业目标、社会效益和企业效益的最佳结合点,以资产为纽带,发展多层次多功能的集团。高速公路投入大,建设周期长,资金回报率低,但高速公路产业贡献远远大于对社会的索取。因此,应继续在税负等方面给予减免。

(5)沿线市县政府科学谋划经济版图,进行合理的功能区规划布局,产业引导和市场定位要有前瞻性

要突出资源优势,坚持"有所为有所不为"的原则,依照科学的市场调查制订沿线功能区的规划布局,对产业的引导和市场定位要有前瞻性,要认真做好产业定量分析。此外,在进行产业布局和规划时,沿线市县还要有整体意识,要联手谋划整体性较强的经济版图,大力发展结构均衡、生长性强、效益明显的产业。要加强对产业形成后市场定位的研究,有意识地把各种成分的经济主体和民间投资引导到环岛高速公路沿线来。

总之,作为一种新的产业经济元素,环岛高速公路产业带还处于形成阶段,力量和能力相对较弱,但是,高速公路产业带的出现,是与经济发展到一定阶段相适应的,而高速公路的发展,反过来极大地推动和促进经济的腾飞和社会的进步,尤其是各具特色的产业群体沿高速公路的迅速崛起,为国民经济和市县区域经济的持续发展,构筑了一系列新的增长点,显示了巨大的生命力。

第二章
高速公路规划建设成果

第一节 综 述

截至2016年底,海南已建成了海南环岛高速公路(东段)、海南环岛高速公路(西段)、海文高速公路、海口绕城高速公路、三亚绕城高速公路、海口至屯昌高速公路、屯昌至琼中高速公路。目前,文琼高速公路、琼乐高速公路、万洋高速公路正在建设当中。2017年内,陆续有五指山、保亭、白沙等高速公路连接线将要全部开工,以期实现"县县通高速"的目标。

畅通安全高效的海南环岛高速公路,对于推进国际旅游岛建设,实现全域旅游和建设美好新海南的目标,起着巨大的基础性、先导性、推进性作用,意义十分重大。

在1988年4月建省之前,海南岛内交通道路等级低、路况差,通行能力严重不足,没有一条高速公路。"晴天一身土,雨天一身泥"就是当时的真实写照。

海南自建省及建设经济特区以来,交通运输事业经过几十年发展,发生了翻天覆地的变化,打通了区域经济发展脉络。交通运输已成为统筹海南城乡发展,加快城市化进程的"助力器"。一条条交通大道,成为海南人民致富奔小康的幸福之路。海南交通走过从落后到相对超前的路程,并构筑了安全、快速、便捷、现代、立体的综合交通网络。海南着眼长远发展,大手笔布局,编织陆海空立体交通网,彻底改变了原有交通格局。海南交通基础设施建设快马加鞭,成功实现了历史性跨越。立体交通已成为海南国际旅游岛建设的强大引擎。

1988年,国家计委批准G98海南环岛高速公路东段路立项兴建,掀开了海南高速公路建设序幕。

1989年底,全长250km的海南环岛东段海口至三亚高速公路(右幅)开工建设,1995年12月竣工通车。海口至文昌高速公路建成通车。海口绕城高速公路于2008年8月建成通车。

10多年时间里,海南"田字形"高速公路网络的轮廓开始显现。

可以预见,穿越海南省中部的中线、横线高速公路建成后,将与现有的环岛高速公路构筑起"田字形"高速公路网,海南将构筑纵横交错的发达高速公路网,打造"2小时交通圈",为海南跨越式发展提供强有力的交通运输保障。

目前海南省各市县除三沙外,只剩下保亭境内还未有高速公路经过,在建中的琼乐高速公路和万洋高速公路也只是分别擦过五指山和白沙一角。

海南省第七次党代会报告明确提出要"实现县县通高速"。海南省委、省政府有关负责人强调,五指山、保亭、白沙等高速公路连接线2017年要全部开工,尽快实现"县县通高速"。目前五指山至保亭至海棠湾高速公路、白沙快速出口路两个项目前期工作都在加快推进,确保在2017年内动工。不久的将来,海南"县县通高速"将成为现实。

30年来,站在全国高速公路建设的大局来看,海南的高速公路建设,硕果累累。海南交通人,为海南高速公路的建设,交上了一份让人满意的答卷。

G98 海南环岛高速公路东段三亚海棠湾立交桥

第二节 海南高速公路建设发展历程

海南省高速公路规划经历了哪几个主要的阶段?"田字形"高速公路主骨架规划思路到底是怎么提出来的?回顾海南省高速公路的规划、设计、建设过程,各有关单位的发展其实都是在不断地学习新理念、新思想,不断完善设计施工理念的过程中,逐渐成熟和成长起来的。

可以说,正是由于一批又一批交通人的不懈努力、勇敢尝试、大胆创新、改革进取、忘我工作、工匠精神,才成就了海南高速公路一条又一条匠心之作,才有了今天高速公路"田字形"主骨架规划路网。

一、历史变迁：从省级干道到二级公路再到汽车专用公路

1987年，海南省成立之前，岛内只有3条建设落后的主干道，呈南北走向，即海榆东线、海榆中线、海榆西线。这3条道路建于20世纪60、70年代，其技术指标和水平很低，部分路段路面宽度仅有七八米，交通负载、运输能力十分有限，经常"晴天一身土，雨天一身泥"，道路状况完全不能适应海南经济、社会发展以及人民群众出行的需要。

海南交通人一直都在构思谋划，准备建设一条更高等级的公路，以适应社会发展要求。该计划其实早在建省两三年前就开始酝酿和谋划，这也是整个海南交通人的梦想。当时，高速公路在全国还是一个新鲜名词、新生产物。

在没有现行经验可以借鉴的情况下，海南交通人搜集整理各方面资料，最终做出了二级公路规划设计方案。1986年4月，该设计方案被列入国家"七五"大中型建设项目计划，批准建设一条一级标准、二级实施的汽车专用公路。

1987年12月7日，交通部部长钱永昌在海南行政区考察工作时指出，海南岛将要建设成为全国最大的经济特区，交通部门要当好先行官。要从长远发展观点出发，海南东干线公路要重新设计，把二级公路改建成双车道封闭式汽车专用路，然后逐步发展成高速公路。钱永昌部长还一再表示，交通部将在资金上大力支持海南，使之适应经济社会发展的需要。

1988年3月，海南建省筹备组召开全省交通工作会议，决定将汽车专用公路提高标准，修建成海南东段高速公路，并按此上报国家主管部门。1个月后海南省政府成立。海南交通人应时变通，谋划在已经完成规划设计方案的汽车专用公路的基础上，将其升级按照高速公路标准实施。6个月后的1988年10月，国内第一条高速公路沪嘉高速公路建成并通车。新成立的海南省委、省政府有关领导高度重视建设高速公路的建议，并予以大力支持。随后，海南省确定了全省公路建设目标：在今后15年内，建成以高速公路为主动脉，高等级公路沟通市县、辐射开发区和旅游区，乡乡通柏油路，村村通公路的岛内公路网络。1988年上半年，海南第一条东段高速公路开始动工修建。

二、环岛建设历时11年：海南交通人梦想成现实

海南东段高速公路起始于海口市琼山区府城镇，经定安、琼海、万宁、陵水抵三亚，全长268km（含海口连接线31km）。其右幅于1988年上半年开工建设，1995年12月27日建成通车，总投资22亿元；其左幅扩建工程于1997年1月起分段实施，海口至三亚段共计投资15亿元，其中于1998年4月府城至琼海段89km竣工通车，2001年1月25日琼海至陵水段105km建成通车，2001年3月陵水至三亚段建成通车。东段高速公路开通后，海口至三亚的行车里程由7小时左右缩短为3小时。

海南东段高速公路建设期间,时任交通部领导黄镇东、李居昌,海南省委、省政府领导阮崇武、杜青林、姚文绪、汪啸风、陈玉益等,以及老干部赵光炬、郑章等多次亲临工地指导推进。

海南西段高速公路贯穿澄迈、临高、儋州、白沙、昌江、东方、乐东等市县,全长345km(含三亚连接线34km),于1995年11月29日开工建设,1999年9月26日建成通车。其中:海口至洋浦段91km于1997年3月交付使用,总投资7.8亿元;九所至三亚段61km,1998年3月交付使用,总投资5.5亿元;洋浦至九所段193km,于1999年9月26日建成通车,总投资19亿元。

从1988年开始建设至1999年全线贯通,海南环岛高速公路建设历时11年之久,总投资50亿元,从最初的没技术、没队伍、缺资金,到最后的环岛梦顺利实现,这其中的艰难困苦可想而知。海南高速公路,凝聚了交通部,海南省委、省政府,海南交通人和广大公路建设者们的巨大心血。

三、从环岛高速公路规划迈向"田字形"主骨架历时11年

海南岛特殊的地理环境和位置,决定了公路运输在岛内交通运输中的主力地位。改革开放以来,海南省公路交通基础设施建设成绩显著,特别是"十五"以后,投入资金、建设速度、里程、路网水平明显提高和增加。

从20世纪70年代的省级主干道,到建省前的二级公路,以及后来的汽车专用公路,到建省后的东段半幅高速公路,再到20世纪90年代末期的环岛高速公路,海南高速公路的规划设计、建设发展历史,大致经历了跌宕起伏的三个阶段。那么,海南高速公路又是如何从环岛规划设计的指导思想,迈向十分成熟的"田字形"高速公路主骨架规划路网指导思想的呢?

"九五"计划期间,海南省交通厅组织编制了《海南省公路发展30年规划》(以下简称《30年规划》),主要组织者和参与人员为海南交通运输系统精英人士,合作对象为东南大学。《30年规划》中,最早提出了海南高速公路未来规划设计和发展的方向,即"田字形"高速公路规划的概念,这是集体智慧的结晶。

《30年规划》是在何种基础上提出"田字形"高速公路规划这个理念的呢?出台之前,参与人员进行了大量走访、调查和研究,对海南岛的地理位置、地质地貌、地质构造、河流分布和走向以及各市县经济布局和特点、地质地貌、河流分布等进行了详细勘察,同时对未来海南省的经济总量、未来的经济增长速度、交通量增长的速度等,进行了科学合理地总结分析,以实际情况作为基础提出这一规划设计指导理念。

1999年9月,海南东段、西段高速公路已经全部打通,环岛规划落到了实处。

到了"十一五",海口、三亚绕城高速公路开始施工,环岛高速公路顺利实现了闭环,

东西段高速公路彻底打通。

2013年,经过海南省交通运输厅坚持不懈的努力以及交通人的积极争取,海南"田字形"高速公路规划路网项目,顺利列入了交通部国家高速公路规划网,命名为G98高速公路。随后,一条又一条高速公路开工建设,海南迈入了高速公路建设快车道,进入建设黄金时期,海屯高速公路、屯琼高速公路陆续通车。可以说,正是有了海南省委、省政府的高度重视,以及交通部、国家发改委等部门的大力支持,才有了海南"田字形"高速公路规划路网的今天。

海南高速公路列入《国家公路网规划(2013—2030年)》,这意味着国家将在资金和用地指标方面给予海南高速公路建设更大的支持,为海南构筑"田字形"高速路网注入生机和活力,环省高速公路将更加完善。

四、"田字形"高速公路让海南经济社会迈入发展快车道

列入国高网后,海南高速公路建设获得了国家资金和用地指标等方面的大力支持。国家按照相关政策,给予海南省资金方面的支持,补助标准将较以往大幅提高,这有力缓解了海南省高速公路建设资金和用地指标紧缺问题。海南高速公路列入国高网,是海南全体交通人努力的结果。

目前,海南全省初步建立了以高速公路为主骨架,以国省道为干,以农村公路为支,以出口路、旅游路、国防路为补充的四通八达的公路交通网络体系,公路网的通行能力、服务水平、通达深度得到了进一步提高。随着海南东段高速公路、中线高速公路、西段高速公路、海口至文昌高速公路、海口绕城高速公路和三亚绕城高速公路的投入建设,海南省初步形成了以环岛高速公路为主骨架,以"三纵四横"国省道为主干线的公路网布局。

海南"田字形"主骨架高速公路的中线琼中至五指山至乐东高速公路、横线万宁至儋州至洋浦高速公路、文昌至琼海高速公路3条高速公路各项建设工作正在稳步推进当中。横线万宁至儋州至洋浦高速公路,是海南"田字形"高速公路网主骨架的重要组成部分,是贯穿海南东西向,连接环岛高速公路、中线高速公路的横向骨架。

高速公路作为一项长期投资的基础设施建设项目,其产生的影响往往是长期的、潜在的,最直观的影响是它对扩大内需、拉动经济发展的促进作用。据专家测算,每1元的公路建设投资带动的社会总产值接近3元,相应创造国民生产总值0.4元。1989—2016年的27年间,海南省高速公路从无到有,通车里程达795km,生产总值由1989年的91.32亿元增长21倍多,达到1917亿元。2001—2016年的15年间,高速公路通车里程增长15.18%,生产总值增长3倍多,增长率显著下降。环岛高速公路对经济持续拉动作用明显。同时对改善岛内投资环境,促进全省国民经济快速发展,作用至关重要。

海南交通"三龙"腾飞

"田字形"高速路网建成后,海南省将构建起"2小时交通圈",市县城(镇)之间有望实现2小时内到达,形成便捷的交通网,加快高速公路建设,构建设施完善、服务高效的综合交通运输体系是推进海南国际旅游岛建设的"助推器"。

五、"田字形"高速公路不断创新的设计历程

公路也有生命,创新设计便是赋予公路生命,每一条公路,都有其独特之处,可根据其特点进行创新设计,把创新的理念融入海南省高速公路的设计中,使海南高速公路的设计更具有人性化。

回顾海南高速公路的设计和建设过程,走过了旧理念向新理念的转变。海南省的设计单位和技术人员,不断地学习新理念、不断地自我完善和提高,终于顺利完成了海南高速公路规划设计、施工建设的任务。

回顾海南高速公路的设计历程,起初的海南东段高速公路是由中交公路规划设计院联合海南省公路勘察设计院完成设计任务的。海南西段高速公路施工设计工作,由海南省公路勘察设计院参与完成设计;海南省同三国道主干线海口绕城公路,由海南省公路勘察设计院参与完成设计;海南省同三国道主干线三亚绕城公路由中交公路规划设计院设计;海南省海口至文昌高速公路,由海南省公路勘察设计院参与完成设计;海南省中线高速公路海口至屯昌段分别由海南省公路勘察设计院、中国公路规划设计院有限公司完成设计;海南省中线高速公路的屯昌至琼中段由中国公路工程咨询集团有限公司、海南省公路勘察设计院联合体完成设计;海南省中线琼中至五指山至三亚乐东段高速公路分别由中交第一公路勘察设计研究院有限公司、中交第二公路勘察设计研究院有限公司、中交公路规划设计院有限公司完成设计;海南省万宁至洋浦高速公路分别由江苏省交通规划设计院股份有限公司、中咨华科交通建设技术有限公司、海南省公路勘察设计院在2016年

8月完成设计;海南省文昌至琼海高速公路由天津市市政工程设计研究院在2016年6月完成设计。

未来几年,海南省高速公路版图将重新改写,穿越海南省中部的中、横线高速公路建成后,将与现有的环岛高速公路构筑起"田字形"高速公路网。

六、建设理念:保护生态是第一要务

海南是中国第一个生态省,公路生态建设属于生态省建设不可缺少的一项内容。在环岛高速公路规划设计、建设施工、养护和管理中,海南省交通运输厅始终把加强生态保护当作职责所在和第一要务,自始至终高度重视并将其列入重要议事日程。本着建设"生态路、环保路、景观路、安全路"的原则,公路设计部门顺应原有的地势地貌开展公路设计,做到"宜桥则桥,宜隧则隧";在跨越生态敏感区时适当增加桥隧比,尽量减少对原地形地貌的破坏。同时,选线遵循"不扰为上,利用为本"的原则,在路线设计时,尽量沿山脚布线,少占农田,节约耕地。避免深填高挖,减少对原生态系统的扰动和破坏,减少用地规模,集约利用土地。

值得一提的是,海南万洋高速公路,被交通运输部列为全国首批绿色公路建设示范路。这是上级部门对海南省在高速公路施工建设过程中,十分注意保护生态工作的一种赞许和肯定。

尤其是在后来的建设中,海南省交通运输厅、高速公路规划设计单位、施工建设单位等,都在一直严格遵循凸显人性化、生态特色、文化特色和国际旅游岛特色的高速公路设计理念,全力打造"绿色高速路",为国际旅游岛建设添彩。

他们具体又是怎么做的呢?

首先,在思想上,规划设计部门提高对生态公路建设的认识,在实践中不断地学习、完善,在此过程中学会并坚持做到以人为本,注重高速公路设计与景观相协调,把保护生态环境和可持续发展作为指导思想和理念。

其次,在公路检查活动中,把创建特色生态公路建设列入重要的检查内容。在资金计划安排上,实行生态公路建设资金单列,单独划拨,确保专款专用。

再次,在新建公路工程施工中,应用新技术、新工艺、新材料、新理念,切实把保护生态环境、节约和集约用地、节能减排等落到规划建设各环节,把海南高速公路建设成为环境友好型、资源节约型公路。同时,严格落实工程设计与人文景观设计、工程施工与自然景观保护、工程竣工与生态景观恢复"三同步",尽可能将高速公路建设对环境的影响降至最小。

在项目建设中推行施工标准化,注重工后恢复,严格保护生态环境。此外,为体现"以人为本,开放包容"的设计理念,环岛高速公路建设中结合沿线人文自然分布特点,设置服务区和停车区、观景台等,供驾乘人员休憩、观景,欣赏沿途美丽的自然景观。还结合沿线民族、人文特点,在合适位置将风土乡情融入支线,附属设施人性化设计,以增添高速公路的文化内涵。

"十二五"期间乃至"十三五"期间,海南打造了包括环岛高速公路在内的具有地域特色的"畅安舒美"示范路,把公路的建、管、养融入服务海南国际旅游岛建设的具体实践当中,把公路作为生态景观建设和传播公路文化的主要载体,结合沿途风景、人文元素,推行"一路一景"建设,打造"会讲故事的公路",营造"人在画中游,车在景中行"的通行环境效果。

七、岛内"2小时交通生活圈"成现实

截至2016年底,海南全省共完成公路建设投资920亿元,公路通车里程达2.82万km,100%的行政村通了公路,通达深度达98%。目前,二级以上公路已通绝大多数的市县、主要旅游景点(区)、开发区、主要港口和机场,大路网、主通道和全省公路交通一体化的局面基本形成。

经过20多年努力,海南省"田字形"主骨架中的环岛高速公路已全部建成,目前全省"田字形"高速公路网络主骨架正在实施建设中,将更加有力地推动中部地区社会经济的发展,与海南国际旅游岛发展的要求相适应。加快"田字形"高速公路建设将是海南省"十三五"交通建设的大手笔。

目前规划建设中的几条高速公路前期工作正加紧推进。万宁至洋浦高速公路正加快推进施工;琼中至乐东高速公路已经完成工程总量的60%以上;县县通高速公路正在谋划,将来"田字形"高速路网建成后,将形成便捷的交通网,省内任何一个城市(镇)往来之间将控制在2小时以内。如现在从海口至乐东需4个多小时的车程,今后中线高速公路建成后,车程将缩短至2小时。

截至2016年底,海南省路网密度已达83km/100km^2,全国排名第19位,其中高速公路已建成795km,在建357km,谋划新建约120km,预计至2020年,海南省高速公路总里程将达1260km。

未来,海南高速公路建设将逐步实现县县通高速公路的目标。并全面提升高速公路的服务功能,提升服务水平,加强与铁路的换乘衔接。提供人性化的旅游提示,例如观景台和停车区,建设相关品牌的连锁酒店。为全域旅游提供吃住行等全套服务。把高速公路变成旅游高速公路,用经营的理念来做,提升高速公路的服务品质。

第三节 "田字形"高速路网主骨架规划

海南岛东西宽约200km、南北长约300km,各市、县政府所在地与沿海各港口的距离均在200km以内,这是公路运输的经济运营距离。海南建省办经济特区以来,海南省政

府结合海南岛的地理特点以及海岛资源、农业、工业、旅游景点的分布情况,大力发展公路建设。目前,海南省公路网已形成了以环岛高速公路为主动脉,"三纵四横"国省干线为主骨架,县乡村道支干相连,贯通东西南北、辐射全岛的公路网络。"田字形"高速公路中的"十"字正在加快完善。截至2016年底,海南全省公路通车总里程28216km,路网覆盖率83.24km/100km^2,其中高速公路达到795km。

高速公路促进了海南省中心城市和重要城镇、产业园区的发展。高速公路的快速发展,大大缩短了省内重要城市之间的时空距离,加快了区域间人员、商品、技术、信息的交流速度,有效降低了生产运输成本,在更大空间上实现了资源有效配置,拓展了市场,对提高企业竞争力、促进国民经济发展和社会进步都起到了重要的作用。高速公路是适应工业化和城市化的发展,社会经济高度发展的产物,是国家走上现代化的特征之一,因此海南省高速公路的建设成就也代表了海南省30年来经济社会的发展成就。

一、"田字形"高速公路规划情况

"十一五"以来,海南各级政府领导高度重视海南公路交通发展。2006年11月,海南省政府出台了《关于加快公路建设的决定》,基本确立了公路建设"以省为主、受益市县分担"的投入机制和分级负责的管理机制,建立了可持续发展的新机制。

2008年,国务院副总理李克强专门就洋浦至海口1小时交通圈等问题进行专题调研。同年,交通运输部部长李盛霖和副部长翁孟勇、徐祖远等部领导先后来海南检查指导工作,对海南加快构建综合运输体系做出了一系列重要指示。海南省主要领导多次研究和审议交通发展重大事项,对关系全省交通发展的重大问题作出重要指示,帮助解决了一系列事关长远发展的重大问题。

高速公路缩短了海南省内城乡间距离

2008年海南省政府审议并通过了海南省公路交通建设投融资体制改革的意见,确立了"财政支持、市场融资、省与市县共建、试点突破"的新思路。从2009年起,海南省政府每年安排不少于2亿元财政资金,专项用于公路建设贷款贴息。

2010年8月,海南省委、省政府领导率队赴京,推动交通运输部与海南省共同签署了《加快推进海南国际旅游岛交通运输发展会谈纪要》,积极争取到了国家对海南交通建设的大力支持。

"十一五"期间,海南省积极应对成品油税费改革工作,开征车辆通行附加费,实现了征收车辆通行附加费与国家成品油税费改革平稳衔接。2010年9月20日,海南省人大常委会第十七次会议表决通过了《海南经济特区机动车辆通行附加费征收管理条例》,这一改革确保了全省高等级公路无站卡、"一脚油门踩到底"的改革成果。

"十一五"期间,海南省积极探索新的公路建设管理模式代建制。海口绕城高速公路、三亚绕城高速公路、海口至屯昌高速公路、洋浦跨海大桥南连接线等重点工程项目均实行代建制。同时海南还推行公路养护小修保养工程内部招投标试点工作,实行以定额生产责任承包体制和县内小修保养工程竞标承包制度,管养分离,形成了"以内部招投标为方式,以定额到位为手段,以计量支付为方法"的公路小修保养管理模式。体制机制创新进一步推动了公路建设、养护管理的科学发展。

"十一五"期间,海南加大向交通运输部争取专项资金的力度,落实了重点项目交通运输部补助资金。经过努力,"十一五"期间交通运输部加大了对海南公路交通发展的支持力度,车购税投资是"十五"期间的1.6倍。

"十一五"期间,海南全省共完成交通规费收入约54.13亿元,比"十五"期间的交通规费收入增长了41.6%。规费征收的增长拓展了交通建设投融资空间,确保了全省公路建设、养护、管理的资金来源稳定。

除落实重点项目交通运输部补助资金外,海南还积极要求金融机构降低贷款利息。在国家开发银行的支持下,修编了《海南省交通运输厅财务评审报告》。"十一五"期间海南充分利用公路建设融资平台,新增贷款项目40个,融资金额达83.59亿元,有效地缓解了公路建设项目的资金压力。此外,进一步探索建立多元化投融资体制,参照外省搭建筹融资平台的模式,计划成立海南交通投资控股有限公司,将优质公路资产及其负债划转注入,搭建企业化运作的平台,拓展融资空间。

"十一五"期间,在一系列政策措施的支持下,海南公路交通基础设施建设着重于提高路网通行能力、技术等级、服务水平及通达深度,全省基本形成以高速公路为主动脉,"三纵四横"国省干线为主骨架,县乡村道支干相连,贯通东西南北、辐射全岛的公路网格局。海南强力推进了一批重点项目,先后完成了海口绕城高速公路、东段高速公路左幅大修等工程;三亚绕城高速公路、海口至屯昌高速公路、"洋浦1小时交通圈"项目、西段高速公路大中修工程开工建设;中线高速公路屯昌至琼中段、三亚至保亭至五指山段及"横线"万宁至儋州至洋浦高速公路的前期工作持续推进。截至2010年底全省高速公路通车里程达到660km。

"十二五"期间,《国务院关于推进海南国际旅游岛建设发展的若干意见》(国发〔2009〕44号)、《海南国际旅游岛建设发展规划纲要》和海南省人民政府关于《海南西部地区开发建设规划纲要》明确提出,在安排中央预算内投资和其他有关中央专项投资时,海南将享受西部大开发政策,交通运输部也明确支持海南省政府提出的新时期交通运输发展战略举措,这给海南"十二五"高速公路建设带来难得的发展机遇。高速公路建设紧紧围绕服务国际旅游岛建设这一主旋律,按照突出重点、统筹安排的发展部署,积极转变发展方式,全面提升服务保障能力。

2012年2月16日,海南省政府批复了《海南省公路交通"十二五"发展规划》(琼府函〔2012〕12号),并提出紧紧围绕国际旅游岛建设的支柱产业、重点城市、重要园区和旅游开发区、重大项目,加强各类交通基础设施建设的要求。

2012年9月20日,《海南省政府关于加快公路建设的意见》(琼府〔2012〕58号)提出到"十二五"末基本建成"田字形"高速公路网的目标任务,并在前期审批、工程建设与管理、体制机制、资金筹措、各项保障措施等方面给予指导。

"十二五"期间,"田字形"高速公路主骨架项目全面推进,高速公路总里程达到803km,为海南经济的持续快速增长、城乡区域协调发展、社会和谐稳定、建设小康社会和国际旅游岛建设奠定了坚实的基础。

"十三五"期间,世界经济增长格局发生深刻变化,我国经济发展步入中高速平稳增长的"新常态"。"十二五"期间同时也是海南全面建成小康社会、实现第一个百年奋斗目标的决胜阶段;是立足海南优势,瞄准全面建成小康社会的短板和问题,加快推进改革创新,推动转型升级,培育形成发展新动力和竞争新优势,争创中国特色社会主义实践范例,谱写美丽中国海南篇章的关键时期。经济发展格局和趋势指明了未来海南省公路交通发展方向。

2016年1月,海南省第五届人民代表大会第四次会议审议通过《海南省国民经济和社会发展第十三个五年规划纲要》,纲要提出坚持协调发展的新理念,推进基础设施"五网"建设,优化全省城镇空间格局和功能定位,打造"海澄文"一体化综合经济圈、"大三亚"旅游经济圈,实现南北两极带动、东西两翼并进、中部保育发展。实施"美丽海南百千工程",重点打造100个特色产业小镇,建设1000个宜业宜居宜游的美丽乡村,充分发挥环岛高铁、环岛高速公路、环岛旅游公路的辐射带动作用和中西部生态、民族文化特色优势,积极打造新的经济增长点,构筑城乡一体化的新型城镇布局。

之后,《海南省公路水路交通运输"十三五"发展规划纲要》《海南省公路"十三五"发展规划》审查会在海口市召开。规划通过了交通运输部和国内交通行业知名专家的审议,也吸纳了专家们的宝贵意见。

紧接着,海南省第七次党代会在海口隆重开幕,海南省委书记刘赐贵代表中国共产党海南省第六届委员会向大会做题为《凝心聚力 奋力拼搏 加快建设经济繁荣社会文明生态宜居人民幸福的美好新海南》的报告。报告提出了完善现代化基础设施"五网"体系。促进陆海空"路网"一体化发展,实现县县通高速公路,并与机场、环岛高铁、环岛滨海旅游公路、国道省道和农村公路互联互通的任务。

"十三五"期间,海南省高速公路建设以服务全面建成小康社会新的目标要求,服务国家重大战略实施,服务新型城镇化建设为导向,充分考虑海南省发展实际,重点建成"田字形"高速公路主骨架,实现"县县通高速"目标,高速公路建设总里程将达到1270km。其中,"田字形"高速公路主骨架规划里程1161km,全部为国家高速公路,已建成803km,尚有358km正在建设,分别为琼中至五指山至乐东129km(编号为G9811)、文昌至琼海66km(编号为G9812)、横线万宁至儋州至洋浦163km(编号为G9813)。

经过多年的发展,"田字形"高速公路网已成为海南高速公路的基本格局。

二、"田字形"高速公路建设情况

(一)海南环岛高速公路

海南环岛高速公路,国家高速公路网命名为"海南地区环线高速公路"(简称"海南环线"),编号为G98。海南环岛高速公路,是国家"九五"期间重点工程、海南省"九五"计划和2010年远景规划的重点建设项目,也是海南省有史以来投资总额最大的基础设施项目,总投资80亿元。截至2015年底,已建成的环岛高速公路总长637.448km,由东段高速公路、西段高速公路、海口绕城高速公路、三亚绕城高速公路四段组成。其中东段高速公路段250.84km、三亚绕城高速公路段30.46km,西段高速公路段324.4km,海口绕城高速公路段34.4km。

1. 海南环岛高速公路(东段)

1)概述

海南环岛东段高速公路是同(江)三(亚)国道主干线的最南段,起点位于府城立交,终点位于三亚,全长250.84km,纵贯海南岛南北,途经琼山、定安、琼海、万宁、陵水、三亚四市两县,是海南东部沿海的一条"经济走廊"。东段高速公路不仅是海南的黄金旅游通道、瓜果蔬菜运输要道,还是博鳌亚洲论坛年会、世界小姐选美等一系列重要活动的必由之路。

东段高速公路由当时的海南公路局于1984年开展前期工作,1986年,国家计委计交(贷)〔1986〕715号文件批准项目建设;1989年10月,国家计委计工〔1989〕1360号文件批准项目立项和可行性研究报告,先修半幅,分期实施。

2）建设情况

（1）右幅初建阶段（1988—1996年）

东段高速公路前身为东段一级公路，始建于1988年，先修半幅，分期实施。东段一级公路先修建的半幅（右幅），历时8年，按照一级公路的标准分三期修建，总投资22.63亿元。

①1988年7月—1992年12月，当时的海南公路局负责建设管理"右幅府城至定安黄竹段"，路面结构采用"4cm LH-15Ⅱ + 8cm LH-35"的沥青混凝土面层，32cm 水稳基层和20cm 级配碎石底基层，全长61.116km；

②1992年—1994年4月，修建"右幅黄竹至陵水段"，路面结构采用"4cm LH-15Ⅱ + 8cm LH-35"的沥青混凝土面层，32cm 水稳基层和20cm 级配碎石底基层，长129.09km；

③1994年—1995年12月，修建"右幅陵水至三亚段"，路面结构采用24cm 的水泥混凝土面层，15cm 水稳基层和18cm 级配碎石底基层，长93.13km，1994年12月，除大茅隧道外全部完工通车，1995年12月，大茅隧道完工，全线通车。

（2）左幅扩建阶段（1997—2001年）

东段一级公路通车后，大大缩短了沿海东部城市间的通行时间，但因其单幅双向通行，所以交通事故频发。为完善升级东段一级公路，海南省政府决定再次自筹资金，对东段高速公路（左幅）进行扩建，即在已建半幅（右幅）的基础上修建左幅。扩建工程分三期修建，历时5年，总投资17.99亿元。

①1997年1月—1998年3月，扩建第一期工程为起点府城（起点桩号K0+000）经定安至琼海互通立交段（终点桩号K85+500），采用的路面结构为"4cm AC-16 + 5cmAC-25Ⅰ + 6cm AC-25Ⅱ"沥青混凝土面层，32cm 水稳基层和16cm 级配碎石底基层，长86.148km；

②1998年6月—2000年1月，扩建第二期工程为琼海立交（起点桩号K86+000）经万宁止于陵水大桥南端（终点桩号K198+656），采用的路面结构为"4cm AC-16 + 5cm AC-25Ⅰ + 6cm AC-25Ⅱ"沥青混凝土面层，32cm 水稳基层和16cm 级配碎石底基层，长108.337km；

③1999年9月—2001年2月，扩建第三期工程为陵水大桥南端（起点桩号K198+656）至三亚田独（终点桩号K256+010），采用的路面结构为24cm 水泥混凝土面层，15cm 水稳基层和18cm 级配碎石底基层，全长57.354km。

2. 海南环岛高速公路（西段）

1）概述

海南省环岛西段高速公路是海南省西部沟通海口和三亚两大城市的交通主干线，也是全省"三纵四横"干线公路网中的主骨架公路，被列为全省交通运输发展"九五"计划和

2010年远景规划的重点建设项目。

西段高速公路起点位于澄迈白莲立交,终点位于三亚,全长324.4km,跨越文澜江、北门江、春江、珠碧江、昌化江、北黎河、感恩河、望楼河、宁远河等主要河流水系;穿越青岭等山脉,全线有大桥5712.36m/23座,中桥2511.91m/47座,小桥7313m/417座,涵洞627道,互通式立体交叉21处,分离式立体交叉及天桥144座,通道282道,隧道1140m/1道。

西段高速公路起点澄迈白莲立交

2)建设情况

初建阶段(1995—1999年)

西段高速公路始建于1995年,分三段分期建设,1999年建成通车,总投资38亿元(含续建工程),造价1171万元/km,采用双向四车道高速公路标准建设,路基宽24.5m,设计速度100km/h,路面结构采用沥青混凝土路面,设计使用年限15年。

①1995年11月—1997年3月,新建海口至洋浦段(K0+000~K89+363),路面结构采用"4cm AC-16+6cm AC-20+8cm AC-25"的沥青混凝土面层,32cm水稳基层和16cm级配碎石底基层,全长89.363km,审核决算7.14亿元;

②1997年10月—1999年9月,新建洋浦至九所段(K89+363~K282+586),其中洋浦至八所段于1997年10月6日开工,八所至尖峰段于1998年5月28日开工,尖峰至九所段于1998年1月6日开工,路面结构采用"4cm AC-16+6cm AC-20+8cm AC-25"的沥青混凝土面层,30cm水稳基层和20cm级配碎石底基层,全长193.223km,审核决算22.68亿元;

③1997年1月—1998年1月,新建九所至三亚段(K282+586~K342+786),路面结构采用"4cm AC-16+6cm AC-20+8cm AC-25"的沥青混凝土面层,30cm水稳基层和20cm级配碎石底基层,全长60.2km,审核决算5.74亿元;

④1998年4月—1999年9月,新建右幅青岭隧道(K303+000~K304+700),路面结

构采用"4cm AC-16+6cm AC-20+8cm AC-25"的沥青混凝土面层,30cm水稳基层和20cm级配碎石底基层,全长1.7km,审核决算4457.04万元。

3.海口绕城高速公路段

1)概述

该项目的建设,使海南省国道223线和225线与同江至三亚国道主干线接通并网,实现了海南省环岛高速公路的完整闭合,并将作为海口交通主枢纽,实现该地区公路、铁路、港口、机场四种运输方式的有效中转,减少海口城市人流、物流的过境交通压力。

2)建设情况

(1)初建阶段(2005—2008年)

海口绕城高速公路起点为白莲立交,终点为美兰机场立交,全长34.4km,按六车道高速公路标准规划、四车道高速公路标准建设,东西走向,设计速度100km/h,路基宽34.5m,路面宽23.5m。2005年11月开工建设,2008年8月完工通车,项目总投资约10.14亿元(3500万元/km)。

(2)改扩建阶段(2017—2018年)

G98海南环岛高速公路白莲至龙桥段及S82联络线改扩建工程项目起点位于澄迈县白莲镇,即G98环岛高速公路白莲互通,沿原路改扩建,经白莲镇、老城镇、石山镇、永兴镇、龙桥镇和灵山镇,终点位于海口市美兰区灵山镇琼秀村,即原海口绕城高速公路机场互通,路线全长32.69km(路线桩号范围为:G98环岛高速公路K587+460~K612+900和S82联络线K0+000~K7+250)。

改扩建工程的建设内容有:将原10.5m中央分隔带改建为2个行车道和3m宽的中央分隔带,并对原4个行车道、集散车道、部分互通匝道、被交道路面进行改造,完善全线交通安全设施,增设道路照明系统、监控系统及其他服务设施等。改扩建设计标准采用双向六车道高速公路,设计速度120km/h,路基宽35m,沥青混凝土路面。

项目总投资约5.6261亿元,造价为1721万元/km。项目采用设计施工总承包的模式,设计施工总承包单位为中国公路工程咨询集团有限公司。项目于2017年1月开工建设,计划2018年5月完工。截至2017年4月底,项目累计完成投资1.3395亿元,占总投资的23.81%;2017年完成投资1.3395亿元,占年度计划投资4.5亿元的29.77%。

4.三亚绕城高速公路段

1)概述

三亚绕城高速公路起点位于三亚市田独镇,东接东段高速公路,终点位于红土村,西连西段高速公路,线路全长30.46km,双向四车道高速公路,设计速度100km/h,路基宽26m。

2）建设情况

2008年3月开工建设,2012年1月完工通车,总投资约18.0亿元,造价为5909万元/km。路线把亚龙湾、三亚火车站、凤凰国际机场、天涯海角、南山寺等市内主要交通枢纽和景区连成一体。

（二）中线高速公路

1. 海屯高速公路

1）概述

海屯高速公路是海南省"田字形"主骨架高速公路网中线高速公路的重要组成部分,它的建成将极大地促进海南省"三纵一横"高速公路交通体系。作为海南中部地区与省内外联系的极为重要通道,将成为海南交通发展史上的重要里程碑,对推动国际旅游岛建设具有重要意义。海口至屯昌至琼中至乐东高速公路编号为S15。海屯高速公路起点位于海口市丘海立交,终点位于屯昌县城西北加丁村东侧,全长67.42km。双向四车道,设计速度100km/h,路基宽度26m。

2）建设情况

海口至屯昌高速公路于2009年8月开工建设,2012年12月竣工通车,路面结构采用"4cm AC-13SBS+6cm AC-20+8cm AC-25"沥青混凝土面层,36cm水泥稳定碎石基层和20cm级配碎石底基层。项目总投资约23.4亿元,造价为3470万元/km。

2. 屯琼高速公路

1）概述

屯琼高速公路起于屯昌县城以西的加丁水库附近,与海屯高速公路终点相接,终于琼中县城附近,与中线高速公路后段琼中至五指山至乐东高速公路连接,全长46.03km,采用四车道高速公路标准建设,设计速度100km/h,路基宽度26m。

2）建设情况

屯昌至琼中高速公路于2012年5月开工建设,2015年6月建成通车,路面结构采用"4cm SMA沥青玛蹄脂碎石混合料上面层+6cm AC-20+8cm AC-25"的沥青混凝土面层,40cm水泥稳定碎石基层和20cm级配碎石底基层。总投资约32.3亿元,造价为7017万元/km。

3. 琼乐高速公路

1）概述

琼中至乐东高速公路路自琼中县营根镇附近,顺接已建G9811海口至琼中高速公路,经五指山市红毛镇、什运镇、毛阳镇,乐东县万冲镇、三平镇、抱由镇、千家镇、抱仑农场、乐光农场,终点位于乐东县利国镇附近,与 G98 环岛西段高速公路交叉,全长 128.93km。同步建设五指山连接线 17.92km,加钗连接线 3.84km,乐东连接线 2.7km。

主线在加钗、红毛、毛阳、番阳、什运、五指山、万冲、三平、乐东、长茅、千家、石门、赤塘等 13 处设置互通式立交,五指山连接线设置毛道和牙日两处简易互通式立交。主线共设置特大桥 3 座、大桥 82 座、中桥 15 座、隧道 4 座、分离立交桥 2 处、通道 57 道、天桥 14 座、涵洞 145 道、服务区 2 处、停车区 3 处。五指山连接线设置大桥 24 座、中桥 3 座、涵洞 19 道、隧道 1 座、分离式立交桥 1 处、通道 7 道。加钗连接线设置涵洞 14 道、平面交叉 1 处。乐东连接线设置中桥 2 座、涵洞 5 道、平面交叉 1 处。主线采用双向四车道高速公路标准建设,设计速度 100km/h,路基宽度 26m。五指山连接线采用双向四车道一级公路标准建设,设计速度 80km/h,路基宽度 24.5m。加钗连接线采用二级公路标准建设,设计速度 40km/h(特别困难路段 30km/h),路基宽度 8.5m。乐东连接线采用双向四车道一级公路标准建设,设计速度 80km/h,路基宽度 24.5m。

项目总投资约 116 亿元,造价为 8992 万元/km,建安费约 87 亿元。

2012 年 5 月 18 日,海南省发展和改革委员会批复该项目琼中至五指山段和五指山至三亚段立项(琼发改审批〔2012〕824 号和琼发改审批〔2012〕826 号)。2015 年 5 月 5 日,国家发展和改革委员会批复该项目可研报告(发改基础〔2015〕950 号)。2015 年 6 月 24 日,交通运输部批复该项目初步设计(交公路函〔2015〕463 号)。2015 年 8 月 13 日,海南省交通运输厅分别批复该项目琼中至五指山段、五指山至乐东段土建工程施工图设计(琼交运函〔2015〕1069 号、琼交运函〔2015〕1071 号)。2016 年 11 月 3 日,海南省交通运输厅分别批复该项目琼中至五指山段、五指山至乐东段路面及附属工程施工图设计(琼交运函〔2016〕1311 号、琼交运函〔2016〕1310 号)。

2)建设情况

项目已于 2016 年 3 月开工建设,预计 2019 年建成通车,采用沥青混凝土路面结构。琼中全五指山段(81km),采用"代建+监理一体化"建设管理模式,中标单位是中国公路工程咨询集团有限公司;五指山至乐东至段(长 72km),采用改进传统监理建设管理模式,中标单位是深圳高速工程顾问有限公司。

截至 2017 年 4 月底,项目累计完成投资 63.7362 亿元,占总投资的 54.81%;2017 年完成投资 8.0351 亿元,占年度计划投资 25 亿元的 32.14%。

琼乐高速公路是迄今为止海南单条投资规模最大、建设里程最长、施工难度最大、管理模式最新的高速公路。此外,该高速公路全程将布设高清监控系统,实现高速公路网管理的信息化、智能化。琼乐高速公路建成后,将与中线海口至屯昌至琼中高速公路一起形成一条纵贯中部、连通南北的快速交通大通道,极大提高中、南部地区的路网水平,改善中、南部地区交通条件,对促进海南经济社会发展和沿线市县旅游资源开发具有十分重要的意义。

（三）横线万宁至洋浦高速公路

1.概述

横线万宁至儋州至洋浦高速公路是海南"田字形"高速公路网主骨架的重要组成部分,拟纳入国家高速公路网调整规划,是贯穿海南东西向,连接环岛高速公路、中线高速公路的横向骨架。万宁至儋州至洋浦高速公路编号拟为S16,是列入《国家公路网规划（2013—2030年）》的国家高速公路网项目。

万宁至洋浦高速公路起自万宁市后安镇,接已建的环岛高速公路东段,经万宁市后安镇、乐来、北大镇、东岭农场、琼海市东平农场、阳江镇、会山镇、东太农场、琼中县中平镇、屯昌县乌坡镇、琼中县湾岭镇、黎母山镇、乌石农场、大丰农场、阳江农场、儋州市兰洋镇、那大镇、西庆农场、大成镇、王五镇,止于儋州市白马井镇,接已建的环岛高速公路西段和洋浦大桥南连接线,全长163.036km。同步建设儋州互通式立交连接线1.82km,改移省道S315线1.52km。

主线在后安、乐来、东岭、会山、东太、乌坡、岭门、湾岭、新进、黎母山、阳江、松涛、兰洋、儋州南、儋州、西庆、西华等17处设置互通式立交,改造白马井1处互通式立交,预留王五1处互通式立交。主线共设置特大桥1座、大桥64座、中桥7座、隧道3座、分离式立交桥16处、通道138道、天桥28座、涵洞230道、服务区3处、养护工区3处、停车区1处、监控分中心3处。主线采用双向四车道高速公路标准建设,设计速度100km/h,路基宽度26m。儋州互通式立交连接线采用一级公路标准建设,改移省道S315线采用二级公路标准建设。路面结构采用"4cm SMA-13 SBS改性沥青玛蹄脂碎石混合料上面层+6cm AC-20C SBS改性沥青混凝土中面层+8cm AC-25C沥青混凝土下面层"的沥青混凝土面层,40cm水泥稳定碎石基层和20cm级配碎石底基层。

项目总投资约123.23亿元,造价为7546万元/km,建安费约88亿元。

2012年5月18日,海南省发展和改革委员会批复该项目万宁至琼中段和琼中至白马井段立项（琼发改审批〔2012〕824号、琼发改审批〔2012〕827号）。2015年11月14日,国家发展和改革委员会批复该项目可研报告（发改基础〔2015〕2711号）。2016年6月21日,交通运输部批复该项目初步设计（交公路函〔2016〕358号）。2016年9月8日,海南省交通运输厅分别批复该项目第1代建合同段、第2代建合同段、第3代建合同段主体工程施工图设计（琼交运函〔2016〕1049号、琼交运函〔2016〕1051号、琼交运函〔2016〕1050号）。

2. 建设情况

项目已经开工建设,预计2020年3月建成通车。项目分为3个代建标段,其中K0+000~K44+947段共44.947km为代建一标段,由海南公路工程有限公司负责实施;K44+947~K107+299段共62.352km为代建二标段,由中交第一公路勘察设计研究院有限公司负责实施;K107+299~K163+635.127段共56.225km为代建三标段,由中交公路规划设计院有限公司负责实施。

截至2016年底,项目累计完成投资36.2224亿元,占总投资的29.39%;2017年完成投资5.7343亿元,占年度计划投资35.0000亿元的16.38%。

(四)海文琼高速公路

1. 海口至文昌高速公路

1)概述

海口至文昌高速公路(省道路线编号S11),是海南省东北部最重要的交通走廊,也是海南省交通运输"十五"计划和2015年远景规划中的"三纵四横"干线公路网中的主干线公路。海文高速公路海口连接线起点位于海口市琼州大桥东桥头,终点接桂林洋互通立交,海文高速公路起点位于桂林洋互通,终点位于文昌市坑尾村,途经海口的灵山、演丰、罗牛山、三江、大致坡和文昌的东路、潭牛、文城等乡镇,全长51.666km。

2)建设情况(1997—2005年)

海口至文昌高速公路根据资金情况,按照"轻重缓急"的原则,按"主线"和"海口连接线"分别建设,主线又根据资金安排分二期建设。1997年1月正式开工建设,2002年9月28日主线建成通车,2005年3月海文高速公路海口连接线建成通车,至此全线贯通。全线采用双向四车道高速公路标准建设,设计速度100km/h,采用水泥混凝土路面结构。

(1)1997年1月—2002年2月,新建海口至文昌高速公路主线三江至文昌段(K23+800~K59+665)。1994年1月和7月经当时的海南省计划厅批准立项和工可,1997年1月正式动工,因项目建设资金严重不足及工程进度缓慢等原因,于1998年初停建,1999年10月海南省交通厅成立了海文高速公路工程建设指挥部,全面负责项目的续建组织实施,于2000年3月复工,2002年2月竣工试通车。路面结构采用"24cm水泥混凝土面层+20cm水泥稳定碎石基层+20cm级配碎石底基层",全长35.865km。

(2)2000年10月—2002年9月,新建海口至文昌高速公路主线桂林洋至三江段(K7+999.6~K23+800)。桂林洋至三江段于2000年10月复工,2002年9月竣工通车,经海南省交通工程质量监督站鉴定为优良工程,2003年7月由海南省交通厅会同海南省发改厅、建设厅、国土厅等部门组成的交工验收委员会对项目进行验收,同意质量鉴定意见,同意竣工验收。路面结构采用"24cm水泥混凝土面层+20cm水泥稳定碎石基层+20cm级配碎石底基层",全长15.8km。海文高速公路主线全线通车后,工程结算经海南佳衡工程造价咨询有限公司审核,工程竣工决算经海南省咨询投资公司审核,并经海南省发展与改革厅琼发改交能函〔2007〕82号文批复同意,决算总造价为8.64亿元(1690万元/km)。

(3)2002年9月—2005年3月,新建海文高速公路海口连接线,起点位于海口市琼州大桥东桥头(桩号为K2+000),终点位于桂林洋互通立交(桩号为K9+414),全长7.7km,分三期建设,第一期起讫桩号为K2+000~K8+720.106,第二期起讫桩号为K8+720.106~K9+414(桂林洋分离立交段),第三期为桂林洋互通立交匝道工程。该工程于2002年9月16日开工建设,道路工程于2003年4月22日建成通车,桂林洋立交匝道工程于2005年3月31日完工。路基宽度为24.5m,路面结构采用"24cm水泥混凝土面层+20cm水泥稳定碎石基层+20cm级配碎石底基层"。海文高速公路海口连接线,工程竣工决算经海南省咨询投资公司及海南省审计厅审核,并经海南省发展与改革厅琼发改审批函〔2008〕1199号文批复同意,决算总造价为1.05亿元。

2. 文昌至琼海高速公路

1) 概述

文昌至琼海高速公路起点位于文昌市文城镇迎宾路,顺接海文高速公路,经文城镇、会文镇、重兴镇、长坡镇、塔洋镇、嘉积镇、潭门镇、中原镇等,终点位于琼海市中原镇黄思村附近(与G98黄岛高速公路交叉),顺接在建博鳌机场出口路,全长约65.81km。

主线在南阳、会文、长坡、龙湾、英城、迈号、冯家湾、嘉积、乐城、清澜、万泉等11处设置互通式立交。主线共设置特大桥2座、大桥12座、中桥17座、短隧道1座、分离立交桥3处、通道53道、天桥44座、涵洞85道、服务区1处、停车区3处、养护工区2处、治超站1处、监控分中心1处。主线采用双向四车道高速公路标准建设,设计速度100km/h,路基宽度26m。

项目总投资约45.83亿元,造价为6990万元/km,建安费约29亿元。

2012年8月24日,海南省发展和改革委员会批复该项目立项(琼发改审批〔2012〕1544号)。2015年12月9日,国家发展和改革委员会批复该项目可研报告(发改基础〔2015〕2890号)。2016年4月26日,交通运输部批复该项目初步设计(交公路函〔2016〕214号)。2016年5月19日,海南省交通运输厅批复该项目主体工程施工图设计(琼交运函〔2016〕514号)。

2) 建设情况

该项目建设工期为3年,已于2016年11月开工建设,预计2019年11月完工。项目采用代建制,代建单位为中铁第四勘察设计院集团有限公司。文昌至琼海高速公路建成后,原来的80min车程将减少为30min,极大方便了沿途百姓的交通出行。

截至 2017 年 4 月底,项目累计完成投资 18.9809 亿元,占总投资的 41.42%;2017 年完成投资 2.8014 亿元,占年度计划投资 12.0000 亿元的 23.34%。

三、"田字形"高速公路与主要机场、港口及经济开发区的衔接(G98 环岛高速公路)

1. G98 龙桥互通至美兰机场至 G9812 演丰互通连接线

随着海口市经济快速发展,城市范围逐渐向东西两翼扩展。目前美兰机场至文昌铺前至清澜滨海旅游公路正在建设,届时文昌铺前、海口市桂林洋所形成的区域将成为新的城市发展区。

该连接线全长约 21km,其中龙桥互通至美兰机场段为省高速公路,双向四车道,预留六车道,长 8km;美兰机场至 G9812 演丰互通为待建路段,长 13km。

主要控制点有:龙桥互通、南渡江大桥、美兰机场互通、美兰机场、演丰互通(未建)。

海南环岛高速公路 G98 龙桥立交桥互通至美兰机场至 G9812 演丰互通

2. G98 博鳌机场互通至博鳌连接线

博鳌机场位于 G98 中原互通和机场互通西侧,博鳌机场是海南省规划的重要机场,主要服务于博鳌亚洲论坛。博鳌镇是博鳌亚洲论坛的永久会址,博鳌亚洲论坛对增强亚洲与世界其他地区的对话与经济联系具有重要的作用,是海南省乃至全国对外宣传平等、互惠、合作和共赢的重要窗口,其影响力极大。

该连接线起点接博鳌机场枢纽互通(G98 与 G9812 相交枢纽互通),经博鳌机场、G98 中原互通,终点接博鳌亚洲论坛会址。全长约 16.7km,其中博鳌机场枢纽互通至中原互通路段,拟建为一级公路,长约 5.7km;中原互通至博鳌亚洲论坛会址路段现状为二级公路,长约 11km。

主要控制点有:博鳌机场枢纽互通、博鳌机场、中原互通、博鳌跨海大桥、博鳌亚洲论坛会址。

3. G98 八所互通至八所港连接线

该连接线主要服务于八所港,八所港属国家一类开放口岸,是环北部湾经济圈主要的贸易港口,目前 G98 八所互通出口路虽可达八所港,但经过东方市区路段交通拥堵。连接线起点接现有的 G98 八所互通,终点接八所港,全长约 12km,为新建公路,拟按一级公路标准建设。

主要控制点有:八所互通、八所港。

4. G98 邦溪互通至昌江核电站连接线

该连接线主要服务于昌江核电站,海南昌江核电站是海南历史上投资大、技术先进、工艺环保的能源建设项目。连接线起点接现有的 G98 邦溪互通,终点接昌江核电站,全长约 18km,现状为二级公路,拟按一级公路标准建设。

主要控制点有:邦溪互通、昌江核电站。

5. G98 白马井互通至洋浦经济开发区连接线

洋浦经济开发区是 1992 年 3 月经国务院批准设立的国家级经济开发区,洋浦保税港区是我国继上海洋山保税港区、天津东疆保税港区和大连大窑湾保税港区之后,设立的第四个保税港区,也是我国在华南地区设立的首个保税港区。洋浦保税港区是我国以石油、化工产品为主的区域性航运和物流中心,是我国面向东盟的"窗口"。

该连接线起点接白马井互通(G98 与 G9811 相交枢纽互通),经洋浦跨海大桥,终点接洋浦经济开发区。全长约 12km,其中白马井互通至洋浦跨海大桥段已改建为一级公路,双向六车道,长 8.7km。新建洋浦跨海大桥即将通车,全长约 3.3km,双向六车道。

主要控制点有:白马井互通、白马井镇、洋浦跨海大桥、洋浦经济开发区。

6. G98 石牌互通至洋浦经济开发区连接线

该连接线主要服务于洋浦开发区北部片区及洋浦港后水湾港区,连接线起点接规划的石牌互通,经光村镇、峨蔓镇、三都镇,终点接洋浦经济开发区,全长约 39km,拟按一级公路标准建设。

主要控制点有:石牌互通、光村镇、峨蔓镇、三都镇、洋浦经济开发区。

7. G98 大丰互通至马村港连接线

马村港为海口港的子港,海口港为海南省主要大型港口,是海南省客货运输的重要港口。

该连接线起点接大丰互通,终点接马村港,全长约 5.4km,现状为二级公路。

主要控制点有:大丰互通、马村港。

海南环岛高速公路 G98 大丰互通至马村港连接线

8. G9811 海口至乐东中线高速公路

G9811 番阳互通至五指山市连接线。五指山市、保亭县是三亚周边地区重要旅游景区,五指山市有军用机场,G9811 在番阳镇附近设置番阳互通连接五指山市。该连接线按一级公路标准待建,设计速度60km/h,双向四车道,路线全长25km。

主要控制点有:番阳互通、五指山市。

9. G9813 万宁至洋浦横线高速公路

G9813 王五互通至儋州机场连接线。该连接线主要服务于规划中的儋州机场,儋州为海南省西部最大城市。该连接线起点接 G9813 王五互通,终点接规划中的儋州机场,全长约13km,拟建为一级公路。

主要控制点有:王五互通、儋州机场。

海南"田字形"高速公路网跨越式规划,与铁路、机场、港口实现互联互通,对海南经济社会发展具有重大意义。

第四节 交通主骨架助力海南发展梦

海南省"田字形"高速公路路网主骨架规划建设里程为1162km,全部为国家高速公路,截至2015年底,海南省已建成高速公路803km,在建项目里程359km。回顾海南省高速公路建设的发展历程和成就,海南交通人无不骄傲和自豪。

一、1988—1999 年:十一载实现环岛高速公路全线贯通

1999 年9月26日上午,在海南省副省长吴昌元的指令下,环岛高速公路(西段)洋浦

至乐东县九所段正式通车,这标志着海南环岛高速公路613km全线贯通(含海口、三亚连接线共65km),海南成为全国第一个高速公路环岛的省份。同时,标志着以环岛高速公路为主动脉,以"三纵四横"为主骨架覆盖全省的公路网络已经形成。

当时的海南环岛高速公路,分为东段高速公路和西段高速公路。东段高速公路起始于海口市琼山区府城镇,经定安、琼海、万宁、陵水抵三亚,全长268km(含海口连接线31km)。其右幅于1988年上半年开工建设,1995年12月27日建成通车,总投资22亿元;其左幅扩建工程于1997年1月起分段实施,海口至三亚段共计投资15亿元,其中于1998年4月府城至琼海段89km竣工通车,2001年1月25日琼海至陵水段105km建成通车,2001年3月陵水至三亚段建成通车。东段高速公路开通后,海口至三亚的行车里程由6~7小时缩短为3小时。

环岛西段高速公路贯穿澄迈、临高、儋州、洋浦、白沙、昌江、东方、乐东等市县,全长345km(含三亚连接线34km),于1995年11月29日开工建设,1999年9月26日建成通车。其中:海口至洋浦段91km,于1997年3月交付使用,总投资7.8亿元;九所至三亚段61km,1998年3月交付使用,总投资5.5亿元;洋浦至九所段193km,于1999年9月26日建成通车,总投资19亿元。

从1988年开始建设至1999年全线贯通,海南环岛高速公路建设历经11年之久,总投资50亿元,凝聚着交通部、海南省委、省政府和海南广大公路建设者们的心血。

筹资困难,是当时高速公路建设所面临的突出问题。为破解资金巨额缺口矛盾,海南省交通部门把加快公路建设,作为一项事关全局的政治任务,除了自挖潜力,争取交通部的支持外,努力增加银行贷款,盘活现有公路等固定资产存量,加强交通规费征收,进行社会融资,扩大利用外资规模,合理有效调度资金和努力降低工程成本等,在加大投资方面作出了卓有成效的成绩。尤其是在1992年底,海南环岛高速公路(东段)建设资金"山重水尽疑无路"的关键时刻,海南省委、省政府决定实行基础设施建设股份制改革,于1993年4月17日召开新闻发布会,宣布成立"海南高速公路股份有限公司",实行社会定向募集股本,之后在短短3个月时间内,股金到位14.65亿元,一举解决了工程资金困难问题。

质量是公路工程的生命。高速公路建设期间,交通部门不断完善三级质量体系,提出了"不合格工程是浪费工程、犯罪工程""百年大计,质量第一"等理念,凡在工程质量中出现的问题,都要毫不手软地查处,决不姑息迁就。

此外,面对造价低、工期短等情况,加强公路建设市场监管,严格工程招投标制度,按照公路建设市场管理的有关规定实行基本建设"四项制度",以达到规范市场行为,控制工程造价,提高工程质量,提高建设效益的目的。

二、2000—2015 年：十五年新增高速公路 255km

2000—2015 年的 15 年间，海南高速公路新增 255km，其中海文高速公路 51.66km、海口绕城高速公路一期 34.4km、三亚绕城高速公路 30.46km、海屯高速公路 68.28km、屯琼高速公路 46km、三亚东联络线 6.98km、三亚西联络线 2.48km、海口联络线 5.6km、美兰机场联络线 9.58km。

1. 2000—2002 年：海文高速公路建成通车

2002 年 9 月 28 日上午，文昌市干部群众盼了 9 年的海文高速公路正式通车。时任全国人大常委会委员阮崇武，海南省政协主席陈玉益，海南省委常委、海南省副省长吴昌元，海南省政协副主席洪寿祥，老干部姚文绪等为海文高速公路通车剪彩。

海文高速公路是海南省公路主干线的重要组成部分，是海南东北部地区的重要交通走廊，也是海南省"九五"跨"十五"期间的交通重点建设项目，贯穿琼山（后并入海口市，为海口市琼山区）、文昌两市，起点位于琼山桂林洋，经琼山的灵山、美兰、三江、大致坡和文昌的东路、潭牛、文城等乡镇，终点位于文昌英城，全长 51.66km，全线双向四车道，全封闭全立交，设计速度 100km/h，项目总投资达 7 亿多元。这条路的建成通车，极大改善了沿线地区的交通和投资环境，进一步提高其交通综合能力，促进工、农、商、贸、旅游和城镇建设等多项事业的发展，为进一步开发建设琼山、文昌两个著名侨乡奠定重要的交通条件。

海文高速公路于 1993 年由海南泛华公司筹建，1994 年立项，由于种种原因，1994—1997 年间曾 3 次开工、3 次停工，后由海南省政府收回建设业主权，海文高速公路的建设才重新启动。该公路在建设过程中，得到了海南省各有关部门、农业银行海南省分行和财政部驻海南专员办的大力支持。

海文高速公路分两期施工，一期工程为三江至文昌段，长 35.86km，于 2000 年 3 月 28 日开工，2002 年 2 月 10 日试通车；二期工程为桂林洋至三江段，长 15.8km，2001 年 10 月动工，2002 年 9 月 28 日建成通车。

2. 2005—2008 年：海口绕城高速公路一期工程建成通车

海口绕城高速公路项目分为一期工程和二期工程。一期工程于 2005 年 10 月 21 日动工建设，于 2008 年 8 月 6 日通车。

海口绕城高速公路是海南省环岛高速公路最北边闭合段及国家同江至三亚国道主干线的重要组成部分。该项目的建设，使海南省国道 223 线和 225 线与国家同江至三亚国道主干线接通并网，实现了海南省环岛高速公路的完整闭合；并将作为海口交通主枢纽，实现该地区公路、铁路、港口、机场四种运输方式的有效中转，减少海口城市人流、物流的过境交通压力。

海口绕城高速公路一期工程包括一期主线工程和疏港路工程。一期主线工程起点为澄迈县白莲镇(后合并为澄迈县老城镇),终点为美兰机场,全长34.4km,按六车道高速公路标准规划,近期按四车道高速公路标准建设,东西走向,设计速度120km/h;疏港路工程北起海口市南海大道与西环路交叉路口,南至海口绕城公路主线的石山互通,立交,全长6.03km,南北走向,采用二级公路技术标准,设计速度80km/h。二期工程为修建全长13.1km的美兰机场至海文高速路段。

海口绕城高速公路第一次让海口的城市路网形成了真正意义上的闭合,海口第一次有了"环"的概念。环线的形成,宛若城市成长的分水岭和年轮,在海口南部地区清晰地划出了"新区"与"闹市"的分水岭。

更为重要的是,在滨海、滨江组团有限的空间越发难以承受城市膨胀之重时,绕城高速公路勾勒出的广宽南部,成了海口未来发展可以倚重的新空间。从这个意义上讲,绕城高速公路,意味着城市今后发展的新方向和新天地,海口发展的重心,可随之发生新的转移。绕城高速公路给了海口最好的交通结构形式——作为仅有的两个为组团式结构布局的城市之一,在组团式结构的一侧添加这样一条高速公路,是目前国内最好的城市交通结构形式,将对海口的内内交通、内外交通、外外交通等方面的发展起到促进的作用。

3. 2008—2012年:三亚绕城高速公路建成通车

2012年1月18日,三亚绕城高速公路正式通车。该公路全长30.46km,总投资达22亿余元,于2008年3月28日正式动工。

三亚绕城高速公路是同三(黑龙江省同江市至海南省三亚市)国道主干线的重要组成部分,是国家"十一五"期间公路建设重点示范工程之一。公路起点位于三亚吉阳镇大茅村,东接环岛高速公路(东段),经荔枝沟农场、抱坡、保三等村,止于天涯镇红土村,西连环岛高速公路(西段)。

全线采用四车道高速公路标准建设,沥青混凝土路面。这个项目把亚龙湾、三亚火车站、凤凰国际机场、天涯海角、南山景区等三亚市内主要交通枢纽和景区连成一体。三亚绕城高速公路通车后,从三亚凤凰国际机场进入亚龙湾或海棠湾更加便捷,从海口到三亚的车辆前往天涯海角、南山等景区就不再需要通过三亚市区,而是实现高速公路直达。同时,从东段开往西段的车辆也不用再经过市区。三亚市区的交通压力将得到极大缓解。

三亚绕城高速公路的建成,将海南省环岛高速公路(东段、西段)有效连接成海南环岛高速公路圈,并与国道223、224、225线及建设中的中线高速公路连成一体,形成了快速的环岛高速公路网络,同时通过建设连接线实现了亚龙湾、天涯海角、南山等重要景区及三亚火车站、凤凰机场与三亚市城区交通快速转换,极大地提高了三亚市及周边地区路网的通行能力。

4.2010年:G98海南环岛高速公路正式命名

2010年8月1日,属国家高速公路网的海南省原东段高速公路、西段高速公路、海口绕城高速公路和三亚绕城高速公路统一命名为"G98海南环岛高速公路",起点位于龙桥枢纽立交,里程按顺时针方向进行累计,起点与终点重合,形成一个环形闭合圈,总里程612.804km。

这次重新命名编号的高速公路,有原环岛东段高速公路、环岛西段高速公路、海文高速公路、海口绕城高速公路、三亚绕城高速公路和海屯高速公路、正在建设中的中线高速公路海口至五指山至三亚以及规划中的万宁至儋州至洋浦高速公路。当时调整后,海南省只有一条国家高速公路,即G98海南环岛高速公路。2014年,原属省级高速公路的海文高速公路(S11)、海口至龙桥互通立交(S81)、龙桥互通立交至美兰机场(S82)、迎宾互通立交至三亚(S83)、海角互通立交至三亚(S84)、海屯高速公路、当时正在建设中的中线高速公路海口至五指山至三亚(S15)以及规划中的万宁至儋州至洋浦高速公路(S16)也全部列入国家高速公路网。

5.2009—2012年:海屯高速公路建成通车

海屯(海口至屯昌)高速公路于2009年8月17日在海南省屯昌县正式开工建设,于2012年12月29日建成通车,项目总投资约30亿元。

该项目将填补海南中部高速公路的空白,海南"田字形"主骨架高速公路网建设迈出重要一步。海口至屯昌高速公路线路全长68.23km,总投资约30亿元,资金分别由中央补助资金、省级配套和市县配套资金组成。沿线经过海口、澄迈、定安和屯昌等4个市县,项目建成后,海口至屯昌的行驶时间从原来的1.5小时左右缩短至40min左右。

海口至屯昌高速公路,是海南省"田字形"主骨架高速公路网中线高速公路的重要组成部分,建成后大幅度提高海南中部地区的路网水平,改善海南中部地区交通条件,进而增强海口中心城市对海南中部地区的经济辐射和带动作用,有力促进海南中部地区经济社会的发展和人民群众生活水平的提高。

6.2012—2015年:屯琼高速公路建成通车

屯琼(屯昌至琼中)高速公路2012年5月底开工,于2015年5月30日建成通车。

该公路也是海南"田字形"高速公路路网主骨架的重要组成部分,全长约46km,概算造价约34亿元,采用全封闭、全立交的四车道高速公路标准建设。

三、2016—2018年:"田字形"高速公路将全面完成

2015年5月31日、2015年11月18日,海南高速公路"田字形"架构中的最后三段琼

乐高速公路、文博高速公路、万洋高速公路陆续开工建设,标志着海南"田字形"高速公路全面完成。

琼中至五指山至乐东高速公路主线起点顺接中线高速公路屯昌至琼中段,经毛阳、万冲、抱由、千家,终点在乐东利国镇以东,与环岛西段高速公路相接,全长128.8km,总投资113.93亿元。该项目于2015年5月31日开工建设,预计于2018年建成通车。该项目建成后,车程将由原来的3小时左右缩短至1小时。

文昌至博鳌高速公路主线起点位于文昌市文城镇,顺接海文高速公路,途经文昌市文城镇、会文镇、重兴镇、琼海市长坡镇、塔洋镇、嘉积镇、中原镇,终点接G98东段高速公路,全长65.7km。项目概算总投资约47.2亿元(静态投资),其中建安费约30亿元。该项目于2015年11月18日开工建设,建设工期为3年。建成后,车程将由原来的80min缩短为30min,极大地方便了沿线百姓出行。

万宁至洋浦高速公路东接已建的环岛高速公路东段,西接已建的环岛高速公路西段,呈东西走向。起点位于万宁市后安镇,途经万宁、琼海、琼中、屯昌、儋州等5个市(县),是海南省公路骨架网中唯一一条横贯全岛、连接东西海岸的高速公路。主线全长约163.524km,项目概算投资为125.85亿元。该项目于2015年11月18日开工建设,建设工期为3年。该项目建成后,车程将由原来的3个多小时缩短至1.5小时左右。

2000年以来,海南高速公路不断延伸,海文高速公路、海口绕城高速公路、三亚绕城高速公路、海屯高速公路、屯琼高速公路先后建成通车,演奏着一曲曲助推海南国际旅游岛快速发展的交通乐章。

值得一提的是,海屯、屯琼高速公路开始向中部山区延伸,打通了中部地区的快速通道,告别了中部不通高速公路的历史。可以预见,穿越海南省中部的中、横线琼乐、文博、万洋3条高速公路建成后,海南省高速公路里程将达1162km,与现有的环岛高速公路构筑起"田字形"高速公路网,海南省高速公路主骨架的版图将重新改写,意味着"两小时交通生活圈"将形成,通行效率将大大提高,为海南跨越式发展提供强有力的交通运输保障。

多年来,海南高速公路建设凝聚着交通运输部和海南省委、省政府领导的巨大心血。

2001年5月15日—18日,时任交通部副部长张春贤到海南考察交通工作时提出,要用现代化的思想,用超前的理念,使交通运输适应经济发展的需要;要重视高速公路市县出口路建设,量力而行稳步改造,处理好地方积极性和眼前的实际问题;要在搞好交通基础设施建设的同时尽可能地保护好环境;要用提高科技含量的方法,提高工程质量,降低造价。

2014年4月,交通运输部部长杨传堂在海南调研时明确指出,要加快推进综合运输体系建设,统筹规划公路、水路、铁路、民航和邮政业发展,"田字形"高速公路项目是岛内交通主通道,要利用3～5年时间加快完善。

海南省委、省政府高度重视交通基础设施建设,要求加快海南交通基础设施建设,尤其是构建完善大交通运输体系,以支撑海南长远发展。时任海南省委书记罗保铭多次指出,基础设施完善之日,就是海南经济腾飞之时。

2015年以来,新一任海南省政府领导班子密集召开会议、开展调研、听取汇报,研究海南海、陆、空立体交通发展问题,指出重点交通项目建设,仍然是经济工作的重中之重。时任海南省委副书记、省长刘赐贵多次在不同场合提出,交通运输是重要的基础性、先导性和服务性产业,无论是建设海南经济特区、国际旅游岛建设还是旅游特区,构建陆海空综合运输体系是当前乃至"十三五"规划中的重中之重。要全面提升交通基础设施建设水平,加快构建"田字形"高速公路主骨架,建设陆、海、空互联互通、无缝衔接的立体交通体系。时任海南省委常委、常务副省长毛超峰指出,"田字形"高速公路主骨架在海南国民经济及社会发展中居于基础性、前瞻性、公益性、战略性的地位。

"十二五"期间,海南省交通运输厅及海南省发改委、国土等部门不懈努力和极力争取,海南"田字形"高速公路路网主骨架项目工可等17项审批,全部获得国家有关部委同意,尤其是2014年,"田字形"高速公路主骨架项目全部纳入国家高速公路网规划,这意味着未来几年,海南将获得国家50亿建设资金支持。

和着建设旅游特区的强劲节拍,海南交通人无怨无悔,主动作为,勇当服务海南经济社会发展的先行官,用实干之槌击响了"田字形"高速公路主骨架建设的战鼓,不断谱写新常态下加快海南交通运输发展的新篇章。

第五节　环岛高速公路代建制理念：
新政策、新举措、新思路

海南高速公路建设起步于我国第八个五年计划,第九个五年计划期间实现了环岛高速公路贯通,至"十二五"末期,海南公路通车总里程达26860km,其中,高速公路通车里程803km,国道1722km,省道1808km,县道2857km,乡道6330km,村道14117km,专用公路25km。截至2016年底,海南已建成以环岛高速公路为主动脉,国省道公路为主骨架,县乡村道支干相连,贯通东西南北,辐射全岛的公路网络格局。

"十三五"期间,海南省计划投资907亿元,规划建成"田字形"高速公路主骨架,建设环岛滨海旅游公路,提升县乡村道深入通达,形成辐射全岛的现代化公路网络体系。

海南高速公路建设取得成就的内在因素,是海南省委、省政府及其交通主管部门,不断围绕完善代建制,与时俱进地采取一系列的新思路、新政策、新举措的结果。

一、海南环岛高速路建设管理模式发展历程

海南省自 1994 年率先进行燃油附加费改革至今,全省所有公路不设卡收费,均为政府筹资建设的非经营性公路。为提高政府投资效益,保障工程质量,多年来海南省积极开展公路建设管理模式的探索和实践。2005 年以前,海南省公路建设规模较小、总量较少,建设模式基本采用自管的指挥部模式,由海南省交通厅成立项目指挥部负责建设管理。2005 年开始,根据国务院《关于投资体制改革的决定》(国发〔2004〕20 号)及海南省《关于规范政府投资项目管理的规定》《海南省政府投资项目代建制管理办法》的有关要求,海南省开展了公路建设管理体制改革,在全省范围内实施公路建设代建制的试点。海南省代建制发展大致分为三个阶段。

第一阶段:委托、下放代建(2005—2008 年)阶段。一是下放市县政府代建。如海口绕城高速公路、三亚绕城高速公路均由海口市、三亚市政府负责组织实施;二是委托专业公司代建。如环岛高速公路万宁至陵水段、海榆东线海口至陵水段等项目均由海南省交通运输厅委托具备公路设计、施工专业资质的单位实行项目建设管理,并在海南省对部分省县道实行分片区代建。

第二阶段:市场化代建(2008—2015 年)阶段。随着公路建设代建制改革的逐步推进,结合海南省没有专门建设管理单位的实际,为克服传统模式下"投资、建设、管理、使用"四位一体的弊端,解决政府管理既当"运动员"又当"裁判员"的问题,海南省交通运输厅负责组织实施的项目,基本通过代建制实行建设管理,基本通过公开招投标选取专业公司代建的方式组织实施。如铺前大桥、国道海榆东线改建工程、旅游公路等项目,均通过市场化招标引入大型企业实行专业化管理。

海南省交通运输厅代建制实施的主要步骤和方法:通过公开招标方式选取代建单位,再由代建单位进行施工(监理)招标工作和施工管理工作,并协助业主开展征地拆迁工作。在此期间,海南省交通运输厅还选取部分国道改建工程开展设计施工总承包试点。

第三阶段:建设管理模式和体制改革(2015 至今)。2014 年起,随着海南省公路建设规模的不断扩大和工程管理要求地不断提高,现有管理力量难以满足大规模建设任务需求,建设任务量与管理力量配置失衡的矛盾日益突出,海南省开始探索尝试并试行管理模式和体制改革。一是从 2015 年起,根据交通运输部《关于深化公路建设管理体制改革的若干意见》(交公路发〔2015〕54 号)和《公路建设项目代建管理办法》(交通运输部令 2015 年第 3 号)有关精神,经海南省委改革领导小组批复同意,海南省在高速公路和部分国省道重点项目全面推进深化代建制改革试点,推行"代建+监理"一体化改革,改变了传统公路建设管理模式。二是为进一步完善公路建设管理体制,2015 年 6 月,经海南省编办批复,成立海南省交通工程建设局,作为专门公路建设管理机构具体承担公路项目建设管理法人职责。

二、代建制改革试点情况

(一)以传统代建为基础,稳妥推进代建制多元化改革

2015年以来,海南公路建设进入新的大发展阶段,项目数量之多、规模之大、年度投资任务之重,前所未有。铺前大桥、中线琼中至乐东高速公路、横线万宁至洋浦高速公路、文昌至琼海高速公路等一批重大项目相继开工建设,国省道改造进程较以往明显加快。

为进一步深化代建制改革,海南省交通运输厅以传统代建为基础,率先在中线琼中至乐东高速公路、文昌昌洒至铺前滨海旅游公路开展了"代建+监理"一体化、改革传统监理制试点,随后,在横线万宁至洋浦高速公路、博鳌机场出口路、省道营南线改建等项目进一步推进"代建+监理"一体化改革试点。2015年至今,海南省实施代建制的项目22个,其中,实施传统代建的项目12个,实施"代建+监理"一体化的项目10个。

传统代建模式下,海南省对代建单位的资格要求一般为需具有公路行业(公路)专业甲级(或以上)设计资质或具有公路工程施工总承包一级或一级以上资质,招标控制价一般为预算批复的建设单位管理费的90%。"代建+监理"一体化模式下,海南省对代建单位的资格要求一般为同时具有工程设计公路行业(公路)专业甲级及以上和公路工程专业甲级监理资质,或同时具有公路工程施工总承包一级或一级以上资质和公路工程专业甲级监理资质,招标控制价一般为预算批复的建设单位管理费的90%加上预算批复的工程监理费的85%(含试验检测)或60%(不含试验检测)。

(二)引导监理企业转型发展,吸引监理企业参与工程代建

改革前,海南省交通运输厅对代建单位的资质要求是以设计、施工为主。2015年后,按照交通运输部深化建设管理体制改革会议关于引导监理企业转型发展的精神,海南省交通运输厅在部分项目引入监理企业参与项目代建,并结合监理企业本职特色,开展"代建+监理"一体化试点。如在省道营南线改建工程,为吸引监理企业参与项目代建,直接以公路工程专业甲级监理资质作为对投标人的资格要求。

(三)抓住质量控制的牛鼻子,发挥中心试验室独立检测的作用

海南省交通运输厅为牢牢抓住高速公路质量控制的牛鼻子,将监理工作中的试验检测剥离出来,由增设的中心试验室独立负责。中心试验室直接由业主招标,独立进行质量检测,质量数据直接对业主负责。目前,除个别小项目,因单独剥离试验检测工作的费用不足以成立中心试验室,其他在建项目,全部单独成立了中心试验室承担试验检测工作,

中心试验室费用从工程监理费中抽取,一般按20%~25%控制。抽检频率较原监理试验室高10%。

(四)实行代建目标考核,建立相关奖惩机制

海南省交通运输厅规定,由项目法人对代建项目实行目标管理,在招标文件中提出代建单位的投资目标、质量目标、工期目标、安全目标、环保目标等各项具体管理目标,并明确相应考核要求及奖惩办法。代建单位再根据与业主签订的合同目标,结合自身管理要求,分解细化到其与施工、监理签订的合同中。项目法人对代建单位的奖惩方案为:代建单位在全面完成合同约定的项目质量、安全、进度、造价、信用评价等方面的管理任务及目标后,如具备以下条件:①项目工期控制在计划工期内(不含不可抗力因素引起的工期延长)的;②交工评定合格且竣工验收综合评定得分大于90分的;③决算建安费控制在批复的预算建安费95%内,并有节余的(不含因甲方原因或建筑材料价差调整增加的建安费);④项目管理过程中,无重大安全责任事故的,项目法人将对代建单位给予奖励,奖励额度为代建管理服务费的30%,但不超过代建投资管理目标结余,具体额度以相关管理规定或海南省政府的批复为准。未完成合同约定的各项目标,或违反合同中有关约定,则依照合同进行相应处罚,其中,如交工验收不合格、竣工验收中工程质量评分未达到90分,将处以代建服务费5%的违约金。

(五)严格合同履约管理,强化事中事后监管

针对施工企业中标后人员变更多,分包市场不够规范的情况,一是通过强化合同履约,加强人员和设备履约情况检查。尤其是人员履约,在招标文件中明确了更换项目经理、项目总工的罚则(更换每人每次,罚款20万~50万元),并与企业年度信用评价考核挂钩,同时,实行手机APP人脸识别电子考勤,按月通报各关键岗位人员考勤统计情况,并将考勤结果计入企业年度信用评价。二是对个别合同执行差,项目经理管控不到位的项目,采取约谈项目经理、约谈企业法人、清退项目经理等方式,达到项目管理中责任压力的层层传导。三是在鼓励阳光分包的同时,严查违法分包。根据交通运输部《公路施工分包管理办法》,交通运输厅出台了《海南省公路工程施工分包管理办法实施细则》,明确了劳务合作、施工分包有关界定问题,规范了劳务合作、施工分包的合同范本;海南省交通工程建设局出台了《工程资金监督管理规定(试行)》,明确要求项目建设管理单位与其承包人、结算银行三方签订工程资金监督管理协议,并以资金流向为线索开展违法分包检查。

三、代建制及改革应用成效

进一步深化了四项基本制度。推行代建制符合海南省岛屿型经济下的小政府大社会

的管理需求。代建制的实施,进一步深化了法人责任制、招标投标制、合同管理制、工程监理制四项基本制度,有效激发了市场活力,提高了行政效率,减少了行政成本,为加快海南省公路建设发展发挥了重要作用,在很大程度上缓解了海南省公路建设规模快速增长下管理人才紧缺、技术力量薄弱等问题。

一是在现有法人责任制基础上,通过合同,明确了代建单位是项目建设期的责任主体。二是通过充分市场竞争,公开招标选取代建单位,培育海南省建设管理市场。目前,海南省代建企业11家,其中央企5家,既丰富了海南省建设管理市场,也满足央企转型发展的需求。三是严格执行合同管理,明确约定合同双方权责利和相应奖惩机制,并通过督促合同执行落实项目建设管理各项目标任务,保证管理效果。四是在贯彻落实工程监理制基础上,逐渐改变监理独立第三方定位,引导监理企业向咨询服务发展,监理服务受项目业主委托开展,监理企业根据合同开展监理工程,并对项目业主负责。

充分发挥了"代建+监理"的集约式管理效果。一是管理构架上有机整合了代建、监理,明确了管理界面,调整了工作机制,避免了原有模式下管理部门重复设置和管理职能交叉。如琼中至乐东高速公路琼中至五指山段实行"代建+监理"一体化模式,代建单位管理构架见下图。在下图架构中,总监理工程师被列为代建指挥部负责人之一,总监办由传统的独立监理机构变为代建指挥部职能部门之一,日常现场管理由代建指挥部分部负责(分部设主任和驻地监理工程师两名负责人),各职能部门按照分工履行各自的管理职责,同时对分部工作给予支持和指导。通过这种整合的管理架构,使传统的代建、监理机

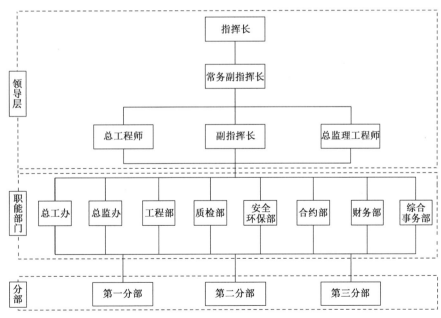

代建单位管理构架示意图

构实质性融为一体。相对传统模式,在新模式下,监理人员同指挥部其他管理人员一样,能够直接领会指挥部的管理思路,各管理层级之间能够进行有效沟通,监理人员在现场管理中也能够得到更有力的支持(技术上或管理手段上),另外通过指挥部内部对监理人员与其他管理人员进行相同的严格考核,从而使监理人员更好地发挥监理管理职能,将各项管理要求执行、落实更加彻底,从而有效发挥了整个机构的集约式管理效果。

二是管理程序上减少了传统模式中诸多不必要的上报、反馈等环节,也避免了传统模式部分职责重叠及由此衍生的责任推诿等问题,各项管理程序更加简洁、顺畅,提高了工作效率。以琼中至乐东高速公路琼中至五指山段为例,代建指挥部结合建设管理模式特点明确了代建、监理工作程序,并及时向内部、外部(其他参建单位)进行广泛讲解、交底,加强和统一各参建单位及人员对新模式的理解和认识,保障了"代建+监理"一体化的管理程序的顺畅、高效执行。

三是管理目标上统一、有力的管理模式有利于管理思路与要求的落实,有利于工程质量、安全、进度、投资等管理目标的实现。如:业主对代建单位提出了明确的投资控制目标,新模式下代建单位从设计图纸审查、施工合同条款敲定、现场变更管理、计量与支付等各个环节都有足够的把控及管理力度,来确保有力地贯彻总目标,实现项目的投资控制目标。同时,"代建+监理"一体化模式比传统模式更能发挥集约管理效果,并具体反映到工程的质量目标管理成效上。通过分别选取琼中至乐东高速公路不同管理模式的两个代建段(琼中至五指山段:"代建+监理"一体化模式;五指山至乐东段:传统代建模式)、10个代建管理项目(4个"代建+监理"一体化模式,6个传统代建模式)的质量抽检数据进行分析对比可以发现,"代建+监理"一体化模式下,项目的质量抽检数据明显优于传统模式,质量目标管控效果更好。

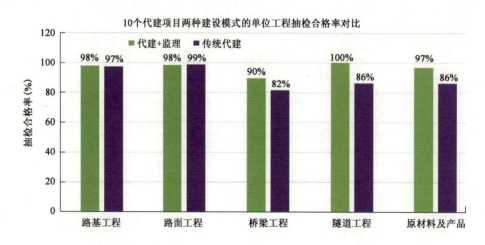

代建项目抽检合格率对比(数据来源于海南省质监局)

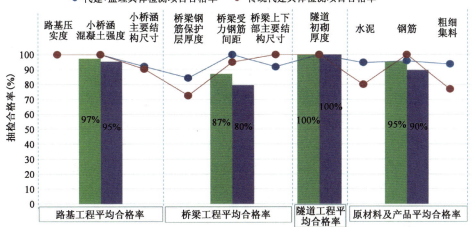

代建项目抽检结果对比(数据来源于海南省质监局)

四是管理费用上,"代建+监理"一体化模式在一定程度上通过监理费弥补了原有代建管理费的不足,有利于代建市场的健康发展。海南省代建管理费一般以预算批复的建设单位管理费的90%作为招标控制价,而《公路工程基本建设项目概预算编制办法》中的建设单位管理费取费较低,代建单位亏损风险大,对代建市场健康发展十分不利。如:一个建筑安装工程费为30亿元的高速公路项目,建设工期3年,建设单位管理费为2343万元,工程监理费为6000万元。代建比监理介入早,退场晚,各类协调、管理事务较监理复杂,履约保函成本也比监理高很多,因此,代建综合管理运营成本比纯监理(不含试验检测)高。"代建+监理"一体化后,一方面工程监理费能一定程度上弥补代建管理费的不足,另一方面代建单位可以通过优化部门设置、集约资源使用,来减少项目管理成本。

实行代建制以来,除个别因政策性因素造成的投资超概算外,海南省公路项目投资控制良好,98%以上的项目决算总投资未超过预算总投资,90%以上的项目决算建安费未超过预算建安费。同时,根据海南省质监局2005年以来历年质量分析报告,海南省公路质量状况近年来得到了稳步提升。路基工程抽检合格率"十一五"期为95.8%、"十二五"期为96.8%;路面工程抽检合格率"十一五"期为96.5%、"十二五"期为97%;桥梁工程抽检合格率"十一五"期为84.1%、"十二五"期为90%;隧道工程抽检合格率"十一五"期为96.7%、"十二五"期为99.1%;安全设施工程抽检合格率"十一五"期为94.9%、"十二五"期为95.5%;原材料及产品抽检合格率"十一五"期为95.4%、"十二五"期为96.3%。

进一步加强了质量管控。一是结合海南省公路代建制改革,引入独立第三方中心试验室,将监理和检测职能相对分离。检测工作具有一定的独立性,克服了以往存在的监理企业数据造假,难以反映真实质量状况等问题,使试验检测数据真正发挥工程评价和保障工程质量的作用。在新模式下,代建、监理单位侧重于事前、事中质量控制,检测单位则侧重于事后质量验证,共同控制工程质量。经抽查验证,中心试验室检测数据与质监局的抽检数据基本吻合。二是结合质量数据研判工程质量形势,层层传导质量管控压力。交通运输厅、质监局分别从行业监管和质量监督角度,通过质量抽检数据对质量形势进行统计分析和总体把握;业主在受海南省交通运输厅、质量监督局的质量监管同时,主要依托中心试验室独立的检测数据,更细致、更全面地加强对代建单位质量目标管理成效的考核,促使代建单位加强对施工质量的事前事中控制;代建单位按照与业主约定的质量目标开展质量管理工作,强化对施工单位的管理,及时解决质量数据反映的质量问题。此外,海南省交通运输厅通过定期召开质量形势分析会、中心试验室主任会议、项目经理会议、总监理工程师会议,及时总结分析各项目的质量通病和存在问题,及时研判工程建设管理形势,将责任和压力直接传导至各项目关键人,确保各项质量管控措施持续、有效到位。

四、代建制探索:永远在路上

(一)代建服务取费偏低

因2007版定额中对公路代建服务取费没有列项,海南省代建服务取费是参照预算批复的建设单位管理费下浮来确定。而《公路工程基本建设项目概算预算编制办法》中的建设单位管理费主要适用于传统指挥部模式,代建模式在人员、税费、履约保函、风险防范等方面的成本远远大于指挥部模式,在无节余分成或目标奖励的情况下,代建服务取费偏低。

(二)代建制的激励机制问题

在目前管理制度下,顶层设计缺乏明确激励机制(如节余分成等),海南省代建制推行过程中就因奖励机制缺少明确政策依据屡屡受阻(主要是财政、审计方面存在困难),实施操作难度大。

(三)代建信用体系和招标投标问题

一是代建单位和代建管理人员尚未纳入公路建设市场信用体系,相关信用评价标准尚未出台,信用评价结果在项目招投标中的应用机制未建立;二是《公路建设项目代建管理办法》中对代建单位的资质无明确要求,具体招投标活动中相关资质要求的确定缺少制度依据;三是代建单位招标范本、代建合同范本均未出台,不利于整个代建市场的规范管理。

(四)代建履约担保问题

代建单位担保额度在交通运输部《公路建设项目代建管理办法》中未予明确,海南省在具体实施过程中,根据《海南省政府投资项目代建制管理办法》有关要求,并结合财务对资金安全保障的意见,要求代建单位按代建工程总费用(含代建工程建安费)的10%递交履约保函。而施工单位也需递交相应建安费10%的履约保函,该部分工程费用履约保函存在重复缴纳的现象,且目前的公路项目受征地滞后影响突出,代建周期往往被大大拉长,代建单位履约保函费用占代建管理成本比例过大。

(五)廉政风险传递问题

实施代建制后,项目法人将权力大部分推向了市场,由代建单位从项目前期开始介入,自主开展施工、监理等招标工作,并围绕资金、质量、进度、安全等目标实行合同管理,直至项目竣工,代建管理范围基本囊括了建设全过程,廉政风险从项目法人传递给了代建、施工单位等市场主体。防范代建、施工单位的廉政问题直接关系工程项目的顺利实施。

修编《公路工程概算预算编制办法》。对采用代建模式的项目,建议增加代建服务费项目,其费用应结合其所从事的工作任务测算,不应低于纯监理管理费(不含试验检测)。同时在预算中可适当降低建设单位管理费。

健全代建激励机制配套制度。节余分成等激励制度可弥补代建管理取费偏低的状况,有利于提高代建单位积极性,提高资金使用效率,合理节省投资。建议从部层面出台代建利益分享、激励等配套制度,推动各地代建激励措施有理有据实施,保障代建市场健康有序发展。

完善代建信用体系建设和招投标有关要求。为加强对代建市场的管理,建议一是尽快出台代建单位和代建管理人员信用评价规则,并将信用评价结果应用于代建招投标活动;二是分类明确对代建单位的资质要求;三是出台公路工程标准代建招标文件和合同范本。

规范对代建单位的履约担保要求。建议修订《公路建设项目代建管理办法》,并明确代建单位履约担保范围及额度,减少施工、代建重复缴纳建安费履约担保,减轻代建单位履约保函支出成本,降低企业负担,同时通过制度加强对代建单位的资金监管,确保资金安全。

研究防范廉政风险传递引发的系统问题。实施代建制,项目法人将权力下放给代建单位,转移了项目法人的大部分廉政风险。在当前代建市场培育不够完善、代建从业人员良莠不齐、代建制廉政风险防控体系不够健全的情况下,海南省主要通过选取企业管理制度规范、内控制度完善的央企承担大型和重点项目的代建管理任务,来防范廉政风险传递引发的系统问题。同时,在合同条款中明确廉政目标,并要求代建单位结合项目实际建立廉政风险防控体系,以有效解决廉政风险传递问题。为引导全国代建市场健康发展,建议交通运输部出台政策,加强对代建模式下廉政风险传递的管控,提出有效的防控措施。

第六节 海南环岛高速公路:"绿色通道"的美称

自2005年以来,海南省认真贯彻落实国家有关鲜活农产品运输绿色通道优惠政策,为确保蔬菜、水果等鲜活农产品运输畅通,降低流通成本,保障"菜篮子工程"的实施和价格的稳定做出了应有的贡献。

一、高速公路"绿色通道"发展情况

"绿色通道"的全称是鲜活农产品公路运输"绿色通道"。最初是1995年国务院纠风办、交通部、公安部为落实国务院提出的"菜篮子工程",保障城市蔬菜供给而提出并组织建设的。主要内容为:在收费站设立专用通道口,对整车合法运输鲜活农产品车辆给予"不扣车、不卸载、不罚款"和减免通行费的优惠政策,保证运输车辆快捷、低成本运行,以促进鲜活农产品的流通。

自2005年开始,在全国建立布局"五纵二横"的"绿色通道"网络。绿色通道网络路线走向:一纵为银川至昆明;二纵为呼和浩特至南宁;三纵为北京至海口;四纵为哈尔滨至海口;五纵为上海至海口;一横为连云港至乌鲁木齐;二横为上海至拉萨。2010年12月1日起,国家绿色通道政策从"五纵二横"国道主干线扩大到全国所有收费公路。享受"绿色通道"政策的鲜活农产品的品种,目前主要包括新鲜蔬菜、水果、鲜活水产品,活的畜禽,新鲜的肉、蛋、奶,马铃薯、甘薯、鲜玉米、鲜花生等。

海南环岛高速公路"绿色通道"

二、高速公路的发展情况

海南省高速公路建设于1993年起步,先后建成了东段、西段高速公路和海文高速公

路、三亚和海口绕城高速公路,海口至屯昌、琼中高速公路,截至2010年底,高速公路通车里程达660km。"十二五"末期,海南省高速公路通车里程达803km以上,全省基本形成以"田字形"高速公路为主动脉,以"三纵四横"国省干线为主骨架,县乡村道支干相连,贯通东西南北、辐射全岛的公路路网格局。

自2005年以来,海南省按照国家七部委印发的《全国高效率鲜活农产品流通"绿色通道"建设实施方案》(交公路发〔2005〕20号)要求和交通运输部的有关规定,结合海南四面环海的地理特点、无收费站卡和农产品种植布局、集散地的实际情况,建设了以东西两线环岛高速公路为主动脉和国省干线为骨架的道路运输"绿色通道"。目前,海南省鲜活农产品运输绿色通道开通的里程为2200.8km(其中高速公路1160km,G223海榆东线319.1km,G224海榆中线296km,G225海榆西线425.7km)。

三、海南省车辆通行附加费历史

海南省实行车辆通行附加费体制改革,成为第一个通过征收车辆通行附加费而取消所有公路收费站的省份。1994年1月1日起,作为经济特区,海南省开始实行39号政府令——《海南经济特区机动车燃油附加费征收管理办法》,该办法将原来的公路养路费、过路费、过桥费、交通运输管理费等四费合一,按燃油销售价的60%征收燃油附加费(现指车辆通行附加费),委托石油经营部门在零售时代征。2008年12月20日海南省经国务院特许,颁布施行了《海南省机动车辆通行附加费征收管理暂行办法》,以征收燃油附加费的模式并征车辆通行附加费。2011年1月1日正式实施《海南经济特区机动车辆通行附加费征收管理条例》。

外省是通过公路收费站收取车辆通行费,而海南省现行的车辆通行附加费,是由海南省交通规费征稽部门负责收取,现行的车辆通行附加费征收模式和征收标准:汽油车辆通行附加费采取在汽油批发环节中价外征收,每升0.9元,由石油经营企业在零售时代征;柴油车辆通行附加费采取对车辆征收,按核定计量征费吨位和征收标准征收,每吨每月210元,如按日缴纳则收取每吨每日10元。

目前,海南省实行的鲜活农产品运输绿色通道优惠政策,是对进出海南省的整车装载、无超载超限现象且证照齐全有效的鲜活农产品运输车辆,分别免征3天车辆通行附加费。

四、鲜活农产品预算农户绿色通道建设运行情况

(一)基本情况

2008年至2014年底,海南全省鲜活农产品出岛运输车辆共计182.59万台次,运输总

量达4477万t,通过国家"五纵二横"的"绿色通道"网络,运往全国50多个大中城市,有效地保障了内地在重大城市"菜篮子"的供应。鲜活农产品运输车辆通行附加费减免情况见表2-1。

鲜活农产品运输车辆通行附加费减免情况　　　　表2-1

年份(年)	减免车辆(台次)	减免金额(万元)
2008	201004	2539
2009	159252	2846
2010	246468	7108
2011	292326	9307
2012	307484	10381
2013	319988	11734
2014	295184	11253
总计	1821706	55168

自2008年1月26日起,交通运输部实施鲜活农产品运输车辆免征车辆通行费的优惠政策,对在绿色通道上行驶的整车合法装载的鲜活农产品运输车辆,一律免缴车辆通行费。2008年起至2014年底,海南省共计减免鲜活农产品运输车辆通行附加费5.5亿元。琼州海峡轮渡运输运价优惠情况为:对运输鲜活农产品进出岛的车辆,采取优惠琼州海峡轮渡运输政策措施。2008年起至2014年底,海南省共计优惠鲜活农产品出岛运输费1.79亿元。

(二)得力举措

1. 加强维护管理,确保网络畅通

一是加强公路养护。为了保证绿色通道网络的畅通,自2005年以来,海南全省投入大量资金对环岛高速公路进行了部分路段大修和路面维护。2010年投入5.69亿元重点对海南省西段高速公路进行全面大修,全长324.35km。二是设立绿色通道专用通道。在粤海铁路南港、海口秀英码头设立鲜活农产品运输绿色通道专用通道,并设立绿色通道工作站。三是在三亚市三条通道的入口,设置了"绿色通道"指路标识,在陆岛运输通道的海口港、粤海铁路南港,设置了指路标识、政策公示和专用道口指示牌,使通道达到路况良好、标志明显、安全畅通的要求。

2. 建立鲜活农产品运输车(证)标志制度

2010年,为了便于识别海南省运输鲜活农产品的车辆,海南省交通运输厅印发《海南鲜活农产品绿色通道运输证》,背面还附印全国"五纵二横"绿色通道线路网络图,出岛时免费发放给驾驶员或货主,既能够统一车辆标识、统一凭证、规范路径,又能方便沿途检查、提高通行效率。同年又印发了《海南鲜活农产品绿色通道冷藏集装箱运输证》,方便海上冷藏运输从目的港辐射到目的地。

3. 大力宣传"绿色通道"优惠政策

为宣传贯彻好落实鲜活农产品运输绿色通道优惠政策,海南省交通运输厅除了在海口港和粤海铁路南港公示国家以及海南省绿色通道优惠政策外,还将有关绿色通道优惠政策汇编成小册子,发给广大车主,同时,利用广播、电视、报纸、网络媒体等,进行广泛宣传,增强了广大从业人员依法装载、合法运营的意识,为绿色通道政策的实施营造了良好的社会氛围。

4. 开辟海上绿色通道

为满足鲜活产品出岛运输的需要和减少灾害天气对农产品运输造成的影响,海南省交通运输厅充分利用海运冷藏运价低、损耗少、抗自然灾害能力强的优势,引导和鼓励中海集装箱运输海南分公司、福建泉州安通物流海南分公司等企业,开展海上冷藏运输,从2009年11月开始逐步开通了海口至营口、海口至天津海上运输鲜活农产品冷藏集装箱航线。其中,中海集装箱运输海南分公司投入巨资购置5艘5万吨级冷藏船,从事海口至营口航线运输。

2011年初,全国各地遭遇低温冰冻天气,公路运输受阻,海南省紧急启动应对南方冰冻天气海上冷藏集装箱绿色通道运输预案,利用海上冷藏航线,将首批600t鲜活农产品运往天津港和营口港,保障了海南省鲜活农产品运输绿色通道的畅通。同年6月,海南省香蕉出现严重滞销情况,各大航运企业纷纷热烈响应号召,充分利用海上航线与冷藏集装箱的资源,共计抢运香蕉总重3.33万t,有效地保障了农民的切身利益。

5. 绿色通道检测工作进一步加强

根据海南省鲜活农产品出岛运输管理的实际情况,在海南省交通规费征稽局的积极配合下,加强和规范了鲜活农产品运输绿色通道检测工作,建立了车主自行申报、征稽机构形式检查、车主签名确认、事后核查的机制,有效地提高了琼州海峡轮渡鲜活农产品运输绿色通道的通行效率。

五、加快推进绿色通道政策落实和优化的措施方法

(一)实行减免鲜活农产品运输车辆通行附加费制度

2008年,为贯彻落实交通运输部《关于在春节前启动鲜活农产品运输应急机制的紧急通知》(交公路明电〔2008〕4号)和《关于延长鲜活农产品运输"绿色通道"应急机制时限的紧急通知》(交公路明电〔2008〕9号)精神,海南省交通运输厅发文通知有关单

位,要求对"五纵二横"绿色通道上行驶的整车合法装载的鲜活农产品运输车辆,一律免缴30%的燃油附加费。为使鲜活农产品快速进入市场保障供应,降低运输成本,根据交通运输部有关文件精神,海南省决定将运输鲜活农产品车辆的免缴30%车辆通行附加费期限延长到2008年底。根据2008年12月31日交通运输部《关于继续做好鲜活农产品运输"绿色通道"工作的通知》(交公路明电〔2008〕1231号)精神,结合海南省实际,海南省交通运输厅发出了《关于继续做好"绿色通道"整车合法装载鲜活农产品运输免征车辆通行附加费的通知》(琼交规财〔2009〕15号),对进出海南省的整车合法装载鲜活农产品运输车辆,实现暂免征2日车辆通行附加费的政策。从2010年2月起,海南省交通运输厅和海南省物价局联合下达《海南省交通运输厅 海南省物价局转发交通运输部国家发展改革委关于进一步完善和落实鲜活农产品运输绿色通道政策的通知》(琼交运管〔2010〕32号),对进出海南省的整车装载、无超限超载现象且证照齐全有效的鲜活农产运输车辆,由免征2天车辆通行附加费调整为3天,有效地降低了运输成本,进一步落实和优化了绿色通道政策。

(二)实行琼州海峡轮渡运输运价优惠政策

海南省对瓜果菜出岛,一直实行优惠运价政策,近年来进一步提高了优惠幅度。2008年,为降低鲜活农产品运输成本,经与广东省相关部门、港航企业协商同意,海南省发展与改革委员会和海南省交通运输厅联合发布《关于调整琼州海峡港口作业包干费和水路客运运价的通知》(琼发改价格〔2008〕667号),普通货物每计费吨调整为31元,瓜果菜运价每计费吨调整为28元,即瓜果菜每计费吨优惠3元,自2008年7月1日起执行。2010年,根据交通运输部、国家发改委、财政部联合下发了《关于进一步完善鲜活农产品运输绿色通道政策的紧急通知》(交公路发〔2010〕715号)的规定,海南省交通运输厅明确要求琼州海峡运输企业,要继续严格按照经海南省价格主管部门同意备案的运价标准收取瓜果菜运费,瓜果菜运价每吨28.5元,普通货物每吨32元,既瓜果菜每计费吨优惠3.5元;港口客滚作业包干费,按照海南省物价局《关于调整琼州海峡港口客滚作业收费标准的通知》(琼价审批〔2010〕338号)执行,即瓜果菜每吨4.5元,普通货物每吨5元。以上标准自2010年8月1日起执行。

(三)实行瓜果菜进岛车辆运费免收政策

为贯彻落实海南省政府关于运输瓜果菜进岛车辆免收琼州海峡轮渡运费的重要指示,平抑瓜果菜价格,保障人民基本生活稳定。海南省交通运输厅,省物价部门积极与广东省交通运输厅、物价部门进行协商,在琼粤两省海峡办、港航运输企业的支持配合下,对运输瓜果菜进岛的车辆,免收琼州海峡轮渡运输费和客滚港口作业包干费等费用。2011年4

月8日—10月8日,共组织办理运输瓜果菜进岛17.91万t,共减免费用610.85万元。

(四)改革创新鲜活农产品物流管理体制

为了提高鲜活农产品运输通行效率,保障绿色通道的畅通,实行道路、港口、机场"三优先"的绿色通道服务措施。对运输鲜活农产品出岛的车辆实行优先办理免收车辆通行附加费手续、优先办理轮渡手续、优先装船的"三优先"道路运输绿色通道措施;各港口对运输鲜活农产品的船舶实行优先安排靠泊、优先装卸、优先安排离岗的"三优先"港口绿色通道措施;各机场对鲜活农产品实行优先订舱、优先货检、优先配载的"三优先"空中绿色通道措施。

第七节 海南高速公路设计

一、海南高速公路规划理念之变

海南岛特殊的地理环境,决定了公路运输在岛内交通运输中的主力地位。改革开放以来,海南省公路交通基础设施建设成绩显著,特别是"十五"以来的几年时间里,路网水平明显提高。全省初步建立了以高速公路为主骨架,以国省道为干,以农村公路为支,以出口路、旅游路、国防路为补充的四通八达的公路交通网络体系,公路网的通行能力、服务水平、通达深度得到了进一步提高,对改善岛内投资环境,促进全省国民经济快速发展起到了至关重要的作用。

海南独特的旅游资源,可吸引大量的资金和海内外游客,有利于促进当地经济的快速增长,沿线经济的高速增长,必将激起对交通运输的急剧需求。随着海南东段高速公路、中线高速公路、西段高速公路、海口至文昌高速公路、海口绕城高速公路和三亚绕城高速公路的投入建设,海南省初步形成了以环岛高速公路为主骨架,以"三纵四横"国省道为主干线的公路网布局。

目前,海南"田字形"主骨架高速公路的中线琼中至五指山至乐东高速公路、横线万宁至儋州至洋浦高速公路、文昌至琼海高速公路等三条高速公路各项前期工作正在稳步推进当中。横线万宁至儋州至洋浦高速公路,是海南"田字形"高速公路网主骨架的重要组成部分,是贯穿海南东西向,连接环岛高速公路、中线高速公路的横向骨架。回顾海南省高速公路的设计、建设和施工过程,各有关单位其实都是在不断地学习新理念、新思想,并不断地在完善设计和施工理念的过程中,逐渐成熟和成长起来的,最终华美嬗变,化茧成蝶。

(一)总体设计理念

1.设计理念

2004年2月,在南京召开的全国公路勘察设计工作会议上,交通部副部长冯正霖提出了将"六个坚持,六个树立"公路勘察设计新理念作为理论核心,按照交通部公路勘察设计典型示范工程的原则和要求,在勘察设计中,突出"安全、耐久、节约、和谐"的设计理念。

2.设计原则

以精心设计、创作设计、打造精品工程为目标,总体设计在综合考虑项目建设规模、技术标准、使用功能的前提下,对路线的总体布局以及各专业设计配套协调进行研究,并遵循以下总体设计原则:

(1)坚持交通部公路勘察设计典型示范工程要求对安全性、服务社会、尊重地区特性、整体协调性和自然性原则。

(2)吸收成熟经验,在充分理解和把握项目特点的基础上,结合工可研究结论、专家评审意见、国家批复意见、项目建设环境与工程规模,对工可方案进行优化。

(3)路线设计,坚持"地质选线、地形选线、安全选线、环保选线",进行多方案比选。

(4)路基设计(特别是高边坡和不良地质路段)按照灵活自然、因地制宜、顺势而为的原则进行排水、防护等设计。路面设计注重地区气候、交通量等因素,针对海南气候特点,选择合理路面类型,同时针对不同路段交通量,进行分路段路面结构设计。

(5)合理确定城镇、现有公路、铁路、管道及河流等中间控制点的衔接位置,布设各种交叉方案,促进地方经济发展。高速公路沿线靠近城镇路段,合理确定与城镇的距离及衔接方式,与城镇规划协调统一。

(6)桥涵设计按照"技术先进、安全可靠、适用耐久、经济合理"的要求。对大型桥梁、深挖路基与隧道等重大工程技术方案进行比选论证。运用系统论方法,按全寿命周期成本的理念进行方案设计和优化。

(7)加强环境保护、水土保持和景观设计,坚持可持续发展,贯彻资源节约型社会的各项要求,落实最严格的耕地保护制度,节约利用土地资源。保护好人民群众生产生活条件和生存环境。公路景观以自然景观"露、透"为基本,辅以协调一致的绿化。

(8)倡导理念创新、科技创新,重视景观设计,丰富旅游元素,坚持人、车、路与自然环境和社会人文环境的和谐统一。

(9)按照交通运输部高速公路施工标准化、平安工地建设的要求,精细化设计,同时合理控制建设成本。

海南环岛高速公路桥梁建设施工现场

(二)设计理念转变

1. 海南高速公路建设初期道路各项水平较低

海南东段高速公路,是海南省第一条高速公路,始建于"七五"计划期,后并入 G98 环岛高速公路,先建成半幅高速公路双向通行,后由于交通事故频发,"八五"计划期间着手扩建全幅高速公路,于"九五"计划初期建成并通车。

G98 环岛高速公路即原东段高速公路、西段高速公路。建设时正处于海南建省初期,受资金短缺、建设水平、技术能力、建设理念等多种因素和历史条件的制约,建设的技术标准、耐久性能、防洪抗灾能力、服务水平等指标都相对较低,投资规模每千米 1000 万元左右,仅为国内同期平均水平的 40%。

2. 海南高速公路勘察设计过程中不断引入的创新理念

公路也是有生命的,创新设计便是赋予公路以生命,每一条公路都有其独特之处,可根据其特点进行创新设计,把创新的理念,容纳进海南省高速公路的规划设计当中,使海南高速公路的设计更具有人性化和生命力。

3. 引入竞争机制,高速公路设计理念的转变提升

回顾海南高速公路的设计和建设过程,走过了旧理念向新理念的转变。海南省在不断引进省外设计单位技术力量的同时,不断地学习新理念、新思想,并不断地完善提高海南高速公路的设计水平。

未来几年,海南省高速公路版图将在原有基础上不断完善、优化。穿越海南省中部的中、横线高速公路建成后,将与现有的环岛高速公路构筑起"田字形"高速公路网。

海南省的高速公路设计理念,在不断地完善过程中,学会了坚持以人为本,注重高速公路设计与景观相协调,车在景中走,人在画中游,保护生态环境和可持续发展。

(三)理念设计特色创新

1. 重视前期工程方案细化研究

在进行公路前期工作时,一般比较注重社会、经济、地理、地质、文化、环境、气候等综合分析,同时对路线方案的研究与考察,也当作一项重要工作对待。因为路线方案是决定公路与社会、环境相协调的重要因素,同时也是决定投资规模的首要因素。工程设计应灵活运用技术指标,减少公路用地,少占耕地,有效控制高填深挖、土石方数量及取弃土规模,坚持可持续发展的设计理念。

因此,在可行性研究阶段,进行了路线多方案比选,尽量做到不轻易放弃任何一条有价值的路线方案,并将各方案进行细化研究,从中选取最为适宜的路线。

譬如,中线高速公路海口至屯昌段的路线方案比选,主要考虑对海口石山火山群国家地质公园的影响,对原有海榆中线高速公路遗留部分路基的利用程度,以及南渡江桥位选择各方面因素进行综合比选。

工可推荐方案 A 线技术指标高,总体上是合理的,经过现场踏勘、调查和研究,在初步设计阶段,对路线与绕城高速公路交叉段及路线跨越南渡江段进行了方案比选。因在同三国道主干线海口绕城高速公路实施过程中,在距工可 A 线偏东约 267m 处为海南省中线海口至屯昌高速公路预留的互通立交跨线桥,为了利用同三国道主干线海口绕城高速公路已建成的预留互通跨线桥,初步设计阶段对工可推荐方案 AK0+000~AK11+524.12 段进行了优化调整,工可方案此段范围的路线作为局部比选方案 F 线,以该段调整线及其余工可推荐线作为路线推荐方案 T 线。

与本项目工程可行性研究报告对照,发现工可推荐线 AK14+903~AK28+900 段线位,与原设计相应范围内的线位完全吻合,即利用原海榆中线高速公路遗留路基约 14km,为了避免重复建设,路线方案应尽可能利用遗留路基,减少征地、拆迁。

为了充分比较跨南渡江的线位方案,在对应 TK26+770.99~TK36+902.08 段范围内设计 G 比较线作为桥位的比选方案。

考虑到路线通过海口石山火山群国家地质公园,对绕越地质公园的工可比较线 E 线进行优化调整。

2. 基于不良地质,创造性地提出地质勘察、地基处治及路基修筑技术

在海南省中线高速公路海口至屯昌段穿越火山岩熔空洞地区,地质条件十分复杂,勘察设计难度大,在海南及国内少有工程借鉴经验。设计单位创造性提出了火山岩熔地质综合物探法,基于项目承担的交通运输部科技项目"海南火山岩熔空洞地区公路路基修筑技术研究",顺利通过交通运输部组织的鉴定验收,研究成果填补了国内外在该研究领

域的空白,总体研究水平达到国际先进水平,其中火山岩熔空洞的稳定性评价技术达到国际领先水平。首次编制了海南省火山岩熔空洞区划图,提出不同阶段基于地质雷达法的综合物探法,提出火山岩熔空洞地基处治及路基修筑技术。本项目经过火山岩熔空洞地区路段的勘察设计技术及施工方法具有创新性、可靠性、合理性,为本项目火山岩熔地质路基病害处治提供了技术支撑,节省工程投资3820万元,取得良好的经济效益和社会效益。

该设计技术将推广应用于海南拟建的新国道文昌至临高公路、琼北滨海旅游公路等项目,涉及火山岩熔地区里程150km,预计可产生直接经济效益2.6亿元。同时也为全国类似工程提供了有效技术指导和参考。

3. 结合沿线生态、人文环境,景观绿化设计展现海南国际旅游岛特色的"绿色、富氧"旅游元素

海南是全国乃至全世界著名的旅游省份。项目所在地区森林覆盖率高,空气清新,环境污染低,具有独特的火山地质风情。在海南省中线高速公路、横线万宁至洋浦高速公路的景观绿化设计中,以自然、和谐为主要目标,摒弃传统设计的枯燥感,实现公路与沿线自然景观无缝连接,给驾驶员、旅客带来一次愉悦的"路上旅行"。火山岩路段利用火山石进行路基填筑和防护,展现独特的自然人文风情;丘陵路段稍加梳理点缀,透出道路两侧开阔的视野;景观节点重点打造主题分明、独具特色的服务区、互通立交景观;与人口密集的村镇保持"安静"距离,避开矿区等环境敏感区。整个设计充分展现海南国际旅游岛的独特魅力,打造出一条"绿色、富氧"的宁静之路。

4. 针对高温、多雨、多台风气候特点,采用提高路基、路面稳定性及抗水损害的综合设计方法

海南所在地区属热带海洋气候,夏季高温多雨,秋季多台风暴雨,年平均气温约23.8℃,年平均降雨量约2200mm,热带低温气压和台风每年约20次。

改进碾压工艺,提高路基压实效果

针对这一气候特点和沿线土质情况，对高液限黏土采用改进的碾压工艺，提高路基压实效果；中央分隔带防渗土工布选用国内多种型号土工布进行试验对比，推荐最优类型材料；土路肩排水与路面排水相结合，兼顾排水、美观要求；对沥青、集料等材料提出严格标准，省内首次采用热喷SBS改性沥青碎石封层，防止早期水损害；对膨胀土边坡采用先进的柔性支护技术，经历暴雨季节考验无损毁，解决了海南膨胀土处治的技术难题。

5. 根据高速公路不设收费站的特点，设计经济实用的互通立交和功能完备的监控设施

海南高速公路无收费站，在全国是独一无二的。海南中线高速公路的海口至屯昌段互通立交布置，既结合路网现状与规划，充分考虑地方经济发展的需求，又严格控制互通间距，保证主线运营安全畅通。互通立交的选型充分考虑海南高速公路不设收费站的特点，选择造价省、占地少、运营安全、造型简洁美观的互通立交形式，节省了大量土地资源，也使交通转换更加便捷、顺畅。不设收费站给交通出行带来便利，但如果监控设施不完善，信息化程度不高，造成超载车辆、非机动车、牛羊牲畜等自由出入高速公路，会给高速公路运营带来极大的安全隐患。因此，在海南中线高速公路首次提出规划成立海南省交通运输信息中心，设计规划了完善的监控设施，增加监控覆盖程度。通过这一功能完备的监控系统，可及时获取交通量、交通事故、车辆故障、天气等信息，并可通过沿线可变信息板发布信息，便于驾驶员提前选择行车路线，为高速公路运营和管理提供了极大便利。

6. 贯彻"六个坚持、六个树立"勘察设计新理念，提升总体设计的合理性和完整性

贯彻落实交通运输部"六个坚持、六个树立"公路勘察设计新理念，进一步创新提升，灵活设计、创作设计，避免大填大挖，杜绝长大纵坡路线，路线尽量避开人口密集的村庄、城镇，减少穿越不良地质路段。路侧融入宽容性设计理念，尽可能采用浅碟形边沟和植草边坡，同时减少人工痕迹。采用全寿命周期成本理念进行路面结构设计，积极采用新技术、新工艺、新材料，并有较大创新。桥涵设计注重结构合理、工艺先进、施工方便。路线交叉充分考虑城镇规划、方便当地群众的生产、生活。提升总体设计的合理性和完整性，综合运用系统工程理论，统筹考虑各专业设计的协调性和统一性，达到技术与经济的良好结合。

7. 以保障安全、生态环保为目标，开展复杂地形、地质条件下的路线、路基设计

海南省高速公路沿线地形、地质条件复杂，生态环境较脆弱，主要特殊性岩土和不良地质灾害有膨胀性岩土、高液限黏土、软土、火山岩熔空洞、浅层滑坡等。勘察设计十分注重安全和生态环保。对于不良地质路段，尽量优化路线方案绕避通过；对于无法绕避需进行处治的，充分吸收国内外成熟经验，进行多方案比选，确保设计方案经济、合理、可靠。公路选线充分体现"地形、地质、生态选线"的原则，路线设计在满足规范标准的前提下，合理采用技术指标，优化平纵面线形组合，使路线顺畅、均衡，行车安全、舒适，同时使路线

尽量与地形相融合,做到"靠山不挖山",减少对自然生态环境的破坏,打造出一条公路与环境相融合的"生态"高速公路。

8. 海南高速公路建设艺术——桥梁与隧道新景观

海南高速公路桥梁在过去采用比较单一的装配式混凝土结构,比如预制混凝土空心板、预制混凝土T梁,其结构受力明确,质量好控制,施工周期短,节约投资,但是景观效果差。近年的高速公路桥梁,已经开始重视景观效果。

在海南省中线高速公路的控制性工程南渡江特大桥结合选线采用大半径曲线跨越南渡江,上部结构采用 35m×30m PC 组合箱梁,具有较好的抗扭刚度和竖向承载能力,同时具有分片化预制、架设方便、使用性能好的优点,便于标准化施工和质量控制,又满足桥梁美观要求。该桥抗震设防烈度为8度,采用了国内最新型减隔震支座和下部结构延性设计,提高抗震设防要求,确保桥梁使用安全。

海南高速公路的天桥,从初期的采用小跨预制混凝土结构,已经过渡到采用板拱等造型新颖、视线良好的结构。

随着海南高速公路的发展,隧道的建设也越来越多。原东段高速公路的牛岭隧道、西段高速公路的青岭隧道,洞口处理比较粗糙,未能与周边环境融合。后期建设的三亚绕城高速公路、屯昌至琼中高速公路,设计和建成了一定数量结构新颖、造型美观、与周围景观相协调的新型洞门结构及洞口景观设计。高速公路隧道洞口的开挖改变了周边的自然环境,洞门作为坡面的挡墙或突出的构筑物,对地区局部景观产生极大的影响。

9. 重视环境保护、景观设计的理念

以"高效、低碳、节能、环保、原生态"的设计理念对沿线景观资源进行利用和整合,构建路域生态景观,并突出体现当地古老悠久且独具特色的地域文化,使作为景点珠串的公路本身也成为一道亮丽风景线,成为展示自然资源与地域文化相结合的文化路、景观路。

在高速公路的设计和建设过程中,如何保护生态环境,少占用土地资源,严格控制工程造价,公路与景观相协调等,是高速公路设计必须解决的关键问题。

传统的公路设计理念没有重视环保问题,在建成的高速公路上,高填深挖现象随处可见,对自然环境肆意破坏,把大自然的优美景色破坏的体无完肤,高速公路在自然环境中是一条带状的庞然大物,高速公路的建成给沿线环境带来巨大的影响,环境一旦破坏将需很长时间恢复,有的则永远不能恢复。树立不破坏就是最大保护的理念,要做到不破坏环境去修建高速公路。

后期建设的海南省中线高速公路、文昌至琼海高速公路、横线高速公路,针对项目沿线的生态及人文特点,提出"人文景观生态路"的环境景观设计理念,以追求公路建设与生态环境保护协调发展为设计目标,对区域环境进行统筹规划,尽可能地保护自然生态环境,对遭到破坏的环境尽量予以修复,同时,展现地区自然和人文特色,营造舒适、愉悦的行车视觉景观。

设计从植物种植形式和行车时的视觉要求两方面考虑路侧绿化。结合周边自然生态环境较好的特点,全线路侧绿化考虑采用丛状自然式绿化,打破以往等间距行道树种植的枯燥感和城市化,使公路与周边环境协调融合,体现出"将道路轻轻放入环境中"的设计思想。路侧绿化结合"露、透、封、诱"的设计手法,进行逐段针对性设计。

10. 树立以人为本,宽容的设计理念

高速公路设计还需要有宽容的设计理念,应把安全放在第一位,在设计时要合理运用技术指标,改善长陡坡路段的设计增加路侧净宽区,长陡坡路段设置彩色防滑路面,提醒车辆减速。在陡坡路段两侧排植乔木,收缩驾驶员视线引导其减速,必要时设置避险车道。危险路段多设预警标志牌,这样可降低交通事故的概率,减少损失。

安全设施设计遵循"安全、环保、舒适、和谐""以人为本,安全至上"的设计理念,强调人的失误不应以生命为代价,同时安全设施应与周边环境相协调,成为美化公路路容的重要因素。因此,在对驾驶员及乘客的需求进行分析,了解车辆行驶特点,并充分调查及尊重本路及所在路网的道路条件、运营环境的基础上,依据预防→容错→防护设计原则,采用"灵活、宽容、创作"的设计手段进行安全设施设计。

在横线万宁至儋州至洋浦高速公路辐射范围内有多个旅游景区,设计拟在高速公路互通出口前设置景点提示,并在进入互通后设置最近 3 个景点的提示。所有标志采用中英文对照的版面布置,以满足建设国际旅游岛的要求,为海内外游客到海南西部旅游提供便利。设计中增加了服务设施,服务设施提供的"静态服务"与道路提供的"动态服务",共同构成了公路的综合服务体系。本项目配套设置一处旅游服务的明星窗口——大成处服务区,设置两处亲近自然的休闲场所——观景台,贴心周到的旅行指南——旅游标志,包括旅游标志设置,应急救援服务等。

11. 利用国内外先进成熟的勘察方法和手段,增强外业勘察的针对性和实效性

结合沿线地形地貌,在勘测中对控制网设计、平差原则及 GPS 选点等技术问题做了大量研究;通过 GPS 辅助数字摄影测量技术,取得高精度三维数字地形图和数字模型,运用纬地、EICAD 等先进道路设计软件进行设计。对沿线地形、地质复杂路段综合运用物探、钻探、挖探、野外测试、室内试验等勘察方法和手段,尤其对火山岩熔空洞不良地质,首次提出并采用综合物探方法,获得了翔实、可靠的勘察资料,为保证设计质量奠定了坚实的基础。

12. 以打造优质精品工程为目标,开展项目施工全过程全方位技术服务

设计单位高度重视设计后续服务工作,选派分管副院长、分管副总工程师、分项负责

人和专业负责人作为设计代表进驻施工现场,与建设、施工、监理密切配合,跟踪先进技术,收集施工情况,及时进行施工答疑,解决技术问题,确保工程进度,对特殊路基等合理采用动态设计,提高设计质量,打造优质精品工程。

(四)践行绿色交通,实施绿色公路

1. 推进绿色公路建设

实施绿色公路建设是公路行业不断提升发展理念的具体行动,是"六个坚持、六个树立"公路建设理念在新时期的拓展,是绿色循环低碳公路在新时期的继承。以海南中线高速公路为代表的公路勘察设计典型示范工程的实施,极大地提升了公路设计理念和设计水平,也是对这一指导方针的有力践行。

"十二五"时期以来,相继开展以集约、节约、循环、低碳为主题的绿色公路建设,对绿色公路的内涵、外延等进行不断探索和实践。在深入总结以往工作成果基础上,结合当前国家战略和绿色交通发展要求,海南"田字形"主骨架高速公路的中线琼中至五指山至乐东高速公路、横线万宁至儋州至洋浦高速公路、文昌至琼海高速公路等3条高速公路为海南省"十二五"重点建设项目,总里程358km。以工程质量、安全、耐久、服务为根本,坚持"两个统筹",把握"四大要素",以理念提升、创新引领、示范带动、制度完善为途径,推动公路建设发展的转型升级。中、横线高速公路建成后,将成为舞动在琼岛大地上的两条巨龙,使海南形成纵横交错的发达的高速公路网。

2. 落实绿色公路,加强生态保护,注重自然和谐

绿色公路是可持续发展的低碳环保公路。环境友好涉及的对象包括大气、水、声、生态等环境因素。修建公路不可避免要对原有生态系统产生影响,包括减少耕地面积、改变水系结构以及原生植被减损等。尊重自然、保护自然、恢复自然是绿色公路建设的重要目标。

基于保护生态环境、降低投资规模、带动地方经济发展等考虑,海南省对中线高速公路线位进行了调整,由原规划的海口至屯昌至琼中至五指山至保亭至三亚高速公路调整为海口至屯昌至琼中至五指山至乐东至三亚高速公路。该段原规划穿越五指山国家级自然保护区、七仙岭自然保护区,调整后避开了上述保护区,比原规划减少约21km,桥隧比降低约30%,少占地200多公顷(3000亩),投资减少约28亿元。

回顾高速公路的设计和建设过程中,海南高速公路的规划、设计、施工、建设者们,艰难地走过了由旧理念向新理念转变的历程。不断地学习新理念、新思想,并不断地完善设计,坚持以人为本,注重高速公路设计与景观相协调,车在景中走,人在画中游,保护生态环境和可持续发展,是设计工作者必须长期坚持的理念和原则。

只要本着一条建设和谐发展社会的理念去设计公路,方向肯定是正确的,海南高速公路规划设计及建设者们,一定会在实践过程中,不断提升、发现和创造更多的新理念,以适应未来海南高速公路的建设和需要。

海南高速公路规划设计理念之变,亦由此实现了化茧成蝶的完美转身。

二、海南环岛高速公路更名 G98、标牌标志更换背景

（一）更换背景：以人为本规范高效

道路交通标志、标线和信号等交通设施,是道路管理的重要基础设施,如何使标志、标线和信号设置满足新形势下的管理需求,如何完善标准体系,以及解决道路交通和城市建设迅速发展带来的新问题,推动道路交通标志标线和信号科学、合理、有效地设置,将极大提高道路交通管理水平和交通安全水平,确保道路交通安全、通畅、高效,同时更好地为地方经济发展、人民群众和驾乘人员服务好,是一个永恒的课题。

2004年12月,国务院常务会议审议通过了《国家高速公路网规划》。国家高速公路网简称为"7918网",由7条首都放射线、9条纵线、18条横线共34条主线以及5条地区环线、2条并行线、37条联络线组成。其中5条地区环线分别为：辽中、杭州湾、成渝、珠江三角洲、海南环线高速公路。

2007年3月,交通部决定在全国开展国家高速公路网路线命名和编号调整工作,本着统一规范国家高速公路网命名和编号、为公路使用者便利出行创造条件、提高国家高速公路的管理和服务水平的目的,2007年7月,交通部发布了《国家高速公路网命名和编号规则》。同年9月,交通部第30号公告发布了《国家高速公路网相关标志更换工作实施技术指南》。国家高速公路交通标志、命名及编号的适应性上升为衡量道路交通服务能力的重要问题,各省高速公路的编号、命名及交通标牌标志的更换就此提上了议程。

1. G98统一命名同意编号

海南省列入《国家高速公路网规划》的高速公路为5条地区环线之一的海南地区环线高速公路。根据《国家高速公路网命名和编号规则》规定,地区环线名称以地区名称命名,"海南地区环线高速公路"简称"海南环线高速",编号为G98。

海南环线高速公路包括原东段高速公路、三亚绕城高速公路、西段高速公路及海口绕城高速公路,统一命名前,高速公路交通标志进行过小范围或专项整改,但没有开展过全省范围内全面、系统性的大规模整改活动。各段高速公路分别命名,没有编号,原有高速公路的命名也缺少系统性和规范性,高速公路交通标志的更新与公路网络发展不同步,交通标志与相关交通管理服务信息不统一等问题,这都给公众出行造成了不便。

海南环线高速公路统一命名后,全岛高速公路网络初步形成,统一命名、统一编号,方便了人民群众的安全、便利出行。

2. 由东至西顺时运行

根据《国家高速公路网规划》,G98 海南环线高速公路主要控制点为海口、琼海、三亚、东方、海口。根据 2008 年 6 月交通运输部发布的《国家高速公路网里程桩号传递方案》,G15 沈海高速公路、G75 兰海高速公路进入琼粤界后路线终点为龙桥枢纽立交。按照《国家高速公路网相关标志更换工作实施技术指南》规定,列入国家高速公路的地区环线里程单独编排,路线起点里程为 0,里程按照顺时针方向进行累计。

因此,G98 海南环岛高速公路里程桩号传递方案为:G98 海南环线高速路线起点位于龙桥枢纽立交,起点桩号为 K0+000,里程按照顺时针方向进行累计,终点桩号为 K612+804(与起点闭合),总里程 612.804km,其中东段高速公路段长 235.839km,三亚绕城高速公路段长 30.460km,西段高速公路段长 321.691km,海口绕城高速公路段长 24.814km。

里程桩号传递方案符合《国家高速公路网相关标志更换工作实施技术指南》的要求,且因高速公路出口编号数值等于立交出口所在立交中心里程桩号的整数值,出口编号具有唯一性;美中不足的是西段高速公路段里程由南向北传递,与现有里程顺序相反,从使用习惯上需要一个转变过程。

交通标牌标志确保道路交通安全通畅

3. 信息准确科学统一

海南环线高速公路的命名编号及里程桩号传递方案的敲定,为全省高速公路标志标牌的全面、系统性的更换工作提供了基础,2009 年,海南省交通运输厅正式启动了海南环线高速公路标志标牌更换工作。

1）更换原则

高速公路标志标牌更换工作为改造工程，标志更换遵循原标志牌尽量原位利用、迁移利用、换膜等，以减少投资，节约成本和资金。

更换交通标志，旨在通过对驾驶员适时准确的诱导，充分发挥公路快速、舒适、安全的效能。更换的标志要通过适时、适量地提供交通信息，使驾驶员能够正确选择路线及方向，顺利、快捷、安全地到达目的地。同时，还通过禁令、警告、指示等标志保证必要的行车安全，使道路发挥最大的作用，因此，在标志的更换布设上遵循以下总体原则：

（1）全段各类型标志统一布局，并前后协调，形成整体系统；

（2）及时为驾驶员提供准确信息；

（3）重要信息要重复提示多级预告，但同时还应避免提供过多信息，分散驾驶员注意力；

（4）设置必要的禁令、警告、指示标志，保证行车安全。

2）更换内容

结合以上总体布设原则，海南省首先对G98已建和在建的高速公路路段进行了梳理，内容包括起讫点、重复路段、桩号、长短链等，以明确G98交通标志更换工作的范围。

梳理之后进行了与现状相关的基础图纸及技术资料的调查和收集，包括交通标志设计的竣工图、由于各种原因进行标志改造的竣工图、公路沿线交通标志的设置照片和录像资料，通过照片和录像资料与设计、改造等相关竣工图纸相对照，确认图纸内容是否与现状相符合。相对于1999版的《道路交通标志和标线》设计规范，本次统一和规范国家高速公路网的路线命名和编号后，为形成标识清晰，视认方便的高速公命名和编号体系，使交通标志的设置更加科学、规范、系统，更好地满足公路用户的出行需要，适应公路网络化的发展趋势，充分发挥公路网络的交通调节作用，标志更换主要包括：

（1）提出了国家高速公路的命名和编号标志，并将其应用到国家高速公路标志中。

（2）修改出口编号，并将高速公路出口编号的设置位置由指路标志的左下角移至右上角。

（3）增加了方向标志。

（4）将服务区、停车场预告标志中图案部分的颜色由绿底白图案更改为白底绿图案，同时对图案的形式进行了美化设计。

（5）将各类交通标志中的中、英文和阿拉伯数字的字体进行了调整。

（6）对公路命名、编号标志及出口编号标志中的有关文字高度做了调整。

（7）对分流、合流诱导标由指路标志调整为警告标志，版面颜色和图案相应调整。

（8）对结构设计采用的基本风速做了调整。

第二章
高速公路规划建设成果

针对国际旅游岛建设的需要,为了提升海南省旅游资源的整体水平,完善海南旅游区标志的服务功能,满足自驾车旅游和旅游车辆驾驶员识别通往旅游区的方向、距离和了解旅游景区特点的需求,海南省还结合海南景区的实际情况,特别制定了《公路旅游区标志设置规范》地方规范。为全岛旅游标识系统完整提供了基础。

国际旅游岛建设的服务对象也在 G98 环岛高速公路标志牌的更换设计中进行了充分的考虑,标志板面文字的选择上,均采用了中英文对照的布设方案,以利于国际游客的方便出行。

根据以上原则和布设要点,G98 海南环岛高速公路的标志标牌更换布设方案主要包括以下内容:

版面设计以驾驶员按计算行车速度行驶时能及时辨认标志内容为基本原则,版面布置应美观、醒目,并具有夜间反光的性能。标志中中英文对照充分征求了专家学者及国际友人的意见,尽可能反映原汁原味的海南特色;除警告、禁令、特殊位置视线诱导标志的颜色按照国标规定,旅游区标志采用棕底白字,旅游景区图案尽可能反映海南特色的符号,并与全岛旅游标志系统考虑;本路全线标志底板采用一级反光膜。标志出口编号按《国家高速公路网相关标志更换工作实施技术指南》统一编号;标志信息应标注当地业已习惯的、耳熟能详的道路名称。标明方向的地名选择时尽量选择沿道路前进方向的大地名,避免采用小地名。本设计中的预告标志中的有些地点名称均为暂定,经业主与相关管理部门协调后确定后再实施。具体的标志更换有:

(1)在互通立交出口前设置 2km、1km、500m 出口预告标志,并在出口处设置出口标志,出口匝道三角端处设置出口指示标志。

(2)在互通立交入口加速车道后适当位置,按设置限速、禁止长时间停车、下一出口、地点距离、系安全带等标志。

(3)在与高速公路连接的被交道路上设置高速公路入口预告标志。

(4)在互通立交连接线路口设置指路标志,被交路上设置限高及禁止拖拉机、摩托车和非机动车等通行的禁令标志,高速公路入口预告标志。

(5)入口匝道与主线相交的三角端处设置合流标志。

(6)由主线行驶到匝道时,在匝道起点位置设置限速标志。

(7)在平曲线半径小于或等于一般最小半径时,设置视线诱导标志。

海南环岛高速公路出口标志

(8)互通、特大桥前适当处设置了互通、桥名标志。

(二)规范设计人本至上

海南环岛高速公路的命名编号及里程桩号传递方案敲定后,在海南省交通运输厅的领导下,海南省公路勘察设计院开始了标志标牌更换设计研究。2009年,海南环岛高速公路(东段)标志标牌更换设计工作正式启动,历时一年的调查、设计,多次邀请国内专家讨论修编,于2010年5月完成海南环线高速公路标志标牌更换设计。项目设计总投资为9965万元,涉及内容主要包括各类标志牌新建、更换版面、更换反光膜及拆除旧标志牌,其中,各类标志牌新建7881块,各类标志牌拆除6539块,更换版面637块,更换反光膜3984.81 m^2。

交通标志更换工程施工分为4个合同段,其中东段高速公路K0+000~K236+839段为第1合同段,由江西赣东路桥建设集团承建;西段高速公路K266+299~K587+990段为第2合同段,由中咨华科交通建设技术有限公司承建;海口绕城高速公路K587+990~K612+804路段为第3合同段,由北京深华科交通工程有限公司承建;海文高速公路段为第4合同段,由天津市环路公路设施有限责任公司承建,项目完工时间为2011年3月。

(三)统一命名及标志标牌更换的意义

海南环岛高速公路(东段)更换标牌标志,统一命名统一编号,规范设计人本至上,由东至西顺势运营,科学统一信息准确,具体而言,具有重大的社会意义。

(1)有效实现了海南环岛高速公路里程连续性和系统性,服务质量由此提升。G98环岛高速公路标志标牌及命名编号的更换,里程桩号由东往西递增,新交通标志设置更加科学、规范,更易识别,各出口的交通标志牌均增加了互通立交的里程数。实现了G98环岛高速公路里程的连续性和系统性。

(2)体现了服务人民群众安全、高效、便捷出行的理念。交通标志的更换将进一步提高海南省高速公路的整体服务水平,提升海南省公路行业的形象。全面规范设置高速公路交通标志,能够更加方便社会公众识别,更加方便出行路线选择,避免出现走错路等现象,可以说,实施这项工作是"以人为本、以车为本"服务理念的体现,是顺应科学发展观,加快海南崛起,创造良好交通环境,服务于人民出行的实际行动。

(3)凸显了高速公路建设和交通先行的服务理念。随着海南省国际旅游岛建设的提速,来琼旅游的自驾车游客日渐增多,在高速公路沿线增设旅游景区、景点指示牌是此次路牌更换的一大亮点,增设旅游景区(点)路牌标志就是为了方便国内外自驾车游客顺利驾车到各旅游景点旅游观光,满足国际旅游岛建设的需要。

(4)更符合标准化国际化要求的需要,有效实现与国际接轨。为适应海南国际旅游岛建设的需要,此次更换的标志牌对照中文的英语翻译经过部属高校专业英语复核,英语的翻译更准确专业,更加人性化和国际化。而且所有标志牌都标注中英文,中英文标注更加符合国际化要求。

(5)有效实现了高速公路服务由单一向多元的转变。G98海南环线高速公路交通标志标牌的更换,是满足道路服务水平和交通功能的需要,此次标志牌要求质量标准更高,路牌更换均采用了新材料,高速公路全线标志底板全部采用一级反光膜(过去为二级反光膜),驾驶员夜晚行驶高速公路,可明显感觉到路牌反光度更强,方便驾驶员识别。钢构件全部通过热镀锌防腐处理,以适应海南的气候环境。

(6)充分满足高速公路管理网络化和信息化发展的需要。高速公路统一命名编号和标志的更换,是公路管理网络化和信息化发展的必然要求。目前,我国已经进入了高速公路的网络化和信息化发展新阶段,海南省高速公路网络已经形成,在高速公路逐步联网后,统一、规范、简明的命名编号,是引导公众出行的必要条件,同时,也是实现公路网信息化管理的基本要求,这样,就可以更加方便计算机信息系统的识别,更好地实现对公路网的数字化和信息化管理。

可以说,海南环岛高速公路统一命名编号和标志标牌的更换等工作,是海南省高速公路建设历史中具有重要里程碑意义的事件。海南省交通运输厅始终把它作为一项民心工程进行科学实施。从最终的实际运用的效果来看,它们都达到了预期效果,发挥出了重要作用,达到了最初的目标。海南高速公路的社会服务功能,就此迈上了更高的台阶。

更换新标志标牌

三、G98海南环岛高速公路起讫点612km标志设计揭秘

2010年8月1日,属国家高速公路网的海南省原东段高速公路、西段高速公路、海口绕城高速公路和三亚绕城高速公路统一命名为"G98海南环岛高速公路",起点位于海口

市龙桥至龙昆南枢纽立交,里程按顺时针方向进行累计,起点与终点重合,形成一个环形闭合圈,总里程612.804km。2010年,国高网交通标志改造工程实施后,海南省高速公路基本建立起了较为科学完整的指路标志体系。

但是,因各种因素导致,初步建成的指路标志体系,仍然存在一些不足,无法适应新形势发展,新的变化产生出的新需求,在畅通、分流、便捷、高效等方面尚有欠缺,在此形势下,重新对环岛高速公路进行统一命名,进行标志标牌的更换,该项工作已经迫在眉睫,意义十分重大。

导致标识标牌不统一的原因较多。由于建设工期不一,新建的龙昆南互通与原有的龙桥互通形成复合式互通并与原有指路体系不能实现过渡对接,导致指路体系不明确、不系统。主要体现海口绕城高速公路的龙昆南路出口信息提示不清,导致很多驾驶员不留意的情况下,就此错过出口处。从海口美兰机场走绕城高速公路,因交通指向不清,错过出口处而误入龙昆南延长线的入口,进入市区十分麻烦,抱怨颇多。

龙昆南至龙桥复合式互通建成后,形成了五条路六条分支在此交会的格局,而且该互通设置了集散车道。加之原指路标志体系未能全面、完整地标识龙昆南互通和龙桥互通之间的车道转换关系,特别是有些方向的车辆分流要经过集散车道进行转换,而且在关键车道分流点的出口指路信息以及方向信息和图形化的选取方面出现重大偏差,导致大量车辆无法在此快速分流。

为了给广大驾乘人员和游客提供优质、清晰、方便的指路信息服务,2013年,海南省交通运输厅决定,实施环岛高速公路交通标志补充完善工程,先期将对问题较为突出的G98环岛高速公路海口绕城段标志牌实施改造、补充和完善。特别是结合省委关于深入开展党的群众路线教育实践活动的实施意见,认真贯彻落实海南省委、省政府提出的"为民办实事要'问需于民',更要'问效于民',政府点的菜不一定合老百姓的口味,政府烧的菜老百姓也不一定喜欢吃。群众最希望我们解决什么问题?要老老实实问群众,听取群众的意见,博采众长,有条件办的就扎实办好"的要求,切实转变作风,创新工作方式,真正做到问政于民、问计于民,并通过相关媒体向社会各界广泛征求意见。

在海南省交通运输厅的领导和指挥下,海南省公路管理局和海南省公路勘察设计院等单位,立即组织有关人员充分征求了养护单位的意见和建议,详细搜集了海口绕城高速公路段交通标志设计资料、海口市路网地名资料,同时外请专业摄像师对全程调查进行录像。目的在于结合高速公路上的交通标志的实际设置情况,对其进行补充和完善,形成标示清晰、辨识方便、信息合理的标志体系,更好地满足群众出行需求,适应公路网络化发展趋势,充分发挥高速公路网的交通调节分流作用,促进公路运输安全与畅通,充分体现"以人为本",达到"畅游海岛"的目标。

问题1:市政新建龙昆南互通与原有龙桥枢纽互通距离太短,实际已形成复合互通。

方案:按复合集散车道分流进行引导设计。

问题 2:新建龙昆南互通的被交道信息不完整。

方案:龙昆南互通被交道名称改为"龙昆南路"和"羊山大道"。

问题 3:龙昆南、龙桥互通现有的 6 条支路出口预告或入口预告标志,大部分存在信息不完整的问题,造成多个方向的车辆无法快速选择出口。由于 G98 海口绕城高速公路段与 S82 机场联络线在龙昆南、龙桥互通之间为连续封闭的集散车道,龙昆南路、羊山大道、S81 海口联络线(海府路方向)、G98 东段高速公路段(三亚方向)4 个出口均位于集散道上,而现有的出口预告标志及集散车道分隔带起点处的出口指示标志,对 4 个出口预告信息不完整,很容易造成驾驶员误行。如龙桥互通 S82 机场联络线段机场往洋浦方向在出口预告标志中有"海府路、龙昆南路、三亚"3 个信息,但在集散道分隔带起点处右出口标志丢失"龙昆南路",造成去海口市区(龙昆南路)的车辆错误地直行而没有进入集散道。

改造方案:首先梳理本复合互通的各被交道信息。龙昆南、龙桥互通 6 条支路出口预告或入口预告信息现状和方案见表 2-1。其次结合调查结果,本着"充分利用"的原则,对龙昆南、龙桥互通的所有标志牌进行补充完善。龙昆南、龙桥互通各支路出口或入口预告信息见表 2-2。

龙昆南、龙桥互通各支路出口或入口预告信息 表 2-2

序号	道路名称	出口或入口预告信息(现状)	出口或入口预告信息(新方案)	备注
1	G98 海口绕城段	龙昆南路、海口、三亚	龙昆南路、羊山大道、海府路、琼海	
2	S82 机场联络线	龙昆南路、海府路、三亚	龙昆南路、羊山大道、海府路、琼海	集散道起点现有出口指示标志只有"海府路""三亚信息"
3	龙昆南路	机场、三亚、洋浦	机场、琼海、洋浦	三角区现有出口指示标志"三亚"信息为后来补加,字很小
4	羊山大道	机场、三亚	机场、琼海、洋浦	三角区现有出口指示标志才有"洋浦"信息
5	S81 海口联络线	机场、洋浦	机场、洋浦	
6	G98 东段高速公路段	龙昆南路、机场、洋浦	龙昆南路、羊山大道、机场、洋浦	三角区现有出口指示标志只有"龙昆南""机场"信息

经过科学合理改造、补充和完善,就能帮助前往"三亚、琼海、机场、洋浦"这 4 个方向的车辆,方便、快捷地找到高速公路的入口,此标志既能满足直接前往三亚的车辆需求,又可以通过"琼海""洋浦"这两个东、西方向感比较强的地点信息,使前往原东段高速公路

和原西段高速公路方向的车辆快速辨清方向。

2013年12月31日,随着龙昆南至龙桥复合式互通最后一块龙门架路牌顺利吊装完成,G98海南环岛高速公路海口绕城段交通标志补充完善工程全部结束,使出行一目了然。海南省交通运输厅厅长董宪曾评价,"交通标志牌改造工程是项民心工程,要把群众的事办好,就得问计于民,倾听群众的意见"。

通过《海南日报》、人民网海南视窗、交通广播等媒体,开展形式多样的社会调查,以网络、报纸、电话等形式向群众征集高速公路"问题标志牌"或路牌缺失的线索。广大市民、驾驶员、游客踊跃提出可行性建议近百条。相关单位随后一一进行了全面摸底调查,制订并提交了设计方案,经过3个多月的时间,改造完善,形成了清晰、辨识方便、信息准确的标志体系,使广大人民群众和驾驶员朋友出行不会再"跑过头",更好地满足了群众出行需要,同时更好地服务海南省建设国际旅游岛的建设。

第八节　揭秘海南首条高速公路建设历程

在美丽的海南岛,东段高速公路宛若一条色彩斑斓的游龙,它北起海口市,途经定安、琼海、万宁、陵水、三亚4市2县,跨越南渡江、万泉河,经过闻名于世的博鳌亚洲论坛开发区,沿着风光旖旎的石梅湾、日月湾、香水湾逶迤而来,连接美丽之冠——三亚热带滨海旅游名城。这是中国第一条热带海滨旅游高速公路,也是海南东部沿海的一条"经济走廊"。它与西段高速公路遥相呼应,形成了四通八达的环岛高速公路网。它的顺利贯通,天堑变通途,只需2小时便可走完全程。它的顺利贯通,使千百年来一直处在贫穷落后状况的广大人民,从此走上文明富裕的康庄大道。

一、新世纪天涯路

东段高速公路,被海南人民誉为"新世纪黄金通道"。是海南交通人在大特区建设中书写的辉煌篇章,是海南经济社会发展的一个里程碑。

古代的海南"琼崖僻处海隅,去京师万余里,舟车不便,商贾稀疏,汉黎杂处,生民维艰"。由于交通不便,经济文化落后,又称为"蛮荒"之地,成为封建君主放逐"逆臣"的边地。"区区万里天涯路,野草荒烟正断魂"就是海南人民当时的真实写照。年复一年,海南子民寂寥地听着椰果落地的声音。直到近代,海南仍摆脱不了交通制约之苦。据有关资料显示,海南第一条公路修于1909年,长5km,也即海口至府城公路。1909—1949年,40年间全岛修路1040km。听长者说:"那时候从海口到三亚,一辆旧式汽车至少要折腾上3天。"1950—1990年,又一个40年过去了,海南的交通里程增加到12893km,但此时从海口到三亚,仍需颠簸七八个小时。

伟大的先行者孙中山说过"交通乃文明之舟"。20世纪80年代,神州大地涌动起改革开放的滚滚春潮,海南也迎来了建省办全国最大经济特区的历史机遇,为海南的公路建设带来了福祉,交通的建设为海南经济文明发展起到了先驱先行的作用。

1987年,东段高速公路开始动工兴建,当时工程概算为10.5亿元。1988年,全国人大决定在海南建省办经济特区,春雷乍破,海南的交通事业迎来了发展的春天。

追根溯源,准确地说,海南东段高速公路工程筹划于1985年。当时尚隶属于广东省的海南行政区为了填补海南没有高等级公路的空白,制订了修建海口至三亚东段高等级公路的方案。经交通部规划设计院研究,提出了"按一级路选线,二级施工"的建设意见,上报国家计委并得到批准后,由海南省公路局两个工程队承担建设任务。于1987年6月在南渡江第二大桥拉开公路建设的序幕。

1987年12月,交通部部长钱永昌来海南考察工作,经与海南行政区领导商议,为适应海南经济发展的需要,决定将已开工的二级公路改为二级汽车专用道路,道路标准提高一级。1988年6月,海南建省伊始,交通部副部长郑光迪女士来海南考察,为适应大特区经济发展的需要,改善海南投资环境,扩大对外影响,建议将二级专用路改为全封闭半幅高速公路。海南省交通厅会同有关部门,组织专家对海南建设高速公路的必要性和可行性进行考察论证,提出了发展海南公路的战略目标:第一步,兴建东段高速公路;第二步,在2005年以前建成以高速公路为主的环岛公路,这一宏伟规划得到了国务院及有关部委的支持。

1989年10月30日,经国务院批准,国家计委下达了《关于海南省环岛公路(东段)可行性研究报告的批复》,同意立项建设海南环岛公路(东段)半幅工程。工程全长268km,主线长251km,北起琼山市府城,经定安、琼海、万宁、陵水等市县,南抵三亚市田独镇(现更名为吉阳镇)。主要技术指标为:按《公路工程技术标准》中重丘区高速公路标准设计,全封闭、全立交,路基宽12m,路面宽10.5m,设计速度100km/h,最小半径400m,停车视距160m,最大纵坡4%,桥涵设计荷载为汽车—超20级,挂车—120。工程概算总投资为10.56亿元,资金来源交通部补助3亿元,利用日元贷款2亿元,其余由海南省自筹。

1990年9月21日,交通部下发了《关于海南省环岛公路(东段)初步设计文件的批复》,批准了该工程项目的初步设计。

根据国家计委和交通部的批复,1991年1月5日,海南省政府办公厅下发了《关于成立省东段高速公路建设工程指挥部的通知》,宣布成立东段高速公路建设工程指挥部,由当时省政府主管领导任总指挥,由省交通厅、计划厅、建设厅、财税厅、经济合作厅、民政厅、工业厅、公安厅、环境资源厅、国土局等有关厅领导和沿线6市县领导为指挥部成员。指挥部下设办公室,负责工程管理的日常工作。1991年7月,指挥部办公室正式挂牌运作。

二、海南改革发展之路

在传统的投资体制下,中央和地方对海南公路建设的投资每年不足1亿元。海南环岛(东段)高速公路大规模开工建设后不久,建设资金出现短缺,捉襟见肘,成为制约工程建设的障碍。由于原批复的工程总概算是按1983年的物价指数编制的,时至1992年下半年工程大规模动工时,建筑材料、设备、燃料、人工等主要成本价格已大幅上涨。由于资金不足,于1987年动工的府城至黄竹段65km长的路段,就花了5年多的时间,到1992年底才竣工。按此速度,要完成黄竹至三亚段186km工程,至少还要15年的时间。

东段高速公路要继续建设就需要大量的资金投入,而这时完全靠国家投资已不可能,靠银行贷款也很有限,靠地方财政更做不到。当时海南刚刚建省,百废待举,百业待兴,到处都需要钱,资金不足已成为工程建设"卡脖子"的难题。进入1992年下半年,工程指挥部银行账户上的存款余额已不足7位数,要维持正常施工,账上至少需要有8位数的流动资金。整个工程资金缺口达10亿元,施工一度陷入了困境。从府城至陵水194km长的工地上一字排开了十几支施工队伍,几千名筑路工人,上千台筑路机械,一些施工队伍见势不妙,就偷偷抽出力量,另谋他就。整个工程建设陷入了"山重水复疑无路"的困境。

面对如此巨大的资金困难,海南省委、省政府审时度势,果断决策,认为只有改革才是唯一的出路,决定在全国率先实行基础设施建设的股份制改革,成立海南高速公路股份有限公司,向社会集资修路。

1993年初,在海南省委、省政府的精心运作下,海南高速公路股份有限公司的筹备工作紧锣密鼓地进行,政府各有关职能部门为其筹备工作一路开绿灯。1993年4月12日,海南省证券委员会下发《关于改制设立海南高速公路股份有限公司并定向募集股份的批复》。1993年4月17日,省政府办公厅、省证券管理委员会在海口宾馆会议厅召开大型新闻发布会,省证券委负责人在会上宣布,由海南省公路局、建设银行海南省信托投资公司、中国银行海口信托咨询公司和工商银行海南省信托投资公司作为发起人,对海南省东段高速公路建设工程指挥部办公室进行股份制规范化改组,成立海南高速公路股份有限公司,向社会定向募集股本,总股本为12.5亿元,按1:1.5溢价发行。在新闻发布会上,海南省委、省政府向社会郑重承诺:一定要让投资者获得回报。

海南省委、省政府的这一重大举措通过新闻媒体向社会发布后,立刻引起社会各界的强烈反响,人们纷纷涌向股份公司筹备处,工作人员应接不暇。从1993年5月初正式接受认股、缴纳股金,在短短的3个月内,全国600多家法人股东和数十万个人股东踊跃入股,股金到位14.65亿元,一举解决了工程资金短缺的"卡脖子"难题。

1993年8月7日,海南高速公路股份有限公司首届股东大会在海口市泰华酒店隆重举行,会议选举产生了以陈求熙(时任省交通厅厅长)为董事长的首届公司董事会,董事会聘任黄钧(时任省交通厅副厅长、省公路管理局局长)为总经理。1993年8月8日,海南高速公路股份有限公司宣布正式成立,省委、省人大、省政府、省政协的领导均到会祝贺。

海南高速公路股份有限公司成立大会

1993年8月17日,海南高速公路股份有限公司在海南省工商行政管理局登记注册,注册号为(琼企A)28498288-7,注册资本12.5亿元人民币。经营范围:高等级公路勘测、设计、施工、收费、养护、管理服务;房地产开发经营;石油、建材、普通机械、电子产品、农副产品、日用百货、饮食业的经营;旅游业开发;汽车客货运输、拯救、维修、租赁。公司的创立,标志着海南高速公路建设进入了一个崭新的发展阶段。

1993年8月8日,海南高速公路股份有限公司(以下简称"海南高速")正式挂牌成立。作为项目业主,海南高速加大工程的资金投入。可谓财通路通,资金的到位,唤醒了一度沉寂的建设工地,数千筑路大军,夜以继日奋战,他们敲醒沉睡千万年的磐石,斧凿人类时代文明,东段高速公路宛如游龙般向前延伸。1993年8月—1994年1月,在不到半年的时间里,完成了土建工程总量的61.3%和交通工程的一半,相当于海南高速创立前两年完成工程量的总和。1994年4月,黄竹至陵水129km段竣工通车;同年12月,全线工程完成了除大茅隧道外的全部工程,通车里程达到231km。1995年10月,攻克最后的"卡脖子"工程大茅隧道,同年12月27日,海南东段高速公路(右幅)全线竣工通车。海南省政府举行了隆重的通车典礼。《人民日报》、中央电视台、《香港文汇报》《海南日报》《海南特区报》、海南电视台等媒体对通车报道。道路的贯通为海南大特区的经济建设插上了腾飞的翅膀。

海南东段高速公路工程的建设，开创了海南公路建设史上的新纪元。它是我国第一条采用股份制形式修建的高速公路；首次打破地方界线和传统的施工管理方式，面向全国公开招标，择优选拔施工队伍；首次采用具有国际先进水平的国际土木工程"FIDIC"条款进行管理，实行由监理工程师独立负责工程的质量管理、计量支付和工期控制制度；首次使用外国贷款，即日本海外协力基金贷款进行建设，进口了一大批先进的筑路设备和材料，在工程第一线发挥了威力，开创了海南公路建设之先河。

海南东段高速公路（右幅）工程共完成总投资 21 亿元人民币。主线工程累计建成桥梁 87 座，分离式立交 52 座，通道、天桥 150 座，涵洞 866 道，隧道 2 座。完成路基土石方 1716.5 万 m^3，建成沥青混凝土路面 139km，水泥混凝土路面 112.6km。耗用钢材、水泥、沥青、木材等共 49 万多吨，耗用砂石料 552 万多立方米，人工工日 1230.3 万个。在如此短的时间内，完成的工程量之大，建设速度之快，均创造了海南公路建设史之最。

海南东段高速公路，是我国公路"两纵两横"主干线中从黑龙江同江至海南省三亚（即同三线）的最南端部分，是我国第一条热带海滨旅游高速公路，贯穿于海南省人口最集中、旅游资源最丰富、经济相对发达的东部地区，是海南经济大动脉和旅游生命线。它的建成，对于提高海南省的整体形象，改善投资环境，促进海南经济的发展和社会的进步都具有十分重要的作用，被誉为海南的一条黄金通道。

1993 年 12 月 19 日，海南省政府颁布《海南省机动车辆燃油附加费征收管理办法》（以下简称"办法"）。办法规定，从 1994 年 1 月 1 日起，海南省公路规费征收实行"四费合一"，即公路养路费、过路费、过桥费、公路运输管理费四费合并统一开征燃油附加费。根据这一政策，刚刚建成的东段高速公路（右幅）也不允许设卡收费。为了鼓励投资者投资经营海南基础设施，加快海南经济特区的开发建设，1994 年 4 月 28 日，海南省第一届人民代表大会常务委员会第八次会议通过了《海南经济特区基础设施投资综合补偿条例》（以下简称《条例》）。《条例》第七条规定："对公路投资者实行'竣工一段，验收一段，营运一段，补偿一段'的补偿办法……"据此，海南省政府授权海南省交通运输厅与海南高速公路股份有限公司于 1995 年 11 月 22 日签署了《海南省环岛公路东段（右幅）建设项目投资及补偿合同》，合同的主要内容如下。

政府以工程实际投资总额为补偿基数，给投资者直接补偿。补偿方法为：从项目竣工验收合格或通车运营的第 2 年 1 月 1 日起，政府给予公司还本付息，投资回收期为 20 年。还本付息完成以后，按还本付息总额以 20 年计算的年平均额再补偿公司 5 年作为投资的回报。投资补偿利息按照补偿当年 1 月 1 日 5 年期国家银行长期基本建设贷款利率计算。

合同中除规定直接补偿外，还规定了政策性补偿，即公司利用交通项目的地利，依法进行与投资项目相关的多种经营具有优先权或独占权（加油站）；在东段高速公路沿线(包括所有入口处及附近区域)经有关部门批准经营广告业、旅游业、农业综合开发、加油站、洗车场、快餐店、宾馆、维修厂站等相关的服务设施及开展运输服务和出租沿线地下管线,经营为旅客和社会服务的第三产业。公司可以对这些经营权实行有偿转让等条款。

由于海南东段高速公路不设卡收费,"一脚油门踩到底",政府的直接投资补偿便成为海南高速的主营业务收入。

海南东段高速公路(右幅)建成后,虽然极大地改善了海南东部的交通状况。但是,随着交通量的不断增长,高速公路单幅双向行车的弊端日渐凸现出来,交通安全难以保障,事故频繁发生,在社会上造成极为不好的影响,一度被称为"死亡之路"。1995年3月,监察部、劳动人事部、公安部联合检查组对这段公路的安全进行了考察,认为该公路不安全因素多,三车道双向行驶无分隔,无停车带,事故率之高全国少有。在这种情况下,尽快扩建左半幅,使之形成一条完整的高速公路,改善半幅行车的不利状况,已成为当务之急。

1996年,东段高速公路(左幅)扩建工程拉开帷幕。海南高速积极配合省政府有关部门和设计单位,及时完成了左幅扩建工程可行性报告及初步设计等前期准备工作。为争取该项目早日开工,海南高速领导层多次赴京汇报项目筹备工作,取得了国务院有关部委的支持。1996年9月11日,国家计委下达了《关于审批海南环岛(东段)公路(海口至琼海段)扩建工程可行性研究报告的再次请示的通知》(计交能〔1996〕1756号),批准海南环岛(东段)公路扩建实施分段建设,滚动开发,先行扩建海口至琼海段,长87km。批准海口至琼海段总投资10.2亿元,由交通部用车辆购置附加费安排1.5亿元;利用第三批日元贷款44亿日元(折合人民币3.7亿元);海南省用燃油附加费等安排5亿元。1996年9月17日,交通部下发《关于海南省环岛公路(东段)扩建工程初步设计文件的批复》(交公路发〔1996〕802号),批准了东段高速公路扩建工程初步设计文件。1996年12月31日,国家计委以计投资(1996)2987号下达开工令,同意海南环岛(东段)海口至琼海段开工建设。

海南东段高速公路(左幅)扩建工程是"九五"期间国家和海南省的重点建设项目,工程全长250km,按重丘区高速公路标准在已建右幅的左侧扩建,设计速度为100km/h。全线工程分期建设,第一期修建海口至琼海段86.15km,第二期修建琼海至三亚段164.74km。海南高速为项目业主,全面负责项目的实施和管理。经过紧张的筹备,左幅扩建一期工程(海口至琼海段)于1997年1月31日胜利开工。为了高标准地完成这一建设任务,海南高速集中力量,精心组织,充分发挥业主监控作用,狠抓工程质量管理,保证了工程建设的顺利进行。一期工程(海口至琼海段)经过13个月的艰苦奋战,于1998年3月8日胜利竣工,实际完成投资5.37亿元。经省政府组织有关部门进行初步验收,按部颁标准,工程质量达到优良等级,3月26日,海南省政府举行了隆重的通车典礼,海南省委、省人大、省政府、省政协等四套班子主要领导出席典礼仪式并视察了该段公路,对公路质量给予了充分肯定。

一期工程(海口至琼海段)通车之后,海南高速紧锣密鼓地进行二期工程的筹建工作。1998年2月12日,国家计委下达了《关于海南环岛(东段)公路(琼海至三亚段)扩建工程可行性研究报告的批复》。1998年6月,左幅扩建二期工程(琼海至陵水段)顺利开工。经过一年半的艰苦奋战,该段工程于1999年底完工。工程全长108km,完成投资6.4亿元。2000年1月,海南省政府组织有关部门对工程进行了初验评审,认为该期工程质量保证体系健全,管理规范,工程质量达到优良等级。2000年1月25日,海南省政府举行了隆重的通车典礼,海南省政府领导和公路建设单位出席典礼仪式并为通车剪彩。

继左幅扩建二期工程第一阶段琼海至陵水段通车之后,工程指挥部立即转入第二阶段陵水至三亚段的建设之中。鉴于该段工程新旧路基在行车道内拼接,技术难度大的特点,海南高速公路股份有限公司继续狠抓工程质量,不断完善质量监督机制,采取一系列行之有效的措施,对工程质量、进度、投资三大指标严格控制,有力地保证了工程建设的顺利进行。其中陵水至大茅隧道北段工程于2001年元月19日试通车,为新世纪海南第一个春节的旅游交通提供了便利。之后,大茅隧道及其以南至三亚段又经过半年多的紧张施工,终于在2001年9月28日全线竣工通车。至此,一条全长250km双向四车道标准的高速公路全部建成。1730多个日日夜夜里,公路建设者们历尽千辛万苦,终于筑起了一条气吞山河的天涯巨龙,用热血谱写了大特区天涯路的壮丽史篇。它与西段高速公路连成一体,形成全长600km的环岛高速公路,为海南经济的发展和社会的进步发挥着越来越重要的作用。

三、海南创新发展之路

回顾海南东段高速公路工程的建设历程,海南高速作为项目业主,克服了任务重、工期短、资金不足、气候不利等重重困难,特别是在政府核定工程造价偏低(500万元/km)、质量要求高的困难条件下,海南高速集中力量、精心组织、严格管理、齐心协力、艰苦奋战,保质保量地完成了工程建设任务。在海南东段高速公路右幅建设时期,高速公路建设在我国尚处起步阶段,没有太多可借鉴的经验。随着我国高速公路事业的快速发展,海南高速在东段左幅扩建时,无论是技术上还是在工程管理上都取得了长足的进步,走上了科学发展的管理道路。海南高速公路股份有限公司总结左幅工程建设的经验和成功做法,主要包括以下方面。

(1)按照公开、公平、公正的原则,实行工程招标。在东段左幅扩建工程管理过程中,工程招标工作受到海南省政府的高度重视,为配合省招标领导小组的工作,海南高速专门成立招标工作小组,在整个招标工作中,都严格按照《公路工程施工招标管理办法》和《公路建设市场管理办法》执行,坚持"公开、公平、公正"的原则,实行国内公证招标。从发布通告、报名、资格预审到发标、投标、开标、评标等每一个环节都严格按有关规定执行。为了保证招标活动的公平、公正和合法、有效,省监察厅和公证处均派员对招标工作实施跟踪监督和现场公正。实践证明,整个招标工作是成功的。中标的施工单位大多是资质合格、实力较强、技术水平较高的队伍,在工程建设中均有不俗的表现,从而为保证施工质量奠定了基础。

(2)建立有效的业主监控机制,确保业主监控职能的发挥。根据项目法人负责制要求,业主必须对工程施工的质量、进度和投资实施有效控制。要做到这一点,就必须建立一套有效的业主监控机制。海南高速采用现代工程管理模式,以精简、高效的原则,成立了以公司总经理为总指挥的左幅扩建工程指挥部,下设计划合同部、工程管理部、征地保卫部、工程财务部、材料供应部、设计协调小组和行政办公室共7个部门,并向施工现场派出业主工作组。业主对各部门的工作职责和工作程序做了明确规定,运行中各司其职,各负其责,从而形成严密有力的指挥监控系统,在保证业主实施监控方面发挥重要作用。

(3)加强对工程质量的全方位和全过程控制,确保优良工程。高速公路建设是功在当代、利在千秋的百年大业,质量是工程建设的生命。要搞好质量控制,不但要有决心,还要有一套科学严密的管理方法和手段,建立起能用网络全方位和全过程的组织体系。因此,海南高速建立了政府监督、业主监控、社会监理、企业自检的四级质量监督组织体系,把质量控制作为一个系统工程来抓。在工作中,业主、监理、施工单位既分工合作,又密切合作,共同把好工程质量关。

注重发挥业主的组织协调作用,认真贯彻执行政府监督检查意见,依照合同支持监理工作,同时督促监理严格按标准、规范、规程实施监理,解决监理与施工单位出现的矛盾,检查施工单位自检体系和质保体系的组织及人员、设备配备及工作效果。为保证施工质量,还经常采取开现场会的形式,表彰先进,鞭策落后者。为使业主监控作用发挥到施工最基层,海南高速实行业主工作组制度,每个施工标段派驻工地工作组,深入施工现场,检查施工质量和进度,协调各方关系,及时解决施工中出现的各种问题。

严格控制工程质量标准,强调按监理程序管理,做到事先指导、事中控制、事后检查。对不按程序办事,不符合标准的施工项目,坚决要求停工或返工,直至合格为止。

采用新材料、新工艺提高工程质量标准。在工程建设中,业主不惜增加成本,大胆采用国内和国际的一些新材料、新技术和新工艺来提高工程质量。为解决软基地段路基下陷的难题,业主采用粉喷桩处理,收到明显成效。为了大幅度提高路面技术质量标准,采用从奥地利引进的具有国际先进水平的改性沥青新材料,达到了坚固耐磨使用寿命长的效果。

健全各级实验室,抓好质量保证体系。在质量管理中,业主坚持一切用数据说话,在施工前用试验数据指导施工;在施工中,用数据控制施工;在施工后,用检测数据鉴定施工质量。为适应管理的需要,共建立施工单位工地试验室、驻地监理试验室、总监部中心试验室的三级试验检测体系,对工程项目实行企业独立自检、驻地监理试验室抽检,中心试验室再抽检的三级检测制度,实行一票否决制。由于严格按施工程序施工,有效地保证了整体工程质量。

统一材料供应。建筑材料质量的好坏对工程质量影响很大。为有效地控制建材质量,业主对碎石、水泥、沥青三大材料实行统一计划,统一组织和采购,统一供应,严把材料质量关。特别是碎石供应,业主根据用量大,且用料时间集中的特点,专门成立了碎石供应组,对石料的生产市场进行调查摸底,事先与几十个石场签订生产订单,这样,不仅保证了质量,而且控制了价格,防止哄抬石料价格现象的发生,降低了工程造价。

由于业主狠抓工程质量,严格按施工程序施工,有效地保证了整体工程质量。在施工过程中,海南省交通工程质监站、省重点办、建设厅等单位组成专家组多次进行检查和抽查,均达到行业标准。

(4)强化投资控制,努力降低工程造价。工程项目投资,是业主监控的三大目标之一。如何筹措资金并合理安排使用资金,使其发挥最大投资效益,是工程管理者追求的目标。因此,在左幅扩建工程中,业主坚持开源与节流并举,一方面,积极筹措资金,以保证工程建设之需;另一方面,加强投资控制,合理调度资金,强化合同管理,努力降低工程造价,均取得显著成效。

(5)广开融资渠道,千方百计筹措建设资金。常言道:兵马未动,粮草先行。当时,由于海南省政府欠业主右幅补偿款数亿元,交通部安排的专项补助又迟迟不到位,海南高速资金周转困难。要保证工程建设的顺利进行,就必须保证大量的资金需求。为此,海南高速决策层精心运作,组织力量,四处奔走,千方百计筹集资金,以满足工程建设之急需。

首先,海南高速决定充分发挥股份公司体制上的优势,积极运作,推动海南高速股票上市。经过一年大量艰苦细致的申办工作,在海南省政府和有关部门的大力支持下,经中国证监会批准,海南高速7700万A股于1997年12月1日在深圳证券交易所上网定价发行,翌年1月23日正式上市交易,共募集资金4.414亿元,为东段高速公路左幅(扩建)工程提供了有力的资金支持。其次,为弥补建设资金之不足,共使用日本海外协力基金会贷款35496万元,为工程建设发挥了重要作用。

此外,海南高速还积极组织力量拓宽融资渠道,加强与国家有关部门和金融机构联系,千方百计筹措资金。据统计,左幅扩建工程共使用交通部投资1亿元,国债资金3.25亿元,国家开发银行贷款6亿元,公司自筹资金投入6.64亿元,这些资金有效地保证了东段左幅扩建工程的顺利进行和如期完工。

"海南高速"股票成功上市

（6）强化合同管理，有效控制工程造价。对于左幅扩建工程，海南省政府核准的工程造价很低，仅为每千米500万元左右，仅占内地高速公路造价的40%左右，这在全国也是罕见的。在如此低的工程造价下，要保质保量地完成建设任务，难度是相当大的。为此，业主必须严格管理，精打细算，不浪费每一分钱。在具体管理过程中，业主狠抓工程计量支付和财务管理，坚持按合同办事，按程序审批，按进度拨款。在材料采购上，对工程所需的沥青、部分水泥、碎石等主要材料实行统一采购供应，有效地控制了材料价格和材料质量。在材料核算和计量支付过程中，坚持层层把关，做到产品不合格不计量，验收资料不齐全不计量，认真核对各施工单位的拨款借款情况，按工程进度及时准确地进行单据结算和拨付工程款，既不超拨也不欠拨，使财务管理有条不紊地进行。

回顾多年来不平凡的建设历程，海南交通系统广大工程管理人员本着对党、对人民高度负责的精神和严谨务实的科学态度，精心组织，严格管理，各部门密切配合，通力协作，艰苦奋战，终于低成本、高质量地完成了建设任务。工程技术人员终年奋战在工地上，他们顶烈日、战酷暑、抗风暴，以大禹治水的精神，忘我工作，默默奉献，用实际行动谱写了大特区公路建设的壮丽诗篇。

四、海南跨越崛起之路

当历史的长河跨越到1997年，随着中国国有企业体制改革的不断深入，完善法人治理结构，建立现代企业制度的步伐也不断加快；同时，中国证券市场的不断发展和完善，为经营业绩良好的企业提供了资本运作的平台。为解决东段高速公路左幅扩建工程资金不足这个难题，海南高速高层大胆决策，运作股票上市。遂即组织力量，积极开展筹备申办工作。

在海南高速积极争取下，1997年1月初，经海南省证券委全体会议讨论决定，确定海南高速为海南省1996年度A股股票发行上市计划内企业，并向中国证监会进行推荐。经中国证监会证批准,1997年12月1日"海南高速"7700万A股(股票代码000886)于在深圳证券交易所正式上网定价发行,并获得极大成功。A股发行定价为5.92元/股,市盈率为14.5倍,12月1日发行当天,市场反应极为热烈,冻结有效申购资金1498.83亿元,有效申购股数2531803万股,中签率为0.304131%,申购资金之多,且中签率之低,是深沪两个证券市场少有的。海南高速由此获得冻结申购资金三天利息高达2135万元。此次股票发行总值为45584万元,扣除承销费等发行费用1440万元后,共募集资金44144万元。所募资金按招股说明书所说全部用于东段高速公路扩建(左幅)工程的建设。1998年1月23日,"海南高速"A股在深交所正式挂牌交易。

"海南高速"A股的发行上市成功,是海南高速公路股份有限公司发展史上的一个重要里程碑。它不仅为东段高速公路扩建(左幅)工程募集了资金,也为海南高速公路开辟了广阔的发展空间。

解放思想永无止境,科学发展未有穷期。我们坚信,在海南省委、省政府的关怀和大力支持下,在海南省交通运输厅的正确领导下,海南高速公路将取得蓬勃的发展,为海南建设国际旅游岛、为海南的经济社会发展发挥更大作用。

第九节　海南高速公路建设投资改革和融资新创举

海南高速公路建设,起初主要缺乏的就是资金,这个难题一直阻碍着海南高速公路的建设。多年来,海南多渠道、多元化解决高速公路的资金发展问题,从最初的政府投资,过渡到向境外贷款,再到成立股份制公司筹措社会资本,再过渡到以车辆通行附加费为质押,向实力雄厚的大金融单位、国内银行贷款,再到成立专门融资平台进行融资,再到尝试探索BOT模式投融资,就此走过了一段不平凡的道路。这是一段可资借鉴,有效有益的尝试、探索和奋斗的里程。

一、成立股份公司募集社会资本

海南高速公路股份有限公司(以下简称"海南高速")依托G98东段高速公路建设项目,利用国家优惠政策,积极拓展多种融资渠道,先后通过贷款、定向募集(募集资金10.94亿元)和首次公开发行新股(募集资金4.41亿元)等方式,筹集资金43亿元,通过投资—移交—补偿的方式,顺利完成了海南东段高速公路的建设任务。

为解决东段高速公路建设融资难题,1993年4月,经海南省证券委员会琼证字(1993)6号文批准,在海南省东段高速公路建设工程指挥部办公室的基础上,与海南省公路管理局、中国建设银行海南省信托投资公司、中国银行海口信托咨询公司共同发起,并以定向募集方式设立了海南高速公路股份有限公司。

海南省东段高速公路建设工程指挥部办公室以其经评估确认后的净资产3.8920亿元折股25946.8万股,作为国家股;其他发起人以现金方式投入1.82亿元,折股12133.3万股;社会法人以现金方式投入6.6383亿元,折股44255万股;内部职工以现金方式投入1.5635亿元,折股10423.6万股。全部股份均为人民币通股,每股面值人民币1元,按照每股1.5元人民币溢价发行,共募集社会资金10.9357亿元,主要用于东段高速公路右幅公路的建设。G98东段高速公路成为全国第一条采取股份制筹资建设的高速公路。

右幅第一段府城至黄竹段于1992年12月竣工通车后,海南高速设立收费站收取过路费。1994年海南省实行燃油附加费改革,将养路费、过路费、过桥费、交通运输管理费四费合一,征收燃油附加费,海南高速不再设站收取过路费。1994年5月31日《海南经济特区基础设施投资综合补偿条例》公布施行后,海南省交通厅经海南省政府授权,与海南高速签订右幅补偿合同,对海南高速投资建设海南东段高速公路予以综合补偿,公路投资补偿收入成为海南高速的重要收益来源。

1995年12月,海南环岛东段高速公路右幅公路全线竣工通车后,为满足海南省环岛东段(左幅)高速公路海口至琼海段扩建工程建设需要,海南高速积极筹备A股上市的各项工作,经中国证监会证发字〔1997〕483号、484号文批准,海南高速7700万股A股于2007年12月1日,在深圳证券交易所上网定价发行成功,发行价为5.92元/股,共募集资金4.4144亿元,成为全国高速公路行业首家上市公司。募集资金全部投入海南省环岛东段(左幅)高速公路海口至琼海段扩建工程。2001年底环岛东段高速公路海口至田独左右幅全线贯通。

二、规费质押、举债修路、收费还贷

海南省已建成的高速公路中,除海南环岛高速公路(东段)部分资金由海南高速公路股份有限公司筹集外,交通基础设施建设投入主要实行"规费质押、举债修路、收费还贷"方式,建设资金除争取交通部车购税补助外,基本上都是以燃油附加费收费权为质押向银行贷款筹措。车辆燃油附加费、国家综合补助、国债转贷、银行贷款是海南高速公路设施建设主要融资途径,而银行贷款,则是唯一的外部融资途径。据统计,1994年实施燃油附加费改革以来,以燃油附加费等交通规费征收权作为质押,向银行贷款用于海南省高速公路建设的资金超过300亿元。

海南省自1994年1月1日起,将公路养路费、公路运输管理费、过路费、过桥费"四费合一",统一征收机动车燃油附加费,并取消了所有公路收费站。

燃油附加费改革15年来,通过对"油"征费,体现了"多用油者多负担"的原则,海南成为全国唯一没有公路收费站卡的省份,实现了"一脚油门踩到底"。车辆在全省范围内畅通无阻,大大缩短了通行时间,提高了公路的通行效率,有力地促进了交通基础设施的发展,取得了显著的社会效益和较好的经济效益。

国务院决定自2009年1月1日起实施成品油税费改革,取消原在成品油价外征收的公路养路费、航道养护费、公路运输管理费、公路客货运附加费、水路运输管理费、水运客货运附加费等六项收费。也就取消了海南省燃油附加费(含公路养路费、公路运输管理费、过路费、过桥费)中的前两项,海南已无可能再继续征收燃油附加费。而国务院有关部门也通知海南取消燃油附加费。由此,海南原含在燃油附加费当中的通行费(即过路费、过桥费)必须另行征收。

海南省政府2008年12月18日审议通过《海南省机动车辆通行附加费征收暂行规定》(以下简称《暂行规定》),决定从2008年12月20日零时起,汽油在销售环节价外征收机动车辆通行附加费,柴油机动车辆按吨位定额征收车辆通行附加费。

《暂行规定》指出,按照海南省高等级公路里程和通行量,并参照与海南经济发展水平相似的邻近省份的收费公路征收标准,海南将车辆通行附加费征收标准定为:每升汽油0.9元;柴油车辆每吨每月210元,按日征收标准为每吨每日10元(经海南省政府批准同意,海南省2013年3月27日起已调整机动车辆通行附加费征收标准,汽油通行附加费征收标准调整为每升1.05元,柴油机动车辆通行附加费征收标准调整为每吨每月220元)。

2010年9月20日,海南省人大常委会通过了《海南经济特区机动车辆通行附加费征收管理条例》,于2011年1月1日起施行,为车辆通行附加费的征收提供了法律依据。1993年,海南省的公路规费收入约为3亿元。2011年,海南省燃油附加费收入为12.08亿元,比1993年改革前的公路规费收入增长了303%,较2010年10.41亿元增长了16%。燃油附加费的快速增长,较好地解决了海南省公路建设、养护的资金需求。

实践证明,根据社会经济和交通发展的要求,有选择、有重点地依靠银行贷款建设公路,是一种解决资金不足、加快公路建设、促进社会经济发展行之有效的政策措施。如果没有收费政策和银行贷款,海南公路交通建设过程中遇到的诸多问题尤其是资金难题,就不会如此快速地得到解决;公路交通在综合运输体系中的基础地位,就得不到应有的加强。因此,海南省公路建设依靠"规费质押、举债修路、收费还贷"方式,是公路改革与发展的一项重大突破,具有划时代的意义。

三、成立融资平台,实现渠道融资

为化解政府债务负担问题,通过市场化手段多渠道筹集建设资金,满足海南省"十二五"公路建设资金需求,经省政府批准,2011年7月19日,海南省正式成立海南省交通投资控股有限公司(以下简称"海南交控"),由海南省交通运输厅代表海南省政府履行出资人职责。海南交控主要职能为负责海南省高等级公路及其他交通重点项目的投融资;整合、盘盈海南省交通运输系统行业资产和资源,消化交通基础设施建设历史债务,拓宽海南交通基础设施建设融资渠道。

(一)扶持政策

为促进海南交控稳定发展,增强平台融资能力,海南省政府出台了多项扶持政策,主要包括以下几个方面:

(1)为增强海南交控的融资能力,实现资金正常循环和持续发展,通过资产划转方式,一次性对海南交控注入莺歌海盐场400公顷(6000亩)国有土地,按总体规划确定的功能要求统一规划、统一开发,根据开发需求给予相应的建设用地指标,赋予海南交控土地开发职能。

(2)将车辆通行附加费的大部分安排,用于高速公路建设和还贷。在高速公路建设期内,海南省财政厅每年年初根据海南交控的申请和有关情况,将车辆通行附加费收入的80%按照当年预算金额,一次性拨付海南交控,提高海南交控资本市场信用评级,为多元化融资创造基础条件。

(3)无偿划转海南高速股权。为有效提高海南交控的融资能力,海南省将海南金城国有资产经营管理有限责任公司持有的海南高速公路股份有限公司198270655股国有股份(占总股本20.05%),无偿划入海南交控,海南交控成为海南高速第一大股东。

(4)以地债资金和外国信贷资金形式支持高速公路建设。2013年,省财政根据当年地债发行规模和重点项目资金需求等情况,通过注入资本金、给予转贷额度等方式,从地债资金中安排6亿元支持高速公路建设,并积极向财政部争取外国政府贷款。

(5)沿线市县拿出部分土地用于融资。新建高速公路沿线惠及的市县共划出约1467公顷(22000亩)土地,纳入海南省土地储备中心,专项用于高速公路建设融资。

(6)返还部分税费。从2012年起,海南省高速公路建设缴纳的建安营业税,按现行省与市县财政体制补助海南交控,用于高速公路建设和还贷支出。

(二)发展概况

截至2016年6月30日,海南交控总资产150.88亿元(母公司数,不包括海南高速,下同),净资产80.41亿元,负债70.47亿元,资产负债率46.71%,各项财务指标良好,资本市场信用评级AA+,各金融机构对海南交控的综合授信总额达570亿元。至2016年6月,海南交控累计落实各项资金332.20亿元,实际到位229.12亿元;4年多来累计投入高速公路建设资金62.51亿元,圆满完成海口至洋浦1小时交通圈改建工程和屯昌至琼中段新建工程2个项目的投融资和工程管理,以及海文高速公路改建、西段九所至八所及邦溪到白马井改建 2 个项目的投融资工作;及时足额偿还各类债务本息总额 100.93 亿元,维护并提升了在资本市场的良好信用。

(三)对外融资

海南交控成立以来,总共实现对外融资到账资金 69.03 亿元(不包括划转的国开行贷款和日元贷款 33.72 亿),其中,银行贷款签订贷款合同 55.90 亿元,实际提款 43.71 亿元;在中国银行间市场成功注册 40 亿元债务融资工具,实际发行 20 亿元;屯琼项目实现项目融资 5.32 亿元。

(四)银行贷款

2012 年 11 月,海南交控同国家开发银行海南省分行就海口至洋浦 1 小时交通圈白莲立交至白马井立交段改建工程项目,签订 5 亿元贷款合同,实际提款 2.5 亿元。2014 年 4 月提前归还 0.4625 亿元,累计还本 0.495 亿元,目前贷款余额 2.005 亿元。

海南环岛高速公路洋浦至八所段建设项目贷款签字仪式

2012 年 12 月和 2013 年 11 月,海南交控同海南省农村信用合作社分别签订 5 亿元和 1.7 亿元的流动资金贷款合同,实际提款 6.4 亿元。至 2014 年 5 月已经全部归还,目前该项贷款余额为零。

2013 年 4 月,海南交控同国家开发银行海南省分行、中国邮政储蓄银行海南省分行、中国农业银行海南省分行、招商银行海南省分行等,就海南中线高速公路屯昌至琼中段项目签订银团贷款合同,贷款总金额 23.8 亿元,实际提款 18.62 亿元。目前贷款余额 18.538 亿元。

2013 年 11 月,海南交控同国开行就海口至文昌改建项目签订 3 亿元贷款合同,实际提款 2.5 亿元。2015 年 7 月提前还本 1.92 亿元,目前贷款余额 0.58 亿元。

2014 年 1 月,海南交控同国家开发银行海南省分行就环岛西段改建九所至八所及邦溪至白马井段改建项目,签订贷款合同,贷款总金额12.4亿元,实际提款10亿元。累计还本0.09亿元,目前贷款余额9.91亿元。

2014年2月,海南交控同海南省农村信用合作社签订固定资产社团贷款合同,专项用于偿债周转,贷款金额5亿元,实际提款3.69亿元。目前该项贷款余额为零。

另外,2012年末,海南省交通运输厅将东段、西段、海文三条高速公路的资产58.24亿元和对应负债40.62亿元(其中划入的银行贷款合同额度为35.75亿元,实际本金额度33.72亿元)无偿划转至公司。

四、发行中期票据、短期融资,实现高级资本市场直接融资

2014年3月28日,海南交控在中国银行间市场交易商协会成功注册20亿元中期票据和20亿元短期融资券,这标志着公司具备在中国银行间市场发行40亿元债务融资工具的企业资质,并在2013年7月成为中国银行间市场交易商协会特别会员,海南交控信用评级为AA+级,充分表明海南交控已正式进入高层次资本市场。

2014年5月12日、21日,海南交控分别成功发行首期10亿元短期融资券(期限365天,固定利率5.7%)和10亿元中期票据(期限5年,固定利率7.05%),首开海南省省属国企利用中票融资的先河,实现了海南省交通建设投融资的新突破。通过发行债务融资工具,海南交控在银行贷款之外开辟直接融资渠道,大大增强了交通建设投融资能力,为未来持续融资、加快交通基础设施建设奠定了坚实基础。

(一)项目融资

按照计划,中线高速公路屯昌至琼中段2012年上半年开工建设,这与当时海南交控自身的融资能力产生了不可调和的矛盾。当时海南交控可用资金只有注册资金4亿元,其中海南省财政以预拨2012年度车辆通行附加费方式3亿元,车辆通行附加费按质押合同,必须优先用于支付原有高速公路建设债务本息,且2012年车辆通行费附加费收入全部用于偿还高速公路债务本息尚有资金缺口。海南交控实际上可以用于该项目的资本金实际只有1个亿。由于中央对该项目的车购税补助资金5.5亿元并不是一次性拨付到位,而是在项目开工以后逐年拨付,拨付进度无法满足项目资金时间和额度要求,2011年也没有拨付计划。受人民银行"三个办法一个指引"限制,海南交控无法通过贷款资金解决项目资本金缺口。

当时我国交通基础设施比较成熟的、采用最多的引入资金的融资模式,就是BT和BOT模式,由于海南省高速公路不收费,采用BT模式是最合适的。2011年1—8月,在海南省交通运输厅的指导下通过广泛调研、充分论证、深入研究的基础上,创新提出了屯琼高速公路项目采用BT模式融资建设方案,并获得海南省交通运输厅同意。

经过公开招投标、合同谈判,2012年1月海南交控与中国交通建设签订《海南省中线高速公路屯昌至琼中段项目投资、建设、移交及回购(BT)合同》,中交公司投入项目建设资金5.32亿元。该项目是海南省首次引进大型央企投资建设的高速公路项目。

(二)保险资金债权投资计划

保险资金具有不受银监会相关文件限制、资金规模大、使用灵活、产品结构多样等特点,保险资金债权投资计划顺利发行,可以有效缓解海南省高速公路建设和交通土地开发资金压力,是海南交控自主创新融资的有益尝试。

根据中国保监会颁布的《保险资金间接投资基础设施项目试点管理办法》(2006年第1号令)、《关于印发<基础设施债权投资计划管理暂行规定>的通知》(保监发〔2012〕92号)、《关于债权投资计划注册有关事项的通知》(保监资金〔2013〕93号)及相关配套制度,综合考虑项目情况、公司偿债能力等因素,海南交控以东段、西段高速公路组成G98环岛高速公路项目作为投资项目,与平安资产管理公司合作发起设立7年期20亿元保险资金债权投资计划,银行提供连带责任担保(因国家政策调整,以及后续新建高速公路项目移交海南省交通建设管理局承建,该项融资未实施)。

(三)售后回租

为有效拓宽海南交控多元化融资渠道,大力推进直接融资工作,海南交控自2013年7月开始启动售后回租融资工作,通过海文高速公路路面资产及附属设施开展融资租赁业务,筹备项目资本金7.8亿元,改善资产负债结构,从而加速海南省交通基础设施建设。海南交控就融资成本与担保条件等事项与国开行、国银租赁公司进行了多次沟通,并根据其要求提供了相关资料。售后回租业务筹集资金具有无用途限制(可以作为高速公路项目资本金,也可用于土地收储、开发)、可撬动银行贷款的特点,开展售后回租业务,可以有效解决项目资金本、股权投资款及土地开发资金缺口问题(因国家政策调整,以及后续新建高速公路项目移交海南省交通建设局承建,该项融资未实施)。

五、海南省高速公路建设投融资实践与探索

高速公路作为一种现代化的公路运输通道,是公路网的"主动脉",在当今社会经济中正在发挥着越来越重要的作用。海南建省以来,高速公路从无到有,获得飞速发展。截至2015年底,全省高速公路通车总里程达803km,完成投资约180亿元(不含大中修),路网密度2.36km/100km^2。在建高速公路约358km,概算投资285亿元,预计2018年底全部通车。届时全省高速公路通车里程将达1161km,路网密度3.42km/100km^2。

（一）投融资历程

海南建省以来,高速公路建设投融资经历两个重要阶段:一是1988年4月—2001年9月,建省开始,以环岛高速公路的全线贯通为标志;二是2009年12月—2018年12月(预计),海南国际旅游岛上升为国家战略开始,以"田字形"高速公路主骨架形成为标志。

1. 环岛高速公路全线贯通

为实现特区经济建设跨越发展,建省之初,海南省委、省政府制定了令人振奋的15年公路建设总目标:建设与环岛沿海产业人口密集地区经济发展相适应的环岛高速公路,高等级公路联通市县,辐射开发区和旅游区,乡乡通油路,村村通公路,建成具有海南岛旅游风光的四通八达的公路交通运输网络。据测算,实现这个建设目标,需要建设资金约200亿元,其中高速公路计划建设900多公里,资金约需140亿元。时至今日,这个数字依然令人震撼。建设资金缺乏困扰特区建设者:一是财政收入低。1988年全省地方财政公共预算收入仅4.8亿元,支出9.2亿元,固定资产完成投资20亿元。二是贷款利率高。这一时期,5年期以上贷款基准利率从1989年的19.26%降至1998年的10.35%,即1999年以前5年期以上贷款利率超过10%,这个利率使得投资规模大、投资回收期长的高速公路建设投融资举步维艰。为解决投融资难题,海南省委、省政府利用特区政策优势,充分发挥市场作用,释放改革红利,创新公路收费模式,实现融资多元化,建设资金来自资本市场、银行贷款、交通部补贴、国外贷款、国债等。建成高速公路(G98)574km,完成投资78亿元。这个时期有多项投融资举措在全国属于首次:创立以高速公路投融资为主业的股份制企业,开辟了社会资本投资高速公路建设的通道;改革公路规费征收制度,建立了高速公路建设的可持续资金来源,确立了"规费质押、举债修路、收费还贷"的投融资模式;

海南环岛高速公路G98西段儋州段

制定《海南经济特区基础设施投资综合补偿条例》(1994年4月28日海南省第一届人民代表大会常务委员会第八次会议通过,1994年5月31日公布施行,自2006年12月1日起废止,以下简称"基础设施投资综合补偿条例"),以地方法规形式确定投资公路的补偿标准、便利措施等,为高速公路建设引入社会资本提供了法律保障。

2."田字形"高速公路主骨架形成

2009年12月31日,国务院印发《国务院关于推进海南国际旅游岛建设发展的若干意见》(国发〔2009〕44号),把海南国际旅游岛建设上升为国家战略,要求"加快建设海口至五指山至三亚地方高速公路和万宁至儋州至洋浦地方高速公路……"2013年6月20日,国家发展和改革委员会印发《国家公路网规划(2013—2030年)》,海南列入规划的高速公路包括主线环岛高速公路G98、联络线G9811(中线高速公路海口至五指山至三亚)、G9812(海口至文昌至琼海)、G9813(万宁至洋浦),总里程1160km,约占国家高速公路网总里程的1%。有规划引领,借助政策和良好的投融资环境,高速公路投融资步入高潮。

截至2015年11月18日,规划内的未建357km高速公路全部开工,预计2018年底通车,将形成"田字形"高速公路主骨架。这一期间的高速公路建设投融资预计将完成投资320亿元,将完成规划建设目标大幅度提前12年。这一阶段投融资主要措施有:一是实施交通建设投融资体制机制改革,成立海南交通投资控股有限公司,化解历史债务,通过市场化手段多渠道筹集建设资金;二是省政府发行一般债券和专项债券募集资金,省级支出主要用于高速公路建设,资金规模大,利率低,目前居于建设资金来源主导地位。

(二)投融资改革与新创举

在高速公路建设过程中,在海南省委、省政府的支持下,海南省交通运输厅结合全省实际情况,锐意改革,大胆探索,破解投融资难题,有些改革举措堪称时代创举,时至今日仍然发挥巨大作用。

1.创立以高速公路投融资为主业的股份制企业

基础设施股份制是海南股份制改革最为成功的一部分。股份制改革,为海南高速公路、船舶运输等基础设施建设募集了大量资金,加快了建设步伐。由于缺乏建设资金,G98东段高速公路府城至黄竹段(右幅)仅65km,建设工期长达66个月(1987年6月—1992年底)。1993年初,海南省委、省政府明确支持股份制试点向基础设施和基础产业倾斜。同年4月,经海南省证券委员会批准,海南省公路局以东段高速公路建设工程指挥部办公室经评估的净资产(实际主要是府城至黄竹段路产)折股与2家信托投资公司共同发起,以定向募集方式设立海南高速公路股份有限公司(以下简称"海南高速"),总股本不超过12.5亿股。由于有前几年股票暴涨的财富效应,全国各类投资人争先认购股票,3个月内募集建设资金超过10亿元,一举解决资金难题,黄竹至三亚段(右幅)186km用了2年多时间建成通车。G98东段高速公路成为全国第一条采取股份制筹资建设的高速公路。1997年底,海南高速公开发行7700万股(IPO)募集资金4.41亿元,全部投入东段(左幅)高速公路海口至琼海段扩建工程,海南高速成为国内首家高速公路行业上市公司。

2. 改革公路规费征收制度

由于G98东段高速公路府城至黄竹段(右幅)试行收费不成功,设卡收费还影响通行效率,海南省委、省政府充分借鉴国际通行做法,利用全国人大授予的特别立法权,决定在本省从1994年1月1日起,将公路养路费、过桥费、过路费和公路运输管理费"四费合一",统一征收燃油附加费,由设卡收费改为在销售环节和定额征收。

1996年,海南省人大常委会颁布实施《海南经济特区机动车辆燃油附加费征收管理条例》(2010年,海南省人大常委会通过《海南经济特区机动车辆通行附加费征收管理条例》),以地方法规明确了改革成果。这项改革举措遵循了"用路者付费,多用者多付费"的原则,所有公路撤关去卡,海南成为全国唯一没有高速公路收费站卡的省份,实现"一脚油门踩到底"。据统计,1994年实施燃油附加费改革以来,燃油附加费(车辆通行附加费)累计征收超过200亿元,并保持持续增长势头。以燃油附加费(车辆通行附加费)等交通规费征收权作为质押,向银行贷款用于高速公路建设的资金超过300亿元。实践证明,这项改革有力地促进了高速公路建设,取得了显著的社会效益和较好的经济效益。在海南建省10周年和20周年之际,燃油附加费改革分别被评为"最满意的政府十件事"和"十大新闻事件"之一。

3.《基础设施投资综合补偿条例》为海南高速公路建设引入社会资本提供法律保障

1994年5月,海南省人大常委会颁布实施《基础设施投资综合补偿条例》。这部地方法规,不仅为海南高速公路建设引入社会资本提供了法律保障,重要的是还明确了高速公路投资的盈利模式。投资高速公路主要有三种补偿方式:一是投资补偿。从高速公路竣工、验收合格、投入营运后的第二年起,海南省交通行政主管部门从公路交通规费中,逐年给予投资者补偿(按银行长期建设贷款利息计算),使其投资的回收期不超过20年。投资回收完成以后,海南省政府按补偿期间的年平均补偿额再补偿5年,作为投资回报。值得一提的是,按照目前的5年期以上贷款基准利率测算,投资高速公路的内部收益率约7%,在今天也属合理水平。三是项目补偿。投资者可以向政府申请综合开发项目用地。二是经营补偿。投资者可利用高速公路沿线开展多种经营。通过这几种补偿方式,海南高速成为上市公司,其中投资补偿和沿线广告收入仍是该公司目前重要的收入来源。这三种补偿方式,环岛旅游公路PPP模式都可以选择借鉴。

4. 组建省级交通建设投融资公司

为化解政府债务负担问题,通过市场化手段多渠道筹集建设资金,满足海南省"十二五""十三五"高速公路建设资金需求,经海南省政府批准,2011年7月成立海南省交通投资控股有限公司(以下简称"海南交控"),由海南省交通运输厅代表海南省政府履行出资人职责。为增强海南交控的融资能力,海南省政府安排注入莺歌海盐场400公顷(6000亩)土地、海南高速国有股份和80%车辆通行附加费收入等多项政策支持。

海南交控成立以来,累计投入高速公路建设资金62.51亿元,圆满完成海口至洋浦1小时交通圈改建工程、G9811屯昌至琼中段新建工程以及海文高速公路改建、西段九所至八所及邦溪到白马井改建等4个项目的投融资工作;及时足额偿还各类债务本息总额100.93亿元。累计对外融资69.03亿元,信用评级为AA+。其中,银行贷款43.71亿元;在中国银行间市场成功注册40亿元债务融资工具,实际发行20亿元。首开海南省省属国企利用中票融资的先河,实现了高速公路建设投融资的新突破;G9811屯昌至琼中段实现项目融资5.32亿元,是海南省首次引进大型央企投资建设的高速公路项目。

5. 争取省政府债券支持

随着《中华人民共和国预算法》2015年1月1日实施,省政府可在国务院下达年度债务限额范围内,通过发行地方政府债券筹集资金,规模大、利率低。2015年及2016年,海南省政府发行地方政府债券超过300亿元,这些资金大部分用于高速公路建设,大大降低了融资成本。在海南地方政府债券支持下,2015年,规划内的琼中至五指山至乐东高速公路、万宁至洋浦高速公路、文昌至博鳌高速公路约358km全部开工。至此,海南省高速公路建设进入规模投资、全面开工的加速建设期,摆脱了以前"资金落实一段,建设一段"的稳步推进模式。

海南高速公路建设投融资经过近30年的实践和探索,解决了建设资金筹集难题,建立了车辆附加费征收还贷、上市公司、省级交通投融资公司、发行地方政府债券等可持续的投融资模式,较好地满足了建设资金需求。

主要做法、经验值得继承和发扬:一是快速用好、用活国家政策的能力;二是勇于改革,敢于担当的精神;三是立足省情的原则。

随着"田字形"高速公路主骨架形成,未来如何做好高速公路与旅游融合,如何做好高速公路养护和运营,如何做好公路服务设施的建设和运营等,还需要海南交通人不断创新、亮出绝活,持续为全省经济发展提供可靠保障。

第十节 海南高速公路施工标准

海南高速公路工程标准化建设,是通过推行现代工程管理,全面加强以"发展理念人本化、项目管理专业化、工程施工标准化、管理手段信息化、日常管理精细化"为主要内容的"五化"建设;是海南省交通运输厅规范建设市场秩序,提升建设管理水平,提高工程质量和安全的重要举措。

一、发展历程:漫长曲折

为深入贯彻实施《海南省人民政府关于实施标准化战略的意见》(琼府〔2011〕15号)精神,加快转变海南省公路发展方式,全力推进海南省重点公路项目建设,全面提升海南省公路建设管理水平,促进公路建设科学健康发展,海南省交通运输厅制定了《海南省重点公路及旅游公路项目施工标准化活动实施方案》,决定从2011年起,在海南省重点公路及旅游公路项目中开展为期3年的施工标准化活动。活动共分三个阶段:2011年7月31日前为启动阶段,2011年8月1日至2013年上半年为全面推行阶段,2013年下半年为总结评比阶段。

2011年2月,海南省交通运输厅在博鳌亚洲论坛交通保障路面应急处理工程率先试行施工标准化,实现了沥青混凝土集中拌和、碎石集料加工增加除尘设备、料场建设全部硬化并架设遮雨棚,这些在海南省公路建设史上前所未有,打响了海南省路面施工标准化活动第一枪,也为下一步全面开展施工标准化活动奠定了良好的基础。

2011年7月8日,海南省交通运输厅组织召开全省重点公路及旅游公路项目施工标准化活动动员大会,全面启动施工标准化活动。会上,时任交通运输厅厅长董宪曾作了动员讲话,海南省交通运输厅还与公路项目参建单位签订了《海南省重点公路及旅游公路项目施工标准化活动实施责任状》。

2011年12月,第一个严格按照施工标准化要求建设的项目——洋浦1小时交通圈西段高速公路白莲立交至白马井立交段改建工程正式开工,该项目是海南省高速公路首次大面积改建,也是海南省交通运输厅开展施工标准化活动以来,首个项目部、拌和站、预制场、试验室等场地全部进行标准化建设的项目。

2012年8月,组织编制《海南省重点公路及旅游公路施工标准化培训教材》系列丛书(分工地建设、路基工程、路面工程、桥梁工程、隧道工程、交安工程、绿化和环保工程、安全管理,共八册)和《海南省重点公路及旅游公路施工标准化操作手册》(分路基施工、边坡防护、路面施工、隧道施工、梁板预制、钢筋加工、小型构件、交安设施、绿化施工、安全生产,共十册)等图文并茂的实用技术手册,普及标准化施工工艺,提升施工标准化"软"实力,提高全省公路施工水平。

海南省推广施工标准化活动的做法和信用考核评价与施工企业中标率挂钩的方式,分别于2012年6月在全国高速公路施工标准化活动现场会上及2012年8月在全国交通运输行业道德领域突出问题专项教育和治理活动现场会上,得到了交通运输部的充分肯定,2012年9月7日,《中国交通报》头版头条以《海南:施工标准化催生公路建设新气象》为题重点报道海南省标准化建设重要成效。

二、主要措施:成效显著

施工标准化活动包括工地标准化、施工标准化和管理标准化。海南坚持工地标准化是重点、施工标准化是核心、管理标准化是主线,多措并举、多管齐下,切实把施工标准化活动抓出实效,实现了"五大转变"。采取的主要措施有:

(一)以标准化优化施工建设环境

积极鼓励各参建单位建设标准化工地,实行"四统一、三集中",即统一施工项目部驻地、工地试验室、拌和楼站、石料堆放仓的建设标准,混凝土拌和、钢筋加工、混凝土构件预制采取集中作业方式,初步达到作业环境、材料制备、产品质量"三优良"。

(二)以新工艺标准化提升工程品质

结合海南实际因地制宜,逐步在实践中创新提炼新材料新工艺的标准化应用。洋浦1小时交通圈西段高速公路白莲立交至白马井立交段改建工程应用的水泥就地冷再生基层、骨架密实型水稳基层、泡沫沥青厂拌冷再生下面层、50号沥青AC-20C中面层及SBS改性沥青AC-13C上面层等新材料、新工艺,取得了较好的实施效果。此外,针对海南省大部分地区地下水位较高,且多为膨胀土和液限土集中区域,符合路基填筑要求的土源不易寻找或运距太远的问题,为节省造价的同时确保工程质量,海南省交通运输厅和长沙理工大学联合成立了高液限土研究课题组,在海屯高速公路第一施工标段进行了高液限土用作路基填筑的研究,运用研究成果指导施工单位在路基93区中填筑高液限土,实现路基压实度达标的同时减少外借土方数量。

(三)以大标段招标适应标准化管理要求

从洋浦1小时交通圈西段高速公路白莲立交至白马井立交段改建工程开始,海南省交通运输厅采用大标段招标,将实施标准化前1亿元左右提高到2亿~5亿元进行标段划分,保证每个标段具备标准化要求的"四统一、三集中"等相应规模。洋浦1小时交通圈西段高速公路白莲立交至白马井立交段改建工程平均每个标段合同额 2 亿元,中线高速公路屯昌至琼中段平均每个标段投资额超过 5 亿元,国道海榆东段改造工程标段投资额超过 4 亿元,这些在海南省公路建设史上是空前的。采用大标段招标,既可以吸引优秀大企业来琼参与公路建设市场竞争,促进海南省公路施工水平提升,又可发挥集中优势,提高设备和场地利用效率,降低成本,实现标准化规模效益,促进标准化活动持续推进。

海南环岛高速公路西段洋浦 1 小时交通圈澄迈福山立交

(四)以信用考核提高标准化管理积极性

将标准化管理的要求纳入施工单位、主要岗位人员年度信用考核,实施招标信用奖励分,将信用考核结果和施工单位投标中标率挂钩,更好地选择有实力、有信用的施工队伍进入海南省公路建设市场,有效推动海南省公路建设市场健康有序发展。从洋浦 1 小时交通圈西段高速公路白莲立交至白马井立交段改建工程开始,海南省重点公路项目施工标中标单位均为省级以上注册大型施工企业,逐步扭转一流队伍中标,二流队伍进场,三流队伍施工的不良状况。

(五)以信息化建设加强管理水平

海南省交通运输厅一直致力于管理信息化建设,力求通过信息化手段实现对工程质量、安全、进度、投资等方面的信息管理,提高管理效率和管理水平,降低管理成本。结合公路水运信用信息管理系统建设,海南省交通运输厅研究制定了《海南省交通运输厅公路水运建设市场信用信息管理实施细则(试行)》和《海南省交通运输厅公路施工企业信用评价实施细则(试行)》,实现统一标准、分级管理、突出服务、鼓励诚信、动态监管,并将信用评价结果与招投标情况挂钩,加强建设市场监管能力;制定并实施了《海南省重点公路项目电子考勤管理办法(试行)》,在每个重点公路和旅游公路项目的指挥部、总监办和项目部安装人脸识别仪器,通过每天对各参建单位主要工程管理人员进行考勤,确保主要管理人员到位,解决一人多头跑、有岗无人等问题。同时,海南省交通运输厅研究并开发了"海南省公路建设项目动态管理系统",通过集成项目管理信息,统一管理手段、统一数据来源、统一数据处理、统一信息输出,实现对工程建设的全过程监控,目前该系统正在调试之中,即将进行试运行。

(六)以完善管理手段保障实施成效

从招标开始,将施工标准化作为强制性条款编入招标文件,强力推行,并对实施标准化管理增加的相关费用以总额价方式列入工程量清单实行单独计量支付,从制度和资金方面保障活动开展。

(七)以多层次服务监管提高工程质量

积极推行"路面施工技术咨询制""路面碎石盲样评审制",确保施工过程有序可控,并引入第三方检测,提高工程检测质量。

(八)以培训交流促人员素质提升

项目部开设职工标准化操作技能夜校,由项目技术咨询服务单位或项目总工等高级技术人员培训一线操作员工施工标准化的工艺工法。同时,采取"走出去、请进来"的方法,2011年先后组织赴福建、江苏、新疆等地观摩学习先进的施工工艺,组织开展沥青冷再生等新工艺专项培训;2012年先后分2批有针对性地组织施工管理、技术和质检等相关负责人赴陕西学习施工标准化先进经验,并常态化组织开展各项目、各标段间的相互交流。

三、主要成效:增速提质

施工标准化促进了管理效率的提高,有效缓解建设任务繁重与管理人员相对紧缺的矛盾。同时,由于推行集中拌和、集中加工、集中预制的"三集中"制度并采用先进的生产设备,工程建设既减少了临时用地、劳动消耗等费用,又大幅提高了生产效率和生产质量。经过近两年的努力,海南省施工标准化活动目前已取得了明显成效。主要体现在如下"五大转变"。

(一)变零散为集中,施工标准化由被动接受向主动践行转变

2011年7月,海南省交通运输厅组织召开海南省重点公路及旅游公路项目施工标准化活动动员大会,明确提出在海南省重点公路及旅游公路项目推行施工标准化活动,并将施工标准化要求写入招标文件,强制推行标准化施工。推行初期,很多施工单位或项目法

人对标准化管理持怀疑、观望态度,认为标准化管理会加重企业负担、增加建设成本,对开展活动积极性不高,甚至消极怠慢。针对这一状况,海南省交通运输厅领导高度重视,厅长董宪曾多次深入各项目施工现场,并在现场办公会议上多次明确要求推行标准化建设,强调"让标准成为习惯、让习惯符合标准、让结果达到标准"。在海南省交通运输厅领导的强力支持下,标准化建设活动效益逐步显现,施工单位改变了过去只看一次性投入增加的抵制情绪,推行标准化的自觉性大大增强,实现了由"要我做"到"我要做"的转变,从而带动标准化建设在海南省公路建设领域的落地生根、开花结果。

(二)变"工地"为"工厂",施工环境由散乱不整向集约文明转变

推行标准化前,混凝土分散拌和,钢筋零散加工,驻地建设、设备投入简陋杂乱,工地施工现场较为散乱。开展施工标准化活动后,工作场所由"工地"变成了"工厂",工人宿舍由"工棚"变成了"标间",材料存放由彩条布覆盖变成了"仓库存放",混凝土、沥青、钢筋生产实现"工厂化",施工操作实现"流水化",营造了整洁、文明、和谐的施工建设环境。

(三)变"农民工"为"产业工",施工建设由劳动力密集型向机械化、自动化转变

通过开展标准化建设培训,一线工人不再是过去放下锄头上桥头的单纯农民工,许多成为具有专业技能的产业工人。随着机械化设备的应用,工人劳动强度有所降低,生产效率大幅提高,工资收入也逐步增加。同时,施工现场生产条件大大改善,工人食宿、医疗卫生、文化、娱乐设施等生活条件不断完善,提高了行业文明程度,极大地调动了工人的生产积极性,营造了"建设工地是我家,我为建设工地做奉献"的良好氛围。

(四)变单一建设为注重多元效益,工程品质由重视实体向内外兼修、内实外美转变

通过施工标准化活动,软土地基超限沉陷、路面早期破坏、桥隧渗漏水等质量通病得到遏制;公路外观质量明显提高,混凝土麻面、露筋、蜂窝等现象得到有效控制,表面更加光洁。公路施工、绿化、美化同步推进,实现绿化工程与项目主体统筹规划、同步设计、同步建设的多元化目标,确保"当年通车当年绿"。实现了路基稳定、边坡牢固、桥隧安全、路面平整、设施完善的控制目标,不仅工程内在质量可靠,外观品质也得到显著提升。

(五)变规范为流程,施工组织由简单粗放向精细高效转变

统一、规范的标准贯彻到了工程建设的每个阶段、各道工序中,施工组织更加科学均衡,资源配置更加合理高效,形成了"实施有程序、操作有标准、过程有控制、结果有考核"的管理体系。通过生产规模化、管理智能化、控制实时化,减少了作业人员,提高了一次性

成品合格率,节约了建设成本。以推行标准化"三集中"为例,每个标段原则上只集中建设一个混凝土拌和站、一个钢筋加工场和一个构件预制场,并采用全自动强制式混凝土拌和机及数控钢筋弯箍机等先进的生产设备,不仅减少了临时用地、劳动消耗、材料消耗等费用,还大幅地提高了生产效率和生产质量,减少了劳力人员配置,是标准化建设直接经济效益的体现。

四、展望未来:未雨绸缪

海南省交通运输厅继续坚定不移地抓好标准化建设工作,因地制宜,探索创新,重点突破,着力推进海南省现代工程管理水平迈上新台阶。

(一)持续加强标准化建设,扩大"五化"建设成效

严格按照"五化"要求,加强一桥四路等重点公路项目和旅游公路项目的标准化建设力度,全面施行标准化生产工艺和作业方式(如小型构件集中预制、片梁集中预制、土方划格施工、先期台背回填、混凝土滴灌定时养生、路基冲击碾压等),促进全省公路建设管理水平的全面提升。

(二)进一步加强信息管理和应用,提升管理信息化水平

在公路水运信用信息管理系统和电子考勤的基础上,推广运行海南省交通运输厅自主开发的公路建设项目动态管理系统,使用信息化管理手段,实现对工程质量、安全、进度、投资等方面的信息管理,提高管理效率和科学性。

(三)继续加强宣传和培训,着力构建标准化建设长效机制

建立"三级学校"培训制度,分别由海南省交通运输厅、项目法人、施工单位组织,开展多层次、全覆盖的标准化培训。特别是要结合《海南省重点公路及旅游公路项目施工标准化培训教材》和《海南省重点公路及旅游公路项目施工标准化操作手册》,科学、系统、全面地提高一线施工和管理人员的标准化建设意识和实际操作技能,促进标准化建设常态化、长效化发展。

第十一节　创新:代建制和标准化施工
——海南环岛高速公路(西段)九所至八所段改建工程

海南西段高速公路九所至八所段是 G98 高速公路西段的主要组成部分,长 102.675km,为了提高海南"田字形"高速公路骨架网络的运行质量,改善沿线投资环境,促进沿线旅游

项目开发,海南省交通运输厅各级领导积极协调各部门,大力推动"海南 G98 环岛高速公路九所至八所段改建工程"项目的各项工作。经过各方努力,该项目于 2012 年 3 月立项,同年 8 月完成设计招标工作,2013 年 6 月完成施工图设计任务,7 月确定该项目以代建制模式对项目进行施工管理,并确定代建单位,同年 12 月开工建设,于 2015 年 2 月 10 日建成,并全线通车,通过各参建单位的专业化管理和标准化施工,公路各项检测指标符合规范和设计要求,它标志着海南省的公路建设管理水平又迈进了一大步。

一、项目特点:节约成本绿色交通

九所至八所段改建工程的主要工程量发生在路面结构层的改造部分,在勘察设计阶段,海南省交通运输厅领导多次组织业内专家对设计文件进行优化建议,以公路建设节能减排、可持续发展为方向,以施工组织易行性、施工质量可控性为目标,从实际出发考虑问题,最终确认设计方案。

该项目 80% 路段采用厂拌泡沫沥青冷再生技术,即将原路面沥青结构层铣刨,经过冷再生处理后的混合料作为路面下面层重新敷设,仅此一项单位工程即节约燃油 2600t,减少废气排放 1 万 t,同时海南省也是首次在该项目中大规模使用泡沫沥青冷再生技术,效果显著,不但节约了建设成本,更适应了环保、可持续发展的绿色交通理念。

在项目建设过程中,代建单位领会设计精神,深入贯彻设计意图,在施工过程中进一步优化施工组织,消除施工工序中的矛盾冲突,全面实施施工标准化,以"首件制"为抓手,强调事前控制,通过总结首件施工经验,规范重点工序的施工流程,减少质量通病。引入技术服务组,加强施工质量控制,优化生产配合比,提高生产效率,保证施工质量。将技术服务组纳入项目建设管理,也是海南省公路建设管理过程中不可或缺的重要因素。

二、项目管理:规范运作科学高效

(一)招投标管理

招投标制是公路工程建设推行的四项制度(项目法人责任制、招标投标制、工程监理制、合同管理制)之一。2013 年 7 月 3 日海南省交通运输厅根据招投标制要求,确定中国公路工程咨询集团为代建单位。

代建单位根据老路改造路线长、路面工程量集中、桥梁工程施工点多而造价偏低的特点,将工程划分为路基路面工程、桥梁工程和交安机电 3 个大标段以提高专业化、标准化作业能力和水平。代建单位在 2013 年 7 月底确定监理、施工招标方案,并通过交通运输厅批复。在海南省交通运输厅建设管理处、审计处、第五纪检组的监督下,代建单位于

2013年8月—10月，依照公开、公平、公正和诚实信用的原则完成了监理、施工招标工作。

（二）人员管理

"贤者为政则国治，愚者为政则国乱。"这句话充分说明了人才对兴国安邦的重要性。对于建设工程项目而言，高素质的参建人员特别是项目管理人员对项目成功起到非常重要的作用。项目管理过程中的"四个关键人"（代建单位负责人、总监理工程师、项目经理、技术服务组负责人）是把控公路建设工程质量、安全等现场管理的关键力量，其日常管理行为、履约情况和工作绩效对工程有着重大的影响。海南省交通运输厅将"四个关键人"以及各参建单位的项目总工，试验室主任等主要岗位人员直接纳入其管理视野，在各项目驻地安装人脸识别考勤系统，进行电子考勤，考勤结果不仅与个人信用挂钩，也直接与本单位的信用评价挂钩。

（三）机械设备管理

本项目启动的初期阶段，代建方就组织管理人员对施工单位拟进场的主要施工机械的数量、型号、性能和使用年限对照招标文件进行备案考察，要求进场设备来源必须清晰、可靠，坚决杜绝老、旧、差的设备进场。

在日常管理中，为保证施工机械设备稳定运行，保证生产的连续性，代建方要求施工单位必须配备足够维修、替换部件以满足生产需要，所有设备故障保证两天内解决，减少由于设备故障导致的停工待料和窝工。

（四）进度管理

本项目为道路改建，施工造成大量车流绕行地方道路，改变居民出行习惯，对当地交通造成巨大影响，"沿线出行需求与项目工期"的矛盾非常突出。建设期间，参建单位工期压力巨大。

由于政策原因，项目沿线原设计采用的碎石场关停，导致施工单位进场即面临着"无料可用"的尴尬局面，"碎石"的供应成为工程按期完工的最大障碍；本项目受国防光缆影响路段达39km，占全线总长的38%，只有国防光缆安全、及时地搬迁才能给公路建设者提供工作面，才能保障工程顺利进行。

在海南省交通运输厅重点督导组的带领下，代建单位组织力量重新调查石场，与地方政府积极沟通协调，成功解决了"碎石"供应问题，扫清了项目的最大障碍。在交通运输厅的协调下，海南省军区在1个月内搬迁了全线90%以上的国防光缆，不仅保护了国防光缆安全，也为保障工期创造有利条件。

本项目采用"管理过程回头看"，针对右幅施工进展较慢的情况，交通运输厅及时召开了"右幅施工总结和左幅计划安排会议"。各参建单位详细分析右幅施工情况,逐条梳理项目的重点、难点、制约点,摸清项目进度缓慢的原因,总结施工经验和教训。针对右幅发现的问题,交通运输厅要求各参建单位调整管理思路和方法,抓住关键路线,注重管理细节,及时根据现场情况调整工序安排,确保左幅按期完工。

代建单位在左幅施工中采用项目管理周报加强管理,同时探索使用BIM(Building Information Modeling)技术,使各参建单位在一个协同工作的平台上共同工作,提高了生产效率。通过各参建单位努力,本项目左幅进度管理水平得到很大提升。

本项目右幅施工历时9个月、左幅施工历时5个月完工,实现了预期工期目标。

(五)信息化管理

据国际相关文献资料介绍,建设工程项目实施过程中存在的诸多问题,其中三分之二与信息交流不畅有关;建设工程项目10%~33%的费用增加与信息交流存在的问题有关;在大型建设工程项目中,由信息交流不畅导致工程变更和工程实施的错误约占工程总成本的3%~5%。

本项目在具体实践过程中,结合传统的施工单位月报、监理单位月报,编制了代建单位周报,在进度管理方面,采用BIM(Building Information Modeling)技术,探索研发"公路工程可视化信息管理平台",为各参建单位提供了一个协同工作的平台,较有效地解决了由于信息交流不畅、信息交流不深入及信息不对称造成的工序交叉矛盾,在提高生产效率和节约成本方面发挥了重要作用。

(六)质量管理

海南省交通运输厅以"质量是工程的生命,质量责任重于泰山"为宗旨,采取坚决措施,严把工程质量,实行质量一票否决制,确保工程质量经得起社会的评价和历史的检验。

加强对工程重点环节的行业管理与指导。针对不同阶段、不同专业质量控制要点,省交通运输厅针对施工标准化、路面工程、桥梁工程、绿化工程、交通工程等方面组织了专项检查指导,强化参建单位质量意识,协调解决施工中出现的问题和困难。

海南省交通工程质量监督管理局组织检测单位对本项目进行了10次检测,加强了对项目现场质量的管控,指导参建单位做好工程质量控制工作。

1.代建单位推进现代工程管理,发挥专业化管理作用

实行阶段现场核查制,根据现场施工质量管理重点,分析领会和贯彻设计意图。"设计是工程质量的灵魂",代建单位始终坚持这一理念。代建单位在施工图设计完成后才开始介入,时间较晚,在有关交通部门帮助下,代建单位按照"阶段现场核查制",对项目进行分析,梳理出各阶段的管理重点,使管理更有针对性。多次邀请专家和现场技术人员

一起结合图纸对现场进行踏勘,使项目技术人员更能准确地领会设计意图。

2. 成立质量管理小组,严控施工质量要点

代建单位根据不同时期项目质量控制要点专门成立由参建单位主要负责人组成的6个质量管理小组(碎石管理小组、沥青管理小组、现场动态设计变更专家组、交安机电材料质量管理小组、伸缩缝施工质量控制小组、大中桥处理新增病害领导小组)。通过领导小组形成各参建单位对工程质量自上而下、齐抓共管的整体工作局面,增强参建人员的责任意识,保障工程重点、难点的质量得到有效控制。

3. 以代建单位管理为龙头,发挥监理、技术服务作用

代建单位实行精细化的日常质量管理,每天上路进行质量巡查,及时记录和反馈所发现的质量问题。在此基础上,适时组织全线施工情况综合检查(共7次),针对检查情况下发关于质量的文件共26份。

监理和技术服务组在项目质量管理中也发挥了巨大作用,对施工单位质量行为形成了较好的约束:监理共签发监理指令35份;技术服务组针对路面施工报送技术服务专报38份,技术服务周报50份。

4. 以工程"首件制"为抓手,强调事前控制

"首件制"是根据"预防为主、先导试点"的原则,以提高质量、改进意识为目的,根据首件工程的各项质量指标进行综合总结评价,对施工质量存在的不足之处分析原因、提出改进措施,以指导后续施工,预防后续施工可能产生的各种质量问题的制度。

本项目实行首件制的施工项目有:水泥稳定碎石基层、泡沫沥青冷再生下面层、50号沥青中面层、SBS改性沥青上面层、通道加铺、桥涵顶升、梁板预制、梁板更换、桩基加固、伸缩缝更换、标线施划等。

5. "动态优化设计"理念的贯彻实践

由于勘察设计阶段与施工阶段存在较长时间间隔,施工阶段道路、桥梁状况较勘察设计阶段发生了较大变化,本项目借鉴近年来海南省交通运输厅高速公路改建工程管理的经验,贯彻实施"动态优化设计"理念,在海南省交通运输厅建设处、重点督导组的指导下组织了设计、监理、施工单位、技术服务组五方人员共同成立"动态变更专家小组"和"大中桥处理新增病害领导小组",不仅针对路面和桥梁病害的实际情况制定了合理且各标段标准统一的处治方案,而且能够较快地处理现场施工遇到的技术、设计方案调整等问题,协助施工单位组织施工,快了施工进度。

(七)安全管理

本项目在海南省交通、交警、路政、质监等部门的领导下,通过参建各方积极努力,实

现安全生产"零事故"。

1. 多方协作,齐抓共管,消除交通隐患

本项目在施工中采取"全线半幅封闭,另半幅超车道封闭作为施工通道,行车道及应急车道单向通行"的交通组织措施。由于在施工期间沿线居民出行习惯发生了变化,加上海南地区高速公路不设收费站,极易出现社会逆行车辆。尤其在左幅施工高峰期,施工借道总长度曾高达59km,牵制了大量人力、物力,安全形势严峻。

以往边通车边施工路段,主要依靠参建单位进行安全管理,这种方式力量薄弱,很难对社会车辆进行良好疏导,导致施工运输和社会车辆相互干扰,矛盾多,安全事故隐患大。为此本项目在交通厅领导下,采取了由交警、路政、建设、施工多个部门相互协作、齐抓共管的措施,形成安全管理联防体系,加大了路面交通监控力度。

2. 建立健全安全管理制度,加强安全培训宣传,提高员工安全生产意识

在本项目实施过程中,各参建单位牢固树立"安全第一,预防为主,综合治理"的安全生产理念,建立、健全各项制度、体系,层层分解、责任到人,同时加强沟通、宣传和培训,提高参建人员的安全知识水平和安全意识,以求真务实、严谨细致的工作作风,扎实做好各项安全管理工作。

3. 做好交通组织和现场施工的安全管理工作

针对高速公路改建施工安全管理的特点,本项目一方面加强交通组织方面的安全管理工作,做好借道施工的安全防护,安排专人进行巡查,发现问题及时整改;另一方面对施工现场的安全防护、场站驻地的消防与临时用电等工作也常抓不懈。

4. 安全保通,责无旁贷

由于原有的交通工程标志、标线满足不了高速公路服务水平,并且安全设施和路面损坏严重,影响车辆安全行驶。在公路局统一部署和安排下,代建单位和施工单位共同对缺漏标志进行补充,对路面损坏严重的路段及时进行修复,确保道路的安全畅通。

三、实施成效

G98环岛高速公路改建工程九所至八所段项目(以下简称"该项目"),在建设管理过程中,大胆创新,积极总结,并取得了以下成果。

(一)实现项目管理信息化

自"十二五"以来,海南省加快大了公路建设的管理力度,对进入公路建设市场的企业也提出了更高的管理要求,项目管理精细化、信息化无疑是今后项目管理的发展趋势。

BIM技术的成功应用。该项目成功将BIM技术应用于项目管理，实现项目管理的信息化。根据项目进度日报和代建单位周报等基础资料，采用BIM技术，探索研发"公路工程可视化信息管理平台"，为各参建单位提供了一个协同工作的平台，解决了由于信息交流不畅、信息交流不深入及信息不对称造成的工序交叉矛盾，在提高生产效率和节约成本方面发挥了重要作用。

对路面施工过程进行监控。在项目建设阶段，尤其是路面施工过程中，代建单位采用"基于信息化大数据网络的动态质量管理技术"，采集拌和站、路面施工机械在施工过程中的实时数据和施工信息，监控拌和站、摊铺机械等设备参数，改变完全依赖人工旁站记录的管理方式，实现了信息自动上报和实时远程监管。

(二)运用新工艺、新技术、新材料

50号沥青在海南发挥了一定优势，提高了高温环境下的路面稳定性能。

该项目采用了50号A级道路石油沥青混合料作为中面层。50号沥青设计的混凝土具有模量高、抗车辙能力强的优点，尤其在海南岛高温季节持续时间长的环境下，可以明显提高路面的高温稳定性能，但是国内生产厂家少、产量低，未形成生产规模，同时现行规范中指标要求苛刻，制约了50号沥青的推广和使用。

2014年3月11日，海南省交通运输厅总工程师刘闯组织国内专家召开"适合海南地区道路石油沥青相关指标专家研讨会"，调整沥青指标，将10℃延度指标不作为该项目沥青技术要求，打破规范对50号沥青使用的枷锁，编写了技术指南，使50号沥青在该项目得到成功应用，效果得到好评。桥梁同步顶升技术，保证桥梁的整体结构质量，减少了交通中断时间。

该项目桥梁顶升施工采用了多点同步顶升液压系统，由计算机统一控制，保证了每一片梁、每一跨均匀同步上升，防止梁体在上升过程发生横向或纵向偏移，该施工方法不损坏现有桥梁结构，同时顶升过程中能减少了中断交通的时间。

在多雨地区采用雨夜标线，提高了行车的安全可靠性。海南省是多雨地区，该项目选取试验段进行了热熔雨夜标线新技术、新材料的探索。通过连续跟踪观测，雨夜标线逆反射系数比普通标线提高了近50%，增强了标线在雨夜条件下的反光性能，提高了行车安全的可靠性。

片麻岩酸性集料沥青上面层应用技术。本项目设计文件中要求上面层粗集料需采用碱性辉绿岩或玄武岩，但进场后发现，由于产能不足，可用料场无法满足全线碎石需求，缺口达70%。

参建单位通过对沿线料场进行调查、取样，将沿线产能较大的片麻岩石料作为备选方案之一。

海南环岛高速公路机械化施工现场

片麻岩属于酸性石料,不能直接应用于上面层,代建单位组织技术人员进行科技攻关,通过大量试验,采取技术措施对片麻岩进行处理,提高其与沥青的黏附性,各项技术指标均达到规范要求,但路面表面颜色发黄,上面层表观不佳。

为改善路面综合性能和表观色泽,2014年7月16日,海南省交通运输厅邀请了郝培文、周进川、王旭东等国内知名专家织召开了"G98环岛高速公路九所至八所段沥青上面层采用片麻岩碎石的相关问题专家咨询会"。与会专家认可了片麻岩碎石作为上面层碎石的方案,同时建议开展在高于规范的要求标准和苛刻条件下的冻融劈裂、浸水车辙、汉堡车辙等抗水损坏性能和高温耐久性试验。

本项目对现场摊铺的片麻岩碎石的沥青路面直接钻芯取样并进行试验,其各项指标检验合格:3500次动水压力作用(60℃)下,试件完好无松散、劈裂强度几乎没有下降;2万次50℃汉堡浸水车辙作用后,试件完好、变形量小;60℃汉堡浸水车辙20mm变形量的作用次数达到5650次。

通过各参建单位精心施工,该项技术得到了成功应用。同时海南交通运输厅将其列入2015年科技项目,要求深化研究并推广该技术,为本项目后续施工路段及不同种类石料在海南地区的应用积累科研成果。

(三)注重工程可持续发展,推行环保工艺和技术

1. 水泥稳定碎石基层旧料循环利用

该项目对铣刨后产生大量的水泥稳定碎石基层旧料进行循环利用,通过对混合料配合比精心设计与施工工艺把控,在保证混合料性能的同时,实现20%~30%掺量的水泥稳定碎石基层旧料循环利用,消耗掉该项目铣刨产生的水泥稳定碎石基层旧料约15万t,

节省约25%石料资源,不仅缓解了该项目碎石材料供应紧张问题,还顺应绿色交通发展的方向,实现工程建设可持续发展。

2. 节能型机电设备

该项目沿线共设置10套超节能可变信息标志,相比常规可变信息标志,运营期每年可直接减少耗电量62791.68kW·h,折合标准煤21t(电能折算标准煤的系数取值为0.330 kgce/kW·h);同时,由于设备功耗下降,设备供电线路总电流下降,线路电能损耗随之下降。

好的经验和做法,必须要认真总结和传承。环岛高速公路九所至八所段代建单位认真总结公路建设项目管理及施工经验,对项目的管理和施工经验进行了系统总结,也是全省公路建设水平取得巨大发展的一个缩影。

第十二节　海南高速公路建设十大成果

海南环岛高速公路建设历时10余年,从最初筹划建设二级汽车专用路,到目前的环岛高速公路,实现了"田字形"主骨架格局。在这个漫长的建设过程中,有许多值得大书特书的宝贵经验。

(1)海南环岛高速公路从无到有从慢到快,至2016年底建设里程共计1000km,实现了历史上的大突破。

1988年,海南开始筹划建设二级汽车专用路,到最后建成了东段高速公路,这是海南省第一条高速公路。东段高速公路起始于海口市琼山区府城镇,经定安、琼海、万宁、陵水抵三亚,全长268km(含海口连接线31km)。右幅于1988年上半年开工建设,1995年12月27日建成通车,总投资22亿元;左幅扩建工程于1997年1月起分段实施,海口至三亚段共计投资15亿元,1998年4月府城至琼海段89km竣工通车,2001年1月25日琼海至陵水段105km建成通车,2001年3月陵水至三亚段建成通车。东段高速公路开通后,海口至三亚的行车里程由7h左右缩短为3h。

海南西段高速公路贯穿澄迈、临高、儋州、白沙、昌江、东方、乐东等市县,全长345km(含三亚连接线34km),于1995年11月29日开工建设,1999年9月26日建成通车。其中:海口至洋浦段91km于1997年3月交付使用,总投资7.8亿元;九所至三亚段61km,1998年3月交付使用,总投资5.5亿元;洋浦至九所段193km,于1999年9月26日建成通车,总投资19亿元。

(2)海南在高速公路建设中,率先尝试实行BO模式并取得成功,包括施工设计总承包制度,这在全国开了先河。

（3）海南在高速公路建设中，第一个尝试代建制模式，这是体制改革的尝试和创新。

（4）海南率先全面开放高速公路建设市场，引进大型国企、央企等参与，搭建起了专业化的投融资平台，成立交通控股公司，制度创新，为海南高速公路建设输入了新鲜血液。

（5）海南在全国首先全面实施施工标准化模式，实施大企业进驻，大标段建设、标准化施工制度，这又在全国开了先河，就建设模式进行了有益尝试和创新。

（6）海南高速公路建设在"十二五"期间，无论是建设规模还是里程，覆盖面，投入资金，均属历史以来最高，全国高速公路参建企业近百家。

（7）"一脚油门踩到底"，海南高速公路沿途不设收费站，这在全国独一无二。

（8）海南"田字形"高速公路主骨架路网格局，实现了海南东西南北、环岛省份的有效互联互通，实现了机场、港口、码头、车站的"零换乘"，这对于解决海南中西部扶贫攻坚问题，助推国际旅游岛建设，意义非凡，作用巨大。随着白沙出口路和白沙—保亭、海棠湾高速公路的路网完善，海南省将在多规合一规划理念的科学引领下，尽快实现县县通高速公路的目标。

（9）目前，海南全省初步建立了以高速公路为主骨架，以国省道为干，以农村公路为支，以出口路、旅游路、国防路为补充的四通八达的公路交通网络体系，公路网的通行能力、服务水平、通达深度得到了进一步提高，随着海南东段高速公路、中段高速公路、西段高速公路、海口至文昌高速公路、海口绕城高速公路和三亚绕城高速公路的投入建设，海南省初步形成了以环岛高速公路为主骨架，以"三纵四横"国省道为主干线的公路网布局。

海南"田字形"主骨架高速公路的中线琼中至五指山至乐东高速公路、横线万宁至儋州至洋浦高速公路、文昌至琼海高速公路等三条高速公路各项建设工作正在稳步推进当中。横线万宁至儋州至洋浦高速公路，是海南"田字形"高速公路网主骨架的重要组成部分，是贯穿海南东西向，连接环岛高速公路、中线高速公路的横向骨架。

（10）海南高速公路建设，结合生态省和低碳出行的建设要求，将高速公路建成了景观路、生态路、文明路、安全路、致富路。海南中线高速公路成为展示中西部黎族、苗族风情文化的窗口和走廊。五指山核心生态保护区列入其中，生态环境得到有效保护，按照战略战备要求修建的琼乐高速公路，必将成为黎族、苗族、汉族的民族大团结的团结致富路。

第三章
高速公路建设项目

第一节 综 述

海南省高速公路建设项目，于20世纪80年代开始筹划，20世纪90年代初正式开工建设。它伴随着海南建省办中国最大经济特区的时代步伐，经历了从无到有，从小到大，从点到面的历史进程。从二级汽车专用道升级为高速公路，又从半幅高速公路到全幅高速公路，从规划建设环岛高速公路，到规划建设"田字形"高速公路网络。截至2016年底，30年间海南省已建和在建的全部高速公路建设项目，共计17个，覆盖全岛18个市县中的16个市县，建设里程累计1429.445km（注：含东段高速公路右幅248.89km，左幅250.845km），总投资461.9375亿元，总占地7311.397公顷（109970.955亩）。国务院批准的《国家公路网规划（2013年—2030年）》中，海南高速公路全部列入规划，统一命名为主线环岛高速公路G98、联络线G9811（中线高速公路海口至五指山至乐东）、G9812（海口至文昌至琼海）、G9813（万宁至洋浦）等，共计1180.555km。

G98环岛高速公路又称海南环线高速公路，是国家高速公路网规划的地区环线之一。它是我国规模最大的环岛高速公路、环岛半径最大的闭环高速公路。G98环岛高速公路由原海南东段高速公路工程、西段高速公路工程以及海口绕城高速公路、三亚绕城高速公路等共同组成，起点位于海口龙桥枢纽立交，里程按顺时针方向进行累计，途经海口、定安、琼海、万宁、陵水、三亚、乐东、东方、昌江、白沙、儋州、临高、澄迈等13个市县，终点与起点重合，形成一个环形闭合圈。

G98海南环岛高速公路建设里程907.375km（注：含东段高速公路右幅248.89km，左幅250.845km），折合标准建设里程658.458km，总投资103.7175亿元，占地3532.895公顷。由环岛东段高速公路段、环岛西段高速公路段、海口绕城高速公路段和三亚绕城高速公路段等4个项目组成。

环岛东段高速公路段投资40.0375亿元，占地816.38公顷，途经海口、定安、琼海、万宁、陵水和三亚等6个市（县），其中东段高速公路右幅建设里程248.89km，由府城至黄竹段、黄竹至陵水段、陵水至田独段等三大项目组成。东段高速公路左幅建设里程

250.845km,由海口至琼海、琼海至陵水、陵水至三亚等三大项目组成。

由于特殊的历史条件,环岛东段高速公路段在海南高速公路建设史上意义非凡。它是海南省第一条高速公路,也是海南省改革基础设施投资管理体制的产物,主要由海南高速公路股份有限公司筹资建设;它是海南第一条利用日元贷款建设的高速公路项目;它是海南唯一一条分幅建设并半幅通车的项目;它是海南首次引进"菲迪克"(FIDIC)条款实行独立的监理工程师制度的项目;它还是海南首次实行面向全国招投标的公路工程项目。

环岛西段高速公路段建设里程342.78km,投资35.56亿元,占地1794.149公顷(26912.235亩),由海口至洋浦、洋浦至九所、九所至三亚等三大项目组成,途经海口、澄迈、临高、儋州、洋浦经济开发区、昌江、东方、乐东和三亚等9市(县、区)。

环岛西段高速公路段工程由海南省交通运输厅主管,设西段高速公路工程建设指挥部管理,由农业银行海南省支行贷款分段建设施工。海南省政府于1995年决定,环岛西段高速公路段工程由在环岛东段高速公路段工程中表现出色的施工队伍建设。

海南环岛高速公路 G98 海口绕城高速公路龙昆南立交桥

海口绕城高速公路段建设里程34.4km,投资10.12亿元,占地270.91公顷。

海口绕城高速公路位于海南岛北部、海口市城区外南侧,是同三国道主干线的一部分,是连接海南东段高速公路和西段高速公路的联通线,也是省内通往海口美兰机场的快速通道,完善了海南公路网,实现环岛高速公路在海南岛北部的闭合,实现了发挥海口交通主枢纽和公路水路(港口)机场(航空)铁路有机联系综合发展的作用。三亚绕城高速公路段建设里程30.46km,投资18亿元,占用218.555公顷。三亚绕城公路是同三(黑龙江省同江市到海南省三亚市)国道主干线的重要组成部分,三亚绕城公路将海南省东段高速公路、西段高速公路连接成海南环岛高速公路圈,并与国道223、224、225线形成快速的环岛高速公路网络,对三亚市作为国际滨海旅游城市的可持续发展具有极为重要的意义。

海口、三亚两市绕城高速公路工程均分别由海口市和三亚市政府代建。

G9811 海乐高速公路，建设里程 241.564km，总投资 180.51 亿元，占地 1852.085 公顷，由海口至屯昌段、屯昌至琼中段和琼中至乐东段等三大项目组成，途经海口、澄迈、定安、屯昌、琼中、五指山、乐东等 7 个市（县）。

海乐高速公路是《海南省"十一五"交通运输发展规划》中海南省公路网主骨架建设的重要公路建设项目之一，也是《海南国际旅游岛建设发展规划纲要》中的交通重点建设项目。

1993 年 7 月经海南省政府批准，海南凯立中部开发建设股份有限公司承担海南中线高速公路工程投资建设。1996 年 7 月海口至永发段 28.258km 开工，因筹资困难，1998 年底该段工程停工。2007 年 11 月政府与凯立公司解除原订投资补偿合同，政府收回投资建设经营权。

G9812 海琼高速公路，建设里程 117.47km，总投资 54.48 亿元，占地 771.417 公顷，由海口至文昌段、文昌至琼海段二大项目组成，途经海口、文昌、琼海等 3 个市（县）。海口至文昌段工程 1995 年曾由海南泛华高速公路股份有限公司作为业主承建，因其筹资困难而停工，经海南省政府批准，2000 年 3 月由海南省交通运输厅正式收回建设。

G9813 万洋高速公路，建设里程 163.036km，总投资 123.23 亿元，占地 1155 公顷，途经万宁、琼中和儋州等 3 个市（县）。万洋高速公路呈东西走向，穿越海南腹地山区，连接海南岛东西海岸，是实现海南"田字形"高速公路网络的最后项目。

第二节　G98 海南环岛高速公路（东段）右幅工程

G98 海南环岛高速公路（东段），是国家公路网"两纵"主干线之一——黑龙江同江至海南三亚的重点建设项目。1989 年 10 月，国家计委以计工〔1989〕1360 号文批准项目立项建设，按当时的《公路工程技术标准》山岭重丘区高速公路标准修建，分左右幅分期实施。

一、工程概况

G98 海南环岛高速公路（东段），原为海南环岛公路（东段），1986 年 4 月列为国家"七五"大中型建设项目，为一级标准、二级实施的汽车专用公路。1988 年 3 月，海南建省筹备组召开交通建设会议，决定将海南环岛公路（东段）提高标准修建成高速公路，并按此上报国家主管部门，国家计委于 1989 年 10 月予以批准，同意按高速公路半幅进行修建，并列为国家"八五"重点工程建设项目。

G98 海南环岛高速公路（东段）起于琼山区府城镇，终点为三亚市田独镇，途经琼山、定安、琼海、万宁、陵水和三亚等6市(县),跨越南渡江、万泉河、太阳河、陵水河和藤桥河等海南东部主要河流水系,穿越牛岭、大茅山等主要山脉。右幅建设里程248.89km,占地816.38公顷(12245.7亩)。

(一)公路的主要技术指标(左右全幅)

设计技术标准:高速公路山岭重丘区标准;设计速度:100km/h;路基宽度:府城至黄竹段27m、黄竹至田独段24.5m;行车道:4×3.75m;桥涵设计荷载汽车—超20级,挂车—120;桥面净宽:2×净11.0m。

(二)主要工程量(右幅)

土石方:1014万 m^3;沥青路面:148.43km;水泥路面:119.82km;特大桥:2座;大桥:10座;中桥:14座(主线13座,出口路1座);小桥:60座(主线53座,出口路7座);涵洞:722(主线694道,出口路28道);隧道:2座;互通式立交:17处;分离式立交:52处;人行天桥:6处;通道:366处;交通工程:251.811km。

右幅项目的概算总投资为21.8205亿元,右幅工程于1995年12月竣工通车。

二、项目基本建设程序执行情况

海南环岛公路(东段)作为国家公路网的主干线,项目按国家基本建设程序进行立项实施。项目最初以二级汽车专用公路先修半幅的标准批准立项建设,在项目实施过程中,为适应海南建省创办全国最大经济特区的需要,提高建设标准改为高速公路。

1984年,海南公路局开展海南岛环岛公路(东段)前期工作,1985年向国家计划委员会提出立项报告。1986年4月,海南岛环岛公路(东段)列为国家"七五"大中型建设项目建设。1986年5月8日,国家计划委员会以《关于海南岛环岛公路(东段)设计任务书的批复》(计交(贷)〔1986〕715号)同意修建海南环岛东段公路。

1988年3月,海南建省筹备组召开交通建设会议,决定将海南环岛公路(东段)标准提高修建成高速公路,1988年10月,海南省经济计划厅向国家计划委员会上报提高标准的立项报告及可行性研究报告。1989年10月31日,国家计划委员会通过《关于海南省环岛公路(东段)可行性研究报告的批复》(计工〔1989〕1360号),同意该公路近期按半幅高速公路进行修建,远期再扩建成高速公路。1990年9月21日,交通部通过《关于海南省环岛公路(东段)初步设计文件的批复》(〔1990〕交工字519号),全线核定建设里程为253.05km,总概算10.5631亿元。

1992年5月28日,经国务院批准,国家计划委员会以计投资〔1992〕720号文下达了《一九九二年基本建设新开工大中型项目计划》。海南环岛公路(东段)工程,半幅高速公路272km列入1992年基本建设新开工大中型项目计划。

1994年3月,海南省交通运输厅厅长办公会议决定对右幅陵水至田独段进行加宽,全长57.217km,由原设计12m加宽至16m。1994年11月5日,海南省交通运输厅通过《东段高速公路陵水至田独段加宽工程施工图预算的批复》(琼交运函〔1994〕361号),批准加宽预算总投资为1.093亿元。

1994年9月20日,交通部通过《关于海南省环岛公路(东段)调整概算的批复》(交公路发〔1994〕965号),核定建设里程为254.607km,概算为21.2341亿元。

三、工程的建设过程

海南环岛(东段)高速公路的建设,从最初的一级标准、二级实施的汽车专用路,到提高标准为高速公路分幅修建。作为建设单位承担工程建设管理的单位依次有:海南省公路局(府城至黄竹)、海南东段高速公路建设工程指挥部(黄竹至陵水)、海南高速公路股份有限公司(陵水至田独)等,G98高速公路右幅分段进行建设。其中:主线248.89km,出口路16.44km(海口出口路4.603km,三亚出口路11.837km),工程分为府城至黄竹段、黄竹至陵水段、陵水至田独等三段分期修建。

海南环岛高速公路G98右幅陵水至田独段施工中的陵水河大桥

(一)府城至黄竹段

府城至黄竹段长62.38km,1987年海南原隶属广东省,由其批准工程按二级路开工,同年6月此段正式动工,工程建设管理由海南公路局负责。

1988年提出提高建设标准后,工程暂停施工,1990年批准初步设计后,工程恢复施工,至1992年12月全段竣工通车。

(二)黄竹至陵水段

G98海南环岛高速公路(东段)第二期黄竹至陵水段工程(K64+176.55~K197+

600）全长129.09km，途经琼海、万宁至陵水大桥北端。项目完成土石方1054万 m^3，水泥混凝土路面66.7万 m^2，沥青混凝土路面85.6万 m^2，桥梁53座，涵洞472道，通道161处，分离式立交26处，人行天桥4座，互通式立交8处，隧道1座。工程竣工决算总金额为11.0909亿元。

工程管理工作由1991年6月设立的海南东段高速公路建设工程指挥部负责。期间为解决建设过程中建设资金困难问题，海南省政府决定并经海南省证券委批准，于1993年8月将负责本项目的原海南省东段高速公路建设工程指挥部办公室改制为海南高速公路股份有限公司，向社会定向募集资金，保障工程需要。

本工程1991年8月1日开始招标，1992年2月10日正式开工，1993年12月底全线贯通，竣工日期为1994年4月1日。1994年1月24日，海南省政府组织召开现场颁奖大会。

（三）陵水至田独段

G98海南环岛高速公路（东段）第三期陵水至田独段右半幅起点为陵水县陵水大桥北端，终点为三亚田独镇，建设单位为海南高速公路股份有限公司，全长57.42km。建设过程中，针对已完工通车路段交通事故频繁问题，1994年3月，根据海南省政府批准，陵水至田独段的技术指标由三车道12m宽改为四车道16m宽。工程共完成路基土石方629.3589万 m^3，水泥混凝土路面139.6744万 m^2，沥青混凝土路面5.9064万 m^2，涵洞365道，桥梁23座，通道87处，分离式立交17处，隧道2座。工程决算金额为7.2405亿元。

本工程1993年11月10日开始招标，1994年3月开工，1995年12月完工，至此右幅全线竣工通车。

各参建单位及具体负责路段见表3-1～表3-5。

建设单位情况表　　　　　　　　　　　　　　　　　　　　　　表3-1

建设单位	路　段	长度(km)	时　间
海南东段高速公路建设工程指挥部	（右幅）黄竹至陵水段	129.093	1991　1993年
海南高速公路股份有限公司	（右幅）陵水至田独段	57.415	1994—1995年

监理单位情况表　　　　　　　　　　　　　　　　　　　　　　表3-2

监理单位	路　段	长度(km)	备　注
海南公路局	（右幅）府城至黄竹段	—	
华通路桥监理公司和海南省交通工程质量监督站联合组建总监理部	（右幅）黄竹至陵水段	—	
华宏路桥咨询监理公司	（右幅）陵水至藤桥段	—	
华通路桥咨询监理公司	（右幅）藤桥至田独段	—	
海南交通监理公司	（右幅）整治美仁坡至琼海段	—	

海南

设计单位情况表　　　　　　　　　　　　　　　　　　　　　　　　　表 3-3

设 计 单 位	路 段	长度（km）	时 间
交通部公路规划设计院	府城至大茂段 K0+000～K138+038.06	139.15	1991年6月
交通部第二公路勘察设计院	大茂至田独段 K138+038.0～K306+381.42	112.66	1991年6月
海南省公路局设计室	海口、三亚出口路	16.44	1990年10月
中国公路工程咨询监理总公司	府城至田独段 K0+000～K306+381.42	245.73	1991年7月 1993年12月交通工程

监督单位情况表　　　　　　　　　　　　　　　　　　　　　　　　　表 3-4

监 督 单 位	路 段	长度（km）	备 注
海南省交通工程质量监督站	全线		

施工单位情况表　　　　　　　　　　　　　　　　　　　　　　　　　表 3-5

施工单位及里程桩号一览表（右幅）			
施工标段	单位名称	施工桩号	施工长度（km）
府城至黄竹	海南公路局第一、二、三工程处		65.303
黄竹至陵水段			
施工单位及里程桩号一览表（右幅）			
施工标段	单位名称	施工桩号	施工长度（km）
一标	海南省公路工程公司	K64+176.547～K84+409.01	20.232
三标	交通部第一公路工程总公司	K88+660～K106+263	17.603
九曲江大桥	海南省公路工程公司第三施工处	K103+473090～K103+604.02	0.130
四标	交通部四航局	K106+263～K138+030	31.775
五标（上）标	广州公路工程公司	K138+000～K161+296.63	23.344
五标（下）标	深圳市政工程公司	K162+530.29～K177+149.18	14.619
六标	铁道部第十二工程局	K180+331.97～K197+600	17.270
沥青路面	海南省公路工程公司第一施工处	K64+176.5～K138+030	73.840
陵水大桥	海南省公路工程公司第三施工处	K197+796.86～K198+600	0.803
1993年5月为加快工程进度增加的施工队伍			
二标（下）	海南军区军企建筑工程处	K86+920～K88+660	1.235
四标（中）	海南有色一建金海公司	K112+890～K116+000	3.110
四标（下）	中铁深圳建筑工程总队	K131+000～K138+038	7.038
六标（中）	福建省惠安建筑公司	K187+000～K191+000	4.000
陵水至田独段			
一标	海南省公路工程公司第二施工处	K198+600～K206+000	7.400
二标	铁十二局第三工程处	K206+000～K213+000	7.000

续上表

施工单位及里程桩号一览表(右幅)

施工标段	单位名称	施工桩号	施工长度(km)
三标	广州市公路工程公司	K213+000~K220+000	7.000
四标	深圳市政工程公司	K220+000~K227+633.12	7.633
五标(上)标	海南省公路工程公司第二施工处	K279+000~K283+128.5	3.559
五标(下)标	广州市公路工程公司	K281+030.5~K282+400	0.570
六(上)标	海南军区军企建筑工程处	K283+128.5~K286+200	3.072
六(下)标	中铁深圳建筑工程总队	K286+200~K289+000	2.800
七标	交通部四航局	K289+000~K294+800	5.000
大茅隧道	二炮金宇工程建设总局洛阳分局、铁道部第二工程局(增加)	K294+800~K297+800	3.000
九标	海南省公路工程公司第一工程处	K297+800~K306+318.42	8.581

第三节 G98海南环岛高速公路(东段)左幅扩建工程

G98海南环岛高速公路(东段),是国家公路网"两纵"主干线之一——黑龙江同江至海南三亚的重点建设项目。1989年10月,国家计委以计工〔1989〕1360号文批准项目立项建设,按《公路工程技术标准》重丘区高速公路标准修建,分左右幅分期实施。

一、工程概况

G98海南环岛(东段)高速公路的建设,从最初的一级标准、二级实施的汽车专用路,到提高标准为高速公路分幅修建(左幅的建设管理工作由海南高速公路股份有限公司负责,工程于1997年1月开工至2001年9月全线通车)。左幅公路建设里程为250.845km,其中:主线243.549km,连接线7.296km(海口连接线1.215km,三亚连接线6.081km)。工程分为府城至琼海段、琼海至陵水段、陵水至田独等三段分期修建。G98海南环岛高速公路(东段)起于海口琼山区府城镇,终点为三亚市田独镇,途径海口、定安、琼海、万宁、陵水和三亚等6市(县),跨越南渡江、万泉河、太阳河、陵水河和藤桥河等海南东部主要河流水系,穿越牛岭、大茅山等主要山脉。

左幅扩建工程1994年由海南省计划厅向国家主管部门上报扩建计划,1996年8月获得国家计委批准,1997年1月开工建设,于2001年9月全线竣工通车。

(一)公路主要技术指标(左右全幅)

设计技术标准:高速公路山岭重丘区标准;设计速度:100km/h;路基宽度(左右幅):

府城至黄竹段 27m、黄竹至田独段 24.5m；行车道：4×3.75m；桥涵设计荷载：汽车—超 20 级，挂车—120；桥面净宽：2×净 11.0m。

(二)主要工程量(左幅)

土石方：931 万 m³；沥青路面：195.46km；水泥路面：6.08km；复合式路面：50.27km；特大桥：2 座，大桥：10 座，中桥：13 座，小桥：53 座；涵洞：694 道，隧道：2 座；互通式立交：19 处(改建工程 14 处，新建 2 处)；分离式立交：52 处(改建工程 35 处)；人行天桥：7 处(改建工程 6 处，新建 1 处)；通道：366 处；交通工程：250.845km。项目的概算总投资为 18.217 亿元。

二、项目基本建设程序执行情况

G98 海南环岛高速公路(东段)作为国家公路网的主干线，项目按国家基本建设程序进行立项实施。项目最初以一级汽车专用公路先修半幅的标准批准立项建设，在项目实施过程中，为适应海南建省创办全国最大经济特区的需要，提高建设标准改为高速公路。

左幅工程设计。工程可行性研究报告由海南省交通运输厅委托交通部公路规划设计院于 1994 年 11 月编制完成，报国家审批。

初步设计由海南省交通运输厅委托交通部公路规划设计院、海南省公路勘察设计院和中国公路工程咨询监理总公司于 1995 年 8 月完成，报国家审批。

1994 年 3 月，海南省计划厅以琼计建设(1994)871 号文上报国家计委申请续建海南环岛高速公路(东段)另半幅(左幅)。1996 年 9 月，国家计委以计交能(1996)1756 号文批准扩建海口至琼海段 87km；1998 年 2 月，国家计委以计交能(1998)202 号文批准扩建琼海至三亚段 162km。

1996 年 9 月，交通部以交公路发(1996)802 号文批复扩建初步设计和概算造价，全线核定概算造价 30.818 亿元。

三、工程的建设过程

左幅的建设管理工作全部由海南高速公路股份有限公司负责。全线工程的施工招标，按路段分三期进行招标。第一期府城至琼海段招标，于 1996 年 11 月底开始至 1997 年 1 月中旬结束；第二期琼海至陵水段招标，于 1998 年 4 月上旬开始至 1998 年 6 月下旬结束；第三期陵水至田独段招标，于 1999 年 7 月、2000 年 3 月、2000 年 12 月分三次招标，招标路段分别为陵水至大茅隧道、大茅隧道至田独段及陵水至田独段沥青路面。

(一)海口至琼海段

府城至琼海段长86.148km,工程于1996年11月进行招标,1997年1月工程开工,至1998年3月全段竣工通车。

(二)琼海至陵水段

琼海至陵水段路线长度108.337km,工程于1998年4月进行招标,1998年7月开工修建,至2000年1月全段竣工通车。

(三)陵水至田独段

陵水至田独段路线长度56.36km(主线50.279km,三亚连接线6.081km),于1999年7月进行招标,1999年8月开工修建,至2001年9月全段竣工通车。

左幅扩建工程各参建单位及具体负责路段见表3-6~表3-10。

建设单位情况表　　　　　　　　　　表3-6

建设单位	路段	长度(km)	时间
海南高速公路股份有限公司	全线		1997年1月—2001年9月

监理单位情况表　　　　　　　　　　表3-7

监理单位	路段	长度(km)	备注
中国公路工程咨询监理总公司	第一期	84.041	
海南海通公路工程咨询监理有限公司	第二期	108.838	
海南海通公路工程咨询监理有限公司	第三期	56.359	

设计单位情况表　　　　　　　　　　表3-8

设计单位	路段	长度(km)	时间
海南省公路勘察设计院	府城至仙屯段 LK0+000~LK1+125 K0+000~K29+101.91	31.441	1995年12月
中国公路工程咨询监理总公司	南渡江大桥 K32+155~K36+140	3.950	1996年2月
交通部第二公路勘察设计院	仙屯至黄竹 K31+000~K61+517	30.523	1995年12月
中交公路规划设计院	黄竹至石井园段 K64+176~K106+253	39.076	1995年12月

监督单位情况表　　　　　　　　　　表3-9

监督单位	路段	长度(km)	备注
海南省交通工程质量监督站	全线		

施工单位及里程桩号一览表（左幅）

表 3-10

施工标段	单位名称	施工桩号	施工长度(km)
海口至琼海段			
一、路基土建			
一标	铁道部第十二工程局	LK0+000～LK0+214.589 K0+000～K8+000	9.215
二标	铁道部第三工程局	K8+000～K13+260	5.260
三标	铁道部第十七工程局	K13+260～K22+000	8.720
四标	铁道部第二工程局	K22+000～K29+102	7.102
五标	铁道部第十六工程局中南分局	K32+155～K36+140	5.865
六标	有色二十三冶海南建设公司	K31+000～K39+000	8.000
七标	海南军区军企建筑工程处	K39+000～K46+300	7.300
八标	海南省公路工程公司第三施工处	K46+300～K52+200	5.900
九标	交通部第二公路工程局	K52+200～K61+522.8	9.323
十标	海南省公路建设第二工程公司	K64+176.547～K69+180	5.003
十一标	广东佛山公路工程公司	K69+180～K78+360	9.180
十二标	交通部第一公路工程总公司	K78+360～K85+500	7.014
二、沥青路面			
十三标	海南京海实业总公司	K0+000～K39+000	38.980
十四标	海南公路建设第一工程公司	K39+000～K85+500	43.850
三、交通工程			
十五标	中国公路工程咨询监理总公司 海南分公司	LK0+000～K1+214.589 K0+000～K42+000	43.190
十六标	宁夏固原华科公司	K42+000～K85+500	43.470
琼海至陵水段			
一、路基土建			
一标	核工业长沙中南建设工程总公司	K86+000～K88+500	2500
二标	铁道部第十六工程局中南分局	K88+500～K97+700	9200
三标	海南省公路建设第二工程公司	K97+700～K106+253	8.553
四标	海南省公路建设第三工程公司	K106+253～K114+000	7.747
五标	核工业华东建设工程总公司	K114+000～K122+529	8.529
六标	铁道部第二工程局	K122+529～K130+850	8.321
七标	保利工程公司第三工程处	K130+850～K139+470	8.620
八标	湖南对外建设总公司	K139+590～K147+800	8.210
九标	广东省佛山公路工程公司	K147+800～K157+500	9.700
十标	福建省第二公路工程公司	K157+500～K166+600	9.100
十一标	交通部第一公路工程总公司	K166+600～K174+706	8.106
十二标	有色二十三冶海南建设公司	K175+894～K190+000	10.976

续上表

施 工 标 段	单 位 名 称	施 工 桩 号	施工长度(km)
十三标	铁道部第十二工程局	K190+000～K197+700	7.700
十四标	中国路桥(集团)总公司	K197+700～K198+656	0.956
二、沥青路面			
十五标	海南京海建设实业总公司	K88+500～K198+656	50.970
十六标	中国铁道建筑总公司海南分公司	K139+590～K198+656	59.070
	广东省湛江公路工程大队	LK86+590～LK198+656	107.630
三、交通工程			
十七标	核工业长沙中南建设工程集团公司	K86+000～K131+000 护栏	45km 护栏
十八标	中国公路工程咨询监理总公司海南公司	K131+000～K198+194 护栏 K86+000～K198+194 标志标线	62.2km 护栏 12.2km 标志标线
四、绿化及其他工程			
	海南高速公路园林公司	K86+000～K198+656	51km 绿化
	北京通骏交材技术开发有限公司	桥梁改性沥青伸缩缝安装	
陵水至田独段			
一、路基土建			
试验A段	交通部第一工程总公司第四公司	K198+656.844～K200+200	1.544
试验C段	海南省公路建设第二工程公司	K203+000～K205+000	2.000
二十一标	交通部第一工程总公司第四公司	K205+000～K213+000	8.000
二十二标	海南省公路建设第二工程公司	K213+000～K222+000	9.000
二十二标	海南省公路建设第三工程公司	K222+000～K282+500 其中短链51.37km	9.130
二十四标	湖南对外建设总公司	K282+500～K293+400	10.900
二十五标	铁道部第二工程局第四工程处	K293+400～K296+240	2.840
二十六标	中铁十二局集团有限公司	K296+240～K300+300	4.060
二十七标	有色二十三冶海南建设公司	K300+300～K306+381	6.080
二、路面			
	中国路桥(集团)总公司	K197+800.46～K301+000	51.830
三、交通工程			
十九标	深圳市道路工程公司	K198+656～K300+300	49.170
二十八标	中国公路工程咨询监理总公司	K198+194～K306+381 其中短链51.37km(不包括27标)	50.820

第四节　G98海南环岛高速公路(西段)海口至洋浦段工程

海口至洋浦高速公路工程于1995年11月29日动工建设,1997年3月28日竣工通车,历时16个月。工程全长89.36km,占地431.079公顷(6466.45亩),总投资7.14亿元。本项目按重丘区高速公路标准建设,路基宽24.5m,沥青混凝土路面。施工划分为路基6个标段,路面2个标段,交通工程3个标段。海口出口连接路11km,按六车道城市快速干道修建,路基宽30m;施工划分为路基4个标段,路面1个标段,交通工程1个标段。全线施工图设计由海南省公路勘察设计院完成,监理由海南交通工程监理公司承担,施工管理由海南省交通运输厅组建的指挥部统一负责。

1993年3月10日,海南省政府向国家计委呈《关于上报海南省环岛公路(西段)海口至洋浦段项目建议书的函》,建议该段全长110km,估算投资13.18亿元。同年12月15日海南省交通运输厅呈报海南省政府,提请海南省政府向国家上报"海口至洋浦"段项目建议书。

1994年4月15日,海南省交通运输厅重新修订西段高速公路海口至洋浦段项目建议书,送海南省计划厅,4月23日海南省计划厅同意修改上报,呈海南省政府办公厅。修改后,海口至洋浦段全长105.86km,估算总投资219164万元,计划于1995—1997年实施。5月10日海南省政府向国家重新上报该段项目建议书。同年10月27日交通部对项目建议书提出审查意见送国家计委。11月3日海南省计划厅批复海口至洋浦(段)高速公路项目建设书。11月7日海南省交通运输厅提出该项目建设规模及资金筹措方案:西段高速公路第一期工程老城至洋浦段,全长80km,路基宽度24.5m,四车道,估算投资4.8亿元。资金拟向交通部申请补助和地方政府筹资解决。

一、工程可行性研究

1993年4月2日,海南省交通运输厅委托交通部第一公路勘察设计院承担西段高速公路工程可行性研究,双方签订合同书。同年10月完成《海南省环岛公路(西段)海口至洋浦工程可行性研究报告》(以下简称《报告》)。《报告》中该路段全长113.065km,按路基宽26m的高速公路平原微丘区技术标准拟建,估算总投资22.0794亿元。同年12月2日—4日,海南省交通运输厅召开海口至洋浦段工可报告专家评审会,通过评审。

1993年7月1日,海南省交通运输厅委托海南省地震局承担,7月3日双方签订合同书,8月该局完成海口至洋浦段工程地震危险性评价报告。8月28日海南省地震局学术委员会对《报告》提出"评审意见",认为《报告》可作为高速公路抗震设计的基本依据。

1995年3月28日,海南省交通运输厅根据海南省政府65次常务会议精神,西段高速公路海口至洋浦段线位选在洋浦到那大中间。4月19日海南省交通运输厅与交通部第一公路勘察设计院签订海口至洋浦段初步设计合同。4月21日与中国公路工程咨询监理总公司签订该路段交通工程初步设计合同。7月28日交通部第一公路勘察设计院呈报"概算编制规定"。7月4日进行外业验收。当月海口至洋浦段初步设计文件完成。

7月31日海南省交通运输厅将该段初步设计文件呈报交通部。12月4日海南省交通运输厅批复海口至洋浦高速公路初步设计文件。

根据时任国务院总理李鹏视察海南期间的指示精神和时任国家计委、交通部领导的意见,工程由海南省政府审批,专题上报交通部备案。

1996年2月27日,海南省计划厅批复同意开工。同时,海南省政府行文呈报交通部《关于海口至洋浦高速公路建设有关问题的函》,阐明了建设的必要性、建设规模、总投资等,总投资9亿元,由交通部补助4亿元,其余由海南省自筹,计划于1997年建成通车。

二、施工前准备工作

施工图设计。1995年11月8日,海南省交通运输厅与海南省公路勘察设计院签订《环岛西段高速公路老城至洋浦段施工图设计合同》,要求1996年1月底完成。此后各段工程施工图设计都由海南省公路勘察设计院承担。1997年6月,洋浦至九所段施工图设计完成。

征地工作。1995年10月25日,时任海南省副省长汪啸风召开办公会议,决定开展海口至洋浦段征地搬迁工作。海南省交通厅按海南省政府要求安排征地工作经费79.263万元,按每公里补助1万元标准下达给儋州市、澄迈县、临高县。省政府决定土地补偿费37.5万元/公顷(2.5万元/亩)。10月30日海南省政府办公厅下文要求沿线政府支持公路建设,做好征地拆迁工作。

三、工程管理机构

1995年11月,海南省交通运输厅组建海南省海口至洋浦高速公路建设工程指挥部,1997年改称海南环岛高速公路西段工程指挥部。

指挥长:陈求熙(先)、李执勇(后);副指挥长:侯德生;工程部部长:罗永熙(八所至三亚段)、李祥波(洋浦至八所段),副部长:段守荣;技术部部长:陈运华,副部长:阳振中;征地拆迁领导小组:童循倬、罗畅、王非;材料服务公司负责人:孙家禹。

各部门人员职责如下:

指挥长:统一指挥,规定各部人员职责;落实资金到位;宏观控制工程质量和工期。

工程部:现场工程组织管理、协调设计、监理、监督、施工、地方政府关系,控制工程质量、进度和成本。

技术部:解决工程技术方面的问题,提出合理建议,确定工程、设计变更方案。

征地、拆迁领导小组:组织、协调地方政府和施工单位,解决征地拆迁方面的问题。

材料服务公司:按照指挥部成立材料服务公司的宗旨,保证材料质量,减少中间环节,平抑材料价格,按计划组织及时供应材料。

1996年4月4日,海南省交通运输厅从机关抽调干部组成工作组,分别深入各标段承担协调、监督、服务工作。

四、选拔得力施工队伍

海南省政府决定:西段高速公路工程施工队伍,从在东段高速公路工程表现出色的施工队伍中选用。

1995年12月,海南省交通运输厅与海南省交通工程监理公司签订监理服务合同。12月15日指挥部召开了第一次生产调度会,审查海口至洋浦段各施工标段队伍驻地建设、清表、征地、料场等情况。12月20日指挥部印发《建设动态》第2期。

1996年2月6日,明确海口至洋浦划分六标段安排施工队伍,确定各标段工程量和造价、清表。

1996年2月27日,海南省计划厅批复同意开工。同时,海南省政府行文呈报交通部《关于海口至洋浦高速公路建设有关问题的函》,阐明了建设的必要性、建设规模、总投资等,总投资9亿元,由交通部补助4亿元,其余由海南省自筹,计划于1997年建成通车。

工程竣工总金额为6.6681亿元。经交通部公路工程定额站审查,全线建筑安装工程竣工决算总金额6.5764亿元,平均造价731万元/km。由海南省交通运输厅直接支付的第三部分费用(预算表中)为设计费、征地费、监理费、建设单位管理费等共计5397万元。因此,海口至洋浦高速公路全线实际完成投资7.1161亿元,平均造价790万元/km。投资来源为交通部补助3.73亿元,交通部低息贷款3.5亿元。

洋浦连接线工程。1996年8月12日,海南省交通运输厅召开洋浦连接线工程可行性研究报告审查会议。8月20日海南省交通运输厅依据专家评审意见批复工可报告:洋浦连接线按一级公路25.8km规模建设,按旧路改造拓宽,全长25.9379km,1998年10月13日开工建设。

第五节　G98海南环岛高速公路(西段)九所至三亚段工程

G98海南环岛高速公路(西段)九所至三亚段工程于1997年1月开工建设,1998年3月建成通车,全长60.2km,全线四车道,设计速度100km/h。建成大桥4座,长隧道1座。总投资5.74亿元,资金来源为政府投资。占地294.033公顷。项目管理单位:海南省交通运输厅;勘察设计单位:海南省公路勘察设计院;监理单位:海南省交通工程监理公司;施工单位:海南省公路建设工程总公司、中铁二局、海南省公路建设一、二、三工程公司等。

该公路设计标准按全封闭、全立交,双向四车道高速公路标准设计,路基宽度24.5m,行车道宽4×3.75m,路面结构以10cm沥青混凝土面层、28cm厚水泥稳定碎石基层、20cm

厚级配碎石底基层三层组成,设计使用年限15年。桥涵设计车辆荷载：汽车—超20级,挂车—120,行车速度100km/h。该工程跨越望楼河、宁远河等主要河流水系,穿越青岭等山脉。

工程可行性研究。1993年4月2日,海南省交通运输厅委托交通部第一公路勘察设计院承担西段高速公路工程可行性研究,双方签订合同书。1993年12月25日,海南省交通运输厅主持西段高速公路洋浦至八所、八所至三亚工程可行性研究外业验收会,同意验收。

1994年4月,交通部第一公路勘察设计院联合海南省公路局公路勘察设计院,完成《海南省环岛公路(西段)海口至三亚工程可行性研究报告》《海南省环岛公路(西段)洋浦至八所段工程可行性研究报告》《海南省环岛公路(西段)八所至三亚段工程可行性研究报告》。1994年6月25日,工程可行性研究报告通过海南省有关单位审查,同意用于对外招商工作。同年8月18日—20日,海南省交通运输厅召开西段高速公路洋浦至三亚段工可报告评审会,《报告》通过专家评审。

环岛西段高速公路环境影响评价。1993年5月10日,海南省交通运输厅委托西安公路学院(与海南省环境监测中心合作)承担环境影响评价工作。6月14日,双方签订合同书。同年8月,该院提交《环境影响评价大纲》(以下简称《环评大纲》)。9月6日,交通部以环办便字〔1993〕33号文对《环评大纲》提出"技术审查意见",可作为开展环评工作的依据。同年10月21日,国家环保局开发监督司主持环评大纲评审通过。1994年1月7日,国家环保局批准《环评大纲》。此后,环评报告完成。

地质报告说明书。1993年7月1日,海南省交通运输厅委托海南水文地质工程地质勘察院承担,当月该院完成《海南岛西段高速公路沿线路基工程地质说明书》。

1994年3月10日,交通部第一公路勘察设计院委托地矿部地质遥感中心承担《海南岛环西段高速公路断裂构造和土地盐渍化遥感判译研究》完成。

施工前准备工作。1995年11月8日,海南省交通厅与海南省公路勘察设计院签订《环岛西段高速公路老城至洋浦段施工图设计合同》,此后各段工程施工图设计都由海南省公路勘察设计院承担。

九所至三亚段工程监理由海南省交通工程监理公司负责监理,对工程实行质量、进度和投资三大控制,进行施工全过程的动态管理。工程全线分为8个标段,分别由海南省公路建设工程总公司、铁二局、海南省公路建设一、二、三工程公司、海南佳景公路桥梁工程公司、海南军企工程处和三亚建设总公司负责施工。工程指挥部设在三亚崖城镇。

工程进展。1997年1月8日,时任海南省副省长汪啸风召开办公会议,研究九所至三亚段工程建设问题,包括开工时间、征地、税费征收、施工队伍等事项。1997年1月9日,该段工程开工建设。该路段起点交于毛九线K296+658处,终点交于海榆西线K349+

427.745处,路基宽24.5m,双向四车道,设计速度100km/h。11月11日,开始进行路面摊铺。12月18日,宁远河特大桥合龙成功。

青岭隧道工程。青岭隧道是九所至三亚段高速公路控制性工程,由中铁二局三亚公司承担修建。青岭隧道全长1140m、净宽10.25m、净高5.0m,设计速度60km/h。

G98海南环岛高速公路(西段)九所至三亚段青岭隧道

隧道地质属于英安岩、破碎带和粉状岩石组成,是极不稳定岩石地质。1997年7月,左洞开工建设,施工队伍7月23日、9月12日两次战胜岩洞塌方,无人员伤亡事故,受到表扬。1998年3月24日,青岭隧道左洞正式通车。1998年3月右洞开工建设,8月5日,出口端出现大塌方。10月30日,进口端又发生大塌方,经专家会诊,提出处理方案,于1999年2月顺利治理塌方。1999年1月20日,发现K304+038~K304+065坍陷通顶,施工单位采取了截排地表水封闭坍穴的处理措施,解决坍陷造成的问题。1999年6月11日,右洞贯通,9月1日通车,9月9日举行通车典礼。

三亚连接线。全长8.56km,投资8560万元,按城市快速干道(六车道)扩建,1998年5月29日,开工建设,由海南省公路工程公司、海南省公路建设第三工程公司承建。

1998年1月25日,九所至三亚段建成通车。在通车典礼上,时任海南省委、省政府领导给海南公路工程公司、三亚建筑工程总公司、铁道路第二工程局三亚公司颁发"金光大道"奖。同年4月21日,海南省交通厅审定该段工程决算,造价3.5006亿元,724.77万元/km(含征地、交通工程)。

第六节　G98海南环岛高速公路(西段)洋浦至九所段工程

海南环岛高速公路(西段)洋浦至九所段工程于1997年10月开工建设,1999年9月建成通车,全长193.22km,全线四车道,设计速度100km/h。总投资22.68亿元,资金来源为政府投资。工程占地1059.019公顷。项目管理单位:海南省交通厅;勘察设计单位:海南省公路勘察设计院;监理单位:海南省交通工程监理公司;施工单位:海南省公路建设工程总公司、海南省公路建设一、二、三工程公司等。

洋浦至九所段工程起于儋州市东成乡,经长坡、排浦、红岭、大岭、大坡、沙河、抱板、红举、尖峰、黄流、终点在乐东县九所镇。初步设计概算投资17.2534亿元。路段贯穿儋州、白沙、昌江、东方、乐东等县,全长193km,按山岭重丘区高速公路标准建设,路基宽24.5m,沥青混凝土路面。桥涵设计荷载:汽车—超20级,挂车—120。该工程分段实施,其中洋浦至八所段108km和尖峰至九所段37km分别于1997年10月和1998年1月动工,工期分别为23个月和20个月;八所至尖峰段48km于1998年5月底动工,工期为16个月。施工力量主要是海南省公路建设一、二、三公司和海南公路工程总公司等省内队伍;施工监理由海南省交通工程监理公司承担;质量监督由海南省交通工程质量监督站承担。

工程可行性研究。1993年4月2日,海南省交通厅委托交通部第一公路勘察设计院承担西段高速公路工程可行性研究,双方签订合同书。1993年12月25日,海南省交通运输厅主持西段高速公路洋浦至八所、八所至三亚工程可行性研究外业验收会,同意验收。

1994年4月,交通部第一公路勘察设计院联合海南省公路局公路勘察设计院,完成《海南省环岛公路(西段)海口至三亚工程可行性研究报告》《海南省环岛公路(西段)洋浦至八所段工程可行性研究报告》《海南省环岛公路(西段)八所至三亚段工程可行性研究报告》。洋浦至八所段全长106.8km,拟按路基宽26m平原微丘区高速公路标准建设,投资估算为25.65亿元。八所至九所段全长89.25km,拟按平原微丘区高速公路标准建设,估算投资19.66亿元。1994年6月25日,工程可行性研究报告通过省保密局保密审查,同意用于对外招商工作。同年8月18日—20日,海南省交通厅召开西段高速公路洋浦至三亚段工可报告评审会,工程可行性研究报告通过专家评审。11月21日,海南省计划厅对《海口至洋浦高速公路项目可行性研究报告》给予批复。

环岛西段高速公路环境影响评价。1993年5月10日,海南省交通厅委托西安公路学院(与海南省环境监测中心合作)承担环境影响评价工作。6月14日双方签订合同书。同年8月,该院提交《环境影响评价大纲》。9月6日,交通部以环办便字〔1993〕33号文对"环评大纲"提出"技术审查意见",可作为开展环评工作的依据。同年10月21日,国家环保局开发监督司主持环评大纲评审通过。1994年1月7日,国家环保局批准"环评大纲"。此后,环评报告完成。

地质报告说明书。1993年7月1日,海南省交通厅委托海南水文地质工程地质勘察院承担,当月该院完成《海南岛西段高速公路沿线路基工程地质说明书》。

1994年3月10日,交通部第一公路勘察设计院委托地矿部地质遥感中心承担《海南岛环西段高速公路断裂构造和土地盐渍化遥感判译研究》完成。

1998年8月5日,海南省交通厅批复洋浦至八所段工程初步设计文件。同日,海南省交通运输厅批复八所至九所段初步设计:该段全长86.042km,按山岭重丘区高速公路标准建设,路基宽24.5m,起点东方市八所镇,经新龙板桥、黄流,止于乐东县九所镇。沿线设6处互通立交(八所、新龙、板桥、红门、黄流、九所),核定概算投资11.9327亿元。沿线有罗带河大桥、通天河大桥、感恩河大桥、南港河大桥、白沙河大桥、望楼河大桥6座,有南港沟中桥、南边沟中桥2座。

施工前准备工作。1995年11月8日,海南省交通厅与海南省公路勘察设计院签订《环岛西段高速公路老城至洋浦段施工图设计合同》,此后各段工程施工图设计都由海南省公路勘察设计院承担。1997年6月,洋浦至九所段施工图设计完成。

征地工作。洋浦至八所段征地,1997年9月5日,海南省交通厅成立了征地领导小组,派出4个工作组共9人,分赴儋州、白沙、昌江、东方等市县,与当地政府一道开展征地工作。

1997年10月2日,各标段施工队伍陆续进场,10月6日,开工建设,10月21日,西段高速公路建设工程指挥部召开工作会议。11月12日,时任海南省常务副省长汪啸风到工地视察,要求工程要保证质量,按时完成。1998年1月12日,海南省交通厅审定该段造价清单。同年2月8日,时任海南省长汪啸风到工地视察。6月6日、7月3日,时任海南省交通厅厅长李执勇两次检查工程施工。

1998年9月5日,珠碧江大桥合龙。同年11月18日,叉河昌化江特大桥合龙。

1999年9月9日—15日洋浦至九所段工程初验,由海南省政府有关部门负责人及特邀专家等16人组成的验收委员会,进行初步验收:洋浦至八所段和尖峰至九所段为合格工程、八所至九所段为优良工程,全线具备通车条件。

海南环岛高速公路(西段)八所立交桥出口

八所至尖峰段是西段高速公路最后一段工程,1998年5月26日,海南省交通厅与各施工单位签订"工程承包合同书"。同月28日动工,由海南省公路建设一、二、三公司承担施工。该段长48.30km,经过东方市、乐东县,工程中有大桥4座21017.08延米,中桥3座5539.94延米;小桥13座6368.25延米,平均每公里有涵洞1.78道,互通式立交2处,分离式立交17处,通道78道,沿线征地402.96公顷(6044.43亩)。

西段高速公路工程贷款事项。1998年,时任海南省政府秘书长周继太主持秘书长办公会议,协调农业银行海南省分行发放工程贷款有关问题。中国农业银行已累计发放西段高速公路工程贷款7.7亿元,八所至九所段工程又贷款6.1亿元。

洋浦至九所段工程,共计完成:土石方2980万m^3;大桥90325m^2/14座;中小桥62517m^2/79座;涵洞16113延米/613道;互通式立交15789m^2/14处;分离式立交3774m^2/4处;天桥44363m^2/93处;通道115807m^2/250道;沥青路面423万m^2。

1999年9月26日,洋浦至九所段竣工通车,海南省交通厅举行海南省环岛高速公路全线贯通通车典礼。同年9月21日—10月5日,海南省交通厅收到对海南省西段高速公路竣工通车的贺电,发来贺电的有:交通部财务司、交通部审计办公室以及山东省、广东省、福建省、广西壮族自治区交通厅等。

第七节　G98海口绕城高速公路工程

G98海口绕城高速公路于2005年11月开工建设,2008年8月建成通车,全长34.4km,全线四车道,设计速度120km/h。建成特大桥1座,大桥3座。总投资10.12亿元,资金来源:政府投资。占地270.91公顷(4063.65亩)。项目管理单位:海口市政府投资项目管理中心、海口市城市建设投资有限公司、海口市路桥建设投资有限公司;勘察设计单位:中国公路工程咨询监理总公司、海南省公路勘察设计院;监理单位:海南海通公路工程咨询监理有限公司、山西省交通建设工程监理总公司、海南交通工程监理公司、广东虎门技术咨询有限公司;施工单位:中铁二十局集团有限公司、中铁十八局集团第一工程有限公司等。

一、工程概况

G98海口绕城高速公路,原属于同三国道主干线海口绕城高速公路,由主线和疏港路两部分组成,绕城公路主线部分位于海口市南部,路线走向自西向东。起点位于澄迈县老城镇白莲的西段高速公路与海榆西线的"T"形环岛处,终点位于灵山镇,通过美兰机场互通立交与机场路衔接,路线全长34.4km,根据交通部《关于同三国道主干线海口绕城公路初步设计的批复》意见,施工图设计阶段,主线按高速公路标准实施,设计速度为120km/h,行车道为六车道,路基宽度35m,近期预留中间两车道路面;全线桥涵设计车辆荷载采用汽车—超20级、挂车—120,特大桥设计洪水频率为1/300,其他构造物及路基均按设计洪水频率1/100考虑;地震基本烈度8度,构造物按9度设防;其余技术指标均按《公路工程技术标准》(JTJ 001—97)有关规定执行。

全线共有特大桥1座,桥长1177m,大桥3座,中桥1座,天桥4座,立交桥7座,涵洞及通道83道,路基挖方234万m^3,填方429万m^3,工程建设投资7.6亿元。项目于2005年10月21日开工建设,2008年8月6日通车。

二、建设过程

海口绕城高速公路是国家和海南省重点交通项目,是同三国道主干线的重要组成部分,也是海南省交通厅第一个交由海口市组织实施的代建项目,由海口市政府投资项目管理中心作为项目业主,分东、西区进行建设和管理。建设资金由交通部专项资金和海南省自筹资金(含银行贷款)组成。

海口绕城高速公路在设计方面有许多亮点,这条路设计达到了节约土地、拆迁量小、远期预留足、与周边环境融洽好、设计理念新的目的,是海南省第一个按交通部典型示范工程要求设计的项目。

海南环岛高速公路海口绕城高速公路丘海大道互通立交桥

海口绕城高速公路在最初选线时,道路线形及路程都比现在要直且短一些,但是选线后,许多专家提出选线点应避开K16～K26处经过的海口羊山水库。为了绕开这一位置,设计部门反复进行方案比较,将路线设计往南迁移一段绕开羊山水库段,虽然全线有个小弯度,但线形基本不变,又减少了路基的填挖土地,降低了工程造价,保护了环境。

在排水设施方面，绕城公路还充分考虑到海南省台风暴雨较多情况，对排水设施按系统化设计。参照宁杭路经验，第一次使用碟形边沟，美观、漂亮、实用，全线排水自成系统是设计的一个亮点。

在环境景观方面，提倡采用乡土树种，按"没有人工痕迹的绿化、不需养护的绿化"的设计理念进行设计，适当采取爬藤植物。

为给未来发展预留空间，工程的设计统筹考虑了与机场、铁路、港口、现有路网的立体交通衔接，并考虑了远近期实施问题，近期预留中间两个车道，用于可能建设的管线，做到了远、近期统筹考虑，近期工程充分为远期利用，为远期续建留有余地。在进行主线选线时，先期统筹考虑了与海口市丘海大道、迎宾大道的衔接，对丘海大道互通预留跨线桥，并综合考虑了设置方案，预留位置使连接线立交土石方工程和工程拆迁量最小；对龙昆南迎宾大道立交，按复合式立交考虑，预留位置尽可能少占基本农田，并同时降低路基填土高度，使该处城市道路工程量做到最小。

同时，设计还考虑了火山口国家地质公园的保护和发展问题。火山口地质公园已被列为世界级火山口地质公园，在设计过程中不仅增加了火山口立交，充分考虑了其发展问题，同时通过地质雷达勘察、物探、钻探等细致的地质勘察工作，摸清了地下溶洞情况，选择了保护效果最好的设计方案，并要求实施时充分保护施工开挖的地质剖面，实现了对火山口地质公园有力保护和协调发展。

三、建设意义

海口绕城高速公路第一次让海口的城市路网形成了真正意义上的闭合，海口第一次有了"环"的概念。海口绕城高速公路的开通将撑起海口南部交通的新骨架，它将成为海口的一条交通主枢纽，实现海口地区公路、铁路、港口、机场四种运输方式的有效中转，减少海口城市人流物流的过境交通压力，对海口的内外交通发展将起到很大的提升作用。海口绕城高速公路通车后，客货车辆可通过此路直接从海口过境，不需要再从城市经过，形成了城市外坏道路。

G98海口绕城公路是海南省环岛高速公路最北边闭合段，也是国家同三（同江至三亚）国道主干线的重要组成部分。同三公路始于黑龙江省同江市，终点为三亚市，全长5700km。是国家规划建设的"五纵七横"主干线中最长的一条，也是唯一一条贯通中国东南沿海地区的高速公路。

海口绕城高速公路周边环境优美、交通便利，十分适宜发展房地产业。海口绕城高速公路以南有大面积的植被，以及绿色生态带，这里是海口的"绿肺"，是空气"调节器"，是"椰城"的"水仓"。因此将绕城公路作为一条天然的分界线，严格控制城市向南发展，以保护南部城郊生态森林和筑牢城市生态屏障。在远景空间发展格局上，以海口中心组团、长流组团、江东组团、老城组团为基础,利用自然山体、水体和隔离绿带形成空间上既有所分割、又联系密切的格局,形成未来琼北地区沿海"一城多组团"带状的现代化特大城市区。

海口绕城公路的建成并实现功能性通车,"串"起了琼北地区"1小时经济圈",对加强海口市与周边市县的合作,以及形成优质的产业集群,实现海口市又好又快发展具有重要意义。

第八节　G98 三亚绕城高速公路工程

G98 三亚绕城高速公路工程,于 2008 年 5 月开工建设,2012 年 1 月建成通车,全长 30.46km,全线四车道,设计速度 100km/h。建成大桥 6 座;长隧道 2 座。总投资 18.0 亿元,资金来源:政府投资。占地 218.555 公顷(3278.33 亩)。项目管理单位:三亚市交通局、中国国际工程咨询公司;勘察设计单位:中交公路规划设计院有限公司;监理单位:海南交通工程监理公司、海南海通公路工程咨询监理有限公司;施工单位:海南公路工程公司、长沙市公路桥梁建设有限责任公司等。

海南环岛高速公路 G98 三亚段老铁路、高速铁路、高速公路崖碱交叉点

一、项目概况

G98 三亚绕城公路是同三(黑龙江省同江市到海南省三亚市)国道主干线的重要组成部分,是国家"十一五"期公路建设重点项目之一,是交通部典型示范工程,也是海南省 2008 年、2009 年重点工程项目。

建设三亚绕城公路将海南省东段高速公路、西段高速公路连接成海南环岛高速公路圈,并与国道 223 线、224 线、225 线及规划的中线高速公路在海南岛南部连接成一体,形成快速的环岛高速公路网络,同时通过修建连接线可实现亚龙湾、天涯海角、南山等重要景区与三亚市城区交通快速转换,提高三亚市及周边地区路网的通行能力,高效、合理地疏散三亚市出入境和过境交通,进一步解决凤凰机场的快速通道问题,对三亚市作为国际滨海旅游城市的可持续发展具有极为重要的意义。

项目占地面积218.56公顷(3278.33亩),工程概算总投资17.8565亿元,其中建安费13.3784亿元。建设工期为3年,资金来源:上级拨款11.2839亿元,市预算外6.5727亿元。

交通运输部审核批复三亚绕城公路初步设计总概算为19.1164亿元(交公路发〔2006〕257号)。经海南省政府同意,海南省交通厅于2007年7月将三亚绕城公路主干线工程的建设任务委托三亚市政府负责组织实施,并分别签订了《三亚绕城公路主干线工程委托建设协议书》和《三亚绕城公路主干线工程建设征地拆迁协议书》,约定主干线工程总包干价10.084亿元(包括建安费,临时租地费用、工程监理费、建设单位管理费等,连接线建设费用由该市自筹解决)和征地拆迁包干价为1.19988亿元,两项包干价合计为11.2,839亿元。中央车购税专项补助资金2.15亿元,其余由海南省自筹。

二、筹建过程

2004年4月,海南省交通厅将《同三国道主干线三亚绕城公路工程可行性研究报告》上报交通部。10月海南省环资厅对可研报告做出意见,认为工程可行,要求进行环评工作。11月海南省发改委对工可报告做出意见,认为工程可行。

2005年3月22日,海南省交通厅主持召开工可报告评审会,会议通过工可报告提出的建设方案。同日,环资厅批复环境影响评价报告书,同意该项目建设。4月,海南省交通厅呈送工可报告给交通部请求审批。7月2日,交通部发文将项目列入2005年新增典型示范工程。11月1日,国土资源部批复,同意省环资厅对该项目用地预审。11月14日,交通部批复可行性报告(交规划发〔2005〕529号),总投资控制在18亿元以内,交通部在"十一五"期安排专项资金2.15亿元补助。11月20日,省厅向交通部公路司送审初步设计。

2006年5月21日,海南省交通厅组织该项目施工图设计外业验收会。6月6日,交通部批复初步设计:主线31.340km,连接线13.390km,采用高速公路技术标准,核定设计总概算19.1165亿元。10月20日、21日交通部组织专家评审,通过了该工程《施工图设计及预算》;期间,国家环保总局和国土环境资源部审批通过了项目环境影响评价、地质灾害危险性评估、没有压覆已探明的储量矿床等报告及项目用地预审意见。11月16日,海南省交通厅发布项目施工图设计审查验收会议纪要。12月5日,海南省国土环境资源厅批复了三亚绕城公路环境影响报告书(琼土环资监字〔2006〕110号)。12月14日,海南省政府批准省厅将该项目征地拆迁和建设全部交三亚市组织实施。

2007年2月5日,海南省交通厅向三亚市发委托函,5月17日,三亚市人民政府与海南省交通厅分别签订了《三亚绕城公路主线工程委托建设协议书》和《三亚绕城公路主线工程建设征地拆迁协议书》；工程包干费1.0084亿元，征地218.56公顷（3278.33亩），征地补偿包干价54.9万元/公顷（3.66万元/亩）。

三、施工组织和建设过程

三亚市政府于2008年1月17日成立了三亚绕城高速公路主线工程建设指挥部，指挥长由时任三亚市委副书记、市长陆志远担任，副指挥长由时任三亚市委常委、常务市长严之尧和副市长郭保红担任。工程指挥部实行指挥长负责制，下设综合办公室、工程部、合同计量部3个部门。组织机构框图如下：

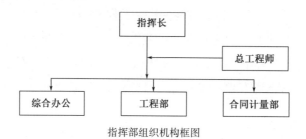

指挥部组织机构框图

该项目管理实行代建制，分为两个代建标，8个施工合同段。第一代建单位为中国国际工程咨询公司，负责第一至第四施工合同段，第二代建单位为湖南省第六工程有限公司，负责第五至第八施工合同段，第一、第二代建标监理单位分别为海南交通工程监理公司、海南海通工程咨询监理有限公司。

施工单位为：海南公路工程公司（1标）；长沙市公路桥梁建设有限公司（2标）；徐州市公路工程总公司（3标）；海南路桥工程公司（4标）；核工业华东建设工程集团公司（5标）；山东黄河工程集团有限公司（6标）；安徽开源路桥有限责任公司（7标）；广东恒大路桥建设有限公司（8标）。

G98三亚绕城公路起于田独镇大茅峒，东接东段高速公路、经荔枝沟农场、抱坡、水蛟、保立等，终点止于天涯镇红土村，西连西段高速公路。完成的主要工程量：大桥6座，总长1548m；中桥2座，长140m；小桥1座，长38m；隧道4座，总长7030m（单洞）；全线在大茅洞（迎宾）、南丁（农场）、荔枝沟、槟榔、机场、红土（海角）设6处互通立交，新建互通立交连接线13.86km。分离式立交13处；通道27座；天桥2座。通过设置海角互通立交与连接线G线和海榆西线（G225）连通。该项目采用高速公路技术标准路基宽度26m，双向四车道，桥涵设计荷载为公路—Ⅰ级，桥与路基同宽，标准轴载BZZ-100。全线采用沥青混凝土路面。

2009年6月4日，迎宾隧道发生山体塌方事故，有8名施工人员被困，经紧急抢救，6月6日打通生命通道，6月7日8名被困人员获救。12月17日，海南省交通运输厅领导赴现场调研,提出质量安全、征地拆迁、建设程序、管理、施工环境、合同履约、计量支付、工程变更等工程建设问题,提出改进措施和要求。

2010年4月9日,海南省交通运输厅发出《关于进一步加强管理积极推进三亚绕城高速公路建设的函》,5月29日,迎宾隧道左幅洞贯通;5月29日—31日,交通运输部公路工程安全质量综合督查组督查工程情况,召开了督查情况反馈会议,就工程存在的问题进行了通报。随后项目业主、代建单位、设计施工监理等工程任务单位进行整改。

2012年1月18日,G98三亚绕城高速公路正式通车,标志着G98海南环岛高速公路全线贯通。

第九节　海口至洋浦1小时交通圈工程

一、建设必要性

2008年,时任中共中央总书记胡锦涛、时任国务院副总理李克强分别到海南视察时,就洋浦建设做出了重要指示。2008年4月8日,胡锦涛来到洋浦港,总书记走到干部职工中,仔细询问港口的生产情况。总书记勉励大家,一定要抓住推进泛北部湾区域经济合作和设立洋浦保税港区带来的重大机遇,继续拼搏进取,努力把洋浦港建设得更好。2008年4月25日李克强视察洋浦时指示,"港口发展要以中心城市为依托,交通是关键。要好好考虑交通通行问题,下决心破解交通瓶颈,将洋浦到海口的行车时间缩短到1小时,以增强港口优势"。据此,海南省提出要培育壮大港口经济,要依托区位、港口资源和保税港区的政策优势,优化港口结构和布局,把洋浦保税港区打造成为背靠华南腹地、连接北部湾、面向东南亚的区域性航运和物流中心,并与省会海口市互动发展。

海南环岛高速公路G98西段海口至洋浦儋州段立交桥

然而，洋浦出口路为一级水泥公路，长度为26km，2000年建成通车，双向四车道，全段采用平面交叉，交叉路口多，混合交通严重，交通事故频发，通行能力低，行车速度慢。出口路不畅，从海口至洋浦行车时间约2h，已成为洋浦的交通瓶颈，影响了港口和中心城市的相互联系。为落实李克强的指示精神，2008年6月4日，时任交通部综合规划司司长董学博、副司长任建华、副司长李兴华一行到海南考察，听取了洋浦1小时交通圈初步方案和洋浦港规划定位的汇报。6月6日，时任海南省省长罗保铭、时任海南省副省长方晓宇与时任交通部副部长翁孟勇一行就上述问题举行了会谈。翁副部长对洋浦1小时交通圈的初步意见是：把海口绕城高速公路、西段高速公路、洋浦出口路连成一体，形成海口至洋浦高速公路。

二、前期工作

洋浦1小时交通圈项目前期工作由海南省自行审批。

洋浦1小时交通圈项目建设里程115.5km，其中，高速公路104km，一级公路8.2km，洋浦跨海大桥3300m，总投资约28.61亿元。工程由四大部分组成，一是丘海立交，2008年11月26日，海口市发展和改革局下发《关于丘海大道延长段——丘海互通立交工程初步设计及概算的批复》（市发改〔2008〕877号），概算投资3.4513亿元。二是西段高速公路白莲立交至白马井段改造工程，2010年9月29日，海南省发改委下发《关于同意海口至洋浦1小时交通圈西段高速公路白莲立交至白马井立交段改建工程立项的函》（琼发改审批函〔2010〕2007号）批准该项目立项，估算投资11.4931亿元，计划2011年动工建设。三是洋浦至白马井跨海通道工程南连接线，2009年5月8日，海南省发改委下发《关于洋浦海湾通道南连接线工程项目立项的批复》（琼发改审批〔2009〕699号）确认项目立项；2009年10月27日，海南省发改委下发《关于批复洋浦大桥南连接线工程可行性研究报告的函》（琼发改审批函〔2009〕1930号）批复项目工程可行性研究报告，2010年2月22日，海南省发改委下发《关于批复洋浦至白马井跨海通道工程南连接线初步设计与概算的函》（琼发改审批函〔2010〕346号）批复项目初步设计与概算，项目里程8.204km，路线起点位于洋浦海湾大桥南引道终点，终点接西段高速公路K127处的白马井互通立交，采用一级公路标准，双向六车道，沥青混凝土路面，概算总投资4.9505亿元。四是洋浦大桥工程，2009年6月19日，海南省发改委下发《关于洋浦海湾大桥项目立项的批复》（琼发改审批〔2009〕994号）批复该项目立项，2009年11月11日，海南省发改委下发《关于批复海南洋浦大桥工程可行性研究报告的函》（琼发改审批函〔2009〕1996号）批复该项目工可报告，2009年12月16日，海南省发改委下发《关于海南洋浦大桥工程初步设计与概算的批复》（琼发改审批〔2009〕2183号）批复该项目初步设计与概算，桥梁全长3300m，主桥长820m，采用58.5m+63m+58.5m+460m+58.5m+63m+58.5m双塔双索面混合式结合梁斜拉桥,主桥宽度29m,设计荷载:公路—I级,设计速度:80km/h,概算投资8.7206亿元。

2008年9月23日,海南省交通运输厅向海南省发改委报送《洋浦1小时交通圈工程可行性研究报告》。

2009年6月25日,海南省交通运输厅将《洋浦1小时交通圈项目汇报》呈海南省、交通运输部有关领导。

2010年11月2日,海南省交通运输厅向交通运输部申请该项目中央车购税补助资金。同年11月10日,海南省交通运输厅批复该项目白莲立交至白马井立交段改建工程可行性研究报告。11月29日起前述路段进入勘察设计招标工作。12月9日,海南省交通运输厅向海南省发改委报送了白莲立交至白马井立交段改建工程工可报告。12月17日,海南省交通运输厅批复白莲立交至白马井立交段改建工程初步设计(该路段于2011年11月11日开工,2012年10月竣工通车)。

第十节 G9811 海口至屯昌高速公路工程

海口至屯昌高速公路(海屯高速公路)于2010年8月开工建设,2012年12月建成通车,全长66.604km(不含海口市建设丘海立交连接线5.78km),全线四车道,设计速度100km/h。总投资31.5亿元,占地556.752公顷(8351.28亩)。项目管理单位:海南公路建设项目管理有限公司、海南高速公路股份有限公司;勘察设计单位:海南省公路勘察设计院、中交公路规划设计院有限公司;监理单位:中国船级社实业公司、海南海通公路工程咨询监理有限公司、湖南金路工程咨询监理有限公司、云南公路建设监理公司;施工单位:海南公路工程公司、海南路桥工程公司等。资金来源:政府投资。

一、海南中线高速公路的起步运作

1993年7月经海南省政府批准,海南凯立中部开发建设股份有限公司(以下简称"凯立公司")成立,注册资本金2亿元,公司申请承担海南中线高速公路工程投资建设。9月,海南省交通厅部署中线海口至三亚高速公路工程前期工作,交通部公路规划设计院承担工程可行性研究工作并与省厅签订合同。

1994年1月,交通部公路规划设计院完成《海南岛中线公路海口至通什段工程可行性研究报告》《海南岛中线公路通什至三亚段工程可行性研究报告》。海南省计划厅以琼计投资〔1994〕70号文批复中线高速公路工程立项,估算投资48.7亿元。同年2月28日至3月2日,海南省交通厅召开工可报告评审会,通过评审;3月8日,海南省交通厅转发专家评审意见,同意评审意见的内容。6月,海南省交通运输厅开始与海南凯立中部开发建设股份有限公司商谈海口至通什段投资建设补偿主体合同事宜。

1995年,西安公路交通大学完成《海南岛中线高速公路洛至屯昌段环境影响报告书》。

1995年5月5日,经海南省政府批准,海南省交通厅经加入"海南凯立中部开发建设股份有限公司"(筹),作为发起人之一,入股1200万元。

1995年9月5日,海南省交通厅与凯立公司签订《海南岛中线高速公路海口至通什段建设项目投资与补偿合同》。

1996年7月,海口至永发段28.258km开工,至1998年底工程停工(凯立公司称1999年5月停工)。期间,凯立公司进行了各次工程项目融资工作,进展困难。

2006年,海南省交通厅呈请海南省政府收回建设经营权。

2007年11月,海南省政府与凯立公司解除原订投资补偿合同,海南省政府收回投资建设经营权。

二、海南省交通厅收回项目后的运作

2006年,海南省交通厅重新进行海口至永发段、三亚至五指山段高速公路前期工作。

2007年4月3日,海南省发改厅批复项目立项。4月27日,海南省国土环资厅同意办理项目用地预审手续。9月,交通部批复工可报告。

2008年11月,海南省交通厅委托中国国际工程咨询公司进行海口至屯昌高速公路项目社会和经济效益评价工作。同月,海南省公路勘察设计院完成《海南省中线海口至屯昌高速公路两阶段初步设计》。

2009年3月19日,海南省交通厅选定海南省路桥投资建设有限公司、海南高速公路股份有限公司为代建单位。海南省审计厅选定佳衡工程造价咨询有限公司、海南定宇工程造价咨询有限公司为项目跟踪审计单位。

2009年5月8日,海南省交通运输厅成立征地拆迁工作领导小组负责征地拆迁的组织、协调、督促、配合等工作。领导小组办公室设在海南省交通运输厅。

同日,海南省政府召开了海口至屯昌中线高速公路项目建设动员大会。

2009年5月13日,海南省政府办公厅印发征地实施方案。6月17日,海南省交通运输厅审核中线海口至屯昌高速公路施工图设计。7月1日,交通运输部批复该段初步设计,海南省环资厅批复环境影响报告书。8月17日,海南省交通运输厅举行海口至屯昌高速公路开工仪式。

2009年6月30日,海南省交通运输厅委托中国公路工程咨询集团有限公司承担编制中线高速公路屯昌至琼中乌石段公路项目工程可行性研究报告。11月底,中咨华科交通建设技术有限公司完成了《海南中线高速公路屯昌至琼中段工程可行性研究报告》。

2010年12月24日,海南省交通运输厅主持屯昌至琼中该路段工可报告审查会,经修整完善后,2011年2月,正式提交工可报告。

G9811海口至屯昌高速公路(以下简称"海屯高速公路")全长72.3837km,按四车道高速公路标准建设,设计速度100km/h,路基宽度26m,总投资31.5亿元。项目于2009年8月举行开工典礼,由于征地拆迁、招投标等前期工作时间过长,直至2010年8月才正式动工建设,原计划2013年9月完工,经过多方协调努力,提前至2012年12月底通车。

该项目填补了海南中部高速公路的空白,海南"田字形"主骨架高速公路网建设迈出重要一步。海屯高速公路资金分别由中央补助资金、省级配套和市县配套资金组成。由海南省交通运输厅实行项目代建制,确定海南高速公路股份有限公司和海南路桥公司为代建单位。沿线经过海口、澄迈、定安和屯昌等4个市(县),项目建成后,海口至屯昌的行驶时间由原来的1.5小时左右缩短至40分钟。

建成后大幅度地提高海南中部地区的路网水平,改善海南中部地区交通条件,进而增强了海口中心城市对海南中部地区的经济辐射和带动作用,有力地促进了海南中部地区经济社会的发展和人民群众生活水平的提高。

早在1995年海口至永发段高速公路便开工建设,但受企业资金制约,一直没有进展。海南省交通运输厅于2008年果断收回并加快该项目建设,并拟定于2009年8月底开工建设。

时任海南省政府秘书长徐庄在海屯高速公路开工仪式上表示,建设海口至屯昌高速公路,是海南省委、省政府化危机为机遇,为加快海南中部地区经济发展,提高中部地区人民生活水平做出的重大战略决策。海屯高速公路将成为海南中部地区与省内外联系的最重要通道,是建省以来海南交通发展史上的重要里程碑,对建设国际旅游岛也具有重要意义。

根据2010年8月5日海南省与交通运输部签署的《海南省人民政府、交通运输部加快推进海南国际旅游岛交通运输发展会谈纪要》,海南将构筑中部交通大动脉。海屯高速公路是海口到三亚中线高速公路的一段,还将建设万宁至洋浦东西向高速公路,与现有的环岛高速公路构成"田字形"高速公路网。

海屯高速公路路线具体走向为:起点位于海口市已建丘海大道(原疏港大道),终点位于农垦医院平交处,经太平村东,与海口绕城高速公路相交,经永兴镇博任村东,至道渀农场进入澄迈县境,在永发镇西侧约2.5km跨越南渡江,经仙儒村东,至加京村西侧进入定安县境,经白墩村东,至新竹农场进入澄迈县境,经红岗五队西侧、深坡农场西侧至路线终点,终点位于屯昌县城西北加丁村东侧。

海屯高速公路重点段在屯昌县西北侧设屯昌互通立交,建一级公路连接线向东与海榆中线、省道302和环东二路交叉点连接,建二级公路连接线向西与省道澄屯线省道303连接。

海屯高速公路路线经过沿线市县里程为:海口市22.65km,澄迈县30.0346km,定安县4.966km,屯昌县14.734km。海屯高速公路主线采用高速公路标准,设计速度100km/h,双向四车道,路基宽度26m,设计汽车荷载为公路—Ⅰ级(公路桥梁汽车荷载的最高等级),桥涵与路基同宽。设计线形技术指标均按较高标准控制,通过采取一定技术措施,行车速度可达120km/h。屯昌东连接线采用一级公路标准,双向四车道,设计速度80km/h,路基宽度26m,桥涵与路基同宽。

海屯高速公路的建设工程规模为:路线全长72.3837km,起点至丘海互通5.78km(含丘海互通)由海口市按城市道路建设;丘海互通至终点段66.6037km,采用高速公路标准,双向四车道,路基宽度26m。全线新建特大桥1057m/1座(南渡江特大桥),大桥1169m/7座,中桥280.7m/3座,小桥350.72m/15座,涵洞175道。设置互通式立交7处,分离式立交6处,通道73道,天桥18处,服务区2处。全线采用沥青混凝土路面。屯昌连接线全长3.243km,其中:一级公路长2.3km,二级公路长0.943km。设1座跨线桥,涵洞6道。其余互通立交被交道连接线二级公路共长12.8km。

热烈庆祝海口至屯昌高速公路开工

沿线大桥及互通设置情况为:沿线设南渡江特大桥1座、大桥6座。设丘海、永兴、永发、美向、新吴(新市)、红岗、屯昌7处互通。

海屯高速公路是海南省"十一五"规划重点建设项目,是海南省中部地区第一条高速公路,也是海南"田字形"高速公路主骨架的重要组成部分。按照海南省政府提出"六个一"责任模式要求和"项目建设年"的总体部署,海南省交通运输厅高标准、严要求,推行标准化施工,从细节入手,跟踪管理,严把质量关,海屯高速公路路面压实度和平整度全格率全部达到100%,打造了一条高档次、高水平的文明生态路、绿色崛起之路和富民强省之路,其建设质量、建设标准和经济指标都创造了海南省高速公路建设史上新的纪录。

海屯高速公路的建成通车,将屯昌、澄迈、定安纳入"省会1小时经济圈",催生了一条新的高速公路产业带,对推动国际旅游岛发展战略的实施和中部地区旅游业发展,改善中部地区的投资环境,加速中部地区崛起,对海南全省经济社会发展产生重大而深远的影响。

第十一节　G9811屯昌至琼中高速公路工程

屯昌至琼中高速公路于2012年5月开工建设,2015年5月建成通车,全长46.03km,全线四车道,设计速度100km/h。总投资32.73亿元,占地346.6公顷。项目管理单位:海南省交通投资控股有限公司;投资、建设单位:海南中交高速公路投资建设有限公司;勘察设计单位:海南省公路勘察设计院、中国公路工程咨询集团有限公司;监理单位:江苏交通工程咨询监理有限公司、安徽省高等级公路工程监理有限公司;施工单位:中交一公局厦门工程有限公司、中交第三航务工程局有限公司等。资金来源:政府投资。

海南环岛高速公路G9811屯昌至琼中段什太阶1号大桥

屯昌至琼中高速公路是海南省"田字形"主骨架高速公路网中线高速公路的重要组成部分,建成后大幅度提高海南中部地区的路网水平、改善海南中部地区交通条件,进而增强海口中心城市对海南中部地区的经济辐射和带动作用,有力地促进了海南中部地区经济社会的发展和人民群众生活水平的提高。

屯琼高速公路开始向中部山区延伸,打通了中部地区的快速通道,告别了海南中部不通高速公路的历史。可以预见,穿越海南省中部的中、横线的琼乐、文博、万洋三条高速公路建成后，海南省高速公路里程将达1162km，与现有的环岛高速公路构筑起"田字形"高速公路网，海南省高速公路主骨架的版图将重新改写，意味着"2小时交通圈"将形成，通行效率将大大提高，为"一带一路"建设和海南跨越式发展提供强有力的交通运输保障。

屯琼高速公路开通后，加快了人流、物流、资金流向琼中黎族苗族自治县汇聚，全省农副产品物流园区已落户，未来将成为农副产品的集散地。带动了琼中绿橙经济的迅速发展，为琼中黎苗地区经济发展注入新的活力。

"十三五"期间，进一步推进中西部黎苗地区重点物流通道基础设施和主要货运枢纽（物流园区）、多式联运体系规划建设，完善全省物流通网络和节点，促进城乡物流一体化发展。

屯琼高速公路开通后，琼中黎族苗族自治县纳入省会海口"1小时经济圈"，带动琼中乡村游、自驾游，境内各大生态旅游景区、农家乐异常火爆。未来中线高速公路全线贯通，琼中将依托高速公路，做强生态旅游业，重点是加快"奔格内"乡村生态游，加快产业优化升级。"十三五"期间，将继续促进中西部黎苗地区融入海南省全域旅游体系，重点推进高速公路、环岛旅游公路和农村公路的互联互通，进一步扩大交通运输有效供给，优化旅游业发展的基础条件。通过整合全线旅游资源，将实现产业和旅游经营无缝对接，实现旅游开发由"点到线"的转变、旅游产业由"线到面"的拓展，带动黎苗地区经济社会发展。

第十二节　G9811琼中至乐东高速公路工程

一、琼乐高速公路概况

为了促进海南省中部经济发展，2016年3月，琼中至乐东段中线高速公路开工建设。海南省中部地理环境特殊，峰峦叠起，山脉迂曲，于高速公路施工以及建设者而言，需要克服诸多难题，殊为不易。

琼乐高速公路由主线和五指山连接线组成，起于琼中县营根镇，与屯昌至琼中段终点相接，经毛阳、万冲、抱由、千家，终点在乐东利国镇以东，与G98环岛高速公路相连，是衔接海南"田字形"高速公路重要的一环。

琼乐高速公路路线主线全长128.803km，采用双向四车道高速公路标准，设计速度100km/h，整体式路基宽度26m，单侧分离式路基宽度13m。五指山连接线长18.505km，采用一级公路标准；加钗连接线3.757km和乐东连接线2.906km，采用二级公路标准。项目批复总投资约116.2793亿元。

G9811 琼中至乐东高速公路路段

琼中至乐东高速公路建成后,将与中线海口至屯昌至琼中高速公路,形成一条贯穿中部、连接南北的快速交通要道,极大提高中部、南部地区的路网水平,改善中部、南部地区交通条件,惠及中部地区150万人民群众,对促进海南经济社会发展和沿线市县旅游资源开发具有十分重要的意义。

琼乐高速公路施工难度极大,所经路段桥涵比高,在施工过程中不仅要保证工程质量,还要充分考虑到对生态的保护。为了顺利推进工程建设,该项目采用两个大型标段同步施工的模式,有效提高了工作效率和推进速度。

在项目建设过程中,各参建单位攻坚克难,奋力拼搏,除了克服工程本身的实施难度以及不利气候条件等困难因素之外,还在海南省交通运输厅、海南省交通建设局的大力支持和帮助下,解决和克服了诸多困难,具体如下。

二、琼中至五指山段

(一)征地拆迁问题

项目前期,在海南省交通运输厅的统筹协调和推动下,项目征地进展顺利,为工程施工的尽快全面开展创造了良好条件,在此期间,海南省交通运输厅领导多次带队,深入各县市督促征地拆迁工作,保证了征地拆迁工作的进度。

工程施工期间,针对争议地、赔偿争议、补充征地等问题,海南省交通运输厅通过组织召开协调会、现场调查督导等各种方式,推动问题逐一得到解决,避免了对工程施工的影响。如在琼中黎族苗族自治县与五指山市的跨县市争议地处理过程中,为有效解决问题,海南省交通运输厅就先后组织召开了4次专题协调会。

(二)施工临时用电问题

在施工准备期,由于工程沿线电力供应不足、现有电力线路容量有限等原因,施工所需用电得不到保障，问题暴露后，海南省交通运输厅、海南省交通建设局高度重视，厅领导亲自带队，前往电力部门进行协调，最终有效解决了问题，保证了施工顺利推进。

（三）火工品供应问题

海南岛火工品产量有限，在工程施工前期炸药等火工品需求量较大时，岛内火工品产量难以满足需求。为了保证工程施工正常进行，海南省交通运输厅领导亲自帮助协调，通过协调海南省安监、公安、爆破器材生产经营部门，甚至琼州海峡运输部门开辟绿色通道，最终通过增加岛外调运的方式，保证了工程所需火工品的供应。

（四）碎石供应问题

工程沿线碎石等地材供应量有限，制约了工程进度，在海南省交通运输厅、海南省交通建设局的大力协调下（协调地方政府、国土等相关部门），使该问题得到了有效缓解。

三、五指山至乐东段

（一）1∶6 边坡临时用地变更为调整坡比增加永久用地问题

项目土建 A9 至 A11 标段原设计部分挖方边坡采用缓边坡（坡比 1∶6），边坡用地为临时用地。施工单位进场之后，发现缓边坡临时用地无法征用土地，一度造成挖方边坡施工停滞。

代建指挥部将情况收集并汇报海南省交通运输厅和海南省交通建设局后，各级领导高度重视，立即组织召开专题会议论证，指示设计单位尽快结合工程实际优化边坡设计，优化设计后新增补充永久征地约 18.13 公顷（272 亩）。

涉及与乐东黎族自治县签订补充征地合同、补充征地等问题，海南省交通系统领导多次组织乐东黎族自治县政府召开协调会议，最终于 2016 年 12 月完成补充征地，并第一时间将征地款拨付乐东黎族自治县政府，保证了项目正常开展。

（二）土石比例调整和软基换填问题

土建单位进场后立即开展路基工程施工，施工过程中发现部分标段（尤其是 A9 至 A11 标段）原设计石方数量为零，部分路段软土地基原设计未做处理，经代建指挥部、监理单位现场核实并调阅地勘图之后，发现现场确实存在设计土石比与实际不相符的情况，部分路段软基原设计未给任何处理方案。

针对上述实际情况，代建指挥部立即组织监理、设计召开专题会议，同时将意见报告海南省交通运输厅和海南省交通建设局。海南省交通系统相关负责人立即前往现场，实地调研，组织参建各方召开专题会议，确定了土石比例划分原则，最终由海南省交建局组织召开专家会议论证后予以顺利解决。

(三)A7～A9标段征地拆迁遗留问题

项目开工之际,施工单位进场施工之后发现,A7标段K188+460～K188+560、K189+380～K189+770两段用地尚未交付,导致上述段落2.17公顷(32.6亩)用地11万m^3挖方、8万m^3填方及0.7万m^3换填以及范围内桥涵、防护不能施工;A8标段标尾、A9标段标头K202+500～K203+300共800m乐东至抱由境内存在土地纠纷,导致土石方20万m^3、昌化江6号特大桥12根桩基、一座通道涵不能施工。

经过海南省交通运输厅和海南省交通建设局多次与乐东县政府协调,最终在2016年7月顺利解决A7标段征地拆迁遗留问题,并在2016年11月解决A8标段标尾、A9标段标头K202+500～K203+300共800m征地拆迁遗留问题。

(四)碎石供应问题

进场施工伊始,代建指挥部经调查发现,原设计碎石料源已经停产或被政府叫停,项目沿线仅一家碎石场可供应碎石,且碎石产量远远无法满足本项目需求(尤其无法满足路面碎石用量),陷入"巧妇难为无米之炊"的窘境。虽然经由海南省交通运输厅和海南省交通建设局多次协调,由乐东黎族自治县政府挂牌出让南尖纳石场作为项目路面施工主要碎石料源,但产能仍然无法满足需求。

鉴于上述实际情况,海南省交通运输厅和海南省交通建设局主动与乐东黎族自治县政府、石场生产厂家协调,采取对现有石场扩产,其他料源远运等方案,最终予以解决。琼乐高速公路预计将于2019年3月竣工通车。

第十三节　G9812海口至文昌高速公路工程

海文高速公路即海口至文昌高速公路,于2000年3月开工建设,2002年9月建成通车,全长51.66km,全线四车道,设计速度100km/h。总投资8.65亿元,占地330.75公顷。

项目管理单位:海南泛华高速公路股份公司(先)、海南省交通厅(后);勘察设计单位:海南省公路勘察设计院;监理单位:海南省交通工程监理公司;施工单位:中国对外建设总公司、贵州省公路工程总公司等。资金来源为政府投资。

一、项目背景

琼文公路(灵文嘉公路的一段)起点位于原海南省琼山市灵山镇至文昌县城(现文昌市区),全长70km,其中琼山段43.7km,文昌段26.3km,始建于1938年,是海南省公路网的省道干线,是交通量最繁忙的路线,1993 年每昼夜交通量平均为 4721 辆,其中南渡江大桥段达 9000 辆、琼山段达 7000 辆、大致坡段达 5000 辆。但该线路技术等级为 3、4 级,路况差,纵坡大于 6% 以上的有 10 处,急弯多,危桥 2 座,防护设施不完善,水毁阻断经常发生,严重制约了沿线地区的经济社会发展。

文昌市是著名侨乡,是海南省对外开放的窗口之一。海口至文昌一线,有海口美兰国际机场、桂林洋开发区、东寨港红树林、铜鼓岭、清澜港、东郊椰林等开发热点,迫切需要修建一条高速公路,引导投资和服务于经济腾飞。

二、工程概况

海文高速公路全长 51.665km,起点为原琼山市桂林洋互通立交,终点为文城镇英城出口路处,途经桂林洋农场、美兰机场、昌城村、罗牛山农场、三江镇、大致坡镇、潭牛镇、林田村、文城镇。全线按平原微丘区高速公路标准,全封闭、全立交、双向六车道、水泥混凝土路面,路面宽 34m,设计速度 120km/h,设计荷载为汽车—超 20 级,挂车—120。估算投资 11.95 亿元。

海文高速公路一期工程三江至文城段 35.865km,起点位于三江镇竹家村西侧,桩号为 K23+800,终点位于文昌市文城镇坑尾村西南侧,桩号为 K59+665,主要工程量为中桥 14 座 698.96 延米;小桥 3 座 72.54 延米;涵洞 61 道 1846.26 延米;互通式立交 3 处;分离式立交 5 处;天桥 23 座,通道 24 道,平交 1 处。总预算 50.758 亿元,平均 1415 万元/km。2002 年 2 月 10 日建成试通车。

海南环岛高速公路 G9812 海口至文昌大致坡立交桥

二期工程桂林洋至三江段(K7+999.6~K23+800),长 15.8km,主要工程为大桥 1 座 125m;中小桥 23 座 1122 延米;涵洞 115 道;互通式立交 5 处,分离式立交 7 座;跨线桥 37 座,通道 42 道。2002 年 9 月竣工。经工程质检部门验收,两期工程合格率 100%,评为优良工程。

三、项目历程

(一)前期工作

1993年9月,海南省交通厅批准海南泛华公司为项目业主,11月委托中国公路工程咨询监理公司承担海口至文昌至琼海高速公路工程可行性研究。同月海南省交通厅呈报海南省政府《海口至文昌高速公路工程项目建议书》,请求批准立项。

1994年1月,海南省计划厅批复项目建议书,同月中国公路工程咨询监理总公司完成《海南省海口至文昌公路工程可行性研究报告》《海南省文昌至加积公路工程可行性研究报告》。3月4日—6日,海南省交通运输厅主持了工可报告专家评审会,海南省计划厅7月以琼计工交〔1994〕500号文批准工可报告,同年10月24日、25日,海南省交通厅召开海口至文昌高速公路初步设计评审会,该初步设计文件通过专家评审,海南省交通厅琼交运函〔1995〕406号文批准初步设计。

1995年3月,海南省交通厅与海南泛华高速公路股份有限公司(以下简称"泛华公司")商议签订项目合同有关事项。5月9日、10日,海南省政府省长办公会议研究海文高速公路建设有关问题:设计标准、资金筹措、投资补偿、工程质量及进度安排等。7月18日,海南省交通厅与泛华公司签订《海口至文昌高速公路投资与补偿合同书》,8月,海南省环境科学研究所完成《海南省海口至文昌高速公路工程环境影响报告书》。

1996年1月10日,海南省计划厅向国家计委呈报《关于海口至文昌高速公路建设项目报备的请示》,7月23日,海南省计划厅审核项目概算,共51.678km,概算投资4.8054亿元,平均造价929.8726万元/km。8月15日,海南省政府批准概算投资总额。8月28日,海南省交通厅与泛华公司签订《补充协议》,确定建设规模和投资总概算。9月26日,海南省计划厅再次向国家计委报备该项目。12月18日,海南省交通厅通知泛华公司该项目工程开工期限定为1997年1月1日,不得违约。1月27日,工程开工,泛华公司委托海南交通监理公司承担监理任务。2月,泛华公司成立海文高速公路建设指挥部,1997年至1998年3月上旬各施工标段队伍已全部进场,各标段中标企业名称如下:第一标段:中国对外建设总公司;第二标段:贵州省公路工程总公司;第三标段:铁道部十二局四处;第四标段:大连市政公司;第五标段:武警部队交通第一总队;第六标段:广东省公路工程总公司;第七标段:中国葛洲坝水利水电油工程集团公司海南工程公司。

5月29日,海南省审计厅对泛华公司财务支收提出审计意见,对审出的问题要求该公司规范运作。年内海南省交通工程质量监督站几次现场检查,发现不少问题,要求整改。

(二)海南省交通运输厅收回项目业主权

1994年6月17日,海南省证券委员会批准海南泛华实业有限公司等8家发起人共同发起组建海南泛华高速公路股份有限公司,募股3亿元(每股面值1元),其中发起人认购1.1亿元,定向募集1.9亿元,实际到位股本金2.075亿元,未到位股本金9250万元。

为响应海南省政府开展招商活动的号召,经海南省政府批准,海南省交通厅于1995年7月18日与泛华公司签订《海口至文昌高速公路投资与综合补偿合同》,由泛华公司投资建设海文高速公路,政府给予综合补偿。从此,泛华公司进入项目的管理工作。1996年8月28日,海南省交通厅又与泛华公司签订《海口至文昌高速公路投资与综合补偿合同补充协议》,泛华公司同意按海南省政府审定的概算总投资4.8054亿元负责包干建设海文高速公路。海文高速公路建设工程于1997年1月27日正式开工,海南省政府领导曾多次批示要求该工程必须于1998年7月底前建成通车。

至1997年底,海文高速公路累计完成计量工程量(不含设计、征地、监理费)3978万元,为当年年度计划投资的18.5%,为总投资的8.3%。1998年,工程建设一度出现反复,甚至全线工程基本停工。鉴于社会呼声很高,特别是文昌人民的迫切要求,1998年7月23日,海南省交通厅正式请示海南省政府,终止泛华公司建设海文高速公路合同。后来海南省领导批示,由政府收回建设。

1998年8月—9月,海南省交通厅委托南海律师事务所(海南)承担因泛华公司而发生的行政合同纠纷的综合性法律事务代理,聘请海南省人民政府法律顾问处的律师担任法律顾问。同年9月24日,海南省交通厅向海南省政府呈报《海口至文昌高速公路投资与综合补偿合同书》的行政决定书,请求审定;同月28日,海南省政府法律顾问处提交《关于海南省交通厅〈行政决定书〉的法核意见》,提出由海南省交通厅收回原发的行政许可权。10月15日,海南省交通厅正式向泛华公司下达《行政决定书》,撤销海南省交通厅就海口至文昌高速公路建设项目同意海南泛华公司为项目业主的所有文件,解除海南省交通厅与泛华公司签订的相关合同书、补充协议,对泛华公司直接投入工程项目的资金予以合理补偿,如泛华公司不服决定可以向海南省政府申请复议,或向法院起诉。11月5日,泛华公司提出《行政复议申请》,同月24日,南海律师事务所委托中国审计事务所对泛华公司直接投入建设工程的资金进行审计。

1999年2月25日,海南省交通厅委托海南华联会计师事务所办理海文高速公路在建工程投入及补偿的审计验证业务。3月1日,海南省交通厅通知泛华公司审计事项。3月9日,海南省交通厅印发《关于〈行政决定书〉补正的通知》,明确《行政决定书》的文号:琼交行决定〔1998〕001号。4月8日,泛华公司提交"要求补偿清单"。5月7日,泛华公司对"补偿清单"进行修编重报。5月25日,华联会计师事务所完成审计报告。6月18日,泛华公司对审计报告做出答复。6月21日,海南省政府发布琼府复决字〔1999〕01号《行政复议决定书》,海南省政府复议决定在阐明各项理由后,复议决定:维持被申请人海南省交通厅〔1988〕001号《行政决定书》和琼交体法〔1999〕075号《关于〈行政决定书〉补正的通知》,申请人不服可提起行政诉讼。7月,泛华公司对补偿提出追加;7月22日,海南省交通厅反驳追加补偿;9月2日,该项审计报告送海南省审计厅审定。9月10日,海南省审计厅答复,审计定案。10月22日,海南省交通厅就泛华公司的补偿向海南省政府请示,拟补偿:直接投入工程资金7318万元,其中直接投入6505万元,已施工未计量工程认定813万元。

2000年,海南省交通厅执行补偿事项,并先后4次派员与泛华公司通气沟通,解决遗留问题。3月28日,工程复工,至此项目收回工作完成。

(三)工程复工

1998年12月,海南省公路勘察设计院完成《海南省海口至文昌高速公路一期工程开行性研究报告》

1999年10月25日,海南省交通厅召开海文高速公路施工前准备工作会议;10月26日,海南省交通厅对该项目工可报告进行评审,通过评审。10月26日,海南省交通厅请示工程招投标事宜,海南省政府同意由海南省交通厅主办。11月24日,海南省交通厅召开该项施工图设计专家审查会,通过审查。11月30日,海南省交通厅发布施工图专家审查意见。

2000年2月,海文高速公路建设指挥部开展该项目工程招投标工作。2月18日,海南省计划厅批复该项目工程可行性报告。3月28日,工程复工。5月11日,指挥部召开施工图设计会审及技术交底会议。5月19日,海南省交通厅召开施工图设计审查会议,通过审查。

2001年,工程进展顺利。

2002年9月28日,海文高速公路全线建成通车。

第十四节　G9812文昌至琼海高速公路工程

交通运输是重要的基础性、先导性和服务性产业,无论是建设海南经济特区、国际旅游岛还是旅游特区,以及构建陆海空综合运输体系,是当前乃至"十三五"规划中的重中之重。海南正在全面提升交通基础设施建设水平,加快构建"田字形"高速公路主骨架,建设陆、海、空互联互通、无缝衔接的立体交通体系。"田字形"高速公路路网主骨架在海南国民经济及社会发展中居于基础性、前瞻性、公益性、战略性地位,对海南经济社会发展具有十分重要的强大促进作用。

一、文琼高速公路:民生路致富路

正在建设中的文昌至琼海博鳌高速公路(以下简称"文琼高速公路"),是海南省"田字形"高速公路网的重要组成部分。该条公路的开建,不仅是满足沿线群众对交通强烈愿望的民生路,改善沿线群众生活水平的致富路,而且对于改善文昌市、琼海市的交通环境,提升城市竞争力意义十分重大。文琼高速公路全长65km,总投资45亿元。

文琼高速公路主线起点位于文昌市文城镇迎宾路,顺接海文高速公路,途经文昌市文城镇、会文镇、重兴镇、琼海市长坡镇、塔洋镇、彬村山华侨农场、嘉积镇、中原镇,终点在中原镇黄思村接G98东段高速公路,全长65.7km。主线设计标准为双向四车道高速公路,设计速度100km/h,路基宽度26m。项目工可批复总投资45.83亿元。

在建时的海南环岛高速公路G9812文昌至琼海段起点立交桥

文琼高速公路2016年11月开工,预计2019年11月竣工并投入使用,计划工期3年时间。

代建单位:中铁第四勘察设计院集团有限公司。中心试验室:交通运输部公路科学研究所。土建A1标段:中铁十六局集团有限公司。土建A2标段:中铁十五局集团有限公司。土建A3标段:中铁航空港集团第一工程有限公司。土建A4标段:中铁建大桥工程局集团第一工程有限公司。

项目部建设完成100%;场站建设完成96%;路基土石方完成33%;路面工程完成0%;桥梁工程完成19%;涵洞通道工程完成55%;隧道工程正在推进当中。

二、齐心合力做好征地拆迁，确保项目顺利实施

文琼高速公路在建设过程中，普遍存在的是征地、拆迁和管线迁改等问题，而且困难较大。

其中征地方面主要问题是争议地和房屋拆迁等。管线迁改方面，由于沿线涉及需要迁改的管线权属部门太多，且多处路段较为敏感，协调难度较大。为了保证项目施工顺利推进，代建单位和施工单位分别安排了专职人员，积极配合地方政府开展征地拆迁工作，积极与相关权属单位进行对接协调管线迁改问题。同时，代建单位将遇到的问题及时向上级做了反映，海南省交通运输厅、海南省交通建设局都非常重视，并安排专人与相关单位进行了大量沟通协调，对征地拆迁和管线迁改顺利推进起到了很大帮助作用。

在各方共同努力下，文琼高速公路全线征地截至2016年底已完成96%，管线迁改主要问题基本得到解决。

另外，土建4标段万泉河特大桥是全线的重点及控制性工程。万泉河特大桥62号、63号墩位于万泉河中间的孤岛上，孤岛距离钢栈桥的高度约为6m，孤岛当时的地面高程为2.14m，需在孤岛基础上填砂筑岛3m，需从孤岛红线外进行部分取砂，取砂数量约为2100m^3，取砂量大、工期紧、任务重，并且当地政府早已颁发严禁开采河沙的禁令，项目在河段施工存在较大风险，施工处于停滞边缘。为了保证节点工期按时完成，此问题迫切急需地方政府、水务部门和业主单位的协调、帮助和配合。

对此问题，海南省交建局高度重视，多次安排代建单位与地方政府及水务部门接触联系。首先，多次亲自发文给地方政府和水务局，要求帮助解决取砂筑岛；其次会同多部门冒雨多次前往现场勘察。通过以上努力，最终在较短时间内取得了相关施工许可，没有影响及时围堰筑岛，确保了雨季前完成水上桩基施工。

三、一丝不苟严把质量安全关

施工过程中，海南省交建局通过下发指导性文件、定期举办项目分析会、监理试验室主任会议、开展专项活动和专项检查等方式，对项目施工进行严格管理和热情帮助。同时，为了保证对项目动态的全面掌握，及时了解和处理现场的相关问题，海南省交建局安排两名工作人员常驻文琼高速公路现场办公，对项目平稳推进起到了积极作用，使整个项目安全质量可控。

监理单位建立健全质量保证体系，对施工单位合同履约、进展进度、质量控制及安全文明施工情况，进行全面监督、全面管理和全面监控，主要体现在以下几个方面：

（1）始终践行"严格监理、优质服务、科学公正、廉洁自律"的16字监理方针，严格按照监理规范、施工图纸、技术文件开展各项监理工作，规范管理，严谨执行。

（2）通过下发指导性文件、技术交底、首件认可制、召开现场会、专项培训会、工地例

会等多种形式措施,保障了整个施工过程安全、质量得到有效管控。

(3)注重沟通,保障信息上传下达,及时解决现场存在的各类问题,做到"不拖、不等、不靠"。作为监理单位,一方面既要全面了解项目部管理思路,又要明白项目部难点及存在问题,及时给项目部提供正确的引导和技术支持;另一方面要加强和业主单位的沟通,及时反应现场进度、质量、安全文明施工等各方面控制情况,提出需要业主单位协调解决的制约工程建设的各类问题,以获得支持,同时还要有效传达、落实业主单位的各项要求;除此之外,还要积极和设计单位、中心试验室进行沟通,以保障日常各项工作顺利、有序地开展。正是因为加强了各个单位的沟通,所以才统一了思想,树立了建设优质工程的共同目标,使得各类问题得到及时有效地解决,为文琼高速公路项目工程建设,营造一个良好宽松的施工环境。

四、文琼高速公路标志性工程

(一)万泉河特大桥

中心桩号为 K112+793.5,长 1053.5m,上部结构采用形式为 $11\times30m$ 预应力小箱梁+$(50m+4\times80m+50m)$悬臂梁+$11\times30m$ 预应力小箱梁,下部采用实体墩、柱式墩及桩基础。共计 21 跨,桩基 172 根,承台 16 个,系梁 24 个,墩身 94 个,肋板 2 个,盖梁、台帽 44 个,30m 预制小箱梁 174 片,悬臂梁 106 节段/840m。其中主桥基础 59 号墩、60 号墩、62 号墩、63 号墩、64 号墩采用钢板桩围堰施工,61 号墩采用单臂钢吊箱围堰施工,主桥上部采用挂篮施工。截至目前桩基完成 172 根,完成 100%;承台完成 11 个,完成 69%;系梁完成 20 个,完成 83%;墩台身完成 52 个,完成 55%;盖梁、台帽完成 22 个,完成 50%。

(二)塔洋河大桥

中心桩号为 K110+464,长 646.1m,上部结构采用 $32\times20m$ 预制小箱梁,下部采用柱式墩及桩基础。桩基 140 根,系梁 26 个,承台 4 个,墩柱 124 个,肋板 8 个,预制梁 256 片。截至目前桩基完成 136 根,完成 97%;系梁完成 14 个,完成 54%;承台完成 2 个,完成 50%;墩柱完成 100 个,完成 81%;肋板完成 4 个,完成 50%;预制梁完成 160 片,完成 63%。

第十五节　G9813 万宁至洋浦高速公路工程

G9813 万洋高速公路,即万宁至洋浦高速公路,正在建设当中,工期 3 年,全长 163.036km,全线四车道,设计速度 100km/h。总投资 123.23 亿元,占地 1155 公顷。资金来源为政府投资。

建设中的海南环岛高速公路 G9813 与 G9811 琼中交会点

一、建设必要性

国务院《关于推进海南国际旅游岛建设发展的若干意见》中指出:加快建设海口至五指山至三亚地方高速公路和万宁至儋州至洋浦地方高速公路。国家发改委正式批复的《海南国际旅游岛建设发展规划纲要》指出,"推进中线地方高速公路和万宁至洋浦地方高速公路建设,形成(田字形)高速公路网络",该项目列入交通重点建设项目。

该项目是充分发挥洋浦开发区对全省经济的辐射和带动作用的需要。洋浦开发区是海南经济发展的重中之重,是规划中的区域物流和航运中心。该项目是洋浦面向海南中部、东部地区的交通大通道,利用洋浦对外开放的区位优势,把中、东部地区资源优势、生态优势转化为经济优势,形成互辅互促的发展态势。该项目是完善海南省公路网主骨架网,加强东西海岸的有机联系的需要。该项目作为联系东西海岸的快速通道,使海南公路交通的布局更加合理,并促进沿线经济发展。

万洋高速公路是 G98 环岛高速公路的重要组成部分,它的建成以及投入使用,将对沿线多个市县的经济社会快速发展,起着十分重要的助力推动作用。

二、项目概况

海南省横线万宁至儋州至洋浦高速公路工程可行性研究报告推荐方案,起点位于万宁市后安镇,新设龙田枢纽互通与东段高速公路相接,终点通过正在建设中白马井枢纽互通与西段高速公路相接,全长约 165km。路线途经万宁、琼海、屯昌、琼中、儋州 5 个市(县),主要控制点为:龙田互通、乐来、东岭农场、东平农场、会山镇、东太农场、乌坡镇、岭门、里寨水库、黎水岭、黎丹镇、兰洋镇、那五、牙拉、西华农场、春江水库、白马井互通。推荐方案全线采用设计速度100km/h的双向四车道高速公路标准建设，路基宽度26m，占用土地1235.47公顷（18532亩）。

全线设桥梁21586m/79座，分离式立交1114m/9处，隧道9106m/19座。全线新设龙田、乐来、东岭、会山、东太、乌坡、岭门、湾岭、新进、黎母山、阳江、松涛、兰洋、儋州南、儋州、西庆、西华17处互通立交，其中龙田、岭门为枢纽互通，其余为一般互通；另预留王五互通1处；改造西段高速公路白马井枢纽互通1处。项目新设服务区3处，养护工区3处。

项目投资估算总金额为134.4亿元，平均造价8147万元/km，工期3年。

三、进展进度

2004年11月15日，海南省交通厅委托中国公路工程咨询监理总公司承担儋州至万宁高等级公路预可及工可研究报告编制工作。

2007年1月8日，海南省交通厅通知：因项目实施时间及资金问题暂停预可和工可研究工作。7月16日，海南省交通厅根据海南省领导的有关批示，继续开展该项目预可编制。

2008年8月20日，中咨华科交通建设技术有限公司完成《海南省万宁至儋州至白马井高速公路预可行性研究报告》。

2009年6月，海南省交通运输厅完善该项目预可、工可报告编制工作合同，编制经费134.4万元。

2010年1月29日，海南省四届人大三次会议儋州代表团提交《关于加快建设万宁至洋浦高速公路那大至白马井段的建议》。

海南省万宁至洋浦高速公路于2015年11月18日开工。万宁至洋浦高速公路东接已建的环岛高速公路东段，西接已建的环岛高速公路西段，呈东西走向。起点位于万宁市后安镇，途经万宁市、琼海市、琼中县、屯昌县、儋州市等5个市（县），是列入《国家公路网规划（2013年—2030年）》的国家高速公路网项目。项目建设工期为3年。万宁至洋浦高速公路主线全长约163.524km，共分为3个设计标段，由东向西分别为第4~第6标段。全线共设置桥梁81座，总长为23.7288km，共设置隧道3座，总长为1559m，全线桥隧比为15.47%。全线在后安、乐来、东岭、会山、东太、乌坡、岭门、湾岭、新进、黎母山、阳江、松涛、兰洋、罗屋、儋州、西庆、西华、白马井设置18座互通立交，设置东太、阳江、大成服务区3处。主线设计标准为双向四车道高速公路，设计速度为100km/h，路基宽度26m。万宁至洋浦高速公路连接了东、西段两条纵向高速公路和规划建设中的中线高速公路，对于合理完善海南公路网具有重要意义。

（一）万洋高速公路万宁至洋浦（代建 1 标段）

代建单位：海南公路工程有限公司；设计单位：江苏省交通规划设计院股份有限公司；监理单位：长沙华南土木工程监理有限公司、重庆中宇工程咨询监理有限责任公司；施工单位：江西省公路桥梁工程有限公司、海南路桥工程有限公司、中铁隧道集团有限公司、中交一公局海威工程建设有限公司。

（二）万洋高速公路万宁至洋浦（代建 2 标段）

代建单位：中交第一公路勘察设计研究院；设计单位：江苏省交通规划设计院股份有限公司；监理单位：中交第一公路勘察设计研究院有限公司；施工单位：中铁一局集团有限公司、中交一公局厦门工程有限公司、中交第二公路工程有限公司、中交第四公路工程局有限公司；中心试验室：苏交科集团股份有限公司。

（三）万洋高速公路万宁至洋浦（代建 3 标段）

代建单位：中交公路规划设计院有限公司；设计单位：海南省公路勘察设计院；监理单位：北京中交公路桥梁监理工程有限公司；施工单位：中交第一航务工程局有限公司、北京市路桥股份有限公司、中铁二十五局集团有限公司、中交隧道工程局有限公司；中心试验室：中设设计集团股份有限公司。

截至 2016 年底，代建 1 标段项目部建设任务已 100% 完成；场站建设完成 81%；路基土石方完成 12%；路面工程完成 0%；桥梁工程完成 2%；涵洞通道工程完成 23%；隧道工程完成 2%。代建 2 标段项目部建设任务已 100% 完成；场站建设完成 90%；路基土石方完成 37%；路面工程完成 0%；桥梁工程完成 2%；涵洞通道工程完成 26%；隧道工程完成 3%。

代建 3 标段项目部建设任务已 100% 完成；场站建设完成 90%；路基土石方完成 18%；路面工程完成 0%；桥梁工程完成 10%。涵洞通道工程完成 31%。

第十六节　五指山至保亭至海棠湾高速公路工程

2015 年 2 月 9 日，海南省第五届人大常委会第三次会议上提出关于将东段高速公路海棠湾镇出口至保亭县城高速公路项目列入"十三五"规划的建议（第 532259 号），作为海南省人大常委会的一项重要议案，海南省人大常委会交由海南省交通运输厅进行办理。经深入调查、研究、分析，海南省交通运输厅提出具体意见和措施。

为加快形成"山海互动、蓝绿互补"的旅游发展格局，海南省委、省政府高度重视岛中、南部片区路网的规划和建设。同时，为推进国际旅游岛建设，完善岛内公路主干线网络，早日实现"县县通高速"目标，改善海南岛中部地区的交通运输条件，促进沿线地区旅游资源开发和经济社会发展，海南省交通运输厅原则同意建设五指山至保亭至海棠湾高速公路，并在"多规合一"工作和《海南省公路交通"十三五"发展规划（初稿）》中，将五指山至保亭至三亚海棠湾高等级公路纳入规划，计划在"十三五"后期建设。

为加快推进该项目建设，海南省交通运输厅从统筹全省路网布局方面加强研究，形成初步的走线方案：起点接中线琼中至五指山至乐东高速公路五指山连接线，经 G224 海榆中线大本路口东侧，穿过保亭县城西侧，经响水镇东侧，到加茂镇西侧，从三道镇东边穿行，下穿东环高铁，接 G98 环岛高速公路藤桥互通立交，路线全长约 60km，估算总投资 50 亿元，用地约 400 公顷（6000 亩）。经进一步征求相关市（县）意见，并组织专家勘察论证优化方案，项目建设规模及主要技术指标为：

（1）建设规模：项目起点位于五指山市冲山镇，顺接 G98 环岛高速公路（琼中至乐东段）五指山连接线，途经保亭县，终点位于三亚市海棠区，接 G98 环岛高速公路藤桥互通，路线全长约 60km。

（2）主要技术指标：按双向四车道高速公路标准建设，设计速度 100km/h，路基宽度 26m，沥青混凝土路面。具体技术指标在可行性研究阶段论证后确定。

（3）投资估算及资金来源：项目投资估算约 50 亿元，建设资金由省财政统筹解决。

（4）工程可行性研究阶段需要深化研究的问题：①结合区域路网规划和沿线城镇发展规划，进一步优化路线方案。②开展规划选址、用地预审、环境影响评价、水土保持等相关专题研究，按照建设景观路、旅游路、生态路的原则做好项目设计。

（5）据此深入开展项目前期工作，组织编制可行性研究报告，待条件具备后按有关规定报相关部门审批。

五指山至保亭至三亚海棠湾高等级公路是海南高速公路网的重要组成部分，项目建设将大大缩短保亭县城至海棠湾、三亚市区的距离，行车速度将提高至 80km/h 以上，最高车辆通行能力达到 30000 辆/日，可有效提高路网的交通服务能力和效率。

海南省交通运输厅已启动五指山至保亭至三亚海棠湾高速公路项目前期工作，计划 2017 年底开工建设。

第十七节　白沙快速出口路工程

一、项目背景

为了进一步改善白沙县交通网络结构，促进白沙县开发建设和全省经济协调发展，白沙县在2012年完成《白沙县城出口快速通道建设工程项目建议书》的编制工作，并将相关情况上报海南省政府以及海南省交通运输厅。

海南省交通运输厅根据海南省政府有关领导主持召开的五指山至保亭至海棠湾高速公路和白沙快速出口路项目建设专题会议精神，经研究，批复如下：为推进海南国际旅游岛建设，完善海南省公路主干网，实现"县县通高速"目标，改善白沙交通运输条件，促进沿线地区旅游资源开发和经济社会发展，原则同意建设白沙快速出口路。

二、项目概况

白沙县组织专家实地勘察和论证，建议建设一条起点与白沙县白沙农场，沿细水乡白水港村，途经儋州鹿母湾林场、阳江农场15队，终点接万宁至洋浦横线高速公路的快速通道，路线全长35km，白沙县随后多次向海南省政府、海南省交通运输厅提出建设要求。海南省交通运输厅经征求白沙县政府意见，并组织专家进一步勘察论证后优化了项目方案，白沙快速出口路的建设规模及主要技术指标为：

(1) 建设规模：项目起点位于白沙县牙叉农场三队附近，与国道G361什运至邦溪段公路相接，终点位于尖岭村南侧（儋州互通东侧约2km），与万洋高速公路相交，路线全长约35km。

(2) 主要技术指标：按双向四车道高速公路标准建设，设计速度100 km/h，微沥青混凝土路面。具体技术指标在可行性研究阶段论证后确定。

(3) 投资估算及资金来源项目投资估算约30.3亿元。建设资金由海南省财政统筹解决。

(4) 工程可行性研究阶段需要深化研究的问题：结合区域路网规划和沿线城镇发展规划，进一步优化路线方案；开展规划选址、用地预审、环境影响评价、水土保持等相关专题研究，按照建设景观路、旅游路、生态路的原则做好项目设计。

(5) 据此深入开展项目前期工作，组织编制可行性研究报告，待条件具备后按有关规定报有关部门审批。

第十八节　附　　录

"八五"至"十三五"期间海南高速公路建设投资情况见表3-11。

"八五"至"十三五"时期海南高速公路建设投资一览表　　　表3-11

五 年 计 划	完成投资（万元）	完成里程（km）
"八五"计划（1991—1995年）	34978	
"九五"计划（1996—2000年）	532245	601

续上表

五 年 计 划	完成投资(万元)	完成里程(km)
"十五"计划(2001—2005 年)	113180	51
"十一五"规划(2006—2010 年)	374100	35
"十二五"规划(2011—2015 年)	1281698	143
"十三五"规划(2016—2020 年)	2908886	395.5
合计	5245087	1225.5

第四章
高速公路建设与养护管理

第一节 综 述

从1987年海南建省前夕开始筹建的海口至三亚东段高速公路(右幅)工程开始,到2016年,近30年里海南省公路建设尤其是高速公路建设成就斐然。

截至2016年底,海南省已建成了G98国家高速公路的环岛东段高速公路、环岛西段高速公路、海口绕城高速公路、三亚绕城高速公路;建成了G9811国家高速公路中的海口至屯昌高速公路、屯昌至琼中高速公路;建成了G9812国家高速公路中的海口至文昌高速公路。

G9812国家高速公路中的文昌至琼海高速公路工程、G9811国家高速公路中的琼中至乐东高速公路工程、新建的G9813国家高速公路中的万宁至洋浦高速公路工程正在抓紧建设当中。"十三五"期间,海南将完成剩余的直通五指山、保亭、白沙等市县的高速公路项目,将全面实现"县县通高速"的目标。

截至2016年底,海南全省公路通车总里程已达28217km,其中高速公路795km,滨海旅游公路800km,农村公路24659km,全面改造了一批国省干线。公路路网密度由62.6km/100km^{2}提高至83.24km/100km^2;二级及以上公路里程由2320km提高至2906km。基本建成了以"田字形"高速公路为主骨架、国省干线为主通道、旅游公路为补充,农村公路深度通达,路网互联互通、辐射全岛的"安全、高效、集约、绿色"的格局,有效改善岛内通行环境。

作为海南经济社会发展的大动脉的海南高速公路,仅"十二五"期间,海南全省公路水路交通固定资产投资完成450多亿元,是"十一五"的两倍多,相当于"九五""十五""十一五"的总和。综合2012年至2016年上半年海南省交通质监局上报给交通运输部的公路工程年度和半年度质量分析报告,海南省现已修建的G98环岛高速公路、海文高速公路、海口绕城公路等,以及后续实施的一系列改扩建工程,工程实体质量总体上处于可控状态。这些,都离不开几代海南省交通质监人的不断开拓创新、不懈奋斗与持续努力。

高速公路要发挥其应有的职能和作用,就离不开高速公路的管理与养护。而高速公路日常的管理与养护工作、正常运行则需要一整套完善的法律法规的支撑和保障,法律法规则需要建章与立制,以及体制机制创新等。本章,专就以上问题进行了详细论证、说明与阐释。

本章共分为十一节,分别为:海南高速公路建设质量监督监管、海南高速公路养护与管理综述、海南高速公路养护体制改革、海南首条高速公路的养护与管理、海南高速公路养护与管理创新之路、海南高速公路建设管理制度选编、海南高速公路管理养护制度选编、海南高速公路服务区建设和运营新模式、转型发展中的海南高速公路服务区和海南高速公路交通整治新闻报道选录。

可以说,经过30年的建设,海南高速公路在海南经济、社会发展过程中的作用越来越大。高速公路的管理与养护工作,经过长时间的不断摸索、创新和经验积累,已经有了十分成熟的运作模式。未来,海南高速公路管理养护人还将不断尝试,不断创新,做好高速公路的管理与养护工作,让高速公路愈益发挥更为重要的作用,以服务于海南经济、社会发展的大局,为建设国际旅游岛、推动建设美好新海南目标,砥砺奋进。

海南环岛高速公路养护人正在作业

第二节　海南高速公路建设质量监督监管

海南高速公路工程质量监督和监管过程,实质上就是执行国家相关法规的过程。

交通工程质量监督机构受政府交通行政主管部门委托、部分地区的质量监督机构在地方公路条例的直接授权下,依据《中华人民共和国建筑法》《中华人民共和国公路法》《建设工程质量管理条例》《公路工程质量监督规定》《公路建设市场管理办法》等工程质量相关法律法规和规章制度,综合使用行政、经济、法律和市场手段,对公路建设工程质量实行强制性执法监督管理,确保工程质量、使用安全和环境质量。

公路方面,以"田字形"高速公路主骨架项目为核心的重点项目建设5年来,新改建高速公路800km、国省道1000km。截至2015年底,全省公路通车总里程2.7万km,较"十一五"末增加5624km;公路路网密度由62.6km/100km^{2}提高至79km/100km^2;二级及以上公路里程由2320km增加至2868km。基本建成了以"田字形"高速公路为主骨架、国省干线为主通道,旅游公路为补充,农村公路深度通达,路网互联互通、辐射全岛的"安全、高效、集约、绿色"的格局,有效地改善了岛内的通行环境。

随着三亚绕城高速公路、中线高速公路海口至屯昌段、屯昌至琼中段相继建成通车,琼中至乐东段及横线万宁至洋浦、文昌至琼海高速公路开工建设,改写了中部地区不通高速公路的历史,破解了制约岛内东、中、西交通运输发展不平衡的瓶颈,对优化和调整区域化产业布局提供了重要的先行保障。

(一)海南高速公路工程质量监管机构历史沿袭及职能

20世纪80年代末,随着我国工程建设领域陆续引进FIDIC模式,1989年12月,海南省交通工程质量监督站顺应海南交通工程建设形势而成立。20多年来,在海南省高速公路建设中发挥了不可替代的作用。海南省交通工程质量监督站的发展历程,始终与海南省高速公路建设事业同步,经历从无到有、从小到大、从弱到强的发展历程。

1989年12月19日,海南省机构编制委员会以琼编〔1989〕189号文批准成立海南省交通工程质量监督站,为正处级自收自支事业单位,定编16人。内设办公室、公路工程室、水运工程室3个科级机构。办公场所位于海口市海府路51号,1994年搬迁至海口市凤翔西路东段(海口市振发路1号)。

2002年机构改革后,海南省机构编制委员会以琼编〔2002〕120号文核定海南省交通工程质量监督站为财政预算管理的正处级事业单位,受海南省交通厅委托负责全省公路、水运工程质量监督管理工作,业务上接受交通部基本建设质量监督总站的指导。内设机构变更为办公室、工程质量监督科、中心试验室3个科级机构。

2009年,海南省机构编制委员会以琼编〔2009〕36号文核定海南省交通工程质量监督站,更名为海南省交通工程质量监督管理局(海南省交通工程造价管理站),内设机构6个,并增设海口、三亚、琼海、儋州4个正科级派出机构,增加财政预算管理事业编制26名,增配副局长领导职数1个,总工程师职数1个(副处级)。

2009年7月,海南省交通工程质量监督站更名为海南省交通工程质量监督管理局,同时增挂海南省交通工程造价管理站牌子,这标志着海南省交通工程质量监督管理局从此走向了更加全面、系统地为海南省交通工程建设服务之路。质量监督工作,已经从单纯工程实体质量监督,转向交通工程建设行为的行业管理。工作职能已涉及交通工程质量监督、安全生产监督、监理和检测市场管理、造价管理等行业。

海南省交通工程质量监督管理局内设6个部门(办公室、公路监督科、水运监督科、检测管理科、安全生产监督科、造价管理科),并增设海口、三亚、琼海、儋州4个分局。

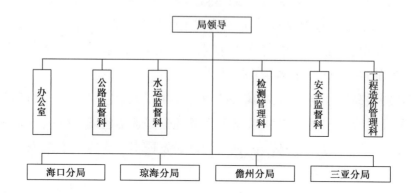

海南省交通工程质量监督管理局组织构架图

(二)工作任务和职责范围

(1)贯彻执行国家和本省交通工程造价(定额)管理方面的法律法规和规章,受委托制定海南省交通工程补充定额。

(2)负责全省公路、水运工程质量监督和检验、检测工作,参与仲裁工程质量争议。

(3)负责全省交通工程造价与定额管理、交通项目投资估算和概算审查、预(决)算监督检查、交通工程造价咨询、造价信息发布和对从业人员进行培训管理等工作。

(4)受行政主管部门委托,承担全省交通工程施工安全生产的监督管理工作。

(5)参与对承担公路、水运工程的勘察、设计、施工投标单位和监理单位的资格审查工作。

(6)负责组织全省公路、水运工程质量监督和施工监理人员、检测人员的培训和考核。

(7)承办上级主管部门交办的其他工作。

回顾历史,从1989年12月建站初期定编16名干部职工、3个科室,到后来的定编42名干部职工、6个科室、4个分局,拥有全体干部职工47人,海南省交通质量监督体系及组织构架在不断完善,分工逐步明确,专业技术人员配备不断加强,为海南省交通建设,特别是高速公路建设提供了坚实的质量监督保障。

(三)高速公路质量监督模式的转变

自成立以来,海南省交通工程质量监督管理局的职能及机构设置一直紧随交通运输部及海南省相关公路工程质量管理规章制度的转变而转变。总体脉络可分为四个阶段：

第一阶段为1989—1995年，当时公路建设计划经济因素较重，质量监管主要依靠政府，社会化的公路工程监理机构及市场尚未发育。质监站作为政府监督机构，1992年12月完成东段高速公路海口至黄竹(右幅)质量监督工作；1995年12月，完成东段高速公路右幅全线工程质量监督工作。

第二阶段为1996—1999年初，随着社会主义市场经济的不断发展和改革的深入，海南省在公路工程建设领域中对长期以来计划经济下所形成的传统建设管理模式不断进行探索和改革，与时俱进，实施工程监理制(即"菲迪克"条款下的公路工程质量监督，这是工程管理模式的一大变革)。

这一阶段的主要特征是海南省交通质监站与监理公司(海南交通工程咨询监理有限公司前身)合二为一。这一阶段是海南省公路质量监理市场培育的重要阶段，该阶段虽然开始重视市场的作用，但政府与市场在质量监管工作的分工仍然不够完善，界限并不清晰。海南省交通工程质量监督站于1997年3月完成西段高速公路海口至洋浦段质量监督任务；1998年1月完成西段高速公路九所至三亚段质量监督工作；1998年3月完成东段高速公路左幅府城至琼海段质量监督工作。

第三阶段为1999—2009年，即政府与市场界限分离的工程质量监管阶段。这一阶段，监理公司从质监站分离，作为独立的市场法人，以社会监理的模式开展质量监督工作。海南省交通质监站作为政府的强制质量监督执法载体的定位开始明确。这一阶段的主要问题是交通工程质量监督站未能完全从市场中独立出来，其主要工作经费仍然依靠收取项目的监督费。海南省交通质监站于1999年9月完成西段高速公路洋浦至九所段质量监督工作，西段高速公路全线贯通；2001年9月完成海南东段高速公路左幅工程质量监督工作；2002年9月完成海文高速公路工程质量监督工作。

第四阶段为2009年至今。自2009年1月1日起，根据《财政部、国家发展改革委员会关于取消和停止征收100项行政事业性收费的通知》(财综〔2008〕78号)，全国统一取消工程质量监督费和工程定额测定费。

这一背景下，海南省交通质监站改为全额财政拨款单位，并于2009年完成了改局扩编工作。这一阶段，海南省交通质监局作为完全独立于交通建设市场的全额财政拨款事业单位，代表政府依照相关法律法规，对交通工程建设项目进行质量强制监督工作。"十一五"期间，完成质量监督的项目有：高速公路5条(其中新建3条、改建2条)、大桥10座、中桥14座、高速公路立交改造工程5座。"十二五"以来，海南省交通质监局先后完成或正在开展以下高速公路项目的质量监督工作：

(1)海口至洋浦1小时交通圈西段高速公路白莲立交至白马井立交段改建工程；

(2)海南省中线高速公路海口至屯昌段工程；

(3) 海南省中线高速公路屯昌至琼中段工程；

(4) 海口至文昌高速公路改建工程；

(5) 海口至屯昌高速公路屯昌互通二期工程；

(6) 海南省西段高速公路大中修及配套设施改造工程（K164+000～K196+000段、K299+000～K349+500段）

(7) 环岛高速公路龙滚至陵水段沿线设施维护工程；

(8) 海南东段高速公路府城至琼海段左幅大修工程；

(9) 东段高速公路陵水立交改建工程；

(10) 海南省G98环岛高速公路九所至八所段改建工程；

(11) 东段高速公路陵水香水湾（A区）互通立交工程；

(12) 三亚市G98高速公路崖城西互通立交工程；

(13) G98环岛高速公路改建工程邦溪至白马井段工程；

(14) 海南省G98环岛高速公路石梅湾至三亚段；

(15) G98环岛高速公路大茅隧道安保工程；

(16) 海南省琼中至乐东高速公路五指山至乐东段工程；

(17) 海南省琼中至乐东高速公路琼中至五指山段工程；

(18) 海南省G98环岛高速公路邦溪至白马井段改建工程；

(19) G98环岛高速公路石梅湾至三亚段（K155+152～K237+937.291）改建工程。

（四）管理体系不断完善

20多年来，在海南交通质监人的不懈努力下，海南省公路工程建设，特别是高速公路工程质量管理体系不断完善。

海南省交通工程质量监督局自成立以来，初步建立了分工较明确的各质量监管职能部门，政府质监部门的行政执法权威得到加强，并从单纯工程实体质量监督逐步转向交通工程建设的质量行业管理，逐步转向为海南省交通工程建设质量提供更加全面、系统的保障和服务职能的轨道；以优化市场主体结构、完善质量主体相互制衡的监督架构为目标，在海南省交通建设市场完成了代建制的导入和运行，并制定了《海南省公路水运工程监理检测企业备案管理办法（试行）》和《海南省公路水运工程第三方试验检测管理办法（试行）》进一步规范公路水运工程监理、检测机构的建立和运行；认真做好试验检测机构换证工作，积极引导具备条件的机构申报甲级资质，提升全省试验检测行业水平，引导推动监理和试验检测行业健康发展。

海南省交通质监局以交通运输部相关质监制度为基础，制定和推行了海南省工程质量监督检查程序、工程质量检测和质量鉴定程序、工程质量问题和事故处理程序、质量监督台账制度、质量监督工作定期汇报制度等一系列监督工作程序和规则;代拟并经海南省政府发布《海南省人民政府办公厅关于印发海南省农村公路建设管理与养护体制改革实施意见的通知》《海南高速公路及旅游公路标准化施工指南》《海南高速公路及旅游公路标准化施工指南》等施工管理办法。上述监督工作程序和规则、施工管理办法,有效促进政府监督执法、行业监理检测、企业施工质量保证在规范有序中进行,从而比较完整地建立起海南省工程质量监管的制度体系。

(五)敢于碰硬,质量监督工作取得良好成效

在质量监督对象上,强调质量责任主体行为监督和工程实体质量监督两者并重;在质量监督阶段,开工初期着重抓基建程序执行、参建单位履约能力检查,施工过程中着重抓参建各方质量保证体系和实体工程质量检查,后期着重抓交竣工验收质量检测及鉴定;在质量监督方式上,采取常规检查、专项检查和巡视检查三种形式相结合,并大胆运用新手段新措施,坚决纠正各种违规行为和质量问题;在质量结果评价中,要求遵守监督检查"四个现场"原则(现场发现问题,现场记录扣分,被评价人现场签字,业主现场见证),提高评价的可信度。推行项目监督责任制,落实监管者责任,要求施工单位落实质量主体责任,将监督任务分解落实到每一个监督部门、每一位监督人员。

路面平整度控制现场测验

以工程实体为重点,加大对重要工序和关键环节的检测力度。切实强化对重特大项目全过程、全方位的检测和控制,对路面各结构层特别是沥青路面各层的试验段的抽检,对路床中间交工检测桥梁的预埋钢板和橡胶支座安装的防腐检查;加强对危险性工程质量专项施工方案审查,严格按照规定编制和落实质量安全技术措施;抓隐患排查,采取一听生产工作汇报、二看内业资料、三查外业隐患情况的方式进行严格检查处置。

不断丰富执法手段,包括通报批评、发整改通知、约见谈话、发停工令等;要求做好书面检查记录,对安全隐患现场拍摄照片,汇总形成PPT,并召开反馈会议集中反馈检查中发现的安全隐患和需要整改的问题,提出整改意见和建议;深入开展"监理行业新风建设"活动,切实推进"平安工地"建设,召开平安工地示范会、平安工地推进会。

2009年责令西线高速公路儋州出口路沥青混凝土试验段彻底返工,重新改换沥青油材料,保证了沥青路面的工程质量;2011年杜绝"瘦身钢筋"进入灵文线;2012年对海屯高速公路松铺系数不准确影响厚度、级配碎石级配较差、水泥稳定碎石基层局部不成型的情况进行整改等,以上措施有力保证了在建重点工程项目的工程质量。

自2012年开始,对未履行基本建设程序而开工的建设单位开处罚单。如对中国石化海南炼油化工有限公司和海南逸盛石化有限公司进行处罚,各处罚金额50万元和25万元,通过立案、调查取证(录像、现场和询问笔录)、核审和决定等一般程序进行处罚,有效遏止了参建单位违规建设行为,确保工程质量与安全生产。

(六)着眼未来,着力构建更科学高效的质量监督体系

抓好工地试验室建设,优化检测流程,提高检测水平;引入第三方检测机制,遴选省内外高水平检测单位进入海南省第三方检测库;重视"双化"(标准化和标杆化)施工技术和管理方法的推广,大力倡导和鼓励企业开展精细施工活动,并强力推出各种切实可行的举措;为提高监督效率,实现对项目的远程和动态监管,海南省交通工程质监部门委托开发的"海南省交通工程质量监督管理系统"于2012年8月,在海口至洋浦1小时交通圈西段高速公路白莲立交至白马井立交建设工地开始试点使用,并举办了系统使用培训班,拟在运用成熟后向全省建设单位推广。该套系统让海南省交通质监工作实时掌握建设项目的进度、人员履约、试验检测等各方面情况,标志着海南省交通工程质量监督管理将进入数字化、信息化、网络化时代。

一是质量信息统计整理。海南省交通工程质监局平时有较完善的质量监管记录、试验检测记录台账,每半年将质量抽检结果汇总整理,向交通运输部提交《海南省公路工程质量分析报告》,每年末撰写《海南省公路工程质量总结报告》,通过动态跟踪与阶段总结相结合及时收集、分析和反馈质量信息。二是公路工程质量监管科研攻关。海南省交通质监局主持研究了"海南自然环境与交通状况下沥青路面质量控制关键技术研究",获评海南省科技进步一等奖,为海南省沥青质量顽症的根治提供了坚实的智力支撑;海南省交通质监局各主要领导不仅经常下到各项目部深入现场检查和调研,还多次北上湖南、北京等,远赴新疆、甘肃等调研和交流,带回来多省(自治区、直辖市)有益经验;派出调研组参加中瑞合作项目,越洋到瑞士观摩学习;下到县乡基层调查农村公路建设状况,撰写了《海南县乡公路建设工程质量和安全生产管理调研报告》;副局长陈颖新主持完成了"海

南省公路工程质量监管系统研究"。这些调查调查活动和研究项目,有助于广泛借鉴外地经验,有助于深入掌握海南省公路工程质量及监管真实现状,有助于全盘梳理、反思和完善公路工程质量监管体系,有力推动全省公路工程质量水平提升。

海南省每年的交通从业人员资质培训、考试都有序进行,为本省公路工程建设行业培育了具备必要素质和稳定数量的人力资源。海南省交通质监局领导、部门(分局)负责人和技术骨干亲自为专项培训班学员上课教学,经常召开各种质量施工技术和管理方法宣贯会。局里还鼓励参加各类继续教育项目,支持进修深造,如攻读硕士、博士研究生。

海南省交通质监局组织公路水运工程试验检测考试和公路水运工程监理工程师过渡考试工作,积极培育监理工程师、专业监理工程师、检测工程师、试验检测员;按照交通运输部相关规定,质监局对海南省试验检测机构、各项目工地试验室和试验检测人员进行了信用评价;组织试验检测人员培训。以上工作有效应对海南省公路建设市场的人才需求,规范了公路工程监理和试验检测市场管理,维护了公平有序竞争的市场秩序,对于提升海南省公路建设水平起到了良好的辅助作用。先后组织了海南省公路工程施工安全生产和环境保护监理培训及考试、公路水运工程监理工程师登记管理办法宣贯会、公路试验检测数据报告编制导则宣贯会等大型培训项目。

"十二五"期间,海南省交通质监局监督技术人员数量较"十一五"期间有了大幅度增加,质监工作队伍得到了系统、专业培训,能力及执法水平显著提高,有效缓解了交通建设规模扩大对质监人员的需求压力。

海南环岛高速公路施工现场质量监督

在硬件建设方面,"十二五"期间,海南省交通质监局加大了设备投入力度,共购置了超过600万元的工程质量检测设备并投入使用,该批次设备在海南高速公路的原材料检测、质量监控工作中发挥了重要作用。质量监督检测基地建设也取得了重要进展,相关工作正在有条不紊地推进中,基地建成投入使用后,将极大地改善交通质监工作环境,大幅度提升海南省交通工程特别是高速公路工程的质量监控能力。

第三节 海南高速公路养护与管理沿革

海南环岛高速公路(东段)右幅工程于1988年开工建设并分段通车后,海南省交通厅委托海南高速公路股份有限公司对其进行养护和路政管理。海南高速公路股份有限公司于1993年12月成立全资子公司海南高速公路东段管理公司(后改为海南高速公路管理公司),负责东段高速公路的管养工作,开始了海南高速公路的管养事业。

1993年12月至1998年底,为管养相统一阶段,同时进行养护和路政管理。1998年由于企业单位不具备行政管理执法资格而被取消路政管理权,从管养相结合转变为单纯养护。之后,海南环岛高速公路又改为委托管养与属地管养相结合的模式,如今又升级为委托管养与行业管养相结合,养护管理模式更加多样化,更加适应海南的实际情况。

2007年1月1日,海南省交通运输厅推行公路养护体制改革,将原来由海南省负责养护的海南西段高速公路、海南海文高速公路委托给海南高速公路管理公司养护,委托期限为5年。海南高速公路管理公司从成立至今已走过了23年,经历了海南公路管理体制的几经反复,历程曲折。23年来,海南高速公路养路人秉持"精心养护,保障畅通"的服务宗旨,认真贯彻"预防为主,全面养护"的养护方针,积极发挥"诚实、苦干、创新、求进"的企业精神,克服养护资金严重短缺,养护机械化程度不高等诸多困难,创造了良好的养护效益,为海南的高速公路养护事业贡献了力量。

(一)G98环岛高速公路东段养护管理模式——委托管养

环岛东段的养护维修管理工作,由海南高速公路股份有限公司负责,养护经费由省交通厅在养护投资计划中安排,并由省交通厅下拨到股份有限公司,股份有限公司设立管理公司—养护中心—养护站,负责公路养护工作。

2002年6月30日前,路政管理由属地的海口、定安、琼海、万宁、陵水、三亚公路分局负责管理。从2002年7月1日起,路政管理由海南省公路养护质量监督中心负责管理。

2006年7月1日起,海南省公路养护质量监督中心更名为海南省公路管理局,其路政管理由海南省公路管理局负责。

从2009年5月1日起,路政管理由属地的海口、定安、琼海、万宁、陵水、三亚公路分局负责管理。交通安全和治安管理由属地市县的公安、交警部门负责管理。2014年4月

14日以后,成立路政一、二、三大队,负责高速公路路政管理。

(二)G98环岛高速公路西段养护管理模式——属地管理

1999年9月5日—2002年6月30日,G98环岛高速公路西段由海南省交通厅直接领导,实行属地管理条块结合的模式,即由所属的澄迈、临高、儋州、昌江、东方、乐东、三亚7市县的公路分局负责养护管理。

2002年7月1日起,由海南省公路养护质量监督中心负责养护管理,全线设10个养护站,负责日常养护工作。7个路政队负责路政管理工作。2007年1月1日起,海南省公路管理局委托海南高速公路股份有限公司养护。2012年4月16日起,海南省公路管理局委托海南省交通工程机械维修中心养护。2006年7月1日起,路政管理由海南省公路管理局负责。2009年5月1日起,路政管理由属地的澄迈、临高、儋州、昌江、东方、乐东、三亚公路分局负责。交通安全和治安管理由沿线所属市县的公安、交警部门负责。2014年4月14日起,由海南省公路管理局路政一大队负责路政管理。

(三)G9812海文高速公路养护管理模式——行业管理

海文高速公路养护和路政管理从2002年9月28日起,由海南省公路养护质量监督中心负责管理,下设一个养护所(三江养护所)负责日常养护和一个路政队负责路政管理工作。2007年1月1日起,海南省公路管理局委托海南高速公路股份有限公司养护。2012年4月16日起,海南省公路管理局委托海南省交通工程机械维修中心养护。其路政管理由海南省公路管理局负责。2009年5月1日起,路政管理由属地的海口、文昌公路分局负责。交通安全、治安管理由属地市县的公安、交警部门负责。2014年4月14日起,由海南省公路管理局路政一大队负责路政管理。

(四)G98海口绕城高速公路管理模式——委托管理与行业管理相结合

海口绕城高速公路养护和路政从2008年9月1日起,由海南省公路管理局委托海南高速公路股份有限公司养护,下设一个养护站(海口绕城高速公路管理站)负责日常养护。路政管理由海南省公路管理局负责。2011年11月16日,由海口公路管理局养护,2012年5月16日起,海南省公路管理局委托海南省交通工程机械维修中心养护。从2009年5月1日起,路政管理由属地的海口、文昌公路分局负责管理。交通安全、治安管理由属地市县的公安、交警部门负责。2014年4月14日起,由海南省公路管理局路政一大队负责路政管理。

(五)G98三亚绕城高速公路管理模式——属地管理

三亚绕城高速公路养护和路政管理从2012年6月16日起,由海南省交通工程机械维修中心养护,下设一个养护站(三亚绕城高速公路管理站)负责日常养护。2014年4月14日起,路政稽查二大队负责路政管理。

(六)海屯高速公路管理模式——属地管理

海屯高速公路养护和路政管理从2012年12月29日起,由海南省交通工程机械维修中心负责管理,下设两个养护站(红岗养护站、永兴养护站)负责日常养护,路政管理由属地负责。2014年4月14日起,由海南省公路管理局路政稽查一大队负责路政管理。

第四节　海南高速公路养护体制改革

海南高速公路网是海南经济的重要动脉,也是海南现代化水平的重要标志。海南高速公路对促进海南经济的发展、国土资源的开发、生产力的合理布局、投资环境的改善、人民群众交通出行的便捷和生活水平的提升等诸多方面,都带来了巨大影响。

20多年来,海南高速公路建设发展较快,有力地推动了社会经济的迅速发展,在整个交通运输行业中起到的作用越来越大,而高速公路管理体制也越来越受到人们的重视。高速公路管理体制是在公路交通领域实现政府管理职能的重要组织形式,直接影响着高速公路安全、畅通、高效等功能的发挥和高速公路资源的利用,对海南发展具有重要意义。

(一)海南省公路管理机构的演变与现状

1989年7月25日,根据海南省机构编制委员会《关于省公路局机构设置和人员编制的批复》的精神,同意成立海南省公路管理局,该局负责公路的养护管理和路政管理工作,为省直副厅级全民所有制事业单位,归口海南省交通厅宏观管理。

1993年4月,经海南省政府〔1993〕6号文批准,设立海南省高速公路股份有限公司。同年8月,海南省高速公路股份有限公司成立,这是我国第一个国家重点基础设施通过募股改制的股份有限公司,主要承担海南环岛东段高速公路的建设和管理。

1996年4月11日,海南省政府省长办公会议要求公路养护要引入竞争机制,竞标上岗,强化道路养护质量和路政管理,尽快改变当前道路养护质量差的状况。为强化养护、建设的质量监督管理,从完善工程项目管理出发,组建海南省公路养护质量监督中心。会议决定撤销海南省公路管理局,原省公路管理局承担的行政职能划归海南省交通厅,设立海南省公路养护质量监督中心。同年5月,根据海南省机构编制委员会《关于撤销海南省公路局的通知》的精神,设立海南省公路养护质量监督中心,负责公路养护质量监督和高速公路管理工作。

海南省公路养护与管理体制是由海南省交通厅直接对国、省、县道公路履行养护与管理职责。这种管理体制存在着较多弊端,不利于公路事业健康发展,也不符合科学发展观的要求。2006年5月18日,根据海南省机构编制委员会《关于印发海南省公路管理局机构编制方案的通知》的精神,海南省公路养护质量监督中心更名为海南省公路管理局,隶属海南省交通厅,为正处级全额财政拨款事业单位。

海南环岛高速公路日常管理养护

为了理顺市县公路管理体制,加快海南省公路建设养护管理工作,做好行政管理事权下放,2009年3月21日,海南省机构编制委员会印发了《关于恢复设立市县公路管理机构等问题的批复》,同意恢复设置海南省公路管理局海口、三亚公路局和儋州、文昌、琼海、万宁、东方、五指山、定安、陵水、屯昌、琼中、保亭、澄迈、临高、白沙、昌江、乐东公路分局。

2010年,海南省财政厅将海南省公路管理局材料供应站、海南省公路管理局三亚材料供应站和海南省交通工程机械维修中心3个单位纳入财政预算管理。

海南省公路管理局下属18个市县公路局(分局)、省公路材料管理站、三亚公路材料管理站及省交通工程机械维修中心等21个单位。

(二)海南高速公路概况与管理现状

1.突出效益、效能规范向养护效益提升

(1)1992年12月,海南东段高速公路右幅府城至黄竹段通车,从这一天开始,海南结束了没有高速公路的历史。2001年9月,海南东段高速公路左幅扩建工程竣工通车,标志着标准四车道的东段高速公路全面竣工通车。

海南省环岛高速公路G98西段,是西部沟通海口至三亚两城市,连接海口市、澄迈县、临高县、儋州市、洋浦经济开发区、白沙县、昌江县、乐东县、三亚市的交通主要干线,也是海南省"三纵四横"干线公路网中的主要骨架。

（2）环岛西段高速公路建设。海口至洋浦段于1995年11月29日开工，1997年3月5日竣工；洋浦至九所段于1997年1月开工，1999年9月5日竣工（其中洋浦至八所段于1997年1月开工，八所至尖峰段于1998年5月28日开工，尖峰至九所段于1998年1月6日开工）；九所至三亚段于1997年1月19日开工，1998年3月竣工。西段环岛高速公路建成通车后，对加快海南以洋浦经济开发区为龙头的西部工业走廊建设，促进海南省西部经济、热带高效农业及海南旅游业的发展发挥了巨大的推动作用。

海南环岛高速公路西段日常养护和路政管理工作，在海南省交通厅的直接领导下，1999年9月—2002年6月30日，实行属地管理条块结合的模式，即由所属的澄迈、临高、儋州、昌江、东方、乐东、三亚7市县的公路分局负责养护管理。从2002年7月1日起，由海南省公路养护质量监督中心负责养护管理，2007年1月1日—2012年4月15日，委托高速公路股份公司负责日常养护。

（3）G9812海口至文昌高速公路，是海南省东北部最重要的交通走廊，也是海南省交通厅"十五"计划和2015年远景规划中的"三纵四横"干线公路网的主干线公路。该高速公路于2000年3月28日开工（复工），2002年9月28日通车。

海文高速公路（K9+451～K61+117）段全长51.666km，起点为桂林洋立交，终点接文昌出口路。途经海口市罗牛山、三江、大致坡，文昌市谭牛等乡镇。全线按双向四车道、全封闭、全立交高速公路标准实施。该高速公路建成通车后，对于促进沿线经济的发展和侨乡文昌市的开发建设，改善投资环境起到重要的作用。

海文高速公路日常养护和路政管理工作，在海南省交通厅的直接领导下，由海南省公路养护质量监督中心负责管理，其属下海文高速公路管理所负责日常养护和路政管理工作。2007年1月1日—2012年4月16日，委托海南省高速公路股份公司养护。交通安全、治安管理由属地市县的公安、交警等部门负责。

（4）海口绕城高速公路作为海南省环岛高速公路的闭合段及国家同三线（同江至三亚国道）的重要组成部分，该项目的建设使海南省国道223线和225线与同江至三亚国道主干线接通并网，实现了海南省环岛高速公路的完整闭合；同时作为海口交通主枢纽，实现该地区公路、铁路、港口、机场四种运输方式的有效中转，减少海口城市人流、物流的过境交通压力。海口绕城高速公路一期工程包括一期主线工程和疏港路工程。一期主线工程起点为白莲，终点为美兰机场，全长34.4km，按六车道高速公路标准规划，前期按四车道高速公路标准建设，东西走向，设计速度120km/h；疏港路工程北起海口市南海大道与西环路交叉路口，南至海口绕城公路主线的石山互通立交，全长6.03km。

海口绕城高速公路于2005年11月动工建设。海口绕城高速公路项目分为一期和二期工程。一期工程2008年8月6日通车。工程建设完工后，车辆可以从西段高速公路通过海口绕城高速公路直达东段高速公路及海文高速公路。

(5)三亚绕城高速公路是同三(黑龙江省同江市至海南省三亚市)国道主干线的重要组成部分,是国家"十一五"期间公路建设重点示范工程之一。

2008年5月,投资总额达18多亿元的同三国道主干线三亚绕城高速公路正式动工。同三国道是交通部规划的国家"五纵七横"中的一条纵向国道主干线,连接黑龙江同江市与海南三亚市。三亚绕城高速公路是同三国道主干线,国家"十一五"公路建设重点项目,也是海南省重点基础设施项目。2012年1月18日,三亚绕城高速公路正式通车,全线采用四车道高速公路标准建设,沥青混凝土路面,全长30.459km。

1999年9月—2002年6月30日,在海南省交通运输厅的直接领导下,环岛高速公路西段日常养护和路政管理工作实行属地管理条块结合的模式,分别由沿线市县各公路分局分段负责养护。从2002年7月1日起,由海南省公路养护质量监督中心负责西段高速公路和海文高速公路的养护管理工作。

2007年1月1日—2012年4月15日,委托海南高速公路股份有限公司负责西段高速公路和海文高速公路共385.6km(其中西段324.44km、海文线51.666km)的日常养护。委托之后,海南高速公路股份有限公司将按现代化企业管理模式运作,海南省公路管理局对高速公路实行宏观管理,采取合同管理的办法,明确双方的权利和义务。西段、海文高速公路年度养护经费,以往年养护定额为基础,结合公路改造情况,按养护工程管理办法实施,实行定额管理、计量支付,达到监管的目的。高速公路委托给企业养护管理后,由"事业人"逐步向"企业人"过渡,这对培育海南公路养护市场,最大限度地提高养护投资效益,实现高速公路统一管理,有效整合养护资源,起到了积极作用。

为提高高速公路养护质量和服务水平,提高各类突发事件的快速反应和处置能力,适应"更安全、更畅通、更和谐、更高效"的新时期公路养护管理需求,海南环岛高速公路西段及海文高速公路的公路养护工作在委托期满后,收回海南省公路管理局统一管理。

2012年1月,根据海南省交通运输厅、海南省公路管理局的工作部署,海南省交通工程机械维修中心成立了高速公路接养领导小组,具体操作接养的各项准备工作。2012年4月16日,维修中心接养西段高速公路和海文高速公路,5月16日接养海口绕城高速公路,6月15日介入三亚绕城高速公路的养护管理工作。

维修中心保留西段高速公路及海文高速公路原7个养护站的框架机构不变,组建海口绕城管理站、设立三亚绕城管理站、筹建海屯高速管理站;整合中心原有3个设施维修队,成立交通安全设施抢修队,下设3个小组,负责沿线交通设施的抢修及维护;整合路面维修队,下设2个维修作业组,负责路面病害处理;将西段、海文高速公路划片区管理,分成南北两个片区,使高速公路养护工作得到细致化与合作化。

2. 积极稳妥推进改革

海南省交通运输厅根据海南高速公路养护实际情况,从积极探讨、稳妥推进公路养护体制和运行机制改革,认真抓好干线公路路面养护和生态文明路建设,加强规范养护工程管理和行业内部管理等各方面全面推进全省公路养护体制改革,提高养护管理水平,对高速公路的养护体制进行了一系列改革,为实现公路养护管养分离、小修保养实现企业化管理进行了探索,从目前检查情况来看,效果良好,达到了预期的目的。

如何做好高速公路的养护管理,是摆在公路管理部门及经营企业面前的一项长期而艰巨的任务。正确树立"公路事业要发展,公路养护也要发展,而且是更为重要的发展"的观点,是海南交通人从事公路养护管理工作的根本出发点。海南交通部门从可持续发展战略的高度,研究现代化高速公路养护管理对策,深化改革现行公路养护体制与运行机制,走出了适合海南省公路事业不断向前发展的新路子。

第五节　海南首条高速公路的养护与管理

海南第一条高速公路 G98 环岛高速公路东段,也是中国第一条地处热带海岛地理气候环境中的高速公路。由于海南常年高温酷暑,伴随台风暴雨,使得这条高速公路的养护管理有其特殊性。G98 环岛高速公路东段也是海南第一条由企业养护管理的路。自 20 世纪 90 年代初至 21 世纪初的 25 年间,由政府主管部门委托海南高速公路股份有限公司养护管理。其间,企业根据形势变化,变革机构,调整人员,加强设施设备配置,不断促进养护管理作业。从半幅到全幅高速公路的养护,从日常作业到灾害天气的抢险应对,养护管理水平逐步提高。养护路段形成有草、有花、有木,低、中、高层次分明的绿化立体布局,"椰风海韵高速路,花开似锦到天涯"。在迎接历年博鳌亚洲论坛年会、应对台风汛期等灾害天气中,努力维护良好路况,为海南东部大动脉的安全畅通,建设海南国际旅游岛建设做出贡献。

(一)海南 G98 环岛高速公路东段养护重要性——黄金通道、海南重要对外窗口

海南 G98 环岛高速公路东段是《国家高速公路网规划》中海南构建"田字形"高速公路的重要组成部分。途经海口、定安、琼海(博鳌亚洲论坛年会址)、万宁、陵水、三亚 6 市县,横穿海南省人口最集中、旅游资源最丰富、经济发展最快、人文条件最好的地带,是中国第一条热带滨海旅游高速公路,素有海南"黄金走廊"之称。也是中国第一条不收费"一脚油门踩到底"的高速公路。在"十二五"期间,日交通量为 3 万~4 万辆,高峰时段5.2 万辆。

该高速公路是海南省承办国内外重要活动的交通要道,是举办博鳌亚洲论坛年会、环海南岛国际公路自行车赛、万宁中华龙舟大赛、日月湾国际冲浪节等重大盛事的必经之路。

该高速公路是海南建设国际旅游岛交通基础设施的形象窗口。途经南渡江、南丽湖、文笔峰、官塘、博鳌、万泉河、东山岭、兴隆、猴岛以至三亚市诸多旅游景点,来往车辆川流不息,地处国际旅游岛建设前沿,承载着海南省对外的窗口形象,是海南发展旅游产业的助推器。

该高速公路是"经济走廊"海南南北交通大动脉,承载着海南瓜果蔬菜、农副产品、渔业物产等物资运输的重要道路。安全、快捷的交通环境带动着经济产业的高速发展。

(二)海南东段高速公路管养模式——委托管养

受海南省交通厅委托,海南东段高速公路养护管理与建设施工,均由海南高速公路股份有限公司同步进行,实行分段施工建设,分段通行接收进行养护管理。

海南环岛高速公路日常管理养护

机构设置:为方便公路日常养护管理,海南高速公路股份有限公司实行三级管理,即海南高速公路股份有限公司—海南高速公路管理公司—管理站。1993年12月8日,经海南省工商管理局批准,海南高速公路东段管理公司正式成立,注册资金1000万元,法人代表黄钧。主要经营高速公路的养护、维修等业务。高速公路沿线设置定安、琼海、万宁、陵水、三亚5个管理站。

管养路段划分:管养里程根据高速公路跨越各市县路程,按里程长短,均衡调节划分至各养护站养护。

定安站管段:东段海口联络线S81的K0+0~K5+600,G98东段K0+0~K56+712;

琼海站管段：与定安县境 G98 东段 K56＋712 相接，经琼海市境，跨入万宁市境分管部分路段至 G9 东段 K105＋248；

万宁站管段：G98 东段 K105＋248～K162＋504；

陵水站管段：自万宁市境内 G98 东段 K162＋504 起，经陵水县全境管养至 K215＋201；

三亚站管段：自 G98 东段 K215＋201～K236＋704，至东段 S83 三亚联络线 K236＋704～K243＋685。

用工形式：公路养护用工分为在编职工和计时用工两种（在编职工享有参与企业评优活动，计时工不受企业制度管理制约，无参与企业评优资格）。

在编职工：公司遵循"因工设岗"的原则，每年编制人员三定方案（定编、定岗、定员），根据各养护站管养里程的长短、工种、工作量的多少，平均 0.33 人/km，每站点人员暂编在 15 人左右。分别配有路桥工程师、机械工程师、电气工程师、安全员、会计师及各类公路养护技能的技师和技工。截至 2016 年 6 月，海南高速公路管理公司在编人员 101 人。其中，高级工程师 4 人、中级工程师 8 人、技师 4 人、助理工程师 16 人、助理会计师 3 人、管理人员 42 人，专业技术人员 18 人。

计时工管理：为避免养护人员占挤养护经费，公司根据阶段性养护和日常养护工作的需求，对高速公路管养用工不足部分，由各管理站上报养护用工需求计划，总公司审批后，从当地社会中雇佣计时工解决。解决旺季或淡季养护用工，特别是在迎接历年博鳌论坛年会、自行车大赛和应对突发应急事件养护中，充分发挥了企业用工管理的灵活性。

（三）海南环岛高速公路东段日常养护管理——预防为主、防治结合

1992 年 12 月 28 日，海南东段高速公路右幅府城至黄竹段竣工，实行半幅双向通车，开创了全国高速公路半幅实行双向通车先例，结束了海南无高速公路的历史。

海南高速公路管理公司积极遵循"预防为主、防治结合"的养护方针，秉持"精心养护，保障畅通"的服务宗旨，承担起海南东段高速公路路面修补、交通设施维修、桥涵养护、路基维修和路容路貌等诸多工种的养护工作任务。养护工既当驾驶员，又是补路工，既当机械手，又是维修工，每个人都是多面手。他们冒着严寒酷暑，每天置身于车海疾流中，从事着高强度养护作业。

在海南东段高速公路半幅双向通行，边建设边养护的 10 年间，公路养护面临七大难题：

一是养护作业安全问题。半幅两车道路面实行双向通行，路面窄，车速快（100km/h），时常威胁着养护作业人员的安全，无半幅双向通行安全警示标志规范标准执行。二是养护作业繁重。曾被称为"死亡之路"的海南东段高速公路，道路发生交通事故较为频繁，路面设施毁坏严重，养护工维修工作量较大。三是扩建施工干扰大。左幅高速公路扩建

工程施工,高速公路沿线多处开口,路上掉落砂石较多,工程车辆行驶造成坑槽普遍出现,给路面保洁、坑槽修补增加难度和强度。四是高速公路建设存在设计缺陷。如通道低洼积水路无法通行,涵洞偏高水流排泄不畅等遗留问题,与沿线乡镇产生纠纷等。五是专业技术人员比例不高。高速公路养护管理内容涵盖路面、桥涵、隧道等多学科专业,高技能养护管理人员比例偏少,养护技能从低等级公路养护向高等级公路养护过渡适应度差,总体专业管理水平不高。六是机械化养护程度低。养护机械设备配置跟不上,大型机械、专项设备、养护工程检测仪器设备投入较少。如1993年公司刚成立时,高速公路养护班由梁敏(技术员)、莫世召、王召兴、王正才等养护工组成,配置简易的几把锄头、铲、镐、手动碾压轮、油锅、炒锅和一辆0.75T工具车,就开始了高速公路的养护。一切从零起步,修补路面,挖补坑槽,维修护栏,靠的是人工手挖、手搬,谈不上技术和机械化养护。养护工作长期停留在"手工作坊"式的传统管养作业阶段,这严重制约着养护工程质量的提高。七是海南省公安厅根据全线的几何线形、路基横断面布置、宽度及超高横坡等设计,依照中华人民共和国行业标准,从2009年2月1日起将高速公路设计速度从100km/h提速至120km/h,无形中给公路安全养护增加了难度。

面对诸多困难,海南高速公路养路人不气馁,针对交通流量变化,调节作业时间,早出晚归,把作业时点与交通高峰期错开,克服重重困难,迎难而上。把安全生产、专业技能培训、机械配置作为切入点。积极接受新生事物,吸取新工艺、新材料、新技术,卓有成效地开展预防性养护、应急性养护、功能恢复性养护。抓好路面路基、桥涵、交通设施和路容路貌"四个及时"养护。

1. 路面路基及时养护

针对路面早期病害成因,公司积极按照公路养护质量规范标准要求,抓好路面新增坑槽修补的及时性。抓好路面预防性养护,延缓路面结构性损坏,延长公路使用寿命。在实施预防性养护中,公司积极推广应用加热沥青灌缝、乳化沥青灌缝、压缝带处治路面纵横向裂缝预防性养护和含砂雾封层新技术,在全线开展路面病害处置。

(1)1996年全线开展加热沥青灌缝预防性养护工作。

(2)2001年采纳乳化沥青新技术,在东段高速公路应用乳化沥青灌缝预防性养护工作。

(3)2004年为及时消除路面安全隐患,公司积极引进沥青冷料快速修补技术。该技术具有如下优点:在修补中可视晴雨天气,分别采用沥青冷料或热料修补工作;对路面跳车、车辙等病害地段开展处治,确保道路安全畅通。

(4)2005年在东段高速公路陵水段K194路段,开展路面含砂雾封层防治工程。含砂雾封层是以改性乳化沥青或煤沥青基材料、陶土、聚合物添加剂为主要成分的雾封层材料与砂组成的混合料。采用专用的含砂雾封层高压喷洒车,在沥青路面上喷洒形成一薄层,起到封闭路面微裂缝、防止松散石料脱落、阻止水分下渗的作用,并能延缓路面沥青老化、降低沥青面层温度与保持路面抗滑性能,达到显著改善路面外观的效果。

(5)高聚物注浆技术应用。只要在需要增加强度的路段钻孔后,将一种无机高分子胶凝材料注入路基和路面基层,加固工作便告完成。这种胶凝材料就是以矿渣、粉煤灰等工业废料为主,适当掺入碱激剂形成的复合聚物注浆。采用这种新工艺不必重新翻挖道路,给路基和路面基层注入一针"强芯剂"后,只需经过1~2小时的养护即可开放交通,与传统的路基加固技术相比,可大大缩短维修工期,更加环保便捷。2010年高速公路施工中应用此项技术。

(6)2012年采用压缝带处治路面纵横向裂缝。

养护工人正在高速公路进行路面养护

沥青路面压缝带由改性沥青无纺布制成。压缝带粘贴处理路面纵横向裂缝,与路面结合牢固,使用压缝带施工时无设备费用。具有占用人工少,随时随地,有缝就补,裂缝粘贴完毕即可通车的优势。而且压缝带可随裂缝走向随意拐弯,不受急转弯裂缝的限制,能沿着裂缝封缝,保证封缝质量,且施工操作简单;经粘贴的裂缝边缘整齐、表面平整、光滑、无颗粒状胶粒,车辆碾压后不变形,保持弹性,与路面结合牢固;阻止雨水及其他杂物沿裂缝进入面层结构及路基,导致路面承载能力下降、加速路面局部或成片损坏;减少后期养护费用。路面纵横向裂缝得到了较好的控制。

在开展新技术处治路面病害的同时,各站还积极做好路面积水点、积沙点的清除工作。

2.桥涵构造物及时养护

抓好桥涵安全检查和养护的及时性,针对高速公路普遍存在运河砂、碎石的工程车等严重超载超限运输的现象,公司对桥涵每月开展一次经常性检查、每年开展一次定期检查。及时清扫桥面、清理伸缩缝、疏通桥梁泄水孔。对危桥涵加强重点监测,做好车辆引导分流,避免次生道路安全事故发生,及时更新 GPS 桥涵数据库数据。

(1)2001 年采用毛勒式伸缩缝技术处治万泉河大桥伸缩缝。

(2)2014 年 3 月,采用 MSKF160 型模块化多向变位梳齿板式桥梁伸缩缝装置,修复南渡江大桥损坏的伸缩缝。

(3)桥梁修复裂缝的新材料碳纤维布、塞柏斯。高速公路大修工程桥梁整治中使用了碳纤维布、赛柏斯两种加固和修复裂缝的新材料。该碳纤维材料的抗拉强度约为普通碳素钢的十几倍,具有密度小、重量轻、耐腐蚀老化等特点,常温下即可操作,固化只需 24 小时,大大缩短了工期;赛柏斯具有良好的亲水性,对于潮湿环境混凝土结构裂缝修复效果尤为明显,是新型的建筑修复工程材料。这两种新材料的运用,延长了桥梁的使用寿命,对缓解交通压力及环境保护产生积极社会效益。2014 年该技术应用在万泉河大桥伸缩缝维修中。

(4)使用邦得士高效能超早强砂浆(R-1),对大桥养护中破损的桥梁伸缩缝混凝土进行快速修复。使用邦得士高效能超早强砂浆(R-1),与以往的常规做法有着本质区别,R-1 早强砂浆新材料操作方便简单、质量要求符合各项养护技术指标,该砂浆在浇注完成 1 小时后即可开放交通。既节省了大量交通管制时间,又节省了养护费用,确保了高速公路的安全畅通。该项新材料的运用,是养护管理"四新"(新技术、新材料、新工艺、新设备)理念在日常养护管理工作中的直观体现。

(5)HL-500 型高强干硬性无收缩砂浆。在修复桥涵裂缝、浆砌圬工破损、圬工裂缝、剥落、缺角、钢筋外露等局部缺陷,提高桥涵养护的效率和质量,保证桥涵构造物完好等方面效果较好。如果使用高标号砂浆、环氧树脂等材料,不仅价格昂贵,而且腐蚀性强,又不易操作。而 HL-500 型高强干硬性无收缩砂浆,不仅具有早强性、收缩小、耐久性好、强度高,而且具有良好的黏结性和耐水性,施工方便。该材料的应用大大提高了桥涵养护维修的水平。

3.损坏交通设施及时修复

道路交通事故发生频繁,毁坏的护栏、标志牌、防眩板等交通设施数量较大,针对这一情况,公司积极抓好损坏交通设施修复工作,抓好变形护栏的调整,补齐缺失防眩板,对污染护栏、标志进行清洗工作,及时修复交通引导功能。时常保持护栏线型的平顺美观、标志牌洁净醒目。

4.路容路貌及时养护

积极抓好沿线水沟、路缘草的清理,建立路面保洁长效机制,使路面保洁在车辆与人工的协作下迈入常态化。抓好绿化美化管理。对沿线花木按其周期性朝着绿化美化、园林化发展模式养护。

针对公路沿线中央分隔绿化带花木长势旺、冠幅大、影响车辆安全行驶的不良因素，公司积极开展养护机具的创新。2010年自主研制发明出车载式花木修剪机、两侧用花木修整机，解决了全线花木修整美化的难题，极大地提高了工作效率，节省了大量的养护资金。2011年，该车载式花木修剪机获得国家知识产权局颁发的第2165353号"实用专利证书"。2012年又研制出滚筒式花木修剪机，进一步改良了机械的自动操作性能和安全系数，缩短了滞留在高速公路上作业的时间。该创新在海南全省高速公路推广应用，较好地提高了机械化养护程度，解决了全省高速公路中央分隔带防眩花木的修剪难题，提高了经费使用效益。增强了花木修饰美观度和防眩效果，及时消除安全隐患，实现景观安全。

（四）养护管理工作考核及成效——建立作业规范标准

依据交通运输行业标准《公路养护技术规范》《公路养护安全作业规程》，建立公路养护管理修复制度。公路路基、路面、桥涵、沿线设施四项调查，由各站技术员每季度开展一次。公路养护管理工作考核、技术状况评定由海南省公路管理局或委托资质管理机构，每年对公司公路养护管理工作进行中期或终期考核。检测路面的平整度、横向力系数、弯沉等指标，评定公路技术状况指数 *MQI*。

根据桥梁十项养护制度，建立桥涵养护管理制度，设置桥梁公示牌，责任到工程师个人。每月各站开展经常性检查，每年开展定期检查进行评定分类。遇自然灾害或突发事件进行特殊性检查、评定。

在交通部开展历次全国干线公路养护管理工作检查中，公司勇创佳绩，把每个五年一度的检查作为促进工作的动力。

"十一五"期间高速公路流量年平均日交通量为15346辆，每年递增9.8%，年平均公路技术状况指数 *MQI* 均为92.87%。

"十二五"期间高速公路日常交通量为3万~4万辆，高峰时段5.2万辆。年平均公路技术状况指数 *MQI* 均为93.76%，年平均优良路率为96.2%。

2002年6月，海南高速公路股份有限公司被海南省交通厅评为"2001年迎接全国高速公路检查先进单位"。

2005年5月，海南高速公路股份有限公司被海南省交通厅评为"2004年度公路养护管理工作先进单位"。

2006年4月，海南高速公路股份有限公司被海南省交通厅评为"2005年度公路养护先进单位、迎国检先进单位"；陵水分公司、琼海分公司荣获"十有标兵道班"称号。

2009—2011年，海南高速公路股份有限公司琼海管理站被海南省政府评为"文明先进单位"。

2010年2月，海南高速公路股份有限公司被海南省公路管理局评为"2009年海南省养公路养护管理标兵",陵水养护中心被评为"先进单位"。

2010—2011年,海南高速公路股份有限公司琼海管理站被交通运输部评为"全国交通运输行业文明单位",站长陈德海同志被评为"全国交通运输行业文明标兵"。

2016年2月,海南高速公路股份有限公司定安管理站、万宁管理站被海南省公路管理局评为"2015年迎国检先进单位"。

(五)阶段性养护工作——确保安全和畅通

海南G98环岛高速公路东段是海南经济发展的大动脉,它将海南东部二十多处旅游风景名胜贯通,享有黄金旅游通道美誉。2001年28个亚洲国家将博鳌亚洲论坛年会总部会址设在琼海市博鳌镇。2006年国家体育总局又将国际环岛自行车大赛设在海南。为做好迎接历年的博鳌亚洲论坛年会服务保障工作,海南高速公路股份有限公司积极树立海南"窗口"形象。认真贯彻省城乡卫生环境综合整治领导小组、海南省交通厅等部门工作部署,制定《迎接博鳌亚洲论坛年会环境整治工作的实施方案》,在历年开展应急养护工程中,公司领导以高度政治责任感和使命感,带领全体员工全力以赴开展阶段性的全面整治工作。以优良的路况、靓丽的路容迎接历年博鳌亚洲论坛年会等盛事,给八方来宾营造"畅、安、绿、美"的行车环境。

2010年11月,海南高速公路股份有限公司实施交通安全设施及绿化提升工程,对海口至万宁路段护栏、陵水至三亚中央护墙进行孔雀蓝刷新435km,对全线跨线桥涂装靓化57座。实施路肩、水沟、平台三位一体全绿化模式等分项美化工作,全力打造"椰风海韵一千里,一路花开到天涯"的滨海热带风光绿色生态高速公路。

国际环岛自行车大赛

2001年,韩国总理乘车在东段高速公路上亲笔写下"美丽田园高速路"。

2004年,海南高速公路股份有限公司被海南省建设厅评为"2003年度全省环境综合整治先进单位"。

2004年，海南高速公路股份有限公司被海南省建设厅评为"2004年全省环境综合整治先进单位"。

2006年，海南高速公路股份有限公司被海南省建设厅评为"2006年博鳌亚洲论坛年会环境综合整治先进单位"。

2008年，海南高速公路股份有限公司被海南省建设厅评为"椰岛杯"环境综合整治工作"2008年春季行动先进单位"。

2009年，海南高速公路股份有限公司被海南省政府评为"博鳌亚洲论坛2009年年会服务保障工作先进集体"。

2011年，海南高速公路股份有限公司被海南省政府评为"博鳌亚洲论坛2011年年会服务保障工作先进单位"。

2013年，海南高速公路股份有限公司被海南省环境综合整治办颁发2012年海南省环境综合整治"通道保洁范例奖"。

2014年，海南高速公路股份有限公司被海南省环境综合整治办颁发2013年海南省环境综合整治"通道保洁范例奖"。

2015年，海南高速公路股份有限公司被海南省环境综合整治办颁发2014年海南省环境综合整治"重点单位支持奖"。

2016年，海南高速公路股份有限公司被海南省环境综合整治办颁发2015年海南省环境综合整治"重点单位支持奖"。

(六)应急保通养护——安全至上，快速保通

应急保通养护主要由事故、突发事件应急养护和救灾减灾养护两部分构成。

1992—2015年，海南东段高速公路多次受到强热带风暴和热带低压持续降雨的影响，路面损毁严重。在社会各界的支援和帮助下，海南高速公路全体养护人员众志成城、奋力抢险，为迅速恢复路面交通做出了突出的贡献。

(1)强热带风暴气候影响

1997年9月25日，受18号强热带风暴登陆影响，南渡江路段被水浸泡，造成交通中断。

2005年，"达维"强台风侵袭，G98高速公路全线树木、大型广告牌倒塌，损坏交通设施严重，造成交通中断多处。抢险工作得到当地人民政府、解放军和武警部队官兵的支持。

2011年9月29日，"纳沙"强台风侵袭，G98高速公路、海文高速公路全线上万株树木倒伏、10余处大型广告牌倒塌，损坏交通设施严重，造成交通中断多处。

2011年10月,受台风"尼格"持续强降雨影响,海南环岛高速公路多处发生桥涵锥坡损毁、路基边坡滑坡、边沟损坏,支挡构造物被冲毁,影响公路交通安全。

2013年11月10日,受台风"海燕"侵袭,全线上千株树木倒伏、60多处广告牌被刮倒,几度造成交通中断。

2014年7月18日,"威马逊"超强台风侵袭,G98高速公路全线树木、大型广告牌倒塌,损坏交通设施严重,造成交通中断多处。

2014年9月16日,"海鸥"台风侵袭,G98高速公路全线200多处树木被刮倒,7处广告牌被刮倒。

养路工人在台风中清理高速公路边倾倒的树木

(2)热带低压持续降雨影响

1999年10月19日,受99015热带低压影响,连降暴雨,造成琼海段涵洞塌方。

1999年11月6日,陵水至三亚路段连降暴雨,造成K242+200涵洞被冲垮,路基冲断10m。

2004年,受雨水冲刷G98高速公路琼海段K99左幅路面超车道被隐形掏空,导致路面塌陷,造成交通中断。

2009年,海南高速公路遭受了49年一遇的洪涝灾害侵袭,从10月3日至18日,海南连续出现两次持续强降雨天气,雨水导致东、西段海文高速公路发生不同程度的水毁事件。特别是东段K7、K106被水浸泡,K113+400右幅涵洞冲垮、路面坍塌,牛岭左幅隧道口边坡连续3次塌方,堵塞路面泥石土达2万m³,西段K38右幅路面护坡冲塌,K388左幅高边坡塌方堵塞路面等,造成东、西段高速公路五次交通中断,这是海南高速公路通车以来少有的。

2010年10月,受持续强降雨天气影响,K178+050泥石流冲毁路面300多米,造成交通中断。

(3)高速公路上游溃坝,导致高速公路中断

1999年8月,由于东线高速公路上游溃坝,导致K83涵洞被水冲塌,造成高速公路交通中断。

(4)人为造成高速公路桥梁塌方,导致高速公路中断

2009年,由于海南东段高速公路上游冯白水库施工,造成溃坝,导致G98高速公路K163小桥被水冲塌,造成交通中断。

自1992年高速公路开通以来,海南高速公路股份有限公司在应对自然灾害突发事件中,积极针对海南气候特点,在汛期和台风来临之前,公司未雨绸缪,建立防风防汛突发事件应急预案,认真组织做好防汛抢险物资储备、抢险机械租赁和抢险队伍的联系工作。当汛期、台风到来时,加强路面巡查工作,做到第一时间发现险情,避免次生事故发生。面对险情,领导靠前指挥,积极采取应对措施,全力投入一线抢险工作,党支部发挥战斗堡垒作用,党员发扬先锋模范作用。

如2010年10月海南高速公路遭受了49年一遇的洪涝灾害侵袭,汛情不仅切断高速公路,而且还切断海榆国道公路,牛岭左幅隧道口边坡连续3次塌方,K178+050泥石流的发生切断了南北交通要道。水毁险情牵动着海南省各级领导的心,海南省交通运输厅下达限时疏通道路的命令。为尽快疏通堵塞路面,时任海南高速公路股份有限公司副总经理姜守东、时任海南高速公路管理公司总经理孙策亲临现场坐镇指挥,抢险工作在陵水县政府和武警官兵的支持下,全体抢险人员冒着暴雨,忍着寒冷和饥饿连续高强度的奋战在抢险现场,硬是在塌方现场清理疏通出通行车道来,抢在海南省交通运输厅下达指令限定的时间前,疏通道路。

在连续10多天的抗洪抢险工作中,海南高速公路股份有限公司领导靠前指挥,措施得力。各党支部充分发挥党组织的战斗堡垒作用和党员的先锋模范作用,带领全体抢险人员"舍小家、顾大局",积极投入到抗洪一线中,战斗在最艰苦、最危险的抢险现场,确保了抗灾自救工作的顺利进行。

2009年4月,海南高速公路股份有限公司被海南省交通运输厅评为"抢险修复工作先进单位"。2009年5月海南高速公路股份有限公司被海南省交通运输厅评为"'3·27'东段高速公路断路抢修先进集体"。2009年5月,海南高速公路股份有限公司被海南省国资委评为"在抢险东段高速公路艰巨任务中做出贡献的先进单位"。

(七)建立科学养护信息网络平台——整合资源信息共享

根据交通部信息网络规划中提出的信息网络发展的策略,按"统筹规划、联合建设、统一标准、分步实施、资源共享、适度超前、重点突破、整体推进"的方针,在海南省公路管

理局整体构架内,适用于海南高速公路股份有限公司公路养护网络服务平台的有:A8办公系统、公路桥梁可视化养护管理系统、交通运输部路况信息管理系统、公路路网数据采集平台、公路路网数据管理平台、交通调查信息系统、公路交通量调查系统、国家公路交通情况调查系统、海南省公路养护大道班生产管理系统、交通运输部路况信息管理系统等。

(1)采用北京致远A8办公网络系统平台。在开展上传下达管理中充分发挥作用,实现办公管理网络化。

(2)海南省公路桥梁可视化养护管理系统。现由海南省公路管理局指导使用,已录入桥梁检评数据、桥梁基础资料、桥梁技术评定数据。中交宇科空间信息技术有限公司根据各站技术员提供的桥梁评定GPS基础数据导入。

(3)公路路网数据采集平台。系统采用GPS定位采集公路上的路段、桥涵、隧道、服务区、出入口、绿化属性等数据信息。数据由各站技术员采集后录入,每年11月上报更新数据,作为"公路桥梁可视化养护管理系统""公路路网数据管理平台"的基础信息进行导入。

(4)公路路网数据管理平台。以"公路路网数据采集平台"所采集的信息为基础数据,生成公路路线基本情况、桥涵隧道等明细表。经手工录入形式填报公路应急、抢险、技术状况等信息。

(5)海南省交通调查信息系统。在G98高速公路东段设有9个地感式交通量观测点。

(6)公路交通量调查系统。在G98高速公路东段K133+150路段万宁管理站设有1个地感式交通量观测点,观测经过K133+150路段车辆,其收集交通量观测数据直接传送到"国家公路交通情况调查系统"中。

(7)国家公路交通情况调查系统。这是交通运输部研发的交通流量观测系统,用于上报公路交通流量数据。交通观测数据分为连续式交通量数据及间隙式交通量数据,连续式交通量数据直接连接"公路交通量调查系统"传送时时数据,间隙式交通量数据由各管理站于每个月15日对所管辖路段进行24小时人工观测所得。

(8)海南省公路养护大道班生产管理系统。适用于基层养护单位的生产管理,具有分析概况信息、路况分析、巡查记录、生产管理等功能。

(9)交通运输部路况信息管理系统。这是公路路况阻断信息报送系统,主要对道路上由于交通事故、自然灾害、桥涵养护施工等原因造成的道路阻断或封闭情况进行报送。

(八)转变观念、提升形象

2010年,海南建设国际旅游岛上升为国家战略后,社会各界对高速公路的服务质量要求更高。海南高速公路股份有限公司针对沿线高速公路护栏板涂层脱落,跨线桥墙体油污、苔藓及异常附着物污染严重,公路沿线景观单调,广告污染严重,防排水系统存在脏、乱、差等问题,及时转变观念,为彰显热带岛屿地域特征,呈现海南国际旅游岛的交通形象,2010年12月—2011年4月,海南高速公路股份有限公司建议对环岛东段高速公路实施景观提升项目,获得海南省交通运输厅认可,并获得3000余万元投资,对东段高速公路府城立交至K85+150和K186~K238段护栏板进行线行调整、补齐缺失螺栓和涂装,对跨线桥、主线桥、中央分隔带水泥护墙和部分防眩板进行涂装,更换全线轮廓标,进行沿线绿化,组织实施环岛东段高速公路景观提升项目。绿化景观费用约200万元,更换轮廓标及道钉费用约100万元,上跨主线天桥涂装费用约300万元,波形梁护栏线形调整、螺栓增补和涂装费用约1500万元,陵水至三亚段中央分隔带混凝土护栏和主线桥混凝土防撞护栏涂装费用约500万元,拆除跨线桥广告费用约20万元,增加的防撞材料及防眩板涂装、绿化费用约160万元,临时交通安全设施费约70万元。

(1)交通安全设施提升。完成陵水至三亚段中央分隔带混凝土护栏涂装工作共91277.4m^2;主线桥混凝土防撞墙涂装共21386.68m^2;护栏板涂装252182.23m^2;护栏板调整388.43km,更换护栏板端头59个,增补螺栓75716个;完成轮廓标更换26758个,柱式轮廓标更换1412根,反光道钉安装12156个。完成海口至十八坡段防眩板线形矫正,并重新涂装。

(2)上跨天桥涂装。完成跨线桥涂装54539.3m^2。

(3)拆除跨线桥广告76块。

(4)绿化工程。完成陵水至三亚段中央分隔带50km花木改造;完成公路两侧绿化19处。

(5)大茅隧道改造。

以上项目实施后,全面提升了环岛东段高速公路的景观和形象。

在养护过程中,海南高速公路股份有限公司积极遵循海南省政府提出的构建"净化、绿化、美化、亮化、彩化"生态路的发展目标,以服务社会为大局,及时转变观念和调整公路养护方式,加大生态路养护投入,凝心聚力打造区域特色旅游生态路,树立海南"窗口"形象。

高速公路隧道日常管理养护

（1）在开展公路建设、公路大中修工程中,不破坏自然生态景观,不乱丢弃废料和圬工体,不造成生态资源次生破坏。

（2）日常管养中,积极加强路容路貌美化工作,着力提升高速公路人文品质,增强观赏性,打造养护品牌。

通过开展多项举措和多年的精心培育,海南G98环岛高速公路东段实现了"椰风海韵高速路、花开似锦到天涯"的养护目标。

第六节　海南高速公路养护管理体制改革尝试

自20世纪90年代至2006年,海南高速公路的养护管理实行两种管理体制,一是传统模式即由政府部门直接管理养护,由海南省公路管理局直接管理养护西段高速公路、海文高速公路及海口绕城高速公路;二是改革模式,即由政府部门委托给企业管理养护,由海南高速公路股份有限公司养护管理东段高速公路。2007年1月1日起,在海南省交通厅领导下,海南省公路管理局把当时全省高速公路委托给海南高速公路股份有限公司养护管理,进行了一次为期5年的高速公路养护管理体制改革尝试。

（一）委托养护管理改革实践

海南省公路管理局根据海南省交通厅《关于公路养护管理体制和运行机制改革的总体要求》,于2006年11月决定将海南环岛高速公路西段、西段S82海口联络线、西段S84三亚联络线、海口至琼海高速公路(编号海文S11高速公路)养护权,委托给海南高速公路股份有限公司养护。2006年11月27日海南省公路管理局(甲方)与海南高速公路股份有限公司(乙方)签订海南高速公路西段、海文高速公路委托养护合同。至此,全省高速公路形成企业化统一管养格局,养护总里程达到658.507km。海南全省高速公路养护管理体制改革试验正式实施。

委托养护合约规定:合同委托养护期限为5年(2007年1月1日—2011年12月31日)。甲方海南省公路管理局同意将生产、生活设施及资产管理,委托养护项目、路况普查、检查验收,人事管理一并委托给乙方海南高速公路股份有限公司管理。合同委托养护期限为5年。

（二）生产、生活设施及资产管理

生产设施。沥青混凝土拌和场3个,即西就、八所、崖城拌和场,西就机械设备维修中心,各管理所、交通工程设施维修队和路面维修队的所有养护机械设备。

生活设施。高速公路沿线设7个管理所,即临高管理所、儋州管理所、昌江管理所、东方管理所、乐东管理所、三亚管理所、海文管理所;附设4个养护站,福山养护站、西就养护站、新龙养护站、尖峰养护站。

资产管理。为贯彻落实海南省交通厅关于G98海南环岛高速公路西段、海文高速公路养护进行委托管理的指示精神,由原海南省公路养护质量监督中心和乙方共同委托海南中力信资产评估有限公司对G98海南环岛高速公路西段、海文高速公路资产(不含公路主体)评估价值7333.7412万元,其中:路政车辆、设备56.4142万元;房屋、土地6595.353万元;交通工程、路面维修设备282.8712万元;养护机械设备及其他设备399.1025万元。

G98海南环岛高速公路西段、G98海南环岛高速公路海文段主体资产、产业归属海南省交通厅所有,甲方委托乙方负责对其进行养护工作。乙方应参照国有资产管理办法及海南省交通厅固定资产管理办法,加强管理,不得转让、出售、出租或抵押等。委托养护合同期结束后,甲方回收。

路政车辆、装备资产属行政执法使用,收归甲方另行安排。

房屋及土地资产、交通工程及路面维修设备、养护机械及其他设备等资产为海南省交通厅所有。在委托养护期间,移交给乙方配套养护使用。甲方保留原路政管理办公、仓库、车库、职工住宿等资产,甲方有权使用管理所土地。

资产设备的投入和回收约定。在委托公路养护期间,乙方自筹资金需新增购置的养护设备,须经甲方批准,经批准购置的养护设备,养护合同期结束后,由乙方自愿保留或双方共同委托资产评估公司评估,按评估值由甲方回收,回收支出列入年度预算。

在委托公路养护期间,若乙方因为公路养护的需要自筹资金建设新的生产、生活设施,须经甲方批准,经批准增设的生产、生活设施,养护合同期结束后,双方共同委托资产评估公司按当时的实际造价为基数进行评估,由甲方按评估值收回,回收支出列入年度预算。

甲方下达计划购置的机械设备、建设生产和生活设施与移交的设备、房屋同等管理。

(三)委托养护项目

委托养护高速公路主线总里程385.557km。其中海文高速公路主线51.666km,立交匝道6.5km,一级公路9.451km;西段高速公路主线322.44km,立交匝道38.07km。

西段高速公路连接海口市和三亚市,途经海南省西部澄迈、临高、儋州、昌江、东方、乐东6个市县,全长324.44km,立交匝道38.07km,设计路基宽度24.5m,沥青混凝土路面,全封闭,双向四车道,设计速度为100km/h,1995年11月开工,分三段建设,1999年9月全线建成通车。

海文高速公路连接海口市和文昌市,主线全长51.666km,匝道6.5km,设计路基宽度

24.5m,全封闭,双向四车道,设计速度为100km/h;同时与海口市区有9.451km一级公路连接线,有一座特大桥梁,均为水泥混凝土路面。2000年3月28日开工,2002年9月28日建成通车。

日常养护。按《公路养护技术规范》,对西段、海文高速公路,主线里程385.557km,匝道44.57km及其附属设施进行养护工作。

大中修、桥涵改造及水毁工程。按《海南省公路养护工程项目管理办法》组织实施。

海南环岛高速公路日常管理养护

路况指标。高速公路年平均养护质量指数 $MQI=88.8$;高速公路年末养护质量指数 $MQI=90$;优等路里程250km;文明样板路80km;每年增加10km;沿线公路绿化长势良好;中央分隔带绿化不断链,加强其防眩功能;沿线宜林路绿化率90%。

养护投资。G98海南环岛高速公路西段、海文高速公路养护年度养护经费以甲方近年养护定额为基础,结合公路改造情况,由甲方编制年度计划,并征求乙方意见后,上报海南省交通厅审批。

大中修、桥涵改造及水毁等工程项目按《海南省公路养护工程项目管理办法》实施,按海南省交通厅批复的计划执行。

资金支付。公路养护经费支付采取按月全额支付的办法,年度最后月份的经费先拨付40%,余额在年终检查合格后再予以支付。大中修、桥涵改造及水毁等工程计划项目按《海南省公路养护工程项目管理办法》实施,以合格计量支付。

路况普查。成立路况普查工作小组,由专业中介机构如海南省公路学会牵头,组织甲方、乙方及海南省公路学会专家库中曾经参加西段、海文高速公路设计、施工、监理、质量等工作的专家组成,必要时邀请具有相应资质的单位的专家参加。第一阶段,全面普查阶段。该阶段结合甲方、海南省公路勘察设计院的路况评估资料,对西段、海文高速公路路基、路面、桥涵、隧道、构造物、高边坡、绿化状况和交通工程设施进行全面普查,根据普查收集的病害情况影响程度,提出养护、维修、加固或改造的路况评估报告,同时确定第二阶段检查目标。第二阶段,特殊检查阶段。该阶段对普查中不能作出结论的病害,特别是桥涵、隧道等构造物存在的严重问题,邀请具有相应资质的公路工程检测单位,通过专业检测手段进行检测分析,并作出检测和维修建议报告。第三阶段,提出维修处治方案阶段。提出对桥涵或日常小修保养无法解决的病害进行加固维修处治或进行大中修建议计划,经海南省交通厅批准后实施。检查验收。委托养护期间,乙方的养护工作必须遵守海南省交通厅、海南省公路管理局关于高速公路养护管理方面的行业管理制度。养护质量的检查验收依据《公路桥涵养护规范》《公路水泥混凝土路面养护技术规范》《公路沥青路面养护技术规范》《高速公路常见病害修复时限规定》《高速公路养护与管理检查考证实施办法》等有关技术规定。

养护质量检查办法的具体条款需结合西段、海文高速公路的路况条件及养护经费投入水平等实际,经双方充分协商达成一致后共同制定执行。

乙方须制订有效可行的高速公路养护管理实施方案,保证西段、海文高速公路"畅、安、舒、美"的养护目标,提高公路服务功能。

(四)人事管理

G98海南环岛高速公路西段、海文高速公路现有养护职工306人。其中签订无固定期限劳动合同的工人即原固定工179人,签订有固定期限劳动合同的工人即原定员工127人。

5年内(2006年8月—2011年12月)27名签订无固定期限劳动合同的工人相继退休,这些退休工人的管理办法为:由甲方借用给乙方,服从乙方的管理,借用期间的工资,由乙方发放。社会保障费由甲方以实际工资、但不低于档案工资为缴费基数代为缴纳,纳入省级管理,乙方根据甲方每月垫付的社会保险费列账凭证,按时返还给甲方。人事档案由甲方管理,工资晋升及技术等级套改等,由甲方办理,按有关程序审核后装入人事档案,达到法定退休年龄后,按国家有关政策办理退休手续。

其他152名签订无固定期限劳动合同的工人和127名签订有固定期限劳动合同的工人由甲方移交给乙方,并由乙方与上述工人签订劳动合同,实行企业化管理,达到法定退休年龄后按国家有关政策办理退休手续。

在养护权委托管理合同期内,甲方移交的养护职工,乙方保证安排他们上岗工作。如违反《中华人民共和国劳动法》等法律法规,乙方有权依照相关法律法规予以处理,直至解除与他们签订的劳动合同。

委托养护合同期结束后,甲方负责收回移交过去的职工;在委托养护合同期内新增加的人员,乙方自行解决。

(五)五年改革实践基本成效

委托管养合同实施的 5 年里,海南高速公路股份有限公司多方开展工作,落实管养措施,努力维护全省高速公路的畅通。

自 2007 年 1 月 1 日接管西段、海文高速公路养护后,海南高速公路股份有限公司人员从 120 人增至 400 多人。人员编制有:在编员工、定编员工、高速公路公司合同工,职工待遇分的差级较多。为做好移交接管前职工思想工作,使职工队伍从事业单位向企业单位平稳过渡转变,公司组建工作组进驻各管理站,掌握职工思想动态,及时化解矛盾,保持职工队伍稳定。

做好所接收高速公路基础设施、养护设备、技术状况的交接工作,保持高速公路养护管理的连续性。

为便于全省高速公路的统一管养,解决线长、点多,不利于管理的被动局面,2008 年 1 月,海南高速公路股份有限公司实行机构改革,将海南高速公路东段管理公司更名为海南高速公路管理公司,各分公司改为管理站,成立海口、陵水、三亚和儋州 4 个养护中心,分别管辖 13 个管理站和两个路面维修队。

对 G98 海南环岛高速公路西段、海文线高速公路的养护管理,积极引进社会雇佣计时工,解决各时段养护用工问题,特别是在迎接历年博鳌论坛年会、自行车大赛和应对突发应急事件的养护中,充分发挥了企业用工管理的灵活性。

通过采取改革措施,养护管理工作实现了技术业务的统一管理,实现了养护设备的资源共享,实现了应急工作队伍的统一调动,从而使各项养护工作水平不断得到提升。

在开展管理工作中,公司不断总结管理经验,探索科学新路子。2010 年 10 月,公司为解决养护中心管理人员挤占经费的情况,压缩管理费用,公司决定撤销 4 个养护中心,将东段、西段、海文线划分成东段管理公司和西段管理公司进行管理,海文线隶属东段管理公司管理,进一步完善管理机制。

委托养护合同期限到期后,2012 年 4 月 16 日,海南省公路管理局将西段、海文高速公路养护委托权收回。

(六)自我完善、提升质量

通过加强管理,不断自我完善。海南高速公路股份有限公司在 5 年合同委托期里,努力构建"净化、绿化、美化、亮化、彩化"的生态路发展目标,以服务社会为大局,及时转变观念和调整公路养护方式。加大生态路投入,积极抓好全省高速公路各项养护工作,公路总体管养水平有较大提高。特别是在 2009 年国务院将海南建设国际旅游岛提升为国家战略后，2010年海南高速公路股份有限公司建议对环岛高速公路东段景观进行提升。

在5年高速公路养护中，海南高速公路股份有限公司凝心聚力打造区域特色旅游生态路，着力提升海南高速公路人文品质，增强观赏性，打造养护品牌，树立海南"窗口"形象。在开展高速公路管养项目施工作业中，不破坏自然生态景观，不乱丢弃废料和圬工体，不造成生态资源次生的破坏。

经过5年的努力，海南高速公路养护服务质量有新的提高，全省高速公路基本形成低、中、高层次分明的绿化格局，维护了"椰风海韵高速路，花开似锦到天涯"的交通环境。在迎接博鳌亚洲论坛年会及应对突发事件中，为海南大动脉的安全畅通、海南国际旅游岛的建设做出了积极贡献。

（七）努力工作、补齐短板

海南全省高速公路统一管理体制改革的5年间，仍然存在一些不足，主要表现为：养护经费投入不足，所投预算经费仅可维持日常小修养护项目。在路面轻微病害出现或继续恶化之前，未能对结构健全的道路表面，实施经济有效的预防性养护。无专项工程项目资金，对灾害造成的水毁抢险应急工程，未能有效的实施恢复工程，且工程组织开展迟缓，抢修不力。养护机械购置资金投入不足，养护配套机械配置跟不上，养护工作处于手工作坊阶段，未能满足正常开展养护工作的车辆需求，机械化养护水平没有得到提高。高资质专业人员、专业技能人员缺少，队伍整体素质水平较低。

第七节　海南高速公路建设管理制度选编

选编一　海南省深化公路建设代建制改革试点方案

为深入推进公路代建管理体制改革，进一步提升公路建设管理水平，根据交通运输部和海南省政府的工作部署和要求，结合海南省公路建设实际，制定本实施方案。

一、建设体制改革背景

（一）公路建设发展概述

海南省位于中国最南端，四面临海，是典型的岛屿型省份，全省陆地总面积3.5万km^2，岛内运输主要依靠公路。1987年，环岛东段高速公路破土动工；1995年12月，环岛东段高速公路建成通车，结束了海南没有高速公路的历史。1999年9月，环岛西段高速公路建成通车。2002年9月,海文高速公路全线通车。2008年6月,海口绕城高速公路建成通车。2012年1月,三亚绕城高速公路建成通车,环岛高速公路实现全线贯通。2012年12月,中线高速公路海口至屯昌段建成通车。2015年5月,中线高速公路屯昌至琼中段建成通车。目前,海南省正在抓紧推进中线琼中至五指山至乐东高速公路、文昌至琼海高速公路和横线万宁至儋州至洋浦高速公路的前期工作,3个项目总里程360km,总投资约320亿元。

经过几代公路人的不懈努力,海南公路建设取得了较快发展。2014年,海南省公路总里程26002km,其中国道1652km(含高速公路613km)、省道1784km(含高速公路144km)、农村公路22566km,比2007年的17794km增长46.1%,比1987年的12791km增长103.3%。基本形成了以环岛高速公路为主动脉,"三纵四横"国省道干线为主骨架,县乡道干支相连,贯通东南西北,辐射全岛的公路网络格局。

(二)建设管理模式发展历程

海南省所有公路为政府筹资建设的非经营性公路,为提高政府投资效益,保障工程质量,多年来海南省积极开展公路建设管理模式的探索和实践。

2005年以前,海南省公路建设规模较小、总量较少,建设模式基本采用自管的指挥部模式,由海南省交通运输厅成立项目指挥部负责项目建设管理。2005年开始,根据国务院出台《关于投资体制改革的决定》(国发〔2004〕20号)及海南省出台《关于规范政府投资项目管理的规定》《海南省政府投资项目代建制管理办法》的精神要求,海南省开展了公路建设管理体制改革,在全省范围内实施公路建设代建制的试点。

代建制实施之初主要有三种形式:一是市县政府代建重点项目。如海口绕城高速、三亚绕城高速均由海口市、三亚市政府负责组织实施。二是委托专业公司代建。如环岛高速公路右幅万宁至陵水段、海榆东线海口至陵水段等项目均由海南省交通运输厅委托具备公路设计、施工专业资质的单位实行项目建设管理,并对一些涉及面较宽的省县道建设项目,由海南省交通运输厅分区域捆绑委托项目管理公司负责代建。如将涉及澄迈、保亭等9个市县的公路分为四个片区进行代建。三是下放市县交通局代建农村公路。随着公路建设代建制改革的逐步推进,结合海南省没有专门职能部门的实际,为克服传统模式下"投资、建设、管理、使用"四位一体的弊端,解决政府管理既当运动员又当裁判员的问题,海南省交通运输厅负责组织实施的项目基本通过代建制实行建设管理。

为加强项目管理,进一步探索新型建设管理模式,2009年至2012年间,海南省分别在海榆西线改建工程、海榆东线改建工程和中线高速公路屯昌至琼中段项目上,试行了设计施工总承包及BT建设模式,并取得了较好的效果。

（三）现有代建制存在主要问题

代建制的实施为加快海南省公路建设发挥了重要作用,并在很大程度上缓解了海南省公路建设规模快速增长下管理人才紧缺、技术力量薄弱等问题。经过多年的项目代建管理实践,我省取得了许多经验,但也存在不少问题,主要表现在以下几个方面：

(1)缺少专门项目管理机构,公路建设管理体制亟待完善。

一是建设管理体制不顺。根据交通部《公路建设市场管理办法》规定,公路建设市场实行统一管理、分级负责制,省级人民政府交通主管部门负责本行政区域内公路建设市场的监督管理工作。海南省交通运输厅作为省级交通主管部门,负责对公路建设的项目法人、建设管理单位等实施监督管理,但当时海南省交通运输厅还担当了项目法人或项目建设管理单位,存在行政主管部门、项目法人、建设管理单位两位一体或三位一体的问题。二是建设管理力量薄弱。公路项目建设管理机构是公路建设的专门组织者和管理者,在保证工程建设质量和提高管理水平方面承担着重要职责。随着海南省公路建设规模的不断扩大和工程管理要求的不断提高,现有管理力量难以满足大规模建设任务需求,建设任务量与管理力量配置失衡的矛盾日益突出。三是职责划分不明确。由于未设置专门的项目管理机构,海南省交通运输厅职责集行业管理与项目监管于一身,存在行政监督和建设管理主体责任不清、建设程序交叉等问题,增加了政府投资项目廉政防控风险。

(2)配套制度建设相对滞后,影响代建市场培育发展。

目前,海南省主要依据2004年海南省政府出台的《政府投资项目代建制管理办法》开展有关工作。因该办法是面向所有行业(主要是建筑行业),随着公路建设市场的发展变化,一些具体的细则和规定已不适用于公路建设,尤其是与交通运输部提出的公路建设管理体制改革的精神和要求不相适应。

(3)代建、监理部分管理职能重叠,影响管理效能发挥。

在现有代建模式中,代建单位与监理单位履行项目管理职责方面：一是存在质量、投资、进度、安全等方面管理职能交叉、重叠、多头管理、推诿扯皮等现象,造成管理成本增加,管理效率不高；二是存在部分管理部门重复设置(如合同、财务、办公室等部门),相关管理人员重复配置,通信、交通、检测、办公及生活设施重复配备,资源不能集约利用的问题。

(4)代建、监理取费偏低,难以吸引高素质管理人才。

代建管理费方面,因2007版定额中对公路代建服务取费没有列项,海南省代建取费是参照预算批复的建设单位管理费下浮来确定。而《公路工程基本建设项目概预算编制办法》中的建设单位管理费主要适用于传统指挥部模式,代建模式在人员、税费、履约保函、风险防范等方面的成本远远大于指挥部模式,在无节余分成或目标奖励的情况下,代建取费偏低。

工程监理费方面,与国家计委、建设部颁布的《工程勘察设计收费标准》(2002)或《建设工程监理与相关服务收费管理规定》相比,依据《公路工程基本建设项目概预算编制办法》(JTG B06—2007)计算的公路工程监理费取费费率仅与工程定额建安费挂钩,未考虑不同工程等级、公路总里程及工程复杂程度对取费标准的影响,公路监理费取费标准偏低。在市场经济环境下,代建、监理取费偏低直接影响代建、监理市场培育,难以吸引既懂技术又富有管理经验的高素质人才,也难以保证专业管理部门提供高质量、高附加值的建设管理和监理服务,不利于整个代建市场和监理市场良性发展。

(5)监理单位内部管理不规范,人员素质有待加强。

监理单位内部管理不规范,相当部分监理人员为临时聘用,受薪金、责任、工作强度等因素影响,离职率大,人员整体稳定性差,不利于监理队伍经验的积累和项目管理水平的提高。此外,现有监理人员来源离散性大,知识更新速度慢,专业知识结构不匹配,造成监理队伍整体素质、业务能力难以满足工程监管要求。

(四)管理改革政策支撑

党的十八届三中全会上习总书记提出,经济体制改革是全面深化改革的重点,核心问题是处理好政府和市场的关系。代建制正是衔接政府投资项目与购买市场服务的关键环节。

2014年9月,交通运输部组织召开全国公路建设管理体制改革座谈会,提出要创新项目管理模式,改革完善建设管理制度,建立与现代工程管理相适应的公路建设管理体系;并就创新项目管理模式提出了"代建制模式""改进传统监理模式""自管模式"等三种项目建设管理模式的改革思路。

2014年12月,为进一步贯彻落实中央关于全面深化改革的工作部署,交通运输部下发了《关于开展全面深化交通运输改革试点工作的通知》(交政研发〔2014〕234号)和《关于全面深化交通运输改革的意见》(交政研发〔2014〕242号),明确了全面深化交通运输改革试点工作的指导思想和基本原则,部署了改革公路建设管理模式、完善公路建设管理四项制度的任务,为海南省改革试点工作提供了政策依据。

2015年3月,海南省委、省政府将海南省公路建设代建制改革纳入《海南省2015年重点改革工作方案》(琼办发〔2015〕15号),明确提出由省交通运输厅牵头推进公路建设代建制改革,完善公路工程建设代建制相关制度,选取项目开展代建制改革试点。

2015年5月,交通运输部公布《公路建设项目代建管理办法》(中华人民共和国交通运输部令2015年第3号),自2015年7月1日起施行。明确了代建管理相关制度,项目法人和代建单位的职责范围,代建管理相关要求等内容。

二、试点改革的总体思路

(一)总体设想

(1)理顺公路建设管理体制。研究成立省级公路项目建设管理机构或部门,承担项目法人职责,进一步厘清政府行业管理与市场合同管理的职责划分界面,进一步理顺海南省公路项目建设管理体制,加强政府投资项目的风险防控。

(2)探索"代建+监理一体化"建设管理模式。以代建、监理职能交叉重叠等问题为导向,整合项目管理机构,理顺工作流程,优化职能分工,严格目标考核机制,集约使用代建管理费和工程监理费,培育代建、监理市场,吸引高素质管理人才参与项目管理,提高项目管理水平。

(3)试行"改进传统监理模式"。在既有公路监理法律法规及规章制度基础上,明确监理职责定位,调整监理工作机制和工作内容,完善考核体系,强化监理合同约定内容的履约力度。

(4)进一步完善现有代建制模式。针对代建制实施过程中存在的问题,在总结已有代建经验的基础上,出台《海南省公路建设项目代建管理办法》,细化、完善既有信用评价体系,清晰划分项目法人和建设管理法人管理界面,严格落实项目目标考核机制,建立奖优罚劣的激励、制约机制,督促代建单位不断提升自身项目管理水平。

设立施工工地试验室,不断提升项目管理水平

(二)改革试点重点解决的问题

(1)落实法人责任制,明确责任主体。

一是区分项目建设管理法人和项目法人。在现有法人责任制基础上,划分项目法人和项目建设管理法人工作职责和责权利。二是明确项目建设管理法人是项目建设期的责任主体。完善代建管理相关制度,落实建设管理法人责任制,严格建设管理法人资格准入。三是建立与建设管理法人责权利相统一的激励和约束机制。引入目标考核激励制度,激发代建单位工作积极性,督促落实建设管理期各项目标责任。

(2)推行代建监理一体化,提高管理效率。

一是有机整合代建监理管理机制。既要理顺项目管理机构内部职能,又要明确管理界面,调整工作机制,避免相同职能管理部门的重复设置和管理职能交叉,充分发挥集约高效的管理优势。二是研究代建单位管理费和工程监理费集约使用方案,充分发挥经济杠杆对建设市场的培育作用,促进市场良性发展。

(3)改革工程监理制,引导监理转型发展。

一是转变监理角色定位。明确监理定位是提供工程咨询的受托方,直接对项目建设管理法人负责,不是独立的第三方,通过调整监理工作机制和服务内容,突出监理在程序控制和抽检评定方面优势。二是促进监理企业转型发展。引导监理企业回归"工程咨询服务"的本质属性,逐步向建设管理一体化、代建、工程咨询等方向转型,促进监理企业多元化发展。

(三)试点项目的确定

(1)海南省中线琼中至五指山至乐东高速公路。

项目全长127km,起点顺接中线高速屯昌至琼中段,终点与环岛西段高速公路在乐东县利国镇交叉,按双向四车道高速公路标准建设,设计速度为100km/h,整体式路基宽度26m,沥青混凝土路面。项目估算总投资120亿元,已于2015年5月30日开工建设。

(2)文昌昌洒至铺前滨海旅游公路。

项目全长50km,起点位于文昌市昌洒镇,接已建成的文昌市滨海旅游公路龙楼至昌洒段,终点接铺前大桥连接线,按双向四车道一级公路标准建设,设计速度80km/h,路基宽度24.5m,沥青混凝土路面。项目估算总投资24亿元,计划2015年7月底开工建设。

(3)部分国省道改扩建项目。

三、试点改革实施方案

(一)组建省公路项目建设管理专门机构

主要理是代行项目法人职责,贯彻执行国家、省有关公路工程建设的法律法规,负责政府投资的公路重点项目建设管理,具体承担省高速公路、普通国省道、旅游公路等公路重点项目及其他项目建设管理工作。人员通过委派、外聘、借调专业管理人员组成,办公费用从公路项目预留的建设管理费(含历年项目)中据实列支。

(二)代建+监理一体化模式

项目法人(海南省交通运输厅)通过公开招标的方式,选择满足代建和监理双资质标准及业绩要求,并具备相应管理能力的代建单位统一负责项目建设管理和监理工作。

实施项目:中线高速公路琼中至五指山至乐东项目 QL1 标(琼中至五指山段)、文昌昌洒至铺前滨海旅游公路。

具体做法:

(1)公路重点项目建设管理机构履行项目法人职责,负责项目建设管理和监督协调工作。

(2)代建+监理实施单位履行项目建设管理法人职责,成立项目代建指挥部,负责一体化实施建设管理和监理工作。代建单位须具备以下条件之一:

①同时具有工程设计公路行业(公路)专业甲级及以上资质和交通运输部(原交通部)颁发的公路工程专业甲级监理资质(或其全资下属公司具有交通运输部颁发的公路工程专业甲级监理资质)。

②同时具有住房和城乡建设部(原建设部)核发的公路工程施工总承包一级或一级以上资质和交通运输部(原交通部)颁发的公路工程专业甲级监理资质(或其全资下属公司具有交通运输部颁发的公路工程专业甲级监理资质)。

改革试点标段不接受联合体单位参与。

(3)项目代建指挥部配备总工程师办公室、总监理工程师办公室、质量安全部、合约部、财务部、综合办公室及若干驻地监理工程师办公室等部门。各部门按《公路工程施工监理规范》有关规定(除试验检测人员)来配备工程管理人员,并负责"五控制两管一协调"等工作。

(4)工程的试验检测工作由项目法人通过招标方式选定具有专业能力的检测单位来承担,在相应招标文件中明确检测单位的工作范围和职责,项目建设的试验检测工作全部由检测单位实施,并承担试验检测责任。

(5)项目建设中要优化和完善质量、安全生产、进度、费用、水保环保、合同管理等管理和监理制度,保证管理体系和保障机制的正常运行。一是要结合项目质量、安全、进度、计量、支付、环保和招标管理的目标要求编制符合项目实际情况的《项目管理手册》,建立、健全各项规章管理制度,整合代建、监理管理人力资源,发挥各自管理优势,简化、优化项目管理流程,解决以往代建、监理管理职能交叉、重叠带来的推诿、扯皮问题,提高工作效率。二是突出专业化管理,由独立的中心试验室承担项目所有常规试验检测及标准试验的复核工作,用数据指导施工,用数据为管理决策提供支撑的目标。三是由质量安全部负责事前、事中的工程质量控制工作,重点负责事后工程质量验证工作,使项目质量得到保证。四是深化标准化建设,编制《项目施工标准化技术指南》《项目施工标准化管理文件范本》,针对制度建设、驻地建设、人员配置、现场管理、施工作业等重点环节,具体落实标准化,并开展"标化工地""首件制"等质量管理活动,提升施工标准化水平。

(6)初步设计批复概算中的建设单位管理费和施工图设计批复预算中的工程监理费(扣除中心试验室的相关费用),下浮一定比例后作为代建招标的招标控制价。

(7)项目法人对代建项目实行目标管理,建立相关奖惩机制,根据项目管理目标完成情况,对项目代建单位进行奖惩。

(三)改进传统监理模式

由项目建设管理法人(代建单位)通过公开招标方式选择符合相应资质要求的监理单位,通过合同明确双方职责及责任,监理单位履行合同规定的有限责任并对项目建设管理法人负责。

实施项目:中线高速公路琼中至五指山至乐东项目QL2标(乐东段)。

具体做法:

(1)明确监理定位:代建单位作为项目建设管理法人,通过拟定招标文件合同条款,一是明确监理单位不再是独立第三方,而是受项目建设管理法人委托履行合同约定有限责任的服务提供单位,监理单位只需按合同约定对建设管理法人负责;二是明确监理工作的本质属性是"工程咨询服务",是项目建设管理工作组成部分之一。

(2)厘清各方职权:代建单位在委托监理合同、施工合同、检测合同等合同文件及项目管理相关文件中,将监理、施工、检测单位的工作内容、工作责权利明晰化、具体化,保证项目管理各个环节、各个方面不留空白、不留死角。

(3)监理与检测职能相对分离:监理单位和检测单位均由代建单位通过公开招标选定,在委托监理合同、委托检测合同约定职责范围内独立开展工作。监理单位侧重于事前、事中质量控制,检测单位则侧重事后质量验证。

(4)工作机制和重点:一是在现有《公路工程施工监理规范》(JTG G10—2006)基础

上,全面修订监理服务内容,明确从施工准备期至项目竣工验收全过程中的监理工作,剔除无效、重复部分,强化必须进行监理的工作内容;二是优化项目管理各项工作流程,制定项目管理工作任务分工和管理职能分工,明确参建各方工作任务;三是科学安排日常监理巡视、旁站工作,大力精简监理人员数量,着力提升监理人员素质;四是合理授权,重点强化监理人员在工程质量、安全管理问题上的话语权、否决权。

(5)完善考核体系:一是建立代建单位对施工、监理、检测等单位的考核管理办法,狠抓人员、设备履约管理,严格人员变更要求和处罚,通过定期考核,强化各参建单位履约意识;二是完善代建单位内部考核体系,结合代建单位内部岗位职责,以项目为导向,通过考评开展奖惩,强化管理人员责任意识,转变管理人员工作作风。其中项目经理侧重目标考核,其余项目管理人员侧重工作态度、工作能力、工作业绩和团队精神方面考核。

(6)改革监理规范和质量评定标准:一是按照"监督质量保证体系为主,突出程序控制和抽检评定工作,加强巡视、抽检等手段"的原则,调整监理工作内容,制定监理细则,明确监理工作各环节工作内容、方法;二是明确施工单位对工程质量、安全负主体责任,工程质量评定结果与施工单位的信用评价体系挂钩。

(7)项目法人对代建项目实行目标管理,建立相关奖惩机制,根据项目管理目标完成情况,对项目代建单位进行奖惩。

(四)工程奖励与惩罚

(1)工程奖励:代建单位在全面完成合同约定的项目质量、安全、进度、造价、信用评价、环保等方面的管理任务及目标后,如完全具备以下条件:

①项目工期控制在计划工期内(不含不可抗力因素引起的工期延长)的;

②交工评定合格,竣工综合评定得分大于90分的;

③决算建安费控制在批复的预算建安费95%内,并有节余的;

④项目管理过程中,无重大安全事故及责任事故的。

项目法人将对代建单位给予奖励,奖励额度为代建管理服务费的30%,但不超过决算预算建安费的节余。

(2)工程惩罚:

①代建单位未按合同约定进行工程招标工作,出现其所属或参股企业参加工程投标的,项目法人扣除代建单位代建管理服务费的10%作为违约金。

②代建单位违反合知识产权保护规定,或者与设计、施工等其他单位串通和合谋采取不正当手段提高工程造价谋取非法利益的,项目法人扣除代建单位代建管理服务费的10%作为违约金。

③代建单位未按投标文件承诺或未经项目法人批准擅自更换派驻主要管理人员,或

不按项目法人要求及时撤换不合格主要管理人员的,项目法人对代建单位扣除50万元/人次的违约金。代建单位提供的主要管理人员(指代建项目经理、代建项目总工、总监理工程师(针对代建+监理一体化模式)、工程部负责人、合约部负责人、安全生产负责人等)的资质和业绩等材料存在伪造、虚假行为的,项目法人扣除代建单位代建管理服务费的20%作为违约金。

海南省委书记刘赐贵深入高速公路建设一线调研

④代建单位采取任何形式以本项目工程名义对外进行融资,或以本项目的土地、设施等进行任何形式的抵押、质押和其他形式的担保,项目法人对代建单位扣除履约保函总金额10%的违约金。

⑤代建单位因非项目法人或不可抗力原因未按合同约定期限完成代建工作,每超工期一天项目法人从代建单位代建管理服务费中扣除人民币0.5万元作为违约金,最高扣除代建管理服务费的10%,逾期超过2个月的,项目法人有权单方面解除合同,由此产生的一切损失由代建单位承担。

⑥若项目发生重大安全生产事故或重大安全生产伤亡事故,项目法人对代建单位扣除不高于人民币20万元/次的安全管理违约金。

⑦若竣工验收工程综合质量评分未达到90分,处以代建管理服务费5%的违约金。

⑧代建单位进度计划完成不达标的:第一次通报批评代建单位;第二次对代建单位现场负责人诫勉谈话,并处10万元人民币违约金;第三次要求代建单位撤换现场负责人,并处20万元人民币违约金;第四次将代建单位列入海南省公路建设市场信用评价"黑名单",3年期限内禁止承担海南省其他公路项目代建及建设活动,必要时海南省交通运输厅有权责令代建单位退场。

⑨代建单位在代建管理过程,应该预见到可能造成工期延误或工程质量问题的情况而没有预见到,或预见到了但采取的处理方法不当,造成不良后果的,代建单位承担管理不力责任,根据情节,每次按0.2万~10万元扣除违约金。

试点改革主要预期目标成果

本次改革试点工作力争在2015—2017年内完成,将形成改革试点总结报告,并结合改革试点经验,初步建立与海南省公路建设实际及现代工程管理相适应的建设管理体系,以有效指导海南省公路建设又好又快发展。

(1)"代建+监理一体化模式"试点预期目标:一是明确项目建设管理法人的功能定位、工作职权和主体责任,建立健全责权利相对统一的建设管理法人责任机制,完善相关目标管理、绩效考评、奖惩激励、风险防控和信用评价制度;二是探索项目建设管理法人资格管理,初步建立项目建设管理法人的资格管理制度;三是总结代建+监理一体化模式应用经验,对试点项目进行初步目标评价。

(2)"改进传统监理模式"试点预期目标:一是明确监理定位及职权,调整、完善监理工作机制和工作内容,根据项目管理模式修订公路工程施工监理规范和质量检验评定标准;二是探索建立、完善监理从业人员执业资格管理制度,初步建立监理人员信用评价体系;三是鼓励监理企业转型发展,向建设管理一体化、代建、咨询一体化转型,根据市场需求提供高水平的监理服务。

(3)代建管理配套制度建设预期目标:一是出台《海南省公路建设项目代建制管理办法》;二是拟定公路工程代建单位招标的标准招标文件和代建管理合同范本;三是制订代建制管理流程标准规范文件;四是建立代建制奖惩机制;五是进一步深化施工标准化改革,形成配套实施细则。

2015年改革试点工作时间节点和路线图

2015年2月—3月,成立海南省交通运输厅代建制改革领导小组,组建海南省交通建设管理局。

2015年3月—5月,编制《深化公路建设代建改革试点方案》并上报海南省改革领导小组审核;完成文昌昌洒至铺前滨海旅游公路项目和中线琼中至五指山至乐东高速公路项目各自试点标段的代建招标方案并报领导小组审定;完成代建招标文件编制,明目法人与项目建设管理法人(代建单位)的职责划分;完成试点标段的代建招标工作。

2015年4月—7月,组织起草《海南省公路建设项目代建制管理办法》;完成改革试点项目在质量、安全、进度、计量、支付和环保等方面的工作管理手册和规范性文件的编制;逐步完成各试点项目的施工、监理、中心试验室的招投标工作;落实各参建单位人员、设备、资金履约和项目建设资金,使项目具备开工条件并开工建设。

第四章
高速公路建设与养护管理

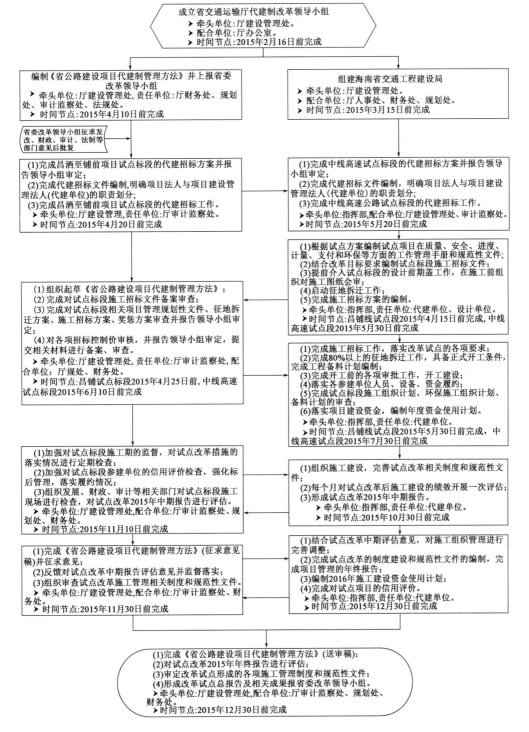

海南省交通运输厅建设代建制改革路线图

2015年7月至12月，组织项目施工，加强对试点标段施工期的督查，对试点改革措施的落实情况进行定期检查；加强对试点标段参建单位的信用评价检查，强化标后管理，落实履约情况；完成《海南省公路建设项目代建制管理办法（送审稿）》；对试点改革2015年年终报告进行评估；审定改革试点形成的各项施工管理制度和规范性文件；形成改革试点总报告及相关成果报海南省委改革领导小组。

附录：海南高速公路项目代建+监理一体化

2015年8月，海南省政府批复的《海南省深化公路建设代建制改革试点方案》（以下简称《方案》）明确，海南将探索"代建+监理一体化"建设管理模式，以代建、监理职能交叉重叠等问题为导向，整合项目管理机构，理顺工作流程，优化职能分工，严格目标考核机制，集约使用代建管理费和工程监理费，培育代建、监理市场，吸引高素质管理人才参与项目管理，提高项目管理水平。

"实行代建制，就是打破以往政府'投资、建设、监管、使用'多位一体的模式，实行'建管分离'和'专业化管理'，改变过去交通主管部门既当裁判员，又当运动员的做法。"海南省交通工程建设局局长吕晓宇说，公路代建可以充分发挥市场对资源配置的决定性作用，提升项目管理专业化水平，有效保证工程质量、安全、工期、投资等建设目标的实现。

《方案》中明确，海南将在中线高速公路琼中至五指山至乐东项目、文昌昌洒至铺前滨海旅游公路实施"代建+监理一体化"建设管理模式，项目法人通过公开招标的方式，选择满足代建和监理双资质标准及业绩要求，并具备相应管理能力的代建单位统一负责项目建设管理和监理工作。海南省交通工程建设局履行项目法人职责，负责项目建设管理和监督协调工作；代建+监理实施单位履行项目建设管理法人职责，成立项目代建指挥部，负责一体化实施建设管理和监理工作。

此外，还将改变传统的监理模式，由项目建设管理法人（代建单位）通过公开招标方式，选择符合相应资质要求的监理单位，通过合同明确双方职责及责任，监理单位履行合同规定的有限责任并对项目建设管理法人负责。代建单位作为项目建设管理法人，通过拟定招标文件合同条款，既明确了监理单位不再是独立第三方，而是受项目建设管理法人委托履行合同约定有限责任的服务提供单位，监理单位只需按合同约定对建设管理法人负责，又明确了监理工作的本质属性是"工程咨询服务"，是项目建设管理工作组成部分之一。

海南省交通运输厅建设管理处有关负责人说，现有的工程建设监理存在制监理责任履行不到位、市场行为不规范等问题，实施"代建+监理一体化模式"，就是要明确项目建设管理法人的功能定位、工作职权和主体责任，建立健全责权利相对统一的建设管理法人责任机制，完善相关目标管理、绩效考评、奖惩激励、风险防控和信用评价制度，初步建立项目建设管理法人的资格管理制度。

同时，改进传统监理模式，明确监理定位及职权，调整、完善监理工作机制和工作内容，根据项目管理模式修订公路工程施工监理规范和质量检验评定标准。探索建立、完善监理从业人员执业资格管理制度，初步建立监理人员信用评价体系。鼓励监理企业转型发展，向建设管理一体化、代建、咨询一体化转型，根据市场需求提供高水平的监理服务。

选编二　海南省交通运输厅公路施工企业信用评价实施细则（试行）

（2015年修订）

第一章　总　　则

第一条　为加快海南省公路建设市场信用体系建设，提高施工企业诚信意识，规范公路工程建设从业单位和从业人员行为，维护统一开放、竞争有序的市场秩序，根据交通运输部《公路建设市场信用信息管理办法》（交公路发〔2009〕731号）和《公路施工企业信用评价规则》（交公路发〔2009〕733号）等有关规定，结合海南省公路建设市场实际情况，制定本细则。

第二条　本细则所称公路施工企业信用评价是指海南省市、县级及以上交通主管部门或其委托机构依据有关法律法规、标准规范、合同文件等，通过量化方式对参与海南省境内公路新改建项目路基、路面、桥梁、隧道、交通工程（含机电）、房建和绿化等工程施工企业市场从业行为的评价。

第三条　公路施工企业信用评价遵循公平、公正、公开的原则，评价结果实行签认和公示、公告制度。

第四条　施工企业信用评价适用范围为参与海南省在建高速公路、国道、省道、旅游公路、独立隧道、独立桥梁（大桥及以上桥梁）及与之相关的安全设施、防护设施、监控设施、通信设施、绿化设施、服务设施、管理设施等公路附属设施的新建、改建与安装工程的施工企业。公路养护工程等其他公路项目施工企业信用评价可参照执行。

第五条　评价内容由公路施工企业投标行为、履约行为和其他行为构成。投标行为和履约行为初始分值为100分，实行累计扣分制。若有其他行为的，从企业信用评价总得分中扣除。具体的评分计算见附件2《海南省交通运输厅公路施工企业信用行为评价计算方法》。施工企业在海南省综合评分：

$$X = aT + bL - \sum_{i=1}^{n} Q_i$$

式中，企业投标行为评价得分为T，企业履约行为评价得分为L，Q_i为其他行为对应扣分标准。a、b为评分系数，当评价周期内企业在海南省只存在投标行为评价时，$a=1$，$b=0$；当企业在海南省只存在履约行为评价时，$a=0$，$b=1$；当企业在海南省同时存在投标行为评价和履约行为评价时，$a=0.2$，$b=0.8$。

投标行为以公路施工企业单次投标为评价单元，履约行为以单个施工合同段为评价单元。

第二章 评价职责

第六条 信用评价管理工作实行统一管理、分级负责。海南省交通运输厅和各市县（洋浦）交通运输局按照各自职责分别负责省级综合评价和市县级评价工作。

第七条 海南省交通运输厅负责海南省行政区域内公路施工企业的信用评价管理工作。主要职责是：

（一）制定海南省公路施工企业信用评价实施细则并组织实施。

（二）对在海南省行政区域内从业的公路施工企业进行省级综合评价，负责对管理权限内的公路建设项目有关公路施工企业其他行为的信用评价工作。

（三）指导负责各市县（洋浦）交通主管部门对有关公路施工企业其他行为进行评价。

（四）对招标人和项目建设单位（或代建单位）负责的评价工作进行考核和监督。

（五）组织成立信用评价工作领导小组，审定年度省级信用评价结果，并上报至交通运输部公路局。

第八条 各市县（洋浦）交通主管部门、海南省交通运输厅直属公路管理机构及质量监督机构、招标人以及项目建设单位（或代建单位）的主要职责：

（一）招标人负责参与投标的公路施工企业投标行为的评价工作。

（二）项目建设单位（或代建单位）负责参建公路施工企业履约行为的评价工作。

（三）各市县（洋浦）交通主管部门负责本行政区域内所监管的旅游公路、省道、独立桥梁（大桥以上桥梁）、独立隧道及附属设施工程项目的公路施工企业的信用评价管理工作，并负责所监管项目招标人和建设单位（或代建单位）上报的参建公路施工企业投标行为、履约行为及其他行为的信用评价信息审核工作。

（四）按照《海南省交通运输厅公路水运建设市场信用信息管理实施细则》中信用信息管理的职责分工，海南省公路管理局负责直属各分局组织实施的国道、省道、独立桥梁（大桥以上桥梁）、独立隧道及附属设施工程项目的信用评价上报信息审核工作，并对参建公路施工企业履约行为及其他行为进行信用评价。

（五）海南省交通工程质量监督管理局负责其实施监督的高速公路、国省道、省旅游公路、独立桥梁（大桥以上桥梁）、独立隧道及附属设施工程项目的公路施工企业信用评价信息审核工作，并对以上项目的参建公路施工企业履约行为及其他行为进行信用评价。

（六）按照海南省交通运输厅规定要求，各市县（洋浦）交通部门、省交通运输厅直属公路管理机构及质量监督机构、招标人以及项目建设单位（或代建单位）要做好管理权限内公路建设项目的施工企业的信用评价工作，并对评价结果签认负责。

第三章 评价管理

第九条 公路施工企业信用评价工作实行定期评价和动态评价相结合的方式。

第十条 信用评价时间为本年度1月1日至12月31日。项目建设单位(或代建单位)每季度开展一次定期信用评价工作;海南省公路管理局每半年开展一次定期信用评价工作;海南省交通运输厅或其委托机构每半年开展一次定期信用评价工作;海南省交通运输厅和市县(洋浦)交通运输主管部门直属公路管理机构及质量监督机构可根据日常管理过程中发现的不良行为进行实时录入并上报,对公路施工企业本年度(上一年信用结果发布日至本年度信用评价结果发布日之间)信用行为进行评价。各评价主体按照谁发布谁负责录入的原则,及时将不良行为录入信用评价系统中,以便年终统计信用评价得分。海南省交通运输厅在每年2月底前组织完成对上年度本行政区域公路施工企业的综合评价,并于3月底前将施工企业评价结果上报至交通运输部。

第十一条 公路施工企业信用评价等级分为AA、A、B、C、D五个等级,各信用等级对应的企业评分X分别为:

AA级:$95\text{分} \leqslant X \leqslant 100\text{分}$,信用好,且质量管理、进度管理评分在47分以上;

A级:$85\text{分} \leqslant X < 95\text{分}$,信用较好,且质量管理、进度管理评分在43分以上;

B级:$75\text{分} \leqslant X < 85\text{分}$,信用一般;

C级:$60\text{分} \leqslant X < 75\text{分}$,信用较差;

D级:$X < 60\text{分}$,信用差。

第十二条 公路施工企业信用评价的依据为:

(一)各级交通运输主管部门及其公路管理机构、质量监督机构的督查(检查)结果或奖罚通报(决定);

(二)各级政府相关部门开展的建设市场、质量监督、安全、进度、农民工工资等专项督查结果和通报;

(三)招标人、项目建设单位(或代建单位)管理工作中的正式文件;

(四)举报、投诉或质量、安全事故调查处理结果;

(五)司法机关做出的司法认定及审计部门的审计意见;

(六)其他可以认定不良行为的有关资料。但具体扣分以省厅的正式文件和信用评价工作领导小组的决议为准。

第十三条 公路施工企业的信用评价程序为:

(一)投标行为评价。招标人完成招标工作后,应按照《海南省交通运输厅公路施工企业信用行为评定标准》的内容要求,对存在不良投标行为的公路施工企业进行投标行为评价,同时在信用评价系统录入评价信息,再通过系统报信用评价信息审核部门审核,并在评标报告中体现投标行为信用评价情况,信用评价信息审核部门应及时审核并录入相关记录。

联合体有不良投标行为的,其各方均按相应标准扣分。

(二)履约行为评价。结合日常建设管理情况,项目建设单位(或代建单位)应按照《海南省交通运输厅公路施工企业信用行为评定标准》,对参与项目建设的公路施工企业当年度的履约行为实时录入并进行评价,通过信息管理系统上报信用评价信息审核部门审核。评价信息审核部门[各市县(洋浦)交通运输主管部门、海南省交通运输厅直属公路管理机构及质量监督机构]及时审核上报的评价信息,并根据信用评价职责分工,将本部门开展的各项监督检查中发现的不良履约行为,自发生之日起20个工作日内,及时录入其不良行为记录,通过信用信息管理系统上报海南省交通运输厅,最终由海南省交通运输厅实时录入相关记录。

对于当年组织交工验收的工程项目,项目建设单位(或代建单位)应按照交通运输部《海南省交通运输厅公路施工企业信用行为评定标准》,在交工验收时完成参建公路施工企业本年度的履约行为评价,并在交工验收完成之日起20个工作日内通过信用信息管理系统汇总上报有关部门审核,由海南省交通运输厅或其委托机构实时记入相关记录。

联合体有不良履约行为的,其各方均按相应标准扣分。

实时记录:项目建设单位(或代建单位)可根据项目进展的特点,定期组织检查,并进行考核评价。施工准备阶段(进场准备)检查、考核一次,施工期每季度(3个月)对施工企业的履约行为检查、考核一次,通过信用信息管理系统上报每次考核评价中发现的不良信用信息。

(三)其他行为评价。各市县(洋浦)交通运输主管部门、海南省交通运输厅直属公路管理机构及质量监督机构按照《海南省交通运输厅公路施工企业信用行为评定标准》,对有关公路施工企业其他行为进行评价,自其他行为发生之日起20个工作日内,通过信用信息管理系统实时录入相关记录,并上报海南省交通运输厅审核。

(四)省级综合评价。海南省交通运输厅按照《海南省交通运输厅公路施工企业信用行为评定标准》,在每年3月底前组织完成上年度在全省行政区域从业的公路施工企业的综合评价,确定其得分及信用等级,并在海南省交通运输厅和信用信息管理系统网站上进行公示、公告信用评价结果。公示期为10个工作日。

第十四条 公路施工企业对信用评价结果有异议的,可在公示期限内向公示部门或委托机构提出申诉。

第十五条 对信用行为直接定为D级的施工企业实行动态评价,评定为D级后一年期满(不得低于行政处罚期)。在该企业定为D级期间,在海南省无新的不良信用记录,其信用评价等级恢复至B级,时间直至下一次评价结果发布为止;在海南省有新的不良信用记录,则其信用评价等级继续评定为 D 级,时间直至下一次评价结果发布为止。

第十六条　公路施工企业资质升级的,其信用评价等级不变。企业分立的,按照新设立企业确定信用评价等级,但不得高于原评价等级。企业合并的,按照信用评价等级较低企业的等级确定合并后企业。

第四章　评价结果及应用

第十七条　公路施工企业信用评价等级按以下原则认定:

(一)已进入海南省行政区域内的公路施工企业,其信用评价等级按照海南省最新省级综合信用评价结果认定,且信用评价等级认定为 AA 级的施工企业不得超过参评单位的 15%。

(二)初次进入海南省行政区域具有施工总承包一级及以上、路基、路面、桥梁、隧道专业承包一级、交通工程专业承包资质的公路施工企业,其信用评价等级按照以下原则认定:

(1)由交通运输部发布的最新全国综合评价结果为 AA 级的企业按 A 级认定;最新全国综合评价结果为 A 级的企业按 B 级认定;最新全国综合评价结果为 B 级或者 C 级的企业,按 C 级认定;最新全国综合评价结果为 D 级的企业按 D 级认定。

(2)尚无全国综合评价的企业,按 B 级认定。

(三)初次进入海南省行政区域的施工总承包二级及以下施工企业,其信用评价等级按照注册地省级最新综合评价结果认定,尚无注册地省级综合评价的企业,按 B 级认定。

(四)联合体参与投标的,其信用评价等级按照联合体中最低等级方认定。

第十八条　公路施工企业信用评价结果有效期 1 年,下一年度公路施工企业在海南省无信用评价结果的,其评价等级可延续 1 年。延续 1 年后仍无信用评价结果的,按照初次进入海南省行政区域的信用评价等级确定,但不得高于其在海南省原评价等级的上一等级(除 D 级外)。

第十九条　公路建设项目的招标人、项目建设单位(或代建单位)应当建立公路施工企业信用管理台账,及时、客观、公正地对参建公路施工企业进行相应信用评价,并将评价结果按要求上报海南省交通运输厅或其委托机构,不得徇私舞弊,不得设置市场壁垒,一经发现,将在全省通报批评并按照有关规定进行相应处理。

第二十条　公路施工企业信用评价等级结果在海南省公路工程施工招投标工作中的应用按如下原则执行:

(一)当参与海南省公路工程施工招标时,评标综合得分为 100 分,其中:

(1)采取施工招标资格预审的,资格评审办法前附表中必须设置信用评价评审因素,即信用评价等级分,满分为 5 分。

(2)高速公路、国道、旅游公路、独立隧道、独立桥梁(大桥及以上桥梁)及其附属设施新建、改扩建项目施工招标时,评标办法前附表中必须设置信用评价奖励分,满分为1分。即按原评标办法折算后满分为99分,外加信用评价奖励分后即为最终得分。

(3)省道及其附属设施新建、改扩建项目施工招标时,评标办法前附表中必须设置信用评价奖励分,满分为0.5分。即按原评标办法折算后满分为99.5分,外加信用评价奖励分后即为最终得分。

(二)信用评价等级认定为AA级的公路施工企业,在参加海南省公路工程投标时,给予以下奖励:

(1)资格预审信用评价等级得分为5分。

(2)高速公路、国道、独立隧道、独立桥梁(大桥及以上桥梁)及其附属设施新建、改扩建项目施工招标评价奖励分为1分,省道及以下新建、改扩建项目施工招标评价奖励分为0.5分。

(3)履约保证金或保函可按规定数量的50%缴交。

(4)在划分两个以上同类标段的项目中,可同时为两个同类标段的中标人。

(三)信用评价等级认定为A级的公路施工企业,参加海南省公路工程投标时:

(1)资格预审信用评价等级得分为3分。

(2)高速公路、国道、旅游公路、独立隧道、独立桥梁(大桥及以上桥梁)及其附属设施新建、改扩建项目施工招标评价奖励分为0.6分,省道及以下新建、改扩建项目施工招标评价奖励分为0.3分。

(3)履约保证金或保函可按规定数量的75%缴交。

(四)信用评价等级认定为B级的公路施工企业,对其不奖不罚。参加海南省公路工程投标时:

(1)资格预审信用评价等级得分为1分。

(2)高速公路、国道、旅游公路、独立隧道、独立桥梁(大桥及以上桥梁)及其附属设施新建、改扩建项目施工招标评价奖励分为0.2分,省道及以下新建、改扩建项目施工招标评价奖励分为0.1分。

(3)在缴纳履约保证金或保函方面无优惠。

(五)信用评价等级认定为C级的公路施工企业,在参加海南省公路工程投标时:

(1)资格预审信用评价等级得分为0分。

(2)施工招标评价奖励分为0分。

(3)在缴纳履约保证金或保函方面无优惠。

(六)信用评价等级认定为D级的公路施工企业:

(1)列入黑名单,招标人可在招标文件中设定限制其不得参与该项目投标活动。

(2)不限制 D 级公路施工企业参与投标的,其资格预审信用评价等级分为 - 5 分,施工招标评价奖励分为 - 1 分或 - 0.5 分(依据公路等级设定)。

(3)海南省交通运输厅将通报其违规行为和所参建项目的项目经理和技术负责人,并建议发证机构吊销企业或从业人员相关资质证书。

施工企业信用评价等级连续两年被认定为 C 级的,第三年度信用评价等级按 D 级认定。

直接考核定级为 C 级的从业单位、从业人员,在 C 级有效期限内仍可参加年度综合考核,但考核结果不能评为 AA 级或 A 级。

第二十一条 根据《中华人民共和国公路法》《中华人民共和国招标投标法》《中华人民共和国招标投标法实施条例》《电子招标投标办法》等有关规定,结合海南省实际,在海南省公路建设市场信用信息管理系统的基础上,建立省级从业企业信息库管理系统,开展公路建设从业企业信息库的信息填报工作。从业企业信息库管理系统,将是海南省交通建设市场信用管理系统和公路工程建设项目电子招标投标系统的基础数据管理系统。相关施工企业等级认定结果以该系统发布的结果为准。

第五章 评 价 监 督

第二十二条 海南省交通运输厅将建立对招标人、项目建设单位(或代建单位)信用评价工作的考核、处罚机制,对委托机构、招标人、项目建设单位(或代建单位)及其工作人员在信用评价工作中有违纪、违规行为的,依照有关规定予以处理,构成犯罪的,依法追究刑事责任,确保公路施工企业信用评价工作客观、公正。

第二十三条 海南省交通运输厅及其公路管理、质量安全监督等直属部门按照《海南省交通运输厅公路施工企业信用行为评定标准》,根据各自职责,结合日常检查、抽查、专项督查、综合检查的记录,对招标人或项目建设单位(或代建单位)对施工企业的评价与实际情况不符的,责令其重新评价或直接予以调整,对有关公路施工企业信用情况进行综合评价。

第二十四条 海南省交通运输厅逐步建立健全信用评价工作机制和监督举报制度,任何单位和个人均可对公路施工企业的不良行为和信用评价工作中的违纪、规行为进行投诉举报。

第六章 附 则

第二十五条 本细则由海南省交通运输厅负责解释。

第二十六条 本细则自 2015 年 3 月 1 日起施行。

附件:1.《海南省交通运输厅公路施工企业信用行为评定标准》(略)
    2.《海南省交通运输厅公路施工企业信用行为评价计算方法》(略)

选编三　海南省道路沥青管理办法(试行)

第一章　总　　则

第一条　道路沥青(以下简称沥青)是公路建设与养护的主要材料。为加强沥青的订购、储运、库存、施工等阶段工作的管理,适应公路建设、养护发展的需要,结合本省的实际情况制定本办法。

第二条　本办法适用于项目管理权限归属海南省交通运输厅的二级以上公路工程项目。

第三条　设计单位和建设管理单位在设计文件和招标文件中,应明确沥青材料质量技术标准或规格标号,但不指定品牌。

第四条　沥青材料的供应可采取施工单位自行采购或采购单位统一供应等方式。招标文件应明确沥青的供应方式,并按项目管理权限报交通主管部门备案后实施。

第五条　沥青管理工作实行"全程督查、分级负责"。

(一)业主单位为沥青订购、装运、库存、施工等阶段工作的全过程监督检查部门。重点监督检查各单位履行职责情况,发现问题督促整改,并根据需要随时对沥青进行抽检,抽检取样时通知采购、施工、监理、建设、监督等单位到场。每次抽检取样两组,一组送检测权威机构检验,一组封存备用。

(二)海南省交通工程质量监督管理局为沥青质量的监督部门。根据相关法规履行质量监督职责,并按规定要求对沥青进行抽检,做出相关监督决定。

(三)建设管理单位是项目建设质量的总负责人。必须督促检查施工、采购、监理等各方履行监管职责,确保各项监管措施落到实处,必要时可委托权威质量检测机构对沥青进行抽检。

(四)监理单位是施工阶段沥青质量的监理责任人。必须对进场的每批次(船次)沥青进行有效监理。

(五)施工单位是施工阶段沥青质量的直接责任人。必须对进场的每批次(船次)沥青核验相关证明文件,记录存档备查,并按规范规定频率抽检沥青品质,杜绝不合格沥青使用。

(六)采购单位是订购、装运、库存阶段沥青质量的直接责任人。必须认真核验各阶段各种证明文件内容的真实性,存在疑义或不符时必须要求澄清、抽检,确保所供沥青数量、质量与订货合同相符,并将所有证明文件存档备查和报送建设管理单位一份。

第二章 订购管理

第六条 采购单位订货时,应当选择质量信誉好的沥青生产厂家或其授权代理机构,并根据进口沥青和国产沥青分类签订供货合同:

(一)进口沥青应当明确订购沥青的生产产地、生产厂家、规格标号、质量指标,要求生产厂家或其授权代理机构对每一船次沥青提供出厂质量检验合格证明和经第三方国际独立认证机构出具的认证报告。

(二)国产沥青应当明确订购沥青的生产产地、生产厂家、规格标号、质量指标,要求生产厂家或其授权代理机构对每一批次沥青提供出厂质量检验合格证明或经质量检测部门检验合格的质量证明。

第三章 装运管理

第七条 沥青由船舶装运时,进口沥青必须由第三方国际独立认证机构为每船次进行检验认证,并出具认证报告。认证报告内容包括:装船港口、船舶名称、储运仓号及容量、产品名称、生产产地及厂家、装船时间、装船数量及重量、沥青油温、抽样检测结果等。国产沥青必须由质量检测部门检验,并出具质量证明。船主方提交装船报告,装船报告内容包括:装船港口、船舶名称、储运仓号及容量、产品名称、生产产地及厂家、装船时间、装船数量及重量、沥青油温、卸船港口、货主名称等。

第八条 沥青由车辆装运时,国产沥青必须由生产厂家或其授权代理机构为每车次沥青油提供质量证明和出库证明,出库证明内容包括:油库名称、产品名称、生产产地及厂家、生产批次、规格标号、出库时间、出库数量、沥青油温、货主名称、运输车号等。装车完成后,油库方按与采购单位商定的方式对运输车辆的沥青出油口进行封口。

第九条 沥青发运后,采购单位应将沥青发运日期、数量、规格标号等及时通知到站的油库,以便提前做好接卸准备。

第四章 库存管理

第十条 沥青油库应建立完善的沥青储存质量保证制度,其设备及人员配备应满足沥青储存质量管理要求。沥青必须到海南省交通运输厅认可的油库储存。

第十一条 沥青到港卸货时,进口沥青必须由进出口商品检验机构出具商检证明;国产沥青必须由质量检测机构出具质检证明。船主方提交卸船报告,卸船报告内容包括:卸船港口、船舶名称、储运仓号及容量、产品名称、生产产地及厂家、卸船时间、卸船数量及重量、沥青油温、货主名称等。油库方提交入库证明,入库证明内容包括:卸船港口、船舶名称、产品名称、生产产地及厂家、油库名称、油库容量、储存罐中原有产品规格及数量、入库时间、入库数量及重量、沥青油温、货主名称等。

第十二条 沥青入库后,采购单位、供应单位和油库方应立即从储存罐中抽取样品,送至有资质的检测机构进行检测。

第十三条 沥青应按生产厂家、规格标号分别储存,严禁杂物和雨水浸入。

第十四条 有新批(船)次沥青需入库时,油库方应当告知原库存沥青货主,并提交新批(船)次沥青的生产厂家、规格标号等资料文件。

第十五条 沥青出库时,油库方必须为每车次沥青提供出库证明,出库证明内容包括:油库名称、产品名称、生产产地及厂家、规格标号、出库时间、出库数量、沥青油温、货主名称、运输车号等。装车完成后,油库方按与采购单位商定的方式对运输车辆的沥青出油口进行封口。

第十六条 沥青在装卸过程应当注意控制加热速度和温度,避免加热过快和温度过高影响沥青品质。

第五章　施　工　管　理

第十七条 施工现场(沥青混凝土搅拌站)接收沥青时,必须由监理单位、施工单位核验随车的沥青出库证明和查验运输车辆的沥青出油口封口情况,符合要求的方可接收,并记录存档,对不符合要求的有权拒收。

第十八条 监理单位必须对每车次沥青抽样两份封存,以备送样检测。

第十九条 施工单位应严格按相关施工规范施工、检测,记录每日沥青油施工部位(桩号)。

第二十条 监理单位应加强对沥青油的抽检,杜绝不合格油品使用,并对沥青混凝土配合比和实际用油量进行严密监控。省交通工程质量监督管理局应加强监督。

第六章　责　任　处　罚

第二十一条 任何单位和个人不得接收相关证明文件与实物不符的沥青,对不严格履行沥青监管职责、弄虚作假的单位和个人,海南省交通运输厅将采取通报批评、市场禁入等处罚措施。

第二十二条 对于抽检不合格的沥青,应立即封存待查;复检不合格的,该批(船)次油品不得在公路项目中使用;复检合格的,报业主、海南省交通工程质量监督管理局确认后解封使用。

第二十三条 对于因使用不合格沥青导致施工的路面工程须进行返工处理等责任事故的,海南省交通运输厅将追究有关单位及人员的责任。

第七章　附　　则

第二十四条　本办法自发布之日起施行。各单位可根据本办法制定具体实施细则。

选编四　海南省公路工程设计变更管理办法

第一章　总　　则

第一条　为加强公路工程建设管理，控制工程规模、标准、质量、工期和投资，规范和及时正确处理公路工程设计变更，保证工程的正常、顺利进行，根据《中华人民共和国公路法》《建设工程质量管理条例》《建设工程勘察设计管理条例》和交通运输部《公路工程设计变更管理办法》等法律、法规和规章的规定，结合我省公路建设实际情况，制定本办法。

第二条　对交通运输部批准初步设计及海南省交通运输厅批准初步设计或施工图设计的公路新建、改(扩)建工程的设计变更，应当执行本办法。

本办法所称设计变更，是指自公路工程初步设计(或一阶段施工图设计)批准之日起至通过竣工验收正式交付使用之日止，对已批准的初步设计文件、技术设计文件或施工图设计文件所进行的修改、完善等活动。

第三条　已批准初步设计(施工图设计)的公路工程项目在实施过程中，如遇以下原因可进行设计变更：

(一)设计文件中存在错、漏、碰、缺及设计明显不合理；勘察设计资料不详，设计图与自然条件(地质、水文、地形)不符。

(二)在不降低技术标准、使用功能和工程质量的前提下，便于推广应用新技术、新工艺、新材料、新设备，有利于保证或提高工程质量标准、提高功效、增进技术进步；或经对原设计进行优化，可达到减少工程量、节省投资(或节省工程成本)、节省占地；或方便施工、加快工程进度、缩短工期以及减少地质病害、改善施工条件、有利于环境保护。

(三)因农田、水利、工矿、铁路等设施和城镇、管网规划及环境、文物保护等要求，对局部路段工程需进行变更和完善。

(四)因国家标准、技术规范变化或上级主管部门及业主对工程建设提出新的工程技术要求。

(五)因不可抗力的原因，如工程地质灾害、国防等因素引起的变更。

(六)工程正式开工后直至项目竣工验收前，因社会经济发展、建设条件、建设环境等的需要或因当地政府要求确需进行的变更。

(七)由于不按设计文件、施工技术规范和有关规程施工，导致不良后果所引发的设计变更,属于施工补救措施,其增加费用由施工单位承担,但其设计变更的程序应按本办法执行。

第四条 设计变更按以下原则进行：

(一)设计变更要进行充分的经济、技术论证,应当符合国家现行有关法律、法规、工程强制性标准和技术规范的要求,符合工程质量安全和使用功能的要求,符合环境保护的要求。

(二)设计变更必须坚持高度负责的精神与严谨的科学态度,以优化和完善设计为前提,确保工程质量和安全,结合当地经济发展条件,因地制宜,达到提高设计质量、节约建设资金、符合设计规范和工程技术标准的建设管理目标。

第二章 设计变更分类

第五条 公路工程设计变更分为重大设计变更、较大设计变更和一般设计变更。

有下列情形之一的属于重大设计变更：

(一)连续长度为10km以上的路线方案调整的；

(二)特大桥的数量或结构形式发生变化的；

(三)特长隧道的数量或通风方案发生变化的；

(四)互通式立交的数量发生变化的；

(五)超过初步设计批准概算的。

有下列情形之一的属于较大设计变更：

(一)连续长度为2km以上的路线方案调整的；

(二)连接线的标准和规模发生变化的；

(三)连续长度为0.5km以上特殊不良地质路段处置方案发生变化的；

(四)路面结构类型、宽度和厚度发生变化的；

(五)大、中桥的数量或结构形式发生变化的；

(六)隧道的数量或方案发生变化的；

(七)互通式立交的位置或方案发生变化的；

(八)分离式立交的数量发生变化的；

(九)监控、通信系统总体方案发生变化的；

(十)管理、养护和服务设施的数量和规模发生变化的；

(十一)其他单项工程费用变化超过500万元的；

(十二)超过施工图设计批准预算的。

一般设计变更是指除重大设计变更和较大设计变更以外的其他设计变更。

第三章　设计变更审批

第六条　公路工程重大、较大设计变更实行审批制。

公路工程重大、较大设计变更属于对设计文件内容作重大修改,应当按照本办法规定的程序进行审批。未经审查批准的设计变更不得实施。经批准的设计变更,一般不得再次变更。

任何单位或者个人不得违反本办法规定擅自变更已经批准的公路工程初步设计、技术设计和施工图设计文件。不得肢解设计变更规避审批。

对需要进行紧急抢险的公路工程设计变更,项目法人可先进行紧急抢险处理,同时按照规定的程序办理变更审批手续,并附相关的影像资料说明紧急抢险的情形。

第七条　交通部批准初步设计的公路工程项目,重大设计变更由交通部负责审批,较大设计变更由海南省交通运输厅负责审批。海南省交通运输厅批准初步设计或施工图设计的公路工程项目,超过初步设计批准概算的,由原初步设计审批部门负责审批,其他重大设计变更和较大设计变更由省厅负责审批。

第八条　项目法人负责对一般设计变更进行审查,并应当加强对公路工程设计变更实施的管理。

第九条　公路工程勘察设计、施工及监理等单位可以向代建单位(如有)、项目法人提出公路工程设计变更的建议。代建单位(如有)、项目法人也可以直接提出公路工程设计变更的建议。设计变更的建议应当以书面形式提出,并应当注明变更理由。

第十条　项目法人对设计变更的建议及理由应当进行审查核实。必要时,项目法人可以组织勘察设计、施工、监理、代建(如有)等单位及有关专家到现场勘察,对设计变更建议进行经济、技术论证,以会议纪要的形式明确变更意向和方案,并作为申请或审批的材料。

第十一条　对一般设计变更建议,由项目法人根据审查核实情况或者论证结果决定是否开展设计变更的勘察设计工作。

对较大设计变更和重大设计变更建议,项目法人经审查论证确认后,向海南省交通运输厅提出公路工程设计变更申请,并提交以下材料:

(一)设计变更申请公文。包括拟进行设计变更的公路工程名称、公路工程的基本情况、原设计单位、设计变更的类别、变更的主要内容、变更的主要理由、设计变更申请的调查核实情况、合理性论证情况(要简述论证过程,并明确说明代建(如有)、设计、施工、监理等各方在论证中的意见)、设计变更增减费用情况、支出来源建议等;

(二)公路工程设计变更申请表(详见附件);

(三)影像资料及其他有效支撑性材料;

（四）海南省交通运输厅要求提交的其他相关材料。

海南省交通运输厅自受理完备的设计变更申请材料之日起15日内作出是否同意开展设计变更勘察设计工作的决定，并书面通知项目法人。需要组织专家评审的，所需时间不计算在上述期限内。

第十二条 设计变更的勘察设计应当由公路工程的原勘察设计单位承担。经原勘察设计单位书面同意，项目法人也可以选择其他具有相应资质的勘察设计单位承担。设计变更勘察设计单位应当及时完成勘察设计，形成设计变更文件，并对设计变更文件承担相应责任。

第十三条 设计变更文件编制完成后，项目法人应当组织对设计变更文件进行审查。

一般设计变更文件由项目法人审查确认后决定是否实施。项目法人应当在15日内完成审查确认工作。

重大及较大设计变更文件经项目法人审查确认后报海南省交通运输厅审查。其中：

（一）交通部批准初步设计的，重大设计变更文件由海南省交通运输厅审查后报交通部批准，较大设计变更文件由省厅批准，并报交通部备案；

（二）海南省交通运输厅批准初步设计或一阶段施工图设计的，重大及较大设计变更文件由省厅批准；

（三）海南省政府投资主管部门批准初步设计、海南省交通运输厅批准施工图设计的，超过初步设计批准概算的应报原初步设计审批部门批准调整概算，其他重大及较大设计变更文件由海南省交通运输厅批准，并报原初步设计审批部门备案，若设计变更与可行性研究报告批复内容不一致，应征得原可行性研究报告批复部门的同意。

第十四条 项目法人在报审设计变更文件时，应当提交以下材料：

（一）海南省交通运输厅批复设计变更申请的书面文件；

（二）设计变更说明；

（三）设计变更的勘察设计图纸及原设计相应图纸；

（四）工程量、投资变化对照清单和分项概、预算文件；

（五）影像资料及其他有效支撑性材料；

（六）海南省交通运输厅要求提交的其他相关材料。

第十五条 海南省交通运输厅审查审批设计变更文件应当在20个工作日内完成。无正当理由，超过审查审批时间未对设计变更文件的审查予以答复的，视为同意。需要组织专家评审的，所需时间不计算在上述期限内。

第四章　设计变更管理

第十六条　公路工程设计变更工程的施工原则上由原施工单位承担。原施工单位不具备承担设计变更工程的资质等级时,项目法人应根据招标投标相关规定另行选择施工单位。

第十七条　海南省交通运输厅审查批准公路工程设计变更文件时,工程费用依据现行公路造价规章和《公路工程基本建设项目概算预算编制办法》及配套定额等有关规定核定。

材料价格采用海南省交通工程造价机构公布的招标时期价格信息,前者未发布的材料可采用省建设工程造价机构公布同期的价格信息,对于以上机构均未公布的材料价格,由海南省交通运输厅委托海南省交通工程造价机构进行市场调查后确定。

重新招标确定施工单位的变更项目,材料价格采用海南省交通工程造价机构公布的最近一期价格信息,前者未发布的材料可采用海南省建设工程造价机构公布同期的价格信息;对于以上机构均未公布的材料价格,由海南省交通运输厅委托海南省交通工程造价机构进行市场调查后确定。

第十八条　由于公路工程设计变更发生的建筑安装工程费、勘察设计费和监理费等费用的变化,按照有关合同约定执行。

由于公路工程设计变更发生的工程建设单位管理费、征地拆迁费等费用的变化,按照国家有关规定和有关合同约定执行。

第十九条　按照本办法规定经过审查批准的公路工程设计变更,其费用变化纳入决算。未经批准的设计变更,其费用变化不得进入决算。

第二十条　项目法人应当建立公路工程设计变更管理台账,定期对设计变更情况进行汇总,并应当每半年将汇总情况报海南省交通运输厅备案。海南省交通运输厅可以对管理台账随时进行检查。

第五章　设计变更监督和责任

第二十一条　设计变更接受交通主管部门、审计、监察部门的监督。

第二十二条　由于公路工程勘察设计、施工、监理等有关单位的过失引起工程设计变更并造成损失的,有关单位应当承担相应的费用和相关责任。

(一)相关责任按以下要求予以追究:

视情节轻重,由海南省交通运输厅对有关单位予以通报批评或将其不良行为列入信用评价记录档案,甚至限制其在海南省公路建设市场中投标或承揽业务。

(二)相应费用可在合同中参照以下意见约定:

（1）因勘察设计过失引起的设计变更造成工程损失和投资增加超过项目合同金额10%的,将扣除勘察设计费质保金的50%,因勘察设计过失引起的设计变更造成工程损失和投资增加超过项目合同金额20%的,将扣除勘察设计费质保金的100%。

（2）施工单位因施工不当等原因引起的工程变更并造成损失的,变更工程勘察设计费、施工工程费由施工单位承担。

（3）因监理的错误指令引起的工程变更并造成损失的,应扣减部分监理费。

第二十三条 项目法人、设计变更审批部门违反本办法规定,不按照规定权限、条件和程序审查批准公路工程设计变更文件的,上级交通主管部门或者监察部门责令改正,造成严重后果的,对直接负责的主管人员和其他直接责任人员依法给予行政处分;构成犯罪的,依法追究刑事责任。

第二十四条 交通主管部门工作人员在设计变更审查批准过程中滥用职权、玩忽职守、谋取不正当利益的,由主管部门或者监察部门给予行政处分;构成犯罪的,依法追究刑事责任。

第二十五条 项目法人有以下行为之一的,交通主管部门责令改正;情节严重的,对全部或者部分使用国有资金的项目,暂停项目执行。构成犯罪的,依法追究刑事责任:

（一）不按照规定权限、条件和程序审查、报批公路工程设计变更文件的;

（二）将公路工程设计变更肢解规避审批的;

（三）未经审查批准或者审查不合格,擅自实施设计变更的。

第二十六条 施工单位不按照批准的设计变更文件施工的,交通主管部门责令改正;造成建设工程质量不符合规定的质量标准的,负责返工、修理,并赔偿因此造成的损失;情节严重的,责令停业整顿,降低信用等级,甚至提请主管部门降低资质等级或者吊销资质证书。

第六章 附 则

第二十七条 交通运输部批准初步设计及省厅批准初步设计或施工图设计以外的公路新建、改(扩)建工程的设计变更,可参照本办法执行。

第二十八条 项目法人应按照本办法规定制定公路工程设计变更管理实施细则,明确项目法人、代建(如有)、勘察设计、施工和监理等单位的责任以及变更办理流程、时间要求等,并作为与代建(如有)、勘察设计、施工和监理等单位签订合同的组成部分。

第二十九条 本办法自发布之日起施行。2011年10月实施的《海南省交通运输厅公路工程设计变更管理办法(试行)》同时废止。

第三十条 本办法由海南省交通运输厅负责解释。

选编五　海南省公路工程质量监督工作程序

为加强公路工程质量管理,保证公路工程质量,保护人民生命和财产安全,根据交通运输部《公路工程质量监督规定》(交通部 2005 年第 4 号),结合海南省公路工程建设情况,制定本工作程序。

海南省公路工程质量监督工作程序:公路工程建设项目从工程项目开工前办理监督登记手续至工程竣工验收前签发工作综合评价等级证书,为公路工程建设项目质量监督期。监督工作程序包括:

一、工程质量监督申办程序

(一)建设单位向海南省交通工程质量监督站(以下简称"质监站")或相应的交通工程质量监督部门(以下简称"质监部门")申请办理监督手续时应填写《公路工程质量监督申请书》,按照如下的质量监督申报程序办理:

1. 申报

(1)申报时间:建设单位或者项目法人在完成开工前各项准备工作之后,办理施工许可证之前 30 日内。

(2)报监单位需提交的文件资料:

①建设工程质量监督申请书。

工程概况一览表;

项目业主组织机构情况表;

监理单位人员情况表;

施工单位主要人员情况表。

②项目审批文件。

工程立项文件;

可行性研究批复文件;

设计文件审查批准书;

工程概预算批复文件;

主管部门下达的建设计划。

③有关合同及招标文件。

设计单位合同文件及设计代表授权委托书;

项目建设管理单位合同文件;

招标文件;

中标单位的投标文件；

监理单位合同文件；

施工单位合同文件；

项目建设管理单位监督承诺书。

④各从业单位及人员资质证明材料。

项目法人资质证明材料；

设计单位资质证明材料；

施工单位资质证明材料以及本项目施工人员相关证件复印件及原件；

监理单位资质证明材料以及本项目监理人员相关证件复印件及原件；

经批准的工地试验室核备文件。

⑤批准的施工设计图纸。

⑥其他相关资料。

2. 审查

质量监督部门在收到质量监督申请后，开始组织审查，审查包括资料的完整性和符合性两个方面。

完整性审查：主要审查资料是否按要求提供，是否齐全。

符合性审查：

(1)根据合同文件核查监理单位专业监理工程师以上人员、施工单位主要技术人员，监理人员的配备同时要符合监理规范的要求，即总监理工程师须具有交通部公路工程师资格，且其任职取得项目建设单位的同意；监理机构中监理人员的数量和结构应根据监理内容、工程规模、合同工期、工程条件和施工阶段等因素，按保证对工程实施有效监理的原则配置。

(2)监理人员和试验检测人员执业信息登记情况。

(3)实地抽查设备及人员资质情况。省重点工程建设项目的实验室核查须在规定时间内的审查阶段完成。

审查格式见附件1。

3. 告知

(1)质量监督机构自收到质量监督申请资料20日之内，对审查通过的交通建设项目，办理质量监督登记并出具质量监督通知书，对审查不通过的项目，书面通知申请人不予受理质量监督申请(通知书格式详见附件2)，完整返还申请资料。

(2)押证制度：通过监督申报审查的项目，监理单位专业监理工程师以上人员的证件原件须押在接受报监的监督机构处，直至其相应工作完成并取得业主同意后方予办理相应手续，退还证书。

未办理工程质量监督手续的,交通主管部门不予办理施工许可证,项目不得开工。

(二)质监部门收到《公路工程质量监督申请书》后,对建设单位提供的以上材料及文件进行核实。核实无误后填发《工程质量监督通知书》,并抄送参建单位。通知书的内容包含如下监督工作计划:

(1)监督依据:有关技术规范、验评标准及工程合同等;

(2)监督人员工作计划及主要职责;

(3)监督方式、方法、步骤时间安排;

(4)对建设、设计、施工、监理单位配合质量监督的要求。

二、建设过程监督工作程序

(一)开工阶段,对工程组织综合性检查,具体内容:

(1)对施工单位投标承诺的履约情况进行检查,包括对施工单位主要技术人员的数量及资质进行检查,对施工单位的施工组织计划、质检体系、安全体系进行检查,核实施工单位的机械设备、试验设备情况,以及工艺是否符合要求。

(2)对监理单位试验室设备情况,人员履约情况进行检查;

(3)对施工及监理开工初期准备的原材料及半成品试验情况进行检查。

(二)工程施工过程中对工程质量进行随机抽查或核验,包括下列方法:

(1)定期或不定期进行抽查。主要对各分部分项工程现场质量及原材料进行检查,并检查施工单位的自检体系、安全体系是否健全能否发挥控制质量作用。检查监理的工作程序、试验检测方法、数据处理、工作质量及人员资质是否符合各工序要求,并填写工程质量检查意见及通报,主送建设单位,抄送交通主管部门。对存在问题限期进行整改并要求建设单位书面报告质监部门关于工程整改情况,质监部门将在整改时间结束后,再次组织人员进行复查。

(2)对重要工序进行中间交工检查,包括对路基的路槽进行压实度和弯沉值检测,并核实施工单位的自检资料和监理签认的资料。桥梁工程主要对第一个隐蔽工程及梁体混凝土预应力张拉进行现场检查(要求业主单位预先通知)。

(3)在工程施工过程中,省质监站对每个项目每年至少组织一次专项检查。内容包括:路基、路面、桥梁、隧道、安全、试验检测等内容。具体如下:

①路基专项检查。路基土石方工程主要检查:取用土场和现场控制标准的一致性,填料的质量,压实设备及压实质量,路基宽度、边坡是否满足要求,路基外观是否有沉陷、开裂、不平整现象,路基临时排水是否满足要求等;排水、防护及大型挡墙工程主要检查砂浆、混凝土拌和料的质量、砌体工艺、砌体坚实牢固性、砌体的厚度、外观的平顺性及隐蔽工程的施工方法及控制程序,混凝土施工的质量,养护工艺以及外观控制情况。

②路面专项检查。主要包括:路面材料的配合比及各种材料的质量。拌和站控制情况,现场施工控制工艺,路面的内在质量及表现情况。

③桥梁检查。主要包括:检查各种材料试验控制情况,材料及半成品的堆放情况,主要工序的控制情况,如钢筋焊接、预应力张拉控制情况,隐蔽工程的控制方法及程序,混凝土施工工艺及养护措施,施工放样是否正确,支座是否存在脱空现象,钢筋是否存在露筋现象,混凝土表面是否有开裂、孔洞、蜂窝、麻面、漏浆等现象。

④安全检查。主要包括:施工单位是否建立安全控制体系及安全预案、设置专职安全员、专职安全员是否持有交通运输部或省级交通主管部门颁发的安全生产三类人员《安全生产考核合格证书》,是否进行过安全演练、购置安全保险,现场安全是否有保障措施及防水、防火、防爆、防电、防雷电、防盗及防高空坠落措施等。是否设置安全交通标志,以及必要的安全提醒。工程报价中是否包含安全生产费用,一般不得低于投标价的1%。且不得作为竞争性报价,不得挪用。

⑤试验检测主要是抽查各种材料是否符合要求,工地试验情况抽检频率以及对数据准确性复核。

⑥隧道工程。主要抽测隧道安全保证体系情况、隧道开挖、锚固支护情况,材料及半成品加工,明洞施工及混凝土衬砌施工质量。防水情况,隧道尺寸的施工情况。

⑦在每一次检查时,均须把上次检查存在的问题的整改落实情况作为检查重点。

(4)在工程施工过程中,质监部门还负责对工程质量投诉进行现场检查核实,并形成投诉调查报告,第一时间向交通主管部门汇报。

三、竣(交)工阶段监督工作

(一)工程交工验收完成后,根据建设单位提交的工程交工验收前质量检测的申请,工程满足以下条件后质监部门对工程进行交工前的质量检测:

(1)合同约定的工程各项内容已完成;

(2)施工单位按交通部制定的《公路工程质量检验评定标准》及相关规定的要求对工程质量自检合格;

(3)监理工程师对工程质量的评定合格;

(4)竣工文件已按交通部规定的内容编制完成;

(5)施工单位、监理单位已完成本合同段的工作总结。

质监部门在对上述材料检查无误后,质监部门组织技术人员及相关检测单位进行交工前质量检测。按照交通运输部规定的质量鉴定的内容(工程实体、外观及内业资料)及抽查频率进行检查检测并出具质量检测意见,主送建设单位。质量检测意见中存在问题整改完毕后建设单位书面报告质监部门。经质监部门核实整改合格后,质监部门15天内向交通主管部门备案交工前质量检测报告。

(二)竣工验收。根据建设单位提交的工程竣工验收前质量检测的申请,工程满足下列条件后质监部门组织相关单位进行竣工验收前质量鉴定。

(1)通车试运营2年后;

(2)交工验收提出的工程质量缺陷等遗留问题已处理完毕,并经项目法人验收合格;

(3)竣工文件已按交通运输部规定的内容完成各自的工作报告。质监部门根据交工时检测的指标和竣工验收前复测指标及工程外观和内业资料评定工程得分签认质量等级。大于或等于90分为优良工程,大于或等于75分而又小于90分时为合格工程,小于75分为不合格工程。竣工验收阶段质监部门向交通主管部门和建设单位提交建设项目工程质量鉴定报告。最后质监部门根据竣工验收结论,按照交通运输部规定的格式对各参建单位签发工作综合评价等级证书。

四、监督程序流程图

(一)申办手续

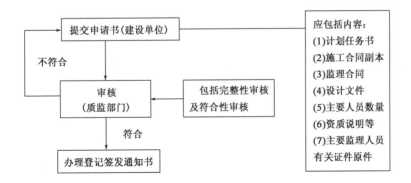

(二)过程监督流程图

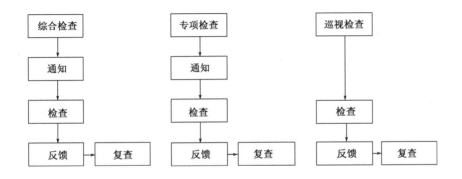

(三)竣(交)工阶段监督工作流程图

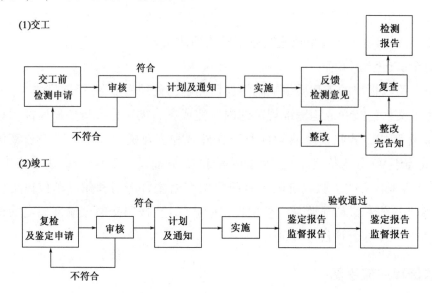

附件1：质量监督申请资料审查意见表

序号	项	目	份数	审查意见	审查人
1	质量监督申请书	工程概况一览表			
2		项目业主组织机构情况表			
3		监理单位人员情况表			
4		施工单位人员情况表			
5	项目审批文件	预可批复文件			
6		工可批复文件			
7		初步设计批复文件			
8		施工图设计批复文件			
9		施工图设计审查文件			
10		工程实体进度计划及资金投放计划			
11	有关合同文件及招投标文件	设计单位合同文件及设计代表授权委托书			
12		项目建设单位合同文件			
13		招标文件			
14		中标单位的投标文件			
15		监理合同			
16		监理工作计划			
17		施工承包合同			
18		项目管理单位监督承诺书			

序号	项	目	份数	审查意见	审查人
19	从业单位及人员资质证明材料	项目法人资质证明材料			
20		设计单位资质证明材料			
21		施工单位资质证明材料			
22		施工单位主要人员资格证书			
23		监理单位资质证明材料			
24		主要监理人员资格证书			
25		经批准的工地试验室核备文件			
26	批准的施工设计文件图纸				
27	其他相关资料				
审查意见	负责人(签字)：				

附件2：质量监督申请不予受理通知书

_____：

　　你单位　年　月　日报送的《项目质量监督申请书》收悉；经审查，该申请书项不符合《海南省交通建设工程质量监督申报程序办法》的规定(详见项目质量监督申请资料审查意见表)，暂不予受理。

　　　　　　　　　　　　　　　　　　　　　　　　(质量监督机构)
　　　　　　　　　　　　　　　　　　　　　　　　　年　月　日

附件3：海南省交通建设项目工程质量安全承诺书

海南省交通工程质量监督站：

　　是我单位为项目法人的交通建设项目，现该项目正式向您站提出工程质量、安全监督申请，为确保工程建设的质量和安全，在工程建设的监督期内，我们愿意做出以下承诺：

　　(一)严格按照交通运输部和海南省关于交通建设项目的法律、法规和各项规定来管理工程项目，全面履行业主的职责。

　　(二)对于我们管理中有在的不足，监督部门发现指出后，我们将严格按照监督部门的意见整改。

　　(三)我们将积极配合监督部门对工程质量和安全缺陷进行监督，对监督部门发现缺陷及从业单位和人员存在的不足,我们将采取措施积极改正,并采用经济手段对存在不足的从业单位和责任人员进行相应的处罚。

(四)对于本项目与工程竣(交)工验收有关的质量检测工作,我们将主动配合监督部门进行检测。

(五)我单位违反以上承诺时,愿意接受监督部门的处罚,包括监督部门拒绝对我单位所管理的项目不进行工程质量等级鉴定和拒绝出具相关监督报告的惩罚。

以上为我单位就交通建设项目所提出的承诺。

承诺单位:(公章)
年 月 日

第八节 海南高速公路管理养护制度选编

选编一 高速公路养护管理中心交通量观测规定

公路交通量观测是为公路建设总体布局与规划、公路建设可行性研究、旧路技术改造、公路工程设计、制订养护计划及交通管理措施等提供重要的基础数据,是公路养护技术管理的重要内容之一。

第一条 各管理站必须高度重视此项工作,确保观测数据的准确性。

第二条 制定本规定的依据:

根据现行《公路养护技术规范》和《公路养护与管理手册》,结合实际情况,制定本规定。

第三条 交通量观测的范围

凡列入中心管养范围的路段,都要进行交通量观测。

观测时间:

(1)国、省、县道每月观测1次,每个观测日连续观测24小时,观测时间一般定为观测日7:00时起至次日7:00时止,观测时间为每月的15日。

(2)国、省道不观测畜力车、人力车、自行车,县道全部观测。

(3)观测若遇上集会或一般的风雨天气,仍应照常进行,但应在附注栏内说明。遇暴风雨等特殊气候,应改期观测。改期不应超过3日,3日内仍无法补测者,可取本次观测。由于公路施工等原因中断交通,短期内不能恢复通车的路段,可停止观测,直到恢复通车后再继续观测,但应在附注栏内说明。为不减少观测资料的偶然性,观测日若遇节假日,则顺延至第一个工作日。

第四条 调查区间的确定

调查区间的确定根据路段交通量大小及公路里程控制。凡交通量无显著变化,道路条件基本相仿的路段可划为一个区间,每条线路的区间划分是连续的。

第五条 观测点的设置

观测点应设在调查区间范围内能代表所在路段交通量的地点,每个调查区间只设一个观测点。观测点应选择在视线开阔、具备观测条件的地点,并应离开市区适当距离,以避免城市交通量的影响。国、省道观测点的位置由省局确定。观测点位置一经确定,不得随意变更。

第六条 车辆分类及其换算系数

我国公路交通以中型载重汽车(解放 MOB 型)为标准车,其他类型的车辆按规定(见附表)换算成标准车的交通量。

第七条 管理站对取得的原始观测资料,应及时进行整理,报给中心,最后由养护科统计员对出现的异常数据,进行简要分析说明,然后在每月 31 号前汇总上报海南省公路管理局。

第八条 本制度由海南省高速公路养护管理中心负责解释。

第九条 本制度自颁发之日起执行。

附件:交通量观测站点位置情况表

线路编号	线路名称	观测站点桩号	观测站点名称/观测管理站
G98	环岛高速公路	K243+551	三亚绕城观测站/三亚绕城管理站
G98	环岛高速公路	K287+305	崖城观测站/崖城管理站
G98	环岛高速公路	K315+718	九所观测站/乐东管理站
G98	环岛高速公路	K401+738	八所观测站/东方管理站
G98	环岛高速公路	K439+336	大坡观测站/昌江管理站
G98	环岛高速公路	K508+038	洋浦观测站/儋州管理站
G98	环岛高速公路	K563+148	福山观测站/临高管理站
G98	环岛高速公路	K600+804	海口绕城观测站/海口绕城管理站
S111	海口连接线	K3+236	海文连接线观测站/海文管理站
G9812	海文高速公路	K19+447	三江观测站/海文管理站
S82	机场连接线	K7+802	机场联络线观测站/海口绕城管理站
G9811	海口—三亚	K16+083	永兴观测站/永兴管理站
G9811	海口—三亚	K53+800	文儒观测站/红岗管理站
G9811	海口—三亚	K90+995	枫木观测站/红岗管理站

选编二　海南高速公路桥梁管理工作制度

第一章　总　则

公路交通量观测是为公路建设总体布局与规划、公路建设可行性研究、旧路技术改造、公路工程设计、制订养护计划及交通管理措施等提供重要的基础数据,是公路养护技术管理的重要内容之一。

第一条　为加强和规范公路桥梁养护管理工作,保证公路畅通和桥梁运行安全,依据交通部颁发的《公路桥梁养护管理工作制度》《公路桥涵养护规范》,结合中心桥梁管理工作实际,特制定本制度。

第二条　本制度适用于高速公路的桥梁养护管理工作。

第三条　桥梁养护管理应贯彻"预防为主,安全至上"的工作方针,努力提高桥梁结构的耐久性和安全性。

第四条　高速公路养护管理中心应高度重视桥梁养护管理工作,严格执行桥梁养护管理的各项规章制度,采取科学有效的管理手段和技术措施,对所管辖的公路桥梁及时组织实施检查、检测和养护维修,确保公路畅通和桥梁安全。

第五条　桥梁养护管理的技术工作实行桥梁养护工程师制度。

桥梁养护工程师和有关技术人员应按照《公路桥涵养护规范》的要求和规定,及时、全面掌握桥梁技术状况,保障桥梁安全运行。

第六条　公路桥梁养护管理实行"统一领导,分级管理"。

海南省公路管理局统一领导,海南高速公路养护管理中心负责所管辖桥梁养护管理及实施工作。

第七条　海南省公路管理局作为主管单位,应安排专项经费用于桥梁养护管理工作,保证桥梁安全运营。

第二章　管理责任划分

第八条　按照"事权一致、责任清晰"的原则,管理站是桥梁养护单位,高速公路养护管理中心是桥梁管理单位,海南省公路管理局是桥梁监管单位,并合理确定各自的工作职责。

第九条　公路桥梁养护管理的管养单位是指具体承担公路桥梁养护管理任务的有关公路管理机构、专门的桥梁养护管理单位。

第十条　公路桥梁养护管理监管单位是指依照有关规定,主管桥梁养护管理工作的交通主管部门及受其委托承担监管职责的公路管理机构。

第十一条　公路桥梁管养单位疏于养护管理,不按相关规定准确掌握桥梁技术状况,或未及时采取相关措施,而导致的桥梁安全事故,由管养单位承担主要责任,监管单位承担监管责任。

负责公路桥梁养护经费的投资决策单位未根据桥梁技术状况和管养要求安排相应投资而造成的桥梁安全事故,由投资决策单位和具体管养单位共同承担主要责任,监管单位承担监管责任。

省级交通主管部门应结合本地实际,制订桥梁安全事故责任追究制度。

第十二条 公路桥梁管养单位和监管单位必须明确负责桥梁养护管理工作的分管领导和具体技术人员,保证桥梁养护管理的各项职责得以贯彻落实。

第三章 桥梁养护工程师制度

第十三条 中心设置专职的桥梁养护工程师,并保持其人员的相对稳定。

第十四条 中心(管理单位)的桥梁养护工程师履行以下主要职责:

(一)主持桥梁的经常检查与评定,负责组织桥梁的定期检查与评定。并根据检查结果编制并上报养护维修建议计划,提出须进行特殊检查的桥梁的申请报告,组织编制桥梁养护、维修、改建方案和对策措施。

(二)主持桥梁的小修保养和抗灾抢险工作,考核桥梁养护质量,并及时上报辖区的桥梁受自然灾害和其他因素损坏的情况。组织实施超重车辆通过的有关技术工作。

(三)监督、组织桥梁养护大、中修和改建工程;组织并参与桥梁大、中修和改建工程的中间检查和交(竣)工验收。

(四)负责所管辖桥梁技术档案的补充、完善和保密工作,定期对辖区内桥梁技术状况进行综合评价与分析;负责桥梁管理系统的数据更新、系统维护、系统运行以及桥梁养护报告编写等工作。

第十五条 海南省公路管理局(监管单位)的桥梁养护工程师履行以下主要职责:

(一)负责辖区内桥梁养护管理的技术工作,监督检查管养单位桥梁养护工程师职责履行情况。

(二)组织制定辖区内桥梁养护管理工作计划,并监督实施。

(三)按规定负责复核四、五类技术状况桥梁的评定工作。

(四)参与制定重要桥梁的大、中修和改建工程技术方案和对策措施,并组织审验其科学合理性。

(五)组织辖区内桥梁养护工程师及有关技术人员的技术业务培训。

第十六条 公路桥梁管养单位的桥梁养护工程师应具有3年以上从事桥梁养护管理工作经历,具有工程师及以上技术职称。

桥梁养护管理监管单位的桥梁养护工程师应具有5年以上从事桥梁养护管理的工作

经历,具有高级工程师及以上技术职称。

桥梁养护工程师的具体资格条件由省级交通主管部门制订。

桥梁养护工程师实行定期培训考核制度。

第十七条 省级交通主管部门应定期对持证桥梁养护工程师进行技术培训,并核发上岗证。桥梁养护管理技术人员经培训并参加考核合格后,才可持证上岗。

第四章 桥梁检查与评定

第十八条 桥梁检查分为经常检查、定期检查和特殊检查。

经常检查主要对桥面设施、上部结构、下部结构和附属构造物的技术状况进行日常巡视检查。

定期检查是指按照规定周期,对桥梁主体结构及其附属构造物的技术状况进行定期跟踪的全面检查,评定桥梁技术状况等级。

特殊检查指在特定情况下对桥梁技术状况进行鉴定,以查清桥梁的病害成因、破损程度、承载能力或抗灾能力等。

经常检查和定期检查应符合《公路桥涵养护规范》的规定。

第十九条 经常检查主要以目测方式配合简单工具进行,检查周期为每月不少于一次,汛期应增加检查频率。对经常检查中发现重要部(构)件明显达到三、四、五类技术状况的桥梁,应立即安排定期检查。

经常检查过程中应填写"桥梁经常检查记录表",现场登记所检查的项目和缺损类型,估计缺损范围和养护工程量,提出相应的小修保养措施,为编制小修保养计划提供依据。

检查结束后要及时更新桥梁养护管理系统数据。

第二十条 桥梁定期检查主要以目测结合仪器检查方式进行。其检查周期一般不低于每三年一次,特殊结构桥梁应每年一次。

第二十一条 特殊检查应委托有相应资质和能力的单位实施。

特殊检查应采用仪器设备,通过检测或试验的方法,并结合理论分析,对桥梁的缺损状况、病害成因、承载能力或抗灾能力作出科学明确的判定。并根据检测结果提出针对性的维修处治措施建议。

桥梁的特殊检查评定应符合有关标准和技术规范的要求。

第二十二条 依据检查结果,桥梁技术状况等级评定分为一至五类。

一类桥:技术状况处于完好或良好状态,仅需对桥梁进行保养维护。

二类桥:技术状况处于良好或较好状态,仅需对桥梁进行小修或保养。

三类桥:技术状况处于较差状态,个别重要构件有轻微缺损或部分次要构件有较严重缺损,但桥梁尚能维持正常使用功能。

四类桥:技术状况处于差的状态,部分重要构件有较严重缺损或部分次要构件有严重缺损,桥梁正常使用功能明显降低,桥梁承载能力降低但尚未直接危及桥梁安全。

五类桥:技术状况处于危险状态,部分重要构件出现严重缺损,桥梁承载能力明显降低并直接危及桥梁安全。

第二十三条 公路桥梁技术状况由桥梁管理单位负责组织评定为四类和五类的桥梁按以下规定进行复核。复核期间,养护单位应采取应急保障措施,保证桥梁运营安全。

技术状况为四类的中、小桥梁以及结构较简单、病害清楚的大桥,由上级公路管理机构的桥梁养护工程师负责组织复核。

技术状况为四类的特大桥、结构或病害较复杂的大桥,以及技术状况为五类的桥梁,由上级公路管理机构桥梁工程师提出初步复核意见后报省级公路管理机构,由省级公路管理机构的桥梁养护工程师负责组织提出最终复核意见。

第二十四条 特大桥、特殊结构桥梁和单孔跨径60m及以上大桥的检测评定工作应符合以下规定:

(一)在桥梁上下部结构的必要部位埋设永久性位移观测点,并定期进行观测,一、二类桥每三年至少一次,三类桥每年至少一次,四、五类桥每季度至少一次,特殊情况时应加大观测密度。

(二)应安排专项经费委托有资质的单位进行定期的特殊检查。一、二类桥每五年至少一次,三类桥每三年至少一次,四、五类桥应立即安排进行特殊检测。

(三)对特别重要的特大桥,应建立符合自身特点的养护管理系统和健康监测系统。

第五章 桥梁养护工程管理

第二十五条 桥梁养护工程分为小修保养、中修、大修、改建。

对技术状况为一、二类的桥梁应加强小修保养,防止出现明显病害。对技术状况为三类的桥梁应及时进行中修,防止病害加快扩展,影响桥梁安全运营。

对技术状况为四类和五类的桥梁,应及时采取管理措施,保证安全。并依据桥梁特殊检查结果和技术论证分析,安排大修或改建。省级交通主管部门应制定有关安全管理规定,明确警示标志的设置位置、形式、数量,以及应采取的管理措施等。

对荷载等级、宽度、抗灾能力、安全防护标准等技术指标低于所在公路技术标准的桥梁,应有计划地进行技术改造。

第二十六条 桥梁小修保养、中修工程由管养单位组织实施,大修、改建工程由管理单位组织实施。

第二十七条 大修、改建工程应通过竞争方式选择施工单位,并视工程具体情况推行招标投标制度。

情况特殊不进行招标投标的项目,应对被委托人的资质、业绩和信誉等有关情况进行审查。

第二十八条 省级交通主管部门应当结合本辖区桥梁养护工作实际情况,制定和完善桥梁养护工程市场管理的规章制度,并对从业单位及人员实行信用管理,加强桥梁检测、加固设计、施工、监理等的市场管理工作,逐步构建统一公开、竞争有序的桥梁养护工程市场。

第二十九条 桥梁大修、中修、改建工程完工后,应按照相关规定进行验收。工程实施后的桥梁技术状况必须恢复至一、二类。

第三十条 各级交通主管部门应采取有效措施,加强桥梁养护工程的施工管理。

对需要封闭交通或长时间占用行车道施工的桥梁养护工程,除紧急情况外应在项目开工前15天,发布相关信息。国道上的断交施工信息应及时按规定报交通部备案。

第三十一条 桥梁养护工程施工单位应按照相关规定,合理布设施工作业区,设置标志和安全防护设施,保证施工车辆、人员和过往车辆的安全,必要时还应协助有关部门做好交通疏导工作。

第六章 技术档案管理

第三十二条 桥梁管养单位和监管单位应建立健全公路桥梁技术档案管理制度,大力推广应用公路桥梁管理系统,及时更新桥梁技术数据,保证公路桥梁技术档案真实完整,实现电子化管理。

特别重要的特大型桥梁应建立符合自身特点的电子档案管理系统和养护管理系统。

第三十三条 公路桥梁技术档案应包括桥梁基础资料、管理资料、检查资料、养护维修资料、特殊情况资料等。

第三十四条 桥梁基础资料包括以下内容:

(一)桥梁设计施工图及竣工图,结构计算分析报告。

(二)施工过程中的试验检测及科研资料。

(三)工程事故处理资料。

(四)施工全过程的结构位移或变形测试资料。

(五)观测或监测点(部件)资料。

(六)交(竣)工验收资料。

对新建桥梁,接养单位应参与交(竣)工验收。桥梁建设单位应向接养单位移交桥梁基础资料,并协同做好接养工作。

第三十五条 桥梁管理资料包括桥梁管养单位、监管单位,及其分管领导、桥梁养护工程师等的基本资料。

管理资料中对桥梁养护工程师除应归档个人基本资料外,还应归档其业务考核情况和年度主要工作情况。

第三十六条 桥梁检查资料包括桥梁经常检查、定期检查结果、养护对策建议、特殊检查建议报告、养护建议计划等技术资料,以及检查的时间、实施人员等基本资料。

特殊检查还应包括检测(试验)方案、检测(试验)报告、照片及多媒体材料,检测(试验)方的资质证书(复印件)、业绩证明(复印件)以及主要检测人员的资格证书(复印件)等。

第三十七条 桥梁养护维修资料应包括以下内容:

(一)小修保养工程的实施技术资料和养护质量评定结果,以及工程实施的时间、组织实施人员等。

(二)桥梁的中修、大修、改建工程的设计图纸、竣工图纸、施工资料、监理资料、监控(监测)资料、质量事故处理报告、交(竣)工验收等技术资料,以及设计、施工、监理和监控(监测)等各方的资质证书(复印件)、业绩证明(复印件)及其主要检测人员的资格证书(复印件)等。

第三十八条 桥梁特殊情况资料主要包括地质灾害、气象灾害、超限运输等特殊事件的具体情况、损害程度、处治方案等。

第三十九条 基本资料缺失的桥梁,应根据历年检查、养护资料,逐步建立和完善其技术档案。必要时,可专门安排有针对性的检测、试验或特殊检查,补充、完善桥梁技术资料。

第四十条 收费公路经营管理单位应根据省级交通主管部门的规定,及时向有关交通主管部门或公路管理机构提供桥梁技术档案。

第七章 应急处置管理

第四十一条 桥梁突发事件的处置工作应在各级政府的统一领导下,由各级交通主管部门具体负责,实行条块结合、以块为主。

第四十二条 省级交通主管部门应制定以预防和处置桥梁坍塌事故为重点的突发事件应急预案,明确信息上报、分级响应、交通保障与恢复、事故调查等工作的职责和程序。

具体的桥梁养护管理单位应单独制定针对重要和特大型桥梁的应急预案。对技术状况为四、五类的桥梁,以及超过使用年限的危旧桥梁,除采取相应的管理措施外,还应分别制定应急交通组织方案,确保一旦发生事故,交通组织工作井然有序。

第四十三条 接获公路桥梁突发信息后,桥梁管养单位应立即向上级主管部门报告并启动应急预案,及时、有效地进行处置工作。应急处置过程中,要按相关规定向上级主管部门续报有关情况。

第四十四条 发生以下突发事件,桥梁管养单位和省级交通主管部门应在接获有关信息后立即上报交通运输部：

(一)桥梁损毁中断交通的。

(二)大型、特大型桥梁出现严重病害危及桥梁安全的。

(三)车辆或船舶与桥梁设施相撞,造成严重后果的。

第四十五条 地方各级交通主管部门、公路管理机构、公路桥梁养护管理单位要按照职责分工和相关预案切实做好应对桥梁突发事件的人员、物资、资金保障工作,确保应急工作正常有序进行。

第八章 监督检查

第四十六条 各级交通主管部门、公路管理机构应依据有关法律法规的规定,对辖区内公路桥梁的养护管理工作进行监督检查。

桥梁管养单位、监管单位应自觉接受有关交通主管部门和公路管理机构依法实施的监督检查。不得以任何理由推诿、拒绝。

第四十七条 各级交通主管部门、公路管理机构对公路桥梁养护管理工作实施监督检查时,应当深入桥梁养护管理工作现场,并采取必要的技术检测手段,不得流于形式。监督检查应包括以下主要内容：

(一)各项规章、制度和技术规范的执行情况。

(二)人员、经费的落实情况。

(三)桥梁检查、评定工作的开展情况。

(四)养护计划执行和养护工程管理情况。

(五)桥梁技术档案和管理信息系统的建设维护情况。

(六)各项应急预案的制定和执行情况。

(七)省级交通主管部门规定的其他监督检查项目。

第四十八条 各级交通主管部门和公路管理机构在监督检查过程中,对发现的问题,应当责令有关单位立即改正。监督检查结束后,应向有关单位反馈书面意见。

对桥梁养护管理工作薄弱、技术状况评定不规范、安全隐患突出的单位,应给予通报批评。造成严重后果的,应按规定追究有关人员的责任。

第九章 附 则

第四十九条 本制度由海南省高速公路养护管理中心负责解释。

第五十条 本制度自发布之日起实施。

选编三　海南省交通运输厅公路水毁工程管理暂行办法

（2017年8月3日）

第一章　总　　则

第一条　为加强海南省公路水毁工程管理,规范建设项目从业单位和人员的行为,提高公路水毁工程项目的质量,加快抢通和修复进度,确保公路安全畅通,依据交通运输部《公路养护工程管理办法》等有关法律、法规及技术标准,结合我省实际情况,特制定本办法。

第二条　本办法适用于海南省省养公路水毁工程,地养公路水毁工程可参照执行。

第三条　公路水毁工程,是指对由于暴雨、洪水等灾害破坏的公路及其附属设施,采取抢险施工抢通和修复并完善相应设施相结合的工程。

其他不可抗拒的风、沙、地震等灾害破坏的公路及其附属设施损毁工程可参照执行。

第四条　公路水毁工程属于抢险保通和限时修复类的,可不进行招标,原则上需委托具有相应资质的设计单位进行设计,组织具有相应资质的监理单位进行监理和具有相应资质的养护或施工单位及时修复,创造良好的道路安全通行条件。

第五条　公路水毁工程管理工作应坚持"统一指挥、协调配合,反应迅速、处置有力"的基本原则,实行分级管理,开展公路水毁工程管理工作。

第六条　海南省交通运输厅主要职责是：

（一）对公路水毁工程指导和管理。

（二）筹措和统筹安排公路水毁工程资金。

（三）负责工程施工图和预算的批复。

（四）负责资金的拨付、监督与审计。

第七条　海南省公路管理局主要职责是：

（一）负责海南省养公路水毁工程管理工作。

（1）组织有关专家赴现场勘察,确定抢修方案；组织专家审查设计文件。

（2）指导和督促公路水毁工程的实施,建立质量、进度、安全等方面管理制度；对公路水毁工程参建单位备选库的管理；考核参建的施工、监理单位。

（3）负责水毁工程施工图设计与预算等相关资料和信息的收集统计、汇总与上报。

（4）按海南省交通运输厅资金安排计划,根据工程进度及时核拨工程资金。

（5）监督检查公路水毁资金的使用情况。

（6）及时向海南省交通运输厅申请水毁预留资金,并加强对水毁资金的使用管理。

(二)负责地养公路水毁工程的行业指导工作。

第八条 市县公路局(分局)和高速公路股份有限公司(以下简称"公路养护单位")主要职责是:

(一)单位法人代表对本单位管养的公路水毁工程负总责,分管领导具体负责。

(二)负责本单位管养公路水毁工程实施的具体组织工作。做好现场组织协调和管理,包括安全、质量、进度和费用的管理,确保水毁工程工作组织到位、管理到位、责任到位。

(三)委托具有相应资质的设计单位进行工程项目的设计。按照相关规定及程序确定具有相应资质的施工单位和具有相应资质的监理单位。

(四)负责组织施工单位进行工程抢修以及监理单位进行监理工作,并监督各单位履行好各自职责,确保工程抢修保质保量完成。明确施工单位对公路水毁工程的施工质量负责,监理单位代表建设单位对施工质量实施监理,并对施工质量承担监理责任。

(五)严格按照工程计量支付办法申请和拨付工程进度款,及时办理工程价款结算,组织(或协助)做好交(竣)工验收工作。

(六)负责建立和健全水毁工程各项内控管理和工程量计量制度。

第二章 公路水毁处置预案

第九条 公路养护单位在加强全面养护的同时,对所辖路线的路基、路面、防护工程、排水设施和桥涵等要按规定进行经常维修保养,保障公路畅通。

第十条 公路养护单位应及时进行预防水毁的全面检查,对公路排水系统做好清淤疏通工作,重点加强桥涵、隧道和沿线地质灾害等隐患点的排查和监控,加强对临江、沿河、傍山和高路堤、高边坡、特殊土质等水毁易发路段及道班房等公路附属设施的检查。

及时做好隐患排查治理工作,查出的隐患应有针对性的处治消除,做到早发现,早处治。公路养护单位应将隐患排查治理情况上报海南省公路管理局,海南省公路管理局组织抽查工作。

第十一条 公路养护单位应当加强公路水毁的灾前调查和分析,针对易受洪水侵袭和可能发生水毁、地质灾害等隐患较大路段,制定灾害防治工程建议计划,并逐级上报,计划下达后严格按照国家基本建设程序和相关技术规范组织实施。

第十二条 公路养护单位要结合防汛抢险经验教训,制订和完善各项应急预案,保证抗灾救灾工作的安全处置、统一指挥、统筹安排。

第十三条 公路养护单位要健全组织机构,培训抢险队伍,强化抢险人员责任,落实机械设备和储备物资,增强部门之间的联系,一旦发生灾情,要按规范设置交通安全标志,及时抢通或启用备选线路,确保抗灾和救灾工作行动迅速、减少损失,尽快恢复交通,提高突发事件处置能力。

第十四条 抢险物资存储应布局合理并登记在册,抢险机械必须提前做好维修保养,保持性能完好。对重要工程和水毁多发路段,应预先储备充足的抢修材料、机械设备和交通标志标牌等。

第十五条 雨季和台风之前,公路养护单位应密切关注天气、水情的变化情况,并根据各级防汛抗灾部门和上级主管部门发布的讯息,视情况启动应急预案,并提前发布通知或发布通(警)告,及时做好相关准备工作。

第十六条 公路养护单位在雨季和台风期间要加强公路巡查工作,搜集与公路交叉或沿溪线河流、沟壑的最高水位情况,以及过水路段、泄洪能力不足的桥涵、易滑坡等危险路段、公路上游水库情况等,掌握公路的基本状况。

第十七条 建立健全水毁值班制度,强化雨季和台风期间昼夜值班工作,收集管养公路的通阻与水毁情况,及时报告,突出水毁信息和图像资料的时效性和真实性。

第十八条 公路养护单位负责制定本单位管养的公路水毁阻车紧急处置预案,对易发水毁阻车路段要预先制定绕行路线方案,一旦发生重大水毁阻车难于及时抢通的,要立即启动水毁阻车应急预案。水毁阻车应急情况应报海南省公路管理局防汛抢险办公室。

第三章 公路水毁工程实施

第十九条 公路水毁工程的抢险施工,原则上由公路养护单位在相应资质范围内承担。对时间紧迫、抢险难度大、技术装备要求高且公路养护单位无能力或无资质实施的应急处治施工,应由公路养护单位组织施工单位实施。

第二十条 公路水毁工程参建单位的选择:

(一)对于施工单项合同估算价在200万元以下的公路水毁工程,由公路养护单位通过领导班子党政联席会议形式,从至少三家以上具有相应资质的施工单位和监理单位中比选确定参建单位并签订合同。

(二)对于施工单项合同估算价在200万元以上的公路水毁工程,按如下办法选择参建单位:

(1)海南省公路管理局每年通过公开招标方式择优选取若干家有相应资质的施工单位和监理单位作为公路水毁工程参建单位备选库。

(2)对于造成交通中断或存在严重安全隐患,在灾情发生后于预定时间内急需抢险保通和限时修复的公路水毁工程,可采取随机抽取方式,从公路水毁工程参建单位备选库中选择施工单位和监理单位。

急需抢险保通和限时修复的公路水毁工程主要包括(水毁发生后):①路基工程:挖方、填方预定15天内抢通保通的;排水、防护与加固工程预定2个月内抢通保通的。②路面工程预定 2.5 个月内抢通保通的；③桥梁涵洞工程：涵洞、小桥工程预定 3 个月内抢通保通的；中桥、大桥工程预定 8 个月内抢通保通的。

（3）发生公路水毁情况时，海南省公路管理局应将各公路养护单位公路水毁情况通知备选库中的参建单位，有意参建的单位在规定时间内将相关申请资料报送给相应公路养护单位，由公路养护单位向海南省公路管理局申请从公路水毁工程参建单位备选库中随机抽取参建单位并签订合同。

（4）对急需抢险保通和限时修复的公路水毁工程，如因参建单位自身原因，未在预定的时间内完成的，将参建单位清除出公路水毁工程参建单位备选库，并按合同条款进行违约处罚。

（5）其他不列属急需抢险保通和限时修复的公路水毁工程按国家招投标法相关规定选择参建单位。

（6）在随机抽取参建单位的整个过程中，由海南省公路管理局纪检部门负责监督，并由公证机关进行公证。

第二十一条 公路水毁抢险的组织：

水毁事件发生后，公路养护单位要组织人员按规范设置安全标志，在最短时间内，对受灾受毁的公路进行排险抢修，尽快恢复正常使用。

（一）本着"安全第一，先干线后支线，先抢通后修复"的原则，对被毁公路及其附属设施采取应急措施，维持安全通车，抓住重点及时组织抢通并尽快全面修复。一时无法抢通的，要修筑便道、架设便桥，或采取绕行方式，尽一切可能保证公路通畅。

（二）公路水毁抢险时间紧、任务重、危险性大。为此，抢险工作应精心组织，周密布置，对危险地段有可能危及抢险人员安全的，应坚持"安全第一"的原则，在做好防范的基础上积极抢险。抢险现场必须指派专人负责组织指挥工作，做好安全生产，保证车辆安全通行。特别严重的公路水毁，海南省公路管理局可派员协助公路养护单位组织抢险工作，可采取公路养护单位之间联防联抢的措施，必要时可向当地政府或驻军请求支援。公路养护单位在积极组织抢险的同时向海南省公路管理局报告灾情。

安全标志的设置和水毁抢险施工抢通完工通车前，要请当地交警部门进行联合验收，合格后应拍照留档备查，确保安全方可恢复通行。

（三）在公路范围内排水泄洪，对水毁路段需采取必要措施，防止灾情扩大，减少洪水对公路及其设施继续扩大破坏。

（四）要加强洪灾和台风期间的安全管理工作，增强公路安全意识。公路发生水毁后，对不具备通行条件的路段，应立即封闭交通，在相关路口设置指路标志和中断交通告示并及时发布公告。

（五）洪灾和台风期间，公路路政人员要主动协调交警部门做好公路交通管制工作，维持水毁路段沿线的交通运输秩序,确保公路安全畅通。

第二十二条　公路水毁工程处置:

(一)对影响通行安全及断路、断桥等技术难度较大或工程量大的公路水毁工程,公路养护单位在现场组织应急处治施工维持安全通行,并报告海南省公路管理局,由海南省公路管理局派指导小组确定修复方案,公路养护单位委托设计,海南省公路管理局组织专家评审,设计单位负责施工图设计和预算。海南省交通运输厅及时核批海南省公路管理局上报的施工图设计和预算。

(二)由于不可抗力造成反复抢修的公路水毁工程(如清理滑坡土方等),如无法现场确定工程量计量的,公路养护单位可按市场行情租赁设备及计日工等方式一次性确定费用,在公路养护单位的纪检、技术和机料部门签认后,附有关资料,报海南省公路管理局备案,列入该公路水毁工程的施工图预算。

第二十三条　养护单位在急需抢险保通和限时修复的公路水毁工程在实施过程中,应和设计单位密切配合,及时优化设计。

第二十四条　需要变更的,按交通运输部《公路工程设计变更管理办法》(交通部令2005年第5号)和《海南省交通运输厅公路工程设计变更管理办法(试行)》(琼交运建〔2011〕738号)进行管理,三类设计变更文件由项目法人负责审定,经项目法人、设计单位、监理单位和施工单位四方签证后,提交相应材料向海南省公路管理局报备;一类和二类设计变更文件经项目法人审查确认后报海南省交通运输厅审查,审批后实施。

对需要进行紧急抢险的公路工程设计变更,项目法人可先进行紧急抢险处理,同时按照规定的程序办理设计变更审批手续,并附相关的影像资料说明紧急抢险的情形。

第二十五条　水毁工程质量应符合设计文件和交通运输部现行《公路工程质量检验评定标准》和《公路工程竣(交)工验收办法》的要求。

第二十六条　质量监督和竣(交)工验收:

(一)国省道、省养县道的大桥或施工单项合同1000万元及以上的公路水毁工程由海南省交通工程质量监督管理局负责质量监督。按《公路工程竣(交)工验收办法》和《公路工程竣(交)工验收办法实施细则》分为交工和竣工两阶段验收,海南省交通工程质量监督管理局根据检测结果出具质量监督意见后,由项目法人及时组织交工验收,海南省公路管理局派员参加;海南省公路管理局组织竣工验收,并报请海南省交通运输厅派员参加。

(二)对于国省道、省养县道的中桥、小桥及施工单项合同1000万元以下的公路水毁工程,由海南省公路管理局负责质量监督,海南省交通工程质量监督管理局负责行业指导。项目法人委托具有相应资质的检测机构进行检测,海南省公路管理局出具质量监督意见后,由项目法人及时组织竣(交)工合并验收,海南省公路管理局派员参加。

第二十七条 公路水毁工程验收合格后,公路养护单位应及时组织结(决)算并上报海南省公路管理局。

第二十八条 公路养护单位应提高水毁和阻车路段的抢通速度和清障能力。一般情况下,高速公路发生水毁阻车,应在 12 小时内抢通;国道发生水毁阻车,应在 24 小时内抢通;省道发生水毁阻车,应在 48 小时内抢通。

第四章 公路水毁信息报送

第二十九条 水毁信息报送工作应遵循"及时、真实"的原则,公路养护单位指定专人按规定的时间和内容要求,先以电子邮件方式向省公路管理局上报水毁信息,之后再以文件形式上报水毁预算。

第三十条 公路水毁信息上报时间和内容。

(一)每次台风、暴雨、强降雨、洪灾过后或上级通知报送的,公路养护单位应及时向海南省公路管理局报送公路水毁情况统计表、公路水毁阻断信息报告单和水毁损失明细表。公路水毁工程应保留工程实施前后对比的图文和影像资料,以备核实。

(二)高速公路、普通国省干线公路发生中断交通,应立即先口头(电话、信息等方式)上报海南省公路管理局和当地政府(内容包括:路线名称、地点、桩号、地名、水毁时间与毁情、估计工程量及损失金额、修复方案及估计抢通时间等)。1 小时内再报送水毁损失情况和水毁通阻信息报告单。各公路养护单位信息员要按照《交通运输部公路交通阻断信息报送制度》规定,上网报送公路交通阻断信息,并电话报告海南省公路管理局信息员进行审核,及时准确向中国公路信息服务网报送公路交通阻断信息。

(三)要重视公路水毁工程的宣传工作。公路养护单位在发生重大水毁时,应立即派专人拍摄水毁相片(或录像资料),并将相片文件名标注线路编号、桩号和水毁类型,应积极收集防汛抢险中典型模范人物与先进事迹,报送海南省公路管理局防汛抢险办公室,做到防汛抢险与宣传报道工作同步进行,树立交通行业形象。

第五章 公路水毁工程资金的筹措和安排与使用

第三十一条 根据交通运输部《交通建设项目审计实施办法》(交审计发〔2000〕64号)和交通运输部《交通基本建设资金监督管理办法》(交财发〔2000〕195 号),公路养护单位加强对公路水毁工程资金的管理。公路水毁工程资金必须合理使用会计科目,做到专款专用,不得挪用和挤占。

第三十二条 公路水毁发生时,可按水毁项目估算价不低于 30% 的比例预拨修复资金给海南省公路管理局,海南省公路管理局根据各公路养护单位的水毁实际情况统筹预拨资金,作为公路水毁专项资金,用于公路水毁工程,不得挪用。工程竣(交)工验收后,及时办理工程竣工价款结算与支付手续,工程质量缺陷责任期满并经验收合格后,支付剩余的工程质量保证金。

第三十三条 公路养护单位在使用公路水毁防治与修复经费时要突出重点、兼顾一般,精打细算、优化方案,尽量降低水毁资金投入。

第六章 工程安全生产管理与责任

第三十四条 建设单位、勘察设计单位、施工单位、工程监理单位,必须遵守安全生产法律、法规的规定,保证公路水毁工程安全生产,依法承担公路水毁工程安全生产责任。

第三十五条 公路水毁工程参建单位应严格执行《建设工程安全生产管理条例》及其他关于工程安全的法律、法规,建立健全各项安全管理制度。对在工程质量检查中发现问题和公路工程发生重大工程质量事故的,应依法依纪处理。

第三十六条 公路水毁工程应签订安全生产责任书。对深基坑、高边坡、桥梁、隧道等易发安全事故的水毁工程,要制定专门的安全施工措施和方案。对施工机械、车辆和设备要严格管理,按国家规定有关人员必须持证上岗,并签订安全责任书。

第三十七条 任何单位和个人不得任意更改已批复的公路水毁工程项目,如实申报、签认工程数量。对"多报、虚报"工程数量和签认虚假工程数量的,将追究单位主要负责人及当事人的责任。

第三十八条 对公路水毁工程实施活动中出现失职、渎职等行为,损害有关单位合法权益和国家利益的人员,由相关部门依法按工程建设管理相关规定处罚,构成犯罪的由司法部门依法追究其刑事责任。

第七章 附 则

第三十九条 本办法由海南省交通运输厅负责解释和修改。

第四十条 本办法自发布之日起试行。

选编四 海南省公路绿化工程指导意见

为进一步贯彻落实海南省委、省政府关于绿化宝岛大行动的战略部署,切实做好绿化宝岛大行动公路绿化工作,使公路绿化取得更好成效,现就公路绿化工作提出以下指导意见:

一、基本原则

坚持以公路行车安全为前提的原则;坚持人工与自然相结合、绿化与美化相结合的原则;坚持因地制宜、科学规划、凸显海南特色的原则。

二、任务目标

通过绿化宝岛公路绿化行动,提升我省公路绿化、美化水平,为百姓创建更加和谐、畅通、安全、舒适、美丽的公路出行条件,把我省公路打造成海南国际旅游岛最新最美的名片,创建全国公路绿化示范省。

三、绿化范围

(1)公路用地范围内,即高速公路隔离栅内及国、省、县、乡、村道水沟平台外缘2m以内。

(2)公路用地范围外、高速公路两侧各不少于50m范围,国道两侧各不少于20m范围,省道两侧各不少于15m范围,县道两侧各不少于10m范围,乡道两侧各不少于5m范围。

四、具体要求

(一)加强资质管理,执行行政许可

公路绿化工程属涉路工程,与公路通行安全密切相关,绿化植树应符合公路设计规范,保证足够的行车视线和行车净空,以保障行车和行人的安全。公路用地范围内的绿化工程,须由具有相应资质的设计单位进行设计,经专家评审会评审通过后,经公路养护管理单位的审批和许可,方可组织实施。公路绿化设计和评审工作应由公路部门和林业部门共同参加。

(二)严格依法绿化,确保行车安全

公路绿化植树时要充分考虑树木植被与公路标志标牌的间距,确保树木的种植和生长不会对公路标志标牌造成遮挡。

在道路交叉口,各种地上和地下管线、建筑物、构筑物等地段上的绿化带中栽植树木,为确保行车及行人安全,树木与各类设施之间的距离应大于最小间距。国省干线公路、县道及农村公路的公路林栽植,必须在弯道会车位置留出足够的视距空间以确保行车安全。高速公路的绿化建议参照海南省安全监督管理局编印的《海南省高速公路施工标准化技术指南》的相关规定。

禁止在公路的路肩、排水沟种植任何树木。高速公路隔离栅内以及国道、省道2m内的原则上以花灌木和常绿灌木为主,不应栽植高大乔木。波形护栏板至隔离栅间距4m

以上的路段靠近隔离栅的位置,或填方路段路堤外缘靠近隔离栅的位置,可适当种植开花的小型乔木。高大乔木应栽植在高速公路隔离栅外围及其他公路水沟外缘 2m 外。移植中大型乔木时,由于其主根系已截断,移植后主要生长侧根系,为保证苗木长势及提高其抗风性,移植时应将栽植穴进行适当的深挖,进行适当的深栽植。

(三)科学规划设计,充分展现热带雨林风光

通过立体布局公路绿化,使公路沿线逐步形成有草、有花、有乔木的低、中、高层次分明的景观长廊。根据公路沿线的景观特点,按照远近结合、高低结合、遮挡与通透结合的方式,把海南美丽的田园风光、壮阔的沿海风貌以及秀美的森林、峡谷、瀑布等优质景观展现出来,景观不好的地段用平台景观绿化进行相应的视线遮挡和美化,重点解决难绿化美化的地段,打造和谐自然的景观公路。

(四)重视乡土树种资源,丰富生物多样性

公路绿化树种的选择应根据当地的气候、土壤特点,适地适树,种植易成活、抗风、耐旱、易于养护的粗放型树种。乡土树种适应本地的气候条件,抗逆性强,生长旺盛,对管理养护要求不高,可成为公路绿化中的主要树种。

公路绿化应综合种植观花、观果植物和彩叶植物,乔、灌、草合理搭配,尽量做到树种多样化,避免整条线路、多条线路树种单一。要做到近期效果与远期目标相结合。建议乔木绿化苗木选用胸径 7~10cm 规格的中型苗木,更有利于成活和其根系的稳定,也有利于绿化资金的节约。花灌木一般以培育一至两年为宜。无论是中苗、小苗,选苗都应尽量选用抗风性能好的种子苗。既要看单株姿态美,又要观其整体效果,因此选苗时注意同一线路绿化植物的高度、形态基本一致。各地可参照四个自然规划区主要绿化树种选择绿化树种。

(五)集中打造精品路段,全面提升公路生态景观

公路绿化的重点是实施高速公路、普通国省干线公路、各市县出口路及各条连通旅游区公路的绿化景观建设,设计和打造绿化景点,构建、创造具有浓郁本地特色的公路生态景观。

(六)加大通道绿化建设力度,拓宽通道绿化范围

除高速公路隔离栅内及国、省、县道公路水沟外缘 2m 内平台范围的公路绿化用地外,还应当通过征地、租地及与农民共建、共营经济作物林等方式,共同实施通道造林绿化。

(七)建立绿化长效机制,加强通道绿化管理

(1)制度建设。建立健全公路通道绿化管理制度,依法保护公路绿化。

(2)建立协调机制。林业部门、交通部门和公路部门在公路绿化规划和建设时要加强沟通,密切配合。

(3)加强护管,巩固公路绿化成果。要明确责任,落实管护责任制。森林公安部门牵头、交通部门、公路部门积极配合,及时查处一切破坏路树及花草的不法行为。

各地应依据本指导性意见积极推进我省公路绿化建设,注意研究绿化过程中出现的新情况、新问题,积极探索和总结解决问题的办法和经验。重要情况及时向海南省林业厅和海南省交通运输厅报告。

海南省交通运输厅　海南省林业厅
2013年4月10日

(此文主动公开)

选编五　海南高速公路隧道养护管理制度

第一章　总　　则

1.1　隧道是公路的重要组成部分,直接影响着行车安全和畅通。为了加强运营中的隧道养护管理工作,保持隧道完好工作状态并延长其使用寿命,依据《公路隧道养护技术规范》(JTG H12—2015),结合隧道养护管理工作的实际,特制定本制度。

1.2　高速公路隧道养护管理贯彻"预防为主,安全至上"的工作方针,实行"统一领导,分级管理,事权一致,责任清晰"的原则,努力提高隧道的耐久性和安全性。

1.3　隧道养护部门应高度重视隧道养护管理工作,严格执行隧道养护管理的各项规章制度,采取科学有效的管理手段和技术措施,对所辖公路隧道及时组织检查、检测和养护维修,确保公路畅通和隧道安全。

1.4　隧道养护部门应加强对隧道养护管理工作的,设置满足需要的专职养护工程师人员,经常性监督检查隧道养护及管理情况。

第二章　隧道养护分级管理制度

2.1　公路隧道的养护管理工作实行监管、管理和养护单位责任制。

2.1.1　监管单位是指依照有关法律、法规的规定,由管理隧道养护管理工作的海南

省公路管理局,负责对高速公路桥梁、隧道养护管理工作进行监督检查,负行业监管责任。

2.1.2　管理责任单位是指具体承担公路隧道养护管理任务的海南省交通工程机械维修中心,负责组织实施所管辖高速公路的隧道养护管理工作,负主要责任。

2.1.3　养护单位是指具体承担公路隧道养护任务的养护管理站,由海南省交通工程机械维修中心下属的管理站,负责按照《公路隧道养护技术规范》(JTG H12—2015),具体组织所管辖高速公路的隧道养护管理工作,负直接责任。

2.2　隧道养护、管理和监管单位必须明确建立公路隧道养护管理工作由主要领导、分管领导、专职工程师和相关技术人员层层抓落实的工作机制,保证隧道养护管理的各项职责落到实处。

2.3　隧道养护管理机构应参与隧道有关工程设施的交工和竣工验收,接受、整理和了解隧道竣工资料和工程技术档案,为养护工作提供技术依据。

2.4　隧道日常养护目标:

2.4.1　保持和恢复隧道良好的技术状况,保持隧道外观整洁。

2.4.2　保证隧道内路面平整,衬砌无损坏。

2.4.3　标志、标线及轮廓标等安全设施清晰醒目;洞口、洞身无松动岩石和危石。

2.4.4　车行横洞清洁畅通。

2.4.5　隧道内外排水设施保持良好,排水畅通。

第三章　隧道检查与评定

3.1　隧道检查分为日常巡查、经常检查、定期检查和特殊检查。

3.2　经常检查、定期检查、特殊检查的结果分为三类判定:

3.2.1　情况正常(无异常情况,或虽有异常情况但很轻微)。

3.2.2　存在异常情况,但不明确,应作进一步检查或观测以确定对策。

3.2.3　异常情况显著,危及行人、行车安全,应采取处治措施或特别对策。

3.3　日常巡查是指对隧道内、洞口外观及附属设施进行巡视和检查,周期为每日不少于一次。目的是发现病害和隐患及异常现象应及时处治。

3.4　经常性检查是指对隧道及其附属设施的外观进行的一般性检查。经常性检查要求技术人员步行,采用目测的方法并配以简单的检查工具进行,检查以定性判断为主。

当经常性检查中发现隧道存在异常情况但结论不明确时,应进行定期检查;当定期检查中发现隧道存在异常情况且较严重,但无法判定时,应安排特殊检查。

3.4.1　隧道经常性检查频率:依据我中心管辖隧道的养护分级,应为1次/月,且在雨季天气情况下,或发现严重异常情况时,应提高经常检查频率。

3.4.2 隧道的经常性检查项目和内容：

3.4.2.1 洞口仰坡有无危石、积水；

3.4.2.2 洞门结构是否开裂、倾斜、沉陷、错台、起层、剥落；

3.4.2.3 衬砌结构有无裂缝、错台、起层、剥落，有无渗漏水；

3.4.2.4 洞内路面是否有落物、油污、路面是否有拱起、坑槽、开裂、错台等；

3.4.2.5 检修道是否有破损，盖板有无缺损；

3.4.2.6 排水设施是否缺损、堵塞、积水；

3.4.2.7 吊顶及预埋件有无变形、缺损、漏水；

3.4.2.8 内装饰有无脏污、变形、缺损；

3.4.2.9 标志、标线、轮廓标是否完好。

3.4.3 将隧道经常性检查的结果填入《经常性检查记录表》。翔实记述和判定检查项目的异常情况。

3.4.4 根据隧道检查及记录情况，及时发现早期缺损、显著病害或其他异常情况，确定相应的对策措施。

3.5 定期检查是按规定周期对隧道的基本技术进行全面检查。定期检查频率应不少于1次/年。检查宜安排在春季或秋季进行。新建隧道应在交付使用1年时进行首次定期检查。定期检查应配备必要的检查工具或设备，进行目测或量测检查，及时填写定期检查记录表，对发现的病害要付照片资料，对有异常情况的结构，要在其适当位置做出标记并绘制隧道病害展示图。定期检查由高速公路运营管理单位或隧道管理机构组织实施。

3.6 特殊检查是根据定期检查的结果，或者当隧道内发生重大交通事故、起火爆炸、遭受自然灾害，或发生其他非常事件后，对隧道结构进行详细检查和检测。通过特殊检查，应完整掌握受损情况或病害的详细资料，为采取对策措施提供依据。特殊检查应由具有相应检查资质的专业机构实施。

第四章 隧道清洁维护

4.1 隧道的清洁维护是指扫除隧道内垃圾、清除结构物脏污、清理（疏通）排水设施，保持结构物外观的干净整洁，内装要干净、无污泥、油渍等；安全设施要清晰、醒目。保洁工作要求经常性、周期性的进行。

中心所管辖隧道双向7座共14条，其中长隧道5座10条，中隧道5座10条，短隧道4座8条。

根据养护等级划分，长隧道为一级，中隧道为二级，短隧道为三级。

4.2 隧道路面清扫频率：1次/天（一级），2次/周（二级），1次/旬（三级），根据实际情况需要可增加频率。

4.3 隧道路面清扫方法:机械作业为主,人工作业为辅。

4.4 排水设施清理和疏通:

4.4.1 隧道内排水设施的清理疏通频率1次/季度(一级),1次/半年(二、三级),且雨季应加强。

4.4.2 对纵坡较小的隧道的洞口区段应加强清理疏通。

4.5 隧道内标志、标线的清洗频率:1次/月(一级),1次/2月(二级),1次/季度(三级)。

第五章 隧道保养维修

5.1 当日常检查的判定结果为 A 时,应及时对土建结构进行保养和维修。

5.2 保养维修工作包括:

5.2.1 经常性或预防性的保养。

5.2.2 轻微破损部分的维修等。

5.2.3 以恢复和保持结构的良好使用状态。

5.3 洞口的保养维修:

5.3.1 清除洞口边仰坡上的危石、浮土。

5.3.2 雨水季应疏通排水设施,将水导入边沟排出。

5.3.3 边沟和边仰坡上截(排)水沟的完好、畅通。

5.3.4 修复洞口挡土墙、护坡、排水设施和减光设施等。

5.4 洞身的保养维修:

5.4.1 围岩的渗漏水,应开设泄水孔接引水管,将水导入边沟排出。

5.4.2 有衬砌隧道出现的衬砌起层或剥离,应及时加以清除或加固。

5.4.3 对衬砌的渗漏水,可将水流引入边沟排出。

5.5 路面的保养维修:

5.5.1 及时清除隧道内外路面上的塌(散)落物,及时修复、更换损坏的中央排水检修道盖板。

5.5.2 当路面出现渗漏水时,应及时处理,将水引入边沟排出,防止路面积水。

5.6 排水设施保养维修:

5.6.1 维护隧道内外排水设施的完好,发现破损及时修复。

5.6.2 排水管堵塞时,可用高压水或压缩空气疏通。

5.7 检修道的维修:

维护检修道的完好和畅通,盖板如有破损或缺失,应及时进行修复和补充。

5.8 交通标志应保持外观完整、清晰、醒目,保持位置、高度和角度适当,确保交通信息传递无误。

5.8.1 清洗标志牌面的脏污,清除遮挡标志的障碍。

5.8.2 修补变形、破损的标牌,修复弯曲、倾斜的支柱,紧固松动的连接构件。

5.8.3 对锈蚀损坏、老化失效的标志,应及时更换,缺失的应及时补充。

5.9 交通标线应保持完整、清洁和醒目。

5.9.1 及时清洗脏污的标线,对破损严重和脱落的标线应及时补划。

5.9.2 清除突起路标的脏污和杂物,及时紧固松动的路标,发现损坏或丢失的,应及时修复或补换。

第六章 应急处置管理

6.1 接到、获得高速公路隧道突发事件信息后,各级高速公路管理站应立即逐级上报,并启动应急预案,及时、有效地开展应急处置工作。应急处置过程中,要按相关规定向海南省交通运输厅续报有关情况。

6.2 发生下列突发事件,养护管理站须立即向中心领导上报有关信息。

(1)隧道损坏中断交通的;

(2)隧道出现严重病害危及安全的;

(3)车辆与隧道设施相撞,造成严重后果的。

6.3 上报信息的同时,应立即采取限载、限速或封闭交通等交通管理措施,并安排专人实施昼夜不间断监视观测,落实安全责任人。

(1)先行设置禁止通行的标志,专人值守,并确定安全责任人。

(2)积极组织,及时处理,确保车辆、行人安全。因抢修须中断交通时,应向社会发布公告,并安排车辆绕行,同时组织抢修便道,尽快恢复交通。

第七章 隧道档案管理

7.1 管理单位养护科和养护管理站应做好高速公路隧道技术档案管理工作,建立和完善高速公路隧道技术档案资料,保证高速公路隧道技术档案真实完整,并实现电子化管理。

7.2 高速公路隧道技术档案应包括隧道基础资料、管理资料、检查资料、养护维修资料、特殊情况资料等。

7.3 隧道基础资料包括以下内容:

7.3.1 隧道设计施工图及竣工图,结构计算分析报告。

7.3.2 隧道施工过程中的试验检测、科研资料,结构位移或变形测试资料,事故处理资料等。

7.3.3 隧道基本状况卡片。

7.3.4 隧道按长度分类的统计表。

7.4 隧道管理资料包括隧道管养单位、监管单位及分管领导等的基本资料。

7.5 隧道检查资料包括隧道经常检查、定期检查、特殊检查结果及其养护对策建议，以及检查的时间、实施人员等基本资料。

特殊检查还应包括检测(试验)方案、检测(试验)报告、照片及多媒体材料，检测(试验)方的资质证书(复印件)、业绩证明(复印件)以及主要检测人员的资格证书(复印件)等。

7.6 隧道养护维修资料包括以下内容：

7.6.1 小修保养工程的实施技术资料和养护质量评定结果，以及工程实施的时间、组织实施人员等。

7.6.2 养护管理站应按照要求及时向我维修中心提供隧道技术档案。

7.6.3 管理单位应建立和完善高速公路隧道情况分类，隧道技术状况评定分类统计表。

第八章 责 任 追 究

8.1 公路隧道养护管理单位的主要领导是隧道养护管理工作的第一责任人，分管领导是主要责任人，专职工程师是直接责任人。

8.2 管理单位疏于养护管理站，不按相关规定及时安排隧道检查，或隧道检查工作不认真、没有及时发现隧道病害、准确掌握隧道技术状况，或未及时采取相关措施，而导致隧道出现安全事故的，按其职责追究相应责任。

8.3 高速公路隧道维修加固或改建没有及时采取交通管制或交通管制措施不力而造成隧道安全事故的，按其职责追究相应责任。

8.4 负责高速公路桥梁、隧道养护经费的投资决策单位未根据隧道技术状况和管养要求安排相应投资而造成的隧道安全事故，由投资决策单位和具体管养单位共同承担主要责任，监管单位承担监管责任。

8.5 管理单位对重点保障隧道应常年派人观测，并建立健全隧道安全管理责任制和制定应急处置预案，对没有明确责任、疏于管理而导致隧道安全事故的，按其职责追究相应责任。

8.6 对发生隧道安全事故，不报、瞒报或不按规定时间上报造成长时间中断交通、社会反映强烈的，按其职责追究相应责任。

选编六　海南省公路条例

[海南省人民代表大会常务委员会公告(第17号)]

《海南省公路条例》已由海南省第五届人民代表大会常务委员会第五次会议于2013年11月29日通过,现予公布,自2014年1月1日起施行。

海南省人民代表大会常务委员会
2013年11月29日

海南省公路条例

第一章　总　　则

第一条　为了加强公路的建设和管理,促进公路事业的发展,根据《中华人民共和国公路法》《公路安全保护条例》等有关法律、法规的规定,结合本省实际,制定本条例。

第二条　在本省行政区域内从事公路的规划、建设、养护、经营、使用和管理,适用本条例。

本条例所称公路,包括国道、省道、县道、乡道和村道。

农垦公路分别纳入省道、县道、乡道、村道进行规划、建设、养护和管理。

第三条　省人民政府交通运输主管部门主管全省公路工作。市、县、自治县人民政府交通运输主管部门主管本行政区域内的县道、乡道、村道工作。

省公路管理机构对国道、省道行使管理、养护职责。

市、县、自治县公路管理机构对县道行使管理、养护职责和对乡道行使管理职责。

乡镇人民政府负责本行政区域内乡道、村道的建设和养护工作。

村(居)民委员会应当协助人民政府和有关部门做好本村村道建设、养护的相关工作。

第四条　经省人民政府决定,城市建成区内的公路可以由所在市、县、自治县按照城市道路进行管理、养护。

省公路管理机构负责管理和养护的县道应当移交所在市、县、自治县管理和养护。具体办法由省人民政府另行规定。

第五条　各级人民政府应当按照国际旅游岛建设和绿色崛起的要求,结合绿化宝岛行动,加快推进旅游公路和绿色公路建设。

第二章 规划与建设

第六条 公路规划和建设应当坚持节约集约用地、保护环境的原则,防止水土流失,注重保护自然水系和生态环境,加强公路景观绿化,推进绿色公路建设。

第七条 本省公路规划应当符合国民经济和社会发展规划,并与城乡规划、土地利用总体规划和水利、电力、电信、旅游等发展规划相衔接。

第八条 省道规划由省人民政府交通运输主管部门会同同级有关部门并商省道沿线市、县、自治县人民政府编制,报省人民政府批准,并报国务院交通运输主管部门备案。

县道规划由市、县、自治县人民政府交通运输主管部门会同同级有关部门编制,经本级人民政府审定后,报省人民政府批准后实施。

乡道、村道规划由市、县、自治县人民政府交通运输主管部门会同有关部门协助乡镇人民政府组织编制,报市、县、自治县人民政府批准后实施,并报省人民政府交通运输主管部门备案。

第九条 旅游公路规划由省人民政府交通运输主管部门会同有关部门和市、县、自治县人民政府编制,报省人民政府批准后实施;其中同时属于国道、省道规划的,报国务院交通运输主管部门备案。

规划和建设旅游公路,应当充分利用海南热带滨海和热带雨林的资源优势,突出自然、景观、历史、文化、娱乐等特色,将公路交通和旅游休闲相融合,打通主干道通往旅游景区的连接通道以及景区和景区之间的连接通道。

有关部门在对旅游公路两侧新建、改建建筑进行规划、审批时,应当保持新建、改建建筑与旅游公路周边环境景观的协调性,不得破坏旅游公路周边环境景观特色。

第十条 经批准的公路规划需要修改的,由原编制机关提出修改方案,按本条例第八条规定的程序办理。

第十一条 新建、改建公路时,公路附属设施、公路客运站点应当与公路同步规划,逐步实现同步设计、同步建设。

第十二条 新建、改建公路的绿化工程,应当与公路工程同步设计、同步建设、同步验收。

国道、省道、县道用地范围内的绿化由公路管理机构负责实施,乡道用地范围内的绿化由乡镇人民政府负责实施。

公路用地范围外的绿化,由市、县、自治县人民政府负责组织林业、交通运输、国土资源、农业等有关部门及沿途乡镇人民政府实施。公路绿化区域的具体范围由省人民政府确定。

鼓励单位和个人投资公路绿化建设,实行谁投资、谁经营、谁收益原则。

第十三条　公路绿化应当突出当地植物生态与景观特色，实行带、网、片、点相结合，因地制宜、科学配置，建成多树种、多层次、多功能、多色彩、多效益的具有本省地域特色的绿色长廊。

公路绿化植物不得遮挡公路标志，不得妨碍安全视距，不得影响公路通行安全。

第十四条　县级以上人民政府应当组织水务、林业、国土资源等部门，对公路沿线的河道、湖泊、荒山、荒坡、破损山体等进行整治，绿化美化公路通行环境。

第十五条　新建公路地下空间的开发、利用以及电力、通信等基础设施管线的铺设，应当遵循统筹安排、综合开发、合理利用的原则，与公路同步规划、同步设计、同步建设。建设地下综合管廊的，应当同时容纳多条管线，避免重复开挖建设。

第十六条　公路建设资金可以通过下列渠道和方式筹集：

（一）各级财政拨款；

（二）征收机动车辆通行附加费；

（三）国内外金融机构或者外国政府贷款、赠款；

（四）国内外企业或者其他组织、个人的投资、捐款；

（五）开发、经营公路的公司依法发行股票、债券；

（六）利用公路服务设施经营权或者公路冠名权、广告经营权等方式筹集的社会资金；

（七）法律、法规或者国家、省人民政府规定和允许的其他方式。

筹集公路建设资金不得强行摊派。

第十七条　县级以上人民政府应当将公路建设和养护资金纳入财政预算。省人民政府应当加大对困难市、县、自治县财政的一般性转移支付力度，补助公路建设和养护资金。

公路建设和养护资金应当专款专用，不得挪作他用。

县级以上人民政府筹集和财政拨款的公路建设、养护资金的使用，应当接受财政部门的监督。审计部门应当定期对公路建设、养护资金使用情况进行审计。

第十八条　公路建设应当按照国家规定的基本建设程序进行。列入公路建设规划和计划的项目，不再进行立项审批。

公路建设项目的勘察设计、施工、监理和重要设备、材料采购应当依法招标投标，任何单位和个人不得将应当招标的公路建设项目化整为零或者以其他方式规避招标。公路建设项目的勘察设计、施工和监理业务不得转包、违法分包。

公路建设项目应当按照国家规定实行项目法人负责制度、招标投标制度、工程监理制度、合同管理制度、市场准入制度、工程质量监督制度、工程安全生产监督制度、工程造价监督管理制度。

第十九条　新建省道、县道、乡道应当符合技术等级和通行安全要求。现有国道、省道应当逐步改造为二级以上技术等级的公路,县道应当逐步改造为三级以上技术等级的公路,乡道应当逐步改造为四级以上技术等级的公路。

村道建设标准应当根据当地实际需要和经济条件确定。

在自然条件特殊的海岛上新建公路的建设标准,应当根据当地实际需要和经济条件并参照国家标准确定。

第二十条 县级以上人民政府交通运输主管部门应当加强对公路建设的监督管理,维护公路建设秩序。

县级以上人民政府交通运输主管部门的公路工程质量监督机构,具体负责对公路工程质量进行监督检查。

第三章 公路养护

第二十一条 公路管理机构应当加强公路养护,保证公路处于良好技术状态,路面平整、路肩、边坡平顺,有关设施完好,公路容貌整洁美观。

公路养护大修、中修工程应当由公路管理机构根据有关规定采取公开招标投标的方式,择优选定养护作业单位。但等级较低、自然条件特殊等难以通过市场化运作进行养护作业的公路除外。

第二十二条 乡镇人民政府可以采取建立群众性养护组织、个人分段承包、委托具有相应资质的养护作业单位等方式,对乡道、村道实施日常养护。

市、县、自治县公路管理机构应当对乡道、村道的养护给予技术指导。

第二十三条 公路管理机构应当按照国家、省有关标准和规范实施公路养护管理,建立公路养护检查、巡查制度和养护档案,加强对公路养护作业单位的指导、监督和检查。

公路养护作业单位应当公示单位名称、养护路段以及报修和投诉电话,定时进行养护巡查,建立公路养护维修信息档案,记录养护作业、巡查、检测以及其他相关信息。

第二十四条 公路管理机构发现公路坍塌、坑槽、隆起等损毁的,应当及时设置警示标志,并采取措施修复。

公安机关交通管理部门发现公路坍塌、坑槽、隆起等损毁,危及交通安全的,应当及时采取措施,疏导交通,并通知公路管理机构。

其他人员发现公路坍塌、坑槽、隆起等损毁的,应当及时向公路管理机构、公安机关交通管理部门报告。

第二十五条 公路管理机构应当统筹安排公路养护作业计划,根据工程规模、技术复杂程度、建设条件、气候情况等合理确定并公示大修、中修和改建工程的施工时间和工期,限时分段施工,避免由于同一线路或者相邻线路集中施工,造成区域路段交通堵塞。对于重要交通路段,应当集中力量限期修复,确保畅通。

公路养护作业应当严格控制封闭公路施工。确需封闭公路的,或者占用半幅公路进行作业并且作业路段长度在 2 公里以上、作业期限超过 30 日的,除紧急情况外,公路养护作业单位应当在作业开始之日前 5 日通过媒体向社会公告施工路段、施工时间、绕行路线等信息,并在施工路段前方及绕行处设置公告牌;不能绕行的,应当修建临时道路。

公路养护作业单位应当按照国家规定的技术规范和操作规程实施作业,在规定的期限内完成施工,不得无故拖延;未在规定的期限内完成施工的,依照养护施工合同的约定追究违约责任。

第二十六条 公路养护车辆和公路救险、检测等工程作业车辆进行作业时,在不影响过往车辆通行的前提下,其行驶路线和方向不受交通标志、标线限制,过往车辆和人员应当注意避让。

公路养护车辆和公路救险、检测等工程作业车辆应当严格按照规定的用途和条件使用。

施工作业单位应当严格按照相关规定和标准设置安全警示标志,采取防护措施,文明施工。完工后,应当及时清理施工现场,保证车辆和行人的安全通行。

第四章 路 政 管 理

第二十七条 公路管理机构应当建立健全公路管理档案,对公路、公路用地和公路附属设施调查核实、登记造册。

省公路管理机构负责对国道、省道的公路、公路用地和公路附属设施调查核实、登记造册。

市、县、自治县公路管理机构负责对县道、乡道、村道的公路、公路用地和公路附属设施调查核实、登记造册。

第二十八条 县级以上人民政府应当根据保障公路运行安全和节约用地的原则以及公路发展的需要,组织交通运输、国土资源等部门划定公路建筑控制区的范围。

公路建筑控制区的范围,从公路用地外缘起向外的距离标准为:

(一)国道不少于 20 米;

(二)省道不少于 15 米;

(三)县道不少于 10 米;

(四)乡道不少于 5 米。

属于高速公路的,公路建筑控制区的范围从公路用地外缘起向外的距离标准不少于 30 米。

公路弯道内侧、互通立交以及平面交叉道口的建筑控制区范围根据安全视距等要求确定。

第二十九条 新建、改建公路的建筑控制区范围,应当自公路初步设计批准之日起30日内,由公路沿线县级以上人民政府划定并公告。

公路建筑控制区划定后,由公路管理机构负责设置标桩、界桩。任何单位和个人不得损坏或者擅自挪动公路建筑控制区标桩、界桩。

第三十条 公路建筑控制区划定后,县级以上人民政府应当通知规划、建设、国土资源等有关部门和乡镇人民政府,在公路建筑控制区内不再审批建筑物、构筑物的建设,但公路保护需要除外。

公路管理机构自公路建筑控制区划定公告之日起依法实施路政管理。

任何单位和个人不得在公路建筑控制区范围内修建建筑物和地面构筑物。

第三十一条 规划和新建村镇、开发区、厂矿、学校和货物集散地、大型商业网点、农贸市场等公共场所与公路用地边界外缘的距离应当符合下列标准,并避免在公路两侧对应进行,防止造成公路街道化,影响公路的运行安全与畅通:

(一)国道、省道不少于200米;

(二)县道不少于100米;

(三)乡道不少于50米。

第三十二条 公路标志、标线应当保持清晰、醒目、准确、完好,符合公路工程技术标准。对损坏的公路标志,养护作业单位应当及时予以修复、更换;因技术等原因无法按时修复、更换的,应当设置临时公路标志。

第三十三条 在公路用地、公路建筑控制区及利用公路设施设置广告等非公路标志牌,不得损害公路或者公路附属设施,不得遮挡公路标志,不得妨碍安全视距,不得影响车辆通行。

非公路标志牌应当保证安全、整洁和美观。所有者或管理者对破损、污浊的非公路标志牌,应当及时整修、清洗和更换;对有安全隐患的,应当及时加固或者拆除。

第三十四条 禁止在公路、公路用地范围内摆摊设点、堆放物品、倾倒垃圾、设置障碍、挖沟引水、打场晒粮、种植作物、放养牲畜、采石、取土、采矿作业、焚烧物品、利用公路边沟排放污物或者进行其他损坏、污染公路和影响公路畅通的行为。

第三十五条 禁止在下列范围内从事采矿、采石、取土、爆破作业等危及公路、公路桥梁、公路隧道、公路渡口安全的活动:

(一)国道、省道、县道的公路用地外缘起向外100米,乡道的公路用地外缘起向外50米;

(二)公路渡口和中型以上公路桥梁周围200米;

(三)公路隧道上方和洞口外100米。

在前款规定的范围内,因抢险、防汛需要修筑堤坝、压缩或者拓宽河床的,应当经省人民政府交通运输主管部门会同水行政主管部门批准,并采取安全防护措施方可进行。

第三十六条 超过公路、公路桥梁、公路隧道限载、限高、限宽、限长标准的车辆,不得在公路、公路桥梁和公路隧道行驶。载运不可解体物品的车辆确需超限行驶的,应当向公路管理机构申请办理超限运输许可。

车辆超限载运可分载货物的,公路管理机构应当责令当事人采取卸载、分装等改正措施,消除违法状态;车辆未经批准超限载运不可解体物品的,公路管理机构应当责令当事人停止违法行为,接受调查处理,并告知当事人补办超限运输许可。

第三十七条 水泥、沙石等货物集散地、建筑工地以及货运站等场所的经营管理者应当采取有效措施,防止不符合国家有关载运标准的车辆出场(站)。

道路运输管理机构应当加强对水泥、沙石等货物集散地、建筑工地以及货运站等场所的监督检查,制止不符合国家有关载运标准的车辆出场(站)。

任何单位和个人不得指使、强令车辆驾驶人超限运输货物,不得阻碍道路运输管理机构依法进行监督检查。

第三十八条 车辆应当规范装载,装载物不得触地拖行。车辆装载物易掉落、遗洒或者飘散的,应当采取厢式密闭等有效防护措施方可在公路上行驶。

公路上行驶车辆的装载物掉落、遗洒或者飘散的,车辆驾驶人、押运人员应当及时采取措施处理;无法处理的,应当在掉落、遗洒或者飘散物来车方向适当距离外设置警示标志,并迅速报告公路管理机构或者公安机关交通管理部门。其他人员发现公路上有影响交通安全的障碍物的,也应当及时报告公路管理机构或者公安机关交通管理部门。公安机关交通管理部门应当责令改正车辆装载物掉落、遗洒、飘散等违法行为;公路管理机构、公路养护作业单位应当及时清除掉落、遗洒、飘散在公路上的障碍物。

车辆装载物掉落、遗洒、飘散后,车辆驾驶人、押运人员未及时采取措施处理,造成他人人身、财产损害的,道路运输企业、车辆驾驶人应当依法承担赔偿责任。

第三十九条 县级以上人民政府应当组织交通运输、公安、工商等部门完善联合治理车辆超限超载超速运输和路面执法协作工作机制,制定治超工作考核和责任追究办法,建立健全路面治超监控网络,加大路面执法力度,定期组织专项检查,加强车辆超限超载超速运输的综合治理。

第四十条 公路管理机构在巡查中发现交通事故时,应当及时向公安机关交通管理部门通报。公安机关交通管理部门发现交通事故造成损坏公路及其附属设施或者污染公路时,应当及时向公路管理机构通报。

第四十一条 县级以上人民政府交通运输主管部门应当根据国家有关规定,制定台风、暴雨、地震、泥石流等损毁公路的突发事件应急预案,报本级人民政府批准后实施。

公路管理机构应当根据交通运输主管部门制定的公路突发事件应急预案,组建应急队伍,并定期组织应急演练。

第四十二条 县级以上公路管理机构应当按照国家有关规定收集和汇总公路损毁、

公路交通流量等信息,开展公路突发事件的监测、预报和预警工作,并利用多种方式及时向社会发布有关公路运行信息。

第四十三条 发生公路突发事件影响通行的,公路管理机构应当及时修复公路、恢复通行。县级以上人民政府交通运输主管部门应当按照各自管理职责,根据修复公路、恢复通行的需要,及时调集抢修力量,统筹安排有关作业计划,下达路网调度指令,配合公安机关交通管理部门等有关部门组织绕行、分流。

第四十四条 公路管理机构应当在办公场所和相关网站公开公路管理工作的执法主体、执法依据、办事程序等,并接受社会公众的监督。

公路管理机构执法人员在执行公务时,应当佩戴统一标志,出示合法有效的执法证件,不得擅自超越管辖区域、超越职权实施监督检查。

用于公路监督检查的专用车辆,应当设置统一的标志和示警灯。

第四十五条 县级以上人民政府交通运输主管部门、公路管理机构应当建立举报制度,在公路沿线、办公场所及相关网站公布举报电话号码、通信地址或者电子邮件信箱,及时受理公民、法人和其他组织对公路违法行为的检举,并依法查处违法行为。

第五章 法 律 责 任

第四十六条 种植公路绿化植物或者设置广告等非公路标志牌,遮挡公路标志、妨碍安全视距、影响公路通行安全的,由公路管理机构责令排除妨碍;拒不执行的,处二百元以上二千元以下罚款,并强制排除妨碍,所需费用由违法行为人承担。

第四十七条 未及时整修、清洗、更换破损、污浊的非公路标志牌,或者未及时加固、拆除有安全隐患的非公路标志牌的,由公路管理机构责令改正,处二百元以上二千元以下罚款。

第四十八条 在公路建筑控制区范围内修建建筑物和地面构筑物的,由公路管理机构责令限期拆除,可以处五千元以上五万元以下罚款。逾期不拆除的,由公路管理机构拆除,有关费用由违法行为人承担。

第四十九条 超过公路、公路桥梁、公路隧道限载、限高、限宽、限长标准的车辆在公路上行驶的,由公路管理机构责令改正,处五百元以上五千元以下的罚款;情节严重的,处五千元以上三万元以下的罚款;对公路造成损害的,应当依法承担赔偿责任。

对1年内违法超限运输超过3次的货运车辆,由道路运输管理机构吊销其车辆营运证;对1年内违法超限运输超过3次的货运车辆驾驶人,由道路运输管理机构责令其停止从事营业性运输;道路运输企业1年内违法超限运输的货运车辆超过本单位货运车辆总数10%的,由道路运输管理机构责令道路运输企业停业整顿;情节严重的,依法吊销其道路运输经营许可证,并向社会公告。

超限车辆驾驶人违反《中华人民共和国道路交通安全法》的,由公安机关交通管理部门依法给予记分。

第五十条 水泥、沙石等货物集散地、建筑工地以及货运站经营管理者允许超限车辆出场(站)的,由道路运输管理机构责令改正,处一万元以上三万元以下的罚款。

违反本条例的规定,指使、强令车辆驾驶人超限运输货物的,由道路运输管理机构责令改正,处三千元以上三万元以下的罚款。

第五十一条 车辆装载物触地拖行、掉落、遗洒或者飘散,造成公路路面损坏、污染的,由公路管理机构责令改正,处五百元以上五千元以下的罚款。

第五十二条 损坏公路、公路用地、公路附属设施或者污染公路的,责任人应当保护现场,采取安全防护措施,报告公路管理机构,并接受调查、认定和处理。

第五十三条 交通运输主管部门、公路管理机构、有关部门及其工作人员,违反本条例规定,有下列行为之一的,由上级主管部门或者监察机关对直接负责的主管人员和其他直接责任人员依法给予处分;构成犯罪的,依法追究刑事责任;造成损失的,依法承担赔偿责任:

(一)违法实施行政许可、行政处罚或者行政强制措施的;

(二)对未消除违法状态的超限运输车辆予以放行的;

(三)未依法及时处理公路突发事件的;

(四)不依法履行公路管理监督职责的;

(五)发现违法行为或者接到对违法行为的举报后不依法查处的;

(六)其他玩忽职守、徇私舞弊、滥用职权行为的。

第五十四条 违反本条例规定的行为,本条例未设定处罚但有关法律、法规已有处罚规定的,依照有关法律、法规的规定处罚。

第六章 附 则

第五十五条 本条例具体应用的问题由省人民政府负责解释。

第五十六条 本条例自2014年1月1日起施行。

选编七 海南经济特区基础设施投资综合补偿条例

(1994年4月28日海南省第一届人民代表大会常务委员会第八次会议通过,1994年5月31日起施行)

第一条 为了鼓励投资者投资经营基础设施,加快海南经济特区的开发建设,根据有关法律、法规及国家产业政策,制定本条例。

第二条　境内外投资者在海南经济特区投资经营基础设施的,其综合补偿适用本条例。

本条例所称的基础设施,是指海南经济特区公路网的骨架及干线公路、铁路、公用港口码头、民用机场和大型水工程。

第三条　鼓励投资者以独资、合资或合作等方式投资经营基础设施建设项目,并可依照国家有关规定投资经营与上述基础设施建设项目相关联的各类服务性企业,实行综合经营。

第四条　本条例所称的基础设施投资,按批准的工程概算的投资总额计算。

第五条　港口码头建设项目中港池、航道及水上防浪、导航设施等所占海洋水域,免缴海洋海域使用费。

在不违背城市建设总体规划,不破坏海洋水文和海洋动力等自然条件,不造成生态环境污染的前提下,允许港口码头投资者利用其邻近滩涂或水域吹填造地,其造地范围应符合经行政主管部门审定的港口总体布局规划,吹填造得的土地免缴海域使用费和征地费,其增值收入用于港口建设综合补偿。

第六条　经有关行政主管部门同意,投资者可以自采石、砂、土、地表水等资源用于基础设施建设项目,并免缴资源补偿费。投资者自采自用石、砂、土、地表水,不得造成对环境的污染和对资源的破坏;给他人生产、生活造成损失的,应当予以赔偿,并采取必要的补救措施。

第七条　对公路投资者实行"竣工一段,验收一段,营运一段,补偿一段"的补偿办法。从竣工、验收合格、投入营运后的第二年起,省交通行政主管部门从公路交通规费中逐年给予公路投资者补偿,使其投资的回收期不超过二十年。补偿时其投资利息按银行长期建设贷款利息计算。投资回收完成以后,省人民政府按补偿期间的年平均补偿额再补偿五年,作为投资回报。

自公路投资者按前款规定获得相应的投资补偿时起,相应的公路用地的土地使用权出让期限视为届满,相应的地上公路及其设施视为国家购得。

第八条　经省有关行政主管部门批准,投资者在其投资建设项目的经营中,可以在本特区范围内实行特殊的运价、水价、电价、飞机起降费、机场建设费和供水水源建设补偿收费标准,以加快投资回收。

第九条　政府提供以下几个补偿条件,由投资者自主经营以实现投资回报:

(一)根据投资者所确定的综合开发项目的实际需要,政府按照分类基准土地使用权出让价的70%出让给投资者一定数量的土地,供其开发经营;没有综合开发项目的,则不予提供用地。投资者从投资之日起十年内可以向政府提出综合开发项目用地的申请。

(二)允许投资者利用交通项目的地利,依法进行与投资项目相关联的多种经营;在公路沿线经营加油站、洗车场、维修厂站以及开展运输服务、出租沿线地下管线；经交通行政主管部门批准，经营水路客货运输业务；在铁路车站、货场、火车轮渡口、港口港区、机场候机楼等地点，经营为旅客和社会服务的第三产业。

（三）允许投资者在不妨碍水工程安全和效能的前提下，利用水工程的水面及周边划定的保护范围内的土地，依法开展多种经营；其他企业在上述范围内开发经营，要给水工程投资者一定的补偿。饮用水水源工程，要严防水质污染，不允许在其水面及周边开发经营。

（四）优先支持投资者以经营基础设施的企业为核心建立规范化的股份制企业。

（五）允许投资者依法自行组织工程建设。

第十条 基础设施建设项目用地的数量和范围，由有关行政主管部门在审批项目的初步设计时予以确定。投资者持批准的初步设计文件和其他有关批准文件，向市、县、自治县人民政府申请办理用地手续。

对公路、铁路和大型水工程的输水管道、渠道建设项目的用地，省人民政府可以定期颁布分类标准土地使用权出让价，由投资者向市、县、自治县人民政府交纳土地使用权出让金。市、县、自治县人民政府应当按照下列情形，综合调剂土地使用权出让金，用以保证被占用土地的农民、居民和单位应得的补偿：

（一）征用集体所有土地的，由市、县、自治县人民政府负责征地工作，征地补偿可以低于海南经济特区土地管理法规规定的征地补偿标准，具体办法按省人民政府的规定执行。

（二）占用国有土地的，被占用土地的土地使用权原属划拨方式者，市、县、自治县人民政府可以依照规定程序予以调整，被占用土地的居民或单位的拆迁安置工作，由市、县、自治县人民政府按照有关规定统筹办理。

（三）占用国有土地的，被占用土地的土地使用权原属有偿出让方式者，市、县、自治县人民政府可以依照规定程序提前收回土地使用权，并根据被占用土地的原土地使用者已使用年限和开发、利用土地的实际情况给予相应的补偿；原土地使用者需要搬迁的，由市、县、自治县人民政府按照有关规定统筹办理。

机场、港口码头、三级以上铁路站场、大型水工程所需建设用地的地价，按被占用土地的农民、居民和单位实际应得的补偿费计算。大型水工程建设和机场的移民安置按国家及省有关规定办理。

第十一条 省交通行政主管部门每年从公路交通规费中，按照在标准开支基数范围内经核定的公路养护的实际支出额拨给公路养护单位。

第十二条 有关行政主管部门依法与基础设施投资者签订建设项目投资综合补偿合同。发生违反建设项目投资综合补偿合同的行为时，违约方应当依照合同的约定或者法律法规的规定,承担违约责任。

第十三条 省人民政府可依据本条例制定实施细则。

第十四条 本条例具体应用中的问题由省人民政府负责解释。

第十五条 本条例自公布之日起施行。

注:海南省人民代表大会常务委员会2006年11月3日决定,2006年12月1日起废止本条例。

附:

关于废止《海南经济特区基础设施投资综合补偿条例》的说明

主任、各位副主任、秘书长、各位委员:

受省政府委托,现就废止《海南经济特区基础设施投资综合补偿条例》(简称《条例》)作如下说明:

一、《条例》出台的背景

建省初期,我省基础设施建设严重滞后,制约着经济的发展。海南要发展,必须加快基础设施建设,特别是交通基础设施建设,这已成为全省人民的共识。由于我省经济底子薄,无法从财政中拿出大量资金投入基础设施建设。因此,资金成为制约我省基础设施建设的瓶颈。特别是从1992年起,国家对经济建设实行宏观调控,紧缩银根,政府依靠贷款解决基础设施建设资金短缺变得非常困难。在这种情况下,为了筹措资金加快我省基础设施建设,适应经济迅速发展的需要,省人大常委会于1994年5月31日颁布实施了《海南经济特区基础设施综合补偿条例》(以下简称《条例》),通过立法制定优惠政策,鼓励投资者对我省公路网的骨架及干线公路、铁路、公用港口码头、民用机场和大型水工程进行投资建设经营,政府给予综合补偿。

二、《条例》在我省基础设施建设中起过一定的积极作用

《条例》颁布实施后,在社会上引起很大的反响,对投资者具有一定的吸引力。特别是由于投资公路建设有收费权,投资回报相对有保证,因此,对投资者吸引力更大。海南泛华股份有限公司、海南凯立中线高速公路股份公司和海南省东段高速公路股份公司与省交通厅签订了《综合补偿合同》,通过发行股票等方式筹集资金10亿多元,分别投资经营建设海文高速公路、中线海口至永发段高速公路和东段高速公路。东段高速公路建设明显加快,海文高速公路和中线海口至永发高速公路也先后动工。总之,《条例》在当时的条件下,对加快我省基础设施建设起到了一定的积极作用。

三、废止《条例》的主要理由

这几年,随着国家政策的调整和变化,我省经济环境、基础设施的状况也发生了巨大的变化,《条例》已不适应我省经济社会发展的需要。

(一)建省初期,我省实行一系列特区优惠政策,国内外投资者来海南投资活跃,客流量、车流量迅猛增长,对交通基础设施建设提出了较高的要求。颁布实施《条例》,通过土地、优惠各种税收、收费及经营权许可等补偿投资,对投资进行基础设施建设具有一定的吸引力。随着我国改革开放的深入和市场经济的逐步规范,房地产泡沫经济破灭,外来投资锐减,地价暴跌,不但加大了投资者筹资的难度,而且加大了投资风险,《条例》的吸引力日趋下降。

(二)《条例》实施过程中出现的一些问题,有悖于立法初衷。

《条例》规定的综合补偿范围包括公路、机场、港口码头、铁路及水工程。《条例》实施后,由于种种原因,至今没有投资者投资大型机场、港口码头、铁路及水工程项目建设。仅仅是在公路基础建设方面有泛华股份公司、凯立股份公司和东段高速公路股份公司投资。但具体实施综合补偿过程中也存在一些问题:

一是由于基础设施建设项目需要大量投资,而且投资回收期长,投资者要建设大型基础设施项目仍需要通过大量的贷款来解决资金问题。然而,由于投资者本身不可能有足够的资产抵押,银行难以为其提供贷款,造成项目半途停工,对经济和社会产生了难以消除的消极影响,如泛华股份公司和凯立股份公司负责投资经营建设的海文高速公路和中线高速公路情况就是如此。

二是投资者投资建设高等级公路取得的投资回报,应由车流量和政府确定的收费标准确定。由于《条例》规定了对投资者的投资补偿按照国家长期贷款利率给予固定的还本付息,因此当车流量明显减少的时候,政府给投资者的投资补偿比其应取得的投资回报要多,实际上投资者的投资风险转移给了政府承担;而当车流量明显增多的时候,政府给投资者的投资回报比其应取得的投资收益要少,结果造成政府损害了企业的利益。由于我省高等级公路车流量不大,因此,投资者的投资风险实际上都由政府承担。

三是公路收费是随着交通量增长而逐年递增的,因此,在融资过程中公路收费收入与偿债水平要相匹配,确保公路规费收入最小期为偿债的低峰期。由于《条例》规定了对投资者的投资补偿按长期贷款利率还本付息,因此,补偿额呈逐年递减之势。结果出现了公路收费收入最小期为偿债高峰期的倒挂现象,政府补偿压力加重,造成资金周转恶性循环。

四是政府难以控制项目造价和质量。按《条例》规定,投资者投资基础设施建设由政府按工程概算给予投资补偿,由于概算与实际投资总是存在一定的差额,而投资者投资基础设施又纯属企业行为,因此,投资者为了获取概算与实际投资差额的利益,一方面千方百计提高工程概算;另一方面又千方百计向施工单位压低工程造价,从而增加了偷工减料的可能性。对此政府难以控制,实际上也就增加了政府的补偿负担。

(三)1998年以来,国家实施加大基础设施建设投入,扩大内需,拉动经济发展的积极财政政策,政府可以通过贷款等渠道筹措基础设施建设资金。特别是国家为了加快公路基础设施建设,制定了倾斜政策,允许用公路收费权质押向银行贷款建设公路。由于《条例》在实施过程中存在的实际问题,1998年以来,没有任何投资者提出通过综合补偿的方式从事我省公路基础设施建设,我省的公路建设的资金筹措都是政府以燃油附加费为质押,通过向银行贷款获得的。

《条例》颁布实施后,投资者投资建设基础设施的,有关政府部门都和其签订了投资协议,这些协议仍然在执行中,废止《条例》并不影响协议的有效性。

以上说明。请审议。

2006年11月3日

第九节　海南高速公路服务区建设和运营新模式

海南省地处中国最南端,纵跨热带和亚热带两区域,森林覆盖率高、海岸线绵长,旅游资源得天独厚。开放式、不收费的高速公路是旅客行走海南的主要选择之一。高速公路作为海南公路交通的主角,在人们的日常出行中扮演了非常重要的角色。目前海南高速公路已列入了国家公路网规划,未来海南将构筑起"田字形"的高速路网,随着高速路网的建成,海南也构建起"2小时交通圈",市县城(镇)之间实现2个多小时内到达,形成便捷的交通网。海南建设国际旅游岛以来,省内游客大量增加,其中就有大部分游客会将相当一部分时间花费在高速公路的奔波旅途中,因此高速公路服务区自然也就成了海南展示给国内外游客的一扇窗口。

随着高速公路通车里程的不断延伸、客流量的不断增长,必然要求服务区扩大服务项目的种类、数量等,从而形成特殊的经济区域,其产业价值的重要性正日益受到重视。服务设施不仅承担着高速公路加油、修理、餐饮、休息等重要功能,也是高速公路经营者直接面向社会、面对顾客展示文明形象的重要窗口。因此,服务设施既要做到功能适宜、服务到位,而且应合理设计、长远规划,本着以人为本、以车为本的原则,不断改进、最大限度地体现人性化服务。

（一）海南省高速公路服务区现状

截至2016年底,海南省高速公路通车总里程达795km,已通车的高速公路主要有海南环岛高速公路(G98)、海琼高速公路(G9812)、中线高速公路(G9811)三条主要高速公路以及海口联络线(S81)、机场联络线(S82)、三亚东联络线(S83)、三亚西联络线(S84)四条高速公路联络线,设计速度80～100km/h,均为四车道、开放型、不收费高速公路。其中,海南环岛高速公路(G98)由东段高速公路、西段高速公路、绕城高速公路组成,东段高速公路主要以旅游客运为主,西段高速公路主要以产业货运为主,绕城高速公路主要承担过境车辆绕行和组织车辆进入城区。中线高速公路琼中至乐东段、海琼高速公路文昌至琼海段和横线高速公路为规划线位,尚未建成通车。

1. 环岛高速公路(G98)服务设施

环岛高速公路现有服务设施权属油品经营公司(中石油或中石化),除龙桥(中石化)定位为服务区外,其余均定位为加油站,并按照海南省加油行业"十二五"发展规划建设,全部分布在海南环岛高速公路(G98)上。截至2015年7月底,环岛高速公路现有服务设施共计17处,其中运营中服务区14处,以加油站为基础逐步发展而成,除美人坡和仙沟服务区为单侧外,其余均为双侧,主要功能以加油、加水为主,另设有石油企业便利店、小型公厕,个别场区设有咖啡、简餐、旅游购物等商业设施;建设中服务设施共计2处,即新联服务区和崖城服务区。在建服务设施均为双侧,设有餐饮、便利店、加油、公厕等设施,功能较为全面;待建中服务设施1处,为丁村服务区,桩号K690+600,其土地已征收完毕,准备进行建设。

2. 中线高速公路(G9811)服务设施

中线高速公路(G9811)服务设施分为建设中的服务设施和既有规划的服务设施。根据调研情况,中线高速公路建设中的服务设施共计3处,为永兴服务区、屯昌服务区和枫木服务区,占地面积分别为4.376公顷(65.64亩)、4.86公顷(72.91亩)、4.667公顷(70亩),设有餐饮、便利店、加油、公厕等设施,功能较为全面。中线高速公路既有规划的服务设施有白石岭停车区、琼中服务区、毛阳停车区、乐东服务区和乐光停车区,共计3处停车区,2处服务区。

3. 海文高速公路(G9812)服务设施

海文高速公路暂无服务区,仅在文昌市潭牛镇有服务区建设意向,但具体工作尚未开展。海文高速公路既有规划的服务设施有冯家湾服务区1处,占地面积4公顷(60亩)。

4. 万洋高速公路(G9813)服务设施

横线高速公路暂未通车,既有规划的服务设施有1处停车区和3处服务区,即万宁停车区、东太服务区、阳江服务区和大成服务区。

海南环岛中线高速公路屯昌服务区

纵观海南省高速公路服务区,中线和横线高速公路由于建设时间较短,服务区建设基本与高速公路建设同步设计、同步进行,无论从选址还是规模、内部结构上都较为合理;海琼高速公路暂无服务区,但服务区建设意向和规划选址较合理;而环岛高速公路由于通车年限较为久远,其服务区建设稍显滞后,且大多由加油站发展而来,服务能力和水平与全国其他地区相比还存在一定的差距,与海南省国际旅游岛的定位也不相匹配。

(二)高速公路服务区规划

2010年1月4日,国务院发布《关于推进海南国际旅游岛建设发展的若干意见》,将海南建设国际旅游岛上升为国家战略。2011年5月26日,交通运输部正式发布了《交通运输"十二五"发展规划》。《规划》提出,到2015年,国家高速公路网基本建成,高速公路总里程达到10.8万km。中国高速公路服务区一般都以50km为标准间距设置,在进行高速公路服务区规划时一般采取成对设置的方法,即道路两侧各设1处服务区。

1. 总体规划目标和宗旨

为了全面落实海南省国际旅游岛战略,贯彻执行海南省委、省政府的新要求,实现2020年将海南建成旅游国际化程度高、生态环境优美、文化魅力独特、社会文明祥和的世界一流的海岛型国际旅游目的地的总体战略目标,进一步适应国家关于推进海南国际旅游岛建设发展战略对海南省交通运输行业的新要求,经调研考察后,海南省公路管理局决定组织和开展《海南省高速公路服务设施总体规划》项目,对全省高速公路服务设施进行了总体规划。按照匡算组成分类,本次高速公路服务设施总体规划项目总投资17.37亿元,其中,建筑安装费用(场区和匝道建筑安装费)9.41亿元,设备、工具及器具购置费

0.92亿元,场区征地及其他费用5.62亿元,预备费1.40亿元。

本次规划旨在分析海南国际旅游岛战略对交通运输服务的需求,并找出海南省现有高速公路服务设施在总体布设、功能组成、设施布置和服务质量等方面的不足,吸取国内外、省内外高速公路服务设施规划理念、技术标准、运营管理等经验,探索出适合海南省省情和高速公路网络特点的高速公路服务设施规划设计,做到编制定位准确、改造务实创新,设施系统前瞻、管理竞争共存。本次规划2015年至2020年底海南省高速公路将全部建成。

规划的目标,是使海南省高速公路服务体系逐步形成并协调发展,协助海南省旅游经济又好又快发展;使海南省高速公路服务设施系统与海南省国际旅游岛形象相匹配,满足入岛的各类人群在高速公路上的精神及心理需求,成为展示海南开放之岛、绿色之岛、文明之岛、和谐之岛风貌的载体。本次总体规划基于适度超前、加快发展、统筹协调,注重衔接、实事求是,量力而行、注重效益,低碳环保、协调分析,整体优化的原则,最终实现"整体分布均衡、结构层次分明、功能规模适宜、海岛特色突出、品质接轨国际"的建设目标。在对现有服务设施进行整改的基础上,突破原有不符合技术标准和规范又难以整改的服务设施的限制,对高速公路服务设施体系进行全面提升和改善。按照"突破限制、全面提升、多元综合、突出特色、提高运输服务水平"的思路,将海南省高速公路服务区规划为基本型、综合型、拓展型服务区和停车区四种类型,并辅以未能提升改造的原有服务设施。

2. 总体规划布局

按照"突破限制、全面提升、多元综合、突出特色、提高运输服务水平"的思路,尽量利用高速公路原有服务设施,同时突破原有服务设施的限制,将不符合技术标准又难以整改的服务设施恢复其加油站的定位,并在合适的位置新建服务设施,形成服务区和加油站并存的高速公路服务系统,对高速公路服务设施体系进行全面提升和改善。

将海南省高速公路服务区规划为基本型、综合型、拓展型服务区和停车区四种类型,以基本型服务区为依托、突出综合型服务区,在资源环境适宜的位置设置停车区、发展拓展型服务区、并辅以未能提升改造的以加油站为主体的现有服务设施。

3. 服务设施类型

服务设施类型设置是根据服务设施的选址,在路网密集、交通及行政区位优势明显、交通流量较大且资源丰富的位置建设综合型服务区,在环境资源条件适宜的地方发展拓展型服务区,将中线和横线高速公路新增设的服务设施定为停车区,作为沿线停车观景使用,其余纳入规划的服务设施设置为基本型服务区,原有但未纳入规划的服务设施保持其加油站的定位并维持原有规模不变。

根据以上分析,各高速公路服务设施类型设置情况如下:

(1)环岛高速公路(G98)

龙桥(中石化)、中原、新联、洋浦服务区设置为综合型服务区,其他为基本型服务区。根据拓展服务区的拓展内容及服务设施所在区域的资源优势,建议在兴隆服务区设置海岛民俗风情体验区,新联服务区设置野外露营区、海岛民俗风情体验区或引进免税店、特许经营店等,洋浦服务区设置物流仓储基地、海鲜交易市场等。环岛高速公路(G98)共规划服务设施14处,其中10处基本型服务区、4处综合型服务区;可在兴隆、新联和洋浦3处服务区拓展服务功能,形成拓展型服务区。

(2)中线高速公路(G9811)和横线高速公路(G9813)

中线高速公路(G9811)共规划服务设施5处,琼中、乐东服务区设置为综合型服务区,其余均设置为基本型服务区。根据拓展服务区的拓展内容及服务设施所在区域的资源优势,建议在琼中服务区设置野外露营基地、海岛民俗风情体验区或房车营地。

横线高速公路(G9813)共规划服务设施4处,万宁停车区设置为停车区,其余服务设施均设置为基本型服务区。

综上,中线高速公路(G9811)共规划服务设施5处,其中2处综合型服务区、3处停车区;可在琼中1处服务区拓展服务功能,形成拓展型服务区。横线高速公路(G9813)共规划服务设施4处,其中3处基本型服务区、1处停车区。

(3)海文高速公路(G9812)

海文高速(G9812)共规划服务设施2处,潭牛服务区设置为综合型服务区,冯家湾服务区设置为基本型服务区。根据拓展服务区的拓展内容及服务设施所在区域的资源优势,最终确定在潭牛服务区设置海岛民俗风情体验区。

综上,海文高速公路(G9812)共规划服务设施2处,可在潭牛1处服务区拓展服务功能,形成拓展型服务区。

(三)服务区特点

海南省高速公路服务设施的功能定位可概括为:突出海南、突出国际、突出旅游,服务地方、服务群众和展现海南独有的地方特色和风情。

1.突出海南、国际和旅游因素

结合海南各地区的风景及风土人情,对高速公路服务设施进行总体规划布局,并配套使用先进的硬件设施,参照国内外先进的理念设置各项服务功能和标准,向国内国际社会展示国际化海南旅游岛专业友好的形象。通过科学合理布局,全面提升高速公路服务品质,展现国际化、现代化、地域化的海南高速公路服务区风貌,为海南国际旅游岛战略提供基础设施支撑。

2. 服务地方和群众

通过对当地经济、文化、历史、自然和人文特色进行全方位的展示,达到行销地方经济的目的,合理开发当地资源,加快信息化,促进经济社会发展。服务区不仅为过往旅客服务,同时也为当地人民群众服务,坚持开放的原则,服务区能够直接服务当地群众的生活需要,提高人民生活水平、改善人民的生活质量。

3. 展现海南独有的地方特色和风情

高速公路服务设施是高速公路对外形象的窗口,在服务区的各个细节融入海南独特的文化和风景,为国内外游客提供专业化的服务,打造世界一流的海岛休闲度假旅游目的地、全国生态文明建设示范区、国际经济合作和文化交流的重要平台。

4. 加快推进服务区经营业务的多样化、品牌化和综合化

(1) 用发展的眼光对高速公路服务区进行科学定义,对其服务理念和服务方向准确定位。服务区不仅应具备公厕、餐饮、便利店、住宿、停车、加油、汽修等基本功能,还要与日益增长的社会需求相适应,其服务功能的延伸是社会发展的必然要求。服务区在具备基本服务功能的同时,还应具备特色餐饮、规模超市、休闲娱乐、信息服务等多层次服务功能,以及物流仓储、货物中转、旅客中转、旅游服务等拓展功能。

(2) 开展高速公路综合服务区离岛免税业务。以建设综合服务区免税店为基础打造旅游购物、特色餐饮的服务驿站,对海南建设国际旅游岛有非常重要的意义。一是通过综合服务区建设,吸引大量的游客,有利于改变目前海南旅游市场南强北弱、三亚一枝独秀的局面。长期以来,到海南休闲度假的游客言必称三亚,其实海南除了三亚以外还有许多不为外人所知的美丽风景。综合服务区免税店建成后,服务区必然会成为游客休闲、购物、餐饮的重要选择,自然就会吸引大量的游客,从而增加了游客除了三亚以外的选择,这种选择的增加既有利于目前琼北旅游圈的打造,也有助于高速公路沿途各市县发展旅游业。二是在高速公路服务区建设综合服务区免税店是对当前离岛免税政策的一种大胆尝试。高速公路服务区处于一个相对比较独立的位置,在这个特殊的位置上无论是管理难度、还是创新的风险都是相对较低的。虽然目前的离岛免税政策给海南带来许多机遇,但也的确存在不足,这就需要人们在现有基础上进行创新、进行尝试。高速公路服务区可以作为这种创新和尝试的先行区、试验区,因为它具备解决这些问题的条件。

(3) 拓展服务功能。海南高速公路服务设施可充分利用海南省独特的地域、环境优势对其服务功能进行深入挖掘,拓展其服务功能,如在服务设施内引入生态观光区、自驾车营地、休闲度假驿站等特色旅游园区,让旅客在享受高速公路服务设施服务的同时,更进一步感受到海南省独有的地方特色及风情。把高速公路服务区打造成海南国际旅游岛的品牌窗口,为国内外游客提供专业化的旅游服务,让高速公路服务区为单调的旅途奔波

增添一抹色彩。如何创新运营模式,提升运作效率,打造具有海南特色的高速公路服务是要抓紧研究解决的问题。在建设综合服务区免税店的基础上,引进具有海南特色的中高端旅游商品、海南风味饮食,把综合服务区打造成国内外游客旅游购物、特色餐饮的服务驿站。

(4)借助知名品牌提升服务水平。将简单垄断模式向连锁经营模式转变,引入当地和国内外知名餐饮品牌,借助其品牌、品质和服务优势快速提升海南省服务区服务水平。海南高速公路服务区建设还要增加富有地方特色的品牌商品,以多样化服务功能实现弹性经营。例如福山咖啡、兴隆咖啡可以引入服务区建立咖啡馆,海南特有的水果、乡土小吃等可以在服务区设点叫卖等,从而实现服务区和地方经济的双赢。

(5)建设物流配送中心。借势打造服务区商贸流通和旅客中转平台,利用服务区的地域优势和交通便利条件,因地制宜建设服务区物流配送中心和客运中转中心。

(6)推出特色服务和商品。借助海南特有的海风情和气候优势,将服务区作为旅游传播的载体,进行专业的旅游策划,推出特色服务和商品,如设置旅游景点多媒体信息发布屏、地图检视系统和推介展台等,推出环岛高速公路海湾风情游、中线高速公路原始生态深度游等旅游产品。

第十节 转型发展中的海南高速公路服务区

交通旅游融合发展乃大势所趋,高速公路服务区作为交通运输行业的重要窗口,对于促进地方旅游经济发展的作用越来越重要。作为我国最受欢迎的热带滨海度假胜地,2016年海南省被确定为全国首个全域旅游示范省。然而受制于管理体制的先天不足,海南省高速公路服务区的发展水平一直严重滞后于经济及旅游发展步伐。

2015年起,借着交通运输部开展高速公路服务区文明服务创建的契机,海南省交通运输主管部门顺势而为,加大了对高速公路服务区的重视程度和管理强度。经过两年多的发展,如今的海南省高速公路服务区已经取得了显著进步,正逐渐成为海南建设国际旅游岛、创建全域旅游示范省的重要支撑。

(一)历史问题造就落后局面

1994年底,海南第一条高速公路——海南环岛东段高速公路右幅建成通车,截至2016年底,海南省高速公路已建成822km,在建357km,谋划新建约120km,预计到2020年,海南高速公路总里程将达1280km。

早在东段高速公路建成不久,海南就开始规划建设服务设施,鉴于加油站由商务部门管理,油品由石油企业供给,本着"小政府、大社会"的原则,把高速公路沿线服务设施的建设与运营权交给了石油企业,相应的建设用地也转让给了石油企业。但由于受占地、权属、经营和投入等多方面因素制约,海南省先期建设的服务区普遍规模小、基础设施差,大多只有加油站、便利店、卫生间、停车场等简陋设施,与其他省市的高速公路服务区发展水平也有着明显差距,既达不到交通运输部的要求,也满足不了社会公众的需求,严重影响了海南省交通运输行业的形象,与海南省国际旅游岛的战略地位不相匹配。

蓝天白云,阳光椰影,沙滩大海……海南环岛高速公路上的"海南元素"

截至2016年底,海南省共建设完成18对(个)(3个单侧,15对双侧)高速公路服务区,分别位于海南 G98 环岛高速公路、G9811 中线高速公路。其中隶属中国石油化工股份有限公司海南石油分公司(简称"中石化")产权的有13对(个),隶属中国石油天然气股份有限公司海南销售分公司(简称"中石油")产权的有3对(个),隶属海南省交通投资控股有限公司(简称"海南交控")产权的有2对(G9811 中线屯昌服务区、枫木服务区)。除中石化龙桥服务区和海南交控屯昌服务区、枫木服务区是按交通运输部标准设计施工和建设,其他均为20世纪90年代建设的加油站改造而成。

(二)文明创建迎来转型契机

2015年,交通运输部下发了《关于开展全国高速公路服务区文明服务创建工作的通知》,以此为契机,海南省正式拉开了对高速公路服务区进行规范化管理的大幕,海南省交通运输厅成立了由分管副厅长任组长的服务区文明服务创建工作领导小组,印发了《文明服务创建工作通知》,联合中石油、中石化及时开展了服务区文明服务创建工作。文明创建使海南各服务区在规范管理、提供多样化服务、改善环境卫生等方面有了明显改观,但也充分暴露了其管理中的不足,尤其是管理体制存在的先天不足。由此,海南省交通运输厅制订了把服务区与高速公路同步规划与建设的方针,服务区建设开创了新的局面。

2017年,《海南省交通运输部关于开展全国高速公路服务区服务质量等级评定工作的通知》下发后,海南省交通运输厅先后3次召开专题会议,研究部署高速公路服务区服务质量提升与等级评定工作,并由分管厅领导牵头成立了工作机构,制定下发了开展等级评定工作的通知。海南省公路管理局成立了由局主要领导任组长的服务区服务质量提升工作领导小组和由管理与专业人员组成的工作组,制订印发了《海南省高速公路服务区服务质量提升工作方案》,组织召开了由中石油、中石化、海南交控等运营企业参加的专题会议,全面部署了高速公路服务区服务质量提升整顿工作。

针对各服务区环境卫生脏、乱、差及管理不到位等突出问题,自2017年6月起,组织服务区进行环境大整顿、功能再完善,对各功能区基础设施、环境卫生、文明服务、安全管理等进行全面整顿。结合大多数服务区建设起步晚、服务功能单一的现状,把现有服务区分两类进行管理,新建的龙桥服务区和早期建设但占地面积大、基础设施较完备的东红服务区,按照达标服务区进行管理,要求服务区及时完善基础设施、补足服务功能、提升服务质量;把其他旧服务区及新建未正式运营的服务区,按停车区标准检查评定,要求改善已有设施,加强场站管理,提升服务质量。

G9811中线高速公路琼中至乐东段、G9813横线高速公路万宁至洋浦段、G9812文昌至琼海高速公路正在建设中,同步规划建设了服务区,将由海南交控负责运营。

(三)群策群力提升服务质量

为确保各服务区服务质量明显提升,海南省交通运输厅与中石油、中石化及各相关单位建立了联合督查机制,按照统一思想、统一目标、统一行动的原则,针对重点难点问题展开工作。

加强协调。针对影响服务区服务质量提升的关键问题,海南省交通运输厅、海南省公路管理局多次召开了协调会,召集运营管理单位学习海南省交通运输部相关文件精神及海南省委、省政府国际旅游岛建设要求,讨论存在的问题及解决方案,这对问题整改和服务质量的提升起到了决定性作用。

加强指导。海南省公路管理局组织专业人员组成工作组,按照《全国高速公路服务区服务质量等级评定记分细则》的要求,每两到三周对各服务区进行一次检查,及时发现存在的问题,现场提出整改意见;对经营管理单位不明白的问题进行现场解答,对难以确定的问题提出专业指导意见,指导运营单位做好整改与建设工作。

加强巡查。除各经营管理单位自查自纠外,海南省公路管理局3个路政稽查大队在工作日及大部分节假日期间,对辖区内的服务区进行日常监督检查,及时向工作组和经营管理单位反馈巡查情况,监督整改落实;同时,协助管理单位处理乱摆摊设点、流动叫卖等影响服务区正常运营与形象等问题。

加强交流。建立包含工作组、经营管理单位的微信工作平台,每天就工作中遇到的问题和想法、做法进行交流,同时就取得的成绩在平台展示、相互借鉴,形成了群策群力、比学赶帮超的良好局面,促进了问题的及时与妥善解决。

经过各方努力,海南省各服务区的服务质量有了明显改善:服务区服务功能逐步完善。龙桥服务区设置了第三卫生间、母婴室、应急用房,建立了信息服务查询系统;东红服务区重新提供了餐饮服务,重新施划了停车位,确定了汽车维修联络点等。其余各服务区也均不同程度地对停车位进行重新施划,修补、硬化破损路面,完善了相关标志标牌及导流标线等。环境卫生明显改善。各服务区集中进行环境卫生整治,统一配置了分类垃圾箱,对垃圾进行分类处理,消灭"脏乱差";增派专职保洁员,进行常态化保洁等。龙桥、东红、中原、洋浦等客流量大的服务区配备保安,实行24小时值班。各服务区均制定了加油站、餐饮、财务、采购、仓储、设备的管理制度,完善了应急保障机制、卫生间清洁标准等相关要求。

在2017年9月的全国评定委员会现场考核中,专家组对海南省对服务质量等级评定工作的重视程度、采取的有力措施,以及各服务区展现出来的良好状态,给予了充分肯定。检查结束后,结合专家提出的意见和建议,海南按照既定计划,联合中石化、中石油、海南交控三大管理主体,针对服务区建设运营中的问题进一步进行了整改。其中,根据海南省交通运输厅建议,中石化海南公司近期计划投资1200万元,对所属服务区破损水泥板进行统一修复,对服务区标志、标线和照明设施进行统一施工,并计划在有条件的服务区统一设置第三卫生间和母婴室。海南交控抓紧中线高速公路屯昌与枫木服务区的招标,要求餐饮、小吃、咖啡厅、超市、工艺零售等项目同时入住,力争于2018年跨入达标服务区行列。

(四)打造国际旅游岛的重要支撑

接下来,海南将按照《关于促进交通运输与旅游融合发展的若干意见》和海南省委、省政府建设国际旅游岛、打造世界一流海岛休闲度假旅游目的地的相关要求,把服务区建设放在建设国际旅游岛的战略高度来重新定位,优化布局、强化服务功能配置,明确行政监管主体、规范运营管理主体,完善管理制度、建立健全监管机制。

调整总体规划。根据《海南省全域旅游建设发展规划(2016—2020年)》要求,基于"全域旅游"和"多规合一"原则,调整服务区的总体规划,同步规划建设公路应急抢险中心与多功能服务区。高速公路周边市县最少建一个服务区,其中海口、琼海、三亚等城市周围服务区,要与当地旅游资源进行深度融合,重点打造多功能示范服务区。同时,布设一定数量的停车区,满足商务出行与旅游出行人群的需要。

加快建设步伐。根据目前老旧服务区建设规模小、难以满足需求的情况，一方面，要求中石油、中石化加快升级改造步伐，并在政策上给予一定的支持。另一方面，立即启动三亚新联服务区建设计划，展现交通与旅游的有机融合；对琼海中原服务区另择点位建设，同步建设东部公路应急抢险中心，为博鳌亚洲论坛提供有力保障；按协议收回或回购东方(八所)、洋浦两服务区用地，重新进行规划建设，打造西部战略支撑点。

规范运营管理。首先是尽快制定完善服务区管理制度，明确建设管理责任主体、建设标准、运营管理监管机构、服务质量标准等。严格落实交通运输部服务区文明服务创建相关要求，开展服务质量等级评定工作；定期检查服务区服务质量，开展动态考核评定，对服务质量不佳的服务区，责令限期整改，对不达标、整改不力、管理责任缺失、服务质量明显下降的服务区，按规定严肃处理；完善社会监督机制，充分利用12328、12345投诉受理服务平台，及时回应公众诉求；按照现代管理理念，加大对服务区专业经营管理人员的培训，提高专业化管理水平；以新的服务标准为指导，分时段、分层次开展员工教育与培训，提升员工技能水平。

对于高速公路服务区改造提升，海南省交通运输厅党组书记、厅长林东曾明确指出："海南高速公路服务区标准低、服务差，与国际旅游岛形象不匹配，要以国际化的标准实施服务区改造升级，建设一批具有示范意义的国际化特色旅游服务设施，为基本建成国际旅游岛提供坚强保障和有力支撑。"

在当前交通运输和旅游深度融合发展的大趋势下，高速公路服务区建设与旅游元素的结合已成为"加快建设经济繁荣、社会文明、生态宜居、人民幸福的美好新海南"的重要环节。在海南省委、省政府的正确领导下，海南交通系统的干部职工将齐心勠力，协调旅游部门、石油企业，共同把高速公路服务区打造成"环境优美、功能完善、特色突出、服务规范"的服务窗口，为建设国际旅游岛、创建全域旅游示范省提供坚强保障和有力支撑。

第十一节　海南高速公路交通整治新闻报道选录

选录一　海南环岛高速公路东段交通秩序亟须整治

1994年4月27日，记者从三亚驾车返回海口，在高速公路上，不断发现有板车、自行车和担着东西的行人，还发现有几头牛在"漫步"，有几处不知什么时候被撞坏的围栏，东倒西歪，看到这些场面，笔者十分担忧。建议海南省有关部门一定要切实加强对高速公路的管理，同时，加强对沿路居民群众的交通安全教育，确保高速公路交通安全、畅通。

根据群众来信反映的海南省东段高速公路管理上存在的问题，记者走访了海南省高速公路公安局负责人,做了一次信访问题调查。

海南省从 1988 年动工兴建海南东段高速公路。该高速公路北起琼山市府城镇,南至三亚市田独镇,全长 269km,投资 10.5 亿元,工程分工期完成。目前,已建成通车的有 194km,剩余部分正加紧施工。高速公路的建设,对改善海南省投资、旅游环境,促进经济发展,将起重大作用。自海南东段高速公路琼山市府城至陵水县城路段开通以来,交通秩序管理问题较多。

海南环岛高速公路治超行动

其一,设施遭受破坏严重。高速公路实行封闭式管理,两侧设置了铁丝防护网和防撞栏。沿线不少农民为了生活和生产的方便,竟偷剪防护网一千多处,防撞栏也多处受损。有个别人见利忘义,在高速公路附近开设采石场,为运输石料之便,多次偷拆防护栏的波形板当出入口,运石车辆在高速公路上掉头和抛锚,给交通安全带来严重隐患。

其二,按规定,行人、牲畜、非机动车、简易汽车、拖拉机等不得进入高速公路,车辆在高速公路上不准掉头、倒车、停车。但沿线群众和司机对高速公路交通管理的知识缺乏了解,以致违章违规的现象屡屡发生。有的把牛、羊等牲畜赶到高速公路铁丝防护网内放养,常有牛、羊等牲畜跑上公路;有的随意在高速公路上拦截搭乘汽车,自行车、摩托车、拖拉机等也上高速公路。如万宁大茂至陵城路段,6 月 21 日至 23 日,违禁上高速公路的各种车辆平均每天 51 辆。

其三,交通事故发生频繁。由于不少司机违规超速行驶,以致酿成车祸。1993 年 1 月至 1994 年 4 月,高速公路共发生交通事故 72 起,死亡 44 人,造成经济损失 489 万元。

海南省东段高速公路违章现象多,交通事故多,主要原因在于管理跟不上。按我国高速公路的管理规定,高速公路平均每公里应配备 5 个警力,除巡逻警察外,每个匝道应设有固定岗。但海南省的情况是,负责高速公路交通秩序管理任务的海南省高速公路公安局从 1992 年 12 月成立至今,人员、经费迟迟不能到位,尚缺少必要的交通工具和通信工具,现有力量仅能上路管理府城至黄竹 65km 路段,而黄竹至陵城 165km 路段只好委托沿线各市、县交警部门管理。但地方交警部门人手少,任务重,管理高速公路的效果并不理想。

为保证开通路段有一个良好的行车秩序,施工路段有一个良好的治安环境,海南省公安厅和海南省交通厅联合组织力量整顿东段高速公路的交通秩序。15 天中,共行政拘留无证驾驶违禁车辆违法分子 9 名,处理交通违章 2617 人次,扣罚牌证 1692 件,劝阻行人上高速公路 1147 人次。整顿的效果是明显的,在高速公路上行驶的摩托车、自行车等违禁车辆,从原来每天 260 多辆减少到 30 多辆;截乘汽车的行人,从每天 300 多人减少到 60 多人;驾驶员违章行车现象也大大减少。交通秩序好转,交通事故大幅度下降。

要让高速公路行车秩序有根本好转,最重要的是要建立和完善高速公路的管理机制,配备一支装备先进、人员充足的交警队伍,另外还要长期地、深入地向群众宣传交通法规,不断增强群众的交通安全意识。(原载《海南日报》)

选录二 打击车匪路霸,确保"大动脉"畅通
——海南高速公路公安局局长潘正潮访谈录

东段高速公路是海南省三条南北贯穿的交通主干线之一,是大特区经济建设的大动脉。高峰期昼夜车流量为 8000 辆次左右。2000 年春节将至,岛内公路交通安全问题又成为广大群众极为关注的热点,就确保交通的安全畅通,1999 年 12 月 3 日,记者走访了海南省高速公路公安局局长潘正潮同志。

东段高速公路自开通以来,特别是 1998 年其交通安全状况如何呢?潘局长十分严肃地说:"1998 年,在东段高速公路上共发生抢劫案件 47 宗,被劫现金、财物价值 35 万元。特别是在 1998 年 7 月至 11 月间,连续发生 14 宗持刀、持枪抢劫等暴力案件(其中有 9 宗是在 9 月以后发案)"。高速公路上车匪路霸活动猖獗,其犯罪气焰十分嚣张。据不完全统计,到目前为止,被劫现金、财物总共价值 186 万元,被劫事主 1 死 3 伤。

高速公路上的交通事故情况也不容乐观。1998 年共发生交通事故 156 起,死亡 43 人,经济损失 755 万元。11 月 12 日同一天晚上在同一路段先后发生了 3 起交通事故,有 8 辆车追尾相撞,损失惨重,幸好无重伤、死亡。

针对这种情况,海南省公安厅、海南省交通厅都极为重视,决定从现在起至 2000 年 2 月 18 日止在东段高速公路深入开展一次打击车匪路霸和整顿交通秩序的行动。这次行动由海南省高速公路公安局牵头,并负责协调、检查、督促和收集反馈信息等具体工作。各市县公安局仍按属地管理的原则负责辖区内高速公路的巡逻、守候和对高速公路已发案的侦破、追逃及情报网的建立以及宣传发动等工作,并由各市县交通局、高速公路分公司派员参与交通秩序的整顿。

"这次打击行动是当前形势的需要,是关系到人民群众生命财产安全的大事,也是关系到特区经济建设和改革开放能否顺利进行以及社会稳定的大问题,作为高速公路公安局的主要领导,责任重,时间紧,你们准备采取什么措施?"记者问。

潘局长说,这次打击行动要以海南省委和海南省公安厅关于继续深入开展"严打"斗争的指示为动力,做到三个集中、三个结合,即领导集中、警力集中、时间集中,上下结合,内外结合、打击整治结合。充分发动和依靠高速公路沿线群众及基层党组织的整体作战效能。达到破获一批案件,追捕一批逃犯,追缴一批赃款赃物,遏制案件,压低交通事故,减少损失,增强驾乘人员的安全感,确保春运期间交通安全的目标。其主要范围是:府城高速公路起点到三亚高速公路终点沿线。主要对象是五种人,一是在高速公路沿线持枪持械抢劫作案、带头哄抢的犯罪团伙和犯罪分子;二是在高速公路及车辆上抢劫、勒索、盗窃、诈骗的犯罪分子;三是严重破坏各种交通设施的犯罪分子;四是各种流窜犯及屡犯、惯犯;五是用暴力阻挠、报复公安执勤人员的犯罪分子。

据了解,这次行动之前,公安部门已组织专人深入到高速公路沿线,从作案劣迹人员组合,可疑行踪,所持凶械、生活暴富等方面作了调查,还深入重点乡镇,弄清重点人口、嫌疑分子的情况,并对已抓获的案犯加强审讯,做了被害车主的访问工作,掌握了许多案犯的特征,还建立了案犯的档案卡片,争取了斗争的主动权。

"下一步还有什么打算?"

潘局长说,下一步,公安机关将集中力量,采取多方法,多渠道抓"现行",追逃犯:一是用巡逻车进行公开巡逻,震慑犯罪,发现打击现行犯罪,加强安全防范,预防制止突发事件的发生;二是制订有力措施抓捕罪犯。公安干警在这次行动中加强了装备,对那些敢于铤而走险、负隅顽抗的犯罪分子决不手软;三是设固定岗和流动岗加强对过往可疑车辆人员的盘查,在不同路段辖区有针对性组织若干次突击清查行动。与此同时,还要采取端点、捅窝、顺线追查、教育犯罪分子家属,动员打击对象投案自首,协查、通缉等多种方法,抓一批逃犯。

依法"治超"以宣传教育增强群众守法观念

第四章
高速公路建设与养护管理

继续深入、持久开展交通安全守法宣传教育活动,是强化打击力度的保障。结合这次打击车匪路霸的行动,广泛宣传《海南省公安厅关于调整公路交通管理的通知》等交通法规,增强群众的守法和交通安全观念。同时,利用正反方面典型案例进行典型教育。

一方面对高速公路上发生交通事故的典型案例进行"曝光",另一方面大力表彰奖励那些见义勇为斗歹徒和千方百计维护高速公路交通安全的好人好事,扶正压邪,弘扬正气。此外,宣传教育还要与从严整治交通秩序结合起来。对在高速公路上超速、超载、随意停车、强行超车、骑压车道分界线、双实线超车、停车上下客、行人拦搭汽车、故障车不设警告标志等违章违法行为做到见违必纠,从严治理;对摩托车、自行车等不允许上高速公路的违禁车辆,要坚决制止和堵截。对在高速公路上和匝道出入口处的摆摊点,要予以坚决取缔或拆迁;对行人上高速公路,要严肃教育加以驱逐,不听劝阻者要对其行政拘留。

"这次打击行动,得到海南省公安厅、海南交通厅领导的高度重视,也得到高速公路沿线各市县公安局的配合;1998年12月19日,海南省高速公路公安局还召开了联席会议,你认为除上述打算和要求外,还有什么需要注意的问题?"潘正潮说,为了务求打出声威,打出水平,打出实效,希望各单位要紧密配合,增强协同作战能力。高速公路公安局是新成立机构,到目前为止机构不健全,人员未配足,办公无地点,困难不少,加之犯罪分子流动跨境作案,面广线长,光靠一个地方,一个方面工作是很难做的。因此,高速公路沿线的各市县公安机关,既要有分工,又要树立"一盘棋"的思想,特别是对这次行动,要指定专人负责,保证人员、装备、工作、时间"四落实"。尤其是高速公路公安局的干警,要全力以赴,不断上路检查,及时纠正各种违章,严格各项管理,把事故压缩到最低限度。(原载《海南日报》)

选录三 治超不会影响项目建设和经济发展

公路治超不会影响当地项目建设?海南省公路管理局局长刘文2017年7月7日就如何进一步开展治超工作问题接受媒体访谈时说,公路治超不会影响当地经济发展,下一步,海南省公路管理局将走科技治超新路,通过科学手段提高生产力,目前正在筹备建设两个非现场执法试点,计划两到三年内建设一批电子路政,使路政执法全覆盖、全过程、全天候。

治超:不容忽视的"三笔账"

访谈中,刘文就车辆超限超载运输的危害性问题,从经济、政治、安全三个角度算了三笔账。他说,首先从经济账看,据有关机构的研究,通过超限超载运输每获得1元的利润,就会造成公路损失达100元左右。1∶100,这种严重倒挂或者说严重不对称的比例,说明超限超载运输危害性极大。另外还有一个研究数字很值得人们关注,就是在治超工作中每投入1元钱,公路就会减少损失7元钱,所以说治超是一个很合算的事情。另据估算,"十二五"期间,每年全国因为车辆超限超载运输而导致公路桥梁的损失,大约1000亿元,所以治超势在必行。

其次从政治账看。从国内的维度来看,我国政府担负着为企业和公民创造公平竞争市场环境的责任。如果政府不治超,守法经营的企业和公民就会吃亏,非法经营的企业和公民反而会获利。这样的话,公平何在?正义何在?人民群众会怎么看政府?所以,从这个意义上讲,治超也是民心工程。从国际维度看,随着改革开放和"一带一路"实施,中国与其他国家(地区)的交通联系越来越密切,尤其是交通的互联互通势在必行,如果国内老是超限超载,又如何树立负责任大国形象?又如何实现和世界互联互通?所以从政治的角度来看,治超势在必行。

再次从安全账看。据交通管理部门统计,50%以上道路交通安全事故,是因为超限超载行为引发的,而且在重大交通安全事故中,70%以上都与超限超载直接关联。海南省公路管理局曾调查过超限超载的部分驾驶员,绝大部分的驾驶员都反映,他们是在极度紧张、甚至是在高度恐慌中驾驶超限超载车辆的。试想,在这种状态开车,不发生事故才怪呢。所以不算不知道,一算吓一跳,治超真的意义重大,使命光荣,关系万家万户。

治超:将使运价更公平更合理

那么,治超是否像社会上有人说的,将导致运价提高呢?刘文说,实际上,治理超限超载与运价的提高没有必然的联系,运输价格是由运输供求关系决定的,运输车辆多货物少价格就会低,反之运输价格就会高。所以说,超限超载运输价格不一定就低,合法合规运输价格也不一定就高。目前在治超的高压态势下,一些违法违规超限超载车辆不敢出来运输了,短时间之内可能会对货运价格造成一定的提升,因为参与运输的车辆相对少了,供求关系发生了变化,但他相信,只要公路管理部门坚持联合执法,综合治理治超新政不动摇、坚持治超力度不减弱、坚持科技治超不放松,海南省的治超工作,就一定能够给企业、给社会创造一个公平竞争的市场环境,一个公平的、充分竞争的运输市场,必然使运输价格更公平、更合理,驾驶员、运输企业等能赚取更多收入。

治超:不会影响当地项目建设和经济发展

关于个别人认为治超将导致原材料价格上涨而影响项目建设和地区经济发展的问题,刘文也有自己的观点。他认为,这种观点是有失偏颇的,是不全面、不客观的。

他说,决定原材料价格的因素,主要是原材料的供求关系而非运输价格,运输价格的短暂微升,不会影响项目建设,更不会影响经济发展,在强调依法治国和五大发展理念的今天,不能再通过超限超载这种违法违规的途径,去追求所谓的运价下降,也不能通过牺牲公路桥梁健康的方式,去获得项目的建设速度,更不能以牺牲公共安全为代价,去谋取地区经济的发展。

坦率地讲,自海南全省加大力度开展治超工作以来,短期内货运价格确实略有上涨,但从中长期来看,价格会合理回归,这个问题已经在全国的治超经验中得以证明。因为通过超限超载的综合治理,运输秩序会越来越规范,公平竞争的市场环境会越来越优化,价格也就自然回归到合理区间。下一步,海南省公路管理局将坚持实事求是态度认真研究,统筹治超与项目建设关系,稳步有序地推进治超工作,特别是深入项目工地进行调研,共同商讨解决问题办法,努力做到治超与项目建设双促进共发展。

治超:必须多部门联合执法

针对治超工作联合执法的必要性问题,刘文说,治超工作是个系统工程,涉及多个部门多个环节,必须多部门联合,全过程联动,也就是通常讲的联合执法才更有效。公路路政部门的主要任务是路面执法,负责路面治超。用系统的观点看,治超分为源头治超、路面治超、综合处理三个部分,公路路政部门只负责路面治超部分,源头治理和综合处理这两块还得其他部门主导并通过联合执法才能收到更好的效果。

路政交警联合"治超"

据统计,2016年海南全省登记在册的货运车辆有6.1万辆,大约有3000~5000辆外省货车在琼运输,这些车辆大多数时间是在6020km的海南省省养公路上行驶,而目前海南省省养公路上具备路政执法资格的执法人员仅311人,其中一线执法人员只有225人,这些执法人员要在海南省省养公路上管住这6万多辆车,很难管,管得了白天,管不了晚上,管得了A车,管不了B车。为此,下一步海南省公路管理局将走科技治超新路,建设一批电子路政,向科技要生产力,使路政执法全覆盖、全过程、全天候。届时,公平竞争的市场环境会真正形成,超限超载的现象就会得到根本遏制。

第五章
海南高速公路科技运用和成果转化

第一节 综 述

海南建省以来,交通基础设施建取得了较大成就,但与发达省份相比,在交通运输发展速度、管理水平、建设质量和行业管理的科技含量尚有较大差距。为进一步加快海南交通运输发展,更好地适应国际旅游岛建设要求,伴随着海南省交通建设的大发展,海南省交通科技的投入也逐步加大,尤其是"十二五"以来,全省高速公路建设科技水平得到了飞速发展。但在"十一五"前,海南省交通科技项目极少,科技投入几乎为零。"十一五"末,海南省成立了交通科技项目管理处室后,科技项目正式扬帆启航。

海南中线高速公路 G9811 屯昌枫木立交桥

2009 年至 2015 年,在海南省交通运输厅党组的重视下,各有关单位大力协助下,海南省交通科技共立项开展研究项目 59 个,共计划安排科研资金 5334.8 万元(不含 2010 年科技攻关年单列并结题的科技项目 46 个)。其中交通运输部安排的省部共建科技项目 7 个,科研资金为 960 万元。海南省交通运输厅随后已按合同支付科研经费 4477.65 万元,其中:交通运输部直接拨付研究单位项目经费 960 万元;海南省交通运输厅共安排项目经费 3517.65 万元。按课题立项年度划分:2009 年拨付 792 万元;2010 年拨付 455 万元;2011年拨付100万元;2012年拨付1612.9万元;2013年拨付311万元;2014年拨付1086.4万元;2015年拨付17.5万元。按资金来源具体划分如下:海南省财政预算安排的资金1852.4万元;建设项目研究试验费中安排的科研资金2522.4万元;交通运输部安排的科研资金为960万元。

这些研究成果以及科技转化,均取得了一系列成效,尤其是新材料、新技术、新工艺等的运用及科技研究成果转化等,为海南省高速公路建设起到了引领和支撑作用,做出了重要贡献。

一、新材料方面

(1)引进印尼布顿天然岩沥青。依托试验路段"海南西段高速公路大中修及配套设施改造工程",开展了"天然岩沥青在海南省沥青路面中的推广应用研究"课题研究,课题成果先后推广至"儋州一级公路改建工程"和"文昌航天发射场配套道路灵文嘉改建工程"中。研究成果及推广应用效果表明,掺入BMA岩沥青后,沥青混合料的模量有较大提高,路面强度得到提高,可以较好地抵抗重载交通对路面的破坏,同时路面抗水损害也得到了较好的提高。

(2)引进并推广橡胶沥青。先后在"海口至文昌高速公路改建工程"橡胶沥青应力吸收层中大面积应用,并在"海南省G98环岛高速公路改建工程邦溪至白马井段"上面层中进行了推广应用。经验表明,橡胶沥青在海南省高速公路建设中的应用,能较大地提高海南省沥青路面的使用性能并延长使用寿命。

(3)研发用于高速公路快速修补坑槽的新材料。依托G98海南省环岛高速公路东段试验路,研发了一种新型聚合物材料,能快速修补坑槽,并具有较好的耐久性。

(4)研究总结沥青路面石料就地取材。依托G98海南省环岛高速公路东段试验路,针对海南省西段片麻岩路用石料资源与可用岩石代表性料场、生产设备及工艺调查,开展石料料源特性指标和加工特性指标试验评价、路用石料指标对沥青混合料性能影响及选用技术研究,形成路用石料区域选用与适合沥青路面结构层位的技术指南,以指导海南省高速公路沥青路面石料掺配及配合比设计,提出石料岩性及其应用层位对生产设备及工艺的相关要求,推动石料场采用新工艺与新设备实现规模及品牌化生产,提高集料质量,提升沥青路面使用性能。

(5)正在研发用于沥青路面养护修补水性环氧乳化沥青。

二、新技术及新工艺方面

(1)引进膨胀土路基处治技术。依托海南省海口至屯昌高速公路,应用了膨胀土路基柔性边坡处治技术,并编制了相关施工技术指南。经验表明,经过柔性边坡处治技术处治的边坡,能抵抗本地区台风季节的考验而不受破坏,效果较好。而未利用该技术的其他高速公路的膨胀土路段,则出现了边坡滑塌现象。该技术的引进,解决了海南省膨胀土路基处治难题。

(2)引进高液限黏土路基处治技术。依托海南省海口至屯昌高速公路,铺装了高液限黏土路基湿法施工技术试验路段,编制了相关施工技术指南。经验表明,经历了多个雨季,路基使用状况良好,未出现较大病害,高液限黏土能在海南省高速公路路基中得到应用,使用效果非常明显。

(3)研究并总结了滨海地区旅游公路粉细砂路基修筑技术。课题依托文昌航天发射场配套道路东郊至龙楼一级公路,研究总结了海南省滨海地区粉细砂的特性,提出了粉细砂路基的处治方法,编制了粉细砂路基施工技术指南。经验表明,经历了几年的运行,路基状况良好,技术适用可靠,并将进一步推广至海南省其他新建高速公路。

(4)首次在国内研究并总结了火山岩熔空洞地区高速公路路基修筑技术,形成了相关施工技术指南。课题依托海南省海口至屯昌高速公路,依据地基下空洞的大小及埋深提供了多种处治技术,技术实用可靠,为海口至屯昌高速公路路基安全运行提供了强力保障。

(5)培养了一批适合海南省高速公路边坡防护的植物群落。课题依托海口至屯昌高速、G98环岛高速公路西段改建高速公路,培育了一批高速公路边坡防护的植物群落,研究成果推广至海南省中线屯昌至琼中高速上应用。经验表明,经过两年时间的考验,研究成果实施的路段,植物群落错落有致,层次分明,使公路路域环境融入大自然。

(6)引进泡沫沥青冷再生技术。泡沫沥青厂拌冷再生技术在海南"洋浦1小时交通圈西段高速公路白莲立交至白马井立交段改建工程""海南省G98环岛高速公路改建工程邦溪至白马井段及八所至九所段"沥青下面层中,进行了大面积应用。经跟踪监测,两个项目泡沫沥青厂拌冷再生混合料性能满足技术要求,通车3年,泡沫沥青冷再生混合料作为下面层基本未出现问题,现阶段路表状况良好。泡沫沥青冷再生技术能较好地在海南应用。

(7)引进吸收沥青路面热再生技术。热再生技术先后在"G98海南省环岛高速公路东段"及"博鳌亚洲论坛交通保障路面应急处理工程"得到了较好的应用,为G98及博鳌亚洲论坛相关道路的早日通车提供了有力保证。

第二节　海南高速公路建设科技创新特色和成效

海南建省以来,交通基础设施建设取得了巨大成就。为进一步加快海南交通运输事业的发展和壮大,更好地适应国际旅游岛建设要求,海南省在交通科技方面的投入也逐步加大。"十二五"以来,海南省共立项开展交通科技项目54个(不包括2010年科技攻关年单列并结题的科技项目46个),安排科研资金3787.8万元。

"十二五"以来,在海南省交通运输厅党组正确领导下,各级交通系统单位坚决贯彻"科技兴交"战略,对交通运输建设和管理中存在的科学技术难题,有针对性地开展科技攻关,共立项开展科技项目54个,安排用于交通科研资金3787.8万元(不包括2010年科技攻关年单列并结题的科技项目46个)。其中交通运输部安排的省部共建科技项目4个,科研资金为560万元。取得了一批创新性研究成果。至"十二五"末,先后有7项科技项目获得省部级科技进步奖,其中一等奖二项,分别是"海南火山岩溶空洞地区公路路基修筑技术研究""海南省沥青路面质量控制关键技术研究";二等奖三项,分别是"海南省公路代建制管理模式及风险分析研究""海南省沥青路面现场热再生技术应用研究""适用于海南地区的BMA改性铺面工程关键技术研究及应用";三等奖二项,分别是"可视化道路桥梁养护管理平台关键技术""海南省交通建设市场信用评价体系建设研究"。较好地发挥了科技研究项目对交通运输工作的引领、支撑和服务作用。

改性沥青SBS含量检测项目技术获得国家专利

"十二五"期间,海南省大力开展科技项目研究和科技攻关,在公路、水路以及节能减排方面取得了一系列创新性的成果,引进吸收并应用了一批科研成果,为海南省高速公路的顺利建设提供了技术支撑和保障。

一、高速公路路面建设方面

海南省先后引进吸收并应用泡沫沥青厂拌冷再生、就地热再生、橡胶沥青技术、岩沥青技术,水泥就地热再生、SBS改性沥青SMA-13等技术。路基建设方面海南省先后推广应用了高液限黏土、膨胀土路基处置、滨海旅游公路粉细砂路基修筑等技术。同时,2015

年海南省交通运输厅又组织技术单位,编制了《海南省"十二五"高速公路建设与养护"四新"技术应用总结》及《海南省"十二五"公路建设与养护"四新"技术设计施工指南》。重点介绍了海南省水泥就地冷再生技术、泡沫沥青厂拌冷再生技术、就地热再生技术、SBS改性沥青SMA-13技术及橡胶沥青技术等五项技术的应用总结及相关设计施工指南。这些科技项目的推广运用,为海南国际旅游岛建设提供了安全、高效、畅通、舒美的交通环境和基本设施,为海南经济社会的发展创造了良好的社会效益和经济效益。

泡沫沥青发泡及冷再生混合料拌和试验

上述五项技术在以下建设项目得到了较好的推广应用:

(1)水泥就地冷再生技术在海南"洋浦1小时交通圈西段高速公路白莲立交至白马井立交段改建工程"基层中得到应用;

(2)泡沫沥青厂拌冷再生技术在"洋浦1小时交通圈西段高速公路白莲立交至白马井立交段改建工程"及"海南省G98环岛高速公路改建工程邦溪至白马井段及八所至九所段"中得到应用;

(3)就地热再生技术在"博鳌亚洲论坛交通保障路面应急处理工程"上面层中得到应用;SBS改性沥青SMA-13技术在"海南省中线高速公路海口至屯昌段路面工程""海南省文昌东郊至龙楼公路工程""海口至文昌高速公路改建工程"中得到应用;

(4)橡胶沥青技术在"海南省G98环岛高速公路改建工程邦溪至白马井段"及"海榆中线永兴至枫木段改建工程"中得到应用。

二、水路运输方面

海南省加快调整优化船舶运力结构,加大船舶运力调控力度,大力推进标准化、专业化船舶发展,加快淘汰老旧落后船型。通过积极与交通运输部、广东省沟通协调,对琼州海峡客滚船舶实施了"轮班运营、定时发班",着力解决过海拥堵、旅客滞留等问题,优化水陆交通运输装备结构和运力协调,确保琼州海峡运输通道高效、安全、畅通、有序运行。

三、关键技术研究方面

开展了海砂吹填路基设计及施工关键技术研究。海南本岛海岸线1823km,存在大量的滨海地区,如能用吹填砂作为路基填料,不仅能解决该区域公路建设所需优质路基填料匮乏的问题,而且能产生显著的经济社会效益,同时也符合资源节约、绿色交通的需要。

海南铺前大桥是海南省迄今为止规模最大的独立跨海桥梁工程,大桥路线总长5.597km,其中跨海大桥长3.959km。为保证航道和锚地的正常使用,铺前大桥水域配套工程拟在现有航道和防风锚地的基础上,配合铺前大桥进行航道扩建和防风锚地的搬迁、设计总疏浚量为1015万m^3(其中设计断面工程量为879万m^3)。为有效利用大量的疏浚海砂,海南省交通运输厅组织专家,依托海南铺前大桥引线及连接线路基工程开展技术攻关,最终成功解决了合理有效利用吹填海砂填筑路基关键技术,并将该技术用于铺前大桥工程建设,极大地节省了大桥建设成本。

四、推广"四新"运用方面

近年来,海南省交通运输厅高度重视公路养护管理"四新"(新技术、新材料、新工艺、新设备)的研究推广运用。

如在水泥路养护方面,利用非开挖高聚物注浆技术修复水泥混凝土路面,采购水泥混凝土路面铣刨机处治路面,避免了大量开挖水泥路面形成难以分解的路面垃圾。在沥青路养护方面,一是采用沥青冷补料修补坑槽,节约沥青加热所需的燃料;二是推广使用沥青路贴缝带修补裂缝,延长沥青路面使用寿命,节约材料,达到节能减排的目的;三是推广热在生技术,就地热再生技术实现了原路面材料循环再利用,即节省了大量新沥青混合料,减少了因开山采石造成的环境破坏、避免了因有毒沥青废料的排放和堆积而造成的水土污染,既节能又环保。

第三节 海南高速公路科技成果应用

就地热再生在海南东段高速PE改性段中的应用

(苏 举 陈长征 杨体文 包双雁 陈 亮)

摘 要:本文针对改性沥青路面就地热再生在国内应用较少的情况,结合海南东段高速公路左幅大修就地热再生施工,通过对路况调查、室内试验、施工现场跟踪和检测结果的分析,阐述了改性沥青路面就地热再生的实施程序,对PE改性沥青路面的就地热再生的可行性、配合比设计、施工中的控制要素及施工完成后的效果进行较为详细的分析和归纳，总结 PE 改性沥青路面就地热再生的一些经验和问题，为改性沥青路面就地热再生提供借鉴和参考。

关键词：就地热再生；路况调查；配合比设计；再生剂；施工

海南省高速公路东段是国道主干线"五纵七横"同三线海南省路段，是海南省公路网的主骨架公路之一[1]。公路全长 243 km，10 年的使用期间，该路段车流量明显增大，加之超重车辆明显增多，破坏了路面结构，加上沥青路面已到了大修维护年限，部分路面出现了严重坑槽、车辙、沉陷等病害，对行车的安全性和舒适性造成较大影响，所以海南省交通厅和海南高速公路股份有限公司决定对府城至琼海左幅路段进行大修，同时为了推广公路养护新技术、节约能源、保护环境，部分路段采用了沥青路面就地热再生技术维修。其中 K45 + 300 ~ K51 + 278 的 PE 改性段为超车道复拌型热再生。

就地热再生技术在普通沥青路面的应用已经比较成熟，但在改性沥青路面的应用较少，且在《公路沥青路面再生技术规范》（JTG F41—2008）中没有明确规定，所以对就地热再生是否能应用于改性沥青路面进行研究，对于推广就地热再生技术具有一定实际意义。

1 就地热再生技术的简介

1.1 就地热再生的定义

沥青路面就地热再生技术是指利用就地热再生机组，将旧沥青路面就地加热、翻松、掺加一定数量的外掺剂（如再生剂、新沥青、新沥青混合料等），经拌和、摊铺、压实成型的成套技术。外掺剂有以下两个作用：一是恢复老化沥青的性质，二是改善再生沥青混合料。

1.2 就地热再生的适用条件

《公路沥青路面再生技术规范》（JTG F41—2008）中对就地热再生适用条件做出了一般规定：原路面整体强度满足设计要求；原路面病害主要集中在表面层，通过再生施工可得到有效修复；原路面沥青的 25℃ 针入度不低于 20(0.1mm)；再生深度一般为 20 ~ 50mm。

由于 PE 改性沥青的针入度普遍较低，经过 10 年的使用后，原路面沥青的针入度很有可能低于 20(0.1mm)，所以对于改性沥青路面就地热再生针入度应适当放宽，进行专门论证。

1.3 就地热再生的类型

就地热再生的类型具体有两种：复拌型和加铺型。

复拌型热再生是将旧沥青路面就地加热、翻松、掺加一定数量的外掺剂（如再生剂、新沥青、新沥青混合料等），经拌和、摊铺、压实成型，工艺流程如图 1 所示。

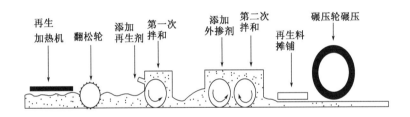

图 1 复拌型热再生工艺流程图

加铺型热再生是指将旧沥青路面就地加热、翻松、掺加一定数量的再生剂,旧沥青混合料和再生剂一起拌和,形成再生沥青混合料,利用再生复拌机的第一熨平板摊铺再生沥青混合料,利用再生复拌机的第二熨平板同时将新沥青混合料摊铺于再生混合料之上,两层一起压实成型。工艺流程如图 2 所示。

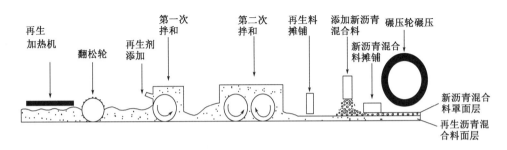

图 2 加铺型热再生工艺流程图

2 改性沥青路面就地热再生的可行性分析

改性沥青路面与普通沥青路面的就地热再生的程序基本一致,但由于改性沥青要求的施工温度较高,而就地热再生机组所能达到的施工温度偏低,所以改性沥青路面就地热再生的关键是在再生机械的所能达到施工温度下能否保证改性沥青路面的铣刨、拌和、摊铺和压实,同时在改性沥青路面进行热再生前,必须对原路面的一些病害做出准确诊断,以判断是否适合采用该技术,所以改性沥青路面在施工前必须做好详细的调查工作。

2.1 旧路面历史信息调查

旧路面的历史信息调查一般包括:原路面的设计资料,如路面结构等;原路面的竣工资料,如路面的混凝土级配、碎石的石质、施工时路面的各种参数等;原路面的养护资料,如历年来路面的损坏及修补情况等;原路面的各种几何数据,如高程、横坡度、车辙深度等等[2]。

海南东段高速左幅改性段旧沥青路面为双车道,组成为 0.5m 左侧路缘带 + 3.75m 超车道 + 3.75m 行车道 + 3.25m 硬路肩 + 0.75m 土路肩,路拱横坡为 2.0%,设计弯沉为 33.7(0.01mm),结构设计为 15cm 级配碎石底基层 + 32cm 水泥稳定碎石基层 + 11cm

AC-25I沥青混凝土+4cmAK-16PE改性沥青混凝土,AK-16最佳沥青用量为5.2%。

各种规格碎石均来源于公路第二局海南分公司石场,石质为玄武岩,砂来源于琼海万泉河砂场,矿粉来源于湛江市恒光石矿公司,沥青采用PE改性沥青,其各项指标见表1。

沥青技术性能指标 表1

桩 号	沥青品种	25℃针入度(0.1mm)		软化点(℃)		备 注
		检测结果	规范标准	检测结果	规范标准	
K45+300~K51+278	PE改性沥青	31.7	30~40	61.3	≥60	改性材料为聚乙烯

从上述历史资料来看,海南东段高速改性段的旧路面结构厚度是符合就地热再生的基本条件的。

2.2 现场路况调查

对再生路段的原路面的路面损坏情况和路面结构强度进行详细调查,分析其原因,并根据现场路况调查情况选定两至三种具有代表性典型路段,其中东段高速左幅超车道改性再生段弯沉检测结果平均代表值为31(0.1mm),小于设计弯沉33.7(0.01mm),路面结构强度符合就地热再生的适用条件;另外路面病害主要集中在表面层,对于部分热再生无法修复的路面进行预处理。选取的三个典型路段见表2。

三个典型路段 表2

序号	桩 号	路况描述	芯样描述
1	K46+985~K47+000	疲劳开裂;车辙;弯沉=24(0.01mm);破损中等	空隙大,层间黏结差
2	K48+300~K48+315	路面完整无破损;弯沉=22(0.01mm);破损较轻	空隙较大,黏结差,水稳良好
3	K49+675~K49+690	纵横裂缝较多;弯沉=15(0.01mm);破损较重	上层空隙大,中层松散断裂

在三个典型路段处进行取样,并对旧沥青进行抽提回收,对回收旧沥青进行常规试验,以判断旧沥青的老化程度,试验结果见表3。

三处典型段回收旧沥青的针入度和软化点试验结果 表3

桩 号	针入度25℃(0.1mm)	软化点(℃)	PE改性沥青规范要求
K46+985~K47+000	9.3	78.7	25℃针入度为30~40(0.1mm),软化点为≥60℃
K48+300~K48+315	8.0	86.2	
K49+675~K49+690	9.3	80.2	

从表3可以看出,三个典型路段的针入度差距不大,说明老化程度基本一致,但由于PE改性沥青本身针入度低,经过10年的使用,针入度明显降低,软化点明显升高,显然不满足规范中规定的不小于20(0.1mm)的要求,所以说改性沥青的再生条件可以适当放宽,专门论证。

2.3 改性沥青混合料施工温度的室内模拟

由于改性沥青混合料要求的施工温度较高,而就地热再生机组所能达到的施工温度较低,而且受外界条件影响大,所以温度是改性沥青路面就地热再生施工中的决定性因素之一,但是改性沥青中的改性剂随着使用时间的延长存在一定程度的衰变,而且在就地热再生过程中,再生剂对铣刨后的旧料有一定的软化和润滑作用[3],因此对于一些改性沥青路面是可以通过就地热再生进行施工的。

为了保证施工的顺利进行,可以在原路面取样并采用施工时所能达到的温度进行室内模拟拌和及成型马歇尔试件,测定各项参数[4],基本确定实际施工的可行性,本次试验成型温度为140℃,试验结果见表4。

旧沥青混合料的性能指标　　　　　表4

桩　号	毛体积相对密度	理论密度	空隙率（%）	沥青体积百分率（%）	矿料间隙率（%）	饱和度（%）	稳定度（kN）	流值（0.1 mm）	残留稳定度（%）	动稳定度（次/mm）
K46+485～K47+000	2.386	2.531	5.7	10.9	16.6	65.6	16.2	4.9	88.9	18356
规范要求	—	—	4.0～6.0	—	≥14.5	65～75	≥8	15～40	≥85	≥2800

从表4的结果可以看出,在140℃可以成型马歇尔试件,各项指标无太大异常,此温度可以进行热再生施工。

3　再生沥青混合料配合比设计

3.1　旧沥青及沥青混合料性能的检验

将三个典型路段的取样,一部分进行抽提回收,测定旧沥青的各项性能指标,并对抽提出来的矿料进行筛分,进行级配检验;另一部分进行马歇尔和车辙试验,测定旧沥青混合料的性能。旧沥青的性能见表3,级配情况见表5和图3,旧沥青混合料的性能见表6。

从表5和图3可以看出,在10年的使用过程中,原路面的碎石被磨损,级配已经明显偏细,粉料增多,尤其是K49+675～K49+690段,由于破损较严重,造成粉料偏多,0.075mm以下颗粒含量达到8.5%,三处路段级配都超出AK-16级配范围,更加趋近于AC-16C;同时含油量在10年的温度、雨水、日照和交通荷载影响下也明显下降,设计含油量为5.2%,下降幅度在0.2%～0.5%之间。

三处典型段旧沥青混合料矿料的级配组成和沥青含量　　　　　表5

桩　号	通过下列筛孔尺寸的百分率（%）												沥青含量（%）
	26.5mm	19.0mm	16.0mm	13.2mm	9.5mm	4.75mm	2.36mm	1.18mm	0.6mm	0.3mm	0.15mm	0.075mm	
K46+485～K47+000	100	98.8	97.7	94.3	74.7	45.7	32.5	20.0	17.0	11.7	10.5	7.4	4.73
K48+300～K48+315	100	99.2	98.2	95.7	78.1	45.6	32.2	20.5	17.7	12.7	11.4	7.9	4.94
K49+675～K49+690	100	98.7	96.8	92.9	75.4	48.2	34.3	21.1	18.0	13.1	11.9	8.5	5.04

续上表

桩号	通过下列筛孔尺寸的百分率(%)											沥青含量(%)
	26.5mm	19.0mm	16.0mm	13.2mm	9.5mm	4.75mm	2.36mm	1.18mm	0.6mm	0.3mm	0.15mm	0.075mm	
AK-16级配上限	100	100	100	82	70	45	35	25	18	13	10	7	—
AK-16级配下限	100	100	90	60	45	25	15	10	8	6.	4	3	
AC-16级配上限	100	100	100	92	80	62	48	36	26	18	14	8	—
AC-16级配下限	100	100	90	76	60	34	20	13	9	7	5	4	—

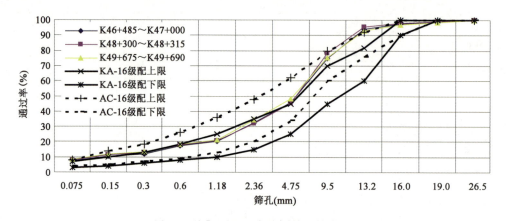

图3 三处典型段旧沥青混合料级配曲线图

三处典型段旧沥青混合料的性能指标 表6

桩号	毛体积相对密度	理论密度	空隙率(%)	沥青体积百分率(%)	矿料间隙率(%)	饱和度(%)	稳定度(kN)	流值(0.1mm)	残留稳定度(%)	动稳定度(次/mm)
K46+485~K47+000	2.386	2.531	5.7	10.9	16.6	65.6	16.2	4.9	88.9	18356
K48+300~K48+315	2.389	2.546	6.2	11.4	17.6	64.9	16.4	5.1	88.4	11363
K49+675~K49+690	2.398	2.527	5.1	11.7	16.8	69.6	18.0	8.3	95.0	12370
规范要求	—	—	4.0~6.0	—	≥14.5	65~75	≥8	15-40	≥85	≥2800

从表6可以看出,旧沥青混合料的马歇尔流值偏小,动稳定度偏大,这是因为老化导致沥青变硬、变脆,从而使沥青混合料的劲度增加,变形能力减小造成的,其他马歇尔指标基本在规范范围内。

3.2 再生混合料配合比设计

改性再生沥青混合料的配合比设计步骤与普通再生沥青混合料基本一致,包括再生剂的掺量确定、新料的掺加比例确定、新料的级配设计、再生料最佳含油量确定和新料含油量确定等几个方面。由于东段高速左幅原路面为 AK-16 级配,而 AK 级配在《公路沥青路面施工技术规范》(JTG F40—2004)中已经取消,部分由 AC 级配代替,且再生层是作为中面层使用,所以本次就地热再生的目标级配为 AC-16[5],从表 5 和图 3 可以看出,旧路面沥青混合料级配基本能满足 AC-16 的级配范围要求,可百分之百利用,同时考虑到施工的方便性以及新料拌和设备等一些客观因素的限制,所以决定不添加新沥青混合料改善级配,对于不须改善级配的再生料的设计分为两部分:再生剂的掺量确定和再生料的最佳含油量的确定。

3.2.1 再生剂的掺量范围

由于规范中只对 PE 改性沥青针入度与软化点做出要求,所以掺配试验只考察这两个常规指标,同时考虑到 PE 改性沥青老化后的劲度较大和再生剂掺量受旧料级配限制,沥青混凝土路段再生沥青的技术标准做出一些调整:针入度为 20~40(0.1mm),软化点不小于 60℃,其中 K46+985~K47+000 段再生剂的掺配试验结果见表 7。

K46+985~K47+000 段旧沥青掺入再生剂后沥青试验结果　　表 7

桩号	试验项目	试 验 结 果				再生沥青技术要求
		旧沥青	再生剂掺量(%)			
			与旧沥青混合料质量比	与旧沥青质量比	试验结果	
K46+985~K47+000	针入度 (100g,5s,25℃) (0.1mm)	9.3	0.3	6	19.6	20~40
			0.6	13	24.9	
			0.9	19	31.4	
	软化点 (℃)	78.7	0.3	6	65.2	≥60
			0.6	13	63.6	
			0.9	19	60.5	

表 7 试验结果表明随再生剂剂量的增加,沥青明显软化,表现在针入度提高,软化点降低,其他两处典型段也依此进行试验,从而得出 K46+985~K47+000 处再生剂掺量为旧沥青质量的 7%~19%(即旧沥青混合料质量的 0.3%~0.9%);K48+300~K48+315 处再生剂掺量为旧沥青质量的 8%~21%(即旧沥青混合料质量的 0.4%~1.0%);K49+675~K49+690 处再生剂掺量为旧沥青质量的 7%~19%(即旧沥青混合料质量的 0.3%~0.9%),此时再生沥青性能可达到技术要求。

3.2.2 再生料的最佳含油量

再生沥青混合料的含油量由三部分组成:旧沥青混合料的含油量、掺加的再生剂、新沥青混合料的含油量,然后采用马歇尔方法确定最佳含油量,与新沥青混合料基本一致。

由于本次改性沥青路面就地热再生不掺加新料改善级配,所以含油量不包含新料的含油量。如果掺加再生剂的再生沥青混合料的合成含油量如果偏小,应考虑再加入一部分新沥青,新沥青一般应混入再生剂均匀地加入旧沥青混合料。

从表5和表6中可以看出,旧改性沥青混合料的粉料偏多,空隙率不大,同时原路面设计含油量为5.2%,同时从再生剂的掺量范围来考虑,可以估计在保证旧沥青的恢复效果的同时掺加新沥青的可能性较小。因此在确定最佳含油量时只考虑再生剂的添加,不掺加新沥青。其中K46+485~K47+000段再生沥青混合料马歇尔试验结果见表8。

K46+485~K47+000段再生沥青混合料马歇尔试验结果　　表8

桩号	再生剂掺量(与旧混合料的质量比)(%)	沥青含量(%)	毛体积密度	理论密度	空隙率(%)	沥青体积百分率(%)	矿料间隙率(%)	饱和度(%)	稳定度(kN)	流值(0.1mm)
K46+485~K47+000	0.0	4.7	2.386	2.531	5.7	10.9	16.6	65.6	16.2	4.9
	0.3	5.0	2.389	2.521	5.2	11.5	16.8	68.8	14.4	12.8
	0.6	5.3	2.412	2.516	4.1	12.4	16.5	74.9	15.0	16.7
	0.9	5.6	2.441	2.514	2.9	13.2	16.1	82.0	13.2	21.1
	1.2	5.9	2.454	2.499	1.8	14.0	15.8	88.6	10.4	27.2
规范要求		—	—		4.0~6.0	—	≥14.5	65~75	≥8	15~40

从表8可以看出,综合空隙率、饱和度、稳定度、流值等指标,可以得出K46+485~K47+000处再生沥青混合料最佳沥青含量为5.3%,其中再生剂含量为0.6%,其他典型段也可依此试验,得出K48+300~K48+315处再生沥青混合料最佳沥青含量为5.4%,其中再生剂含量为0.5%;K49+675~K49+690处再生沥青混合料最佳沥青含量为5.4%,其中再生剂含量为0.4%。

3.3 再生沥青及沥青混合料的性能验证

3.3.1 再生沥青的抗老化性能

再生沥青的性能不但要看再生后的常规指标的改善情况,还应看再生沥青的抗老化能力,通过对K46+485~K47+000处旧沥青掺入旧沥青混合料质量的0.6%(即占旧沥青质量的13%)进行薄膜烘箱加热试验,其中残留针入度比为69.9%,质量损失为-0.16%,规范要求残留针入度比为不小于60%,质量损失为不大于1.0%,试验结果表明:再生沥青具备良好的抗老化能力,其试验结果满足现行规范要求。

3.3.2 再生沥青混合料的性能

对已完成设计的再生沥青混合料应做浸水马歇尔和车辙试验予以检验。三处典型段再生沥青混合料的残留稳定度分别为89.7%、87.2%、93.4%;动稳定度分别为5482、4031、5356,表明再生沥青混合料具有良好的水稳定性和抗车辙能力。

3.4 新沥青混合料对再生沥青混合料的影响

热再生施工过程中须掺配新沥青混合料进行接头处理和消除现有车辙等情况,为了便于施工控制,施工中部分路段掺加的新沥青混合料为 AC-13。一般情况,掺加新沥青混合料的量越少,对级配的影响会越小,综合考虑级配稳定性和再生沥青混合料的性能,以及摊铺厚度的控制和材料节约等方面,建议新沥青混合料的掺量不超过 15%。

为验证掺加新沥青混合料后再生沥青混合料的路用性能,在再生沥青混合料中加入 15% 的新沥青混合料,其掺配后的级配曲线见表 9 和图 4;同时成型马歇尔试件,试验结果见表 10。

三处典型路段掺加新料和未掺新料的再生沥青混合料的级配　　　　表9

桩　号	混合料类型	通过下列筛孔尺寸(mm)的百分率(%)										
		26.5	19	16	13.2	9.5	4.75	2.36	1.18	0.6	0.3	0.15	0.075
K46+485~K47+000	85%再生料+15%新料	100	99.0	98.0	94.6	74.9	46.4	32.8	20.4	16.7	11.6	10.0	7.2
	再生料	100	98.8	97.7	94.3	74.7	45.7	32.5	20.0	17.0	11.7	10.5	7.4
K48+300~K48+315	85%再生料+15%新料	100	99.3	98.5	95.8	77.7	46.3	32.6	20.8	17.2	12.4	10.8	7.7
	再生料	100	99.2	98.2	95.7	78.1	45.6	32.2	20.5	17.7	12.7	11.4	7.9
K49+675~K49+690	85%再生料+15%新料	100	98.9	97.3	93.4	75.5	48.5	34.3	21.3	17.5	12.8	11.2	8.2
	再生料	100	98.7	96.8	92.9	75.4	48.2	34.3	21.1	18.0	13.1	11.9	8.5
级配上限		100	100	100	92	80	62	48	36	26	18	14	8
级配下限		100	100	90	76	60	34	20	13	9	7	5	4

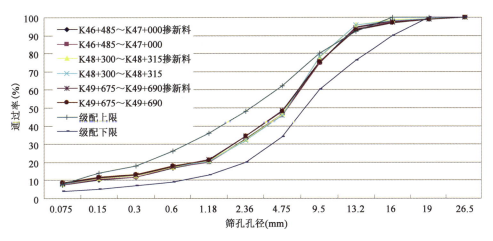

图 4　三处典型路段掺加新料和未掺新料的再生沥青混合料的级配图

根据表 9 和图 4 可以看出,掺加 15% 的 AC-13 新混合料后再生料中粉料含量有所下降,级配有一定变化但不明显,也可以从一定程度上来说,由于就地热再生工艺掺加新料的比例较小,从而使再生路面的级配的改善程度有限。

三处典型段掺加 15%新料后再生料的性能指标　　　　　表 10

桩　号	密　度		空隙率（%）	稳定度（kN）	流值（0.1mm）	残留稳定度（%）	动稳定度（次/mm）
	实际	理论					
K46+485~K47+000	2.431	2.544	4.4	15.5	20.9	91.7	4494
K48+300~K48+315	2.446	2.551	4.1	14.3	24.8	89.2	3897
K49+675~K49+690	2.440	2.542	4.0	15.2	19.1	93.1	4243
规范要求	—	—	4.0~6.0	≥8	15~40	≥85	≥2800

从表 10 可以看出,掺加 15%的 AC-13 新混合料后再生料的各项性能指标与不掺新料的差别不大,各项性能指标基本都符合规范要求,说明新料的掺入对再生料的性能不会造成很大影响。

4　改性沥青路面就地热再生施工

4.1　机械配置

本次改性沥青混凝土路面就地热再生的主要机械配置如下:

WIRTGEN4500 热再生加热机 2 台;WIRTGEN4500 热再生复拌机 1 台;13t 双钢轮振荡压路机 1 台;26t 轮胎压路机 1 台;12t 双钢轮振荡压路机 1 台;新沥青混合料运输车 2 辆。

4.2　就地热再生技术的质量控制

(1)保证再生料加热温度。

适度的加热温度是保证沥青路面就地热再生质量的关键。温度太高,会引起沥青老化严重,而且还会降低功效;温度太低,再生剂与旧沥青融合困难,起不到再生作用,还会出现翻松时破碎骨料,再生混合料出现离析、压实困难、层间连接不良等许多问题[6]。本次施工段落为改性沥青混凝土,所以再生温度要比普通沥青混凝土要高,根据以往的施工经验来看,混合料的摊铺温度平均为 130℃,所以在改性段施工过程中,要尽量减少加热过程中的热量损失,减慢机行速度,避免雨天施工,保持改性再生沥青混合料的摊铺温度在 135℃以上。

(2)再生剂用量要准确。

再生剂喷洒计用量要准确,这是保证再生质量的又一关键。再生剂太多,再生路面会出现泛油和发软;再生剂太少,再生效果不理想,旧沥青老化状况不能得到有效改善,路面的耐久性不好,而且还会出现粒料不粘、摊铺离析和压实困难等问题。旧路面级配和油石比往往不均匀,现场技术人员要多观察,多总结经验,以试验室的试验结果为依据,根据现场情况变化适时适当调整。再生沥青混合料颜色不能太暗淡(再生剂偏少),也不能过于光亮(再生剂偏多),要有适当的光泽即可。

(3)再生厚度要均匀。

就地热再生施工时,特别要注意翻松深度一定要均匀。翻松深度时深时浅,不但会影响路面的平整度,而且还会影响再生剂用量的准确性,再生沥青混合料的性能不均匀,严重影响再生质量。根据旧路面情况,再生翻松深度要适度,也并不是越厚越好。

(4)确保压实质量。

由于再生沥青混合料的劲度往往高于新沥青混合料,而且再生料的摊铺温度也普遍比较低而且温度下降较快,压路机一定要紧跟复拌机碾压,以免料温下降过快而影响压实。

(5)保证接缝质量。

加热宽度应比翻松宽度每边宽20cm为宜,以保证纵向接缝的温度;纵向接缝、横向接缝是就地热再生的质量控制重点,控制好适当的松铺系数,使纵向接缝、横向接缝的高差尽可能小且碾压密实。

(6)再生沥青的技术指标。

影响再生沥青混合料质量关键的指标之一就是再生沥青的性能指标,每天应做一组针入度和软化点试验,用以评价当天的再生混合料质量,并用于指导第二天的再生施工。

(7)再生沥青混合料性能检验。

每天应进行至少一次再生沥青混合料全套马歇尔试验,必要时还应进行再生沥青混合料性能的检验。

5 抽检及检测结果

抽检和检测结果是对改性沥青路面就地热再生施工效果的一种检验,现将部分的检测指标列于表11。

改性沥青路面就地热再生检测结果 表11

桩 号	马歇尔密度		空隙率（%）	稳定度（kN）	流值（0.1mm）	残留稳定度（%）	动稳定度（次/mm）	钻芯密度	压实度（%）	再生沥青针入度（0.1mm）
	实际	理论								
K46+554	2.437	2.539	4.0	13.0	33.6	95	4698	2.456	97	24.9
K47+520	2.409	2.525	4.6	12.8	25.4	89	5471	2.485	98	25.8
K48+660	2.419	2.529	4.3	14.5	20.1	90	5317	2.413	95	23.2
K49+580	2.418	2.535	4.6	13.5	24.0	89	5546	2.436	96	27.9
K50+530	2.409	2.547	5.4	12.3	26.1	87	4987	2.448	96	28.7
技术要求	—	—	4.0~6.0	≥8	15~40	≥85	≥2800	—	≥94	20~40

从表11的检测结果可以看出,各项指标基本都符合要求。虽然再生沥青的恢复不能达到原改性沥青的水平,但比旧沥青有了很大改善,基本符合再生沥青的技术标准,说明再生剂在旧沥青中起了一定的软化和再生作用。

6 结语

改性沥青路面种类较多,且每种改性沥青的性能有所差异,并不是每种改性沥青路面都适用于就地热再生,本研究主要为PE改性沥青路面的就地热再生提供一些经验和参考。

(1)改性沥青路面的再生不但包括沥青的再生,还应包括沥青改性剂的再生,本论文没有对这方面进行研究,应该进一步改善再生剂,增加再生沥青的改性效果。

(2)改性沥青路面就地热再生施工中,温度是一个很关键的因素,再生料在温度高时可以避免很多问题,如离析、外观和压实等问题,所以改性沥青路面的就地热再生一定要保持较高的施工温度。

(3)由于旧路面的情况非常复杂,差异性比较大,试验室得出再生剂掺量仅仅是理论上的,但它提供了一个可供调整的范围,实际掺量还要根据实际路况进行调整。这样就需要技术人员不断摸索和总结经验,才能保证再生剂的准确掺配。

(4)由于再生机械行走速度比普通摊铺机要慢,则使得压实机械行驶速度较慢,碾压遍数相对增多,压实效果较好。

(5)由于就地热再生几乎百分百利用旧料,受旧料影响很大,所以在再生试验过程中,不要过分强调个别指标的重要性,必须综合考虑各项指标,整体评价就地热再生的可行性和效果。

改性沥青路面就地热再生是一个很复杂的新技术,而且受许多客观条件限制,需要不断完善,不断总结经验,这样才能更好地推广就地热再生技术。

参考文献

[1] 唐伟.海南省环岛东线高速公路海口至琼海段右幅改造工程设计[J].交通科技,2007,(1).

[2] JTG F41—2008 公路沥青路面再生技术规范[S].

[3] 赵利明.SBS改性沥青路面现场热再生试验研究[D].大连理工大学硕士论文.2006.

[4] JTJ 052—2000 公路工程沥青及沥青混合料试验规程[S].

[5] JTG F40—2004 公路沥青路面施工技术规范[S].

[6] 董平如,沈国平.京津塘高速公路沥青混凝土路面就地热再生技术[J].公路,2004,(1).

海南高速公路(东段)大修工程就地热再生经济分析

(包双雁 陈长征 杨体文 苏举)

摘 要: 本文结合海南东段高速公路大修工程就地热再生施工,根据就地热再生设备、生产效率、材料及能耗和利用旧沥青混合料的经济效益等基本数据,通过两种不同施工工艺的比较来进行就地热再生初步经济分析,并评价就地热再生工艺的技术优势和社会效益。

关键词：就地热再生；经济分析；技术优势；社会效益

海南东段高速公路大修工程项目对原沥青混凝土路面采用了就地热再生施工与普通施工方法两种不同的维修处理方式。就地热再生施工采用复拌型施工方法：对旧沥青路面上面层4cm采用就地热再生一次性再生完成；采用普通施工方法为：铣刨旧沥青面层4cm，洒布黏层后重新摊铺沥青面层4cm。

由于海南第一次采用就地热再生技术，在施工组织和设备配套方面难免存在不足，相关技术经济数据不全面，仅根据就地热再生设备、生产效率、材料及能耗和利用旧沥青混合料的经济效益等基本数据，通过综合比较来进行初步经济分析。两种维修处理方式相比较，采用就地热再生方式施工不仅具有直接的经济优势和技术优势，而且百分之百利用原路面旧料，只需要添加再生剂和少许热拌新料，可节省大量砂、石、矿粉、沥青等材料，附加所带来的对砂料、石料料源及土地植被等的保护所产生的社会效益更是无以量计。

1 就地热再生成本与效益分析

1.1 就地热再生仪器设备的首期投资

首期投资包括就地热再生专用施工设备（再生机一台、加热机两台），德国产HM4500型加热机560万元/台，共两台，小计1120万元；德国产RH4500型再生机1770万元/台，首期投资合计为2890万元。

1.2 就地热再生产生的收益

我们将生产成本划分为原材料（砂料、石料、矿粉、沥青、再生剂）费用、燃料费用、废弃场地占用费用等几个大的部分，以AC-13型新沥青混合料为例，计算再生RAP产生的效益。

1.2.1 节省各种原材料费用

新沥青混合料的砂料、石料数量与配比有关，视具体情况而定。现以海南东段高速公路左幅大修中AC-13型沥青混合料为例，10～16mm碎石∶5～10mm碎石∶0～5mm石屑∶河砂∶矿粉＝28∶38∶16∶12∶6，沥青含量按5.0%计算。参考《海南省交通工程造价信息》2009年5月各市、县交通工程主材参考价可知AC-13沥青混合料各原材料价格及消耗量见表1。

沥青混合料原材料消耗量及价格表 表1

名称	10～16mm碎石	5～10mm碎石	0～5mm石屑	砂	矿粉	沥青
单价（元/t）	130	128	120	130	350	4600
每吨新料消耗量（t）	0.266	0.361	0.152	0.114	0.057	0.05

节省矿料费用：$0.226 \times 130 + 0.361 \times 128 + 0.152 \times 120 + 0.114 \times 130 + 0.057 \times 350 = 128.6$ 元/t，节省沥青费用：$0.05 \times 4600 = 230$ 元/t。

1.2.2 节省乳化沥青粘层费用

按每 1000m² 使用乳化沥青 0.927t 计算,乳化沥青价格为 2700 元/t,节约乳化沥青黏层费用 2.5 元/t。

1.2.3 节省废弃场地占用费用

按每亩土地补偿费用 5000 元,废料堆高 2m 计算,得 3.8 元/m³,即 1.7 元/t。

1.2.4 节省废料处理运费

按废料处理运距为 20km,运费为 0.5 元/(t·km)计算,节约运费 10 元/t。

1.2.5 节约铣刨费用

就地热再生百分之百利用原路面,按一次铣刨面层厚度 15cm 计算,每平方米铣刨费用为 8 元,则节约铣刨费用 22.2 元/t;再生 RAP 的收益合计:395.0 元/t。

1.3 就地热再生增加的生产成本

1.3.1 就地热再生增加的材料费用

就地热再生施工需添加再生剂,再生剂添加量以海南东段高速公路左幅大修就地热工程为例,掺加量为 0.5%~1.5%,所以按平均值 1.0% 计算,再生剂价格为 15000 元/t,则增加材料费用为 150 元/t。

1.3.2 就地热再生增加的燃料费用

拌和楼生产沥青混合料需消耗重油及柴油,摊铺机及铣刨机需消耗柴油,再生机、加热机需消耗柴油液化气,各种燃料的价格及每吨成品料的消耗量如表 2 所示。

各种燃料价格表　　　　　　　表 2

名称	重油	柴油	液化气
单价(元/kg)	4.9	5.98	6.99
每吨新料消耗量(kg)	1.8	1.2	—
每吨再生料消耗量(kg)	—	2.6	11.5

就地热再生施工增加燃料费用:$6.99 \times 11.5 + 5.98 \times (2.6 - 1.2) - 4.9 \times 1.8 = 76.4$ 元/t。

1.4 就地热再生经济分析

贴现率是企业或投资者以动态的观点所确定的、可接受投资方案最低标准的收益水平,一般代表资金的机会成本,也即预计的市场平均收益,公路工程分析一般选取范围为 4%~15%,考虑到我国经济发展非常迅速,取基准贴现率 $i_c = 10\%$。按再生设备的使用年限 $n=10$ 年,残值为 5%,计算沥青就地热再生投资项目的静态投资回收期、净现值、内部收益率等经济指标。

(1)首期投资:$P_0 = 28900000$ 元

(2)每年再生 RAP 的数量:$96t/h \times 8h \times 220 = 168960t$

(3) 每年再生 RAP 产生的效益：$A = 168.6$ 元/t $\times 168960$t $= 28486656$ 元

(4) 静态投资回收期：$N = P_0/A = 28900000/28486656 = 1.01$ 年

(5) 内部收益率 IRR：$p_0 = A \times \dfrac{(1+IRR)^{10}-1}{(1+IRR)^{10} \times IRR} + \dfrac{5\% \times P_0}{(1+IRR)^{10}}$

计算得内部收益率 $IRR = 98.5\% > i_c$，此投资方案在经济上可行。

(6) 净现值 NPV：

$$NPV = A \times \dfrac{(1+i)^{10}-1}{(1+i)^{10} \times IRR} + \dfrac{5\% \times P_0}{(1+i)^{10}} - P_0 = 147252390 \text{ 元}$$

以上经济指标是基于海南东段高速公路左幅大修项目的相关收益和理想下的产量计算得到的，考虑到就地热再生项目的成本收益和年产量的变化还需对经济效益评估进行风险分析。

1.5 就地热再生经济风险分析

影响就地热再生项目经济指标的风险主要有两个：每吨再生料效益的变化和就地热再生项目工程量的变化。计算两个因素导致的最不利结果，组合成三种风险状态并计算其经济效益。

虽然就地热再生百分之百利用旧料，但为了接头处理、整平车辙以及保证纵横坡的变化等情况须在热再生施工过程中掺加一定比例的新沥青混合料。考虑到最不利状态，需添加 15% 新沥青混合料，则每吨再生 RAP 产生的收益为 139.4 元/t。

考虑到就地热再生施工为预防性养护项目以及沥青路面维修的实际情况，可能导致就地热再生项目不饱满的风险，因此按 30% 的额定产量计算最不利产量，即假设每年再生 RAP 数量为 50688t。

1.5.1 按最不利收益及最有利工程量计算

按此情况计算就地热再生项目的效益如下：

(1) 每年再生 RAP 产生的效益：$A = 139.4$ 元/t $\times 168960$t $= 23544576$ 元

(2) 静态投资回收期：$N = P_0/A = 28900000/23544576 = 1.23$ 年

(3) 内部收益率 IRR：$p_0 = A \times \dfrac{(1+IRR)^{10}-1}{(1+IRR)^{10} \times IRR} + \dfrac{5\% \times P_0}{(1+IRR)^{10}}$

计算得内部收益率 $IRR = 81.3\% > i_c$，此投资方案在经济上可行。

(4) 净现值 NPV：

$$NPV = A \times \dfrac{(1+i)^{10}-1}{(1+i)^{10} \times IRR} + \dfrac{5\% \times P_0}{(1+i)^{10}} - P_0 = 11688544 \text{ 元}$$

1.5.2 按最有利收益及最不利工程量计算

按此情况计算就地热再生项目的效益如下：

(1) 每年再生 RAP 产生的效益: $A = 168.6$ 元/t $\times 50688$t $= 8545997$ 元

(2) 静态投资回收期: $N = P_0/A = 28900000/8545997 = 3.38$ 年

(3) 内部收益率 IRR: $p_0 = A \times \dfrac{(1+IRR)^{10} - 1}{(1+IRR)^{10} \times IRR} + \dfrac{5\% \times P_0}{(1+IRR)^{10}}$

计算得内部收益率 $IRR = 27.1\% > i_c$，此投资方案在经济上可行。

(4) 净现值 NPV:

$$NPV = A \times \dfrac{(1+i)^{10} - 1}{(1+i)^{10} \times IRR} + \dfrac{5\% \times P_0}{(1+i)^{10}} - P_0 = 24725672 \text{ 元}$$

1.5.3 按最不利收益及最不利工程量计算

按此情况计算就地热再生项目的效益如下：

(1) 每年再生 RAP 产生的效益: $A = 139.4$ 元/t $\times 50688$t $= 7065907$ 元

(2) 静态投资回收期: $N = P_0/A = 28900000/7065907 = 4.09$ 年

(3) 内部收益率 IRR: $p_0 = A \times \dfrac{(1+IRR)^{10} - 1}{(1+IRR)^{10} \times IRR} + \dfrac{5\% \times P_0}{(1+IRR)^{10}}$

计算得内部收益率 $IRR = 21.2\% > i_c$，此投资方案在经济上可行。

(4) 净现值 NPV:

$$NPV = A \times \dfrac{(1+i)^{10} - 1}{(1+i)^{10} \times IRR} + \dfrac{5\% \times P_0}{(1+i)^{10}} - P_0 = 15631160 \text{ 元}$$

各种不同条件下就地热再生经济效益分析汇总如表 3 所示。

就地热再生经济效益分析表　　　　表 3

风险情况	静态投资回收期(年)	内部收益率 IRR(%)	净现值(元)
最有利收益,最有利工程量	1.01	98.5	147252390
最不利收益,最有利工程量	1.23	81.3	116885447
最有利收益,最不利工程量	3.38	27.1	24725672
最不利收益,最不利工程量	4.09	21.2	15631160

综合上述分析可知，项目的最终收益主要取决于生产量，最有利产量是根据设备的额定生产能力和规定的工作台班计算的，是较为理想状态下的产量，国内较早开展就地热再生施工的企业已有成熟的技术和队伍，在合理的施工组织下就能实现最有利的生产状态。如果均按最不利状态评估，内部收益率也能达到 21.2%，具有很高的投资价值和抗风险性。除非政策性限制沥青路面就地热再生技术（这种可能性很小），使设备完全闲置，否则再生项目会带来很好的经济效益。

2 就地热再生技术优势

就地热再生技术快捷且可以只对一个车道进行维修，维修时只封闭一个车道，其余车道可以开放交通，最大限度地减少路面维修对交通带来的干扰和影响。

此外,就地热再生因其100%热结合,可完全避免车道接缝所产生的纵向开裂。与其他常规的维修方式相比,就地热再生分段封闭施工,具有维修速度快、周期短的特点。热拌、摊铺、碾压一次完成,施工结束即可开放交通。施工产生的振动、噪声比其他施工方法小,在市区也可进行夜间作业。

3 就地热再生社会效益分析

海南东段高速公路左幅大修工程全线共完成就地热再生面积为130301m^2,就地热再生复拌型施工按添加15%新料计算,与普通施工方式采用新技术可节约各种材料及土地如表4所示。

就地热再生施工节约材料数量表　　　表4

项目名称	普通方式	就地热再生	节省数量	备注
碎石(m^3)	4051	608	3443	按2m高堆放铣刨旧料
砂(m^3)	593	89	504	
矿粉(t)	711	107	605	
沥青(t)	624	94	530	
再生剂(t)	0	125	-125	
土地(亩)	16	0	16	

由表4可知,与采用普通施工方式(铣刨旧路+黏层+重铺新料)相比,就地热再生施工仅需要添加125t再生剂,共可节约碎石3443m^3,砂504m^3,矿粉605t,沥青530t,减少铣刨旧料占地面积16亩。

就地热再生技术充分利用了旧沥青混合料,解决了沥青路面翻修所产生大量废料对环境污染问题,保护了人类生存的环境,符合了我国可持续发展战略中废物资源化的要求;同时节约了大量沥青和砂石材料,减少了对材料的需求量,缓和沥青材料供求的紧张状态;而且此技术能使某些原来不能及时翻修的旧沥青路面得以修复,改善道路状况,提高公路的运输能力,缓解交通运输的紧张状况,减少可能发生的交通事故;此外该技术养生期短,断绝交通时间大大缩短,社会舆论和影响都减少。

4 结语

(1)通过对就地热再生成本核算和经济风险分析可知,每吨再生RAP产生的效益为168.6元,即使在最不利状况也具有21.2%的内部收益率,比投资项目通常12%内部收益率的要求高,因此具有较高的投资价值和抗风险性。

(2)就地热再生施工具有维修速度快、周期短、对交通干扰少、可在市区夜间作业等技术优势。

(3)就地热再生技术百分之百利用旧料,节约了原材料保护环境,凭借其技术优势缓解交通紧张状况和社会舆论影响,具有较好的社会效益。

参考文献

[1] 陈景,李福普,严二虎.长寿命沥青路面的经济分析[J].公路交通科技,2008,25(9).
[2] 王萍.广佛高速公路大修工程方案技术经济分析[J].广东公路交通,2003,3.
[3] 姚祖康.路面管理系统[M].北京:人民交通出版社,1993.
[4] JTG F41—2008,公路沥青路面再生技术规范[S].
[5] 董平如,沈国平.京津塘高速公路沥青混凝土路面就地热再生技术[J].公路,2004,(1).

轻质路基维修材注浆技术在海文高速公路养护中的应用
(包双雁　姜守东　陈长征)

摘　要:针对海文高速公路出现的错台、断板、桥头跳车等病害,选择典型路段采取轻质维修材注浆技术进行处治,评价轻质路基维修材注浆技术的现场应用效果,为此项技术在海南省公路养护中推广应用提供借鉴和参考。

关键词:轻质材料;路基维修;注浆技术;病害处治

海文高速公路是海南省公路主干线的重要组成部分和东北部地区的重要交通走廊,也是海南省交通运输"十五"计划和2015年远景规划中的"三纵四横"公路网中的主干线公路。海文高速公路起于海口市桂林洋立交,终于文昌英城,全长51.5km,于2000年3月28日开工,2002年9月28日全线竣工通车。经多年使用,特别是近年超载现象不断加剧以及不同程度的路基软弱问题,造成路面出现裂缝、角隅断裂、沉降、脱空等病害,尤其是错台、断板及桥头跳车现象极其严重,影响行车安全。针对错台、桥头跳车、脱空等病害选择典型的试验路段采取轻质维修材注浆技术进行维修,并评价注浆技术的应用效果,为此项技术在海南省公路养护中推广应用提供借鉴和参考。

1　轻质路基维修材注浆技术简介

轻质路基维修材注浆技术的核心是聚氨基甲酸乙酯材料力学物理性质及其注浆工艺技术,按照一定配比,向路基中注射多组分高聚物材料,材料发生反应后体积迅速膨胀并形成固体,达到加固路基、填充脱空的目的[1]。其中浅部注浆技术主要用于混凝土的脱空修复及提升,深部注浆技术主要应用于道路基层、底基层、路基的加固,解决水泥混凝土路面的抬升以及土基层的稳定问题。

轻质路基维修材料具有多种特性[2]:

(1)轻质性:反应后形成的固体材料自重轻,其自重为水泥浆或沥青材料的10%;

(2)高膨胀性:轻质材料的自由膨胀比可达20∶1,该膨胀力界于500kPa($50t/m^2$,用于抬升路面)到10000kPa之间($1000t/mm^2$,用于深层注浆),可以填充脱空和裂缝,同时

可以进一步压密周围介质;

(3)早强性:轻质材料能够迅速固化,可在15min内达到其最终强度的90%,并具有较高的抗压及抗拉强度;

(4)防水性:材料不溶于大多数溶剂,注浆时不受潮湿条件的影响,固化后可以阻止水的进一步渗透,对路面裂缝和接缝有良好的密封作用;

(5)耐久性:材料耐久性达30年以上;

(6)安全性:对环境无污染;

(7)快速性:注浆过程快捷,不需要养生,极大地缩短了施工时间;

(8)微损性:注浆孔约16mm,对结构基本无损坏;

(9)可控性:注浆过程可以实时监控;

(10)多功能性:可用于建筑物地基加固、地板沉降修复、道路及机场道路维修等。

2 试验路段调查

海文高速公路为双向四车道,路面结构自上而下分别为24cm水泥混凝土面层+20cm水泥稳定碎石基层+16cm级配碎石底基层,设计速度为100km/h,设计标准轴载为100kN的单轴-双轮组荷载,设计弯拉强度为5.0MPa,弯拉弹性模量E_c为30×10^3MPa。对海文高速公路进行现场路况调查及钻孔勘察,路面病害主要有面板大面积破碎、断板、裂缝、错台、板底脱空以及修补损坏等,路基病害主要有路基沉陷、路基排水不良等。病害状况如图1~图3所示。现场试验路段选择K15+020挖方段及K16+000填方段作为错台病害的典型代表,K57+300大石溪桥作为桥头跳车的典型代表。

图1 错台图

图2 面板表面的纵横向裂缝

图3 断板

3 室内试验

3.1 无侧限抗压强度试验

无侧限抗压强度是材料的基本力学性能,是材料质量指标的集中体现,强度的高低直接影响到工程的质量。本试验采用SG-100D型路面材料强度仪,所用测力环量程为30kN和100kN两种,应变控制,加荷速率为1mm/min。制作尺寸为$\phi 40mm \times 40mm$的试块,共做9组,每组5个,每组取一个最具代表性的试块。以轴向应力为纵坐标,轴向应变为横坐标,绘制关系曲线。取曲线上最大轴向应力作为无侧限抗压强度,当曲线上峰值不明显时,取轴向应变15%所对应的轴向应力作为无侧限抗压强度。应力应变关系分别如图4所示。

对每条曲线而言,材料首先有一个较好的弹性阶段,一直到应变大约为3%左右开始发生屈服现象,之后变形迅速增大,并且应力会出现一个最大值。对EPS材料而言,国内外多数研究资料认为可取压缩应变为5%时对应的应力值作为抗压强度[3]。试块对应的$\varepsilon=5\%$时,弹性极限应力大约在0.25MPa～7.3MPa之间,其抗压强度与软质岩石相当,这大大超过了一般工程的要求,所以材料的强度是足以满足路基应力要求的。此外,从上图中可以看出,抗压强度与密度有很大的关系。随着密度的增加,材料应力应变曲线的上升段越来越陡,即其初始变形模量越来越大;曲线的下降段大致也越来越陡。这表明密度增大时,材料的应力应变关系逐渐向脆性发展。

3.2 吸水率试验

吸水率试验先用天平称取每个试块的质量m_0(精确至0.1g),再把试块放入水箱中浸泡。由于材料密度很小,为保证试块完全浸入水中,需要在试块上压上铁板。浸泡24h后将试块取出,用软纸轻轻吸去其表面的黏附水,在天平上称其质量m_1(精确至0.1g),按公式$c\% = (m_1 - m_0)/m_0 \times 100\%$计算吸水率。试块尺寸为$\phi 40mm \times 40mm$,共做8组不同密度等级,每组5个,取其平均值为该组密度的平均吸水率。密度与吸水率拟合曲线如图5所示。

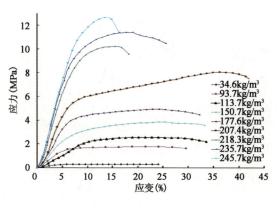

图4 $\phi 40mm \times 40mm$ 试块的应力应变关系

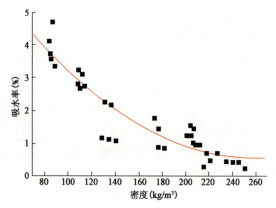

图5 密度与吸水率拟合曲线

随着密度的增大平均吸水率呈减小趋势。密度为86.6kg/m³时,平均吸水率为3.87%,而密度为244.8kg/m³时,平均吸水率降至了0.33%。太原高等电力专科学校的刘宏等人对密度为45kg/m³的EPS材料(100mm×100mm×50mm,在模具中制成)进行了吸水率试验,其平均吸水率为2.98%[4]。相同密度下的轻质注浆材料的吸水率为

5.38%。对比可知,轻质注浆材料的吸水率略高于 EPS 材料。需要指出,试验中轻质注浆材料试块上下表面是人工切割面,这破坏了其密闭的空腔结构,增大了吸水率。轻质注浆材料在注浆施工过程中其内部的气泡形成封闭状,因此使其即使长时间浸泡在水中,水也不容易浸入气泡内。这样就保证了材料的吸水率小,含气量高。由于材料具有较好的耐水侵蚀的特性,可将其应用于软土地基处理。

4 现场施工及检测

4.1 施工工艺

轻质路基维修材注浆技术的步骤为检测→维修→监测[5]。首先用贝克曼梁法检测弯沉来确定表面层下脱空的位置和程度用以确定注浆的准确位置和深度;其次做表面状况分析以确定路面的任何微小的沉降,将轻质路基维修材料沿路面上钻好的直径约 1.6cm 的孔注入地下空洞区,注浆后,材料开始膨胀固结形成稳定、坚固、轻质的基础替换材料,重复注浆,注浆孔的位置如栅格排列,直到所有的区域得到了充分的填充和密封;最后监测维修过程,在抬升路面时,用水准监测装置来监测其过程。

4.2 现场施工

在海文高速公路行车道上,路面板在其假缝处均出现错台现象,错台处的上一块板的尾端上翘,下一块板下陷,其错台高差为 20mm 至 4mm 不等。另外,板面出现块裂,靠近紧急停车带侧纵向裂缝增多,表明该侧地基沉降。超车道错台现象不明显,但靠近分离带一侧,纵向裂缝较多,而且有继续发展的趋势。在该路段上,车辆经过时有板下脱空的声音。在错台部的下沉板块上距离假缝约 1m 处进行钻孔,每孔直径约 16mm,深度约 65cm、40cm 及 25cm。然后开始注浆。为了精确控制注浆过程,在注浆孔附近放上标尺,用水准仪实时监控路面的高度变化,当标尺处地面出现微动并将错台抬平或有浆体冒出路面时视为注浆量已达到要求,停止注浆,现场施工状况如图6所示,测量过程如7所示。

图 6　现场施工状况图　　　　　　图 7　现场测量情景

在注浆施工过程中,经常有水被挤压冒出地面。分析其主要原因是下雨时水沿着缝隙渗入路面,使得下层结构形成脱空,此外,雨水从分离带的土壤中渗透进入土基,使路基变软,加上车辆超载,从而造成路面结构破坏,采用轻质材料注浆后,材料体积膨胀填充空隙,排出路面下空隙中的水。海南每年5~10月为雨季,年平均降雨量约为1640mm,年降水日数超过100天,在雨季各月雨日约12~22天,台风季节暴雨频繁,暴雨日总雨量一般占当地年雨量的20%,因此水损坏是海南公路主要病害之一。通过注浆技术填补脱空,封闭裂缝,不仅将水排出,还可以防止水再次侵入,保证处治后道路的耐久性。

4.3 注浆效果分析

通过沉降观测、破坏性试验及脱空检测等三个方面分析注浆后的效果。

4.3.1 沉降测量结果

为了确认注浆技术的效果,在维修前后对错台处进行测量,部分施工段施工前后及工后沉降测量结果见表1。

注浆前后抬升高度对比值 表1

测量板号	注浆前错台平均高差(cm)	注浆后错台平均高差(cm)	一个月工后沉降(cm)	测量板号	注浆前错台平均高差(cm)	注浆后错台平均高差(cm)	一个月工后沉降(cm)
1	1.9	0.3	0.0	10	1.8	0.2	0.1
2	1.8	0.2	0.0	11	1.5	0.2	0.1
3	0.7	0.1	0.0	12	0.7	0.1	0.1
4	1.5	0.3	0.1	13	1.5	0.2	0.2
5	0.8	0.1	0.0	14	1.5	0.3	0.1
6	0.7	0.2	0.0	15	0.7	0.1	0.0
7	0.6	0.1	0.1	16	1.9	0.2	0.1
8	0.5	0.1	0.0	17	2	0.2	0.1
9	0.4	0.1	0.0	18	1.8	0.1	0.1

上述结果表明注浆后错台病害得到改善,通车一个月后基本未发生沉降,路面上层结构的强度得到了显著的提高,同时脱空被填充,下层结构的整体性增强了。

4.3.2 破坏性试验

注浆后预定在某部位进行破坏性试验,即对某一地点挖开路板,观察其注浆效果,如图8、图9所示,图9显示出浆液在地中能填充脱空部,并形成层状于脱空部及土层中。由此可见,轻质路基维修材注浆的结果流向土基最软弱的地方,挤密地基,抬升面板。图9显示出注浆材和有孔隙的基层结合在一起,增加了基层的密实度及稳定性。

4.3.3 脱空检测

目前脱空常用判断方法有三种:(1)直接观察法,当观察到接缝错台、唧泥或重车驶过板块松动,即表明板下脱空,这种方法有一定主观性和不确定性;(2)采用雷达探测仪法;(3)弯沉检测法,FWD法、贝克曼梁法[6]。在海文高速公路试验段,可以明显目测到错台,有重车驶过时有板块松动现象并有板底空洞的声音。本文采用贝克曼梁检测法,其方法是测试面板弯沉,如果超过某一限值,即认为存在脱空。选取海文高速公路水泥混凝土面板荷载最不利作用位置作为检测点,即选取假缝附近的点。测试车为东风3092F19D5H,后轴重108.78kN,替代标准轴重为100kN的BZZ-100。试验当天天气晴朗,检测季节为夏季,气温27℃,因此不考虑季节影响系数。使用5.4m的贝克曼梁弯沉仪,按规范要求,可不进行弯沉值修正。注浆前后路面弯沉检测结果见表2。

图8 注浆材在地中形成层状结构物

图9 注浆材与基层材结合

注浆前后路面弯沉检测结果　　　　表2

测点桩号	板号	注浆前左轮(0.01mm)	注浆前右轮(0.01mm)	注浆后左轮(0.01mm)	注浆后右轮(0.01mm)
K15+000	1	65	66	10	11
	2	72	70	8	9
	3	58	60	6	6

由以上检测结果可以看出,注浆前道路各点弯沉值的平均值分别是65.5(0.01mm)、71(0.01mm)59(0.01mm),而注浆后平均值变为10.5(0.01mm)、8.5(0.01mm)、6(0.01mm),弯沉值降到了10%到15%,由此可以判断,注浆对填充脱空和加固水泥混凝土道路是非常有效的。

5　结语

从海文高速公路试验段工程可知,采用轻质路基维修材注浆技术处治水泥混凝土路面病害是可行的,为此项技术在海南省公路养护中推广应用提供了借鉴和参考。实践表明:

(1)轻质路基维修材注浆技术对路面破坏小,精确可控,维修过程方便快捷,对交通运营影响小;

(2)在现场施工中发现,注浆技术在填充空隙的同时,可以排出路面下积水,对防止水泥混凝土道路的进一步水损坏起到了一定的作用;

(3)采用贝克曼梁法检测注浆后的水泥混凝土路面是可行的,对今后的研究有一定的指导作用。

参考文献

[1] 路畅,陶向华,郭积程.高聚物注浆技术在公路改扩建工程中的应用[J].山西建筑,2008,32(34):259-260.

[2] 石明生,马小跃,王复明.高聚物注浆技术在水泥混凝土道路维修中的应用[J].河南科学,2010,1(28):74-77.

[3] 张卫兵.聚苯乙烯泡沫(EPS)的特性及其在道路工程中的应用[J].公路,2004(5):146-149.

[4] 刘宏,范建州.EPS材料性能的试验研究[J].电力学报,2000,15(4):259.

[5] 冉龙强.高聚物注浆补强在高速公路路面维修过程中的应用[J].交通标准化,2007,8:152-155.

[6] 潘名伟.水泥混凝土路面脱空识别技术研究[D].郑州:郑州大学,2007.

海南高速公路矩形盖板边沟存在的主要问题及优化改造方案探讨
（黄智勇　包双雁）

摘　要：公路边沟是路基排水系统的重要组成部分。边沟设计是否合理、后期养护是否到位,将影响边沟具有的排水基本功能。本文以海南环岛高速公路(东段)矩形盖板边沟研究为例,对矩形盖板边沟存在问题、成因进行了分析,提出了优化改造方案,以期为今后边沟改造提供参考依据。

关键词：高速公路；矩形盖板边沟；问题；改造

边沟作为公路路界地表排水设施的组成部分和坡面排水设施之一,是公路排水系统不可缺少的一部分。目前,公路边沟形式多样,各有优缺点,常见的有弧形边沟、梯形边沟、浆砌片石边沟、矩形(盖板)边沟、土质边沟、草皮边沟、生态边沟和暗埋式边沟。

其中,矩形盖板边沟以排水顺捷,土路肩可不设防撞栏、车辆可安全逾越,开挖少占地少等优点,在我国高速公路建设中得到广泛应用。任何形式的边沟要做到排水顺畅,都要满足沟内水流速度大于沟底淤积速度。否则,因沟底淤积导致的边沟排水不畅,极易在雨季易造成路面积水,道路通行困难,威胁行车安全,给人们的生活带来不便。

本文将以海南环岛高速公路(东段)矩形盖板边沟为例,对矩形盖板边沟存在的主要问题及成因进行阐述,并初步探讨优化改造方案,尽可能减少边沟排水不畅造成的影响,以期为今后矩形盖板边沟改造提供有价值的参考依据。

1　工程概况

海南环岛高速公路(东段),起点为海口市,终点为三亚市,全长235.839km,沿线位于炎热多雨地区、属热带多雨气候条件。

据有关气象资料统计,沿线地区年平均降雨量达 2100mm 以上,最大年降雨量达 3200mm 以上。边沟的设置原则为:填方路段一般不设边沟,边沟水排泄结合农田灌溉综合考虑,同时满足自然排水的需要;挖方路段的边沟纵坡均在 0.2% 以上,对于纵坡大于 2.5% 的边沟,纵坡大于 5% 的排水沟以浆砌片石进行了加固。当边沟、排水沟流速大于 4m/s,纵坡大于 10% 时,设置了急流槽。边沟形式主要包括梯形边沟、浆砌片石边沟和矩形(盖板)边沟。其中,矩形盖板边沟采用的是底宽 50cm、深 60cm,或者底宽 60cm、深 74cm 的矩形边沟加盖板的形式。矩形沟采用 7.5 号水泥砂浆砌片石砌筑,盖板采用带泄水槽的钢筋混凝土预制板。

2 存在的主要问题

文献[1]指出公路边沟设计普遍存在以下问题:

(1)仅从工程使用角度进行边沟排水设计,没有将排水、环境美化、景观综合考虑;

(2)没有考虑地区差异,缺乏对地理条件、降雨量、土质、边坡形式等设计因素综合分析和研究,缺乏对各地区最大降雨量及边沟排水能力的计算和分析,造成边沟设计千篇一律,形式单调;

(3)边沟设计偏于保守且尺寸偏大,线形较差。

海南环岛高速公路(东段)确实存在多处路段边沟排水不畅的情况。经过对排水不畅路段地形和周围环境的分析,总结归纳出路段盖板边沟在使用及养护中存在的问题主要有:

(1)沟底产生淤积。

大量泥沙、树枝树叶及垃圾杂物随雨水冲刷进入边沟而未排出,在沟底形成一定量的淤积。随着时间积累,淤积物逐渐增多,甚至形成堵塞,从而减小了边沟的高度,增大了排水障碍,大大削弱了边沟的排水能力。过多的水分渗入路基,将会引起路基沉陷,最终殃及路面,影响公路的正常运营。

(2)沟底淤积物难于清理。

在养护工人对边沟的养护过程中,边沟的清理工作常常要耗费大量的人力、财力和物力。由于边沟沿路纵向延伸,从而边沟的清理工作也需沿路纵向清理,但由于清理费用高昂且效率低下,故不能做到及时、彻底地清理沟底淤积物,常常清理周期长达半年甚至一年。在暴雨多发季节,由于沟底淤积物不能及时清理且逐次积累,边沟排水能力大大减弱,造成路面排水不畅,积水严重。

(3)道路运输环境影响。

海南环岛高速公路作为全国唯一一个全程不设收费站的高速公路,路政执法环境一直以来都较为宽松,一些非法运砂石车辆往往超载运输,未做好帆布遮挡措施就上路营运,导致砂石撒落飘至靠紧急停车道一侧,在运砂沿途经过路线形成一道独特的"风景线"。撒落的大量砂石,经行车经过产生的侧风作用,逐渐移动至土路肩及边沟内,日积月累,一定程度上加剧了沟底的淤积程度。

3 沟底淤积原因分析

淤积物的大量存在有两方面原因,一是淤积物的产生,二是对水沟的清理工作不到位。一般来讲,淤积物产生的原因是由于水流流速缓慢和雨水冲刷力不足,而导致这两种现象的根本原因是边坡沟底纵坡坡度不足。

《公路排水设计规范》中对于边沟沟底纵坡的规定如下:边沟的纵坡坡度应结合路线纵坡、地形、土质、出水口位置等情况选定,宜与路线纵坡坡度一致,且不宜小于0.3%,困难情况下,不应小于0.1%。当路线纵坡坡度小于沟底最小不淤积纵坡坡度时,边沟宜采用沟底最小不淤积纵坡坡度,并缩短边沟出水口的间距[2]。由于矩形盖板边沟的盖板为钢筋混凝土板,自重很大,清理时需逐个打开盖板,清理完成后再按原位放回,所以增加了清理水沟的难度,导致清理效率极其低下,并且大大增加了清理成本。

4 优化改造方案

根据上述分析,造成沟底淤积严重的原因主要是沟底纵坡不足,且不利于集中清理垃圾。在道路平直段,若增大沟底纵坡,则会导致沟底距地面距离越来越大,也就是水沟沿着坡度向下的方向深度不断加大,这显然是不合理的。因此本文提出分段设置集水井,分段增大沟底纵坡的改造方案,如图1所示。

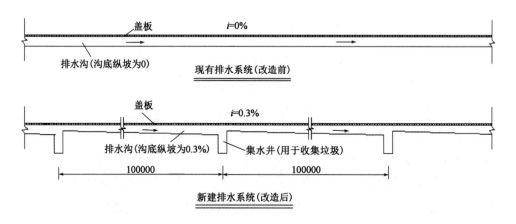

图1 排水沟改造示意图(单位:mm)

由上图可见,改造后的排水系统由带有沟底坡度的排水沟和用于沉积集中清理垃圾的集水井组成。以水流指向为右,每段排水沟沟底有0.3%坡度坡向右端,水流由排水沟右端即集水井左壁进入集水井,在井中水流流速得到缓冲,泥沙及杂物可在集水井内沉积,雨水从集水井右壁即下一段排水沟左端流入下一段排水沟,如此循环。集水井为分段设置,每隔100m设置一口集水井,主要用于收集左段水沟中雨水冲刷的泥沙及杂物。此排水系统增大了沟底纵坡,避免了排水沟沟底产生淤积,提高了排水效率;泥沙及杂物沉积在集水井内,清理淤积物时只需视当地降水量定期集中清理各个集水井即可,大大提高了淤积物清理效率,节省了大量人力物力。

进一步对示意图中集水井和排水沟进行构造分析,集水井尺寸参数应满足右壁高于左壁30cm;井底标高应低于排水沟沟底标高1.5m;截面尺寸为:宽度与排水沟同宽,长度可视具体降水量进行调整,但不应小于800mm。每段排水沟左端应与前一个集水井右壁同高,右端与后一个集水井左壁同高,从而排水沟左端高于右端30cm,沟底产生0.3%的纵坡,既满足《公路排水设计规范》中对于铺砌沟渠最小坡度的要求,又满足对于暗沟水流最小流速的要求,使水流具有足够的冲刷力,避免沟底淤积。

5 结语

(1)边沟设计在高速公路排水设计中占有很大的比重,设计人员应给予高度重视,将排水与环境美化、景观综合考虑,因地制宜,实行差别设计,满足现场施工条件。

(2)高速公路养护单位应重视边沟养护工作,在雨季来临前及时、彻底地清除沟底淤积物。

(3)高速公路路政部门应加强对非法运输车辆的执法力度,研究制定切实可行的管理办法,为高速公路正常通行创造一个文明和谐的环境。

(4)采用分段设置集水井,分段增大沟底纵坡的改造方案,能在一定程度上减少沟底淤积对排水的影响,提高排水效率和淤积物的清理效率,节省人力物力。

参考文献

[1] 钱国超.高速公路边沟排水与美化设计[J].公路,2003(4).
[2] JTG/T D33—2012 公路排水设计规范[S].

第四节 运用科技手段加强生态保护

良好的生态环境是海南可持续发展的最大优势。多年来,海南一直采取多种科技手段,把环境保护作为高速公路建设的重要环节加以实施,最大程度减少高速公路建设对原生环境和自然资源的损坏、提高沿线景观的旅游价值。

G9811海南中线高速公路项目经过海南省海口、澄迈、定安、屯昌、琼中、五指山和乐东等七市县境内。主线起于海口市丘海大道,止于乐东县利国镇,路线全长241.564km,采用双向四车道高速公路标准建设,路基宽26m,设计速度100km/h。

海南中线高速公路纵贯全省,穿越中部山区,其中以五指山为代表的热带雨林系统是海南省生物多样性的宝库,如何最大程度减少高速公路建设对原生环境和自然资源的破坏、提高沿线景观的旅游价值,是海南中线高速公路建设必须解决的问题。

2014年7月,由交通运输部科学研究院牵头承担的科技项目"海南中线高速公路生态环保技术研究"通过验收。该项目对海南中线高速公路环保选线、保护恢复生态、防治水土流失、提升公路景观、强化环境管理具有重要意义。

一、利用遥感技术指导选线

海南中线高速公路分三期建设,在第三期的选线问题上,交通运输部科学研究院从生态保护的角度对不同路线方案进行了深入研究,为建设施工提供了重要参考。

第三期工程穿越五指山地区,该地区具有丰富的热带雨林资源,也是水资源敏感区,选择一条对环境干扰小的路线至关重要。据陶双成介绍,第三期工程从海南中部的琼中苗族黎族自治县出发,向西南到达五指山市后,有两条候选路线:一条继续向西南,穿越乐东县;另一条转向正南,到达三亚市。选择哪条路线能够最大程度保护生态环境,需要全方位的数据支撑。

海南中线高速公路途经地区山高林密,再加上路线较长,无法通过人工现场调查的方式开展植物资源保护分级工作。针对这一情况,交通运输部科学研究院在国内首次采用遥感技术对高速公路沿线植被分布情况进行排查,根据遥感解译结果筛选出原生植被保护价值高的地区,并配合现场核对,制定保护方案。利用遥感技术并配合现场核查,对海南省中部山区的生态系统、水环境、植被分布、野生动物等8个要素进行了3S全图分析,定量分析出两条路线对区域生态环境的影响。

二、两步施工法,保留树木四万株

在以往的高速公路项目中,施工单位大多对公路红线范围内的表土、植被进行一次性直接清理,工程完工后再进行生态恢复。海南中部地区原生植被覆盖面积大、景观效果好、表土资源宝贵,避免走先破坏再恢复的老路,是中线高速公路建设的题中应有之义。

根据海南中线高速公路沿线植被、表土的排查结果,为建设单位制定了两步施工法。第一步划定高速公路路面宽度,路面多宽清表多宽;第二步从路面边缘到红线划定环保绿线,根据建设需要进行清表,最大限度保留原生植被和土壤。有了两步施工法,海南中线高速公路全线共保留树木4万余株,创造经济效益超过2000万元。

海南雨季集中、降雨量大,且多瞬时暴雨,因此路面开挖后极易发生水土流失。为了解决施工期的水土流失问题,针对海南省气候特点,交通运输部科学研究院创造性地将植物纤维毯用于施工期,公路开挖后马上将植物纤维毯覆盖在开挖面上,有效避免了降雨造成的公路坡面水土流失,并为后期边坡生态恢复提供了有利条件。

万宁石梅湾青皮林路段侯高速公路边的树木得到保护

三、围绕6个主题,打造多彩旅游路

近年来,随着海南国际旅游岛建设进程的推进,公路景观效果越来越受重视。交通运输部科学研究院基于生态保护和旅游价值提升,为海南中线高速公路提供了景观设计方案,在各路段打造各具特色的公路景观。

中线高速公路海口至屯昌段K3至K30标段分布着少数民族古村落,地形以浅山、微丘为主,还有火山这一特殊地形。鉴于这些特点,交科院为该段设计了"火山荔香绕古村"景观主题,利用火山石作为路基挡墙,并在互通区用火山石塑造龙盘造型。与此相似,根据海南省中线高速公路沿线的地形地貌、民族文化、土地利用情况,设计了"南渡江水归田园""乡风野趣多欢乐""红色雨林情犹在"等6个主题,在边坡绿化、路面设计、挖方段景观规划等方面为施工单位提供了优化建议,充分利用并展示出中线高速公路沿线独特的地形地貌和民俗特色,在保护生态环境的同时打造具有地域特色的公路景观,满足海南日益高涨的旅游需求。

四、15个指标让绿化养护有章可循

来过海南的人都会对公路两旁高大的椰子树、郁郁葱葱的草坪印象深刻。然而,随着人们对旅游品质要求的日益提高,树多花少的公路边坡景观已不能令游人满意。为进一步提升海南省公路的景观效果,营造"车在画中行、人在景中游"的通行环境,交通运输部科学研究院依托海南中线高速公路项目,为海南筛选出三角梅、硬枝黄蝉等花灌木和草花类植物,并提出适宜海南高速公路边坡条件的生态恢复模式和技术。现在,每到开花季

节,海南中线高速公路边坡上的各色花朵争奇斗艳,一改以往公路"绿多彩少"的状态,竞相开放的三角梅成为一条条移动的红飘带,为海南高速公路增添了缤纷绚丽的色彩,也为日后全面提升公路景观效果提供了示范。

保护高速公路生态环境不仅在规划、建设环节,养护环节也不可小视。如何评判公路绿化和养护的质量?生态养护需要从哪些方面入手?

基于德尔菲理想点评价法,海南省交通运输厅建立了公路路域生态恢复效果的综合评价方法。该方法包括植被覆盖度、成活率、色彩亮度等15个指标,养护管理者只需按照指标逐一检查、打分,就可以全面掌握海南公路绿化养护情况,并发现可进一步改善的地方,从而提高海南公路绿化养护管理的准确性,提升公路景观和生态保护水平,最终达到最美的风景在路上的目标。

该评价方法不仅适用于海南,也可在全国高速公路推行。

五、建设中坚持的"五大严格"

一是严格落实沿线生态保护工作。根据风景名胜区和自然保护区相关保护、管理规定,以及相应行政主管部门意见等有关要求,严格落实工程穿越五指山省级风景名胜区及临近鹦哥岭省级自然保护区等敏感路段的各项生态保护和生态补偿措施:加强施工期环境监理,严控施工范围,禁止在风景名胜区、自然保护区内设施工营地等临时工程;优化涉及环境敏感区路段的线位,将毛阳停车区移出风景名胜区范围;优化施工工艺,控制隧道施工爆破强度,并设置临时声屏障;工程在临近鹦哥岭省级自然保护区的桥梁路基段设置遮光板,减缓对鸟类和夜行动物的影响;对沿线穿越的风景名胜区、临近的自然保护区等生态敏感路段,结合地形条件加强动物通道建设,减缓对动物的阻隔;适时开展动植物资源变化情况调查和生态监测,及时增补保护措施,有效减轻工程建设对环境的不利影响。进一步优化工程施工方案,合理降低路基高度、收缩边坡或延长桥梁长度,以减少对沿线土地占用。施工前将表土层剥离保存,取土结束后及时覆土并进行植被恢复,做好水土保持工作;结合沿线生态和环境保护规划要求,开展工程景观设计工作,确保工程及附属服务设施与周围环境相协调。

二是严格落实水环境保护措施。加强施工期环境监理,严禁向沿线跨越的Ⅰ类、Ⅱ类水体等水质目标要求较高的河流排污,严禁在线路临近的饮用水水源保护区内设施工营地等临时工程;优化跨河桥梁跨径,减少涉水桥墩数量;桥梁施工应安排在枯水期,水下施工采用钢围堰工艺;落实环境风险防范措施,跨越Ⅰ类、Ⅱ类水体路段的桥梁及线路伴行饮用水水源保护区路段的路面分别设置桥面、路面径流收集系统和事故池,加固跨越敏感水体桥身的护栏,并在桥面两侧加装防护网;加强运营期通行车辆管理,开展水环境敏感目标水质监测工作,制定环境风险应急预案,建立高速公路管理部门与地方政府及相关部门的联动机制,确保沿线饮用水源安全;附属服务设施产生的污水采用人工湿地等生物处理工艺,对经处理达标后的废水进行综合利用;加强污水处理设施的日常运行管理,确保其稳定运行。

三是严格控制沿线噪声影响。选用低噪声施工机械和工艺,合理安排施工时段,对施工场地附近的环境敏感点采取移动式声屏障等防噪措施;对全线预测超标的声环境敏感点,针对不同情况,采取设置声屏障、加高涉及敏感点桥梁防撞墙等措施,降低噪声影响,确保敏感点满足相应环境功能区标准要求;加强敏感点的噪声跟踪监测,一旦超标及时增补、完善降噪措施,避免噪声扰民。积极配合规划部门做好公路沿线的土地利用规划,严格限制在线路两侧超标范围内规划新建住宅、学校、医院等对声环境敏感的建筑物。

四是严格加强地下水环境保护。贯彻"以堵为主,控制排放"的原则,优化施工工艺,隧道施工废水采取清污分流和废水回用措施,强化施工过程中的环境保护措施,减少地下水流失;加强对工程沿线影响范围内居民取水井的水位和水质监测,制定应急预案,如因工程建设造成水质出现异常,及时采取补偿措施,确保居民用水安全;服务区等产生污水的附属服务设施按照相关要求采取防渗措施。

五是严格做好大气污染防治工作。施工期拌和场、沥青搅拌站等选址应远离居民区;水泥、石灰等散装物料运输和临时存放处应采取防风遮挡措施;施工道路和施工场所定期洒水,减少扬尘;运营期附属服务设施内使用电、煤气等清洁能源。

G9811工程建设中,严格执行配套的环境保护设施与主体工程同时设计、同时施工、同时投产使用的环境保护"三同时"制度。

第五节　海南高速公路养护实现国家级科研成果零突破

结合高速公路养护开展科研项目,不断探索热带海洋气候环境下的养护科学。自2008年以来,在海南省交通运输厅等政府主管部门的领导和大力支持下,海南高速公路股份有限公司联合科研机构,在东段高速公路养护维修中开展科研项目和技术革新。截至2016年年底,该公司承担省部级等科研项目6项,先后获得国家科技进步二等奖等国家级、省部级奖项4项,获得国家专利3项,经过8年努力,在科技创新方面也取得了一定的成效,实现了科研成果多个零突破,科研成果成功应用于国内其他高速公路的养护维修,取得了较好的社会和经济效益。

2013年1月18日,中共中央、国务院在北京人民大会堂隆重举行国家科学技术奖励大会,海南高速公路股份有限公司(以下简称"海南高速")联合长沙理工大学等四家单位共同申报的"沥青路面状态设计法与结构性能提升技术及工程应用"项目,喜获2012年度国家科学技术进步二等奖。这是海南高速首次获得这一殊荣,也是海南省交通系统首次获得国家级科技奖励,标志着海南高速乃至海南省在国家级奖励方面实现零突破。

　　国家科学技术奖是我国科技领域的最高奖项,该奖的获得反映了海南高速整体科研实力不断提升。该项目针对我国发展高速公路与半刚性基层沥青路面的需要,系统开展了新建与改建沥青路面设计技术的研究,在沥青路面失效行为特征与防治、设计指标与标准、设计理论与方法等方面有重大突破;创立了沥青路面状态设计法、开发了旧路改建与加铺设计新技术、创新了养护维修与管理技术、发明了多项路面性能提升技术。获国家发明专利7项,成果被纳入1部国家标准、4部行业规范,并被另外1部国家标准和2部行业规范引用,显著推进了行业科技进步。该技术成果中现场热再生技术于2008年至2011年多次在海南环岛高速公路大中修养护中应用,取得良好的经济社会效益。国家科技进步奖的获得,不仅使海南高速在国家级科技奖励方面实现零突破,也标志着海南高速的科研水平迈上了一个新的台阶。

　　2010年11月,"高聚物注浆技术路基加固处理研究"获得由海南省交通运输厅颁发的海南省交通科技攻关年一等奖,海南高速获得组织二等奖;2011年12月"海南省沥青路面现场热再生技术应用研究"获得海南省科技厅颁发的海南省科技进步二等奖,实现了海南高速省级科技奖励的零突破。2013年1月"沥青路面再生沥青成套关键技术"获得湖南省科技厅颁发的湖南省科技进步三等奖。此外,截至2016年12月,海南高速获得国家发明专利1项、国家实用新型专利3项。

沥青混合料汉堡车辙试验

　　2007年4月,海南省第五次党代会明确提出"坚持生态立省、开放强省、产业富省、实干兴省"的方针,把"生态立省"放到了经济社会发展战略的首位;努力把海南建设成"绿色之岛、开放之岛、繁荣之岛、文明之岛、和谐之岛",把"绿色之岛"放到了社会经济发展目标的首位。

第五章
海南高速公路科技运用和成果转化

海南高速作为省属企业，积极响应海南省委、省政府"生态立省、绿色之岛"的号召，从2008年开始在高速公路管养中加大科技投入，以资源节约和生态保护为目标，充分利用企业的资源优势，针对公路养护中的重点、难点扎实开展科学研究，截至2016年12月，海南高速承担省部级、厅级科研项目6项，科研经费累计达到440余万元，先后获得国家级、省部级、厅级奖项4项，获得国家专利3项，科研成果成功广泛应用于海文高速公路、环岛高速公路东段养护中，强化了公路养护科技含量，提升了公路通行服务质量，取得了较好的社会经济效益，培养了一批工程技术人才，为绿色生态养路打下了坚实的基础。

一、目标明确注重实用

海南高速自1992年G98环岛高速公路东段建成通车之日起即接管养护，该线全长249km；2007年至2012年期间还管养了海文高速公路和G98环岛高速公路西段，全长近400km。管养期间，东段及西段均为沥青混凝土路面，海文高速公路为水泥混凝土路面。综合考虑不同路面结构的特性、路面使用状况以及高速公路沿线自然气候条件、地质条件等因素，有针对性地开展课题项目研究公路养护关键技术。

2008年海南高速引进了全套德国产的维特根沥青路面现场热再生机械设备，依托东段高速公路府城至琼海段左幅大修工程，基于旧沥青路面虽然老化较为严重，但沥青含量接近5%，结构承载能力良好，具有再生利用价值，综合考虑海南省热带海洋性气候特点，且现场热再生技术具有节能环保、重复利用不可再生资源、减少交通干扰等优点，于2008年至2011年联合长沙理工大学开展"海南省沥青路面现场热再生技术应用研究"课题项目研究，该技术属于预防性养护技术，在东段的应用对海南以至全国的公路养护都具有巨大的社会价值和经济价值。

为提高海南省交通运输行业管理、工程建设等科技含量，研究推广先进技术，海南省交通运输厅将2010年定为"交通科技攻关年"。海南高速借此契机于2009年至2010年，陆续完成了三个课题项目研究，分别是"高聚物注浆技术路基加固处理研究""超薄面层预防性养护技术研究"和"海南东段高速公路就地热再生技术适用性及经济效益研究"，引入先进养护理念，与郑州大学、西安公路养护技术工程研究中心有限公司两家单位合作，研究包括水泥混凝土路面高聚物注浆加固技术、超薄面层预防性养护技术、就地热再生技术等三种新技术。

海南高速养护G98高速公路东段20余年，虽然期间对该段高速公路进行多次大中修，但随着重载车辆与交通流量持续增多，沥青病害在雨季尤其是台风季节依然会大面积集中爆发，尤以坑槽类病害为甚，不仅严重影响行车安全，而且严重影响海南国际旅游岛形象。2013年至2016年，针对困扰高速公路养护已久的坑槽修补问题，海南高速联合长安大学开展"热带多雨区公路保畅快修材料开发与研究"，主要通过对路面修复关键材料进行性能与结构优化设计,以及便捷快速修复设备研究,解决多雨潮湿环境下沥青路面坑槽难以快速有效修复、易产生二次破坏,且阻断交通造成拥堵等关键技术问题,并在实体工程中应用。

海南省台风强降雨引发的洪水,对道路的损坏非常严重,东段高速公路多处通道积水无法通行,给当地百姓生活带来诸多不便甚至损失,造成了恶劣的社会影响,多家媒体对此进行了报道。尤其是2010年国庆期间的强降雨,共造成海南省高速公路路基、边坡塌方12处,桥梁损坏5座,涵洞受损12座,水过桥面11处,小规模塌方93处,损失严重。为了减少公路水害,整治通道积水等问题,2014年至2016年,海南高速与海南大学合作开展"海南省高速公路排水系统养护技术研究",项目旨在调查海南省高速公路排水系统设计、施工及海南省高速公路路基路面排水系统现状的基础上,针对降雨量预测、路面排水特性、下穿式通道、滑坡排水及公路生态排水养护技术等进行研究。

二、循序渐进扎实开展

2008年3月31日,海南省交通运输厅组织召开了"海南省沥青路面现场热再生技术应用研究"的可行性研究报告评审会,宣布该项目立项;2008年4月课题组提出项目具体的实施计划与方案;2008年5月至6月收集历史资料和现场调研,通过数据资料的整理分析,进一步明确了现场热再生路段;2008年5月至2009年1月,进行了现场热再生路段施工,配合现场施工开展了施工工艺与质量控制研究,并进行旧沥青抽提回收、旧料检测评价、再生剂的选配、再生沥青混合料配合比设计和生产配合比及其材料常规性能等方面的室内试验,以及现场施工温度、气象资料、压实度等检测;2010年4月至6月进行了试验路现场检测,数据表明,通车一年多后路面使用状况良好。该项目应用红外线热像仪、无核密度仪、小型气象站等先进的仪器设备,通过系统的室内模拟试验、现场检测,对比分析了现场热再生沥青路面施工工艺参数、施工质量控制指标,形成了适合海南地区的成套的现场热再生施工技术。

研制了一种沥青再生剂;提出了一种模拟现场热再生加热老化的试验方法;研制了一种可变速、变载、变温并能模拟路面结构的全厚式路面结构车辙仪,并提出了相应的试验方法;改进了沥青抽提试验方法,总结了一种再生沥青的设计方法;发布了适合海南地区的沥青路面现场热再生沥青与再生沥青混合料设计、再生沥青路面设计、现场热再生沥青路面施工及其质量控制的技术指南。通过对海南省沥青路面现场热再生应用技术的系统研究,形成了一套适合海南省实际情况的沥青路面现场热再生理论、生产实践体系,将有利于沥青路面现场热再生机械设备及其技术,在海南全省乃至全国范围内的推广应用,充分发挥其使用效率。该项目研究共发表期刊论文24篇,编制出版国家标准1部;获得国家发明专利和实用新型专利各1项;培养毕业博士研究生1名、硕士研究生6名,工程技术人员10名。

2009年11月,海南高速完成海南省交通科技攻关年课题项目立项申报,共申报3个课题项目;2009年12月成立课题领导小组,分配各小组研究成员;2009年12月至2010年1月收集历史资料;2010年1月至3月进行现场路面状况检测,包括人工调查、路面病害检测、弯沉检测、横向力系数检测等;2010年3月至9月课题开展室内试验研究和试验段铺筑,2010年10月三个课题同时结题验收。

公路检测车在路上检测

"高聚物注浆技术的路基加固处理研究",通过对海文高速公路路面状况的调查选取试验路段,根据现场实验系统分析密度、吸水性、透水性等物理特性受龄期和试验因素影响;根据试验段和室内试验获得实际工程沉降变形计算中主要参数与材料配比的关系;研究高聚物材料在海南独特的自然环境下的耐久特性;为了便于广泛地推广应用,从施工的角度出发,针对海南省的状况研究高聚物注浆施工现场的生产工艺,尽可能使施工设备和材料国产化,降低工程单价提高现场施工的系统性;对试验段的沉降变形进行长期观测,分析其变形规律,并与未经维修普通路段的沉降进行对比。

"超薄面层预防性养护技术研究",通过对海南省高速公路沥青路面状况进行详细调查,分析微表处、双层微表处、SMA-10超薄磨耗层以及Novachip超薄沥青混合料等预防性养护技术的可行性;详细阐述了不同技术的材料组成、配合比设计、混合料路用性能以及施工工艺等;通过对比其他预防性养护技术进行经济效益分析。

"海南东段高速公路就地热再生技术适用性及经济效益研究",收集东段高速公路建设历史信息、原设计施工资料、原材料资料、历年养护资料和交通流量记录等资料;对沥青路面的病害进行详细的初步调查,并根据评价结果初步划分全省高速公路可采用就地热再生的路段;对选择的就地热再生路段进行复查,包括钻芯、取路面样品、挖探和弯沉检测;进行室内试验,主要研究旧沥青的老化程度和矿料级配变化情况,判断其是否符合就地热再生适用性条件;进行就地热再生预防性养护与传统维修方式对比分析,研究就地热再生技术在海南省应用的经济价值和社会价值。科技攻关年项目共发表期刊论文3篇;培养硕士研究生2名,工程技术人员5名。

为解决台风季节坑槽在潮湿条件下难以修补的难题,2012年海南高速进行调研,最终确定与长安大学合作开展"热带多雨区公路保畅快修材料开发与应用研究";2013年1月交通部委托海南省交通运输厅进行招标,2013年3月下达海南高速中标通知书;2013年3月至5月课题组拟定研究方案;2013年5月至7月广泛开展调研及收集有关资料;2013年8月至10月研究快速修复材料主要组成材料乳化沥青、水泥、外加剂、外掺料等组分之间的适应性,及其对快速修复材料力学性能与体积稳定性能的影响规律,提出制备快速修复材料的原材料控制指标及优选方案;2013年10月至2014年1月开发出水泥混凝土路面快速修复材料,提出快速修复材料与结构设计方法,完成实体工程2项;2014年1月至4月研究沥青道面快速修复材料的力学性能、高温性能、水稳定性能与疲劳性能等路用性能及其影响因素,开发出可在潮湿环境下沥青路面坑槽快速修复材料;2014年4月至7月研究水泥混凝土路面快速修复材料的抗侵蚀性能、抗渗性能、耐磨性能、疲劳性能等路用性能,完成实体工程2项;2014年7月至10月研究主要组成对界面处理材料黏结性能与长期耐久性的影响,掌握界面处理材料的设计方法,研究不同界面处理方法对修补效果的影响,申请相关专利;2014年10月至2015年1月根据不同沥青路面病害破坏及修补材料性能特征,提出相应的快速施工工艺,并开发便捷施工设备铺筑试验路段;2015年1月至2016年5月跟踪观测试验路段使用效果,效果良好;2016年5月至11月结题验收。该项目共发表期刊论文13篇,其中SCI、EI论文3篇;获得专利4项,其中国家发明专利1项,实用新型专利3项;改造室内试验设备2台,开发便捷式路面养护车1辆;培养博士研究生1人,硕士研究生6人,工程技术人员10人。

2014年5月,"海南省高速公路排水系统养护技术研究"立项,成立课题研究小组;2014年5月至7月,收集国内外最新研究成果,并对海南省高速公路排水系统进行调查,研究降雨量参数;2014年9月至12月分别开展路面结构排水特性研究、下穿式通道排水系统研究以及高速公路排水沟改造研究;2015年1月至3月进行中央分隔带排水系统研究、滑坡问题的调查和处理研究以及公路综合排水研究;2015年10月结题验收;2015年10月至12月根据研究成果对新坡通道进行处治;2016年7月至8月在总结前期处治经验的基础上,对新坡通道进一步整改。该项目针对海南省环岛高速公路(东段)排水系统在使用过程中存在的主要问题,提出降雨量预测方法、路面结构排水特性、下穿式通道改造技术、现有排水沟和中央分隔带改造维修技术、滑坡排水治理措施及公路生态排水养护技术等相关研究。该项目发表期刊论文6篇;获得国家专利4项;培养硕士研究生3人,工程技术人员4人。

三、成果应用持续改进

2008年至2011年,海南高速以海南东段高速公路左幅大修工程和博鳌亚洲论坛应急保畅工程为依托,将"海南省沥青路面现场热再生技术应用研究"的研究成果应用于工程实践。项目研究成果于2008年至2009年应用于东段高速公路左幅大修工程,折算为单车道共24.47km。2011年3月应急保畅工程中应用现场热再生技术维修路面单车道48.368km,总面积达230117.75m^2,其中复拌型再生100190.00m^2,整形再生129927.75m^2。

经济效益分析表明,应用本项目研究成果,在节省路面材料、废料占地等方面每吨再生沥青混合料平均产生直接经济效益217.2元,2008至2009年合计产生536.14万元效益,2011年产生直接经济效益1458.95万元。同时,应用沥青路面现场热再生技术能有效地节约开采砂石料和废弃旧料占用的大量土地资源;防止沥青混凝土废料对弃置场所及其周边环境的污染;通过减少石料的开采,能有效保护林地,维护自然景观和生态环境;能最大限度地减少路面维修给交通带来的干扰以及对沿途居民生活的影响。因此,具有显著的社会与经济效益。

2010年科技攻关年项目"高聚物注浆技术的路基加固处理研究",现场试验选择了位于挖方段的海文高速公路K15+020处及填方段的K16+000两处作为典型代表,该试验路段各结构层厚度及材料如下:24cm水泥混凝土路板,水泥碎石20cm和级配碎石20cm。桥头跳车选择了K57+300处的大石溪桥。为了确认高聚物注浆技术的效果,在维修前后对错台处进行测量,检测结果表明注浆后错台病害得到改善,同时路面上层结构的强度得到了显著的提高;脱空被填充,下层结构的整体性增强。高聚物注浆只要在需要增加强度的路段钻孔后,将一种无机高分子胶凝材料注入路基和路面基层,便完成加固工作。这种胶凝材料就是以矿渣、粉煤灰等工业废料为主适当掺入碱激剂形成的复合地聚物注浆。采用这种新工艺不必重新翻挖道路,给路基和路面基层注入一针"强心剂"后,只需经过1至2小时的养护即可开放交通,与传统的路基加固技术相比,可大大缩短维修工期,也更加环保便捷。2010年海文高速公路罗牛山立交右幅施工中应用此项技术。

2013年至2016年,"热带多雨区公路保畅快修材料开发与应用研究"以环岛高速公路东段为依托,多次进行试验段铺筑。2013年1月在海南环岛高速公路东段牛岭垭道路面进行水泥混凝土路面修补,包括脱皮、断角、裂缝、坑槽、修补损坏等五种病害类型;2013年12月在海南环岛高速公路东段半刚性基层路段沥青路面K86+615和K86+620处,白改黑路面K155+570、K155+575坑槽修补;2014年10月在G98环岛高速公路东段采用经改装的便携式养护车进行了沥青路面坑槽修补施工,分别在K86+320、K157+140、K157+260等路段选择了半刚性路面和白改黑路面两种类型。以上路段修复后通车使用,截至2016年12月,公路路面情况良好。

路面检测作业现场

2015年10月至12月,"海南省高速公路排水系统养护技术研究"依托环岛高速公路东段K18+150新坡立交,根据现场勘查、分析,结合课题研究成果制定了整治方案。相关研究成果已用于该立交的排水不畅的处置方案中,解决了该通道长期以来逢雨必涝、排水不畅等影响当地居民出行的老大难问题,对高速公路的养护提供了有力的技术支持,2016年7月至8月进一步整改。截至2016年12月,该通道经过台风季节,未出现积水现象,整改效果良好。

四、搭建平台夯实基础

2007年1月起,海南高速负责管养全省高速公路,为提高公路养护的科技含量,加快公路养护工程的现代化和技术含量,实现公路养护工程的机械化、现代化、规范化,海南高速凭借优良的设备、优秀的工程技术人才队伍、完善的试验检测中心以及多年的管养经验,于2010年5月向海南省科学技术厅申报成立"海南省公路养护工程技术研究中心"(以下简称"研究中心"),海南省科学技术厅于2010年10月组织省内外专家进行了现场考核,并于2010年11月批复研究中心筹建,筹建期为两年。

"研究中心"筹建期间采用半独立运行,中心的管理体制实行中心主任负责制,下设技术研究室、材料研究室、试验检测中心、综合办公室、项目管理室,地点设于海南省定安县高速公路管理站内,使用面积达1000m²以上。"研究中心"的目标是针对海南高温、多雨的热带季风海洋性气候环境,基于沥青路面和水泥混凝土路面的病害特征,开发适于该地区使用的养护维修及决策成套技术,克服破损道面潮湿条件下无法快速修复与短期反复修补的困境,消除公路路面修复需要中断交通的经济损失和不良社会影响,降低公路道面维修养护费用,提高公路通畅率。"研究中心"的主要任务有:引进并推广国内外先进公路养护新技术;解决海南省公路养护中的技术难题;公路养护材料的研发;建立海南省公路养护质量检测评价体系。

截至2010年,海南省交通行业省级研究机构仍处于空白状态,且省级工程技术研究中心具有排他性,"研究中心"的成立不仅是开创了首家省级交通科研机构,还可以为科技养路提供创新平台以及技术服务,同时建立公路管养数据库,为系统管养高速公路,科学决策奠定了扎实的基础。

五、建章立制长远发展

技术创新与制度建设是一种互动关系,技术创新需要制度提供支撑,制度建设又在技术创新的过程中不断完善。2012年,海南高速从多年开展科研项目的过程中汲取经验,结合自身实际制定了《海南高速公路股份有限公司内部控制制度第10号——研究与开发》,制定配套制度7个,包括《研发授权与审批管理办法》《研发立项管理办法》《研发过程管理办法》《研发经费管理办法》《研发成果管理办法》《科技创新管理办法》《政府计划项目管理办法》。制度的建立为海南高速顺利推进科技项目研究提供了助力,为合理使用科研经费、规范项目研究过程以及科研成果转化应用等方面提供了制度保障。与此同时,在制度的实行过程中结合项目研究实际需要持续性改进。

海南高速在科技创新、绿色生态养路的道路上迈出了坚实的一步,实现了从无到有的突破,但在持续创新、成果应用以及带动企业发展等方面还动力不足,任重道远。

第六节 引进国外先进设备

2002年1月15日,由交通部召开的"全国水泥混凝土路面滑模施工技术推广项目现场验收会议",在海南省海口至文昌高速公路工地现场举行,来自全国各省、市的几十名公路工程专家,实地察看了海文高速的水泥路面摊铺作业,对海南引进国外先进设备取得的成效予以高度肯定。这一切,都起因于这台德国维特根水泥混凝土滑模摊铺机。

1999年,时任海南省交通厅长的李执勇,敏锐地意识到海南的交通基础建设基础弱、底子薄、发展慢,虽经"八五""九五"两个五年计划期间的大力发展,全省路网建设已初具雏形,但要真正做到为全省经济建设提供完善的交通基础设施,跟上时代发展的需要,满足人民群众的需求,同时满足车流人流的快速流转,仍有较大差距。而且海南交通基础设施参建单位普遍存在规模不大、资质不强、设备落后等客观情况,海南省交通运输厅下属的几家公路施工企业也存在同样的困难。

在这种局面下,想要干一番大事业的海南省交通运输厅领导班子,决定加大全省路网建设、改造和提高厅直属公路施工企业的建设实力和水平,做好做实全省交通基础设施的

"第十个五年"计划。因此,提高公路质量,保障公路畅通,以路通财通带动地方经济发展是海南省交通主管决策部门的首要任务。

随着改革开放的进一步深化,国内交通基础设施投入加大,公路建设发展迅猛,而海南省的国道、省道道路存在等级低,路面状况差,山区沥青路面养护困难。要加大全省路网建设力度,要改造和提高海南省交通运输厅直属公路施工企业的建设实力和水平,就必须拥有先进的施工设备。当时路面施工的工艺和设备落后,这是制约公路工程质量的最关键因素,路面施工质量得不到保证,确保公路工程质量便成为一句空话。

为寻求具有世界先进水平又适应海南公路工程的路面施工设备,有关部门对国内外路面施工设备进行了市场调查。经过一番调查发现,产自德国的维特根(wirtgensp850)水泥混凝土路面滑模摊铺机成套设备已在世界推广,施工技术已较为成熟,能够保证水泥混凝土路面施工的速度和质量。如果海南能够引进这台具有世界先进水平的设备,将会创造良好社会效益和经济效益,同时也利于带动海南省其他产业如水泥产业的发展。

海南省交通厅领导班子高瞻远瞩,把握时代脉搏,在资金困难的情况下筹措了90万美元,积极寻求免税政策支持,通过海南金属进出口公司,紧锣密鼓地展开全套德国产维特根(wirtgensp850)水泥混凝土路面滑模摊铺机设备购置引进工作。

1999年冬日的一天,经过几个月的期待,装载着由德国原装生产的维特根(wirtgensp850)水泥混凝土路面滑模摊铺机设备的货轮运抵三亚港。在德国厂家派来的几名专家指导下,在三亚市荔枝沟一处市政道路工地上安装完成并顺利试机,这标志着引进工作胜利完成。这套设备的引进,填补了海南没有国际先进水平路面施工设备的空白。以往水泥混凝土路面施工场采用三轴式摊铺机,存在施工速度慢、路面平整度差、水泥混凝土水灰比难控制、混凝土初终凝时间难于把握等问题,导致水泥混凝土路面质量隐患较大。新引入的维特根(wirtgensp850)水泥混凝土路面摊铺机,摊铺速度0.5~0.7m/min,正常摊铺日完成800~1000m,路面纵、横坡满足设计要求,施工工作缝减少,平整度高,路面状况好,汽车行驶的舒适性得到很大提高,克服了以往路面施工中遇到的顽疾,有效地提高了施工速度和质量,取得了可喜的成效。

1999年底,这台在国内具有先进水平的设备,开进了海南公路施工现场,开始发挥这一领域先进设备的优势。

经过东方市九龙大道水泥混凝土路面滑模摊铺的试验成功,维特根(wirtgensp850)水泥混凝土路面滑模摊铺技术在海南省公路建设项目广泛推广应用。这台设备先后参与海文高速公路、陵水至保亭大本公路、223国道云龙至田独公路、224国道屯昌枫木至五指山至田独公路、牛漏至营根公路、昌江出口路等项目,在公路建设、改造过程中发挥了很大的作用。

特别是在海口至文昌高速公路工程的路面工程施工中,这台设备发挥了主要作用。2002年8月28日,距海文高速公路桂林洋起点6.89km处的美兰立交桥下,这台德国原装生产的维特根(wirtgensp850)水泥混凝土路面摊铺了最后一段水泥路面,它标志着海文高速公路整个工程全部合拢,水泥混凝土路面全线贯通。经检验,海文高速路面工程质量全线达到优良标准。这台承担了海文高速公路全部51.665km的路面摊铺设备,充分展示了它的先进性。

滑模水泥摊铺机作业现场

虽然多年后海文高速公路进行了"白改黑"的改造,其工程质量一度受到社会舆论关注和质疑,这里面有多方面原因,并非这台设备的原因。

2002年,朱镕基总理视察海南时,对海南公路建设取得的成绩尤其是对水泥路面的施工给予较高评价。随后,交通部对海南省引进水泥路面混凝土滑模摊铺设备进行考察后,决定组织全国各省领导、专家到海南进行现场观摩学习。

2002年1月15日,由交通部召开的"全国水泥混凝土路面滑模施工技术推广项目现场验收会议"在海文高速公路工地现场举行。来自全国各省市的公路建设专家,实地认真察看了维特根水泥混凝土滑模摊铺机的施工过程,对海南引进先进设备取得的成效予以肯定,并决定向全国推广。

海南省政府交通主管部门,一直重视在高速公路工程建设和养护上引进国外先进技术和设备。从1991年开始,就利用日本协力基金会的日元贷款,从日本和欧美等先进国家,多次引进了筑路设备、养护设备和相关技术及材料。这些设备、材料及技术,在海南各大高速公路建设和养护管理上发挥了重要作用。

第七节 智能交通使海南不再"孤悬海外"

海南省交通运输厅、海南省公路管理局等单位积极参与大数据的开发,以智能交通为抓手,加快建立覆盖全省的高速公路路况实时监控和服务系统,打造服务老百姓出行的"掌中宝",有效发挥了"互联网+"的作用。

"十二五"初期,海南省交通运输信息化建设处于国内平均水平。海南省交通运输信息化发展的水平不足以满足省内公路水路交通运输业务发展的需要,对业务工作的质量、效率以及公共服务水平的提升不能起到很好的支撑作用。这一问题主要体现在以下几个方面:信息化应用水平不高,应用积极性不强;行业运行状态的信息监测不够,无法满足行业监管需求;信息化建设各自为政,资源缺乏共享;公众信息服务能力不足,服务效果不够理想。上述信息化建设过程中出现的问题,究其原因,主要是信息化发展环境不理想,主要体现在对信息化的认识不足等方面,以及信息化建设的组织机构、资金、人才等缺乏所导致。

智能交通体系,是一个庞大复杂的系统,涉及的人力、物力、财力规模大,工期长,需要集成和配合相关部门众多。

2011年5月,海南省交通运输厅成立厅信息中心,以保证充分沟通、有效协调、综合管理和信息化项目的持续运行。

一、网络基础设施

通过租赁运营商线路,建设交通运输行业信息通信网络。通信网络适应于海南省交通运输厅各级行业监控和信息交换的通信要求。整个网络建设采用便捷、安全相融合的解决方案,采用层次化设计,分为省厅核心层、19个市县、14个市局单位各二、三级网络建设。并部署EAD安全认证准入系统,实现交通行业网络和互联网的逻辑隔离,保障业务数据安全。

海南省交通运输厅核心层网络根据信息安全防护需要,划分为政务外网区和外部区域。因业务数据互通需要,两个区域须采用逻辑隔离方式对核心数据进行安全防护。

二、虚拟资源池

基于成熟的虚拟化技术,以高性能服务器为基础,搭建交通业务系统内部资源池,对网络、服务器、数据存储等系统实现一体化虚拟管理、实现资源化动态部署。并借助虚拟化等新技术带来的优势,逐步实现进一步降低整体IT系统的建设和运营成本,提高应用部署速度和设备资源的利用率。

(1)服务器硬件配置。采用2台刀片机箱服务器做主备双热切换,安装16台BL460作为虚拟应用服务器、2台BL680作为通用数据库服务器、2台BL460作为GIS数据库服务。同时配置了大容量磁盘阵列和磁带机。

(2)虚拟化规划。所有服务器均部署VMware vSphere虚拟化架构软件,系统采用16台BL460,共192CPU CORE、768G内存。根据目前应用,每个虚拟应用服务器划分4CORE、8GB内存;每个Load Balance服务器划分2CORE、4GB内存;可以支持40~50个虚拟机,具体负荷视应用的性能而定。

三、公路智能交通

智能交通系统应用在公路特别是高速公路方面,其实施目标主要包括:提升运行管理水平、增强监管力度、提高安全监管与应急能力、丰富公共信息服务等。海南省交通运输厅已建成应急指挥管理系统、高速公路监控系统、重点营运车辆动态联网监控系统、公众出行信息服务系统等。例如,高速公路监控系统,是通过设立在高速公路沿线、服务区的摄像机,将信号传输至监控中心,实现交通状况图像监控;通过设立在高速公路关键位置的车辆检测器、气象信息采集器,实现交通信息和气象信息采集;通过安装于道路中央分隔带和两侧的可变情报板,从中心对外发布交通疏导和交通控制信息等。

截至2016年底,海南全省高速公路机电系统已经建成并投入使用的路段为G98海口至三亚、海文和海屯,总里程445km。上述建成的外场设备,都已连接至中心高速公路监控系统和应急指挥管理系统,基本实现对上述路段的可视化管理,并为应急处置提供支持。

又如,应急指挥管理系统,能依据各种应急事件在事前、事中、事后不同阶段的处置方法和技术要求,实现自动化的物资资源管理、应急预案管理、移动车应急指挥、信息接报和发布等功能,基本实现监测自动化、资源调配合理化、指挥调度便捷化、应急决策科学化。自2015年4月试运行以来,共处理上报应急事件38件、上报路网监测周边40份、路网监测月报9份。还顺利完成了"海核2015"核应急演习、全国干线公路检查迎检等工作。已建成信息系统经过较广泛的应用后,已经取得一定成效。例如,重点营运车辆运输违规问题,不仅带来重大安全隐患,还使公路设施受到严重损害,而通过重点营运车辆的GPS轨迹全面监控、营运企业的监管,可以预先排除运输隐患、控制高峰流量、提示气象风险等,从而显著提高交通安全、行车效率,并提高公路运行及服务质量。

交通路况监控

目前，海南省交通运输厅正在针对目前海南省交通运输信息化薄弱环节和急需解决的问题，积极推进"十二五"四个重大工程、交调工程、跨海光缆工程等信息化项目建设。以上工程建成后，将极大提升海南交通信息化服务水平，实现为建立全国道路客运联网售票系统和实现综合运输信息服务奠定基础，提高公众查询票务信息和购票的便捷性；建设海南省道路运政系统，作为省级道路运输信用信息服务系统主要数据来源，并建立公路水路建设与运输市场信用评价体系；构建海南省省道重点路线交调动态信息采集网；拓宽数据采集渠道，为决策提供客观可信的依据，提升统计信息共享水平和面向行业管理者与社会公众的信息服务。

四、城市智能交通

根据交通运输部促进智慧城市健康发展工作部署，海南省交通运输厅扎实推进海口及三亚市智能公共交通信息系统项目、公路水路联网售票系统和全国一卡通互联互通工程。为城市公共交通的主要运输方式：公交、出租等，提供安全、顺畅的调度机制及接驳运输方式，来保证城市交通顺利进行，避免交通拥堵及安全危害。

例如，三亚市出租车汽车服务管理信息系统，是以三亚市出租汽车行业发展的实际需要为出发点，以"一套终端、三个中心、七个系统"为主要内容，以提高三亚市出租汽车行业监管能力和水平，提升三亚市出租汽车行业满意度为目标，通过技术手段提供公众参与渠道，缓解城市拥堵，促进节能减排，保障司机安全，促进社会监督，实现出租汽车行业稳定、规范、有序、健康发展。2015年末，三亚市现有的2356辆出租车已全部安装GPS监控主机、摄像头、评价器、空车灯、税控计价器、服务监督卡、顶灯、拾音器、调度屏、视频监控等车载智能终端设备。96789电召热线可以向市民及游客提供所有出租车的电召服务。电召服务中心业务范围包括：电话召车、车辆预约、微信召车、手机召车、固定点召车、失物招领、投诉受理、驾驶员电召服务培训、车辆监控及远程稽查等。

又如，全国一卡通互联互通工程，作为重要的民生工程，已被列入2016年交通运输部更贴近民生13件实事之一。目前海南省交通运输厅已经完成海南省省级交通一卡通互联互通平台的省级清分结算平台、密钥管理中心的搭建工作，并与交通运输部清分结算系统进行对接，可实现跨省、市清分结算。完成了海口、三亚、儋州及三沙等四个市县的交通一卡通密钥接收机城市识别码的授权工作。基本完成了海口、三亚、儋州三个市县的交通一卡通互联互通系统和公交车载终端的升级改造工作。

五、交通大数据

目前，海南省交通运输厅已经基本建成交通业务系统数据融合共享平台基础框架，通过该系统对已经具备接入条件的业务系统（如油库进销存、交通规费征收、海汽联网售票等)进行数据抽取、清洗、整合,形成海南省智能交通工程的数据中心和数据仓库。共采集各类行业数据34项,通过文字、报表、图表直观反映行业数据情况。

"十三五"期间,海南省交通运输厅还将继续落实国务院、海南省政府促进大数据发展工作部署,探索开展跨行业、跨地区数据融合应用,利用大数据提升交通协同管理、公共服务能力,积极推进海南省交通部门大数据发展。

第六章
高速公路建设者之歌

第一节　综　述

80年前,著名诗人艾青在《我爱这土地》里,写下了这样饱含深情的诗句:"为什么我的眼里常含泪水,因为我对这土地爱得深沉"。80年后,在琼岛天涯这块绿色的版图上,一道道宽阔平整的高速公路,铺就在了崇山峻岭之间。只不过,诗人艾青用的是笔,我们海南的交通建设者们,靠的是现代化的器械。

1988年,海南高速公路建设的序幕就此拉开。经过"九五""十五""十一五"时期的建设,海南基本建成了环岛高速公路路网主骨架,同时,"田字形"高速公路项目加快推进,列入国家高速公路网的项目开工建设并陆续投入运营。

特别是"十二五""十三五"时期,海南高速公路建设实现了历史性跨越,一批具有现代化标志的重大交通基础设施陆续建成,海南社会经济发展就此插上了腾飞的翅膀。相继建成G98环岛高速公路、"田字形"高速公路路网主骨架、全球首个环岛高铁、海口美兰机场、三亚凤凰机场、琼海博鳌机场、三亚凤凰岛邮轮母港等重大交通基础设施,截至2016年底全省公路通车总里程达2.6万km,其中,高速公路1000km,滨海旅游公路800km,农村公路1.86万km,全面改造了一批国省干线。同时,建成了海口、三亚等道路客运主枢纽,运输服务能力大幅提升,基本形成"3小时交通圈"和"3小时高铁圈"。至此,海南全面进入互联互通、无缝衔接的新时代。

海南交通,尤其是海南高速公路能取得如此巨大的成就,这背后,离不开筑路者的辛苦和付出,有的人甚至为此付出了生命作为代价。在这种大无畏的精神的感召和激励之下,一代又一代海南交通人前赴后继,无私奉献和付出,这才使得海南高速公路主骨架基本成型,以及"田字形"高速公路骨架得以完善。

回顾海南高速公路的建设历程中,这些为海南高速公路做出巨大贡献的建设者们,他们其中的优秀代表诸如时任海南高速公路股份有限公司副总经理、海南环岛高速公路(东段)扩建工程负责技术的副总指挥万千里,在250km长的扩建工地上,数百个施工点,他不知跑了多少个来回,倾注了多少心血,攻克了一个又一个技术难题。不论昼夜酷暑,哪里有困难、有问题,哪里就有他的身影。

又如"工作狂人"周经富,每天总带个军用水壶,和职工们一起起早贪黑上工地,来回奔波,指挥协调施工。

还有:"桥痴"蔡炽聪;工作"多面手"陈永专;建设项目部总经理钟厚冰;省公路管理局干部王世望;海南省交通运输厅干部罗永熙;"三不外交官"叶绍宁;平安工地、平安卫士——安全总监许金萍;琼乐高速公路上和天气"赛跑"的人——韩胜;跑步进场攻坚克难的人——刘玉涛;中交四公局海南琼乐高速 A3 标项目经理刘占龙。这些建设者们,如今仍然在为海南高速公路的建设事业奉献着自己的青春,他们的故事,他们的精神,十天十夜也说不完。

让我们永远记住这些为海南高速公路建设甘洒青春、汗水、热血的建设者们,并把他们的精神发扬光大,为海南交通,为海南高速公路取得一个又一个辉煌,继续不懈奋斗。

海南环岛高速公路上的建设者

第二节　讴歌海南首条高速公路(环岛高速东段)建设者们

雄笔一挥五百里,重绘琼州版图。

俯瞰海南宝岛东部,椰风海韵五百里,纵横琼东六市县,有一条高速公路呈现在世人的眼前,这就是海南高速公路建设史上壮丽的第一笔:海南首条高速公路——海南环岛高速公路(东段)。这条高速公路伴随着海南建省办经济特区的改革步伐而建设,它是海南第一条分左右半幅建设完成的高速公路,它在海南公路建设史上第一次开挖公路隧道、第一次采用了大爆破等,创造了海南高速公路建设史上的多个第一。

会师鏖战天涯

海南省高速公路(东段)被海南人民誉为黄金大道,凝聚了特区的先驱者和广大建设者的热血、激情和汗水。几任国家、交通部的领导和海南省委、省政府的领导对工程建设的每一个重要环节都亲自过问,并多次亲自带领政府有关部门到工地现场检查工作,召开工地现场会议,及时拍板决策,解决工程重大困难和问题。仅1995年在大茅隧道工地,阮崇武、汪啸风等时任海南省领导就多次亲临现场,检查指导施工,给筑路员工以鼓励支持。时任海南省交通厅厅长陈求熙时刻关注工程进展,亲自组织政府工作组长驻工地,在协调各方关系中发挥了重要的作用。不仅如此,他还每月几次亲临工地,帮助解决施工的疑难问题。海南省政府有关部门和沿途市县、乡镇政府及人民群众,热情支持工程建设,支持搞好征地拆迁、治安保卫等一系列工作,从各个方面为工程建设排忧解难,保证了工程的顺利进行。

在这天涯逐鹿的古道上,数千筑路大军展开了一场如火如荼的现代工程大会战。承担工程业主职责、负责工程组织协调工作的海南高速公路股份有限公司,会同承担施工的十多家施工单位,团结一致,顽强拼搏,经受了海南台风暴雨酷暑的考验,攻克了无数的艰难险阻,涌现了众多的感人英雄事迹,可歌可泣。

海南公路第三工程公司,承担第一期工程第一标段的施工任务。三公司是20世纪80年代后期才组建的新单位,面对那些曾经承建过国内外大型工程的老大哥单位,他们知道自身的不足,然而并没有因此动摇他们夺冠的决心。"要干,就干第一!"从当时年仅35岁的罗永熙经理口中说出,掷地有声。为了争第一,他身先士卒,日夜奋战在工地现场。"争第一"成了三公司每一个员工的最高信念。在第一期工程中,他们是最严格执行"菲迪克"条款的单位。

1994年1月24日,罗永熙获得了海南省政府颁发的"金光大道奖"。还有深圳市政工程公司的筑路先锋们,在第一期工程中,他们所承担的石梅至牛岭路段,地处偏僻,山高坡陡,公司员工想方设法加快进度,成功地完成了多次牛岭大爆破,施工质量和进度一直居于前列,同样夺得海南省政府颁发的"金光大道奖"。在第二期工程施工中,他们一鼓作气,高标准严要求,一举夺得工程竞赛评比第一名。

攻克大茅隧道

亲人泪模糊,望断天涯路。在大茅右隧道北洞口边上,静静矗立着一座2m高的黑色花岗岩纪念碑,其碑文记载右隧道自1993年4月开工后发生的上百次塌方,以及在2年8个月的艰险施工中献身者的18人名单,他们是:杨爱卿、孙志峰、魏刚、王宗杰、罗春吾、李茂林、刘建生、江新锋、张随芳、王刚、冯福祥、何吉书、杨家朝、韩召其、江占民、贾银明、包振龙、龙家良。为了攻克大茅隧道,筑路先锋们付出了血的代价,他们应该被铭记。

全长1070m的大茅右隧道工程,是东段高速公路施工中难度最大的工程。由于地质情况复杂,强风化层、地下水、断层、流沙等地质水文条件非常恶劣,工程先后发生大小塌方近百次,多次造成人员伤亡,施工一再受阻。在两年多的艰险施工中,建设者们为了早日攻克东段工程中最后一道卡脖子工程,放弃节假日,放弃与亲人团圆的机会,日夜奋战,涌现出无数动人的事迹。"两劲旅战险阻无坚不摧,百壮士洒血汗茅山让路",这是当年悬挂在大茅隧道施工工地上的一副对联,更是他们的誓言。

由于地质条件复杂,工地遭遇多次滑坡和塌方。第一次滑坡长度3m^3,工程技术人员及工人从制定方案到清理,连续奋战七天七夜,终于把塌方清理完毕;1995年1月22日,又是一次特大塌方,建设者们一咬牙,4个多月昼夜不停地干,才全部清理完。清理最长的一次塌方事故,整整奋战了8个多月。

在与无数次的塌方较量中,建设者们逐渐摸索出一套科学的施工方法,即采用"弱进尺、强破、强支撑",用大型钢模台车强行推进,比之前加快了掘进速度。虽然施工中不断总结经验,但是隧道一再塌方与抢险,在阻拦与前进的拉锯战中,异常艰难地向大山腹地挺进。

铁二局是一家实力雄厚施工经验丰富的建筑企业,他们修建过著名的宝成、川渝、成昆铁路。这次参加大茅洞隧道工程建设,二局领导十分重视,特地从重庆缙云山隧道调来了价值近2000万元的多台隧道施工专用设备,配备了各种隧道施工的专业人员。他们以生力军的姿态,一进入施工就掀起了高潮;从1994年8月份开始,短短的20多天内,就掘进了90m,日进尺达到3.5m,最高的日进尺达到了5m。

然而大茅山仿佛是故意考验这支队伍,正当他们顺利地向前掘进的时候,掌子面突然出现强风化花岗岩堆积体。1994年9月7日,一场特大塌方无情地发生了,塌下来的泥土像大山一样堵住了前进的路。一定要战胜塌方!他们从公司领导到员工,从总经理到工人,全部整装上阵,连续奋战了6个多月,采用"管棚注浆,导坑掘进,先拱后墙"的办法,成功地处理了这次特大塌方,取得了宝贵的经验。紧接着,他们又一鼓作气,仅花了两个多月时间,又掘进了90m,顺利地通过了这次地质不良的地段。1995年除夕之夜,二局三亚分公司的全体员工傍晚吃了一顿简单的工地团圆饭,然后举行了一次工地卡拉OK联欢晚会,振奋士气。从大年初一零点开始。员工们便戴上安全帽,操作着机器,又向大山腹地掘进。

1995年春夏之交,隧道施工进入最关键也是最艰难的阶段。海南高速公路股份有限公司领导班子认真总结了工程开工以来的经验和教训,提出了"以科学的态度抓施工管理,以先进的技术战胜塌方"的施工指导方针。该公司领导亲带头组织技术骨干、监理工程师、设计代表和施工单位领导组成的常驻工地工作组,先后数十次召开施工现场会,及时处理施工疑难问题。为解决塌方确保安全施工,促使施工单位采用了超前地质雷达、小导坑等设备和手段加强地质情况的前期勘测,及时发现和预防险情,同时增加施工机械和安全保护设备。海南高速公路股份有限公司从财力、人力、物力等方面大力支持施工第一线。

随着后面地段地质条件有所好转,铁二局的施工也进入了"柳暗花明"境地,数十台机器开足马力,一路欢歌,掘进速度越来越快。尽管期间又发生了几次塌方,但丝毫阻挡不了二局施工向前挺进的势头。1995年10月25日,东段高速公路大茅隧道工地传来了人们期望已久的好消息:分头从两端掘进的两支施工队伍在隧道里胜利会师,大茅右隧道贯通了!顿时,工地上的人们欢呼雀跃,许多人激动得留下了热泪。在艰苦奋斗的两年零四个月后,终于把这个高速公路上最艰巨的"卡脖子"工程拿下来了,人们怎能不为之欢呼雀跃呢!

在这场与大自然的决斗中,建设者们以大无畏的英雄气概,征服了种种险恶,取得了全隧贯通的胜利。他们以自己的热血和汗水,为海南人民铸造了一座精神的丰碑,他们的丰功伟绩,永远镌刻在海南人民的心中!

1995年12月27日,海南东段高速公路右幅全线通车。

时隔3年,1999年8月,大茅隧道左隧道开工,筑路者又向大山开战了,人们强烈期待工程能顺利攻克险阻,并避免几年前那血的教训。

建设者们果然不负众望,左隧道只用了9个月就实现安全贯通,其间不伤一兵一卒。奇迹从何而来?同右隧道一样,左幅隧道地质条件也是复杂多变,山体表现为垂直风化,软弱带和强风化带比比皆是,岩层破碎严重,岩体垂直自稳能力极差,加上地下水的作用,极易垮塌。在左幅隧道开工前,工程单位决定在整个施工过程中走专家路线。几经考察,工程单位从重庆交通科研公路勘察设计院,请来了资深专家进行指导施工。在整个隧道施工过程中,专家组利用先进的地质雷达仪,进行山体岩层的超前探测,并绘出地质图,为新一轮掘进提供了"对症下药"的依据。

在对前方地质条件了如指掌的基础上,在9个月的掘进施工中,工程单位组织了23次"五方会诊"。讨论如何对症下药,会诊中根据新的地质数据采取新的对应措施,进一步优化设计,力求万无一失。9月下旬,铁十二局负责的隧道掘进到200多米处遇上一险恶地段,风钻机钻通一处地下潜流,强水流一喷有五米远,持续了几个小时。当时泥、石、沙俱下,随时有大塌方的危险。针对险情,"五方会诊"集思广益,很快创造了"悬臂双排小导管管棚施工法"从而排除了险情。

采用先进的"新奥法"施工工艺,是隧道安全掘进并确保施工质量的主要措施。新奥法概括起来是"一个中心、三条支柱、五个原则",一个中心即充分发挥岩体的自承能力;三条支柱为:光面爆破、喷锚支护和监控量测、早支护、紧衬砌。工程建设者严格遵循了"新奥法"施工工艺的科学程序,使用了130t炸药,成功实施了近700次爆破,从而保证了在险恶岩层条件下安全掘进并确保工程质量。

从大茅隧道左、右隧道工程不同结果的反差对比，人们得出了这样的结论：这是科学精神的胜利。

"有疑难找万总"

"万总"——这是人们在东段高速公路扩建工程工地上听到的频率最高的称谓之一，他就是海南高速公路股份有限公司副总经理、东段高速公路扩建工程负责技术的副总指挥万千里。

作为东段高速公路扩建工程主要负责人，万千里知道他肩上的担子有多重。在250km长的扩建工地上，数百个施工点，他不知跑了多少个来回，倾注了多少心血。

或许是几十年的职业习惯，万千里总是把每项工作困难、问题预先想好，并采取预防措施。"有疑难，找万总"，工地上的同事们说。的确，自扩建工程开工以来，他的时间表上从没有过节假日；不论昼夜酷暑，哪里有困难、有问题，哪里就有他的身影。南渡江特大桥前期进展较慢，万总亲抓"卡脖子"难点，使大桥的中、后期进度迎头赶上。

1997年9月27日傍晚，已在南渡江南段指挥抗洪抢险一整天的万总又连续作战，沿右幅公路往北巡视，在几公里远处发现险情：塘柳桥南端路基已被洪水掏空了一个十多米长的大窟窿。他当机立断，调集一至六标的施工队伍会同武警官兵共400多人连夜抢修，至次日中午12点方把窟窿填好，确保了车辆的安全通行。

东段高速公路扩建工程，既采用了全新的管理体制，在施工上也采用了许多新技术新工艺，而万总正是新技术新工艺的积极倡导者。定向爆破、二次张拉、锚杆挂网注浆法……他的智慧和聪明才智得到充分的施展。南渡江特大桥2号墩钻头被卡，卡住了整个大桥的施工进度。施工单位采用多种方法费时半个月。万总召集众人研讨，集思广益，仅用10小时就破解难题，让人不得不佩服。

一个周末，有人问大伙，万总要回海口，有谁要跟车回去？大家都没有响应。这时初来乍到的小吴听说后觉得便利，于是乘万总的车回海口。万总的车清晨一大早出发，直到晚上约9点才回到海口。小吴终于明白了无人愿搭万总顺风车回家的原因，万总心系工程建设，一路上不停地下车看路，走走停停，不到100km路程走了10多个小时。原想早返海口和女朋友约会的小吴连晚饭也没赶上。

东段高速于2001年金秋时节全线贯通，2003年万总光荣退休。每当谈起万总，尽管时隔10多年，海南高速人依然怀念他们心中的万总。

"工作狂人"周经富

环岛东段高速公路右幅府城至黄竹段，谈起这段工程的建设者，无不赞扬海南省公路局第一工程处负责人、共产党员周经富的奉献精神。东段高速是按照国际上通用的质量标准来设计的,公路档次高、要求严,对石粉、水泥标号、碎石大小尺寸、路面基层的压实度、平整度等,都有严格的规定。海南省公路局第一工程处从来没有接过这么严格的公路工程,能否建设出这样高质量的高速公路来？人们拭目以待。

干前所未干过的事,周经富觉得肩上的担子特别沉。唯一的办法就是严格管理,严格按规范施工。高速公路路面基层30cm,用石粉、碎石、水泥按配合比拌和,洒水到一定湿度,然后用稳定土拌和机搅拌,运至工地现场用平地机平整,压路机压实,压实密度高达97%。为了保证质量,周经富让检测人员每天从工地上取样检测,他每天晚上都要看检测报告。

当路面基层施工至14km处时,周经富晚上看检测结果,发现密实度不够标准。他整夜睡不着觉,第二天一大早就把有关施工人员叫到现场查看分析原因,最后发现是洒水车洒水时不够均匀,没达到最佳含水量,且少压一遍。这一段不合格的基层有240m,要怎么处理？有人认为,如果返工,就要浪费水泥16t。有人说基层在路面下面,别人不知道,瞒过去算了。还有人埋怨,工期本来就紧,返工更误工期,还要扣奖金。然而周经富坚定地说:"高速公路是百年大计,质量第一,不能因为几百米公路质量不合格,影响整条路质量,我们要奉献一条合格的高速公路这条路必须返工重做"。

职工们都称周经富为"工作狂",自他调到高速公路工地后,便一心扑在这条路上。他最大的愿望是让高速公路早日通车,发挥效益。

东段高速工期紧,周经富千方百计地想办法加快施工进度。64km路只有二三个供职工休息、住宿的施工站,而施工现场往往离施工站十多20km,来回一趟要一个多小时。为了赶时间,周经富带领职工早上6点多赶往工地,中午送饭到工地上吃,直到晚上八九点才返回施工站。工地天气炎热,阳光烤得人大汗淋漓,有时连水都喝不上。不管条件多艰苦,周经富每天总带个军用水壶,和职工们一起起早贪黑上工地,来回奔波,指挥协调施工。周经富就是这样以高度的责任感,为奉献一条合格的高速公路而奔波着。

"桥痴"蔡炽聪

20世纪90年代初从路桥专业毕业后,蔡炽聪就一直在路桥建设中滚打摸爬,曾参加了全国第一桥——虎门大桥的施工,凭着他对路桥建设的痴气和钻劲迅速成长。

蔡炽聪对路桥的"痴",在工地上是有名的。工人们常见他不顾一天的劳累挑灯夜读,见他既独自钻研又虚心听取他人的意见。远在广东梅山的爱人见他半年未回家,风尘仆仆来看他,他却挤不出半天时间来陪她去玩一玩。

一位当年的建设者这样回忆担任南渡江特大桥工程建设总工程师时的蔡炽聪:"秋阳西斜时刻,他指挥着南渡江大桥第15孔大梁的吊装,只见他来回巡看,每道工序都亲自检查,不放过一个疑点,不留下一点隐患。不觉间,夕阳西沉,工地上顿时灯火通明。他爬到桥墩上,眼光紧盯前方,随着隆隆的机声,两个巨大的长 72m 的贝雷架下,长 30m、重 60 吨的大梁预制件缓缓向前移来,稳稳地安放在桥墩上……看到这,蔡炽聪那张娃娃脸上浮出一丝笑容。"

海南环岛高速公路桥梁施工现场

"多面手"陈永专

在八标的工地上有一位"多能手"的平地机手,他叫陈永专,来自乐东冲坡农村。当时陈永专只有 26 岁,高挑个消瘦脸和普通的农村后生没什么两样,但是一爬上高高的平地机,他仿似技艺高超的斗牛士驯服狂野的公牛那样,娴熟地驾驶筑路工人视为最难摆弄的平地机。方向盘加上十几个操作杆,还有一排仪表,别人一看就眼花缭乱,他却像钢琴演奏谱一样烂熟于心。三米多长的刮板,在他的摆布下,温顺地在 360 度的空间里听从他的任意调遣。不仅是平地机,汽车、推土机、装载机、挖机……几乎对每样机械他都比别人精通,技术比别人高出一截。他的人品也很好,从不因为自己技术好而摆架子,工地上哪缺人他立刻顶上,说起他大家都由衷地竖起大拇指。随公司进驻东段高速扩建工地以来,他都像往常一样细心维护好机械。与伙伴们顶酷热、战台风、抢工期、保质量……工程收尾时,他回乐东老家看望发烧的孩子,又匆匆返回工地,自己也发烧了。可是一坐上平地机又来了精神。陈永专和他的伙伴们团结协作,日夜奋战,八标工程完成质量好、进度快、在工程施工竞赛中多次获奖。

他们只是众多筑路者的一个缩影,许许多多的建设者们背井离乡,千里迢迢聚集到海南环岛(东段)高速公路的工地上来,他们以路为家、以路为业,在这里一干就是十多年。海南环岛(东段)高速公路,是成千上万的建设者们,舍小家顾大家,默默地付出和奉献自己的青春和汗水,保质保量完成的一个重点工程。广大的筑路者用坚毅的力量铸造了海南东段高速公路。

第三节 特色:中国第一条滨海旅游生态景观高速公路

G98 海南环岛高速公路由东段高速段、西段高速段、海口绕城高速段和三亚绕城高速段组成,总里程612.804km。其中:东段高速段起始于海口琼山区府城,经定安、琼海、万宁、陵水抵三亚,全长236.704km;西段高速段贯穿澄迈、临高、儋州、白沙、昌江、东方、乐东等市县,全长311.24km。海口绕城高速段全长34.4km,三亚绕城高速段全长30.46km。海南环岛高速公路建设凝聚着交通部、海南省委、省政府和广大公路建设、养护和管理者的巨大心血,尤其是在生态景观建设方面,凝聚了决策者以及设计、养护、管理等部门的智慧和力量。

海南环岛调整 G98 东段万宁滨海路段

一、中外游客的高度评价

1999 年 9 月 26 日,随着环岛高速公路(西段)洋浦至九所段正式通车,海南环岛高速公路全线贯通。当时,中央人民广播电台记者杨明品到西段高速公路采访时大加赞叹:车行西段,高速公路给人们不仅是快捷、平稳和舒适,更有赏心悦目的风景。一路上,两旁茁壮成长的椰树,坡上绿草点缀着小花,红的、黄的,在明媚的阳光下摇曳,隔离带上是高大的大红花树,艳丽的花朵一排排,一簇簇迎风而立,驰入洋浦立交,西段高速公路由花路变成花园。

2002 年 4 月 11 日下午 5 时 30 分,前来海南出席博鳌亚洲论坛首届年会的时任韩国总理李汉东在环岛东段高速公路上一路疾驰。坐在贵宾车里的李汉东总理和夫人,对高速公路建设质量以及沿途美丽的田园风光称赞不已。

大约20分钟,李汉东总理拿起笔,欣然题词"良好高速公路,美丽农村风景"12个汉字,字里行间流露出了他对海南高速公路交通建设的赞美。另外,出席博鳌亚洲论坛年会的国内外来宾对海南的交通和生态环境大加赞赏。日本等国家的贵宾说,博鳌优美的交通环境让人有如走在画中之感。

2006年4月22日,出席博鳌亚洲论坛2006年年会的摩根士丹利首席经济学家斯蒂芬·罗奇在年会上演讲时,高度评价了环岛东段高速公路。

2007年环海南岛国际公路自行车赛11月10日在海南落幕。国际自行车联盟副主席豪里捷克先生说:"我去过很多国家,就海南提供的比赛路况最棒,无可挑剔。"

海南环岛高速公路自1988开建直至1999全线贯通以来,由于其建设过程特别注重生态环境建设,深受中外游客的赞赏。1999年底,来琼考察的国务院领导认为,海南东段高速公路是我国第一条热带海滨旅游高速公路,也是海南的"窗口"。

经过多年建设,如今海南环岛高速公路已经演变成为中国独具特色的滨海旅游生态景观环岛高速公路。

二、切实把海南得天独厚的生态环境保护好

海南环岛高速公路生态路、景观路建设,自始至终得到了国家、交通部和海南省领导的高度重视和大力支持。

2000年11月,交通部原副部长、时任中国公路学会理事长李居昌在海南参加中国公路学会2000年学术年会五届二次理事会时对海南高速公路建设提出建议:海南是生态保护完好的省份,实施交通生态工程,装点绿色通道,海南的秀丽山河更妖娆。在完成交通建设或改造工程的同时,进行改良环境结构的生态建设,是交通设施作为一种人文景观与周围景观在最大范围内融为一体,形成美化国土,保护自然,改良环境和抵御自然灾害的交通生态系统或区域交通生态系统,这也是交通人面临的艰巨任务,必须引起高度重视。如果在实施交通建设的同时,也确定相应的生态建设目标,变单一的交通建设工程为复合的交通生态建设工程,完全可以收到提高工程质量、美化和保护环境的双重效果。

2001年5月15日至18日,时任交通部副部长张春贤前来海南考察交通时指出:"在搞交通基础设施建设的同时应有环保意识。在海南要特别强调这一点,听说海南省交通厅在公路规划设计中注意保护好每一棵树,这样做太好了。我在国外考察时发现在工程建设中为了避开某棵树而打了一个隧道。保护好每一棵树,会给人们留下长久的怀念和深刻印象,工程建设后,要有环保的措施,要在满足功能的情况下,尽可能地保护好环境。"

2002年4月9日,时任国务院总理朱镕基在海南考察时指出,海南良好的自然生态环境既是海南的优势所在,也是发展特色经济的重要基础,必须倍加珍惜,加强保护,绝不能犯以牺牲生态环境为代价发展经济的错误。他还指出,今后海南的城市建设和道路建

设,要加强规划,防止乱占滥用林地,要格外注重城市周边的绿化带建设。

2004年2月10日,时任海南省委副书记、代省长卫留成到海南省交通厅进行工作调研时强调,公路建设要因地制宜,注意保护环境,不能破坏海南的生态环境特别是旅游景区的环境资源。

2004年4月24日,时任中共中央总书记、国家主席胡锦涛在出席2004年博鳌亚洲论坛年会后在海南考察时指出,要按照可持续发展的要求,科学规划海南的开发,切实把海南得天独厚的生态环境保护好,不断增强经济社会发展后劲。

在环岛高速公路建设中,海南省交通厅遵照国家和部、省领导的要求,本着建设"生态路、环保路、景观路、安全路"的原则,公路设计部门顺应原有的地势地貌开展公路设计,在跨越生态敏感区时适当增加桥隧比,尽量减少对原地形地貌的破坏。同时,选线遵循"不扰为上,利用为本"的原则,在路线设计时,尽量沿山脚布线,少占农田,节约耕地。避免深填高挖,减少对原生态系统的扰动和破坏,减少用地规模,集约利用土地。尤其是在后来的建设中,遵循凸显人性化、生态特色、文化特色和国际旅游岛特色,全力打造"绿色高速路",为国际旅游岛建设添彩。

三、生态建设和养护管理并重

海南是中国第一个生态省,公路建设也需遵循"生态立省"的理念。在环岛高速公路的建设和养护中,海南省交通运输厅把加强生态保护当作重要职责,自始至终高度重视,并将其列入重要议事日程。

首先,在思想上,提高对生态公路建设的认识,把生态公路建设和促进生态经济发展紧密联系在一起,经常分析生态建设指标,开展公路生态建设目标落实评比。其次,在公路检查活动中,把创建特色生态公路建设列入重要的检查内容。在资金计划安排上,实行生态公路建设资金单列,单独划拨,确保专款专用。

同时,在新建公路工程施工中,应用新技术、新工艺、新材料、新理念,切实把保护生态环境、节约和集约用地、节能减排等落到规划建设各环节,把海南高速公路建设成为环境友好型、资源节约型公路。并且,严格落实工程设计与人文景观设计、工程施工与自然景观保护、工程竣工与生态景观恢复"三同步",尽可能将高速公路建设对环境的影响降至最小。尤其是在项目建设中推行施工标准化,注重工后恢复,严格保护生态环境。

此外,为体现"以人为本、开放包容"的设计理念,环岛高速公路建设中结合沿线人文自然分布特点,设置服务区、停车区、观景台等,供驾乘人员休憩、观景,欣赏沿途美丽的自然景观。还结合沿线民族、人文特点,在合适位置将风土乡情融入支线,附属设施人性化设计,以增添高速公路的文化内涵。

"十二五"期间,海南打造了包括环岛高速公路在内具有地域特色的"畅安舒美"示范路,把公路的建、管、养融入服务海南国际旅游岛建设的具体实践当中,把公路作为生态景观建设和传播公路文化的主要载体,结合沿途风景、人文元素,推行"一路一景"建设,打造"会讲故事的公路",力求达到"人在画中游,车在景中行"的公路景观效果。目前已完成海榆东、中、西线三条国道、博鳌出口路等路段的美化绿化工程,打造出多条微丘田园风光型、滨河热带雨林型、滨海椰风海韵型等具有地域特色的生态景观公路1800km,既美化了公路环境,又展现了海南特色的公路文化内涵,得到了社会广泛的好评。

第四节 飞跃:我国唯一环岛高速公路给海南带来的巨变

海南环岛东段高速公路1993年建成通车,环岛西段高速1997年建成通车,1998年以后,海文高速、海口绕城高速、三亚绕城高速、海口至屯昌至琼中高速先后建成通车。随着2012年海榆中线公路改造工程及澄迈、白沙、乐东等县城出口路的陆续通车,岛内以"一环三纵四横"为主骨架的"田字形"公路网基本建成,从而使海南形成了"3小时交通圈",高速公路真正成为推动海南经济社会发展的引擎。

一、20年构筑"3小时交通圈"

所谓"3小时交通圈",是指岛内任何一个市、县之间基本实现3小时到达。20世纪90年代从海口到三亚驾车需要六七个小时,如今走东段高速公路,257km的里程只需3小时,缩短了一半时间。

从"八五"期间开始,海南省就把环岛高速公路和"三纵四横"路网主骨架的建设列为公路建设第一步战略目标并实施,加快了全省公路交通网络化进程。

海南环岛高速G98东段陵水190km路段立交美景

1998年,海南省委、省政府提出并实施以公路等交通基础设施为重点的中部开发战略。近20年来,海南省交通部门投资48亿多元,改造"三纵四横"公路。随着海榆中线公路改造的完工,"三纵四横"公路,海榆东、中、西线公路和环岛高速公路构成了岛内"一环三纵四横"的"田字形"路网格局。这是海南省公路网的主骨架和岛内道路运输的重要通道,也是激活海南省中西部及沿海地区市县区域经济的主要脉络。

1999年,西段高速公路与东段高速公路实现对接,通车总里程为631km,使海南成为我国第一个高速公路环岛的省份。海口至文昌作为琼东北部地区的交通大动脉,海口至琼中作为中部地区的交通大动脉,也先后于1999年和2013年建成了高速公路,这使全省的路网主骨架更加完善。

二、岛内实现"2小时交通圈"为期不远

截至2016年底,海南全省共完成公路建设投资920亿元,公路通车里程达2.82万km,100%的行政村通了公路,通达深度达98%。目前,二级以上公路已通绝大多数的市县城、主要旅游景点(区)、开发区、主要港口和机场,大路网、主通道和全省公路交通一体化的局面基本形成。

目前全省"田字形"高速公路网络主骨架正在实施建设,将更加有力地推动中部地区社会经济的发展,与海南国际旅游岛发展的要求相适应。加快"田字形"高速公路建设将是海南省"十三五"交通建设的大手笔。

"田字形"高速路网建成后,将形成便捷的交通网,海南省内任何一个城市(镇)往来之间将控制在2个多小时以内。

海南高速公路列入国家公路网规划(2013年至2030年),意味着国家将在资金和用地指标方面给予海南高速公路建设更大的支持,为海南构筑"田字形"高速路网注入生机和活力。

根据规划,"田字形"高速路网建成后,将实现海南东、南、西、北、中五个方向公路交通的快速转换,加强中部及中南部地区与省会城市海口、南部三亚以及东部万宁、琼海,西部儋州等中心城市的联系。

截至2016年底,海南省路网密度已达83km/100km^2,全国排名第19位,其中高速公路已建成795km,在建357km,谋划新建约120km,预计至2020年海南省高速公路总里程将达1260km。在未来几年内,中线、横线、文昌至琼海高速公路及文昌铺前大桥建成后,将构筑起覆盖全岛的"田字形"高速公路网。"一桥三高速"建设中,文昌铺前大桥项目尤为引人注意,该桥设计全长约5739m,总投资26亿多元,已经成为海南省投资规模最大的跨海湾独立大桥。

三、环岛高速给海岛经济带来的巨变

海南岛是我国第二大岛屿,特殊的地理环境决定了海南必须大力发展交通运输,提高交通运输能力,这是加快海南发展的基础条件。

经过长期建设,海南实现了"公路四通八达、火车跨海通行、海轮神游世界、飞机纵横晴空"的现代化立体运输体系。公路一直是海南的主要交通方式,实践证明海南省高速公路建设对地方经济拉动,对沿线的物流、旅游开发、招商引资、产业结构调整、横向经济联合起到积极的促进作用。

高速公路作为一项长期投资的基础设施建设项目,其产生的影响往往是长期的,最直观的影响是它对扩大内需、拉动经济发展的促进作用。

高速公路建设对水泥、钢材、砂石等建材物资、工程机械的直接需求,会带动短途运输、餐饮、零售等相关产业的引致需求。根据测算,以海南省中线高速公路屯昌至琼中段为例,总投资约34亿元,可带动约100亿元以上的消费需求。

2009年8月,海口至屯昌高速公路正式开工建设,2012年12月正式通车,其中屯昌县境内约15km。2012年5开工的屯昌至琼中高速公路,屯昌境内约25km。屯昌县是海南近年来高速公路建设的重点区域,从2009年至2012年屯昌主要经济指标可以看出,高速公路建设对屯昌县的固定资产投资额、商品房出售面积、地方财政收入有较大的提升,尤其是商品房出售面积、固定资产投资额获得持续增长。随着高速公路建设的持续推进,"十二五"期间以屯昌为代表的中部地区经济有了高速度、持续的增长。

海南省生态环境保持国内一流水平,是人们公认的最佳居住地之一,具有丰富的热带海岛旅游资源、热带土地资源、海洋资源、矿产资源和油气资源。高速公路建设极大促进了海南省优势资源开发、利用和转化,使旅游业、新型工业和热带农业获得快速发展。

环岛高速公路建成后,极大地促进了海南旅游业的发展。2016年,海南全年接待入境过夜游客81.46万人次,同比增长22.8%;国际旅游收入实现24.57亿元,同比增长11.6%。国内过夜游客2919.88万人次,同比增长15.8%。实现国内旅游收入299.47亿元,同比增长27.1%。

同时,高速公路也推动了洋浦国家保税港区、老城开发区、昌江循环经济示范区和东方化工城等工业园区获得长足发展,形成了西部工业走廊。以2011年为例,西部地区六市县(含洋浦经济开发区)规模以上工业累计完成增加值284.18亿元,占全省规模以上工业的64.9%,同比增长14.6%。西部工业增长领先东部1.5个百分点,领先中部6.3个百分点,拉动全省工业增长10个百分点,其中东方、澄迈两市县增势强劲,分别增长了34%和33%。另外,高速公路的建成通车,有效地降低了沿线地区企业物流成本,提高了经济运营的效率。

第五节 海南高速公路建设群英谱

五任厅长与海南交通的"五年规划"

发展经济,交通先行。特殊的地理环境决定了海南必须大力发展交通运输,提高交通运输能力,这是加快海南发展的基础条件。1988年,海南建省办经济特区,在国家有关部门和海南省委、省政府的大力支持下,海南交通运输事业进入了快速发展新时期,尤其是经过几个"五年规划",海南实现了"公路四通八达、火车跨海通行、海轮神游世界、飞机纵横晴空"的现代化立体运输体系。

在此期间,海南交通人在海南省交通运输厅历任厅长的带领下,"撸起袖子加油干",为海南交通发展打下了坚实的基础;在此期间,诸多"标志性事件",为海南交通成就写下了历史注脚。

马文金:首创"大交通体制"
（海南省交通厅第一任厅长,任期1988年5月—1993年4月）

1988年4月,海南建省办经济特区。时年5月,海南省交通厅正式成立,马文金走马上任,成为首任厅长。

那时,海南岛百业待兴,交通基础尤为薄弱。要发展岛屿交通,管理体系该如何设置？国内缺乏可供借鉴的经验。于是,"我们参照了美国和日本经验,把海南的人流、物流、信息流整合到一起,也就是把港口、公路、铁路、机场、邮电、通信整合到一个部门",马文金回溯,这即"大交通体制",在当时属全国首创。

1988年,时值"七五",海南省交通运输厅开启海南经济特区第一个"交通五年规划",即从1988到1992年,要实现"一条铁路、二个机场、三纵四横、四方七港、五年赶超"的建设目标。

一条铁路即西环铁路,二个机场指海口和三亚机场,三纵四横就是要让公路网络贯通全省,四方七港是指海南的东南西北要建7个港口,五年赶超是争取电信服务三年内超过全国平均水平,五年赶上国际水平。

这个"五年规划"让海南交通发展的初始目标变得清晰明确,也为后来的海南交通建设打下了基础。在此指引下,海口港扩建、美兰机场和凤凰机场选址、马村港项目、火车过海轮渡项目等陆续上马。

为了培育交通运输市场,"我们办了一个海南轮船公司,贷款买了四条船,最大的有二万吨,还借助社会力量进了二百多条船,真正扭转了海南的物资只能靠外面船运的被动局面。我们还办了海南第一个出租车公司,一下就进了二百多辆马自达,开业第一天二百辆车在海口排队大游行,以示庆贺",马文金后来总结说,"当时我们的指导思想是大目标,海南要成为东南亚的货物集散中心"。

陈求熙:首推"四费合一",畅游海南"一脚油门踩到底"
(海南省交通运输厅第二任厅长,任期1993年4月—1998年6月)

跨越上一个"五年规划",迈进"八五"时期,海南交通人再次站在一个新的起点,要实现海南的路网四通八达。1993年4月,海南省交通厅第二任厅长陈求熙上任,他提出:"一脚油门踩到底""田字形"高速公路主骨架建设规划理念。

陈求熙上任之时,虽然海南交通运输事业发展很快,特别是岛外运输、水运业得到了长足发展,但岛内交通需求严重不足的矛盾没有得到根本解决。"5年时间,海南东段高速公路只修了半幅而且只修了65km。"陈求熙说,这不能怪个人也不能怪政府,整个海南岛百废待兴,当时兜里面确实没钱。因为没有资金,当年建设东段半幅高速公路时,黄竹至三亚段建设一度停工。

没有钱怎么办?"必须改革,不改革就没有出路!"陈求熙当年在一次会议上说。1993年8月,上任没过多长时间,经过初步调研结合海南省委、省政府出台的政策,海南省公路建设动员大会在白沙黎族自治县召开,这次会议围绕着两个字进行,那就是"改革"。

时任海南省委书记、省长阮崇武在时任厅长陈求熙陪同下视察高速公路建设工地

会议结束之后,在时任海南省委书记阮崇武的倡导、决策和支持下,海南省交通厅开

始着手谋划交通规费改革的问题。

1994年1月1日,海南在全国率先实行"四费合一"的征收模式,撤销了路上所有的收费卡站,车辆"一脚油门踩到底",实现了社会效益和经济效益的"双赢"。

在东段高速公路如火如荼地在建设时,在海南省委、省政府和交通部的支持下,1993年8月,海南省交通厅制定了15年海南公路建设总目标:建设与环岛沿海产业人口密集地区经济发展相适应的环岛高速公路,建设各市县与主骨架高速公路相连接的干线公路、县乡公路,打通断头路,大力发展疏港公路、机场公路,形成一个全方位、大立交、大循环、宽口径、高速、安全、舒适、便利,具有海南岛旅游风光的四通八达公路交通运输网络。这就是"田字形"主骨架公路规划网的出台背景。

"为官一任造福一方,要为老百姓多做实事,"这是陈求熙的为官之道。在海南省东段高速公路修成通车以后,西段高速公路建设问题立即被提上日程。在当时的海南岛,东段高速公路上时常会出现牛车、马车,机动车却非常少,此时修建西段高速公路有了不同的声音,认为花那么高的代价修建西段高速公路没有必要,是"瞎折腾"。

"只有通了路,老百姓才能走出来,才能让经济好起来,现在有不同声音,无非就是我们没钱修路,但不能因为穷而一直就穷下去,一直扔着不管。"陈求熙当时力排众议,"有问题解决问题,有困难克服困难,没钱修路可以贷款修路,等路修好了,车通了,经济上去了,老百姓日子就好了,经济社会发展了,还怕还不上钱?"

1997年6月,海南省交通厅提出了"贷款修路"的设想。为确保万无一失,陈求熙组织力量进行精心筹划,成立了承贷公司,写报告、搞评估、做规划等工作同时进行。经过反复评估,终于与海南省农业银行达成共识,贷款9亿元投入到西段高速公路建设中,最终为"田字形"主骨架公路解决了起步资金。

李执勇:打造生态公路
(海南省交通运输厅第三任厅长,任期1998年6月—2005年1月)

1999年9月,"九五"末期,海南高速公路东段、西段全线贯通。历时13年,总投资达150亿元,使海南成为全国第一个高速公路环省的省份。

时年6月,海南省交通厅第三任厅长李执勇上任。在任7年多时间,李执勇带领海南交通人,为打造生态高速公路作出很大贡献。

为了让海南的高速路能够用上顶级技术,海南省交通厅从德国进口了一台水泥混凝土滑模摊铺机,并用于摊铺洋浦开发区出口高速路。李执勇说,"这台设备最大可摊铺路面宽度为16m,并且一次性成型。这在当年是我们省首次使用混凝土的摊铺技术。技术都有传承,现如今这些技术已经不成任何问题,这就是以前积淀的结果"。

第六章
高速公路建设者之歌

时任厅长李执勇在海南西段高速公路检查工作

"一顶草帽、一把锤子、一把尺子、一双白鞋",形象地诠释了李执勇。与他共事过的人至今仍然记得,当年但凡李执勇前往项目上检查,必配这"四个一"。

"海南雨水多,在项目上随时可能有雨,没有雨的时候用草帽可以遮阳,这是一顶草帽的用处。用数字说话,用报告说话,我认为还不如一把锤子,公路修的怎么样,随意找一段已经完工的路段,三两下就能敲出所以然来,听报告看数据不如一把锤子检验来得实在,这是锤子的用处。高速公路是民生工程更是良心工程,交通人时刻要记得有所衡量,一把尺子可以量出所有良心,砂石、沥青究竟多厚,或许这把尺子能够量出来,同时也是这把尺子将海南交通的虎狼精神鞭策了出来。白鞋自不用多说,路上走一走,看看白鞋啥也明白了。"李执勇这样诠释当年的一身装扮。

在李执勇的严苛要求下,海南公路建成了很多人眼中的"最美公路"。"交通人不是粗人,我们打造了生态公路、生态道班",他说。"景观优美、线型顺畅、安全畅通,是名副其实的绿色大通道;标准高、造价低、质量好,高速、安全、舒适、美观,具有独特海南风光的天然景观路;出口路综合功能设置齐全。"2000年底,参加海南岛环岛高速路项目验收的专家夏传荪这样评价道。

作为一个老交通人,李执勇在任期间历经"九五""十五",见证了海南交通路网日渐发达。2004年12月24日,李执勇在全省经济工作会上发言时,还对琼州海峡跨海大桥(隧道)和海口马村港主枢纽港两个交通大项目提出长远设想,他表示,"9+2"泛珠三角区域合作为琼州海峡跨海大桥(隧道)提供了广阔前景,项目具有很好的社会效益和经济效益。

王勇：首推海南交通项目"代建制"
（海南省交通厅第四任厅长，任期2005年1月—2008年9月）

2005年1月，王勇被任命为海南省交通运输厅第四任厅长。上任后，王勇积极推行交通项目"代建制"，为海南公路建设在模式创新方面做出了积极的贡献，提升了对交通项目管理的效率。同时，王勇还积极推行县乡公路建设。

"代建制"增强了项目建设各方的责任意识，通过职责分工，项目建设各方之间产生互相监督工作的关系。特别是使用单位，在提出项目功能和建设要求后，其主要工作就是对代建单位的监督，有利于自觉规范投资管理行为。"代建制"有利于政府加强对投资项目的监管。政府主要以合同管理为中心，运用法律手段，制衡各方。

王勇上任后，海南省立即开始启动4个公路项目委托代建制改革试点，即海口绕城高速公路、环岛东段高速公路万宁至陵水段右幅改造工程、海榆东线陵水大桥工程和博鳌南港大桥工程。

时任厅长王勇在海南东段高速公路工地检查工作

2006年3月底，海南G98东段高速大茂至孟果坡段（右幅）改造工程竣工，是海南省首个完工的公路代建项目，该项目由海南高速公路股份有限公司代建。王勇说，其成功运作得到了海南省交通主管部门的认可，控制了投资，保证了质量，项目也按时交付使用，打响了海南省公路代建项目的"第一炮"，充分体现出海南高速公路股份有限公司的专业化管理水平，为海南省推行公路代建制积累了经验。

有了代建制管理经验后，海南省交通厅在2006年开始对重点公路项目全部实行代建制,下放各市县实施的农村公路也逐步推行代建制管理模式。为"十一五"期间海南交通建设做出了良好开局。

经过多年发展,海南交通主骨架逐步形成,"十一五"期间,开始向县乡延伸。

在任期间,王勇心系民生,他提出,"十一五"期间,海南省农村公路建设将围绕"村村互通、乡镇联网、城乡互动"的目标,计划完成 1 万 km 的农村公路新建、改造任务。

王勇认为,农村公路建设资金由中央补助资金、省级自筹资金和县、乡镇两级政府配套资金共同组成,专项用于农村公路建设。农村公路桥梁、涵洞、防护工程和硬化路面的资金纳入全省公路建设计划实行统贷统还,由省政府给予补助和奖励。县、乡两级政府负责征地拆迁、路基改造等附属工程建设投资。鼓励通过以工代赈、扶贫、民宗等补助以及土地置换、补偿等各种途径,多渠道筹集建设资金。

董宪曾:打造"田字形"高速公路,助力海南跨越式发展
(海南省交通运输厅第五任厅长,任期 2008 年 9 月—2017 年 6 月)

海南省交通运输厅第五任厅长董宪曾上任以后提出,"十二五"期间海南以"田字形"高速公路主骨架建设为重点,以县县直通高速公路为目标,形成以"田字形"高速公路为主骨架、以"三纵四横"国省道为支撑、以"网格状"的农村公路为辐射的互联互通路网新格局。

时任厅长董宪曾到海南东段高速检查养护工作

"田字形"高速公路及其辅助路网,所涉地理以海南中部以山区为主,地形复杂,公路建设难度极大。为了解决交通建设资金难的问题,2011 年,海南省交通投资控股有限公司成立,成为全省交通建设的重要投融资平台。董宪曾提出,充分依靠市场机制,走市场

化、专业化、多元化发展的路子，形成市场化运营、资本化运作的融资模式。依托这一模式，海南交通建设的资金问题得到有效解决。

加快构建"田字形"高速公路主骨架、县道砂土路改建，及农村公路连通工程，是对海南长远发展有拉动作用的重点项目，是助力经济社会发展的点睛之笔。在董宪曾的力推之下，"十二五"期间海南投入30多亿元，改建完成超过1100km县道沙土路和建设连通工程，坑洼不平的沙土路变成了平坦的水泥路，与主干道连成畅通的公路网，全省1500个村庄100多万名群众告别了"晴天一身土，雨天一身泥"，既方便老百姓出行，又为农村经济社会发展奠定基础。

为了改善乡村群众出行困难的问题，董宪曾在任期间提出"十二五"期间加强乡村交通基础设施建设，促进城乡客运一体化和基本公共服务均等化，解决群众行路难，为老百姓打造一站式公共服务新平台，坚持"投资拉动、编织路网、破解瓶颈、服务出行"理念，编织通达少数民族市县的干线公路网，促进少数民族地区经济社会发展。

"十二五"期间，董宪曾对海南的旅游公路建设提出的理念是，"在高速公路和国省道上，我们希望贯穿生态建设理念，更多考虑环保和景观，考虑观赏性和休闲性，而不是单纯看速度，即使是国省道，也要按景观路的标准去建设和管理"。按此理念，洋浦大桥、清澜大桥、定海大桥等一批跨海跨河大桥项目相继建成。同时，还与交通运输部开创性地共建了旅游公路示范路——文昌东郊至龙楼和万宁石梅湾至大花角，开启了全省旅游公路建设的大幕。

在任海南省交通运输厅厅长期间，董宪曾多年来殚精竭虑，为海南交通事业做出了卓越的贡献。

农村娃扎根海南三十载　工匠精神铸就海南高速新高度
——记海南省交通运输厅现任副厅长刘保锋

海南省交通运输厅副厅长刘保锋，安徽太和人，汉族，工学硕士。他从一名高校毕业的农村小伙子，扎根海南，将自己最美好的青春年华，奉献给了海南高速公路建设事业。

一、与海南结缘　与良师为伴

提起与海南结缘，刘保锋称之为阴差阳错，他庆幸的是，到了海南之后，能与良师为伴，引导他踏上一条自认为无悔且充满奉献并能发挥施展个人才华的道路。

1988年，在陕西省西安市长安大学（原西安公路学院）宿舍内，原本有多种选择的刘保锋，基于多方面的考虑，最终将回老家的名额让给了一名老乡，自己却选择了相对较为落后的海南省作为职业生涯的起点。"还记得一同从学校前往南方的有两个同学，他们都在广州下了车,最后就我一个人来到了海南,起初踏上这个地方后,确实有些失望……"刘保锋回忆,好在当时自己年轻气盛,作为天之骄子,他满怀着建设海南岛的热情与激情,准备在这里挥洒汗水,大干一番事业。

刘保锋最初被分配至海南省航道管理处工作,和他同处一个宿舍的还有两名天津大学的毕业生,不过后来由于实在坚持不下去,两名同寝室的室友,先后"下海"经商。刘保锋说,他自己之所以能够坚持下来,那是源于一次偶遇。这一次,他遇到了人生中的良师益友——现已年过八旬的原海南省交通厅副厅长韩静波老先生。

刘保锋说,1989年的一天,前往新港码头调研的韩静波老先生,在饭堂吃饭时碰见了他。午饭间,老先生和他坐在了同一张桌子上,得知他是专业对口的高校毕业生后,问他愿不愿意前往规划处"忙活忙活"？如果愿意去,得先把一些材料总结总结,看看能否胜任一些基础工作。"最后我才知道,老先生给我的就是东段高速公路(预)可行性报告,也就是在这个报告之后,东段高速公路才开始从无到有地建了起来。"

刘保锋回忆,当时为了吃透资料,他关起门来研究了好几天。最终递上了一系列报告,内容包括修建高速公路的意义、必要性、作用等。"交了总结之后,我被老先生借调到规划处,从那个时候开始,才真正干起了专业对口的活,也真正开始了高速公路的规划生涯。"刘保锋说。

二、与高速"结缘" 与高速"结心"

在刘保锋看来,海南高速公路发展的历程比较艰难,作为规划处的一员,他几乎参与了海南所有高速公路的规划过程。他坦言,虽然辛苦,却感到意义重大,乐此不疲。

提起海南高速公路,刘保锋说"要想富、先修路",这是全省人民在实践中的共识,也是海南建省三十年来的有力见证。建省办经济特区之初,全省没有一条高速公路,公路运输主要靠3条老国道,等级低、路况差、危桥多,混合交通严重,通行能力严重不足。从海口到三亚,通常要跑近一天时间。通过30年来的努力,一批对海南经济社会发展具有重大影响和长远意义的公路骨干项目,逐步建成并通车。

三、交通人代代奉献 高速终成"田字形"

1988年海南建省办经济特区,"三纵四横"的公路网络初步形成,基础设施建设起点低、底子薄,面临"电灯不明、电话不通、道路不畅"等落后局面。为了迅速改变这些状况,海南省委省政府制定了"用政策,打基础,抓落实,求效益"的方针,加大了对交通基础设施建设规划的力度,确保交通运输行业健康快速发展。

刘保锋回忆,1993年8月,在海南省委省政府和交通运输部的大力支持下,海南省交通厅制定了15年海南公路建设总目标。

2004年,国家发展和改革委员会印发了《国家高速公路网规划》。明确国家高速公路网由7条首都放射线、9条北南纵向线和18条东西横向线组成,简称为"7918网",总规模约8.5万km。海南环线是五条地区性环线之一。

2013年,国家发展和改革委员会印发了《国家公路网规划(2013年—2030年)》,补充完善了部分并行线、联络线和地区环线,总里程11.8万km,另规划远期展望线约1.8万km。海南省"田字形"高速公路全部纳入国家高速公路。

此后,海南省加快高速公路建设步伐,先后开工建设中线高速公路、横线万宁至洋浦高速公路、文昌至琼海高速公路、五指山至保亭至海棠湾高速公路和儋州至白沙高速公路。正是海南交通人一任接着一任干,不甘人后,奋起直追,流血流汗,无私奉献,才有了海南高速公路的今天。刘保锋说,作为海南高速公路的亲历者、见证者、建设者和管理者,他为此感到骄傲和自豪。

四、保护生态规划为先

刘保锋说,随着经济社会的快速发展,人们认识水平的不断提高,对高速公路的设计理念也在不断地更新、发展和提高,从初期的以快速、经济为主,逐步向"六个坚持,六个树立"转变,即:"坚持以人为本,树立安全至上的理念;坚持人与自然相和谐,树立尊重自然、保护环境的理念;坚持可持续发展,树立节约资源的理念;坚持质量第一,树立让公众满意的理念;坚持合理选用技术指标,树立设计创作的理念;坚持系统论的思想,树立全寿命周期成本的理念"。

近年来海南在高速公路规划建设的实践中,努力把高速公路建成生态路、景观路、旅游路、致富路、幸福路。以儋州至白沙高速公路和五指山至保亭至海棠湾高速公路为例,这两条高速公路跨越海南省中部生态敏感区,更需要落实好生态环保理念,妥善处理好保护和建设发展的关系,坚持在建设中保护,在保护中建设,争取施工中最小限度的破坏、施工后最大限度的恢复,追求人与自然的和谐统一。刘保锋说,达到这些要求,规划是重中之重。

五、工匠精神铸就海南高速新高度

多年持之以恒、兢兢业业的工作使刘保锋积累了高速公路规划建设的丰厚经验,为了更好地服务于工作,他对这些经验进行了系统的总结。刘保锋说,海南高速公路在规划设计过程中,充分将黎苗民族文化元素融入每一个细节当中,充分满足了人与自然和谐共生的要求。为此,他提炼形成了项目建设的四大原则。

以"多规合一"为引领,资源集约节约利用原则。儋州至白沙高速公路、五指山至保亭至海棠湾高速公路两条高速公路,是海南省"多规合一"改革后实施的第一批重大基础设施项目。海南省交通运输厅创新思路,坚持"地形选线、地质选线、环保选线、规划选线",在"一张蓝图"中充分考虑生态红线等因素,结合高速公路技术指标要求,选定路线走廊;加强路、桥、隧方案的综合比选,确保方案的合理性;遵循结构安全、适用、美观的要求,确保构造物选型兼具景观协调性和施工便利性;处理好公路建设与占用土地的关系,严格控制公路用地,保护耕地资源,在路线、互通布设及工程方案的选择上尽可能节省占地;着力实现"零弃方、少借方"要求,通过优化平纵面线形,合理控制路基填挖,统筹土方调配,有效减少取、弃土场设置,进一步节约土地资源。

造价服从生态原则。落实最严格的生态环境保护制度,重视自然资源、生态环境与水资源的保护设计,像对待生命一样对待生态环境;坚持保护优先、节约优先、自然恢复为主的思路,合理确定桥隧比例,以隧代桥,最大程度保护生态环境。

人与自然和谐共生可持续发展原则。践行绿水青山就是金山银山的理念,路线布设充分考虑沿线环境及景观因素,减少公路对沿线生态红线、水源保护地的影响;重视路基边坡生态防护设计,防止水土流失、保护环境,使公路建设融入自然,展现海南的青山绿水和碧海蓝天;重视公路绿化、美化和景观设计,按照绿色通道、全面植物覆盖的思想指导设计;靠近旅游风景区、城镇以及人口居住密集的路段,注重结构物景观选型的研究,力求达到与自然的和谐统一;弃土场设计统筹结合地方生态修复规划,充分利用废弃石场合理设置,实现土地利用的可持续发展。

以人为本、温馨服务原则。认真分析路网结构和区域互通、沿线设施布局,合理布设互通式立交、服务区,充分考虑发挥高速公路功能;高品质打造服务区,将阜龙服务区与当地旅游发展深度融合,助力中部地区农民脱贫增收和全域旅游,充分带动沿线经济发展;合理确定桥涵、通道、天桥等设置的位置与数量,充分考虑沿线群众的出行需求;采用运行速度对路线平、纵、横面设计的合理性进行道路安全检验,反复优化修改,有针对性地设置安全设施。

海南高速公路大发展时期的有功之臣
——记海南省交通运输厅副厅长姚建勇

姚建勇,陕西榆林人。1992年12月毕业于陕西西安冶金建筑学院建筑学专业,大学本科学历。他于1993年调入海南省工作,先后在海口市、万宁市、洋浦开发区从事规划建设工作,在城市规划建设领导岗位上积累了丰富经验。扎实的基层工作履历,为他以后在海南交通运输行业大展身手谋划伟业,奠定了坚实的基础。

姚建勇于2009年2月调入海南省交通运输厅工作,先后任规划财务处副处长、综合规划处处长、运输管理处处长,2013年12月担任海南省交通运输厅副厅长。

自2009年初至2016年，姚建勇在海南省交通运输厅工作的七年多时间里，正值"十二五""十三五"海南高速公路建设大发展时期。在海南省交通运输厅党组的正确领导下，他从争取国家部委的政策支持，到具体的筹资融资；从"田字形"高速公路规划设计，到施工现场的组织落实；从处级中层干部岗位上落实具体工作，到厅级领导岗位上的决策指挥……在不同的岗位上，姚建勇始终不辞辛苦地发挥着自己的才干，为"十二五""十三五"海南高速公路大发展辛勤工作，立下了汗马功劳，做出了积极贡献。

一、谋划"田字形"高速公路建设

海南高速公路（东段）、海南高速公路（西段）、海文高速公路建成后至2008年，海南省多年没有实施大规模的高速公路交通基础设施项目，全省主骨架公路网亟须完善，服务水平亟待提升。2009年底，国务院颁布了《关于推进海南国际旅游岛建设发展的若干意见》，海南国际旅游岛建设上升为国家战略，也对海南高速公路建设提出更高要求，就在这一年，姚建勇调入海南省交通运输厅工作。

姚建勇回顾，当年在对现状路网进行分析的基础上，结合新的发展要求，他认为，基础设施供给不足等问题，仍是海南公路交通发展中的主要矛盾，"十二五""十三五"时期海南公路交通发展仍然处于集中建设、快速增长的大发展阶段，因此，继续加强基础设施建设仍将是主要任务之一。有鉴于此，海南省交通运输厅领导班子提出了"适度超前、尽力而为、量力而行、实事求是"的指导思想，按照"提升理念、突出特色、打造精品、提高运输服务水平"的要求，开始精准谋划"十二五"交通发展，提出加快构建"田字形"高速公路主骨架网，"建好纵线横线，养好东线西线"，形成东西南北中互动、优势互补、相互促进、共同发展的格局，为"南北带动、两翼推进、发展周边、扶持中间"的区域协调发展创造有利条件。

同时，在充分研判的基础上，提出了海南"县县通高速"的建设目标，"十二五"期间谋划开工建设中线屯昌至三亚段高速公路和横线万宁至儋州至洋浦高速公路，还安排了西线高速公路大中修、洋浦1小时交通圈、海文高速改造、环岛高速公路改造（200km）等高速公路的改造工程，基本涵盖了海南省已建成的所有高速公路，以保障海南省交通大动脉的服务品质。

二、有序推进项目前期工作

姚建勇带领海南省交通运输厅规划处全体同志，按照"县县通高速"的目标和轻重缓急、切实可行的原则，合理安排项目前期工作，科学分解年度计划，使项目前期和计划管理工作更趋科学化、准确化。

海口至屯昌高速公路是"田字形"高速公路向海南省中部地区延伸的第一个项目，姚建勇和海南省交通运输厅规划处的同志积极关注交通运输部公路局，2009年7月1日，海口至屯昌高速公路的初步设计工作,成功通过了交通运输部的批复,并于当年11月24日批复了施工图设计,保障了项目的征地进度,为当年投资完成创造了条件;当年还完成了西线高速公路大中修、工可、初步设计、施工图设计的审批工作。

2010年,海南省发展和改革委员会批复中线高速公路屯昌至琼中段立项,开展工可报告编制工作;中线高速公路三亚(海棠湾)—保亭—五指山—琼中段开展预可行性研究报告研究编制工作;横线万宁—儋州—洋浦高速公路项目开展前期研究论证工作。

2011年,在姚建勇和海南省交通运输厅领导班子成员的极力配合促进下,海南省发展和改革委员会批复中线高速公路屯昌至琼中段初步设计,项目获交通运输部补助资金5.5亿元,顺利完成项目施工图设计初稿,向国土部报批用地,向海南省政府报批征地拆迁方案;中线高速公路三亚—保亭—五指山—琼中段、横线万宁—儋州—洋浦高速公路项目开展预可研究和可研报告研究编制工作。

2012年,在姚建勇的大力推动之下,海南省交通运输厅有关处室顺利完成了"田字形"中线琼中至五指山至乐东高速公路、横线万宁至儋州至洋浦高速公路和文昌至琼海高速公路3个项目的招投标工作,合同金额超1亿元,这是海南省高速公路建设历史上项目最多、里程最长、涉及金额最大的一次设计招标。在此期间,姚建勇亲自带领海南省交通运输厅有关处室的工作人员,仔细谋划,精心组织,保障了招标工作的顺利开展,实现了招标工作的零投诉。这次招标工作的完成也标志着"田字形"高速公路前期工作全面启动,为早日形成"东西互动、南北并进"的高速公路建设大格局,早日建成完善的高速公路网结构奠定了良好基础。

2012年9月,姚建勇参与到了海南省交通运输厅的综合考虑优化路网结构布局、保护生态环境、降低投资规模、带动地方经济发展等项工作中,海南省发展改革委、省交通运输厅《关于恳请调整海南中线海口至三亚高速公路线位的请示》(琼发改〔2012〕1838号),联合向国家申请,将原规划的海口—屯昌—琼中—五指山—保亭—三亚路线,顺利调整为海口—屯昌—琼中—五指山—乐东—三亚。

2013年,海南省顺利完成了中线琼中至五指山至乐东高速公路、横线万宁至儋州至洋浦高速公路和文昌至琼海高速公路两阶段初步设计及初步设计预审工作。姚建勇在前期工作推进过程中,按照设计新理念的相关要求,积极转变设计管理理念,坚持从实际出发,实事求是,以科学的态度解决好投资与建设的关系,使设计管理由投资决定设计标准向设计决定投资方式转变。同时,积极引进新技术、新材料、新工艺,以提高海南省公路建设的科技含量。姚建勇夜以继日地工作,为海南高速公路建设大发展做出了不可磨灭的贡献。

2014年,海南省三条高速公路项目的各项前期工作交叉进行,有序推进。在姚建勇等海南省交通运输厅领导的大力推动之下,海南省成功完成了中线高速公路的工可前置性审批手续,国家发改委受理项目工可审批;文琼高速公路和横线高速公路环评、用地预审等手续报国家相关部委办理,其余工可前置性审批手续办理完成。

2015年,国家发改委批复三条高速公路项目工可报告,交通运输部批复中线琼中至五指山至乐东高速公路初步设计,三条高速公路陆续启动建设。

可以说,姚建勇既是海南高速公路高速大发展时期的见证者,同时也是参与者、决策者,海南高速公路建设能取得今天的辉煌成就,姚建勇等人功不可没。

三、积极争取政策、技术、资金等方面的支持

争取国际旅游岛政策。海南省交通运输厅作为国际旅游岛建设在基础设施方面最重点争取政策的职能部门,由于交通运输部对赋予海南省西部政策一事存在异议,经过近7个月的艰苦努力,姚建勇先后十余次陪同有关领导赶赴北京,以争取交通运输部的支持,最终相关工作成功得到交通运输部的大力支持,圆满地完成了海南省委、省政府下达给海南省交通运输厅的目标任务。

为了进一步提升省部合作的深度、广度和层次,力争交通运输部对海南省予以更大支持,根据工作部署,2010年初,姚建勇带领海南省交通运输厅规划处全体同志迅速行动,以最快的速度、最短的时间、最有力的措施,切实做好会谈纪要相关内容的草拟工作。经过十几轮的沟通、修改、完善,拟订了会谈纪要的重点事项,为省部会谈相关合作事项的顺利签署,打下了良好基础。

2010年8月5日,时任海南省委副书记、省长罗保铭,副省长姜斯宪等人率队赴京与交通运输部相关领导,在北京举行了会谈,并共同签署了《加快推进海南国际旅游岛交通运输发展会谈纪要》,明确了交通运输部将按西部政策支持海南省综合交通运输体系与进出岛大通道建设。这一倾斜政策,比海南省"十五""十一五"原先享受的东部补助标准提高了2~3倍,是一份"真金白银"的省部共建的纲领性和建设性文件。

争取项目纳入国家高速公路网。交通运输部启动国家公路网规划修编工作以来,姚建勇和海南省交通运输厅领导班子成员,就积极与交通运输部相关司局和规划承担单位沟通汇报,争取相关单位和部门对海南高速公路建设的理解和支持。2009年,国务院颁布《关于推进海南国际旅游岛建设发展的若干意见》(国发〔2009〕44号),要求加快建设海口—五指山—三亚地方高速公路和万宁—儋州—洋浦地方高速公路。经多次沟通协调和争取,2013年,国家发改委印发了《国家公路网规划(2013年—2030年)》,海南省中线琼中至五指山至乐东高速公路、文昌至琼海高速公路和横线万宁至儋州至洋浦高速公路全部列入国家发改委印发的《国家公路网规划(2013—2030年)》,编号为G9811、G9812、G9813。

积极参与研究交通建设投融资的新机制。为积极探索和拓展海南省交通建设投融资体制,姚建勇会同海南省交通运输厅财务处,于2009年10月赴京与国内的著名金融投资

机构和专家,就海南省高速公路不收费,但征收车辆通行附加费、交通建设负债140亿、交通建设投资结构单一的特殊情况下,如何通过现有的收费税源和高速公路的优良资产搭建新平台、化解政府沉重的债务、扩大资本筹集更多的建设资金进行深入的思考和研究,形成了设立海南省交通建设投融资公司,通过政策支持和政策突破,以公司化运作方式解决海南省交通建设投融资难题的初步改革方案。为有效解决海南省公路建设资金需求等问题,优化公路投资建设管理模式,姚建勇积极参与海南省交通投资控股有限公司的筹备和推进工作。2011年7月19日,海南交控正式挂牌成立,标志着海南省在搭建新的交通投融资平台方面,迈出了关键的一步。

积极参与并理顺建设管理体制。2015年以前,海南省一直没有设立专门的公路建设管理主体,海南省交通运输厅直接作为重点公路项目的法人,既当"裁判员"又当"运动员",随着项目的增多,工程管理和项目监督都无法真正到位,存在体制缺陷。从2011年开始,海南省交通运输厅党组积极推动设立省级公路建设管理机构,2015年6月,海南省编委批准设立海南省交通工程建设局,承担海南省重点交通工程建设项目法人职责。

四、真抓实干抓好落实,着力加快项目建设

姚建勇自2013年12月担任海南省交通运输厅副厅长职位以来,他根据厅党组的任务分工安排,分管建设管理处、省交建局,为了加快项目进展,他主动协调解决征地拆迁、地材供应、林地砍伐、炸药供应等存在的问题,以"多规合一"为引领,主动与市县对接,克服重重困难,为项目建设出谋划策,特别是面对项目推进中的"疑难杂症",总能想到好办法好点子,迅速扫清障碍,被行业人士称为交通系统的"老中医"。

2014年,姚建勇组织对屯琼高速公路工程、G98西线高速公路改建工程等项目逐个摸底、筛查、分类、统计在建项目存在的问题,逐项协调解决,有力推动了施工进度、质量和安全生产工作,取得了良好的效果。

2015年,屯琼高速建成通车,琼中至乐东、万宁至洋浦,文昌至博鳌高速公路相继开工,海南省高速公路网主骨架建设全面铺开,海南省交通运输厅在省投资项目百日大会战目标责任考核被海南省政府评为一等奖。

2016年,"一桥四路"重点项目圆满完成年度投资目标;工程建设"五化"标准推广应用,项目建设质量指标稳中有升;绿色公路建设不断丰富公路的旅游服务功能。在"多规合一"引领下,加强与各相关厅局的沟通协调,重点项目建设推进顺利。

由此,琼中至乐东、文昌至博鳌、万宁至儋州至洋浦、五指山至保亭至海棠湾、儋州至白沙等高速公路等一大批重大公路基础设施项目正在加快建设,县县通高速目标的实现指日可待。

习近平总书记在庆祝海南建省办经济特区三十周年大会上郑重宣布:党中央决定支

持海南全岛建设自由贸易试验区,支持海南逐步探索、稳步推进中国特色自由贸易港建设。同日,中共中央、国务院印发《关于支持海南全面深化改革开放的指导意见》,赋予了海南新的战略定位和历史使命。

姚建勇深刻认识到,交通运输行业作为国民经济发展的战略性、引领性、基础性产业和服务性行业,在海南推进自由贸易区(港)建设中具有极其重要、不可或缺的地位。他铿锵有力地说,"我们要以高度的政治责任感和历史使命感,坚定信心、狠抓机遇、勇担重任、埋头苦干,努力为海南交通事业的跨越式发展,贡献力量,再立新功。"

努力创新,精益求精,为海南高速公路建设奉献聪明才智
——记交通运输部规划研究院副总工程师杨智生

提起杨智生这个名字,凡参加海南高速公路建设的人们,都纷纷竖起了大拇指。

出生于1965年的杨智生,已在中国公路设计领域默默耕耘了30年。他现任交通运输部规划研究院副总工程师,交通运输部勘察设计典型示范工程专家咨询组专家及交通运输部绿色公路示范工程咨询专家。

九十年代末以来,杨智生就投身并致力于海南高速公路的建设工作。1998年,他参加了国家高速公路海南省G98东段路基病害整治工程的研究。2004年以来,他作为设计总监,主持了国家高速公路G98海南省海口绕城段、三亚绕城段,国家高速公路G9811海南省海口至屯昌段、屯昌至琼中段、琼中至乐东段,海南省高速公路五指山至海棠湾段,儋州至白沙段的勘察设计监理工作。2012年至2016年,他作为专家组组长,主持了国家高速公路G9812海南文昌至琼海段、博鳌机场出口段,国家高速公路G9813海南省万宁至洋浦段勘察设计的审查工作。

在近二十年的海南高速公路建设历程中,杨智生共参加了11个高速公路项目的勘察设计监理及咨询审查工作,杨智生以他的聪明才智,在海南岛留下了坚实足迹,在专业岗位上创造出了优异成绩。

创新勘察设计管理,夯实海南高速公路建设质量基础

1998年以来,内地高速公路进入了快速建设期,随着建设速度加快,公路建设对环境的不利影响便逐渐显现。为及时总结出适用于海南高速公路实际的勘察设计理念、方法及管理经验等成套技术,为后续该区域的高速公路建设储备经验,2004年,海南省交通厅开展了以海口绕城高速公路为依托的勘察设计典型示范工程试点工作。受海南省交通厅委托,杨智生主持了海口绕城高速公路勘察设计示范工程的技术管理工作。借鉴工程施工监理的质量管理经验,提出了在勘察设计领域推行勘察设计监理制度的思路。通过试点,他总结出了符合海南实际的勘察设计技术及管理经验,编制了《同三国道主干线海口

绕城公路设计管理文件汇编》成套丛书，为后续高速公路的勘察设计进一步提高技术及管理水平奠定了基础。

通过海口绕城高速公路典型示范工程的有益尝试，杨智生提出将传统的以"专家审查"为核心的勘察设计管理，向以"勘察设计咨询监理为主，辅以专家审查"方式的转变。将勘察设计管理细化为两个阶段九个步骤的管理模式，提出并进一步细化了各阶段各步骤的工作内容、相互制约方法及质量目标，明晰了管理、设计及咨询监理单位的权责，为有效提高勘察设计质量，努力实现将海南省高速公路建设成为生态景观型高速公路的总目标，奠定了良好基础。

创作设计，身体力行，为海南高速公路建设奉献聪明才智

杨智生参加工作30年来，通过累计参加1000多个项目、1.6万km高速公路的工程实践积累和刻苦磨炼，掌握了高效、准确地徒手绘制公路路线及互通立交设计方案的独特专业技能，在国家高速公路勘察设计中，取得了成本大幅下降、生产效率明显提高、建设水平有效提升的不俗成绩。

在主持G9811高速公路琼中至乐东段的勘察设计监理工作过程中，杨智生徒手绘制了全线的路线平纵面设计及互通立交方案，对比设计单位初步设计确定的路线及互通立交方案，挖方高边坡由50m降低至30m以内，全线路基挖深不超过25m，有效保护了自然环境，工程投资由初步设计批复的114亿元降低至102亿元，成本下降非常明显。

在G9813高速公路万宁至洋浦段勘察设计施工图专家审查中，杨智生徒手绘制了全线路线平纵面设计及互通立交方案，与初步设计方案相比，工程投资降低约8亿元，效果让人满意。

在主持儋州至白沙段高速公路勘察设计监理中，杨智生创新性地提出了全新设计方案，与工程可行性研究方案相比，隧道长度由7km缩短为3.5km，有效节约投资并降低后期高速公路运营养护费用。

博鳌机场是海南省重要国际通道、迎宾窗口，海南省委、省政府提出了再建一条与亚龙湾出口路比翼的生态景观环保路的要求。面对博鳌机场已全面开工建设，调整机场总体布置十分困难不利条件，杨智生创新性地提出将机场排洪渠和高速公路共建的设计方案，通过海南省交通运输厅强力协调博鳌机场建设指挥部、琼海市政府、海南省水务厅等有关部门，成功将方案落地。通过调整博鳌机场总体布局，实现了最大限度地集约节约用地，节约了投资，建设生态景观环保路的目标也顺利实现。

在主持五指山至海棠湾高速公路工程可行性研究审查工作过程中，杨智生敏锐发现，设计单位提出的推荐方案已突破规范限制，存在行车安全隐患等问题。经深入细致研究，他提出了全新的设计方案，并在后续勘察设计中逐步落实，行车安全隐患等问题顺利解决，杨智生悬在空中的心也落到实处。

精益求精，工匠精神，以强烈主人翁精神审视勘察设计产品

杨智生始终坚持"安全至上"的勘察设计理念。"以人为本，安全至上"的理念贯穿于设计全过程。

在 G9811 和 G9813 的一些路段，路段地形条件较好。他细心地观察，这些路段初步设计布置的线位存在局部扭曲，人为增加绕行的情况，经检查，对施工图设计进行了小幅度调整，做到了高速公路运营安全性和行车舒适性的有机协调。

他认真落实"安全选线"原则，掌握地质状况，对不良地质灾害体尽量予以绕避，尽量避免出现长大纵坡和高填深挖的现象。G9811、G9813 山区高速公路路基填方边坡高度一般不大于 20m，当填方边坡高度大于 20m 时，除为消化弃方需设置高填方的个别区段外，一律采用桥梁方案。路基挖方边坡控制一般不超过 25m，特殊的局部区段不超过 30m，超出 30m 的深挖方，一律采用隧道或棚洞方案，最终实现了切实消除边坡失稳隐患，保障工程安全的目标。

始终坚持"生态环保"设计理念。杨智生主持 G9811、G9813 等山区公路路线方案研究时，认真贯彻"生态环保选线"原则，在满足规范标准前提下，使路线尽量与地形相拟合，路基尽可能避免高填深挖，督促设计单位加大研究微调线位力度，G9811 勘察设计中取消大量高边坡，最大程度保护了自然环境。已建的 G9811 屯昌至琼中高速公路对中心挖深 30m 左右的路段，为保护环境，督促增加了加章和新平两座短隧道。

始终坚持"资源节约"设计理念。杨智生在主持海南高速公路勘察设计监理及咨询审查中，他发现有些路段初步设计线位占用大量水田，他及时督促在施工图设计中将线位调整靠近丘陵坡脚布置，大幅减少了占用水田数量。在无法绕避，必须占用基本农田时，若填土高度大于 4m，他督促采用以桥代路方案，如 G9811 枫木段、G9812 文昌段、G9812 琼中段等。填土高度小于 4m，督促通过设置挡土墙收缩坡脚，最大程度节约土地。

G9811 琼中至五指山勘察设计监理中，他认真履行监督职责，会同设计单位加大路线平纵横综合设计力度，努力实现填挖平衡，有效统筹全线填挖方，打破常规的土方调配经济思维，确立"宁愿增加运距，也要利用挖方"的资源利用理念，避免全线因地形因素导致的"各施工合同段有的需要路外借方，有的又大量弃方"的填挖不平衡情况出现。将消化弃方与放缓边坡，增加路侧安全净区，与互通立交、服务区场地整理等相结合，达到了全线不设置取、弃土场，实现了"零弃方、少借方"的绿色公路建设理念。

在勘察设计监理及审查中，他督促积极应用节能技术和清洁能源。新建隧道设计采用了供配电系统节能技术、LED 节能灯具、照明智能控制系统，高速公路监控系统外场设备及服务区照明设计大量采用了太阳能、风能等清洁能源。大力推行废旧材料再生循环利用，G9811 采用废旧轮胎作为边坡防护材料，取得良好效果。

始终坚持"全寿命周期成本"理念。海南山区高速公路建设中，很多桥梁和隧道是为保护环境而设置。桥梁和隧道同样为保护环境,但隧道后期运营费用较高。他在 G9811、G9813 等山区公路的勘察设计监理及审查中,针对初步设计大量采用靠山以隧道为主的路线方案的现象,经认真细致的调查研究,施工图设计调整为临河以桥梁为主的设计方案,采用了以桥代隧方案。他针对长隧道后期运营管理费用较高的情况,充分利用地形,开动脑筋,大胆实践,成功将长隧道分解为 600m 以内的短隧道,有效降低了后期运营管理费用。

在勘察设计监理及审查工作中,杨智生始终将提高建设质量和工程耐久性放在首位,采用符合实际需要和经济能力的工程建设方案,将严格控制工程投资作为约束性目标,始终贯穿到项目设计的各个环节。在精心设计、优化设计上下功夫,合理确定投资规模,有效控制建设成本。经充分细致的研究和比选,G9811 琼中至乐东段隧道规模由工程可行性研究报告的 8890m/15 座减少为 1532m/5 座,G9813 隧道规模由工程可行性研究报告的 7672m/12 座减少为 1114m/3 座。

他在勘察设计中注意吸收本省及兄弟省份养护和运营管理中的好经验好做法,尽可能减少后期维护费用,延长使用寿命,通过这些措施努力提高技术含量,用好建设资金,以达到最佳技术和效益。

始终坚持"以人为本"理念。在 G9812 高速公路施工图设计审查中,杨智生发现一段高速公路从两栋高层居民小区中间穿过,高速公路桥梁紧贴高层住宅窗口,对小区居民生活会产生重大影响。经深入现场认真调查研究,会同设计单位将桥梁方案调整为隧道方案,高速公路"静悄悄"地通过居民区。

他根据社会发展和消费升级需求,提出在海南高速公路建设中,在沿线设施设计中充分利用公路养护工区、场站等用地,科学设置服务区、停车场、观景台、汽车露营地、旅游服务站等特色设施,为公众个性化出行提供便利。督促在公路服务区内设置加气站和新能源汽车充电桩,为节能减排创造条件。总结参加海南 10 多个重大项目的工作实践,杨智生对海南高速公路发展也有了更深一步的思考。他认为,在开启建设交通强国新征程时代背景下,海南省既有高速公路网与社会发展已出现不适应情况。站在服务经济社会发展全局高度,应及早系统谋划全省高速公路网空间布局,对落实海南省域空间规划,支撑国际旅游岛建设,构建现代综合交通运输体系,推动交通运输高质量发展等具有重要意义。

海南高速公路发展见证者、开创者、建设者
——记海南省交通工程建设局局长吕晓宇

吕晓宇,男,汉族,1971 年 7 月生,海南文昌人,中共党员,高级工程师,副研究员。1992 年 7 月毕业于同济大学桥梁专业,获工学学士学位。曾任海南省公路勘察设计院常

务副院长,海南省交通运输厅综合规划处副处长、处长,建设管理处处长,现任海南省交通工程建设局局长。参加工作 26 年来,他兢兢业业,一丝不苟地严格按照海南省交通运输厅党组的安排,先后辗转高速公路勘察设计、综合规划、建设管理等多个单位或处室,亲身经历了海南高速从无到有、从有到好的迅猛发展历程,是海南高速公路发展的一个重要见证者、开创者和建设者。

26 年,弹指一挥间。海南高速公路发展经历了起步期、沉淀蓄力期、高质量发展期三个阶段。让我们沿着历史的脉络和足迹,去探寻吕晓宇同志与海南高速公路建设交融互济、共同成长的别样人生历程。

一、海南高速公路建设起步期(1988 年—1998 年)

实践中不断探索成长为技术骨干

1988 年 4 月,海南省启动了第一条高速公路——环岛东段高速的修建工作,并立志改变全省交通落后的面貌。

就是在这一年,年仅 17 岁的吕晓宇考上了同济大学桥梁工程专业。也许,连他也没有想到,从此他与路桥行业结下了不解之缘。1992 年 6 月,他以优异成绩从同济大学毕业。当时的吕晓宇,有着多种人生选择,既可以留在上海,也可以前往多数人向往的广东、深圳。但令人没想到的是,吕晓宇毅然决然地选择了名不见经传的海南省公路勘察设计院,立志"倾其所学"要为海南公路事业的发展贡献力量。吕晓宇是这么想的也是这么做的。

1992 年 7 月,刚刚走上工作岗位的吕晓宇,正好赶上海南环岛东段高速公路半幅施工,他被派遣到东段高速万泉河大桥和琼海互通从事监理工作。一年多的现场施工作业下来,吕晓宇逐渐在实践中不断成长起来。

1993 年他回到海南省公路勘察设计院后,海南省准备启动东段高速双向四车道的改扩建工作,当时,由海南省公路勘察设计院与中交公路规划设计院负责承担项目工可研究工作。他作为海南省公路勘察设计院的其中一员,第一次和国内高水平团队合作,参与编制并顺利完成了东段高速公路的改扩建方案,系统、深入地接触到项目前期研究工作。接着,他参与编制完成了《海南省公路交通发展三十年规划》,具体负责交通量分析和路网论证,与海南省公路勘察设计院、东南大学编制人员第一次提出了海南"田字形"高速公路的建设理念。

"田字形"高速公路网,从规划理念到设计建设,他在这个领域一干就是二十多年。期间,他又陆续参与了海南环岛西段高速公路、海文高速、琼州大桥等海南省重点公路项目的勘察设计任务。

伴随着海南高速公路建设的起步发展,吕晓宇通过虚心向省外专家请教,将理论知识付诸实践,并在实践中不断地摸索,专业技术水平快速提升,很快成长为海南省公路勘察设计院的一名技术骨干。

二、海南高速公路建设的沉淀和蓄力期(1998—2008年)

参与多项规划编制未雨绸缪

1998年,海南高速公路建设进入调整期。利用这个喘息的时间,吕晓宇等海南交通人,扎扎实实地开始对海南近十年的高速公路建设经验进行深入总结,在此基础上提炼并升华,以便科学地指导未来海南高速公路的建设理念、思路和实践。这个阶段不是海南高速公路建设的退步期,而是高速公路建设资金、土地、理念、规划、技术的蓄力期。

在这期间,吕晓宇他先后参编了交通部牵头组织开展的泛珠三角区交通发展规划、海南省公路水路"十五"发展规划,主持编制了海南省公路水路"十一五""十二五"发展规划。此外,他潜心学习国内新技术、新工艺、新材料、新设备等"四新"技术,深信终有一天,这些技术能在海南高速公路建设中得到推广和应用。这些工作,为海南省高速公路下一阶段的高质量发展做足了准备,奠定了扎实的理论基础,也使吕晓宇的业务能力日臻纯熟。

三、海南高速公路建设高质量发展期(2008年至今)

"田字形"路网骨架加快形成,改革再出发谋建新功

(一)高速公路项目前期工作高质量开展

2009年11月,吕晓宇正式调任海南省交通运输厅综合规划处担任副处长,主要负责主力推重点公路项目建设的前期工作。在海南省交通运输厅党组的正确领导和周密部署下,他全力加强与国家发展和改革委、交通运输部的沟通和协调。

2013年是一个值得记忆的关键时间节点,就在这一年,海南文琼高速公路、琼乐高速公路、万洋高速公路等约400km"田字形"高速公路网建设,顺利并成功纳入了国高网。这一举措,为海南高速公路建设争取到4万亩国家用地指标,获得国家60多亿元专项补助资金支持,一扫之前用地和资金的障碍,为海南高速公路建设插上了腾飞的"两翼"。其中,吕晓宇和诸多同事们的辛苦付出,功不可没。

2010年,吕晓宇积极引进中交公路规划设计院、中咨集团、中交一公院、中交二公院、天津市市政工程设计研究院等国内顶尖设计研究团队,组织启动了文琼高速公路、琼乐高速公路、万洋高速公路等一批高速公路的勘察设计工作。同时,在海南省交通运输厅的坚强有力领导、大力支持和帮助下,顺利推动海南省政府出台了《海南省加快高速公路建设实施方案》,为早日形成"东西互动、南北并进"的高速公路建设大格局奠定了良好基础。

2009年至2012年,他坚持规划设计龙头引领作用,以资源节约型、环境友好型"两型"高速公路建设理念为指导,在设计过程中推行以桥代路、宜隧则隧,坚决杜绝高边坡、高填方,全力保护好海南得天独厚的自然环境和资源,使得高速公路设计质量达到国内一流水平。这个阶段,他还主持编制了《海南省旅游公路发展规划》《海南省公路水路交通运输信息化"十二五"发展规划》《海南省国道路网调整规划》等重要文件,为综合交通运输体系的协调发展贡献了个人智慧。

(二)建设体制改革引领高速公路建设高质量发展

2014年12月,上述高速公路项目的勘察设计工作接近尾声时,吕晓宇接到了海南省交通运输厅的调令,前往海南省交通运输厅建设管理处担任处长职务,并着手筹建海南省交通工程建设局(简称"海南省交建局")。其实,随着大量高速公路储备工作的开展,项目管理制度相互矛盾和交叉重叠,行政命令代替科学管理等弊端时有凸显,海南省交通运输厅党组早已谋划成立项目法人单位海南省交建局,力争改变既当"裁判员"又当"运动员"的体制缺陷。

吕晓宇在积极借鉴江苏、宁夏等兄弟省份单位先进经验的基础上,紧密立足海南公路项目建设实际,搭建了海南省交建局的单位性质、经费来源、财务管理体制、人员编制等"四梁八柱"。期间,他还完成了两件对海南高速公路项目建设管理体制影响深远的事情。一是亲自主持起草了《海南省代建制改革方案》,理顺海南省公路建设管理体制,顺利报经省政府同意试行;二是推动将公路建设企业信用评价结果与招标投标挂钩,逐步建立了失信惩戒机制。

2015年6月,海南省交建局正式获准成立。次月,吕晓宇即被任命为局长,此时整个局也就他一人,可谓"光杆司令"。就在他如火如荼地开展人员招募、建章立制等项工作时,海南省交通运输厅以2016年1号文的形式,正式将管理的13个重点公路项目一次性移交海南省交建局管理,其中包括开工建设不久的铺前大桥、琼乐高速等项目。

2016年1月,吕晓宇带领员工,大力弘扬"齐谋共建、同担共享"精神,坚持机关筹建和项目建设"齐步走",就此迈上了崭新的征程。

雄关漫道真如铁,而今迈步从头越。他在公路建设行业20多年摸爬滚打取得的经验,和他勤学习、善思考、爱总结的习惯,帮助他快速理清了项目建设管理思路,叩开了重点公路项目有序、稳步建设的大门。

一是代建制改革成效显著。创新代建监理一体化、PMC、EPC等建设管理模式,逐步理清代建制"权力清单"和"负面清单",坚持"放、管、服"三管齐下,推动代建单位实现责权利相统一,催发项目管理单位内生动力,取得显著管理效益、市场效益和社会效益。

中咨集团、中交公路规划设计院、中交一公院等国内一流的管理团队进驻海南，解决了海南省高速公路大规模建设面临的人才短缺问题，带来了先进的管理和建设理念，为海南高速公路建设借风远航、弯道赶超提供了"可能"。目前，代建制度建设日趋完善，形成可复制、可推广的代建管理体系，特别是代建监理一体化改革成效，得到全国同行的高度关注，浙江、宁夏、辽宁、山东、青海、四川、内蒙古、江苏等兄弟省份纷纷前来取经，省内各市县也在积极推广。

二是公路建设市场环境不断净化。面对小、散、乱施工企业围标串标带来的建设市场混乱问题，海南省交建局通过设置大标段，吸引大型央企进驻并加大投入力度，用规模效益换取质量效益和投资效益。当前，营商环境不断优化，10余家大型央企纷纷在海南设立分支机构，谋划长远发展。

三是项目"五化"管理落地生根。以大型央企成熟的管理和施工队伍为支撑，广泛开展以发展理念人本化、项目管理专业化、工程施工标准化、管理手段信息化、日常管理精细化为主要内容的"五化"管理。着力推广使用钢筋笼滚焊机、数控弯直机、混凝土凿毛机、水泥撒布车、移动模架、路缘石滑模摊铺机、环氧锌基钢护栏、聚脲防水涂料、真石漆涂料、"降噪"沥青等"四新"技术，不断提升项目建设品质。

高标准、高水平建设"互联网+交通工程建设"信息化项目，项目管理综合平台实现对前期、质量、安全、变更、计量、进度等基本业务的信息化管理，视频监控实现对重点公路项目驻地、拌和站、制梁场、桥梁、隧道、主塔等重要场地的24小时监控。大力推行建筑模型BIM新技术投入使用，不断创新质量安全管理体系。

四是项目建设管理更具灵活性和针对性。海南省交建局成立以来，坚持因时因地制宜，靶向发力，精准施策，如面对人员短缺、经验不足的挑战，将2016年确定为项目攻坚年。为强本固基、提质增效，确定2017年为品质工程年。根据十九大和海南省第七次党代会精神及海南省委省政府、海南省交通运输厅党组对生态公路建设的指示精神，海南省交建局将2018年定为生态公路建设年。根据每年项目建设主题，海南省交建局都制订详细方案，明目标，定举措，强落实，确保各项任务目标的顺利完成。

五是高速公路建设指标快速提升。截至目前，海南省交建局管理建设的高速公路有琼中至乐东高速公路、文昌至琼海高速公路、万宁至洋浦高速公路、儋州至白沙高速公路、五指山至保亭至海棠湾高速公路、海口绕城高速"四改六"改扩建工程、环岛高速公路石梅湾至三亚段改建工程，建设里程565km，累计完成投资167亿元。其中，儋白、山海高速公路从前期到开工仅用时7个月，变"不可能"为"可能"，创造了开工用时最短的纪录，刷新了海南速度。

吕晓宇表示，他还会不断攀登高峰，为海南高速公路建设事业，奉献一生，谋建新功。他经常与周围的同事说，"我是一个幸运者，非常感谢厅党组的培养和信任，使我能够将毕生所学，奉献给自己钟爱的海南高速公路建设事业，不断为父老乡亲增添福祉，对此我倍感自豪！"

踏遍青山人未老
——记海南省交通运输厅干部罗永熙

罗永熙出生于1957年，海南乐东县人。本科学历，中共党员，机械工程师，长期任公路系统基层领导干部，退休前为海南省交通厅养护处处长，多次临阵受命，担任海南交通厅公路建设和公路改造工程项目指挥长、海南省交通运输厅重点项目建设督导组组长等职务。

一、与先进、优秀结下不解之缘

罗永熙20世纪80年代初从广东省交通学校毕业后回到海南，在基层工作时，就连续三年被评为生产先进工作者。在公路局工作期间，又连续三年被评为先进工作者；约同一时期，其作为领导之一的公路局修理厂，也连续三年被评为扭亏增盈先进单位。1989年至1993年罗永熙先后主持领导了利国大桥、陵水大桥等工程和东段高速公路首期工程部分路段工程施工。1996年领导主持海口至洋浦公路第三合同段20km工程建设。

其中，他两次参与和领导的高速公路建设，均以建设工期和建设质量取得综合优秀成绩被海南省政府先后两次授予"金光大道"奖励的荣誉。其领导的公司连续3年被海南省交通运输厅评为先进单位。1994年海南省政府给予罗永熙提升一级工资的奖励。1996年11月罗永熙调任海南省交通厅养护处处长，主持指挥建设完成的全省公路工程项目有60个，其主要负责指挥建设管理的项目，都真正做到保证好工期、控制好投资、严格工程质量，90%以上的建设项目都被评为优质工程。2000年由他指挥施工的海榆中线改建工程即屯昌至琼中至五指山至保亭至三亚段，不论是桥涵工程、防护排水、绿化、混凝土路，历经16年，路面依然保持平整完好，堪称海南公路改造建设的标杆作品。

二、临阵受命，不负众望

不论作为公路建设项目的参与者还是督导者，罗永熙长年累月，几乎每日亲临施工现场办公，及时协调解决工程建设中的重大问题，为项目建设提供保姆式服务，已成为常态。他认为只有深入实际，才能掌握交通工作的主动权。只有充分的调查研究，才能保证决策的正确性。他随时关注对全省交通道路建设的热点、难点问题，及时探索解决问题的方法和措施。他及时了解协调公路建设中存在的困难和具体问题，特别是遇到棘手的资金问题、物资问题，他总是深入调查研究，汇集数据，找出症结，供上级领导决策拍板。

工作中，罗永熙一贯重视和积极认真地推行海南交通厅任务分解目标考核制度，要求施工单位围绕工期目标,将任务按月度分解。根据每月任务分解计划执行情况,严格执行奖惩制度。同时,广泛开展创先争优劳动竞赛活动,奖励优秀施工、监理单位,以激发参建单位的积极性。罗永熙抓精致施工的一大"法宝"就是十分关注铺路原材料的审核把关,对原材料的采购、供应全过程实行跟踪管理,严格检验,确保质量。

同时,罗永熙也不墨守成规,大胆支持科学工艺创新和改革。在工程施工中,罗永熙总能不断地科学性革新施工工艺。面对一个又一个施工难点,他总是能根据图纸及现实情况找出问题症结所在,提出施工新工艺,解决了一个又一个的技术问题。针对海南气候高温多雨的特点,面对逢雨沥青路面不时出现的坑槽病害,在积极推动海南交通沥青管理办法制定的同时,协调推动沥青路面所需碎石的标准化加工与优化配合比的设计,使海南沥青混凝土路面质量得到大幅度提升。针对海南高温、多雨的气候特点,在海屯高速路面摊铺采用了 SBS 改性沥青,支持代建单位大胆引入改性沥青生产线,自行研制 SBS 改性沥青,通过反复试验,确保自行生产的 SBS 改性沥青多项指标高于市场标准。收到改性沥青路面耐高温、耐磨,抗车辙性能好的显著效果。他还结合公路勘察设计示范工程要点,在边坡修整和绿化上用心思、动脑筋,转变观念,提倡效法自然、结合自然、融入自然,不留下刻意人工成分痕迹的公路景观建设理念。

在长期的建设实践中,他还摸索到了要依靠群众和地方政府支持的经验。每到一地开展工作,他都注重加强与地方政府等相关单位和部门的沟通协调,注意听取群众意见,借鉴省内外其他项目公路建设经验,制定严密的路面施工建设保障措施:一是加强与地方政府、审计部门及电力电信等相关单位和部门的沟通协调,未雨绸缪,解决好诸如房屋搬迁、电缆杆线迁改等问题,防患于未然。在施工中,他在狠抓安全生产工作的同时,对安全施工标志标牌和保障安全施工的每一个细小环节都提出最严格的要求,"安全生产无小事",确保项目的正常生产秩序和进度。

三、路是铺在地上的碑,碑是立在心中路

罗永熙作为一名党员,老交通人,长期与工程、材料等有形资产和无形资产打交道,他牢记一个共产党员必须廉洁自律,"出淤泥而不染",做一个组织和群众信任的人。"无规矩,不成方圆"。在从事公路建设事业的这些年里,他严格监管,严格计量考核。依据管理制度,组织人员定期对项目工作进行考核评审,按照考核与计量支付相挂钩的方式,严把公路建设的质量关,对事不对人,严格按章办事,按考核细则进行考核。虽然为此得罪了不少人,但他始终坚持原则,拒绝各种各样的诱惑和交易,保持了一个共产党员清正廉洁的形象。多年的野外现场工作经历,养成了罗永熙快人快语的行为方式。"事业往上看,生活往下看"。他常说现在有很多这种事情发生,"道路建起来,干部倒下去",就是做事忘记了自己的"本"。他说,自己出生于海南乐东贫困农家,小时候缺衣少食,后来读书

工作,受党的培养,不能忘本。特别是在自己负责一方面的工作后,更不能得意忘形、忘乎所以,在权钱面前迷失本性。他时常提醒自己,清醒地意识到自己手上管理着动辄上千万过亿的工程,不啻处在风口浪尖上,随时都会有人向着自己的"权力"投来"糖衣炮弹",要时刻保持清醒警惕的头脑,决不让"好心人"有机可乘。正如他经常讲的:"任何抱有在工程建设中浑水摸鱼的想法或拉关系,使手段的做法都是徒劳的,唯有老老实实地做人,保质保量的把工程做好才能赢得信誉,受到欢迎。"

海南环岛高速公路上的"丰碑"

作为海南公路项目的一名资深管理者,公路建设督导组组长罗永熙既是昨天海南公路建设的粗放型建设的参与者,也是今天海南公路集约化建设的见证人。

为构筑"大海南"交通主动脉奉献青春
——记海南省交通运输厅规划处副处长彭翀

彭翀,湖南永州人。2003年7月本科毕业于长安大学,所学专业为公路与城市道路。后在该校攻读硕士研究生,所学专业为道路与铁路工程,2007年4月进入海南省交通运输厅规财处工作,岗位为公路水路规划计划、公路项目前期协调等。从海口绕城高速公路开始,他参与了海南省多条高速公路的规划设计工作,是海南高速公路进入快速发展时期的亲历者、参与者和建设者。

一、困难面前永不屈服,交出让人满意设计答卷

海口绕城高速公路项目,是彭翀投身海南接触的第一个高速公路项目。为加快该项目建设速度,降低成本,改变以往海南省公路建设"投、建、监、管"四位一身的管理模式,根据海南省政府的部署,2006年2月,海南省交通厅与海口市人民政府签订了海口绕城公路(一期)工程委托建设协议书。该项目是第一条下放给市县进行建设管理的高速公路项目,沟通衔接工作量较大。为了提高工程质量,实现建设目标,作为当时项目前期规划设计衔接工作的人员之一,彭翀肩上的担子和任务之重、压力之大可想而知。

彭翀没有被困难所吓倒,重担之下也没有屈服。在海南省交通运输厅领导的大力支持之下,在有关处室领导的指导和帮助下,他运用所学专业知识,细心钻研业务,虚心向专家学习,与同事们认真谋划,并发挥各自专长,注重规划设计的落实,与海口市相关部门多次沟通衔接。功夫不负有心人,2008年8月,海口绕城公路(一期)工程建成并通车。项目建设贯彻落实了规划设计新理念,彭翀和同事们就此交出了让人十分满意的答卷,他们出色的工作,得到了海南省交通厅等有关领导的高度认可和称赞。

二、扎实工作为项目顺利获批奠定基础

2010年8月,海口至屯昌高速公路正式开工建设。2012年12月底,项目建成通车。2012年5月,屯昌至琼中高速公路正式开工建设。2015年5月,项目建成通车。2016年3月,琼中至五指山至乐东高速公路(以下简称琼乐高速)开工建设;2016年11月,文昌至琼海高速公路(以下简称文琼高速)正式开工建设。

2015年,根据厅党组和分管厅领导的工作部署,彭翀和同事们争分夺秒地投入琼乐、文琼、万洋高速三条高速公路项目的前期筹备工作中。海南省交通运输厅安排专人驻守北京长达数月,紧盯项目审批各环节,并协助国家发展改革委、交通运输部开展3条高速前期审批工作,最终,3条高速公路项目工可报告顺利获批并很快开工建设。

在海南省委省政府的大力推动下,儋州至白沙高速公路、五指山至保亭至海棠湾2条高速公路项目的前期工作在半年内完成,创造了海南速度。这些项目的开工建设,标志着海南省高速公路网主骨架建设全面铺开,为遏制海南省经济下滑、促进主要经济指标企稳回升,扭转被动局面创造了良好的投资条件。

期间,彭翀和海南省交通运输厅规划处的一帮同事顾不得休息,工作连轴转,整日奔波在建设一线,现场认真细致地进行调研和勘察,不放过每一处疑点,他们甚至通宵达旦、夜以继日地工作,加班加点已成为他们工作的常态,他和同事们的辛苦付出,最终得到了丰厚回报,项目顺利获批。

"没有彭翀和同事们扎实辛苦的前期工作,就没有后来的前期工作顺利获批",海南省交通运输厅一位领导曾如此评价彭翀等人的工作。

彭翀从2007年进入海南省交通厅工作以来,参与了海口、三亚绕城高速公路的后续服务和海南中线高速公路、万洋高速公路、文琼高速公路等多条高速公路的规划设计、工可等前期工作,对于他个人来说,可谓幸甚至之。海南省交通厅为他提供了施展才华的平台,他则运用所学的知识,做了力所能及的工作,发挥了一定作用,最为重要的是,他因此实现了人生价值。

海南高速公路建设排头兵
——记建设项目部总经理钟厚冰

成立于1992年的中国公路工程咨询集团有限公司,曾是交通部直属企业,现为国务院国资委管理的大型中央企业中国交通建设股份有限公司全资子集团公司,集公路勘察设计、规划咨询、工程监理、施工和科研等业务于一体,在公路行业勘察设计建设企业中名列前茅。

该公司自2006年10月开始,正式承担海南省海榆东线琼海至陵水段公路改建工程项目建设工作,陆续在海南承揽了高速公路、国省道、特大桥梁等省重点公路建设项目。其中海南文昌航天发射场配套道路美兰机场至发射场段(灵山至文城)工程项目,海南省中线高速公路屯昌至琼中段项目,海南省G98环岛高速公路改建工程九所至八所段,海榆西线芙蓉田至崖城公路改建工程,海榆东线蓬莱至嘉积段和陵水至田独段公路改建工程,三亚市红沙隧道公路工程,海南省定海大桥工程项目,都获得程度不同的成功,有些项目成为代建制公路建设的品牌和样板。该公司2016年底正在进行的项目有:G98海南环岛高速公路白莲至龙桥段、S82联络线改扩建工程、铺前大桥工程、琼中至五指山段线路工程等项目。而这些,都与一个叫钟厚冰的名字分不开。钟厚冰从2006年海榆东线琼海至陵水段公路改建工程项目副(常务)指挥长开始,风雨兼程,脚踏实地,在近十二年的海岛公路建设实践中,成长为一名优秀的指挥长和项目负责人。

一、现代化公路建设排头兵

海南公路桥梁的施工现场,人们经常可以看到一个行走如飞、步履矫健的项目负责人,他就是中咨华科公司副总经理、中咨集团特种路桥技术分公司总经理,海南项目部指挥长钟厚冰。出生于1972年的钟厚冰,20世纪90年代求学于西安公路学院,1999年硕士毕业于西安公路交通大学(西安公路学院)。硕士毕业后,他先后就职于西安市城市规划设计研究院,深圳华科交通工程有限公司,中咨华科交通建设技术有限公司等单位。

作为中国公路工程咨询集团有限公司一名专家技术型管理干部,钟厚冰用自己的青春年华不断写就着自己的人生轨迹。从2000年任中咨华科交通建设技术有限公司总经理助理开始,一步一个脚印,先后担任公司副总经理、集团分公司总经理等各种要职,丰富的学历与工作能力,使其很快成长为集团公司青年优秀人才。

他无怨无悔地为高速公路建设奉献着自己的一腔青春热血和智慧。在代建制新型市场机制中,不失时机勇于实践,不负众望长于运作,领导了一支能干善战的团队,在海南公路建设和公路建设代建制模式实践中,取得了显著成绩。

二、一个和谐高效团队的组织者

作为一个现专业型的项目经理,他擅长管理、创新理念、整合资源、改进方法。在"精心组织、科学安排、精细管理"方面,总结出一套自己的管理办法。他与时俱进,从不停歇自己前进的脚步,在自主创新的路上不断追求更高、更远、更难的目标。无论是紧张的施工期间,还是闲暇的休息时间,他都抓紧学习,一有时间就埋头书堆,孜孜不倦地汲取着书中的营养,给自己充电。在项目经理部,他大力营造一种和谐、宽松的用人环境,不断为年青技术人员提供实践和发挥才干的机会。通过项目培训锻炼,着力塑造并培养一批新生骨干力量,进一步扩大技术成果,提升施工科技含量,打造企业核心竞争力。

"眼光有多远,事业就有多大;胸襟有多宽,队伍就有多强。"这是钟厚冰走上领导岗位上对自己的要求。能在高速公路南征北战中获得成功,秘诀还在于他通过目标引领、制度保证、激励机制、和谐关爱等措施,带领出了一支特别能战斗、特别能吃苦、特别能奉献的施工团队。作为项目经理,他和广大职工打成一片,以身作则。

三、公路建设永不止步的实践者

在项目经理工作岗位上,钟厚冰通过科学组织,精心安排,凡是经他管理指挥修建的公路项目,管理规范,井井有条。从工作进度到项目竣工交付,都严格在一个科学规范的管控之中,在海南高速公路建设代建制项目市场中,钟厚冰这个名字越叫越叫响。

时任海南省常务副省长汪啸风给公路建设者颁奖

在项目建设上,由他担任指挥长的海南省 G98 环岛高速公路改建工程九所至八所段项目,海南文昌航天发射场配套道路美兰机场至发射场段(灵山至文城)工程项目,屡获全国建设工程优秀项目管理成果奖和交通运输企业管理现代化创新成果奖等。在课题研究方面,钟厚冰先后主持了"海南省公路代建制管理模式及风险分析研究""海南省交通建设市场信用评价体系建设研究""公路工程可视化项目管理系统研究""海南省高速公路沥青路面矿料选用与掺配技术研究"等,先后获得中国公路学会、中国建筑业协会等有关专业机构的多项奖励。

他还撰写《公路代建制与总承包的对比分析》《国外政府投资项目管理模式分析与启示》等理论文章,在国内外有影响的专刊杂志上发表,受到各界的重视和热评。其本人也由此获得诸多荣誉,先后多次被评为先进工作者、青年岗位能手等,并荣登中咨集团青年英才名录。

由其负责的海口绕城高速改扩建工程正在以一种新的管理模式——设计施工总承包模式。由于该项目是改扩建工程,工期紧,时间短,交通组织极其复杂,对于钟厚冰和他的团队无疑是一次新的考验。项目起点位于澄迈县白莲镇白莲互通,终点位于海口美兰国际机场互通前,全长约32.69km,该项目连接海口市区、美兰机场、高铁站点、港口的枢纽交通走廊,承担了全省98%的货流、客流的交通转换,是海南省对外跨省交通的必经通道,是海口外环交通干线,也是展示海南省交通形象的窗口。

刻苦钻研的公路养护人
——记高速公路路面维修队队长洪玉茂

洪玉茂出生于1970年,中共党员。1991年7月毕业于广东交通学校筑路机械专业。1991年至1994年在海南省公路管理局第一工程处工作。1992年被聘为筑路机械专业技术员。1994年至1997年在长沙交通学院公路工程管理专业学习。1995年至1997年在海南公路工程建设第一工程公司工作,1998年被聘为助理工程师。2000年任职海南路面公司机械科副科长。2005年被聘为公路与桥梁专业工程师。后来,多年任海南省交通工程机械维修中心路面队队长。可以说,他的工作经历,是伴随着海南机械化公路养护事业共同成长的。在维修中心,大家都亲切地称这个70后为"茂叔"。

一、悉心钻研以队为家

洪玉茂在工作中一向肯动脑筋,不怕吃苦,对技术精益求精。他为了掌握好行业标准和施工工艺等有关知识,阅读了大量资料,记录了一摞摞读书笔记,掌握了大量的专业知识。经过多年的刻苦钻研和实践探索,2011年12月他被海南省交通工程机械维修中心聘为高级工程师,由一名专业技术人员成长为一名行业专家,也成为基层养护站唯一的一名高级工程师。洪玉茂虽然在2011年就被聘为高级工程师,但他一直坚守在最艰苦的施工一线,足迹遍布东西南北,哪里的路面坏了,哪里就能看到他亲自带领施工队在烈日下修补路面的身影。

洪玉茂把安全生产视为养护工作的重中之重,重视安全例会,注重安全教育,定点定时对车辆设备运行情况进行检查、调试,及时排除问题及故障,最大限度地发挥了各种车辆设备的作用。在材料方面他更是严把质量关,通过对比选出价格合理且有质量保障的材料,确保100%的合格率。多年来在他的领导下,全队没有发生过一起安全质量方面的等级事故。他带领修复的路面进度快,质量高,多次受到上级领导和地方的好评。

洪玉茂认为,要管好这支队伍,使之成为一支守纪律、听指挥、能战斗、关键时候拉得出的队伍,还必须抓好理想信念教育,经常性地开展思想文化和政治理论学习,按照上级的统一安排组织员工开展党的先进性、纯洁性和科学发展观培训等,不断提高职工队伍政治素质,解决好职工队伍的世界观、人生观、价值观等问题。通过长期的学习熏陶,全队上下统一思想,凝聚力量,始终与上级保持高度一致,不断增强党的信念,克服怕苦畏难思想,稳定了队伍,稳定了人心,不断开创养护工作新局面。

二、克服困难知难而上

路面维修队成立于2005年,成立之初仅有6人,仅有的机械是一辆拉标志的养护车,一辆没有翻斗的养护车,一些修补路面用的小型机械,最宝贵的机械设备就是一台修路王。

自任职路面队队长以来,洪玉茂就把维修队当作家,为了完成任务,常常吃住在队里,带领路面队的职工从修补一坑一槽开始,一干就是12个年头。他回忆说,虽然当时车流量少,路面"病害"却很多,他们几个人从白莲立交补修到白马井,再到八所、崖城,之后又回到海文线,这样来回循环地奔波在路上。哪条路有什么病害他都熟记于心,从不因修补里程的长短和艰难而忽视任何小修小补。他幽默地说:"儋州路段的特产是坑槽和壅包,昌江站特产是龟裂,八所到崖城特产是沉陷跳车。"路面维修队已发展到拥有20多名学历高、技能全面的职工,有配套齐全的沥青拌和机、装载机、铣刨机、多功能滑移装载机、修路王、随车吊、压路机等多种路面养护机械,肩负起G98环岛高速公路西段、海文线、中线等700km高速路段的维修重任。

洪玉茂自任路面维修队长伊始就十分注重对专业技术人员的培养,并不断地更新自身的工程机械知识。在长期的工作实践中,他影响和培养了一大批能独立进行保养和维修技术人员,不断提高职工队伍整体技术业务水平。洪玉茂自己就是一个全能手,没有他修不好的机械,没有他操作不了的车,没有他修不了的路。他革新改装过很多使用起来得心应手的小机具,如石英管热再生器、沥青混合料撒料斗、粒位传感器、简易挂平滑轨、冷料包装机械等。他还将废置多年的旧机器重新拆卸安装,节约了大笔经费。

三、模范做人踏实做事

高速公路现代化养护主要以机械为主,为保证各项养护任务的正常开展,洪玉茂严格执行检查制度,发现故障及时查明原因,并有效排除解决,为养护任务的开展提供了基础性保障。

他努力学习国家公路相关法规和《公路沥青路面养护技术规范》《公路养护安全作业规程》等规范,并认真执行。全面贯彻"路容靓丽、功能完善、平安舒畅、作业规范"的养护管理理念;对路面所管辖段及时进行保养及维护,保持路面的平整度和抗滑能力,消除病害根源,防止路面各种病害的产生和发展。他带领全队员工积极研究作业内容,不断总结、完善施工工艺,确保施工质量。洪玉茂的业余爱好就是读书,钻研业务知识。

为了提高自身的业务能力,他刻苦学习钻研有关养护方面的书籍,通过学习和实践总结摸索出了一套适合当地的公路管养及维修的经验、施工方法和窍门。他独著的《传感器在工程机械中的应用》和《如何提高沥青路面平整度》等论文在《海南公路工程》刊出。他的言传身教大大地激发了全队学习钻研业务的热情。他模范做人,踏实做事,潜移默化地为这支养护队伍定格了一个高尚、高效、高质的"三高"标准,使之成为技术全面、作风朴素、关键时候能打硬仗的一个团队,多次受到上级的表扬与称赞。

四、先大家后小家

生活中的洪玉茂是一个不太爱说话的人,但是只要一提到跟养路有关的话题,他就会很快打开话匣子,津津乐道,如数家珍。洪玉茂对工作高度负责,崇尚实干,注重实际,务求实效。用他的话说,就是作为一名高速公路养护人,确保道路安全畅通是最高境界。维修工作既要快,又必须保证质量。大到一段路的养护,小到护栏板的一颗螺丝钉,在维修中都来不得半点马虎,必须严格按规范维修作业。另外,在机械多人员少的情况下,他根据实际情况狠抓业务培训和岗位训练,培训出一批多功能机手,能胜任至少3种机车的操作。

路面维修是一个系统工程,是由多个工种组成的,在人员和机械的合理搭配上做到精心组织,科学管理,在考虑工作效率的同时又要兼顾经济效益。每一次的修补工作都要经过认真的提前准备,反复的用料量计算以及在特殊情况影响下的快速反应和应对方法,都是要反复考虑论证的问题。洪玉茂本着以人为本原则,发掘人才、善用人力,积累了丰富的管理工作经验,平时定期地对员工进行沥青路面技术方面的培训,使每一位职工都掌握各种路面病害处理工艺,熟练工序,配合默契,做到规范修补,科学修补。

路面维修队既是一个专业路面维修机动队伍,也是一个应急抢险队。每年的抗风抢险工作,路面队都积极参与配合。一旦碰到有特大暴雨和险情,常常是浑身湿透,冒着狂风暴雨装载调试机器。面对损坏严重的路段,每天都要和车流量,天气状况争时间,抢进度,要质量。多年来,洪玉茂以身作则,做人低调,做事高调,身先士卒,以无声的行动影响激励着每一个人。队员们都说,他用坏的液压镐镐钎和修补的坑槽有多少已数不清,维修队负责的每公里路面上,都留下了他的足迹和汗水。

老公路人"望叔"
——记海南省公路管理局干部王世望

王世望是海南公路局一名老公路人,他的一生平凡而具传奇,宁静而蕴含热烈,就像一棵大树,一辈子扎根公路,不怨不悔,不离不弃,守护着海南 2.5 万 km 长的道路,为养护事业贡献了自己一生。他踏实作风和高尚品德,打动所有身边人,不论职位高低,不论男女长幼,公路人都亲切地称呼他为"望叔"。

望叔出生于 20 世纪 50 年代初,毕业于广东省海南技工学校。1977 年 10 月在海南省公路管理局前身的广东省海南行政区公路局从事公路养护业务工作。在以后的 35 年间,望叔从最初的公路养护管理技术人员成长为一名路桥工程师和公路养护管理副处级干部,一直战斗在公路养护战线,直到退休。

一、一个为公路无悔人生的人

建省前,海南公路养护管理技术力量薄弱,养护工作仅限于修修补补,这对于一个刚刚参加工作,热血沸腾的青年人,无疑是一种考验。很多人干了一阵子就另谋出路。但是望叔没有灰心,面对公路事业日新月异的发展,一方面他虚心向老一辈公路人学习,一方面积极参加海南省公路学会、海南省交通厅组织举办的各种业务培训班学习,特别是参加了长沙交通学院的公路养护管理专业证书班学习,在不断充实自己的专业管理知识的同时,脚踏实地的干好本职工作,在海南公路养护管理战线一干就是 30 多年。

当年的海南岛,县乡道路几乎全是沙土路,跑一趟晴天一身灰,雨天一身泥,1000km 的沙土道路望叔每个季度都要跑一遍。而且把每一条道路的建设、养护情况都摸得清清楚楚。了解望叔的人都知道他三句话不离本行,是个有名的公路"婆婆嘴"。

特别是每当遇到台风天气和风雨季节,他都会告诫有关单位和相关人员要注意的事情。受热带气旋影响,海南每年都会有一些极端天气出现。台风暴雨对公路交通影响最大,公路受灾也最严重。未雨绸缪,防患于未然,每当遇到台风大雨的时候,望叔总是守候在电话机旁,挨个询问各地受灾情况,组织人员统计公路被毁情况,然后向上级及单位领导及时准确反映情况,使领导能有效地组织抗灾抢险……这看似一个并不复杂的过程,但对公路养护人所蕴含的责任却非同一般,有时候紧张的像打仗一样。桥断、树倒、路毁、涵洞垮塌……哪一件都是牵涉到全局安危或人命关天的大事,丝毫疏忽不得。

2010年10月,海南遭遇多年不遇的台风暴雨袭击,公路损失达1亿多元。灾情就是战斗,那段日子里,他带领全科人员每天24小时坚守工作岗位,及时了解情况,统计公路水毁数据,及时向上级报告现场情况,传达领导对防风防灾工作的指示,为高效有序实施防汛抢险和最大限度降低损失发挥了应有的作用。

二、一个视使命高于一切的人

望叔常说,从交通工作承担的任务和使命看,不仅要关注里程的增长和等级的提高,更要关注公路的安全畅通和服务品质的提升。一条路建不建,社会影响固然不小,一旦通车后养护不到位,出现行车安全或道路不通畅事件,影响就更大了。养好公路,就要像爱自己的孩子一样爱公路,就必须把公路养护管理工作摆在更加突出的位置,用更多的精力,下更大的力气,切实把公路管好养好。

望叔深谙公路养护管理工作科学发展观的本质,就是要把养路工作与交通部提出了"建设是发展,养护管理也是发展"的新发展观和"以人为本,以车为本"的新服务观在实践中有机结合。既关注建设,又强调养护管理,体现了两个并重,树立建、管、养三者关系的新服务观。为了充分做好防大风、防大灾、抢大险准备工作,他还根据自己的实战经验,组织人员编写了《海南省公路防汛抢险预案》。每年雨季来临前,他都要组织人员对各分局公路防汛抢险组织机构及物资落实情况进行严格检查,认真落实公路防汛责任制。为了摸清公路情况,他总是不辞辛劳,克服各种困难,深入到第一线了解情况,收集资料。

1984年以前,出差没有公务用车,来回都是坐班车,有时还要坐卡车或骑自行车去巡路。1984年以后配备了吉普车,但车上没有空调,打开车窗跑一天,人变成灰头土脸不说,到了下面条件差的地方,连冲洗的自来水都没有。尽管条件非常艰苦,但望叔始终保持着高度负责的工作热情和责任心,从来没有人喊过苦叫过累。

三、一个把事业放在第一位的人

1996年以后,望叔转到了省养公路(高速公路、国道、省道、海南重要的县道)养护管理岗位上后,开始留心养护工作理论汇编和总结。望叔数十年来,有一个雷打不动的习惯,那就是记工作笔记。在他的日志里,道班情况、公路普查、路况资料等,每经手的重要工作,他都会分门别类清清楚楚地记载下来。2005年在编辑《中国路谱》(海南卷)过程中,他完成4万多字的文字整理工作,并用表格汇编了全省4151条20870km公路各时期修建的技术情况。2003年至2010年组织完成《海南省公路小修保养工程管理暂行办法》《海南省公路桥梁养护管理工作制度》等数十个规范性文件的编写及修订。这些管理办法和制度在关键时刻发挥了十分重要的作用。

四、一个情操高尚的人

翻开望叔的工作简历你会看到,望叔的最高职务是"副处级"管理干部。早在 1994 年 10 月,他就担任海南省公路管理局地方公路管理处副处长,负责全省地方公路养护管理工作。1996 年 6 月以后,随着多次机构调整,他都一直在部门岗位上从事具体工作。从来没有因为职务和待遇等问题向组织上提过要求。望叔说,"人不管在什么地方、什么位置上,只要把工作干好比什么都重要。"他是这么说也是这么做的。

望叔一生淡泊名利,而荣誉总是不求自来。从 20 世纪 90 年代起,望叔就与先进结下不可分开的缘分,多次被评为省、部级先进工作者、劳动模范等荣誉称号。1991 年 6 月 15 日被海南省政府授予海南省老区建设先进工作者;2006 年 6 月被中共海南省直属机关工作委员会评为 2004 至 2006 年度优秀共产党员;2006 年 7 月被中共海南省交通厅直属机关委员会评为 2004 至 2006 年度优秀共产党员;2009 年 12 月被人力资源社会保障部、交通运输部授予"全国交通运输系统先进工作者"荣誉称号。

为了养好公路,保障畅通,望叔把自己最美好的年华全部奉献给了公路事业。养路苦,他以苦为荣,养路累,他无怨无悔。他将自己对人生的追求,对诚信、对奉献的诠释,默默地书写在那不断延伸的公路上。他的公路情愫如彩虹般绚丽,胸怀像山川般壮美。作为公路人,公路就是他的战场,养护就是他的职责。晴天一身土,雨天一身泥,以苦为乐,以苦为荣,以路为家,以忘我的勤奋耕耘精神,向人们展示了公路人大树般的情怀。

建设者风采
"外交官"叶绍宁

每次在职工大会上,他都会反复强调以下三点:不能与群众发生矛盾、不能有影响企业形象和声誉的事发生、不能耽误工程的施工进度。他就是我们的项目副书记叶绍宁,由于他负责项目部对外协调,同事们都亲切都称它为"外交官"。

海南琼乐项目穿越五指山毛阳及番阳两个镇,为尽量避免项目部与当地村民产生摩擦,叶绍宁日常工作之余都会抽空到村民家拜访,了解他们的生活习惯,然后回到项目部传达到每个部门。

台风,对海南来说是习以为常的一种恶劣天气,五指山市地处海南中部地区,很难逃脱台风袭击。项目所经过的千打村,是当地比较贫困的村庄,在防台各项工作中都显得十分薄弱。2016 年第 21 号台风"莎莉嘉"是海南省史上罕见的超强台风,接到气象局台风警报信号后,项目部开始着手准备防台工作。项目部防台工作布置完之后,叶绍宁第一时间赶到千打村,询问他们的防台工作情况。到现场后发现,当地村民虽可以在村委的避风所躲避台风的袭击,但是台风过境期间可供村民食用的物资远远不足。一小时后,一辆皮卡车向千打村避风所驶来,车上装的全是干粮和饮用水。一旁的村支书紧紧握住叶绍宁的手,感动地说,"真不知道怎么谢谢你,这会儿村民们可以安心躲避这场灾难了"。"作为一名四航人,只是顺从内心做了一件力所能及的事情而已,"叶绍宁这样回复。

精心、精细、精确——海南环岛高速建设施工上的建设者

海南琼乐高速公路项目工期非常紧,由于时间非常紧,尤其在征地方面存在很多临时补征地情况。临时补征地文件从上报到有关部门批复,这个过程最少要3个月时间,并且是在整个上报过程不出现纰漏的前提下。为避免工程施工受征地工作影响,叶绍宁挑起了市里工作跟踪的担子。"用两条腿走路",这是市里负责征地工作人员给叶绍宁的评价,"你们A5标只要用补征地,我们都能看到你们叶书记跑上跑下的身影,其他标段基本很少有人来跟踪这些事情。"一年多时间下来,经过叶绍宁的努力,项目部施工过程基本不受征地情况的影响,各标段的施工进度一直名列前茅。

"平安卫士"许金萍

2016年1月1日,随着万透大桥挖孔桩第一声炮响,海南琼乐项目部爆破作业开始。许金萍认真监控着打孔、装药到警戒、起爆的每一道工序,他在爆破后的总结交底时对安全员爆破员说:"爆破区域两侧道路的封闭情况不好,个别车辆没有听从指挥,需要改进;炸药量需要减少,控制一下爆破飞石"。由于万透大桥临近省道,所以爆破时的安全警戒、道路封闭以及飞石的控制尤为重要。

琼乐高速公路A5标项目全长12.69km,桥隧占比高达54%,其中桩基施工采用人工挖孔桩达1000多根,所需民爆物品量大。且爆破工点分散,高峰期达13个作业点均需要爆破作业,所以民爆物品安全管理是重中之重。

项目初期,为确保民爆物品的安全管理,安全总监许金萍把制定了《爆破作业安全管理办法》及《涉爆作业奖惩实施细则》等一系列的爆破安全管理规定,并跟踪把制度的执行、落实。他优化了三联式领料单,民爆物品领用、退库做到账物相符、账目清晰,在每个爆破作业点均配置爆破员、安全员,确保每一根炸药、每一发雷管的使用和去向都有人监控。

毛路2号大桥紧贴着毛路村穿过,最近的挖孔桩距离民房仅2m,该处挖孔桩爆破时震动控制和飞石防治安全管理的是关键。许金萍多次深入村民家中宣传爆破安全,在爆破时提醒村民暂时撤离。为了减轻爆破对村民房屋的干扰,他带领爆破员、安全员经过多次试验,采用炮被覆盖、并留有一定空隙释放冲击波的方法,这种方法控制了飞石又减轻了震动,使得毛路2号大桥挖孔桩顺利施工完毕,未对周围房屋造成损坏。

通过以上举措,2016年安全使用炸药240t、雷管23万发,未发生民爆物品遗失事件。由于民爆物品管理安全可控,许金萍被琼乐高速代建指挥部评为"平安卫士"。

琼乐高速公路上和天气"赛跑"的人——韩胜

韩胜2005年7月毕业于重庆大学土木工程专业,本科学历。2005年7月参加工作,先后参建武汉王家墩地铁中心站、海南定海大桥项目,2015年10月调任中铁一局海南省琼中至乐东高速公路A7标任常务副经理。

风景优美的海南,有着漫长的雨季,只有每年的11月至来年4月,才是施工的黄金季节。项目从2015年10月中标开始,便与天气开始了一场竞赛,否则11km的施工战线,大方量的路基填筑施工一遇下雨全都要停下。加之项目所在地电力设施极其落后,只要是雷雨天气甚至稍微刮风都会全线停电,导致工地大面积停工,如何保质保量按期完成施工任务,是他经常深思的问题。

然而,韩胜并没有在困难面前止步。"脖子上面是脑袋,脑袋就是用来想办法解决问题的"他经常这样告诫自己和身边的人。他是这么说的,也是这么做的。四川人果断的风格和直爽的性格,都犹如朝天椒般辣得干脆。他经常组织技术人员召开研讨会,研究方案、商讨对策、整合资源,并亲自挂帅对全线进行段落划分和责任包保。由于权责明晰、措施到位,项目施工生产从一开始就在全线名列前茅,得到业主等多方单位一致好评,为中铁一局在海南树立了良好形象。

桩基工程是标段内施工的重点,桩基施工进度直接影响后续结构施工。该标段桥梁桩基地质条件复杂,个别桩基上部出现流沙、涌水等情况,而下部岩石强度又特别高,导致施工非常困难,进度也很缓慢,特别是布慢大桥、红利大桥,岩石最高强度达127MPa,大部分都在60MPa以上,严重制约桩基的施工进度,韩胜果断调整施工方案和资源配置,对部分岩层较坚硬桩基采用人工开挖施工,进度明显加快。

同时,为了保证人工开挖施工安全,除了常规安全培训及安全措施外,在每个桩位的半月板、安全爬梯、通风设备都配置到位,在特殊地质地段还有专人进行下井前的有毒气体气检测。这些措施在全线树立了人工挖孔桩的典范,人工挖孔桩也因此被代建指挥部和监理单位作为观摩点,组织各标段参建单位参观学习。2016年10月30日,琼乐高速中线A7标成为全线第一个完成桩基工程的施工单位。

标段共有桥梁12座,其中预制桥梁就有6座,预制梁架设的很多细节往往能体现出一个企业的施工管理水平。从桥梁的预制到架设,韩胜都高度重视,尤其是在支座垫石高程控制、湿接缝处理、防护栏杆外观等方面,更是要求技术人员逐级把关。2016年10月海南省质监局总工程师阳正宗带队到中线高速全线检查,当检查组走到刚架设完的布慢大桥时,阳总停下来与韩胜交流半小时有余,对桥面的平整度、湿接缝钢筋焊接质量等给予高度评价,并当即建议代建业主和监理召集全线相关单位到布慢大桥参观和交流学习。现场作业人员安全防护用品佩戴整齐,安全标志大气醒目,桥面临边防护到位,这些也在布慢大桥形成了一道亮丽的风景线。正是因为各项安全措施的有效落实,在海南省交通工程建设局12月组织的公路水运工程"平安工地"考核中本项目得分90分,获得示范级达标等级的好成绩。

跑步进场攻坚克难的建设者——刘玉涛

刘玉涛1994年毕业于辽宁省交通高等专科学校汽车运输管理专业,2015年毕业于湖南科技大学土木工程专业,本科学历。于1994年7月入职中铁十九局集团有限公司,先后参建过元宝山露天煤矿、湖北随岳高速公路项目、石武客运专线等项目,历任技术员、设备部长、副经理、常务副经理、项目负责人、项目党委书记等职务。2015年9月份到海南省琼中至乐东高速公路A10标项目部任党委书记兼副经理,主要负责征地拆迁工作和党群工作,为项目施工生产的稳步推进做出了突出贡献。

跑步进场,迅速打开工作局面。接到中标通知书,刘玉涛和项目其他主要管理人员一起立即赶到施工现场筹划建家设营事宜:主动和业主以及国土、交通等政府部门进行沟通,了解征地有关政策、收集有关文件;进行现场踏勘、熟悉周边环境;走访乡镇村委农户,收集各方面的信息……当业主组织正式的地方关系对接会时,刘玉涛已经和政府有关部门及乡镇村委的负责同志成了好朋友。有了扎实的前期工作,A10标迅速打开了工作局面。项目驻地第一个入驻并通过了业主验收,混凝土搅拌站、钢筋加工场、隧道营区、梁场、主要施工便道等大临建设均走在了各兄弟单位前列。

攻坚克难,扫除制约施工的一切障碍。征地拆迁工作在施工生产中举足轻重,拆迁难题往往是制约施工进度的拦路虎。A10标刚一进场施工就遇到了一个拆迁难题:千家互通内有12.267公顷(169亩)红线用地因产权纠纷无法动工,而此处又是标段的控制工程,无法绕开。刘玉涛深入纠纷双方以及村委会、村民家里了解详细情况,跑政府拆迁部门了解政策,取得业主大力支持,紧盯分管拆迁工作县领导,及时了解工作进展,最后县委县政府领导专门研究确定解决办法,仅用很短时间就解决了问题。

进场施工前期,经常会遇到施工现场有需要同时解决几个问题的情况:这边正在工地对一时想不通的村民进行说服工作,那边又有个别村民恶意抢种阻工需要处理;这边刚联系好测量部门去测量临时用地,那边又要去谈临时驻地合同,接着需要拆迁的光缆产权单位又来看现场……一天到晚马不停蹄,经常到深夜才返回驻地,但他却从不叫苦叫累。随着拆迁难题被工作主动勤快、思路开阔、点子办法多的刘玉涛一个个解决,A10 标的施工生产得以顺利进展,得到了业主和监理单位的好评。

精心谋划,迅速掀起攻坚年劳动竞赛高潮。2016 年是琼乐高速公路项目建设的攻坚年,分管党群工作的刘玉涛根据业主下发的劳动竞赛方案,牵头制定了劳动竞赛实施细则,确定的季度安全、质量、进度目标,制定了详细的奖罚措施,配套制定了相关的劳动竞赛保证措施,在全体员工中迅速掀起了劳动竞赛施工高潮。由于组织得力,A10 标圆满完成了年度任务目标,并且实现了全线第一个隧道贯通、第一个架设箱梁,在季度评比中,获得两个第一名、一个第二名的好成绩,在年度总结中获得综合评比第一名。获得海南省交通运输厅授予的公路建设达标奖,获得海南省交通工程建设局授予优秀施工单位奖,被中国海员建设工会评为 2016 年度全国交通基础设施重点工程劳动竞赛优胜单位。刘玉涛个人也被中铁十九局集团第七工程有限公司评为征地拆迁工作先进个人和优秀党务工作者。

默默奉献的公路人——刘占龙

刘占龙,中共党员,大学本科学历,高级工程师。1993 年毕业于交通部呼和浩特交通学校路桥专业,2007 年毕业于长沙理工大学交通工程管理专业。现任中交四公局海南琼乐高速 A3 标项目经理。

他没有惊天动地的丰功伟绩,但他心系交通,情系公路,默默奉献于他钟情的公路事业,在平凡岗位上始终以饱满热情、忘我工作精神和高度责任心,长期奋战在交通建设一线,面对繁重公路建设任务,充分发挥自己技术和管理才能,坚持把理论与实际有机结合,勇于争先,敢于创新,对工作具有高度责任感和敬业精神,出色地完成了自己的本职工作,所负责的琼乐高速 A3 项目也是屡创佳绩。

2015 年 10 月,他担任海南琼乐高速 A3 合同段项目负责人,该工程造价 6.45 亿,合同工期 24 个月。项目有空心薄壁墩、棚洞隧道和互通区,全线桥隧比高达 60%、施工难度大,对项目组织管理、技术质量和安全管理等方面的能力、水平都是全方位考验。项目进场后,按照海南省交通运输厅和海南省交建局的要求,刘占龙带领项目班子认真研究、强力调度,采取了一系列措施全力推进高速公路建设又快又好地开展。

一、认真落实海南省"五化"管理要求

为全面提高项目管理水平,全力以赴完成预期目标任务,项目采用了"五化"管理模式(即发展理念人本化,项目管理专业化,工程施工标准化,管理手段信息化和日常管理精细化),在落实"五化"管理方面做了大量细致的工作。在安全、质量、施工生产方面开展了一系列活动,编制了项目级"五化"方案,并制定强有力的制度和保障措施,积极倡导绿色施工。

在崇山峻岭之间,他带领项目一班人马与时间赛跑,与高山争辉,与岩石撞击,他将交通人不屈不挠的意志、勇于担当的责任,牢牢镌刻在桥梁上、隧道中。带领项目屡获殊荣,荣获海南省交建局"2016年度项目建设攻坚年劳动竞赛活动优秀施工单位",获得海南省运输交通厅2016年"公路建设达标奖",获得2016年海南省"平安工地"示范项目;获得中国海员建设工会全国委员会2016年"全国交通基础设施重点工程建设劳动竞赛优胜单位"。中交四公局连续两年获得海南省公路施工企业AA级信用评价。

二、积极组织协调优化施工环境

他身为琼乐高速A3合同段项目的总指挥和直接责任人,处于工程建设上下各方核心地位。在施工管理中,他始终站在全局高度,树立上下"一盘棋"思想,认真履行职责任务,发挥好组织协调作用,与业主、设计、代建、监理各单位和当地村镇建设良好的关系,相互协作,相互配合,相互沟通,妥善处理各种问题,解决各方矛盾,削除意见分歧,对项目实施进行有效的管控,确保工程建设顺利进行。特别是在外部环境营造方面,由于项目处于多个村组交接处,且是少数民族聚集区,风俗多样,再加之部分荒山、荒地地权争议等,对工程建设带来负面影响。

鉴于这种情况,他一方面积极协调相关村组组织调查了解,掌握第一手资料,进行耐心细致思想工作,争取群众对重点工程建设的理解和支持;另一方面大力推进路地共建,对项目部周边的什运乡中心小学贫困学生进行了爱心捐赠,对拆迁户进行了慰问,促进了路地和谐,保证项目建设的顺利进行。

三、深入开展劳动竞赛

刘占龙在琼乐高速建设期间,按照上级单位劳动竞赛要求,认真制定项目《劳动竞赛方案》,细化分解目标,深入开展劳动竞赛活动,加强督导考核力度,带领项目"青年突击队"和"青安岗"营造"比学赶帮超"的竞赛氛围。他带领项目组,实现了全线首件箱梁预制和架设,全线首个隧道贯通,组织了全线首件桥面铺装施工并承办了大型的桥面系施工观摩会,带领项目形成大干高潮后,一直保持施工进度全线领先;圆满完成了劳动竞赛中

关于路基土石方、涵洞、桥梁等节点任务；承办了省交通运输厅的劳动竞赛动员大会，代表全线施工单位迎接了交通运输部督查，工程进度、质量、安全、文明施工、标准化建设等紧抓不放，保质保量。

建设工地上"比学赶帮超"竞赛

四、抓好安全与现场文明施工管理工作

为了创建安全工地，刘占龙制定了严谨的文明施工方案，督促施工协作队伍在施工过程中认真落实各工序规范，严格把好工程质量的事前预控、事中监控、事后控制，提高项目整体质量管理水平。以安全生产为龙头，抓现场人员安全培训，现场料具清整及各项内业管理工作规范，杜绝各种安全事故隐患。在台风、暴雨等自然灾害来临时，刘占龙坚持奋战在现场一线，带头示范，并能够快速组织恢复生产，使项目未发生过安全事故。

五、深入践行"党员示范岗"要求

在琼乐高速公路建设期间，刘占龙与项目书记积极做好项目班子建设、党组织建设和党员管理、党风廉政建设、企业文化宣传等工作，加强员工的思想引导和教育，使项目团队风清气正，积极向上。由于项目人员来自不同的单位，多种个性、多元文化交叉，以项目共同的目标取向为引导，大力宣贯上级的各项要求和公司文化理念，使项目人员思想统一，形成了强大的凝聚力和战斗力。

从业24年来，刘占龙逐渐从技术员、工程部长、副经理到现在的项目负责人岗位，他始终拥有高度的责任感和强烈的事业心，兢兢业业、勤勤恳恳，以工地为家，长年奋斗在施工第一线，用自己的青春和汗水谱写着无悔的人生，展现了中交四公局人敢打硬仗、善打硬仗的顽强作风和优秀品质。

第六节　赞歌为建设者而唱

一、从成立交建局看海南高速公路建设管理体制重大变革的运行成效

"凡事预则立，不预则废"。随着海南公路建设规模、质量的不断加大和提升，尤其是海南高速公路项目的大量上马，高速公路建设项目管理制度相互矛盾和交叉重叠，行政命令代替科学管理等弊端日益凸显。特别是，海南省交通运输厅作为本省交通运输主管部门，在负责对公路建设的项目法人、建设管理单位等实施监督管理同时，还承担着项目法人或项目建设单位的重责，存在着既当"裁判员"又当"运动员"的体制缺陷。

早在2011年，海南省交通运输厅就提出建议，设立海南省公路项目建设管理中心。2015年2月6日，又以《关于省公路管理局三亚材料管理站更名及职能调整的函》的形式，提出成立"海南省交通工程建设局"。2015年6月12日，海南省编委下发了《关于设立省交通工程建设局的批复》，明确了隶属关系、工作任务和职责范围、内设机构、人员编制和经费渠道。2016年1月起，海南省交通工程建设局（简称"海南省交建局"）开始正式履行职责。2016年11月21日正式挂牌。

海南省交建局的成立，是海南高速公路建设发展史上的一个里程碑，对管理专业化、施工标准化、行为规范化和人员职业化方向发展，进一步理顺建设管理体制具有重要意义。

自成立以来，海南省交建局坚持机关筹建和项目建设"齐步走"的原则，面对经验不足、制度缺失、人员短缺等重大挑战，以吕晓宇为局长的领导班子，大力弘扬"齐谋共建，同担共享"精神，以精益求精的钻劲，撸起袖子的干劲，一干到底的韧劲，逢山开路，遇水搭桥，向海南省委省政府、海南省交通运输厅交出了一份份亮眼耀人的成绩单。

（1）高速公路建设全面提速。机构成立以来，海南省交建局负责管理建设的高速公路有琼中至乐东高速、文昌至博鳌高速、万宁至洋浦高速、五指山至保亭至海棠湾高速、儋州至白沙高速、海口绕城高速"四改六"改扩建工程、环岛高速公路石梅湾至三亚段改建工程等项目，建设里程约483km，投资总额约383亿元，主导累计完成投资167亿元，成为新旧动能转换期海南经济稳定运行的"压舱石"和"稳定器"。

挑战不可能。儋州至白沙高速公路、五指山至保亭至海棠湾高速公路从前期到开工仅用时7个月，创造了开工用时最短的纪录。博鳌通道工程仅用10个月实现完工通车，为2018年博鳌亚洲论坛年会提供了便捷、安全的交通保障，受到了中央电视台及国内主流媒体的高度肯定。这些都诠释了特区精神，彰显了海南速度。目前，两万多名建设者

正坚守一线,全力奋战,县县通高速的目标即将实现,"田"字形和"丰"字形路网骨架加快形成,高速公路交通网络的恢宏蓝图逐步变为现实。

(2)品质工程建设取得新突破。大力推行项目建设"五化管理",深入开展标准化施工和标杆示范"双标管理",大力推广应用"四新"技术,钢筋笼滚焊机、数控弯直机、混凝土凿毛机、水泥撒布车、移动模架、路缘石滑模摊铺机、环氧锌基钢护栏、聚脲防水涂料、真石漆涂料、"降噪"沥青等广泛使用。

高标准、高水平建设"互联网+交通工程建设"信息化项目,项目综合管理平台实现对前期、质量、安全、变更、计量、进度等基本业务的信息化管理,视频监控实现对重点公路项目驻地、拌和站、制梁场、桥梁、隧道、主塔等重要场地的 24 小时监控。大力推行建筑模型 BIM 新技术投入使用,不断创新质量安全管理体系。2016 年至 2017 年,在建高速公路抽检合格率达到 96.6%,项目建设质量呈现稳中有进、稳中向好、稳中提质的态势,质量指标迈入全国领先水平。

(3)绿色公路建设取得新成效。牢牢把握生态引领、绿色发展这个关键,以习总书记"绿水青山就是金山银山"的精神为指导和引领,以万洋高速公路创建全国绿色公路典型示范工程为工作抓手,全面建设生态路、景观路、旅游路、通畅路,全力以赴为建设美好新海南贡献力量。

坚持设计引领,推行生态环保顶层设计,实施生态选线,避绕生态环境敏感区,明确"零弃方"设计目标。仅 2017 年,永临结合减少占用土地资源 1300 多亩,节省 1700 万元。积极推行废旧材料再生循环利用,利用废旧沥青、钻渣、高液限土、粉煤灰等 380 万 m^3,节省 2900 万元。琼乐高速公路"消化"85000 余条废旧轮胎。落实施工与环境保护设施"三同时",生态防护比例达到 91%。加大与有关职能部门沟通协调,在耕植土剥离利用、废弃物填海造地、取弃土场复垦造林、服务区旅游功能拓展等领域展开广泛合作,这些项目逐一建成并投入使用后,其经济效益、生态效益、社会效益将逐步显现。

(4)代建制活力不断彰显。创新代建监理一体化、PMC、EPC 等建设管理模式,坚持"放、管、服"三管齐下,逐步理清代建制"权力清单"和"负面清单",推动代建单位实现责任权利相统一,同时以合同制管理为抓手,明确合同管理目标,加大奖惩力度,催发项目管理单位内生动力,取得显著管理效益、市场效益和社会效益。

国内一流的大型央企管理团队进驻海南,解决了海南高速公路大规模建设面临的人才短缺问题,带来了先进的管理和建设理念,为海南高速公路建设借风远航、弯道赶超提供了可能。目前,代建制已先后出台 33 项规章制度,逐步形成标准合同范本,基本形成可复制、可推广的代建管理体系,特别是代建监理一体化改革成效,得到全国同行的高度关注,浙江、宁夏、辽宁、山东、青海、四川、内蒙古、江苏等兄弟省份纷纷前来取经,省内各市县也在积极推广和借鉴。

(5)党建统领作用凸显。牢固树立"抓好党建是最大的政绩"理念,紧紧围绕"服务中心、建设队伍"两大任务,不断推动党建工作迈上更高台阶。单位筹建阶段,第一时间成立党支部,选举产生支部委员会,并出台若干规章制度,理顺了支部工作运行机制。按照"做好规定动作、做精自选动作、做出特色动作"的指导思想,局支部大力推行"支部建在项目上、红旗飘在我心中",与11家项目基层党组织签订了结对共建协议,引导项目党组织在征地拆迁和地材供应协调、质量管理、招标投标、大额资金使用、分包、信访投诉处理等方面,发挥更为重要的作用,推动双方在党组织建设和公路项目建设上共建共享、共享共进。目前,"支部建在项目上"在海南省直机关系统内引起强烈反响,形成了特色党建文化品牌。

交通工程建设领域历来是腐败重灾区,也是反腐主战场。交建局支部全面落实从严治党两个责任,坚持"党政同责、一岗双责"原则,打好顶层制度设计和廉政风险防控组合拳。委托清华大学开展廉政风险防控课题研究,构筑"不能腐"体系。加强理想信念教育,强化宗旨意识,开展廉政教育,以案释法,做到"不敢腐"和"不想腐"。建立局内部监督机制,加大对设计变更、招投标、计量等风险环节的监管。坚持项目财务检查机制,实现了对在建项目的全覆盖。主动接受项目外部审计,积极开展内部审计,做好审计整改。

实施人才强局战略,加大人才队伍建设。经过两年多的建设,交建局现有员工40人,平均年龄33岁。其中,中共党员21人;硕士研究生11人,大学本科25人;高级工程师18人,中级职称9人;培养技术和综合管理骨干24人。员工的年龄、学历、职称、能力结构日趋科学合理,为海南交通工程建设锻造了一支政治过硬、业务精湛的人才队伍。

广泛开展争先创优活动,加大先进典型的"选树培"。通过开展劳动竞赛、百日会战、党员示范岗创建等活动,激发一线建设者的工作积极性和创造性。6家单位和8名同志分别被中国海员建设工会评为劳动竞赛优胜单位和先进个人。在建单位中1个集体荣获2018年省"工人先锋号",4名参建个人荣获省"五一劳动奖章",施工单位1人被省总工会授予"海南最美农民工"称号。高速公路项目参建单位受到各类集体表彰368次,个人表彰416次。对涌现出的一大批可歌可颂的单位和个人,及时进行宣传,传递最美正能量,形成推动项目建设的"洪荒之力"。

"为有牺牲多壮志,敢叫日月换新天。"未来一段时期内,海南省交建局将自我加码,主动作为,引领海南这个边陲海岛,在现代交通事业建设过程中,奋起直追甚至实现领跑,通过海南高速公路高质量、加速度的发展,为美好新海南、自由贸易试验区和自由贸易港的建设,提供强有力的基础设施的保障和支撑。

二、从慢到快的历程——环岛高速公路建设回顾

1998年5月28日,海南环岛高速公路八所至尖峰段宣布动工建设,这是环岛高速公

路东西对接实现环岛贯通的最后一项宏伟工程,该段工程1999年5月底建成通车,比海南省政府提出的在2000年前建成环岛高速公路提前一年半。

(一)环岛高速(东段)建设:踏平坎坷成大道

海南环岛高速公路是海南省"三纵四横"干线公路网中的主骨架,由起点海口至终点三亚的环岛高速公路东段和西段组成。环岛高速公路东段全长268km,其中主线长251km,北起琼山府城,经定安、琼海、万宁、陵水等市县,南抵三亚田独镇。

准确地说,海南环岛高速公路东段工程起始于1985年。当时的海南行政区有关部门为了加快建设海南高等级公路的步伐,制定了修建高等级公路的方案。交通部公路规划设计院对此方案进行了认真的可行性研究,提出按"一级公路选线,二级施工"的建设意见,概算投资2.88亿元。1987年6月,这项公路工程在南渡江第二大桥拉开建设序幕。

1987年12月,交通部决定将已开建的二级公路改为二级汽车专用道路,使工程标准又提高一级。1988年上半年,海南建省办全国最大的经济特区,一时间海南成为海内外关注的焦点,交通部再次决定把二级专用路改为全封闭高速公路。

几经周折,几经修改规划,海南提出了发展海南高速公路的战略计划:第一步,兴建东段高速公路;第二步,在2005年以前建立以高速公路为主的环岛公路。1989年国家计委正式批准立项建设海南环岛高速公路东段工程。按重丘区高速公路标准设计,全立交、全封闭。工程概算投资为10.5亿元,资金来源安排是,中央拨给1/3,利用日元贷款1/3,海南自筹1/3。

路通、运通、心通——欢欣鼓舞的通车庆典

但在东段工程的建设一派生机一片光明时,转眼间资金的后续不足成了决策者与管理者不可逾越的障碍。由于工程的总概算10.5亿元是在1983年物价水平上编制的,到

1992年下半年工程大规模动工,时间已过去近十年间,无论是材料、燃料设备还是劳动力的价格都已大幅度上升。迫于这种情况,先期动工的府城至黄竹段仅有65km长的工程,就花去了整整5年多的时间(1987年动工至1992年底竣工)。工程建设者们意识到,整个工程如果按照这样的速度,要完成黄竹至三亚段186km工程,还需要15年时间。

改革才是出路。正当工程进入"山重水复疑无路"的关键时刻,海南省委、省政府集思广益,审时度势,果断决策,实行基础设施建设的股份制改革,向社会集资修路。

1993年4月17日,由海南省公路管理局等单位发起,在对海南东段公路建设工程指挥部进行股份制规范化改组的基础上,海南高速公路股份有限公司成立了。从1993年5月份正式接受认购,缴纳股金,在短短的3个多月时间里,全国有600多家法人股东和数十万的个人股东踊跃入股,股金到位14.65亿元,一举解决了工程资金困难。

财通路通。从此,海南东段高速公路的建设如虎添翼,生机勃勃。业主公司加大工程资金的投入,一度沉寂了的工地又恢复了往日紧张而沸腾的场面,机器轰响起来了。于是,东段工程全速向前挺进。据统计,从1992年8月至1994年1月,在不到2年的时间里,完成了土建工程总量的61.3%和交通工程的一半,相当于公司创立前2年完成工程量的总和。1994年4月1黄竹至陵水129km竣工通车,再至同年12月,全线工程完成了除大茅隧道外的全部工程。

1995年12月27日,海南东段攻速公路(右幅)全线竣工通车。原乘车从海口至三亚需要7个小时左右,现在只需3个小时左右即可到达。人们在欢呼雀跃之时,从高速公路传来了汽车迎面相撞,交通事故频繁的消息。据当时有关部门统计,1996年1至8月间,发生交通事故183起,死亡48人,经济损失670万元。决策者们非常焦虑,他们感到,迫在眉睫的问题,是如何加速另半幅的道路建设。

1996年12月30日,东段高速公路扩建(左幅)工程海口至琼海段在全省人民的翘首以盼中开工,承建此工程的海南高速公路股份有限公司严把工程质量关,筑路者们快马加鞭,仅用13个月时间全线贯通。随着道路的竣工通车,海南省这条最耀眼的黄金路段从此增加了安全行车的保证。

(二)环岛高速公路西段建设:快马加鞭一路春风

环岛高速公路西段,它是一条由海南省"自己筹资、自己设计、自己施工、自己监理"的工程。该工程全长366km,设计速度100km/h,路基宽为24.5m,双向四车道,路面采用沥青混凝土结构,全立交、全封闭。

1995年初,交通部在海南召开了全国公路建设座谈会,当时高速公路的造价普遍都是2000万元/km左右,会议之后,海南省交通厅的有关人员经过组织技术人员的多次测算后认为,海口至洋浦高速公路工程的造价,控制在800万元/km以内是有把握的。他们把这一次论证结果向海南省政府有关领导汇报后,海南省政府马上召开了省长办公会议进行研究并形成相关文件:公路建设所需土地由沿线市县政府负责征用,海南省政府对市县给予3.75万元/公顷(2500元/亩)的土地补偿费包干使用和每公里1万元的征地工作费补助;沿线碰到的邮电、电缆、电力以及军用设施,一律采取"谁家的孩子谁家抱"的方法。

由于措施得力,环岛西段高速公路海口至洋浦段共征用土地513.667公顷(7705亩),仅支出0.26亿余元,比原初步设计概算征用土地拆迁等费用1.49亿元减少1.22亿元;碎石、沙子、水泥、钢材,由于实行地方砂石材料优惠政策和水泥、钢材采用业主统一采购,集中供应,使外购材料的实际采购价低于市场价,仅此项开支就比原来投资减少3亿多元。

海口至洋浦高速公路于1995年11月29日动工,全长92km,15个月后,这条平均造价731万元/km^{2}的高速公路竣工通车。

1997年10月7日,洋浦至八所段和九所至尖峰段107km、37km陆续开工,预计1998年底均可实现通车。

随后,西段高速公路传来捷报:1998年3月23日三亚至九所段通车。5月28日,八所至尖峰段宣布开工建设。一年后,海南环岛高速公路将由北向南,划上一个圆满句号。

三、撑托西部经济腾飞的生命之线

西部是海南经济版图中的一块待开发的充满神奇魅力的地方。随着西段高速公路的贯通,西部经济潜力得到充分释放,海南经济开发有望获得一个新的空间。

一般认为,海南的岛型经济格局是"东高西低"是指东部地区的社会经济发展水平较西部要高一些,在人才、技术、资金和信息方面,东部地区处在一个"高位"。西部地区的海洋油气和陆地矿产资源丰富,但由于交通闭塞等原因导致社会经济发展水平稍低。

从前,东西部货流人流来往时间长、成本高,海南西段高速公路贯通后实现东西一体化,东部的人才技术资金逐渐由高向低流往西部,而西部的资源类产品也可由西段高速公路方便快捷地流往西部,并且西部的资源类产品也可由西段高速公路方便快捷地流向东部。这样使得东部和西部市场形成了一个循环系统,各种生产要素以高速公路为主渠道实现最优配置,最终形成一个联系紧密、高效运转的全岛大市场。

洋浦开发区招商局一个负责人说过这么一件事:前些年国内一家大型海洋运输公司曾专门来考察洋浦的港口条件,计划在洋浦兴建一个辐射儋州及乐东、东方、昌江等地的瓜菜运销中心,组织瓜菜由洋浦运往省外市场。可惜该项目最后因西段没有高速公路而流产。这件事说明一个道理,西部地区虽然资源条件好,有洋浦开发区和儋州、东方、乐东等几个工业和农业大市县,但是,如果没有一根线把它们串起来,或者说是组织起来,最终还是一盘散沙,不能形成一个有力的"拳头"。

西段高速公路的开通改变了这种状况。因为有了这条畅通的"动脉",将西部各市县分散的小市场有机地联结在一起,产品、资源和信息相互流动。时任昌江黎族自治县副县长丑国辉说,昌江是一个明显的受惠者。比如昌江国投水泥厂,全年产量60万吨,加上叉河和农垦水泥厂,昌江水泥总产量可达100万吨,本县根本无法消化。西段高速公路开通后,昌江大量的水泥等建材产品将能以较低的运输成本拓展西部市场。

西部的油气和矿产等工业资源丰富,集中了海南省绝大部分化肥、制糖、建材等生产能力。原来的海榆西线公路由于路程远,行车时间长以及道路通行能力低,无法担当"工业走廊"之重担。西部农业则曾经长期被人遗忘,如今,以反季节瓜菜和热带经济作物种植为主的高效热带农业异军突起:东方的香蕉、昌江的芒果、乐东和儋州的反季节瓜菜,皆是叫得响的品牌,应该说,西部农业绿色长廊已不再是蓝图上的设想。西部有尖峰岭国家森林公园和国家级植物园——热农院校植物园以及东坡书院古迹等著名旅游景点,西段高速公路正如一条红线将粒粒明珠串起,形成海南又一条具有极高价值的黄金旅游线路。

工业、农业、旅游业三大经济走廊一旦形成,西段高速公路就是一条"黄金大道"。在"三驾马车"带动下,西部地区经济发展可望步入快车道。

面临西段高速公路通车带来的历史机遇,沿线市县都在积极筹划,加速发展地区经济。

借着西段通车的春风,洋浦加大了招商力度。洋浦管理局已调低了区内的水、电和土地的价格,进一步降低开发成本。

西部工业重镇东方市打出资源品牌,着重发展以油气资源为基础的化工工业,促进资源优势的就地转化,把资源优势变成经济优势。

热带高效农业则是乐东的主打产业。从九所出口路到尖峰岭出口路的30km长的高速公路两旁,该县正在建设一条辽阔的"绿色长廊",面积达8000公顷(12万亩),主要发展反季节瓜菜和香蕉等经济作物。儋州的6667公顷(10万亩)反季节瓜菜和昌江的6667公顷(10万亩)芒果种植基地都已建成。

旅游业方面,东方市正在加快八所出口业路"九龙广场"的建设速度,发展以树立"城市品牌"为主要内容的旅游服务业;儋州市计划投资300万元扩建历史名居东坡堂。

应该说,西段高速公路的贯通,给沿线各市县带来机遇的同时,也带来了挑战。

谋划西部经济版图,沿线市县应该注意三大问题:

其一,要突出资源优势,坚持"有所为有所不为"的原则,依据科学的市场调查制定规划。比如发展西部旅游。几个市县都在考虑问题上旅游项目,但是大家一起上,各自的市场定位在哪里?是休闲还是观光,市场前景如何?在这方面的调查工作明显不够,个别地方甚至仅仅凭感觉行事,没有认真作定量的分析研究。

专家认为,西部地区的总体优势在于资源,但各市县分布不一样,市县在确定发展目标时,有必要突出自身优势,挖掘有市场前景的优势资源。

其二,切忌"各敲各的鼓,各吹各的号,各唱各的调",要有整体意识,统一规划西部经济带,勿蹈重复建设之覆辙。西部建材工业生产能力较大,岛内市场却已经过剩,岛外空间也不大,各市县在规划时必须有明确的市场意识,目前一些市县的新项目应暂缓发展。而西部的高效农业,岛外市场空间巨大,但各市县之间的信息交换和经济系亟待加强。可否联手谋划,大力发展结构均衡、效益好的西部"绿色长廊"。

其三,从经济角度出发,合理调整西部经济版图中国有和非公有经济的比例,有意识引导民间投资进入西部地区。

乐东现在的县城距离高速公路40多公里,已经不能胜任经济发展火车头的重任。县里计划在九所出口路旁发展一个城镇新区,规划最终规模为$6km^2$,除了基础项目由政府投入外,将主要依赖民间投资。小城镇将逐渐发展成为乐东乃至西部地区新的经济中心,逐渐牵引农业开发商往西段"绿色长廊"聚集,发展规模经营。

总之,加强调查研究,依据市场规律办事。只要紧紧抓住这一条,相信西段高速公路贯通后带来的机遇将会大于挑战,沿线市县都将成为受益者。

四、高速公路使海南西部充满生机

到1997年11月25日,经过公路建设者的艰苦奋斗,海南环岛高速公路西段海口至洋浦段,于1997年3月建成通车;九所至三亚段也正加紧建设,1998年初竣工;洋浦至八所段也开始了大规模的施工建设。环岛西段高速公路的建设,促进了西部工业走廊的形成、发展,带动了西部地区全方位、多层次的开放和开发。

西段高速公路穿越的澄迈、临高、儋州、昌江、东方等工业比较集中的市县,已被规划为海南西部工业走廊。

海南现代化的大工业也正随着西段高速公路的延伸,在西部起步发展。油气化工是西部工业走廊的重头戏,总投资2.5亿元,年产30万吨尿素的海南天然气化肥厂一期工程已在东方八所工业区建成投产。总投资28亿元、年生产合成氨45万吨和尿素80万吨的海天化二期工程,计划1998年开工建设,2000年前建成投产。

五、万点落花海文路,载将春色到侨乡

1999年1月15日,全国"水泥混凝土路面滑模施工技术推广"项目现场验收会议在海文高速公路上举行,来自全国的公路建设专家、学者,在听取汇报,实地察看海文高速公路施工过程后,连声说,想不到海南的路修得这么好。时任交通部部长黄镇东在视察海文高速路时称:海文高速公路工程质量好、造价低,仅为1100万元/km,这个造价在其他省

市县是根本办不到的。为确保该路顺利施工,交通部决定将此路列为交通部的重点工程。

(一)质量是永恒的主题

文昌是海南省著名的侨乡,也是海南省有名的旅游城市。以前,文昌却因公路交通的不便利,使地方经济的发展受到一定的制约。文昌每年有20多万斤冬季瓜菜、3000多万只文昌鸡、2000公顷(3万亩)淡水和海水养殖产品、大量的胡椒、菠萝等热带经济作物产品要通过公路运输,丰富的石英砂、锆老土矿产资源也因交通的影响得不到有效的开发。

建设海文高速路一直是50多万文昌人民和移居海外120多万侨胞心中多年的夙愿。海文高速公路建设问题已成为当年"两会"的热点议题。为此,海南省委、省政府对该路的建设给了高度重视。

海文高速公路是海南省高速公路网络的重要组成部分,也是海南东北部地区重要交通枢纽,是海南省"九五"期间重点建设项目。该公路于1994年至1997年曾三次开工,后因种种原因三次停建,一停就是几年。2000年该路段复工,受到社会各界的广泛关注,也牵动着各阶层人士的心。

海文高速公路起点位于琼山市桂林洋(桩号为K7+999.6),终止于文昌市坑尾村(桩号为K59+665);全长51.665km,路基宽度24.5m,按重丘区四车道高速公路标准设计,全立交、全封闭,设计速度100km/h;桥涵设计荷载标准:汽—超20级,挂车—120;桥面净宽:2m×10.75m。

海文高速公路的复工,倾注了海南省交通厅领导的大量心血。时任厅长李执勇每次到海文高速公路视察时,都对各标段项目经理反复强调,要把质量视为工程的第一生命,各个施工环节都要把好关,不能有半点马虎。2000年12月28日,李执勇厅长到海文路上视察时,再次强调了公路的质量,他要求海文高速公路工程建设指挥部对工程质量做好监督,同时印发"简报",实行舆论监督,对工程质量双管齐下。时任副厅长陈邦基也多次到海文路上视察,他要求施工单位要把质量放在首要位置,质量要压倒一切。

海文高速公路复工伊始,工程建设指挥部根据海南省委、省政府领导的指示精神,向全体筑路员工提出了创建"优质精品"工程的要求。并定时召开生产例会,进行全员质量意识教育,不断强化全体建设者的质量意识、精品意识、市场竞争意识,引导施工和管理人员牢固树立"质量就是信誉"和"搞不好工程质量是犯罪"的观念,增强紧迫感、责任感和危机感,使广大建设者深刻认识到:只有把工程质量搞好了才能在市场的竞争中站稳脚跟,企业才会有出路;否则,质量搞不好,就是"犯罪",就是自己砸自己的"饭碗"。由于坚持不懈地抓全员质量意识教育,广大建设者的质量意识明显提高,全线形成了时时处处讲质量、人人抓质量、环环保质量的良好局面。

(1)严格招标程序,择优挑选施工队伍。为把工程质量建设落到实处,工程指挥部严格实行四项制度,即项目法人制、合同管理制、招投标制、工程监理制;严格执行招投标法,选择一流的建设队伍。

资格预审是招标工程中的一个重要环节。海文高速路工程招标文件中明确投标申请人必须具备公路工程二级以上的资质,同时应具有高等级公路的建设经验和足够的设备、技术、财务能力,其中企业的信誉和业绩及实际具体的施工能力尤为重要。经过严格审查,一期工程在62家投标申请人中,只有24家通过了资格预审;二期工程在18家投标申请人中,只有12家通过了资格预审;交通工程共有16家企业报名,全部通过了资格预审;绿化工程有4家企业报名,3家通过了资格预审。

通过招标,海文高速公路一期工程6个施工合同段分别由海南佳景路桥工程公司、中铁十七局、海南公路建设二公司、海南省三亚建筑总公司、海南省公路建设一公司、海南省公路建设工程公司中标承建;二期工程4个施工合同段分别由海南公路建设三公司、湖南外建、茂名建总、二十三冶中标承建;路面工程2个合同段分别由三亚建筑总公司及茂名建总中标承建;交通工程4个合同段分别由海南省公路局机械修理厂(B、D两个标)、北京中咨华科交通工程技术有限公司、北京深化科交通工程有限公司中标承建;绿化工程由济南园林公司中标承建。

领导重视,管理到位,是工程进度和质量保证的前提条件。为达到"修建一条目前海南最好的高速公路"的目标,海南省交通厅把海文高速公路列为2000年第1号交通工程。交通厅党组把落实质量目标作为党组工作的议事日程抓紧抓好。时任厅长李执勇更是心系公路,多次到海文高速公路建设工地现场办公,拍板解决实际困难。时任指挥长罗先熙更是一天都不敢离开工地,他说自己必须守在工地上。这位年轻时就已在部队重点工程处摸爬滚打的老指挥长,其工作态度严谨,作风踏实,使各工作人员备受鼓舞;他检查工作一丝不苟的认真劲,对工程质量近乎苛求的作风,更让人敬佩有加。领导的重视和关心,极大地激发了广大建设者的积极性,为创建优质精品工程奠定了基础。

(2)抓工程质量,关键是抓好工序质量。海文高速公路刚开工,指挥部就制定各种操作规程、管理细则,并提出详细的质量验收标准,使施工单位操作起来有章可循,指挥部管理起来有据可依。在施工过程中,对施工内容进行检查监督,发现问题及时解决,将管理质量结果变成施工中的质量管理,把单纯事后检验的质量管理方式转变为既检验又预防的质量管理方式,进而转变为控制和提高的全面质量管理方式,将质量事故消灭在萌芽状态。

如在土方施工中,工程建设指挥部根据海南省内高速公路土基施工的成功经验,以文件的形式明确要求路基施工必须做到如下几点:①机械配套,每个工作面必须配有平地机和14t以上的大吨位压路机;②填土松铺厚度不能大于30mm,整平后碾压直到满足实度要求为止;③台北镇土,所用填料必须符合规定要求的合格砾料,填土松铺厚度不得大于

15mm,压路机碾压不到之处,采用振动打夯机分层夯实,每层压实度必须达到95%后才能填筑站一层。由于要求明确,各施工队好掌握,驻地监理好监控,土基密实度得到了很好的控制。在土基中间交工验收中,各项指标均达到了优良等级的标准。又如一期工程的第六合同段在K54+190天桥1号柱墩施工中,尽管混凝土强度等多项指标均能满足设计要求,但因采用了不合格钢模板,产品外观不能满足指挥部提出的"精品"要求。罗先熙指挥长对此非常重视,态度非常明确,及时组织全线有关人员召开现场会,指出其存在的不足,分析其原因,并决定炸毁重建,直到满足要求为止。为防止出现工程前紧后松的问题,指挥部加强工期管理,多次召开全体人员动员大会,要求大家从讲政治的高度,认识建设这条路的重要性。它不仅是致富观光路,还是爱民路、形象路。在施工过程中,不允许有半点疏忽。全力地推动工程抓优创精工作。

(3)建立和健全质量保证体系,是抓好工程质量必备条件。业主、设计、施工、监理是公路建设的四个系统,每个系统内部都有一级对一级负责的质量责任制,四个系统横向既有独立的质量责任制,也有相互制约、监督的质量责任。企业自检是质量保证体系的基础。因此,建设工程部根据工程的实际情况,明确要求各标段在坚持项目经理是第一责任人的前提下,建立由总工程师领导、副总工程师负责、基层技术负责人把关的三级保障体系和以总工程师为首、总工程师办公室牵头的试验室、质检组和测量组三位一体的施工技术质量保障体系,认真贯彻自检和专职检查相结合的方法以及自检和交接检制度,发现问题及时处理,保证不留质量隐患。同时,还成立了由指挥部领导和工程技术人员、总临办以及各施工单位项目经理和技术负责人组成的工程质量领导小组,对工程质量、工期、投资进行控制,对工程质量从横、纵向进行控制。

罗先熙指挥长认为,优质工程是靠干出来的,是靠监理抓出来的。如今这个质量监理理念已在海文高速公路工地上深入人心。海文路一复工,指挥部就把监理工作和管理工作作为保证工程质量的重要环节来抓,通过办技术培训班,提高监理人员的水平和素质。同时,向每个标段派出监理组,按规定配齐监理人员,形成符合市场要求的"小管理,大监理"质量管理体系,还给监理授权,让监理挑重担。指挥部在每个阶段都结合工程实际情况,召开监理工作会议,对监理工作进行统一安排,要求监理抓好自身的建设,并把监理工作与施工单位的成绩挂钩,严格奖惩兑现。这种把监理单位与施工单位"捆在一起"的做法,从根本上改变了施工、监理在质量问题上各自为政的格面。

(二)科技创新为公路建设注入活力

科技含量高,是交通部对海南公路建设的评价,海文高速公路建设更是如此,科技创新在海文高速公路上已成为建设者"抓优创精"工作的法宝。海文高速公路施工分第一期、第二期工程施工,一期工程自K23+800～K59+665,共35.86km,分6个施工标段进行施工;二期工程自 K7+999.6~K23+800,共 15.8km,分 4 个施工标段施工。从复工至今,由于通过实施指挥部统一管理,多方质监部门层层严格把关,施工单位强化施工管理等手段,很好地控制了工程质量,各分段工程的中间验收均达到优良标准。

当问及海文高速路将如何实现"精品工程"这一目标时,指挥长罗先熙胸有成竹地说,质量的保障来自施工工艺及管理的创新,而科技又是创新的保障。

海文高速公路施工过程中,施工单位除了引进许多先进设备、高级人才外,还实施了许多高科技含量的工艺。在海南,由于气温高、暴雨强度大,过去采用沥青混凝土路面和以固定模板修筑的水泥混凝土路面已不适应高等级公路建设发展的要求。在海文线上,施工队伍大胆采用了在大型滑模摊铺机一次性摊铺成型施工技术,并取得较好效果,各项指标均达到优等级要求,得到了质量监督部门的认可。

说起这一施工技术,指挥长罗先熙颇为满意。他说,这种技术虽然在海南省尚处于试行阶段,然而它在施工过程中却有着需要人工少、施工速度快、工程质量高,各项质量指标均能够满足严格的高速公路控制标准等诸多优点。在 2000 年 8 月完成的洋浦经济开发区出口路,其 25.8km 水泥混凝土路面摊铺就是采用这一技术进行施工的,其半幅 10.5m 路面一次性摊铺成型,在竣工验收中,其平整度、厚度、强度等各项指标均达到了交通部现行的优良等级标准,被验收委员会评为优良工程。

高素质的施工队伍,建造了高质量的公路

罗先熙说,最为可喜的是,海南省在西段高速公路三亚市进出口城市主干道、九所、八所、洋浦、昌江出口路等一级公路、陵保线、通三线等二级公路建设施工上,都采用了宽幅水泥混凝土路面滑模摊铺技术,经质量监督部门检测,各项指标均达到优良标准。海文高速公路水泥混凝土路面,采用了德国产的 Writgen SP-1600 及美国产的 CMI SF-6004 两台大型滑模摊铺机,半幅 10.5m 路面一次性摊铺成型,其平整度均有效控制在 1mm 以内,各项指标均达优良等级。罗先熙说,该项技术在海南省成功运用,已在全国公路系统中产生良好影响。

据业内专家介绍,采用水泥混凝土路面滑模技术,具有使用年限长、造价低、后期养护费用低等优点,其使用年限为20年至30年。海南省水泥不需进口,且质量较高,造价较低,可充分利用,对海南而言,广泛采用水泥混凝土路面滑模技术,不仅降低费用,还可救活一批水泥企业,对拉动内需和解决就业问题都具有特殊意义。

(三)建设生态观光路

为了满足可持续发展的需要,保护环境、提高公路绿化率、防止水土流失、建设生态省,海文高速公路在建设过程中,也非常重视公路绿化工作。根据工期安排,施工中抓好上下边坡绿化。其次,根据生态学、美学理论、园林设计及环保要求,结合路线周围自然环境,注重环境保护,合理种植花草和富有特点的树木,讲究景色变化。边坡上下左右,讲究区段的节奏感、韵律感,结合当地的山、水、风土人情,营造自然朴实、富于变化的景观,使公路景观和周围环境融为一体,更加和谐,给人以美的享受。为了达到这样的效果,建设时采取边施工、边绿化美化同步进行的做法。刚开挖出的山体斜坡有不少已种上草皮。2002年全线通车后,旅客一进入海文线,映入眼帘的将是一种典型的亚热带风光,山、水、花、草近景与远景交汇融合,届时沿路两旁椰树风光旖旎的美景,将让人从心里感受自然的美,不由得遐想、陶醉。

六、建高速公路,筑金光大道——来自海口至洋浦高速公路建设指挥部的报道

1995年11月29日,海南省四套班子领导全部参加了海口至洋浦高速公路开工盛典,时任海南省委书记、省长阮崇武宣布全线开工,并要求海口至洋浦高速公路要高标准严要求,保质保量,要搞得好一点,漂亮一些,建成海南的样板路。

(一)调兵遣将开战忙

海南省交通厅成立了指挥部,由时任厅长陈求熙亲自担任指挥长,时任副厅长侯德生担任副指挥长,并从海南省交通厅抽调5人,东段高速公路抽调3人,海南省公路管理局抽调1人常驻指挥部及各标段,加强领导力量。成立了总监办,各标段成立监理组,加强质量控制,指挥部设计室,常驻设计代表及时解决施工与设计的矛盾。本着"节约资金,加快进度,锻炼队伍"的思想,该路从设计到施工及监理均由本省队伍承担。在海南省委、省政府命令下达之后,担负设计任务的海南省公路勘察设计院日夜加班赶出施工图纸,保证了施工的顺利开展。海南省交通工程监理公司承担监理任务,抽调或聘请高级工程师、工程师、技术人员近80人,组成了强大的监理队伍,对该路的建设进行了有效的控

制,使工程按时、按量、按质完成有保证。

全路段共分6个标段,分别由海南省公路一、二、三工程公司、铁二公司、海南省公路工程公司、海南军企工程处负责施工。各施工单位拥有一个共同目标:就是把海口至洋浦高速公路建成海南的样板路。在很短的时间内各施工单位组织了施工机械设备近2000台,人员4000多人,进入施工场地,使工程一开始就掀起了施工的热潮。施工路段全长78.724km,设计标准为双向四车道,路基顶宽24.5m,设计速度100km/h,路段起于澄迈,横贯临高至儋州,接老城、金牌、洋浦等开发区,对加快以港口为依托的经济开发带动西部工业带有着重大的意义。

沿线的澄迈、临高、儋州三县市给予了大量的关心和支持,三个县市成立了协调领导小组,由主管交通副县长担任组长,抽调国土、交通、电力、公安、水利等部门领导组成,工作效益高,公路建设得到全路段人民的拥护,征地拆迁工作在很短时间内全部完成,治安、水利、电力、交通运输等方面也得到了较好的配合,没有出现长时间阻拦影响施工现象。截至1996年4月22日,已完成土石方路基工程量847万 m^3,占88.5%,涵洞175座,完成100%,桥梁、通道、天桥等已开工55%,平均完成30%以上。在短短的时间内取得巨大进展,这在海南公路建设史上是少有的。

(二)你追我赶争奉献

由于该路工程规模大,投资少,工期短,质量要求高,工程难度大。为了顺利地完成该路建设,指挥部不定期召开生产工作会、质量控制会、现场会、动员会,并组织各标段交流经验、参观学习。如三标的路、四标的桥较好,指挥部就组织了多次现场会,让各标段前往观摩学习。总监办还先后举办了试验室、测量和计量三个学习班,交流经验,提高管理水平,为了达到高等级公路建设的要求,对工程进度、质量、计量进行及时有效的控制。

该段工程难度是土质复杂,有不适于高速公路填筑的高液限黏土,而膨胀土及粉砂土约占全段长度的一半以上。为了节约投资,建设通过科学试验充分挖潜,分别进行了膨胀土和粉砂土筑路基的试验路段,并先后派人去广西、山东学习外省经验,请来长沙交通学院、筑本固化剂公司等有经验的专家、教授到工地参加试验,进行系统测试和评价。到1999年6月,推广了粉砂土与黏土分层碾压路基的经验,对膨胀土的处治已研究了整治方案,并已付诸实施,这在海南省公路建设史上是一个创举。在质量控制方面,监理人员工作认真、负责,坚持原则,不畏艰苦,每在关键部位施工时,都坚持到现场检查,及时发现问题及时解决。每个施工工序完成都必须经验收合格方能进入下一工序施工,较好地把好质量关。通过路基验收的三标、四标局部路段弯沉值达到1.2~1.7mm小于设计允许值2mm,土基固弹模量平均41.7MPa,比设计要求为高。

由于加强了监理工作,全路段施工质量都很好,达到了国内高等级公路施工的平均水平。现在,第一阶段施工任务基本完成,他们又开始向新的目标奋进……

七、琼州大地上的丰碑

从1989年在府城立交桥铲出第一铲土开始,到环岛高速公路全线通车,海南省委、省政府几届班子和数以万计的建设者,付出了11年的艰辛劳苦。环岛高速公路,是筑路工人用壮丽的青春和热血,在琼州大地上刻下的一座丰碑!

（一）抓住机遇大干快上

新一届海南省领导班子早已把海南岛西部的开发列入议事日程,但洋浦至九所的公路交通仍然是"瓶颈"。建设环岛高速公路是在全省"九五"计划和2010年远景规划的重点建设项目,海南省委、省政府要求在保证质量的前提下,尽快实现全线通车,并把通车时间由2001年提前到1999年国庆前。

西段高速公路洋浦至九所段长193.2km,需要投入数十亿元资金建设。海南省委、省政府近两年抓住国家加快基础设施建设以扩大内需的有利时机,多渠道筹集建设资金。省领导带领省有关部门负责人走访国家有关部委和金融单位,从农业银行贷款15.1亿元,争取到国家交通部资金支持,以及国家财政预算内专项资金和银行贷款,解决了资金难题。

全省上下都关注高速公路建设这件大事。在2004年的海南省人大会议上,人大代表提交了关于提高公路建设质量的提案;海南省政府制定了搞好公路建设质量的措施。早在2001年以前,时任海南省委书记杜青林曾多次叮嘱海南省交通厅负责人,高速公路建设要对得起老百姓。今年大年初一上午,杜青林专程来到西段高速公路工地,慰问正在紧张地摊铺沥青路面的工人。他一再强调说,公路建设,质量第一!要每道工序严格把关,要建设高质量的高速公路,树立一座丰碑,为海南人民造福!

海南环岛高速公路,是一条壮丽的"青春与热血"之路

时任海南省委副书记、省长的汪啸风同志曾经多次到工地察看,一再强调:"一定要提高高速公路的平整度。"2004年2月7日,他刚开完当年的"两会"就马上到现场检查公路质量。他不看速度专查质量,并郑重宣布:谁搞"豆腐渣"工程,就端掉谁的"饭碗"。"今年要对几个工程质量差的施工单位进行制裁,3年内禁止其进入海南公路建设市场。"

(二)整顿劣质工程不手软

因为缺乏资金,海南省高速公路造价偏低。钱少,又要建设好高质量的路,这就对业主和施工单位提出了更高的要求。

2003年4月30日,海南省交通运输厅派员上工地检查,在182km处,发现水泥稳定层少了6cm至8cm。继而,又发现断断续续共长2km的水泥稳定层,比设计的28cm减少4cm左右,用土代替了水泥砂石混凝土,以减少成本。近20万m^3的路基护坡工程不合格。造成质量问题的原因是:施工单位偷工减料;施工单位质量意识差;监理人员监管不严。

质量不合格的工程是"犯罪工程"!时任海南省交通运输厅厅长李执勇责令:"全线停工整顿!不合格的全部返工。"然而,施工单位却迟迟不动工整改。有的说,造价那么低,铺到24cm就了不起了;有的说,才薄了几厘米,对质量影响不大;有的在观望,海南省交通厅不会动真格的吧?但海南省交通运输厅坚持要砸掉造价200多万元的水泥稳定层。双方各不相让,停工僵持一个多月。

海南佳景路桥工程公司率先返工,砸掉三百多米不合格的水泥稳定层,损失30万元。公司负责人说:"我们要干优质工程,不想当罪人!"佳景公司承建的119km路段是低洼地,路基高17m,海水倒灌。设计护坡是网格的,网格中间是土和草皮,海水一泡全坏。但他们主动返工,把2km的护坡重铺石块,并浇2层水泥砂浆以防水,赔了100多万元。海南省交通厅在工地召开了现场会,奖励佳景公司10万元。8月中旬,施工单位纷纷动手砸掉不合格水泥稳定层,9月初完成了整改。

2003年10月份,海南省交通厅和指挥部又开始全面整改不合格的护坡工程。但有的施工单位口头答应实际上不动;有的在不合格的护坡上抹一层砂浆,遮人眼目。11月份,指挥部和总监办组织监理人员徒步12天,检查每一寸护坡,发现不合格的护坡基本上没有整改。

2004年2月24日,海南省交通厅、指挥部召开整改护坡动员会。时任海南省交通厅李执勇厅长说:"国家明令施工单位法人对工程质量负终身责任。现在公路没通车,发现质量问题整改还来得及;通车后,就不是整改问题了,出质量问题的法人就要被追究刑事责任!"随即,全线护坡整改轰轰烈烈展开。护坡整改虽增加投资几百万元,但保住了一条合格的高质量高速公路。

(三)奉献出一片赤诚

在整个环岛高速公路中,西段洋浦至九所段工程质量最好。2007年9月9日至15日,海南省政府有关部门负责人和特邀专家组成验收委员会,对洋浦至九所段工程进行了初步验收,鉴定为合格工程,其中八所至尖峰段为优良工程。为了这一结论,建设者、监理人员奉献出了一片赤诚。

谁都知道,搞工程容易赚钱。但在洋浦至九所段工地,赚钱却很难。各施工单位都不同程度地面临低造价和高质量的矛盾。但他们把全省利益摆在首位,牺牲了部分小集体和个人利益。海南省公路一公司负责五标段的施工,设计的开挖石方量为13万m^3。然而在施工时,发现这一标段的地质全部为白色坚硬的岩石,石方总量达到了48万m^3,将增加700多万元负担。公司负责人说:"建设高速公路是一项整治任务,是为民造福的千秋大业,赚不了钱、哪怕亏损也要保质保量完成施工任务!"他们不等不靠,自筹资金,日夜奋战,按期按质完成了路基施工。

昌化江特大桥是洋浦至九所段的"卡脖子"工程。设计部门设计用围堰抽水开挖建桥墩基础。但海南省公路三公司项目经理和技术人员勘查发现,8号至15号桥墩所在地的沙层有五六米厚,渗水量大,围堰抽水开挖方式行不通,且影响施工质量。倘若变更设计,能保证施工质量,但会加大工程量,拖延工期,等于给自己找麻烦。项目经理权衡后说:"宁愿给自己找麻烦,也要建设高质量的路。"他们毅然建议设计部门变更设计,改为打桩。并合理组织施工,抢回了拖延的工期。近日质检部门检测了该大桥桥墩基础后,评定为一类桥墩。

监理是工程质量的第一责任人,即使生命受到威胁,监理人员也坚持要求不合格的工程返工。2003年12月中旬,现场监理发现13标段路基施工不合格,一再坚持要求返工。但包工头不愿返工,还打伤了坚持返工的监理。有人多次打电话威胁监理组长说:"你再要我们返工,就红刀子进白刀子出。"监理毫不退让,最终让不合格的路基全部返工。

冬春季节是海南施工的黄金时节,许多工程技术人员和工人舍小家顾大家,放弃了节假日和家人团聚的机会,加班加点苦干。2004年1月8日,保利集团第三工程处接手了6km严重拖延工期的路基工程。为了抢工期,大年三十和年初一都没休息,从内地来海南的170名工人吃住在工地,使这6km路基不仅如期完工,而且被评为优良工程。

机械化科学施工高速公路质量标准高,科技含量高。铺筑一流的标准高速公路,必须有一流的技术设备作基础。海南省公路一公司路面施工处为了提高路面的平整度,当年4月从德国进口了最新型的沥青摊铺机。初步验收时,该公司摊铺的50km路面,累积颠簸系数为0.6至0.8,平整度大大高于国家标准。

初步验收委员会有个评价:"洋浦至九所段路面平整,行车平稳,特别是路桥衔接处衔接良好,无跳车现象。"得到这个评价,海南高速公路建设者奋斗了10年。路桥衔接处高低不平,车经过时往往猛跳一下,直接影响安全行车。这也是全国公路存在的质量通病。时海南省长汪啸风以前曾多次要求施工单位解决这一难题,但有人回答说无法解决。

西段指挥部负责人不信邪,组织科技人员进行攻关。他们发现桥头搭板下面填土不实,容易出现空洞、下沉、弯曲,以往的做法是用水灌沙,但效果不好。他们从建隧道的压浆原理得到启发,请来地质专家反复试验,调试出比例较佳的砂浆,用压浆机把砂浆压进桥头搭板下面的空隙,解决了这一难题。今年初时任交通部部长黄镇东在珠碧江大桥现场察看了压浆施工,给予了高度评价,认为是全国首创。公路桥伸缩缝处理是海南省长久解决不了的难题,以往是在高速公路桥伸缩缝里铺设橡胶板,寿命很短,二三年后就会老化脱落,出现跳车震动现象。2004年在洋浦至九所段施工中,指挥部大胆改用毛勒缝,用特殊型钢固定在缝的两端,缝中间再安装橡胶条,使用寿命可延长到10年。环岛高速公路像一条不见首尾的骊龙,起伏于海南岛的丘丛林之间。

这是建设者昨天用心血铸造就的辉煌,更是海南明天经济腾飞的翅膀!

八、卅载携手同发展　深化共赢谱新篇——中咨集团参与海南高速公路建设纪实

(一)应用交通大数据优势,服务海南公路建设事业

中国公路工程咨询集团有限公司(简称中咨集团),是国务院国资委管理的世界500强大型中央企业中国交通建设股份有限公司(简称中国交建)的全资子公司,作为工程建设领域一家技术领先、实力雄厚的一流综合性服务提供商,具备规划咨询、勘察设计、项目管理承包等全过程咨询能力和工程总承包、养护检测、投融资等覆盖公路建设全行业的综合服务能力,并且在交通大数据应用技术和传统产业相结合、信息化建设方向具有独特优势。

在海南建省30年以来的公路建设发展历程中,中咨集团自1993年参建海南东线高速以来,作为海南交通建设的深度参与者,始终干在实处,走在前列,秉承合作双赢、诚信服务的态度,充分发挥自身技术及管理优势,在海南公路建设的前期工作、项目管理实施以及项目模式探索创新等各个环节,均发挥了突出作用,为行业主管部门提供了优质服务,也为海南交通建设作出了重要贡献。

特别是近15年以来,随着海南高速公路建设的加速,中咨集团凭借着自身优势以及一直以来良好的口碑,继续积极参与到海南高速公路建设热潮中,先后参与了6条高速公路项目建设,累计里程达500km,为中咨集团与海南交通建设事业的建设,谱写了新篇章。近些年中咨集团参与的海南高速公路建设项目有:

(1)海口绕城高速公路:长35km,承担勘察设计、改扩建工程总承包,已完工;

（2）万宁至儋州至洋浦高速公路（G9813）：长165km，承担可行性研究及其中53km勘察设计，目前在建；

（3）中线高速（G9811）屯昌至琼中段：长46km，承担勘察设计、投资和工程总承包，已完工；

（4）海口至文昌高速公路（G9812）改建工程：长59km，承担交安、机电工程施工，已完工；

（5）环岛高速公路（G98）九所至八所段改建工程：长103km，承担项目代建，已完工；

（6）琼中至乐东高速公路（G9811，琼中至五指山段）：长77km，承担项目代建及监理（一体化管理模式），目前在建。

此外，中咨集团还承担了海南全省高速公路机电设施运行维护服务、环岛高速公路（G98）东段大茅隧道安保工程等项目。

（二）中流砥柱：参与海南高速重点项目建设

在海南高速公路建设过程中，中咨集团参与多个重点项目建设任务，在其中更是发挥了中流砥柱不可或缺的作用。

（1）环岛高速公路（G98）九所至八所段改建工程。项目总投资13亿元，采取代建模式实施，由中咨集团负责代建管理，自2013年12月开工，2015年2月10日正式通车运营。中咨集团在管理实施过程中，积极落实"阶段现场核查"，建立"预变更台账""采用动态设计变更""工程首件制""管理回头看"等管理手段，充分发挥专业化管理团队的优势。应用"BIM"技术，开发"可视化信息管理平台"，实现了项目管理信息化。建设过程中，结合工程特点，因地制宜、大胆创新，稳妥有效地采用新材料、新工艺，在公路建设节能减排、可持续发展领域做出了突出贡献。在有限的时间内，圆满完成了建设任务，工程在质量、进度、安全、投资等方面均得到良好的控制。

本项目完成后，有效改善了海南西部地区居民的出行条件，提高海南"田字形"高速公路骨架网络的运行质量，同时也改善了区域投资环境，促进了沿线旅游开发。

（2）中线高速公路（G9811）屯昌至琼中段项目。本项目是海南省首个采取"投资+工程总承包"模式进行建设的高速公路项目，总投资34亿元，中咨集团作为投资及承建方，负责项目的投融资和建设工作。项目2012年5月30日开工，2015年5月30日顺利按期完工通车。项目竣工质量鉴定等级为优良。

项目实施过程中，中咨集团严格落实交通运输部、海南省交通运输厅的相关要求，大力推行标准化施工，投入资金开展标准化场站、标准化项目部等建设，并按标准化要求进行各项施工，为工程施工质量、进度及安全提供了有力保障，获得上级单位的一致好评，海南省交通运输厅等上级部门曾多次组织对本项目标准化施工进行参观，本项目也成为海南省公路工程施工标准化的示范工程,更是海南省交通运输厅等上级部门的标准化施工参观基地。本项目的顺利实施完成,带动和提高了海南省公路建设施工水平,推动了海南"田字形"高速公路主骨架网的加快构成,促进了海南中部地区的社会经济发展。

中咨集团的一系列先进施工、管理经验,被作为典型向其他项目、兄弟施工单位予以提倡和推荐。

（3）琼中至乐东高速公路（G9811,琼中至五指山段）项目。本项目穿越海南中部山岭及丘陵地区,沿线地形、地质条件较复杂,桥梁等结构物众多（全线共有桥梁113座、隧道4座）,项目实施具有较大难度,是迄今为止海南单条投资规模最大、建设里程最长、施工难度最高的高速公路项目,项目总投资65亿元。本项目作为海南"田字形"高速公路主骨架网的重要组成部分,项目的建设对于改善区域交通条件、促进地区经济发展具有十分重要的意义。

本项目作为海南省公路建设代建制改革试点项目,首次采用"代建、监理一体化"的模式进行建设管理,中咨集团负责项目"代建、监理一体化"管理工作。改革模式的核心目标是以代建、监理职能交叉重叠等问题为导向,通过整合项目管理机构、理顺工作流程、优化职能分工、严格目标考核机制,发挥集约式管理的优势,提高项目管理水平。

中咨集团建设的海南中线高速公路屯昌至琼中段完工路貌

项目自2016年3月1日正式开工以来,代建团队严格履约、科学谋划,带领参建单位攻坚克难,积极响应及落实上级要求,工程建设持续快速、顺利推进,且工程质量、安全良好可控,生态环保措施落实到位。同时,项目新管理模式运行顺利,管理成效凸显,在行业内反响良好,有力推动了海南省公路建设代建制改革的深入落实,项目管理被视为海南省内公路项目建设管理的标杆。一体化模式的实施情况,通过在行业内的广泛交流与宣传,促进了行业管理理念的提升以及新管理模式的推广,也为海南省公路项目建设管理提升了形象,增添了荣誉。本项目作为海南"田字形"高速公路主骨架网的重要组成部分,项目的建成对于改善区域交通条件、促进地区经济发展具有十分重要的意义。

(三)铸造"中咨文化"品牌

中咨集团在海南高速公路建设中所取得的成绩,其背后,离不开中咨企业文化的支撑与推动:

(1)格局中咨。中咨集团始终坚持自我突破,放远眼界,对内凝心聚力,对外与地方政府、合作单位进行多方位、多维度合作。在海南各个项目实施期间,积极践行企业社会责任,参与地方扶贫工作,帮扶沿线困难群众,与沿线群众建立了和谐关系,也为项目建设营造了良好外部环境。如琼乐高速公路项目实施期间,项目部就先后组织了3次扶贫行动以及12次慰问帮扶活动,充分展示了中咨集团的企业担当。

同时,积极落实环保及生态发展理念,从设计到施工,全过程都运用了完善的环保与生态恢复理念,努力打造"车在画中行,人在景中游"的景观高速公路就是对美丽海南最好的交通诠释。

(2)品质中咨。中咨集团始终坚持质量为先、安全至上的理念,培育和弘扬精益求精的工匠精神。在项目实施过程中,通过落实精细化管理等"五化"管理理念、加强质量管控体系、推行施工班组规范化管理、积极开展关键技术课题研究等措施来保证和提高工程质量水平,打造品质工程。

同时,坚持"以人为本"的观念,通过加强安全技术管理与安全教育培训、"平安工地"建设、推行安全标准化等措施,形成良好的安全文化氛围。

(3)诚信中咨。中咨集团始终把诚信作为公司核心价值观及道德规范。通过规范化管理和合规经营,对内增强企业凝聚力,充分调动员工积极性、主动性和创造性,对外赢得客户尊重和市场认同。

在海南高速公路建设的历程中,每一个参与建设的中咨人都抱着守信履约的态度和"一刻也不耽误、一刻也不懈怠"的精神,上下一心,迎难而上,全力以赴严格按业主要求来实施好项目。一个个项目的优质完成,就是中咨人向海南人民提交的诚信答卷。

(4)效益中咨。中咨集团始终高度重视内部管控,加强制度建设,提高管理的精细化、标准化水平,提高运营效率;通过优化管理流程和项目管理制度体系建设,实现项目管理标准化、规范化,提升项目管控能力,加强成本控制,提升经济效益。

(5)活力中咨。中咨集团始终坚持可持续发展,以改革与创新打造发展的强劲动力。事实也证明,中咨人一直就是改革与创新精神的实践者,从海南省首个"投资+工程总承包"模式项目到海南省公路建设首个"代建、监理一体化"改革试点项目,海南高速公路建设实施模式的每一次创新与探索,中咨集团都是积极践行者,并且都取得了突出的创新成效,充分展示了企业的创造力与活力。

（6）智慧中咨。中咨集团始终致力于打造智慧企业,注重发挥所有中咨人的聪明才智,将知识转化为能力,将公司转化为更加富有"智慧",打造公司核心竞争力。

海南多个重点项目实施过程中,BIM技术、工程管理关键数据监控、项目OA系统办公等多种信息化手段均得到充分应用,有效促进了项目实施成效的提高。

（7）文化中咨。中咨集团始终坚持以价值创造者为本,努力营造良好、和谐的人文环境,感召和凝聚高素质人才。在公司工会等部门的组织和推动下,各在建项目积极组织球类比赛、生日送祝福、节日慰问、探亲家属工地聚餐等丰富多彩的文体及交流等活动,传递企业文化并丰富项目文化,增强项目团队的凝聚力,营造良好的工作环境与气氛。

（四）新时代新机遇　为美好新海南建设作出更大贡献

新时代带来新机遇,眼下海南迎来了新一轮改革开放的大好发展契机。站在新的历史起点,中咨集团也正在为全面建设以技术为引领的受行业和社会尊重的国际化工程公司而努力奋斗。

作为一直以来海南交通建设的积极践行者与排头兵,中咨集团将会继续秉承"固基修道,履方致远"的企业使命,紧紧把握历史发展机遇,发扬敢为人先的优良传统,以改革创新为动力,以服务质量求生存,以诚信经营树口碑,努力为海南交通建设事业的发展、为加快建设美好新海南发挥更大的贡献!

第七章
高速公路建设进行时

第一节 综述：意在重现历史

海南建省30年来，从最初的规划筹建二级汽车专用道，到筹建东段半幅高速公路，到规划建设海南环岛高速公路，再到后来的"田字形"高速公路网络的建成，筑路者划开了一道道鬼斧神工的杰作。

海南高速公路建设者默默奉献，海南高速公路建设成绩斐然

如今，海南已建成了G98环岛东段高速公路、环岛西段高速公路、海口绕城高速公路、三亚绕城高速公路；建成了G9811海口至屯昌高速公路、屯昌至琼中高速公路；建成了G9812海口至文昌高速公路。目前，G9812文昌至琼海高速公路工程、G9811琼中至乐东高速公路工程、新建的G9813万宁至洋浦高速公路工程正在抓紧建设当中。"十三五"期间，海南将完成剩余的直通五指山、保亭、白沙等市县的高速公路项目，届时将全面实现"县县通高速"的目标。

海南公路建设者们现在可以自豪地说，畅通、快捷、安全、高效的海南"田字形"高速公路网络已基本成型。海南高速公路,对于推进国际旅游岛建设,实现全域旅游和建设美好新海南,起着巨大的推进作用。

《海南高速公路建设实录》专门辟出一章,并将之定名为"高速公路建设进行时"。该章通过"G98:环岛高速公路建设忆当年""G9811:穿行黎苗山寨雨林中""G9812:打造东部侨乡大动脉""G9813:横贯宝岛东西战犹酣""'田字形'互联宝岛东西南北中"等内容,从不同侧面、不同角度,重现海南高速公路修建的过程。这样做的目的,就是撷取其中的一些片段,再现当年的建设画面,铭记建设历史。

回顾这 30 年,再巧的手,再妙的笔,可能也难以梳理其中诸多细节,难以复制历史的全貌。这 30 年,既有高层决策者们的紧抓蓝图勾画,也有一线建设者们的风雨兼程、艰苦劳作。本章所能收录的,仅是沧海一粟。

第二节　G98:环岛高速公路建设忆当年

一、路,在他们脚下延伸——记海南省高速公路工地几位工程技术人员

1992 年,在四季如春的海南大地上,将要出现一条横贯南北的高速公路。

时至 7 月,2000 多人正在筑路第一线上洒着汗水。他们中间,有 100 多名工程技术人员,他们用自己的智慧谱写了一曲曲创业的乐章。下面撷取的是其中几个小片断。

（一）小发明,争得了时间

1991 年 9 月的一个清晨,助理工程师陈若海像往常一样在隆隆的沥青拌和机旁巡视着。这是施工队唯一的大型拌和机,每小时供料 100t。拌和机昼夜运转,整个府城至黄竹段高速公路摊铺路面的材料都由它供应。

忽然,在机器轰鸣声中,陈若海听到了异样声响。他果断命令停机检查。

检查发现,除尘装置中排气扇轴承已经破裂。再仔细一查,原来是排气扇变形了,重量不平衡,离心力不匀,导致轴承破裂。

工程处领导闻讯赶来,焦急万分。为了不耽误时间,只能取下排气扇,请有关厂家校正,否则换上新轴承还会破裂。

海南没有这样的工厂,或许上海、北京等大城市能找到,如果国内没有,就只能从外国订购了,这至少要两个月时间。

望着工人们垂头丧气地走回工棚,望着各种施工车辆停在了路旁,作为拌和机负责人,陈若海感到责任重大。他在这个庞然大物边上徘徊着,不时用手去拨动那个巨大扇子。突然,他灵机一动:不平衡的扇子停转时,下部应该是重的,那么,若在上部加焊金属块,不就平衡了吗？听到这个主意,工程处领导皱成疙瘩的眉头一下子舒展开了,并鼓励他大胆探索。焊花飞舞,汗水淋漓。经过不断试验,扇子终于可停在任何位置了。陈若海直起腰,一看手表,他们连续干了近10个小时。能行吗？陈若海表面虽很镇定,但心里非常紧张。新轴承座换上了。"启动！"他下令。机器骤然转动起来,声音震耳欲聋。陈若海把耳朵贴在机壳上,仔细地听着。"加料,继续工作！"他兴奋地下令。

一车车沥青混合材料从这里源源不断地运出,平整的路面又开始向前延伸……

（二）小改革,创了大效益

施工队里到处传着这样两件事:高级工程师欧阳治安大胆修改施工方案,节省水泥1000t;技术员林尤强的一项技术改革,使施工速度提高了5倍。

那还是高速公路刚开始建设的时候。按照设计要求,公路基层强度应在3～5MPa之间。为达到这个强度,设计规定混凝土中水泥含量为6%。施工开始后,欧阳治安发现基层的强度超出了要求,已达到9～10MPa。强度太高,公路就容易开裂,既浪费水泥,又不能保证质量。

可以修改原设计方案吗？欧阳治安说:"实践是检验真理的唯一标准。我们自己搞试验,重新配制混凝土。"

建设工地水泥混凝土试块

他带着几个技术员顶着酷日跑到永兴、军区、水电等几个料厂,取回原料,制成样品,一次次地在压力机上试验。十几天过去了,他们终于发现:用4.5%的水泥配制的混凝土,强度恰好为5～6MPa。仅这一项成果,就节省了1000多吨水泥,价值约30万元。

刚开始施工时经常出现这样的场面:热闹繁忙的工地有时突然平静下来,几个人带着仪器跨上路基,指指点点地测量着,1个小时后当他们走下路基时,工人们才又干起来。这是因为当时用的老办法测量,即每隔20m在路面打5个桩,再测5个点,然后还要一次次地测量。因为测量缓慢,工程进度受到严重影响。看到这种情况,技术员林尤强琢磨开了,他查了不少资料,想了不少办法,效果仍然不佳。一天,他在拉线时突然想到:测两个点,然后拉一条线,从线上向下测,不就可以大大缩短测地平高度的时间吗?

他的新测法产生了巨大的效益:原来测100m要用1个小时,现在只需10分钟。

(三)小主意,发挥大作用

今年34岁的技术员陈求琼不仅相貌堂堂,而且脑子特别灵活。7月,正是海南的雨季,混凝土因为受雨淋,密实度达不到施工要求,常常造成停工。陈求琼想出一个主意:移动式施工,哪一段没有雨水就到哪里干。后来雨越下越频繁,难以找到不被雨淋的地段,陈求琼又琢磨出一个主意:分层干,在下雨前立即铲平,用压路机压实,这就不怕雨水渗透了,雨一停就接着干。再后来,连绵的大雨使这种办法也失效了,他又有了主意:用运土车分辙压路,最后用压路机压平。因为运土车车轮着地面积小,压强大,所以压得很实。这些小主意起了大作用,使任务按时完成了。

要说让他最得意的,还是1988年建陵水桥时水下打桩的那件事。

当时他们采用的是老式人工桩法,即在河里围出一个小岛,搭上架子,把混凝土运到架子上,再倒进护筒。这种办法效率很低,灌一根20m深的桩,要42个人轮班干24个小时。灌桩时间长,混凝土因为凝固而减小了黏合度,质量得不到保证。当时台风肆虐,暴雨成灾,滚滚的河水有时甚至把钻机冲倒了。

怎样才能缩短灌桩的时间呢?陈求琼心急如焚,他查阅资料,研究对比国内的做法,发现有一种专门的机械装置可以用来灌桩,但远水解不了近渴,到哪去找那种装置?

他在工地上转来转去,终于来了主意。他马上带人到附近的陵水机场,捡回来一堆废铜烂铁,自己动手焊了一个大大的斗子,然后把斗子盛满了混凝土,将装载机驶上了河中间的小岛。斗子被装载机直接送到护筒上面,将混凝土倾下,灌一根20m的桩,只用了5个小时!

二、海南东段高速公路全线贯通

1995年12月27日,海南省公路建设史上的里程碑——海南环岛高速公路(东段)全线通车,这是海南建省后完成的投资额最大的重点工程。

时任海南省领导汪啸风、钟文、林明玉,海南省政府副秘书长陈日进、海南省交通运输厅厅长陈求熙、三亚市市长王永春、海南省有关厅局负责人及有关设计、施工、监理单位负责人出席了在三亚大茅隧道举行的开通典礼。汪啸风讲话指出,"公路是交通基础设施的重要组成部分，对海南省有非常重要的作用，要狠抓包括高速公路建设在内的交通基础设施建设。要加强高速公路管理养护队伍的建设，以法治路，保证安全，高速行车，让高速公路发挥出应有的作用。"

海南环岛高速公路（东段）是国务院批准立项建设的国家重点工程项目，属于全国公路干线网络"五纵七横"的"第一纵"黑龙江同江至海南三亚的最南端部分。1988年，经国家计划委员会批准按重丘区高速公路标准立项建设，全立交，全封闭。

海南环岛高速公路（东段）工程量大，任务艰巨。主线工程累计建成桥梁87座，互通立交16座，分离立交52座，通道天桥150座，涵洞866座，完成路基土石方1716万 m^3，建成沥青混凝土路面139.1km，水泥混凝土路面112.6km。海南高速公路股份有限公司和设计、施工、监理单位密切合作，团结一致，努力拼搏，高标准、严要求，克服了海南台风暴雨多、地质条件复杂、工程标准高、工程量艰巨等种种困难，顺利地完成了工程建设任务。

海南环岛高速公路（东段）贯穿海南省资源较丰富、经济较发达、人口较集中的东部经济区域，像一条黄金纽带，把沿途市县一颗颗珍珠似的工业开发区、旅游开发区连接起来，必将有力地促进海南省东部工业经济和旅游经济的飞跃发展。

三、东段高速公路扩建工程招投标纪实

1997年元月17日上午11时，海南环岛高速公路（东段）扩建（左幅）工程评标专家组9名成员同时接到"有紧急任务，迅速赶往琼山府城老乡度假村报到"的通知。直到他们分头赶到集合地，同乘一辆车，又同时被要求关闭手机并交存集中保管时，他们才恍然大悟，汇集老乡度假村是为了参加东段高速公路扩建（左幅）工程海口至琼海段施工招标的评标。

被列入国家"九五"重点项目的东段高速公路扩建（左幅）工程经国家计划委员会、交通运输部正式批准后，海南省政府十分重视，立即组成了由计划、交通、建设等部门参与的领导小组，先后召开了十余次会议，确定了项目实行公开、公平、公正、择优竞标的原则。

早在1996年11月28日，该工程海口至琼海段施工招标的通告在《海南日报》公开刊出，通告缜密细致，各标段内容要求明确清晰。透明度如此之高的工程招标，一时间吸引来许多目光。短短几天，报名队伍达116家。经过二轮慎重的筛选，又报交通运输部认证，1997年元旦，36家投标单位获取了标书。

与此同时，领导小组订立了一套保密原则：开标之前不公布专家组名单；标底和评标标准在评标前半小时确定；评标地点、时间不预先通知。

这是一个强烈的反差，投标内容、项目说明全面公开，而评标方法却严格保密。反差衬托出了海南省政府严明清正、反腐倡廉以及建设优质高速公路的决心和信心。

元月17日上午10时，离开标仅仅36个小时，领导小组议定了最终标底和评标办法，

并作出决定:专家组立即集中,封闭式评标。于是,就有了本文开头叙述的一幕。

经过一天的认真评标,专家组拿出了推荐意见。18日下午4时,领导小组接着开会,听取情况汇报,当场确定中标单位,并将全部评标文件封存。

严密而又浩繁的评标定标工作,在短短48个小时内全部完成,这效率来自海南省政府的高度重视、组织工程的严谨周密、评标标准的科学合理以及纪律的高度严明,来自于对国家和人民的高度负责。

四、业主监控:高速公路建设质量与进度的保证

海南环岛高速公路,被海南省领导称之为特区经济发展的"金光大道",而海南环岛高速公路(东段),则是镶嵌在"金光大道"上最耀眼的黄金路段。

1997年初,国家重点工程项目的东段高速公路左半幅扩建工程府城至琼海段,在潇潇寒风中开工。10个多月来,数千名建设者冒寒暑、餐风雨、洒热汗、献才智,为确保明年3月工程竣工,谱写了一曲曲大特区建设者的奉献之歌。

(一)巧借买方市场筹划定位

海南高速公路公司有关负责人介绍说,作为业主,要对工程实施质量、进度和投资的三大控制,从前期工作开始就不能掉以轻心,必须步步抓紧。

海南省政府对扩建工程的造价作了明确规定,如何在较低的造价下修出一条高标准的高速公路?去年下半年,公司召集了有关专家商讨对策。大家认为,现处于买方市场的有利形势,各类材料、机械、人工价格较低,必须据此精打细算,重新测算工程总造价,并据此编制出招投标标底。经几个月努力,一组数据摆在了决策者面前:府城至琼海段工程共计有314.2万 m^3 土石方,444座桥涵结构物,共需325.05万个人工日、10.66万 t 水泥、7000t 钢材、2.13万 m^3 沥青、136.1万 m^3 石料和29.6万 m^3 砂料。这些工程量按实际的市场价格计算出来的总额,便构成符合实际的工程总造价,从而编制出了标底。这个最后的总造价与原设计概算相比有大幅度的削减。

1997年1月15日,34家施工单位投标,是明标暗投,这些建设市场第一线的行家里手当然心知肚明,各有招数,普遍把标底再降低5%~10%。这样,就为在较低的造价上建造一条标准的高速公路奠定了基础。

(二)"炮打麻雀"与规模效益

本段工程工期包括路面摊铺和交通工程,共14个月,工期较紧。但各标工程量不大,12个标段平均每个标段仅7km多。对施工单位来说,施工存在一个规模效益问题,即一定的工程量须按一定的力量投入,效益才好。如工程量小而投入力量大,则难出效益,形

象的说法就是"炮打麻雀",得不偿失。

工程开工后偏又面临一个要"炮打麻雀"的问题:天公不作美,12支队伍进场就遇上连续半年的多雨天气,而这又是路基施工的大忌。在土方施工最紧张的月份里,下雨天几乎占了三分之一以上。如何在下雨间隙保质量抓进度？只有"炮打麻雀",在晴天集中大批设备抢修路基,才能把因雨耽误的时间抢回来。这对承包商来说很不划算。

工期是铁定的,没有退路。针对施工单位的退缩情绪,业主派出工作组,对每个标段盯住不放,软硬兼施,促使各标段加大力量投入主攻路基工程。

"软促",就是采取激励机制,开展施工竞赛,优胜者给予表彰奖励。5月和7月二次施工竞赛评比,共向5个单位和一批先进个人兑现了奖励。

"硬压",则是对滞后标段不客气地进行通报批评。有一个标段先后三次调整班子,加强力量,终于变被动为主动。

为使全线工程平衡发展,避免个别地段滞后而影响全线贯通,业主又来一招:在全线推行工程质量和进度目标承诺制。7月29日,12个施工单位与业主签订了"施工进度质量目标承诺书",承诺书对8～10月3个月的施工目标作了具体规定,施工单位如果不能实现承诺目标,则必须接受处罚,且业主还有权增派队伍进场施工。业主方的承诺则有非常关键的一条:较好完成本段工程的单位,日后可优先进入琼海至三亚段施工。施工单位能否取得规模效益就在于能否进入下续工程。

一诺值千金。各施工单位纷纷调兵遣将,再掀施工高潮,工程质量和进度得到进一步加强和促进。后来,仍有3个标段未能全面实现目标,业主则坚决增派队伍进场施工。通过采取这些措施,保证了全线工程质量和进度的平衡发展,同时也保证了11月全线工程转入路面摊铺。

(三)精打细算与不惜重金

少花钱多办事,这既是一对"矛与盾",也是人们追求的目标。如何在造价限额内按标准完成工程建设任务？业主单位对此煞费苦心。在工程计量支付方面,业主制定了工程拨款的严格程序,实行多层把关,严格按进度拨款。对工程设计变更实行严格控制。对主要的石料、水泥等实行统筹安排。

本期工程共需石料136万 m^3,不但量大,而且用料时间集中。业主吸取右幅工程曾一度出现哄抬石料价格的教训,对路面工程所需的100万 m^3 碎石料实行业主统一组织生产。在全面调查的基础上,经过选择,与几十个石场签订了生产收购合同。这一招成功地防止了哄抬石价,还保证了质量,投资上也比原预算减少了400多万元。

并非所有的工程项目都能在原基础上通过精打细算缩减开支。遇上如不增加投入则不能保证工程质量标准的情况时,业主则不惜重金予以解决。五标和十二标有2处游泥地段,淤泥层深达二三十米,如按一般常规处理,就会出现地基下陷变形。业主为此专门请来专家进行会诊,最后确定采用粉喷桩的软基处理新技术。采用这种方法,虽耗资额大,500多米长的地段就使工程额外支出400多万元,但有力地保证了工程进度和工程质量。

五、海口至洋浦高速公路前期工程动工

1995年11月29日,加快洋浦开发区和西部工业走廊建设的战略性工程、海口至洋浦高速公路前期工程均在这一天在临高县博厚镇破土动工,时任海南省领导阮崇武、杜青林、姚文绪、汪啸风、陈玉益、韦泽芳、王辉丰,交通运输部领导及海南省交通运输厅厅长陈求熙等出席开工典礼。

海口至洋浦高速公路起始于澄迈、临高、儋州等3市县,连接老城、金牌、洋浦开发区,终点在洋浦开发区。全长80km,设计为双向四车道,路宽24.5m。设计速度100km/h,需填挖土石方达800多万m^3,需建大桥5座,中桥5座,小桥13座,涵洞176座,通道57处,天桥36座。这条高速公路由海南省公路部门自筹资金建设、自行设计和施工,将于1997年春节前竣工通车。

海口至洋浦高速公路是"九五"期间海南省公路建设第一号工程,是国家高等级公路网和海南省环岛高速公路的重要组成部分。该项工程的建设对于改善海南省投资环境、特别是进一步加快洋浦开发区建设有重要意义,有力地促进海南省以港口为依托的西部工业走廊开发和建设,带动西部地区社会和经济的发展。

汪啸风强调,要加强对工程建设的领导,调用全省精兵强将,切实搞好工程施工的组织管理,及时解决施工中出现的问题,要做好施工指挥调度,搞好施工各阶段的衔接,保证工程的施工进度。要加强工程质量监督管理,施工单位要严格按照设计要求和规范来施工,交通工程质量监督部门要认真履行职责,强化监督职能。沿线地方政府要大力支持工程建设,把高速公路建成工程进度快、质量好、标准高的"九五"起步路。

该工程得到交通运输部的大力支持,交通运输部不仅在技术上给予支持,而且在资金上予以扶持,确保该工程建设资金到位。海南省政府多次举行协调会,在地方政府的支持下,解决了工程征地、税费等难题。澄迈、临高、儋州等市县大力协助,保证了征地拆迁工作顺利进行。

六、希望之路——海南西线高速公路建设巡礼

青色的路面像镜子一样反光,飘带般向远方舒展,椰林夹道,原野起伏,碧绿如海。隔离带上,四季红花一路相接,远处湛蓝的天空,洁白的云彩,人们行驶在路上,仿佛在风景画中一样。

海南环岛高速公路 G98 西段东方立交桥

这就是美不胜收的海南环岛高速公路(西段)。

1999年9月,海南环岛高速公路(西段)洋浦至八所段胜利通车。至此,海南环岛高速公路全线贯通。这标志着海南以高速公路为主动脉,以"三纵四横"为主骨架的公路网基本形成。海南经济特区基础设施建设史上,矗立起一座新的里程碑。

(一)西部期盼修起"希望大道"

海南环岛高速公路(西段)路宽24m,双向四车道,全立交,总长335km,始于海口,往西取澄迈、经临高、奔儋州、挽昌江、携白沙、插东方,再往东,连接乐东,最后到达三亚,将海南广大西部地区全部揽入怀中。海口到三亚走西段的行车时间因此从7个小时缩短到3个小时。

海南环岛高速公路(西段)于1995年开始建设,北南两端的海口至洋浦、九所至三亚分别于1997年3月和1998年2月建成通车。洋浦至九所段于1999年9月通车,实现了环岛高速公路全线贯通。这条经济大动脉修建之初就寄托着海南省人民和众多投资者的热切期望。长期受交通困扰的海南西部7个市县的干部群众,欣喜称之为"希望大道"。

海南省西部7个市县中有3个国家和省级贫困县,大多数贫困乡镇分布在西部地区。导致贫困和落后的一个重要的原因就是没有畅通快捷的高等级公路。

海南省西部有独特的农业资源、土地资源、矿产资源和旅游资源,省内规模最大的两个港口都在西部。但是长期以来,由于公路建设滞后,交通综合配套能力低,这里的资源远未发挥其应有的效益。

建省初期,海南就确立在西部发展工业、建设西部工业经济走廊的构想。洋浦经济开发区、东方八所经济开发区和澄迈老城经济开发区正是这一构想的实践,它们向海内外投资者张开了热情的怀抱。当初,北部湾迷人的涛声引来国内外大量游客前去参观、考察,然而,低等级公路上的颠簸,让客商过早感觉了投资道路上的困难,他们留恋而失望地回去了。

强烈的使命感撞击着海南公路人的内心。只有修建高速公路,才能从根本上解决西部"交通瓶颈"问题,为海南西部广大地区的经济发展修筑起飞的跑道——加快少数民族地区的发展,促进海南东西部发展平衡和社会稳定;为海南西部旅游资源开辟一条高速通道,使西部旅游打破沉寂与东部旅游携手呼应。旅游者从东段出发,从西段返回,水晶般湛蓝的大海,郁郁葱葱的原始森林,一路相随相伴,这真正意义上的岛上旅游使海南更具有魅力。

(二)多方筹措解决资金难题

面对西段高速公路巨大的社会经济预期效益,海南省交通运输厅面临的困难同样是巨大的,最大的困难就是资金短缺。海南偏居南海,岛上汽车保有量少,公路建设欠账多,依靠交通规费的积累,也许一百年后也无力修建高速公路。

公路不能拖社会经济发展的后腿,西部人民盼望高速公路,西部开发依赖高速公路,怎么办?海南省委、省政府改革公路投资体制和筹资办法,组建西段高速公路投资实体,贷款修路,同时多渠道筹措资金,加大公路建设投资。

如果按全国其他地区高速公路3000万元/km左右的造价计算,海南环岛高速公路(西段)总投资将近100亿元。这笔投资,海南显然无力承担。海南省交通运输厅想方设法解决这个问题,依靠改革,在基本保证质量的前提下,尽量降低修路成本。

降低成本从何入手?改革施工管理体制,节省材料成本。有的高速公路建设由施工单位自己组织材料,没有统一的采购机制,而采取零星采购的办法,一到施工关键时期,用料猛增,供料单位就以次充好,抬高价格。西段高速公路总结经验教训,对碎石统一安排生产,水泥、钢筋等统一采购,将价格控制在较低水平。

强调质量管理,防止质量事故带来损失。海南环岛高速公路(西段)吸取教训,对施工质量实行三级监控,第一级是由施工单位自我把关,第二级是特聘社会质量监理,第三级是公路质量监督代表政府对工程质量进行全程跟踪监督,海南省交通运输厅还成立了监理稽查队,实现对监理的有效监督,为工程加上一道保险。同时,将质量关口前移,把好建筑材料质量关,对主要材料碎石进行机器化和标准化生产,严格保证碎石的质量。在儋州的碎石工地,记者看到碎石的硬度、形状、大小都有标准,不合格的要么重打,要么成为废材,毫不含糊。

减少征地拆迁费。海南省委、省政府对高速公路建设征地采取包干和"谁家的孩子谁负责"的办法,按3.75万元/公顷(2500元/亩)的标准,由沿线有关政府负责完成,节省了大量的征地费用。

在施工关键期,公路人发扬无私奉献的精神。只要有任务,承担高速公路建设的单位不管是白天还是晚上,从无怨言,从不计较得失,没有加班报酬,照样干。他们的口号是,这项工程不求利润,只求发展,施工队伍在敬业精神、技术水平和施工环节等方面的能力得到全面提高。施工单位中的海南公路第一、第二、第三工程公司原来是养路工人的工程队,通过高速公路建设的锻炼和考验,工程队超常发展,成为施工设备现代化、技术力量齐全、能应对各种施工难题的专业公路工程公司,他们已经具备参与高速公路建设市场竞争的能力。

用改革的精神加快交通建设,这是海南省委、省政府的一贯追求,几年前海南率先在全国取消各种公路收费,用燃油附加费代替所有的公路规费。一脚油门踩到底,成为海南交通最动听的故事。

(三)海南环岛高速公路(西段)——赏心悦目一路风景

车行西段,高速公路留给人们的印象不仅是快捷、平稳和舒适,更有赏心悦目的风景。一路上,两旁茁壮成长的椰树,坡上绿草点缀着小花,红的、黄的,在明媚的阳光下招手,隔离带上是高大的大红花树,艳丽的花朵一排排、一簇簇迎风而立,驶入洋浦立交,西段高速公路由花路变成花园。这个立交桥的绿化由专业园林公司设计施工,毛毯一样的绿草四处铺开,面积足有13.33公顷(200亩),花草、凤凰树、槟榔树——许许多多的热带植物凑到一起,把高速公路的立交桥装扮成了植物园。西段高速公路在建设同时就进行了高标准的绿化,公路人像装饰自己家庭一样去装点公路。

国外高速公路绿化和美化的做法,激发了海南公路人工作创新的灵感。海南有全国一流的自然条件,在高速公路建设上应该有自己的特色。1997年春,西段高速公路海口至洋浦段刚刚完工,像国内其他高速公路一样,这条路除了白色的防护栏,其他什么都没有。为了改变这一现象,海南省交通运输厅决定将西段高速公路建成绿化路,提高公路建设在保护环境的生态效益,绿化美化要突出海南的特色,沿路栽种椰子树,隔离带上种四季开花的大红花树,缓解驾驶员的疲劳,挡住夜间行车时对向的强光,增进交通安全,坡上植花草,防止水土流失,也美化了沿线的景观。若干年后,西段高速公路将成为椰林挺拔的景观大道,为环岛旅游增添一道新风景。1999年,海南正式举起建设生态省的大旗,号召全省大种椰子树。西段高速公路建设表现出了突出的超前意识,这种超前意识来自公路人对环境保护的责任感和创新精神。

(四)质量重于泰山

在海南环岛高速公路(西段)采访,记者感受到的不仅仅是公路的建设,透过美观、舒

第七章
高速公路建设进行时

适的公路,还触摸到了海南公路人崇高的精神境界和神圣的使命感。

质量是工程的生命,海南省交通运输厅将"质量重于泰山"的意识灌输到每一个人和每一个环节。为了保证质量,他们不怕得罪人,对质监不严的质量监理坚决撤换。洋浦至九所段施工期间,时任交通运输厅厅长李执勇不管多忙,每周都要抽出两天时间亲临工地了解第一手资料,现场办公,解决问题。他的休息日常常在距离家中百里的工地上度过,早上7点不到就出发,下午2点多才吃上中午饭,到晚上8点才赶回驻地。在施工现场,工人们常常看到一个人脚穿布鞋,随身带着一个小锤子,顶着烈日,冒着酷暑,身先士卒,与他们同吃同劳动,这里看看,那里敲敲,发现问题,立即督促整改。得知他就是海南省交通运输厅厅长李执勇后,工人们深深地感动了。不管什么任务,只要一声号令,人人保质保量完成。

为了在短时间内把西段高速公路绿化好,沿线市县的养路工人全部上了公路,他们天不亮就赶到指定的路段,挖壕种树,清除杂草,运苗的驾驶员凌晨5点前从100km外的地方装苗出发,保证椰苗栽种不过夜。挖坑、栽树、浇水等流水作业,使树木的成活率超过90%。养路工人本来只管养路,高速公路栽树是他们义务劳动,不管起早摸黑,他们没有任何怨言,没有提任何要求。一切为了西段高速公路!这是他们的誓言,也是他们的行动。

美丽建设者,铸就海南公路人精神大道

海南环岛高速公路(西段)沿线经过的都是荒郊野外,推土机开到哪里,筑路工人就在哪里宿营,吃住全在工地上。家住海口的职工,有的两三个月没回过一次家。海南的夏天,阳光异常暴烈,中午在太阳下面站一分钟都难以忍受,而修路工人为了赶工期,中午也难得休息,中暑晕倒了,吃点药休息一会接着干。

采访的过程中,记者常常被海南公路人的事迹所感动。他们有强烈的事业心,实事求是,注重实效,开拓进取。沿线的群众说,西段高速公路不仅是海南的希望大道、生态大道,也是海南公路人的精神大道。

这种精神,永远是事业走向成功的依靠和希望。

七、聚焦海口南控绕城高速公路:海口南控的外环

海口绕城高速公路建成后,将串起海南省三条高速公路,同时使南部的概念更为清晰,"南控"战略的实施就有了更为实际的意义。

从严格意义上说,"绕城公路"并非环绕了整个海口城区,但起点在西段高速公路的白莲,终点位于海口演丰镇海文高速公路,主线长达46.634km的海口绕城高速公路,犹如横跨在海口南部的一道"长虹",直穿过海口的城区南部,绕过了海口南端的诸多城镇、河流、森林等,在海口南部清晰地划出了主城区与郊区的分水岭。

站在离地面高达18m多高的美鳌大桥上,可以看到附近的村庄房屋星星点点,鹭鸟从桥下的田地里悠然飞过;驱车行驶在修好的路面上,两边是成片的绿色,盘根错节树冠庞大的榕树、结着诱人果实的菠萝蜜、密密麻麻的刺灌草丛;站在全互通与东段高速公路十字交叉的龙桥立交桥边,可以想象车水马龙。

海口绕城高速公路的建设,实际上也给城市未来的发展划定了一条边界线,这意味着海口南部发展的边界,今后不能逾越这条公路,绕城高速公路应该成为海口城市的真正外环。海口绕城高速公路建成后,对海口的内外交通发展也将起到很大的提升作用。海口有江东、城区中心、长流等三大组团,而绕城高速公路有效地将这三大组团连在一起,车辆从海南任何一个地方来,都可以通过高速公路出入口进入城市任何一个组团,而不用穿过一个组团再进入另一个组团,让城市交通更加顺畅。此外,在外部交通方面,车辆可通过海口绕城公路直接从海口过境,不再需要从城市中经过,减轻城市的交通压力。

有关专家认为,城市的发展边缘需要一个"硬界限",这是目前许多城市规划的一种新原则。从目前海口的发展经验来看,海口的大部分城市外延属于低水平的扩张,建成区范围内有许多未开发的土地。一旦城市确定了这条界线,界限外的地区就可以加大农地的整治力度,建设美丽的田园风光,而一旦城市总体规模确要发展时,可跨过田园风光,选择各种荒地,有序发展,城市外环的高速公路就是充当这一界限的最好选择。

八、为了打通生命通道——三亚绕城高速公路迎宾隧道塌方事故救援目击记

2009年6月4日23时许,在建的海南三亚绕城高速公路迎宾隧道发生塌方事故,8名工人被困,生死不明。

2009年6月7日15时55分,历时64个小时的接力式营救后,8名被困人员全部成功获救。

第七章
高速公路建设进行时

海南环岛高速公路 G98 西段三亚终点

(一)出险

2009 年 6 月 4 日 23 时许,来自安徽的胡龙发站在三亚绕城高速公路迎宾隧道内,正准备收工休息。此刻,他离隧道口 150m 左右。突然,"轰"的一声巨响传来,一股强烈的气流把他推倒在地。片刻的眩晕后,胡龙发看到不远处的隧道顷刻间被砂石和泥土填埋。

"塌方了!"胡龙发大喊。就在此前,和他一起"打眼"的工友们已经从现场离开;而另一组与他擦肩而过不久的 8 名工友,已被这突如其来的塌方困在了隧道的另一端。这 8 人中,有胡龙发的老乡仇福义。

回过神后,他立即爬起来冲向隧道口,边跑边大声喊:"塌方了!快来救人啊……"

听到异响和时断时续的呼救声,隧道外的工人立刻拨打 119。24 时 11 分左右,消防车呼啸着赶到了现场。

据现场的隧道施工方长沙路桥的总工程师文均良介绍,正在修建中的三亚市绕城高速公路迎宾隧道,设计全长为 1225m。塌方处距离隧道口 215m,而塌方当时工人在距离隧道口 360m 处施工,因此还有近 105m 的安全距离。

(二)营救

4 日 23 时 29 分,三亚市 119 指挥中心接到报警,三亚市消防支队立即派出 10 辆消防车、1 辆指挥车、3 个中队的 80 名官兵赶赴现场进行救援,4 辆急救车也同时赶往现场。到达现场的消防官兵立刻分成救援、警戒、照明、保障等小组,严阵以待。5 日零时 50 分左右,隧道施工方长沙路桥公司有关负责人开始给第一批到达现场的救援人员介绍塌方情况。

5日零时15分,隧道施工方已派出一辆挖掘机,进入塌方处查看并清理道路。与此同时,携带专业设备的消防官兵也进入事故现场,勘察险情。赶到事故现场的三亚市市长王勇在听取施工方简要汇报后,立即到塌方现场,要求救援队伍尽快摸清险情,在通风供氧、转运塌方渣土的同时,制定出更可行的救援方案。

5日1时30分,公安、交通、消防、卫生、安检等多部门组成联合营救队,试图尽快解救被困的施工人员。由于隧道内作业面窄,只能用一台挖掘机、一辆装载机抢挖通道,将坍塌土方往外运送。

事发后,海南省、三亚市主要领导高度重视。海南省委书记、省人大常委会主任卫留成要求三亚市主要领导靠前指挥,千方百计加快救援;省安全生产管理部门联系有经验、有能力的铁路建设单位,帮助救援。海南省委副书记、省长罗保铭打电话要求三亚市委、市政府全力组织营救工作,并亲临一线指挥救援工作。正在海口开会的海南省委常委、三亚市委书记江泽林立即赶回三亚。

在塌方事故现场,三亚市委、市政府成立了以市长王勇为组长,常务副市长杨逢春,市长助理、公安局长王少山为副组长的营救指挥小组。

经过一晚奋战,救援人员抢运出土方4000m³,至5日9时,管道打通,开始向被困在隧道内数小时的8名工人输送氧气。同时隧道塌方与隧道口的距离、塌方面积、人员被困位置逐渐清晰。

由于塌方面积大,救援作业面积小,要加快救援速度,还必须增加其他救援方案。中铁三局派来了4名救援人员,其中3名是隧道施工方面的专家。救援指挥部、中铁三局以及三亚水文地质工程地质勘察院的专家对照隧道施工图纸,对救援方案展开讨论。最终形成三套救援方案,同时进行。三套方案分别是从隧道塌方处顶部纵向挖掘、隧道洞口横向挖掘和平行隧道侧面挖掘,最终目的是形成一条逃生通道,解救被困人员。与此同时,救援队伍还从水平和垂直两个角度同时用地质钻孔钻机钻通一个小通道,并往被困工人所在处放入钢管,形成生命保障通道,以便与被困工人取得联系并送入食物和饮用水。

(三)受阻

事发后,援救工作特别是挖掘逃生通道受到重重阻力。救援队开始一直采取在隧道内塌方处向里横向挖掘土方的施救方案,但在挖掘过程中,塌方处不间断会有一些持续坍塌的迹象,情况紧急。为了保证安全有效,救援队将两台挖掘机吊到隧道顶部,从上往下纵向挖掘,与横向挖掘互补,双管齐下,力求尽快抢救出被困在隧道内的8名工人。然而,中午时分,事故现场阵雨不断,随时可能发生再次塌方,使得挖掘救援工作一度中断,导致救援进展缓慢。

营救工作进展至 24 小时时，被困人员仍情况不明。据三亚市交通局副局长鲁正兰介绍，上方挖掘机最深已经挖到近 23m 处，但在挖掘过程中砂体不断下滑，而且由于塌方呈漏斗形，越往下面积越小，因此挖掘的难度越大，危险性也极大。

中铁三局副经理雷为民说，事故发生地地质条件复杂，属于强风化泥质粉砂岩，风化程度较高，容易塌方。这给施救工作带来了一定的难度。

从塌方处向被困人员处的横向开挖工作受持续坍落的塌方体影响，进展甚微。从隧道上方山顶往下纵向开挖工作一度进展顺利，但挖到一定深度后，周边松散的强风化泥质粉砂岩不断下滑，施工受阻。

由于受到阻力，进度过于缓慢，现场救援技术研究会于 6 日上午制定了新的方案：在隧道塌方处，以洞壁和地面为支撑点挖一个"猫洞"，用钢板加固后，可以容一个人进出，这样让被困的 8 名工人通过这个洞获救。然而，这个方案最终还是因为塌方处在挖掘过程中不断下滑砂石，危险性大而中途"夭折"了。

最终，3 个逃生通道方案，最可行的就是平行隧道侧面挖掘，从迎宾隧道左线向右线侧向掘进，但速度十分缓慢。该掘进点是已设计的迎宾隧道左、右线之间的人行通道，长30m，为岩石结构，塌方之前已从左线向右线方向施工 8m 左右。由于需要采取爆破方式挖进，从 6 日凌晨起，基本上在以每 4 小时 2.5m 的进度施工。

（四）突破

救援人员在加紧挖掘逃生通道的同时，钻通生命保障通道也在隧道塌方处横向和纵向同时进行。但通过横向生命保障通道输送食物和水经尝试后不可行，最终宣告失败。

纵向生命保障通道的钻通，取得了重大进展，6 日上午记者在隧道顶部看到，救援人员正在紧张地操作钻机，希望能钻通生命保障通道。据三亚水文地质工程地质勘察院副院长曾其坚介绍，通过不懈努力，截至 6 日 10 时已经钻入 21m，大概还剩 4~5m 就能到达被困工人所在处，到时就可以与被困人员取得联系并向他们发放食品和水。

"通了，通了！"经过 36 小时坚持不懈地紧张施救，在隧道顶部从上往下约 26m 的生命保障通道终于在 6 日 12 时 15 分左右被钻通。记者在现场了解到，生命保障通道打通后，营救人员将手电投进了生命保障通道，被困人员用手电筒向洞口打光呼唤救命，并告诉营救人员 8 人全部安全。这一消息让全场沸腾了！

12 时 30 分，救援人员向洞内投放了水和牛奶等食物；12 点 41 分，救援人员往隧道中投放营养液；13 点，投放面包、牛奶；13 点 15 分，罗保铭对着生命保障通道向被困的人员喊话。在得知工人们安然无恙后，罗保铭非常高兴，还特别感谢三亚水文地质工程地质勘察院在现场昼夜不停施救的 50 多名工作人员。

此外，救援人员与被困工人"以绳为媒"进行了有效联系，救援人员利用绳索降下补给,被困工人利用绳索传递信息。被困工人通过生命保障通道很快递出了几张纸条,上面写着:"水我们自己烧,请给食物。""洞内一切安全。"被困工人还通过纸条告诉救援人员他们所在的具体位置。

隧道施工

随后,救援人员将两部伸缩式电话机送入隧道内,通过电话,被困工人不仅可以与营救指挥小组联络协助救援,还可以和家人通话报平安。

被困人员卢云红的妻子字国花,自从听到塌方事故的消息后,两天未进食,一直在隧道外等待丈夫获救的消息。经历了两个不眠之夜后,她几近昏厥。生命保障通道打通后,她很快通过伸缩式电话和隧道内的丈夫通了话。知道丈夫一切都好,字国花激动得又哭又笑。放下电话,她不停地对救援人员说:"谢谢你们,谢谢政府!"

17时15分,记者目击到来自湖北咸丰县、同在隧道工地工作的卢瑞余,与被困隧道中的弟弟卢瑞志的通话过程。

"没受伤吧?"

"没伤到。"

"8个人都没事?"

"没事。"

"东西慢慢吃,不要吃太急。"

"晓得了。"

通完电话,卢瑞余脸上露出欣慰的笑容,"他讲话的声音和平时没区别。"

(五)获救

知道他们都平安后,大家悬着的心逐渐落下了。但救援工作还要继续,等待着救援人员的将是第三个不眠之夜。而他们像被注入了一针"强心剂"一般,在用最大的努力和时间赛跑。

从6日凌晨开始,营救被困人员出隧道的逃生通道,开始从与塌方隧道平行的迎宾隧道左线向右线侧向掘进。塌方隧道是迎宾隧道右线。该掘进点是设计方案中的迎宾隧道左、右线之间的人行通道,长30m,为岩石结构。由于需要采取爆破方式掘进,进度比较缓慢,基本上在以每4小时2.5m的进度施工。

6日晚间,正在指挥作业的核工业华东建设工程集团公司工作人员杨光新告诉记者,按照现有速度,通道预计7日下午可以贯通。

7日15时45分,随着援救队的最后一次爆破,逃生通道终于贯通,经过64个小时的施救,8名被困人员成功获救。

15时55分,记者在现场看到,被困者在消防官兵的搀扶下从逃生通道走了出来,被搀扶出来的第一位获救工人流泪了。他哭着说:"没想到我们8个人还能从洞口走出来。感谢消防队员,感谢党和政府!谢谢你们!"

随后他们被送上救护车,前往三亚市人民医院急救中心。据三亚市人民医院院长邢孔祥介绍,8名被困人员中,有2人有腹泻情况,1人稍微严重一点,另外1人比较轻微,其余6人身体一切正常,将在该院住院部外科楼贵宾病房留院观察2~3天。

17时记者在贵宾病房见到了仇福义。躺在病床上的他情绪有些激动。他告诉记者,他们8人在事发时离塌方地大约有100m的距离,在生命保障通道未打通前,他们主要是以岩石缝中的渗水和前方送来的氧气支撑下来的。虽然当时有工友拿了一部手机,但是在洞内没有信号,无法跟外界取得联系。"援救工作做得太及时了,我现在很激动,我非常感谢政府和所有救援人员。"仇福义说。

从4日事发到营救成功,全体救援人员一共奋战了64个小时。

九、海口绕城高速公路成椰城开发分界线

(一)海南省首条典型示范工程公路

"海口绕城公路设计有许多做法以及亮点,是十分值得总结及推广的。"海南省交通厅规划财务处处长徐志飞在接受记者采访时表示,海南省海口绕城高速公路在设计方面有许多亮点,这条路设计达到了节约土地、拆迁量小、远期预留足、与周边环境融洽好、设计理念新的目的,是海南省第一个按交通运输部典型示范工程要求设计的项目。

(二)设计方案选择最优者

海口绕城高速公路在最初选线时,道路线形及路程都比现在要直且短一些,但是选线后,许多专家提出选线点应避开16~26km处经过的海口羊山水库,因为这一大型水库是一个环境敏感点。为了绕开这一位置,设计部门反复进行方案比较,将路线设计往南迁移一段绕开羊山水库段,虽然全线有个小弯度,但线形基本不变,又减少了路基的填挖土地,降低了工程造价,保护了环境。

比选及优化方案、设计多个方案,这是在绕城高速公路设计中最为常见的事情。负责公路设计的中国公路工程咨询集团总公司总工程师赵昆森表示,美兰互通立交是此次绕城高速公路立交桥中设计难度最大的一个立交桥,由于涉及五路交叉,并考虑到未来与海文高速公路衔接,方案较为复杂,他们与交通运输厅有关专家不厌其烦反复比选方案,涉及比选方案多达12个,最后选定了目前的方案。

(三)设计"不需养护的绿化"

在桥梁结构设计方面,此次考虑海南实际,未采用跨度大、异形结构桥梁,尽可能采用较成熟的统一、常规、标准结构,不仅结构安全,方便施工,同时降低了工程造价,如南渡江特大桥每平方米造价仅为2000多元。

在排水设施方面,绕城公路还充分考虑到海南省台风暴雨较多情况,对排水设施按系统化设计。参照宁杭路经验,第一次使用碟形边沟,美观、漂亮、实用,全线排水自成系统是设计的一个亮点。在环境景观方面,提倡采用乡土树种,按"没有人工痕迹的绿化、不需养护的绿化"的设计理念进行设计,适当采取爬藤植物。

(四)为未来发展预留空间

为了最大程度地节约未来相关工程的投资,此次工程的设计统筹考虑了与机场、铁路、港口、现有路网的立体交通衔接,并考虑了远近期实施问题,近期预留中间两个车道,用于可能建设的管线,做到了远、近期统筹考虑,近期工程充分为远期利用,为远期续建留有余地。

在进行主线选线时,先期统筹考虑了与海口市丘海大道、迎宾大道的衔接,对丘海大道互通预留跨线桥,并综合考虑了设置方案,预留位置使连接线立交土石方工程和工程拆迁量最小;对龙昆南迎宾大道立交,按复合式立交考虑,预留位置尽可能少占基本农田,并同时降低路基填土高度,使该处城市道路工程量做到最小。

同时,设计还考虑了火山口国家地质公园的保护和发展问题。火山口地质公园已被列为世界级火山口地质公园,在设计过程中不仅增加了火山口立交,充分考虑了其发展问题,同时通过地质雷达勘察、物探、钻探等细致的地质勘察工作,摸清了地下溶洞情况,选择了保护效果最好的设计方案,并要求实施时充分保护施工开挖的地质剖面,实现了火山口地质公园有力保护和协调发展。

（五）在火山岩上修起的高速公路

在这种遍地都是火山岩的地质情况下修路，对已有近50年修路经验、参加过海南省东段高速公路、海文高速公路建设的西区工程项目总工程师隋思德来说，还是头一回碰到。

1. 石头硬：火山石弄断机械臂

2005年底，当清表车开进绕城高速公路所经的羊山地区，将密密麻麻的灌木丛清理掉时，不管是绕城高速公路的设计者，还是代建单位负责人、施工方，几乎都被一大片一大片的火山石给震惊了。

在当初的设计方案中，设计人员就考虑到了土壤中有石头成分，设计方案认为地下构成大概是80%的泥土、20%的石头。当施工队开挖后，发现地下大多是石头，泥土只占不到20%，这种情况使设计不得不变更。

施工时，施工单位挖断了多台挖掘机的机械臂，钻头也被弄断。有的火山石像汽车一般大，很难处理，只能在石头上打孔，塞入炸药炸开，而火山石上布满蜂窝又使炸药的威力减弱不少。在一段仅200m的凝灰岩上，施工单位用了整整10个月的时间进行路基的施工，其间，爆破、凿除等办法全部都用上了。

施工单位中铁十八局集团的总工程师殷雄说，在这条路上施工，机械效率极低，该工程队投入了8台挖掘机、5台炮锤机，日处理土石方才1000m^3；但若是挖红土，仅用一台挖掘机10个小时就可挖1000m^3。

2. 取土难：现场无土可修路

工程启动后，施工单位发现全线的路基土难以达到压实标准，都不能直接利用。寻找土源在整个工程中也花费了不少时间，从开工后发现问题到最终解决问题，整整花费了一年左右的时间。

为了确定最经济可靠的施工方案，代建单位、施工方、监理单位开展了大量的试验工作，全线设立了多个试验段，采用五铧犁翻晒、掺生石灰等改良工艺，一边组织试验研究，一边紧张召开大量的技术会议。

最后，施工单位采取了换土的做法，在附近的地方寻找合适的土源。"我们在南渡江大桥一带施工，也要跑到30km外定安县城附近的土源地去拉土。"海口城建集团路桥建设投资有限公司工程部经理邓劲松说，仅他们负责的四标段中，11km的道路与一座立交桥就用了土石方200多万m^3，而这些土全是工程车一车一车地从土源地拉来的。

（六）征地拆迁难：多因素影响工程进度

海口绕城高速公路虽然从里程上说并不算长，但是由于跨越海口、澄迈两地，涉及镇与村庄较多,同时因为路段中有相当长的一段土地权属复杂,许多土地存在争议,征地拆迁工作难度也特别大。

除了征地问题外,民房、猪圈、坟墓等地面附着物的拆迁和电力、电信等管线迁移的工作也十分艰难,涉及部门多,手续繁杂。

为此,海口市有关负责人、国土部门以及沿路政府部门付出了大量心血,他们积极与各方沟通,想方设法解决问题,针对不同的情况制定方案,有关征地拆迁的文件不知道上报了多少次,大小会议也不知开了多少次,最终这些问题得以一一解决。

(七)一条道路多种功能

从8月7日开始,从东段及西段高速公路前往美兰机场的车辆不需要再经过海口市区,驶上海口绕城高速公路就可直达机场。现在已经通车的海口绕城高速公路不仅承担着过境及迎宾的功能,而且对完善海口城市路网,乃至海南省公路路网具有重要意义。

1. 形成海口南部外环道路

绕城高速公路的开通将撑起海口南部交通的新骨架,它将成为海口的一条交通主枢纽,实现海口地区公路、铁路、港口、机场四种运输方式的有效中转,减少海口城市人流物流的过境交通压力,对海口的内外交通发展将起到很大的提升作用。

客货运交通混杂是目前海口城市交通中的一大弊病。以往,海口的市政道路不得不承担起疏港交通功能。这不仅使这些道路的交通压力加大,而且在长期的重型货车碾压下,滨海大道及南海大道等道路的路面状况都不理想。绕城公路通车后,车辆可通过此路直接从海口过境,不需要再从城市经过,形成了城市外环道路。

有关负责人表示,海口市近期将加大力度建设与海口绕城公路衔接的南北走向道路,如为旅游服务的西海岸至火山口旅游通道、为港口服务的丘海大道、为市中心服务的龙昆路,从而组成海口市对外交通的道路网,使绕城高速公路真正起到城市外环道路的作用。

2. 完成环岛高速公路北边闭合

海口绕城高速公路是海南省环岛高速公路最北边闭合段,也是国家同三(同江至三亚)国道主干线的重要组成部分。同三高速公路始于黑龙江省同江市,终点为三亚市,全长5700km。是国家规划建设的"五纵七横"主干线中最长的一条,也是唯一一条贯通中国东南沿海地区的高速公路。

2008年3月底,东、西段高速公路的南边闭合段——三亚绕城高速公路也已正式开工建设,该项目全长30.46km,全线采用四车道公路标准建设,为沥青混凝土路面,设计速度100km/h。建成后,将把亚龙湾、三亚火车站、凤凰国际机场、天涯海角、南山旅游区等市内主要交通枢纽和景区连成一体。

第七章
高速公路建设进行时

海南环岛高速公路 G98 海口绕城高速公路龙昆南立交桥出口

海南省交通厅有关负责人表示,海口绕城高速公路二期即美兰机场至海文高速公路路段,目前的开工及实施建设日期还未最后确定。但这些道路修好后,将实现海南省高速公路的完整闭合。

3. 将成海口开发分界线

一些开发商也对绕城公路周边地块十分看好,认为这里环境优美、交通便利,十分适宜发展房地产业。但海口市规划局局长吴建川表示,绕城公路建成后,将成为一条天然的分界线,绕城公路以南将实行控制性地开发,选择一些符合自然条件的项目。

绕城公路以南有大面积的植被,以及绿色生态带,这里是海口的"绿肺",是空气"调节器",是椰城的"水仓",因此将以绕城高速公路作为分界线,严格控制城市向南发展,保护南部城郊生态森林,筑牢城市生态屏障。

"以前我们拖一车瓜菜从高速公路回到码头,要经过凤翔路、南海大道,而这些道路人多车多,走起来不仅耗费时间,还总是提心吊胆。"开着一辆货车经过绕城高速公路前往海口港码头的刘师傅,充分感受了海口绕城高速公路的快捷。因为联系着机场、公路、港口及铁路,物流业成为绕城高速公路开通后受益最大的行业。

有关负责人表示,由于绕城高速公路属于闭合式道路,不会像城市主干道那样会对周边的经济拉动明显,但是仍会给这一带的农业、旅游业以及相关产业的发展带来一定的积极作用。

十、昔日坎坷路如今康庄道——海南环岛东段高速公路建设回顾

海南环岛高速公路(东段)是改革开放时代的产物。它既是海南省第一条高速公路，又是一条绿色的生态长廊，更是海南省物流、人流尤其是旅游的黄金通道……

(一)右幅建设:改革之路

准确地说,海南环岛高速公路(东段)工程筹划于1985年。经交通运输部公路规划设计院进行可行性研究,提出海南新东干线按"一级公路选线,二级施工"。1987年6月,二级公路工程在南渡江第二大桥拉开建设序幕。

1987年12月,为适应海南发展的需要,将已开建的二级公路改为二级汽车专用道路,使工程标准又提高一级。

1988年上半年,为适应海南建省办特区的新形势,又将二级专用路改为全封闭半幅高速公路并向国家计划委员会申报。

1990年9月,国家计划委员会正式批准立项建设海南环岛高速公路(东段)(半幅)工程。工程概算投资为10.5亿元,其资金来源安排是中央拨款1/3,利用日元贷款1/3,海南省自筹1/3。

1991年6月,成立海南环岛高速公路(东段)建设工程指挥部。同时成立海南环岛高速公路(东段)建设工程指挥部办公室,作为工程组织管理的常设机构。经招投标等一系列前期工作,1991年底第一期工程黄竹至陵水段开工。

由于多种原因,工程的总概算10.5亿元是在1983年的物价水平上编制的,时至1992年下半年工程大规模动工,时间已过去近10年时间,其材料、设备、燃料、人工等主要价格已今非昔比。正是由于资金困难,先期动工的府城至黄竹段65km长的工程,自1987年动工,至1992年底竣工,花了5年多时间。如果按这样的速度,要完成黄竹至三亚段186km工程,还要15年时间。

解决困难的唯一出路是改革。正当工程进入资金困难的"山重水复疑无路"的时刻,海南省委、省政府决定实行基础设施建设的股份制改革,东段高速公路的建设走上了改革之路。

在海南省委、省政府领导的关怀支持下,海南高速公路股份有限公司的筹备工作紧锣密鼓地进行。1993年4月17日,海南省政府办公厅、海南省证券委在海口宾馆会议厅召开大型新闻发布会,宣布对海南省东段高速公路建设工程指挥部办公室进行股份制规范化改组,成立海南高速公路股份有限公司,实行社会定向募集股本,总股本为12.5亿元,按1∶1.5溢价发行。

社会各界反响强烈。一时间股份公司筹委会办公室前门庭若市,工作人员应接不暇。

从 1993 年 5 月初正式接受认股，缴纳股金，在短短的 3 个多月时间内，全国 600 多家法人股东和数万个人股东踊跃入股，股金到位 14.65 亿元，一举解决了工程资金困难的问题。1993 年 8 月 8 日，海南高速公路股份有限公司正式宣布创立，海南省交通运输厅厅长陈求熙兼任公司首任董事长。

财通路通，从此，海南环岛高速公路(东段)的建设插上了翅膀。业主股份公司加大东段工程的资金投入，一度沉寂的工地又机器轰鸣、人声沸腾起来。东段工程全速向前推进。1995 年 12 月 27 日，海南环岛高速公路(东段)右幅工程竣工通车典礼隆重举行。

海南环岛高速公路(东段)右幅工程的建设，揭开了海南高速公路史上新的一页。它首次打破地方界限，面对全国公开招标，经过较严格的资格预审，最后确定中标单位；它首次引进了具有国际先进水平的国际土木工程"菲迪克"条款进行管理，实行由监理工程师独立负责工程的质量管理、计量支付和工期控制制度；它首次引进了国外资金，日本协力银行提供了 172 亿日元贷款投入工程建设。

(二)左幅建设：与时俱进

右幅工程竣工通车后，在取得明显的经济和社会效益的同时，由于半幅公路未达到高速公路的技术标准，尤其是不能满足行车安全的要求，事故时有发生。为了给海南人民交出一条快捷安全之路，在海南省委、省政府的重视下，在交通运输部等国家有关部委的支持下，左幅扩建事宜提上了日程。

1997 年元月，东段高速公路左幅扩建工程海口至琼海段工程，在潇潇细雨中开工，到 2001 年 9 月 28 日上午 8 时全线开通，历时 4 年 9 个月。

分左右幅先后修建的东段高速公路，其右幅工程于 1987 年 6 月开工，1995 年 12 月底竣工，历时 8 年 7 个月；其左幅工程 1997 年元月动工，2001 年 9 月竣工，历时 4 年 9 个月。这项工程自然形成了鲜明的左右对比。

左右幅同是首段工程海口至黄竹段，右幅工程竟用了 5 年半时间，而左幅则仅用 1 年 2 个月时间。右幅工程在建设当中，决策者实行基础设施投资体制的股份制改革，使公路建设体制几十年一贯制的由政府大包大揽，改变为数万股东入股建设，右幅建设时诞生了一个定向募集股本的股份制企业。而左幅在修建过程中，公司社会公众股共 7700 万股于 1997 年 12 月在深圳证券交易所上网发行成功，并在一个月后上市，"海南高速"成为世人瞩目的公众公司。

左右幅工程先后历时十载春秋，前后跨越新旧世纪，其左右对比事例较多，这里单表其中的大茅隧道工程，从它的左右对比中，或许能得到一些启迪，看到人与时代的共同进步也即与时俱进。

亲人泪模糊，望断天涯路。在大茅右隧道北洞口边上，静静地矗立着一座 2m 高的黑色花岗岩纪念碑,其碑文记载右隧道自1993年4月开工后发生的上百次塌方,以及在2年8个月的艰险施工中献身的18人名单。有限数百字,无限亲人泪!时隔7年,2000年4月,左隧道开工,筑路者又向大山开战了,这一战能否告慰石碑上的英魂?人们强烈期待工程能顺利攻克险阻,并吸取几年前血的教训。

建设者们不负众望,左隧道只用9个月就实现安全贯通,经1年2个月全面竣工,其间未伤一兵一卒。

从大茅左右隧道不同结果的反差对比中,人们总结了4个字:科学精神。隧道开工前后,交通运输部和海南省委、省政府领导先后7次亲临现场,海南省交通运输厅领导更是几乎每月到施工现场。各级领导一再强调了科学决策、科学指导工程掘进的原则:实事求是,稳妥推进。领导们一再强调,不赶工期,不搞献礼工程,要确保建设者的生命安全。在整个东段高速公路建设过程中,人们都可从中看到人与时代与时俱进、共同进步的缩影。

(三)黄金通道:造福万代

海南环岛高速公路(东段)全线开通后,从海口至三亚3个小时便可走完全程。这3个小时,是海南高速公路工程的决策者、建设者为海南文明所创造的现代化公路交通速度,他们为海南大特区铸造了经济腾飞的金光大道。它跨越历史时空,缩短南北距离,铺设了椰城至鹿城的黄金通道。它的建成,使海南的交通资源高效利用,物资流、信息流、人流高效运转,为海南的经济列车迎着新世纪的朝阳高速前进增添了力量。

它大大缩短了冬季瓜果蔬菜的运输距离,为海南瓜果蔬菜出岛抢得市场先机;

它平坦宽敞的路面,使来琼旅游的国内外游客"行"得便捷舒畅;

它满眼皆绿的生态长廊,充满热带海滨风光的景致,为海南生态省建设增添光彩……

东段高速公路所经万宁市与陵水县交界处的日月湾、牛岭和香水湾路段,建路前是海南东部偏僻落后的地区之一。高速公路建成通车后,这里变成海南东部风光秀丽的风水宝地。几年间,海内外客商纷纷在这里投资旅游业、酒店业、海洋养殖业和热带高效农业,也使这里千百年来一直处在偏僻贫穷落后状况的少数民族群众,开始走上文明富裕的康庄大道。

在东段高速公路全线,以高速公路为依托的经济开发热潮方兴未艾。如果您从北到南走一遭,就会发现,东段高速公路似一条银线,串起一颗颗耀眼珍珠。

它串起海口市琼山新市区;

它串起定安县的塔岭开发区、南丽湖旅游区;

它串起琼海市的银海新区、官塘温泉旅游开发区、白石岭旅游开发区、万泉河旅游开发区,以及举世闻名的博鳌亚洲论坛开发区;

它串起万宁市的南北新市区、兴隆温泉旅游城、石梅湾、南燕湾、日月湾海滨旅游开发区；

它串起陵水的香水湾海滨旅游区、陵城镇新区、土福湾海滨旅游区；

它串起三亚市神州第一泉温泉旅游区,海棠湾和亚龙湾滨海旅游区……

海南环岛东段高速公路,似一条绚丽长虹,舒展于天涯海角的五百里椰风海韵间,作为南北交通大动脉,作为东部的黄金通道,作为中国第一条热带海滨旅游高速公路,它将千秋万代地造福海南人民,成为大特区加快发展的金光大道。

美丽如画的定安南丽湖风景名胜区南入口

第三节　G9811：穿行黎苗山寨雨林中

一、琼乐高速公路建设追求让生态环境"静悄悄"

作为海南省重点交通基础设施,为把琼乐高速公路建设成为环境友好型、资源节约型公路,海南省交通运输厅通过大力推广对新技术、新工艺、新材料、新理念的应用,切实把保护生态环境、节约和集约用地、节能减排等落到规划建设各环节。

据时任海南省交通运输厅副厅长刘保锋介绍,琼乐高速公路在规划设计中常念的"生态环保经"主要体现在以下五个方面。

坚持全过程树立环保设计理念。在设计阶段,通过选择对沿线生态影响最小的方案、对两侧边坡切削最小的线位、对施工场地要求最小的结构形式,达到最大限度保护环境的目的。要求在施工中做到"不该砍的树一棵不砍、能少碰的树尽量少碰(打枝、断顶)",追求"静悄悄"效果,实现"桥从林上过、树在桥下长""与蓝天、绿地共舞"的目的;在绿化时机选择上,做到土建工程与绿化同步进行,提前发挥绿化的作用、减少水土流失。

广泛应用国内外新技术、新材料、新工艺。为克服传统的路基边坡防护存在人工痕迹明显、施工部分石漠化的问题,引进了在以色列广泛采用的蜂巢格室防护技术,开发了木格梁防护新技术。

大力推行节能减排技术。为减少高速公路建设对钢筋、水泥、沥青的消耗,部分护坡采用了废旧轮胎防护技术,部分路面采用了废旧轮胎颗粒铺筑技术,变废为宝,达到了节能减排的目的。

走生态工程建设和自然高度融合之路。传统高速公路建设中的改沟、改河和边沟、截水沟工程普遍采用浆砌片石工程,因植物难以生长,无法与自然河道及周边环境融为一体。琼乐高速公路建设改河、改沟工程采用了格宾网箱防护技术,部分边沟、截水沟采用了土工布包裹碎石的排水技术,将工程和绿化进行有机结合,实现工程和自然的高度融合。

应用生态环境恢复技术。最大限度地恢复沿线生态环境是本项目建设的重要目标。采用一定的生物、工程技术手段进行合理的植物物种的选择及植物群落的构建是实现生态环境恢复的关键。琼乐高速公路的设计在对沿线自然环境、乡土植物种类及植被类型详尽调查和研究的基础上,选出用于生态恢复的本地植物种类及植物群落类型,结合土工格室、客土喷播、植生袋等各种生态防护技术,研究提出沿线边坡、取弃土场、中央分隔带及路侧绿化带、立交区、服务区等原生植被遭遇破坏的路域生态环境恢复方案。

为保护中部生态,公路规划设计部门顺应原有的地势地貌开展公路设计,做到宜桥则桥,宜隧则隧,在跨越生态敏感区时适当增加桥隧比,在琼中至五指山段,桥隧比高达40%,这是海南目前所有高速公路中桥隧比最高的,虽然提高了投资,但有效地保护了环境,最大限度地减少高速公路建设对原地形地貌的破坏,保护中部生态。

二、海南中线高速公路串起致富通道

20世纪80年代海南便提出了建设省内高速公路主骨架的构想。"这是一条海南人民盼望了20多年的路",2012年5月30日,海南中线高速公路屯昌至琼中段建成通车当日,一名海南老交通人发出如此感慨。

屯琼高速公路通车当日,中线高速公路琼中至五指山至乐东段开工建设,未来3年到5年,海南省"田字形"高速公路网主骨架将有望全部建成。

(一)珍珠还需金线穿

海南中线高速公路建设,涉及沿线各乡镇的150万名群众生产出行,这些乡镇犹如一颗颗散落的珍珠,丰富的农业资源和旅游资源急待开发,而穿起珠子的金线,正是目前在建的"田字形"高速公路网主骨架中线高速公路。

随着屯琼高速公路的建成通车,沿线的琼中县将因此受益。时任琼中县委书记孙喆接受记者采访时说,近年来,琼中县着力发展绿色农业和旅游业。琼中处于屯琼高速公路和澄迈高速公路的枢纽位置,随着屯琼高速公路建成通车,琼中将更好地与周边地区实现融合发展、优势互补。

(二)带老伴儿逛省城

如果说来自官员的思考宏观理性,那么周边群众更在意的是切切实实的方便与红利。"村子距离屯琼高速公路互通只有三公里的路程,到海口方便不少哦!"得知屯琼高速公路通车的消息,琼中县弯岭镇乌石村委会佳村小组村民陈振鹏很兴奋。

陈振鹏告诉记者,没通屯琼高速公路前,大伙儿要走224国道前往海口,开车到海口要两个半小时,现在一个半小时就到了。

老陈盘算着,现在家里种了1000多株槟榔和500多株橡胶,交通方便了,物流成本下降了,来村里收购的商贩更多了,自己家的槟榔和橡胶就能卖上好价钱。等手头再宽裕些,自己也能买辆小车,没事经常带老伴儿到海口逛逛。

(三)旅游休闲业盼红火

海南的夏天格外炎热。望着琼中县华裕产销专业合作社里大片绿橙,再想想那清甜的滋味,暑气自然消解了三分。合作社社长连英周思考着新的商机。

自合作社搞起了旅游采摘,由于旅游产业还没有形成足够规模,因此相关设施并不完善,游客数量虽然不多,但仍然超负荷接待。如今高速公路通了,游客肯定还会增多。除了大力发展合作社绿橙种植产业,如果能够借力发展特色休闲度假旅游产业,加大旅游设施投入力度,那么不仅能够让附近更多的村民来此就业,还能够提高绿橙的经济附加值,一举两得。说干就干,连社长已经开始在果园周围建起了养鱼池,休闲度假村的蓝图已经付诸实施。

(四)物流成本降三成

"太高兴了。对于我们跑运输的人来说,高速公路开通,我们受益很多!"屯琼高速公路建成当日,便有3名屯昌跑运输的驾驶员专程到琼中来踩点,3人看着通车地图难掩心中的喜悦。

一名驾驶员告诉记者,有了屯琼高速公路,他们就可以直接走高速公路到海口,现在一个轮胎就要两千多元,路好跑了,车的损耗就小了,再加上油费也能降低,时间也能缩短,农产品运输损耗也会相应减少。跑一趟下来,成本节省三分之一。

琼中"魅力"公路

"海南的农产品有特色,我们拉着货全国各地跑。希望整个岛内通道早点建好,我们跑运输就更方便,腰包也就更鼓了!"驾驶员说。

(五)交通助力绿色崛起

岛内群众的热切期盼,正是海南交通人不断前行的动力。

2015年,海南省交通运输厅陆续开工建设交通项目22个,总里程达863km,计划总投资392亿元。

时任海南省交通运输厅厅长董宪曾介绍,加快完善岛内高速公路网,这是实施国际旅游岛战略、服务旅游特区建设、实现绿色崛起的重要举措。交通基础设施的不断完善,将有效缩短时空距离、密切地域联系,有利于加速中西部地区特别是农村地区的资源开发,推动沿线城镇化发展,真正实现岛内各区域"同城规划、同城建设、同城发展"的交通一体化发展目标。

三、海屯高速公路品质"细"中来

2012年11月25日,海南中部地区首条高速公路海口至屯昌段施工人员顶着烈日挥汗作业,两台大型路面摊铺机在摊铺路面,数台压路机来回碾压路面,眼前一派火热的施工景象……"我们正集中人力和机械加紧施工,还差一公里主线摊铺就完成了。"负责路面施工的11标段项目经理吴波说。

历经两年多的紧张施工,备受关注的海口至屯昌高速公路项目进展顺利。11月25日晚上11时35分,主线路面摊铺完毕。连日来,交通标牌标志正加紧安装,公路沿线绿化基本完成,一条全新的沥青混凝土高速公路正穿行于青山绿水间……

第七章
高速公路建设进行时

董宪曾说:"海屯高速公路是海南省'田字型'高速公路主骨架的重要组成部分,是海南省重点公路建设项目。眼下时间紧迫,省交通运输部门将贯彻落实党的十八大精神,以'一天也不耽误'的精神,打好冲刺攻坚战,奋战30天,确保年底全线通车。"

(一)现场直击:施工进入倒计时

在新摊铺完的沥青路面上,工人们正在加紧安装防撞栏,崭新的公路标线在脚下延伸。公路中间绿化带上,新种的三角梅竞相绽放……这是11月25日记者在海屯高速公路施工现场采访时看到的景象。

承担部分路段交通工程施工的项目经理张雷说:"这个项目通车在即,我们得往前赶啊,目前我们标段的标志、标线、隔离栅、护栏等四大项主体已完成七成左右,争取12月10日前完成。"

海屯高速公路开工,黎苗乡亲载歌载舞

在海屯高速公路11标段处,数台大型机械正在摊铺路面。"昨天下雨耽误了一天,今天我们得加紧施工,争取两天完成。"项目经理吴波说。他告诉记者,为加快施工进度,最近他们新购置了一套摊铺机和相关设备,多个路段同时施工。

海屯高速公路现已进入施工倒计时,正向年底通车目标冲刺。在海南省交通运输厅召开海屯高速公路项目建设推进会上,项目代建单位签署了建设进度承诺书,并与施工单位签署了工程建设进度目标责任状。"在确保施工安全和质量的前提下,要掀起好中求快、抢抓进度的建设高潮,一天也不能耽搁!"董宪曾毫不含糊地说。

(二)保障有力:落实责任服务好

11月25日,海南省交通运输厅重点项目建设督导组组长罗永熙率督导组赴海屯高速公路研究解决南渡江大桥伸缩缝施工工艺及永发、屯昌立交施工问题。一年来,督导组成员三分之二的时间都"泡"在工地上。"眼下施工进入冲刺阶段,为确保质量和进度,不盯不行啊。"罗永熙说。

按照省政府今年提出的重点项目建设"六个一"责任模式要求,海南省交通运输厅及时成立海屯高速公路项目工程指挥部,层层落实责任,推进海屯高速公路项目建设。

据了解,海南省交通运输厅每月均召开工地例会,按时间节点明确责任目标,确保人员和机械设备到位,督促施工单位履约。"厅领导几乎每个周末都亲临施工现场办公,及时协调解决工程建设中的重大问题,为项目建设提供'保姆式'服务。"海南省交通运输厅建管处处长李强说。

省交通运输厅还成立了项目督导组,经常派员深入施工现场检查指导,加强对施工进度和施工质量的有效监督。罗永熙说:"为推进项目建设,力求做到'三个及时',一是及时调整材料价差,以加快施工企业资金周转率,确保材料及时购进;二是及时批复设计变更,不耽误工程进度;三是及时计量拨款。从过去每月一次拨款改为半月一次,为项目提供资金保障。"

此外,大力推行任务分解目标考核制度,要求施工单位围绕工期目标,将任务按月度分解。根据每月任务分解计划执行情况,严格执行奖惩制度。同时,广泛开展创先争优劳动竞赛活动,奖励优秀施工、监理单位,以激发参建单位的积极性,力争把海屯高速公路建成精品工程和优质工程。

(三)精细管理:动态监控抓细节

两台大型摊铺机匀速前行,五台压路机来回碾压,不一会儿工夫,一段全新平坦的沥青路面展现在我们眼前……这是记者在九标段施工现场看到的一幕。记者注意到,摊铺机和压路机上均装有一台不显眼的限速器。一旦超速,限速器便立即报警。

"安装限速器,就是控制机械摊铺和碾压速度,确保路基路面匀速碾压,以提高路面施工质量。"该标段负责人吴岳伟说。这是海屯高速公路强化施工质量管理的一个缩影。

"推行标准化施工,从细节入手,跟踪管理,严把质量关,是海屯高速公路工程施工的一大亮点。"罗永熙说,"原材料是确保施工质量的关键。海屯高速公路用于路面上面层摊铺的碎石均通过除尘、水洗,确保石料的洁净,以增强混凝土的黏合度。此外,我们还对沥青的采购、供应全过程实行跟踪管理,以确保沥青质量。"

精细化施工在海屯高速公路施工现场随处可见。沥青摊铺前施工方先将水稳层清扫干净,做到"一扫二吹三洗四吹",在洁净的水稳表层上进行封层施工,以阻隔水下渗或上涌,确保施工质量。

针对海南高温、多雨的气候特点，海屯高速公路路面摊铺采用了 SBS 改性沥青。代建单位大胆引入改性沥青生产线，自行研制 SBS 改性沥青，通过反复试验，确保自行生产的 SBS 改性沥青多项指标高于市场标准。

四、中部地区走上发展高速路

修建中线高速公路，是中部山区群众多年来的梦想。这一梦想随着海屯高速公路的开通变成了现实。

海屯高速公路的建成通车不仅结束了海南中部地区没有高速公路的历史，有利于完善海南省"三纵一横"高速公路交通体系，改善中部地区交通条件，还增强了海口作为中心城市对海南中部地区的经济辐射和带动作用，有利于促进中部地区经济社会的发展。

（一）打通中部腾飞大动脉

1994 年，海南省开始酝酿建设中线高速公路，采取综合补偿的方式，由企业负责筹资建设中线高速公路。1995 年，海口至永发段高速公路开工建设。然而，由于企业资金不到位等原因，开工后多年处于停滞状态，一搁就是 10 多年，成为海南省公路建设最大的"半拉子"工程。之后，由于资金短缺等多方面原因，中线高速公路一直无法启动。2008 年初，省交通主管部门收回该项目建设权。

交通不畅已成为制约海南省中部地区发展的"瓶颈"。海南省委、省政府决定尽快启动中线高速公路，以改善中部地区的交通条件，并成立了海屯高速公路建设领导小组，多次召开会议，专题研究该项目建设相关问题。

2007 年 4 月，海南省发展与改革委员会批复项目立项；同年 8 月，国家开发银行海南省分行同意提供巨额的中长期贷款；同年 9 月，交通部批复该工程可行性研究报告。

2009 年 5 月，海南省政府召开海口至屯昌高速公路建设动员会，动员全省有关部门及各市县齐心协力推动海屯高速公路建设；同年 8 月 17 日，海屯高速公路举行开工仪式。

2012 年 12 月 29 日，历经两年多的紧张施工，作为海南省中部地区主要交通干道的海口至屯昌高速公路顺利通车，经海口、澄迈、定安、屯昌 4 个市县，建设里程 72km，设计速度 100km/h，双向四车道，路基宽度 26m，总投资约 30 亿元。海口至屯昌车程从过去的 1 小时 40 分左右缩短至 40 分钟左右。

（二）中部地区走上发展高速路

2012 年 12 月 30 日，历经两年多的紧张施工，作为中部地区主要交通干道的海口至屯昌高速公路顺利通车,海口至屯昌车程从过去的1小时40分左右缩短至40分钟左右,海南省中部地区告别了无高速公路的历史。

全长约72km的海屯高速公路是海南省"田字形"主骨架高速公路网中线高速公路的重要组成部分,也是海南省重点公路建设项目。启动该项目是海南省委、省政府加快中部地区开发建设的重大举措,也是海南省中部地区交通发展史上的重要里程碑。该条高速公路的开通,将有利于完善海南省"三纵一横"高速公路交通体系,改善中部地区交通条件,促进中部地区经济社会的发展。从某种意义上说,这是一条引领中部地区发展的致富路。

历经半个世纪的风雨沧桑,建成于1954年的海榆中线公路虽进行了数次改造,但该路穿越诸多村庄,弯道多,行车视距差,存在较大的安全隐患,造成物流不畅,在很大程度上制约着海南省中部市县经济的发展。中部地区老百姓一直期盼着中线高速公路早日建成。

路通财通。海屯高速公路开通后,大大方便了中部地区百姓出行,同时,也打开了农产品运输大通道,带动屯昌养猪业、瓜果蔬菜、槟榔生产的发展,实现农民增收。从这个意义上说,海屯高速公路将是一条"富民之路"。

海屯高速公路经海口、澄迈、定安、屯昌4个市县,建设里程约72km,设计速度100km/h,双向四车道,路基宽度26m,总投资约30亿元。

(三)屯昌借路腾飞融入省会经济圈

海屯高速公路的开通,意味着屯昌将迎来一次重大发展机遇,屯昌将借路"腾飞",主动融入省会经济圈,助力屯昌绿色崛起。

高速公路通车使屯昌借路腾飞融入省会经济圈

屯昌将借助交通区位优势,加紧建设海南中部农产品加工物流中心、海南中部家居建材城、海南中部汽车城等项目,将屯昌建成海南中部农业、商贸物流集散中心,走新型城镇化发展之路,努力建设省会卫星城。

屯昌发展热带高效农业条件优越,农副产品丰富,被誉为"南药之乡""槟榔之乡",曾荣获"全国槟榔生产十强县"称号。屯昌枫木苦瓜、红茄、尖椒等品种畅销全国各地。黑猪、阉鸡、罗非鱼等产品在岛内外久负盛名。屯昌将借海屯高速公路开通的契机,有针对性地招商发展有机农业,引进农副产品深加工、精加工项目,在绿色发展中实现农业增效、农民增收。

屯昌旅游资源丰富,拥有枫木鹿场、木色湖风景名胜区、油画一条街等特色景区景点,海屯高速公路的开通以及海口—屯昌专线游的启动,对屯昌旅游业的发展是个良好的机遇。屯昌将加大原生态旅游开发力度,着手打造一批独具特色的农家乐,吸引更多琼北客人来屯昌休闲度假,成为海口的"后花园"。

(四)质量为先,打造精品工程

为高标准按时完成项目建设,海南省交通运输厅按省政府项目建设年"六个一"责任模式要求,成立海屯高速公路项目工程指挥部,层层落实责任,推进项目建设。坚持以质量为先,通过推行新工艺、新技术和新材料,严把施工质量关,目的是将海屯高速公路打造成精品工程和优质工程,向社会交出满意答卷。

原材料是确保施工质量的关键。碎石如处理不彻底,杂质多、含泥量高,就会影响混凝土的黏合度。实行标准化施工后,用于海屯高速公路路面上面层摊铺的碎石均须通过除尘、水洗,确保了石料的洁净,以增强混凝土的黏合度。此外,对沥青的采购、供应全过程实行跟踪管理,以确保沥青质量。

精细化施工在海屯高速公路施工现场随处可见,而且施工普遍使用了新材料、新工艺。如沥青摊铺前必须用自动清扫机将水稳层清扫干净,做到"一扫二吹三洗四吹",在洁净的水稳表层上进行同步碎石封层施工,以阻隔水下渗或上涌,确保施工质量。

另外,摊铺机和压路机上均装有限速器,以控制机械摊铺和碾压速度,确保路基路面能匀速碾压,使压实度满足施工规范要求,提高路面施工质量。而且,海屯高速公路水稳层施工不用常规的平地机,而改用摊铺机,用传感器控制基层的厚度和高程。摊铺机施工均匀、平整度好,密实度也有所提高。

针对海南高温、多雨的气候特点,海屯高速公路路面摊铺采用了SBS改性沥青,以提高高温条件下路面的抗车辙能力。代建单位大胆引入改性沥青生产线,自行研制SBS改性沥青,通过反复试验,确保自行生产的SBS改性沥青多项指标高于市场标准。

部分路段还设置了声屏障,最大限度控制噪声对沿线居民的影响。

海屯高速公路精细化施工现场

(五) 路通了,百姓的日子会越过越好

终于可以通过高速公路去海口了,不仅节省了运输成本,还节省了运输时间。

定安新竹南华养殖专业合作社是当地有名的定安黑猪、定安鹅、鸭子养殖专业合作社。每年出栏定安鹅4万多只,黑猪8000多头,鸭子50多万只,年销售额达4000多万元。因为养殖量大,业务量多,每天都有定安鹅、黑猪以及鸭子销往海口等地。以前,该合作社外销农副产品只能走海榆中线,受到道路等制约,从新竹每次去海口需要近2个小时,如今只需要30分钟。而且,运费每年也至少能节省好几万元。

并且,过去因为道路等原因,销售面也受到了影响。海屯高速公路的开通解决了运输瓶颈,养殖产品的销路自然也随之拓宽。定安新竹南华养殖专业合作社成员将抓住这个机遇,充分利用好合作社拥有的资源,不断扩大养殖量,把更多的产品销往琼北。同时,进一步挖掘三亚等地市场,扩大销售渠道,把业务做得更大。

五、中部坦途势如虹

2015年5月31日,这一天海南中部地区沸腾了。人们怀着无比喜悦的心情,从四面八方赶来,见证了激动人心的一刻:屯昌至琼中高速公路通车及琼中至乐东高速公路开工庆典。

"双喜临门",屯琼高速公路开通和琼乐高速公路开工,标志着海南省奏响了高速公路建设高潮的序曲。这是海南省委、省政府面对经济下行压力,鼎力构建"田字形"高速公路路网主骨架、加快完善互联互通立体交通运输体系的大手笔。高速公路向中部延伸,将拓开一条富民之路、崛起之路。路似彩虹,绽放一束束耀眼的光芒;路如琴弦,演奏一曲曲和谐发展的乐章。

第七章 高速公路建设进行时

(一)着眼大局,打造互联互通快速通道

在经济新常态下,扩投资上项目仍然是海南稳增长的关键动力。

加快海南交通基础设施建设,打造"田字形"高速公路主骨架,是海南省委、省政府着眼海南发展全局作出的重大决策。

时任海南省委书记罗保铭多次指出,基础设施完善之日,就是海南经济腾飞之时。

时任海南省委副书记、省长刘赐贵多次强调,要全面提升交通基础设施建设水平,加快构建"田字形"高速公路主骨架,建设陆、海、空互联互通、无缝衔接的立体交通体系。

眼下海南省"田字形"高速公路网络主骨架尚未形成,与国际旅游岛发展的要求不相适应。在加快推进国际旅游岛建设的背景下,海南迫切需要构建完善大交通运输体系。

海南交通正酝酿大变局。2015年海南省高速公路建设将好戏连台,继琼乐高速公路开工后,下半年还将陆续开工建设文昌至博鳌高速公路及横线万宁至儋州至洋浦高速公路等重大项目,三条高速公路总里程357km。

(二)借路聚财,铺平中部崛起之路

要想富,先修路。加快高速公路建设是海南省助力区域经济发展的一招活棋。

时任琼中黎族苗族自治县县委书记孙喆对此感触颇深。她说,琼中是中部地区的重要交通枢纽,屯琼高速公路的开通,意味着琼中将迎来一次重大发展机遇,琼中将纳入省会海口一小时经济圈,信息流、资金流等将大量涌入,带旺琼中人气,为琼中经济发展注入新的活力。

"我们热切期待琼乐高速公路早日开通,因为乐东将是最大受益者,能破解乐东交通不便瓶颈,为乐东县域经济发展提供强劲动力。"时任乐东黎族自治县县长王大辉对此感触颇深,交通不便使乐东显得偏远,开车从乐东到海口至少要走4个小时,今后高速公路开通后,车程将缩短至2个小时左右,真正打通乐东沿海、山区的快速通道,加强乐东与外界的联系,乐东将借路腾飞。

(三)保护生态,打造绿色高速公路

平坦、舒适的屯琼高速公路穿行于中部地区青山绿水间,公路两旁景色美不胜收,花红树绿,山清水秀,一条绿色之路、生态之路正在脚下延伸,令人尽享"车在画中行,人在景中游"的惬意……

中部地区是海南省的生态之肺。中线、横线高速公路将穿越海南省中部生态保护区,如何处理好公路建设与生态保护问题自然成为人们关注的焦点。

"最大限度保护生态是我们建设高速公路遵循的原则。"时任海南省交通运输厅厅长

董宪曾说,高速公路项目在前期工作中本着"安全、环保、舒适、和谐"的设计理念,建设保护并重,最大限度保护生态,使公路与中部山川、沟谷、河流等自然景观相融合,着力打造绿色高速公路。

为保护中部生态,公路设计部门顺应原有的地势地貌开展公路设计,做到宜桥则桥,宜隧则隧,在跨越生态敏感区时适当增加桥隧比,尽量减少对原地形地貌的破坏,保护中部生态。

未来的"一纵一横"两条高速公路犹如两条通道,将沿线散落的自然和人文景点串联起来,成为展示海南中部及中南部自然风光、民俗文化的通道。

六、琼乐高速公路冲刺施工黄金季

2016年8月11日,在琼中黎族苗族自治县什运乡什太阶村附近,中线琼中至乐东高速公路什太阶2号大桥正在架设桥墩,施工现场十分壮观。据介绍,琼乐高速公路项目全长约129km,总投资约117亿,预计2018年建成通车。琼乐高速公路建成后,将与中线海口至屯昌至琼中高速公路一起形成一条纵贯中部、连通南北的快速交通大通道,极大提高中、南部地区的路网水平,改善中、南部地区交通条件,对促进海南经济社会发展和沿线市县旅游资源开发具有十分重要的意义。

2016年11月12日上午,由中铁十九局集团负责施工的琼乐高速公路A10标建设工地一派繁忙景象,工人们都紧张忙碌着,为完成琼乐高速公路项目建设攻坚年劳动竞赛最后一个节点任务目标做最后冲刺。路基工地上挖掘机、装载机、运输车辆来往奔忙;桥涵工地上工人们正在拆装模板、绑扎钢筋,紧张有序、有条不紊;预制梁场在浇筑桥梁梁板,振动棒的嗡嗡声持续不断。

琼中至乐东高速公路位于海南省西南部地区,是海南省"田字形"主骨架高速公路网中线高速公路的重要组成部分,对于改善海南省区域交通条件、促进地区经济发展以及海南国际旅游岛建设都具有十分重要的意义。项目全长128.93km,总投资116.28亿元,其中土建工程52.83亿元,截至2016年10月底,全线累计完成土建工程投资25.96亿元。

2016年是该项目建设攻坚年、关键年,为完成年度施工计划,新年伊始,琼乐高速公路代建指挥部和各标段的施工单位分别签订了劳动竞赛目标责任书,明确了季度节点目标,制定了详细的激励措施,按季度对各施工单位进行考核评比,大大提高了项目的整体建设进度,二、三季度节点目标均已经顺利实现。11、12月是海南建筑施工的黄金季节,参建施工单位克服各种困难,科学合理的组织施工,为完成琼乐高速公路项目攻坚年的任务目标做最后冲刺,争取超额完成任务。

七、琼乐高速公路全面进入桥面铺设阶段

在琼乐高速公路五指山段的南圣河,各标段的大桥桥面铺设工作正有序推进。

第七章
高速公路建设进行时

冬日的五指山区仍然艳阳高照,已现雏形的琼中至乐东高速公路(以下简称琼乐高速公路)宛如一条巨龙盘亘在这青山绿水之间。

作为海南省"田字形"主骨架高速公路网的重要组成部分,琼乐高速公路建成后将与已建成的中线海口至琼中高速公路形成一条纵贯中部、连通南北的快速交通大通道,对带动内陆山区、少数民族地区及贫困地区自然资源的深度开发和利用,进一步推动全省社会和经济的进步和发展都具有重要意义。

2016年,在海南省交通运输厅、海南省交通工程建设局的大力指导下,琼乐高速公路全线11个标段近万名建设者克服种种困难,不仅超额完成年度投资任务,更实现了工程总进度过半的目标。

机械轰鸣作响,将一片巨大的钢筋混凝土箱梁板高高吊起,然后严丝合缝地架在了几十米高的桥墩之上,已经铺设好的桥面也随之发出了一阵颤动。

琼乐高速公路沿线地形复杂,特别是琼中至五指山段,路线主要穿行于山地丘陵或沿河修建,是海南中线高速公路乃至海南已建高速公路中地形最复杂的一段,其59km长的主线道路,桥梁和隧道占比就达到了43%,施工难度可想而知。

该标段将高速公路和五指山市连接在一起,七次跨越南圣河,桥墩最高达到56m,施工难度极大。

为了抢抓工期,2016年初各参建单位开展了"春季大会战"活动,海南省交通运输厅、海南省交通工程建设局在4月专门召开了琼乐高速公路"劳动竞赛"动员会,代建指挥部和各施工单位均制订了相关计划,加大项目人员和设备的投入,并与同年9月海南省开展的服务社会投资百日大行动结合起来,掀起一个又一个建设高潮。

琼乐高速公路施工现场

"在保障工程质量的前提下,琼乐高速公路早一天建成,沿线人民群众就能早一天受益。"时任海南省交通运输厅厅长董宪曾表示,加快构建"田字形"高速公路主骨架,目的是打通制约经济发展的"任督二脉",形成纵贯中部、连通南北的快速交通大通道,构建大交通体系,这是制胜产业布局和服务区域大发展的重要引擎。

2016年琼乐高速公路全年共完成29亿元投资,工程总进度已完成52%,其中路基工程完成86%,桥梁工程完成60%,隧道工程完成95%,目前琼乐高速公路全线已全面进入桥面铺设阶段。

首次在公路建设中实施环境水土监理——琼乐高速公路的建设管理采取了全新的"代建、监理一体化"模式。它减少了传统模式中诸多不必要的环节,也避免了部分职责重叠的问题,使各项管理程序更加简洁、顺畅、高效。

琼乐高速公路地处海南省中部核心生态区,为了有效控制和减少工程建设对环境的影响,海南省首次在公路建设项目中实施环境监理、水土保持监测及监理,并对项目沿线珍稀树种和古树进行移植保护,还特别在合同条款中加以明确体现。

施工中不仅要最大程度保护好沿线水土资源,避免水土流失发生,同时还要把水土保持工作与沿线的自然环境保护、旅游资源开发等工作结合起来,力争将项目打造为绿色通道。

进场施工后还出现了碎石等项目资源短缺、全线电力供应紧张等情况。海南省委、省政府对此高度重视;海南省交通运输厅、海南省国土资源厅、海南省交建局以及沿线各地政府给予了大力支持,多方协调,解决难题;施工单位也增加了投入,确保了整个项目的进展。

八、琼乐高速公路征地拆迁创造"海南速度"

这是2015年9月一组振奋人心的数字:

乐东境内69.628km,8天完成征地475.53公顷(7133亩);五指山境内41.82km,提前半月完成征地239.73公顷(3596亩);琼中境内35.4km,提前45天完成征地233.4公顷(3501亩),房屋拆迁正在进行,8月底基本完成……为了加快推进重点项目建设,5月25日以来,海南省交通运输厅多方协调、服务,一竿子插到底,创造了海南公路建设史上项目征地拆迁"海南速度",实现了和谐拆迁和"零上访、零抢建、零抢种"目标。

(一)交通:13亿费用提前拨付

2015年以来,海南省交通运输厅领导积极协调、主动作为,多次前往北京协调琼乐高速公路项目前期工作。5月5日,国家发改委批复项目工可报告,6月24日交通运输部批复项目初步设计。9月,海南省交通运输厅正抓紧进行项目施工图设计与预算的审查批复工作,项目已具备施工条件。

第七章
高速公路建设进行时

为保证琼乐高速公路项目征地拆迁工作顺利实施,按照海南省政府制订的工作方案,海南省交通运输厅敢于担当,主动协调省发改、国土、环境、林业等相关部门和沿线琼中、五指山、乐东3个市县政府,按时间节点保质保量完成各项工作,确保项目按时开工建设。同时,将该项目征地拆迁包干费用(海南省政府承担部分)计13.8336亿元,6月9日提前按照要求向3个市县拨付13.1419亿元,确保征地拆迁所需费用和资金。

为实现和谐拆迁和"零上访、零抢建、零抢种",海南省交通运输厅提前谋划,积极指导,并要求代建单位主动配合沿线市县征地拆迁工作。沿线市县高度重视,周密部署、不断创新征地拆迁工作模式,层层签订责任书,工作进度和成效十分喜人。

(二)乐东:创新"四级联动"模式

乐东县委、县政府超前谋划,周密部署。组织多个工作队进村入户,宣传发动,让沿线村民充分认识到中线高速公路对当地经济社会发展的重大意义;县领导亲自挂帅驻村指导、机关党员干部成立工作队长期驻点真抓实干、镇委围绕部署积极协助、村委会参与解决问题的"四级联动"模式。

这次征地拆迁中涌现出很多感人事迹,干部党员带头拆迁,百姓积极配合。如黄流镇采取"白天主外晚上主内"超常规工作方法:白天到现场征地,晚上召开会议研究分析问题和解决之道。抱由镇实行"两个黑"的工作方式:早晨天还黑着工作人员就到达现场,晚上天完全黑之后才收工。

千家镇抱平小学教师容章坚和爱人半辈子省吃俭用,好不容易在2005年盖了一座毛坯房,5年后才攒了些钱装修。得知自家房屋要拆迁,夫妻俩怎么也舍不得。可是,身为教师的容章坚深知高速公路对山里娃意味着什么,那是山区孩子走出大山的希冀,于是他主动提出搬迁。动迁那天,当轰隆隆的铲车开向房子时,两口子不忍心再看,站得远远的,泪水直流。这一幕幕在中线高速公路乐东段的土地上,留下了基层干部的辛勤汗水和串串足迹。仅8天,71km定桩放线、475.4公顷(7131亩)土地丈量全部完成,2163份补偿协议全部公示,边界挖沟全部贯通,207间5243m^2房屋及地上建筑物全部拆除。

(三)五指山:5天迁墓100多座

在高速公路五指山段征地拆迁工作中,五指山市领导带头深入基层、深入群众。

2015年7月8日,五指山市委书记宋少华在外地学习,特地抽空回来,到毛阳镇、番阳镇征地拆迁现场解决难题。市长陈振聪多次到乡镇,对一些重大问题开会研究解决。市政府以及各相关职能部门实行每周例会制,合力解决有关问题。其中,番阳镇孔首三村要征用大量土地,包括100多座坟墓。他们召集全体村民开会,共同分析建设高速公路对村里的好处,最后村民们都支持征地修路,100多座坟墓仅用5天就全部迁完。

(四)琼中:补偿标准等"四公开"

琼中县征地干部全力以赴攻坚克难,真心实意保障群众利益,赢得广泛支持,6月15日提前一个半月完成征地任务,实现"零上访、零抢建、零抢种、零阻碍"的和谐局面。县委、县政府超前部署,定人、定责、定任务、定时限、定奖惩,构建县、镇(乡)、村三级联动机制,层层签订责任书,县驻点主要领导各联系一个乡镇督促征地,强力推进征地。对征地任务表现突出的进行表彰和奖励,对落实不力的进行通报批评,对影响征地大局的,启动约谈、函询等。

对于征地拆迁补偿标准等,琼中广泛宣传,征地拆迁力求做到公开透明、阳光操作,确保群众知情权和参与权。由县国土部门联合纪检监察、财政、审计等部门成立督查小组,不定期抽查复核,严格实行征地拆迁数量、补偿标准、补偿总额、分配方案"四公开"。每次清点完一批青苗,并对这些款项进行公示,没有异议后才签订协议。全乡坟墓拆迁补偿款已全部拨付到农户账户。

琼乐高速公路施工中

(五)五指山乐东具备施工条件

海南省交通运输厅对琼乐高速公路征地拆迁进展情况进行通报。截至2015年8月17日,拆除房屋621间共2.5万 m^2,涉及261户1024人,已拆除9086m^2,完成37%,正在丈量和评估剩余拆迁房屋;需迁移坟墓673座,已迁移614座,完成91%;苗木和林木清点全部完成,清表完成69%,计648.8公顷(9732亩),剩余部分正在加快推进。完成投资14亿元,其中,前期1亿元,征地拆迁13亿元,占年度投资16亿元的88%。按照海南省政府《琼中至乐东高速公路征收征用土地工作方案》要求,各市县7月31日前须完成征地拆迁总量80%以上,五指山、乐东已具备进场施工条件。根据项目实施计划,8月底将全部完成征地拆迁任务。

代建单位正在抓紧推进"三电"及管道迁改工作。近期将采取交叉作业、并联推进、无缝衔接等超常规工作方法,同步推进项目招标和征地拆迁工作,以"一天也不耽误"的精神全力以赴推进项目建设。

琼乐高速公路建成后,将与中线海口至屯昌至琼中高速公路一起,形成一条纵贯中部、连通南北的快速交通大通道,极大提高中、南部地区的路网水平,改善中、南部地区交通条件,对促进海南经济社会发展和沿线市县旅游资源开发具有十分重要的意义。

九、屯琼高速公路全线进入施工高峰期

作为海南"十二五"期重点交通建设项目,自2012年5月开工以来,中线高速公路屯昌至琼中段工程一直备受关注。据记者了解,该项目已进入施工高峰期。截至2013年3月底,路基已完成70%以上,涵洞建设完成60%左右,累计完成投资12亿元。主要控制性工程加章和辛平两座隧道进展顺利,将分别于2013年4月中旬和7月中旬贯通。

(一)首推桥梁"智能张拉"

在屯昌县,由中交一公局负责施工的第一标段施工现场,推土机、装载机、压路机、平地机等施工机械,来回穿梭,一派繁忙的景象。在片梁浇筑场,工人们有的在摆布钢筋,有的在给片梁浇水养生。值得一提的是,屯琼高速公路建设积极推行标准化施工,其中包括工地建设标准化,混凝土、钢筋等集中、统一加工,现场施工符合规范要求,并创下了多个"首次",如首次推行桥梁"智能张拉"设备,避免人为张拉出现差错的现象,使数据更加准确、标准,确保桥梁的承载能力;建设海南首个标准化操作的高速公路小型构件预制场,其规模和成品在全国高速公路行业都处于领先水平。

2013年以来,海南天气较好,有利于施工,为确保工程进度,建设者不断加大机械设备和人力投入,项目施工做到"人停机不停",24小时施工作业。屯琼高速公路全线有加章和辛平两座隧道,是施工难度较大的项目。其中,加章隧道分为左右两幅,左幅406m,目前贯通工程已完成70%左右;右幅403m,已完成约50%,预计2013年4月中旬贯通,辛平隧道计划7月中旬贯通。

(二)少占农田少挖山

截至2013年3月底,屯琼高速公路全线路基工程已完成70%以上,涵洞建设完成60%左右,桥梁建设完成约40%,累计完成投资12亿多元。屯琼高速公路沿途有两座隧道,275座桥涵,平均每180m左右就有一座桥涵或通道,在规划、设计和建设中充分考虑了沿线老百姓的生产、生活和出行需求,最大限度地做到以人为本、交通惠民。在生态和环境保护方面,由于屯琼高速公路地处中部山区,从设计伊始就尽可能减少对沿线自然环境的破坏,尽量做到少占农田、少挖山体、少移树木,整个工程无大开大挖现象。项目施工基本做到既保护自然环境,又方便周边百姓安全便捷出行。

屯昌至琼中高速公路是海南"十二五"期间重点交通建设项目,是"田字形"高速公路路网主骨架的重要组成部分,全长约46km,其中屯昌县境内24.9km,琼中县境内21.1km,采用全封闭、全立交的四车道高速公路标准建设。该路段起点位于屯昌县城以西的加丁水库附近,与已经通车的海口至屯昌高速公路终点相接,跨越高朗河、木色湖、大边河,终点在琼中县城附近,总投资34亿元,预计2014年底建成。通车后屯昌至琼中的行车时间将由现在的1小时10分钟缩短到30分钟。

十、琼中融入琼北"一小时交通圈"

建设一条高速公路对一个地方经济社会发展的影响有多大,位于五指山脚下的海南琼中县,定能给你一个圆满的回答。

2015年5月30日,屯昌至琼中高速公路建成通车,从海口出发到琼中只需要一小时,而通车前需要3个多小时。这意味着琼中成为海南岛中部地区的重要交通枢纽,交通的便利给琼中带来一次重大发展机遇,琼中将纳入海口省会经济圈一小时交通网,信息流、资金流等市场资源将大量涌入,带旺琼中人气,为琼中经济发展注入新的活力。

(一)上半年旅游收入喜创新高

区域一体化旅游融合是大势所趋,琼中主动融入琼北旅游圈,使得琼北区域旅游产品线路也向中部延伸,这是一次大胆创新的探索。琼中不但丰富了琼北区域旅游产品线路,也彰显了海南旅游的差异化和吸引力,符合旅游市场发展规律。

从2013年起,琼中开始打造"奔格内"乡村游品牌,以什寒、云湖、鸭坡白鹭湖为代表的"奔格内"乡村游,越来越受到国内外游客的青睐。琼中旅游委主任邓开扬说,特别是今年5月31日中线高速公路开通之后,琼中旅游受惠颇多,带动游客量大增,很多景点、景区的客房,以及营根县城的酒店在节假日一房难求。

(二)进入省会一小时交通网

2016年5月30日,对琼中交通来说是值得铭记的历史时刻:屯昌至琼中高速公路通车。这意味着琼中成为海南中部地区的重要交通枢纽,交通的便利将给琼中带来一次重大发展机遇,琼中将纳入海口省会经济圈一小时交通网,信息流、资金流等市场资源将大量涌入,带旺琼中人气,为琼中经济发展注入新的活力。

在当天的开通仪式上,家住屯昌却在琼中工作的符国义早上7点从屯昌开车出发,20分钟就到琼中了。以前他开车需要一个多小时才到。而从海口的高速公路起步,到琼中的高速公路出口,只要一小时。

琼中借助纳入海口省会经济圈一小时交通网,主动融入琼北区域旅游,琼中发展意识强烈、机会把握精准,把琼中旅游资源作为琼北区域旅游产品和线路的延伸,能够让海南旅游形成更大的差异化,更具有吸引力,琼北区域旅游也因为琼中的旅游资源作为补充,旅游产品将更加丰富。

随着海屯高速公路、屯琼高速公路的开通,琼中纳入海口省会经济圈一小时交通网,海南中线的市县交通大大改善,在未来3~5年内旅游发展是大趋势,其中乡村旅游是发展重点。中线市县的海口至屯昌至琼中旅游产品要做更细致的考量。

琼中纳入海口省会经济圈一小时交通网,主动融入琼北旅游圈,将延长游客在琼北停留的时间。海口是海南的客源输送中心,有三分之二的游客是从海口进岛,海口游客流量的龙头地位是不会更改的。琼北旅游圈旅游产品丰富之后,希望可以把游客更多地留在琼北,游客在琼北多待一个小时,就能更大地带动海南旅游市场发展,尤其是海南中部山区旅游的开发。

十一、琼中迅速推进琼乐高速公路征地拆迁工作

自琼乐高速公路正式开工以来,就发挥"马上就办"的实干精神,琼中县组织精干力量深入征地一线,多措并举,确保了征地拆迁工作平稳快速推进。

琼乐高速公路在琼中县主线长35.4km,征地范围涉及3个乡镇、12个村委会、26个村小组、5个农场连队等,征地任务231公顷(3469亩)。截至2016年6月8日,完成勘测定桩面积217公顷(3255亩),完成率96%,清苗清点162公顷(2430亩),完成率76%。

截至2015年5月底,红毛镇完成勘测定桩面积54.5公顷(817.5亩),完成率100%,清苗清点54.5公顷(817.5亩),完成率100%。国有资产监督管理委员会完成勘测定桩面积8.8公顷(132亩),完成率100%,清苗清点8.8公顷(132亩),完成率100%。什运乡完成勘测定桩面积30公顷(450亩),完成率100%,清苗清点30公顷(450亩),完成率100%。

琼乐高速公路是海南省"田字形"高速公路网的重要组成部分,对中部山区市县实现科学发展、绿色崛起,具有重要而深远的战略意义。

从2014年开始,琼中县就主动与海南省交通运输厅沟通,了解琼乐高速公路线路走线,提前部署征地拆迁前期工作,成立领导小组,制定宣传方案,摸清土地权属,将能吃苦、能攻关、征地经验丰富的干部充实到征地一线乡镇,配齐配强征地队伍,做到早谋划、早动

员、早调查。发扬屯琼高速公路征地精神,仅用 12 天完成了 35.4km 的调查放线工作。

在征地拆迁过程中,为抢进度,赶时间,征地拆迁工作人员发挥实干精神,顶着高温,冒着酷暑,发扬"5+2""白+黑"的吃苦耐劳工作作风,双休日没有休过一天假;工作夜以继日,轮番上阵,实行白天、晚上两班倒,白天主攻外业测量、清点,晚上做好数据统计、材料汇总。同时,工作组扎实做好征地拆迁政策解释、群众思想动员等工作,赢得了百姓支持,实现了零上访、零抢建、零抢种、零阻碍,确保了各项任务落实。

十二、屯琼高速公路建设融资破冰前行

人们也许想不到,2012 年 5 月开工,总投资 34 亿元的屯昌至琼中高速公路,是海南省高速公路建设领域首次采用规范的 BT 项目融资模式建设的高速公路,项目投资及工程总承包人为中国交通建设股份有限公司。这是海南省首次引进央企参与高速公路建设,为海南省交通基础设施投融资体制改革迈出了重要步伐。

由此,传递一个信号:海南省已构建起市场化融资平台,海南交通融资正破冰前行,制约海南省交通基础设施建设的资金"瓶颈"正逐步破解,为交通跨越式发展"供氧输血"。

(一)搭建融资平台服务交通发展

改革交通投融资体制,拓宽融资渠道,破解交通发展"瓶颈"是根本出路。海南省以往单一的投融资渠道在很大程度上制约了海南交通的发展。据了解,海南省公路建设资金除小部分争取中央补助外,大部分均是海南省交通运输厅以燃油附加费(2009 年后为车辆通行附加费)收费权向银行质押贷款解决。

"十二五"期间,围绕海南国际旅游岛建设目标,海南省交通建设将有大手笔,全省公路建设项目预计总投资 600 亿元。其中,争取中央补助资金 110 亿元,省级需配套约 418 亿元,市县投资约 72 亿元。如按现行交通建设资金筹集体制,省级配套资金部分约九成左右需通过银行借款等新增债务方式筹集,需新增数百亿元债务。而根据银行部门的评估,海南省"十二五"期的公路建设贷款融资空间约为 330 亿元(含 2010 年底的债务余额 151 亿元),即"十二五"期仅能新增贷款 180 亿元,存在不小的资金缺口。

在此背景下,海南省应大胆改革创新,积极探索新的融资方式,搭建交通建设投融资平台,充分依靠市场机制,多渠道筹集公路建设资金。

2011 年 7 月 19 日,海南省交通投资控股有限公司(以下简称"海南交控")挂牌成立,这标志着海南省在搭建新的交通投融资平台方面迈出了关键一步。海南交控成立当天,分别与国家开发银行海南省分行和海南省农村信用社联合社分别签订了金融合作协议,分别获得了开发银行 200 亿元和信用社联合社 100 亿元的综合授信。海南交控的成立,能有效解决公路建设资金需求,降低政府负债和优化公路投资建设管理模式。

在抓好海南交控组建的同时,海南省交通运输厅还积极探索研究 BT 投融资方式,主动与中交、中铁等大型央企进行对接,进一步拓宽交通运输发展战略合作领域。2011 年 5 月 13 日,省政府与中国交通建设股份有限公司签订战略合作框架协议。"十二五"期间,双方将开展中线高速公路、横线高速公路建设的合作,共计投资约 200 亿元。

(二)走多元融资之路

海南省交通控股有限公司作为海南省政府出资的国有独资公司,是全省交通建设的重要投融资平台。海南正通过银行贷款、BT、PPP、定向增发、企业债券和融资租赁等多元化市场融资模式,打多元融资组合拳,满足海南省高速公路建设的资金需求,实现海南交通大发展。

屯昌至琼中高速公路全长 45.91km,总投资 34 亿元,是海南省高速公路建设领域首次采用规范的 BT 项目融资模式。为做好项目融资,海南省交通投资控股有限公司组织成立了专门班子,研究 BT 模式的相关规则,并赴重庆、江苏、北京等地学习 BT 模式的方案设计、谈判技巧和施工组织经验。

BT 模式即"建设移交"模式,是利用社会资金开展基础非经营性设施建设项目的一种规范有效的项目融资新模式。本项目确定 BT 模式后,通过公开招投标由中交股份中标,融资和建设完全由中交股份承担,预计 3 年建设完成后,将项目整体移交海南省。

海南人将利用省政府赋予的支持政策,通过做大公司资产规模,实现资本积累,提升对 BT 模式建设的高速公路项目的回购能力。海南省交通控股有限公司还分别与招商局公路、中投发展、中信证券等多次洽谈,谋划在海南省设立总规模为 100 亿元的基础设施建设投资基金。与此同时,因屯昌至琼中 BT 项目运作成功的巨大市场影响力,中铁二十五局、中铁二十一局、中铁十七局、中交一公局等大型中央施工企业多次来琼,与海南交控对接洽谈,表示愿意参照这种 BT 模式,参与海南省高速公路投资、建设。

海南,正开启交通投融资的新征程。

第四节　G9812:打造东部侨乡大动脉

一、海文高速公路为文昌添活力

2002 年 9 月,海文高速公路的正式通车,给长期受交通不便困扰的文昌带来了新的发展机遇。文昌自然条件好,发展热带高效农业有得天独厚的优势,每年出产 1.33 万公顷(20 万亩)冬季瓜果蔬菜、2000 公顷(3 万亩)海淡水养殖产品和大量的胡椒、菠萝、椰子等农产品,还有丰富的石英砂、锆等矿产资源,有铜鼓岭、东郊椰林、高隆湾、冯家湾等旅游景区。近几年来,文昌经济有了长足的发展,但交通不便对经济发展的瓶颈作用也十分明显,人流、物流不畅,对外来投资商的吸引力呈现出一定的减弱趋势,旅游资源的优势也未能得到充分发挥。

时任文昌市委书记、市长林诗鉴表示,海文高速公路的通车,突破了多年来困扰文昌经济的交通瓶颈,给文昌的发展带来了新的机遇。目前,文昌各项工作的重点是抓好投资软硬环境的进一步优化,改进机关作风,提高办事效率,推进水、电、路、通信、港口等基础设施建设,近期要全力建设海文高速公路文清连接线、文城至铜鼓岭公路和全市乡镇公路的柏油化,建设清澜5000吨级货运码头等,为客商前来文昌投资创造良好条件。

重庆瓜果蔬菜运销商李实秋告诉记者,当他知道海文高速公路将开通的消息后,马上联络湖南、广东的客商联合在文昌征地33.33公顷(500亩)建瓜果蔬菜基地。他说,自己已在海南经营瓜果蔬菜生意近十年,分别在三亚、陵水建立了瓜果蔬菜基地。文昌发展冬种瓜果蔬菜的软硬环境都非常有吸引力,问题就在路不好走,运费要比别的地方高。现在海文高速公路开通了,他要在文昌大显身手。随着海文高速公路的开通,目前文昌正在上马建设的有文昌维嘉国际大酒店、冯家湾温泉海景乐园、三联矿产加工基地、文城"三八"坑道路建设工程等19个项目,合同投资额达12.3亿元。

"白"改"黑"之前的海文高速公路

二、努力锻造海文高速公路改建精品工程

在极短的工期和异常艰难的情况下,承建单位海南省路桥投资建设有限公司举全系统之力组织了一场艰苦卓绝的大会战,顽强拼搏、科学管理、精益求精,终于确保海文高速公路改建工程左半幅于2014年1月25日投入使用。至此,海文高速公路改建工程全部按期保质建成通车。

(一)顽强拼搏不负重托

籍贯四川的张劲松是工友眼中的"拼命三郎"。作为海文高速公路施工班组组长,自从海文高速公路改建工程正式开建后,他就一直没回过四川老家。和其他工友一样,他每天起早摸黑坚守在工地。"老婆孩子都在四川,孩子考上大学,我也没时间抽空回去,我对不起娘俩。"老张动情说道。

2014年下半年,海文高速公路改建工程项目经理王家伟的儿子突发高烧已在三亚住院2天,好不容易处理完手头的活并请假半天坐动车回三亚看望儿子,不料刚抵目的地,儿子还来不及看望就被一通电话召回了海文高速公路工地现场。

这只是海文高速公路改建工程施工过程中发生的众多感人故事的其中两则。受工期偏紧、任务繁重等因素的影响,为了早日将海文高速公路改建工程按期保质建成通车,从管理层到一线工人,1200多名建设者纷纷舍弃小家顾大家,顽强拼搏,任劳任怨,不舍昼夜奋战在工地。

"春节即将到来,众多华侨回家团聚的时刻,工程能否按期保质建成通车,关乎海南形象。"省路桥投资建设有限公司总裁吴德海说,唯有发挥顽强拼搏的精神,努力锻造精品工程,才能不负重托,确保交出一条人民满意的道路。

2013年11月9日,经过近4个月的连续奋战,海文高速公路改建工程右半幅路面(海口至文昌方向)正式开放通车,左半幅也于2015年1月建成通车。

(二)科学管理出成效

"为保障施工质量,必须进行科学管理,而管理到位,首先是思想观念和认识到位,其次是管理力量、管理制度、管理手段要落实到位。"省路桥公司副总裁、海文改建工程指挥部指挥长陈志翔说。

相对于海文高速公路改建项目右半幅工程的施工,左半幅的工期更短,任务更为艰巨。此种状况下,路桥公司一方面发挥顽强拼搏的精神,一方面抓好科学管理,从管理要成效。"道路施工需要一丝不苟的科学精神,而能否科学制定实施方案是决定工程质量的基础。"海文高速公路代建管理指挥部总工程师黄庆聪说。

吴德海说,左半幅施工在科学制定实施方案、严格控制施工进度、加强原材料进场及施工过程控制的同时,在总结右半幅施工的经验上,采取了更多实用且有效的施工方法及管理措施。

为保证科学管理到位,在摊铺现场的摊铺机、压路机及后场搅拌站全部安装监控设备,可在网上实时监控,随时了解摊铺速度及搅拌站出料情况,一旦发现问题立即处理,绝不留下任何质量隐患;调整压路设备,由原来常规的5部压路机调整为7部压路机,摊铺速度严格控制在3m/min之内,专人监督压实遍数和速度,做到紧跟、慢压、匀速的压实原则,严格控制钢轮水的喷洒量和均匀性。第二天完成对第一天工程质量的检测,随时监控质量效果,所有检测数据均达规范要求。

针对右半幅出现的局部冒水现象,左半幅采取每20m设置一道横向盲沟,下雨天及时排除中央分隔带的自由水;拓宽原水泥混凝土路面铣刨宽度至紧急停车道(右半幅设计并未对紧急停车道进行铣刨),以便路面横坡能顺畅地排除路面水;增加全路面底层热沥青封层,增设更改施工现场质量控制日志内容,详细记录施工现场天气情况及气温情况,记录混合料的出场温度、外观及施工前的工作面检查、设备检查(摊铺机、压路机、运输车辆、拌和楼)、人员检查,混合料到场温度、摊铺及碾压温度、摊铺过程和摊铺后外观的检查情况。根据现场摊铺效果,优化调整沥青混合料配合比,始终做到各项指标完全达到质量检测标准。正是在科学管理的基础上,海文高速公路改建工程终于在2014年1月下旬保质保量全部建成通车。

(三)精益求精锻造精品工程

对于道路桥梁施工企业而言,质量是企业的立身之本。

吴德海说,公司高度重视近年来海南沥青混凝土路面出现的不同程度的病害,并对海文高速公路改建工程提出了更高标准和严格的要求。

鉴于海文高速公路改建工程是海南省首条"白"改"黑"(由原来的水泥混凝土路面改为沥青路面)高速公路项目,正式进场施工前,省路桥公司在资金紧张的情况下,仍投入大量财力、物力,建成了几公里长的试验路段,以确保将海文高速公路改建工程锻造成精品项目。而在左半幅施工过程中,针对右幅施工出现的一些局部冒水、泛油及离析现象,省路桥公司及时总结右幅施工经验,不断改善施工方法,严格控制施工质量,左幅全线一直未出现过类似现象,摊铺质量更加均匀稳定。

经监理、施工和技术服务组对海文高速公路左半幅已施工路面进行检测,路面压实度两个工区代表值分别为96.5%和96.8%(技术要求93%~97%),渗水系数合格率全线为94.6%(设计施工过程控制要求合格率为90%),按验收规范300ml/min标准,全线渗水合格率为97.6%。变异系数由右幅1.48%减少为左幅0.92%。左幅压实度和渗水系数指标均比右半幅更高更稳定。平整度、弯沉值、摩擦系数、构造深度、横坡、摊铺厚度均满足设计和规范要求。比右半幅相比左半幅施工质量得到显著提高。

不负重托、成功确保海文高速公路改建工程按期优质建成通车,省路桥公司进一步在岛内外树立起精益求精锻造精品工程的品牌。

三、海文高速公路改建工程完工全线通车

2014年1月25日,作为海南省首条"白"改"黑"的高速公路,海口至文昌高速公路改建工程已顺利完工,实现全线通车。

在工期紧和施工难度大等多种艰难条件下,海南省交通运输厅和有关建设单位严把

工程质量安全,狠抓工程进度,积极推广新材料、新工艺,标准化建设,科技化管理,精心打造了一项民生工程。海文高速公路改建工程是海南省公路推行施工标准化、着力提高海南省现代工程管理水平的具体范例。

(一)要进度质量更要安全

在车流量多、投入施工机械庞大、施工人员众多、工序转换频繁的复杂情况下,海文高速公路改建没有出现过一次安全事故。为确保施工安全,项目施工方省路桥公司投入规范的标志标牌450块,安全锥、柱、水马等安全防护设施4500多个,仅投入安全方面的费用就达650万元。同时,成立安全生产领导小组、开展安全生产检查等多种手段,有效推动实现了施工安全生产零事故的目标。

海文高速公路改建工程是海南全省上下各界十分关注的公共基础设施项目,是直接服务广大群众的民生工程,在保证安全、质量的前提下加快项目施工,显得尤为重要。

正是因为施工、监理、代建等单位1200多名建设者,舍昼夜奋战在工地,才最终克服工期紧、雨季长、施工强度大等多种因素,保证了海文高速公路改建工程按期保质建成通车。

此外,海南省交通运输厅上到厅主要领导,下到业务处室和相关单位负责人,以"六个一"责任模式,加大了该项目跟踪服务力度,指导优化施工流程,建立联席会议,加强部门协作,明确项目建设任务书、时间表、路线图,协调解决项目进程中遇到的各种问题,也有效地推动项目建设进度。

质量管理是公路建设的生命线,在抓安全进度的同时,守望"生命线"自然成为了海南交通人的不懈追求。

为保障海文高速公路改建工程质量,从原材料的选择,到施工组织的安排,到施工中出现的冒水、泛油及离析现象,海南省交通运输厅和相关建设单位,及时邀请相关专家总结经验,不断改善施工方法,取得了明显效果。

经检测,海文高速公路压实度、全线渗水、平整度、弯沉值、摩擦系数、构造深度、横坡、摊铺厚度等各项指标均满足设计和规范要求。

(二)创特色、精管理、惠民生

海文高速公路是文昌乃至琼东北地区经济和社会发展的一条重要"生命线",海文高速公路改建工程对于改善现有通行条件,促进区域经济社会发展,满足海南航天发射场交通运输需求等意义重大。而就是这条意义重大的路,在未改建以前,由于投入使用时间长,加上超载超限车辆碾压,原有水泥混凝土路面出现网裂、错台等病害,影响了行车稳定性和舒适性。

2014年1月25日,整条海文高速公路已经全变"黑"了,这条曾被称为"搓衣板"的路,在阳光下散发着崭新的活力。新材料、新工艺是该项目创新一大特色。在新材料方面,采用以废旧轮胎为原材料的橡胶沥青,增强了路面弹性和抗反射裂缝和防水能力;在施工工艺方面,从混合料拌和温度、出料温度、摊铺速度及温度、碾压速度及遍数等细部着手,逐层保证技术要求、操作流程和施工控制要点。

同样,海文高速公路改建项目也是一项科技化管理工程。对沥青混合料的拌和进行电子监控,对降雨频繁的问题给沥青混合料运输车辆增加保温装置;摊铺时安装限速器,增加碾压机械数量和遍数;推行"四统一、三集中",梁片、边沟盖板等小型构件集中预制,充分发挥集约化施工的优势,提高了施工效率和构件质量;广泛采用了水稳层冷再生和泡沫沥青冷再生等新技术。此外,还采用了电子考勤、监控等信息手段强化了工程管理。

正是在科学管理的基础上,海文高速公路改建工程终于在2014年1月25日保质保量全部建成通车。海文高速公路改建项目实施过程中,严格按照"六个一"责任模式和施工标准化要求进行建设,千方百计确保质量、确保进度,将其打造成优质工程、精品工程、惠民工程。

"白"改"黑"后更加美丽的海文高速公路

海文高速公路改建项目工程起点位于琼州大桥东侧桥头,终点位于英城互通,全长约59km,其中,海口至文昌高速公路主线长51.239km,琼州大桥东侧桥头至桂林洋互通连接线长8.189km,总投资7.2亿元。改建项目工程于2013年5月开工,于2014年1月25日全线建成通车。

四、毛超峰到文琼高速公路工地检查指导工作

2016年8月6日下午,海南省委常委、常务副省长毛超峰一行到四公司文(昌)琼

(海)高速公路 WQTJ-1 标工地检查指导工作。海南省交通运输厅、海南省交通工程建设局、文昌市政府及文琼高速公路代建指挥部等单位相关负责人参加陪同。

毛超峰一行首先来到文昌市文城镇迎宾路顺接海文高速公路相接处 WQTJ-1 标段起点,听取了海南省交通工程建设局领导对高速公路项目进展情况的汇报,并详细询问了文琼高速公路全线征地拆迁情况;视察了文昌市清澜互通的旅游快速主干道的施工现场,毛超峰要求市政府要加快完成剩余征地拆迁工作,确保施工工程按期完工。在四公司文琼高速公路施工现场,毛超峰详细询问了项目工程进度,要求施工单位要严格技术管理,吃透图纸,稳扎稳打,不能疏漏每一个细小环节,确保工程质量与施工安全。

随后,毛超峰一行参观了项目部驻地建设,对项目部标准化建设以及员工吃苦耐劳的精神给予了高度评价,勉励项目部在后续工作中保持高昂斗志,再创佳绩。项目部负责人表示,在接下来的工作中要再接再厉,优质、高效地完成施工生产任务,以实际行动践行企业文化,留下时代精品。

四公司承建的文琼高速公路 WQTJ-1 标位于海南省文昌市文成镇范围内,全长 15.51km,总投资约 4.99 亿元,采用双向四车道高速公路标准,设计行车速度 100km/h,路基宽度 26m。目前项目各项施工工作正加紧推进。

五、文昌村民支持文琼高速公路建设

2013 年 10 月 18 日,文昌市召开了文昌至琼海高速公路项目(文昌段)征地拆迁工作动员会,这标志着文昌至琼海高速公路项目(文昌段)的征地工作进入到实质性阶段。当天上午,记者在会文镇走访时了解到,对于文昌至琼海高速公路项目的建设,沿途村民都十分支持。

南坡村委会南坡四村是会文镇在文昌至琼海高速公路项目中,需要搬迁户数最多的一个村庄。据初步估计,全村要搬迁 16 户左右,其中有八九户是外出干部和华侨。为了做好征地搬迁工作,这天一大早,南坡村委会书记文胜就来到村民家中,听取大家的想法、了解大家的诉求。

虽然说整个村庄经济条件较差、人均土地面积仅有一亩多,村民的收入不高。但是为了支持项目的建设,大家都愿意搬迁。

村民在期盼文昌至琼海高速公路尽快开工建设的同时,也根据实际情况提出了一些自己的建议和需求:"我们南坡四村群众也很配合,关键我们的需求是尽量把我们安排在一起,离生产的地方近一点"。

据了解,文昌至琼海高速公路(文昌段)全长 30.338km,途经文城、会文、重兴 3 个乡镇及三角庭农场,整个项目需要征收土地面积约 220 公顷(3300 亩),按照市里统一安排,整个征地工作将于 2013 年 12 月 31 日结束。

六、文琼高速公路进入架梁施工阶段

文昌河支流大桥施工工地鞭炮轰隆,机械轰鸣,由中铁十六局承建的文琼高速公路文昌河支流大桥正在架梁。随着现场指挥人员的一声令下,长约30m的预应力混凝土小箱梁被稳稳吊起,经过现场技术人员的准确定位,安安全全、严丝合缝地架设在了墩台上,第一片梁成功架设完成。文琼高速公路已经正式进入了架梁施工阶段。

随着两台50t吊车将20m空心板梁稳稳落在下屯四村中桥0号台与1号墩之间,由中铁北京局一公司承建的文琼高速公路土建3标段首孔空心板梁成功架设。

作为文琼项目建设的关键之年,本年度的施工计划以架梁施工为主线,随着第一片梁的成功架设,为后期架梁、制梁积累了经验。

文昌至琼海高速公路工程位于海南省东北部,路线走廊带基本呈东北、西南走向。项目起于文昌市文城镇迎宾路,顺接海文高速公路,途经文昌市文城镇、会文镇、重兴镇、琼海市长坡镇、塔洋镇、嘉积镇、中原镇,终点在中原镇设黄思互通接G98东段高速公路,全长65.7km。

第五节　G9813:横贯宝岛东西战犹酣

一、不折不扣按时完成万洋高速公路征地任务

2015年12月15日下午,儋州市市长张耕深入万宁至洋浦高速公路项目建设现场调研,强调要不折不扣按照时间节点完成万洋高速公路儋州段征地拆迁任务,确保项目建设顺利推进。

万洋高速公路全长164km,东接环岛高速公路东段,西接海南环岛高速公路(西段),呈东西走向。起点位于万宁市后安镇,途经万宁、琼海、琼中、屯昌、儋州5个市(县),主线设计标准为双向四车道高速公路,设计速度为100km/h,路基宽度26m,总投资约130亿元。项目于2015年11月18日开工建设,建设工期为3年。项目建成后,车程将由原来的4个多小时缩短至1.5小时左右。

张耕实地察看那大镇合罗村、兰洋镇南罗村等万洋高速公路征地现场,详细了解万洋高速公路征地拆迁工作推进情况。张耕指出,万宁至洋浦高速公路(G9813)是省公路骨架网中唯一横贯全岛的高速公路,也是联系海南东西海岸的快速通道。该公路的建设,事关儋州长远发展,建成后可实现与儋州境内公路的联网互通。各相关部门单位要充分认识建设万洋高速公路项目的重大意义,进一步增强紧迫感和使命感,明确进度目标,积极主动、加速推进土地丈量、清表等工作,为项目建设扫清障碍。要科学组织,突出重点,创新工作方

法,不折不扣地按照时间节点完成征地拆迁工作任务,确保项目顺利建设,早日竣工。

张耕强调,万洋高速公路儋州段征地拆迁任务重、涉及面广,各级各部门要加强组织领导,严格按照各自职责,合理安排工作任务,统筹推进征地拆迁工作,确保顺利完成征地拆迁工作任务。要大力强化项目建设宣传力度,让群众全面了解项目建设的重大意义和征地拆迁补偿政策,努力营造和谐征地拆迁和全力支持项目建设的浓厚氛围。要组织专门队伍,加强巡查,严防抢种抢建等违法违规现象发生,对出现抢种抢建等违法违规行为,要第一时间及时处理。对可能出现的有组织、有计划的犯罪行为,职能部门要及时调查,严厉打击干扰、破坏项目建设的行为,为项目建设保驾护航。

张耕强调,征地拆迁补偿资金是高压线,绝不能挤占挪用。各相关部门要严格按照政策办事,严格兑现征地补偿政策,按照有关规定和标准,坚决执行政策规定的补偿标准,不得擅自或随意增减补偿标准。要及时把征地补偿款全额发放到位,切实维护群众的合法权益和社会安定,做到"稳定征迁、和谐征迁",阳光操作,真正做到公开、公平、公正。要加大宣传引导力度,通过宣传引导,使被征地拆迁村民树立正确的理财、创业观念,在资金使用上不挥霍、不奢侈、不浪费,不因钱来得快而走上歧途。大力宣传补偿金的性质和用途,使村民认识到补偿金是确保今后生活的基本保障,合理有效使用补偿款,积极寻求创业致富之路。

二、海南2016年重点工程万洋高速公路北大段正式施工

2016年12月9日,海南省2016年重点工程万洋高速公路北大段正式进场施工。

万洋高速公路项目2016年正式启动,主线全长约1634km,共分为3个设计标段,由东向西分别为第4~6标段。全线共设置桥梁81座,总长为23728.79m,共设置隧道3座,总长为1559m,全线桥隧比为15.47%。全线在后安、乐来、东岭、会山、东太、乌坡、岭门、湾岭、新进、黎母山、阳江、松涛、兰洋、罗屋、儋州、西庆、西华、白马井设置18座互通立交,设置东太、阳江、大成服务区3处。

其中,途经北大镇全长约9.67km,主线征地总面积59.58公顷(893.73亩)。北大段征地工作2015年6月开始启动,经过一个多月紧锣密鼓的工作,北大段已基本完成放桩、土地测量、青苗清点、坟墓搬迁、拨付款项、清表等前期准备工作,为后续项目施工、建设打下了良好基础。

2015年11月15日上午9点,施工队伍正式进场。北大镇万洋高速公路项目工作人员主动与施工队对接,了解施工队要求,讲解当地风俗民情,尽全力解决施工队工作中的重点、难点,确保项目顺利开工,保障工程进度,为万洋高速公路项目北大段的早日竣工做好铺垫。

三、加班加点建设万洋高速公路

万宁至洋浦高速公路(简称万洋高速公路)是海南省"田字形"高速公路网的重要组

成线路,项目起自万宁市后安镇,连接海南环线高速公路东段,止于儋州市白马井镇,接海南环线高速公路西段和杨浦大桥南连接线,全长1634km。

2017年6月26日,俯瞰在建中的海南东段万洋高速公路后安互通立交雏形,这也是万洋高速公路第一代建段WYTJ2标

(一)施工现场,加班加点

完善现代化基础设施"五网"体系。促进陆海空"路网"一体化发展,实现县县通高速公路,并与机场、环岛高速铁路、环岛滨海旅游公路、国道省道和农村公路互联互通,实现自然村通硬化路。在万洋高速公路第一代建段二标的施工现场,工人们头顶烈日,正在紧张地施工作业。为了按计划完成建设任务,万洋高速公路的建设者们撸起袖子加油干。

2017年3月16日,万洋高速公路第一代建段WYTJ2标正式开工,由海南路桥工程有限公司承建。6月前,是海南最好的施工季节,随着雨季的到来,天气对施工的影响会更大,建设者正在抓紧时间施工。该标段工期为21个月,期间要完成路基土石方、12座大桥、3座分离式跨线桥、1座双连拱隧道、34道钢筋混凝土盖板涵等建设项目。标段施工已全面展开,正在按照计划有序地推进,但相比于其他较早开工的标段进度相对较慢。为了加快进度,施工方采取了新的措施,一是加大投入,二是加班加点干,在保证质量的前提下,进一步加快进度。根据海南省交建局和代建单位的要求,技术人员制订了详细的计划,何时完成路基土石方94区施工,何时完成全部涵洞通道施工,何时完成全部桥梁工程施工,均做到心中有数。

(二)部门行动,为建设美好新海南提供交通支撑

海南省交通运输厅召开厅党组扩大会议,传达学习海南省第七次党代会精神。会议认为,海南省第七次党代会报告里提出的"完善现代化基础设施'五网'体系""美丽海南

百镇千村"、全域旅游等领域建设,为海南交通人指明了奋斗方向。

海南省交通运输厅党组书记刘保锋要求,海南省交通运输厅要树立责任担当意识,要把海南省第七次党代会的精神转化为干事创业、加快交通基础设施投资和建设的实际行动,转化为做好各项工作的强大动力,以更大的力度、更实的举措抓好省党代会精神的落实,为加快建设美好新海南,实现三大愿景提供交通支撑。

四、着力突破万洋高速公路建设难点

2017年11月30日,儋州市委书记张耕深入万宁至洋浦高速公路(以下简称万洋高速公路)儋州至白沙快速出口路项目建设现场,就保障万洋高速公路建设及儋州至白沙快速出口路项目开工前期筹备工作进行现场办公。他强调,市直相关部门和沿线各镇党委、政府要充分认识项目建设的重大意义,倾力支持项目建设,列出时间表,明确责任人,限期解决项目建设过程中存在的困难和问题,为项目顺利建设推进提供保障。项目施工单位要在确保工程进度的基础上,加大协调力度,再鼓干劲、只争朝夕、精心施工,建成经得起历史检验的精品高速公路通道,让群众早日享受到项目建设带来的方便和快捷。

据了解,万洋高速公路是海南省重点项目,建成后对合理完善海南公路网具有重要意义,将为海南国际旅游岛建设及和谐社会发展提供强有力的交通保障。儋州至白沙快速出口路起点位于儋州市那大镇,连接在建的万洋高速公路,全长36km(白沙境内长18.1km,儋州境内长17.9km)。项目采用双向四车道高速公路标准,设计速度为100km/h,路基宽26m,沥青混凝土路面。全线设置互通4处,桥梁21座,隧道4座,服务区1处。截至11月29日,儋州境内已完成勘测定界10.3km,占总工作量的60%。其中,开工仪式场地儋州枢纽互通勘测定界工作已全部完成。

在听取万洋高速公路儋州至白沙快速出口路开工仪式筹备工作情况汇报,实地勘察快速出口路儋州白沙立交段建设现场、快速出口路开工仪式举办地点等情况后,张耕指出,万洋高速公路儋州至白沙快速出口路项目是推进区域发展和方便群众出行的经济路、民生路,是儋州人民翘首期盼的民心工程,项目投资量大、涉及面广、社会关注度高。各参建单位要提振精气神,上下联动,形成合力,牢牢把握时间节点,着力突破建设难点,确保圆满完成各项施工建设任务,为儋州再创发展新优势,为巩固提升海南西部中心城市提供重要的交通支撑。

张耕强调,各相关部门、各项目施工单位要增强紧迫感、责任感,进一步强化责任担当,压实工作责任,加强沟通协调,精心组织实施,全力以赴抓好各自所负责的工作。要加强监督管理,确保项目质量安全,确保项目建设经得起历史的检验。要进一步加强督查督办,狠抓工作落实,以从严从实的作风,把时间和精力用在抓工作、抓兑现、抓解决、抓落实上。

张耕要求,各级各部门要积极配合项目设计单位,协调解决项目建设中存在的困难和问题,确保项目如期动工。项目沿线地方党委政府要提高服务意识,为项目建设提供优质服务,全力做好保障工作,营造良好施工环境。施工单位要强化安全质量标准化管理,抢抓时间,加快推进工程进度。要贯彻绿色发展、生态环保的理念,注重文明施工,抓好项目沿线绿化和环境整治工作,将项目建成绿色工程、品质工程。

五、力保万洋高速公路建设顺利推进

2017年6月29日,万洋高速公路11标段朝占村的施工现场如火如荼。该标段施工方负责人屈国针告诉记者,在此之前,该标段朝占村施工现场因存在土地权属纠纷使施工受阻。问题反映到儋州市维稳办,该办随即与相关单位紧密协调,采取有力措施,最终使该项目施工建设再次得以顺利推进。

"事情是在昨天万洋高速重点项目建设维稳工作推进会后,西培农场的工作人员积极协调,才使得矛盾双方相互妥协。"屈国针说。

据了解,该起纠纷发生后导致该处土地赔补偿款迟迟未能到位,致使该标段停工16天。在得知情况后,儋州市委市政府高度重视,市委副书记、政法委书记周廉芬随即要求市维稳办实地了解情况,对于群众合理的诉求加以解决,对于不合法不合理的诉求,要做好政策的宣传和解释,依法依规确保万洋高速公路的正常施工。

为进一步了解和解决万洋高速公路项目建设存在的问题,确保万洋高速公路项目能够顺利施工,市维稳办组织召开了万洋高速公路重点项目建设维稳工作推进会,项目途经的8个镇、国营农场的相关负责人参加推进会。

会上,各镇、农场、标段施工方等单位相关负责人纷纷反映存在的相关问题,大家一致认为万洋高速公路重点项目任务重、时间紧,仍旧存在少数村民阻挠项目正常施工的行为,严重影响项目建设进度,希望相关部门能够进一步的介入协调,确保项目能够顺利推进。

在听取大家的意见后,市维稳办相关负责人表示,万洋高速公路是省"十三五"规划的重点项目,关系到儋州未来的经济发展和群众的根本利益。然而,项目涉及征地面积广、人数多,矛盾较为突出。各相关单位要敢于担当,积极作为,避免相互推诿等现象发生。要紧密沟通,及时了解和应对项目建设过程中的突发现象,同时要全面的掌握矛盾发展态势,做好矛盾的风险评估,避免矛盾进一步激化,切实做好项目施工的维稳工作。

据了解,万洋高速公路全长56.8km,途经6个镇、2个农场和热科院实验场。截至2017年5月26日,儋州市共排查矛盾纠纷36起,化解矛盾25起,抓获违法犯罪嫌疑人11名,侦破刑事案件8起,查处治安案件10起,行政警告1人。

六、万洋高速公路岭门隧道顺利贯通

2017年8月29日上午,在阵阵鞭炮声中,万洋高速公路A6标段首座隧道(岭门枢纽互通B匝道隧道,位于琼中黎族苗族自治县境内)顺利贯通。

据了解,岭门枢纽互通B匝道隧道起讫桩号分别为BK1+262和BK1+505,长度243m,属短隧道,单向坡,纵坡2.1%,洞身最大埋深26m,围岩以强-中风化花岗岩为主,节理裂隙相对较发育。

自2017年2月底组织协作队伍进场,4月中旬正式进洞,共历时4个多月,B匝道隧道最终顺利贯通,由于围岩差,大部分为V级围岩,且埋深浅,最大埋深为26m,项目经理部高度重视隧道施工,精心组织、狠抓安全、严控质量,从开挖方式、超前支护、拱架安装、混凝土喷射、钢筋绑扎、模板安装、二衬混凝土浇筑、安全步距控制等各个环节入手,严控隧道施工。

在施工过程中,中交一公局厦门工程有限公司在海南省交通运输厅、省交通工程建设局等部门的支持和协调指导下,克服重重困难,率先完成隧道贯通施工任务,这与整个项目部全体人员的共同努力密不可分,而且这将极大鼓舞项目全体职工和一线生产工人的工作热情。该公司将继续秉着"打造品质工程"的目标,秉着"对社会负责,对企业负责,对自己负责"的工作态度,继续不遗余力地全身心投入到万洋高速公路建设中去。

第六节 "田字形"互联宝岛东西南北中

一、海南吹响高速公路网三年大决战号角

"十三五"期间,海南省高速公路版图将重新改写,穿越海南省中部的中线、横线高速公路建成后,将与现有的环岛高速公路构筑起"田字形"高速公路网。

2013年1月15日,海南省委、省政府召开全省高速公路网建设动员大会,这标志着海南省高速公路网全线开工建设序幕正式拉开。未来几年,海南省计划新开工建设高速公路358km,项目估算总投资达316亿元,争取3~5年内构筑起"田字形"高速公路网,实现"县县通高速"目标,助力海南绿色崛起。

海南省委、省政府对海南省高速公路网建设高度重视并寄予殷切期望,时任省委书记、省人大常委会主任罗保铭,时任省委副书记、省长蒋定之为此次动员大会召开作出重要批示。

罗保铭批示,建设以"田字形"为基础的高速公路网,是海南省委、省政府的重要决策,对加快构建海南省覆盖城乡现代综合交通运输体系,突破交通瓶颈,优化投资环境,促

进中部地区发展，改善民生，具有十分重要的意义。希望各级党委政府、各有关部门主要领导要靠前指挥，亲自协调和解决项目建设中遇到的困难和问题，扎实苦干，敢于担当，严格管理，质量为本，以一天也不耽误的精神，全面完成各项建设目标任务，为海南经济社会发展，为全面建成小康社会提供强有力的交通保障。

蒋定之批示，完善的交通基础设施是加快经济社会发展的重要支撑，是现代化、国际化的重要标志，也是全省尤其是公路沿线人民群众多年的期盼，海南全省高速公路网建设动员大会的召开，"田字形"高速公路主骨架交通网络全线开工建设，这是海南省经济社会发展中的一件大事。有关市县和省直有关部门要以这次动员大会为推动，周密部署、精心组织、科学施工、强化监管，严把工程安全质量关，按期、优质、低耗完成工程建设任务，以优异的成绩向海南省委、省政府和全省人民交一份满意的答卷。

海南省"田字形"主骨架中的环岛高速公路已全部建成，截至2012年底，海南省高速公路通车里程达756km，基本形成以高速公路为主动脉，"三纵四横"国省干线为主骨架的全省公路布局，促进了海南省经济社会发展和国际旅游岛建设。但海南省高速公路发展总量不足，布局不平衡，配套服务设施不完善。2011年的统计数字显示，在全国高速公路里程排名中，海南省排在第30位，仅高于西藏。海南省高速公路路网密度大概是2%，排在全国第18位，处于中部地区的中游水平。

海南省委、省政府召开全省高速公路网建设动员大会，海南省高速公路网全线开工建设序幕正式拉开。未来几年，海南省计划新开工建设的中线、横线高速公路及文昌至琼海高速公路358km，争取3～5年内构筑起"田字形"高速公路网，重新改写海南省高速公路版图，为海南绿色崛起提供强有力的交通运输保障。

二、海南"田字形"高速公路主骨架网全线开工

2012年，海南交通公路建设完成投资68.2亿元，同比增长43%，海南重点公路建设项目7个，共完成投资49亿元，占年度投资计划的135.3%。海口至屯昌高速公路、文昌航天发射场配套道路灵山至文城和洋浦大桥南连接线工程、环岛高速公路白莲立交至白马井段改造工程均已完工通车。中线高速公路屯昌至琼中段、海榆东线改造工程、万宁石梅湾至大花角旅游公路、东郊至龙楼旅游公路等省重点项目加快推进。县道砂土路改建工程陆续开工建设。

2013年，海南将全面推进"12412"工程，新建文昌至琼海、琼中至五指山100km高速公路，改造海文和西段八所至九所、白马井至邦溪段共200km高速公路，改造海榆中线等400km国省干线和1000km县道砂土路，加快建设铺前和定海两个大桥项目，进一步完善路网结构。

同时，加快建设旅游公路体系，推进农村公路连通工程，将新改建农村公路500km，促

进农村公路与主干道之间的便捷连接。

"田字形"高速公路主骨架网全线开工,计划新开工建设 358km 高速公路,估算总投资 316 亿元。未来几年,海南省高速公路版图将重新改写,穿越海南省中部的中、横线高速公路建成后,将与现有的环岛高速公路构筑起"田字形"高速公路网。争取 3～5 年构筑起"田字形"高速公路网,实现"县县通高速"目标,助力海南绿色崛起。

"十二五"期间,海南省规划新建高速公路 470km,已完工 66km,在建屯昌至琼中段 46km。计划新开工建设的中线高速公路为琼中至五指山至乐东至三亚高速公路、横线为万宁至儋州至洋浦高速公路,另外还有文昌至琼海高速公路,总里程 358km,中、横线高速公路建成后,将成为舞动在琼岛大地上的两条巨龙,使海南形成纵横交错的发达的高速公路网。

到 2013 年,海南省"田字形"主骨架中的环岛高速公路已全部建成,至 2012 年底,海南省高速公路通车里程达 756km,基本形成以高速公路为主动脉,"三纵四横"国省干线为主骨架的全省公路布局,促进了海南省经济社会发展和国际旅游岛建设。但海南省高速公路发展总量不足,布局不平衡,配套服务设施不完善。

(一)中横线高速公路将设观景台

今后,开车行驶在海南中、横线高速公路上,途中累了,可停车休憩、观景,拟建的中、横线高速公路设计凸显人性化理念,高速公路将设置若干个观景台、停车区和服务区,为自驾车游客提供人性化服务。

海南环岛高速公路(中段)屯昌服务区交通文化驿站

拟建的中、横线高速公路穿越海南省中部青山绿水,沿途景观秀美。项目在规划设计中紧紧结合海南国际旅游岛建设目标,在最大限度保护中部生态的同时,加强对原有景观资源的保护、利用。体现"以人为本、开放包容"的设计理念,结合沿线人文自然分布特点,中线高速公路共设置琼中、乐东等两处服务区和毛阳、抱伦等两处停车区,设置鹦哥岭、五指山、昌化江等多处观景台;横线高速公路共设置东太、阳江、大成等3处服务区和万泉河、蓝洋森林公园等2处观景台,供驾乘人员休憩、观景,欣赏沿途美丽的自然景观。这将成为海南省高速公路的一大亮点。

(二)全力服务高速公路建设

高速公路项目建设涉及面广,需有关部门及市县政府合力支持。在2013年1月15日召开的高速公路网建设动员大会上,省发改、国土、交通、审计、海南交控等部门负责人及万宁、儋州、乐东、五指山等市县政府负责人纷纷表示,要严格按照省委、省政府的统一部署,主动作为,全力服务高速公路项目建设。

海南省发展和改革委员会时刻跟踪高速公路项目的审批进展,积极与国家发展和改革委员会沟通,争取国家在审批、政策、资金等方面的大力支持。在项目的前期工作中,积极创造条件,加快项目的审核、审批。在项目推进过程中,及时协调、解决涉及高速公路项目建设的重大问题,为项目建设提供服务。

海南省国土环境资源厅按照海南省委、省政府的统一部署,落实责任,以优质服务做好高速公路项目的环评审批、用地预审、组织用地报批等工作。

海南省交通运输厅根据工作职责,积极与交通运输部协调,跟踪落实《国家公路网规划》批复工作,落实项目前期工作相关审批程序,积极争取国家补助资金支持。加强项目建设管理,确保项目建设质量。

据初步测算,海南省高速公路建设项目需新征用地约2667公顷(4万亩),涉及沿线8个市县,时间紧迫、任务艰巨。

儋州市根据项目建设计划和时间节点要求,将任务细化分解落实到各责任单位,集中时间,全力以赴开展征地拆迁工作,做到阳光操作,补偿到位,确保按时交地。严厉打击阻碍项目建设的各种违法犯罪行为,为项目建设提供良好的治安环境。

乐东黎族自治县成立专门工作领导小组及征地拆迁、治安维护若干工作小组,明确细化工作责任,做好征地拆迁补偿及维稳工作。及时妥善协调涉及项目建设的各种矛盾。

万宁市、五指山市政府负责人也表示要全力支持项目建设。

(三)构筑完善高速公路网支撑海南长远发展

加快海南省高速公路网建设是实施国际旅游岛战略、实现绿色崛起的重要战略举措,为海南长远发展夯实基础。

海南省中西部地区发展相对滞后于东部地区,城乡差距较大,很重要的一个原因是中西部地区和农村地区交通基础设施欠账较多。建成全省高速公路网,海南省将基本实现

"县县通高速"的目标,有利于缩短时空距离、密切地域联系,有利于实现优势互补、良性互动,尤其是有利于加速中西部地区特别是农村地区的资源开发,推动沿线城镇化,加快城乡一体化发展进程,对中西部地区发展将起到较强的拉动作用,支撑海南长远发展。

中线、横线高速公路在总体走向上根据产业布局规划,将海口政治经济中心、三亚经济旅游中心、东部沿海经济带、西部工业走廊、中部生态经济区紧密连在一起,实现海南东、南、西、北、中5个方向公路交通的快速转换,发挥海口、三亚、洋浦、琼海、万宁等中心城市对全省尤其是中部山区经济的辐射和带动作用。

(四)保护生态为先打造绿色高速公路

中线、横线高速公路将穿越海南省中部生态保护区,如何处理好公路建设与生态保护问题自然成为人们关注的焦点。

本着建设"生态路、环保路、景观路、安全路"的原则,公路设计部门顺应原有的地势地貌开展公路设计,做到宜桥则桥,宜隧则隧,在跨越生态敏感区时适当增加桥隧比,尽量减少对原地形地貌的破坏,保护中部生态。如中线高速公路桥隧占路线长度的37.5%,横线高速公路桥隧占路线总长的19.1%。同时,选线遵循"不扰为上,利用为本"的原则,在路线设计时,尽量沿山脚布线,少占农田,节约耕地。避免深填高挖,减少对原生态系统的扰动和破坏,减少用地规模,集约利用土地。

三、海南:路似琴弦奏响发展新乐章

丽日蓝天下,逶迤于椰风海韵间的海南文昌滨海旅游公路上,大小车辆来往穿梭。这是通往文昌航天城的交通主干道,也是海南真正意义上的首条旅游公路,将东郊椰林、航天主题公园、铜鼓岭、月亮湾等景点串为一体,步步皆景,令人赏心悦目。

路通了,受益的是沿线百姓。文昌市龙楼镇南洋兄弟民宿老板云永悦对此颇有感触,该路开通后,他经营的民宿生意火爆,住店客人比过去增加了两倍。近几年来,海南交通建设一路高歌,高速公路、旅游公路、高速铁路建设齐头并进,形成了便捷的立体交通网,为国际旅游岛建设助力加油。

(一)立体交通使"海南越变越小"

"如今出行顺畅了,感觉海南变小了。"这是现在人们的最大感触。这完全得益于海南立体交通网的打造。自2008年以来,随着海口绕城高速公路、三亚绕城高速公路、海屯高速公路建成通车,海南环岛高速公路实现了真正闭合。目前,全省高速公路总里程达757km,比"十一五"末增加近百公里。近几年海南省交通建设可说是好戏连台,路桥建设投资逐年加大,为国际旅游岛建设创造了良好的交通运输条件。

海屯高速公路开通后,往来于屯昌、海口十分方便,车程仅40多分钟,时间比过去节约了一半。2011—2013年,海南公路、水路建设完成投资285.7亿元,超过"十一五"的投资总和。截至2013年底,全省通车里程24851km,比"十一五"末增加3617km。环绕海南的高速公路,就像是一条条银色飘带,构成了蜿蜒绵长的交通大动脉。又像一根根琴弦,奏出了流畅动人的交通新乐章。

2010年12月30日,东环高速铁路正式开通运营,带来了人们出行方式的一次大变革,实现了人流的快进快出。眼下,环岛高速公路、东环高速铁路、粤海铁路以及空中快速通道,共同构建了海南较完善的立体交通网络。

(二)资金注入让海南"换挡提速"

2013年6月,海南高速公路列入了《国家公路网规划(2013年—2030年)》,"这就意味着5万亩土地指标和50亿元国家支持资金已尘埃落定,这是国家支持海南国际旅游岛建设的体现。"董宪曾介绍,国家将按西部政策给予海南省高速公路建设资金的支持,补助标准将大幅提高。

值得一提的是,最近,海南交通基础设施融资有了重大突破——海南省交通投资控股有限公司20亿元中期票据与20亿元短期融资券,获得中国银行间市场交易商协会同意发行注册通知书。这标志着该公司具备在中国银行间市场发行40亿元债务融资工具的企业资质,并首次进入高级资本市场,将为海南重大交通项目建设注入新活力。

海南省交通投资控股有限公司董事长及有关负责人说,未来两年内,海南交控将通过发行中票和短期融资券,解决全省高速公路项目启动资金问题,高速公路建设将"换挡提速"。

发展经济,交通先行。加快构建完善的综合交通运输体系是推进国际旅游岛建设的助推器,它将为海南长远发展夯实基础。

董宪曾介绍说,未来几年,海南将建设文昌至琼海、万宁至儋州至洋浦、琼中至五指山至乐东高速公路,着力构建"田字形"高速公路主骨架,织起贯通全岛、连接岛内外的立体交通网,使高速公路通车里程突破1000km。届时,海南将构建"两小时交通圈",市县城(镇)之间有望两个多小时内到达。"一铁三线"(西环高速铁路和三条高速公路)是未来几年海南交通基础设施建设的大手笔。

一条条不断延伸的交通大动脉,将成为引领海南发展的希望之路、幸福之路和富民之路,助力海南绿色崛起、科学发展。

四、交通强筋骨、发展添活力——"十二五"期间海南高速公路基础设施建设综述

2015年,仿佛一夜之间海南岛变"小"了。

这一"变",缘于海南环岛高速铁路去年底开通运营,时空距离大大缩短,圆了海南同城梦!

(一)五年里基础设施建设加速提质

曾经在乐东工作的文昌籍公务员邢诒俊每次回老家总感觉疲惫不堪。"坐汽车要颠簸五六个小时才能到家,感觉骨头都快散架了。现在有了环岛高速铁路,坐动车只要2个多小时就到家了,既快速又舒心!"邢诒俊真切感受到了疾驰如风的"高铁速度"。

这是海南基础设施建设加速提质的真实写照。

刚刚过去的"十二五",是海南基础设施建设辉煌的黄金五年。

回望五年,在"真金白银"投入下,海南基础设施建设突飞猛进,交了一份提振人心的成绩单:五年投入2831.58亿元,是"十一五"的2.4倍。中线高速公路、环岛高速铁路、博鳌机场、红岭水库、西南部电厂、昌江核电等重大基础设施项目相继建成或加紧建设,真正实现了"脱胎换骨",路网宽了、电网强了、水网密了、气网顺了……基础设施建设为海南强筋壮骨,激发了活力,提升了海南的发展水平,塑造了海南国际旅游岛新形象,成为驱动社会经济发展的重要"引擎",也为"十三五"开局夯实了根基,积蓄了能量。

好风凭借力,乘势启征程。"海南号"航船扬帆起航再出发,开足马力,踏着改革的浪潮奋力前行。

(二)高速路:固本强根基、发展添后劲

栽下梧桐树,自有凤凰来。

基础设施是社会经济发展的根基。

夏锋说,如果把国民经济看成是人体,基础设施则是人体的生理系统,交通好比是人体的脉络,电力就像是血液循环系统,要维持人体正常运转,这些系统缺一不可。从这个意义上说,基础设施是社会经济现代化的重要标志,是拉动经济增长的主要动力。

2010年,海南国际旅游岛建设上升为国家战略。海南从此迈入发展的黄金时期。然而,多年来,海南省基础设施建设欠账过多,"田字形"高速公路尚未全部贯通,缺电形势严峻,环岛高速铁路仍未闭环,水网建设仍有欠缺……所有这些,均成为制约海南社会经济发展的"瓶颈",与海南国际旅游岛建设目标不相适应。

毋庸置疑,国际旅游岛建设须有完善的基础设施作保障。

时任省委书记罗保铭多次指出,基础设施完善之时就是海南腾飞之日。

时任省长刘赐贵指出,海南要建设陆、海、空互联互通、无缝衔接的立体交通体系。

"十二五"期间,海南省委、省政府着眼长远,把全面提升基础设施现代化水平作为建设国际旅游岛、实现绿色崛起的基本支撑,在交通、电力、水利建设等方面大手笔布局,启

动西环高速铁路、"田字形"高速公路、昌江核电等一个个大项目,基础设施建设强劲发力,实现了重大突破。

高速铁路、高速公路、省道、乡路,海南的陆路交通真正实现了四通八达

(三)构筑经济腾飞新跑道

路网密集了,出行便捷了,海南岛变"小"了。这是五年来海南人民的直观感受。这得益于海南加快构建互联互通的立体综合交通大格局。

这五年,海南高速公路建设快马加鞭,建成了三亚绕城高速公路、海屯高速公路、屯琼高速公路,总里程148.7km。环绕海南的高速公路,犹如一条条银色飘带,构成了蜿蜒绵长的交通大动脉。最大的变化是,高速公路开始向中部山区延伸,大大缩短了时空距离,为中部经济发展注入了生机和活力。更提振人心的是,总投资近300亿元、总里程359km的琼乐、文昌至博鳌及万宁至洋浦高速公路先后开工,构建"田字形"高速公路主骨架指日可待。

这五年,海南水路建设好戏连台。海口港新海港区汽车客货滚装码头、三亚凤凰岛国际邮轮港二期等港口设施相继建成或加紧建设,"四方五港"格局逐步完善,提升了港航业核心竞争力。

这五年,海南铁路建设实现了新跨越。作为海南省"十二五"交通基础设施建设"一号工程"的西环高速铁路于2015年底开通运营,与东环构成了全球唯一的环岛高速铁路,打造了"三小时经济圈",串起了加快海南发展的"金腰带"。一条"银龙",环绕东西,贯通南北。这是一条民生福祉之路,这是一条引领海南腾飞之路。

交通基础设施建设构筑了海南经济腾飞新跑道。

五、海南:高速公路网日益完善

2015年11月18日,海南省4个重大项目同时开工,其中文昌至博鳌高速公路、万宁至洋浦高速公路和海口美兰机场二期扩建工程都属于海南省重点交通配套工程,建成完工后无疑将给周边市县楼市带来重大利好。

文昌至博鳌、万宁至洋浦高速公路均已列入国家高速公路网,是海南省"田字形"高速公路主骨架的重要组成部分,目前海南省高速公路总里程虽已超过800km,但"田字形"高速公路网络主骨架尚未形成,特别是琼北文昌与东段高速公路无高速公路相连,同时高速公路横向联系不畅,文昌至博鳌、万宁至洋浦高速公路的修建,将有效弥补这两个短板。

业内人士指出,文昌、琼海、万宁地处海南省东海岸,以东段高速公路为串联,近年来借助政府规划,将优越的自然资源转化为地产资源,把单纯欣赏海景、商务会议的客源转化为房地产客源,一直是海南省房地产业的主力军,文博、万洋高速公路建成后将使东部房地产业更具竞争力。

文昌地处琼岛东北部,自然风景优美、文化底蕴深厚,又毗邻省会海口,颇受岛外购房者青睐。目前,该市境内只有一条海文高速公路,环岛高速公路未与文昌相连,而文博高速公路建成后,意味着文昌将与东段高速公路相通,文昌也纳入了全省高速公路网,借助海澄文一体化的区位优势,加上环岛高速铁路、高速公路皆过境文昌,文昌的房地产业发展前景无疑将更加广阔。

从红色娘子军的传奇,到扬名国际的博鳌小镇,再到打造田园城市,琼海的魅力早已声名远播,借助博鳌名气和美丽城乡环境,琼海吸引了大量岛外购房者,曾被誉为"海南楼市第三极",大量候鸟老人把琼海当作自己的第二故乡。文博高速公路建成后,该市又将多了一条"快车道",再加上正在兴建的博鳌机场,琼海未来将形成海陆空立体交通网,无疑会大大提升琼海房地产的竞争力。

近年来,万宁城市经济发展不断跨越,该市诸多楼盘项目均由大型房地产企业开发,成为岛内外购房者们一个绝佳的选择。万宁至洋浦高速公路途经万宁、琼海、琼中、屯昌、儋州等5个市县,是海南省公路骨架网中唯一横贯全岛的高速公路,也是联系海南东西海岸的快速通道。

该条高速公路一旦建成,不仅会给沿途周边市县带来重大利好,也有利于统筹优化海南省房地产空间布局。如东部地区可重点发展以旅游、会展、医疗、养生为特色的房地产;中部地区严格控制房地产开发;西部地区重点发展产业配套与旅游度假相结合的房地产;从而逐步形成特色各异、互补性强的房地产空间发展格局。

由于海南省大量购房者来自岛外,海口美兰国际机场二期扩建工程对房地产业的影响自然不言而喻,即将开通的环岛高速铁路与机场无缝对接、再与"田字形"高速公路及港口互联互通,"环岛两小时交通圈""北部一小时经济圈""南部一小时旅游圈""西段一小时生活圈"等便利的交通格局逐渐形成,无疑将吸引更多岛内外居民在海南旅游休闲

六、海南"两小时交通圈"初现

2015年可谓是海南高速公路网建设的跨越性发展之年，屯昌至琼中高速公路5月底开通，琼中至乐东、万宁至洋浦、文昌至琼海3条高速公路共计358km也已开工或将陆续开工建设。海南全省基本已形成"两小时交通圈"，当"田字形"高速公路网建设完成，所有市县间行车不会超两小时。随着"田字形"高速公路网加快推进，海南全岛"两小时交通圈"雏形已现。

（一）九市县纳入省会"一小时交通圈"

按照以往的路况，从琼中县开车前往海口办事，需要当天早晨出发才能在中午之前赶到海口，即便如此，下午办完事情再返回琼中时多半已经天黑了。但随着屯昌至琼中高速公路的通车，从琼中到海口即使是下午出发，也可以从容地用一个小时左右时间来到海口，用十分宽裕的时间办完事情，然后回到琼中和家里人一起吃晚饭。

经过三年紧张施工，海南中线高速公路屯昌至琼中段于2015年5月30日建成通车，琼中至五指山至乐东段同时开工建设。

由于目前海南"田字形"高速公路网络主骨架尚未形成，严重制约中部地区经济社会的发展。琼中至五指山至乐东高速公路的建设，将进一步完善海南"田字形"高速公路网主骨架，有效缩短时空距离、密切地域联系，有利于加速中西部地区特别是农村地区的资源开发，推动沿线城镇化发展，真正实现海南岛内各区域"同城规划、同城建设、同城发展"的交通一体化发展目标。

琼中因其地处海南岛正中心的地理位置而得名，作为海南省生态核心区，琼中的旅游资源丰富，是海南发展绿色旅游资源最为丰富的地区之一，但长期以来，因为交通条件的制约，当地旅游资源并未得到充分的开发和利用。而屯昌至琼中高速公路的开通，缩短了从岛内各市县前往琼中的时间，也拉近了琼中与岛内市县的合作联系，未来还有可能成为海南陆地交通的中心枢纽，为当地经济社会发展注入新动力。

海南中线高速公路屯昌至琼中段开通后，儋州、洋浦、澄迈、临高、屯昌、琼中、定安、文昌、琼海九个市县均已纳入海口"一小时交通圈"，可以分享到省会经济圈的发展红利。

（二）"田字形"高速公路网打造"两小时交通圈"

琼中至乐东的高速公路开通后，全省各个市县到海口的时间基本上都能缩短到两小时，就剩下白沙可能还需要两个小时多一点。据海南省交通运输厅有关负责人介绍，海南目前正在全力推进"田字形"高速公路网，这一路网完善后，海南全岛将形成"两小时交通圈"。建省办经济特区之初,海南没有一条高速公路,公路运输主要靠3条老国道,通车里程1.28万km。这些路90%以上的路面是用砂土铺设,坑洼不平、坡度高、转弯多,相当一部分路段易发交通事故,有的路段甚至被称为"死亡之路"。

1988年,国家有关部门批准海南环岛高速公路(东段)立项兴建,掀开了海南高速公路建设的序幕。

1989年底,全长250km的海南环岛东段海口至三亚高速公路(右幅)开工建设,1995年12月竣工通车。此后该路进行拓宽,与1999年3月通车的全长324km的环岛西段高速公路实现对接,形成海南环岛高速公路。

2002年5月,海口至文昌高速公路建成通车;2008年8月建成通车的海口绕城高速公路,撑起了海口南部交通的新骨架,使海南环岛高速公路北边闭合,完善了海南公路路网。2012年1月,三亚绕城高速公路的建成通车,使东段高速公路和西段高速公路实现了完全闭合,成为真正意义的环岛高速公路,全省高速公路通车里程达到752km。

从2011年开始,海南按照"东西互动、南北并进"的思路,全面启动"田字形"高速公路建设,开始了一场高速公路建设攻坚战,努力实现交通基础设施建设大跨越。

2012年12月29日,海南省中部地区第一条真正意义上的高速公路——海口至屯昌高速公路正式建成通车,至此,海口至屯昌的行车时间由起初的1小时40分,缩短至40分钟左右。而随着屯昌至琼中高速公路的开通,琼中到海口的行车时间也从原来的近3小时缩短到1个小时。

海南环岛交通东海岸风光旖旎

(三)路网完善助推海南绿色崛起

正是有了高速公路,海南东部成为旅游的黄金走廊。游文昌、看琼海、抵万宁、下陵水、奔三亚,外地的游客可以沿着东段高速公路,一睹东海岸的旖旎风光;海南西部成为重要工业走廊,洋浦保税港区、东方化工城、昌江工业区等如日东升,为全省贡献了一半以上的生产总值。至"田字形"高速公路的全面完工后,海南省将形成横线高速公路万宁至琼中至儋州至洋浦,纵线海口至澄迈至屯昌至琼中至五指山至保亭至三亚的全面贯通高速公路枢纽。预计,琼中至乐东至三亚、洋浦至琼中至万宁高速公路全线贯通后,从屯昌抵达乐东仅需40分钟,到海口50分钟,到达洋浦、万宁60分钟。

海南"十二五"规划新建高速公路里程452km,构建"田字形"高速公路主骨架,实现县县直通高速公路的目标,形成贯通全岛、连接岛内外的立体交通网,助推海南绿色崛起。

在推进"田字形"高速公路建设的同时,海南省加快改造低等级公路。改造的重点工程是"三纵四横"公路。"三纵"即海榆东线、中线、西线3条老国道;"四横"即黄竹至屯城至大拉、万城至营根至乌石至那大、陵城至大本至什运至牙叉至邦溪、天涯至抱由至新宁坡。海南陆续对这些技术等级比较低和服务水平较差的公路主骨架进行升级改造,扩大小桥梁,拉直大弯道,打通断头路。如今,从省会海口市出发到任何市县,基本实现3小时到达;从县城到辖区内乡镇和行政村,实现1小时到达。海南人称之为"3+1小时交通圈"。

据统计,截至2012年底,海南全省公路通车里程达22916km,比1987年增长43.3%。公路网密度达67.6km/100km^2,高速公路通车里程达752km,占全省公路通车总里程的3.5%;公路货物周转量达82.20亿吨公里,比1987年增长5.9倍,年均递增10.2%;公路旅客周转量133.15亿人公里,增长2.6倍,年均递增6.6%;全省行政村通硬化路率均达100%。

七、海南全力打造绿色高速公路

未来建设的"三线"高速公路设计将遵循哪些设计理念?有哪些亮点?如何与海南国际旅游岛建设目标相契合?海南省交通运输厅负责人称,"三线"高速公路设计将遵循"以人为本,生态优先"的理念,凸显人性化、生态特色、文化特色和国际旅游岛特色,目标是全力打造"绿色高速路",为国际旅游岛建设添彩。

(一)生态保护优先

众所周知,即将开建的"三线"高速公路,即琼中至五指山至乐东、万宁至儋州至洋浦、文昌至琼海高速公路,将穿越中部山区,总长度为358km,估算总投资达316亿元。如何处理好公路建设与生态保护的关系已摆在面前。

中部山区是海南省生态核心区,在项目建设中,应按'生态优先'的设计理念,结合国际旅游岛建设目标,尽最大努力保护中部生态环境。本着建设"生态路、环保路、景观路、安全路"的原则,公路设计部门顺应原有的地势地貌开展公路设计,做到宜桥则桥,宜隧则隧,在跨越生态敏感区时适当增加桥隧比,尽量减少对原地形地貌的破坏,保护中部生态。如中线高速公路桥隧占路线长度的37.5%,横线高速公路桥隧占路线总长的19.1%。同时,选线遵循"不扰为上,利用为本"的原则,在路线设计时,尽量沿山脚布线,少占农田,节约耕地。避免深填高挖,减少对原生态系统的扰动和破坏,减少用地规模,集约利用土地。

在高速公路建设中加强生态保护是交通部门的职责所在。在项目建设中,严格落实工程设计与人文景观设计、工程施工与自然景观保护、工程竣工与生态景观恢复"三同步",尽可能将高速公路建设对环境的影响降至最小。

在项目建设中推行施工标准化,注重工后恢复,严格保护生态环境,是确保公路建设与生态保护和谐统一的重要举措。

(二)高速公路上享美景

未来的"一纵一横"两条高速公路犹如两条珍珠链,将沿线散落的自然和人文景点串联在一起,将成为展示海南岛中部及中南部自然风光、民俗文化的通道。

拟建的中、横线高速公路设计凸显人性化理念,高速公路将设置若干个观景台、停车区和服务区,为自驾车游客提供人性化服务。

为体现"以人为本、开放包容"的设计理念,中线高速公路结合沿线人文自然分布特点,共设置琼中、乐东等两处服务区和毛阳、抱伦等两处停车区,设置鹦哥岭、五指山、昌化江等多处观景台;横线高速公路共设置东太、阳江、大成等3处服务区和万泉河、蓝洋森林公园等2处观景台,供驾乘人员休憩、观景、欣赏沿途美丽的自然景观。项目还将结合沿线民族、人文特点,在合适位置将风土乡情融入支线,附属设施人性化设计,以增添高速公路的生态景观和公路文化内涵。

八、悠悠三十载,蛟龙卧琼州

2015年5月30日,端午佳节,琼中什寒村里一片欢歌笑语,来自广东的自驾车游客陈思荣一家人尽情地享受戏龙水活动,体验山泉水的清凉。"没想到海南高速公路发展这么快,现在来海南中部也能走高速了,真是太方便了!"

琼中黎族苗族自治县地处海南岛中部,两年前屯琼高速公路建成通车后,素有"海南之心"美称的琼中迎来了前所未有的发展机遇,自驾游、乡村游一下变得红红火火,一条高速公路,带旺了琼中经济。

除了琼中,地处海南大山深处的保亭、白沙和五指山现在也都有了盼头。目前五指山至保亭至海棠湾高速公路、白沙快速出口路两个项目前期工作都在加快推进,确保今年内全部动工,海南省第七次党代会提出的"县县通高速"部署将在不远的未来成为现实。

1988年建省以来,海南省高速公路从无到有、从断头路到环岛高速公路全线贯通,再到"田字形"高速公路全面布局动工,"县县通高速"即将成为现实。30年来,在海南省委、省政府的领导下,一代又一代的海南交通人全力以赴,为提升海南基础设施水平、拉动投资增长、促进经济发展提供了强有力的交通支撑。

(一)环岛高速公路梦圆

时间回溯到1988年,彼时的海南才刚刚建省,全省公路通车里程仅有1.28万km,且通行能力差,服务水平低,技术等级不高,这成为制约海南经济社会快速发展的瓶颈。

正是在这样的背景下,海南环岛高速公路(东段)右幅作为海南省首条高速公路谋划开建,并于1995年底建成通车,沿途经过的海口(含原琼山市)、定安、琼海、万宁、陵水、三亚等6市县成为海南省最早通高速公路的市县。

海南环岛高速公路(东段),是国内第一条采用企业建设管理、股份制投资方式修建的高速公路,开启了海南省公路交通现代化建设的先河,也是国内第一条热带滨海旅游高速公路,建设初期因投资困难还曾是国内最先试行建设单幅的高速公路。

而这种单幅双向通行的安全隐患,也在通车后很快凸显出来,因此,东段高速公路左幅扩建工程于1997年初分段实施,直到2001年3月,陵水至三亚段建成通车,海南环岛高速公路(东段)全线完工,海口至三亚的行车里程也由6、7个小时缩短为3个小时。

在此期间,海南环岛高速公路(西段)也于1999年9月实现了全线通车,这是海南省委、省政府为加快以洋浦经济开发区为龙头的西部工业走廊建设,促进海南省西部经济发展的一条高速公路,也将西部澄迈、临高、儋州(含洋浦)、昌江、东方、乐东等市县纳入海南高速公路网中。环岛高速公路东西段建成后的十余年里,海文高速公路、海口绕城高速公路、三亚绕城高速公路等也相继建成通车,大大改善了海南省沿海地区和海口、三亚等重点城市的交通和投资环境。

2010年8月,属国家高速公路网的海南省原东段高速公路、西段高速公路、海口绕城高速公路和三亚绕城高速公路被统一命名为"G98海南环岛高速公路",形成一个环形闭合圈,总里程612.8km,成为海南省最重要的交通大动脉。

(二)打造"田字形"高速公路主骨架

2015年5月30日,对海南交通人来说,可谓"双喜临门",是个永远值得铭记的日子。历经3年的建设,全长46km的中线高速公路屯昌至琼中段顺利建成通车;全长约128.8km的琼中至五指山至乐东段同时开建。

而就在当年11月,文昌至博鳌及中线横向万宁至洋浦高速公路也动工开建,三条在建高速公路总里程已达357km,加上环岛高速公路和2012年底已建成通车的海屯高速公路,海南"田字形"高速公路主骨架已呼之欲出。

此前,"田字形"高速公路主骨架项目已全部纳入国家高速公路网规划,这也意味着海南高速公路将获得国家在资金和用地指标方面的支持。加快海南交通基础设施建设,打造"田字形"高速公路主骨架,是海南省委、省政府着眼海南长远发展全局作出的重大决策。

构筑纵横交错的高速公路网,形成便捷发达的交通网络是琼岛人民多年来的夙愿。面对新常态,积极谋划重大交通项目,加快构建"田字形"高速公路主骨架,着力构建综合交通运输体系也成为海南省交通运输厅近年来的中心工作。琼乐、万洋等中线高速公路项目的推进,不但有效完善了海南省高速公路网结构,构建起"两小时交通圈",而且能促进海南中部地区发展,促进全省旅游全面开发和产业合理布局,带动贫困地区的资源开发利用,从而进一步推动全省建成小康社会和现代化发展目标的实现。

截至2016年底,海南省路网密度已达83km/100km^2,全国排名第19位,其中高速公路已建成795km,在建357km,谋划新建约120km,预计至2020年海南省高速公路总里程将达1260km。

(三)"县县通高速"将成现实

翻开最新版海南地图可以看到,目前海南省各市县除三沙市外,只剩下保亭境内还未有高速公路经过,而在建中的琼乐高速公路和万洋高速公路也只是分别擦过五指山和白沙一角。

"山区脱贫苦无路,守着财宝难致富。"保亭等中部地区人民热切期盼方便、快捷的高速公路能早日向中部延伸。海南省规划部门相关负责人也向记者证实,每年的省两会上,保亭等地高速公路何时开建都成为当地代表委员最关心的话题。

"民有所呼,我有所应;民有所求,我有所为。"2017年海南省第七次党代会报告明确提出要"实现县县通高速",4月29日在海南省扶贫开发领导小组(扩大)会议上,海南省委书记刘赐贵再次强调,五指山、保亭、白沙等高速公路连接线要在2017年全部开工,尽快实现"县县通高速"。

为尽快实现海南省第七次党代会"县县通高速"的部署,五指山至保亭至海棠湾高速公路、白沙快速出口路两个项目前期工作都在加快推进,确保在2017年内全部动工。

其中五指山至保亭至海棠湾高速公路起点冲山镇、顺接中线高速公路五指山连接线,终点海棠湾环岛高速公路藤桥互通,全长58km;白沙快速出口路连接白沙县城与洋万高速公路儋州互通,全长35km;均采用双向四车道高速公路标准,设计速度100km/h。

两条高速路是贯彻落实海南省第七次党代会精神的重大基础设施项目,该厅将加快推进项目前期工作和组织实施,及时提交相关报批材料和用地图。不久的将来,"县县通高速"将成为现实,海南高速公路主骨架的版图再次改写,海南交通建设史上又将写下浓墨重彩的一笔。

(四)助力海南发展梦

高速公路不仅是交通运输现代化的重要标志,更是经济社会发展的重要标志。从建省初期到建设海南国际旅游岛再到全域旅游的发展,都离不开以高速公路为代表的交通运输建设,高速公路作为交通主骨架一直助力海南发展之梦。高速公路的建设与发展,从根本上改善了海南省公路网技术等级结构,改变了海南公路交通事业的落后面貌,有效地拉动了内需,刺激了高速公路沿线地区的经济发展和繁荣,对促进海南省社会经济的发展、自然资源的开发、生产要素的合理布局、相邻区域间的合作、投资环境的改善、交通出行的便捷、生活水平的提升等,都起到了积极的推动作用。

交通条件是地区经济发展的基础性条件,高速公路能够缩短人流、物流、信息流的周转周期,是改善一个地区经济发展环境的重要标志。"要想富,先修路;富得快,高速带"形象说明了现代交通特别是高速公路对加快经济发展的巨大带动作用。

海南高速公路建设,由于起步晚、投资大、征地拆迁成本高等原因,总里程仍然相对较短,密度不大、等级不高。近年来,在海南省委、省政府的部署下,海南省加大了投资力度,引入大公司、实施大标段建设,逐步提高高速公路建设等级,确保建设好让百姓满意,行车舒适、安全的放心路。

高速公路的建成,缩短了海南省市县之间的时空距离,密切了沿线各地市间的联系,成为各具特点、优势互补的有机整体,根本上改变了海南的投资环境,带动沿线市县、乡镇的经济发展,打破了交通制约经济、社会发展的瓶颈。

临高县美丽的乡村公路

海南拥有得天独厚的旅游资源,高速公路的贯通让海南岛"同城化"的时代到来,助推"全域旅游"建设,将海南各个旅游景点像珍珠一样串联起来,提高了海南旅游的便捷和整合能力,成为海南旅游的吸睛的亮点。

近年来,在经济新常态下,海南省高速公路建设对宏观经济拉动作用明显,建设过程各环节对投资的拉动都会产生积极的影响。同时拉动融资,对解决资金紧缺、增加有效信贷等也有极大促进作用。而庞大的建设用工,也直接刺激第三产业快速增长,建成后的货物运输、人员往来等,也会带来更多的商机。

高速公路已经深刻影响着人们的日常生活,对区域经济发展起着极大推动作用,实践证明,一条高速公路建成通车后必将形成一条隆起经济带,有效降低沿线地区企业物流成本,也缩短了农产品的运输时间,推动商业繁荣,海屯、屯琼等中线高速公路开通后,就已成为中部山区农民群众脱贫致富的重要保障。

(五)造价服从生态,建设景观旅游路

五指山至保亭至海棠湾高速公路、白沙快速出口路两个项目前期工作正在加快推进中,海南省交通运输厅将按照"造价服从生态、建设景观路、旅游路、生态路"的原则做好项目设计。

良好的生态环境是海南可持续发展的最大优势。近年来,随着"田字形"高速公路主骨架建设的全面展开,海南省交通运输厅一直把环境保护作为高速公路建设的重要环节加以实施,最大程度减少高速公路建设对原生态环境和自然资源的损坏、提高沿线景观的旅游价值,"生态环保"理念也已成为海南省高速公路规划、设计、建设中的一个必要条件和基本遵循的原则。

在建的琼乐高速公路等山区公路选取路线方案时就认真贯彻了"生态环保选线"的原则,在满足规范标准的前提下,使路线尽量与地形相拟合,路基尽可能避免高填深挖,最大程度保护了自然环境。五指山至保亭至海棠湾高速公路、白沙快速出口路两个项目都是地处中部山区,必须充分重视工程对水源地保护区、风景名胜区、自然保护区及水土保持敏感区的影响,设计路线时就要尽量减少对自然生态环境的破坏。两个项目有关环境影响评价工作的信息已经公布在海南省交通运输厅网站上,向公众征求意见。

海南中部地区原生植被覆盖面积大、景观效果好、表土资源宝贵,要避免走"先破坏再恢复"的老路,目前在建的中线高速公路就采用两步施工法,即第一步划定高速公路路面宽度,路面多宽清表多宽;第二步从路面边缘到红线划定环保绿线,根据建设需要进行清表,最大限度保留原生植被和土壤。

有了两步施工法,海南中线高速公路全线共保留树木4万余株,创造经济效益超过2000万元。未来五指山至保亭至海棠湾高速公路、白沙快速出口路在施工中也会充分借鉴中线高速公路施工中的新方法。

此外,在边坡绿化、路面设计、挖方段景观规划等方面,海南省交通运输厅也将充分利用并展示出两个项目沿线独特的地形地貌和民俗特色,在保护生态环境的同时打造具有地域特色的公路景观,满足海南日益高涨的旅游需求。

九、打造诗意高速,彰显魅力旅程

来到海南,就不想走了。因为这里有让人着迷的椰风海韵、诗意交通和舒心的旅程。

行驶在海南环岛高速公路上,回味着浓郁的咖啡香,体验"一脚油门踩到底"的畅快,欣赏"车窗外向后的风景线",聆听会讲故事的公路……海南交通紧贴生活,用浓厚的人文情怀,关注着生活,同时又以生动的形式展示着生活。

海南最有优势、最有条件发展立体交通。走进海南交通人,感受到了激情,体味了文化,理解了追求。这是一个有技术,技术精良;有技能,精益求精;有精神,意气风发的团队,一个有着浓浓的文化内涵和文化追求的团队。在这里,可以看到取得新的辉煌背后的海南交通人的风采。

(一)交通,海南经济社会发展的生命线

2014年海南加快G98环岛高速公路九所至八所、邦溪至白马井段建设工程、海榆中线改造工程、屯琼高速公路、万宁石梅湾至大花角旅游公路等续建重点项目建设,完成县道砂土路改建工程418km,着力打造以海口港与洋浦港为双核的航运枢纽和物流中心,重点建设海口港新海港区汽车客货滚装码头一期,海口港马村扩建二、三期,洋浦港区小铲滩作业区起步等工程,加快三亚、海口邮轮母港建设,积极推进三亚凤凰岛国际邮轮港二期工程。同时,道路运输服务能力和质量得到明显提升,行业安全稳定,交通运输发展保持平稳态势。

交通快速发展为海南经济社会插上了腾飞的翅膀。海南,因交通更精彩。2014年海南交通基础设施建设好戏连台,硕果累累,综合运输体系不断完善。屯琼高速公路、定海大桥、文昌东郊至龙楼及万宁石梅湾至大花角旅游公路、西环高速铁路等一批影响海南长远发展的重点交通项目加快推进,工人们忙着架梁铺路,新海港区、小铲滩港口项目建设如火如荼……2014年底,西环高速铁路将完成投资100亿元,全省水路、公路投资将突破80亿元。交通基础设施建设提质加速,成为全省投资增长的重要力量,有效支撑海南经济社会发展。

加快构建"田字形"高速公路主骨架、县道砂土路改建及农村公路连通工程等一批对海南长远发展有拉动作用的重点项目,是助力经济社会发展的点睛之笔。海南省交通运输厅领导表示,"十二五"期间海南投入30多亿元,改建完成1100多公里县道砂土路、建设连通工程,坑洼不平的砂土路变为平坦的水泥路,与主干道连成畅通的公路网,全省1500个村庄100多万群众告别"晴天一身土,雨天一身泥",既方便老百姓出行,又为农村

经济发展奠定基础。

为促进城乡客运一体化和基本公共服务均等化,海南实施"一年百个"农村客运候车亭建设计划,建成100个农村客运候车亭,解决群众行路难;建成1708个村邮站,为老百姓打造一站式公共服务新平台;坚持"投资拉动、编织路网、破解瓶颈、服务出行"理念,编织通达少数民族市县干线公路网,促进少数民族地区社会经济发展,"十二五"末少数民族地区交通基础设施投入将突破200亿元。

下一步,海南要完成"三个一千、两个四百"目标,即高速公路新建400km以上,通车里程达到1000km,基本建成"田字形"高速公路主骨架,基本实现"县县通高速";国省干线公路改造完成1000km;改造县道砂土路1100km;建成以万宁、文昌、陵水、琼海4个示范项目为代表的460km设施齐全、功能完善、符合国际服务标准的旅游公路;建设海口、三亚国家公路运输枢纽。

(二)要做就做得精致,做到极致

如何构建安全、方便、快捷的交通运输服务体系,为海南国际旅游岛建设当好"先行官"？这是海南交通人必须面对的现实考题。海南公路建设不仅要按照交通运输部的施工标准化严格实行,还要凸显自己的特色。据介绍,海南公路建设实行大企业进入,大标段建设,对施工企业的技术、设备、管理、试验等各方面提出了更高要求。施工标准化,带来了海南公路建设管理的一场革命,解决了许多长期以来解决不了的难题。时任海南省交通运输厅厅长董宪曾说:"我们一直在用心、在努力,真正做出海南的特色,在全国交通行业抢占一席之地。要做就做得精致,做到极致。"

思路决定出路。在包括公路养护、公路改造以及新材料应用和新工艺推广等在内的各个方面,海南交通创新思路和理念无处不在。旅游公路是海南匠心独运的重点项目。海南正在加快推进国际旅游岛建设,公路建设必须在跟国际标准对接的基础上凸显海南生态特色,要融入环保、绿色的理念。这和单纯的公路通行概念是有所区别的,它更加侧重生态和环境保护,强调旅游、休闲、观光。在高速公路和国省道上,贯穿生态建设理念,更多考虑环保和景观,考虑观赏性和休闲性,而不是单纯看速度,即使是国省道,也要按景观路的标准去建设和管理。将公路旅游的理念贯穿到海南每条路中,在全国创出品牌,建设具有示范意义的旅游公路,营造出"车在画中行,人在景中游"的新景象。

(三)打造会讲故事的生态景观路

海南国际旅游岛建设呼唤旅游公路。建设旅游公路,开创了交通与旅游深度融合的新模式。旅游公路不单单是一条能跑车的路,而是一条"会讲故事的生态景观路",要营造"车在画中行、人在景中游"的胜境。

《海南省旅游公路发展规划》提出了"打造一个体系、提升三类水平、突出五大特色、基本建成环岛滨海旅游公路"的发展目标。"十二五"和"十三五"期间，海南拟投资180亿元，建设旅游公路1100km。同时，将依托全省现有及规划的公路网，打造国内第一个省级旅游公路体系，使全省17大旅游景区和22个特色旅游小镇通达性达100%，提升公路旅游设施服务、公路景观环保和公路旅游信息化水平，突出视觉、自然、历史、娱乐和文化等五大特色，到2020年最终建成以环岛滨海观光为主的1000km旅游公路。

海南环岛高速公路（东段）滨海旅游高速公路风景如画

在建成全国唯一公路词赋文化道班毛阳道班的基础上，2014年，海南又在224国道建成了朱德亭等一批公路文化休闲驿站，500多个公路文化景观点、生态景观路段，颇具海南特色，更多地注入人文、生态理念和交通文化元素，让海南公路真正"开口说话"，成为海南公路上一道道亮丽的风景线。

（四）踏着"标准"的节拍阔步向前

在160℃的摊铺温度下，沥青摊铺机按照每分钟2~3m的速度匀速摊铺；压路机紧跟其后，按照初压两遍、中压三至四遍的规范，来回不停地碾压；其间，施工人员及工程车辆忙而有序地进入作业面，开展其他相关工作，现场整洁文明、规范有序……这是海南G98环岛高速公路改建工程九所至八所段2标段热火朝天的施工场景。

作业环境干净整洁、各道工序标准规范、机械化设备大量应用……这正是海南自2011年7月起在海南省重点公路及旅游公路项目中开展为期3年的施工标准化活动带来的巨大成效。施工标准化，就是推行标准化、统一化、集约化施工。它给海南省公路建设带来了一次建设理念、施工管理、工艺流程等重大变革，其目的是全面提升海南省公路建设工程质量和安全水平，树行业文明施工形象，叫响海南公路品牌，助力国际旅游岛建设。

3年多来,正是踏着"标准化"的节拍,一条条"黑色公路"不断在海南大地延伸……

(五)"施工标准化"大行其道

站在海口市与定安县交界的南渡江下游的一座木桥上,往上游望去,不远处的江面耸立着十多个修建中的大桥墩,那就是定海大桥的施工所在地。

定海大桥是海南"十二五"重点建设项目,为连接海口、定安、澄迈3市县的重要交通枢纽;大桥工程概算为4.7亿元,采取代建负责制(于2016年11月14日建成通车),约有30万人因大桥建成而受益。

尽管大桥才进入墩身施工阶段,但是借助一套先进的系统,已经能把所有的工程情况掌握在手,这套系统就是由大桥的代建单位中咨集团公司研发的基于BIM的定海大桥可视化项目管理系统。通过这个系统,可以全方位、详细、清楚地了解大桥施工的每一个步骤、每一道工序,以及接下来的进度等,实现管理的精细化、信息化、透明化。

在施工过程中采用信息化管理,对工程质量与进度提供有力保障,这正是定海大桥在项目建设中落实施工标准化活动的一种体现。

(六)一场美丽的嬗变

实行施工标准化,到底给海南公路带来了什么样的变化?

施工标准化活动实施3年多来,海南公路建设发生了6大变化,公路建设管理取得了重大突破。

——从"要我做"变为"我要做"。从施工标准化活动实施之初施工单位的积极性不高甚至消极怠慢,到施工标准化活动成效凸显,各参建单位实现由"要我做"到"我要做""要做好"转变,施工标准化在公路建设领域落地生根、开花结果。

——项目建设实现"四统一、三集中"。在建项目基本做到统一施工项目部驻地、工地试验室、拌和楼站、石料堆放仓的建设标准;混凝土集中拌和、钢筋集中加工、梁片集中预制,施工操作实现"流水化、工厂化、标准化"。

——项目部驻地处处洋溢着人文关怀。"临时工棚变标间,经过培训农民工变成了产业工",这是施工标准化建设带来的新变化。与此同时,各参建单位驻地建设满足标准化施工要求,环境更优美,处处洋溢着人文关怀。

——管理方式从粗放型走向精细化。精细管理出精品,如路面摊铺前,海南省交通运输厅要求对水稳层进行"一扫二吹三清洗",有效提高封层黏结度;沥青混合料运输实行全程保温覆盖,保证混合料温度;严格控制机械摊铺、碾压的温度和速度,提高路面质量技术指标;实行代建、施工、监理对沥青油库的三方共管,确保沥青质量可靠。

——新设备、新材料、新工艺和新技术广泛应用。如屯琼高速公路预应力张拉采用智能张拉、智能注浆等新设备;施工过程进行信息化管理,对工程质量与进度提供有力保障;引入电子质量监控设备,实现质量实时动态控制;在路面施工沥青搅拌站和改性沥青生产设备中安装沥青混合料动态质量监控仪和改性沥青动态质量监控仪,俗称"黑匣子",对生产过程中有关参数和质量状况进行实时监控和记录,实现管理者对现场的远程监控,杜绝偷工减料。

——交通工程实体质量大幅度提升。大力推行公路施工标准化之后,海南交通工程实体质量大幅度提升。海南省交通工程质监局相关负责人告诉记者,实施标准化的项目路基弯沉验收一次性通过率、项目构造物结构尺寸合格率、沥青混凝土面层施工质量指标、路面压实度指标、行车舒适性指标、交通工程标线逆反射系数合格率等指标,均比非标准化项目的相关标准要高。

在海南,公路建设正在踏着施工标准化的节拍阔步前行。

(七)引入大企业,实现大发展

与已完工的右幅工程相对应的是正在施工建设中的左幅工程。在中交二航局施工的改建工程桥梁标段,一群身着统一橘黄色工服的施工人员正在进行桥面凿除施工。中咨集团海南代建项目负责人钟厚冰告诉记者,为了避免机械化作业对桥体结构产生影响,而采用人工作业的工程,通过凿除原有的桥面,再重新进行桥面铺装。尽管没有采用机械化作业,但是施工现场依然整洁、有序,一点也不见"脏乱差"的场景。这就是引进大企业进入施工领域带来的新变化,也就是海南在公路建设中创新采用的"大企业施工"理念。

施工标准化,使海南交通建设市场建设理念、思想观念、管理模式、施工工艺、施工技术和新技术等都发生了巨大变化,通过引入资质等级较高的大型施工企业参与海南公路建设,一方面,解决了以往公路建设市场中包工头小打小闹的散乱局面;另一方面,大企业拥有雄厚的实力,能够与海南开展的施工标准化活动相结合,助力海南公路建设质量等各方面不断迈上新台阶。

2012年5月30日开工建设的海南中线高速公路屯昌至琼中段,便是海南省首次引进大型央企参与建设的高速公路项目。该项目建设业主为海南交通投资控股有限公司,项目投资及工程总承包人为中国交通建设股份有限公司(以下简称中国交建)。

为推动项目顺利实施,中国交建在海南成立了海南中交高速公路投资建设有限公司,负责项目投融资及建设管理工作,由中国交建旗下的中咨集团承担工程总承包任务。该项目建设按"大企业施工"的原则,将路基工程分两个标段,第一标段施工单位为中交一公局,第二标段施工单位为中交三航局,各标段均按照海南施工标准化活动的相关要求,建立项目部、试验室、拌和站、预制场等标准化场地,并按要求开展施工组织。

依托专业、雄厚的施工队伍,尽管面临天气影响、征地拆迁、资金问题等诸多困难,但屯琼高速公路项目仍得以继续顺利推进,为项目最终按期实施完成打下了良好基础。以中国交建等为龙头的中央大企业,为海南公路建设起到了示范和领军作用。未来,海南还将继续引进一批实力强劲的大企业,为海南推进"田字形"高速公路建设。

"车在画中行,人在景中游"

十、176亿破解少数民族地区行路难

"十二五"期以来,海南省交通运输厅坚持"投资拉动、编织路网、破解瓶颈、服务出行"的原则,逐年加大对中西部少数民族地区交通建设投资力度,编织通达少数民族市县的干线公路网,有效促进少数民族地区社会经济发展。"十二五"前期,海南省涉及少数民族地区交通投资达176亿元,破解少数民族地区行路难,"十二五"期末将突破200亿元。

(一)176亿投资破解行路难

进入"十二五"期间,海南省加大对少数民族地区投资力度,涉及少数民族地区的公路交通规划投资176亿元,占全省规划投资的42%。先后完成三亚绕城高速公路、环岛高速公路西段大中修工程、国道G225海榆西线改造工程、国道G223海榆东线改造工程、昌江太坡立交至棋子湾旅游公路等项目的建设;加快推进中线高速公路屯昌至琼中段、环岛高速公路改建工程九所至八所段及邦溪至白马井段、县道砂土路改造工程和农村公路连通工程建设;支持三亚海榆东线榆林至田独段扩建工程、昌江大道太坡立交段公路路面改造工程和陵水文罗出口至黎安旅游公路等项目建设;加快推进中线高速公路屯昌至琼中段建设,推进中线高速公路琼中至五指山至乐东段、横线万宁至儋州至洋浦高速公路、少数民族地区旅游公路重点交通建设项目前期工作进度。

在今后较长的一个时期,公路交通仍是制约海南省中、西部等少数民族地区经济社会发展的重要瓶颈。未来几年,海南省将继续完善"田字形"高速公路网,助力少数民族地区发展,提升黎族、苗族等民族风情和生态特色的形象。正在建设的"田字形"高速公路主骨架,包括辐射中西部少数民族地区的中线高速公路琼中至五指山至乐东段和横线万宁至儋州至洋浦高速公路均已纳入国家公路网规划,这意味未来几年海南省将获得国家50亿元资金支持。"十二五"期末,涉及9个少数民族市县的公路建设投资突破200亿元。

（二）高速公路直通率56%

海南省少数民族地区涉及9个市县,面积约1.67万km^2,占海南岛面积的50%,分别为五指山、东方、白沙、昌江、乐东、陵水、保亭、琼中和三亚,人口250多万人。公路方面,少数民族地区国、省、县、乡公路总里程9598km,路网密度58km/100km^2。其中,高速公路301km,一、二、三级公路约1300km,高速公路直通率为56%;水路方面,辐射少数民族地区的八所港、三亚港共有港口泊位53个,其中万吨级泊位12个。

通畅工程公路通过乐东县黎村苗寨

2012年开始,海南省交通运输厅启动县道砂土路改造工程,改造里程977km,投资约28亿元,其中少数民族地区县道砂土路改造规模为254km,占全省改造里程的26%;投资规模为7亿元,占全省规模的25.5%。考虑到少数民族市县经济较为困难,海南省交通运输厅将这些地区的补助标准由130万元/km提高至160万元/km,共安排省级补助资金4.2亿元,占全省补助规模的30%。目前,少数民族地区县道砂土路已完成近200km,完成投资 6.3 亿元。同时，启动部分具备条件的自然村通硬化路建设工程，下达少数民族地区农村公路连通工程 346.6km 建设计划，安排补助资金 9000 万元。

为促进城乡客运一体化和基本公共服务均等化，"十二五"期间，海南省交通运输厅实施"一年百个"农村客运候车亭建设计划，到 2016 年投入 2500 万元，建设 500 个候车亭。近几年来，已下达 9 个少数民族市县 107 个候车亭建设计划，投入资金 535 万元，惠及 65 万人。

目前，海南省地养公路桥梁 2712 座，其中危桥 450 座，绝大部分集中在中西部少数民族地区。为解决当地群众出行难，海南省交通运输厅开展为期 3 年的农村公路危桥改造活动，计划用 3 年时间，消除少数民族地区农村公路四类以上危桥。

十一、海南：400 亿构建岛内大通道——"田字形"高速公路网主骨架加快建设

2015 年 5 月 30 日，历经 3 年建设，全长 46km 的中线高速公路屯昌至琼中段顺利建成通车，全长 128.8km 的琼中至五指山至乐东段开工建设。

作为海南"田字形"高速公路网中线的重要组成部分，这两条高速公路的建设，标志着海南加快构建"田字形"高速公路网主骨架，建设陆、海、空互联互通、无缝衔接的立体交通体系的步伐加速推进。

从 2010 年至 2015 年的五年间，海南省交通运输厅及海南省发改、国土部门不懈努力和极力争取，"田字形"高速公路网主骨架项目工可等 17 项审批全部获得国家有关部委批准，特别是 2014 年，海南"田字形"高速公路主骨架项目全部纳入国家高速公路网规划。这意味着未来几年，海南省将获得国家 50 亿元建设资金支持。同时，海南今后高速公路建设资金除国家支持外，全部将通过地方债务解决，海南高速公路投融资已经从过去的行业行为转化为政府行为，从部门行为转化为多部门协作行为。

海南省委、省政府高度重视交通基础设施建设，要求加快海南交通基础设施建设。时任海南省委书记罗保铭多次指出，基础设施完善之日，就是海南经济腾飞之时。

2015 年以来，新一任海南省政府领导班子密集召开会议、开展调研、听取汇报，研究海南陆、海、空立体交通发展问题。政府领导多次表示，交通运输是重要的基础性、先导性和服务性产业，无论是建设海南经济特区、国际旅游岛建设还是旅游特区，构建陆、海、空综合运输体系是当前乃至"十三五"规划中的重中之重。要全面提升交通基础设施建设水平，加快构建"田字形"高速公路主骨架，建设陆、海、空互联互通、无缝衔接的立体交通体系。

"田字形"高速公路网主骨架在海南省国民经济及社会发展中居于基础性、前瞻性、公益性、战略性的地位。"一桥四路"是海南省重点建设项目，对海南经济社会长远发展具有十分重要的促进作用。加快海南省高速公路网建设是实施国际旅游岛战略，实现绿色崛起的重要战略举措，目的是为海南长远发展提供强大引擎。

海南高速公路，在美丽的油画中延伸

2014年4月，时任交通运输部部长杨传堂在海南调研时明确指出，要加快推进综合运输体系建设，统筹规划公路、水路、铁路、民航和邮政业发展，"田字形"高速公路项目是岛内交通主通道，要利用3~5年时间加快构建和完善。

"山区脱贫苦无路，守着财宝难致富。"中部地区人民热切期盼方便、快捷的高速公路早日向中部延伸。

2015年，海南省重点交通基础设施建设好戏连台。5月30日开工建设中线高速公路琼中至乐东段，下半年将陆续开工建设文昌至博鳌高速公路及横线万宁至儋州至洋浦高速公路等"一桥四路"重大交通项目，三条高速公路总里程357km。包括"一桥四路"项目在内，2015年海南新开工建设包括琼乐高速公路、万宁至儋州至洋浦高速公路、文博高速公路和海榆东线（223国道）三亚海棠湾至亚龙湾等22个交通项目，总里程达863km，计划总投资392亿元。

打造海南"田字形"高速公路主骨架，有利于缩短时空距离、密切地域联系，有利于实现优势互补、良性互动，有利于加速中西部地区特别是农村地区的资源开发，推动沿线城镇化发展，在海南"多规合一"规划理念的指导下，真正实现海南本岛各区域"同城规划、同城建设、同城发展"的城乡一体化发展目标。海南针对交通干线瓶颈制约、重要枢纽能力短板进行投资，体现了海南交通先行官的真抓实干、精准发力，对于稳定经济增长、促进产业升级、保障改善民生、增进社会就业，起到巨大的直接作用和拉动效应。

纵横交错的高速公路网，延续着五指山经年吟唱不老的传说，倾听着万泉河日夜拨动悦耳的琴弦。日趋完善的海南"田字形"高速公路主骨架，已经成为连接海南东西南北的交通运输大通道、展示中部黎苗族风情的文化画廊、穿越五指山生态核心区的绿色长廊，它必将成为一条服务大开放、大建设、大发展、大团结和海南跨越式发展的绿色之路、富民之路、腾飞之路。

|第八章|
高速公路文化建设

第一节 综 述

改革开放40年来,海南省交通运输事业取得了举世瞩目的成就。1987年,国家计划委员会批准海南东段高速公路立项兴建,掀开了海南环岛高速公路建设的序幕。海南建省办经济特区后的1992年底,作为海南岛上第一条高速公路,环岛高速公路(东段)府城至黄竹段62.38km建成通车。1995年12月,全长250km的环岛东段高速公路全线竣工通车。1995年,环岛西段高速公路海口至洋浦段开工建设。1999年9月,全长324km的环岛西段高速公路竣工通车,海南环岛高速公路顺利实现了东西闭合。2002年9月,全长52km的海文线高速公路全线通车。2005年,全长34.4km、海南第一条实行代建制试点的高速公路——海口绕城高速公路一期工程开工建设,2008年8月竣工通车,标志着我国"五纵七横"高速公路网在海南岛上画了一个圆满的句号。

海南交通运输系统职工文艺汇演

海南省领导及交通人在高速公路建设进程中,不断地追求探索更高的目标。2012年,海南省政府批复《海南省公路交通"十二五"发展规划》,全面开工建设"田字形"高速公路主骨架项目,"田字形"高速公路主骨架路网呼之欲出。中线高速公路海口至屯昌段动工建设,2012年底竣工通车。2012年5月,屯昌至琼中段动工建设,2015年5月竣工通车。同时,琼中至乐东段开工建设,计划2018年建成通车。2015年11月,横线万宁至洋浦、文昌至琼海高速公路同时开工建设。至此,海南所有高速公路项目均列入国家高速公路网规划并全部开工建设。2017年4月,海南省第七次党代会报告明确提出,要加快完善基础设施"五网"体系,促进陆、海、空"路网"一体化发展,实现县县通高速公路,并与机场、环岛高速铁路、环岛旅游公路、国道省道和农村公路互联互通等目标。

海南交通人提出"发展现代交通业,建设一个更安全、更通畅、更经济、更可靠、更便捷、更和谐的现代公路水路交通系统"。从文化的角度看,这正是海南基于交通运输的本质属性和交通行业的神圣使命所作出的价值选择,是引导交通事业科学发展的价值导向,也是交通文化的核心内涵。

30年来(从1987年海南第一条高速公路的筹备建设到2016年刚好30年),海南高速公路建设得到了快速发展,挑战了诸多不可能,使高速公路等基础设施建设实现了新的历史性跨越,一批具有现代化标志的重大交通基础设施陆续建成,为海南经济社会发展插上腾飞的翅膀。海南省交通运输事业在改革开放40年取得了骄人的成绩,以文化符号的形象来彰显海南高速公路发展的成就正当其时,她将为交通行业树立共同目标、弘扬行业精神、强化团队意识、增强交通发展的责任感和使命感,激发交通员工的积极性和创造性,提高交通行业的凝聚力和战斗力,从而促进交通事业持续快速健康的发展。

国民之魂,文以化之;国家之神,文以铸之。文化力是推动社会进步的永恒动力,它是一种软实力,也是其中的核心。人类的交通文化,是交通文明的重要组成部分,是人类文明在交通领域的集中体现。交通文化是社会主义先进文化的重要组成部分,是交通行业的灵魂,是实现交通又好又快发展的重要支柱。改革开放以来,交通运输不断发展,各个领域不断孕育出了新思想、新理念,创造了颇具现代意识和行业特色的交通文化。

海南高速公路建设所取得的成就,以各种文化形式及符号,形象地表现出来。本章共分六节,分别从海南高速公路与行业文化建设,国内外名人谈海南高速公路,海南高速公路建设之最,海南高速公路诗词歌赋集锦,琼崖古驿道、古代官道的交通记忆等不同角度,对海南交通、海南高速、海南交通文化进行详细介绍、解读和阐释,让读者通过此形式对海南高速公路有一个直观了解和感受,以文化的魅力彰显海南交通、海南高速公路之美。

第二节　海南高速公路与行业文化建设

一、海南高速公路文化符号诠释

1988年海南建省初期,全省公路通车里程仅有1.28万km,且通行能力差,服务水平低。在此背景下,海南高速公路从海南环岛高速公路东段开建到环岛高速公路东西段建成后的十多年里,海文高速公路、海口绕城高速公路、三亚绕城高速公路、建成通车的环岛高速公路梦圆到打造"田字形高速主骨架路网""环省高速公路网",再到"县县通高速公路"成为现实的历程中,波澜壮阔且多姿多彩的海南高速公路文化及其符号已深深印记在椰岛人的心中。

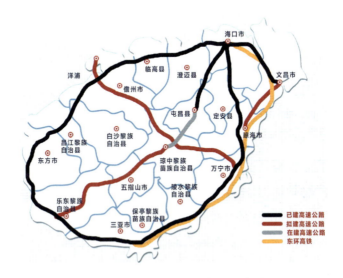

海南环岛高速公路"田字形"符号(示意图)

"发展现代交通业,建设一个更安全、更通畅、更便捷、更经济、更可靠、更和谐的现代公路水路交通系统。"从文化的角度看,这也正是基于交通运输的本质属性和交通行业的神圣使命所作出的价值选择,是交通文化的核心内涵,是引导交通事业科学发展的价值导向。文化符号就是能代表行业文化的突出而具有高度影响力的象征形式系统。文化软实力正是通过文化符号表现出来。通过行业文化符号观来把握、感知行业形象,进而为行业文化软实力提供可参照的样本,不失为考察行业文化软实力水平的一条可行途径。文化符号是具有某种特殊内涵或特殊意义的标示。具体地说,文化符号是指人类借助语言和非语言形式来表达文化内容的标志。海南省交通运输事业在改革开放40年取得了骄人的成绩,以文化符号的形象来彰显海南高速公路发展的成就正当其时,她将为交通行业树立共同目标、弘扬行业精神、强化团队意识、增强交通发展的责任感和使命感,激发交通员工的积极性和创造性,提高交通行业的凝聚力和战斗力,从而对促进交通事业持续快速健康发展具有重要意义。

"海南高速公路文化符号"是指能够代表并且足够影响海南交通行业的意象,可以是图形图像、文字组合,也不妨是声音符号、建筑造型,甚至可以是一种思想文化,一个时事人物。有人以"景观、美食、特产、人物、其他"等五大类来表述一个企业、一个行业,一个地区、一个省,一个民族或一个国家独特文化的抽象体现,是文化内涵的重要载体和形式。

而海南以"一脚油门踩到底""田字形高速路网""环省高速路网""车在画中行,人在景中游"四个意象兼实形来表述海南高速公路文化符号,期望引起海南省交通行业,乃至海南全省、全国社会各界的关注与共鸣。有专家认为,文化符号是走出去的名片,海南则以上述4个高速公路文化符号作为海南交通行业走出去的名片,这将是海南交通行业的一大品牌和一大亮点。

(一)海南高速公路文化符号

1. "一脚油门踩到底"改革性文化符号

从1989年9月,国家计划委员会正式批准海南建设第一条高速公路起,经过多年努力,陆续建成环岛高速公路、田字形高速公路骨架网,成为全国唯一的高速公路环绕全省的省份。随着高速公路网的形成,海南又在全国率先实行汽车燃油附加费改革,在高速公路运营管理上迈出了坚实的一步。

海南燃油附加费改革从"四费合一"到征收通行附加费,这期间走过22年的历程。全省道路不设收费站,车辆驶上海南岛那一刻起一脚油门踩到底,安全、顺畅伴你到达目的地。对此,许多从内地到海南的朋友对海南公路没有路卡、全省一路畅通的公路管理赞叹不已,在海南的高速公路上真正享受着"一脚油门踩到底"的畅快。"一脚油门踩到底"的高速公路文化魅力正在彰显着海南经济社会发展,每逢节假日广大自驾游客人驾驶车辆行驶在海南高速公路上,切身体会"车在画中行,人在景中游"的感受。

"一脚油门踩到底"原本是驾驶汽车的一句技术语,它形容车开得很顺利,一直开到目的地都不用松开脚。这句朴实的语言体现了现代道路形成了互联互通现代化交通网络的状况,同时也体现了道路通行管理跃上了新台阶。这句朴实的语言从它诞生之时起,就体现了现代交通的一种文化内涵,她经历了二十多年的积累沉淀,在海南已成为一个家喻户晓的交通品牌符号、一张交通行业的名片。这张名片将引领着交通事业发展的明天,把她作为海南高速公路文化符号来宣传具有深远的、现实的意义。

2. "田字形高速路网"通达性文化符号

在建省建特区东风的鼓舞下,海南人沿着海南省委、省政府打造"田字形"高速公路主骨架路网,建设陆、海、空互联互通、无缝衔接立体交通体系现代化交通梦重大决策的指引,步步追赶、奋力向前。

"田字形"高速公路网本是一种发展理念、一种发展规划,经过20年的努力,海南省"田字形"主骨干的环岛高速公路已全部建成,通车里程达756km。2013年,海南高速公路列入国家的2013—2030年公路网建设规划,海南构筑"田字形高速路网"建"2小时交通圈"成为"十二五"交通行业建设的里程碑,为海南构筑"田字形"高速公路网注入生机和活力。"田字形"高速公路网将成为海南交通行业建设发展的又一大亮点,"田字形高速路网"文化符号因此应运而生。"田字形"高速公路网加速了海南的"海、陆、空"交通网互联互通,她连起了海南岛的农村、城市、景点景观与世界的往来,她成为国际旅游岛建设的助推器。海南"田字形"高速公路网翻开了海南现代交通的新篇章。

海南"田字形"高速公路网的特点是纵横交汇、骨架呈"田字形",高速公路网环绕全省及各市县交通节点清晰明确。其特点主要体现在:一是环岛东西段主骨干高速公路已与南北两城市(南:三亚市,北:海口市)的绕城高速公路连接成网。二是纵横交汇,环绕全省及各市县交通节点清晰明确,是名副其实的"田字形"。三是连接即将建成的国家航天重点项目——文昌航天发射基地(航天科技城)。四是连接海南岛(国际旅游岛)主要景点、高速动车场站、机场、港口,形成了城乡一体化、海陆空互联互通立体交通网络的现代交通特点、特色。

"田字形"高速公路网的结构为:东西连接线和南北连接线及中部东西段连接高速公路为"田字形"主骨干路网。中部的东西连接线以琼中为"田字形"中心连接点。以琼中县至五指山市至乐东县高速公路为横线连接线,和万宁市至儋州市至洋浦开发区高速公路线连接。南三亚、北海口两市绕城高速公路连接环岛东西段高速公路。当"田字形"高速公路网全面通车后,无论从哪一节点出发都能便捷、安全快速地到达另一节点目的地,真正实现"2小时交通圈"的目标,这将更有力地促进社会经济的发展。

3."环省高速路网"唯一性文化符号

琼中黎族苗族自治县地处海南岛中部,两年前屯琼高速公路建成通车后,素有"海南之心"美称的琼中迎来了前所未有的发展机遇,自驾游、乡村游一下变得红红火火。"一条高速路,带旺了琼中经济。"该县相关负责人坦陈。这是《海南日报》上题为《悠悠三十载,长龙卧琼州》的一篇报道。

《悠悠三十载,长龙卧琼州》一文,用巨大的篇幅,报道了海南高速公路建设的巨大成就。那就是,随着"田字形"高速公路主骨架路网的形成,海南环省高速公路网呼之欲出,"县县通高速公路"的目标实现,一个以"田字形"为主骨架、环绕全省的现代化交通版图展现在世人面前。

世界首个环省高速铁路在江西,首个环省高速公路在海南。海南环省高速公路网由海南环岛高速公路593.03km、海口市绕城高速公路46km、三亚市绕城高速公路30.459km组成,总里程为669.489km。里程虽不算长,但构筑起了"田字形"高速公路网主骨架,使得海南省成为目前全国唯一的高速公路环绕全省的省份。环岛高速公路网的建成,是贯彻落实习近平总书记关于"十三五"的"创新、协调、绿色、开放、共享"五大发展理念的具体实践;环省高速公路网的建成,是海南岛东、西、中部及各少数民族地区协调发展的重要举措。环省高速公路网将与环岛高速铁路一同撑起海南辉煌发展的明天,环省高速公路网这个响亮的文化符号,将载入海南发展的史册。

4."车在画中行,人在景中游"景观性文化符号

踏上海南岛,乘车奔驰在环岛高速公路上,王维在《周庄河》里描述人在画中游的诗句就会在心中回荡:"清风拂绿柳,白水映红桃。舟行碧波上,人在画中游。"这是海南省高速公路的真实写照。在海南高速公路建设热潮中,规划设计和建设者们始终以"大格局、大路网、大民生"作为海南交通的建设发展理念,把自然原生态与古典、生态文明建设相结合放在心中,把营造"车在画中行,人在景中游"的高速公路画廊、画卷作为海南高速公路文化符号来实施,以展现海南高速公路之美。

故此,可以用"一路风景一路歌"的心情来叙述"海南高速公路画廊"建设诗篇,翻开海南高速公路"车在画中行,人在景中游"灿烂壮丽的画卷。

(二)车轮上的激情,车窗外的移动风景

海南高速公路通过30年建设,取得了巨大成就,"田字形"高速公路主骨架已基本成型,高速公路四通八达,安全便捷,为海南800万人民群众提供了高效快捷的出行服务,人民的生产、生活、工作为此变得十分便利。交通出行方式的改变,已影响或者改变了岛民的思维方式。

【阳光海南度假天堂】2009年12月,国务院颁布了《关于推进海南国际旅游岛建设发展的若干意见》,这标志着海南国际旅游岛建设上升为国家战略,为海南迎来了建省办经济特区之后又一次重大发展机遇。海南高速公路的发展建设,将在推动国际旅游岛建设中发挥其重要的作用。海南高速公路把海南一个个景点景色串联起来,一卷卷画卷吸引着游人的眼睛、装进人们的脑海。经过努力建设,海南将成为世界一流的海岛休闲度假旅游胜地。海南国际旅游岛向世人展现一幅国际化程度高、生态环境优美、文化魅力独特、社会文明祥和的美好画卷,成为洒满阳光、四季飘香的热带花园,游人流连忘返的度假天堂。

【椰风海韵】驱车在环岛东段高速公路行进,会有饱览椰风海韵的感受。环岛东段高速公路大多依着海岸线走,除了能感受到大海的波澜壮阔,还能邂逅碧波荡漾的万亩椰林,送走落日迎接朝阳,任海风轻拂,畅享椰风海韵的世界。

【黎苗风情】驾车经过黎村苗寨,郁郁葱葱的山景和独具特色的黎苗民族风情、黎苗族的海南本土文化,有一种"黎风苗情别样红"的感觉。

【原始生态】在海南的西段高速公路行进,会感觉到原始生态带来无穷的思考,热带浓浓的自然纯香,朴素宁静且厚重。这里的美源自大自然鬼斧神工的创造和祖先的馈赠。这里除了拥有与海南岛其他沿海地区一样的阳光、大海、沙滩外,还保存着许多原

始森林和热带雨林,以及上千年的古城池和历史遗迹,在这里可以漫步山野,可以访古思幽。

俯瞰海南环岛高速公路

【奇花异果】用一天时间在海南岛的高速公路上行驶,会真正品味到奇花异果的香甜,海南的热带水果——芒果、荔枝、龙眼、香蕉、火龙果、红牡丹、菠萝蜜、木瓜、芭乐(番石榴)、人心果、杨桃等,还有引进台湾、新疆等地的水果——莲雾、葡萄、哈密瓜等,琳琅满目,应有尽有。沿着高速公路行驶,无论走到哪里都能看到一片一片相连、一眼望不到边的香蕉林、椰树林、槟榔林。咖啡、胡椒、珍珠、贝壳也是海南特有的物产,这就构成了海南独特的景色——宛若天堂的奇花异果美景。

(三)古典、自然与现代完美结合

天之涯,海之角。由于海南环岛高速公路"田字形"主骨架已基本成形,交通基础建设的迅速发展,接通了古今,实现了时间、地点、空间的瞬忽变化,这使得海南不再遥远和荒野,通过便捷的高速公路网来展现海南高速公路建设融入古典、自然、现代的如诗如画之美,游客流连忘返,如此如醉。

越来越多的人,就此"发现海南之美"。

1. 古典之美

【古风悠悠传千年　唤醒文化记忆】开车行进在环岛西段高速公路上,一幅古风悠悠传千年的画卷会铺展开来。早在汉朝时期,就来了两位伏波将军——路博得和马援,他们先后率军驻扎此地,建立行政建制。公元1097年,北宋大文学家苏东坡谪居儋州,在贬谪三年间,讲学明道,使儋州教化风日渐兴盛,在中国科举取士中出过多位举人进士。千百年间,辛勤的西部先民们用自己的汗水和智慧为后人留下了一大批宝贵的文化遗产,如有1300多年历史的儋州中和镇,1200多年历史的古盐田,900多年历史的东坡书院,上千年历史的澄迈姐妹塔,还有黎族原始手工制陶技艺、临高渔歌、儋州调声、临高人偶戏等,这些都在海南的史册上留下了浓墨重彩的一笔。

【东坡书院　古人与今日实现对话】东坡书院坐落在儋州中和镇。沿着海南西段高速公路可顺畅到达。远远望去,一排退了原色的红墙中间立着书院的院门,门楣上写着"东坡书院"4个大字。迎面就是载酒堂,堂内有一幅壁画,画的是苏东坡当年在儋州讲学写作的情形。载酒堂门前挂着"先生悦之"的牌匾,堂内墙边放着许多石碑,碑上刻有历代前来朝拜的文人学士,如郭沫若、田汉、邓拓等所留下的诗画。堂北墙上是一幅著名的《坡仙笠屐图》,东坡书院的西园里还有一尊依此形象而竖立的东坡铜像。大厅则放着一组东坡讲学彩塑像。1907年苏东坡被贬至儋州中和镇,与次子苏过住在当地百姓为他建的茅屋里,苏东坡给自己的茅屋取名为桄榔庵,并在此开堂讲学,以此为题作有桄榔庵铭。苏东坡在载酒堂内广招学子,海南史上最大规模的书院式教育便从此开启。从载酒堂里走出了第一位举人董唐佐、进士符确。在苏东坡的影响下,海南的书院也越来越多,苏东坡离开海南后,后人仍然在这里讲学。苏东坡为海南教育事业作出了重大的历史贡献。

【千年古盐田　发思古之幽情】沿着西段高速公路,还可以来到儋州市古盐田发思古之幽情。1200多年前,一群福建莆田的盐工经历千辛万苦迁居到当时海南岛西部的古儋耳郡,在洋浦半岛的海边开山辟石,建造家园和盐田。盐工们就地取材,将海边大片的天然火山岩石削去一半,凿成无数浅浅石槽,再将卤水倒在石槽内,经太阳暴晒制作成盐巴。清朝乾隆皇帝曾御书"正德"二字给盐田人。千年古盐田也被誉为最早采用日晒的制盐场。

【冼夫人庙　巾帼不让须眉】沿着东段高速公路从海口市出发,不到半小时就来到位于海口市新坡镇的冼夫人庙。冼夫人即谯国夫人,被周恩来总理称之为"巾帼英雄第一人",是公元6世纪岭南越族杰出的政治、军事首领,她为两广南部和海南岛的和平稳定以及经济发展立下了汗马功劳,受到各族人民的拥护和爱戴,被尊为"圣母"。儋州人为了纪念冼夫人而建立了宁济庙,宁济庙又称冼夫人庙,始建于唐初,当地人叫"太婆庙",也是海南最早的冼庙。由于冼夫人的功绩彪炳,海南人对她的尊敬已经近乎神化,在海南各地,为了纪念她建起了海南岛为数众多的冼夫人庙。

【定安古城　时空穿越】从海口市新坡镇沿着环岛高速公路东段继续走下去,半小时便可抵达定安县,定安古城就在定安县城里。定安古城从筹建到1519年建成竣工共耗时13年,城围长近千米,高4m多,宽5m多。定安古城虽经历了几百年沧桑,至今仍然传递着珠崖文明的历史厚重感。

【火山口国家地质公园　沧海桑田】沿着海口绕城高速公路,可以到海口火山口国家地质公园。该园是一座以2.7万年前火山喷发的地貌而建的国家级地质公园,公园内展示着火山、地震、飓风、龙卷风等各种自然现象的形成及特点等资料,是一座极有科普知识的地质馆。到公园里可依山道登上此山的最高点,还可以沿着石级小路下到洞底里,触摸到那些2.7万年前火山喷发的岩石,在山顶可以看到整个海口市市容。

2. 原始生态荡涤心灵,自然之美

海南之美——自然之美。"纯美三亚,浪漫天涯;秀美保亭,黎苗胜景;绮美万宁,碧海银滩;静美定安,祥和家园;和美海口,宜居之城。"海南之美是现代融古典、自然之美,如诗如画醉游人。海南之美是古老与现代相映,历史与未来交融,她将成为海南国际旅游岛的亮丽新名片。

【五指山热带雨林风景区】沿着海屯高速公路、屯琼高速公路来到五指山市。沿东段、西段高速公路也可绕道至五指山市。五指山是海南第一高山,是海南岛的象征,也是我国名山之一,被国际旅游组织列为A级旅游点。该山位于海南岛中部,峰峦起伏呈锯齿状,形似五指,故得名。远眺五指山,林木苍翠,白云缭绕,盘旋而上,脚下生云,人游太空。近看五指山,只见五根"指头"由西南向东北,先疏而后密地排列。眼前那座郁郁葱葱的山峰,便是五指山第一峰,海拔1300多米,峥嵘壁立,顶峰倾斜,指向天际。在五指山区公所仰望五指山,整座山峰好像一座硕大的金字塔,山巅如鸟喙,登上山顶却发现是一大块近$10m^2$面积的岩石。

【铜鼓岭自然保护区】沿着海文高速公路,可以来到文昌市铜鼓岭。铜鼓岭位于文昌市的最东角,它也是海南岛的最东角。从地图上看,文昌市俨然是一条遨游在海里的神仙鱼,铜鼓岭则像神仙鱼的嘴巴,生动而美丽。铜鼓岭海拔338m,是文昌市的最高点。站在铜鼓岭的观景点能看见宽广恢宏的月亮湾、海水、沙滩。据说铜鼓岭上的每一块石头都能敲响,会发出像敲铜鼓一样的声音,山顶上有一块大石头,大风吹过的时候,会轻轻地晃动,这块石头因而得名"风动石"。站在风动石前往下看,在海的另一边,一片田园风光尽收眼底。铜鼓岭一带能上去的小山头很多,任何一个山头的景色都美不胜收。铜鼓岭有令游客爬几天的小山,还有走不完的海滩。因此,在节假日无论海南岛其他景点的人潮如何拥挤,铜鼓岭那里却是那么清静。

海南三亚亚龙湾旅游公路美景

【吊罗山森林公园】驾车沿着环岛高速公路东段行进,到陵水县出口,再往保亭县方向走便可直达吊罗山森林公园。吊罗山森林公园坐落在吊罗山林区内,整个吊罗山林区跨陵水、万宁、保亭、琼中4个市县,林区中心点就是现在的吊罗山农场吊罗山森林公园。吊罗山农场是海南岛少有的漂亮农场,路边矗立的一排排洋气十足的小楼房,使人不敢相信这里是个农场。吊罗山已向游人开放的景区有:枫果山瀑布群、河榖听泉、小妹湖、托南日瀑布(也叫大理瀑布)、观景台以及后山原始森林,各景点(区)之间相隔很远,要把目前开放的景点游遍至少要两整天的时间。

【保亭七仙岭国家温泉森林公园】经东段高速公路陵水县出口,可抵达保亭县。保亭县七仙岭是东段高速公路沿线另一个不错的去处。七仙岭有着七仙女下凡的美丽传说,七仙岭共由七座山峰组成,七仙山峰以自然山岳风光称绝,最高的前峰海拔1107m。大多游客登七仙岭只是登前峰和二峰,山不算太高,登山的路也很好走,大部分路段都铺设了石阶,但登上顶峰会有点困难,因山顶的山非常陡,这一段有几十米长峭壁,但都已安上了攀山索,手拉着攀索便可登上山顶。七仙岭还有质量非常好的温泉,这里的温泉是海南唯一一处不用抽水机抽引温泉水的地方,各大宾馆的温泉水是直接从山上驳引下来接入宾馆使用。

【乐东尖峰岭森林公园】沿着海南西段高速公路,可以直达乐东县。天晴的时候,在环岛高速公路西段公路路口便可清晰地看到尖峰岭尖尖的山顶。顺着公路指示牌走17km便到了尖峰岭的天池。"天池",顾名思义,这是尖峰岭山顶上的一个湖,是尖峰岭森林公园的一大景点。尖峰岭上的景点还有"鸣凤毂""天然植物园""虎啸龙吟""独岭""黑岭"。在这里可以轻轻松松地看热带原始森林景观。在这里还可观赏到森林的活化石——桫椤和四海奇观,即"林海""大海""雾海""云海"奇观。遇上天气好的时候,这里还是一个很好的观日台。

【亚龙湾】亚龙湾位于三亚市,沿着海南东段、西段高速公路均可直达三亚。亚龙湾最美的是它天然散发出来的闲逸气息。在踏入亚龙湾那一刻起,人们便会不由自主地忘掉生活中的烦恼,随即融入亚龙湾色彩斑斓、无忧无虑、宁静安逸的大自然里尽情地享受。这种环境不是慵懒、颓废的,而是积极和美好的。因此,人们称亚龙湾为一个有气质的海滩,是一个真正的休闲度假的地方。

【玉带滩】玉带滩位于琼海市博鳌镇,沿着东段高速公路可直接抵达。博鳌是一个海边小镇,因为亚洲博鳌论坛而扬名,玉带滩则是博鳌的精华,是中国乃至世界著名景区。这里有江河湖海、沙丘山峦小岛等旅游资源,是一处把各自然风光巧妙地组合在一起、和谐完美的地方。玉带滩全长8.5km,地形地貌酷似澳大利亚的黄金海岸,是世界上保护最完好的河流入海口,而且是万泉河、龙滚河、九曲江三条河流的入海口,这就是人们常说"生意兴隆通四海,财源茂盛达三江"意境的出处吧。

【天涯海角】天涯海角位于三亚市。海南东段、西段两条高速公路均可直接抵达。天涯海角是中国著名的风景旅游区,旅游区里有著名的天涯、海角、南天一柱景点和许多动人而神秘的故事与传说。

3. 畅享海南现代生态文明之美

【南山文化旅游区】南山,坐落在中国唯一的热带滨海城市——三亚市西南40km处,是我国最南端的山。沿着海南东段、西段高速公路,均可便捷到达三亚南山文化旅游区。南山,形似巨鳌,古称鳌山。鳌,是传说中观音菩萨的坐骑,又是长寿的图腾。南山面朝南海,云林深翠,碧波千叠,晴光万重,浪击石音,水照天色,风景独秀。南山湾(又称小月湾)孤悬数十里,奇石怪礁遍布海滩,惟妙惟肖,鬼斧神工。南山历来被称为吉祥福泽之地。据佛教经典记载,救苦救难的观音菩萨为了救度芸芸众生,发了十二大愿,其中第二愿即是"居南海愿"。唐代著名大和尚鉴真法师为弘扬佛法,五次东渡日本未果,第五次漂流到南山,在此居住一年半之久并建造佛寺,传法布道,随后第六次东渡日本终获成功。日本第一位遣唐僧空海和尚也在此登陆中国,驻足传法。中国传扬千古的名句"福如东海,寿比南山"则更道出了南山与福寿文化的悠久渊源。

【风情小镇之美】风情小镇,分布在海南东段高速公路、西段高速公路、海屯公路、屯琼公路、海文高速公路的两侧,只要沿着高速公路行驶,均可抵达不同的风情小镇。到过海南的人都说,海南最迷人的是明媚的阳光、柔软的沙滩、葱郁的雨林、清澈的蓝天和清新空气,但这只是海南的惊鸿一瞥。只要沿着海南的高速公路前行,海南的风情小镇比比皆是,无论是从小小渔村蜕变成因亚洲论坛而闻名于世的博鳌,还是因醇香咖啡而扬名海内外的福山,抑或是那如夏花般绚烂的海棠湾,充满异域风情的兴隆,拥有中国最大面积红树林的演丰和烙下几百万年前火山痕迹的石山,这些小镇总能让人眼前一亮,海南风情小镇之美,在于浑然天成的和谐,村村是画,步步皆景。

【悠古风石中现】沿着海口绕城高速公路来到海口市石山镇,就来到了火山口国家地质公园。这里黑色的火山岩,是石山镇的标志。除了那气势宏伟、人类永远都无法复制出来的火山遗迹奇观外,走进石山的村庄,便如同走进石头的世界。村道、民居、水井、牌坊、庙宇、碑刻、生活用具,坚硬黝黑的火山岩石在石山人的智慧和意志上,也变得细致温情起来。它们或保存完好历历如昨,或荒废残败依稀可寻,无不引人遐想。

【绿野湿地的演丰镇】沿着海文高速公路,可以抵达演丰镇。海口市琼山区演丰镇大小村庄多达90余个,算得上星罗棋布。小镇田园风光如优美的热带花园,除了有独特的红树林、奇妙的野菠萝岛外,还有神秘的海底村庄,迷人的原生态景观形成了一道亮丽的热带乡村风景线。在这里可坐船游览东寨港红树林保护区和演丰乡村主题公园。如果想探究海底村庄,则需要等到落潮时分。

【海上森林】东寨港红树林坐落在东寨港。东寨港素有"一港四河、四河满绿"之说。演州河、三江河、东河、西河四条河流在东寨港交汇后流入大海,同时河流也挟带着大量泥沙在港内沉积,最终形成广阔的滩涂沼泽。红树种子凭借"胎生"的独特繁殖方式,随波逐流地在水上漂泊,一遇到海滩就扎根生长发育,蔚然成林。东寨港红树林是国家级保护区,也是我国7个被列入国际重要湿地名录的保护区之一。潮涨潮落,红树林的景致也随之变幻。低潮时可以看到红树林的根部和泥地,涨潮时红树林的树干被潮水淹没,只露出翠绿的树冠随波荡漾,成为壮观的"海上森林"。东寨港红树林保护区内有一处野菠萝岛,岛上一半是人工种植红树林,生机盎然,一望无际;另一半是野菠萝树密林,根、枝相连,奇形怪状。风光秀丽的东寨港红树林保护区也是候鸟的乐园。每年秋冬,一批批候鸟便沿着它们祖先所开辟的航线,不远千里飞来东寨港,落户在红树林中。东寨港的鸟类有大天鹅、小天鹅、鹤类、鹳类、海鸥、海鸡、水鸭和其他鸟类共几十种上万只在空中翱翔,水上嬉戏,给红树林增添了美丽和生机。

【风情万种动人心弦】沿着环岛高速公路东段往琼海行进,按路标的指引可顺利到达风情万种动人心弦的博鳌。万泉河、九曲河、龙滚河三江在博鳌交汇入海,博鳌被世人称为"水城"。在博鳌水城,岸边是鳞次栉比的豪华酒店,江中是往来穿梭的游艇,人们在尽情地享受度假天堂里的奢华和时尚;在镇上,在乡间,一处处当年从南洋衣锦还乡的人们建造的豪宅,在经历了近百年的时光后依然向我们展示着当年的繁华。博鳌的主题景点有玉带滩、博鳌亚洲论坛会址。博鳌除了豪华酒店、美食外,还有博鳌亚洲论坛国际会议中心的高尔夫球会和风情独特的"老房子咖啡馆""海的故事咖啡吧""博鳌9号咖啡馆"等休闲娱乐场所。

【博鳌亚洲论坛会址】博鳌亚洲论坛会址位于琼海市,沿海南东段高速公路可抵达。论坛分为成立会址和永久会址。2001年2月27日,矗立在万泉河畔的成立会址见证了博鳌亚洲论坛成立大会和首届年会召开的历史性时刻。会场由8块钢膜材料拼接形成锥形,通体乳白,为目前国际上广为流行的开放式、三面透风的澳大利亚风格会址。博鳌亚洲论坛国际会议中心是永久会址,2003年9月22日正式启用,此后每年的博鳌亚洲论坛均在此召开。3000多平方米的国际会议中心可容纳2000人同时开会,会场音响、灯光、摄像、7种语言的同声传译服务、通信基础传输网、视频会议电视、全国卫星电视直播服务等在内的11项电信服务,打造了国际一流的"数字化博鳌"的会议设施。

【海南文昌航天城】经海文高速公路,可以抵达文昌市。文昌航天城位于文昌市的龙楼镇和东郊镇的旁边。东、南、北三面临海,航天城里有火箭发射中心、航天主题公园。

4. 驿站之美——咖啡飘香让人醉

古道、古屋、古井、古牌坊、古刹,在环岛高速公路西段老城出口处不远的罗驿村和美椰村,可以细细地回味海南的历史。在福山咖啡文化馆里可寻找到咖啡的起源,在那可追寻文明之旅。位于环岛高速公路西段49km,福山出口处的侯臣咖啡文化村是海南高速公路文化驿站的代表。如今,侯臣咖啡文化村以其独特的魅力与热带庄园风情,成为澄迈县乃至海南岛发展咖啡特色旅游的龙头企业。

2010年,侯臣咖啡转变思路,与中国石化合作打造便捷式的咖啡厅,在高速公路服务站内打造侯臣咖啡的概念体验店。目前,有6家咖啡厅分别设在海口—三亚东段高速公路的中原、莲花、陵水主要加油服务区内,将海南高品质的本土咖啡原汁原味地呈现给广大旅行者,将海南高速公路文化驿站理念融入高速公路加油服务区,全面提升了海南国际旅游岛的服务水平与档次。

2011年2月,依托高速公路而建的侯臣咖啡儋州东成休闲小站(海南环岛高速公路西段儋州洋浦立交出口路旁)正式营业。侯臣咖啡文化驿站将打造成为环岛高速公路上的高端旅游服务项目,为广大旅游观光的游客提供更高品质的服务,演绎着海南高速公路沿线文化驿站里咖啡飘香让人醉之美景的传奇。

二、海南高速公路建设艺术——桥梁与隧道新景观

在日新月异、突飞猛进的中国高速公路建设中,公路景观的规划与设计有着举足轻重的作用。作为高速公路的重要组成部分——桥梁与隧道,以其实用性、巨大性、固定性、永久性和艺术性极大地影响并改变了人类的生活,其设计所遵循的"适用、安全、经济、美观"的基本原则中,"美观"正越来越受到关注和重视。高速公路桥梁与隧道建设在注重安全性、舒适性、便利性和耐久性的同时,正引入环保、美化、人文的理念,把公路桥梁与隧道的景观建设作为一项重要内容加以考虑。

桥梁作为一种独特的建筑,由于对河流、峡谷和道路的大空间跨越使人对其产生特别的情感。桥梁在造型和结构上常常通过不同构件的刚柔、曲直、长短形成对比与组合,使桥梁更富有节奏和韵律感;桥梁所表现出的强烈水平延伸感,与地形、建筑、周围环境的巧

妙结合,可以创造出多维的景观效果。桥梁在景观上的异质性使其容易获得视觉诱导力并成为景观焦点,同时丰富空间的景观层次。

海南高速公路桥梁,过去采用比较单一的装配式混凝土结构,如预制混凝土空心板、预制混凝土T梁,其结构受力明确,质量好控制,施工周期短,可节约投资,但是景观效果差。近年的高速公路桥梁,已经开始重视景观效果。比较明显的例子是三亚绕城高速公路互通区匝道采用全桥梁方案,海南中线高速公路枫木互通被交道跨线桥采用了结合梁—钢拱组合体系拱桥,沿线多座天桥采用单跨板拱。海南高速公路建设比较典型的桥梁景观介绍如下。

(一)三亚绕城高速公路互通区桥梁群

三亚绕城高速公路互通区构造物本身各部位比例协调,充分结合工程和自然景观,具有海南特有的热带风情,且与地域景观协调一致。各景观设计路段之间的过渡自然。

从互通立交桥景观设计入手,通过植物高低的变化引导视线,构造景观的节奏感;从互通立交桥线形入手,优化平纵组合、改善线形,使其流畅连续,确保车辆快速安全通过,提供舒适的行车条件,营造出"车在路上走、人在画中游"的优美公路交通环境;从互通立交桥结构入手,边坡以曲线柔美自然流畅的曲面为主,挡墙由高至低或由低至高渐变且与路线线形吻合为主要造型,边沟以隐蔽、宽浅或远离路基为首选。互通立交桥周围的山岭、坡地、河流,构成美丽的风景,千变万化的植被体现出一种自然美,既满足车辆通行的基本要求,又达到自然景观与再造景观的和谐统一。

海南环岛高速公路设计新颖的分离式立交桥

互通立交桥匝道大量曲线的设置,使公路线形能更好地适应地形,增加了互通立交桥的曲线美,幽静并耐人寻味。曲线变化丰富并有节奏感,使驾驶员的眼睛左右移动并不断扫视整个视域,而变化的曲线又把视线引向远方,避免了驾驶员遇到紧急情况而手忙脚乱。

(二)枫木互通被交道跨线桥

枫木互通被交道跨线桥位于海南省屯昌县境内,跨越海南中线高速公路,起点桩号 K107+956.724,终点桩号 K108+110.644。桥位处为高速公路服务区的出入口,景观要求较高。设计单位通过预制等截面小箱梁、变截面连续梁、矮塔斜拉、结合梁—钢拱组合体系拱桥等多方案比选,最终以景观效果为主采用了结合梁—钢拱组合体系拱桥。该桥的跨径 74m,桥型造型的构思源于椰树树叶和椰果,景观效果新颖别致且富有海南特色,建成后成为海南中线高速公路上一道靓丽的风景线。

1. 半桥半路

海南中线高速公路 K89+500~K90+100 段经过山区,路线沿着山坡展线,为了与周围环境协调避免大填大挖,该处采用了半路半桥的形式。南吕 2 号大桥、南吕 3 号大桥均采用了左右幅不等长方案,避开山体开挖和深谷大填。建成后,该处右侧是高山,左侧是深谷,宛如一条丝带从山边穿过,没有大填大挖造成生态环境破坏。

2. 天桥景观

天桥的功能是为了满足高速公路封闭后,连通被阻隔的地方道路。但从桥梁美学效果而言,应是一座富有建筑艺术气息的作品,使驾乘人员感受到结构的魅力,体现结构与艺术的统一。从结构设计考虑,天桥跨度不大,在设计中应采用新的设计方法与理念,并结合施工的新工艺、新方法,尽量采用结构合理、线条简洁明快、造型美观大方、体现时代气息的上跨结构。从行车安全考虑,桥型的不同、色彩的变化、桥梁与环境的协调搭配能创造较舒适的行车环境,消除高速行车中驾乘人员的疲劳,有助于安全行车。这两方面的完美结合,对高速公路上跨结构的景观甚至整条高速公路的景观,以及高速公路的安全运营,都将起到至关重要的作用。

海南高速公路的天桥,从初期的采用小跨预制混凝土结构,已经过渡到采用板拱等造型新颖、视线良好的结构。

海南中线高速公路屯昌至琼中段部分天桥采用了单孔板拱跨越高速公路,对高速公路的视线影响很小。桥梁具有曲线美,能够与周围环境优美地结合在一起;桥台埋置在路堑边坡内,其外侧与边坡浑然一体。

海南中线高速公路屯昌至琼中段的天桥采用了涂装处理,在结合周围自然环境、人文环境及桥梁造型的基础上,以高速公路色彩规划设计为指导,遵循色彩学基本原理,运用色彩的对比调和规律,创造出系统、和谐、优美的主题色,贯穿全线,丰富全线景观效果,搭配出全线天桥色彩,使天桥以整洁、亮丽、流畅的崭新姿态呈现在人们面前。

随着海南高速公路的发展,隧道的建设也越来越多。原东段高速公路的牛岭隧道、西段高速公路的青岭隧道,洞口处理比较粗糙,未能与周边环境融合。后期建设的三亚绕城高速公路、屯昌至琼中高速公路,设计和建成了一定数量结构新颖、造型美观、与周围景观相协调的新型洞门及洞口景观。高速公路隧道洞口的开挖改变了周边的自然环境,洞门作为坡面的挡墙或突出的构筑物,对地区局部景观产生极大的影响。因此,景观设计从创造结构物与周围的自然环境相协调的视点出发,使高速公路隧道洞门的设计在满足其基本功能的同时,达到既与周边环境有机融合,又成为周边单调景观的亮点的目的。

三、海南高速公路文化驿站建设启示录

海南省地处中国最南端,纵跨热带和亚热带两区域,森林覆盖率高,原生态、黎苗风情、古典、自然之美如诗如画,海岸线绵长、椰风海韵、生态文明之美,美不胜收的旅游资源得天独厚。开放式、不收费的高速公路管理,一脚油门踏到底,让内地旅客行走海南更加方便。高速公路作为海南公路交通的主角,在人们的日常出行中扮演了非常重要的角色。

2013年,海南高速公路列入了国家公路网规划,"田字形高速路网""环省高速路网""环岛高速路网"的建成,使海南构建起"2小时交通圈",市县城(镇)之间实现2个多小时内到达,形成便捷的交通网。海南建设国际旅游岛以来,到达海南的游客大量增加,其中大部分游客会将相当一部分时间花费在高速路的奔波中。因此,高速公路服务区自然也就成了国内外游客休息的驿站,高速公路服务区也成为展示海南形象、特色的一个效果极佳的窗口,为实现2020年将海南建成旅游国际化程度高、生态环境优美、文化魅力独特、社会文明祥和的世界一流的海岛型国际旅游目的地的总体战略目标注入新的活力。

根据海南省公路管理局关于海南省高速公路服务区建设规划要求,高速公路服务设施的功能定位概括为:突出海南、突出国际、突出旅游,服务地方、服务群众和展现海南独有的地方特色和风情。海南充分利用高速公路服务区建设机遇与良好契机,全方位构建海南高速公路文化驿站,为创建高速公路文化,进一步宣传海南高速公路、海南交通文明形象作出努力。

(一)启示一:担负着实现社会效益的使命

高速公路作为交通运输现代化的主要标志,近年来在我国得到了飞速发展,成为国民经济、社会发展和人民生活的重要基础设施。高速公路作为商品流通的渠道,社会交往的纽带,高速公路行业不仅承担着实现基础建设、物流交通的经济价值使命,而且担负着实现社会效益的使命。所以,高速公路行业文化是在社会主义市场经济条件下的产物,大力弘扬和不断实践独具魅力、与时俱进的高速公路行业文化,必将有力地推进高速公路事业

的快速发展,正是"人类有了梦想而伟大,事业依靠文化而繁荣"。

侯臣咖啡文化度假村位于海南环岛高速公路西段49km福山镇出口处,离省会海口仅1个小时路程。这是海南首家以户外咖啡为主要经营特色的园林式咖啡厅,也是由于有了高速公路才得以发展的经济、社会效益项目。园区拥有250亩专业咖啡种植基地,建立了完整的咖啡种植、加工、销售的全方位产业链。侯臣咖啡文化度假村正是高速公路实现社会效益使命的延伸。

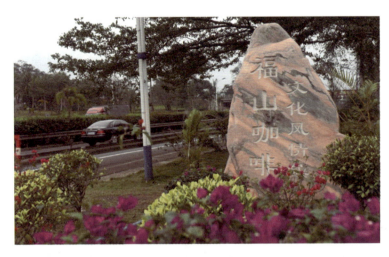

海南环岛高速公路西段福山交通文化驿站

在构建高速公路文化、打造高速文化驿站中,融入以人为本、从社会基本元素出发、塑造全新价值理念,营造行业的特色特点和文化内涵,融入具有浓郁的地方物质、精神特色文化内涵,使海南高速公路沿线的文化驿站成为文明的驿站,并担负着实现社会效益的使命。

(二)启示二:成为传递正能量的强大精神动力

高速公路行业作为我国近年来出现的一个新行业,具有投资大、起点高、管理规范、运作模式比较符合社会主义市场经济的特性。这就要求高速公路文化建设充分体现高速公路的行业特性,具有高起点、高站位、与时俱进、开拓创新的特点,为高速公路事业快速发展营造一个健康向上、科学文明的良好氛围,使之成为激励全体员工奋发向上,献身高速公路事业与实现交通梦、中国梦的精神动力。

高速公路文化的构成包括在高速公路建设、养护、管理实践活动中,各阶段创造的物质财富和精神财富的总和。它既包括已取得的成绩,也包括正在及将要形成的物质与精神财富;既有作为实物而存在的各种有形物质;更有作为高速公路灵魂而存在的高速公路精神。它存在于社会文化之史,是社会文化的有机组成部分,既是高速公路的技术发展、管理状况及道路条件的体现,也是高速公路职工行为方式、群体意识、价值观念的反映。

海南交通人在高速公路文化驿站的建设中,在构建行业精神的同时,要以传递员工爱岗敬业、默默奉献和为实现交通梦、中国梦奋力拼搏的忘我精神作为核心内容,把这种爱岗敬业、默默奉献的正能量传遍全行业、全社会,为构建富强的、和谐的中国贡献力量。

(三)启示三:以人为本,塑造全新的价值观

高速公路作为商品流通的渠道、社会交往的纽带,其等级标准、视觉景观、管理水平,都鲜明地反映了高速公路文化的发展程度。因此,要建设发展好高速公路行业文化、文化驿站,就要高度重视公路养护管理中的科学化、规范化,必须根据高速公路特点,塑造富有时代特征、凸显高速公路特色,能为行业员工理解和接受、能容纳全体员工利益和要求的全新价值观。

如何塑造全新的价值观念?必须以人为本,从社会的基本元素出发。因生活在一定的社会文化环境中,导致人形成不同的社会文化价值观念,人的心理特征和行为取向左右着社会经济生活秩序,创造出不同的社会生产力。在当前高速公路多元化发展的前提下,旧的文化支持诸如单纯倡导艰苦创业、无私奉献,而不从根本上解决职工提高生活质量问题、解决职工真正关心的后顾之忧。人的全面发展必须建立在物质财富和精神财富基础上,通过生活质量的提高来实现。生活质量除了物质条件外,还包括人们对生活和工作的兴趣,对自己岗位的热爱,对公平竞争和发挥自己才能的追求,更包括对受教育权益的维护。也就是说,必须积极创造条件,不断提高高速公路职工生活质量,并多层次、多渠道、多形式地开展职工教育,本着"既服务当前又着眼于长远"的原则,把职工的岗位培训与学历教育结合起来,有计划、有步骤地在高速公路职工中进行文化、技术、专业知识和管理知识的各种教育培训,培养有理想、有文化、有技术的适用型人才。

构建一个保证职工教育发展的良好的社会文化环境,促进高速公路行业文化的发展:通过价值观的导向作用,形成全体员工的统一理念和行动,以增强实现组织目标的动力;通过组织目标制度的调整,在思想上、观念上形成约束力,使员工在行动上与行业保持一致;通过科学技术培训、创建学习型组织,促使员工的观念和知识尽快地转换和更新,达到提高员工队伍素质的目的,形成行业特有的创新能力;通过提高服务水平、创建文明服务窗口,为高速公路行业的服务品牌注入新的内容,提升高速公路行业的社会形象,巩固高速公路行业在竞争中的地位。抓紧构筑新的精神文化生活,倡导全新的公路行业文化理念,建立与市场经济相适应的公路道德价值取向的社会文化,以支持新的经济生活秩序、改变人的观念,从而推动高速公路文化建设事业的发展。

(四)启示四:擦亮行业文化品牌,服务多元的文化驿站

文化是一个地区、一个行业的灵魂,更是一个地区、行业品格的象征。高速公路文化

第八章
高速公路文化建设

涉及公路建设、养护、运营、职工价值观、行为准则等方方面面,高速公路文化作为公路行业规章制度的补充和提高、公路行业发展管理水平的重要因素,对全面构建和谐、文明交通行业具有至关重要作用。高速公路文化是文化在高速公路领域的反映和体现,打造、擦亮高速公路行业文化品牌、建设美丽文化驿站,是提升高速公路文化知名度的关键所在。

在高速公路文化建设中,首先要发现行业中蕴含着某种有价值的独特文化因素,这是任何一个行业在创办或运行过程中都会有的因素。管理者通常不会特别注意这些事情,这些事情并没有得到应有的重视。只有善于培育行业文化的管理者,才会知道它们的价值,发现它们的价值,因为它们是行业文化形成的基础要素。好的行业文化,就是在一些琐碎的积极要素基础上成长起来的。其次,立足于内部。对于行业文化因素,有些管理者不认为那是从本行业孕育出来的,而是看重外部引进、移植。行业管理者通常认为:行业可以任意造就文化,甚至认为管理者自己可以造就行业文化。其实,这种行业文化移植论、少数人创造论是不合乎实际的。

行业文化是内生的,而不是外在的,更不可能由少数人强加给多数人。这种强加给行业的文化由于缺少根基,往往成为一种"装饰"。好的管理者恰恰善于发现本行业积极的文化因素,能够慧眼识珠。在高速公路文化建设中,领导者的关键作用和员工的主体作用缺一不可,员工的主体地位不可忽视和动摇:突出和依靠主体,就是要注意吸收员工长期以来在实践中创造的特色文化原料,注意发现和升华员工在工作中创造的闪光点,不断充实行业文化的内容;突出和依靠主体,还要在提出和形成行业文化关键要素的过程中走群众路线,使行业文化的内涵在反映行业发展方向与反映职工的意志和根本利益两个方面有机结合起来;突出和依靠主体,还要在行业文化诸多要件都按程序正确确立起来以后,必须通过反复深入的宣传教育和思想工作,从全员认同变为全员自觉行动;突出和依靠主体,还表现在领导者和领导班子率先实践行业文化的信条,自觉接受职工群众的监督,使行业文化不仅成为领导者对全体员工的要求,也同样成为全体员工对领导者群体的要求。具体地说,高速公路文化建设必须体现五个方面的作用:一是能推进物质文明和精神文明的建设步伐;二是能增强思想政治工作效果;三是能增强行业的凝聚力;四是能增强企业的竞争力;五是能促进企业深化改革。

总之,只有通过扎扎实实、行之有效的工作,高速公路文化建设才能得到切实加强,高速公路职工的文化生活质量才能上升到一个新的高度,高速公路行业才会出现充满生机与活力的喜人景象,才会在日益激烈的市场竞争中掌握主动权,占据优势地位。

通过多年的努力,海南创造了"一脚油门踩到底""田字形高速公路网""环省高速公路网""车在景中行、人在画中游"四个海南高速公路文化符号,这些文化符号极具行业特点特色,并富含时代精神,海南以此作为海南高速公路文化品牌,用心打造海南高速公路这张文化名片,营造更美丽、更和谐的文化驿站,推动高速公路事业持续、健康、快速发展。

第三节　国内外名人谈海南高速公路

一、李汉东：良好高速公路，美丽农村风景

2002年，前来海南出席博鳌亚洲论坛首届年会的时任韩国总理李汉东，对海南便利的交通设施、美丽的自然风光称赞不已，并欣然题词。

4月11日下午5时30分左右，迎接李汉东总理的车队开出海口美兰机场，在环岛东段高速公路上一路疾驰。坐在贵宾车里的李汉东总理和夫人，对高速公路建设质量以及沿途美丽的田园风光非常赞赏。汽车大约行驶了20分钟，李汉东总理拿起笔，翻到礼宾官员提供的会议日程单背面，写上了一行字："良好高速公路，美丽农村风景。"

出席博鳌亚洲论坛年会的国内外来宾对海南的交通和生态环境都大加赞赏。日本等国家的贵宾说，博鳌优美的交通环境让人有如走在画中之感。为了使博鳌亚洲论坛这一永久性会址的交通环境更加优美，海南省交通部门在北线等公路项目的建设中把生态建设融入设计之中，重点凸现海南特有的热带风光和自然风貌。

良好高速公路，美丽田园风光

二、斯蒂芬·罗奇：印度高速公路没法和海南相比

海南省高速公路良好的路况和路边优美的田园风光，给出席博鳌亚洲论坛2006年年会的摩根士丹利首席经济学家斯蒂芬·罗奇留下了深刻印象。

2006年4月22日,摩根士丹利首席经济学家斯蒂芬·罗奇在博鳌亚洲论坛年会上演讲时,再次高度评价了环岛东段高速公路。"印度的高速公路没法和海南相比",摩根士丹利首席经济学家斯蒂芬·罗奇在博鳌亚洲论坛上这样说。

2006年4月22日下午,罗奇在年会举行的"重新考量中国所面临的挑战"专题会议发表演讲时,高度赞扬海南的高速公路建设,并拿印度的高速公路做对比。

他说:"印度的高速公路没法和海南相比。在我看来,印度没有一条像样的高速公路。"话音刚落,在场的一位印度代表不服气地站起来问道:"罗奇先生,你是开着车从印度到海南的吗?"

三、星云大师:海南高速公路越来越美

2015年3月28日下午,应邀出席2015年博鳌亚洲论坛开幕式的国际佛光会创会会长星云大师在海南琼海博鳌和悦酒店接受媒体集体采访。在1个小时的采访过程中,星云大师对海南各方面发展感到欣慰,他希望海南好好发展旅游业。

星云大师说,2015年是他第三次参加博鳌亚洲论坛了,他发现海南的发展势头非常好。27日傍晚,他抵达海口美兰机场后,用不了太长时间就赶到了博鳌。在途中,他发现海南的公路变宽了,高速路边的绿化变美了,路灯也比以前亮很多。他还说,发现博鳌周边的乡村比以前变美丽了,乡间小路也越来越多,这是一种可喜的变化,自己感到很欣慰。星云大师表示,海南和台湾一样,是一个美丽的岛。他希望今后海南的发展也是美丽的,高速公路建设也越来越美!

第四节　海南高速公路建设之最

1. 海南最早提出规划建设高速公路是哪一年？哪一条(段)？建设标准、建设年限如何？业主单位是谁？施工单位呢？

答:1987年3月,海南最早提出规划建设高速公路(东段)海口市琼山区府城至定安县黄竹段(半幅,全长65km,最早称之为汽车专用路和一级公路),资金来源除了自筹一部分外,大部分主要靠日元贷款。建设标准按一级公路建设,路面结构为水泥路面,建设年限为两年(1988—1989年),由海南高速公路建设指挥部组织施工,业主为海南省交通厅,施工队伍主要为海南省公路局原所属的一、二、三工程处。

2. 海南最多的高速公路建设境外贷款是多少？

答:40亿日元,承贷主体为海南省政府。贷款期限从1988—1995年,这些贷款主要以施工设备而非现金的形式出现,重点支持海南环岛高速公路(东段)建设。

3. 海南省交通厅与国内金融机构中国农业银行的第一笔贷款是多少？海南省政府担保贷款修建的第一条高速公路是哪一条？

答：15.1亿元。海南省政府担保贷款修建的海南第一条高速公路是环岛高速公路西段洋浦至东方市八所段，共贷款15.1亿元。这是1996年国家金融机构投向交通基础设施建设的第一笔银行贷款，开创了我国商业银行金融业务开始投向交通基础设施领域的先河，载入中国农业银行向交通基础设施建设领域贷款的史册。由于运作比较成功，此举被誉为中国农业银行投资交通基础设施的"海南模式"。

4. 由于超限超载影响，海南受损最严重的高速公路是哪一条？

答：海文高速公路。2007年7月16日，《海南特区报》二版通栏以《海文高速公路路面开裂10公里》为标题进行大篇幅报道，报道中称之为"牛排路""搓衣板路"，报道虽然言过其实，但海南省交通厅高度重视，责成当时具体负责养护管理的海南省公路养护管理中心认真研究，查明原因。经国内水泥混凝土公路专家现场勘察、分析，主要原因为超限超载，而非建设质量问题。由此引出了海南加大治理超限超载运输力度和加强对水泥公路科学养护等相关问题。之后，厅主要领导要求《中国交通报》海南记者站精心组织和策划，连续7天在《海南日报》对此事进行客观性报道，最终扭转了被动局面，《海南特区报》在重要版面对此所做的最后一篇报道与《海南日报》同题——《超载是首祸——海文高速公路路面开裂10公里后续报道》，可以说是圆满收官。

为了进一步提升海文高速公路行车的舒适性和服务水平，2014年初，海南省交通运输厅对该路进行改造，即由水泥路面改为沥青路面，这也是海南第一条"白改黑"的高速公路。

5. 海南被外国领导人点赞的第一条高速公路是哪一条？

答：2002年4月11日，前来出席博鳌亚洲论坛首届年会的韩国总理李汉东，在海南环岛高速公路（东段）上一路疾驰，他及夫人对公路沿线的生态景观和村庄赞叹不已。大约20分钟后，他拿起笔，欣然题词"良好高速公路，美丽农村风景"12个汉字，字里行间流露出他对海南环岛高速公路（东段）的赞美。

另外，2006年，出席论坛年会的摩根士丹利首席经济学家斯蒂芬·罗奇在大会上发表演讲时，高度赞赏海南环岛高速公路。他说："印度的高速公路没法和海南相比。在我看来，印度没有一条像样的高速公路。"此言引起与会印度代表的强烈不满，该代表不服气地站起来问道："罗奇先生，你是开着车从印度到海南的吗？"此外，日本等外国嘉宾对海南交通建设和高速公路生态环境高度赞赏。他们纷纷表示，海南优美的公路交通环境让人有如行走在画中之感。

6. 海南最早实行施工标准化的高速公路是哪一条？

答：海南最早实行施工标准化的高速公路是环岛高速公路（西段）老城至洋浦段，即所谓的"海口至洋浦1小时交通圈项目"。该路段全长100km,投资6亿元,2010年11月开工建设,2012年11月建成通车。

7. 海南最早实施代建制的高速公路是哪一段?

答:环岛高速公路万宁至陵水段,全长60km,投资5亿元,2006年11月开工建设,2007年11月改造通车。此举开始了海南高速公路代建制的探索之旅。之后不久,海南公路代建制大行其道,2008年、2009年,海口、三亚绕城高速公路均实行代建制。2015年,海南省交通运输厅对琼乐高速公路第二代建段实行传统模式的代建,作为省级层面的改革的一项重点内容,力争为全国同行作出标杆和示范。客观地说,除了深圳,海南是当时全国试行公路代建制最早的省份之一。

8. 海南停工时间最长的高速公路是哪一条?

答:中部海口至永发高速公路,全长29km,由海南凯立中部建设股份有限公司投资建设。该项目1993年3月开工,因后续资金不足,反复开工、停工达8次之多,历时长达16年之久。由于对方违约,2001年,海南省政府依法收回其建设权。

9. 海南高速公路建设因违约而引发的唯一一例案件是什么?当时的背景是什么?

答:海南凯立中部建设股份有限公司官司。1993年,由于海南刚建省不久,百业待兴,财力又十分有限,为鼓励社会企业积极参与海南交通基础设施建设,海南省政府出台了《海南经济特区基础设施投资综合补偿条例》,此举吸引了一些企业进行股份制改造并积极参与交通等基础设施建设,实行"一路一公司"的建设模式。其中,海南高速公路股份有限公司具体负责海南环岛高速公路(东段)建设,海南泛华高速公路股份公司具体负责海文高速公路建设,海南凯立中部建设股份有限公司具体负责中线高速公路海口至永发段建设。由于后续资金不到位,项目建设反复无常,严重影响沿线经济、社会发展。

基于此,1998年开始,海南省政府开始启动收回项目建设权的工作,具体由海南省交通厅负责。2001年,海文高速公路项目——中线高速公路海口至永发段项目建设权均被依法回收,海南省政府按照规定,对项目建设已投入部分按审计结果给予必要、合理的补偿,海南泛华高速公路股份公司对此无疑义,但海南凯立中部建设股份有限公司对审计结果不予认同,多年来一直向省内法院起诉海南省交通厅。2015年3月30日,该公司向海南省高院起诉,一审败诉;2016年1月13日,该公司提出上诉至最高人民法院,二审败诉;12月8日,最高人民法院裁定驳回该公司的再审申请。至此,历时多年的案件最终以海南省交通运输厅胜诉而告终。

10. 海南真正意义上第一条水泥混凝土路面高速公路是哪一条?

答:海口至文昌高速公路。该路全长62km,总投资7.6亿元,2000年8月开工建设,2002年2月建成通车。

11. 海南第一条实行路拌的高速公路是哪条？哪一年？

答：环岛高速公路(西段)海口至洋浦至八所段，建设期为1996年5月至1999年9月底。由于建设资金十分匮乏，施工条件限制，设备陈旧，没有水泥混凝土拌和楼，海南省交通厅决定对该段高速公路进行试验性施工改革，即以路拌(甚至用牛拉犁)的方式进行水稳层施工。由于搅拌不均匀，水、砂、水泥配比难于把控，导致路基压实度、平整度较差，严重影响了该段高速公路建设质量。

12. 海南当年被称为"死亡之路"的高速公路是哪一条？为什么被称为"死亡之路"？

答：海南环岛高速公路(东段)半幅，20世纪80年代末、90年代初期建成通车。由于建设资金有限、设计标准低、管理手段落后，加之只建设半幅两条车道，车辆双向通行，车速又较快，交通安全事故时有发生。故被戏称为"死亡之路"。

13. 海南高速公路建设史上每公里造价最低的高速公路是哪一条？造价最高的又是哪一条？

答：造价最低的是海口至洋浦高速公路，平均造价约670万元/km。当时征地拆迁费包干3.75万元/公顷(2500元/亩)，另外，海南省政府实行"谁家的孩子谁家抱"和"即征即返"等费税支持政策，加之均主要由本省公路施工单位(时为海南省交通厅直属企业)规划、设计、建设和监理，大大降低了工程造价。造价最高的是琼中至乐东高速公路，概算投资为9000万元/km。

14. 海南施工难度最大、投资规模最大、施工条件最复杂、管理理念最新、单条里程最长的高速公路是哪一条？

答：琼中至乐东高速公路。该路全长128.8km，总投资113.93亿元，穿越五指山生态核心区，为最大限度保护生态环境，该高速公路选线尽量避免高填高挖，桥隧比高达80%以上，工程造价因此大大提高。另外，该高速公路采取"代建+监理一体化"模式进行建设。

15. 海南第一条实行"BT+施工设计总承包"建设模式的高速公路是哪一条？

答：屯琼高速公路。该路全长46km，投资34亿元，2012年5月30日开工建设，2015年5月30日建成通车。建设、设计单位均为中国交通建设集团股份有限公司属下的中咨华科公司。BT投资是BOT的一种转换形式，是指一个项目的运作通过项目管理公司总承包后，由承包方垫资进行建设，建设验收完毕再移交给项目业主；BOT是对Build-Own-Transfer(建设—拥有—转让)和Build-Operate-Transfer(建设—经营—转让)形式的简称，通常指后一种含义。另外，BT投资也是一种"交钥匙工程"，社会投资人投资、建设，建设完成以后"交钥匙"，政府再回购，回购时考虑投资人的合理收益。

16. 海南自行设计、投资、施工、监理的第一条高速公路是哪一条？

答：海南环岛高速公路西段，即海口至洋浦、洋浦至八所、八所至尖峰、尖峰至九所至三亚，全长374km。

17. 海南第一条采取"代建+监理一体化"建设模式的高速公路是哪一条？

答：琼乐高速公路。该路全长129km（琼中境内35km，五指山境内23km，乐东境内71km），总投资117亿。该项目是迄今为止海南单条投资规模最大、建设里程最长、施工难度最大、建设模式最新的高速公路。全线分为两个代建段，第一代建段70km采用"代建制+监理一体化"模式建设，由中国交通建设股份有限公司属下的中咨华科公司代建，第二代建段59km采用传统的代建模式建设，由深高速代建，项目建设期为三年。

18. 海南战略性引进参与高速公路建设的第一家央企是哪一家？

答：中国交通建设股份有限公司。这是海南省交通运输厅进一步开放交通建设市场、引入战略投资者、提高全省高速公路建设质量和水平的重大决策。

19. 海南最早指挥高速公路建设的机构是什么？

答：设立建设指挥部，基本上是一条路（项目）设立一个指挥部，设立指挥长和副指挥长，指挥长由时任海南省交通厅厅长担任，建设管理部门领导担任常务副指挥长和副指挥长，下设各职能部门负责相关工作。这种管理模式体现了一把手亲自协调指挥，抓好交通重点项目建设的特点。

20. 被誉为海南高速公路建设的最大融资平台是什么？

答：海南交通投资控股有限公司，2011年8月17日，是经海南省政府五届62次常务会议审议批准成立的国有独资公司，2013年7月成立，由海南省交通运输厅代表海南省政府履行出资人职责。公司注册资本为20亿元，其主要职能为负责海南高等级公路及其他交通重点项目的投融资；整合、盘活海南省交通运输系统行业资产和资源，消化海南交通基础设施建设历史债务，拓宽海南交通基础设施建设融资渠道。

按照海南省委、省政府和海南省交通运输厅要求，紧紧围绕"构建现代化的公路交通运输体系，不断增强海南国际旅游岛服务保障能力"的总体目标，充分利用公司的平台优势、资源优势和后发优势，综合运用上市公司公开增发、银行贷款、BT、发行债券、中期票据、融资租赁等多元化融资模式，满足海南省交通基础设施建设资金需求。

21. 海南实行机动车辆通行附加费改革依托的主要载体是什么，这项改革是从哪一年开始？

答：1994年1月1日，在海南省委、省政府的正确领导和交通部的大力支持下，海南省交通厅改革燃油附加费征收管理体制改革，撤掉岛内所有高速公路上的收费卡站，实行过路费、过桥费、客运附加费和运输管理费"四费合一"，在岛内行车"一脚油门踩到底"，这项改革依托的主要载体是海南环岛高速公路（东段）。

22. 海南提出"谁家孩子谁家抱""即征即返"政策支持高速公路建设的是谁？

答：海南建省不久，基础差、底子薄，财力有限，海南省级财政对交通基础设施建设的投入几乎为零,交通基础设施建设举步维艰。从 1993 年开始,特别是 1995 年海南启动环岛高速公路(西段)后,为了解决建设资金严重不足的问题,发动沿线市县政府支持交通基础设施建设,时任海南省委副书记、常务副省长汪啸风提出,在高速公路建设中涉及的征地拆迁补偿等问题,如电缆、电线、水利设施等均由相关部门自己搬迁,不予补偿,这就是所谓的"谁家孩子谁家抱";至于"即征即返",则是高速公路建设所产生的各项税费,全省各市县财税部门不得征收,一律作为市县政府对高速公路建设的投入,海南省政府还专门下发了相关文件。作为当时高速公路建设的最大利好,此举有力地推进海南环岛西段高速公路建设。

23. 海南第一个有关高速公路建设投资补偿的规范性文件是哪一个?何时出台?有什么特点?

答:1993 年 6 月,为了加快海南交通基础设施建设,海南省政府出台了《海南经济特区基础设施投资综合补偿条例》,这是海南第一个有关加快高速公路建设投资补偿的规范性文件。这份文件出台后,短时间内,海南相继成立了海南高速、海南泛华、海南中部凯立 3 家股份制企业。其最大特点是充分发挥和吸纳社会投资进入海南交通基础设施建设领域,进一步缓解海南交通基础建设资金紧缺问题。同时,通过投资给予补偿,补偿资金来源为海南省交通部门征收的燃油附加费(养路费、过路费、过桥费、运输管理费)。

1993 年底,海南改革燃油附加费征收管理体制,实行"四费合一",征收燃油附加费,撤去公路上所有收费卡站,全省公路"一脚油门踩到底"。这项改革于 1994 年 1 月 1 日施行至今依然为全国首创,即海南是迄今为止全国唯一实行不在公路上设卡收费、"一脚油门踩到底"的省份,这是海南交通行业乃至海南省的一张靓丽名片。文件实施后,国内外媒体纷纷以大篇幅宣传报道,真可谓"一脚油门踩到底,天涯海角尽逍遥"。1998 年 4 月,海南燃油附加费征收体制改革被评为"群众最满意的政府十件事";2008 年 4 月,被评为海南建省办经济特区 20 周年"十大新闻事件"。同时,海南建设环岛高速公路及农村公路通畅工程被列为海南十大建设项目榜首。

24. 海南最早提出"田字形"高速公路网主骨架规划的是谁?哪一年?

答:1993 年底,在交通部所属有关部门的支持和帮助下,经过长达半年多的实地调研,结合海南的地理环境、岛屿特点和岛内未来公路交通基础设施建设需求,时任海南省交通厅厅长陈求熙第一次提出构建"田字形"高速公路网主骨架的设想。他还提出"先周边后中间"的思路,也就是先画句号,建设环岛高速公路(东、西段),条件成熟再建设中线和横线高速公路。20 多年来,围绕构建"田字形"高速公路网主骨架的宏伟蓝图,几任厅领导一任接着一任干,一张蓝图绘到底,"十三五"期这幅蓝图将大功告成。

25. 海南哪一年提出构建"3 小时交通圈"?主要载体是什么?

答:2004 年,海南省交通厅提出,紧紧依托海南"田字形"高速公路主骨架网络,构建岛内"3小时公路交通圈",具体内容是:以"田字形"高速公路主骨架网络为载体,岛内任何一个市县到省会海口所用的行车时间为3小时左右。时隔两年之后,随着海南大规模实施农村公路通畅工程,海南省交通厅又提出,构建岛内"3+1小时公路交通圈",即岛内任何一个乡镇到所在市县政府所在地所用的行车时间为1小时左右。

26. 海南对"田字形"高速公路网主骨架投资规模最大、建设模式最新、投资效益最好、建设里程最长、辐射范围最广、受益人口最多是什么时期?

答:"十一五"至"十三五"时期,新改建高速公路突破1000km,总投资超过1000亿元。可以说,这是海南高速公路建设史上实施力度最大、投资总额最高、建设效益最好、建设里程最长的时期。

27. 海南环岛高速公路最漂亮的是哪一条(段)?有哪些生态文化景观、旅游景区或经典传说?

答:环岛高速公路(东段)和中线高速公路(琼中、五指山段)。东段有椰林婆娑、万泉河风光、红色娘子军、博鳌亚洲论坛、神州半岛、红树林、牛岭风景区、渔歌唱晚、分界洲海洋生态岛以及一批优良海湾和海域,一直通达南部滨海旅游城市三亚;中线高速公路(琼中、五指山段)沿线被良好的原始森林所覆盖,神秘的五指山及其浓郁的黎苗族风情和大力神、鹿回头等经典传说,吸引着海内外游客纷至沓来。

在建时的五指山2号特大桥

28. 被誉为海南最长的工业经济走廊是指哪一条高速公路?

答:环岛高速公路(西段)。建设海南环岛高速公路(西段)最早的目的是两个:一是完善岛内交通基础设施条件,二是为海南西部工业走廊建设提供有力的交通基础设施支撑。海南西部沿海地区具有良好的港口资源和条件,海口至洋浦至八所(西段)以海南一批深水良港为依托,聚集了老城经济开发区、洋浦经济开发区和东方石油化工基地,以高速公路为纽带,交通十分便利,海口秀英港、澄迈马村港、儋州洋浦港、东方八所港和乐东西部电厂都是海南火电、纸浆、石油、化工等基地,被誉为"工业走廊"。同时,昌江核电厂已建成发电。这些工业布局以环岛高速公路为依托,成为海南经济、社会发展的主导力量。

29. 被誉为海南最长的旅游房地产业带是指哪一条高速公路?

答:环岛高速公路(东段)。海南环岛高速公路以及中线高速公路海口至琼中段建成通车之后,由于海南独特的优势和良好的自然环境,高速公路作为一批产业带布局的功能逐渐显现出来。有人曾经把环岛高速公路(东段)、环岛高速公路(西段)、中线高速公路比喻为"三根扁担":东段挑着旅游观光房地产,西段挑着工业农业物流业,中线挑着黎苗文化生态林。海南"田字形"高速公路已成为旅游、房地产、工农业、花卉产业乃至生态文明建设的重要载体,是一条实实在在的聚集各种产业的不可替代的载体,在推进海南全域旅游试点省建设中正在发挥着越来越重要的作用。

30. 被誉为海南最长的展示黎苗风情文化长廊是指哪一条高速公路?

答:中线高速公路屯昌至琼中至乐东段。海南中西部地区是黎苗风情和民族元素最独特、最淳朴、最浓郁、最丰富、最多元的地区。在规划设计和建设阶段,海南省交通运输厅就明确提出,要把中线高速公路建成展示黎苗风情的文化长廊,凸显中部地区良好生态环境的景观走廊。

31. 被誉为中国第一条滨海旅游高速公路是哪一条?

答:由于在环海南岛沿海进行规划建设,海南环岛高速公路被专家誉为我国第一条滨海旅游高速公路,20世纪90年代建成通车的海口至三亚高速公路(东段)被誉为海南东海岸的"黄金通道"。

32. 2008年海南被媒体评为建省20年社会满意的政府"十大"项目前两名是什么?

答:2008年4月,由《海南日报》等四家媒体发起的"海南建省办经济特区20周年十大系列评选活动"中,建设环岛高速公路和农村公路建设工程被评为"十大"项目前两名。

33. 哪一年、海南哪一条高速公路因首次受到泥石流影响而被迫中断交通?

答:2010年10月18日16时30分,由于连续不断的强暴雨导致山体滑坡,海南环岛高速公路(东段)K187等多处发生泥石流,大量泥沙、石头、杂物被冲到路面上,造成交通中断。经过海南省交通运输厅组织力量紧急抢修,10月20日恢复正常通车。

34. 海南环岛高速公路创造了哪四个全国第一?

答:海南环岛高速公路是国家"九五"期间重点工程、海南省"九五"计划和2010年远景规划的重点建设项目,也是海南有史以来投资总额最大的基础设施项目,总投资达80亿元。海南环岛高速公路及其连接线总长为638km,连通13个市县。设计路基宽 24.5m，沥青混凝土路面，全封闭、双向 4 车道，设计速度为 100km/h。

海南环岛高速公路除了具有林荫大道一样的景观，当时还创造了四个全国第一：是我国投资规模最大的环岛高速公路；是环岛半径最大的高速公路；是我国建设里程最长的一条环岛高速公路；是我国建设周期最长的一条高速公路，建设周期长达 14 年。

35. 海南环岛高速公路第一座实行 24 小时电子动态监控的隧道是哪一座？

答：环岛高速公路（东段）、三亚市境内的大茅隧道。该隧道全长 1070m，2014 年底投资 3000 多万元进行改造，2015 年 1 月 19 日上午 9 时完工通车。它是目前海南高速公路上设计最美观、科技含量最高、通风性能最好的公路隧道。

36. 海南环岛高速公路建设史上塌方最严重的隧道是哪一座？

答：环岛高速公路（东段）的大茅隧道。1989 年，由于该隧道地质环境复杂，加之施工条件、技术和手段等都十分落后，在施工过程中，多次发生漏斗式塌方。

37. 海南环岛高速公路建设史上塌方被困人数最多、"零死亡"的隧道是哪一座？

答：三亚绕城高速公路上的迎宾隧道。2009 年 6 月 5 日晚 23 时许，正在建设中的三亚绕城高速公路二号标段迎宾隧道发生山体塌方事故，8 名施工人员被困。由于工作面窄小，地质情况复杂，岩石非常坚硬，施救进展缓慢。海南省委、省政府、海南省交通运输厅、三亚市委市政府及施工单位等多部门联手进行施救。经过 37 小时紧张施救，6 日 12 时 15 分左右，救援工作取得突破，在隧道顶部从上往下约 26m 的生命保障通道被钻通，被困工人还递出了一张小纸条："水！我们自己烧！请给我们食物！"被困 8 人全部安全救出。

救援所采取的成功方案是，在隧道塌方处，以洞壁和地面为支撑点挖出一个"猫洞"，用钢板加固后，可以容一个人进出，让被困的 8 名工人通过这个洞获救。

38. 海南环岛高速公路上最具梦幻色彩的隧道是哪一座？

答：环岛高速公路（东段）牛岭隧道。牛岭又称分界岭，因为牛岭南北走向，人们习惯把它称为海南岛一个重要的分水岭。牛岭是五指山脉的延伸，位于北纬 18°，附近又有分界洲岛——梦幻之岛。自古以来，牛岭位于陵水县和万宁市之间，是两市县行政区域的分界线。分界洲岛是国家级珊瑚保护区，岛屿风光旖旎、海风习习、椰树婆娑，令人叹为观止！

在牛岭隧道上方观海则是海南一景，岭的半山腰设有观景台。每当夕阳西下，波光粼粼的海水在夕阳的映照下，显得多姿多彩，光线恰好反射到牛岭隧道中，隧道顶端各种图案活灵活现，极具梦幻色彩。

39. 被称为海南环岛高速公路上最长的"咽喉工程"是指什么？

答：环岛高速公路（东段）大茅隧道被誉为最长的"咽喉工程"，隧道全长 1070m，净宽 10.25m，净高 5.1m，1993 年 7 月开工，1995 年 12 月通车。由于地质构造、设计、施工等各种原因,该隧道右洞结构出现了严重的渗漏水、路面断板及冒水等病害,严重影响了行车安全。2005年5月1日,经海南省政府批准,海南省交通厅对该隧道进行封闭改造。2006年1月25日,大茅隧道右幅改造工程通车,兑现了2005年5月初向社会做出的公开承诺,工期比原计划提前近2个月。

这次大茅隧道改造主要是结构安全整治和防水工程。通过24小时不间断使用震动炮,将隧道路面挖低1.7m,增加了仰拱1097m。改造后的大茅隧道除完善隧道照明、供电、路面、交通标志、防水和排水等相关配套设施外,隧道内还增加配备更先进的火灾报警、紧急电话、闭路监控、通风排水等设施,隧道内的通风、照明和内部视觉环境明显改善,隧道实时监控、应急救援和安全通行能力也得到大幅度提高。

此外,还增加配备洞内防火涂料、装饰工程、控制系统、监视系统、紧急电话及有线广播系统、火灾报警系统、通风系统等隧道设施和门架式交通标志、紧急停车带电光标志、紧急电话电光标志等安全设施及预埋管线,安全通行能力和紧急救援的条件显著提升。三亚大茅隧道改造工程隧道左洞长度为1170m,右洞长度为1070m,设计速度为80km/h,双向4车道;项目采取单洞封闭交通施工组织方案,2014年10月25日开始进行右洞施工(海口至三亚方向隧道),并于2014年12月16日完成该洞施工。2014年12月17日开始左洞施工,并于2015年1月18日完成施工,恢复双洞双向通车。

40. 海南省被国务院安委会挂牌督办的第一个公路交通安全设施项目是哪一个?

答:三亚大茅隧道是海南环岛高速公路(东段)上最长的公路隧道,也是进出三亚市"咽喉"。由于运营多年、地质构造、施工等各种原因,该隧道出现了照明不好、严重渗漏水、衬砌裂缝、内空侵陷、路面断板及冒水等病害问题,存在许多安全隐患,发生了多起安全事故,引起了时任海南省委书记罗保铭的高度重视。针对这些问题,海南省交通运输厅和海南省公路管理局认真排查隧道各类隐患和问题,并在2014年10月启动该隧道交通工程设施改造,三亚大茅隧道改造工程也因此被国务院安委会列为挂牌督办的项目。

为了在2015年春节前完成安全隐患整治,海南省交通运输厅和海南省公路管理局克服通车道路施工压力大、工期短、施工内容多等困难,科学组织施工,相关部门通力配合,在保证质量、安全的前提下,2015年1月19日上午9时通车,以最短时间完成施工任务,大大缓解三亚市旅游旺季的交通压力。

41. 为什么说海南环岛高速公路是我国最南的绿色通道?

答:海南建省后,热带高效农业得到长足发展,反季节瓜果菜源源不断地销往北京等国内大中城市,海南也因此成为"全国人民的菜篮子"。

为落实国务院提出的"菜篮子工程",提高农产品流通效率,繁荣农村经济,增加农民收入,保障国内大城市的蔬菜供给,丰富城市居民的菜篮子,1995年以来,为了让首都人民吃到海南新鲜的瓜果蔬菜,交通部、公安部、国务院纠风办会同国家林业局,于 1996 年 11 月先后开通了海南至北京绿色通道(全程 3300km),东段高速公路因之成为我国最南的一条绿色通道。之后于 1998 年 11 月,相继开通海南至上海(全程 5046km)、海南至哈尔滨等绿色通道。1999 年 9 月 26 日,海南环岛东、西段高速公路贯通后,环岛高速公路成为我国第一条名副其实的绿色通道。通过这条通道,海南每年运往岛外的反季节瓜果菜及鲜活农产品达 1000 万 t 以上。

2005 年 11 月 5 日,我国实施"菜篮子工程"的示范公路——"海口至哈尔滨"鲜活农产品流通"绿色通道"全线开通(全长 5500km)。这是我国"五纵二横绿色通道"网络中线路最长的一条,纵贯中国南北,途经黑龙江、吉林、辽宁、河北、天津、山东、江苏、安徽、江西、广东、海南等 11 个省市。

山东寿光至北京、海南至北京、海南至上海、山东寿光至哈尔滨、海口至哈尔滨等几条"绿色通道"总里程达 1.1 万 km,贯穿全国 18 个省(自治区、直辖市),将最北边的黑龙江省与最南端的海南省连为一体,对于丰富城市居民的菜篮子、改善城市供应、促进相关地区的经济发展起到了重要作用,国务院有关领导对此给予充分肯定。

42. 海南"丰字形"高速公路是指哪些项目?

答:为满足海南人民日益增长的美好生活需要,海南积极谋划中长期高速公路网规划,着手推进 G98 环线内部"丰字形"高速公路建设,促"田字形"高速公路向"丰字形"高速公路时代迈进。"丰字形"竖线为 G9811 中线高速公路,第一横为国道 G360 文昌至临高高速公路,第二横为正在建设的万宁至洋浦高速公路,第三横主要贯穿入三亚旅游经济圈的陵水、保亭、三亚、乐东等市县。

第五节　海南高速公路诗词歌赋集锦

一、赋

海南田字高速赋

九州同轨,东亘国舆。经纬赤疆,四维骄暑。辕辙功全,驳尘古渡。是以九八高速,天涯如畅。一脚油门,飒韵尽望。四方五港,物流赟淌。一岛三埠,海陆空综合立体;一环三纵,两小时自驾徜徉。东段绮岸,瑰景靡湾。航天极轨,博鳌阑珊。沙软漪漪,借远浩瀚。西段帆樯,工业走廊。转口贸易,恢宏官仓。铁岭气田,殖货辉煌。中线葱郁,雨林型澍。织绣纺染,山兰船屋。黎锦峒寨,古越民俗。东西连横兮,依依岚华。万州儋州兮,朝翳暮霞。观光大道,溪涧悬瀑甘澈;旅游公路,麓原如婳奇葩。往矣绾毂,国帛誉尊海外;来思阳关,汉锦津出琼州。盟约亚太,共同体"一带"愿景;国际牵手,旅游岛"一路"起航。金色理念,丝绸新语。蓝色梦想,珠崖再塑。辞曰:

八表轩隆,鸿蒙驷兼。朱旗动旆,龙旌扬幡。山川屏障,崒岭剞峦。华盖动轸,云雾弥珊。是以舞练炫玉,流光琦湾。岸渚逶迤,夸父不已日逐;轩辕藩车,赤乌暑同桑还。假上经之寓言,精卫天池填海;属五丁之肆愿,力士指岳开山。依山傍海,车行画里分外美;雾雨轻云,人游景中格外亲。通八郡,新斗牛。缜四浥,浘金瓯。涟港苍茫,逍遥昭穆。壮哉!琼中至正,宇靖荒蛮。田和秦篆,高速史添辉煌册;惟乘富民,交通人竞风流篇。

二、诗歌

致海南高速路

黎明从梦的地方开始
白云就与上天呢喃
在阳光拐角的地方
有一个美丽的海南岛
是一枚赋予海洋生命的心脏
让我们的大海春暖花开
而今,是谁在海岛上空画了一个圈
让一条环形的彩虹高速路降落岛上
从此,让天涯不再遥远

徜徉于彩虹的路上
高山流水向我走来
松风蕉海向我走来
蓝天白云向我走来
一哇哇的蛙鸣向我走来
一田田稻花香向我走来
一山山的瓜果向我走来
一夜夜的渔火向我走来
大瓣大瓣阳光向我走来

在这个海水养育的海岛上
在这个沐浴着阳光的地方

高速路,大海为你而歌唱
这是一条让秋风低头的路
这是一条让大海匍匐的路
这是一条收获着大地的路
这是一条勃发生机的大动脉
让海岛生命让海岛青春焕发
让海岛魅力让海岛富丽堂皇

海南环岛高速公路养路之歌

彩虹的天路,绿色的通道
贯穿南北,连接东西
载满天山的葡萄,驮着天涯的椰子
缕缕清香,岁岁平安
送入千家万户,喜暖人人心坎

一条路一则故事,一个人一段传奇
丰富多彩的生活,刻骨铭心的经历
激励奋进人生路,引领时代新步伐

花园式的院落,静悄悄的风声
银白的月光知趣地滴落芭蕉叶子
晶莹的露珠含情脉脉地垂挂叶尖
黎明到来之前,赶紧唤起沉睡的道路
迎接东升的旭日,笑容可掬的旅客

金灿灿的晚霞,落寞的天涯路
蓦然回首,灯火阑珊处
那人拖着落日的影子,一针一线地缝补龟裂的身躯
此刻,橘黄色的背影闪烁片片金光

曾几何时,爬护坡,钻涵洞,泡河水
写进枯燥的生活,乏味的人生
白皙白皙的皮肤经受阳光雨露的洗礼

海南

高速公路建设实录

黝黑黝黑的古铜色散发着康健的魅力
那是神明的化身，强壮的体魄仿佛擎天大柱
雄伟的南天一柱啊！那是人世间魁梧的雕塑
是守护孤岛千年的屏障

愤怒的雷公，盘龙飞舞的闪电
猛烈的风雨横冲直撞，大地的身躯四分五裂
是谁问津无情的苍天
是谁脚踩滚动的洪水
是谁呵护瘫痪的道路
可爱可敬的养路工人啊！
扛着老天爷的惩罚，挑起千钧的担子
在雨中，在水里，在路上
开拓条条畅通的天路，谱写曲曲动听的赞歌

熟悉的村庄，亲切的炊烟
刻骨铭心的音容笑貌，默默埋藏思念在心灵的深处
辛勤的汗滴化作甘甜乳汁，散播路路芬芳

飞扬的灰尘蒙蔽不了雪亮的眼睛
熏黑的尾气不能污染美丽的心田

那是久经磨炼的军队
没有喧哗的气氛，壮观的场面
一起默默地拿起锄头，铁铲，朝太阳升起的地方奔去

我多么惊讶三角梅的盛开，大红花的娇艳
婆娑的椰子树，羞答答的小草
纷飞的彩蝶翩翩起舞，精巧的白鹭直上青天
我多么羡慕可爱可敬的养路工人啊
沐浴温暖的阳光雨露，享受迷人的鸟语花香
那些矫健的背影，是一生难舍难割的疼痛

张扬伸缩的手臂,无与伦比的力量
那是一架智慧的挖机,最可爱可亲的朋友

一滴水可以闪耀太阳的光辉
可以穿越时空,汇成江河湖海
可爱可敬的养路工人啊!
溅射着闪闪发光的精神,谱写着新时代的辉煌

都市的灯红酒绿,午夜的莺歌燕舞
奢侈的荣华富贵,权贵的阿谀奉承
平凡的岗位,心灵的净土滋长着正气之花
简朴的生活,恬淡的日子收获了天伦之乐

大清扫的日子,高昂的情绪
热火朝天大干特干,哪怕一张小小的纸巾
都俯下身躯去拾捡,优美的动作与路面融为一体
修补坑槽的时刻,神圣的形象
好像上天派遣的使者,视觉凝结在空气的气流里
一个个坑槽在粗糙的,亮黑的手中慢慢收拢

簇簇的大红花争奇斗妍,株株的三角梅含苞欲放
心在此搁浅,燃烧起青春的梦想
根植在路道的土壤里,在阳光灿烂的早晨
落日熔金的黄昏或者夜深人静的时候
默默守护着一方水土

新纪元的钟声已敲响,繁荣富强的步伐悄悄地来临
我是新时代的劳动者,披星戴月是人生的真实写照
鲜花朵朵齐开放,红旗高高迎风飘
我披着大地绿色的盛装迎接八方宾客
吻遍她的每一寸肌肤,条条的裂痕勾起阵阵的疼痛
让身躯呵护着美丽的容颜,让生命迸发出绚烂的光芒
一条路养活一个家,一个家撑起一条路

每个日夜,守护是最甜蜜的幸福

午夜时分,相吻的小轿车
凌乱不堪的现场,微弱的生命
我小心翼翼地捡起弯曲的铁片,破碎的玻璃
闪烁的灯光映照腥臭的鲜血
呼啸的警笛仿佛地狱的鬼嚎

宝贵的生命系在死亡的边缘
染红的鲜血洒满整洁的路面
萧萧的秋风在哭泣,静静的阳光在默哀
此刻,我隐隐地感到锥心之痛

熊熊的烈火吞没不了刚毅的意志
消瘦的脸庞洋溢欢乐的音容笑貌
啊!那鲜血染红的身躯前赴后继
前赴后继的身躯筑起阳光的大道

没有含金的文凭,耀眼的职称
那是交相辉映的星星
没有魔鬼的身材,迷人的脸蛋
那是闭花羞月的仙子

纤细的玉手拿着沉重的铁锤
柔弱的肩膀挑起大山的担子
清扫工泥浆工搬运工是闪亮的名字
啊!女中豪杰,巾帼英雄
天涯路上度过了美好的青春
桥梁涵洞是亲密无间的伙伴
浇花施肥是日常生活的主题
先进模范是美丽人生的写照

容光焕发的爷爷,淡泊名利的父亲,争强好胜的儿子

第八章
高速公路文化建设

啊！平凡的三代人，传承着不灭的薪火
道路是寄托心灵的港湾，养护是延伸理想的慰藉

年少的工人，坚毅的意志
激情的青春还来不及赴仙子的约会
真诚的嘱咐，毅然挑起了历史的担子
肩负着精心养护的使命
几十年如一日
洒下的汗滴见证逝去的沧桑
走过的足印篆刻不朽的丰碑

那一年，跨出大学的门槛
不留恋花都的繁华，高薪的诱惑
深深地惦记乡间的泥土小路
一腔热血抛洒在天涯路上
伴随改革开放的春风，驾驭时代高速的列车
让泥土变成沥青，让畅通改写落后

从不轰轰烈烈地试图改写社会格局
却奇迹般创造千秋万代的丰功伟绩
一方的繁荣富强离不开四通八达的道路
道路的四通八达谱写着幸福和谐的序曲

默默无闻，埋头苦干
那是一生的真实写照

风雨交加，电闪雷鸣
哭啼的孩子，紧张的女人
此刻，雨中的宠儿，风中的宝贝
扛一袋袋的沙包，尽一丝丝的力量

除夕之夜，噼里啪啦的炮声划破静静的夜空
孤寂的心遥望着满天的璀璨

和煦的春风捎去苦涩的思念

真诚的祝福,虔诚的祈祷
播下一颗爱心,收获一份幸福

豪情的壮举,友爱的奉献
不分彼此,紧握着神圣的使命
风雨同舟,携手共进
紧紧相依的心啊!
生命的意义在活生生地跳动
人性之光绽放着灿烂的光芒

我能说什么呢?那是一种崇高
阳光的毒辣威胁不了,风雨的无情阻挡不住
好像顽强的三角梅
越是毒辣的阳光,盛开得更加娇艳
越是无情的风雨,挺拔得更加高大
我不能说什么。那是一种伟大
摘来日头,日头的光芒比不上
请来月亮,月亮的皎洁比不上

优美的庭院,美丽的家园
欢乐的人儿呀!卸下身心的疲惫
葱葱郁郁是青春的活力
落日余晖,晚霞绚丽
一阕优美的乐曲,弹奏着天地人和

老人的欢笑,婴儿的啼哭,小狗的吠叫
声声美妙动听,轻轻地融入明月的心灵
天地演绎一片吉祥如意

千千万万的车辆,起伏在斑斓的锦缎上
无名的小花,或者野草,公路的守护神

第八章
高速公路文化建设

啊！多想轻轻地抱一抱，吻一吻
请记住！走过的时候多留意一眼
请留意！发现的时候多观望一会
或者蓦然回头，请深深地一鞠

不要追逐，惊吓了飘香的红花
那是生命的色彩
不要超重，压痛了平整的路基
那是生命的脊梁
请看一看吧！生命是多么的温柔和亲切
请想一想吧！生命是如此的多娇和迷人

让嘹亮的汽笛送去温馨的问候
让疲惫的身心感受甜蜜的滋味

平整的路面，美化的平台
葱葱郁郁的中央分隔带
风情万种的热带雨林，椰风海韵
白鹭在田间飞翔，彩蝶在花中觅食
望尽茫茫天涯路，路路是景路路美

海南环岛高速公路——黄金大道

疑是锦缎，斑斓交织
恰如银河，蜿蜒流淌
亘古的夙愿在岁月的河床里奔腾起伏
天涯的歌者敞开嗓子唱起大地的乐章
海南高速公路，一条黄金大道
乘着改革开放的东风，搭上时代的快车，
走进贫穷的乡村，乡村甩掉破旧的帽子
走进落后的城镇，城镇书写繁华的传奇
走进愚昧的心田，心田开垦美丽的花朵

近看，一幅繁花似锦的画卷万紫千红

海南
高速公路建设实录

远看，一条流光溢彩的彩带迎风飘舞

葱郁的大树苍翠挺拔，宛如一条条绿色的长龙盘旋

傲骨的三角梅迎着阳光，含苞的大红花竞相怒放

万泉河的山清水秀，亚龙湾的碧海蓝天

天涯海角的石柱奇观，南山的祈福钟声

初春的妩媚，仲夏的激情，深秋的成熟，寒冬的纯洁

一路一景独领风骚。尽收眼底，尽刻心中！

啊！彩蝶翩跹，蜜蜂欢歌，黄莺啁啾

一片欢乐的海洋，惹来上帝的眷顾，神仙的嫉妒

瞧瞧！美丽多情的花鹿降临山顶，回眸一笑百媚生

一群养路工，您是大地的孩子，黄金大道是您的身体

暴风雨中，您化身成佛，用血肉的身躯筑起钢铁的长城

您是黄金大道的守护神，保障畅通是您的人生

炎炎烈日下，您慈母般地呵护着大地的一花一草一木

黝黑的皮肤，那是太阳之子恩赐的最贵重的礼物！

憨厚的表情，那是人类之父给予的最美好的馈赠！

矫健的身影宛如红鹰展翅，翱翔在梦幻多姿的宇宙中

在黑色的夜晚，您用炯炯有神的眼睛洞穿青春的空虚

啊！您是伟大的音乐之神，扛上锄头，拿起镰刀

平坦的道路是生命的琴弦，大红花、三角梅和鸡冠花是优美的曲谱

弹奏着一曲曲的平安坦途，天地人和，千里婵娟

花木的脸蛋展开了迷人的笑脸，演绎着一则则美丽的传说

公路的身体充满了无穷的活力，诉说着一段段精彩的故事

这里，没有烦人的收费站，拥挤的交通

这里，一路驰骋，一脚油门踩到底！

啊！这是伟大的创举，期待的梦想，心灵的旅途

让疲惫的身躯沐浴阳光雨露，让灿烂的思绪享受椰风海韵

黄金大道，景观长廊，经济走廊

蓝天白云的相互映衬，星星月亮的珠璧交辉

您集万千宠爱于一身，是美丽中国的南国天使

虔诚的信徒带来美丽的花瓣、擎天的大柱、豪华的巨轮

一次次地精心打扮着您,于是博鳌站在时代的高度触摸经济脉搏
兴隆的咖啡飘香万里,天涯的少女戴上美丽之冠

一个魂系梦牵的情人,二十年的相依相伴
撕开记忆的封条,我们的一举一动,一颦一笑
慢慢咀嚼酸甜苦辣,细细品味喜怒哀乐
一艘起航的征帆,载着美丽海南,载着繁荣富强的中国梦
迎着十八大的春风,乘风破浪搏沧海
一股自强不息、艰苦奋斗的激情在流淌
啊!海南高速人,像一团团熊熊燃烧的烈火
昂首阔步新征程,携手共奏新凯歌
人文景观与自然环境交相辉映
热带天堂与丝绸之路相得益彰
中华文化与西方文明和睦相处

起航的征帆
——致海南高速公路股份有限公司

海南高速,一艘起航的征帆
沐浴着改革开放的东风,驾驭着时代的快车
以东西干线为主动脉,启开多元化的新格局
与时俱进,高速兼程
走过坎坷,跨越险滩
啊!摔倒了,站起来!
打掉尘埃,甩开肩膀
挫折吓不倒勇者
一支铁军,一批虎将,昂首阔步走天涯
吃一堑,长一智
矢志不渝,坚持不懈
时时抓管理,天天创三优
十七年,弹指一挥间
海南高速人用血和肉,魂和魄
力的巨臂,谱写着海南高速的辉煌

一个春意盎然的日子，风光明媚的海南岛
贯穿东西的高速公路，在中国的南大门崛起流淌
宛如天上美丽的银河绵亘蜿蜒
汹涌着海南高速人建设特区的无私精神
啊！路面平滑如镜，好像万泉河的秀水
簇簇大红花争奇斗艳，娇媚的三角梅
宛如春风满面的姑娘，一路欢歌到天之涯海之角
错落有致的车辆，仿佛纷飞的彩蝶
起伏在色彩斑斓的锦缎上
啊！可爱可敬的养路工人
你们是阳光之子，洒出暖暖温馨
你们是月桂之魄，播下丝丝洁美
你们是平安之使，保障路路舒畅
百年不遇的强暴雨，塌方轰隆，道路中断
可爱可敬的养路工人啊！
你们风雨兼程，露宿风餐，战天斗地
用心和血都灌注着路道
尽一份力量，保一路平安
连绵的雨水稀释不了汗流的苦涩
但是道路的坚固通畅，旅途的吉祥多福
却使你们甘之如饴，欢歌如醉

晨露清香，白鹭成群
晚霞满天，碧波盈步
几多美景，几多休闲
尽在琼海瑞海水城，三亚瑞海锦苑
啊！瑞海地产，风华正茂的瑞海地产
驾驭着海南建设国际旅游岛的重大历史契机
万泉河畔风光无限的水城，宛如一颗璀璨的明珠
万丈光芒惹来多少豪客
美丽三亚，浪漫天涯
瑞海锦苑，旖旎风骚
多少梦想，多少希望

第八章
高速公路文化建设

弹奏着天籁的福音，引领着飞天的时尚

啊！瑞海地产，蓬勃发展的瑞海地产

呼南应北，贯穿东西

跨越时间的河流，描摹空间的轨迹

座座美丽的家园陶醉垄垄希望的心田

垄垄心田的希望托起条条远大的天路

金银岛，温馨而舒适的家园

你是神的归宿之所，神的浪漫传说

啊！世外桃源的金银岛，人间仙境

梦幻般的水榭楼台

神奇的亚热带午餐

醇厚的魅力呀，宛如美丽的七仙女

绽放着耀人的光彩，惹来众目睽睽

那是满意和惊奇

啊！金银岛

你的足迹遍布海口，琼海，兴隆，三亚……

你的美声响彻南海，天山，西欧，北美……

像一根根擎天柱石，你正以强者的姿态屹立起来

从此，海南高速人可以骄傲地说：

"中国有个海南岛，海南有个金银岛。"

瓦蓝瓦蓝的天空，蓬蓬勃勃的大地

和谐安定的社会，汹涌澎湃的激情

那是如火如荼的往日，起航扬帆的未来

啊！海南高速"十二五"宏图战略目标

你是交相辉映的星月，闪耀着夺目的光辉

你屹立在强林之巅，激励着同行同仁奋力前行

啊！海南高速人，擎起科学发展观的大旗

前进的步伐浩浩荡荡

在掌舵人的带领下

学习"两广"经验共谋大发展

开展"管理革命"实施企业文化

同舟共济，同心同德，携手共勉

啊！前方波涛汹涌，千岩万壑

海南高速，起航的征帆

秉承"海南高速，高速度发展、高品质奉献"的发展思路

做强三大主产业，发展两大新领域

向着辉煌的"十二五"乘风破浪

再创海南高速美丽的春天

三、散文

曾经的分内分外事

——与海南高速公路建设有关的人和事

1991年7月14日，我背着行李，怀着兴奋又忐忑的心情，来到位于海口市大同路省公路局院内的省高速公路建设工程指挥部办公室报到，开始了作为一名海南高速人的职业生涯。在海南高速公路股份有限公司（以下简称"海南高速公司"）20年，我曾在这里收获了职业生涯和人生阅历的许多第一，但惭愧的是并未能为海南高速公路的建设创造出个第一，干的分内事虽无大差错但也无甚亮点，现回想起来，似乎我多管闲事干的分外事更有意思。

曾经的分内事

我在海南高速公司20年时间不短，但干过的工作并不多，从工种来说很简单，一是"纸上谈兵"，二是"丈量大地"。"纸上谈兵"也即文秘工作，时间最长。"丈量大地"也即征地拆迁工作，时间比较短，前后仅有4年时间。

我在海南高速公司工作的分内事是做行政文秘和负责征地拆迁，做这两项分内的事基本上都是循规蹈矩，想起来并没有多少可圈可点的地方，无甚出色。比如行政文秘工作，如果计算这么些年来写了多少篇总结，见报了多少篇报道，上报了多少篇材料，又筹备了多少次会议等，诸如此类，现回想起来觉得没什么成就感。如果偶尔翻开当年执笔的一些材料、报告和总结，一眼就看出来当时写的材料有不少冠冕堂皇、文过饰非的语言，很是不堪卒读。

1992年底的时候，我参加东段高速公路府城至黄竹段半幅公路通车典礼文秘宣传组筹备工作，负责的重要工作之一是给来出席典礼的一位副省长写一篇不超过1000字的讲话稿。我诚惶诚恐地反复斟酌修改，用了几天时间才定稿。由于那位副省长很忙，典礼为了配合他的工作行程安排，比较晚才举行。结果他匆匆赶来，接过稿子走向麦克风，基本上照稿念了。这时，典礼会场下和我在一起的一名《海南日报》记者对我说，这个副省长很少照念人家写的稿子的。此刻的我就觉得太自豪了，似乎自己有水平给省领导当秘书

第八章
高速公路文化建设

了。后来我还把这当作可以炫耀的资本,跟不少人说自己给省长写稿省长照念云云。其实只是一篇不足两页纸的官话套话,现在想来充其量是模仿得靠谱一些。

文秘工作说不好听就是为人作嫁。在多年为人作嫁的文秘生涯中,也曾有让我颇为得意的一件事。

1997年夏天,东段高速公路左幅扩建工程海口至琼海段正在热火朝天地进行,此时南渡江路段却出现村民聚众阻拦施工的事件,原因是村民认为挖取土场破坏了这个村的风水,死活不让挖。于是我把这一事件写成一篇报道稿交给了一名记者,要求以记者名义刊发。当时我的想法是,这毕竟是批评报道,搞不好会惹麻烦上身。其实我这样做有嫁祸于人的居心。报道见报后对事件的解决并没有多大帮助,但事情并没有到此为止,后来报社把这篇稿件送去参加评比,还拿了全国性的奖项。这个奖对年轻记者职业生涯帮助很大,他因此对我很感激,我也颇为得意,却也不觉得自己有多高尚,"因祸得福"那是人家的运气。

高速公路修在地上,先拆迁后动工,征地拆迁是很重要的基础工作。海南高速公路由北向南,从海口至三亚250多公里公路,一共征用了12.58平方公里的土地,尽管说全线十多平方公里的土地都是我负责征下来的那是贪功,但最后的土地证却是由我带着几个人办下来的。东段高速公路是国家重点工程,沿途土地由所属市县负责征收,我和征地组的伙伴做配合协调工作,我也并非征地组的元老,但负责处理后期遗留问题。

接手征地组工作时老总找我谈话说,征地拆迁工作和老百姓打交道,要能喝酒(他听说我能喝)。结果不出所料,征地拆迁生涯给我留下最深印象的就是喝醉了好几次酒。

2000年夏天,东段高速公路左幅扩建工程陵水文罗乡路段因设计变更,需要多征几亩地,因为是征用到水田,村民老大不愿意。于是我们征地组几个就到文罗乡找人喝酒去!

文罗乡有两样吃的有名:一是鹅肉,二是甘蔗酒。我们约上乡干部和村民就着鹅肉喝甘蔗酒,蔗酒是黎族村民自酿的,度数不高入口甘甜,我们边喝边夸酒好。在村民眼里,省里下来的干部夸酒好,岂能少喝!于是他们高兴地频频敬酒,我们不明就里地来者不拒,然后礼尚往来再回敬。谁知这自酿酒很上头,我喝得酩酊大醉。临了热情好客的村民又送给我一大塑料桶甘蔗酒,盛情难却我提了回来,却再也不敢喝。

2001年夏天,三亚路段施工遇上部队电缆需搬迁,此事比较棘手。为了解决问题,在公司支持下,我们组织了海南高速公司篮球队到部队,和兵哥哥来一场友谊赛。赛完球后搬了一箱皖酒到三亚湾边的"一品锅海鲜店"喝,结果是我们球赢酒输,又吐得一塌糊涂。好心的兵哥哥见我吐得厉害,当晚安排我们就近住在部队的小招待所里。结果第二天早上起来我还接着吐,难受了好几天。当然,电缆搬迁的问题解决了。

曾经的分外事

干不成功的两件分外事。

策划开发一个美丽小岛。公元 2001 年 1 月 1 日一大早 5 点来钟,我约上了两个同事来到牛岭海边山坡上的观海台,在夜幕中架好相机三脚架,然后就在那里等。这么早要等什么?我们要用相机拍下 21 世纪的第一轮朝阳。一小时后,先是绚丽的朝霞染红了小岛,之后朝阳在小岛边冉冉升起,我们兴奋地猛按快门,用相机记录下了世纪瞬间美好的那一刻。

和很多人一样,我非常喜欢牛岭的海滨风光,尤其是那座叫作分界洲的小岛,远远看去,它显得既美丽又神秘。于是我想,小岛对面的牛岭是海南高速公司地盘,如果把这座小岛拿下,将它和牛岭的地联起来开发,那就叫相映成趣,那就是珠联璧合,那该有多好啊!于是,1999 年夏日的一天,我约了几个人,到香水湾边的渔村里租了一条船,向分界洲岛开去。

分界洲岛是一座非常美丽的小岛,它面向南海那面,由于千万年的海浪冲击,形成了悬崖峭壁,险峻得很。而它背对南海的一面,则是沙白水蓝,形成了一个天然的小港湾。岛上面有无数巨石,石头缝里长出很多花草树木,许许多多叫不出名的绚丽野花在开着。这真的是一座世外桃源之岛。

我先后 3 次租船登上这座小岛,用相机拍下它的各个角落,然后写了一份几千字图文并茂题为《牛岭和分界洲岛调查及开发设想》的建议书。中心思想是认为分界洲岛景色美丽又独特,和公司牛岭开发区隔海相望相映成趣,如果联合开发会前景美好云云。我郑重其事地把这份建议书交到老总手里,暗自得意。老总礼貌性地接过这份多管闲事的材料,交到公司项目开发调研负责人那里,以后就没有下文了。

如今,分界洲岛旅游景区已被评为国家五星级景区,几乎天天游客如云,成为海南游客的必经之地。这似乎证明当年我的建议很有远见。当然了,建议报告光有远见还不够,很显然,我写的东西不够水平、不到位、不生动,且不说惊天地泣鬼神,就是让老总眼前一亮的效果也没有,自然未能打动老总,海南高速公司也和这个项目失之交臂。当时老总很忙,那时公司上下几乎全部的力量都是为了完成左幅扩建工程这个国家重点建设项目,还顾不上新项目的开发。现在想来,这毕竟是我干过的一件有关海南高速发展大局的分外事,遗憾的是我的策划水平太低。

自家车走自家路:策划卖汽车。2003 年,总公司下属的海菲汽车贸易公司卖南京菲亚特汽车的专卖店开张了,这又引起了我的兴趣。在此之前,下属子公司经营的金银岛酒店和旅游车队的营销口号是"坐我们的车,走我们的路,住我们的酒店",我想,海菲汽车专卖店的营销口号是否也可以来一个"开海南高速的车,走海南高速的路"?经过一番调查,我写出一份海菲汽车营销方案,核心围绕"开我们的车,走我们的路",其要点有三:一是在海南高速公路边各个管理站同时挂上"南京菲亚特汽车服务站"的显目招牌；二是高速公路维修养护作业时，上路作业的人员穿上有"菲亚特汽车"显目字样的工作服，作业车辆上挂上"菲亚特汽车"的显目标志；三是向社会公开承诺，凡南京菲亚特汽车在海南高速公路上都能得到免费救助维修服务，等等。

我自以为只要这三条实施起来，海菲汽车肯定很快扩大影响打开销路，而且具体实施起来操作不难成本不大，可以达到事半功倍的效果。我把这份自以为是的方案交给海菲公司时他们很感兴趣，但此事涉及不同行业的两个单位，要取得总公司支持才可行。于是，我又把这份方案郑重其事地报给总公司。但老总考虑问题的角度不同，因为海南高速公路毕竟是"国家高速"，不能拿"国家"当作营销谋利的手段。于是乎我这个自以为高明的营销方案又胎死腹中了。

两件鼓捣成功的分外事。

种瓜应得瓜种豆应得豆：收回三亚出口路广告经营权。2001年的时候，东段高速公路扩建工程进入最后的三亚路段，我带领征地组几个人入驻大茅隧道口处的三亚管理站。这时征地拆迁工作基本完成，无所事事的日子多了起来，能找些什么事做呢？

此时我发现，东段高速公路三亚出口路是由海南高速公司投资建设的，有人经三亚市有关部门批准，在这条路路边竖起好些大型立柱广告牌获利，而投资几千万修这条路的海南高速公司在这条路的广告发布中却无分文收益，这与省里的有关文件是相悖的。凭什么我们种的瓜豆却让别人摘走？

能否向三亚市争取收回这条路的广告经营权，摘回我们的瓜豆？我决定试试。经多方了解情况，了解到解决的方法或路径是，可以由三亚市政府的规划、建设和工商管理部门发布一个通告，向社会告知这条路的广告经营权属海南高速公司，然后我们凭这份通告才能交涉收回。

我先上门找三亚市分管规划和建设的副市长据理力争，这位领导认为我说的有道理，符合省里有关文件精神，表示支持。得到领导的支持后，我发挥自己多年从事文秘工作的特长，起草了一份"关于三亚出口路广告经营权归海南高速公司所有联合通告"，再找副市长在通告文稿上签字批示"同意"，然后挨个找三亚市规划局、建设局和工商管理局签字盖章。最后我带着有副市长签字，有三亚市规划局、建设局和工商局签章的通告文稿，从三亚回到海口找公司老总汇报。这回老总对我的多管闲事之举表示赞赏和支持，同意在媒体上发布这份少见的联合通告。

经过几个月的努力，由三亚市规划局、建设局、工商局和海南高速公路股份有限公司联合发布的通告，于2001年5月份先后在《海南日报》和《三亚晨报》上发布。此后，海南高速广告有限公司再经过一番艰难交涉，终于收回了三亚出口路的广告经营权。后来，海南高速广告公司老总告诉我，仅田独路口一块广告牌的年收入就有40万元。

一个点子过两个好年:策划东段高速公路东红服务区项目。2004年我找到服务公司经理,告诉他有一个好机会:如果能引进一个服务区项目到东段高速公路63公里处的国营东红农场,征地拆迁农场全包还有特别优惠。

因为自20世纪90年代东段高速公路在这里穿过,东红农场就一直争取在高速公路通过的场部开互通口,却未能成功。1999年,在多年努力无果后,农场向社会公开悬赏解决高速公路开出入口问题。东红农场是我曾工作了多年的单位,我关心它的发展。经过一番调查走访后,我对东红农场场长说,要改变思路才会有出路。我向场长建议,农场以优惠条件引进一个高速公路服务区项目,然后农场利用这个服务区作为高速公路出入口,优惠条件有三点:一是用地免费,二是农场负责拆迁,三是维护项目开工建设。场长欣然接受了这三点建议。

经过服务公司几年的积极努力筹划,2006年8月,由中石化公司投资。服务公司代建的东段高速公路东红服务区项目开工。根据合同,农场把180万元4公顷(60亩)土地款作为项目引进费用给服务公司,加上为中石化公司的代建收入,服务公司超额完成两年的经营效益指标,全体职工也就顺利领到奖金过上了两个好年。

分外事又成分内事

2000年初,我离开总公司办公室,负责东段高速公路扩建工程征地安保部(即征地组)工作,同时兼任总公司物业部经理一职,新的岗位似乎与总公司文秘宣传工作不搭界了。而且老总也明确表态,工程结束我也不回总公司办公室工作。总公司的文秘宣传工作对我来说完全是分外的事了。

2000年4月,我带着征地组的几个伙伴,住到大茅隧道三亚市一侧洞口边上,为的是方便三亚路段的征战拆迁工作。此后的一年多时间里,我把扩建工程,包括大茅隧道左洞工程的文字宣传报道,当作个人兴趣分外的事来做,写了一系列的报道在省内外媒体上刊发。未能想到,发挥个人兴趣爱好的结果,是业余分外的事最终又变成我的分内事。2001年3月20日,《海南日报》头版头条刊发了我采写的报道《科学造就安全与质量——来自大茅左隧道的报道》;2001年7月2日,《中国交通报》以大半版的篇幅刊发了《穿越屏障——来自海南东段扩建工程大茅隧道的报道》;2001年9月下旬,《海南日报》刊发了《五百里坦途通天涯——写在海南东段高速公路左幅扩建工程全线竣工通车之际》……

2001年9月底,左幅扩建工程胜利结束,指挥部人员重新安排工作,老总改变了初衷,我又回总公司办公室重操文秘工作旧业。恰逢公司党委筹备换届,出乎意料又合乎情理,公司指定我负责党委换届工作报告的起草工作。于是,我把左幅扩建工程五年来体现的与时俱进与科学精神贯穿在党委换届工作报告中,结果老总认为这是近年来我写得较好的材料,这是对我文秘工作生涯最大的赞许了。

四、书法

（书法1）
田字高速畅通天涯

（书法2）
以人为本　生态优先

（书法3）

按五化标准　建环保高速

第八章

高速公路文化建设

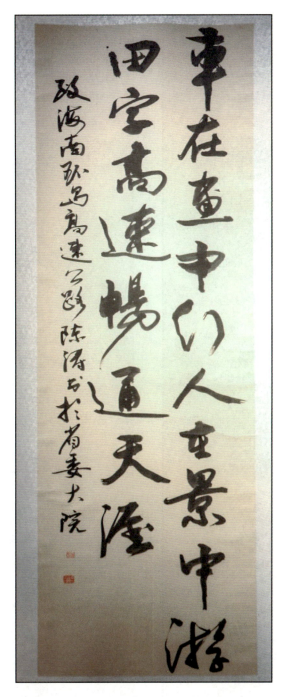

（书法 4）

车在画中行　人在景中游　田字高速畅通天涯

(书法5)

万点落花海文路　载将春色到侨乡

第八章
高速公路文化建设

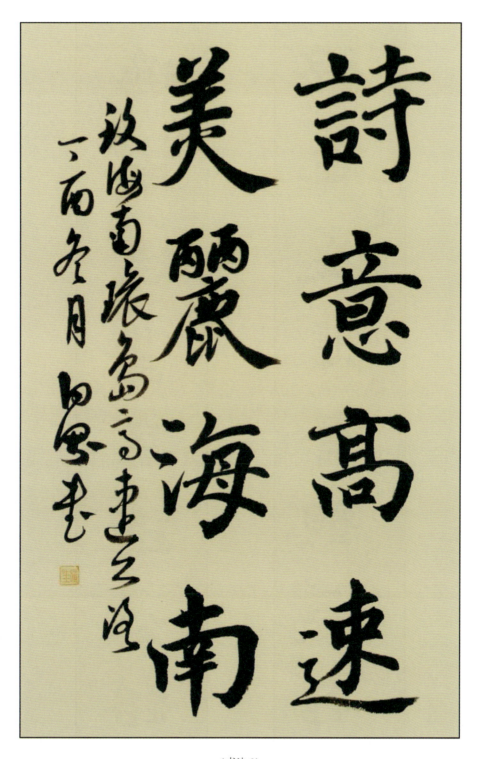

（书法 6）
诗意高速　美丽海南

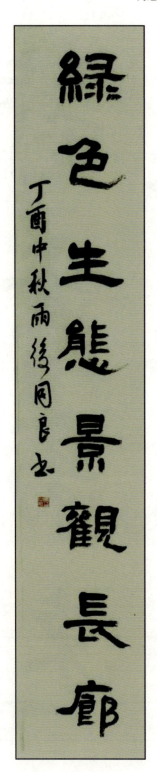

（书法7）

海南环岛高速公路　绿色生态景观长廊

第八章

高速公路文化建设

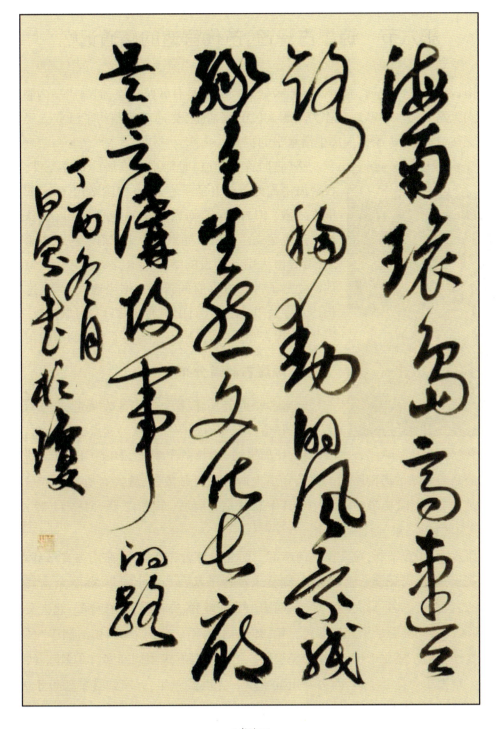

（书法8）

海南环岛高速公路　移动的风景线

绿色生态文化长廊是会讲故事的路

第六节 琼崖古驿道、古代官道的交通记忆

海南古代的道路交通,简单概括起来就是环岛州县有驿路相连,而深居岛内腹地的中部地区则无路可通。中部地区作为黎族人民的聚居地,交通不便制约了汉族人民与黎族人民的交往,也制约了黎族人民生活水平的提高。

海南古驿道、官道遗迹

路(古时称为驿道)是海南岛发展的重要条件,随着皇权对海南岛的管治开通了官道,在中国秦代,海南属秦置象郡之外徼。2114年前,海南最早的首府——汉代珠崖古郡治在这里建立。海南开始隶属中央政府。纷至沓来的火山人,沿着由火山石铺设的蜿蜒古道,深入羊山,在琼北火山地区创造了古代古郡府的繁荣。据当地人介绍,这条古道长达十多公里,是古代石山镇通往海口和府城的唯一通道。因此,琼崖古驿道、官道的历史唤起了人们的交通记忆。

一、琼崖古驿道分布

琼崖古驿道经历了多个朝代才发展起来的。到了明代,海南驿道以琼州府治——府城为起点,分东、西二线,自南向北,环岛贯通,全长两千多里,形成了以"官道"——古代高速公路为骨架的海南路网。两条驿道上所设的驿站数量,曾经有所变动。一次重大的调整是在1504年,由最初的24个(其中总驿站在府城,东路12驿、西路11驿)缩减为12个,除总驿站外,东、西各有6个。

东路六驿:①宾宰驿,在文昌县何恭都。西北去琼台驿八十里,东南去文昌县六十里。先洪武三年,知县周观设。成化十年,知县宋经迁于基石。二十三年,驿丞余祯修葺。廪给库子二名,馆夫二名,马夫四十名,马四槽。②长岐驿,在文昌县白延都。北去文昌县六十里,西南去会同县七十里。先洪武三年,知县周观建。二十四年因拓清澜千户所城,知县魏绍文迁今治。成化十年,知县宋经修葺。馆、库、马并夫俱同宾宰。③多陈驿,在万州莲塘村。东去乐会县七十里,西去万州五十里。先洪武三年,万宁知县黎恕设于多陈都。弘治间,知州李恭迁今治。廪给库子一名,余同长岐。④乌石驿,在陵水县乌石乡。东去万州四十里,西北去陵水县四十里。洪武间,署县丞汤良弼建。弘治间,知州李恭重修。马夫二十五名,马二槽,余同多陈。⑤太平驿,在崖州藤桥村。东北去陵水县二百里,西去都许驿二百里。先洪武三年,知县甘义创于藤桥东。成化间,知州徐琦迁今治。马夫二十

名,余同乌石。⑥都许驿,在崖州怀义乡。西去崖州一百八十里。洪武初,知县甘义创。成化间,知州徐琦修。馆库夫马同上。

西路六驿:①西峰驿,在澄迈县那蓬都。东至澄迈县五十里,西至临高县七十里。洪武三年,知县刘时敏立,后知县韦裘、卢晖继修。库子二名,馆夫二名,马夫四十名,马四槽,同宾宰。②归姜驿,在儋州谭乐都。东去临高县一百九十里,西去儋州四十里。洪武初,宜伦叶尹建。馆、库等同西峰。③田头驿,在儋州西南镇南巡检司之右。东去儋州九十里,西去大村驿一百里。洪武三年,知县叶世华建。廪给库子、馆夫、马夫、马俱同归姜。④大村驿,在儋州西南安海巡检司之右。西南去昌化县一百里。洪武三年,知县叶世华立。馆、库等同田头。⑤义宁驿,在崖州西黄流都。北去感恩县一百一十里,南去德化驿三十里。洪武三年,知县甘义创,后知州徐琦、何冈修。库子一名,馆夫二名,马夫三十五名,马三槽。⑥德化驿,在崖州西乐罗村。东去崖州七十里。先洪武三年,知县甘义建于抱拖村。永乐间迁今治。成化间,知州徐琦重修。库子、馆夫、马夫、马俱同义宁。

二、溯源纵横交错的古琼崖要道

2015年,海南省政府批复的《海南省公路交通"十二五"发展规划》提出,全面开工建设"田字形"高速公路主骨架项目,以实现东部和西部城市、中部与南北部城市便捷连通。所谓"田字形"高速公路,意指在现有环岛高速公路的基础上,新建贯穿中部及横跨东西的两条高速公路,宛如在圆圈的内部再画上一个"十"字,形成一个"田"字。这两条贯穿海南腹地、连接琼岛东西、一横一竖交错于五指山下的"十字形"高速公路,将会让海南的交通形势迎来新的飞跃。

回顾历史,赫然发现,有关海南中部腹地"十"字路的原型,可以追溯到更久远的年代。明朝的海瑞等人就曾经向朝廷上书,建议在海南开通贯穿中部的"十"字路,遗憾的是,这一建议并没有被当时的决策者所重视。一直到了清朝末期,在冯子材的推动下,几百年前就已经被讨论的海南中部"十"字路终于得以动工兴建。

古代海南的"十"字路为何而建?要弄明白这一问题,还得从中部黎族地区的暴乱说起。

海南古代的道路交通,环岛州县有驿路相连,而深居岛内腹地的中部地区无路可通。中部地区作为黎族人民的聚居地,交通不便制约了汉族和黎族人民的交往,也制约了黎族人民生活水平的提高。而来自黎区的各种大大小小的暴乱,也让封建王朝的统治者颇为头痛,除了发兵围剿没有找到更好的根治办法。

自从汉武帝派遣伏波将军路博德、楼船将军杨仆平定南越,并在海南开置珠崖、儋耳两郡以来,两千年间,来自黎族地区的"暴乱"一直时有出现。翻开海南古代各时期修撰的府志、州志,有关"平黎"的记录不胜枚举,在各种歌功颂德的言辞之外,还能看到五指山腹地燃起的烽火。

民国期间,许崇灏所撰的《琼崖志略》粗略统计了历代海南的"黎乱",从元世祖至元二十五年(公元1288年)到明思宗崇祯八年(公元1635年),"黎乱"就有45次之多,而这也仅仅是经过"择其要者"而筛选的数字。可见来自黎族地区的叛乱,在整个封建时代层出不穷。

这其中,有两次大规模的对黎征讨行动值得一提。一次发生在至元二十八年(公元1291年),元世祖采纳陈仲达的建议,并授予他海北海南道宣慰司都元帅,派同廉希恕等将率蒙古军、汉军、顺化军七千二百人,加上民兵一万四千人准备收复诸黎。但是仲达不幸病逝。十一月,湖广行省平章阔里吉思接手其事务,并下令仲达子谦亨等人分兵统剿黎巢。至元二十九年(公元1292年)七月,阔里吉思被诏回朝,便将所有事务托付于都元帅朱斌,随后朱斌统兵深入人迹不到之处,使黎居尽空。第二年春,刻石五指山黎婆岭而归。另外一次发生在明代弘治年间,儋州七坊峒的黎族头领符南蛇率众起义,烽火迅速燃遍大半个海南,琼州西路千余里道路不通。符南蛇"拥众万余",接连围攻儋州、昌化等州县,占领感恩城,临高县城也"危在旦夕"。明王朝出动官军两万多人分五路进攻义军据点,起义军凭险奋战歼灭官军三千多人。朝廷急忙调动镇守两广的"征瑶将军"毛锐统率十万大军渡海征讨,最终才镇压了这场声势浩大的起义。

海南古驿道、官道遗迹

回顾历史,不难发现,封建统治者面对此起彼伏的暴乱,历来大多采用征剿的策略,当烽火一起,则将令始出,大军南下,武力讨平。每次官军大张旗鼓的平乱行动,大多以胜利而结束。然而,在武力讨平之后,黎乱并没有因此而杜绝,官军一退,则卷土重来。

这种越剿越多、越讨越乱的现象也促使有识之士对当朝的策略进行反思,他们认为武力征讨只不过是"头痛医头脚痛医脚"。而根治之道,其中之一就在于改善黎族地区的交通条件。于是,贯通五指山腹地的古代"十"字路蓝图就在这一背景下诞生了。

三、岁月悠悠：海南古道与琼崖官道

道，路也。驿道也被称为古驿道，中国古代陆地交通主通道，同时也是重要的军事设施之一，主要用于传输军用粮草物资，传递军令军情。驿道和驿站合称为驿传系统，作用相当于今天的邮政电信、政府招待所和兵站，而且很多古代官方驿道是我国驿道系统中的重要咽喉要道。古代的驿道就是今天的国道，在古时又称官道，是由当时的"中央政府"朝廷投资并按统一的国家标准修建的，在中国的古代修筑了贯通东西南北的驿道网络。据有关专家考证海南的驿道也是按统一的国家标准修建的官道。

海南古时的官道上"驿站、驿亭、驿丞、驿使、驿卒、驿马"组成一个功能齐全的服务体系，共同履行着传递公文、迎送官员的特殊职能。府城(原琼山市，现时的海口市琼山区)是古琼州府的府治，琼台驿是琼州府的总驿站。明正德《琼台志》记载：琼台驿在琼山县西北隅土城外，先洪武三年设于大城内西南隅。(洪武)十八年，主薄李子强议请驿基为县治，乃迁此创建正厅、穿堂、两廊、门房等。当时，驿站有禀给库子8名，馆夫8名，马夫60名，马6槽。海南驿道以琼台为中心，东路分六驿，西路分六驿，每驿均有相应的供给配备。又比如西路的西峰驿(在现澄迈县内)就设有禀给库子2名，馆夫2名，马夫40名，马4槽。北路是水路，设递运所在琼山县十里海口都，洪武九年创。递公文渡海抵广东的徐闻杏磊驿。船2只，防夫15名，马2匹，夫40名。由此可见，明代海南的驿递规模不小，功能齐备，管理规范严格，在某种意义上说，海南古代的官道就是海南的"古代高速公路"。

海南古驿道、官道遗迹

四、火山岩古村落澄迈多峰官道

在澄迈县火山岩古村落群中，大丰老墟保存了大量古石屋、古街道、古铺面遗迹。大丰老墟即今澄迈县大丰镇大丰村，位于海南西段高速公路澄迈出口右拐一公里左右。在清朝时期,大丰老墟称为"多峰铺",后又扩建成"多峰市"。在多峰市遗址上,保存着一座最具有火山岩特色的典型建筑物——封平约亭。据有关史考,封平约亭始建于清康熙六十一年(公元1722年),同治二年(1863年)重新修葺,保存至今。据《康熙澄迈县志》(康熙十一年本 卷一·铺舍)记载:"去县二十里有多峰铺,系封平都"。《康熙澄迈县志》(康熙十一年本 卷一·墟市)记载:"多峰市,在封平都,近招"。《康熙澄迈县志》(康熙四十九年本 卷二·建置志·铺舍)记载:"多峰铺,县西二十里封平都"。《嘉庆澄迈县志》(卷二·经制志)记载:"封平约亭,原设在多峰市上。"

五、羊山古道:琼北火山岩之杰作

羊山地区,即琼北火山地区,泛指海南海口市西南部被火山石覆盖的地区,面积约1000平方公里,包括石山火山群国家地质公园。当地百姓将这片被火山石覆盖的地方,形象地称为"羊山",因为这里盛产黑山羊。其地理范围包括琼山区的龙塘、府城、旧州,龙华区的龙桥、龙泉、遵谭、城西、新坡,秀英区的石山、永兴、东山、长流、西秀等13个乡镇。

羊山地区曾有很多用石头铺就的古道。随着时光流逝,它们或已消失或已废弃。羊山古道,是昔日乡图、村落之间穿梭往来的主要通道。古道沿途偏僻,穿村越寨。一条经美党、浩昌、昌道、达美社、儒黄、美新,到绿色长廊、美欢、荣烈坡,至滨涯、滨濂,最后到达府城。这是一条相对于驿道的村道,形成时间稍晚,有些路段用片石铺设,至今仍保存完好。此外,还有两条古道。一条经雷虎、儒吴、永秀,穿过玉龙泉,至苍东、府城;另一条经建群、罗经,到遵谭、翰香。羊山有一条古驿道,是宋代连接雷琼到达府城的交通要道。府城(现时的琼山区)是古琼州府的府治,琼台驿是琼州府的总驿站。据《琼山县志》记载:道堂墟是古时府城至澄迈必经之地,来往文人墨客常聚此谈古论今,故名道堂。当年,苏东坡北归就是从澄迈驿往返府城,走的就是这一条古驿道,也就是羊山的古驿道。

海南古驿道、官道遗迹

六、琼山达士巷古道

达士巷古道位于现琼山区府城镇马鞍街西达士巷内。明清时期多为名流绅士、大户人家居住之地,便称达士巷。该巷东西走向,全长116m,路面宽2.5m,皆用雕琢工整的长方形的石块横直铺设,石间少留空隙。路面中间凸起,两侧倾斜,为当地火岩石雕琢而成,每块长45cm、宽40ccm、厚6cm,成为琼州府城址的历史见证。为海口市重点文物保护单位。

七、儋州千年盐田古道

有着千年历史的儋州盐田,如何将晒制出来的成品盐销售出去,在古代交通稀缺的情况下,成了头等大事。古人通过古道运到船上,再运往各地卖出去。于是儋州就有了千年盐田的古道。古道位于儋州灵返村,人们习惯叫灵返村古道。它位于该村的东北面,用火山岩石铺砌而成。这些古道两侧生长着红树林,从灵返村盐田西北面向前延伸,横跨雷得港,抵达南湖村。据儋州市博物馆工作人员测量,古道全长约1000m,宽约0.5~0.8m。如今,循着当年盐丁们肩负重担走过的足迹,一声声"哼唷哼唷"的劳动号子似乎从旷远的时空传来……

有着千年历史的儋州盐田

八、东坡游历琼州之古道

苏东坡谪琼,绍圣四年(1097年)六月二十一日渡海,元符三年(1100年)六月二十日北归,往返都经过羊山古道。苏东坡游学琼州之古道(驿道),基本路线是:从老城经道堂、北铺、群榜、水利管理所、业里到府城的羊山古道。苏东坡登琼途经澄迈前去儋州,再到离琼时,往返都经过此地,留下的是《海外集》中的《澄迈通潮阁》二首、《移廉州由澄迈渡海元符三年六月二十日》。北归时带着自己养的乌嘴狗经过澄江,它"长桥不肯蹑,径渡清深浦",咆哮着将路人吓了一跳。苏东坡登上澄迈驿通潮阁后又赋诗二首,其一为:"倦客愁闻归路遥,眼明飞阁府长桥。贪看白鹭横秋浦,不觉青林没晚潮。"苏东坡北归之日,原先的悲伤忧虑烟消云散,"行琼、儋间,肩舆坐睡。梦中得句云:千山动麟甲,万谷酣笙钟。觉而遇清风急雨,戏作数句"。

　　早在北宋,贬官苏东坡登岛后,沿西部且吟且行,推动文化,遗功德于当地。唐宋两代被贬琼的名臣赵鼎、李光、胡铨也走西段。或许,西段的相对繁荣推动了西路驿更顺畅地通行。

附录一

海南高速公路建设大事记

1987 年

1987年,海南东段高速公路(高等级公路)开始动工兴建,当时工程概算为10.5亿元。1988年,全国人大决定在海南建省办经济特区,春雷乍破,海南的交通事业迎来了发展的春天。

海南东段高速公路工程筹划于1985年。当时海南隶属于广东省的海南行政区,广东省为了填补海南没有高等级公路的空白,制订了修建海(海口)榆(三亚)东段高等级公路的方案。经交通部规划设计院研究,提出"按一级路选线,二级施工"的建设意见,上报国家计委并得到批准后,由海南省公路局两个工程队承担建设任务。于1987年6月在南渡江第二大桥拉开了高速公路建设的序幕。

1987年12月,时任交通部部长钱永昌来海南考察工作,经与海南行政区领导商议,为适应海南经济发展的需要,决定将已开工的二级公路改为二级汽车专用道路,道路标准提高一级。1988年6月,海南建省伊始,交通部有关领导来海南考察,为适应大特区经济发展的需要,改善海南投资环境,扩大对外影响,建议将二级专用路改为全封闭半幅高速公路。海南省交通厅会同有关部门,组织专家对海南建设高速公路的必要性和可行性进行考察论证,提出了发展海南公路的战略目标:第一步,兴建东段高速公路;第二步,在2005年以前建成以高速公路为主的环岛公路。这一宏伟规划得到了国务院及有关部委的支持。

1988 年

4月20日,海南省交通厅建厅筹备小组召开第一次筹备会,正式提出了组建"海南省交通厅"的设想。之后,经海南省委、省政府批准,同意成立海南省交通厅,除公路、水路运输、高速公路建设管理外,还把航空、铁路和邮电部门也纳入了行业管理,实行大交通管理体制。

1989 年

10月30日,经国务院批准,国家计委下达了《关于海南省环岛公路(东段)可行性研究报告的批复》,同意立项建设海南环岛公路(东段)半幅工程。工程全长268km,主线长251km,北起琼山市(现海口市琼山区)府城,经定安、琼海、万宁、陵水等市(县),南抵三亚市田独镇(现更名为吉阳镇)。主要技术指标为:按交通部《公路工程技术标准》中重丘区高速公路标准设计,全封闭,全立交,路基宽12m,路面宽10.5m,设计行车速度100km/h,最小半径400m,停车视距160m,最大纵坡4%,桥涵设计荷载为汽车—超20级、挂车—120。工程概算总投资为10.56亿元,资金来源交通部补助3亿元,利用日元贷款2亿元,其余由海南省自筹。

1990年

9月21日,交通部下发了《关于海南省环岛公路(东段)初步设计文件的批复》,批准了该工程项目的初步设计。

1991年

1月5日,根据国家计委和交通部的批复,海南省政府办公厅下发《关于成立海南省东段高速公路建设工程指挥部的通知》。组成人员为:总指挥:海南省有关领导;副总指挥:彭庆海(时任海南省政府副秘书长)、马文金(时任海南省交通厅厅长)、黄钧(时任海南省交通厅副厅长);成员由海南省各有关厅室和沿线各市县的相关负责人组成。指挥部下设办公室,负责工程管理的日常工作。7月,指挥部办公室正式挂牌运作。

5月31日,海南省环岛公路(东段)工程指挥部与交通部第一公路勘察设计院签订合同,委托完成海南环岛公路约140km工程施工国内招标文件编制工作。合同文件标段为以"菲迪克"条款为基础,采用单价合同形式,委托监理。编制招标文件项目包括路线、路基路面、桥梁、涵洞、隧道、路线交叉、沿线设施。主要范围为:①定安县界至琼海互通北;②琼海互通北至万泉河大桥南;③万泉河大桥南至万宁县界;④琼海县界至大茂;⑤大茂至牛岭(县界);⑥牛岭(县界)至陵水大桥北。

6月18日,海南省东段高速公路建设工程指挥部办公室正式挂牌运作。办公地点位于海口市大同路南虹大厦。工程指挥部办公室下设行政秘书科、工程管理科、计划财务科、物资设备管理科、征地保卫科,共配备36名人员。

7月,经海南省政府〔1991〕5号文件批准,成立海南省东段高速公路建设工程指挥部办公室,其职能是负责东段高速公路的征地拆迁、施工管理和经营管理。年底第一期工程黄竹至陵水段开工。

8月1日,海南省东段高速公路建设工程指挥部办公室在《海南日报》上发布工程招标资格预审通告,宣布东段高速公路第一期工程黄竹至陵水段129km面向全国公开招标。此次工程招标共分为六个合同段。分别是:第一合同段(K64+176.55~K84+408.88);第二合同段(K84+409.01~K88+660.00);第三合同段(K88+660.00~K106+263.00);

第四合同段(K106+263~K138+038.06);第五合同段(K138+000~K161+295.63);第六合同段(K180+331.97~K197+600)。至招投标资格预审报名截止日,全国共有35家符合条件的施工单位报名,经严格预审,确定19个单位参加投标。

8月28日,中国对外经济贸易信托投资公司与海南省交通厅签订《关于日本海外经济协力基金贷款海南发展项目(公路)项目转贷协议》,金额为71亿日元,用于支付海南发展项目(公路)设备、材料及有关费用。期限为30年,含宽限期10年,还款期20年,支付期5年,利率2.5%。

9月5日,海南省东段高速公路建设工程指挥部以琼高路[1991]7号文件通知,经指挥部领导成员9月2日全体会议讨论研究,成立海南省东段高速公路(右半幅)建设工程招标领导小组和海南省东段高速公路(右半幅)建设工程评标委员会。招标领导小组成员为:组长:海南省有关领导;副组长:交通部工程管理司领导;成员:彭庆海(时任海南省政府副秘书长)、马文金(时任海南省交通厅厅长)等人。评标委员会小组成员为:主任:黄钧;副主任:韩锦光、林骏等。

9月21日,交通部[1990]交工字519号《关于海南省环岛公路(东段)初步设计文件的批复》下达,1991年东段高速公路工程正式列入国家计划项目。

10月5日,海南省东段高速公路建设工程指挥部与万宁县政府、陵水县政府签订东段高速公路(右半幅)万宁县辖内征地租地合同。

10月22日,海南省东段高速公路建设工程指挥部与北京华通公路桥梁监理咨询公司签订了海南省环岛(东段)高速公路黄竹至陵水段全长129.06km的工程施工监理合同。委托该公司对该段工程施工质量、投资、工期等进行全面监理。

11月28日,评标领导小组组长主持召开了海南省东段高速公路招标领导小组第二次会议,领导小组一致通过批准评标委员会评标意见。各中标单位如下:第一标段为海南省公路工程公司;第二标段为海南省公路工程公司和广东省公路承包公司;第三标段为交通部第一公路工程总公司;第四标段为交通部第四航务工程局;第五(上)标段为广东省公路承包公司;第五(下)标段为深圳市政工程公司;第六标段为铁道部第十二工程局。

12月5日,为便于施工期间由指挥部办公室具体执行合同协议条款,直接与施工单位办理工程与财务业务,海南省交通厅发文批复,同意由工程指挥部办公室代表海南省交通厅执行业主权力与中标单位签约。12月8日,海南东段高速公路建设工程指挥部办公室分别与海南东段高速公路第一期工程右半幅(黄竹至陵水段)中标单位签订施工合同书,条款参照国际土木工程"菲迪克"条款制订。

1992年

2月20日,海南东段高速公路第一期工程施工队伍、设备全部进场完毕。2月25日,东段高速公路黄竹至陵水大桥北段(长129.09km)正式动工兴建。

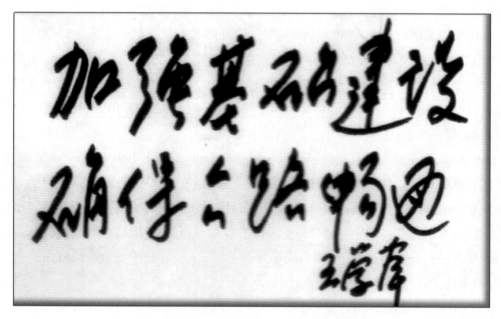

时任海南省副省长王学萍为高速公路建设题词

10月25日15时30分,东段高速公路牛岭路段施工中,实施一次大爆破,一次使用炸药38t,松动土石方超过8万m³。此次爆破在海南省公路建设历史上是规模最大一次爆破,由深圳市工程公司实施,指挥部派员协助指导安全警戒工作。

12月27日,经过5年的建设,海南东段高速公路(右幅)海口府城至黄竹65.3km建成通车。

12月28日,海南东段高速公路(右幅)府城至黄竹段竣工通车典礼在琼山府城立交桥举行,海南省有关领导出席并讲话。本次通车典礼是海南公路建设史上第一次举行海南高速公路通车典礼,它标志着海南无高速公路历史的结束。

1993年

1月12日,海南省东段高速公路建设工程指挥部办公室发文,向海南省交通厅呈报关于建议成立海南环岛高速公路股份有限公司请示,申请将指挥部办公室改制成立股份制公司。3月5日,海南省交通厅批复,同意海南省东段高速公路建设工程指挥部办公室进行股份制改组,成立海南环岛高速公路股份有限公司。

4月,经海南省证券委员会批准,在海南省东段高速公路建设工程指挥部办公室基础上,以定向募集方式设立海南高速公路股份有限公司。

8月,海南高速公路股份有限公司正式创立,这是全国第一家以公路为主业的股份制企业,仅3个月就募集股金16.65亿元。1998年1月25日,该公司股票"海南高速"在深交所上市,发行股票7700股。

8月,海南省首次在白沙县召开全省公路建设会议。这次会议是海南公路建设的重大转折点,标志着海南省公路建设进入了一个新的发展阶段,这次会议后来被誉为海南公路建设史上的"遵义会议"。

12月10日,在海南省政府第二办公楼八楼会议室,召开了审议《海南省机动车辆燃油附加费征收管理办法》的省长办公会议,会议由时任海南省委书记、省长阮崇武主持。会议出席人员有汪啸风、陈日进等。会议听取了海南省交通厅关于《海南省机动车辆燃油附加费征收管理办法》(送审稿)(以下简称《办法》)起草说明,并对该《办法》进行审议。会议要求全省各有关部门和单位都要积极配合,大力支持,确保《办法》顺利实施。

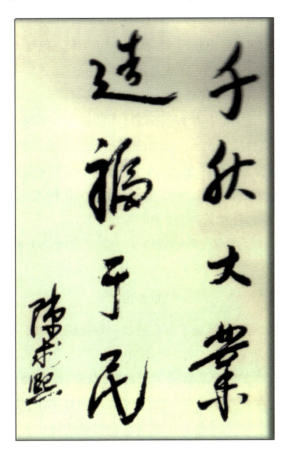

时任海南省交通厅厅长陈求熙题词

1994年

1月1日起,海南省将公路养路费、公路运输管理费、过路费、过桥费"四费合一",统一征收机动车燃油附加费,并取消了所有公路收费站。燃油附加费改革15年来,通过对"油"征费,体现了"多用油者多负担"的原则,实现了"一脚油门踩到底",海南成为全国唯一没有公路收费站(卡)的省份。海南实行交通规费征收体制改革后,一举撤销了全省公路上所有的收费站(卡),使"三乱"现象得到有效遏制。

1月24日,海南省委、人大、政府、政协分别在琼海市、万宁县、陵水县举行了"支持高速公路建设先进市、县奖"和"金光大道奖"的东段高速公路建设工程现场慰问颁奖活动。荣获海南省政府"支持高速公路建设先进市、县奖"的市县有:琼海市政府、万宁县政府、陵水县政府;荣获"金光大道奖"共有13个施工单位,第一名是海南公路建设第三工程公司,第二名是广州公路工程公司万泉河大桥指挥部,第三名是海南公路建设第二工程公司和广州公路工程公司。之后,海南东段高速公路右幅一期工程黄竹至陵水段全线贯通。

3月18日,海南省政府办公厅发文下达了1994年海南省重点工程建设目标责任状通知。要求海南高速公路股份有限公司于4月1日黄竹至陵水段129km路段通车;9月15日,大茅洞隧道工程和陵水至田独段57.4km全线主体工程基本竣工;10月1日海口至三亚全长269km半幅高速公路通车,完成总投资5亿元。

4月1日,东段高速右幅一期黄竹至陵水段正式通车。

12月28日,海南省交通厅(甲方)与海南高速公路股份有限公司(乙方)签订了《投资合作建设东段高速公路合同书》。项目为海南东段高速公路陵水至田独段建设工程,全长57.41km,工程总造价为1.093亿元;由甲方投资,乙方建设;合作期10年,1995年1月1日起,每年等额返还甲方投资款1000万元(最后一年付完本金);乙方享受按《海南经济特区基础设施投资综合补偿条例》规定的综合补偿。

12月28日,陵水小妹至大理公路建成通车。全省最后一个乡公路的修通,标志着乡乡通公路目标实现。

1995年

1月22日,东段高速大茅洞隧道工程在进口一侧距洞口367~392m处发生全断面突发性大塌方,几秒钟内塌方量近1.5万m³,造成9人死亡,工程再次严重受阻。

10月15日,"卡脖子"工程大茅隧道工程贯通,至此,东段高速公路右幅工程全线贯通。该隧道全长1070m,在工程建设中,先后发生塌方100多次,先后造成18人死亡。

10月28日,大茅隧道进口处,举行了隧道胜利贯通庆祝仪式,时任海南省委副书记、常务副省长汪啸风到会祝贺,充分肯定了海南高速公路股份有限公司和施工单位齐心协力顽强拼搏所取得的成绩,并为隧道胜利贯通题词"攻坚必摧"。

11月22日,经海南省政府授权,海南省交通厅与海南高速公路股份有限公司签订了《海南省环岛公路东段(右幅)建设项目投资及补偿合同》。

11月29日,加快洋浦开发区和西部工业走廊建设的战略性工程——海口至洋浦高速公路工程在临高县博厚镇破土动工。

12月27日,东段高速公路(右幅)全线通车典礼在大茅隧道隆重举行。海南省委、省政府、省人大和省政协领导,海南省交通厅以及三亚、琼山、琼海等沿线各市县领导等参加典礼。时任海南省委领导汪啸风、钟文、林明玉,时任海南省政府副秘书长陈日进、时任海南省交通厅厅长陈求熙等参加了通车典礼剪彩,时任海南省委副书记、常务副省长汪啸风典礼上发表讲话。从这一天开始,海南结束了没有高速公路的历史。

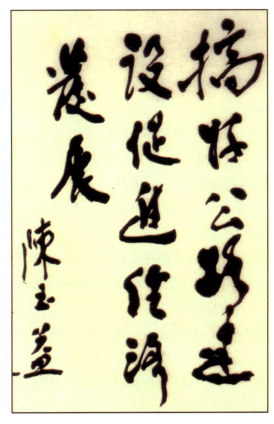

时任海南省委副书记陈玉益题词

1996年

2月9日,时任海南省委书记、省长阮崇武在省委主持召开省长办公会议。听取了海南省交通厅关于海南省公路规划建设的情况汇报,充分肯定了近两年来海南省公路建设取得的成绩。会议议定公路建设中的征地问题属政府行为,要按照美兰机场征地模式进行;公路投资概算要科学合理;研究一个合适的建设公路担保及补偿办法;要加快工程进度。

2月16日,海南省计划厅和海南省建设厅联合发文通知,海南环岛东段高速公路扩建工程(海口至琼海)列入1996年海南省重点建设在建项目。

3月,海南积极推进路网主骨架的建设,为了摆脱资金严重紧缺的困境,海南省交通厅提出了"即征即返"的思路,即把公路建设所产生的税费作为各市县政府对公路建设的投入,仅这一项,每年就增加约1亿元的资金支持公路建设。

4月20日,海南高速公路股份有限公司与中国公路工程咨询监理总公司海南分公司就委托承担海南省环岛高速公路(东段)海口至琼海段公路施工招标文件的编制工作签订了合同。

5月23日,海南省公路管理局被撤销后,有关职能直接划归海南省交通厅。

7月19日,时任海南省委书记、省长阮崇武在省委常委会议室主持召开省长办公会议,讨论研究东段高速公路建设投资补偿问题。

9月11日,经国务院审批,国家计委发文批准《海南环岛(东段)公路(海口至琼海段)扩建工程可行性研究报告》。

9月13日,国家计划委员会发文批复,同意先行批准海口至琼海段87km初步设计,其余路段156km初步设计同时审批,整个项目全长243km,总投资按31亿元控制。

9月17日,交通部发文《批准海南环岛(东段)公路(海口至琼海段)扩建工程初步设计文件可行性研究报告》。工程全长249.285km,设计行车速度100km/h,全线核定总概算30.8176亿元。

9月20日,海南高速公路股份有限公司委托交通部公路工程定额站和海南中交公路工程造价咨询有限公司共同承担环岛高速(东段)海口至琼海段公路施工招标工程清单及标底编制工作,经协商签订委托合同。

11月2日,海南高速公路股份有限公司与琼山市土地管理局签订了东段高速左半幅扩建工程征地拆迁协议书。

11月20日,海南省政府召开沿线市、县及有关部门工作会议,布置海口至琼海段扩建工程征地拆迁工作,该项工作全面展开。

11月25日,海南省政府办公厅发文通知,经国务院批准,海南省政府决定修建东段高速公路(左幅)海口至琼海段,要求琼山市、琼海市、定安县政府等支持工程建设征地、拆迁等工作,要求在1996年12月10日前完成征地拆迁工作。

12月27日,交通部有关部门对海南高速公路股份有限公司呈报的左幅扩建工程府城至琼海段招标文件和资格预审资料严格审查后,批复通过36家投标单位。

12月31日,国家计委发文批准海南环岛(东段)高速公路海口至琼海段工程开工建设。

12月31日,海南省政府办公厅发文批复,同意海南东段高速公路扩建工程(左幅)海口至琼海段(全长86.15km)工程总概算为4.4798亿元,平均造价为520万元/km。

1997年

1月6日,海南高速公路股份有限公司与海南省交通厅签订了《海南省环岛公路东段扩建(左幅)建设项目府城至琼海段工程建设组织实施协议》。根据协议,海南高速公路股份有限公司负责组织实施海南省环岛公路东段扩建(左幅)项目府城至琼海段的建设,工程造价为4.4789亿元,平均造价为520万元/km,实行总额包干建设,超过日元贷款和交通部补贴部分另行协商,签订综合补偿合同。本工程计划于1998年2月竣工。

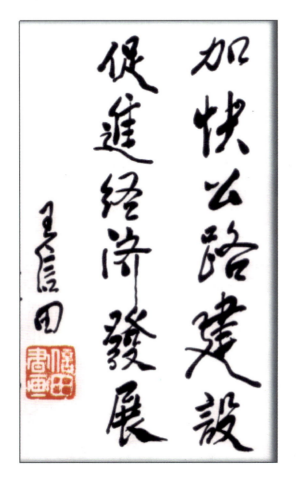

时任海南省人大常委会副主任王信田题词

1月13日,海南省交通厅函复,同意海南高速公路股份有限公司与奥地利RF国际集团公司合作生产和使用改性沥青。

1月15日,在海口市国托大厦,左幅扩建工程府城至琼海段招标在海南省公证处公证情况下进行公开开标,共34家单位递交标书。

1月17日、18日,评标小组对中标单位评标,初步确定扩建(左幅)项目府城至琼海段的中标单位,并将评标结果上报省评标领导小组。

1月20日,海南高速公路股份有限公司与中国公路工程咨询监理总公司签订了《海南东段高速公路扩建工程(左幅)府城至琼海段施工监理服务合同》。

1月22日,海南高速公路股份有限公司在国托大厦与12家中标施工单位签订施工合同。

1月31日,东段高速公路左幅扩建工程海口至琼海段正式动工兴建。

2月7日(大年初一),时任海南省副省长吴昌元到东段高速公路左幅扩建工程海口至琼海段检查施工情况,并慰问节日筑路员工。

4月28日,为引进奥地利RF国际集团公司新型沥青技术用于左幅扩建工程建设,海南高速公路股份有限公司以琼高速〔1997〕56号文件向海南省计划厅申请利用奥地利政府贷款280万美元额度。

4月,海南省交通厅审时度势,创造性地提出了"贷款修路"的设想。

7月,海南省交通厅率先向海南省农业银行贷款9亿元,建设环岛西段高速公路。这是当时国内最早也是最大的一笔投向公路交通基础设施建设项目的专项贷款。

8月18日,时任海南省副省长吴昌元在海南省政府主持召开省长办公会议,审查并通过东段高速公路琼海至三亚段扩建工程设计方案,要求东段高速公路琼海至三亚段扩建工程征地工作比照海口至琼海段扩建工程征地工作进行。

10月31日,时任海南省常务副省长汪啸风主持召开省长办公会议,研究东段高速公路扩建有关问题,并带领与会人员实地考察了南渡江大桥施工现场和居丁沥青拌和站。会议议定,要确保第一次使用改性沥青铺设高速公路路面质量优良,达到一流水平;东段高速公路左幅扩建工程海口至琼海段工期目标为:1998年1月底前铺完沥青路面;1998年3月底前该段扩建工程全线竣工,收尾工程及右幅遗留问题一并解决;会议还就工程质量、施工安全、建设资金及工程续建等问题进行了研究讨论。

12月1日,"海南高速"7700万A股(股票代码000886)在深圳证券交易所上网定价发行成功,共募集资金4.4144亿元用于海南东段高速左幅扩建工程建设。

12月18日,环岛西段高速公路宁远河特大桥合龙。

12月18日,全国高速公路经验交流会首次在海南召开,交通部主要领导及全国27个省市和地区的近200名代表参加了这次会议。

1998年

1月13日,时任海南省副省长吴昌元检查了东段高速公路左幅府城至琼海段扩建工程施工现场,并在琼海市金通大酒店主持召开省长现场办公会议,对该工程收尾阶段存在的问题认真研究,会议还针对工程进展中存在的问题提出整改措施。

1月25日,环岛高速公路九所至三亚段建成通车,并在三亚出口处举行通车仪式。九所至三亚段建成通车是海南省环岛高速公路的里程碑,极大地促进海南反季节瓜菜的运输和海南旅游业的发展。

附录一
海南高速公路建设大事记

2月12日,国家计划委员会发文批复,同意扩建琼海至三亚段左半幅高速公路,路线长162.2km,概算总投资为19.8亿元。

3月8日,东段高速公路(左幅)第一期扩建工程海口至琼海段全面竣工。

3月9日、10日,在琼海市金通大酒店会议室,海南省政府办公厅、建设厅、交通厅、计划厅和海南省重点办共同主持召开海南环岛东段高速公路扩建工程海口至琼海段初步验收会议。会议听取并通过了业主、设计代表、施工单位、监理单位和专家组工作报告;审议并通过了海南省交通工程质量监督站提交的《关于工程质量检验评定情况的报告》,评定该工程为优良工程;会议认为该路段已具备通车条件,拟定于3月26日举行通车典礼,同时颁发该路段"金光大道"奖。

3月26日,在东段高速公路琼海入口处,海南省政府举行东段高速公路左幅第一期扩建工程府城至琼海段通车典礼,时任海南省委书记杜青林、省政协主席陈玉益、省人大常委会副主任毛志君、副省长吴昌元等海南省四套班子领导出席典礼仪式并视察了该段公路,对公路质量给予充分肯定。海南省领导给获得"支持高速公路建设先进市(县)"荣誉称号的琼山市、定安县、琼海市颁发了锦旗,并授予海南省公路建设三公司"金光大道"一等奖;授予铁道部第十二工程局"金光大道"二等奖;授予铁道部第二工程局、海南军企建筑工程处、铁道部十六局中南分局"金光大道"三等奖。

4月2日,经过10个月的紧张施工,保亭县报什扶贫公路竣工通车。报什公路沿线资源丰富,它的通车将使沿线7000多位农民收益增长并密切加强了与少数民族地区的对外交流,加快了当地农民脱贫致富的步伐。

4月13日,国家计划委员会发文通知,海南东段高速公路(左幅)扩建工程琼海至陵水段列入1998年国家重点建设项目名单。

5月12日,时任海南省副省长于迅在海南省政府主持召开省长办公会议,研究海南东段高速公路左幅扩建工程琼海至陵水段造价等有关问题。会议听取了海南高速公路股份有限公司、交通厅关于琼海至陵水段扩建工程造价问题的汇报,对如何确定琼海至陵水段扩建工程造价等有关问题进行研究。

5月18日,国家发展计划委员会发文通知,海南东段高速公路(左幅)扩建工程琼海至陵水段列入1998年由国务院批准的第二批基本建设新开工大中型项目计划。

5月28日,海南环岛高速公路八所至尖峰岭动工兴建。这是海南省高速公路东西对接实现环岛贯穿的最后一项工程,它的建成通车为环岛高速公路的建设画上一个圆满的句号。

5月29日,海口世纪大桥发布动工令,这标志着该桥全面进入施工阶段。世纪大桥位于海口市龙昆北路北延长线上,跨越海甸河入海处。大桥全长2683.585m,其中主桥长636.6m。主桥为双塔双索面三跨连续预应力混凝土边主梁斜拉桥。主塔呈钻石形,塔高

106.9m,双主塔通过176根斜拉索承载桥面。主桥桥面宽29.8m,两侧设有人行道,桥面为双向六车道。主桥下最高水位通航净高为24m,可通行3000吨级的轮船。2003年8月1日竣工通车,总投资6.67亿元。

6月16日、17日,左幅扩建工程琼海至陵水段评标小组对投标单位进行评标,并将评标结果上报评标领导小组,初步确定中标单位,并于6月19日最终确定中标单位。6月20日,海南高速公路股份有限公司与中标单位签订施工合同,共有18个标段。

6月26日,海南省交通厅在万宁市主持召开了"东段高速公路路政管理工作会议"。会议主要研究讨论东段高速公路路政管理工作由海南高速公路股份有限公司移交给沿线各市县公路分局实行属地管理的有关事宜,并达成一致意见。

7月1日,左幅二期扩建工程琼海至陵水路段土建工程正式动工。

12月22日,时任交通部部长黄镇东及部有关部门领导在时任海南省副省长吴昌元和省有关部门领导陪同下,视察了东段扩建工程二期琼海至陵水段第七标段水泥稳定层施工现场和第一标段万泉河特大桥工地现场,对工程建设成绩表示肯定,并对工程建设作了指示。

12月25日,中国农业银行海南分行贷款9.1亿元支持环岛西段高速公路最后一段——八所至九所段建设。之后,中国农业银行海南分行共贷款15.1亿元支持海南西段高速公路建设。

1999年

1月7日,海南东段高速公路左幅扩建工程指挥部质量举报中心成立。1月8日—17日,质量检查组对左幅扩建工程进行全面检查。

2月10日,海南省发展计划厅发文通知,海南东段高速公路扩建(左幅)琼海至三亚段工程列入1999年省重点项目建设计划。计划总投资为6.16亿元,中央专项资金2亿元,开发银行贷款2亿元,企业自筹2.16亿元。

4月,来海南考察的国务院有关领导表示,东段高速公路是我国第一条热带海滨旅游公路,是海南的窗口路。另外,2000年底,参加环岛高速公路项目验收的我国著名专家夏传荪评价,环岛高速公路创造了四个全国第一:一是我国第一条规模最大、环岛半径最大、通车里程最长的高速公路;二是景观优美、线形顺畅、安全畅通,是名副其实的绿色大通道;三是一条标准高、造价低、质量好,高速、安全、舒适、美观,具有独特海南风光的天然景观路;四是出口路综合功能设置齐全。

5月25日,海南省交通厅发文批复,同意对陵水大桥南K198+656至大茅隧道北洞口K295+670段共45.647km左幅加宽8.5m,右幅进行沥青路面改造,审核后确定总造价为2.4272亿元,平均造价为531.74万元/km(含交通工程50万元/km在内)。

6月,海南省率先从德国进口一台水泥混凝土滑模摊铺机,并用于摊铺洋浦开发区出口路。这台设备最大可摊铺路面宽度为16m,并且一次性成型。这是海南省首次使用水泥混凝土滑模摊铺技术。

7月20日—8月4日,海南高速公路股份有限公司在海口对左幅扩建工程陵水至大茅隧道北段工程实行公开招标,并由海南省公证处进行开标全过程现场公证。经过发标、评审、开标,最终确定了中标单位。

9月9日,环岛高速公路三亚连接路暨青岭隧道右洞建成通车。三亚连接路的建成将进一步完善环岛高速公路的功能,缓解三亚的交通压力;逐步改善了三亚的投资环境,对促进三亚乃至海南省西南部地区的开发建设具有重要意义。

9月26日上午,海南环岛高速公路(西线)洋浦至九所段正式通车。这标志着海南环岛高速公路全线贯通。海南环岛高速公路属于全国公路干线网络"五纵七横"的"第一纵"黑龙江同江到海南三亚的最南端部分。

2000年

1月25日,万宁山根互通式立交处举行东段高速公路(左幅)扩建工程段竣工通车典礼,时任海南省委副书记、省长汪啸风,副省长吴昌元等出席通车典礼。

4月初,海南东段高速公路(左幅)扩建工程大茅隧道北至田独段扩建工程完成招投标。4月8日与中标单位签订了施工合同。

4月28日,东段高速公路左幅扩建工程大茅左隧道开工建设,时任海南省副省长吴昌元等出席开工仪式,并视察了陵水至三亚段扩建工程。

6月28日,海南省交通厅发文通知,东段高速公路大茅隧道南至田独段9.571km左幅扩建工程总造价经核定为4231.152万元,平均造价为442.08万元/km。

8月11日,财政部发文通知,经日本国际协力银行批准,1999年度海南东段高速公路扩建工程的日元贷款协议于7月25日正式生效。

8月26日,环岛高速公路洋浦经济开发区出口路竣工通车。

11月30日,时任海南省副省长吴昌元、于迅率领有关部门和单位人员实地检查东段高速公路琼海至万宁右幅改造路段及陵水至三亚段左幅扩建工程建设工地,现场召开办公会议,研究这两段路的扩建、改造有关问题。会议要求大茅隧道工程争取在2001年上半年竣工;陵水到大茅隧道北段后续工程沥青混凝土路面定于2001年上半年竣工;继续抓紧琼海至万宁段的右幅改造工程;施工中要注意交通安全和环境保护等。

2001年

1月18日,海南省发展计划厅发文批复,海南东段高速公路(左幅)扩建工程海口至陵水段竣工决算总造价为11.7748亿元（平均605.43万元/km），扣除建设期利息5688.4528万元，剩余11.2059亿元，作为省政府补偿基数。建设期利息由海南省交通厅负责偿还。

1月19日，东段高速公路（左幅）扩建工程陵水至大茅隧道北段竣工试通车，时任海南省副省长吴昌元和海南省交通厅厅长李执勇到会祝贺并讲话。

9月28日，东段高速公路左幅扩建暨右幅改造工程全线竣工通车，至此海南环岛东段高速公路工程全面竣工，结束了海南半幅高速公路的历史。

10月16日—19日，由海南省发展计划厅、交通厅和建设厅共同组织，有关部门以及三亚、琼海、万宁、陵水政府和项目法人、设计、施工、监理、质监单位参加的初步验收委员会，对东段高速公路陵水至三亚段左幅扩建工程、琼海至万宁段右幅整治工程初步验收，并发文向海南省政府呈报了《初步验收意见的报告》，评定工程全部合格，工程质量等级评分优良。

2001年，海南省被国务院纠风办、交通部、公安部等有关部门评为全国第一批公路基本无"三乱"的省市之一。

2002年

6月5日，海南省交通厅发出通知，将西段高速公路、海文高速公路的养护管理职责交由海南省公路养护质量监督中心统一行使。

9月28日，海口至文昌高速公路正式通车。海文高速公路（G9812）是海口市至文昌市的高速公路，是海南省公路主干线的重要组成部分和东北部地区的重要交通走廊，也是海南省"九五"跨"十五"期间的交通重点建设项目，贯穿海口、文昌两市，起于海口桂林洋，经海口的灵山、演丰、罗牛山、三江、大致坡和文昌的东路、潭牛、文城等乡镇，终于文昌英城，全长51.239km，全线双向四车道，全封闭全立交，路基宽度24.5m，设计行车速度120km/h，项目总投资达7亿多元。

12月17日，文城至铜鼓岭公路改造工程是国家计委下达的海南省两条战备公路建设计划项目之一。文昌文城镇至铜鼓岭、抱罗至翁田战备公路国家共补助国债资金3000万元，这两条战备公路的改造工程开工，体现了国家对东南沿海和重点地区国防交通基础设施的高度重视。

12月23日，海南省环岛高速公路通过国家验收。历时14年，投资近80亿元，全长近600km的我国规模最大的环岛高速公路——海南环岛高速公路通过竣工验收。参加验收的专家认为，海南环岛高速公路除了具有林荫大道一样的景观，还创造了4个全国第一：是我国规模最大的环岛高速公路；是环岛半径最大的高速公路；是我国建设里程最长的一条环岛高速公路；是我国建设周期最长的一条高速公路，从1987年6月开工至1998年9

月竣工,建设周期长达14年。海南环岛高速公路的海榆东段高速公路是黑龙江同江至海南省三亚国道主干线——同三高速公路的最南段,是国家"八五"重点建设项目,工程于1987年6月开工,2001年9月竣工。该段工程长249.238km,工程总费用43亿余元。环岛(西段)高速公路全长341.421km,为全封闭、全立交、双向四车道高速公路,于1995年11月开工,1999年9月竣工,工程总费用35.6亿元。

2003年

4月26日,东段高速公路博鳌出口路竣工通车,博鳌出口路是海南省政府2003年重点推出的10条公路建设项目之一,也是海南省利用国债资金由省政府批准修建的重点工程。

2004年

海南省已正式开始实施"通达工程",拉开了大规模改造农村公路的序幕。包括2003年底已开工的万宁牛漏至琼中和平段公路改造等4条县乡公路,2004年将改建农村公路33条共1500km,总投资达11亿元。"通达工程"是海南省公路建设继完善环岛高速公路主动脉,改造国省道和市县出口路等骨架公路,基本形成骨架和干线公路网之后的第二步战略目标,重点是改造县乡及农村公路。2004年要动工的公路分别为牛漏至和平、营根至和平、乌石至那大、那大至南丰、永发至美仁坡、南辰至海头、东星至盐墩、临城至黎安、屯城至南坤、文昌至嘉积、嘉积至屯昌、黄竹至龙塘、美台至美厦、和乐至港北、保城至六弓公路等。

2005年

6月,海南省交通厅首次提出"公路代建制"的理念,实行"建管分离、转变职能",把环岛东段高速公路万宁至陵水段55.44km作为试点,由海南高速公路股份有限公司代建,成效凸显。

10月21日,海口绕城高速公路正式动工建设。海口绕城高速公路项目分为一期工程和二期工程,本次开工建设的为一期工程。海口绕城高速公路一期于2008年8月6日通车。工程建设完工后,车辆可以从西段高速公路,通过海口绕城高速公路直达东段高速公路及海文高速公路。

12月31日,由海南省交通厅投资1880万元兴建的陵水新大桥动工。陵水大桥始建于20世纪70年代初,随着经济的发展,该大桥人流车流日渐增多,大桥已不堪重负,经技术鉴定为危桥。2005年4月初,经海南省交通厅同意新建陵水大桥,新建陵水大桥全长294m,宽14.5m。

2006年

5月,在海南省交通厅机关中实行"双向选择、竞争上岗",把公务员管理引入竞争机制,对激发员工活力进行了有益的尝试。这种充满着实践和创新的例子不胜枚举。

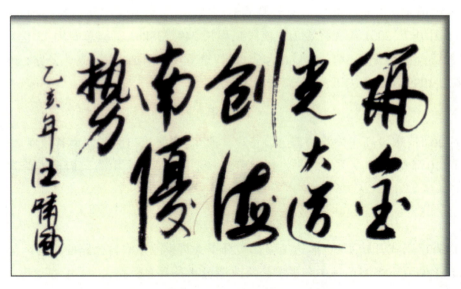

时任海南省委书记、省人大常委会主任汪啸风题词

9月,海南省交通厅将海口绕城高速公路项目交由海口市政府代建。

11月27日,海南西段、海文高速公路委托养护合同签字仪式在海口举行,从2007年1月1日起委托海南高速公路股份有限公司养护,这是海南省公路实行市场化、企业化的重要里程碑。海南西段、海文高速公路主线总里程385.557km。

2008年

8月6日,海口绕城高速公路一期工程功能性通车,标志着连接东段高速公路、西段高速公路的交通大动脉正式通车,它对缓解海口城市交通、拉动经济发展都将起到重要作用。

2009年

8月17日,海口至海南屯昌高速公路在屯昌县正式开工建设。该项目总投资约30亿元,已于2012年12月29日建成通车。该项目将填补海南中部高速公路的空白,海南"田字形"主骨架高速公路网建设迈出重要一步。海口至屯昌高速公路线路全长约72km,总投资约30亿元,资金分别由中央补助资金、省级配套和市县配套资金组成。沿线经过海口、澄迈、定安和屯昌等4个市县,设计行车速度100km/h,项目建成后,海口至屯昌的行驶时间将从现在的1小时40分钟缩短至40分钟左右。路线具体走向为:起点位于海口市已建丘海大道(原疏港大道)终点与农垦医院平交处,经太平村东,与海口绕城高速公路相交,经永兴镇博任村东,至道汶农场进入澄迈县境,在永发镇西侧约2.5km跨越南渡江,经仙儒村东,至加京村西侧进入定安县境,经白墩村东,至新竹农场进入澄迈县境,经红岗五队西侧、深坡农场西侧至路线终点,终点位于屯昌县城西北加丁村东侧。

附录一

海南高速公路建设大事记

2010 年

2月1日,洋浦港和白马井渔港码头连接两地的跨海大桥——洋浦大桥开工。洋浦港和白马井渔港世代以渡船来实现"最快捷"连接的历史,将被这座跨海大桥改写。以海南省交通投资控股有限公司为项目业主的西段高速公路白莲立交至白马井立交段改建工程项目,是海口至洋浦1小时交通圈公路改建工程项目的重要组成部分,是海南省"十二五"开局之年启动的第一个公路改建项目。路基路面工程分为4个标段,交通安全设施分为2个标段,现场监理分为2个标,设置1个技术服务标,途经海口市、澄迈县、临高县、儋州市等4个市县。起点位于白马井立交,终点位于白莲立交,路线总长99.7154km,为改建双向四车道高速公路,路基宽度24.5m,沥青混凝土路面。改建工程内容包括路基工程、路面工程、桥涵工程、交通安全设施等方面,总投资12.9亿元(2012年10月完工)。

8月,G98海南环岛高速公路正式命名。

9月29日,海南省交通运输厅对《关于海口至洋浦1小时交通圈西段高速公路白莲立交至白马井立交段改建工程施工图设计》进行批复。

2012 年

10月23日,西段高速公路改建工程正式完工通车,实现双向通行,海南省交通运输厅、海南省交控公司及指挥部在澄迈县福山立交举行隆重仪式庆祝通车,时任海南省委、省政府领导,省人大常委会副主任陈海波、省政协副主席赵莉莎、海南省交通运输厅厅长董宪曾、沿线各市县领导及公司领导出席通车仪式。

12月,海屯高速公路建成通车。

2012年10月23日,海南环岛高速公路西段通车热烈场面

2013 年

2013 年,海南所有高速公路被列入《国家公路网规划(2013—2030 年)》。

11 月 9 日,经过近 4 个月的连续奋战,海文高速公路改建工程右半幅路面(海口至文昌方向)正式开放交通。右半幅的顺利开通是改建工程的关键节点,连接海口与侨乡文昌的主干道经过改造后重新开通,将对海南经济文化交流产生重要影响。

12 月 20 日,海口至洋浦 1 小时交通圈西段高速公路白莲立交至白马井立交段改建工程通过交工验收。

2014 年

1 月 24 日,作为海南省首条"白改黑"的高速公路(由原来的水泥混凝土路面改为沥青路面),海口至文昌高速公路改建工程已顺利完工,计划于 1 月 25 日实现双幅通车。海文高速公路改建工程于 2013 年 5 月开工,确定交通组织方案为半幅施工,半幅单向通行,分流车辆走 201 省道。

2015 年

1 月 27 日,时任海南省代省长刘赐贵在省政府办公楼主持召开海南省政府专题会议,会议听取并原则同意常务副省长毛超峰关于提升交通基础设施建设水平研究成果的报告。会议强调,要强化"大交通"统筹布局,努力实现陆海空交通有机衔接、交通换乘无缝对接、各类型道路相互联动,使各种交通运输方式充分发挥最大功能。力争年内开工建设万宁经儋州至洋浦和文城至博鳌高速公路,加快"田字形"高速公路与相关市县连接线和环岛滨海旅游公路规划建设。

5 月 30 日,海南省(屯昌至琼中)高速公路通车暨琼乐(琼中至五指山至乐东)高速公路项目开工仪式在琼中黎族苗族自治县举行,时任海南省委常委、常务副省长毛超峰宣布屯琼高速公路通车,同时琼乐高速公路开工。

11 月 6 日,海南省交通运输厅副厅长姚建勇、省交通工程建设局副局长李邦武、中铁建海南指挥部常务副指挥长汤世明等有关领导现场筹划文琼高速公路开工仪式有关事宜。

11 月 18 日,时任海南省委常委、常务副省长毛超峰,铁四院党委书记雷佳民,副院长荆山等参加了文琼高速公路开工仪式。

12 月 22 日,由中交公路规划设计院有限公司中标海南省万洋高速公路第三标段代建(监理)管理项目。

2016 年

1 月 19 日,海南省政府召开全省高速公路建设推进会。海南省委常委、常务副省长毛超峰在会上做了重要讲话。会议研究和部署如何加快海南高速公路建设的对策和措施,切实推进文昌至博鳌、万宁至洋浦高速公路等项目的建设。

3月9日下午,海南省交通运输厅厅长董宪曾主持召开厅务会议,研究加快推进海南高速公路建设。会议要求,要加快开展文昌到博鳌和万宁至洋浦高速公路的施工准备工作,抓紧开展施工招投标等备工作,加快推进项目征地拆迁各项工作,确保项目早日动工建设。

4月8日,时任海南省委书记罗保铭赴琼海调研,就加快文琼高速公路等重点项目建设召开现场办公会。

4月20日,签订万洋高速公路第三代建段委托代建管理合同。

4月30日,万洋高速公路第三代建段代建指挥部驻地装修完成,正式投入办公使用。

6月20日,东段高速公路藤桥至三亚段右幅完成改造实现通车,至此,东段高速公路海口至三亚右幅实现全线贯通。

6月24日,海南省交通运输厅总工程师刘闯、海南省交通工程建设局局长吕晓宇检查文琼高速公路建设情况。

6月28日18时18分,海南省琼中至乐东高速公路(五指山至乐东段)A10标代龙沟大桥左幅1-1首片箱梁平稳地落在第一跨墩台上,至此,该项目全线第一片箱梁架设成功,也标志着A10标架设安装梁板全面展开,总体施工节点工期迈进了重要的一步。

6月29日,铁四院副院长荆山携铁四院纪委、工程管理部、安质部、道路院有关负责人出席了文琼高速公路建设动员大会。

7月31日上午10时28分,海南省路桥投资建设有限公司下属企业海南公路工程有限公司万宁至洋浦高速公路第一标段代建指挥部在万宁市和乐镇举行揭牌仪式。

8月6日,海南省委常委、常务副省长毛超峰,省交通运输厅厅长董宪曾,总工程师刘闯等视察文琼高速公路。

8月15日,代建指挥部组织召开文琼高速公路技术交底会暨省交建局建设管理交底会。

8月31日,铁四院副院长荆山一行检查文琼高速公路进展情况,并召开现场办公会就后期工作开展提出要求并作出重要指示。

9月20日,海南省交通运输厅总工程师刘闯、省交建局局长吕晓宇检查文琼高速公路。

9月30日,海南环岛高速公路石梅湾至三亚段改建工程完成最后一段左幅三亚藤桥互通式立交至陵水孟果坡互通式立交施工,该路段全线正式通车。

10月1日,时任海南省委副书记、省长刘赐贵国庆节期间检查省重点建设项目并听取了文琼高速公路进展情况汇报。

10月14日,万洋高速公路第三代建段土建施工开标。

10月18日,海口绕城高速公路进行改扩建工程,海口绕城高速公路将从四车道向六车道进行扩建,该项目计划于10月18日正式开工,计划于2018年3月完工。该项目总投资为6.9827亿元。起点位于澄迈县白莲镇白莲互通,终点位于海口市美兰区机场互通前(不含机场互通)。路线总体呈东西走向,全长约32.69km。沿线经澄迈县白莲镇、老城镇,海口市石山镇、永兴镇、龙桥镇和灵山镇等6个乡镇。

10月19日,万洋高速公路第三标段代建指挥部召开了万洋高速公路第三代建项目参建单位协调会。

10月26日,海南省国土资源厅征地办、省交通运输厅、儋州市政府、省交通工程建设局、省农垦集团、万洋高速公路第三代建指挥部等单位共同参加了在海南省儋州市政府召开的海南省万宁至洋浦高速公路儋州段征拆协调会。

10月28日早上9时,海南省交建局在交建局会议室召开万洋高速公路建设动员会。

11月5日,海南省路桥投资建设有限公司总裁吴德海、副总裁陈志翔、副总裁陈仕杰、三亚路桥公司总经理吉训谦一行到万洋代建一标指挥部检查指导工作。指挥部全体人员配合检查并参加了工作会议。

11月9日,海南省交通运输厅副厅长刘保锋、省交通工程建设局局长吕晓宇检查琼乐高速公路项目。

11月10日,海南省交通运输厅总工程师刘闯一行到万洋高速公路第三代建项目指导检查工作。

11月16日上午,海南省常务副省长毛超峰一行来到琼乐高速公路A11标的赤塘枢纽互通工地视察。

11月18日,万洋高速公路第三代建段土建施工合同正式签订。

11月30日,代建指挥部组织召开文琼高速公路路基填筑及北芸河桥头路基处理方案评审会。

12月1日,万洋高速公路第三代建段召开了项目第一次工地例会。

12月2日,海南省委副书记、省长刘赐贵一行赴琼海调研文琼高速公路等重点项目建设情况,省委常委、常务副省长毛超峰参加调研。

12月19日,万洋高速公路第三代建段WYTJ12标项目部驻地建设完成并投入使用。

附录二

海南高速公路相关数据和图表

海南省高速公路建设项目一览表 附表2-1

序号	项目名称	开工日期	通车日期	建设里程（km）	投资（亿元）	占地面积（公顷）	项目管理单位	设计单位	监理单位	施工单位
1	东段高速公路右幅（府城至黄竹段）	1987.6	1992.12	62.38	3.06	200.012	海南省公路局	交通部公路规划设计院	海南省公路局	海南省公路局第一、二、三工程队
2	东段高速公路右幅（黄竹至陵水段）	1992.2	1994.3	129.09	11.52	423.229	海南高速公路股份有限公司	交通部公路规划设计院、交通部第二公路勘察设计院	北京华通公路桥梁监理咨询公司	海南省公路工程公司第三施工处、交通部第一公路总公司等
3	东段高速公路右幅（陵水至田独段）	1994.3	1994.12	57.42	7.2405	193.031	海南高速公路股份有限公司	交通部第二公路勘察设计院	北京华宏路桥监理公司海南监理部、北京华通公路桥梁监理咨询公司	中铁十二局第三工程处、海南省公路工程公司第二工程处等
4	东段高速公路左幅（海口至琼海段）	1997.1	1998.3	86.148	5.378	110.248	海南高速公路股份有限公司	中国公路工程咨询监理总公司、交通部第二公路勘察设计院、海南省公路勘察设计院、中交公路规划设计院	中国公路工程咨询监理总公司海南分公司	铁道部第十二工程局、铁道部第三工程局

海南

续上表

序号	项目名称	开工日期	通车日期	建设里程(km)	投资(亿元)	占地面积(公顷)	项目管理单位	设计单位	监理单位	施工单位
5	东段高速公路左幅(琼海至陵水段)	1998.7	2000.1	108.337	6.409	232.323	海南高速公路股份有限公司	中交公路规划设计院、交通部第一公路勘察设计院、中国公路工程咨询监理总公司、海南省公路勘察设计院	海南海通监理公司	铁道部第二工程局、福建省第二公路工程公司
6	东段高速公路左幅(陵水至三亚段)	1999.8	2001.9	56.36	6.43	93.469	海南高速公路股份有限公司	交通部第二公路勘察设计院、中国公路工程咨询监理公司	海南海通公路工程咨询监理有限公司	中国路桥集团总公司、中铁十二局集团有限公司
7	西段高速公路(海口至洋浦段)	1995.11	1997.3	89.36	7.14	431.097	海南省交通厅	海南省公路勘察设计院	海南省交通工程监理公司	海南省公路建设工程总公司,海南省公路建设一、二、三工程公司
8	西段高速公路(九所至三亚段)	1997.1	1998.3	60.2	5.74	294.033	海南省交通厅	海南省公路勘察设计院	海南省交通工程监理公司	海南省公路建设工程总公司,中铁二局,海南省公路建设一、二、三工程公司
9	西段高速公路(洋浦至九所段)	1997.1	1999.9	193.22	22.68	1059.019	海南省交通厅	海南省公路勘察设计院	海南省交通工程监理公司	海南省公路建设工程总公司,海南省公路建设一、二、三工程公司

附录二

海南高速公路相关数据和图表

续上表

序号	项目名称	开工日期	通车日期	建设里程（km）	投资（亿元）	占地面积（公顷）	项目管理单位	设计单位	监理单位	施工单位
10	海口绕城高速公路	2005.11	2008.8	34.4	10.12	297.038	海口市政府投资项目管理中心、海口市城市建设投资有限公司、海口市路桥建设投资有限公司	中国公路工程咨询监理总公司、海南省公路勘察设计院	海南海通公路工程咨询监理有限公司、山西省交通建设工程监理总公司、海南交通工程监理公司、广东虎门技术咨询有限公司	中铁二十局集团有限公司、中铁十八局集团第一工程有限公司
11	三亚绕城高速公路	2008.5	2012.1	30.46	18	218.555	三亚市交通局、中国国际工程咨询公司	中交公路规划设计院有限公司	海南交通工程监理公司、海南海通公路工程咨询监理有限公司	海南公路工程公司、长沙市公路桥梁建设有限责任公司
12	海屯高速公路	2010.8	2012.12	66.604	31.5	556.752	海南公路建设项目管理有限公司、海南高速公路股份有限公司	海南省公路勘察设计院、中交公路规划设计院有限公司	中国船级实业公司、海南海通公路工程咨询监理有限公司、湖南金路工程咨询监理有限公司、云南公路建设监理公司	海南公路工程公司、海南路桥工程公司
13	屯琼高速公路	2012.5	2015.5	46.03	32.73	346.6	海南省交通投资控股有限公司	海南省公路勘察设计院、中国公路工程咨询集团有限公司	江苏交通工程咨询监理有限公司、安徽省高等级公路工程监理公司	中交一公局厦门工程有限公司、中交第三航务工程局有限公司

海南
高速公路建设实录

续上表

序号	项目名称	开工日期	通车日期	建设里程（km）	投资（亿元）	占地面积（公顷）	项目管理单位	设计单位	监理单位	施工单位
14	琼乐高速公路	2016.3	2018.9	128.93	116.28	948.733	中国公路工程咨询集团有限公司、深圳高速工程顾问有限公司	中交第一公路勘察设计研究院有限公司、中交第二公路勘察设计研究院有限公司、中交公路规划设计院有限公司	海南海通公路工程咨询监理有限公司	海南公路工程有限公司、中交隧道工程局有限公司
15	海文高速公路	2000.3	2002.9	51.66	8.65	330.75	海南泛华高速公路股份公司、海南省交通厅	海南省公路勘察设计院	海南省交通工程监理公司	中国对外建设总公司、贵州省公路工程总公司
16	文琼高速公路(在建)	2016.11	在建	65.81	45.83	440.667	海南省交通工程建设局、中铁第四勘察设计院集团有限公司	天津市市政工程设计研究院	河南高建工程管理有限公司、海南交通建设咨询有限公司&北京华路捷公路工程技术咨询有限公司(联合体)	中铁十六局集团有限公司、中铁十五局集团有限公司
17	万洋高速公路(在建)	2017.3	在建	163.036	123.23	1155	海南省交通工程建设局、海南公路工程有限公司、中交第一公路勘察设计研究院有限公司(代建加监理模式)、中交公路规划设计院有限公司(代建加监理模式)	中设集团股份有限公司、中国公路工程咨询集团有限公司、海南省公路勘察设计院	长沙华南土木工程监理有限公司、重庆中宇工程咨询监理有限责任公司	江西省公路桥梁工程有限公司、海南路桥工程有限公司
合计				1429.445	461.9375	7330.556				

附录二
海南高速公路相关数据和图表

海南省高速公路里程统计表　　　　　　　　　　　　　　　　　附表2-2

序号	路线编号	建设项目	里程（km）	建设项目合计里程（km）	交通部公路局统计数字（km）	备注
1	G98（海南地区环线）	东段高速公路（海口至琼海段）	86.15	658.49	612.80	
2	G98（海南地区环线）	东段高速公路（琼海至陵水段）	108.34			
3	G98（海南地区环线）	东段高速公路（陵水至三亚段）	56.36			
4	G98（海南地区环线）	西段高速公路（海口至洋浦段）	89.36			
5	G98（海南地区环线）	西段高速公路（九所至三亚段）	60.20			
6	G98（海南地区环线）	西段高速公路（洋浦至九所段）	193.22			
7	G98（海南地区环线）	海口绕城高速公路	34.40			
8	G98（海南地区环线）	三亚绕城高速公路	30.46			
9	G9811（中线高速公路）	中线高速公路海口至屯昌段	66.60	241.56	114.28	
10	G9811（中线高速公路）	中线高速公路屯昌至琼中段	46.03			
11	G9811（中线高速公路）	中线高速公路琼中至乐东段	128.93			
12	G9812（海琼高速公路）	海琼高速公路海口至文昌段	51.66	117.47	51.67	
13	G9812（海琼高速公路）	海琼高速公路文昌至琼海段	65.81			在建
14	G9813（万洋高速公路）	万宁至洋浦高速公路	163.04	163.04		在建

海南省高速公路代建单位统计表　　　　　　　　　　　　　　　附表2-3

序号	单位名称	代建项目（个）	代建项目名称	代建时间	备注
1	中铁第四勘察设计院集团有限公司	1	G9812 文琼高速公路	2016—2019	
2	海南路桥工程有限公司	1	G98 海南环岛高速公路石梅湾至三亚段	2015—2017	
3	海南公路工程有限公司	1	G9813 万洋高速公路一标	2016—2019	
4	中交第一公路勘察设计研究院有限公司	2	G9813 万洋高速公路二标	2016—2019	
			五指山至保亭至海棠湾	2017—2019	
5	中交公路规划设计院有限公司	2	G9813 万洋高速公路三标	2016—2019	
			白沙出口路	2017—2019	
6	深圳高速工程顾问有限公司	1	G9811 琼乐高速公路二标	2015—2018	
7	中国公路工程咨询集团有限公司	1	G9811 琼乐高速公路一标	2015—2018	
8	海南高速公路股份有限公司	6	G98 东段高速公路右幅（黄竹至陵水段）、东段高速公路右幅（陵水至田独段）、东段高速公路左幅（海口至琼海段）、东段高速公路左幅（琼海至陵水段）、东段高速公路左幅（陵水至三亚段）、G9811 海屯高速公路	1992—1994 1994—1994 1997—1998 1998—2000 1999—2001 2010—2012	

续上表

序号	单位名称	代建项目(个)	代建项目名称	代建时间	备注
9	海口市城市建设投资有限公司	1	G98 海口绕城公路	2005—2008	
10	海口市路桥建设投资有限公司	1	G98 海口绕城公路	2005—2008	
11	中国国际工程咨询公司	1	G98 三亚绕城公路	2008—2012	
12	海南公路建设项目管理有限公司	1	G9811 海屯高速公路	2010—2012	
13	海南省交通投资控股有限公司	1	G9811 屯琼高速公路	2012—2015	
14	海南泛华高速公路股份公司	1	G9812 海文高速公路	2000—2002	

海南省高速公路设计单位统计表　　　　　　　　附表 2-4

序号	单位名称	设计项目(个)	设计项目名称	设计时间
1	天津市市政工程设计研究院	1	G9812 文琼高速	2012—2016
2	苏交科集团股份有限公司	2	G98 石梅湾至三亚段 G98 海南绕城	2015—2016
3	海南省公路勘察设计院	11	G98 石梅湾至三亚段,G9813 万洋高速,G98 东段高速左幅(海口至琼海段)、东段高速左幅(琼海至陵水段)、西段高速(海口至洋浦段)、西段高速(九所至三亚段)、西段高速(洋浦至九所段),G98 海口绕城,G9811 海屯高速、屯琼高速,G9812 海文高速	2015—2016 1997—1998 1998—2000 1995—1997 1997—1998 1997—1999 2005—2008 2012—2015 2000—2002
4	中交第一公路勘察设计研究院有限公司	1	G9811 琼乐高速	2014—2015
5	中交第二公路勘察设计研究院有限公司	1	G9811 琼乐高速	2014—2015
6	中交公路规划设计院有限公司	5	G98 东段高速左幅(海口至琼海段)、东段高速左幅(琼海至陵水段)、三亚绕城,G9811 海屯高速、琼乐高速	1997—1998 1998—2000 1999—2001 2008—2012 2014—2015
7	中设设计集团股份有限公司	1	G9813 万洋高速	2015—2016
8	中国公路工程咨询集团有限公司	5	G9813 万洋高速,G98 东段高速左幅(海口至琼海段)、东段高速左幅(琼海至陵水段)、东段高速左幅(陵水至三亚段),G98 海口绕城,G9811 屯琼高速	2015—2016 1997—1998 1998—2000 2005—2008 2012—2015

附录二

海南高速公路相关数据和图表

续上表

序号	单 位 名 称	设计项目（个）	设计项目名称	设计时间
9	交通部公路规划设计院	2	G98 东段高速右幅（府城至黄竹段）、东段高速右幅（黄竹至陵水段）	1987—1992 1992—1994
10	交通部第二公路勘察设计院	4	G98 东段高速右幅（黄竹至陵水段）、东段高速右幅（陵水至田独段）、东段高速左幅（海口至琼海段）、东段高速左幅（陵水至三亚段）	1992—1994 1994—1994 1997—1998 1999—2001
11	交通部第一公路勘察设计院	1	G98 东段高速左幅（琼海至陵水段）	1998—2000

注：1.设计项目名称用简称，如文昌至琼海高速公路工程简称为"文琼高速"。
　　2.设计时间用年度表示，如"2015—2017"。

海南省高速公路监理单位统计表　　　　　　　　　　附表 2-5

序号	单 位 名 称	监理项目（个）	监理项目名称	监理时间
1	河南高建工程管理有限公司	1	G9812 文琼高速	2016—2019
2	海南交通建设咨询有限公司	2	G9812 文琼高速、G98 海口绕城	2016—2019 2016—2018 2005—2008
3	长沙华南土木工程监理有限公司	1	G9813 万洋高速	2016—2019
4	重庆中宇工程咨询监理有限责任公司	1	G9813 万洋高速	2016—2019
5	海南海通公路工程咨询监理有限公司	5	G98 东段高速左幅（海口至琼海段）、东段高速左幅（琼海至陵水段）、东段高速左幅（陵水至三亚段）、海口绕城、三亚绕城，G9811 海屯高速、琼乐高速	1998—2017
6	江苏燕宁工程咨询有限公司	1	G98 环岛高速（石梅湾至三亚段）	2015—2017
7	海南省公路局	1	G98 东段高速右幅（府城至黄竹段）	1987—1992
8	北京华通公路桥梁监理咨询公司	2	G98 东段高速右幅（黄竹至陵水段）、东段高速右幅（陵水至田独段）	1992—1994 1994—1994
9	北京华宏路桥监理公司海南监理部	1	G98 东段高速右幅（陵水至田独段）	1994—1994
10	中国公路工程咨询监理总公司海南分公司	1	G98 东段高速左幅（海口至琼海段）	1997—1998
11	海南交通建设咨询有限公司	6	G98 西段高速（海口至洋浦段）、西段高速（九所至三亚段）、西段高速（洋浦至九所段），G98 海口绕城、三亚绕城，G9812 海文高速	1995—2017
12	山西省交通建设工程监理总公司	1	G98 海口绕城	2005—2008

续上表

序号	单位名称	监理项目（个）	监理项目名称	监理时间
13	广东虎门技术咨询有限公司	1	G98 海口绕城	2005—2008
14	中国船级社实业公司	1	G9811 海屯高速	2010—2012
15	湖南金路工程咨询监理有限公司	1	G9811 海屯高速	2010—2012
16	云南公路建设监理公司	1	G9811 海屯高速	2010—2012
17	江苏交通工程咨询监理有限公司	1	G9811 屯琼高速	2012—2015
18	安徽省高等级公路工程监理有限公司	1	G9811 屯琼高速	2012—2015

注：1. 监理项目名称用简称，如文昌至琼海高速公路工程项目可简称为"文琼段"。
　　2. 监理时间用年度表示，如"1996—1999、2015—2017"等。

海南省高速公路施工单位统计表　　　　　　　附表 2-6

序号	单位名称	施工项目（个）	施工项目名称	施工时间
1	海南公路工程有限公司	5	G9811 琼乐高速 G98 海南环岛石梅湾至三亚段 G98 东段高速右幅（黄竹至陵水段） G98 东段高速右幅（陵水至田独段） G98 三亚绕城 G9811 海屯高速	2015—2018 2015—2017 1992—1994 1994—1994 2010—2012
2	中交隧道工程局有限公司	2	G9811 琼乐高速 G9813 万洋高速	2015—2018 2016—2019
3	中交第四公路工程局有限公司	2	G9811 琼乐高速 G9813 万洋高速	2015—2018 2016—2019
4	中交第三航务工程局有限公司	2	G9811 琼乐高速 G9811 屯琼高速	2015—2018 2012—2015
5	中交第四航务工程局有限公司	1	G9811 琼乐高速	2015—2019
6	中交一公局厦门工程有限公司	3	G9811 琼乐高速 G9813 万洋高速 G9811 屯琼高速	2015—2018 2016—2019 2012—2015
7	中铁一局集团有限公司	2	G9811 琼乐高速 G9813 万洋高速	2015—2018 2016—2019
8	中国葛洲坝集团第五工程有限公司	1	G9811 琼乐高速	2015—2018
9	核工业华东建设工程集团公司	1	G9811 琼乐高速	2015—2018
10	中铁十九局集团有限公司	1	G9811 琼乐高速	2015—2018

附录二

海南高速公路相关数据和图表

续上表

序号	单位名称	施工项目（个）	施工项目名称	施工时间
11	海南路桥工程有限公司	2	G9811 琼乐高速 G9813 万洋高速 G9811 海屯高速	2015—2018 2016—2019 2010—2012
12	江西省公路桥梁工程有限公司	2	G9811 琼乐高速 G9813 万洋高速	2016—2018 2016—2019
13	中交二公局第六工程有限公司	1	G9811 琼乐高速	2016—2018
14	中交第二公路工程局有限公司	2	G9811 琼乐高速 G9813 万洋高速	2016—2018 2016—2019
15	广东冠粤路桥有限公司	1	G9811 琼乐高速	2016—2018
16	中国公路工程咨询集团有限公司	1	G98 海口绕城	2016—2018
17	中铁隧道集团有限公司	1	G9813 万洋高速	2016—2019
18	中交一公局海威工程建设有限公司	1	G9813 万洋高速	2016—2019
19	中交第一航务工程局有限公司	1	G9813 万洋高速	2016—2019
20	北京市政路桥股份有限公司	1	G9813 万洋高速	2016—2019
21	中铁二十五局集团有限公司	1	G9813 万洋高速	2016—2019
22	中铁十六局集团有限公司	1	G9812 文琼高速	2016—2018
23	中铁十五局集团有限公司	1	G9812 文琼高速	2016 2018
24	中铁北京工程局第一工程有限公司	1	G9812 文琼高速	2016—2018
25	中铁建大桥工程局集团第一工程有限公司	1	G9812 文琼高速	2016—2018
26	海南省公路局第一、二、三工程队	1	G98 东段高速右幅（府城至黄竹段）	1987—1992
27	交通部第一公路总公司	2	G98 东段高速右幅（黄竹至陵水段）	1992—1994
28	中铁十二局	2	G98 东段高速右幅（陵水至田独段） G98 东段高速右幅（陵水至三亚段）	1994—1994 1999—2001
29	铁道部第十二工程局	1	G98 东段高速左幅（海口至琼海段）	1997—1998
30	铁道部第三工程局	1	G98 东段高速左幅（海口至琼海段）	1997—1998
31	铁道部第二工程局	1	G98 东段高速左幅（琼海至陵水段）	1998—2000
32	福建省第二公路工程公司	1	G98 东段高速左幅（琼海至陵水段）	1998—2000
33	中国路桥集团总公司	1	G98 东段高速左幅（陵水至三亚段）	1999—2001
34	海南省公路建设工程总公司	3	G98 西段高速（海口至洋浦段） G98 西段高速（九所至三亚段） G98 西段高速（洋浦至九所段）	1995—1997 1997—1998 1997—1999

续上表

序号	单位名称	施工项目（个）	施工项目名称	施工时间
35	海南省公路建设一、二、三工程公司	3	G98西段高速（海口至洋浦段） G98西段高速（九所至三亚段） G98西段高速（洋浦至九所段）	1995—1997 1997—1998 1997—1999
36	中铁二局	1	G98西段高速（九所至三亚段）	1997—1998
37	中铁二十局集团有限公司	1	G98海口绕城	2005—2008
38	中铁十八局集团第一工程有限公司	1	G98海口绕城	2005—2008
39	长沙市公路桥梁建设有限责任公司	1	G98三亚绕城	
40	中国对外建设总公司	1	G9812海文高速	2000—2002
41	贵州省公路工程总公司	1	G9812海文高速	2000—2002

注：1. 本统计表只统计在海南中标的单位。
2. 施工项目名称用简称，如文昌至琼海高速公路工程简称为"文琼高速"。
3. 施工时间用年度表示，如"2015—2017"。

海南高速公路建设相关岗位负责人名单　　　　　　附表2-7

单位名称	主要分管负责人		
	姓名	职务	任职年限
厅（局、委）历届负责人	林东	省交通运输厅厅长	2017.07至今
	董宪曾	省交通运输厅厅长	2009.05—2017.07
	王勇	省交通厅厅长	2005.02—2009.05
	李执勇	省交通厅厅长	1998.06—2005.02
	陈求熙	省交通厅厅长	1994.01—1998.05
	马文金	省交通厅厅长	建省至1994
厅（局、委）规划、建设处室历届负责人	王凤	省交通运输厅综合规划处处长	2014.12至今
	吕晓宇	省交通运输厅综合规划处处长	2012.09—2014.12
	姚建勇	省交通运输厅综合规划处处长	2009.09—2012.09
	徐志飞	省交通厅规划财务处处长	2005.06—2009.09
	刘保锋	省交通厅规划财务处处长	2001.06—2005.06
	李年佑	省交通厅规划财务处处长	1996.02—2001.03
	韩静波	省交通厅规划财务处处长	建省至1996.02
	吕晓宇	省交通运输厅建设管理处处长	2014.12至今
	李强	省交通运输厅建设管理处处长	2010.06—2014.09
	薛行方	省交通运输厅建设管理处副处长（主持工作）	2009.11—2010.06
	吴卫红	省交通运输厅建设管理处处长	2008.07—2009.11

附录二
——— 海南高速公路相关数据和图表 ———

续上表

单位名称	主要分管负责人		
	姓名	职务	任职年限
厅(局、委)规划、建设处室历届负责人	王云	省交通厅建设管理处处长	2006.12—2008.07
	张姝为	省交通厅交通工程管理处处长	2004.09—2006.12
	李祥波	省交通厅重点工程处处长	1997.03—2004.09
	韩冰	省交通厅重点工程处处长	1993.04—1997.03
	刘士麟	省交通厅重点工程处处长	建省至1993.04
质量安全监督部门历届负责人	王成斌	省交通工程质量监督管理局副局长(主持工作)	2015.01至今
	吴卫红	省交通工程质量监督管理局局长	2013.12—2015.01
	罗苏平	省交通工程质量监督管理站副站长、站长	2008.07—2013.12
	江海	省交通工程质量监督管理站副站长(主持工作)	2006.12—2008.07
	周明	省交通工程质量监督管理站站长	2001.05—2006.12
	叶文臻	省交通工程质量监督管理站站长	1997.03—2001.04
	林竣	省交通工程质量监督管理站站长	1993.07—1997.03
海南高速公路股份有限公司(指挥部)历届负责人	曾国华	董事长	2015.03至今
	温国明	董事长	2010.10—2015.02
	林进挺	董事长	2006.07—2010.10
	邢福煌	董事长	1995.07—2006.06
	陈求熙	董事长	1993.01—1995.06

注:表中负责人主要是本省首条高速公路决策开始日至2018年1月1日期间任职的负责人。

海南省高速公路桥梁汇总表　　　　　附表2-8

规模	名称	桥长(m)	主跨长度(m)	桥底净高(m)	跨越障碍物	桥型	路线代码	所在路段
特大桥	琼州大桥(S111)	1396.98	96.00	13.20	河流		S111	
	南渡江大桥(S21)	1057.16	30.00	15.00	河流	连续梁桥	S21	海屯高速公路(一)海南省中线海口屯昌段K5+780~K57+400(海口段)
	南渡江大桥(S82)	1177.5	30.00	4.50	河流	连续梁桥	S82	
	毛阳特大桥(K156+510)	1086.4	30.00	32.00	道路、铁路	连续梁桥	G9811	琼乐高速公路
	毛路2号大桥	左幅:1285.8 右幅:1327	40.00	51.80	沟谷		G9811	琼乐高速公路

续上表

规模	名 称	桥长(m)	主跨长度(m)	桥底净高(m)	跨越障碍物	桥型	路线代码	所 在 路 段
特大桥	洋老汽车天桥	77	70.00	5.50		连续梁桥	G9811	琼乐高速公路
	昌化江6号大桥	1836.4	30.00	29.00	河流	连续梁桥	G9811	琼乐高速公路
	文城特大桥（K53+577.9）	1293.53	30	5.00	河流、道路、铁路	连续梁桥	G9812	文琼高速公路
	万泉河特大桥	1053.5	420.00	13.20	河流	连续梁桥	G9812	文琼高速公路
	东太二十九队特大桥	1086.4	30		沟谷	连续梁桥	G9813	万洋高速公路
大桥	南渡江大桥	606	30	8.32	河流	简支梁桥、连续梁桥	G98	环岛高速公路府城至黄竹段
	南渡江大桥	606	30	8.32	河流	简支梁桥、连续梁桥	G98	环岛高速公路左幅海口至琼海段
	旱桥	160	20	0	道路、铁路	简支梁桥	G98	环岛高速公路黄竹至陵水段
	旱桥	131	20	0	道路、铁路	简支梁桥	G98	环岛高速公路黄竹至陵水段
	旱桥	102	20	0	道路、铁路	简支梁桥	G98	环岛高速公路黄竹至陵水段
	旱桥	120	20	0	道路、铁路	简支梁桥	G98	环岛高速公路黄竹至陵水段
	旱桥	120	20	0	道路、铁路	简支梁桥	G98	环岛高速公路黄竹至陵水段
	旱桥	100	20	0	道路、铁路	简支梁桥	G98	环岛高速公路黄竹至陵水段
	旱桥	140	20	0	道路、铁路	简支梁桥	G98	环岛高速公路黄竹至陵水段
	旱桥	200	20	0	道路、铁路	简支梁桥	G98	环岛高速公路黄竹至陵水段
	泮水河大桥	124	20	4.3	河流	简支梁桥	G98	环岛高速公路左幅海口至琼海段
	泮水河大桥	124	20	4.3	河流	简支梁桥	G98	环岛高速公路黄竹至陵水段
	万泉河大桥	505.5	80	5	河流	简支梁桥、连续梁桥	G98	环岛高速公路黄竹至陵水段
	万泉河大桥	505.5	80	5	河流	简支梁桥、连续梁桥	G98	环岛高速公路左幅海口至琼海段
	旱桥	160	20	0	道路、铁路	简支梁桥	G98	环岛高速公路黄竹至陵水段
	九曲江大桥	129.8	20	5	河流	简支梁桥	G98	环岛高速公路左幅海口至琼海段
	九曲江大桥	129.8	20	5	河流	简支梁桥	G98	环岛高速公路黄竹至陵水段
	旱桥	100	20	0	道路、铁路	简支梁桥	G98	环岛高速公路黄竹至陵水段
	旱桥	120	20	0	道路、铁路	简支梁桥	G98	环岛高速公路黄竹至陵水段

附录二
海南高速公路相关数据和图表

续上表

规模	名称	桥长(m)	主跨长度(m)	桥底净高(m)	跨越障碍物	桥型	路线代码	所在路段
大桥	龙滚河大桥	114.2	20	6.55	河流	简支梁桥	G98	环岛高速公路黄竹至陵水段
	龙滚河大桥	114.2	20	6.55	河流	简支梁桥	G98	环岛高速公路左幅琼海至陵水段
	旱桥	100	20	0	道路、铁路	简支梁桥	G98	环岛高速公路黄竹至陵水段
	旱桥	220	20	0	道路、铁路	简支梁桥	G98	环岛高速公路黄竹至陵水段
	旱桥	100	20	0	道路、铁路	简支梁桥	G98	环岛高速公路黄竹至陵水段
	旱桥	180	20	0	道路、铁路	简支梁桥	G98	环岛高速公路黄竹至陵水段
	龙头河大桥	104.8	20	7.4	河流	简支梁桥	G98	环岛高速公路左幅琼海至陵水段
	龙头河大桥	104.8	20	7.4	河流	简支梁桥	G98	环岛高速公路黄竹至陵水段
	龙尾河大桥	104.8	20	5.5	河流	简支梁桥	G98	环岛高速公路左幅琼海至陵水段
	龙尾河大桥	104.8	20	5.5	河流	简支梁桥	G98	环岛高速公路黄竹至陵水段
	东星中桥	104.8	20	5	河流	简支梁桥	G98	环岛高速公路左幅琼海至陵水段
	东星中桥	104.8	20	5	河流	简支梁桥	G98	环岛高速公路黄竹至陵水段
	太阳河大桥(改建)	132.44	16	11	河流	简支梁桥	G98	环岛高速公路左幅琼海至陵水段
	太阳河大桥	132.44	16	11	河流	简支梁桥	G98	环岛高速公路黄竹至陵水段
	神州半岛跨线桥(改建)	106	25	5	道路、铁路	简支梁桥	G98	环岛高速公路黄竹至陵水段
	溪仔河大桥	104.77	20	6.26	河流	简支梁桥	G98	环岛高速公路左幅琼海至陵水段
	溪仔河大桥	104.77	20	6.26	河流	简支梁桥	G98	环岛高速公路黄竹至陵水段
	陵水大桥	397	30	5.7	河流	简支梁桥	G98	环岛高速公路左幅琼海至陵水段
	陵水大桥	397	30	5.7	河流	简支梁桥	G98	环岛高速公路黄竹至陵水段
	北高分离式立交大桥	270	30	6.4	道路、铁路	简支梁桥	G98	环岛高速公路左幅琼海至陵水段
	北高分离式立交大桥	270	30	6.4	道路、铁路	简支梁桥	G98	环岛高速公路陵水至田独段

续上表

规模	名称	桥长(m)	主跨长度(m)	桥底净高(m)	跨越障碍物	桥型	路线代码	所在路段
大桥	藤桥东河大桥	248.2	30	7.3	河流	简支梁桥、连续梁桥	G98	环岛高速公路陵水至田独段
	藤桥东河大桥	248.2	30	7.3	河流	简支梁桥、连续梁桥	G98	环岛高速公路左幅琼海至陵水段
	藤桥西河大桥	187	30	7.35	河流	简支梁桥、连续梁桥	G98	环岛高速公路陵水至田独段
	藤桥西河大桥	187	30	7.35	河流	简支梁桥、连续梁桥	G98	环岛高速公路左幅琼海至陵水段
	府城互通式立交桥	103.4	17	5.72	道路、铁路	简支梁桥	S81	海口联络线府城至黄竹段
	府城互通式立交桥	103.4	17	5.72	道路、铁路	简支梁桥	S81	海口联络线左幅海口至琼海段
	跨线桥	100	30	5	道路、铁路	简支梁桥、连续梁桥	S81	海口联络线海口绕城高速公路
	老城河大桥	356.00	25.00	3.20	河流	连续梁桥	G98	海口绕城高速公路
	美鳌高架桥	695.00	30.00	2.70	道路、铁路	连续梁桥	G98	海口绕城高速公路
	跨线桥	107.00	28.00	5.30	道路、铁路	简支梁桥	G98	海口绕城高速公路
	火山口互通式立交桥	133.00	36.00	6.50	道路、铁路	简支梁桥	G98	海口绕城高速公路
	狮子岭立交桥	107.00	28.00	5.60	道路、铁路	简支梁桥	G98	海口绕城高速公路
	东城大桥	230.00	25.00	3.50	河流	简支梁桥	G98	海口绕城高速公路
	丘海大道分离式立体交叉跨线桥	133.00	36.00	6.80	道路、铁路	简支梁桥	G98	海口绕城高速公路
	跨线桥(新建)	108.00	40.00	5.70	道路、铁路	简支梁桥	G98	海口绕城高速公路
	跨线桥(新建)	133.00	36.00	5.80	道路、铁路	简支梁桥	G98	海口绕城高速公路
	龙桥立交(4座小桥)	133.00	36.00	7.50	道路、铁路	简支梁桥	G98	海口绕城高速公路
	美仑河大桥	207.08	20.00	8.50	河流	简支梁桥	G98	海口绕城高速公路
	宁远河大桥	757.00	30.00	5.30	河流	简支梁桥	G98	环岛高速公路九所至三亚段
	盐灶大桥	105.20	20.00	7.30	河流	简支梁桥	G98	环岛高速公路九所至三亚段
	烧旗沟大桥	140.30	20.00	9.70	河流	简支梁桥	G98	环岛高速公路九所至三亚段
	三公曲大桥	206.08	20.00	3.70	沟谷	简支梁桥	G98	三亚绕城高速公路
	海福分离桥	106.00	20.00	4.40	道路、铁路	简支梁桥	G98	三亚绕城高速公路
	封塘大桥	506.08	20.00	3.40	河流	简支梁桥	G98	三亚绕城高速公路
	荔枝沟大桥	246.00	20.00	3.30	道路、铁路	连续梁桥	G98	三亚绕城高速公路

附录二
海南高速公路相关数据和图表

续上表

规模	名　称	桥长(m)	主跨长度(m)	桥底净高(m)	跨越障碍物	桥型	路线代码	所 在 路 段
大桥	槟榔河大桥	854.08	20.00	3.70	河流	简支梁桥	G98	三亚绕城高速公路
	迎宾互通式立交主线桥	555.58	25.00	5.90	沟谷	连续梁桥	G98	三亚绕城高速公路
	南丁水库大桥	306.24	20.00	3.40	沟谷	简支梁桥	G98	三亚绕城高速公路
	南丁村大桥	146.08	20.00	4.50	沟谷	简支梁桥	G98	三亚绕城高速公路
	学院路分离式右辐桥	162.08	26.00	4.90	道路、铁路	连续梁桥	G98	三亚绕城高速公路
	保三大桥	146.08	20.00	5.00	河流	简支梁桥	G98	三亚绕城高速公路
	荔枝沟互通式立交跨线桥	106.08	28.00	6.50	道路、铁路	连续梁桥	G98	三亚绕城高速公路
	三公曲中桥(左幅)	166.08	20.00	6.00	沟谷	简支梁桥	G98	三亚绕城高速公路
	红洋河大桥	105.00	20.00	8.00	河流	简支梁桥	G98	环岛高速公路洋浦至九所段
	大江河大桥	125.00	20.00	11.00	河流	简支梁桥	G98	环岛高速公路洋浦至九所段
	白马井互通式立交桥	105.00	30.00	5.70	道路、铁路	简支梁桥	G98	环岛高速公路洋浦至九所段
	春江大桥	245.00	20.00	8.00	河流	简支梁桥	G98	环岛高速公路洋浦至九所段
	妙山河大桥	185.00	20.00	12.70	河流	简支梁桥	G98	环岛高速公路洋浦至九所段
	北门江大桥	244.80	20.00	13.00	河流	简支梁桥	G98	环岛高速公路洋浦至九所段
	石牌河大桥	134.00	20.00	13.90	河流	简支梁桥	G98	环岛高速公路洋浦至九所段
	昌化江大桥	671.50	30.00	21.00	河流	简支梁桥	G98	环岛高速公路洋浦至九所段
	感恩河大桥	293.00	20.00	9.70	河流	简支梁桥	G98	环岛高速公路洋浦至九所段
	通天河大桥	187.00	20.00	8.50	河流	简支梁桥	G98	环岛高速公路洋浦至九所段
	罗带河大桥	164.80	20.00	7.20	河流	简支梁桥	G98	环岛高速公路洋浦至九所段
	北黎河大桥	330.00	20.00	19.40	河流	简支梁桥	G98	环岛高速公路洋浦至九所段
	美素河大桥	165.00	20.00	7.20	河流	简支梁桥	G98	西段高速公路洋浦1小时交通圈白莲立交至白马井立交段改建工程(以下简称为"白莲至白马井改建工程")
	美浪河大桥	105.60	20.00	8.60	河流	简支梁桥	G98	白莲至白马井改建工程
	文澜江大桥	178.70	30.00	10.50	河流	简支梁桥	G98	白莲至白马井改建工程
	洋隆水库大桥	367.00	30.00	15.00	河流	简支梁桥	G98	白莲至白马井改建工程
	珠碧江大桥	364.04	20.00	16.50	河流	连续梁桥	G98	环岛高速公路洋浦至九所段

续上表

规模	名 称	桥长 (m)	主跨 长度 (m)	桥底 净高 (m)	跨越 障碍物	桥型	路线 代码	所 在 路 段
大桥	抱套河大桥	124.86	20.00	7.80	河流	简支梁桥	G98	环岛高速公路九所至三亚段
	望楼河大桥	304.80	20.00	10.20	河流	简支梁桥	G98	环岛高速公路洋浦至九所段
	白沙河大桥	187.00	20.00	8.20	河流	简支梁桥	G98	环岛高速公路洋浦至九所段
	南边沟大桥	104.80	20.00	8.00	河流	简支梁桥	G98	环岛高速公路洋浦至九所段
	龙沐湾互通式立交桥	131.60	25.00	5.20	道路、铁路	简支梁桥	G98	环岛高速公路洋浦至九所段
	南港河大桥	207.00	20.00	8.60	河流	简支梁桥	G98	环岛高速公路洋浦至九所段
	白墩大桥(K41+230)	110.00	20.00	4.60	沟谷	简支梁桥	S21	海屯高速公路(一)海南省中线海口至屯昌段K5+780~K57+400(海口段)
	银瓶山岭大桥(K55+470)	126.08	20.00	14.40	河流	简支梁桥	S21	海屯高速公路(一)海南省中线海口至屯昌段K5+780~K57+400(海口段)
	深坡大桥(K69+930)	186.08	20.00	10.10	道路、铁路	简支梁桥	S21	海屯高速公路(二)海口至屯昌高速公路K57+400~K71+500(屯昌段)
	屯昌互通跨线桥(K71+621.316)	185.00	28.00	6.40	道路、铁路	简支梁桥	S21	海屯高速公路(二)海口至屯昌高速公路K57+400~K71+501(屯昌段)
	槟榔根1号大桥(K51+870)	146.04	20.00	10.90	沟谷	简支梁桥	S21	海屯高速公路(一)海南省中线海口至屯昌段K5+780~K57+400(海口段)
	槟榔根2号大桥(K52+910)	166.04	20.00	8.20	沟谷	简支梁桥	S21	海屯高速公路(一)海南省中线海口至屯昌段K5+780~K57+400(海口段)
	槟榔根3号大桥(K53+390)	226.04	20.00	11.45	河流	简支梁桥	S21	海屯高速公路(一)海南省中线海口至屯昌段K5+780~K57+400(海口段)
	红花岭大桥(K57+630)	206.08	20.00	10.35	河流	简支梁桥	S21	海屯高速公路(一)海南省中线海口至屯昌段K5+780~K57+400(海口段)
	天桥	106.00	25.00	7.30	道路、铁路		S11	海文高速公路(二)桂林洋至三江段

附录二
海南高速公路相关数据和图表

续上表

规模	名 称	桥长(m)	主跨长度(m)	桥底净高(m)	跨越障碍物	桥型	路线代码	所 在 路 段
大桥	白石溪大桥	124.84	20.00	7.20	河流		S11	海文高速公路(三)海文高速公路(改建)
	跨线桥	133.00	28.00	6.10	道路、铁路	简支梁桥	S82	海口绕城高速公路(联络线)
	爱罗河大桥	306.4	30	15.79	河流	连续梁桥	G9811	琼乐高速公路
	什猿大桥	366.4	30	24.31	沟谷	连续梁桥	G9811	琼乐高速公路
	水潮1号大桥	216.4	30	25.77	沟谷	连续梁桥	G9811	琼乐高速公路
	水潮2号大桥	456.4	30	34.72	沟谷	连续梁桥	G9811	琼乐高速公路
	大边河大桥	366.4	30	43.79	河流	连续梁桥	G9811	琼乐高速公路
	白石岭1号大桥	216.4	30	33.89	沟谷	连续梁桥	G9811	琼乐高速公路
	白石岭2号大桥	左幅:186.4 右幅:246.4	30	21.55	沟谷	连续梁桥	G9811	琼乐高速公路
	番牛岭1号大桥	246.4	30	40.12	沟谷	连续梁桥	G9811	琼乐高速公路
	番牛岭2号大桥	255.6	25	24.34	沟谷	连续梁桥	G9811	琼乐高速公路
	加钗1号大桥	426.4	30	42.15	沟谷	连续梁桥	G9811	琼乐高速公路
	加钗2号大桥	156.4	30	29.17	沟谷	连续梁桥	G9811	琼乐高速公路
	加钗3号大桥	396.4	30	44.3	沟谷	连续梁桥	G9811	琼乐高速公路
	加钗4号大桥	276.4	30	27.62	沟谷	连续梁桥	G9811	琼乐高速公路
	加钗5号大桥	265	20	20.64	沟谷	连续梁桥	G9811	琼乐高速公路
	黎凑1号大桥	336.4	30	35.11	沟谷	简支梁桥	G9811	琼乐高速公路
	黎凑2号大桥	606.4	30,40	62.7	沟谷	简支梁桥	G9811	琼乐高速公路
	新伟1号大桥	747.2	30,40	47.2	沟谷	简支梁桥	G9811	琼乐高速公路
	什冲大桥(左幅)	426.4	30	21.327	沟谷	简支梁桥	G9811	琼乐高速公路
	什冲大桥(右幅)	456.4	30	21.473	沟谷	简支梁桥	G9811	琼乐高速公路
	羊羔河大桥	216.4	30	23.099	河流	连续梁桥	G9811	琼乐高速公路
	罗天大桥	456.4	30	31.4	河流	简支梁桥	G9811	琼乐高速公路
	草会水库大桥	246.4	30	20.621	河流	连续梁桥	G9811	琼乐高速公路
	草南1号大桥	276.4	30	41.5	河流	简支梁桥	G9811	琼乐高速公路
	草南2号大桥(左幅)	180.6	30	22.927	沟谷	简支梁桥	G9811	琼乐高速公路
	草南2号大桥(右幅)	230.6	30	23.073	沟谷	简支梁桥	G9811	琼乐高速公路
	新伟2号大桥	276.4	30	45	沟谷	连续梁桥	G9811	琼乐高速公路

续上表

规模	名 称	桥长（m）	主跨长度（m）	桥底净高（m）	跨越障碍物	桥型	路线代码	所在路段
大桥	昌化江大桥	488	40	57	河流	连续梁桥	G9811	琼乐高速公路
	什运1号大桥	876.4	30	30	沟谷	连续梁桥	G9811	琼乐高速公路
	什运2号大桥	186.4	30	30	沟谷	连续梁桥	G9811	琼乐高速公路
	什运3号大桥	126.4	30	12	沟谷	连续梁桥	G9811	琼乐高速公路
	方根1号大桥	186.4	30	32	沟谷	简支梁桥	G9811	琼乐高速公路
	方根2号大桥	608	40	32	道路、铁路	连续梁桥	G9811	琼乐高速公路
	青祖湾大桥	125	20	21	沟谷	连续梁桥	G9811	琼乐高速公路
	南平1号大桥	396.4	30	20.5	沟谷	连续梁桥	G9811	琼乐高速公路
	南平2号大桥	186.4	30	31	沟谷	连续梁桥	G9811	琼乐高速公路
	什太阶1号大桥	608	40	50	沟谷	连续梁桥	G9811	琼乐高速公路
	什太阶2号大桥	728	40	48	沟谷	连续梁桥	G9811	琼乐高速公路
	光二1号大桥	368	40	46	沟谷	连续梁桥	G9811	琼乐高速公路
	光二2号大桥（K155+535）	186.4	30.00	36.00	沟谷	连续梁桥	G9811	琼乐高速公路
	牙力1号大桥（K158+178）	276.4	30.00	29.00	沟谷	连续梁桥	G9811	琼乐高速公路
	牙力2号大桥（K158+650）	246.4	30.00	25.00	河流	连续梁桥	G9811	琼乐高速公路
	牙力3号大桥（K159+040）	336.4	30.00	25.00	河流	连续梁桥	G9811	琼乐高速公路
	毛栈1号大桥（K159+852.5）	130.6	25.00	12.00	沟谷	连续梁桥	G9811	琼乐高速公路
	毛栈2号大桥（K160+791）	185.7	30.00	18.00	沟谷	连续梁桥	G9811	琼乐高速公路
	昌化江2号大桥（K162+062）	606.4	30.00	28.00	河流	连续梁桥	G9811	琼乐高速公路
	昌化江3号大桥（K163+505）	576.4	30.00	26.00	河流	连续梁桥	G9811	琼乐高速公路
	毛兴大桥（K164+290）	486.4	30.00	18.00	河流	连续梁桥	G9811	琼乐高速公路
	新丰大桥（K165+850.5）	105.6	25.00	13.50	沟谷	连续梁桥	G9811	琼乐高速公路

附录二 海南高速公路相关数据和图表

续上表

规模	名 称	桥长(m)	主跨长度(m)	桥底净高(m)	跨越障碍物	桥型	路线代码	所 在 路 段
大桥	牙开大桥(K166+266.8)	左幅336.4 右幅306.4	30.00	23.00	沟谷	连续梁桥	G9811	琼乐高速公路
	毛路1号大桥	606.4	30	17.5	沟谷、道路、铁路		G9811	琼乐高速公路
	插旗岭大桥	左幅:280.3 右幅:185	30	34.95	沟谷		G9811	琼乐高速公路
	空代大桥	左幅:280 右幅:278.2	30	19.3	河流		G9811	琼乐高速公路
	毛农大桥	左幅:664 右幅:667.6	30	32.75	河流		G9811	琼乐高速公路
	毛组大桥	405.6	25	11.45	河流、道路、铁路		G9811	琼乐高速公路
	昌化江大桥	246.4	30	13.47	河流		G9811	琼乐高速公路
	孔首大桥	530.6	25	13.65	道路、铁路		G9811	琼乐高速公路
	抱隆大桥	左幅:306.3 右幅:306.8	25	20.05	沟谷		G9811	琼乐高速公路
	千打大桥	355.6	25	22.73			G9811	琼乐高速公路
	南圣河大桥	606.4	30	28.75	河流		G9811	琼乐高速公路
	万透大桥	666.4	30	25.3	沟谷		G9811	琼乐高速公路
	南闸岭大桥	左幅:533.8 右幅:581.6	25	21.72	沟谷		G9811	琼乐高速公路

续上表

规模	名　称	桥长(m)	主跨长度(m)	桥底净高(m)	跨越障碍物	桥型	路线代码	所 在 路 段
大桥	志千岭大桥	128	20	12	沟谷	连续梁桥	G9811	琼乐高速公路
	南因田大桥	306.2	30	32	沟谷	连续梁桥	G9811	琼乐高速公路
	牙介大桥	216.2	30	33	沟谷	连续梁桥	G9811	琼乐高速公路
	空矛大桥	左幅：256 右幅：281	25	25	沟谷	连续梁桥	G9811	琼乐高速公路
	空共1号大桥	407	40	40	沟谷	连续梁桥	G9811	琼乐高速公路
	空共2号大桥	126.2	30	30	沟谷	连续梁桥	G9811	琼乐高速公路
	南圣河1号大桥	527	40	41	河流	连续梁桥	G9811	琼乐高速公路
	南圣河2号大桥	445.5	40	42	河流	连续梁桥	G9811	琼乐高速公路
	南圣河3号大桥	左幅：648 右幅：608	40	40	河流	连续梁桥	G9811	琼乐高速公路
	什帽田大桥	246	30	27	沟谷	连续梁桥	G9811	琼乐高速公路
	牙冲大桥	246	30	25	沟谷	连续梁桥	G9811	琼乐高速公路
	潘总岭大桥	208.16	40	42.7	沟谷	连续梁桥	G9811	琼乐高速公路
	安娜岭1号大桥	左幅：248.5 右幅：249	40	42	沟谷	连续梁桥	G9811	琼乐高速公路
	安娜岭2号大桥	186.4	30	23	沟谷	连续梁桥	G9811	琼乐高速公路
	安娜岭3号大桥	167.8	40	42	沟谷	连续梁桥	G9811	琼乐高速公路
	什天大桥	左幅：247.5 右幅：207.6	40	40	沟谷	连续梁桥	G9811	琼乐高速公路
	牙日大桥	128	40	31	沟谷	连续梁桥	G9811	琼乐高速公路
	南圣河4号大桥	530	40	48	河流	连续梁桥	G9811	琼乐高速公路
	南圣河5号大桥	727.8	40	56	河流	连续梁桥	G9811	琼乐高速公路

附录二
海南高速公路相关数据和图表

续上表

规模	名　称	桥长(m)	主跨长度(m)	桥底净高(m)	跨越障碍物	桥型	路线代码	所在路段
大桥	什应大桥	左幅：489.8 右幅：525.8	40	42.5	沟谷	连续梁桥	G9811	琼乐高速公路
	毛松大桥	127	30	24	沟谷	连续梁桥	G9811	琼乐高速公路
	福关大桥	左幅：247.5 右幅：249	30	31.9	道路、铁路	连续梁桥	G9811	琼乐高速公路
	南圣河6号大桥	左幅：407 右幅：408	40	34.5	河流	连续梁桥	G9811	琼乐高速公路
	南圣河7号大桥	247.5	40	25.5	河流	连续梁桥	G9811	琼乐高速公路
	空告大桥	680.8	25	24.646	沟谷	简支梁桥	G9811	琼乐高速公路
	布慢大桥	355.6	25	12	沟谷、道路、铁路	简支梁桥	G9811	琼乐高速公路
	万冲大桥	305.6	25	8.746	沟谷	简支梁桥	G9811	琼乐高速公路
	好插大桥	255.6	25	9.119	沟谷	简支梁桥	G9811	琼乐高速公路
	头本大桥	125	20	5.346	沟谷	简支梁桥	G9811	琼乐高速公路
	三平大桥	96.3	30	7	道路、铁路	连续梁桥	G9811	琼乐高速公路
	红利大桥	145.08	20	11.959	沟谷	连续梁桥	G9811	琼乐高速公路
	万冲A匝道1号桥	145.08	20	12.517	沟谷	连续梁桥	G9811	琼乐高速公路
	乙老大桥	105	20	14.879	沟谷、道路、铁路	连续梁桥	G9811	琼乐高速公路
	好别中桥	65	20	5.146	道路、铁路	简支梁桥	G9811	琼乐高速公路
	万冲A匝道2号桥	60	27	5.939	道路、铁路	连续梁桥	G9811	琼乐高速公路
	三平A闸道桥	60	27	5.764	道路、铁路	连续梁桥	G9811	琼乐高速公路
	国强大桥	205	200	7.3	河流	简支梁桥	G9811	琼乐高速公路
	永翁1号大桥	207.5	200	6.9		简支梁桥	G9811	琼乐高速公路
	永翁2号大桥	245	240	8.2		简支梁桥	G9811	琼乐高速公路
	昌化江5号大桥	426.2	420	17.1	河流	简支梁桥	G9811	琼乐高速公路

续上表

规模	名　称	桥长（m）	主跨长度（m）	桥底净高（m）	跨越障碍物	桥型	路线代码	所　在　路　段
大桥	道汉大桥	125	120	7.9		简支梁桥	G9811	琼乐高速公路
	乙邱1号大桥	306.4	300	21.6	河流	简支梁桥	G9811	琼乐高速公路
	乙邱2号大桥	159	150	11.5	河流	简支梁桥	G9811	琼乐高速公路
	只文大桥	489.2	480	24		简支梁桥	G9811	琼乐高速公路
	道介大桥	205	200	13.79		简支梁桥	G9811	琼乐高速公路
	山荣1号大桥	606	205.6	13		连续梁桥	G9811	琼乐高速公路
	山荣2号大桥	160	280.6	12	道路、铁路	连续梁桥	G9811	琼乐高速公路
	番豆水库大桥	131	280.6	10	道路、铁路	连续梁桥	G9811	琼乐高速公路
	后黎大桥	102	105	7.5	沟谷	连续梁桥	G9811	琼乐高速公路
	山荣3号大桥	120	165	6	道路、铁路	连续梁桥	G9811	琼乐高速公路
	乐东互通式立交跨线桥	160	77	6	道路、铁路	连续梁桥	G9811	琼乐高速公路
	长茅互通式立交跨线桥	129.8	81	6	道路、铁路	连续梁桥	G9811	琼乐高速公路
	长茅水库1号大桥	185	20	6	沟谷	连续梁桥	G9811	琼乐高速公路
	长茅水库2号大桥	230.6	25	11	河流、道路、铁路	连续梁桥	G9811	琼乐高速公路
	长茅水库3号大桥	205.6	25	10	河流、道路、铁路	连续梁桥	G9811	琼乐高速公路
	长茅水库4号大桥	366.4	30	19	道路、铁路	连续梁桥	G9811	琼乐高速公路
	乐光1号大桥	606.4	30	21	沟谷、道路、铁路	连续梁桥	G9811	琼乐高速公路
	乐光2号大桥	180.6	25	10	道路、铁路	连续梁桥	G9811	琼乐高速公路
	代龙沟大桥	666.4	30	26	道路、铁路	连续梁桥	G9811	琼乐高速公路
	乐光3号大桥	486.4	30	18	沟谷、道路、铁路	连续梁桥	G9811	琼乐高速公路
	政洪大桥	258.3	25	11	道路、铁路	连续梁桥	G9811	琼乐高速公路
	千家互通式立交桥	80.6	30	5.2	道路、铁路	连续梁桥	G9811	琼乐高速公路
	望楼河大桥	256	25	4	河流	连续梁桥	G9811	琼乐高速公路
	各中河大桥	125	20	5.7	河流	连续梁桥	G9811	琼乐高速公路
	土卡水库大桥	145	20	7.8	河流	连续梁桥	G9811	琼乐高速公路
	牙沟大桥	185	20	9	河流	连续梁桥	G9811	琼乐高速公路

附录二

海南高速公路相关数据和图表

续上表

规模	名称	桥长(m)	主跨长度(m)	桥底净高(m)	跨越障碍物	桥型	路线代码	所在路段
大桥	白面公大桥	205	20	10	河流	连续梁桥	G9811	琼乐高速公路
	水桶水库大桥	205	20	2.4	河流	连续梁桥	G9811	琼乐高速公路
	茅坡大桥	105	20	6.2	河流	连续梁桥	G9811	琼乐高速公路
	长茅水库西渠大桥	126	30	8.2	河流	连续梁桥	G9811	琼乐高速公路
	N匝道桥	122	30	5.5	道路、铁路	连续梁桥	G9811	琼乐高速公路
	文昌河支流大桥(K55+591.9)	363.53	30	4.5	河流、道路、铁路	连续梁桥	G9812	文琼高速公路
	迈黑线分离式立交桥(K62+305.0)	597.06	30	5.00	道路、铁路	连续梁桥	G9812	文琼高速公路
	南阳互通式立交主线1号桥(K54+357.9)	273.53	30	4.50	道路、铁路	连续梁桥	G9812	文琼高速公路
	南阳互通式立交主线2号桥(K55+351.9)	123.53	30	6.90	河流	连续梁桥	G9812	文琼高速公路
	清澜互通式立交主线桥(K59+561.665)	107.06	30	5.00	道路、铁路	连续梁桥	G9812	文琼高速公路
	沙荖河大桥	166.06	20	8.4	河流	连续梁桥	G9812	文琼高速公路
	赤纸干渠大桥	166.06	20	7.1	河流	连续梁桥	G9812	文琼高速公路
	北芸河大桥	306.06	20	6.9	河流	连续梁桥	G9812	文琼高速公路
	金钱水库大桥	187.06	30	11.6	沟谷、道路、铁路	简支梁桥	G9812	文琼高速公路
	长坡大桥	106.06	20	7.3	河流、道路、铁路	简支梁桥	G9812	文琼高速公路
	农场水库大桥	106.06	20	7.7	沟谷	简支梁桥	G9812	文琼高速公路
	竹山溪水库大桥	226.06	20	6.8	沟谷	简支梁桥	G9812	文琼高速公路
	塔洋大桥	126.06	20	10.2	沟谷	简支梁桥	G9812	文琼高速公路
	S201(长坡镇)分离式立交(主线上跨)	121.06	37	5	道路、铁路	连续梁桥	G9812	文琼高速公路
	塔洋河大桥	646.1	20	15.874	河流	连续梁桥	G9812	文琼高速公路
	万泉乐城大桥	633.5	30	10.44	道路、铁路	连续梁桥	G9812	文琼高速公路
	乐城互通式立交跨线桥	739.5	30	8.969	道路、铁路	连续梁桥	G9812	文琼高速公路

续上表

规模	名 称	桥长(m)	主跨长度(m)	桥底净高(m)	跨越障碍物	桥型	路线代码	所在路段
大桥	定安河1号大桥	914.9	150	46.3	河流	连续梁桥、悬臂梁桥	G9813	万洋高速公路
	定安河2号大桥	920.4	150	32.55	河流	连续梁桥、悬臂梁桥	G9813	万洋高速公路
	万泉河大桥	263	95	7.5	河流	连续梁桥、悬臂梁桥	G9813	万洋高速公路
	南太沟大桥	105.6	25	0	河流	连续梁桥	G9813	万洋高速公路
	秧上当1号大桥	486.4	30	0	沟谷	连续梁桥	G9813	万洋高速公路
	秧上当2号大桥	155.6	25	0	沟谷	连续梁桥	G9813	万洋高速公路
	砖瓦厂大桥	373.6	30	0	沟谷	连续梁桥	G9813	万洋高速公路
	加报1号大桥	276.4	30	0	沟谷	连续梁桥	G9813	万洋高速公路
	加报2号大桥	786.4	30	0	沟谷	连续梁桥	G9813	万洋高速公路
	东太互通主线上跨X350中桥	130.6	25	5	道路、铁路	连续梁桥	G9813	万洋高速公路
	畜牧场分离支线上跨桥	53.08	40	5	道路、铁路		G9813	万洋高速公路
	龙滚河1号大桥	128.2	25	8	沟谷	简支梁桥、连续梁桥	G9813	万洋高速公路
	龙滚河2号大桥	130.6	25	11	河流	简支梁桥、连续梁桥	G9813	万洋高速公路
	东乐1号大桥	178.2	25	20	道路、铁路	简支梁桥、连续梁桥	G9813	万洋高速公路
	东乐2号大桥	303.2	25	22	道路、铁路	简支梁桥、连续梁桥	G9813	万洋高速公路
	江前大桥	663.6	30	22	沟谷	简支梁桥、连续梁桥	G9813	万洋高速公路
	青年1号大桥	105.6	25	34	沟谷	简支梁桥、连续梁桥	G9813	万洋高速公路
	青年2号大桥	183.7	25	23	沟谷	简支梁桥、连续梁桥	G9813	万洋高速公路
	火炬1号大桥	330.6	25	29	沟谷	简支梁桥、连续梁桥	G9813	万洋高速公路

附录二

海南高速公路相关数据和图表

续上表

规模	名称	桥长(m)	主跨长度(m)	桥底净高(m)	跨越障碍物	桥型	路线代码	所在路段
大桥	火炬2号大桥	303.2	25	23	沟谷	简支梁桥、连续梁桥	G9813	万洋高速公路
	中宫岭1号大桥	130.6	25	18	沟谷	简支梁桥、连续梁桥	G9813	万洋高速公路
	中宫岭2号大桥	255.6	25	12	沟谷	简支梁桥、连续梁桥	G9813	万洋高速公路
	九区江大桥	430.6	25	16	河流	简支梁桥、连续梁桥	G9813	万洋高速公路
	七星大桥	180.6	25	4.5	沟谷	简支梁桥、连续梁桥	G9813	万洋高速公路
	龙首河大桥	305.6	25	10	河流	简支梁桥、连续梁桥	G9813	万洋高速公路
	坡头大桥	230.6	25	5	沟谷	简支梁桥、连续梁桥	G9813	万洋高速公路
	龙首河支流大桥	130.6	25	6	河流	简支梁桥、连续梁桥	G9813	万洋高速公路
	后安枢纽B匝道桥	256.4	25	5	道路、铁路	简支梁桥、连续梁桥	G9813	万洋高速公路
	后安枢纽C匝道桥	143.4	31	5	道路、铁路	简支梁桥、连续梁桥	G9813	万洋高速公路
	乐来互通G223上跨主线桥	101.4	30	5	道路、铁路	简支梁桥、连续梁桥	G9813	万洋高速公路
	白石总大桥	205.6	25	19.0	沟谷	简支梁桥	G9813	万洋高速公路
	大坡大桥	480.6	25	19	沟谷	简支梁桥	G9813	万洋高速公路
	青梯河大桥	180.6	25	6.5	河流	简支梁桥	G9813	万洋高速公路
	水曲河大桥	155.6	25	12.5	河流	简支梁桥	G9813	万洋高速公路
	坡寮1号大桥	280	275	26	沟谷	连续梁桥	G9813	万洋高速公路
	坡寮2号大桥	130.6	125	17	河流	连续梁桥	G9813	万洋高速公路
	三湾1号大桥	848	840	71.5	河流	连续梁桥	G9813	万洋高速公路
	三湾2号大桥	155.6	150	19.6	河流	连续梁桥	G9813	万洋高速公路
	三湾3号大桥	608	600	48	沟谷	连续梁桥	G9813	万洋高速公路

海 南
高速公路建设实录

续上表

规模	名 称	桥长 (m)	主跨 长度 (m)	桥底 净高 (m)	跨越 障碍物	桥型	路线 代码	所 在 路 段
大桥	大案大桥	182	175	9	河流、道路、铁路	连续梁桥	G9813	万洋高速公路
	里寨大桥	130.6	125	12	河流	连续梁桥	G9813	万洋高速公路
	岭门分离式立交桥	156.4	150	16.32	道路、铁路	连续梁桥	G9813	万洋高速公路
	A匝道桥	145	140	17.2	河流	连续梁桥	G9813	万洋高速公路
	E匝道跨线桥	235	230	13.89	道路、铁路	连续梁桥	G9813	万洋高速公路
	G匝道岭门分离式立交桥	341.3	336	20.3	道路、铁路	连续梁桥	G9813	万洋高速公路
	H匝道岭门分离式立交桥	497.7	492	78.3	道路、铁路	连续梁桥	G9813	万洋高速公路
	加章农场2号大桥	187	180	15.03	河流	连续梁桥	G9813	万洋高速公路
	新进分离式立交桥	337.8	325.8	23.8	道路、铁路	连续梁桥	G9813	万洋高速公路
	新林河大桥	305.6	385.6	6.5	河流、沟谷	连续梁桥	G9813	万洋高速公路
	乌石农场三十队大桥	366.4	346.4	29	沟谷	连续梁桥	G9813	万洋高速公路
	南利河大桥	230.6	25	8	河流	连续梁桥	G9813	万洋高速公路
	阳江河大桥	355.6	25	10.7	河流	连续梁桥	G9813	万洋高速公路
	阳江十三队大桥	180.6	25	22.6	沟谷	连续梁桥	G9813	万洋高速公路
	南渡江大桥	456.4	30	19.2	河流	连续梁桥	G9813	万洋高速公路
	红头河大桥	左幅:305.6 右幅:405.6	25	14.6	河流	连续梁桥	G9813	万洋高速公路
	乌岭1号大桥	156.4	30	22.7	沟谷	连续梁桥	G9813	万洋高速公路
	乌岭2号大桥	486.4	30	15	沟谷	连续梁桥	G9813	万洋高速公路
	乌岭3号大桥	左幅:180.6 右幅:105.6	25	12	沟谷	连续梁桥	G9813	万洋高速公路
	江汉村大桥	180.6	25	5	河流	简支梁桥	G9813	万洋高速公路
	交月村大桥	105.6	25	9	河流	简支梁桥	G9813	万洋高速公路
	上居振大桥	486.4	30	7	河流	简支梁桥	G9813	万洋高速公路
	二十八队大桥	308.2	30	6	河流	简支梁桥	G9813	万洋高速公路

附录二
海南高速公路相关数据和图表

续上表

规模	名 称	桥长(m)	主跨长度(m)	桥底净高(m)	跨越障碍物	桥型	路线代码	所 在 路 段
大桥	那昌大桥	486.4	30	8	沟谷	简支梁桥	G9813	万洋高速公路
	加老大桥	180.6	25	5.5	河流	简支梁桥	G9813	万洋高速公路
	儋州南互通跨线桥	105.6	25	5.5	道路、铁路	简支梁桥	G9813	万洋高速公路
	兰洋互通跨线桥	105.6	25	5.5	道路、铁路	简支梁桥	G9813	万洋高速公路
	罗屋大桥	155.6	25	6	河流	简支梁桥	G9813	万洋高速公路
	南茶河大桥	180.6	25	6	河流	简支梁桥	G9813	万洋高速公路
	那王大桥	405.6	25	7.5	沟谷	简支梁桥	G9813	万洋高速公路
	松涛总干渠大桥	448	40	6.3	河流	简支梁桥	G9813	万洋高速公路
	儋州互通跨线桥	105.6	25	5.5	道路、铁路	简支梁桥	G9813	万洋高速公路
	沙河大桥	190	25	9	河流	简支梁桥	G9813	万洋高速公路
	海榆西段分离式立交桥	105.6	25	5.5	道路、铁路	连续梁桥	G9813	万洋高速公路
	牙拉大桥	666.4	30	5.5	沟谷		G9813	万洋高速公路
	文朋村大桥	205.6	25	12.5	河流	连续梁桥	G9813	万洋高速公路
	西庆互通跨线桥	105.6	25	5.5	道路、铁路	连续梁桥	G9813	万洋高速公路
	朝占村大桥	205.6	25	11.1	河流	连续梁桥	G9813	万洋高速公路
	五甲地村大桥	180.6	25	9.3	沟谷	连续梁桥	G9813	万洋高速公路
	西庆分离式立交桥	105.6	25	5.5	道路、铁路	连续梁桥	G9813	万洋高速公路
	西华互通跨线桥	105.6	25	5.5	道路、铁路	连续梁桥	G9813	万洋高速公路
	老马江大桥	180.6	25	5.1	河流	连续梁桥	G9813	万洋高速公路
	春江大桥	216.4	30	3.8	河流	连续梁桥	G9813	万洋高速公路
	英兰江大桥	516.4	30	17.0	沟谷	连续梁桥	G9813	万洋高速公路
	新安分离式立交桥	146	25	5.50	道路、铁路		G9811	中线高速公路屯昌至琼中段
	吉安河1号大桥	156	25	12.80	河流		G9811	中线高速公路屯昌至琼中段
	吉安河2号大桥	131	25	14.50	河流		G9811	中线高速公路屯昌至琼中段
	吉安河3号大桥	131	25	12.00	河流		G9811	中线高速公路屯昌至琼中段
	高朗河大桥	106	25	9.80	河流		G9811	中线高速公路屯昌至琼中段
	跨线拱桥	53	48	5.50	沟谷		G9811	中线高速公路屯昌至琼中段
	加兴坡大桥	367	30	23.00	河流		G9811	中线高速公路屯昌至琼中段
	南吕1号大桥	277	30	21.00	河流		G9811	中线高速公路屯昌至琼中段
	南吕2号大桥	231	25	17.00	沟谷		G9811	中线高速公路屯昌至琼中段
	南吕3号大桥	367	30	23.00	沟谷		G9811	中线高速公路屯昌至琼中段

海南
高速公路建设实录

续上表

规模	名 称	桥长(m)	主跨长度(m)	桥底净高(m)	跨越障碍物	桥型	路线代码	所 在 路 段
大桥	南吕4号大桥	217	30	23.00	河流		G9811	中线高速公路屯昌至琼中段
	南吕5号大桥	206	25	13.50	道路、铁路		G9811	中线高速公路屯昌至琼中段
	南吕6号大桥	306	30	8.00	沟谷		G9811	中线高速公路屯昌至琼中段
	枫木互通	143	74	5.50	道路、铁路		G9811	中线高速公路屯昌至琼中段
	木色湖大桥	157	30	18.00	河流		G9811	中线高速公路屯昌至琼中段
	跨线拱桥1	53	48	5.50	道路、铁路		G9811	中线高速公路屯昌至琼中段
	加章农场1号大桥	397	30	0.00	道路、铁路		G9811	中线高速公路屯昌至琼中段
	加章农场2号大桥	187	30	0.00	河流		G9811	中线高速公路屯昌至琼中段
	山寮大桥	126	20	0.00	河流、道路、铁路		G9811	中线高速公路屯昌至琼中段
	金妙朗天桥	53	48	0.00	道路、铁路		G9811	中线高速公路屯昌至琼中段
	水央1号大桥	106	20	0.00	河流		G9811	中线高速公路屯昌至琼中段
	水央1号大桥	206	20	0.00	河流		G9811	中线高速公路屯昌至琼中段
	中郎1号大桥(右)	226	20	0.00	河流		G9811	中线高速公路屯昌至琼中段
	中郎2号大桥	206	20	0.00	河流		G9811	中线高速公路屯昌至琼中段
	大边河大桥	247	30	0.00	河流		G9811	中线高速公路屯昌至琼中段
	石水岭大桥	206	25	0.00	河流		G9811	中线高速公路屯昌至琼中段
	中郎1号大桥	206	20	0.00	河流		G9811	中线高速公路屯昌至琼中段
中桥	跨线桥	50.3	15.2	5.04	道路、铁路	简支梁桥	G98	环岛高速公路府城至黄竹段
	跨线桥	50.3	15.2	5.5	道路、铁路	简支梁桥	G98	环岛高速公路府城至黄竹段
	跨线桥	49.85	15.2	5	道路、铁路	简支梁桥	G98	环岛高速公路府城至黄竹段
	跨线桥	64	16	5.16	道路、铁路	简支梁桥	G98	环岛高速公路府城至黄竹段
	跨线桥	61	16	2.98	道路、铁路	简支梁桥	G98	环岛高速公路府城至黄竹段
	跨线桥	64	16	5	道路、铁路	简支梁桥	G98	环岛高速公路府城至黄竹段
	梁佬桥	84.04	20	5.41	河流	简支梁桥	G98	环岛高速公路府城至黄竹段
	梁佬桥	84.04	20	5.41	河流	简支梁桥	G98	环岛高速公路左幅海口至琼海段
	跨线桥	69.88	16	5	道路、铁路	简支梁桥	G98	环岛高速公路府城至黄竹段
	跨线桥	50.3	15.2	5	道路、铁路	简支梁桥	G98	环岛高速公路府城至黄竹段
	塘柳桥	44	13	5.3	河流	简支梁桥	G98	环岛高速公路左幅海口至琼海段
	塘柳桥	44	13	5.3	河流	简支梁桥	G98	环岛高速公路府城至黄竹段

附录二

海南高速公路相关数据和图表

续上表

规模	名称	桥长(m)	主跨长度(m)	桥底净高(m)	跨越障碍物	桥型	路线代码	所在路段
中桥	仙屯中桥	49.02	13	7.54	河流	简支梁桥	G98	环岛高速公路左幅海口至琼海段
	仙屯中桥	49.02	13	7.54	河流	简支梁桥	G98	环岛高速公路府城至黄竹段
	跨线桥	46.99	15.2	5.51	道路、铁路	简支梁桥	G98	环岛高速公路府城至黄竹段
	跨线桥	46.14	15.2	5.73	道路、铁路	简支梁桥	G98	环岛高速公路府城至黄竹段
	跨线桥	56.04	15.96	5.44	道路、铁路	简支梁桥	G98	环岛高速公路府城至黄竹段
	乐会中桥	68.7	20	7.57	河流	简支梁桥	G98	环岛高速公路左幅海口至琼海段
	乐会中桥	68.7	20	7.57	河流	简支梁桥	G98	环岛高速公路府城至黄竹段
	跨线桥	48.94	15.2	5.02	道路、铁路	简支梁桥	G98	环岛高速公路府城至黄竹段
	跨线桥	48.4	16	5.41	道路、铁路	简支梁桥	G98	环岛高速公路府城至黄竹段
	跨线桥	49.94	15.2	5.41	道路、铁路	简支梁桥	G98	环岛高速公路府城至黄竹段
	跨线桥	49	16	5.59	道路、铁路	简支梁桥	G98	环岛高速公路府城至黄竹段
	跨线桥	49.99	15.2	5.33	道路、铁路	简支梁桥	G98	环岛高速公路府城至黄竹段
	跨线桥	48.59	16	5.6	道路、铁路	简支梁桥	G98	环岛高速公路府城至黄竹段
	跨线桥	51.02	16	3.87	道路、铁路	简支梁桥	G98	环岛高速公路府城至黄竹段
	跨线桥	49	16	5.89	道路、铁路	简支梁桥	G98	环岛高速公路府城至黄竹段
	跨线桥	48.94	16	5.49	道路、铁路	简支梁桥	G98	环岛高速公路府城至黄竹段
	黄竹互通式立交桥	54	12	5.21	道路、铁路	简支梁桥	G98	环岛高速公路左幅海口至琼海段
	黄竹互通式立交桥	54	12	5.21	道路、铁路	简支梁桥	G98	环岛高速公路府城至黄竹段
	里草溪中桥	40	15.7	4.2	河流	简支梁桥	G98	环岛高速公路黄竹至陵水段
	里草溪中桥	40	15.7	4.2	河流	简支梁桥	G98	环岛高速公路左幅海口至琼海段
	旱桥	60	20	0	道路、铁路	简支梁桥	G98	环岛高速公路黄竹至陵水段
	旱桥	80	20	0	道路、铁路	简支梁桥	G98	环岛高速公路黄竹至陵水段
	旱桥	40	20	0	道路、铁路	简支梁桥	G98	环岛高速公路黄竹至陵水段
	旱桥	40	20	0	道路、铁路	简支梁桥	G98	环岛高速公路黄竹至陵水段
	旱桥	40	20	0	道路、铁路	简支梁桥	G98	环岛高速公路黄竹至陵水段
	旱桥	80	20	0	道路、铁路	简支梁桥	G98	环岛高速公路黄竹至陵水段
	旱桥	40	20	0	道路、铁路	简支梁桥	G98	环岛高速公路黄竹至陵水段
	旱桥	40	20	0	道路、铁路	简支梁桥	G98	环岛高速公路黄竹至陵水段

续上表

规模	名　称	桥长(m)	主跨长度(m)	桥底净高(m)	跨越障碍物	桥型	路线代码	所　在　路　段
中桥	跨线桥	50.1	19.5	5.17	道路、铁路	简支梁桥	G98	环岛高速公路黄竹至陵水段
	旱桥	60	20	0	道路、铁路	简支梁桥	G98	环岛高速公路黄竹至陵水段
	旱桥	40	20	0	道路、铁路	简支梁桥	G98	环岛高速公路黄竹至陵水段
	旱桥	60	20	0	道路、铁路	简支梁桥	G98	环岛高速公路黄竹至陵水段
	旱桥	20	20	0	道路、铁路	简支梁桥	G98	环岛高速公路黄竹至陵水段
	旱桥	20	20	0	道路、铁路	简支梁桥	G98	环岛高速公路黄竹至陵水段
	琼海互通式立交跨线桥	78.6	20	6.05	道路、铁路	简支梁桥	G98	环岛高速公路黄竹至陵水段
	旱桥	40	20	0	道路、铁路	简支梁桥	G98	环岛高速公路黄竹至陵水段
	旱桥	60	20	0	道路、铁路	简支梁桥	G98	环岛高速公路黄竹至陵水段
	旱桥	80	20	0	道路、铁路	简支梁桥	G98	环岛高速公路黄竹至陵水段
	白石岭互通式立交桥	43.4	16	5.1	道路、铁路	简支梁桥	G98	环岛高速公路黄竹至陵水段
	白石岭互通式立交桥	43.4	16	5	道路、铁路	简支梁桥	G98	环岛高速公路左幅海口至琼海段
	跨线桥	52	20	5.1	道路、铁路	简支梁桥	G98	环岛高速公路黄竹至陵水段
	中原互通式立交桥	45.02	16	5.6	道路、铁路	简支梁桥	G98	环岛高速公路黄竹至陵水段
	中原互通式立交桥	43.7	16	5.7	道路、铁路	简支梁桥	G98	环岛高速公路左幅琼海至陵水段
	旱桥	40	20	0	道路、铁路	简支梁桥	G98	环岛高速公路黄竹至陵水段
	旱桥	40	20	0	道路、铁路	简支梁桥	G98	环岛高速公路黄竹至陵水段
	旱桥	80	20	0	道路、铁路	简支梁桥	G98	环岛高速公路黄竹至陵水段
	旱桥	40	20	0	道路、铁路	简支梁桥	G98	环岛高速公路黄竹至陵水段
	旱桥	80	20	0	道路、铁路	简支梁桥	G98	环岛高速公路黄竹至陵水段
	下坡圆中桥	68.8	16	4.5	河流	简支梁桥	G98	环岛高速公路左幅海口至琼海段
	下坡圆中桥	68.8	16	4.5	河流	简支梁桥	G98	环岛高速公路黄竹至陵水段
	旱桥	60	20	0	道路、铁路	简支梁桥	G98	环岛高速公路黄竹至陵水段
	旱桥	20	20	0	道路、铁路	简支梁桥	G98	环岛高速公路黄竹至陵水段
	小桥	40	20	3.24	河流	简支梁桥	G98	环岛高速公路左幅琼海至陵水段
	小桥	40	20	3.24	河流	简支梁桥	G98	环岛高速公路黄竹至陵水段

附录二
海南高速公路相关数据和图表

续上表

规模	名称	桥长(m)	主跨长度(m)	桥底净高(m)	跨越障碍物	桥型	路线代码	所在路段
中桥	山根互通式立交跨线桥1	45.02	16	5	道路、铁路	简支梁桥	G98	环岛高速公路黄竹至陵水段
	山根互通式立交跨线桥2	45.02	16	5	道路、铁路	简支梁桥	G98	环岛高速公路左幅琼海至陵水段
	罗万分立交桥	37	20	5.7	道路、铁路	简支梁桥	G98	环岛高速公路左幅琼海至陵水段
	罗万分立交桥	37	20	5.7	道路、铁路	简支梁桥	G98	环岛高速公路黄竹至陵水段
	跨线桥	43	16	5	道路、铁路	简支梁桥	G98	环岛高速公路黄竹至陵水段
	跨线桥	44	16	5	道路、铁路	简支梁桥	G98	环岛高速公路黄竹至陵水段
	大茂北立交桥	70	17	5.24	道路、铁路	简支梁桥	G98	环岛高速公路黄竹至陵水段
	大茂北立交桥	70	17	5.24	道路、铁路	简支梁桥	G98	环岛高速公路左幅琼海至陵水段
	长水河中桥	68.28	16	6.11	河流	简支梁桥	G98	环岛高速公路左幅琼海至陵水段
	长水河中桥	68.28	16	6.11	河流	简支梁桥	G98	环岛高速公路黄竹至陵水段
	南互通式立交桥	52	18	5	道路、铁路	简支梁桥	G98	环岛高速公路左幅琼海至陵水段
	南互通式立交桥	52	18	5	道路、铁路	简支梁桥	G98	环岛高速公路黄竹至陵水段
	跨线桥	50	14	5	道路、铁路	简支梁桥	G98	环岛高速公路黄竹至陵水段
	跨线桥	63	14	5	道路、铁路	简支梁桥	G98	环岛高速公路黄竹至陵水段
	跨线桥	52	14	5	道路、铁路	简支梁桥	G98	环岛高速公路黄竹至陵水段
	跨线桥	52	14	5	道路、铁路	简支梁桥	G98	环岛高速公路黄竹至陵水段
	石梅互通式立交桥	61.68	16	5.1	道路、铁路	简支梁桥	G98	环岛高速公路左幅琼海至陵水段
	石梅互通式立交桥	61.68	16	5.1	道路、铁路	简支梁桥	G98	环岛高速公路黄竹至陵水段
	跨线桥	50	13	5	道路、铁路	简支梁桥	G98	环岛高速公路黄竹至陵水段
	田头河中桥	84	16	5.7	河流	简支梁桥	G98	环岛高速公路左幅琼海至陵水段
	田头河中桥	84	16	5.7	河流	简支梁桥	G98	环岛高速公路黄竹至陵水段
	日月湾立交桥	52.8	20	5.22	道路、铁路	简支梁桥	G98	环岛高速公路黄竹至陵水段
	跨线桥	53	14	5.22	道路、铁路	简支梁桥	G98	环岛高速公路黄竹至陵水段
	人行天桥	53	14	5.24	道路、铁路	简支梁桥	G98	环岛高速公路黄竹至陵水段

续上表

规模	名称	桥长(m)	主跨长度(m)	桥底净高(m)	跨越障碍物	桥型	路线代码	所在路段
中桥	加新河中桥	84.04	16	5.8	河流	简支梁桥	G98	环岛高速公路左幅琼海至陵水段
	加新河中桥	84.04	16	5.8	河流	简支梁桥	G98	环岛高速公路黄竹至陵水段
	牛岭跨线桥	113	14	0	道路、铁路	简支梁桥	G98	环岛高速公路黄竹至陵水段
	香水湾A区立交桥	82	20	0	道路、铁路	简支梁桥	G98	环岛高速公路黄竹至陵水段
	香水湾互通式立交桥	53	14	5.3	道路、铁路	简支梁桥	G98	环岛高速公路左幅琼海至陵水段
	香水湾互通式立交桥	53	14	5.3	道路、铁路	简支梁桥	G98	环岛高速公路黄竹至陵水段
	跨线渡槽	52	14	0	道路、铁路	简支梁桥	G98	环岛高速公路黄竹至陵水段
	排洋沟中桥	52.04	16	5.77	河流	简支梁桥	G98	环岛高速公路左幅琼海至陵水段
	排洋沟中桥	52.04	16	5.77	河流	简支梁桥	G98	环岛高速公路黄竹至陵水段
	跨线桥	52	14	0	道路、铁路	简支梁桥	G98	环岛高速公路黄竹至陵水段
	跨线桥	54.64	14	0	道路、铁路	简支梁桥	G98	环岛高速公路黄竹至陵水段
	孟果坡互通式立交桥	52.04	16	5	道路、铁路	简支梁桥	G98	环岛高速公路左幅琼海至陵水段
	孟果坡互通式立交桥	52.04	16	5	道路、铁路	简支梁桥	G98	环岛高速公路黄竹至陵水段
	人行天桥	57.68	16	5	道路、铁路	简支梁桥	G98	环岛高速公路黄竹至陵水段
	跨线桥	53	14	5	道路、铁路	简支梁桥	G98	环岛高速公路黄竹至陵水段
	跨线桥	53.78	14	5.22	道路、铁路	简支梁桥	G98	环岛高速公路黄竹至陵水段
	老洋分离式立交跨线桥	54	14	5	河流、道路、铁路	简支梁桥	G98	环岛高速公路黄竹至陵水段
	巴关小桥	56	20	5	河流	简支梁桥	G98	环岛高速公路左幅琼海至陵水段
	巴关小桥	56	20	5	道路、铁路	简支梁桥	G98	环岛高速公路黄竹至陵水段
	广兴村分离式立交桥	54.4	14	5	道路、铁路	简支梁桥	G98	环岛高速公路黄竹至陵水段
	北高中桥	82	16	8.7	河流	简支梁桥	G98	环岛高速公路左幅琼海至陵水段
	北高中桥	82	16	8.7	河流	简支梁桥	G98	环岛高速公路黄竹至陵水段
	土福湾立交桥	50	14	0	道路、铁路	简支梁桥	G98	环岛高速公路黄竹至陵水段
	进士坡跨线桥	52	14	5	道路、铁路	简支梁桥	G98	环岛高速公路陵水至田独段

附录二
海南高速公路相关数据和图表

续上表

规模	名　称	桥长(m)	主跨长度(m)	桥底净高(m)	跨越障碍物	桥型	路线代码	所　在　路　段
中桥	跨线桥	58	14	6.62	道路、铁路	简支梁桥	G98	环岛高速公路陵水至田独段
	中桥	84.8	20	5.5	河流	简支梁桥	G98	环岛高速公路左幅陵水至三亚段
	中桥	84.8	20	5.5	河流	简支梁桥	G98	环岛高速公路陵水至田独段
	藤桥互通式立交桥	56	20	5	道路、铁路	简支梁桥	G98	环岛高速公路陵水至田独段
	海棠湾跨线桥	80	20	5	道路、铁路	简支梁桥	G98	环岛高速公路陵水至田独段
	主线桥	64	24	4.5	道路、铁路	简支梁桥	S81	海口联络线左幅海口至琼海段
	主线桥	64	24	4.5	道路、铁路	简支梁桥	S81	海口联络线府城至黄竹段
	跨线桥	66	20	5	道路、铁路	简支梁桥	S81	海口联络线府城至黄竹段
	白水塘中桥	52.66	6	1.3	河流	简支梁桥	S81	海口联络线左幅海口至琼海段
	白水塘中桥	52.66	6	1.3	河流	简支梁桥	S81	海口联络线府城至黄竹段
	跨线桥	69.88	16	5	道路、铁路	简支梁桥	S81	海口联络线府城至黄竹段
	龙桥	48	11	5	道路、铁路	简支梁桥、连续梁桥	S81	海口联络线
	龙桥	48	11	5	道路、铁路	简支梁桥、连续梁桥	S81	海口联络线
	龙桥	48	11	5	道路、铁路	简支梁桥、连续梁桥	S81	海口联络线
	军坡中桥	94.2	18	5.8	河流	简支梁桥	S83	三亚东联络线
	军坡中桥	94.2	18	5.8	河流	简支梁桥	S83	三亚东联络线
	通道	52.00	16.00	4.00	沟谷	简支梁桥	G98	海口绕城高速公路
	粤海互通式立交桥	85.00	30.00	5.70	道路、铁路	简支梁桥	G98	海口绕城高速公路
	通道	30.30	20.00	3.60	道路、铁路	简支梁桥	G98	海口绕城高速公路
	汽车天桥(跨线桥)	67.00	30.00	5.70	道路、铁路	简支梁桥	G98	海口绕城高速公路
	南山互通式立交桥	31.85	20.00	4.00	道路、铁路	简支梁桥	G98	环岛高速公路九所至三亚段
	大村桥	45.00	20.00	6.90	河流	简支梁桥	G98	环岛高速公路九所至三亚段
	崖城互通式立交桥	72.30	20.00	7.30	道路、铁路	简支梁桥	G98	环岛高速公路九所至三亚段
	跨线桥3-005	52.00	20.00	4.90	道路、铁路	简支梁桥	G98	环岛高速公路九所至三亚段

续上表

规模	名 称	桥长(m)	主跨长度(m)	桥底净高(m)	跨越障碍物	桥型	路线代码	所 在 路 段
中桥	保港第二桥	29.10	20.00	4.40	道路、铁路	简支梁桥	G98	环岛高速公路九所至三亚段
	波浪河桥	64.70	20.00	5.80	河流	简支梁桥	G98	环岛高速公路九所至三亚段
	盐灶桥	85.60	20.00	4.80	道路、铁路	简支梁桥	G98	环岛高速公路九所至三亚段
	铁路立交桥	67.30	20.00	7.20	道路、铁路	简支梁桥	G98	环岛高速公路九所至三亚段
	跨线桥3-006	51.60	20.00	5.00	道路、铁路	简支梁桥	G98	环岛高速公路九所至三亚段
	跨线桥	52.00	20.00	5.00	道路、铁路	简支梁桥	G98	环岛高速公路九所至三亚段
	桥	39.00	16.00	5.00	河流	简支梁桥	G98	环岛高速公路九所至三亚段
	中和桥	65.00	20.00	6.00	河流	简支梁桥	G98	环岛高速公路九所至三亚段
	跨线桥3-001	61.30	16.00	5.20	道路、铁路	简支梁桥	G98	环岛高速公路九所至三亚段
	红塘桥	66.00	16.00	9.20	河流	简支梁桥	G98	环岛高速公路九所至三亚段
	天涯互通式立交桥	35.10	20.00	5.40	道路、铁路	简支梁桥	G98	环岛高速公路九所至三亚段
	跨线桥3-004	61.30	16.00	5.00	道路、铁路	简支梁桥	G98	环岛高速公路九所至三亚段
	跨线桥3-003	61.30	16.00	5.00	道路、铁路	简支梁桥	G98	环岛高速公路九所至三亚段
	跨线桥3-002	61.30	16.00	5.00	道路、铁路	简支梁桥	G98	环岛高速公路九所至三亚段
	新联天桥	96.08	25.00	4.70	道路、铁路	简支梁桥	G98	三亚绕城高速公路
	大恶村天桥	102.08	16.00	4.80	道路、铁路	简支梁桥	G98	三亚绕城高速公路
	大恶中桥	86.00	20.00	3.00	河流	简支梁桥	G98	三亚绕城高速公路
	天涯海角立交桥	85.28	30.00	5.80	道路、铁路	连续梁桥	G98	三亚绕城高速公路
	火车站互通式立交桥	71.08	25.00	6.30	道路、铁路	连续梁桥	G98	三亚绕城高速公路
	抱坡岭中桥	53.08	16.00	1.50	沟谷	简支梁桥	G98	三亚绕城高速公路
	亚龙湾互通式立交跨线桥	84.28	24.00	4.90	道路、铁路	连续梁桥	G98	三亚绕城高速公路
	桶六线分离桥	66.80	20.00	4.30	道路、铁路	简支梁桥	G98	三亚绕城高速公路
	保贵分离桥	53.08	16.00	4.60	道路、铁路	简支梁桥	G98	三亚绕城高速公路
	梅村分离桥	66.80	20.00	4.60	道路、铁路	简支梁桥	G98	三亚绕城高速公路
	凤凰互通式立交桥	68.05	25.00	5.60	道路、铁路	连续梁桥	G98	三亚绕城高速公路
	海头互通式立交桥（跨线天桥1）	52.70	20.00	5.30	道路、铁路	连续梁桥	G98	白莲至白马井改建工程
	跨线天桥2	46.50	20.00	5.40	道路、铁路	简支梁桥	G98	白莲至白马井改建工程
	跨线天桥3	46.60	20.00	5.00	道路、铁路	简支梁桥	G98	白莲至白马井改建工程
	跨线天桥4	46.50	20.00	5.40	道路、铁路	简支梁桥	G98	白莲至白马井改建工程

附录二
海南高速公路相关数据和图表

续上表

规模	名称	桥长(m)	主跨长度(m)	桥底净高(m)	跨越障碍物	桥型	路线代码	所在路段
中桥	跨线天桥5	51.90	20.00	5.70	道路、铁路	简支梁桥	G98	白莲至白马井改建工程
	跨线天桥6	50.90	20.00	5.50	道路、铁路	简支梁桥	G98	白莲至白马井改建工程
	跨线天桥7	51.00	20.00	5.40	道路、铁路	简支梁桥	G98	白莲至白马井改建工程
	跨线天桥8	51.00	20.00	5.30	道路、铁路	简支梁桥	G98	白莲至白马井改建工程
	跨线天桥9	51.50	20.00	5.20	道路、铁路	简支梁桥	G98	白莲至白马井改建工程
	跨线天桥10	51.10	20.00	5.40	道路、铁路	简支梁桥	G98	白莲至白马井改建工程
	跨线天桥11	53.10	20.00	5.30	道路、铁路	简支梁桥	G98	白莲至白马井改建工程
	跨线天桥12	51.50	20.00	5.20	道路、铁路	简支梁桥	G98	白莲至白马井改建工程
	小江中桥	64.84	20.00	7.00	河流	简支梁桥	G98	白莲至白马井改建工程
	跨线天桥13	52.10	20.00	5.20	道路、铁路	简支梁桥	G98	白莲至白马井改建工程
	跨线天桥14	52.40	20.00	5.20	道路、铁路	简支梁桥	G98	白莲至白马井改建工程
	和雷中桥	63.20	20.00	7.00	道路、铁路	简支梁桥	G98	白莲至白马井改建工程
	跨线天桥15	52.00	20.00	5.80	道路、铁路	简支梁桥	G98	白莲至白马井改建工程
	跨线天桥16	51.50	20.00	5.40	道路、铁路	简支梁桥	G98	白莲至白马井改建工程
	跨线天桥17	51.40	20.00	5.30	道路、铁路	简支梁桥	G98	白莲至白马井改建工程
	跨线天桥18	51.00	20.00	5.20	道路、铁路	简支梁桥	G98	白莲至白马井改建工程
	跨线天桥19	51.20	20.00	5.20	道路、铁路	简支梁桥	G98	白莲至白马井改建工程
	跨线天桥20	51.20	20.00	5.50	道路、铁路	简支梁桥	G98	白莲至白马井改建工程
	跨线天桥21	54.20	20.00	5.30	道路、铁路	简支梁桥	G98	白莲至白马井改建工程
	徐浦中桥	51.40	20.00	8.20	沟谷	简支梁桥	G98	白莲至白马井改建工程
	跨线天桥22	57.00	20.00	5.30	沟谷、道路、铁路	简支梁桥	G98	白莲至白马井改建工程
	跨线天桥23	57.80	20.00	5.40	道路、铁路	简支梁桥	G98	白莲至白马井改建工程
	跨线天桥24	53.40	20.00	5.40	道路、铁路	简支梁桥	G98	白莲至白马井改建工程
	跨线天桥25	51.40	20.00	5.40	道路、铁路	简支梁桥	G98	白莲至白马井改建工程
	新州中桥	65.00	20.00	12.00	河流	简支梁桥	G98	白莲至白马井改建工程
	跨线天桥26	51.00	20.00	5.40	道路、铁路	简支梁桥	G98	白莲至白马井改建工程
	跨线天桥27	51.80	20.00	5.20	道路、铁路	简支梁桥	G98	白莲至白马井改建工程
	跨线天桥28	52.40	20.00	6.00	道路、铁路	简支梁桥	G98	白莲至白马井改建工程
	里仁中桥	33.90	20.00	4.30	道路、铁路	简支梁桥	G98	白莲至白马井改建工程
	平地河中桥	52.40	16.00	7.50	河流	简支梁桥	G98	白莲至白马井改建工程
	洋浦互通式立交桥	52.00	20.00	4.60	道路、铁路	简支梁桥	G98	白莲至白马井改建工程

续上表

规模	名 称	桥长（m）	主跨长度（m）	桥底净高（m）	跨越障碍物	桥型	路线代码	所 在 路 段
中桥	跨线天桥29	53.00	20.00	5.60	道路、铁路	简支梁桥	G98	白莲至白马井改建工程
	跨线天桥30	53.00	20.00	5.50	道路、铁路	简支梁桥	G98	白莲至白马井改建工程
	跨线天桥31	53.30	20.00	5.30	道路、铁路	简支梁桥	G98	白莲至白马井改建工程
	跨线天桥32	53.00	20.00	5.50	道路、铁路	简支梁桥	G98	白莲至白马井改建工程
	跨线天桥33	50.00	20.00	5.60	道路、铁路	简支梁桥	G98	白莲至白马井改建工程
	跨线天桥34	50.00	20.00	5.80	道路、铁路	简支梁桥	G98	白莲至白马井改建工程
	跨线天桥35	50.50	20.00	5.70	道路、铁路	简支梁桥	G98	白莲至白马井改建工程
	跨线天桥36	50.60	20.00	5.40	道路、铁路	简支梁桥	G98	白莲至白马井改建工程
	跨线天桥37	50.60	20.00	5.70	道路、铁路	简支梁桥	G98	白莲至白马井改建工程
	板桥互通式立交桥	65.20	20.00	6.00	道路、铁路	简支梁桥	G98	邦溪至白马井和九所至八所改建工程
	跨线天桥1	52.00	20.00	5.30	道路、铁路	简支梁桥	G98	邦溪至白马井和九所至八所改建工程
	布磨河中桥	38.10	20.00	5.20	道路、铁路	简支梁桥	G98	邦溪至白马井和九所至八所改建工程
	跨线天桥2	59.00	20.00	5.20	道路、铁路	简支梁桥	G98	邦溪至白马井和九所至八所改建工程
	新龙互通式立交桥	34.00	20.00	5.20	道路、铁路	简支梁桥	G98	邦溪至白马井和九所至八所改建工程
	跨线天桥3	53.00	20.00	5.10	道路、铁路	简支梁桥	G98	邦溪至白马井和九所至八所改建工程
	跨线天桥4	54.40	20.00	5.20	道路、铁路	简支梁桥	G98	邦溪至白马井和九所至八所改建工程
	小桥	40.50	16.00	2.90	河流	简支梁桥	G98	邦溪至白马井和九所至八所改建工程
	跨线天桥5	54.70	20.00	5.10	道路、铁路	简支梁桥	G98	邦溪至白马井和九所至八所改建工程
	跨线天桥6	54.30	20.00	5.20	道路、铁路	简支梁桥	G98	邦溪至白马井和九所至八所改建工程
	跨线天桥7	54.30	20.00	5.10	道路、铁路	简支梁桥	G98	邦溪至白马井和九所至八所改建工程
	跨线天桥8	54.00	20.00	5.10	道路、铁路	简支梁桥	G98	邦溪至白马井和九所至八所改建工程

附录二
海南高速公路相关数据和图表

续上表

规模	名称	桥长(m)	主跨长度(m)	桥底净高(m)	跨越障碍物	桥型	路线代码	所在路段
中桥	关沟中桥	65.00	20.00	4.70	河流	简支梁桥	G98	邦溪至白马井和九所至八所改建工程
	跨线天桥9	53.00	20.00	5.10	道路、铁路	简支梁桥	G98	邦溪至白马井和九所至八所改建工程
	大坡田中桥	31.50	20.00	2.80	道路、铁路	简支梁桥	G98	邦溪至白马井和九所至八所改建工程
	跨线天桥10	54.00	20.00	5.20	道路、铁路	简支梁桥	G98	邦溪至白马井和九所至八所改建工程
	跨线天桥11	54.00	20.00	5.10	道路、铁路	简支梁桥	G98	邦溪至白马井和九所至八所改建工程
	跨线天桥12	54.00	20.00	5.20	道路、铁路	简支梁桥	G98	邦溪至白马井和九所至八所改建工程
	跨线天桥13	54.00	20.00	5.20	道路、铁路	简支梁桥	G98	邦溪至白马井和九所至八所改建工程
	八所互通式立交桥	72.00	20.00	6.40	道路、铁路	简支梁桥	G98	邦溪至白马井和九所至八所改建工程
	胡说渠中桥	47.00	20.00	3.40	沟谷	简支梁桥	G98	环岛高速公路洋浦至九所段
	跨线天桥14	53.50	20.00	5.20	道路、铁路	简支梁桥	G98	环岛高速公路洋浦至九所段
	报英南中桥	74.00	20.00	8.10	河流	简支梁桥	G98	环岛高速公路洋浦至九所段
	报英北中桥	34.10	20.00	8.10	河流	简支梁桥	G98	环岛高速公路洋浦至九所段
	高坡渠中桥	27.10	20.00	3.10	沟谷	简支梁桥	G98	环岛高速公路洋浦至九所段
	跨线天桥15	52.30	20.00	5.10	道路、铁路	简支梁桥	G98	环岛高速公路洋浦至九所段
	跨线天桥16	52.50	20.00	5.30	道路、铁路	简支梁桥	G98	环岛高速公路洋浦至九所段
	跨线天桥17	60.90	20.00	5.30	道路、铁路	简支梁桥	G98	环岛高速公路洋浦至九所段
	跨线天桥18	53.00	20.00	5.20	道路、铁路	简支梁桥	G98	环岛高速公路洋浦至九所段
	跨线天桥19	53.40	20.00	5.40	道路、铁路	简支梁桥	G98	环岛高速公路洋浦至九所段
	跨线天桥20	53.00	20.00	5.30	道路、铁路	简支梁桥	G98	环岛高速公路洋浦至九所段
	跨线天桥21	53.00	20.00	5.40	道路、铁路	简支梁桥	G98	环岛高速公路洋浦至九所段
	跨线天桥22	52.80	20.00	5.50	道路、铁路	简支梁桥	G98	环岛高速公路洋浦至九所段
	跨线天桥23	52.50	20.00	5.40	道路、铁路	简支梁桥	G98	环岛高速公路洋浦至九所段
	跨线天桥24	50.20	20.00	5.50	道路、铁路	简支梁桥	G98	环岛高速公路洋浦至九所段
	跨线天桥25	52.30	20.00	5.60	道路、铁路	简支梁桥	G98	环岛高速公路洋浦至九所段

续上表

规模	名称	桥长(m)	主跨长度(m)	桥底净高(m)	跨越障碍物	桥型	路线代码	所在路段
中桥	剑麻园中桥	36.60	20.00	6.20	沟谷	简支梁桥	G98	环岛高速公路洋浦至九所段
	跨线天桥26	55.40	20.00	5.50	道路、铁路	简支梁桥	G98	环岛高速公路洋浦至九所段
	跨线天桥27	53.10	20.00	5.60	道路、铁路	简支梁桥	G98	环岛高速公路洋浦至九所段
	芦古村中桥	28.60	20.00	5.60	河流	简支梁桥	G98	环岛高速公路洋浦至九所段
	跨线天桥24	68.00	16.00	6.00	道路、铁路	简支梁桥	G98	环岛高速公路洋浦至九所段
	跨线天桥25	83.70	22.20	6.52	道路、铁路	简支梁桥	G98	环岛高速公路洋浦至九所段
	跨线天桥26	50.20	20.00	6.30	道路、铁路	简支梁桥	G98	环岛高速公路洋浦至九所段
	跨线天桥27	45.40	20.00	5.20	道路、铁路	简支梁桥	G98	环岛高速公路洋浦至九所段
	跨线天桥28	46.90	20.00	5.40	道路、铁路	简支梁桥	G98	白莲至白马井改建工程
	马袅西河二桥	85.40	20.00	8.20	河流	简支梁桥	G98	白莲至白马井改建工程
	马袅西河一桥	85.00	20.00	7.70	河流	简支梁桥	G98	白莲至白马井改建工程
	跨线天桥29	53.50	20.00	8.00	道路、铁路	简支梁桥	G98	白莲至白马井改建工程
	跨线天桥30	62.40	29.20	6.50	道路、铁路	简支梁桥	G98	白莲至白马井改建工程
	墩茶互通式立交桥	87.00	20.00	5.30	道路、铁路	简支梁桥	G98	白莲至白马井改建工程
	跨线天桥31	48.00	20.00	6.50	道路、铁路	简支梁桥	G98	白莲至白马井改建工程
	跨线天桥32	47.00	20.00	5.30	道路、铁路	简支梁桥	G98	白莲至白马井改建工程
	跨线天桥33	45.30	20.00	5.40	道路、铁路	简支梁桥	G98	白莲至白马井改建工程
	跨线天桥34	60.50	20.00	9.50	道路、铁路	简支梁桥	G98	白莲至白马井改建工程
	跨线天桥35	53.40	20.00	8.30	道路、铁路	简支梁桥	G98	白莲至白马井改建工程
	跨线天桥36	45.80	20.00	5.70	道路、铁路	简支梁桥	G98	白莲至白马井改建工程
	跨线天桥37	57.00	20.00	10.00	道路、铁路	简支梁桥	G98	白莲至白马井改建工程
	跨线天桥38	55.70	20.00	5.00	道路、铁路	简支梁桥	G98	白莲至白马井改建工程
	跨线天桥39	51.50	20.00	5.40	道路、铁路	简支梁桥	G98	白莲至白马井改建工程
	跨线天桥40	50.00	20.00	6.70	道路、铁路	简支梁桥	G98	白莲至白马井改建工程
	跨线天桥41	50.00	20.00	5.30	道路、铁路	简支梁桥	G98	白莲至白马井改建工程
	跨线天桥42	48.00	20.00	5.40	道路、铁路	简支梁桥	G98	白莲至白马井改建工程
	跨线天桥43	48.80	20.00	5.40	道路、铁路	简支梁桥	G98	白莲至白马井改建工程
	跨线天桥44	45.50	20.00	5.70	道路、铁路	简支梁桥	G98	白莲至白马井改建工程
	大丰互通式立交桥	65.00	20.00	6.60	道路、铁路	简支梁桥	G98	白莲至白马井改建工程
	跨线天桥45	50.40	20.00	5.50	道路、铁路	简支梁桥	G98	白莲至白马井改建工程
	跨线天桥46	51.00	20.00	5.10	道路、铁路	简支梁桥	G98	白莲至白马井改建工程
	跨线天桥47	48.00	20.00	5.10	道路、铁路	简支梁桥	G98	白莲至白马井改建工程

附录二
海南高速公路相关数据和图表

续上表

规模	名称	桥长(m)	主跨长度(m)	桥底净高(m)	跨越障碍物	桥型	路线代码	所在路段
	跨线天桥48	46.80	20.00	5.00	道路、铁路	简支梁桥	G98	白莲至白马井改建工程
	白莲西干渠中桥	31.00	20.00	3.70	道路、铁路	简支梁桥	G98	白莲至白马井改建工程
	跨线天桥49	47.20	20.00	5.30	道路、铁路	简支梁桥	G98	白莲至白马井改建工程
	白莲互通式立交桥	85.00	22.00	6.00	道路、铁路	简支梁桥	G98	白莲至白马井改建工程
	新盈互通式立交桥	52.00	20.00	5.20	道路、铁路	简支梁桥	G98	白莲至白马井改建工程
	跨线天桥2	50.90	20.00	5.40	道路、铁路	简支梁桥	G98	白莲至白马井改建工程
	跨线天桥3	50.70	20.00	5.40	道路、铁路	简支梁桥	G98	白莲至白马井改建工程
	跨线天桥4	64.50	20.00	5.60	道路、铁路	简支梁桥	G98	白莲至白马井改建工程
	跨线天桥5	50.60	20.00	5.70	道路、铁路	简支梁桥	G98	白莲至白马井改建工程
	跨线天桥6	52.90	20.00	5.40	道路、铁路	简支梁桥	G98	白莲至白马井改建工程
	跨线天桥7	48.70	20.00	5.70	道路、铁路	简支梁桥	G98	白莲至白马井改建工程
	新盈河中桥	81.00	20.00	3.40	河流	简支梁桥	G98	白莲至白马井改建工程
	跨线天桥8	50.00	20.00	5.40	道路、铁路	简支梁桥	G98	白莲至白马井改建工程
	通道7	33.00	20.00	8.60	道路、铁路	简支梁桥	G98	白莲至白马井改建工程
	跨线天桥9	48.10	20.00	5.50	道路、铁路	简支梁桥	G98	白莲至白马井改建工程
中桥	跨线天桥10	48.90	20.00	5.30	道路、铁路	简支梁桥	G98	白莲至白马井改建工程
	文澜江东干渠桥	40.50	30.00	2.80	沟谷	简支梁桥	G98	白莲至白马井改建工程
	通道11	32.60	20.00	2.60	道路、铁路	简支梁桥	G98	白莲至白马井改建工程
	跨线天桥11	50.00	20.00	5.30	道路、铁路	简支梁桥	G98	白莲至白马井改建工程
	跨线天桥12	50.00	20.00	5.70	道路、铁路	简支梁桥	G98	白莲至白马井改建工程
	美台互通式立交桥	70.00	16.00	5.40	道路、铁路	简支梁桥	G98	白莲至白马井改建工程
	跨线天桥13	48.60	20.00	6.10	道路、铁路	简支梁桥	G98	白莲至白马井改建工程
	跨线天桥14	47.20	20.00	5.50	道路、铁路	简支梁桥	G98	白莲至白马井改建工程
	跨线天桥15	50.50	20.00	5.20	道路、铁路	简支梁桥	G98	白莲至白马井改建工程
	跨线天桥16	50.50	20.00	5.20	道路、铁路	简支梁桥	G98	白莲至白马井改建工程
	跨线天桥17	51.50	20.00	5.50	道路、铁路	简支梁桥	G98	白莲至白马井改建工程
	跨线天桥18	47.00	20.00	5.20	道路、铁路	简支梁桥	G98	白莲至白马井改建工程
	通道28	36.00	20.00	5.20	道路、铁路	简支梁桥	G98	白莲至白马井改建工程
	跨线天桥19	48.70	20.00	5.30	道路、铁路	简支梁桥	G98	白莲至白马井改建工程
	跨线天桥20	47.30	20.00	5.30	道路、铁路	简支梁桥	G98	白莲至白马井改建工程
	金牌互通式立交桥	52.70	20.00	5.70	道路、铁路	简支梁桥	G98	白莲至白马井改建工程
	美泮河中桥	83.60	20.00	5.20	河流	简支梁桥	G98	白莲至白马井改建工程

续上表

规模	名 称	桥长(m)	主跨长度(m)	桥底净高(m)	跨越障碍物	桥型	路线代码	所 在 路 段
中桥	跨线天桥21	49.50	20.00	5.20	道路、铁路	简支梁桥	G98	白莲至白马井改建工程
	跨线天桥22	49.80	20.00	5.30	道路、铁路	简支梁桥	G98	白莲至白马井改建工程
	跨线天桥23	67.80	16.00	6.00	道路、铁路	简支梁桥	G98	白莲至白马井改建工程
	跨线天桥1	50.70	20.00	5.50	道路、铁路	简支梁桥	G98	白莲至白马井改建工程
	跨线天桥17	55.00	20.00	5.30	道路、铁路	简支梁桥	G98	白莲至白马井改建工程
	跨线天桥18	55.70	20.00	5.35	道路、铁路	简支梁桥	G98	白莲至白马井改建工程
	跨线天桥19	54.80	20.00	5.30	道路、铁路	简支梁桥	G98	白莲至白马井改建工程
	跨线天桥20	54.60	20.00	5.35	道路、铁路	简支梁桥	G98	白莲至白马井改建工程
	跨线天桥21	52.00	20.00	5.20	道路、铁路	简支梁桥	G98	白莲至白马井改建工程
	跨线天桥2	55.00	20.00	5.50	道路、铁路	简支梁桥	G98	白莲至白马井改建工程
	通道4	38.00	20.00	8.00	道路、铁路	简支梁桥	G98	白莲至白马井改建工程
	通道7	36.00	20.00	7.70	道路、铁路	简支梁桥	G98	白莲至白马井改建工程
	跨线天桥3	51.20	20.00	5.40	道路、铁路	简支梁桥	G98	白莲至白马井改建工程
	跨线天桥4	55.20	20.00	5.20	道路、铁路	简支梁桥	G98	白莲至白马井改建工程
	跨线天桥5	54.50	20.00	5.20	道路、铁路	简支梁桥	G98	白莲至白马井改建工程
	跨线天桥6	54.20	20.00	5.20	道路、铁路	简支梁桥	G98	白莲至白马井改建工程
	大坡互通式立交桥（跨线天桥7）	78.80	20.00	5.30	道路、铁路	简支梁桥	G98	环岛高速公路九所至三亚段
	跨线天桥8	53.60	20.00	5.30	道路、铁路	简支梁桥	G98	环岛高速公路九所至三亚段
	中桥	53.00	16.20	8.20	道路、铁路	简支梁桥	G98	环岛高速公路九所至三亚段
	跨线天桥9	54.00	20.00	5.30	道路、铁路	简支梁桥	G98	环岛高速公路九所至三亚段
	跨线天桥10	54.00	20.00	5.30	道路、铁路	简支梁桥	G98	环岛高速公路九所至三亚段
	跨线天桥11	54.00	20.00	5.20	道路、铁路	简支梁桥	G98	环岛高速公路九所至三亚段
	跨线天桥12	54.00	20.00	5.20	道路、铁路	简支梁桥	G98	环岛高速公路九所至三亚段
	跨线天桥13	54.00	20.00	5.30	道路、铁路	简支梁桥	G98	环岛高速公路九所至三亚段
	跨线天桥14	54.00	20.00	5.30	道路、铁路	简支梁桥	G98	环岛高速公路九所至三亚段
	邦溪互通式立交桥	32.90	20.00	6.20	道路、铁路	简支梁桥	G98	环岛高速公路九所至三亚段
	跨线天桥15	53.70	20.00	5.30	道路、铁路	简支梁桥	G98	环岛高速公路九所至三亚段
	跨线天桥16	54.00	20.00	5.20	道路、铁路	简支梁桥	G98	环岛高速公路九所至三亚段
	叉河互通式立交桥（跨线天桥1）	50.00	20.00	6.00	道路、铁路	简支梁桥	G98	环岛高速公路九所至三亚段

附录二

海南高速公路相关数据和图表

续上表

规模	名　　称	桥长(m)	主跨长度(m)	桥底净高(m)	跨越障碍物	桥型	路线代码	所 在 路 段
中桥	南港沟中桥	52.50	16.00	7.20	河流	简支梁桥	G98	邦溪至白马井和九所至八所改建工程
	跨线桥251	52.00	20.00	5.10	道路、铁路	简支梁桥	G98	邦溪至白马井和九所至八所改建工程
	跨线桥251-1	52.00	20.00	5.70	道路、铁路	简支梁桥	G98	邦溪至白马井和九所至八所改建工程
	跨线桥3-008	52.20	20.00	5.30	道路、铁路	简支梁桥	G98	邦溪至白马井和九所至八所改建工程
	跨线桥3-009	52.20	20.00	5.30	道路、铁路	简支梁桥	G98	邦溪至白马井和九所至八所改建工程
	九所互通式立交桥	54.10	20.00	5.10	道路、铁路	简支梁桥	G98	邦溪至白马井和九所至八所改建工程
	跨线桥3-010	51.70	20.00	5.30	道路、铁路	简支梁桥	G98	邦溪至白马井和九所至八所改建工程
	赤塘小桥	34.50	20.00	5.20	道路、铁路	简支梁桥	G98	邦溪至白马井和九所至八所改建工程
	跨线桥3-011	52.00	20.00	5.30	道路、铁路	简支梁桥	G98	邦溪至白马井和九所至八所改建工程
	跨线桥3-012	52.60	20.00	5.30	道路、铁路	简支梁桥	G98	邦溪至白马井和九所至八所改建工程
	官村小桥	33.00	20.00	4.20	道路、铁路	简支梁桥	G98	邦溪至白马井和九所至八所改建工程
	跨线桥3-013	52.60	20.00	5.40	道路、铁路	简支梁桥	G98	邦溪至白马井和九所至八所改建工程
	跨线桥3-014	52.60	20.00	5.30	道路、铁路	简支梁桥	G98	邦溪至白马井和九所至八所改建工程
	跨线桥3-015	52.60	20.00	5.30	道路、铁路	简支梁桥	G98	邦溪至白马井和九所至八所改建工程
	跨线桥3-016	52.60	20.00	5.30	道路、铁路	简支梁桥	G98	邦溪至白马井和九所至八所改建工程
	跨线桥3-017	52.60	20.00	5.00	道路、铁路	简支梁桥	G98	邦溪至白马井和九所至八所改建工程

续上表

规模	名 称	桥长（m）	主跨长度（m）	桥底净高（m）	跨越障碍物	桥型	路线代码	所 在 路 段
中桥	跨线桥3-018	52.60	20.00	5.30	道路、铁路	简支梁桥	G98	邦溪至白马井和九所至八所改建工程
	跨线桥3-019	52.60	20.00	5.50	道路、铁路	简支梁桥	G98	邦溪至白马井和九所至八所改建工程
	跨线桥3-020	52.60	20.00	5.40	道路、铁路	简支梁桥	G98	邦溪至白马井和九所至八所改建工程
	跨线桥3-021	52.60	20.00	5.00	道路、铁路	简支梁桥	G98	邦溪至白马井和九所至八所改建工程
	黄流立交桥	54.20	20.00	5.40	道路、铁路	简支梁桥	G98	邦溪至白马井和九所至八所改建工程
	跨线桥3-022	52.60	20.00	5.70	道路、铁路	简支梁桥	G98	邦溪至白马井和九所至八所改建工程
	跨线桥3-023	53.20	20.00	5.50	道路、铁路	简支梁桥	G98	邦溪至白马井和九所至八所改建工程
	跨线桥3-024	52.00	20.00	5.20	道路、铁路	简支梁桥	G98	邦溪至白马井和九所至八所改建工程
	跨线桥3-025	52.00	20.00	5.10	道路、铁路	简支梁桥	G98	邦溪至白马井和九所至八所改建工程
	跨线桥3-026	52.00	20.00	5.20	道路、铁路	简支梁桥	G98	邦溪至白马井和九所至八所改建工程
	溪子河中桥	87.00	20.00	4.50	河流	简支梁桥	G98	邦溪至白马井和九所至八所改建工程
	尖峰立交桥	68.84	20.00	4.30	道路、铁路	简支梁桥	G98	邦溪至白马井和九所至八所改建工程
	跨线桥3-027	52.00	20.00	5.40	道路、铁路	简支梁桥	G98	邦溪至白马井和九所至八所改建工程
	跨线桥3-028	52.60	20.00	5.20	道路、铁路	简支梁桥	G98	邦溪至白马井和九所至八所改建工程
	天桥(K6+546)	77.16	20.00	6.30	道路、铁路	连续梁桥	S21	海屯高速公路(一)海南省中线海口至屯昌段K5+780～K57+400(海口段)

附录二

海南高速公路相关数据和图表

续上表

规模	名　称	桥长(m)	主跨长度(m)	桥底净高(m)	跨越障碍物	桥型	路线代码	所在路段
中桥	汽车天桥(K7+230)	77.16	20.00	5.80	道路、铁路	连续梁桥	S21	海屯高速公路(一)海南省中线海口至屯昌段K5+780~K57+401(海口段)
	机耕天桥(K7+734)	82.16	20.00	5.90	道路、铁路	连续梁桥	S21	海屯高速公路(一)海南省中线海口至屯昌段K5+780~K57+402(海口段)
	永兴互通式立交桥	85.00	20.00	6.00	道路、铁路	简支梁桥	S21	海屯高速公路(一)海南省中线海口至屯昌段K5+780~K57+403(海口段)
	汽车天桥(K10+675)	87.16	20.00	6.20	道路、铁路	简支梁桥	S21	海屯高速公路(一)海南省中线海口至屯昌段K5+780~K57+404(海口段)
	中桥(K14+900)	70.80	20.00	5.70	道路、铁路	简支梁桥	S21	海屯高速公路(一)海南省中线海口至屯昌段K5+780~K57+405(海口段)
	天桥(K18+110)	87.16	20.00	5.80	道路、铁路	简支梁桥	S21	海屯高速公路(一)海南省中线海口至屯昌段K5+780~K57+406(海口段)
	汽车天桥(K19+910)	83.16	20.00	5.80	道路、铁路	简支梁桥	S21	海屯高速公路(一)海南省中线海口至屯昌段K5+780~K57+407(海口段)
	车行天桥(K39+010)	78.00	20.00	5.90	道路、铁路	简支梁桥	S21	海屯高速公路(一)海南省中线海口至屯昌段K5+780~K57+408(海口段)
	车行天桥(K40+180)	96.00	25.00	6.00	道路、铁路	简支梁桥	S21	海屯高速公路(一)海南省中线海口至屯昌段K5+780~K57+409(海口段)
	车行天桥(K41+780)	78.00	20.00	5.90	道路、铁路	简支梁桥	S21	海屯高速公路(一)海南省中线海口至屯昌段K5+780~K57+410(海口段)
	天桥(K42+288)	96.00	25.00	5.70	道路、铁路	简支梁桥	S21	海屯高速公路(一)海南省中线海口至屯昌段K5+780~K57+411(海口段)

续上表

规模	名称	桥长（m）	主跨长度（m）	桥底净高（m）	跨越障碍物	桥型	路线代码	所在路段
中桥	天桥（K43+330）	96.00	25.00	5.40	道路、铁路	简支梁桥	S21	海屯高速公路（一）海南省中线海口至屯昌段 K5+780~K57+412（海口段）
	新吴互通式立交跨线桥（K43+849.332）	96.00	25.00	6.00	道路、铁路	简支梁桥	S21	海屯高速公路（一）海南省中线海口至屯昌段 K5+780~K57+413（海口段）
	车行天桥（K53+925）	78.00	20.00	7.20	道路、铁路	简支梁桥	S21	海屯高速公路（一）海南省中线海口至屯昌段 K5+780~K57+414（海口段）
	车行天桥（K60+050）	78.00	20.00	6.80	道路、铁路	简支梁桥	S21	海屯高速公路（一）海南省中线海口至屯昌段 K5+780~K57+415（海口段）
	同文分离式立交主线桥（K60+680）	66.04	20.00	5.60	道路、铁路	简支梁桥	S21	海屯高速公路（一）海南省中线海口至屯昌段 K5+780~K57+416（海口段）
	车行天桥（K63+850）	98.55	25.00	6.80	道路、铁路	简支梁桥	S21	海屯高速公路（二）海口至屯昌高速公路 K57+400~K71+500（屯昌段）
	东兴1桥	65.00	20.00	5.87	沟谷	简支梁桥	S21	海屯高速公路（一）海南省中线海口至屯昌段 K5+780~K57+418（海口段）
	美向互通式立交桥	97.00	25.00	5.70	道路、铁路	连续梁桥	S21	海屯高速公路（一）海南省中线海口至屯昌段 K5+780~K57+419（海口段）
	机耕天桥（K25+880）	85.16	20.00	6.00	道路、铁路	简支梁桥	S21	海屯高速公路（一）海南省中线海口至屯昌段 K5+780~K57+420（海口段）
	天桥（K26+683）	88.16	20.00	6.10	道路、铁路	连续梁桥	S21	海屯高速公路（一）海南省中线海口至屯昌段 K5+780~K57+421（海口段）
	天桥（K28+900）	59.04	25.00	6.30	道路、铁路	简支梁桥	S21	海屯高速公路（一）海南省中线海口至屯昌段 K5+780~K57+422（海口段）

附录二
海南高速公路相关数据和图表

续上表

规模	名称	桥长(m)	主跨长度(m)	桥底净高(m)	跨越障碍物	桥型	路线代码	所在路段
中桥	永大立交桥	77.16	20.00	7.20	道路、铁路	连续梁桥	S21	海屯高速公路(一)海南省中线海口至屯昌段 K5+780~K57+423(海口段)
	永发互通式立交桥	87.30	20.00	5.20	道路、铁路	简支梁桥	S21	海屯高速公路(一)海南省中线海口至屯昌段 K5+780~K57+424(海口段)
	后坡中桥(K32+616)	67.29	20.00	5.40	河流	简支梁桥	S21	海屯高速公路(一)海南省中线海口至屯昌段 K5+780~K57+425(海口段)
	天桥(K36+380)	60.00	25.00	6.00	道路、铁路	连续梁桥	S21	海屯高速公路(一)海南省中线海口至屯昌段 K5+780~K57+426(海口段)
	村内中桥(K36+595)	60.00	16.00	8.00	河流	简支梁桥	S21	海屯高速公路(一)海南省中线海口至屯昌段 K5+780~K57+427(海口段)
	大桥(K36+885)	60.00	25.00	5.90	道路、铁路	连续梁桥	S21	海屯高速公路(一)海南省中线海口至屯昌段 K5+780~K57+428(海口段)
	新澄线分离式立交桥(K46+545)	78.00	20.00	6.10	道路、铁路	简支梁桥	S21	海屯高速公路(一)海南省中线海口至屯昌段 K5+780~K57+429(海口段)
	云文线分离式立交桥(K49+278.894)	96.00	25.00	6.20	道路、铁路	简支梁桥	S21	海屯高速公路(一)海南省中线海口至屯昌段 K5+780~K57+430(海口段)
	天桥(K51+092)	60.04	25.00	5.80	道路、铁路	简支梁桥	S21	海屯高速公路(一)海南省中线海口至屯昌段 K5+780~K57+431(海口段)
	天桥(K56+650)	78.00	20.00	5.90	道路、铁路	简支梁桥	S21	海屯高速公路(一)海南省中线海口至屯昌段 K5+780~K57+432(海口段)
	红岗互通式立交跨线桥(K58+585.068)	96.00	25.00	6.80	道路、铁路	简支梁桥	S21	海屯高速公路(一)海南省中线海口至屯昌段 K5+780~K57+433(海口段)

续上表

规模	名称	桥长（m）	主跨长度（m）	桥底净高（m）	跨越障碍物	桥型	路线代码	所在路段
中桥	天桥	66.04	16.00	5.30	道路、铁路		S11	海文高速公路（二）桂林洋至三江段
	天桥1	56.00	16.00	5.30	道路、铁路		S11	海文高速公路（二）桂林洋至三江段
	天桥2	56.04	16.00	5.30	道路、铁路		S11	海文高速公路（二）桂林洋至三江段
	中桥	37.50	16.00	6.40	河流		S11	海文高速公路（二）桂林洋至三江段
	荆巴河中桥	68.60	20.00	5.00	河流		S11	海文高速公路（二）桂林洋至三江段
	演丰河中桥	68.84	16.00	7.00	河流		S11	海文高速公路（二）桂林洋至三江段
	天桥3	56.04	16.00	5.30	道路、铁路		S11	海文高速公路（二）桂林洋至三江段
	竹家山中桥	34.00	20.00	3.00	道路、铁路		S11	海文高速公路（二）桂林洋至三江段
	丁荣河桥	85.00	16.00	9.00	道路、铁路		S11	海文高速公路（二）桂林洋至三江段
	天桥4	56.04	16.00	5.50	道路、铁路		S11	海文高速公路（二）桂林洋至三江段
	道门中桥	24.80	20.00	4.00	河流		S11	海文高速公路（二）桂林洋至三江段
	上东中桥	53.00	16.00	3.70	河流		S11	海文高速公路（二）桂林洋至三江段
	南阳一桥	100.84	16.00	7.30	河流		S11	海文高速公路（二）桂林洋至三江段
	美潭河中桥	53.00	16.00	4.80	河流		S11	海文高速公路（二）桂林洋至三江段
	南阳河二桥	53.00	16.00	8.00	河流		S11	海文高速公路（二）桂林洋至三江段
	天桥5	56.04	16.00	5.10	道路、铁路		S11	海文高速公路（二）桂林洋至三江段

附录二
海南高速公路相关数据和图表

续上表

规模	名 称	桥长(m)	主跨长度(m)	桥底净高(m)	跨越障碍物	桥型	路线代码	所 在 路 段
中桥	天桥6	56.04	16.00	5.10	道路、铁路		S11	海文高速公路(二)桂林洋至三江段
	美兰互通式立交桥	84.60	20.00	5.40	道路、铁路		S11	海文高速公路(二)桂林洋至三江段
	天桥7	56.04	16.00	5.30	道路、铁路		S11	海文高速公路(二)桂林洋至三江段
	天桥8	56.04	16.00	5.30	道路、铁路		S11	海文高速公路(二)桂林洋至三江段
	天桥9	56.04	16.00	5.30	道路、铁路		S11	海文高速公路(二)桂林洋至三江段
	天桥10	56.04	16.00	5.50	道路、铁路		S11	海文高速公路(二)桂林洋至三江段
	天桥11	56.04	16.00	5.30	道路、铁路		S11	海文高速公路(二)桂林洋至三江段
	天桥12	56.04	16.00	5.30	道路、铁路		S11	海文高速公路(二)桂林洋至三江段
	天桥13	56.04	16.00	5.40	道路、铁路		S11	海文高速公路(二)桂林洋至三江段
	天桥14	56.04	16.00	5.50	道路、铁路		S11	海文高速公路(二)桂林洋至三江段
	罗牛山立交桥	56.04	16.00	5.40	道路、铁路		S11	海文高速公路(二)桂林洋至三江段
	天桥15	52.04	20.00	5.40	道路、铁路		S11	海文高速公路(二)桂林洋至三江段
	天桥16	56.04	16.00	5.40	道路、铁路		S11	海文高速公路(二)桂林洋至三江段
	天桥17	85.00	20.00	5.30	道路、铁路		S11	海文高速公路(一)三江至文昌段
	天桥19	50.10	20.00	5.30	道路、铁路		S11	海文高速公路(一)三江至文昌段
	天桥20	72.04	16.00	5.30	道路、铁路		S11	海文高速公路(一)三江至文昌段

续上表

规模	名 称	桥长 (m)	主跨长度 (m)	桥底净高 (m)	跨越障碍物	桥型	路线代码	所 在 路 段
中桥	三江立交桥	69.40	16.00	5.40	道路、铁路		S11	海文高速公路（一）三江至文昌段
	天桥21	66.04	16.00	5.30	道路、铁路		S11	海文高速公路（一）三江至文昌段
	天桥22	68.00	17.00	5.40	道路、铁路		S11	海文高速公路（一）三江至文昌段
	天桥23	51.00	20.00	5.50	道路、铁路		S11	海文高速公路（一）三江至文昌段
	天桥24	52.00	20.00	5.60	道路、铁路		S11	海文高速公路（一）三江至文昌段
	天桥25	53.00	20.00	6.00	道路、铁路		S11	海文高速公路（一）三江至文昌段
	天桥26	71.00	16.00	5.30	道路、铁路		S11	海文高速公路（一）三江至文昌段
	天桥27	68.04	16.00	5.30	道路、铁路		S11	海文高速公路（一）三江至文昌段
	天桥28	53.00	20.00	5.35	道路、铁路		S11	海文高速公路（一）三江至文昌段
	大致坡立交桥	69.00	16.00	5.50	道路、铁路		S11	海文高速公路（一）三江至文昌段
	天桥30	68.00	16.00	5.30	道路、铁路		S11	海文高速公路（一）三江至文昌段
	天桥31	70.04	16.00	5.30	道路、铁路		S11	海文高速公路（三）海文高速公路（改建）
	中桥	84.60	16.00	3.80	河流		S11	海文高速公路（三）海文高速公路（改建）
	中桥	36.84	16.00	4.70	河流		S11	海文高速公路（三）海文高速公路（改建）
	罗宋河中桥	68.84	16.00	5.00	河流		S11	海文高速公路（三）海文高速公路（改建）
	天桥32	70.04	16.00	5.30	道路、铁路		S11	海文高速公路（三）海文高速公路（改建）

附录二

海南高速公路相关数据和图表

续上表

规模	名　　称	桥长（m）	主跨长度（m）	桥底净高（m）	跨越障碍物	桥型	路线代码	所 在 路 段
中桥	东渠河中桥	62.84	16.00	2.80	河流		S11	海文高速公路(三)海文高速公路(改建)
	中桥	68.80	16.00	5.00	河流		S11	海文高速公路(三)海文高速公路(改建)
	中桥	68.80	16.00	7.10	河流		S11	海文高速公路(三)海文高速公路(改建)
	中桥	52.80	16.00	5.00	河流		S11	海文高速公路(三)海文高速公路(改建)
	天桥33	57.40	16.00	5.10	道路、铁路		S11	海文高速公路(三)海文高速公路(改建)
	天桥34	67.00	16.00	5.30	道路、铁路		S11	海文高速公路(三)海文高速公路(改建)
	天桥35	52.00	20.00	5.40	道路、铁路		S11	海文高速公路(三)海文高速公路(改建)
	潭牛立交桥	70.00	20.00	5.70	道路、铁路		S11	海文高速公路(三)海文高速公路(改建)
	天桥36	52.10	20.00	5.40	道路、铁路		S11	海文高速公路(三)海文高速公路(改建)
	天桥37	52.00	20.00	5.40	道路、铁路		S11	海文高速公路(三)海文高速公路(改建)
	天桥38	56.60	16.00	5.20	道路、铁路		S11	海文高速公路(三)海文高速公路(改建)
	天桥39	52.00	20.00	5.40	道路、铁路		S11	海文高速公路(三)海文高速公路(改建)
	天桥40	70.00	16.00	5.30	道路、铁路		S11	海文高速公路(三)海文高速公路(改建)
	天桥41	52.00	20.00	5.30	道路、铁路		S11	海文高速公路(三)海文高速公路(改建)
	天桥42	56.60	16.00	5.60	道路、铁路		S11	海文高速公路(三)海文高速公路(改建)
	天桥43	68.00	16.00	5.50	道路、铁路		S11	海文高速公路(三)海文高速公路(改建)

续上表

规模	名　称	桥长（m）	主跨长度（m）	桥底净高（m）	跨越障碍物	桥型	路线代码	所 在 路 段
中桥	天桥44	70.00	16.00	5.20	道路、铁路		S11	海文高速公路(三)海文高速公路(改建)
	天桥29	72.00	16.00	5.40	道路、铁路		S11	海文高速公路(三)海文高速公路(改建)
	龙桥互通式立交桥（4座小桥）	63.00	22.00	5.70	道路、铁路	简支梁桥	S82	
	跨线桥	87.00	23.00	5.80	道路、铁路	简支梁桥	S82	
	机场互通式立交桥	85.00	22.00	5.50	道路、铁路	简支梁桥	S82	
	中桥	54.30	20.00	5.60	河流	简支梁桥	S84	
	火车天桥	102.00	32.00	5.40	道路、铁路	简支梁桥	S84	
	中桥（K128+881）	左幅：45 右幅：125	20	9.86	沟谷	连续梁桥	G9811	琼乐高速公路
	中桥（K130+665）	85	20	10.54	沟谷	连续梁桥	G9811	琼乐高速公路
	中桥（K152+628）	65	20	6.5	沟谷	连续梁桥	G9811	琼乐高速公路
	中桥（K152+935）	85	20	9	沟谷	连续梁桥	G9811	琼乐高速公路
	互通B匝道桥（BK0+123）	65	20	13.00	沟谷	连续梁桥	G9811	琼乐高速公路
	互通D匝道桥（DK0+467）	65	20	13.00	沟谷	连续梁桥	G9811	琼乐高速公路
	新丰村1号中桥（K165+140）	65	20	7.50		连续梁桥	G9811	琼乐高速公路
	南冲中桥	左幅:69 右幅:72	20	14.7	沟谷	连续梁桥	G9811	琼乐高速公路
	空共中桥	65	20	20	沟谷	连续梁桥	G9811	琼乐高速公路
	牙日中桥	65	20	6	沟谷	连续梁桥	G9811	琼乐高速公路
	通什中桥	60	20	11.5	河流	连续梁桥	G9811	琼乐高速公路
	A匝道桥（AK1+484.549）	95.6	20+20+25+20（现浇）	6.5	道路、铁路	连续梁桥	G9811	琼乐高速公路

附录二
海南高速公路相关数据和图表

续上表

规模	名　　称	桥长(m)	主跨长度(m)	桥底净高(m)	跨越障碍物	桥型	路线代码	所　在　路　段
中桥	红毛互通式立交跨线桥(SK0+594.043)	85	20	7	沟谷	连续梁桥	G9811	琼乐高速公路
	五指山互通 D 匝道桥	205.68	25	28.92	沟谷		G9811	琼乐高速公路
	五指山互通 A2 匝道桥	205.68	25	28.75	沟谷		G9811	琼乐高速公路
	番阳互通 L 匝道桥	101.6	26(现浇)	13.75	道路、铁路	连续梁桥	G9811	琼乐高速公路
	五指山互通 C 匝道桥	247.08	20(现浇)	15.5	道路、铁路	连续梁桥	G9811	琼乐高速公路
	五指山互通 A1 匝道桥	62.4	28(现浇)	6.34	道路、铁路	连续梁桥	G9811	琼乐高速公路
	匝道 1 号桥(AK0+110A)	165	20	15	河流	连续梁桥	G9811	琼乐高速公路
	匝道 2 号桥(AK1+464A)	86.4	25+30+25	10	沟谷	连续梁桥	G9811	琼乐高速公路
	匝道 1 号桥(CK0+340C)	86.4	25+30+25	15	沟谷	连续梁桥	G9811	琼乐高速公路
	匝道 2 号桥(CK0+560C)	165	20	15	沟谷	连续梁桥	G9811	琼乐高速公路
	匝道桥(DK0+310D)	156.4	30	15	沟谷	简支梁桥	G9811	琼乐高速公路
	分离式立交桥(K124+720)	77	20+32+20(现浇)	5.5	道路、铁路	连续梁桥	G9811	琼乐高速公路
	分离式立交桥(K140+207)	56.6	6.5	7.6	沟谷	连续梁桥	G9811	琼乐高速公路
	分离式立交桥(K140+668)	77	20.32	16.5	沟谷	连续梁桥	G9811	琼乐高速公路
	毛道分离式立式桥	72	32	10.6	沟谷		G9811	琼乐高速公路
	洋老中桥	65	60	5.6		简支梁桥	G9811	琼乐高速公路
	永明中桥	30	20	5.2		简支梁桥	G9811	琼乐高速公路
	力高水库中桥	606	53	4	沟谷	连续梁桥	G9811	琼乐高速公路

续上表

规模	名 称	桥长(m)	主跨长度(m)	桥底净高(m)	跨越障碍物	桥型	路线代码	所 在 路 段
中桥	老村1号中桥	100	65	3	道路、铁路	连续梁桥	G9811	琼乐高速公路
	老村2号中桥	140	65	5	道路、铁路	连续梁桥	G9811	琼乐高速公路
	向阳村中桥	200	65	5	道路、铁路	连续梁桥	G9811	琼乐高速公路
	浅营山中桥	124	66.4	8	道路、铁路	简支梁桥	G9811	琼乐高速公路
	山荣中桥	124	53	3	沟谷	连续梁桥	G9811	琼乐高速公路
	B匝道桥	505.5	53	4	沟谷	连续梁桥	G9811	琼乐高速公路
	番豆水库中桥	505.5	85	6	沟谷	连续梁桥	G9811	琼乐高速公路
	后黎水库天桥	129.8	77	5.5	道路、铁路	连续梁桥	G9811	琼乐高速公路
	昂外天桥	100	77	5.5	道路、铁路	连续梁桥	G9811	琼乐高速公路
	汽车通道	120	53	5.5	道路、铁路	连续梁桥	G9811	琼乐高速公路
	楠樟沟中桥	80.6	25	17	沟谷	连续梁桥	G9811	琼乐高速公路
	茅坡中桥	53	16	7	河流	连续梁桥	G9811	琼乐高速公路
	长茅水库西渠1号中桥	60	20	6.4	河流	连续梁桥	G9811	琼乐高速公路
	长茅水库西渠2号中桥	25	20	0	河流	简支梁桥	G9811	琼乐高速公路
	石门互通式立交跨线桥	89	30	5.5	道路、铁路	连续梁桥	G9811	琼乐高速公路
	崩塘园中桥	81	25	6.8	沟谷	连续梁桥	G9811	琼乐高速公路
	冲坡分离式立交桥	33	20	5	道路、铁路	简支梁桥	G9811	琼乐高速公路
	环岛高速1号桥	96	30	5.5	道路、铁路	连续梁桥	G9811	琼乐高速公路
	环岛高速2号桥	97	30	5.5	道路、铁路	连续梁桥	G9811	琼乐高速公路
	D匝道1号桥	95	25	5.5	道路、铁路	连续梁桥	G9811	琼乐高速公路
	D匝道2号桥	96	30	5.5	道路、铁路	连续梁桥	G9811	琼乐高速公路
	J匝道桥	96	30	5.5	道路、铁路	连续梁桥	G9811	琼乐高速公路
	X791分离式立交桥	96	30	5.2	道路、铁路	连续梁桥	G9811	琼乐高速公路
	抱善村天桥	77	32	5.5	道路、铁路	连续梁桥	G9811	琼乐高速公路
	抱梅村1号中桥	77	32	5.5	道路、铁路	连续梁桥	G9811	琼乐高速公路
	抱梅村2号中桥	78	32	10	道路、铁路	连续梁桥	G9811	琼乐高速公路
	长坑天桥	105	39	5.5	道路、铁路	连续梁桥	G9811	琼乐高速公路
	茅坡天桥	77	32	5.5	道路、铁路	连续梁桥	G9811	琼乐高速公路
	集中园天桥	77	32	5.5	道路、铁路	连续梁桥	G9811	琼乐高速公路

附录二

海南高速公路相关数据和图表

续上表

规模	名　　称	桥长（m）	主跨长度（m）	桥底净高（m）	跨越障碍物	桥型	路线代码	所 在 路 段
中桥	迈号互通式立交S201跨线桥	97.06	28	5	道路、铁路	连续梁桥	G9812	文琼高速公路
	新宅六村中桥	57.06	13	4.2	沟谷	连续梁桥	G9812	文琼高速公路
	田库翁村中桥	86.06	20	4.3	沟谷	连续梁桥	G9812	文琼高速公路
	汽车天桥（K68+975）	57.06	25	5	道路、铁路	连续梁桥	G9812	文琼高速公路
	机耕天桥（K69+888）	57.06	25	5	道路、铁路	连续梁桥	G9812	文琼高速公路
	汽车天桥（K70+795）	57.06	25	5	道路、铁路	连续梁桥	G9812	文琼高速公路
	莲琅村中桥	44.06	13	5.2	沟谷	连续梁桥	G9812	文琼高速公路
	汽车天桥（K71+646）	89.06	25	5	道路、铁路	连续梁桥	G9812	文琼高速公路
	会文互通式立交Y470上跨主线桥	67.06	30	5	道路、铁路	连续梁桥	G9812	文琼高速公路
	湖丰村中桥	66.06	20	6.1	沟谷	连续梁桥	G9812	文琼高速公路
	汽车天桥（K74+035）	79.06	20	5	道路、铁路	连续梁桥	G9812	文琼高速公路
	汽车天桥（K74+768）	57.06	25	5	道路、铁路	连续梁桥	G9812	文琼高速公路
	机耕天桥（K75+341）	57.06	25	5	道路、铁路	连续梁桥	G9812	文琼高速公路
	冯家湾互通式立交X201上跨主线桥	71.06	32	5	道路、铁路	连续梁桥	G9812	文琼高速公路
	山潮村中桥	66.06	20	7.2	道路、铁路	连续梁桥	G9812	文琼高速公路
	机耕天桥（K79+120）	57.06	25	5	道路、铁路	连续梁桥	G9812	文琼高速公路
	机耕天桥（K79+612）	57.06	25	5	道路、铁路	连续梁桥	G9812	文琼高速公路
	长九水库中桥	44.06	13	4.6	沟谷	连续梁桥	G9812	文琼高速公路
	机耕天桥（K81+130）	79.06	20	9.6	道路、铁路	连续梁桥	G9812	文琼高速公路

续上表

规模	名 称	桥长 （m）	主跨 长度 （m）	桥底 净高 （m）	跨越 障碍物	桥型	路线 代码	所 在 路 段
中桥	人行天桥（K83+230）	57.06	25	5.7	道路、铁路	连续梁桥	G9812	文琼高速公路
	机耕天桥（K83+845）	57.06	25	5.9	道路、铁路	连续梁桥	G9812	文琼高速公路
	机耕天桥（K84+833）	57.06	25	5.9	道路、铁路	连续梁桥	G9812	文琼高速公路
	长坡互通式立交主线桥	97.06	30	5.2	道路、铁路	连续梁桥	G9812	文琼高速公路
	边界村中桥	44.04	13	4.95	道路、铁路	连续梁桥	G9812	文琼高速公路
	S213跨线桥	63.06	28	5	道路、铁路	连续梁桥	G9812	文琼高速公路
	A线桥	83.53	20	7.381		连续梁桥	G9812	文琼高速公路
	B线桥	63.53	20	8.067		连续梁桥	G9812	文琼高速公路
	C线桥	63.53	20	8.161		连续梁桥	G9812	文琼高速公路
	D线桥	83.53	20	6.985		连续梁桥	G9812	文琼高速公路
	G223跨线桥	83.06	25	5.5	道路、铁路	连续梁桥	G9812	文琼高速公路
	D线桥	134.06	35	10.641	道路、铁路	连续梁桥	G9812	文琼高速公路
	E线桥	44.06	13	7.009	沟谷	连续梁桥	G9812	文琼高速公路
	H线1号桥	44.06	13	6.225	沟谷	连续梁桥	G9812	文琼高速公路
	H线2号桥	66.06	20	9.322	道路、铁路	连续梁桥	G9812	文琼高速公路
	H线3号桥	137.06	35	10.281	道路、铁路	连续梁桥	G9812	文琼高速公路
	岭头村中桥	50.3	13	4.3	河流	简支梁桥	G9812	文琼高速公路
	官田中桥	50.3	13	4.5	道路、铁路	简支梁桥	G9812	文琼高速公路
	沙埔村中桥	49.85	13	8	河流	简支梁桥	G9812	文琼高速公路
	社学村中桥	64	19	3.5	道路、铁路	连续梁桥	G9812	文琼高速公路
	下屯四村中桥	61	13	4.4	河流	简支梁桥	G9812	文琼高速公路
	昌文村中桥	64	13	2.8	河流	简支梁桥	G9812	文琼高速公路
	高境村中桥	84.04	13	7.7	河流	简支梁桥	G9812	文琼高速公路
	石四村中桥	84.04	20	4.3	河流	简支梁桥	G9812	文琼高速公路
	赤兰树村中桥	69.88	20	7.1	河流	简支梁桥	G9812	文琼高速公路
	X201分离式立交上跨主线桥	66.06	20	5	道路、铁路	简支梁桥	G9812	文琼高速公路
	龙湾互通LW线跨线桥	57.06	25	5	道路、铁路	连续梁桥	G9812	文琼高速公路

附录二 海南高速公路相关数据和图表

续上表

规模	名 称	桥长 (m)	主跨长度 (m)	桥底净高 (m)	跨越障碍物	桥型	路线代码	所 在 路 段
中桥	汽车天桥(K90+232)	57.06	25	5	道路、铁路	连续梁桥	G9812	文琼高速公路
	人行天桥(K90+577)	79.06	20	5	道路、铁路	连续梁桥	G9812	文琼高速公路
	人行天桥(K91+102.5)	57.06	25	5	道路、铁路	连续梁桥	G9812	文琼高速公路
	机耕天桥(K92+711)	57.06	25	5	道路、铁路	连续梁桥	G9812	文琼高速公路
	汽车天桥(K93+455)	57.06	25	5	道路、铁路	连续梁桥	G9812	文琼高速公路
	机耕天桥(K93+880)	57.06	25	5	道路、铁路	连续梁桥	G9812	文琼高速公路
	汽车天桥(K94+317.5)	57.06	25	5	道路、铁路	连续梁桥	G9812	文琼高速公路
	人行天桥(K95+296)	57.06	25	5	道路、铁路	连续梁桥	G9812	文琼高速公路
	汽车天桥(K95+619)	57.06	25	5	道路、铁路	连续梁桥	G9812	文琼高速公路
	人行天桥(K97+061)	57.06	25	5	道路、铁路	连续梁桥	G9812	文琼高速公路
	汽车天桥(K97+496)	57.06	25	5	道路、铁路	连续梁桥	G9812	文琼高速公路
	机耕天桥(K98+165)	57.06	25	5	道路、铁路	连续梁桥	G9812	文琼高速公路
	机耕天桥(K98+822)	57.06	25	5	道路、铁路	连续梁桥	G9812	文琼高速公路
	汽车天桥(K99+774)	89.06	25	5	道路、铁路	连续梁桥	G9812	文琼高速公路
	汽车天桥(K100+103.5)	79.06	20	5	道路、铁路	连续梁桥	G9812	文琼高速公路
	汽车天桥(K101+903)	57.06	25	5	道路、铁路	连续梁桥	G9812	文琼高速公路
	机耕天桥(K102+674.5)	57.06	25	5	道路、铁路	连续梁桥	G9812	文琼高速公路

续上表

规模	名称	桥长(m)	主跨长度(m)	桥底净高(m)	跨越障碍物	桥型	路线代码	所在路段
中桥	机耕天桥（K103+575）	57.06	25	5	道路、铁路	连续梁桥	G9812	文琼高速公路
	乌土村中桥（K60+761.9）	66.06	20	1.8	河流	连续梁桥	G9812	文琼高速公路
	边城村中桥（K63+529.4）	44.06	13	3.6	河流	简支梁桥	G9812	文琼高速公路
	英城互通式立交跨线桥（K51+299.625）	67.06	30	5	道路、铁路	连续梁桥	G9812	文琼高速公路
	南阳互通式立交S205跨线桥（K54+773.612）	57.06	25	5	道路、铁路	连续梁桥	G9812	文琼高速公路
	清澜互通式立交名门李村中桥（K60+339.9）	86.06	20	3.2	河流	连续梁桥	G9812	文琼高速公路
	清澜互通式立交旅游快速干道跨渠桥（K59+561.665）	66.06	20	2.1	河流	连续梁桥	G9812	文琼高速公路
	汽车天桥（K57+080.0）	57.06	25	5	道路、铁路	连续梁桥	G9812	文琼高速公路
	机耕天桥（K58+592.9）	55.7	25	5	道路、铁路	连续梁桥	G9812	文琼高速公路
	人行天桥（K58+812.9）	57.06	25	5	道路、铁路	连续梁桥	G9812	文琼高速公路
	汽车天桥（K64+688.9）	79.06	20	5	道路、铁路	连续梁桥	G9812	文琼高速公路
	渡槽（K64+746.9）	59.94	25	5	道路、铁路	连续梁桥	G9812	文琼高速公路
	汽车天桥（K65+887.0）	57.06	25	5	道路、铁路	连续梁桥	G9812	文琼高速公路
	会山互通主线上跨X350中桥	80.6	25	5	道路、铁路	连续梁桥	G9813	万洋高速公路
	火炬分离式立交支线上跨桥	77.6	20	5	沟谷	简支梁桥、连续梁桥	G9813	万洋高速公路

附录二
海南高速公路相关数据和图表

续上表

规模	名 称	桥长(m)	主跨长度(m)	桥底净高(m)	跨越障碍物	桥型	路线代码	所 在 路 段
中桥	火炬分离式立交支线上跨桥	77.6	20	5	沟谷	简支梁桥、连续梁桥	G9813	万洋高速公路
	东平分离式立交支线上跨桥	77.6	20	5	沟谷	简支梁桥、连续梁桥	G9813	万洋高速公路
	东岭互通式立交X423上跨主线桥	96.4	25	5	道路、铁路	简支梁桥、连续梁桥	G9813	万洋高速公路
	美仔分离式立交支线上跨	77.6	20	5	道路、铁路	简支梁桥、连续梁桥	G9813	万洋高速公路
	南面堂分离式立交支线上跨	77.6	20	5	道路、铁路	简支梁桥、连续梁桥	G9813	万洋高速公路
	爱园分离式立交支线上跨	77.6	20	5	道路、铁路	简支梁桥、连续梁桥	G9813	万洋高速公路
	红星分离式立交支线上跨	77.6	20	5	道路、铁路	简支梁桥、连续梁桥	G9813	万洋高速公路
	主线上跨互通式立交连接线中桥	80.6	25	4.5	道路、铁路	简支梁桥	G9813	万洋高速公路
	青梯河支流中桥	53.6	16	5	河流	简支梁桥	G9813	万洋高速公路
	青梯河中桥	85.6	16	4.5	河流	简支梁桥	G9813	万洋高速公路
	牛班坡分离式立交支线上跨桥	77.6	20	5	道路、铁路	连续梁桥	G9813	万洋高速公路
	三埂河中桥	80.6	75	12.7	河流	连续梁桥	G9813	万洋高速公路
	榕木中桥	80.6	75	8	河流	连续梁桥	G9813	万洋高速公路
	乌石农场三二十队中桥	80.6	68.6	12	沟谷	连续梁桥	G9813	万洋高速公路
	阳江互通A匝道跨线桥	126.4	30	5.5	道路、铁路	连续梁桥	G9813	万洋高速公路
	松涛互通跨线桥	55.56	25	4.6	道路、铁路	简支梁桥	G9813	万洋高速公路
	莲花池中桥	96.4	30	5	沟谷	简支梁桥	G9813	万洋高速公路
	南罗分离式立交桥	65.6	20	4.5	道路、铁路	简支梁桥	G9813	万洋高速公路
	罗屋分离式立交桥	25	20		道路、铁路	简支梁桥	G9813	万洋高速公路
	兰洋互通式立交桥（LK0+577）	65	20	8.8	河流	简支梁桥	G9813	万洋高速公路

续上表

规模	名称	桥长(m)	主跨长度(m)	桥底净高(m)	跨越障碍物	桥型	路线代码	所在路段
	天桥（K111+520）	77.2	20	5.5	道路、铁路	简支梁桥	G9813	万洋高速公路
	通道桥（K113+095）	21.04	10	4.5	道路、铁路	简支梁桥	G9813	万洋高速公路
	通道桥（K117+154）	25.04	13	4.5	道路、铁路	简支梁桥	G9813	万洋高速公路
	板拱天桥（K121+740）	50.6	38	5.5	道路、铁路		G9813	万洋高速公路
	汽车天桥（K124+000）	77.16	20	5.5	道路、铁路	连续梁桥	G9813	万洋高速公路
	汽车天桥（K125+100）	77.16	20	5.5	道路、铁路	连续梁桥	G9813	万洋高速公路
	汽车天桥（K128+460）	77.16	20	5.5	道路、铁路	连续梁桥	G9813	万洋高速公路
	儋州互通式立交道桥	85	25	5.5	道路、铁路	连续梁桥	G9813	万洋高速公路
	通道桥（K128+140）	21.04	10	4.5	道路、铁路	简支梁桥	G9813	万洋高速公路
	松涛西干渠大桥	516.4	30	9	河流	简支梁桥	G9813	万洋高速公路
	金猫村中桥	80.6	25	10.5	河流	连续梁桥	G9813	万洋高速公路
中桥	天桥（K132+800）	77.16	20	5.5	道路、铁路	连续梁桥	G9813	万洋高速公路
	天桥（K133+535）	77.16	20	5.5	道路、铁路	连续梁桥	G9813	万洋高速公路
	天桥（K141+155）	77.16	20	5.5	道路、铁路	连续梁桥	G9813	万洋高速公路
	天桥（K143+210）	77.16	20	5.5	道路、铁路	连续梁桥	G9813	万洋高速公路
	天桥（K145+500）	77.16	20	5.5	道路、铁路	连续梁桥	G9813	万洋高速公路
	王五互通式立交主线桥	80.6	25	5.0	道路、铁路	连续梁桥	G9813	万洋高速公路
	春江左低干渠中桥	45	20	4.0	道路、铁路	连续梁桥	G9813	万洋高速公路
	春江左高干渠中桥	45	20	4.0	道路、铁路	连续梁桥	G9813	万洋高速公路
	南工分离式立交桥	80.6	25	5.0	道路、铁路	连续梁桥	G9813	万洋高速公路
	天桥（K146+240）	77.16	20	5.5	道路、铁路	连续梁桥	G9813	万洋高速公路
	天桥（K149+220）	77.16	20	5.5	道路、铁路	连续梁桥	G9813	万洋高速公路
	天桥（K151+500）	77.16	20	5.5	道路、铁路	连续梁桥	G9813	万洋高速公路
	天桥（K152+680）	77.16	20	5.5	道路、铁路	连续梁桥	G9813	万洋高速公路
	天桥（K156+052）	77.16	20	5.5	道路、铁路	连续梁桥	G9813	万洋高速公路
	天桥（K157+580）	77.16	20	5.5	道路、铁路	连续梁桥	G9813	万洋高速公路
	天桥（K159+514）	77.16	20	5.5	道路、铁路	连续梁桥	G9813	万洋高速公路

附录二

海南高速公路相关数据和图表

续上表

规模	名称	桥长(m)	主跨长度(m)	桥底净高(m)	跨越障碍物	桥型	路线代码	所在路段
中桥	天桥(K161+680)	50.6	20	5.5	道路、铁路		G9813	万洋高速公路
	加丁中桥	65	20	5.5	河流		G9811	中线高速公路屯昌至琼中段
	良史中桥	81	25	13	河流		G9811	中线高速公路屯昌至琼中段
	跨线天桥	78	20	5.5	道路、铁路		G9811	中线高速公路屯昌至琼中段
	坡心互通式立交桥	81	25	5.5	道路、铁路		G9811	中线高速公路屯昌至琼中段
	村心中桥	65	20	6	道路、铁路		G9811	中线高速公路屯昌至琼中段
	加利坡中桥	65	20	9.8	河流		G9811	中线高速公路屯昌至琼中段
	跨线天桥1	78	20	5.5	道路、铁路		G9811	中线高速公路屯昌至琼中段
	跨线天桥2	78	20	5.2	道路、铁路		G9811	中线高速公路屯昌至琼中段
	南吕1号中桥	65	20	9	河流		G9811	中线高速公路屯昌至琼中段
	南吕2号中桥	36.04	16	10	道路、铁路		G9811	中线高速公路屯昌至琼中段
	岭背园天桥	78	20	0	道路、铁路		G9811	中线高速公路屯昌至琼中段
	岭门天桥	78	20	0	道路、铁路		G9811	中线高速公路屯昌至琼中段
	山寮天桥	78	20	0	道路、铁路		G9811	中线高速公路屯昌至琼中段
	山寮中桥	86	20	0	河流		G9811	中线高速公路屯昌至琼中段
	罗马天桥	78	20	0	道路、铁路		G9811	中线高速公路屯昌至琼中段
	水央中桥	86	20	0	河流		G9811	中线高速公路屯昌至琼中段
	乌石互通式立交跨线桥	46	30	0	道路、铁路		G9811	中线高速公路屯昌至琼中段
	新军中桥	66	20	0	河流		G9811	中线高速公路屯昌至琼中段
	琼中互通式立交跨线桥	101.5	30	0	道路、铁路		G9811	中线高速公路屯昌至琼中段
	加钗分离式立交桥	81	25	0	河流		G9811	中线高速公路屯昌至琼中段

注:桥涵按跨径分为:特大桥(多孔跨径总长 $L>1000m$ 或单孔跨径 $L_k>150m$);大桥($100m \leq$ 多孔跨径总长 $L \leq 1000m$ 或 $40m \leq$ 单孔跨径 $L_k \leq 150m$);中桥($30m<$ 多孔跨径总长 $L<100m$ 或 $20m<$ 单孔跨径 $L_k<40m$)。

海南省高速公路隧道汇总表

附表2-9

规模	名称	隧道全长(m)	隧道净宽(m)	按地质条件划分		按所在区域划分		备注
				土质隧道	石质隧道	山岭隧道	城市隧道	
长隧道	大茅洞隧道(右幅)	1140	10.25		√	√		东段高速公路陵水至田独段
	大茅洞隧道(左幅)	1162	10.25		√	√		东段高速公路陵水至三亚段
	迎宾隧道(左幅)	1170	11.600		√	√		三亚绕城高速公路

续上表

规模	名称	隧道全长(m)	隧道净宽(m)	隧道分类				备注
				按地质条件划分		按所在区域划分		
				土质隧道	石质隧道	山岭隧道	城市隧道	
长隧道	迎宾隧道(右幅)	1225	11.600		√	√		三亚绕城高速公路
	荔枝沟隧道(右幅)	1025	11.600		√	√		三亚绕城高速公路
	青岭隧道(右幅)	1140	10.250		√	√		西段高速公路九所至三亚段
	青岭隧道(左幅)	1140	10.250		√	√		西段高速公路九所至三亚段
中隧道	荔枝沟隧道(左幅)	995	7.150		√	√		三亚绕城高速公路
	凤凰隧道(左幅)	735	7.150		√	√		三亚绕城高速公路
	凤凰隧道(右幅)	635	7.150		√	√		三亚绕城高速公路
	酸梅隧道(左幅)	605	7.150		√	√		三亚绕城高速公路
	酸梅隧道(右幅)	655	7.150		√	√		三亚绕城高速公路
	插旗岭隧道(右幅)	522	11		√	√		琼中至乐东高速公路
	插旗岭隧道(左幅)	485	11		√	√		琼中至乐东高速公路
	鸡尾岭隧道(右幅)	605	11		√	√		万宁至洋浦高速公路
	鸡尾岭隧道(左幅)	598	11		√	√		万宁至洋浦高速公路
	竹络岭隧道(右幅)	525	14		√	√		国道G223 海榆东段亚龙湾至海棠湾公路改建工程
	竹络岭隧道(左幅)	524	14		√	√		国道G223 海榆东段亚龙湾至海棠湾公路改建工程
短隧道	牛岭隧道(右幅)	270	10.25		√	√		东段高速公路黄竹至陵水段
	牛岭隧道(左幅)	310	10.25		√	√		东段高速公路琼海至陵水段
	加章隧道(左幅)	406.000	10.750		√	√		中线高速公路屯昌至琼中段
	加章隧道(右幅)	403.000	10.750		√	√		中线高速公路屯昌至琼中段
	新平隧道(右幅)	486.000	10.750		√	√		中线高速公路屯昌至琼中段
	新平隧道(左幅)	494.000	10.750		√	√		中线高速公路屯昌至琼中段
	牙挽隧道(右幅)	225	11		√	√		琼中至乐东高速公路

附录二

海南高速公路相关数据和图表

续上表

规模	名称	隧道全长(m)	隧道净宽(m)	按地质条件划分 土质隧道	按地质条件划分 石质隧道	按所在区域划分 山岭隧道	按所在区域划分 城市隧道	备 注
短隧道	牙挽隧道(左幅)	225	11	√		√		琼中至乐东高速公路
	什运隧道(右幅)	392	11		√	√		琼中至乐东高速公路
	什运隧道(左幅)	480	11		√	√		琼中至乐东高速公路
	好道岭隧道(右幅)	178	11		√	√		琼中至乐东高速公路
	好道岭隧道(左幅)	165	11		√	√		琼中至乐东高速公路
	林岭隧道(右幅)	285	11		√	√		琼中至乐东高速公路
	林岭隧道(左幅)	280	11		√	√		琼中至乐东高速公路
	东岭隧道(右幅)	215	11		√	√		万宁至洋浦高速公路
	东岭隧道(左幅)	215	11		√	√		万宁至洋浦高速公路
	东太隧道(右幅)	300	11		√	√		万宁至洋浦高速公路
	东太隧道(左幅)	295	11		√	√		万宁至洋浦高速公路
	岭门互通A匝道隧道	218	10		√	√		万宁至洋浦高速公路
	岭门互通B匝道隧道	243	10		√	√		万宁至洋浦高速公路
	文城隧道	90	10.6	√		√		文昌至琼海高速公路

注:按照隧道的长度分为:特长隧道($L>3000m$),长隧道($1000m \leqslant L \leqslant 3000m$),中隧道($500m<L<1000m$),短隧道($L \leqslant 500m$)。

附录三

海南省高速公路发展规划图

一、海南省三十年公路交通建设成就

海南自解放特别是建省、建经济特区以来,交通运输事业经过30年发展发生了翻天覆地的巨变,同时打通了区域经济发展脉络。交通,已成为统筹海南城乡发展、加快城市化进程的"助力器"。海南交通基础设施建设快马加鞭,实现了历史性跨越,一个便捷、高效的综合交通运输体系正快速构建,立体交通已成为海南国际旅游岛建设的强大引擎。

二、改革开放前夕海南省公路交通

改革开放前,海南岛内交通道路等级低、路况差,通行能力严重不足。从南到北、从东到西,班车通常要跑一整天,出岛旅行更是大多数岛民的奢望。建省之初,海南没有一条高速公路,公路运输主要靠3条老国道,行路难成为当时最大社会问题。

三、海南省"田字形"高速公路规划示意图

1994年,海南开始酝酿建设中线高速公路。1995年,海口至永发段高速公路开工。

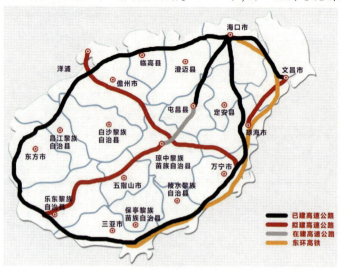

21世纪初的海南"田字形"高速公路发展规划图

2009年8月17日,中线高速公路海口到屯昌路段举行开工仪式。2012年5月31日,屯昌至琼中高速公路开工建设。2012年12月29日,海南省中部地区第一条高速公路——海口至屯昌高速公路正式建成通车。

2011年开始,海南按照"东西互动、南北并进"思路,全面启动"田字形"高速公路建设,努力实现交通基础设施建设大跨越。2015年5月30日,历经3年建设,全长46km的中线高速公路屯昌至琼中段顺利建成通车,全长约128.8km的琼中至五指山至乐东段隆重开建。2015年11月18日,文昌至博鳌、横向线路万宁至洋浦高速公路项目正式开工。3条在建高速公路总里程达357km,加上环岛高速公路和海屯高速公路,海南"田字形"高速公路网络轮廓开始显现。

四、海南省"县县通高速"发展规划

翻开最新版海南地图可看到,海南省各市县除三沙外,只剩保亭境内还未有高速公路经过,在建中的琼乐高速公路和万洋高速公路也只是分别擦过五指山和白沙一角。

海南"县县通高速"发展规划示意图

2017年海南省第七次党代会报告明确提出要实现"县县通高速"。海南省委书记刘赐贵强调,要全面提升交通基础设施建设水平,加快构建"田字形"高速公路主骨架,建设陆海空互联互通、无缝衔接的立体交通体系;五指山、保亭、白沙等高速公路连接线要在2017年全部开工,尽快实现"县县通高速"。

五指山至保亭至海棠湾高速公路、白沙快速出口路两个项目前期工作都在加快推进,于2018年底前全部完工,海南省"县县通高速"的目标得以实现。

附录四

海南省高速公路建设企业风采

筑金光大道的劲旅
——记海南省路桥投资建设有限公司

海南路桥工程建设,特别是海南高速公路工程建设历史上,一支不可或缺的工程施工队伍,就是海南省路桥投资建设有限公司(简称"路桥公司")。这家公司及其前身在海南经济特区三十载高速公路建设历程中屡立战功。从20世纪90年代建设G98海南环岛高速公路,到21世纪建设海南"田字形"高速公路网,海南省路桥投资建设有限公司功不可没,先后7次获得海南省政府颁发的"金光大道"奖。

海南省路桥投资建设有限公司于2006年4月4日正式成立,是省属国有重点监管企业,是海南省政府为改革交通投资建设体制、建立符合市场经济规律和新投资机制,于2006年通过整合重组而组建起来的高起点、高定位有限责任公司,公司注册资本金3亿元,法定代表人吴德海。

路桥公司承建的 G98 三亚绕城高速公路工程

海南省路桥投资建设有限公司不负重托,顺利整合了海南交通施工企业的优质资源,下设7个子公司,其中2个子公司有国家公路、桥梁工程总承包一级资质。现公司系统聚集了土木建筑、道路、桥梁、污水处理、工民建及房地产开发、资本运作等各类专业技术人才500余人,其中具有高级技术职称61人,国家一级项目经理(一级建造师)38人,具有初、中级技术职称的234人,同时拥有一大批国内及世界先进且专业的公路桥梁、路基等施工机械以及路面沥青摊铺机械等设备,具备承担大、中型工程项目建设施工管理及抢险救灾、战备应急任务的能力。公司经营范围覆盖全省,辐射全国,在四川、湖南、青海、福建、安徽、山西、广东、宁夏、重庆等省(自治区)、市都有大中型工程项目。

公司在桥梁、公路领域具有较强施工实力,先后参加了天新线雅亮大桥、三亚新风桥、万宁市太阳河分洪大桥等10座大桥建设,以及昌江县石碌至王下公路、琼中县长征至吊罗山乡公路、三亚市海棠湾3号路、三亚市海棠湾5号路、三亚市海榆东段榆田段、三亚市海棠大道1标段、三亚市海棠大道2标段、海屯高速公路美安互通式立交桥、儋州出口路、三亚市海棠湾3号路藤桥枢纽互通式立交桥、洋浦至白马井跨海通道工程南连接线、儋州市中兴大街西延线、海口市南港码头收费站道路工程及秀英港进出岛通道、云龙至文儒公路、长本线吊罗山乡至吊罗山林业局公路、长本线吊罗山乡至吊罗山林业局公路、南港进出路、万宁市万城到东澳至风豪大桥公路、绥满国道主干线阿荣旗(黑蒙界)至博克图高速公路、75569部队主干道沥青路面、隆丰至三江公路、海榆西段红塘至南山寺段水毁路面、云浮市云杨公路、南港码头进出港道路、文昌至铜鼓岭和文昌至蓬莱改建项目以及海口至文昌高速公路、海南西段高速公路、海屯高速公路等多项公路项目的建设。

2012年12月竣工开通的海屯高速公路,作为海南省"田字形"高速公路主骨架的重要组成部分,全长72.03km,途经海口、澄迈、定安和屯昌等4个市县7个乡镇,沿线地质结构非常复杂,存在膨胀土等多项技术难题。海南省路桥投资建设有限公司施工管理上实现了诸多突破和创新,采用多种新工艺、新材料、新科技,如全线采用SBS改性沥青,确保路面质量的提升;为确保摊铺质量,摊铺机、压路机上均安装限速器,控制摊铺速度,确保路面的压实度和平整度;部分路段设置了声屏障,最大限度控制噪声对居民的影响。项目从开工到建成通车共历时2年4个月,比计划工期整整提前了8个月,高质高效地完成了项目建设,成为海南省现有高速公路中的典范,业内人士对此均评价:海屯高速路引领了海南高速公路建设的风向标,开创了海南高速公路建设的新纪元。

公司还在市政、公路养护、污水处理等方面创出良好业绩。先后承建了三亚市委大院、三亚湾新城区污水处理系统、红沙污水处理厂升级改造及中水回用系统工程,承担了博鳌亚洲论坛交通保障路面应急养护、海南航天发射场大件设备运输线路水毁应急养护等养护任务。在激烈的市场竞争中,公司精益求精,以质创誉,共有7个项目荣获"金光大道奖",1个项目荣获"椰城杯奖",19个项目被评为"优良工程"。

雄关漫道真如铁,而今迈步从头越。成绩只代表过去,在国际旅游岛建设的大背景下,挑战与机遇并存。海南省路桥投资建设有限公司将稳扎稳打,重质量强管理,为建设美好新海南突破自我,力创新高,同时为海南自贸区的建设,再立新功。

路桥公司承建的 G9811 琼乐高速公路工程

海南交通基础设施建设的中坚力量
——记海南省交通投资控股有限公司

海南省交通投资控股有限公司(简称"交控公司")成立于 2011 年 8 月,是由海南省交通运输厅代表海南省政府履行出资人职责的国有独资公司,注册资本金 20 亿元。

交控公司投资建设的海南环岛中线高速公路屯昌服务站工程

公司设董事会、监事会、经理层,下设党委办公室、综合部、财务部、投资部、工程部、资产管理部、审计风控部和纪检监察室 8 个部门,下辖全资子公司包括:海南交控置业有限公司、海南交控汇金股权投资基金有限公司、海南交控高速公路屯昌服务区有限公司和海南交控公路工程养护有限公司 4 家,控股公司为海南高速公路股份有限公司 1 家,参股公司有海南高速邮轮游艇有限公司、海南琼中茅迪矿业有限公司、海南省交控石化有限公司、海南金融控股股份有限公司 4 家。

公司现有员工153人(含子公司),其中总部37人;高管人员2名,中层管理人员12名;具本科及以上学历员工77人,中高级职称员工31人;中共党员47人。

公司自成立以来,立足于交通项目融资和资源整合主体的战略定位,不断探索具有公司特色的项目运作、多元化融资模式,以服务海南大交通为核心,构建"建、管、养、服"产业布局,实现公司转型增效和健康发展。

致力全省重点交通项目投资建设

公司负责海口至洋浦1小时交通圈改建工程、中线高速公路屯昌至琼中段新建工程、海文高速公路改建、西段高速公路九所至八所及邦溪到白马井段高速公路改建等重点交通工程项目的投资建设,累计投入建设资金64.5亿元,为完善海南省高速公路网建设作出积极贡献。

交控公司投资建设的G9812海口至文昌高速公路改造工程

公司积极拓宽交通基础设施建设融资渠道,化解海南交通基础设施建设历史债务。通过中期票据、短期融资券、项目集合债券、土地储备等方式拓宽融资渠道,着力解决海南省重点交通项目建设资金不足等问题。其中成功发行中期票据和短期融资券共20亿元,并因此获得200万元省财政专项资金补助及2016年度海南省诚信示范企业称号;项目集合债券项目已获省政府先行先试的同意批复。公司已及时足额偿还各类债务本息总额94.5亿元,累计完成海南省高速公路养护经费支出5.1亿元。

在推进交通扶贫项目建设中扛起国企业担当

公司设立海南省农村公路六大工程领导小组办公室,通过技术支持、制度保障、动态督查管理、现场调研及落实融资等措施,不断完善项目管理、督导保障项目顺利推进。

公司在海南全省已开工建设项目4376个,里程7243km;已完成建设里程2671km,完成投资28.6亿元,占总计划的22.5%;"1000km为民办实事675个项目"建设任务提前完成,累计完成投资8亿元,占计划投资的129%,受益自然村庄1105个。

为大交通产业构筑谋篇布局

一是以投资建设屯昌、枫木服务区为试点,为打造高速公路、国省干道一站式、高标准服务区、驿站积累经验和树立标杆。二是促进"交通+互联网"深度融合,完善海南省智慧交通服务,整合省内外行业优质资源,推进充电设施监管平台和网约车平台建设,开展新能源汽车租赁,为公众绿色出行提供便捷服务。三是争取东线、中线高速公路养护及沥青油库、环岛旅游公路经营管理权,通过统一归口管理、推进市场化经营,发挥交通资产资源社会经济效益,实现保值增值。四是推进交通配套地产开发,培育新的利润增长点,形成保障服务升级与业态盈利共赢的局面。五是积极参与轨道交通、城际铁路、国际航运中心等交通基础设施投资建设,全面完善海南省综合立体交通体系,深化交通产业布局。

公司合并后总资产为171.3亿元,净资产为100.9亿元,其中公路资产为101.8亿元,占公司总资产59.4%;总负债为70.3亿元,资产负债率41.06%,信用评级为AA+。

海南高速公路建设中的世界500强身影
——记中国交建旗下的中咨集团

中咨集团,全称为中国公路工程咨询集团有限公司,成立于1992年,前身为中国公路工程咨询监理总公司,是交通部直属企业;2005年更名为中国公路工程咨询总公司,是国资委管理的世界500强大型中央企业中国交通建设股份有限公司(简称"中国交建")的全资子公司;2006年,为配合中国交建整体上市,公司更名为中国公路工程咨询集团有限公司并沿用至今。公司注册资本金人民币7.5亿元。

中咨集团承建的海南中线高速公路琼中至五指山段

中咨集团连续多年跻身全国勘察设计百强行列,在公路行业勘察设计单位中连续十几年排名第一,是交通运输部公路设计企业全国综合信用评价 AA 级企业。公司具有公路行业全产业链甲级或乙级资质,是公路行业中资质最为齐全的设计企业,具备国家重点公路建设项目工程可行性研究报告、初步设计文件和通信信息支持系统工程可行性研究报告等 3 项代交通运输部审查资格,是行业内唯一同时入围 3 项代交通运输部技术审查咨询资格的企业。公司在《建筑时报》和美国《工程新闻记录》(ENR)合作举办的 2016 年 ENR/建筑时报"中国工程设计企业 60 强"评选中,获得最具效益工程设计企业奖第 1 名,并被国家科技部火炬计划优选为"高新企业中的高新企业"。公司经营范围已遍布全国各省(自治区、直辖市),并拓展到非洲、欧洲和拉丁美洲等地区。

中咨集团琼乐高速公路代建指挥部组织焊工技能竞赛

公司下设 30 余家子、分公司,员工总数 2000 余人。同时,公司拥有几十位不同领域的全国知名专家,7 位政府特殊津贴获得者和交通运输部"十百千"人才,300 余位交通领域各专业注册工程师,形成了一支经验丰富、技术精湛、奋发向上、勇于开拓进取的优秀团队。

在海南高速公路建设发展历程中,中咨集团作为业内知名企业,秉承合作共赢、诚信服务的态度,充分发挥自身技术及管理水平,积极参与到项目建设,并以改革与创新打造发展的强劲动力,协助推动海南高速公路项目建设管理模式的探索与创新。中咨集团最早于 1993 年即参与到海南东线高速公路建设中,进入 21 世纪以来,随着海南高速公路建设的加速,中咨集团凭借着自身优势及在海南公路建设市场的良好信誉,继续在海南高速公路建设中发挥中坚力量作用,先后又参与了 6 条高速公路项目建设,累计里程达 500km,且项目成效获得了行业主管部门的高度评价及社会广泛认可,为海南高速公路建设作出了重要贡献。

中咨集团承建的海南中线高速公路屯昌至琼中段

"一主两翼"七大板块协同发展　国内一流国际知名齐头并进
——记中铁第四勘察设计院集团有限公司

中铁第四勘察设计院集团有限公司(简称"铁四院")位于湖北省武汉市,是世界500强企业中国铁建的国有全资子公司,现有职工4800余人,为国家高新技术企业,综合实力位居全国勘察设计百强前列。40多个勘察设计专业,20余项甲级及专项资质,使铁四院具备了服务现代交通建设全产业链的综合技术优势。

跻身"国"字头勘察设计百强前列

铁四院是自1949年以来我国第一批组建的国家级设计院,也是我国首批工程设计综合甲级资质单位之一。自1953年建院以来,铁四院先后荣获国家和省部级科技进步、优秀工程勘察设计、优秀软件、优秀标准设计奖600余项,拥有有效技术专利700余件,其中发明专利137项。铁四院始终坚持"科技强企、人才兴企"战略,拥有1个国家认定企业技术中心、2个省级重点实验室和1个博士后科研工作站等科技创新平台。在65年的发展历程中,铁四院积极投身交通基础设施建设,近3年累计承担国内外40余条高速公路的建设任务,其中包括勘察设计、咨询、监理和总承包(代建)项目,共计约4000km。

作为国际工程咨询工程师联合会(FIDIC)团体会员,铁四院积极开辟海外市场,经营足迹遍及亚洲、欧洲、美洲、大洋洲和非洲等20多个国家和地区。先后获得"全国文明单位""全国五一劳动奖状""中央企业先进集体""全国优秀勘察设计院""中国AAA级信用企业""全国守合同重信用单位"和"全国文明诚信示范单位"等荣誉及称号。目前,正朝着具有全产业链服务能力,行业领先、国内一流、国际知名的工程咨询公司目标破浪前行。

附录四
海南省高速公路建设企业风采

铁四院建设中的文琼高速公路

"五个工程"为依托 打造文琼代建品牌

铁四院自承担海南文昌至琼海高速公路代建管理工作以来,发挥设计优势、贯彻环保理念、细化管控措施、加强网信建设、实现项目建设增值,被海南省交通工程建设局授予2017年品质工程年活动"先进集体"称号。

依托设计优势,打造经济工程。成立以专业总工组成的咨询总体组,对报审图纸进行审查,指导施工单位依图施工,对施工现场与原设计不符的情况,提出合理化变更方案,不仅有效控制了因设计变更时间长而带来的工期费用索赔的风险,也优化了施工工艺,节省了施工成本。

贯彻环保理念,打造绿色工程。成立以环保专业为总体的专家团队,对项目设计图纸进行优化,将高填方路基改设为桥梁施工,尽量平衡各标段土石方,按照"永临结合"的原则选设临时用地,最大化减少占用耕地面积;设置"耕植土集中堆放区",存放被剥离的地表土,累计保护利用耕植土96.4万 m^3;严格管理施工过程中产生的污染物,保护万泉河及河滩不受污染;通过硬化便道、定期洒水等措施,控制路基施工产生的扬尘,保护空气环境。

落实安全措施,打造平安工程。建立《工程安全管理办法》《安全奖罚管理办法》等各类安全生产管理制度;与参建各方签订32份安全生产协议,并进行考核;每月召开安全生产专题会,累计组织安全技能培训30余次,举办高空坠落、触电、台风应急等各类应急演练11次,提高全员应急处置和防范事故的能力。

严格质量管控,打造放心工程。严格执行"四制",引进钢筋滚焊机、水泥摊铺撒布车、路缘石滑模摊铺机等自动化生产设备,改善项目形象,提升施工质量;全面落实首件工程认可制,对施工单位完成难点、关键分项和采用新技术、新工艺、新材料的分项首件工程进行自评,监理工程师复评通过后,将优秀单项工程作为样板进行推广。

注重网信宣传,打造品牌工程。引入项目微管 App、办公自动化平台等网络工具,提高无纸化办公程度;在全线重点工程部位安装网络视频监控 40 余个,及时了解现场施工作业情况;安排专人负责宣传工作,创办项目微信公众号,及时报道项目进展情况,2017 年共推送宣传稿 340 余篇。主动联络海南省各级宣传部门,报送海南省交通工程建设局新闻稿数量稳居所有在建项目前列,为树立铁四院品牌形象营造良好外部氛围。

铁四院施工中的万泉河特大桥

后　记

《海南高速公路建设实录》(以下简称《海南实录》)按照交通运输部统一部署和海南省交通运输厅的具体组织，经过三年多的努力完成了编纂工作。全书包括8章及4个附录，全面详细地介绍了海南省高速公路于1987年起步到2016年底近三十载的发展历程和主要成就。

2015年4月，海南省交通运输厅按照交通运输部的要求，启动《海南实录》的编纂工作，成立以时任海南省交通运输厅厅长董宪曾为主任、副厅长姚建勇为总编辑的编纂委员会，确定海南省交通运输厅办公室为整个工作的领导、组织、协调负责部门；成立《海南高速公路建设实录》编辑部作为主编单位，负责编写大纲、资料收集、汇总整理、组织编纂、送审校核、编纂出版，以及向交通运输部编纂的总册报送相关信息资料等系列工作；确定了海南省交通运输厅有关处室、下属相关单位和企业为参编单位，负责文稿撰写、相关资料的收集报送等工作。

依傍椰风海韵穿越热带雨林，海南高速公路独具特色。为了突出海南高速公路建设的重点、亮点、特点，从海南省交通运输厅编委会到编辑部，先后对大纲进行了多次的论证和修改。2015年8月20日，海南省交通运输厅下达《关于认真落实〈中国高速公路建设实录〉(海南分册)编纂任务的通知》(琼交运办〔2015〕531号)，全面部署和具体开展编纂工作。

需要特别指出的是，在编纂过程中，海南省交通运输厅副厅长姚建勇、厅机关党委副书记陈涛、规划处副处长彭翀等同志，在百忙之中先后多次对内容、进度、质量进行具体指导；海南高速公路股份有限公司、海南省交通规划勘察设计研究院、海南省交通工程建设局、海南省公路管理局、海南省高速公路养护管理中心等单位在资料收集和具体撰写过程中给予了大力帮助和支持；海南省交通运输厅机关党委副书记、编委会主编陈涛身兼数职，不辞辛劳，努力解决编纂工作中的各种困难，确保了编纂工作的顺利进行。

负责具体编纂工作任务的《海南高速公路建设实录》编辑部，采用多种形式开展编纂工作。发动省厅有关处室、下属相关单位和相关企业参与编纂工作，组织开展统筹协调工作；给省厅有关处室、下属相关单位和相关企业等单位具体下达组稿任务；邀请对海南高速公路建设历程比较熟悉的吴衍国、陈爱华、黎宇翔等同志，以及海南媒体界编辑和采写能力较强的罗晓宁等资深媒体人加盟《海南实录》编纂工作。编辑部开展了一系列选题的策划立项、稿件采写、编辑修改、图片挑选优化等具体工作。收集了海南高速公路建设历程中各类重要资料和文献，经认真筛选择优收录进《海南实录》。按照海南省交通运输厅编委会的要求,通过艰苦努力完成了初稿。

初稿完成后,《海南实录》采取自上而下又自下而上的方式反复进行审阅修改。一是由撰写人员相互传阅修改;二是编辑部领导修改;三是由编委会组织安排相关单位和部门进行修改;四是由有关专家审查指导;五是编委会领导最后审定。千方百计,力求《海南实录》所编纂的文稿准确真实并具有代表性。

历时三年多的编纂,《海南实录》终于付梓。值此正式出版之际,向所有参与此书编纂工作的领导和组织、关心、支持这项工作的单位及个人,表示衷心的感谢!

《海南实录》记述跨时长、涉及面广、内容繁杂、编纂难度大,尽管参编人员秉承"秉笔直书,严谨求实"的理念,但挂一漏万,错误之处在所难免,敬请批评指正。

《海南高速公路建设实录》编辑部

2018 年 7 月